D1719903

Internationale Standardlehrbücher der Wirtschafts- und Sozialwissenschaften

Herausgegeben von Universitätsprofessor Dr. Lutz Kruschwitz

Kostenrechnung

Entscheidungsorientierte Perspektive

Von
Charles T. Horngren
George Foster
Srikant M. Datar
alle Professoren an der Stanford University

Aus dem Englischen
übersetzt von
Dr. Michaela I. Kleber

9. Auflage

R. Oldenbourg Verlag München Wien

Original English language title: Cost Accounting: A Managerial Emphasis, 9th edition by Charles T Horngren, George Foster, Srikant M Datar. Copyright © 1997. All Rights Reserved. Published by arrangement with the original publisher, Prentice Hall Inc., a Simon & Schuster Company.

Die Deutsche Bibliothek – CIP-Einheitsaufnahme

Horngren, Charles T.:
Kostenrechnung : entscheidungsorientierte Perspektive / von Charles T. Horngren ; George Foster ; Srikant M. Datar. Aus dem Engl. von Michaela I. Kleber. – 9. Aufl.. – München ; Wien : Oldenbourg, 2001
  (Internationale Standardlehrbücher der Wirtschafts- und Sozialwissenschaften)
  Einheitssacht.: Cost accounting <dt.>
  ISBN 3-486-25570-3

© für die deutschsprachige Ausgabe 2001 Oldenbourg Wissenschaftsverlag GmbH
Rosenheimer Straße 145, D-81671 München
Telefon: (089) 45051-0
www.oldenbourg-verlag.de

Gedruckt auf säure- und chlorfreiem Papier
Gesamtherstellung: Druckhaus „Thomas Müntzer" GmbH, Bad Langensalza

ISBN 3-486-25570-3

ÜBERBLICK

TEIL FÜNF: QUALITÄT UND JUST-IN-TIME-SYSTEME

TEIL SECHS: INVESTITIONSRECHNUNG

TEIL SIEBEN: UNTERNEHMENSSTEUERUNG

INHALTSVERZEICHNIS

Vorwort (Auszüge)

Das Rechnungswesen zu studieren, ist eine der besten wirtschaftlichen Entscheidungen, die ein Student treffen kann. Um in irgendeinem Geschäft – vom kleinsten Tante-Emma-Laden bis hin zum größten multinationalen Konzern – Erfolg zu haben, muß man die Grundsätze und Techniken der Kostenrechnung anwenden können. Die Kostenrechnung verschafft den Managern Schlüsselinformationen für Planung und Steuerung, sowie für die Kostenkalkulation von Produkten, Dienstleistungen und Kunden. Heute werden immer mehr Kostenrechnungsfachleute vor die Herausforderung gestellt, sich von bloßen Datenbeschaffern zu Entscheidungsträgern zu entwickkeln. Daher ist das Thema "unterschiedliche Kosten für unterschiedliche Zwecke", das wir in diesem Buch immer wieder betonen, für eine sorgfältige und nützliche Ausbildung im Rechnungswesen von besonderer Bedeutung. Wir beschränken uns nicht auf die Verfahren, sondern stellen die grundlegenden Begriffe, Analysetechniken, Anwendungen und Verfahren in den Mittelpunkt. Damit anerkennen wir die Kostenrechnung als ein Managementinstrument zur Planung und Realisierung von Unternehmensstrategien und bereiten die Studenten vor auf die Herausforderungen und Belohnungen, denen sie in der Welt der professionellen Kostenrechnung von heute und morgen begegnen werden.

Die Stärken der achten Auflage wurden erhalten und ausgebaut

Rezensenten der achten Auflage haben die folgenden Eigenschaften des Buches gelobt, die wir in der neunten Auflage beibehalten und weiter ausgebaut haben:

- Klarheit und Verständlichkeit des Textes
- Behandlung wichtiger Themen einschließlich der aktuellen Praxisentwicklungen
- Extensiver Gebrauch von Beispielen aus der realen Welt
- Hilfreiche Aufgaben zum Selbststudium für jedes Kapitel
- Flexibler Aufbau durch einen modularen Ansatz

Die ersten 14 Kapitel enthalten den wesentlichen Stoff für einen einsemestrigen Kurs. In allen 26 Kapiteln findet sich ausreichend Material für einen Kurs über zwei Semester. Dieses Buch kann entweder nach einem einführenden Kurs in Finanzbuchhaltung verwendet werden oder auf einem einführenden Kurs im entscheidungsorientierten Rechnungswesen aufbauen.

Über die Reihenfolge der Kapitel in einem Lehrbuch zu entscheiden, ist eine Herausforderung. Jeder (jede) Dozent(in) hat eine bevorzugte Gliederung für seinen (ihren) Kurs. Daher präsentieren wir eine modulare, flexible Struktur, die es erlaubt, einen maßgeschneiderten Kurs anzubieten. *Diese Struktur unterstützt unterschiedliche Ansätze in Lehre und Studium.*

Ein Beispiel für die Flexibilität des Buches ist die Divisionskalkulation, die in den Kapiteln 17 und 18 behandelt wird. Will man den Studenten einen Überblick über die Kostenrechnungssysteme geben, so kann man direkt von der Zuschlagskalkulation, die in den Kapiteln 4 und 5 beschrieben wird, zu Kapitel 17 gehen, ohne Unterbrechung im Textfluß. Will man hingegen, daß die Studenten möglichst früh in die Plankostenrechnung und andere eher entscheidungsorientierte Themen einsteigen, so kann man die Behandlung der Divisionskalkulation aufschieben.

INHALTLICHE UND DIDAKTISCHE VERÄNDERUNGEN IN DER NEUNTEN AUFLAGE

Wirtschaftliche Organisationen sind weiterhin in einem schnellen Wandel begriffen. Die vorliegende neunte Auflage des Buches zeigt, welchen Veränderungen die Kostenrechnung in der Praxis und in der Forschung unterworfen ist. Wir haben einzelne Kapitel gekürzt, uns auf die Hauptthemen konzentriert, mit denen es das entscheidungsorientierte Rechnungswesen zu tun hat, und die Integration der Kapitel verbessert. Jedes Kapitel wurde vor dem letzten Entwurf von kundigen Kritikern unter die Lupe genommen.

1. *Neue Managementthemen.* Anhand dieser Themen haben wir die Fragen ausgewählt, denen mehr Platz eingeräumt werden sollte.

- *Kundenorientierung.* Kapitel 1 gibt eine kundenzentrierte Sichtweise der Veränderungen in der Kostenrechnung. Die Kundenorientierung wird auch in vielen anderen Kapiteln betont. So enthalten zum Beispiel die Kapitel 11 und 16 Abschnitte über Kundenkostenrechnung und Rentabilitätsanalyse.
- *Schlüsselfaktoren für den Erfolg,* wie zum Beispiel Kosten, Qualität und Zeit. Die Kapitel 8 und 12 enthalten Darstellungen der Kostenplanung und des Kostenmanagements. In Kapitel 19 werden die Aspekte Qualität und Zeit diskutiert. Kapitel 21 behandelt Kostenmanagementfragen in Just-in-time-Umgebungen.
- *Ganzheitliche Analyse der Wertschöpfungskette.* Die Wertschöpfungskette wird im ganzen Buch systematisch hervorgehoben. Kapitel 1 stellt die Wertschöpfungskette vor. An vielen Stellen im Text (zum Beispiel in Kapitel 2 über die Kostentreiber, Kapitel 6 über die Budgetierung, Kapitel 7 über die Abweichungsanalyse und Kapitel 12 über Preisentscheidungen) wird betont, wie wichtig es ist, alle Bereiche der Wertschöpfungskette im Blick zu haben. Wir haben die Analyse

der Wertschöpfungskette auch in unsere Diskussion über Qualität (Kapitel 19) und Just-in-time-Systeme (Kapitel 21) integriert.

- *Doppelter Fokus nach innen und außen.* Themen wie Benchmarking (Kapitel 7) und Kundenzufriedenheit (Kapitel 19) zeigen, daß externen Faktoren im entscheidungsorientierten Rechnungswesen heute mehr Aufmerksamkeit gewidmet wird. Die Kostenrechnung erweitert ihren Horizont und schließt umweltbezogene Überlegungen mit ein. Dieser Umstand wird zum Beispiel im Rahmen der Investitionsrechnung (Kapitel 22) und der Erfolgsbewertung (Kapitel 26) stärker anerkannt.
- *Kontinuierliche Leistungssteigerung.* Themen wie Kaizen-Budgetierung (Kapitel 6) und Produktivität (Kapitel 24) zeigen, daß Unternehmen heute die ständige Leistungssteigerung stärker in den Mittelpunkt rücken.

2. *Ausführliche Behandlung des Dienstleistungssektors.* Der Dienstleistungssektor ist heute der größte Sektor der Volkswirtschaft und ist im Unterricht manchmal einfacher zu verwenden, denn hier gibt es keine unfertigen Erzeugnisse zu berücksichtigen. Kapitel 2 diskutiert Kostenbegriffe im Dienstleistungssektor sowie im Handel und im produzierenden Gewerbe. Kapitel 4 illustriert die Zuschlagskalkulation im Dienstleistungssektor. In den Kapiteln 16 (Erlösanalyse), 22 (Investitionsrechnung), 25 (Transferpreise) und 26 (Erfolgsbewertung) werden Beispiele aus dem Dienstleistungssektor verwendet.

3. *Erweiterte internationale Ausrichtung des Textes.* Wir behandeln Geschäftspraktiken aus aller Welt gut sichtbar in den Kästen *Umfragen zur betrieblichen Praxis* und *Konzepte und Ihre Umsetzung.* Beide Arten von Kästen, die wir weiter unten im einzelnen beschreiben, stützen sich auf Daten von Unternehmen aus aller Welt. Darüberhinaus werden in vielen Kapiteln Beispiele von Unternehmen aus vielen verschiedenen Ländern zitiert. Kapitel 16 (Erlösanalyse), Kapitel 25 (Transferpreise) und Kapitel 26 (Erfolgsbewertung) enthalten erweiterte Darstellungen im multinationalen Kontext.

4. *Kostenmanagement.* Wie schon in der achten, so haben wir auch in der neunten Auflage die Behandlung des Kostenmanagements erweitert. Jedes Kapitel enthält eine explizite Diskussion darüber, wie die darin beschriebenen Konzepte dem Controller helfen, die Kosten zu planen, zu managen und zu steuern.

Die Prozeßkostenrechnung wurde in der neunten Auflage in viele Kapitel integriert. In Kapitel 2 geht es um Kostentreiber. Die Kapitel 4 und 5 illustrieren, wie ein Prozeßkostenansatz verwendet werden kann, um die Zuschlagskalkulation zu verfeinern. Kapitel 6 behandelt die prozeßorientierte Budgetierung. In Kapitel 11 wird die Prozeßkostenrechnung angewandt, um zu entscheiden, ob Kunden neu aufgenommen oder fallengelassen werden sollen. Kapitel 12 zeigt, wie Unternehmen ihre Kosten reduzieren können, indem sie das Produkt neu designen oder die Kosten einzelner Prozesse senken. In den Kapiteln 5, 14 und 16 werden Kostenhierarchien vorgestellt. In Kapitel 15 werden Fragen der Kapazitätskostenrechnung untersucht. Kapitel 19 beschreibt, wie man die Prozeßkostenrechnung für das Qualitätsmanagement nutzen kann.

5. *Erfolgsbewertung.* In vielen Unternehmen sind weitere Neuerungen bei der Erfolgsbewertung eingeführt worden, wobei nichtfinanzielle Maße für sich genommen und kombiniert mit finanziellen Maßen einen größeren Raum einnehmen. Überlegungen zur Erfolgsbewertung spielen im ganzen Text eine Rolle, zum Beispiel bei den Themen Kostenrechnungssysteme, Abweichungsanalyse, relevante Kosten, Gemeinkostenaufschlüsselung, Qualität, Produktivität und Just-in-time-Systeme. In Kapitel 26 entwickeln wir einen konzeptionellen Rahmen für das Verständnis von Erfolgsbewertungsproblemen auf der Grundlage neuerer Forschungen.

BEISPIELE AUS UNTERNEHMEN

Studenten gewinnen viel Motivation für das Studium der Kostenrechnung, wenn sie den Stoff mit der realen Welt in Verbindung bringen können. Wir haben unter beträchtlichem Zeitaufwand mit der Wirtschaft zusammengearbeitet, um neue Anwendungen von Kostenrechnungsdaten zu untersuchen und um zu verstehen, wie technologische Veränderungen die Rolle der Informationen aus der Kostenrechnung beeinflussen. Illustrationen aus der realen Welt sind in vielen Teilen des Buches zu finden, insbesondere in den Kästen *Konzepte und Ihre Umsetzung* und *Umfragen zur betrieblichen Praxis.*

Konzepte und Ihre Umsetzung: In vielen Kapiteln wird in diesen Kästen gezeigt, wie Kostenrechnungskonzepte von einzelnen Unternehmen angewandt werden. Die Beispiele stammen überwiegend aus den USA, aber auch aus anderen Ländern:

- USA: 'Qualität des Rechnungswesens bei Motorola' auf Seite 23,
- USA: 'Harley-Davidson eliminiert die Kategorie der Fertigungslöhne' auf Seite 49,
- USA: 'Die Einrichtung eines Job-Pools verschiebt die Gewinnschwelle von General Motors nach oben' auf Seite 72,
- USA: 'Die Einführung der Prozeßkostenrechnung bei Clark-Hurth' auf Seite 152,
- USA: 'Gesamtkosten der Bereitstellung von Fertigungsmaterial bei Parker-Hannifin' auf Seite 218,
- Kanada: 'Die Integration von Umweltkosten in die Investitionsrechnung bei Niagara Mohawk und Ontario Hydro' auf Seite 760,
- Mexiko: 'Crysel gewinnt den Premio Nacional de Calidad, den höchsten Qualitätspreis Mexicos' auf Seite 654,
- Deutschland: 'Die Wiederbelebung von Porsche durch Just-in-time' auf Seite 718,
- Frankreich: 'Target Costing bei CFM International, Toyota und Nissan' auf Seite 420,

- Großbritannien: 'Throughput-Beitragsrechnung bei Allied-Signal in Skelmersdale, GB' auf Seite 672,
- Japan: 'Target Costing bei CFM International, Toyota und Nissan' auf Seite 420,
- Japan: 'Transferpreisspiele' auf Seite 867.

Umfragen zur betrieblichen Praxis: In diesen Kästen, die über das ganze Buch verteilt sind, werden Ergebnisse aus Umfragen in mehr als 15 Ländern zitiert. Einige Beispiele:

- 'Wachsendes Interesse an der Prozeßkostenrechnung' auf Seite 118 mit Daten aus den USA, Großbritannien, Kanada und Neuseeland,
- 'Planungspraktiken rund um den Globus' auf Seite 180 mit Daten aus den USA, Australien, Großbritannien, Holland und Japan,
- 'Die weitverbreitete Verwendung von Standardkosten' auf Seite 212 mit Daten aus den USA, Großbritannien, Irland, Japan, Kanada und Schweden,
- 'Die Teilkostenrechnung in der betrieblichen Praxis' auf Seite 301 mit Daten aus den USA, Australien, Großbritannien, Japan, Kanada und Schweden,
- 'Unterschiedliche Methoden der Preiskalkulation und des Kostenmanagements in verschiedenen Ländern' auf Seite 425 mit Daten aus den USA, Australien, Großbritannien, Irland und Japan,
- 'Aufschlüsselung der Kuppelproduktionskosten' auf Seite 522 mit Daten aus den Australien, Großbritannien und Japan,
- 'JIT-Leistungsmaße in aller Welt' auf Seite 727 mit Daten aus den USA, Großbritannien, Irland, Italien und Kanada,
- 'Internationaler Vergleich von Investitionsrechnungsmethoden' auf Seite 753 mit Daten aus den USA, Australien, Großbritannien, Irland, Japan, Kanada, Polen, Schottland und Südkorea,
- 'Transferpreispraktiken auf nationaler und multinationaler Ebene' auf Seite 861 mit Daten aus den USA, Australien, Großbritannien, Indien, Japan, Kanada und Neuseeland.

Diese ausführlich dokumentierten Umfrageergebnisse zeigen den Studenten, daß viele der verwendeten Konzepte auf der ganzen Welt verbreitet sind.

DANKSAGUNGEN

Für ihre Ideen und Unterstützung schulden wir vielen Menschen Dank. Insbesondere danken wir den vielen Wissenschaftlern und Praktikern, die unser Wissen über die Kostenrechnung erweitert haben.

Das Lehrmaterial, das wir hier präsentieren, ist von vielen kundigen und geschätzten Teammitgliedern erarbeitet worden. John K. Harris hat uns in allen Stadien der Entwicklung und Produktion dieses Buches enorm geholfen. Er hat die achte Auflage kritisiert und das Manuskript der neunten Auflage in allen Einzelheiten besprochen.

Linda S. Bamber hat nicht nur an der Annotated Instructor's Edition (kommentierte Ausgabe für Dozenten) gearbeitet, sondern auch das Manuskript rezensiert und Verbesserungsvorschläge gemacht. Beverly Amer hat mit dem Verfassen der Bildessays und Videofallstudien unschätzbare Dienste geleistet.

Die folgenden Professoren haben die letzte Auflage rezensiert oder unsere Entwürfe für diese Auflage kommentiert:

Tarek S. Amer, Northern Arizona University
Charles D. Bailey, University of Central Florida
Ken M. Boze, University of Alaska, Anchorage
Somnath Das, University of California, Berkeley
Peggy de Prophetis, University of Pennsylvania
Amin. A. Elmallah, California State University, Sacramento
David P. Franz, San Francisco State University
James M. Fremgen, Naval Postgraduate School
David O. Green, City University of New York-Baruch College
Horace W. Harrell Jr., Georgia Southern University
Cliff Harrison, Palliser Institute, Saskatchewan Institute of Applied Science and Technology
Ennis Hawkins, Sam Houston State University
Eleanor G. Henry, State University of New York, Oswego
Jiunn C. Huang, San Francisco State University
M. Zafar Iqbal, California Polytechnic State University, San Luis Obispo
Holly H. Johnston, Boston University
S. Joseph Lambert III, University of New Orleans
Peter Luckett, University of New South Wales
Frank F. S. Luh, Lehigh University
Allan MacQuarrie, University of Massachusetts, Boston
Gary J. Mann, University of Texas at El Paso
C. Michael Merz, Boise State University
Arijit Mukherji, University of Minnesota
Lee H. Nicholas, University of Northern Iowa
Manyong Park, Georgia State University
Emanuel Schwarz, San Francisco State University, Emeritus
Gim S. Seow, University of Connecticut
Robert J. Shepherd, University of California, Santa Cruz und San Jose State University
Harry Soltermann, Northern Alberta Institute of Technology
William A. Stahlin, Drexel University
Neil A. Wilner, University of Northern Texas
Tony B. Wong, Northern Alberta Institute of Technology
Russell Yerkes, Roosevelt University, Emeritus
Marilyn T. Zarzeski, University of Central Florida

Die Dozenten, die an vielen Arbeitsgruppen über die achte Auflage teilgenommen haben, haben uns hochgeschätztes Feedback gegeben. Viele Studenten haben zu dieser
und der letzten Auflage hilfreiche Beiträge geleistet, darunter Michael Clements,
Susan Cohen, Donald Cram, Sheryl Powers, Ratna Sakar und Daniel Serra. Darüberhinaus haben wir von vielen Lesern hilfreiche Vorschläge erhalten, zu viele, als daß
wir sie hier namentlich erwähnen könnten. Die neunte Auflage ist durch das Feedback
und Interesse aller dieser Menschen stark verbessert worden. Wir sind für diese Unterstützung sehr dankbar.

Unsere Zusammenarbeit mit CAM-I war eine Quelle der Inspiration und Freude.
CAM-I hat eine Schlüsselrolle dabei gespielt, die Grenzen des Wissens über Kostenrechnung auszuweiten. Besonders geschätzt haben wir unsere ausgedehnten und kontinuierlichen Kontakte mit Jim Brinson, Callie Berliner, Charles Marx, R. Steven
Player, Tom Pryor, Mike Roberts und Pete Zampino.

Wir danken den Mitarbeitern von Prentice Hall. Katherine Evancie (Managing Editor)
und David Cohen (Development Editor) sind bei der Produktion und Entwicklung eines modernen Buches von hoher Qualität weit über ihre Pflichten hinausgegangen.
Viele andere bei Prentice Hall haben uns wichtige Hilfestellung geleistet.

Jiranee Tongudai hat die Produktionsaspekte des Manuskript mit überlegener Geschicklichkeit und viel Charme gemanagt. Ihre Fähigkeit und Bereitschaft die damit
verbundene Vielzahl von Aufgaben zu erledigen, hat niemals nachgelassen. Wir sind
zutiefst dankbar für ihre gute Laune, Loyalität und Fähigkeit, in der größten Hektik
die Ruhe zu bewahren. Auch Mathew Lonergan und Jeannette Ochoa danken wir für
ihre Hilfe.

Unser Dank gilt auch dem American Institute of Certified Public Accountants, dem
Institute of Management Accountants, der Society of Management Accountants of
Kanada, der Certified General Accountants Association of Canada, dem Financial
Executive Institute of America und vielen anderen Herausgebern und Unternehmen
für die großzügige Erlaubnis, aus ihren Publikationen zu zitieren.

Kommentare der Leser sind willkommen.

CHARLES T. HORNGREN
GEORGE FOSTER
SRIKANT M. DATAR

Unseren Familien gewidmet

Joan, Scott, Mary, Susie, Cathy (CH)

The Foster Family (GF)

Swati, Radhika, Gayatri, Sidharth (SD)

Die Rolle des Rechnungswesens in der Organisation

KAPITEL

In vielen großen Firmen waren leitende Angestellte vorher im Rechnungswesen tätig, so zum Beispiel bei Coca-Cola, Nike, PepsiCo, Bell Canada, Cadbury Schweppes und Nissan Motors. Das Rechnungswesen ist ein ausgezeichnetes Trainingsfeld für Manager, weil es alle Aspekte der Organisation berührt. Die Aufgaben der Fachleute des Rechnungswesens sind eng mit den Managementaufgaben der Planung, Steuerung und Entscheidungsfindung verwoben.

Aus dem Studium der modernen Kostenrechnung ergeben sich vielfältige Einsichten über die Rolle des Managements in einer Organisation wie auch über diejenige des Rechnungswesens. Dabei geht es darum, welche Arten von Entscheidungen Manager treffen und wie das Rechnungswesen sie bei der Entscheidungsfindung unterstützen kann. In diesem Kapitel betrachten wir die Rolle des Rechnungswesens in der Organisation; daraus ergibt sich ein Gerüst für die Themen der folgenden Kapitel.

1.1 DIE HAUPTAUFGABEN DES RECHNUNGSWESENS

Das Rechnungswesen ist in beinahe jeder Organisation das wichtigste – und glaubwürdigste – quantitative Informationssystem. Es sollte für fünf breit definierte Zwecke Informationen liefern:

- *Zweck 1: Die Formulierung von Gesamtstrategien und langfristigen Planungen.* Hierzu gehören die Entwicklung neuer Produkte und Investitionen in materielle Vermögenswerte (Ausrüstungen) und immaterielle Vermögenswerte (Marken, Patente, Mitarbeiter). In diesem Zusammenhang werden oft Berichte zu speziellen Themen benötigt.
- *Zweck 2: Entscheidungen über die Allokation von Ressourcen wie etwa die Konzentration auf bestimmte Produkte und Kundengruppen und über die Preispolitik.* Hier sind häufig Berichte über die Rentabilität von Produkten oder Dienstleistungen, Markentypen, Kundengruppen, Vertriebskanäle etc. gefragt.
- *Zweck 3: Kostenplanung und Kostenkontrolle von Geschäftsbereichen und Aktivitäten.* Dazu gehören Berichte über Erlöse und Kosten, Aktiva und Passiva von Abteilungen, Werken und anderen eigenverantwortlichen Einheiten.
- *Zweck 4: Messung und Beurteilung der Leistung von Mitarbeitern.* Hier geht es um den Vergleich von Ist- und Sollergebnissen. Er kann auf der Basis von finanziellen oder nichtfinanziellen Erfolgskriterien durchgeführt werden.

• *Zweck 5: Erfüllung von extern durch Gesetze und Verordnungen vorgegebenen Berichtspflichten.* Verordnungen und Gesetze schreiben in der Regel vor, welche Buchführungsmethoden angewandt werden müssen. Man denke an die Geschäftsberichte für die Aktionäre, die auf dieser Grundlage entscheiden, ob sie die Aktien eines Unternehmens kaufen, halten oder verkaufen. Diese Berichte müssen allgemein akzeptierten Buchführungsprinzipien[1] genügen, die von Aufsichtsorganen wie dem Financial Accounting Standards Board in den Vereinigten Staaten oder dem Accounting Standards Board in Kanada stark beeinflußt werden.

Jeder der hier genannten Zwecke erfordert unter Umständen eine unterschiedliche Präsentation oder Berichtsmethode. Eine ideale Datenbasis für Präsentationen und Berichte ist sehr detailliert und berührt alle Geschäftsbereiche. In der Rechnungswesenabteilung werden diese Daten kombiniert oder aufbereitet, um die Fragen bestimmter interner oder externer Nutzer zu beantworten.

Entscheidungsorientiertes Rechnungswesen, Finanzbuchhaltung und Kostenrechnung

In der Praxis wird oft zwischen Controlling und Finanzbuchhaltung unterschieden. Das **entscheidungsorientierte Rechnungswesen** beinhaltet die Erhebung und Aufbereitung von Informationen finanzieller und anderer Art, die den Managern dabei helfen, die Ziele der Organisation zu erfüllen. Es beschäftigt sich also mit den Zwecken 1-4. Bei der **Finanzbuchhaltung** geht es um Berichte für externe Adressaten auf der Grundlage von allgemein anerkannten Buchführungsprinzipien. Sie beschäftigt sich also mit dem fünften Zweck. Die **Kostenrechnung** ist die Erhebung und Aufbereitung von Informationen finanzieller und anderer Art, die mit der Beschaffung und dem Verbrauch von Ressourcen zu tun haben. Sie liefert Informationen sowohl für das Controlling als auch für die Finanzbuchhaltung.

Die Finanzbuchhaltung ist, wie bereits erwähnt, an die allgemein anerkannte Buchführungsprinzipien gebunden. Diese Prinzipien beschränken die Wahl der Meßmethoden für Erlöse und Kosten und schreiben vor, welche Arten von Posten als Aktiva, Passiva und Eigenkapital in einer Bilanz vorkommen können. Im Gegensatz dazu ist das interne Berichtswesen nicht an diese Regeln gebunden. So kann zum Beispiel ein Unternehmen des Konsumgütersektors in seinen *internen* Finanzberichten für das Marketing-Management einen bestimmten geschätzten "Wert" eines Markennamens (wie zum Beispiel Coca-Cola) aufführen, obwohl dieses Vorgehen gegen allgemein anerkannte Buchführungsprinzipien verstößt.

---

[1] In Deutschland spricht man von den "Grundsätzen ordnungsgemäßer Buchführung" (GoB), die aus Wissenschaft und Praxis, aus der Rechtsprechung und aus Empfehlungen der Wirtschaftsverbände hervorgegangen sind. Viele dieser Grundsätze sind zum Inhalt von handels- oder steuerrechtlichen Vorschriften geworden. [Anm. d. Übers.]

Man darf jedoch nicht davon ausgehen, daß das entscheidungsorientierte Rechnungs-wesen sich ausschließlich an interne Adressaten wendet. Immer häufiger geben Manager Informationen aus dem Rechnungswesen auch an externe Adressaten wie etwa Zulieferer oder Kunden weiter.

Kostenmanagement und Buchführungssysteme

Eine wichtige Aufgabe der Unternehmensleitung ist das *Kostenmanagement*. Als **Ko-stenmanagement** bezeichnen wir diejenigen Aktivitäten des Managements, die dar-auf abzielen, die Kosten kontinuierlich zu reduzieren und zu kontrollieren und dabei die Kunden so gut wie möglich zufriedenzustellen. In einem der letzten Jahresberichte der Toyota Motor Company findet sich das folgende Statement:

> Das Kostenmanagement hat ... für die Autoindustrie in den neunziger Jahren die Bedeutung, die in den siebziger und achtziger Jahren die Qualitätskontrolle hatte.

Eine wichtige Komponente des Kostenmanagements ist die Anerkennung der Tatsa-che, daß bereits getroffene Managemententscheidungen die Organisation in der Folge oft auf bestimmte Kosten festlegen. Betrachten wir die innerbetrieblichen Transport- und Lagerhaltungskosten in einem Produktionsbetrieb. Die Entscheidungen über die Anordnung der Maschinen und die notwendigen Materialtransportwege werden in der Regel getroffen, bevor die Produktion anläuft. Sobald man mit der Fertigung begon-nen hat, haben diese Entscheidungen einen großen Einfluß auf die täglichen Kosten des Umgangs mit dem Fertigungsmaterial.

1.2 MODERNE KOSTENRECHNUNG

Manager als Kunden des Rechnungswesens

Überall auf der Welt wird den Managern immer mehr bewußt, wie wichtig die Qualität der Produkte und Dienstleistungen und auch die Lieferpünktlichkeit für externe Kun-den ist. Ähnlich werden auch die Fachleute des Rechnungswesens immer sensibler für die Qualität und Aktualität der Informationen, die Manager benötigen. So hat zum Beispiel eine Berichtsgruppe bei Johnson & Johnson (Hersteller von vielen Konsum-gütern wie zum Beispiel Wundpflastern mit dem Markennamen Band Aids) eine Zu-kunftsvision erarbeitet, in der die Formulierungen "unsere Kunden erfreuen" und "die Besten sein" enthalten sind. Der Erfolg des entscheidungsorientierten Rechnungswe-sens wird daran gemessen, ob die Manager mit Hilfe der vorgelegten Informationen bessere Entscheidungen treffen können.

Die Wertschöpfungskette

In diesem Buch gliedern wir unsere Analyse von Organisationen stets anhand der Wertschöpfungskette der Unternehmensbereiche, wie sie in Tafel 1.1 erscheint. Die **Wertschöpfungskette** enthält die unternehmerischen Aufgabenbereiche in der Reihenfolge, in der den Produkten und Dienstleistungen einer Organisation Nutzen hinzugefügt wird. Diese Aufgabenbereiche sind

- **Forschung und Entwicklung (F&E):** das Erzeugen und Ausprobieren von Ideen, die mit neuen Produkten, Dienstleistungen oder Produktionsprozessen zu tun haben.
- **Produkt- und Prozeßdesign:** die detaillierte Planung und technische Ausgestaltung von Produkten, Dienstleistungen und Prozessen.
- **Produktion:** die Koordination und Kombination von Ressourcen, um ein Gut herzustellen oder eine Dienstleistung zu erbringen.
- **Marketing:** der Weg, auf dem Einzelne oder Gruppen (a) die Eigenschaften von Produkten oder Dienstleistungen kennen- und schätzenlernen, und (b) diese Produkte und Dienstleistungen kaufen.
- **Vertrieb:** die Belieferung der Kunden mit Produkten oder Dienstleistungen.
- **Kundendienst:** die unterstützenden Service-Angebote an die Kunden.

TAFEL 1.1
Die Wertschöpfungskette der betrieblichen Funktionsbereiche

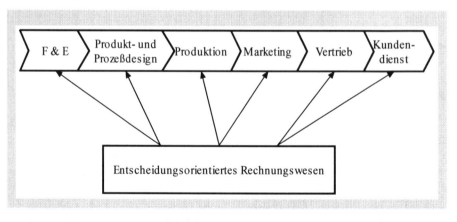

Tafel 1.1 ist nicht so zu interpretieren, daß die Manager die Wertschöpfungskette sequentiell abarbeiten sollten. Es bringt vielmehr bedeutende Gewinne (zum Beispiel bei den Kosten, der Qualität und dem Tempo der Entwicklung neuer Produkte), wenn man die einzelnen Teile der Wertschöpfungskette gleichzeitig arbeiten läßt.

Die höheren Führungskräfte einer Organisation (und das schließt die Leiter der einzelnen Bereiche der Wertschöpfungskette mit ein) sind verantwortlich für die Gesamtstrategie, für die Beschaffung und Nutzung von Ressourcen, und für den Ein-

satz von Leistungsanreizen. Diese Aufgaben decken die gesamte Wertschöpfungskette ab.

Das Rechnungswesen ist für die Manager ein wichtiges Hilfsmittel bei der Verwaltung aller betrieblichen Funktionsbereiche in Tafel 1.1 und bei der Koordination ihrer
Aktivitäten im Rahmen der Gesamtorganisation. In diesem Buch geht es vor allem
darum, wie das Rechnungswesen in der Praxis den Managern diese Aufgaben
erleichtert.

1.3 ELEMENTE DER UNTERNEHMENSSTEUERUNG

Dieser Abschnitt gibt einen ersten Überblick über Systeme der Unternehmenssteuerung und beleuchtet dabei die Rolle der Informationen aus dem Rechnungswesen.

Planung und Steuerung

Es gibt unzählige Definitionen von Planung und Steuerung. Betrachten wir die linke
Seite von Tafel 1.2, wo die Planung und Steuerung bei *The Daily Sporting News*
(DSN) beispielhaft dargestellt wird. Nach unserer Definition besteht die **Planung**
(oberes Kästchen) darin, Ziele auszuwählen, für verschiedene Methoden der Zieler-
reichung die Ergebnisse zu prognostizieren, und dann zu entscheiden, auf welchem
Weg die angestrebten Ziele erreicht werden sollen. Ein Ziel von DSN könnte es zum
Beispiel sein, das Betriebsergebnis zu erhöhen. Drei alternative Wege zu diesem Ziel
werden in die Überlegungen einbezogen:

1. Änderung des Preises pro Heft.
2. Änderung des Seitenpreises für Annoncen.
3. Kostensenkung durch Verringerung der Zahl der Arbeitskräfte in der Druckerei
   von DSN.

Angenommen die Herausgeberin, Naomi Crawford, erhöht im März 19_7 den Seitenpreis für Annoncen um 4 % auf 5.200 $. Im Finanzplan veranschlagt sie einen Anzei-
generlös von 4.160.000 $ (5.200 $ × 800 Seiten, die voraussichtlich im März 19_7
verkauft werden). Ein **Finanzplan** oder **Budget** ist der quantitative Ausdruck eines
Aktionsplanes und hilft, den Aktionsplan zu koordinieren und zu implementieren.

Die **Steuerung** (unteres Kästchen in Tafel 1.2) umfaßt sowohl die Implementierung
der Planungsentscheidung als auch die Erfolgsbewertung einzelner Mitarbeiter oder
Geschäftsbereiche. In unserem DSN-Beispiel bedeutet Implementierung unter anderem auch, daß der neue Anzeigenpreis den Vertretern und den Anzeigenkunden der
Zeitung mitgeteilt wird. Die Erfolgsbewertung liefert ein Feedback über die tatsächlichen Ergebnisse.

TAFEL 1.2

Die Unterstützung von Planung und Steuerung durch das Rechnungswesen

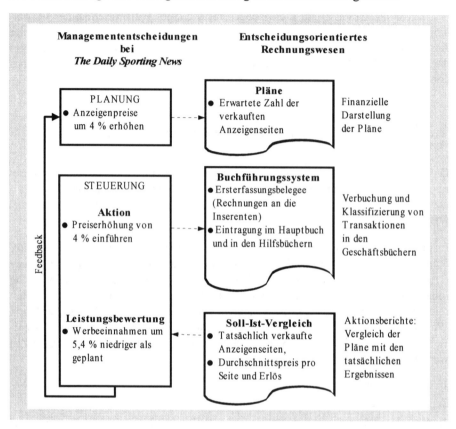

TAFEL 1.3

Bericht über den Anzeigenerlös vom März 19_7 bei The Daily Sporting News

	Istergebnisse	Planzahlen	Abweichung
verkaufte Anzeigenseiten	760	800	40 negativ
durchschnittl. Seitenpreis	5.080 $	5.200 $	120 $ negativ
Anzeigenerlös	3.860.800 $	4.160.000 $	299.200 negativ

Im Lauf des März 19_7 verkauft DSN Anzeigen, verschickt Rechnungen und erhält Zahlungen. Diese Rechnungen und Zahlungen sind in der Buchhaltung festgehalten. Tafel 1.3 zeigt die Entwicklung der Anzeigenerlöse von DSN im März 19_7. Der

Durchschnittspreis pro Seite betrug 5.080 $, also weniger als die geplanten 5.200 $. Der tatsächliche Anzeigenerlös war damit 3.860.800 $, 299.200 $ weniger als die geplanten 4.160.000 $. Die Gründe für solche Abweichungen zwischen tatsächlichen und geplanten Ergebnissen zu verstehen ist ein wichtiger Teil des *management by exception*, also der Managementmethode, bei der man sich auf Bereiche konzentriert, die nicht so laufen, wie es erwartet worden ist (wenn zum Beispiel bei einem Projekt der Kostenvoranschlag überschritten wird), und weniger Aufmerksamkeit auf Bereiche legt, deren Entwicklung den Erwartungen entspricht. Der Ausdruck **Abweichung** in Tafel 1.3 bezieht sich auf die Differenz zwischen Ist- und Sollergebnissen.

Der Erfolgsbericht in Tafel 1.3 könnte eine Untersuchung auslösen. Man könnte zum Beispiel folgende Fragen stellen: Mußten andere Zeitungen einen vergleichbaren Rückgang des Anzeigenerlöses hinnehmen? Hat die Marketingabteilung genügend Anstrengungen unternommen, um die Anzeigenkunden davon zu überzeugen, daß Anzeigen in der DSN auch bei einem Seitenpreis von 5.200 $ ihr Geld wert sind? Warum betrug der tatsächliche Seitenpreis durchschnittlich 5.080 $ anstelle der geplanten 5.200 $? Haben einige Vertreter Rabatte angeboten? Hat ein wichtiger Kunde damit gedroht, seine Anzeigen künftig in einer anderen Zeitung zu schalten, falls ihm nicht ein hoher Preisnachlaß gewährt würde? Die Antworten auf diese Fragen könnten Crawford dazu veranlassen, bestimmte Maßnahmen zu ergreifen. Die Firmenleitung könnte zum Beispiel Druck ausüben, damit die Mitarbeiter der Marketingabteilung noch einmal verstärkt bei alten und potentiellen neuen Kunden um Anzeigenaufträge werben.

Ein gut durchdachter Plan ist flexibel genug, daß die Manager geschäftliche Chancen wahrnehmen können, die zum Zeitpunkt der Planformulierung noch nicht vorsehbar waren. Steuerung sollte keinesfalls bedeuten, daß Manager an einem vorgefaßten Plan festhalten, wenn der Gang der Ereignisse zeigt, daß das Unternehmen die besten Ergebnisse durch Handlungen erzielen könnte, die im ursprünglichen Plan nicht enthalten waren.

Planung und Steuerung (*planning and control*) sind so eng miteinander verwoben, daß Manager keine Zeit damit verschwenden, künstlich starre Abgrenzungen zwischen beiden Begriffen zu ziehen. Soweit nicht anders vermerkt benutzen wir den Begriff der Steuerung im weitesten Sinn für den gesamten Managementprozeß der Planung und Steuerung. Wir sprechen also nicht von einem Unternehmensplanung und -steuerung sondern einfach von Unternehmenssteuerung. Genauso beziehen wir uns auf den Steuerungsaspekt des Rechnungswesens, anstatt den weniger eleganten Ausdruck Planungs- und Steuerungsaspekt des Rechnungswesens zu benutzen.[2]

---

[2] Der Begriff *control* wird im Deutschen häufig wörtlich mit Kontrolle wiedergegeben. Dieser Ausdruck ist aber zu eng, denn – wie man an der Feedback-Schleife in Abbildung 1.2 sieht – geht es darum, aus der Kontrolle, also dem Soll-Ist-Vergleich, Konsequenzen für die weitere Planung zu ziehen und das heißt, das Unternehmen zu *steuern*. [Anm. d. Übers.]

Man sollte die Rolle von einzelnen Mitarbeitern und Gruppen innerhalb eines Systems der Unternehmenssteuerung nicht unterschätzen. Buchhalter und Manager sollten stets daran denken, daß es bei der Unternehmenssteuerung nicht ausschließlich um technische Angelegenheiten geht wie zum Beispiel die Art der genutzten Computersysteme oder die Häufigkeit, mit der bestimmte Berichte vorgelegt werden. Unternehmenssteuerung ist in erster Linie eine menschliche Aktivität, bei der man ein besonderes Augenmerk darauf richten sollte, wie man einzelnen Mitarbeitern helfen kann, ihre Aufgaben besser zu erfüllen. So ist es zum Beispiel oft besser, wenn Manager mit leistungsschwachen Mitarbeitern persönliche Gespräche führen, anstatt ihnen einfach nur einen Bericht über ihre mangelhafte Leistung zu senden.

Feedback: eine Schlüsselfunktion

Tafel 1.2 (Seite 6) zeigt eine Feedback-Schleife von der Steuerung zurück zur Planung. Feedback bedeutet, daß Manager den Erfolg in der Vergangenheit auswerten und systematisch alternative Möglichkeiten zur Verbesserung des zukünftigen Erfolgs untersuchen. Die folgende Liste gibt einen Eindruck von der Vielzahl der unterschiedlichen Reaktionen, die dadurch ausgelöst werden können:

Reaktion auf Feedback	Beispiel
• Veränderung der Ziele	• Continental Airlines legt das Hauptaugenmerk auf den Cash-flow anstatt auf den Gewinn, nachdem Liquiditätsprobleme zum Konkurs geführt haben.
• Suche nach alternativen Geschäftsmethoden	• Das London University Hospital vergleicht die interne Bearbeitung mit der Auslagerung (Outsourcing) seiner Debitorenbuchhaltung.
• Veränderung der Entscheidungsprozesse	• Chrysler führt einen neuen team-orientierten Produktentwicklungsprozeß ein, bei dem die Produktions- und Marketingabteilungen die Entwicklung beeinflussen.
• Nutzung von Prognosen	• Die British Columbia Telecom bezieht bei der Schätzung der zukünftigen Arbeitskosten die Prognosen über die durchschnittliche Lohnentwicklung mit ein.
• Veränderung des Betriebsablaufs	• Sony läßt Produktionsmaterial direkt in die Fertigungshallen liefern, anstatt in einen Lagerraum.
• Veränderung des Anreizsystems	• IBM erwägt, seine Verkaufsprämien an die Umsatzrentabilität zu knüpfen, anstatt an den Dollarwert der Umsätze.

1.4 KOSTEN-NUTZEN-ANSATZ

In diesem Buch gehen wir von einem **Kosten-Nutzen-Ansatz** aus. Das wichtigste Kriterium für die Wahl zwischen alternativen Controlling-Systemen ist der Vergleich zwischen ihren Kosten und ihrer Nützlichkeit für die Erreichung der Organisationsziele.

Als Kunden kaufen Manager dann ein komplexeres Controlling-System, wenn sie davon ausgehen, daß der erwartete Nutzen die erwarteten Kosten übertrifft. Dieser Nutzen kann viele Formen annehmen; wir definieren ihn zusammenfassend als diejenige Menge von Entscheidungen, die der besseren Realisierung der Organisationsziele dient.

Nehmen wir die Einrichtung des ersten Finanzplanungssystems in einem Unternehmen. Bis dahin hat das Unternehmen wahrscheinlich irgendwelche chronologischen Aufzeichnungen gemacht und nur wenig formale Planung betrieben. Ein wichtiger Nutzen der Einrichtung des Finanzplanungssystems besteht darin, daß es die Manager zwingt, genauer zu planen. Unter Umständen treffen sie andere und gewinnträchtigere Entscheidungen als das mit einem rein chronologischen System möglich gewesen wäre. Also ist der erwartete Nutzen höher als die erwarteten Kosten des neuen Finanzplanungssystems. Zu diesen Kosten gehören Investitionen in Computerhardware und Software und in die Ausbildung der Mitarbeiter, sowie die laufenden Betriebskosten des Systems.

Zugegebenermaßen sind diese Kosten und Nutzen meistens nicht leicht zu messen. Deshalb empfindet der Leser diesen Ansatz vielleicht mehr als einen konzeptionellen denn als einen praktischen Leitfaden. Dennoch ist der Kosten-Nutzen-Ansatz ein guter Ausgangspunkt für die Analyse von praktisch allen Fragen des Rechnungswesens.

1.5 ORGANISATIONSSTRUKTUR UND CONTROLLING

Zum Verhältnis zwischen Linie und Stab

Die meisten Organisationen unterscheiden zwischen Linienmanagement und Stabmanagement. Das **Linienmanagement** ist für die Erreichung der Organisationsziele direkt verantwortlich. So haben zum Beispiel die Manager von Produktionsabteilungen ein bestimmtes Ertragsziel sowie Sollwerte für Produktqualität und -sicherheit und für die Einhaltung von Umweltbestimmungen. Das **Stabmanagement**, wie etwa der Controller, ist dazu da, um dem Linienmanagement fachlichen Rat und Hilfe zur Verfügung zu stellen. Ein Werksmanager (eine Linienfunktion) kann zum Beispiel die Aufgabe haben, in neue Produktionsanlagen zu investieren. Die Fachfrau für das entscheidungsorientierte Rechnungswesen des Werkes (eine Stabsfunktion) wird dann detaillierte Betriebskostenvergleiche für potentielle Ausrüstungsteile vorbereiten.

Mehr und mehr wird die Bedeutung von Teamarbeit für die Förderung der Organisationsziele gesehen. Zu solchen Teams gehören oft Linien- und Stabmanager, was zur Folge hat, daß die traditionellen Unterscheidungen zwischen Linie und Stab heute weniger trennscharf sind als noch vor zehn Jahren. Am besten stellt man sich die Bezeichnungen Linie und Stab als die beiden Enden eines Spektrums vor.

Der Leiter der Finanzabteilung und der Controller

Der Leiter oder die **Leiterin der Finanzabteilung (LFA)** ist eine höhere Führungskraft, die mit der Aufsicht über den Geschäftsbereich Finanzen betraut ist. Der Verantwortungsbereich des LFA ist von Organisation zu Organisation verschieden, enthält aber fast immer die folgenden vier Bereiche:

*   Das *Controlling* beinhaltet Bereitstellung von Informationen aus dem Finanzwesen für Berichte an Manager wie auch an Investoren.
*   Zum Bereich *Finanzierung* gehören die kurz- und langfristige Finanzierung, die Bankgeschäfte, sowie das Wechselkurs- und Derivatemanagement.
*   Der Bereich *Steuern* umfaßt die Verantwortung für Einkommens- und Umsatzsteuern und die internationale Steuerplanung.
*   Die *interne Revision* beinhaltet die Prüfung und Analyse der Finanzberichte und anderer Berichte, um zu bescheinigen, daß diese Bericht vollständig und korrekt sind und daß die Richtlinien und Verfahrensbestimmungen der Organisation eingehalten worden sind.

In manchen Organisationen ist die LFA auch für die Informationssysteme verantwortlich. In anderen Organisationen gibt es dafür einen Leiter der Informationsabteilung, der dem LFA gleichrangig ist.

Der Controller ist für das entscheidungsorientierte Rechnungswesen und für die Finanzbuchhaltung verantwortlich. In diesem Buch konzentrieren wir uns auf die erste der beiden Funktionen des Controllers. Ein moderner Controller übt keine Kontrolle im Sinne einer Linienautorität aus, ausgenommen über seine oder ihre eigene Abteilung.[3] Und doch enthält auch das moderne Konzept des Controlling Kontrolle in einem ganz bestimmten Sinn. Durch das Zusammenstellen und Interpretieren relevanter Daten übt der Controller Macht oder Einfluß aus, indem er die Manager zu besser informierten Entscheidungen bringt.

Das Organigramm der Tafel 1.4 zeigt die organisatorische Einbindung des LFA und des Controllers der Clorox Company.[4] Clorox ist ein führender Bleichmittelhersteller und verfügt auch über wichtige Markenprodukte in den Bereichen Holzkohle und Salatdressings. Der LFA ist eine Stabsfunktion, die dem engeren Führungskreis unter den Linienmanagern unterstellt ist (die ihrerseits dem Vorstand verantwortlich sind). Wie in den meisten Organisationen ist der Controller bei Clorox dem LFA unterstellt.

Solche Organigramme zeigen nur die formellen hierarchischen Beziehungen. In den meisten Organisationen gibt es auch informelle Beziehungen, deren Verständnis wichtig ist, wenn Manager versuchen, ihre Entscheidungen durchzusetzen.

1.6 DIE AUFGABEN DES ENTSCHEIDUNGSORIENTIERTEN RECHNUNGSWESENS

Das entscheidungsorientierte Rechnungswesen hat drei wichtige Aufgaben zu erfüllen: Es berichtet über die zahlenmäßige Entwicklung des Unternehmens, lenkt die Aufmerksamkeit der Linienmanager und erarbeitet Problemlösungen.

- **Berichten** heißt Daten sammeln und allen Managementebenen verläßliche Zahlen liefern. Beispiele sind Berichte über die Absatzentwicklung, den Materialeinkauf und die Entwicklung der Personalkosten.
- Die **Aufmerksamkeit lenken** bedeutet Chancen und Probleme sichtbar zu machen, auf die sich die Manager konzentrieren sollten. Hier kann es zum Beispiel darum gehen, schnell wachsende Märkte ins Blickfeld zu rücken, in die das Unternehmen vielleicht zu wenig investiert, oder Produkte mit unerwartet hohen Reklamations- oder Rückgaberaten. Dabei sollte man alle Möglichkeiten, den Wert der Organisation zu steigern, im Blick haben und sich nicht auf Kosteneinsparungen beschränken.
- **Problemlösungen erarbeiten** heißt durch vergleichende Analyse die im Hinblick auf die Unternehmensziele besten Alternativen identifizieren. Man vergleicht zum Beispiel, ob es finanziell günstiger ist, einen Fuhrpark zu leasen oder die Fahrzeuge selbst anzuschaffen.

---

[3] In der deutschen Literatur zum Controlling wird dem häufig widersprochen. Ein Beispiel: "Wenn der Controller seine umfassenden interdisziplinären Aufgaben erfüllen soll, muß er in die Unternehmenshierarchie entsprechend eingegliedert sein. Nach immer stärker vertretener Auffassung sollte er Mitglied des Vorstands bzw. der Geschäftsleitung sein. Es ist wichtig festzustellen, daß das Controlling nicht als Stabstätigkeit konzipiert ist. Es ist vielmehr im Sinne einer Linienfunktion aufzufassen. Der Controller ... muß die Möglichkeit haben, an allen wesentlichen Entscheidungen, die seine Aufgaben im Unternehmen betreffen, mitzuwirken. Das ist aber nur möglich, wenn er auch rechtlich und organisatorisch so eingebunden ist, daß er seine Argumente zur Wirkung bringen, ggf. durchsetzen kann." W. Busse von Colbe und B. Pellens (Hrsg.), Lexikon des Rechnungswesens, 4. Auflage, 1998, S. 173. [Anm. d. Übers.]

[4] Durchgezogene Linien stehen für eine primäre, gestrichelte Linien für eine sekundäre hierarchische Beziehung und Berichtspflicht (*reporting relationship*). Der Finanzleiter (*director of finance*) jeder Abteilung ist hauptsächlich dem Abteilungsleiter (*president*) verantwortlich und erst in zweiter Linie dem Unternehmenscontroller (*corporate controller*).

TAFEL 1.4
Die Clorox Company: Hierarchische Beziehungen zwischen dem Leiter der Finanzabteilung und dem Controller

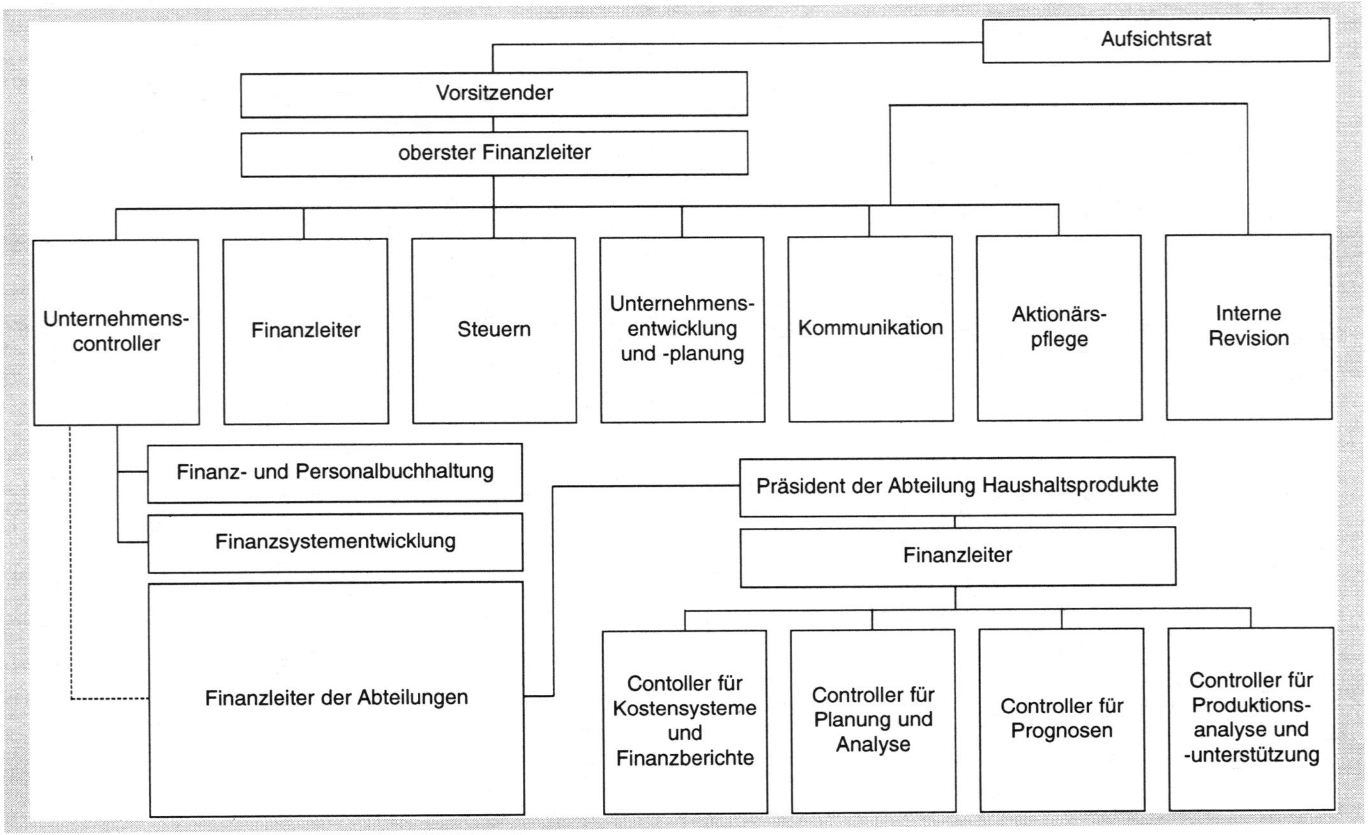

Die Mitarbeiter im Berichtswesen sind für die Verläßlichkeit der weitergegebenen Informationen verantwortlich. In vielen Organisationen werden Daten über sehr viele verschiedene Posten verarbeitet (manchmal sogar Millionen von Posten). Die Mitarbeiter sollten die entsprechenden Buchführungstechniken gründlich verstehen und so fehlerlos wie möglich ausführen.

In vielen Organisationen gibt es heute Mitarbeiter, die sich ausschließlich mit dem Lenken der Aufmerksamkeit und dem Erarbeiten von Problemlösungen beschäftigen. Die Bezeichnungen für diese Positionen können unterschiedlich sein. Wie man in Tafel 1.4 sieht, hat Clorox spezielle Stabsstellen für "Kostensysteme und Finanzberichterstattung", "Planung und Analyse", "Prognosen" und "Produktionsanalyse und -unterstützung". Der französische Yoghurt-Hersteller Yoplait hat Stabsstellen für "Produktionsanalyse", "Finanzplananalyse" und "Marketing- und Absatzanalyse".

Viele Controlling-Abteilungen werben aktiv bei ihren Kunden innerhalb der Organisation für ihre Dienste in den Bereichen der Aufmerksamkeitslenkung und Problemlösung. So wurde zum Beispiel die Controlling-Gruppe der Swissair so umorganisiert, daß jedem der 13 Stabsmitglieder die Verantwortung für die Unterstützung einer bestimmten Unternehmensabteilung (zum Beispiel Technik und Wartung, Flugbegleitung oder Marketing für Europa) zugewiesen wurde. Die Herausforderung bestand darin, den Managern jeder Abteilung den Wert ihrer unterstützenden Dienstleistungen in Bereichen wie Finanzanalyse, Planungsprozeß und Kostenmanagement vor Augen zu führen.

1.7 PROFESSIONELLE ETHIK

Ethische Richtlinien

In vielen Ländern gibt es Berufsorganisationen der Controller bzw. Management Accountants. Anhang D stellt die Berufsorganisationen in den USA, Kanada, Australien, Japan, Großbritannien und Deutschland vor. Jede dieser Organisationen bietet Ausbildungsgänge mit Zertifikat an. So kann man zum Beispiel am **Institute of Management Accountants (IMA)** – der größten Vereinigung der Management Accountants in den Vereinigten Staaten – einen Lehrgang absolvieren, an dessen Ende man eine Bescheinigung als **Certified Management Accountant (CMA)** erhält. Dieses Zertifikat signalisiert, daß der Inhaber die Zulassungsbedingungen des IMA erfüllt hat und das geforderte technische Wissen nachgewiesen hat.

In Meinungsumfragen über Mitglieder verschiedener Professionen zeigt sich durchgängig, daß Fachleute des Rechnungswesens in bezug auf ihre Berufsethik hoch eingeschätzt werden. Die Berufsorganisationen spielen eine große Rolle bei der Förderung eines hohen ethischen Standards. Das IMA hat eine Schrift mit dem Titel *Standards of Ethical Conduct for Management Accountants* (Ethische Verhaltensnormen für Controller) herausgegeben. Tafel 1.5 zeigt die Richtlinien des IMA zu Themen wie Kompetenz, Vertraulichkeit, Integrität und Objektivität.[5]

TAFEL 1.5
Standards für etnisches Verhalten im entscheidungsorientierten Rechnungswesen

Die Mitarbeiter im entscheidungsorientierten Rechnungswesen sind gegenüber den Organisationen, denen sie dienen, gegenüber ihrem Berufsstand, gegenüber der Öffentlichkeit und gegenüber sich selbst verpflichtet, den höchsten Standard ethischen Verhaltens aufrechtzuerhalten. In Anerkennung dieser Verpflichtung haben das Institute of Certified Management Accountants und das Institute of Management Accountants die folgenden Richtlinien für das ethische Verhalten im entscheidungsorientierten Rechnungswesen aufgestellt. Diese Standards einzuhalten ist unverzichtbar, wenn die Ziele des entscheidungsorientierten Rechnungswesens erreicht werden sollen. Management Accountants dürfen nicht gegen diese Standards verstoßen und solche Verstöße auch nicht bei anderen innerhalb ihrer Organisation dulden.

KOMPETENZ

Management Accountants

- müssen durch ständige Weiterbildung ihre beruflichen Kenntnisse und Fähigkeiten auf einem angemessenen Niveau halten.
- müssen sich bei der Ausübung ihrer beruflichen Pflichten an die einschlägigen Gesetze, Verordnungen und technischen Standards halten.
- müssen vollständige und klare Berichte und Empfehlungen aufgrund von geeigneten Analysen relevanter und verläßlicher Informationen geben.

VERTRAULICHKEIT

Management Accountants

- dürfen vertrauliche Informationen, die ihnen durch ihre Arbeit bekannt geworden sind, nur mit ausdrücklicher Erlaubnis weitergeben, es sei denn sie sind gesetzlich zur Weitergabe verpflichtet.
- müssen Untergebene in bezug auf die Vertraulichkeit von Informationen, die ihnen durch ihre Arbeit bekannt werden, angemessen unterrichten und ihre Aktivitäten überwachen, um sicherzustellen, daß diese Vertraulichkeit gewahrt bleibt.
- dürfen nicht einmal den Anschein erwecken, daß sie vertrauliche Informationen, die ihnen durch ihre Arbeit bekannt werden, dazu benutzen, um sich persönlich oder Dritten auf unethische oder illegale Weise einen Vorteil zu verschaffen.

---

[5] In Deutschland hat die Professionalisierung des Controllerberufs noch keinen vergleichbaren Standard erreicht (siehe auch den letzten Abschnitt in Anhang D). Nach Auskunft des Bundesverbandes der Bilanzbuchhalter und Controller (BVBC) existiert zum Beispiel noch kein schriftlich niedergelegter Verhaltenskodex für Controller. [Anm. d. Übers.]

TAFEL 1.5 (Fortsetzung)

INTEGRITÄT

Management Accountants

- müssen tatsächliche oder scheinbare Interessenkonflikte vermeiden und alle davon betroffenen Parteien von potentiellen Interessenkonflikten unterrichten.
- dürfen sich an keinen Aktivitäten beteiligen, die ihre Fähigkeit zur ethischen Erfüllung ihrer Pflichten beeinträchtigen könnten.
- müssen Geschenke, Gefälligkeiten und Einladungen ablehnen, die ihre Handlungen beeinflussen könnten oder die auch nur diesen Anschein erwecken könnten.
- dürfen weder aktiv noch passiv die Erreichung der legitimen und ethischen Ziele der Organisation untergraben.
- müssen professionelle Grenzen oder andere Einschränkungen, die sie an einem verantwortungsvollen Urteil oder an der erfolgreichen Durchführung einer Aktivität hindern könnten, erkennen und mitteilen.
- müssen Informationen und professionelle Urteile oder Meinungen mitteilen, ohne darauf Rücksicht zu nehmen, ob sie für den Adressaten günstig oder ungünstig sind.
- dürfen keine Aktivitäten ausüben oder unterstützen, die ihren Berufsstand in Mißkredit bringen könnten.

OBJEKTIVITÄT

Management Accountants

- müssen Informationen fair und objektiv mitteilen.
- müssen alle relevanten Informationen, die nach vernünftiger Einschätzung das Verständnis der Adressaten für die vorgelegten Berichte, Kommentare und Empfehlungen beeinflussen könnten, vollständig offenbaren.

Quelle: Institute of Management Accounting, *Standards of Ethical Conduct for Management Accountants* (Montvale, New Jersey).

Typische ethische Herausforderungen

Im entscheidungsorientierten Rechnungswesen tauchen vielerlei ethische Fragen auf. Die folgenden Beispiele sollen der Illustration dienen

- **Fall A:** Ein Controller zweifelt an der wirtschaftlichen Tragfähigkeit einer Software, deren Entwicklungskosten gerade aktiviert werden. Er weiß, daß ein Bericht über Verluste in einer Softwareabteilung zu einer weiteren "Rightsizing-Initiative" (Euphemismus für Entlassungen) führen wird. Der Abteilungsleiter argumentiert mit Nachdruck, daß das neue Produkt ein Erfolg sein wird, kann seine Meinung aber nicht mit glaubwürdigen Fakten untermauern. Die letzten beiden Produkte aus dieser Abteilung sind am Markt nicht erfolgreich gewesen. Der Controller hat viele Freunde in dieser Abteilung und möchte eine persönliche

Konfrontation mit dem Abteilungsleiter vermeiden. Sollte er verlangen, daß die Forschungs- und Entwicklungsausgaben mangels ausreichender Anhaltspunkte für die wirtschaftliche Tragfähigkeit sofort als Aufwand gebucht werden?

- **Fall B:** Ein Verpackungshersteller verhandelt über einen neuen Kontrakt und bietet dem Controller seines Kunden ein kostenloses Wochenende in einem Vergnügungsetablissement an. Der Zulieferer erwähnt bei der Einladung den neuen Vertrag nicht. Der Eingeladene ist kein persönlicher Freund des Zulieferers. Er weiß, daß die Betriebskosten das entscheidende Kriterium für die Zustimmung zu dem neuen Vertrag sind und fürchtet, daß der Zulieferer versuchen wird, Einzelheiten über die Angebote konkurrierender Verpackungshersteller zu erfragen.

In jedem dieser Fälle ist der Controller mit einer ethischen Herausforderung konfrontiert. In Fall A geht es um Kompetenz, Objektivität und Integrität, in Fall B um Vertraulichkeit und Integrität. Ethische Fragen sind nicht immer eindeutig zu beantworten. In Fall B zum Beispiel kann es sein, daß der Verpackungshersteller gar nicht die Absicht hat, Themen anzusprechen, die mit seinem Angebot in Zusammenhang stehen. Viele Unternehmen verbieten jedoch ihren Angestellten generell, von Zulieferern Geschenke oder Gefälligkeiten anzunehmen, um auch den Anschein eines Interessenkonflikts zu vermeiden. Tafel 1.6 zeigt die Richtlinien des IMA für die Lösung von ethischen Konflikten.

Eine Umfrage unter 1.500 Mitgliedern der Australian Society of Accountants hat ergeben, daß folgende fünf Arten von ethischen Problemen besonders oft vorkommen:

1. Vorschläge von Kunden oder Managern zur Steuerhinterziehung,

2. Interessenkonflikte,

3. Vorschläge zur Manipulation von Bilanzen,

4. Integrität beim Zugeben von eigenen Fehlern,

5. Umgang mit Anweisungen des Vorgesetzten zu unethischen Handlungen.[6]

In den meisten Ländern der Welt geben die Berufsorganisationen der Rechnungswesenfachleute Richtlinien zur Berufsethik heraus. Diese Richtlinien enthalten zwar viele der Themen, die auch die IMA zur Sprache bringt (siehe Tafeln 1.5 und 1.6); dennoch gibt es inhaltliche Unterschiede. So zählt zum Beispiel das Chartered Institute of Management Accountants (CIMA) in Großbritannien die gleichen vier Grundprinzipien auf wie die IMA (Tafel 1.5), also Kompetenz, Vertraulichkeit, Integrität und Objektivität. Während jedoch die IMA es nur dann für angebracht hält, "solche Probleme mit Behörden oder mit Individuen, die nicht in der Organisation angestellt oder von ihr beauftragt wurden, zu besprechen ... wenn eine gesetzliche Vorschrift dazu zwingt", ist es nach den Regeln der CIMA erlaubt, einen unabhängigen Rechtsberater zu engagieren, wenn das Problem nicht intern gelöst werden kann.[7]

---

[6]   P. Leung und B. J. Cooper, "Ethical Dilemmas in Accountancy Practice," *The Australian Accountant* (May 1995).

TAFEL 1.6
Lösung von ethischen Konflikten

Bei der Anwendung der berufsethischen Standards kann es vorkommen, daß Mitarbeiter des entscheidungsorientierten Rechnungswesens nicht genau wissen, wie sie unethisches Verhalten identifizieren können oder wie sie einen ethischen Konflikt lösen können. Bei bedeutenden ethischen Problemen sollten sie den etablierten Richtlinien ihrer Organisation für die Lösung solcher Konflikte folgen. Wenn diese Richtlinien nicht geeignet sind, den ethischen Konflikt aufzulösen, sollten sie die folgenden Handlungsweisen in Betracht ziehen:

- Diskutieren Sie solche Probleme mit Ihrem unmittelbaren Vorgesetzten, außer Sie haben Grund zu der Vermutung, daß der Vorgesetzte selbst in das Problem verwickelt ist. In diesem Fall sollte das Problem gleich zu Beginn der nächsthöheren Managementebene unterbreitet werden. Wenn das Problem auf einer Ebene nicht befriedigend gelöst werden kann, tragen Sie es auf der nächsthöheren Managementebene vor.
  Hat der unmittelbare Vorgesetzte eine dem Generaldirektor (*chief executive officer*) vergleichbare Position inne, so kann eine Gruppe wie zum Beispiel das Revisionskomitee, der Vorstand, das Board of Directors (Vorstand und Aufsichtsrate in einem), das Board of Trustees oder die Eigentümer eine annehmbare Prüfungsinstanz sein. Unter der Voraussetzung, daß der unmittelbare Vorgesetzte nicht selbst in das Problem verwickelt ist, sollten Kontakte mit einer übergeordneten hierarchischen Ebene nur mit seinem Wissen aufgenommen werden.
- Klären Sie die relevanten Gedanken im vertraulichen Gespräch mit einem objektiven Berater, um Ihre Handlungsmöglichkeiten auszuloten.
- Wenn alle Ebenen der internen Überprüfung ausgeschöpft sind und der ethische Konflikt nicht ausgeräumt werden konnte, und wenn die Angelegenheit von großer Bedeutung ist, kann es sein, daß Ihnen nur die Möglichkeit bleibt, ihr Amt in der Organisation niederzulegen und einen geeigneten Vertreter der Organisation in einem Schriftsatz zu informieren.
- Wenn nicht eine gesetzliche Vorschrift dazu zwingt, ist es nicht angebracht, solche Probleme mit Behörden oder mit Einzelpersonen, die nicht in der Organisation angestellt oder von ihr beauftragt wurden, zu besprechen.

Quelle: Institute of Management Accountants, Statements on Management Accounting: Objectives of Management Accounting. Statement No. 1B, (Montvale, New Jersey).

---

[7]   R. L. Madison und J. R. Boafright, "Comparing IMA and CIMA Ethical Standards," *Management Accounting* (April 1995).

HÄUFIGE ETHISCHE KONFLIKTE UND BETRIEBLICHE VERHALTENSKODIZES

Ethische Dilemmasituationen kommen in vielen Bereiche vor. Kirk Hanson, ein bekannter Gelehrter auf dem Gebiet der Wirtschaftsethik, benennt die häufigsten Probleme wie folgt:

- Man wird vom Chef gebeten, etwas Fragwürdiges oder Unethisches zu tun.
- Man erhält Kenntnis von unethischen Handlungen anderer.
- Man ist versucht, Abkürzungen zu wählen, um seine Erfolgsziele zu erreichen.
- Man ist versucht, mehr zu verkaufen, als man liefern kann, um einen Geschäftsabschluß zu erreichen.
- Die Enthüllung von vertraulicher Information würde der eigenen Karriere oder der Firma sehr nützen.
- Man ist versucht, eine ungenügende Leistung zu vertuschen.

Eine Umfrage hat ergeben, daß 83 % der US-amerikanischen, 68 % der kanadischen und 50 % der europäischen Firmen schriftlich festgelegte Verhaltenskodizes haben. Darin werden zum Beispiel die folgenden Themen behandelt:

- **Grundsätzliche Leitlinien.** Vulcan Materials stellt fest: "Integrität: Wir bemühen uns beständig darum, durch faires und ehrenhaftes Verhalten bei allen Parteien, mit denen wir zu tun haben, Respekt und Vertrauen zu erwerben.
- **Richtlinien für den Einkauf.** Provident Mutual schreibt vor: "Angestellte dürfen Einzelnen oder Organisationen, mit denen Provident Mutual Geschäfte betreibt, nichts schenken, was mehr als einen symbolischen Wert hat (50 $ oder mehr) und auch keine solchen Geschenke entgegennehmen."
- **Umweltschutz- und Sicherheitsrichtlinien.** Bei Neste OY heißt es: "Unser Ziel ist es, im Hinblick auf Umweltschutz, Arbeitssicherheit und Produktsicherheit die besten Lösungen zu entwickeln."

Weitere Themen in betrieblichen Verhaltenskodizes sind die Information der Eigentümer, der Umgang mit geistigem Eigentum und die Vertraulichkeit von Personalakten.

Quelle: K. O. Hanson, "Unavoidable Ethical Dilemmas in a Business Career" (Stanford University, 1995) und R. E. Berenbeim, *Corporate Ethics Practices* (New York: The Conference Board, 1992).

Umfragen zur betrieblichen Praxis

1.8 NEUE MANAGEMENTTHEMEN VON WELTWEITER BE-DEUTUNG

Das entscheidungsorientierte Rechnungswesen hat die Aufgabe, den Managern zu besseren Entscheidungen zu verhelfen. Veränderungen in der Arbeitsweise der Manager machen es erforderlich, Form und Arbeitsweise von Controllingsystemen selbst neu zu überdenken. Tafel 1.7 zeigt die Schlüsselthemen des neuen Managementansatzes.

Tafel 1.7
Neue Schlüsselthemen im Management

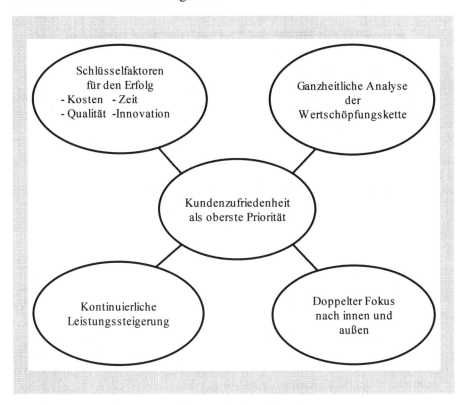

1. *Kundenzufriedenheit als oberste Priorität.* Das ist das zentrale Thema. Die Kunden sind der Angelpunkt des Erfolgs einer Organisation. Eine große und ständig wachsende Zahl von Organisationen strebt eine "Steuerung durch den Kunden" an. Das Organigramm von Furon (ein Polymer-Hersteller) in Tafel 1.8 zeigt, wie der Kunde an die Spitze der Organisationspyramide gestellt wird. Wir beschäftigen uns mit diesem Thema in Kapitel 16, wo wir die Kunden-Rentabilitätsanalyse

vorstellen, und in Kapitel 26, wo es um Kunden-Feedback bei der Erfolgsmessung geht.

Tafel 1.8
Die zentrale Position der Kunden im Organigramm der Furon Corporation

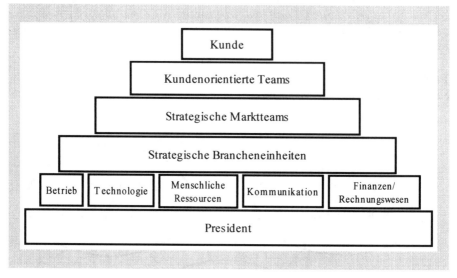

2. *Schlüsselfaktoren für den Erfolg.* Die Kunden verlangen ständige Verbesserungen bei einigen (oder sogar allen) der folgenden Faktoren:

- *Kosten*: Unternehmen stehen unter ständigem Druck, die Kosten ihrer Produkte und Dienstleistungen zu senken.
- *Qualität*: Die Kunden erwarten höhere Qualität und sind weniger bereit, schlechte Qualität zu tolerieren, als in der Vergangenheit.
- *Zeit*: Der Faktor Zeit spielt auf vielerlei Art eine Rolle. Zum Beispiel geht es um die Zeit, die man braucht, um neue Produkte zu entwickeln und auf den Markt zu bringen, um das Tempo, mit dem eine Organisation auf Kundenwünsche reagiert und um die Verläßlichkeit, mit der vereinbarte Liefertermine eingehalten werden. Organisationen stehen unter ständigem Druck, Aktivitäten schneller zu Ende zu bringen, und vereinbarte Liefertermine verläßlicher einzuhalten als in der Vergangenheit, um die Kundenzufriedenheit zu erhöhen.
- *Innovation:* Es wird zunehmend wahrgenommen, daß die meisten Organisationen als Voraussetzung für anhaltenden Geschäftserfolg einen kontinuierlichen Strom von Innovationen bei ihren Produkten oder Dienstleistungen brauchen.

Um solche Schlüsselfaktoren für den Erfolg geht es in den Kapiteln 4 und 5 bei der Prozeßkostenrechnung, die dazu dient, Möglichkeiten zur Kostensenkung zu erarbeiten, und in Kapitel 19, beim Thema Berichterstattung über Qualitätskosten.

3. *Ganzheitliche Analyse der Wertschöpfungskette:* Dieses Thema hat zwei miteinander verknüpfte Aspekte. Es geht darum,

- den Beitrag jedes Unternehmensbereichs in Tafel 1.1 (Seite 4) als wesentlich und wertvoll anzuerkennen und
- die Fähigkeiten jedes einzelnen Unternehmensbereichs zu entwickeln und gleichzeitig die Aktivitäten aller Unternehmensbereiche zu integrieren und miteinander zu koordinieren.

Analyse der Wertschöpfungskette bedeutet, daß man sich auf alle Funktionsbereiche konzentriert, die mit einem Produkt oder einer Dienstleistung zu tun haben; man begleitet das Produkt oder die Dienstleistung "von der Wiege bis zur Bahre", unabhängig davon, ob die Funktionen in derselben Organisation oder in einer Reihe von rechtlich unabhängigen Organisationen angesiedelt sind. So kooperiert zum Beispiel bei Pepsi-Cola die Abfüllabteilung mit ihren Materialzulieferern, um die Kosten des innerbetrieblichen Transport- und Lagerwesens bei Pepsi zu reduzieren. Und Fujitsu arbeitet mit den Kunden seiner Microchip-Abteilung zusammen, um das Timing in der Microchip-Produktion besser zu planen.

Um dieses Thema geht es in Kapitel 6 bei der Finanzplanung und in Kapitel 12 beim Thema Zielkostenrechnung (*Target Costing*).

4. *Kontinuierliche Leistungssteigerung:* Ständige Verbesserungen bei den Konkurrenten sorgen in vielen Organisationen für eine niemals endende Suche nach höheren Leistungsniveaus. Die folgenden Redensarten bringen das zum Ausdruck:

- Eine Reise, die niemals endet.
- Wir laufen schneller, nur um nicht zurückzufallen.
- Wer nicht nach vorne geht, geht rückwärts.

Sumitomo Electric Industries, der japanische Hersteller von elektrischen Drähten und Kabeln, veranstaltet täglich Meetings, damit alle Angestellten ständig auf Kostensenkungen bedacht bleiben.

Wir diskutieren dieses Thema in Kapitel 6 (Kaizen-Budgetierung), in Kapitel 7 (kontinuierliche Senkung der Standardkosten) und in Kapitel 10 (Lernkurven).

5. *Doppelter Fokus nach innen und außen:* Manager operieren sowohl in einer externen als auch in einer internen Umgebung. Zur externen Umwelt gehören Kunden, Konkurrenten, Zulieferer und staatliche Stellen. Viele Organisationen definieren heute den Verantwortungsbereich der Manager neu und legen dabei viel mehr Gewicht auf die externe Umwelt. Durch dieses größere Gewicht wächst auch die Wahrscheinlichkeit, daß Manager externe Veränderungen wie die Einführung neuer Produkte durch Konkurrenzfirmen oder Verschiebungen der Kundenpräferenzen vorhersehen und sich diese Veränderungen zunutze machen

können. Die interne Umwelt besteht aus allen Teilen der Wertschöpfungskette sowie aus ihrer Koordination.

Wir beschäftigen uns mit diesem Thema in Kapitel 7 unter dem Stichwort Benchmarking und in Kapitel 25 im Zusammenhang mit marktpreisorientierten Transferpreise.

Im Lauf der Zeit kann sich die Bedeutung, die den fünf Themen in Tafel 1.7 zugeschrieben wird, verändern, und es müssen neue Themen hinzugefügt werden. Wenn das entscheidungsorientierte Rechnungswesen für die Manager nützlich bleiben soll, muß es sich über Veränderungen im Bereich des Managements auf dem laufenden halten.

QUALITÄT DES RECHNUNGSWESENS BEI MOTORO-LA

Ob eine Firma ein Qualitätsprodukt oder eine Qualitätsdienstleistung anbietet wird oft danach entschieden, ob es ihr gelingt, die Kundenerwartungen ständig zu erfüllen oder zu übertreffen. Motorola, eine Firma mit einem Umsatz von 20 Mrd. $, hat viele Preise für die Qualität seiner Produkte gewonnen. Die Rechnungswesenabteilung bei Motorola sieht die Manager der Firma als ihre Kunden und versucht ständig, ihre Erwartungen zu erfüllen oder zu übertreffen. Ein Beispiel ist die Pünktlichkeit von Finanzberichten. Motorola hat ein Bonussystem für die pünktliche Abgabe von Berichten. Viele Jahre lang erhielten die Manager Monatsberichte erst acht Werktage nach Monatsende. Dieser Zeitraum ist zwar kürzer als in den meisten Unternehmen, aber den Managern waren schnellere Berichte sehr wichtig. Die Rechnungswesenabteilung bei Motorola beschloß, sich ein Ziel von zwei Werktagen für den Abschluß der Berichte zu setzen. Motorola verlangt nun von seinen sechs Geschäftsbereichen und von seiner Verwaltung "monatliche Zahlen spätestens zwei Werktage nach Monatsende zu liefern, und zwar in einem einheitlichen Layout, das mit der Software der Rechnungswesenabteilung kompatibel ist." Sobald sie die Zahlen erhalten, führen die Mitarbeiter des Rechnungswesens bei "ungewöhnlichen Transaktionen, widersprüchlichen Zahlen und anderen, möglicherweise inkorrekten Eintragungen" Echtzeit-Kontrollen durch. Die konsolidierten Finanzberichte werden nun der Unternehmensleitung und den Mitgliedern des Board of Directors spätestens am Mittag des dritten Werktages nach Monatsende vorgelegt.

Mit dieser zeitigeren Information über geschäftliche Trends können die Motorola-Manager nun alle Verbesserungsmaßnahmen mindestens sechs Tage früher ergreifen, als dies vorher möglich war. Hinzu kommt, daß die Straffung des Abschlußprozesses zu niedrigeren monatlichen Abschlußkosten (Verringerung der Arbeitszeit um 30 %) und zu einer niedrigeren Fehlerquote (weniger als 1.000 Fehler bei zwei Millionen Transaktionen) geführt hat.

Die Rechnungswesenabteilung hat auf diesen Erfolg damit reagiert, daß sie es sich zum Ziel gesetzt hat, den Monatsabschluß in 1 1/2 Tagen zu schaffen! Motorola hat eine Unternehmenskultur der ständigen Verbesserungen, die auf alle Aufgabenbereiche angewandt wird.

Quellen: B. Ettore, "How Motorola Closes ist Books in Two Days," *Management Review* (März 1995), sowie Gespräche mit dem Management von Motorola.

AUFGABE

Die Campbell Soup Company hat folgende Kosten:

a. Kauf von Tomaten für die Tomatensuppenprodukte von Campbell.

b. Kauf von Materialien für ein neues Design der Pepperidge-Farm-Keks-schachteln, damit die Kekse länger frisch bleiben.

c. Zahlung an Bates, die Werbeagentur für die Suppenproduktlinie Healthy Request.

d. Zahlung von Gehältern an die Lebensmitteltechniker, die die Machbarkeit einer Prego-Pizzasauce mit Null Kalorien erforschen.

e. Zahlung an Safeway für die Ausstellung von Campbell Lebensmittelprodukten.

f. Kosten für eine gebührenfreie Hotline, für Kundennachfragen wegen möglicher Geschmacksprobleme bei Campbell-Suppen.

g. Kauf von Handschuhen für die Fließbandarbeiter in der Produktion von Frühstücksartikeln der Marke Swanson Fiesta.

h. Kauf von Handcomputern, die das Lieferpersonal von Pepperidge Farm bei der Belieferung größerer Supermärkte benutzt.

Bestimmen Sie für jeden Posten die entsprechende Komponente der Wertschöpfungskette in Tafel 1.1 (Seite 4).

LÖSUNG

a. Produktion

b. Design von Produkten, Dienstleistungen oder Prozessen

c. Marketing

d. Forschung und Entwicklung

e. Marketing

f. Kundendienst

g. Produktion

h. Vertrieb

Kostenbegriffe und ihre Verwendung

KAPITEL

In diesem Kapitel werden einige gängige Kostenbegriffe und Kostenklassifikationen erläutert. Das gibt uns die Möglichkeit, die vielfältigen Zwecke von Kostenrechnungssystemen zu demonstrieren, die wir auch in späteren Kapiteln immer wieder betonen werden.

Verschiedene Kostenbegriffe und Kostenklassifikationen sind in vielen Zusammenhängen nützlich, so auch bei Entscheidungsprozessen in allen Bereichen der Wertschöpfungskette. Sie helfen Managern, Fragen wie die folgenden zu entscheiden: Wieviel sollte für Forschung und Entwicklung ausgeben werden? Wie wirken sich Veränderungen im Produktdesign auf die Produktionskosten aus? Sollten einige Fließbandarbeiter durch einen Roboter ersetzt werden? Sollte ein größerer Teil des Marketingbudgets für verkaufsfördernde Geschenkgutscheine und weniger für Werbung ausgegeben werden? Sollte der Vertrieb von einem zentralen Lagerhaus oder von regional verteilten Lagerhäusern aus organisiert werden? Sollte eine gebührenfreie Telefonleitung eingerichtet werden für Kunden, die sich über die Produkte der Firma informieren wollen?

2.1 ALLGEMEINES ÜBER DIE KOSTEN

Kostenobjekte

Im Rechnungswesen werden **Kosten** in der Regel definiert als Ressourcen, auf die man verzichten muß oder die einem entgehen, wenn man ein bestimmtes Ziel erreichen will. Die meisten Menschen verstehen unter Kosten Geldbeträge (in Dollar, Euro, Pfund oder Yen), die man bezahlen muß, um Güter und Dienstleistungen zu kaufen. Vorerst genügt uns dieser konventionelle Kostenbegriff.

Als Wegweiser für ihre Entscheidungen wollen Manager oft wissen, wieviel eine bestimmte Sache (zum Beispiel ein neues Produkt, eine Maschine, eine Dienstleistung oder ein Prozeß) kostet. Wir nennen diese "Sache" ein **Kostenobjekt**[8]; das kann alles

---

[8] Kostenobjekt (*cost object*) kann ein *Kostenträger* sein (Produkt, Produktreihe oder Auftrag), der Kosten verursacht, oder eine *Kostenstelle*, also ein abgrenzbarer Bereich der Organisation, dem Kosten zugeordnet werden können. Ein Kostenobjekt kann aber auch ein Kunde sein oder eine Einzelaktivität, also eine Bezugsgröße, die weder Kostenträger noch Kostenstelle ist. Der Begriff ist in seiner Allgemeinheit also für alle Arten von Kostenrechnungssystemen anwendbar. [Anm. d. Übers.]

sein, wofür man sich eine separate Kostenmessung wünscht. Tafel 2.1 zeigt Beispiele
für verschiedene Arten von Kostenobjekten.

TAFEL 2.1
Beispiele für Kostenobjekte

Kostenobjekt	Beispiel
• Produkt	ein Zehngangrad
• Dienstleistung	ein Flug von Los Angeles nach London
• Projekt	ein Flugzeug, das Boing für Singapore Airlines zusammenbaut
• Kunde	alle Produkte, die Safeway (der Kunde) von General Foods kauft
• Marke	alle Softdrinks, die von einem Flaschenabfüllunternehmen der Firma Pepsi-Cola verkauft werden und die "Pepsi" im Namen haben
• Aktivität	ein Qualitätstest für einen Fernseher
• Abteilung	eine Abteilung innerhalb einer staatlichen Umweltbehörde, die sich mit Emissionsstandards für die Luft beschäftigt
• Programm	das Sportprogramm einer Universität

Kostenerfassung und Kostenverteilung

Ein Kostenrechnungssystem verrechnet Kosten normalerweise in zwei Schritten:

Schritt 1: Die Kosten werden nach einer "natürlichen" (oft selbstbeschreibenden) Klassifikation von Kostenarten wie zum Beispiel Material, Arbeit, Kraftstoff, Werbung oder Versand *erfaßt*.

Schritt 2: Diese Kosten werden auf die Kostenobjekte *verteilt*.

Kostenerfassung (*cost accumulation*) ist die systematische Sammlung von Kostendaten mit Hilfe eines Buchhaltungssystems. **Kostenverteilung** (*cost assignment*) ist ein Oberbegriff für (1) die Zuordnung der erfaßten Einzelkosten zu den entsprechenden Kostenobjekten und (2) die Aufschlüsselung der erfaßten Gemeinkosten auf die Kostenobjekte. (Siehe Abschnitt 2.2.) Fast alle Kostenrechnungssysteme erfassen die **Istkosten** (*actual costs*); das sind die tatsächlich angefallenen Kosten im Gegensatz zu den geplanten oder prognostizierten Kosten.

In manchen Organisationen finden Schritt 1 (Kostenerfassung) und Schritt 2 (Kostenverteilung) simultan statt. Nehmen wir zum Beispiel den Fall, daß Boeing 100 Sitze für die 1. Klasse kauft, die in ein Flugzeug vom Typ 767 für British Airways eingebaut werden sollen. Diese Transaktion könnte auf ein Konto im Hauptbuch gebucht werden, zum Beispiel auf das Materialkonto (Kostenerfassung) und gleichzeitig auf die Konten von drei verschiedenen Kostenobjekten (Kostenverteilung):

* eine Abteilung (Montage)
* ein Produkt (die Produktlinie 767)
* ein Kunde (British Airways)

Alternativ könnte die Kostenerfassung auch zuerst stattfinden, gefolgt von der Kostenverteilung. Zum Beispiel könnte der Kauf von 100 Sitzen durch Boeing zuerst auf dem Materialkonto verbucht werden, dann einer Abteilung, dann einem Produkt und schließlich einem Kunden zugewiesen werden. Fortschritte in der Technologie der Informationssammlung (wie zum Beispiel die Strichkodierung) erleichtern es, Kosten zum Zeitpunkt ihrer Entstehung mehreren Kostenobjekten simultan zuzuordnen.

Erinnern wir uns daran, daß die Verteilung der Kosten auf ausgewählte Kostenobjekte dazu dient, Managemententscheidungen zu unterstützen. Kosten können einem Produkt oder Kunden auch zugeordnet werden, um die Analyse der Produkt- oder Kundenrentabilität zu erleichtern.

2.2 EINZELKOSTEN UND GEMEINKOSTEN

Kostenzuordnung und Kostenaufschlüsselung

Wichtig ist, ob die Kosten mit einem bestimmten Kostenobjekt direkt oder indirekt in Beziehung stehen.

* **Einzelkosten** (*direct costs*) eines Kostenobjekts sind Kosten, die mit diesem bestimmten Kostenobjekt zusammenhängen und ihm auf wirtschaftlich sinnvolle (rentable) Weise zugeordnet werden können.
* **Gemeinkosten** (*indirect costs*) eines Kostenobjekts sind Kosten, die mit einem bestimmten Kostenobjekt zusammenhängen, ihm aber nicht auf wirtschaftlich sinnvolle Weise zugeordnet werden können. Gemeinkosten werden dem Kostenobjekt mit Hilfe eines Kostenschlüssels zugerechnet.

Nehmen wir als Beispiel für ein Kostenobjekt einen Baseballschläger. Die Kosten für das Stück Holz, das man braucht, um diesen Schläger herzustellen, sind Einzelkosten, denn sie können dem Schläger leicht zugeordnet werden. Die Beleuchtungskosten in der Fabrik, wo der Schläger hergestellt wurde, gehören zu den Gemeinkosten. Die Beleuchtung hat zwar bei der Herstellung des Schlägers geholfen, aber es lohnt sich nicht zu versuchen herauszufinden, welcher Teil der Beleuchtungskosten genau für einen bestimmten Schläger gebraucht worden ist.

Manager stützen sich bei ihren Entscheidungen lieber auf die Einzelkosten eines Kostenobjekts als auf die Gemeinkosten, denn sie wissen, daß Einzelkosten genauer sind als aufgeschlüsselte Gemeinkosten. Der Zusammenhang zwischen diesen Begriffen kann folgendermaßen dargestellt werden:

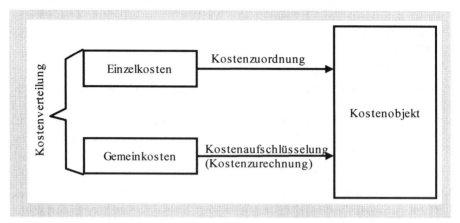

Unter **Kostenzuordnung** (*cost tracing*) versteht man die Zuordnung von Einzelkosten zu einem ausgewählten Kostenobjekt. **Kostenaufschlüsselung** oder **Kostenzurechnung** (*cost allocation*) ist die Zuweisung von Gemeinkosten zu dem Kostenobjekt. *Kostenverteilung* umfaßt also sowohl die Kostenzuordnung als auch die Kostenaufschlüsselung.

Faktoren, von denen die Klassifizierung als Einzelkosten oder Gemeinkosten abhängt

Die folgenden Faktoren haben einen Einfluß darauf, ob bestimmte Kosten als Einzelkosten oder als Gemeinkosten betrachtet werden:

1. *Das Gewicht der betreffenden Kosten.* Je höher die betreffenden Kosten sind, desto wahrscheinlicher ist es, daß eine Zuordnung dieser Kosten zu einem bestimmten Kostenobjekt auf wirtschaftlich sinnvolle Art und Weise möglich ist. Betrachten wir ein Versandhaus. Es würde sich wahrscheinlich lohnen, die Kurierkosten für die Auslieferung eines Pakets jedem Kunden direkt zuzuordnen. Im Gegensatz dazu wird man die Papierkosten für die Rechnung, die in dem Paket liegt, wahrscheinlich als Gemeinkosten einstufen, denn es lohnt sich nicht, die Kosten für dieses Papier jedem Kunden zuzuordnen. Der Nutzen, den man aus dem Wissen gewinnt, daß in jedem Paket Papier im Wert von 0,05 $ enthalten ist, rechtfertigt in der Regel nicht die Kosten in Form von Geld und Zeit, die man aufwenden muß, um diese Kosten jedem Paket getrennt zuzuordnen.

2. *Die verfügbare Technologie zur Datenerfassung.* Verbesserungen auf diesem Gebiet machen es möglich, einen immer größeren Prozentsatz der Gesamtkosten als Einzelkosten einzustufen. Die Strichkodierung zum Beispiel erlaubt es vielen Herstellungsbetrieben, Materialkosten, die zuvor zu den Gemeinkosten gerechnet wurden, als Einzelkosten der Produkte zu behandeln. Ein Strichkode kann in eine Kostendatei mit einer einzigen Handbewegung eingelesen werden, genauso schnell und effizient, wie die Supermärkte heute den Preis für die gekauften Artikel in ihre Kasse einlesen.

3. *Der Arbeitsablauf im Betrieb.* Das Design der Betriebsanlage kann die Kostenklassifikation beeinflussen. So ist es zum Beispiel leichter, bestimmte Kosten als Einzelkosten zu behandeln, wenn die Betriebsanlage einer Organisation (oder ein Teil dieser Anlage) ausschließlich für ein bestimmtes Kostenobjekt wie zum Beispiel ein Produkt oder einen speziellen Kunden verwendet wird.

4. *Vertragliche Vereinbarungen.* Ein Vertrag des Inhalts, daß eine bestimmte Komponente (ein Intel-Pentium-Chip) nur für ein bestimmtes Produkt (einen IBM-PC) benutzt werden darf, macht es einfacher, diese Komponente als Einzelkosten des Produkts einzustufen.

In diesem Buch untersuchen wir verschiedene Möglichkeiten der Verteilung von Kosten auf Kostenobjekte. Für jetzt genügt es, sich zu merken, daß bestimmte Kosten gleichzeitig Einzelkosten und Gemeinkosten sein können. *Die Einteilung in Einzelkosten und Gemeinkosten hängt nämlich von der Wahl des Kostenobjekts ab.* Das Gehalt eines Aufsehers in einer Montageabteilung von Ford kann zwar dieser Abteilung als Einzelkosten zugeordnet werden, stellt aber für ein Produkt wie den Ford Taurus Gemeinkosten dar.

2.3 KOSTENTREIBER UND KOSTENMANAGEMENT

Die ständigen Bemühungen der Konkurrenten um Kostensenkung sorgen dafür, daß Organisationen ohne Ende unter dem Druck stehen, ihre eigenen Kosten zu reduzieren. Dabei konzentriert man sich häufig auf zwei Schlüsselthemen:

1. Man versucht, nur solche Aktivitäten aufzunehmen, die zur Wertschöpfung beitragen, das heißt, die in den Augen der Kunden den Wert der von ihnen gekauften Produkte oder Dienstleistungen steigern.
2. Man versucht, den Umgang mit den Kostentreibern bei diesen Aktivitäten effizient zu managen.

Ein **Kostentreiber** (*cost driver*) ist jeder Faktor, der die Gesamtkosten beeinflußt. Das heißt, eine Veränderung im Niveau des Kostentreibers wird immer auch eine Veränderung im Niveau der Gesamtkosten beim entsprechenden Kostenobjekt verursachen.

Tafel 2.2 zeigt beispielhaft Kostentreiber für jeden Geschäftsbereich in der Wertschöpfungskette. Manche Kostentreiber sind in Geldeinheiten meßbar und im Buchführungssystem enthalten (wie zum Beispiel die Fertigungslöhne oder der Umsatz), andere sind nichtmonetäre Variable (wie zum Beispiel die Anzahl der Teile pro Produkt oder die Anzahl der Anrufe beim Kundendienst).

TAFEL 2.2

Beispiele für Kostentreiber in den verschiedenen Bereichen der Wertschöpfungskette

Geschäftsbereich	Kostentreiber
Forschung und Entwicklung	• Anzahl der Forschungsprojekte • Personalstunden pro Projekt • technische Komplexität der Projekte
Produkt- und Prozeßdesign	• Anzahl der Produkte • Anzahl der Teile pro Produkt • Anzahl der Ingenieurstunden
Produktion	• Anzahl der produzierten Einheiten • Fertigungslöhne • Anzahl der Anlagen • Häufigkeit der Umrüstung von technischen Anlagen
Marketing	• Anzahl der laufenden Werbeanzeigen • Anzahl der Mitarbeiter im Verkauf • Umsatz
Vertrieb	• Anzahl der Artikel • Anzahl der Kunden • Gewicht der Artikel
Kundendienst	• Anzahl der Anrufe beim Kundendienst • Anzahl der zu betreuenden Produkte • Anzahl der Arbeitsstunden pro Fall

Kostenmanagement sind alle Maßnahmen, die Manager ergreifen, um die Kosten zu kontrollieren und zu reduzieren und dabei gleichzeitig die Kunden zufriedenzustellen. Hier ist eine Warnung angebracht, die sich auf die Rolle der Kostentreiber beim Kostenmanagement bezieht. Veränderungen bei einem bestimmten Kostentreiber führen nicht automatisch zu Veränderungen bei den Gesamtkosten. Nehmen wir zum Beispiel die Anzahl der Artikel, die verkauft werden sollen, als Determinante für die Arbeitskosten im Vertrieb. Angenommen, das Management verringert die Anzahl der Artikel um 25 Prozent. Diese Verringerung hat nicht automatisch eine Senkung der Arbeitskosten im Vertrieb zur Folge. Die Manager müssen Schritte unternehmen, um die Arbeitskosten im Vertrieb zu senken, zum Beispiel indem sie Arbeitskräfte entlassen oder aus dem Vertrieb in andere Geschäftsbereiche umsetzen.

2.4 VARIABLE KOSTEN UND FIXKOSTEN

Ein Kostenrechnungssystem erfaßt die Kosten von erworbenen Ressourcen und verfolgt ihre weitere Nutzung. Dabei zeigt sich, wie diese Kosten auf Veränderungen der Kostentreiber reagieren. Betrachten wir zunächst zwei grundlegende Muster der Kostenentwicklung – variable Kosten und Fixkosten. **Variable Kosten** (*variable costs*) sind Kosten, deren Gesamtbetrag sich proportional zu den Veränderungen eines Kostentreibers entwickelt. **Fixkosten** (*fixed costs*) sind Kosten, deren Betrag sich auch bei Veränderungen eines Kostentreibers nicht verändert.

- *Variable Kosten.* Wenn General Motors für seinen Saturn Lenkräder für 60 $ pro Stück kauft, dann müßten die Gesamtkosten für die Lenkräder der Anzahl der montierten Autos multipliziert mit 60 $ entsprechen. Das ist ein Beispiel für variable Kosten, also Kosten, deren *Gesamtbetrag* sich proportional zur Veränderung eines Kostentreibers (Anzahl der Autos) entwickelt. Die variablen Kosten pro Auto verändern sich nicht mit der Anzahl der montierten Autos. Tafel 2.3 (Teil A) illustriert diese variablen Kosten. Ein zweites Beispiel ist eine Verkaufsprovision von fünf Prozent des Umsatzes. Auch dieses Beispiel ist in Tafel 2.3 abgebildet (Teil B).
- *Fixkosten.* Bei General Motors fallen in einem gegebenen Jahr vielleicht 20 Mio. $ für das Leasing und die Versicherung der Saturn-Fabrik an. Beides sind Beispiele für Fixkosten, also Kosten, deren Gesamtsumme während eines gegebenen Zeitraums sich nicht verändert, solange die Kosteneinflußgröße innerhalb eines abgegrenzten Bereichs bleibt. Pro Einheit gerechnet werden die Fixkosten immer geringer, wenn die Kosteneinflußgröße zunimmt. Wenn zum Beispiel General Motors innerhalb eines Jahres in dieser Fabrik 10.000 Saturn-Autos montiert, betragen die Fixkosten für das Leasing und die Versicherung pro Auto 2.000 $ (20 Mio. $: 10.000). Werden dagegen 50.000 Autos fertiggestellt, so fallen nur noch 400 $ Fixkosten pro Auto an.

Es wäre falsch, zu vermuten, daß einzelne Kostenarten inhärent variabel oder fix sind. Nehmen wir die Arbeitskosten. Ein Beispiel für rein variable Arbeitskosten ist der Fall, daß Arbeitskräfte einen Stücklohn erhalten. Manche Textilarbeiter werden auf der Basis der Anzahl der genähten Hemden bezahlt. Im Gegensatz dazu sind Arbeitskosten als Fixkosten einzustufen, wenn die Arbeitsverträge unbefristet sind oder die Tarifverträge wenig Flexibilität zulassen, wenn es darum geht, Arbeitskräfte in Bereiche umzusetzen, in denen sie dringender gebraucht werden.

Grundannahmen

Die Definitionen der Begriffe variable Kosten und Fixkosten beruhen auf wichtigen Annahmen:

1. Bestimmte Kosten können nur im Hinblick auf ein spezifisches Kostenobjekt variabel oder fix sein.

TAFEL 2.3
Beispiele für variable Kosten

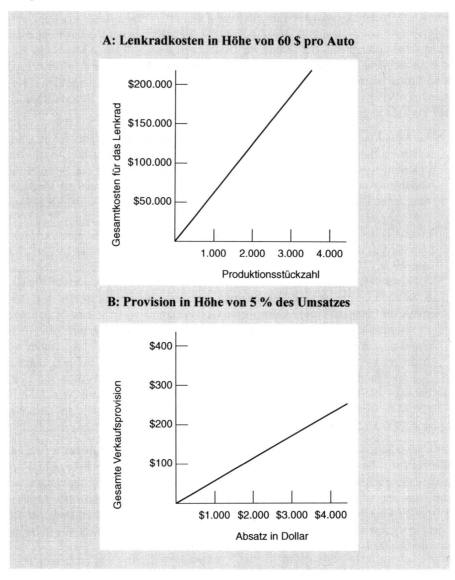

A: Lenkradkosten in Höhe von 60 $ pro Auto

B: Provision in Höhe von 5 % des Umsatzes

2. Die Zeitspanne muß genau abgegrenzt sein. Nehmen wir die 20 Mio. $, die General Motors für Leasing und Versicherung seiner Saturn-Fabrik zahlt. Dieser Betrag kann für ein Jahr festgelegt sein. Danach wird er vielleicht neu ausgehandelt und beträgt dann für das kommende Jahr 22 Mio. $.

Umfragen zur betrieblichen Praxis

FUNKTIONEN DER UNTERSCHEIDUNG ZWISCHEN VARIABLEN UND FIXEN KOSTEN

Die Unterscheidung zwischen variablen und fixen Kosten dient unterschiedlichen Zwecken. In einer Umfrage unter US-amerikanischen Firmen[a] wurde die folgende Rangfolge für diese Funktionen ermittelt (1 = wichtigste Funktion). In der dritten Spalte werden jeweils die Kapitel genannt, in denen diese Funktionen ausführlich behandelt werden.

Rang	Funktion	relevante Kapitel
1	Preiskalkulation	4,5,11 und 12
1	Finanzplanung	6
3	Rentabilitätsanalyse für existierende Produkte	4,5,11 und 12
4	Rentabilitätsanalyse für neue Produkte	11 und 12
5	Kosten/Volumen/Gewinn(KVG)-Analyse	3
6	Abweichungsanalyse	7,8,16 und 24

Entsprechende Umfragen in Australien, Japan und Großbritannien geben zusätzliche Anhaltspunkte für den Stellenwert, den Manager den einzelnen Funktionen beimessen (1 = wichtigste Funktion):[b]

Funktion	australische Firmen	japanische Firmen	britische Firmen
Preisentscheidungen	1	5	1
Finanzplanung	2	3	
Gewinnplanung	3	1	2
Kostensenkung	6	3	5
KVG-Analyse	4	4	4
Kosten-Nutzen-Analyse	4	6	5

Diese Umfragen zeigen das breite Spektrum der Entscheidungen, für die es nach Ansicht der Manager wichtig ist, das Kostenverhalten zu verstehen.

a.   Übernommen aus Mowen, *Accounting for Costs.*

b.   Blayney und Yokoyama, "Comparative Analysis."
Vollständige Quellenangaben in Anhang A am Ende des Buches.

3. Die Gesamtkosten sind linear. Das heißt, wenn man die gesamten variablen Kosten oder die gesamten Fixkosten in Abhängigkeit von einem Kostentreiber graphisch darstellt, erscheinen sie als eine durchgehende, gerade Linie.

4. Es gibt nur einen Kostentreiber. Die Einflüsse anderer möglicher Kostentreibe auf die Gesamtkosten werden konstant gehalten oder als unwesentlich eingeschätzt.

5. Der Kostentreiber bewegt sich nur innerhalb eines relevanten Bereichs (den wir im nächsten Abschnitt diskutieren).

Variable Kosten und Fixkosten sind in den existierenden Systemen des entscheidungsorientierten Rechnungswesens die häufigsten Muster der Kostenentwicklung. Weitere Muster werden in späteren Kapiteln behandelt (siehe Kapitel 5 und 10).

Relevanter Bereich

Ein **relevanter Bereich** (*relevant range*) ist derjenige Wertebereich eines Kostentreibers, für den ein bestimmtes Verhältnis zwischen Kosten und Kostentreiber gilt. Fixkosten sind fix nur in bezug auf einen gegebenen (in der Regel weiten) relevanten Bereich des Kostentreibers und eine gegebene Zeitspanne (in der Regel eine bestimmte Haushaltsperiode). Betrachten wir die Thomas Transport Company (TTC), die mit Hilfe von zwei Kühlwagen landwirtschaftliche Produkte zu den Märkten transportiert. Jeder Wagen verursacht jährlich Fixkosten von 40.000 $ (einschließlich der Jahresrate für die Versicherung in Höhe von 15.000 $ und der jährlichen Anmeldegebühr in Höhe von 8.000 $), sowie variable Kosten von 1,20 $ pro zurückgelegte Meile. TTC hat die Transportstrecke als Kostentreiber gewählt. Für jeden Lastwagen beträgt die maximale Nutzung 120.000 Meilen pro Jahr. Für das laufende Jahr (19_7) ist für beide Wagen insgesamt eine Transportstrecke von 170.000 Meilen geplant.

TAFEL 2.4

Fixkosten bei der Thomas Transport Company

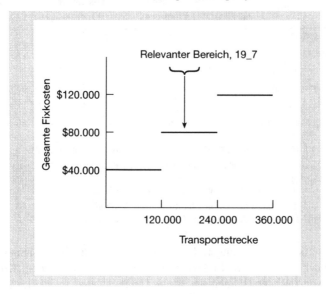

Tafel 2.4 zeigt, welche jährlichen Fixkosten mit unterschiedlichen Transportstrecken verbunden sind. Bis zu 120.000 Meilen kann TTC mit einem einzigen Kühlwagen arbeiten; zwischen 120.001 und 240.000 Meilen werden zwei Kühlwagen benötigt und zwischen 240.001 und 360.000 Meilen drei Kühlwagen. Dieses Muster setzt sich fort, wenn TTC seinem Fuhrpark weitere Lastwagen hinzufügt. Die Klammer weist auf den Bereich zwischen 120.001 und 240.000 Meilen, für den die 80.000 $ gelten, die TTC im Hinblick auf die geplante Transportstrecke von 170.000 Meilen im Jahr 19_7 angesetzt hat.

Fixkosten können sich von Jahr zu Jahr ändern. Wenn zum Beispiel 19_8 die jährliche Anmeldegebühr für Kühlwagen erhöht wird, steigt auch die Gesamthöhe der fixen Kosten (vorausgesetzt die Erhöhung wird nicht durch eine Senkung bei einem anderen Fixkostenbestandteil kompensiert).

Zusammenhang zwischen Kostenklassifikationen

Wir haben bisher zwei wichtige Kostenunterscheidungen eingeführt: Einzelkosten und Gemeinkosten, sowie variable Kosten und Fixkosten. Beide Unterscheidungen können miteinander kombiniert werden.

TAFEL 2.5

Beispiele für die simultane Anwendung der Unterscheidungen Einzelkosten/Gemeinkosten und variable Kosten/Fixkosten

		Zurechenbarkeit der Kosten zu den Kostenobjekten	
		Einzelkosten	Gemeinkosten
Veränderlichkeit der Kosten	Variable Kosten	Kostenobjekt: montiertes Auto Beispiel: Kosten für die Reifen	Kostenobjekt: montiertes Auto Beispiel: Stromkosten, wenn diese nur für die Fabrik insgesamt gemessen werden
	Fixkosten	Kostenobjekt: Marketingabteilung Beispiel: jährliche Leasingkosten für Autos, die von den Handelsvertretern genutzt werden	Kostenobjekt: Marketingabteilung Beispiel: monatliche Gebühr des firmeneigenen Computercenters für den Anteil der Marketingabteilung an den Computerkosten.

Kosten können also

- variable Einzelkosten,
- fixe Einzelkosten,
- variable Gemeinkosten oder
- fixe Gemeinkosten

sein.

Tafel 2.5 zeigt Beispiele für jeden der vier Kostentypen.

2.5 GESAMTKOSTEN UND STÜCKKOSTEN

Bedeutung der Stückkosten

In der Kostenrechnung werden in der Regel sowohl die Gesamtkosten als auch die Stückkosten ausgewiesen. **Stückkosten** oder **Durchschnittskosten** (*unit cost, average cost*) werden berechnet, indem man Gesamtkosten durch eine bestimmte Anzahl von Einheiten dividiert. Angenommen es wären 980.000 $ Produktionskosten aufgewendet worden, um 10.000 Einheiten eines Produkts herzustellen. Dann würden die Stückkosten 98 $ betragen:

$$\frac{\text{Gesamtkosten der Produktion}}{\text{Anzahl der produzierten Einheiten}} = \frac{980.000\ \$}{10.000} = 98\ \$ \text{ pro Stück}$$

Wenn 8.000 Stück verkauft worden sind und 2.000 noch im Fertigwarenlager übrig sind, hilft das Stückkostenkonzept bei der Verteilung der Gesamtkosten für die Gewinn- und Verlustrechnung und die Bilanz:

Herstellkosten des Umsatzes in der GuV, 8.000 Stück × 98 $/Stück	$ 784.000
Bestand an fertigen Erzeugnissen in der Bilanz am Jahresende, 2.000 Stück × 98 $%Stück	$ 196.000
Gesamte Herstellkosten für 10.000 Stück	$ 980.000

Stückkosten kann man für alle Bereiche der Wertschöpfungskette definieren. So gibt es zum Beispiel Stückkosten für das Produktdesign, für die Verkaufsgespräche und für die Anrufe in der Kundendienstabteilung.

Vorsicht bei der Interpretation von Stückkosten

Stückkosten sind Durchschnittsgrößen. Wie wir noch sehen werden, muß man sie vorsichtig interpretieren. Bei der Entscheidungsfindung rechnet man besser mit Gesamtkosten als mit Stückkosten. Dennoch werden Stückkostenzahlen in vielen Situationen gebraucht. Stellen wir uns zum Beispiel vor, der Vorsitzende eines Universitätsclubs entscheidet darüber, ob er für ein bevorstehendes Fest eine Musikgruppe engagieren soll. Die Gruppe verlangt ein festes Honorar von 1.000 $. Der Vorsitzende wird vielleicht intuitiv Stückkosten für die Gruppe berechnen, wenn er über den Eintrittspreis nachdenkt. Bei 100 Besuchern ergeben sich für die Musikgruppe Stückkosten von zehn Dollar, bei 500 Besuchern von zwei Dollar und bei 1.000 Besuchern von einem Dollar. Man beachte, daß bei einem festen Honorar von 1.000 $ die Gesamtkosten nicht von der Besucherzahl abhängen, während die *Stückkosten* eine Funktion der Besucherzahl sind.

Ob bestimmte Kostenarten fix oder variabel sind, hängt oft vom speziellen Kontext ab. Nehmen wir noch einmal die 1.000 $, die in unserem Beispiel an die Musikgruppe gezahlt werden mußten. Das ist nur eine Möglichkeit der Entlohnung für eine Musikgruppe. Unter anderem sind die folgenden Vereinbarungen möglich:

- Vereinbarung 1: festes Honorar von 1.000 $
- Vereinbarung 2: ein Dollar pro Besucher + 500 $ festes Honorar
- Vereinbarung 3: zwei Dollar pro Besucher

Bei den Vereinbarungen 2 und 3 ist der Dollarbetrag, der an die Musikgruppe zu bezahlen ist, erst nach dem Ereignis bekannt.

In der folgenden Tabelle ist für fünf verschiedene Besucherzahlen festgehalten, wie sich die drei Honorarvereinbarungen auf die Stückkosten und die Gesamtkosten auswirken:

	Vereinbarung 1: 1.000 $		Vereinbarung 2: 1 $ pro Person + 500 $		Vereinbarung 3: 2 $ pro Person	
Zahl der Besucher	Gesamt-kosten	Stück-kosten	Gesamt-kosten	Stück-kosten	Gesamt-kosten	Stück-kosten
50	1.000 $	20 $	550 $	11 $	100 $	2 $
100	1.000 $	10 $	600 $	6 $	200 $	2 $
250	1.000 $	4 $	750 $	3 $	500 $	2 $
500	1.000 $	2 $	1.000 $	2 $	1.000 $	2 $
1.000	1.000 $	1 $	1.500 $	1,50 $	2.000 $	2 $

Die Stückkosten für die Honorarvereinbarung 1 werden berechnet, indem man die Fixkosten von 1.000 $ durch die Besucherzahl teilt. Bei der Vereinbarung 2 ermittelt man zuerst für jede Besucherzahl die Gesamtkosten und teilt dann diesen Betrag durch die Besucherzahl. Bei 250 Personen ergeben sich Gesamtkosten von 750 $ (500 $ + 250 × 1 $) und damit Stückkosten von drei Dollar pro Person. Honorarvereinbarung 3 hat bei jeder Besucherzahl Stückkosten von zwei Dollar pro Person.

Nur wenn 500 Personen das Fest besuchen, kommt man mit allen drei Honorarvereinbarungen auf dieselben Stückkosten von zwei Dollar pro Person. Bei 1 und 2 gelten
diese Stückkosten aber für keine andere Besucherzahl als 500. Bei diesen Honorarvereinbarungen wäre es also falsch, die Stückkosten von zwei Dollar zu benutzen, um die
Gesamtkosten bei 1.000 Besuchern vorherzusagen. Wenn zum Beispiel 250 Menschen das Fest besuchen und die Gruppe ein festes Honorar von 1.000 $ erhält, betra-
gen die Stückkosten vier Dollar pro Person. *Stückkosten sind zwar oft nützlich, müssen
aber extrem vorsichtig interpretiert werden, wenn sie fixe Kosten pro Stück enthalten.*

Die entscheidenden Beziehungen zwischen den Gesamtkosten und den Stückkosten
sind in Teil A der Tafel 2.6 zusammengefaßt. Teil B illustriert diese Beziehungen für
die Honorarvereinbarung 3 mit dem variablen Honorar (Kosten von zwei Dollar pro
Person). Teil C stellt die Honorarvereinbarung 1 dar, bei der die Musikgruppe einen
festen Betrag erhält (Kosten von 1.000 $).

2.6 BILANZ UND KOSTENTERMINOLOGIE

Wir betrachten nun Kosten, die in Gewinn- und Verlustrechnungen oder Bilanzen von
Unternehmen des produzierenden Gewerbes, des Dienstleistungssektors oder des
Handels enthalten sind. Hier muß man unterscheiden zwischen Kosten, die bei ihrer
Entstehung aktiviert werden, und solchen, die nicht aktiviert werden:

- **Aktivierte Kosten** (*capitalized costs*) werden bei ihrer Entstehung zunächst als
  Aktivposten verbucht (aktiviert). Bei diesen Kosten geht man davon aus, daß sie
  dem Unternehmen in der Zukunft Nutzen bringen. Beispiele sind die Kosten für
  den Kauf von Computerausrüstungen und Fahrzeugen. Diese Kosten werden in
  den Perioden abgeschrieben, in denen vermutlich auch der daraus entstehende
  Nutzen anfällt. Die Kosten für den Kauf eines Fahrzeugs werden zum Beispiel als
  Abschreibungen auf die erwartete Nutzungsdauer des Fahrzeugs verteilt.
- **Nichtaktivierte Kosten** (*noncapitalized costs*) werden als Aufwand der Rechnungsperiode verbucht, in der sie angefallen sind. Beispiele sind die Gehälter für
  das Personal der Marketingabteilung und die monatliche Miete für die Verwal-
  tungsbüros.

Diese Unterscheidung ist für Unternehmen in allen drei Sektoren der Volkswirtschaft
relevant.

TAFEL 2.6

Gesamtkosten und Stückkosten bei alternativen Honorarvereinbarungen

A: Zusammenfassung der wichtigsten Beziehungen

Veränderlichkeit der Kosten	Gesamtkosten	Stückkosten
Variable Kosten	Veränderungen des Kostentreibers wirken sich auf die Gesamtkosten aus.	Veränderungen des Kostentreibers wirken sich nicht auf die Stückkosten aus.
Fixkosten	Veränderungen des Kostentreibers wirken sich nicht auf die Gesamtkosten aus.	Veränderungen des Kostentreibers wirken sich auf die Stückkosten aus.

B: Honorar von 2 $ pro Besucher

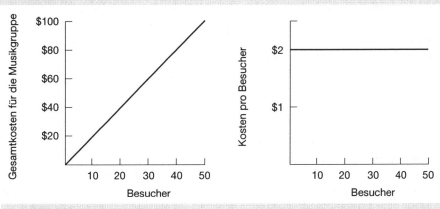

C: Fixes Honorar von 1.000 $

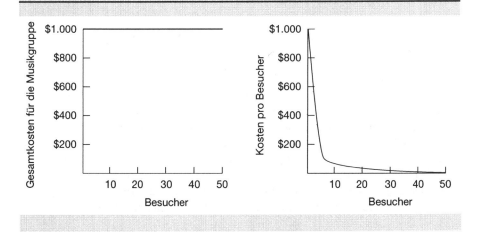

2.7 DIENSTLEISTUNGSSEKTOR

Unternehmen des Dienstleistungssektors verkaufen ihren Kunden Dienstleistungen oder immaterielle Produkte – zum Beispiel eine Rechtsberatung oder eine Revision. Diese Unternehmen haben am Ende einer Rechnungsperiode keine Lagerbestände an fertigen Erzeugnissen. Beispiele sind Anwaltskanzleien, Wirtschaftsprüfer- und Steuerberaterbüros, Werbefirmen und Fernsehsender. Die Arbeitskosten sind in der Regel die bedeutendste Kostenkategorie und machen oft bis zu 70 % der Gesamtkosten aus. Tafel 2.7 (Teil A) zeigt eine Gewinn- und Verlustrechnung von Elliott & Partners, einer Anwaltsfirma, die auf Rechtsstreitigkeiten über Körperverletzungen spezialisiert ist. Die Kunden (Klienten) dieser Anwaltskanzlei erhalten Rechtsberatungen und werden in Verhandlungen und vor Gericht vertreten. Löhne und Gehälter stellen 67,3 % der gesamten Betriebskosten dar (970.000 $: 1.442.000 $). Die Betriebskosten von Dienstleistungsunternehmen enthalten Posten aus allen Bereichen der Wertschöpfungskette (Produktion von Dienstleistungen, Marketing usw.). In der Gewinn- und Verlustrechnung von Elliott & Partners taucht kein Posten für die Herstellkosten des Umsatzes auf. Das liegt daran, daß das Unternehmen nur Dienstleistungen oder immaterielle Produkte an seine Kunden verkauft.

Teil B der Tafel 2.7 zeigt den Zusammenhang zwischen aktivierten und nichtaktivierten Kosten von Dienstleistungsunternehmen. Bei Elliott & Partners gehören die Kosten für Autos, Computer und ähnliche Ausrüstungen zu den aktivierten Kosten. Diese Kosten werden zunächst in der Bilanz als Aktivposten ausgewiesen. Man geht davon aus, daß sie dem Unternehmen über mehrere Perioden hinweg Nutzen stiften. In jeder Periode wird ein Teil der Kosten dieser Vermögensgegenstände als Aufwand für Abschreibungen verbucht (105.000 $ im Jahre 19_7). Nichtaktivierte Kosten der Firma wie zum Beispiel Löhne und Gehälter (970.000 $) und Mieten (180.000 $) werden sofort bei ihrer Entstehung als Aufwand verbucht und tauchen damit niemals als Aktivposten in der Bilanz auf.

2.8 PRODUZIERENDES GEWERBE UND HANDEL

Handelsunternehmen verkaufen materielle Güter, die sie zuvor in mehr oder minder der gleichen Form von Lieferfirmen gekauft haben. Eingekaufte Handelsware, die am Ende der Rechnungsperiode nicht verkauft ist, wird in der Bilanz als Lagerbestand ausgewiesen. Zum Handelssektor gehören Einzelhandelsunternehmen (wie zum Beispiel Buchläden oder Kaufhäuser), Vertriebsunternehmen und Großhandelsunternehmen. Unternehmen des produzierenden Gewerbes verkaufen materielle Güter, die aus eingekauftem Rohmaterial hergestellt wurden und dabei ihre Form verändert haben. Am Ende einer Rechnungsperiode hat ein Unternehmen des produzierenden Gewerbes Lagerbestände an Rohmaterial, unfertigen und fertigen Erzeugnissen.

TAFEL 2.7
Gewinn- und Verlustrechnung im Dienstleistungssektor

A: Elliott & Partners: Gewinn- und Verlustrechnung für 19_7 (in $)

Erlös		1.600.000
Kosten:		
Löhne und Gehälter	970.000	
Miete	180.000	
Abschreibungen	105.000	
andere Kosten	187.000	1.442.000
Betriebsgewinn		158.000

B: Zusammenhang zwischen aktivierten und nichtaktivierten Kosten

Im Unterschied zu Dienstleistungsunternehmen haben Handelsunternehmen und Unternehmen des produzierenden Gewerbes Lagerbestände. Die aktivierten Kosten dieser Unternehmen können folgendermaßen klassifiziert werden:

- **Aktivierte Kosten der Lagerbestände** (*capitalized inventoriable costs*) sind aktivierte Kosten, die mit dem Kauf von Waren zum Wiederverkauf (Lagerbestände im Handel) oder mit dem Erwerb und der Umwandlung von Rohmaterial und anderen Inputs zu fertigen Produkten (Lagerbestände im produzierenden Gewerbe) zu tun haben.

• **Aktivierte Kosten des Anlagevermögens** (*capitalized noninventoriable costs*) sind aktivierte Kosten, die mit allen anderen Aspekten des Geschäftsbetriebs außer mit den Lagerbeständen zu tun haben.

In der Periode, in der ein Gegenstand aus dem Lagerbestand verkauft wird, werden die aktivierten Kosten dieses Gegenstands zu Herstellkosten des Umsatzes. **Betriebskosten** (*operating costs*) sind alle Kosten, die mit der Erzeugung von Einnahmen verbunden sind, außer den Herstellkosten des Umsatzes.[9] Dazu gehören (1) die periodischen Abschreibungen auf die aktivierten Kosten des Anlagevermögens und (2) die nichtaktivierten Kosten. Im folgenden betrachten wir die Firmen Prestige Bathrooms (ein Handelsunternehmen) und Cellular Products (ein Hersteller), um die Bilanzen in diesen beiden Sektoren zu illustrieren.

Ein Beispiel für den Handelssektor

Teil A von Tafel 2.8 zeigt die Gewinn- und Verlustrechnung von Prestige Bathrooms, einer Firma, die Einrichtungen, Armaturen und Zubehör für Badezimmer vertreibt (Duschen, Waschbecken, Handtücher usw.). Bei einem Handelsunternehmen sind die Kosten der verkauften Güter gleich den Kosten der eingekauften Waren korrigiert um Veränderungen der Lagerbestände:

$$\begin{matrix} \text{Warenbestand zu} \\ \text{Beginn der Periode} \end{matrix} + \begin{matrix} \text{Kauf von} \\ \text{Handelsware} \end{matrix} - \begin{matrix} \text{Warenbestand am} \\ \text{Ende der Periode} \end{matrix} = \begin{matrix} \text{Kosten der ver-} \\ \text{kauften Waren} \end{matrix}$$

Für Prestige Bathrooms lauten die entsprechenden Beträge in Teil A der Tafel 2.8

$$95.000 \ \$ + 1.100.000 \ \$ - 130.000 \ \$ = 1.065.000 \ \$.$$

Zu den Betriebskosten von Prestige Bathrooms gehören zum Beispiel die Kosten für die Gestaltung des Ausstellungsraums, für das Verkaufspersonal und die Werbung.

Teil B der Tafel 2.8 zeigt den Zusammenhang zwischen den aktivierten und den nichtaktivierten Kosten von Handelsunternehmen. Handelswaren, die zum Wiederverkauf erworben wurden, werden zunächst als Aktivposten ausgewiesen; ihre Kosten sind aktivierte Kosten der Lagerbestände. Wenn die Waren verkauft werden, werden diese Kosten als Herstellkosten des Umsatzes zu Aufwand der entsprechenden Periode. Aktivierte Kosten des Anlagevermögens (wie zum Beispiel die Kosten für Möbel, Ausstattungsgegenstände und Computer) werden in der Bilanz als Aktivposten ausgewiesen und werden dann im Lauf ihrer Nutzungsdauer zu Betriebskosten in Form von Abschreibungen.

---

[9] Manchmal werden die Herstellkosten des Umsatzes auch zu den Betriebskosten gerechnet. Das tun wir in diesem Buch aber nicht.

Tafel 2.8
Gewinn- und Verlustrechnung einer Handelsfirma

A: Prestige Bathrooms: Gewinn- und Verlustrechnung für 19_7 (in $)

Erlös		1.500.000 $
Herstellkosten des Umsatzes:		
Lageranfangsbestand am 1. Januar 19_7	95.000 $	
Einkauf von Handelswaren	1.100.000 $	
Herstellkosten der fertigen Erzeugnisse	1.195.000 $	
Lagerendbestand am 31. Dezember 19_7	130.000 $	1.065.000 $
Bruttogewinn		435.000 $
Betriebskosten		315.000 $
Betriebsergebnis		120.000 $

B: Zusammenhang zwischen aktivierten und nichtaktivierten Kosten

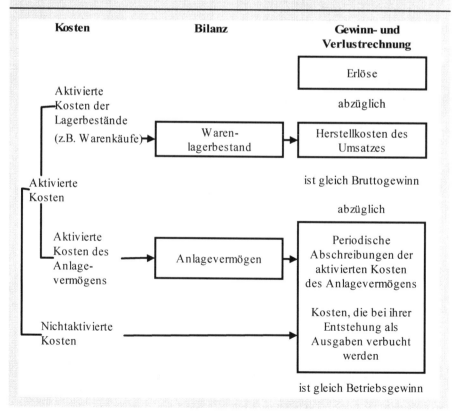

In den Betriebskosten von 315.000 $ in Teil A der Tafel sind Abschreibungen auf Wirtschaftsgüter des Anlagevermögens ebenso enthalten wie Kosten, die in der Periode ihrer Entstehung als Aufwand verbucht werden (zum Beispiel die Löhne von Lagerarbeitern und die monatlichen Stromkosten).

In späteren Kapiteln werden die Kosten des Handelssektors im Detail untersucht.

Ein Beispiel aus dem produzierenden Gewerbe

Im Unterschied zum Handel werden im produzierenden Gewerbe die Produkte, die von den Zulieferern gekauft worden sind, in ihrer Form verändert, bevor sie an die Kunden weiterverkauft werden. Deshalb haben Herstellerfirmen eine oder mehrere der folgenden Arten von Lagerbeständen:

1. **Rohmaterial:** Vorräte an Rohstoffen und Vorprodukten, die noch im Produktionsprozeß eingesetzt werden.

2. **Unfertige Erzeugnisse:** Produkte, die bereits bearbeitet wurden, aber noch nicht ganz fertiggestellt sind.

3. **Fertige Erzeugnisse:** Produkte, die ganz fertiggestellt, aber noch nicht verkauft worden sind.

In diesem Kapitel gehen wir davon aus, daß alle Herstellkosten als Kosten der Lagerbestände aktivierbar sind.[10] Tafel 2.9 zeigt die Gewinn- und Verlustrechnung von Cellular Products, einem Hersteller von Telefonsystemen für große Organisationen. Herstellkosten des Umsatzes werden in einem Unternehmen des produzierenden Gewerbes folgendermaßen berechnet:

Anfangsbestand an fertigen Erzeugnissen + Herstellkosten der Erzeugung
- Endbestand an fertigen Erzeugnissen = Herstellkosten des Umsatzes

Bei Cellular Products sind die entsprechenden Beträge für das Jahr 19_7 (in Tausend, Teil A der Tafel 2.9)

$$22.000 \$ + 104.000 \$ - 18.000 \$ = 108.000 \$$$

---

[10] Der Ausdruck Vollkostenrechnung (*absorption costing*) soll die Methode beschreiben, bei der alle Herstellkosten aktivierbar sind. In Kapitel 9 werden diese und zwei alternative Methoden genauer beschrieben. Dabei geht es um die Teilkostenrechnung (*variable costing*), bei der nur die variablen Herstellkosten aktivierbar sind, und um das Throughput Costing bei dem nur die Kosten für Rohmaterial aktivierbar sind.

Tafel 2.9
Gewinn- und Verlustrechnung und Berechnung der Herstellkosten der fertiggestellten Erzeugnisse für ein Unternehmen des produzierenden Gewerbes

A: Cellular Products: GuV für das Jahr 19_7 (in 1.000 $)

Erlös		210.000
Herstellkosten des Umsatzes:		
Anfangsbestand an fertigen Erzeugnissen am 1. 1.	22.000	
Herstellkosten der fertiggestellten Erzeugnisse (siehe Teil B)	104.000	
Herstellkosten der fertigen Erzeugnisse	126.000	
Endbestand an fertigen Erzeugnissen am 31.12.	18.000	108.000
Bruttogewinn		102.000
Betriebskosten		70.000
Betriebsergebnis		32.000

B: Herstellkosten der fertiggestellten Erzeugnisse[a], 19_7 (in 1.000 $)

Fertigungsmaterial		
Anfangsbestand am 1.1.	11.000	
Materialeinkauf	73.000	
Kosten des verfügbaren Materials	84.000	
Endbestand am 31.12.	8.000	
Verwendetes Fertigungsmaterial		76.000
Fertigungslöhne		17.750
Fertigungsgemeinkosten		
Hilfslöhne	4.000	
Material	1.000	
Strom- und Heizkosten	1.750	
Abschreibung Werksgebäude	1.500	
Abschreibung Maschinen	2.500	
Sonstiges	500	11.250
Herstellkosten der Produktion im Jahr 19_7		105.000
Anfangsbestand an unfertigen Erzeugnissen am 1.1.		6.000
Zu verrechnende Herstellkosten		111.000
Endbestand an unfertigen Erzeugnissen am 31. 12.		7.000
Herstellkosten der fertigen Erzeugnisse		104.000

Tafel 2.9 (Fortsetzung)

a. Man beachte, daß der Ausdruck *Herstellkosten der fertigen Erzeugnisse* sich auf diejenigen Produkte bezieht, die in dem betrachteten Jahr fertiggestellt worden sind, unabhängig davon, wann mit ihrer Fertigung begonnen worden ist. Ein Teil der Herstellkosten, die während des Jahres angefallen sind, wird als Kosten des Endbestands an unfertigen Erzeugnissen ins nächste Jahr mitgenommen; entsprechend werden die Kosten des Anfangsbestands an unfertigen Erzeugnissen zu den Herstellkosten der fertigen Erzeugnisse im laufenden Jahr hinzugerechnet. Anzumerken ist auch, daß diese Hilfstabelle zur Berechnung der Herstellkosten des Umsatzes verwendet werden kann, indem man einfach die Anfangs- und Endbestände an fertigen Erzeugnissen dazunimmt, anstatt sie direkt in der Gewinn- und Verlustrechnung in Teil A aufzuführen.

Die Kosten der fertigen Erzeugnisse beziehen sich auf Güter, die während der Rechnungsperiode fertiggestellt wurden, unabhängig davon, ob mit ihrer Produktion in dieser oder einer früheren Periode begonnen wurde. 19_7 beliefen sich diese Kosten bei Cellular Products auf 104.000 $ (siehe den Überblick über die Kosten der fertigen Erzeugnisse in Teil B der Tafel 2.9). Die 19_7 angefallenen Herstellkosten der Produktion (105.000 $) sind ein Posten in Teil B der Tafel. Dieser Posten enthält ausschließlich die "neuen" Herstelleinzelkosten und die "neuen" Herstellgemeinkosten, die 19_7 für alle in diesem Jahr bearbeiteten Produkte angefallen sind, unabhängig davon, ob alle diese Produkte während des Jahres ganz fertiggestellt worden sind.

Tafel 2.10 zeigt die Beziehungen zwischen den einzelnen Kostenkategorien für ein Unternehmen des produzierenden Gewerbes. Die Herstellkosten der fertigen Erzeugnisse beinhalten die Materialeinzelkosten, die anderen Herstelleinzelkosten und die Herstellgemeinkosten. Alle diese Kosten sind aktivierte Kosten der Lagerbestände; sie werden den Lagerbeständen an unfertigen oder fertigen Erzeugnissen zugerechnet, bis die Produkte verkauft sind. Zu den aktivierten Kosten der Lagerbestände gehören auch die Kosten für Anlagegüter, die den Produktionsprozeß erleichtern und die (in der Regel) in Form von Abschreibungen zu Fertigungsgemeinkosten werden. So werden zum Beispiel die Kosten für den Hochofen eines Stahlunternehmens zum Zeitpunkt des Baus zunächst aktiviert. Danach werden diese Kosten während der Nutzungsdauer des Hochofens in Form von Abschreibungen zu Fertigungsgemeinkosten und gehen damit in die Lagerbestandskosten des Stahls ein. Anfänger auf dem Gebiet der Kostenrechnung vermuten oft, daß Gemeinkosten wie Miete, Telefonkosten und Abschreibungen immer der Periode zugerechnet werden, in der sie angefallen sind, und mit den Lagerbeständen nichts zu tun haben. Wenn jedoch diese Kosten mit der Produktion als solcher verknüpft sind, sind sie Fertigungsgemeinkosten und damit als Lagerbestandskosten aktivierbar.

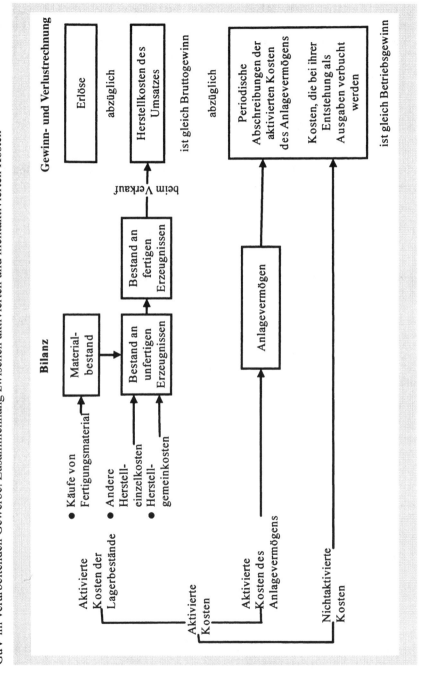

TAFEL 2.10
GuV im verarbeitenden Gewerbe: Zusammenhang zwischen aktivierten und nichtaktivierten Kosten

Die Betriebskosten in der Gewinn- und Verlustrechnung in Teil A der Tafel 2.9 enthalten (1) den Aufwand für aktivierte Kosten des Anlagevermögens (wie etwa die Abschreibung auf einen Fuhrpark von Lieferfahrzeugen oder die Abschreibung auf Computer, die für das Marketingpersonal gekauft worden sind) und (2) Kosten, die sofort bei ihrer Entstehung als Aufwand gebucht werden (wie etwa die Gehälter von Kundendienstvertretern).

2.9 HERSTELLKOSTEN

In der Sprache der Kostenrechnung gibt es spezielle Begriffe für die Herstellkosten. Drei häufig gebrauchte Bezeichnungen sind die Materialeinzelkosten, die Fertigungslöhne oder Lohneinzelkosten und die Herstellgemeinkosten.[11]

1. Materialeinzelkosten sind alle Kosten des Einkaufs von Materialien, die am Ende in das Kostenobjekt eingehen (also in Einheiten von unfertigen oder fertigen Erzeugnissen) und die dem Kostenobjekt auf wirtschaftlich sinnvolle Weise zugeordnet werden können. Zu den Materialeinzelkosten gehören auch Frachtgebühren (Kosten der Anlieferung), Umsatzsteuern und Importzölle.

2. Fertigungslöhne oder **Lohneinzelkosten** sind alle Arbeitskosten, die speziell mit dem Kostenobjekt zu tun haben (also mit den Einheiten von unfertigen oder fertigen Erzeugnissen) und die dem Kostenobjekt auf wirtschaftlich sinnvolle Weise zugeordnet werden können. Beispiele sind die Löhne und Sozialleistungen für Maschinisten und Fließbandarbeiter.

3. Herstellgemeinkosten sind alle Herstellkosten, die in das Kostenobjekt eingegangen sind, ihm aber nicht auf wirtschaftlich sinnvolle Weise zugerechnet werden können. Beispiele sind Stromkosten, Materialgemeinkosten, Hilfslöhne (Kosten für Arbeitsleistungen, die dem Kostenobjekt nicht direkt zugeordnet werden können), Miete und Versicherung für die Werksgebäude, Grundsteuern für Werksgrundstücke, Abschreibungen auf Werksgebäude und die Bezahlung der Werksmanager. Man bezeichnet diese Kostenkategorie auch als **Overheadkosten der Produktion**. In diesem Buch verwenden wir die Ausdrücke *Herstellgemeinkosten* und *Overheadkosten der Produktion* synonym.

---

[11] In der deutschen Kostenrechnung ist die folgende Einteilung üblich:
Materialeinzelkosten + Materialgemeinkosten = Materialkosten
Fertigungslöhne + Fertigungsgemeinkosten = Fertigungskosten
Materialkosten + Fertigungskosten = Herstellkosten
In diesem Buch wird meistens nicht zwischen Materialgemeinkosten und Fertigungsgemeinkosten unterschieden. Wir fassen deshalb beide Kategorien unter der Bezeichnung Herstellgemeinkosten zusammen. [Anm. d. Übers.]

HARLEY-DAVIDSON ELIMINIERT DIE KATEGORIE DER FERTIGUNGSLÖHNE

Die Motorradabteilung von Harley-Davidson hat in ihren Werken viele Jahre lang eine dreiteilige Kostenklassifikation benutzt – Materialeinzelkosten, Fertigungslöhne und Herstellgemeinkosten. Mitte der achtziger Jahre analysierte eine Projektgruppe von Managern der Firma die Struktur der Produktionskosten im Vergleich zur Struktur der administrativen Kosten, die aufgewandt werden mußten, um die Daten für die Buchführung zu erfassen, zu sichten und aufzubereiten. Dabei kam folgendes heraus:

	Struktur der Produktionskosten	Struktur der Verwaltungskosten
Materialeinzelkosten	54 %	25 %
Herstellgemeinkosten	36 %	13 %
Fertigungslöhne	10 %	62 %

Die Verwaltungskosten, die aufgewendet werden mußten, um die Fertigungslöhne als eigene Kostenkategorie dingfest zu machen, bestanden aus

- der Zeit, in der die Arbeiter die Lohnscheine ausfüllten,
- der Zeit, in der die Vorarbeiter die Lohnscheine überprüften,
- der Zeit, in der zuständige Sachbearbeiter die Arbeitsdaten eingab und die Berichte auf Fehler überprüfte,
- der Zeit, in der die Kostenrechnungsabteilung die Daten über Fertigungslöhne und deren Abweichungen von den Plandaten überprüfte

Harley-Davidson schloß daraus, daß das Zuordnen des Arbeitsaufwands zu den Produkten den Kosten-Nutzen-Test nicht bestand. Die Fertigungslöhne machten nur 10 % der gesamten Herstellkosten aus, erforderten aber 62 % des gesamten Verwaltungsaufwands für die Erfassung der Herstellkosten. Das Unternehmen behandelt jetzt alle Herstellarbeitskosten als Gemeinkosten. Es benutzt eine zweiteilige Klassifikation und unterscheidet lediglich zwischen Materialeinzelkosten und Herstellgemeinkosten.

Quellen: Turk, "Management Accounting Revitalized: The Harley-Davidson Experience." *Journal of Cost Management* (Winter 1990), sowie Gespräche mit dem Management.

Zweiteilige und dreiteilige Klassifikationen

Verschiedene Unternehmen benutzen unterschiedliche Einteilungen der Herstellkosten. Die Einteilung kann dreiteilig oder zweiteilig sein:

DREITEILIGE KLASSIFIKATION	ZWEITEILIGE KLASSIFIKATION
• Materialeinzelkosten	• Materialeinzelkosten
• Fertigungslöhne	• Herstellgemeinkosten
• Herstellgemeinkosten	

Buchführungssysteme von Organisationen verändern sich mit der Zeit. So kann es zum Beispiel vorkommen, daß ein Unternehmen von der dreiteiligen zur zweiteiligen Klassifikation übergeht, weil die Fertigungslöhne aufgrund der verstärkten Automation der Höhe nach unwesentlich werden. Ein Unternehmen auch kann von der dreiteiligen Klassifikation zu einer anderen mit zwei direkten Kostenkategorien und vielen produktspezifischen Gemeinkosten wechseln. Manager wählen diejenige Kosteneinteilung, die Planung, Kontrolle und Entscheidungsfindung am meisten erleichtert.

Primärkosten und Verarbeitungskosten

Zwei weitere Begriffe, die im Zusammenhang mit den Produktionskosten eine Rolle spielen, sind die Primärkosten und die Umwandlungskosten. **Primärkosten** (*prime costs*) [12] sind alle Herstelleinzelkosten. In der dreiteiligen Klassifikation umfassen die Primärkosten die Materialeinzelkosten und die Fertigungslöhne. In der zweiteiligen Klassifikation sind nur die Materialeinzelkosten Primärkosten. Wenn verbesserte Methoden der Informationssammlung eingeführt werden, wird das Unternehmen unter Umständen weitere Arten von Einzelkosten hinzufügen. Vielleicht werden die Stromkosten in einzelnen Bereichen einer Fabrik, wo ausschließlich bestimmte Produkte montiert werden, getrennt voneinander gemessen. In diesem Fall würden die Primärkosten die Materialeinzelkosten, die Fertigungslöhne und die Stromeinzelkosten umfassen. Software-Unternehmen haben oft einen Posten "eingekaufte Technologie" unter den Herstelleinzelkosten. Dahinter verbergen sich Zahlungen an Dritte für Programm-Codes, die in ein Produkt integriert werden. Dieser Posten würde ebenfalls

---

[12] Diese Definition steht im Wiederspruch zum deutschen Sprachgebrauch: Dort sind die Primärkosten alle Kosten, die dem Unternehmen durch von außen bezogene Sachgüter und Dienstleistungen entstehen, unabhängig davon, ob es sich dabei um Einzelkosten oder Gemeinkosten handelt. Stromkosten zum Beispiel sind bei dieser Definition Primärkosten, wenn der Strom von den Stadtwerken gekauft wird und Sekundärkosten, falls der Strom selbst produziert wird. Ob der Stromverbrauch einem Kostenobjekt zugeordnet sinnvoll zugeordnet werden kann, ob es sich also um Einzelkosten handelt, spielt dagegen keine Rolle. In späteren Kapiteln wird aber lediglich der Begriff der Verarbeitungskosten weiterverwendet. [Anm. d. Übers.]

zu den Primärkosten gehören. Die **Verarbeitungskosten** (*conversion costs*) sind alle Herstellkosten außer den Materialeinzelkosten, also diejenigen Kosten, die aufgewendet werden müssen, um Rohstoffe und Vorprodukte in Fertigprodukte umzuwandeln. In der dreiteiligen Klassifikation der Herstellkosten würden die Verarbeitungskosten die Fertigungslöhne und die Herstellgemeinkosten umfassen. In der zweiteiligen Klassifikation sind nur die Herstellgemeinkosten Verarbeitungskosten.

Die folgende Tabelle zeigt, welche Bestandteile der zweiteiligen und der dreiteiligen Klassifikation jeweils zu den Primärkosten und zu den Verarbeitungskosten gehören

	dreiteilige Klassifikation	zweiteilige Klassifikation
Primärkosten	Materialeinzelkosten Fertigungslöhne	Materialeinzelkosten
Verarbeitungskosten	Fertigungslöhne Herstellgemeinkosten	Herstellgemeinkosten

2.10 DER NUTZEN EINER GENAUEN DEFINITION VON KOSTENBEGRIFFEN

Kostendefinitionen sind von Unternehmen zu Unternehmen unterschiedlich. Nehmen wir eine Arbeitskraft in der Fertigung, an der Drehbank zum Beispiel oder am Fließband, deren Bruttolohn auf der Basis eines Grundlohns von 20 $ pro Stunde berechnet wird. Diese Person erhält Sozialleistungen (Arbeitgeberbeiträge zur Sozialversicherung, Krankensicherung, Lebensversicherung usw.), die zusammen 8 $ pro Stunde betragen. Manche Unternehmen bezeichnen die 20 $ als Fertigungslöhne und die 8 $ als Herstellgemeinkosten. In anderen Unternehmen werden die gesamten 28 $ zu den Fertigungslöhnen gerechnet. Dieser letztere Ansatz ist vom Konzept her zu bevorzugen, denn diese Sozialleistungen sind ein wesentlicher Teil der Entlohnung für Arbeitsleistungen in der Produktion. Die Größenordnung der Sozialleistungen gibt diesem Thema eine gewisse Bedeutung. Italien (105 %), Frankreich (90 %), Deutschland (86%), Großbritannien (43 %) und die Vereinigten Staaten (38 %) gehören zu den Ländern, in denen die Sozialleistungen 30 % des Grundlohns übersteigen.[13]

Klarheit über die genaue Definition der Herstellkosten zu schaffen hilft, Auseinandersetzungen über Subventionen, Einkommenssteuern und Gewerkschaftsangelegenheiten zu vermeiden. Manche Länder bieten zum Beispiel Unternehmen, die sich mit ihren Produktionsstätten dort ansiedeln, bedeutende Steuererleichterungen an. Diese Steuererleichterungen sind daran geknüpft, daß die Fertigungslöhne in diesen Produk-

---

[13] H. Salowsky, "Labor Costs in Twenty Industrialized Countries, 1970-1991," Institut der Deutschen Wirtschaft, Köln, 1992.

tionsstätten einen bestimmten Mindestanteil an den gesamten Herstellkosten ausmachen. Rechnet man die Sozialleistungen zu den Fertigungslöhnen, so steigt deren Anteil an den Herstellkosten, und das Unternehmen kann die Bedingungen für den Steuernachlaß leichter erfüllen. Betrachten wir ein Unternehmen mit Sozialleistungen in Höhe von 8 Mio. $:

	Methode A		Methode B	
Materialeinzelkosten	40 Mio. $	40 %	40 Mio. $	40 %
Lohneinzelkosten	20 Mio. $	20 %	28 Mio. $	28 %
Herstellgemeinkosten	40 Mio. $	40 %	32 Mio. $	32 %
gesamte Herstellkosten	100 Mio. $	100 %	100 Mio. $	100 %

Bei Methode A sind die Sozialleistungen ein Teil der Herstellgemeinkosten. Im Gegensatz dazu werden sie bei Methode B zu den Lohneinzelkosten gerechnet. Wenn in einem Land der staatlich festgelegte Mindestanteil der Fertigungslöhne an den Herstellkosten 25 % beträgt, würde das Unternehmen mit Methode B in den Genuß der Steuerersparnis kommen, nicht hingegen mit Methode A. Neben den Sozialleistungen gibt es noch weitere Posten, die unterschiedlich zugeordnet werden können: Das sind zum Beispiel die Kosten für Einarbeitung, Pausen, Urlaub, Fehlzeiten wegen Krankheit und Überstunden. Um Auseinandersetzungen zu vermeiden, sollten Definition und Messung von Kostenbegriffen auch in Verträgen und Gesetzen so genau wie möglich spezifiziert werden.

2.11 Die vielen Bedeutungen der Produktkosten

Für unterschiedliche Zwecke sind unterschiedliche Kostenbegriffe geeignet. Dieses Thema kann anhand der Produktkostenrechnung illustriert werden. Je nach dem Zweck der Kostenrechnung werden die **Produktkosten** unterschiedlich abgegrenzt. Tafel 2.11 zeigt die Abgrenzung für drei verschiedene Zwecke:

1. *Preisgestaltung und produktorientierte Kostenrechnung.* Für diesen Zweck sollten aus allen Bereichen der Wertschöpfungskette diejenigen Kosten einbezogen werden, die nötig sind, um ein Produkt zum Kunden zu bringen.

2. *Verträge mit staatlichen Stellen.* Behörden geben oft genaue Richtlinien dafür, welche Posten zu den Produktkosten gerechnet werden dürfen und welche nicht. Manche Behörden schließen zum Beispiel die Marketingkosten explizit von der Kostenerstattung aus oder berücksichtigen nur einen Teil der Kosten für Forschung und Entwicklung. Die Klammer in Tafel 2.11 deutet an, daß ein bestimmter Vertrag die Erstattung aller Produktions- und Designkosten, sowie eines Teils der Kosten für Forschung und Entwicklung vorsieht.[14]

3. *Bilanzen.* Hier geht es darum, welche Kosten aktivierbar sind. Nach den allgemein akzeptierten Buchführungsregeln für Unternehmen des produzierenden Gewerbes werden in der Bilanz nur die Herstellkosten den Produkten zugeordnet.[15]

TAFEL 2.11

Unterschiedliche Abgrenzungen der Produktkosten für verschiedene Zwecke

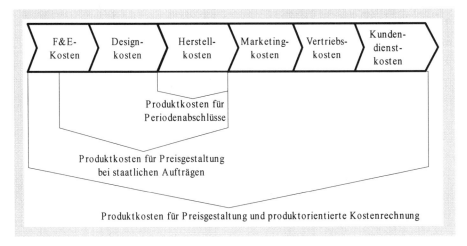

---

[14] In Deutschland sind die Preise in Verträgen mit staatlichen Stellen in der VPÖA (Verordnung PR Nr. 30/53 über die Preise bei öffentlichen Aufträgen) geregelt. Danach müssen Leistungen für öffentliche Auftraggeber zu Marktpreisen abgerechnet werden. Ist dies nicht möglich, so müssen ersatzweise Selbstkostenpreise (mit Gewinnaufschlag) herangezogen werden. Diese enthalten im Unterschied zu Tafel 2.11 auch Vertriebssonderkosten. Siehe z.B. A. G. Coenenberg, Kostenrechnung und Kostenanalyse, 3. Auflage, Landsberg 1992, Kapitel 6: Kalkulation öffentlicher Aufträge und Leistungen. [Anm. d. Übers.]

[15] Im deutschen Sprachgebrauch wird zwischen Herstellungskosten und Herstellkosten unterschieden: **Herstellungskosten** sind diejenigen Kosten, mit denen Vorräte und selbsterstellte Anlagen in der Handels- und Steuerbilanz zu bewerten sind. Die handelsrechtlichen Herstellungskosten umfassen mindestens die Herstelleinzelkosten (Fertigungsmaterial und Fertigungslöhne). Darüberhinaus dürfen neben den Herstellgemeinkosten (Materialgemeinkosten und Fertigungsgemeinkosten) auch die Verwaltungsgemeinkosten aktiviert werden. Die steuerrechtlichen Herstellungskosten beinhalten mindestens die gesamten Herstellkosten (Fertigungsmaterial, Fertigungslöhne, Materialgemeinkosten und Fertigungsgemeinkosten). Verwaltungsgemeinkosten dürfen aktiviert werden. Für Handels- und Steuerbilanz gilt also, daß die Herstellungskosten neben den Herstellkosten auch Verwaltungsgemeinkosten enthalten können. [Anm. d. Übers.]

2.12 KOSTENKLASSIFIKATIONEN

In diesem Kapitel haben wir viele verschiedene Kostenklassifikationen für unterschiedliche Zwecke vorgestellt. Die folgende Tabelle faßt diese Klassifikationen zusammen:

1. Unternehmensbereich
   - Forschung und Entwicklung
   - Produkt- und Prozeßdesign
   - Produktion
   - Marketing
   - Vertrieb
   - Kundendienst

2. Zurechenbarkeit zu einem Kostenobjekt
   - Einzelkosten
   - Gemeinkosten

3. Reaktion der Kosten auf Veränderungen einer Kostentreibermenge
   - variable Kosten
   - fixe Kosten

4. Gesamtgröße oder Durchschnittsgröße
   - Gesamtkosten
   - Durchschnittskosten

5. Kosten in der Bilanz
   - aktivierte Kosten
     aktivierte Kosten der Lagerbestände aktivierte Kosten des Anlagevermögens
   - nichtaktivierte Kosten

AUFGABE

Die Campbell Company schneidet Metall und Holz und verkauft ihre Produkte an Eigenheimbauer. Für das Jahr 19_7 sind die folgenden Daten bekannt:

Sandpapier	2.000 $
Innerbetriebliche Transport- und Lagerhaltungskosten	70.000 $
Schmier- und Kühlmittel	5.000 $
Verschiedene Hilfslöhne	40.000 $
Fertigungslöhne	300.000 $
Fertigungsmaterial am 1.1.	40.000 $
Fertige Erzeugnisse am 1.1.	100.000 $
Fertige Erzeugnisse am 31.12.	150.000 $
Unfertige Erzeugnisse am 1.1.	10.000 $
Unfertige Erzeugnisse am 31.12.	14.000 $
Werkleasingkosten	54.000 $
Abschreibung Werksausrüstung	36.000 $
Vermögenssteuern auf Werksausrüstung	4.000 $
Brandversicherung für Werksausrüstung	3.000 $
Eingekauftes Fertigungsmaterial	460.000 $
Rohmaterialbestand am 31.12.	50.000 $
Erlös	1.360.000 $
Werbeaktionen	60.000 $
Marketinggehälter	100.000 $
Vertriebskosten	70.000 $
Kundendienstkosten	100.000 $

1. Stellen Sie eine Gewinn- und Verlustrechnung auf, sowie eine Hilfstabelle für die Herstellkosten der fertigen Erzeugnisse. Geben Sie bei allen Herstellkostenarten an, ob es sich um fixe (F) oder variable (V) Kosten handelt (wobei das Kostenobjekt eine Outputeinheit ist).

2. Angenommen sowohl die Leasingkosten als auch die Kosten für das Fertigungsmaterial gelten für eine Produktion von 900.000 Stück. Wie hoch sind die Materialkosten pro Stück, die jeder hergestellten Produkteinheit zugeordnet werden? Wie hoch sind die Leasingkosten pro Stück? Gehen Sie davon aus, daß die Leasingkosten Fixkosten sind.

Aufgabe zum Selbststudium

AUFGABE (FORTSETZUNG)

3. Die Kosten für die Herstellung von 1 Million Produkteinheiten im
   nächsten Jahr sollen prognostiziert werden. Wiederholen Sie die
   Berechnungen der Aufgabe 2 und gehen Sie davon aus, daß das impli-
   zierte Kostenverhalten unverändert bleibt.

4. Als Unternehmensberater sollen Sie der Unternehmensleitung genau
   erklären, warum die Materialstückkosten in den Aufgaben 2 und 3 die
   gleichen sind, während sich die Leasingkosten pro Stück unterscheiden.

LÖSUNG

1.   **CAMPBELL COMPANY**
                 Gewinn- und Verlustrechnung für 19_7

Erlös		1.360.000 $
Herstellkosten des Umsatzes		
Anfangsbestand an fertigen Erzeugnis- sen, 1. Januar 19_7	100.000 $	
Herstellkosten der Erzeugung	960.000 $	
Herstellkosten der fertigen Erzeugnisse	1.060.000 $	
Endbestand an fertigen Erzeugnissen, 31. Dezember 19_7	150.000 $	910.000 $
Bruttogewinn		450.000 $
Betriebskosten		
Absatzförderung	60.000 $	
Arbeitskosten der Marketingabteilung	100.000 $	
Vertriebskosten	70.000 $	
Kundendienstkosten	100.000 $	330.000 $
Betriebsgewinn		120.000 $

Aufgabe zum Selbststudium

Aufgabe zum Selbststudium

LÖSUNG (FORTSETZUNG

CAMPBELL COMPANY
Herstellkosten der fertigen Erzeugnisse, 19_7

Fertigungsmaterial		
Anfangsbestand, 1. Januar 19_7	40.000 $	
Materialeinkauf	460.000 $	
Kosten des verfügbaren Materials	500.000 $	
Endbestand, 31. Dezember 19_7	50.000 $	
Verwendetes Fertigungsmaterial		450.000 $ (V)
Fertigungslöhne		300.000 $ (V)
Herstellgemeinkosten		
Sandpapier	2.000 $ (V)	
Innerbetriebliche Transport- und Lagerhaltungskosten	70.000 $ (V)	
Schmier- und Kühlmittel	5.000 $ (V)	
Verschiedene Hilfslöhne	40.000 $ (V)	
Werkleasingkosten	54.000 $ (F)	
Abschreibung - Werksausrüstung	36.000 $ (F)	
Vermögenssteuer - Werksausrüstung	4.000 $ (F)	
Brandversicherung - Werksausrüstung	3.000 $ (F)	214.000 $
Herstellkosten der Produktion19_7		964.000 $
Zuzüglich Anfangsbestand an unfertigen Erzeugnissen, 1. Januar 19_7		10.000 $
Summe der zu verrechnenden Herstellkosten		974.000 $
Abzüglich Endbestand an unfertigen Erzeugnissen, 31. Dezember 19_7		14.000 $
Herstellkosten der fertigen Erzeugnisse (an GuV)		960.000 $

2.

Materialstückkosten = Verwendetes Fertigungsmaterial : Output
= 450.000 $: 900.000 $ = 0,50 $

Leasingstückkosten = Werkleasingkosten : Output
= 54.000 $: 900.000 = 0,06 $

3. Die Fertigungsmaterialkosten sind variabel, das heißt sie erhöhen sich von 450.000 $ auf 500.000 $ (1.000.000 × 0,50 $). Die Materialstückkosten betragen unverändert 0,50 $.

LÖSUNG (FORTSETZUNG

Im Gegensatz dazu sind die Leasingkosten in Höhe von 54.000 $ Fix-kosten, das heißt ihre Summe erhöht sich nicht. Verteilt man die Werkleasingkosten auf die produzierten Outputeinheiten, so sinken die Stückkosten von 0,060 $ auf 0,054 $ (54.000 $: 1.000.000).

4. Die Erklärung würde mit der Antwort zu Aufgabe 3 beginnen. Als Unternehmensberater sollten Sie betonen, daß Durchschnittsbildung bei Kosten mit unterschiedlichen Verhaltensmustern irreführend sein kann. Häufig bildet man die gesamten Stückkosten als Summe aus den variablen und fixen Kosten pro Stück und zieht daraus dann den Schluß, die Gesamtkosten würden sich vollkommen variabel mit der Outputmenge verändern. Das nächste Kapitel zeigt, daß es notwendig ist, zwischen verschiedenen Kostenverhaltensmustern zu unterscheiden. Insbesondere mit den fixen Stückkosten muß man sehr vorsichtig umgehen. Allzu oft werden fixe und variable Stückkosten gleich behandelt.

Aufgabe ....

Kosten/Volumen/Gewinn-Analyse

Die **Kosten/Volumen/Gewinn**-Analyse (**KVG**-Analyse) gibt einen summarischen Überblick über die finanziellen Aspekte des Planungsprozesses. Bei der KVG-Analyse untersucht man das Verhalten von Gesamterlös, Gesamtkosten und Gewinn in Abhängigkeit von Veränderungen der Outputmenge, des Absatzpreises, der variablen Kosten oder der Fixkosten. Manager benutzen die KVG-Analyse häufig als Hilfsmittel, um herauszufinden wie Erlös und Kosten etwa auf den Verkauf von 1.000 zusätzlichen Einheiten, auf eine Preiserhöhung oder Preissenkung oder auf die Ausweitung des Geschäfts auf überseeische Märkte reagieren werden. Die KVG-Analyse beruht auf vereinfachenden Annahmen über die Verhaltensmuster von Erlös und Kosten. In diesem Kapitel stellen wir die KVG-Analyse vor und erklären, wie die Verläßlichkeit ihrer Ergebnisse von der Vernünftigkeit der zugrundeliegenden Annahmen abhängt.

3.1 ERLÖSTREIBER UND KOSTENTREIBER: DER ALLGEMEINE FALL DER KVG-ANALYSE UND EIN SPEZIALFALL

Erlöse sind Wertzuflüsse, die eine Organisation im Austausch gegen Produkte und Dienstleistungen erhält. Ein **Erlöstreiber** (*revenue driver*) ist jeder Faktor, der den Gesamterlös beeinflußt. Beispiele für Erlöstreiber sind die Absatzmenge, der Absatzpreis und die Marketingkosten. In Kapitel 2 wurden *Kosten* definiert als Ressourcen, auf die man verzichten muß oder die einem entgehen, wenn man ein bestimmtes Ziel erreichen will. *Kostentreiber* wurden definiert als alle Faktoren, die die Gesamtkosten beeinflussen; das heißt, eine Veränderung des Kostentreibers verursacht eine Veränderung der Gesamtkosten bei einem damit verbundenen Kostenobjekt. Beispiele für Kostentreiber sind die Produktionsmenge, die Anzahl der Verkaufsbesuche und die Anzahl der versandten Pakete.

Am genauesten kann man Gesamterlöse und Gesamtkosten prognostizieren, wenn man mehrere Erlöstreiber und mehrere Kostentreiber in die Betrachtung einbezieht. Wir nennen das den allgemeinen Fall. Die Analyse des allgemeinen Falls kann sehr umfangreich werden und nimmt wahrscheinlich sehr viel Zeit in Anspruch. Wir beschränken uns zunächst auf den Spezialfall, daß wir von einer einzigen Einflußgröße auf Erlös und Kosten ausgehen können, nämlich der Outputmenge (das sind entweder die hergestellten oder die verkauften Einheiten eines Gutes).

Daß wir uns auf diesen Spezialfall konzentrieren, hat vor allem zwei Gründe. Erstens haben große Unternehmen festgestellt, daß die KVG-Analyse für diesen Fall bei Entscheidungen bezüglich der allgemeinen Unternehmensstrategie und der langfristigen Planung, der Ausrichtung auf bestimmte Produkte und Kunden und der Preisgestaltung hilfreich ist. Zweitens bieten diese einfachen Zusammenhänge eine ausgezeichnete Grundlage für das Verständnis der komplexeren Zusammenhänge bei mehreren Erlöstreibern und mehreren Kostentreibern:

Allgemeiner Fall	Spezialfall
viele Erlöstreiber	ein einziger Erlöstreiber (Outputeinheiten)
viele Kostentreiber	ein einziger Kostentreiber (Outputeinheiten)
unterschiedliche Zeithorizonte für Entscheidungen (kurze Frist, lange Frist, Produktlebenszyklen)	kurzfristige Entscheidungen (Zeitspanne, in der Regel unter einem Jahr, in der sich die Fixkosten innerhalb des relevanten Bereichs nicht verändern)

Der Ausdruck KVG-Analyse wird häufig auf diesen Spezialfall bezogen, bei dem man von einer einzigen Einflußgröße auf Erlös und Kosten ausgeht. Im KVG-Modell ist mit V (Volumen) die Menge der produzierten oder verkauften Güter gemeint.

Es ist wichtig, die Beschränkung auf die Outputmenge als einzige Einflußgröße auf Erlös und Kosten immer vor Augen zu haben. Sie bedeutet, daß im KVG-Modell Veränderungen im Niveau der Erlöse und Kosten ausschließlich aufgrund von Veränderungen des Outputniveaus zustande kommen. Andere Erlöstreiber wie etwa die Anzahl der Werbeanzeigen für ein neues Produkt werden also nicht in Betracht gezogen. Genauso bleiben andere Kostentreiber unbeachtet wie etwa die Anzahl der Anrufe, die ein Kunde nach dem Kauf tätigt, um Service- oder Reparaturleistungen zu erhalten.

Die Annahmen des KVG-Modells vereinfachen also die Probleme der realen Welt ganz erheblich. Management und Rechnungswesen müssen stets abschätzen, ob die vereinfachten Beziehungen der KVG-Analyse hinreichend genaue Prognosen der Erlös- und Kostenentwicklung erlauben. Andernfalls könnten sie in die Irre geführt und zu unklugen Entscheidungen verleitet werden. Im allgemeinen ist das einfachere KVG-Modell dort vorzuziehen, wo die Managemententscheidungen durch die Verwendung eines komplizierteren Entscheidungsmodells nicht nennenswert verbessert werden könnten.

Zunächst sei die Terminologie eingeführt. In diesem Kapitel gehen wir davon aus, daß die Gesamtkosten nur aus zwei Kategorien zusammengesetzt sind, nämlich aus den variablen Kosten (variabel in bezug auf die Outputmenge) und den Fixkosten.

Gesamtkosten = variable Kosten + Fixkosten

Erinnern wir uns aus Kapitel 2 (Tafel 2.5), daß die variablen Kosten sowohl die variablen Einzelkosten eines Kostenobjekts als auch die diesem Kostenobjekt zugerechneten variablen Gemeinkosten enthalten. Entsprechend umfassen die Fixkosten sowohl die fixen Einzelkosten eines Kostenobjekts als auch die diesem Kostenobjekt zuge-rechneten fixen Gemeinkosten.

Der Betriebsgewinn entspricht dem Gesamterlös abzüglich der Gesamtkosten (ohne Einkommensteuer):

$$\text{Betriebsgewinn} = \text{Gesamterlös} - \text{Gesamtkosten}$$

Der Nettogewinn ist der Betriebsgewinn zuzüglich der außerordentlichen Erlöse (wie zum Beispiel Zinserträge) abzüglich der außerordentlichen Kosten (wie zum Beispiel Zinskosten) und der Einkommensteuern. Der Einfachheit halber wird für dieses ganze Kapitel angenommen, daß die außerordentlichen Erlöse und Kosten null sind. Der Nettogewinn errechnet sich dann wie folgt:

$$\text{Nettogewinn} = \text{Betriebsgewinn} - \text{Einkommensteuer}$$

In den folgenden Beispielen ist das Maß für den Output die Produktions- oder Absatz-menge. Verschiedene Branchen benutzen unterschiedliche Ausdrücke für ihre Outpu-teinheiten. Die Tabelle enthält einige Beispiele:

Branche	Outputmaß
Fluggesellschaften	Passagiermeilen
Automobilindustrie	produzierte Autos
Krankenhäuser	Patiententage
Hotels	Übernachtungen

In diesem Kapitel werden die folgenden Abkürzungen benutzt:

- AP = Absatzpreis
- VKS = variable Kosten pro Stück
- DBS = Deckungsbeitrag pro Stück (AP - VKS)
- FK = Fixkosten
- X = Produktions- oder Absatzmenge
- BG = Betriebsgewinn
- GZ = Gewinnziel
- NG = Nettogewinn

Die KVG-Analyse beruht auf den folgenden Annahmen:

1. Die Gesamtkosten können in eine Fixkostenkomponente und eine variable Kostenkomponente (immer bezogen auf die Outputmenge) aufgeteilt werden.

2. Gesamterlös und Gesamtkosten sind linear (eine gerade Linie) in bezug auf die Outputeinheiten innerhalb des relevanten Bereichs.[16]

3. Absatzpreis, variable Stückkosten und Fixkosten sind bekannt. (Diese Annahme wird in späteren Abschnitten sowie im Anhang zu diesem Kapitel diskutiert.)

4. Die Analyse bezieht sich entweder auf ein einziges Produkt oder geht davon aus, daß jede Outputeinheit aus einem gegebenen Produktmix besteht, der sich nicht verändert, wenn die Menge der verkauften Güter zunimmt. (Diese Annahme wird ebenfalls in späteren Abschnitten dieses Kapitels diskutiert.)

5. Alle Erlöse und Kosten können addiert und miteinander verglichen werden, ohne den Zeitwert des Geldes zu berücksichtigen. (Diese Bedingung wird in den Kapiteln 22 und 23 gelockert.)

Diese Annahmen sind sicherlich extrem in dem Sinne, daß sie kaum jemals mit der Realität übereinstimmen. Manager sollten sich bei jeder Anwendung fragen, ob nicht ein komplizierterer Ansatz als die KVG-Analyse angebracht ist.

3.2 DIE GEWINNSCHWELLE

Mit Hilfe der KVG-Analyse kann man zeigen, wie verschiedene Alternativen, die bei einer Entscheidung in Frage kommen, den Betriebsgewinn beeinflussen. Die Gewinnschwelle ist in dieser Analyse oft ein besonders interessanter Punkt. Die **Gewinnschwelle** (*breakeven point*), auch **Break-even-Punkt** genannt, ist diejenige Outputmenge, bei der Gesamterlös und Gesamtkosten übereinstimmen, bei der also der Betriebsgewinn gleich null ist.

Wir benutzen das folgende Zahlenbeispiel, um drei Methoden für die Bestimmung der Gewinnschwelle zu zeigen: die Gleichungsmethode, die Deckungsbeitragsmethode und die graphische Methode.

> **BEISPIEL:** Mary Frost plant, ein Softwarepaket mit dem Namen Do-All auf einem stark besuchten zweitägigen Computerkongreß in Chicago zu verkaufen. Mary kann diese Software von einem Großhändler zum Preis von 120 $ pro Stück einkaufen mit einem Rückgaberecht bei voller Rückvergütung des Kaufpreises für alle nicht verkauften Einheiten. Die Pakete sollen für 200 $ pro Stück verkauft werden. Frost hat bereits 2.000 $ an Computer Conventions Inc. als Miete für einen Verkaufsstand beim Kongreß bezahlt. Angenommen es entstehen ihr keine weiteren Kosten. Wieviele Einheiten muß sie verkaufen, um die Kosten zu decken?

---

[16] Annahme 2 könnte zum Beispiel durch die folgenden Bedingungen beschrieben werden: Absatzpreis, Produktivität und Kosten der Produktionsinputs sind innerhalb des relevanten Bereichs konstant. Nichtlinearität könnte auf der Erlösseite entstehen, wenn zum Beispiel der Absatzpreis gesenkt werden muß, um den Umsatz über ein bestimmtes Niveau hinaus zu steigern. Auf der Kostenseite entsteht Nichtlinearität, wenn die variablen Stückkosten mit zunehmendem Output geringer werden, weil die Arbeitskräfte lernen, den Produktionsprozeß effizienter zu handhaben. Die Lernkurve wird in Kapitel 10 behandelt.

Die Gleichungsmethode

Die Gewinn- und Verlustrechnung kann in Gleichungsform folgendermaßen aufgeschrieben werden:

$$\text{Erlös - variable Kosten - Fixkosten = Betriebsgewinn}$$

$$(\text{AP} \times \text{X}) - (\text{VKS} \times \text{X}) - \text{FK} = \text{BG}$$

Diese Gleichung ist der allgemeinste und einfachste Ansatz für jede KVG-Situation. Wir setzen den Betriebsgewinn gleich null und erhalten

$$(200\,\$ \times \text{X}) - (120\,\$ \times \text{X}) - 2.000\,\$ = 0\,\$$$
$$(80\,\$ \times \text{X}) = 2.000\,\$$$
$$\text{X} = 2.000\,\$: 80\,\$ = 25 \text{ Stück}$$

Wenn Frost weniger als 25 Einheiten verkauft, macht sie einen Verlust; bei 25 Einheiten sind die Kosten gerade gedeckt; verkauft sie mehr als 25 Einheiten, so macht sie einen Gewinn. Hier haben wir die Gewinnschwelle in Produkteinheiten ausgedrückt. Man kann sie auch in Geldeinheiten (Umsatz) angeben: 25 Stück × 200 $ = 5.000 $.

Die Deckungsbeitragsmethode

Der zweite Ansatz ist die Deckungsbeitragsmethode. Dabei handelt es sich einfach um eine algebraische Manipulation der Gleichungsmethode. Der Deckungsbeitrag entspricht dem Erlös abzüglich aller Kosten des Produkts oder der Dienstleistung, die mit der Outputmenge variieren. Man benutzt dabei die Tatsache, daß

$$(\text{AP} + \text{X}) - (\text{VKS} \times \text{X}) - \text{FK} = \text{BG}$$
$$(\text{AP} - \text{VKS}) \times \text{X} = \text{FK} + \text{BG}$$
$$\text{DBS} \times \text{X} = \text{FK} + \text{BG}$$
$$\text{X} = \frac{\text{FK} + \text{BG}}{\text{DBS}}$$

Beim Break-even-Punkt ist der Betriebsgewinn definitionsgemäß gleich null. Wir setzen BG = 0 und erhalten

$$\text{Gewinnschwelle} = \frac{\text{Fixkosten}}{\text{Deckungsbeitrag pro Stück}}$$
$$= \frac{\text{FK}}{\text{DBS}}$$

Die Rechnung erscheint ähnlich wie bei der Gleichungsmethode, denn sie ist nur eine andere Darstellung desselben Zusammenhangs. In unserem Beispiel sind die Fixkosten 2.000 $ und der Deckungsbeitrag pro Stück beträgt 80 $ (200 $ - 120 $). Deshalb gilt

Gewinnschwelle = 2.000 $: 80 $ = 25 Stück

In der **Deckungsbeitragsrechnung** (*contribution income statement*) ordnet man die Posten nach variablen und fixen Kosten, um den Deckungsbeitrag herauszustreichen. Die folgende Deckungsbeitragsrechnung bestätigt die vorangegangenen Berechnungen der Gewinnschwelle (Beträge in $).

Erlöse, 200 $ × 25	5.000
variable Kosten, 120 $ × 25	3.000
Deckungsbeitrag, 80 $ × 25	2.000
Fixkosten	2.000
Betriebsgewinn	0

Die graphische Methode

Bei der graphischen Methode zeichnet man die Gesamtkostenkurve und die Gesamterlöskurve. Ihr Schnittpunkt ist der Break-even-Punkt. Tafel 3.1 illustriert diese Methode für unser Beispiel mit der Do-All-Software. Wenn wir davon ausgehen, daß die beiden Kurven linear sind, brauchen wir jeweils nur zwei Punkte, um sie zu zeichnen:

1. *Gesamtkostenkurve.* Diese Linie stellt die Summe aus Fixkosten und variablen Kosten dar. Die Fixkosten betragen bei jedem Output im relevanten Bereich 2.000 $. Um die Fixkosten einzuzeichnen, mißt man 2.000 $ entlang der vertikalen Achse (Punkt A) und zeichnet auf dieser Höhe eine vertikale Linie. Bei null Outputeinheiten sind Fixkosten und Gesamtkosten identisch. Punkt A liegt also auch auf der Gesamtkostenkurve. Man wählt einen zweiten Punkt, indem man für irgendein anderes Outputniveau (zum Beispiel 40 Einheiten) die dazugehörigen Gesamtkosten bestimmt. Die gesamten variablen Kosten bei diesem Outputniveau sind 4.800 $ (40 × 120 $). Die Fixkosten betragen bei jedem Outputniveau im relevanten Bereich 2.000 $. Damit sind die Gesamtkosten bei 40 Outputeinheiten 6.800 $; das entspricht Punkt B in Tafel 3.1. Die Gesamtkostenkurve ist die gerade Linie, die von Punkt A aus durch Punkt B verläuft.

2. *Gesamterlöskurve.* Ein bequemer Ausgangspunkt ist der Erlös von null beim Outputniveau null (Punkt C in Tafel 3.1). Man wählt einen zweiten Punkt, indem man für irgendein anderes Outputniveau den Gesamterlös bestimmt. Bei 40 Outputeinheiten beträgt der Gesamterlös 8.000 $ (40 × 200 $), also Punkt D in Tafel 3.1. Die Gesamterlöskurve ist die gerade Linie, die von Punkt C aus durch Punkt D verläuft.

Der Break-even-Punkt ist der Schnittpunkt von Gesamterlöskurve und Gesamtkostenkurve. In diesem Punkt sind Gesamterlös und Gesamtkosten gleich. Tafel 3.1 zeigt aber die Gewinn- oder Verlustaussichten für einen breiten Bereich von Outputniveaus. Häufig werden die Themen, die in diesem Kapitel behandelt werden, als Break-even-Analyse oder Gewinnschwellenanalyse bezeichnet. Wir bevorzugen den Ausdruck

KVG-Analyse, um den einzelnen Punkt, bei dem Gesamterlös und Gesamtkosten einander entsprechen, nicht überzubetonen. Manager wollen für viele Outputniveaus die Höhe des Betriebsgewinns kennen

TAFEL 3.1
Graphische Darstellung der KVG-Analyse

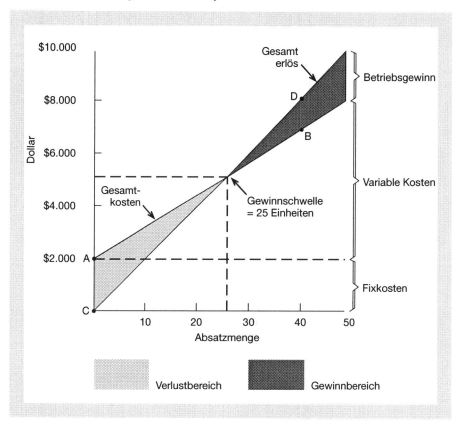

Das Gewinnziel

Um ein Gewinnziel in die Analyse einzuführen, stellen wir die folgende Frage. Wieviele Einheiten müssen verkauft werden, um einen Betriebsgewinn von 1.200 $ zu erzielen? Die Gleichungsmethode liefert auf einfache Weise eine Antwort auf diese Frage:

Sei XZ die Anzahl der Einheiten, die verkauft werden müssen, um das Gewinnziel zu erreichen.

$$\text{Erlöse - variable Kosten - Fixkosten} = \text{Gewinnziel}$$
$$(200\ \$ \times XZ) - (120\ \$ \times XZ) - 2.000\ \$ = 1.200\ \$$$
$$(80\ \$ \times XZ) = 2.000\ \$ + 1.200\ \$$$
$$(80\ \$ \times XZ) = 3.200\ \$$$
$$XZ = 3.200\ \$: 80\ \$/\text{Stück} = 25\ \text{Stück}$$

Alternativ könnte man auch die Deckungsbeitragsmethode anwenden. Der Zähler besteht jetzt aus den Fixkosten plus dem Gewinnziel (GZ):

$$XZ = \frac{\text{Fixkosten} + \text{Gewinnziel}}{\text{Deckungsbeitrag pro Stück}}$$

$$XZ = \frac{2.000\ \$ + 1.200\ \$}{80\ \$/\text{Stück}}$$

$$XZ = 3.200\ \$: 80\ \$/\text{Stück} = 40\ \text{Stück}$$

Beweis:		
	Erlöse, 200 $ × 40	8.000 $
	variable Kosten, 120 $ × 40	4.800 $
	Deckungsbeitrag, 80 $ × 40	3.200 $
	Fixkosten	2.000 $
	Betriebsgewinn	1.200 $

Die Graphik in Tafel 3.1 zeigt, daß bei einem Outputniveau von 40 Einheiten die Differenz zwischen Gesamterlös und Gesamtkosten dem Betriebsgewinn von 1.200 $ entspricht.

3.3 DIE GEWINNKURVE

Die Information aus Tafel 3.1 kann auch in Form einer Gewinnkurve dargestellt werden. Eine **Gewinnkurve** zeigt, wie sich Veränderungen der Outputmenge auf den Betriebsgewinn auswirken. Teil A der Tafel 3.2 zeigt die Gewinnkurve für Do-All (Fixkosten von 2.000 $, Absatzpreis von 200 $ und variable Kosten von 120 $ pro Stück). Die Gewinnkurve kann mit Hilfe von zwei Punkten konstruiert werden. Ein bequemer Punkt ist die Höhe der Fixkosten bei einem Output von null (Punkt X), denn hier sind die Fixkosten mit dem Betriebsverlust identisch. Ein zweiter bequemer Punkt

Tafel 3.2

Die Gewinnkurve

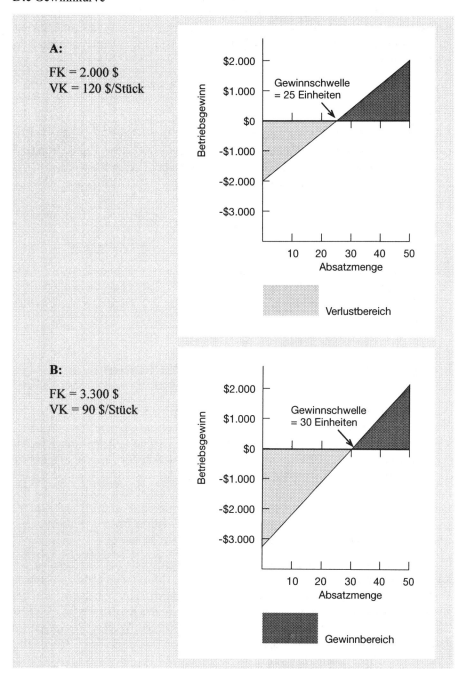

ist der Break-even-Punkt (Y), der in unserem Beispiel bei 25 Stück liegt (siehe Tafel
3.2, S. Seite 67). Man zeichnet die Gewinnkurve, indem man die Punkte X und Y miteinander verbindet und die Linie dann über Y hinausgehen läßt. Rechts von der Gewinnschwelle erhöht sich der Betriebsgewinn durch jede zusätzliche verkaufte Einheit
um 80 $. Bei einem Outputniveau von 35 Einheiten beträgt der Betriebsgewinn zum
Beispiel 800 $:

$$(200 \ \$ \times 35) - (120 \ \$ \times 35) - 2.000 \ \$ = 800 \ \$$$

Ein Vergleich von Gewinnkurven für unterschiedliche Szenarien zeigt die Auswirkungen dieser Szenarien auf den Betriebsgewinn. Teil B der Tafel 3.2 enthält die Gewinnkurve für Do-All-Software unter der Annahme, daß die Fixkosten 3.300 $ und die
variablen Kosten 90 $ pro Stück betragen. Der Absatzpreis sei 200 $ wie in Teil A.
Der Deckungsbeitrag pro Stück beträgt in Teil B der Tafel 110 $. Die Gewinnschwelle
liegt bei 30 Stück:

$$(200 \ \$ \ \times \ X) - (90 \ \$ \ \times \ X) - 3.300 \ \$ \ = \ 0$$
$$X \ = \ 3.300 \ \$: \ 110 \ \$ \ = \ 30 \ \text{Stück}$$

Rechts vom Break-even-Punkt bringt jede zusätzliche verkaufte Einheit einen zusätzlichen Betriebsgewinn von 110 $. Die Gewinnkurve in Teil B hat eine größere Stei-
gung. Das bedeutet, daß der Betriebsgewinn mit steigendem Outputniveau schneller
zunimmt.

3.4 SENSITIVITÄTSANALYSE UND UNSICHERHEIT

Die **Sensitivitätsanalyse** (*sensitivity analysis*) ist eine Technik, mit deren Hilfe man
untersuchen kann, wie sich ein Ergebnis ändert, wenn die ursprünglich prognostizierten Werte nicht erreicht werden oder wenn sich eine zugrundegelegte Annahme ändert. Im Kontext der KVG-Analyse beantwortet die Sensitivitätsanalyse Fragen wie
die folgenden: Wie hoch wird der Betriebsgewinn sein, wenn das Outputniveau um
fünf Prozent hinter der ursprünglichen Planung zurückbleibt? Wie hoch wird der Betriebsgewinn sein, wenn die variablen Stückkosten um zehn Prozent höher liegen als
geplant? Die Sensitivitätsanalyse erweitert den Blickwinkel der Manager in bezug
darauf, was trotz ihrer wohlüberlegten Pläne alles passieren kann.

Die weitverbreitete Verwendung elektronischer Spreadsheets hat die Nutzung der
KVG-Analyse in vielen Organisationen gefördert. Mit Hilfe von Spreadsheets können
Manager leicht Sensitivitätsanalysen auf KVG-Basis durchführen, um die Auswirkungen von Veränderungen bei den Absatzpreisen, den variablen Stückkosten, den Fixkosten und den Gewinnzielen, sowie ihre gegenseitigen Wechselwirkungen zu
untersuchen. Tafel 3.3 zeigt ein Spreadsheet für unser Do-All-Beispiel. Mary Frost
kann sofort sehen, welche Erlöse sie erzielen muß, um bei alternativen gegebenen

Werten für die Fixkosten und die variablen Stückkosten bestimmte Gewinnziele zu erreichen. So ist zum Beispiel ein Erlös von 6.000 $ (30 Stück zu 200 $ pro Stück) nötig, um bei Fixkosten von 2.000 $ und variablen Kosten von 100 $ pro Stück einen Betriebsgewinn von 1.000 $ zu erwirtschaften. Frost kann Tafel 3.3 auch benutzen, um einzuschätzen, ob sie beim Computerkongreß in Chicago verkaufen will, wenn zum Beispiel die Miete für den Verkaufsstand auf 3.000 $ erhöht wird (so daß die Fixkosten auf 3.000 $ steigen) oder wenn der Softwarelieferant seinen Preis (und damit die variablen Kosten) auf 140 $ pro Stück erhöht.

TAFEL 3.3
Spreadsheet-Analyse der KVG-Zusammenhänge für Do-All-Software

Fixkosten	Variable Stückkosten	Umsatz der bei einem Absatzpreis von 200 $ nötig ist, um folgenden Gewinn zu erwirtschaften			
		0 $	1.000 $	1.500 $	2.000 $
2.000 $	100 $	4.000 $	6.000 $	7.000 $	8.000 $
	120 $	5.000 $	7.500 $	8.750 $	10.000 $
	140 $	6.667 $	10.000 $	11.667 $	13.333 $
2.500 $	100 $	5.000 $	7.000 $	8.000 $	9.000 $
	120 $	6.250 $	8.750 $	10.000 $	11.250 $
	140 $	8.333 $	11.667 $	13.333 $	15.000 $
3.000 $	100 $	6.000 $	8.000 $	9.000 $	10.000 $
	120 $	7.500 $	10.000 $	11.250 $	12.500 $
	140 $	10.000 $	13.333 $	15.000 $	16.667 $

Ein Aspekt der Sensitivitätsanalyse ist die **Sicherheitsmarge**. Darunter versteht man den Überschuß des geplanten Erlöses über den Erlös im Break-even-Punkt. Die Sicherheitsmarge ist die Antwort auf die folgende Frage: Um wieviel kann der Erlös hinter dem geplanten Erlös zurückbleiben, bevor der Break-even-Punkt erreicht wird? Daß ein geplanter Erlös nicht erreicht wird, kann viele Gründe haben: Vielleicht bietet ein Konkurrent ein besseres Produkt an, vielleicht war das Marketing schlecht gemacht, und so weiter. Angenommen Mary Frost hat Fixkosten von 3.000 $, einen Absatzpreis von 200 $ und variable Kosten von 140 $ pro Stück. Bei 75 verkauften Einheiten beträgt der geplante Erlös 15.000 $ und der geplante Betriebsgewinn 1.500 $. Die Gewinnschwelle liegt unter diesen Annahmen bei 50 Stück (3.000 $: 60 $) oder bei 10.000 $ (200 $ × 50). Die Sicherheitsmarge ist also 5.000 $ (15.000 $ - 10.000 $) oder 25 Stück.

Die Sensitivitätsanalyse ist ein Ansatz für den Umgang mit **Unsicherheit**. Unsicherheit definieren wir hier als die Möglichkeit, daß ein Istbetrag von einem erwarteten Betrag abweichen wird. Ein anderer Ansatz besteht darin, daß man die Erwartungswerte mit Hilfe von Wahrscheinlichkeitsverteilungen berechnet. Im Anhang zu diesem Kapitel wird dieser Ansatz vorgestellt.

3.5 KOSTENPLANUNG UND KVG-ANALYSE

Alternative Kombinationen von fixen und variablen Kosten

Die Sensitivitätsanalyse beleuchtet die Risiken, die eine bestimmte Kostenstruktur für eine Organisation enthält. Das kann dazu führen, daß Manager alternative Kostenstrukturen in Betracht ziehen. Die KVG-Analyse stellt für diese Aufgabe eine Hilfe dar. Betrachten wir noch einmal Mary Frost und ihre Vereinbarung mit Computer Conventions Inc. über die Miete für einen Verkaufsstand. In unserem ursprünglichen Beispiel bezahlt Frost eine Miete von 2.000 $. Nehmen wir nun stattdessen an, daß Computer Conventions Frost drei alternative Mietverträge anbietet:

- *Option 1*: eine feste Gebühr von 2.000 $
- *Option 2*: eine feste Gebühr von 1.400 $ plus 5 % der Erlöse aus dem Verkauf von Do-All während des Kongresses
- *Option 3*: 20 % der Erlöse aus dem Verkauf von Do-All während des Kongresses

Frost interessiert sich dafür, wie ihre Entscheidung für einen der drei Mietverträge sich auf die Risiken auswirkt, mit denen sie konfrontiert ist. Tafel 3.4 zeigt für diese Optionen die Kosten- und Erlöskurven:

- *Option 1* bedeutet Fixkosten von 2.000 $ und einen Break-even-Punkt bei 25 Stück. Jede weitere verkaufte Einheit bringt bei dieser Option einen zusätzlichen Betriebsgewinn von 80 $.
- *Option 2* geht mit niedrigeren Fixkosten von 1.400 $ einher. Der Break-even-Punkt liegt mit 20 Stück ebenfalls niedriger. Jede weitere verkaufte Einheit erhöht allerdings den Betriebsgewinn nur um 70 $.
- *Option 3* enthält keinerlei Fixkosten. Frost erzielt für jede verkaufte Einheit einen Betriebsgewinn von 40 $. Das gilt von der ersten verkauften Einheit an. Diese Option ermöglicht es ihr, aus dem Geschäft ohne Verlust herauszugehen, auch wenn sie nichts verkauft.[17]

Tafel 3.4

KVG-Graphiken für alternative Mietverträge

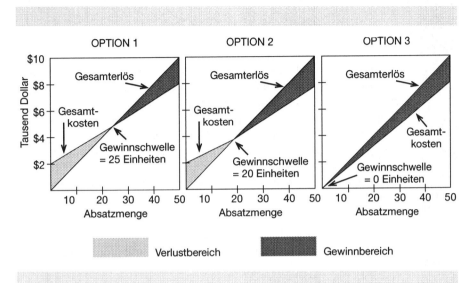

Die KVG-Analyse stellt die verschiedenen Risiken und Gewinnchancen heraus, die mit jeder Option verbunden sind. Option 1 ist zum Beispiel mit dem höchsten Verlustrisiko verbunden (eine feste Vorauszahlung von 2.000 $), hat aber auch den höchsten Deckungsbeitrag pro Stück. Dieser Deckungsbeitrag pro Stück von 80 $ wird zu einem hohen Gewinnpotential, wenn es Frost gelingt, mehr als 25 Stück zu verkaufen. Durch den Übergang von Option 1 auf Option 2 kann Frost ihre Fixkosten senken und damit ihren Verlust bei niedriger Nachfrage reduzieren; wegen der höheren variablen Kosten muß sie aber gleichzeitig niedrigere Gewinne bei hoher Nachfrage akzeptieren. Die Entscheidung zwischen den Optionen 1, 2 und 3 wird durch ihr Vertrauen in die Nachfrage nach Do-All-Software und durch ihre Risikobereitschaft beeinflußt.

---

[17] Die Gewinnschwelle für Option 1 von 25 Stück wurde weiter oben in diesem Kapitel bereits ausgerechnet. Der Break-even-Punkt (X) für Option 2 wird folgendermaßen bestimmt:

Fixkosten = 1.400 $

variable Stückkosten = 120 $ + 0,05(200 $) = 130 $

Deckungsbeitrag pro Stück = 200 $ - 130 $ = 70 $

(200 $ × X) - (130 $ × X) - 1.400 $ = 0

X = 1.400 $: 70 $/Stück = 20 Stück

Option 3 hat die Gewinnschwelle bei null Einheiten, denn es gibt keine Fixkosten. Die variablen Stückkosten sind 160 $ (120 $ + 0,20 × 200 $). Der Deckungsbeitrag pro Stück beträgt 40 $ (200 $ - 160 $).

DIE EINRICHTUNG EINES JOB-POOLS VERSCHIEBT DIE GEWINNSCHWELLE VON GENERAL MOTORS NACH OBEN

Der Break-even-Punkt eines Autoherstellers wird durch das Verhalten der Lohneinzelkosten stark beeinflußt. Sind die Fertigungslöhne Fixkosten, so liegt der Break-even-Punkt höher als im Fall von variablen Kosten. Ein Vertrag von 1990 zwischen der General Motors Corporation (GM) und der Gewerkschaft United Auto Workers (UAW) führte dazu, daß die Fertigungslöhne sich bei Produktionsrückgängen eher wie Fixkosten und weniger wie variable Kosten verhielten. In diesem Vertrag versprach GM 3,3 Mrd. $ für Arbeitsplatz- und Einkommensgarantien über einen Zeitraum von drei Jahren. Der Vertrag enthielt unter anderem folgende Bestimmungen:

- In den ersten 36 Wochen einer vorübergehenden Entlassung erhalten die Arbeitskräfte Arbeitslosengeld und zusätzliche Versicherungsleistungen in Höhe von 95 % ihres Nettolohns.
- Nach diesen 36 Wochen kehren die Arbeitskräfte bei voller Bezahlung und vollen Sozialleistungen entweder an ihren alten Arbeitsplatz zurück oder sie nehmen an einem Job-Pool teil.

Dieser Vertrag sollte unter anderem die Arbeitskräfte von GM dazu motivieren, nach neuen Möglichkeiten zur ständigen Qualitätsverbesserung und Kostensenkung zu suchen, ohne dadurch ihre eigene Beschäftigung zu gefährden.

Als zu Beginn der neunziger Jahre die Produktion bei GM zurückging, wechselten viele Arbeitskräfte zum Job-Pool. GM suchte nach Möglichkeiten, diese Arbeitskräfte produktiv einzusetzen. Ein Vorschlag war, GM-Arbeiter bei den unabhängigen Zulieferfirmen für die Produktion von Teilen für GM einzusetzen. Diese Idee wurde "strategische Insourcing-Initiative" genannt. Ein Kommentator bemerkte damals, daß der Plan auf den Widerstand der Zulieferfirmen stieß, die nicht allzu erpicht darauf waren, in den ausgedienten Werkshallen und mit den hochbezahlten Arbeitskräften von GM zu arbeiten.

Das Ergebnis war, daß GM weiterhin eine unangemessen hohe Zahl von unausgelasteten Arbeitskräften hatte, die vollen Lohn und volle Sozialleistungen erhielten. Das führte dazu, daß der Break-even-Punkt bei GM höher lag als bei einigen seiner Konkurrenten, die keine vergleichbaren Job-Pool-Vereinbarungen hatten.

Quellen: *The Detroit News* (12. 12. 1991) und *Automotive News* (1. 2. 1993).

Auswirkungen des Zeithorizonts

Eine entscheidende Annahme der KVG-Analyse ist die, daß Kosten entweder variabel oder fix sein können. Die Einteilung in variable und fixe Kosten kann durch den Zeithorizont der Analyse beeinflußt werden. Je kürzer der betrachtete Zeithorizont, desto höher ist der Anteil der Gesamtkosten, der als fix eingestuft wird. Nehmen wir United Airlines als Beispiel. Angenommen ein Flugzeug von United Airlines wird den Flugsteig in 30 Minuten verlassen und es gibt noch 20 unbesetzte Plätze. Ein potentieller Passagier kommt mit einem übertragbaren Ticket einer Konkurrenz-Fluggesellschaft. Wenn United Airlines diesem Passagier einen der leeren Plätze zuweist, sind die variablen Kosten (wie etwa eine zusätzliche Mahlzeit) vernachlässigbar. So gut wie alle Kosten sind in dieser Entscheidungssituation Fixkosten. Nehmen wir im Gegensatz dazu eine Situation, in der United Airlines zu entscheiden hat, ob eine weitere Stadt in den Flugplan einbezogen werden soll. Diese Entscheidung hat vielleicht einen Planungshorizont von einem Jahr. Ein viel größerer Teil der Kosten wäre hier als variabel anzusehen und ein viel kleinerer Teil als fix.

Diese Entscheidung unterstreicht die Bedeutung des Zeithorizonts einer Entscheidung für die Analyse des Kostenverhaltens. Ob bestimmte Kosten wirklich Fixkosten sind, hängt also stark vom relevanten Outputbereich, von der Länge des Zeithorizonts und von der speziellen Entscheidungssituation ab.

3.6 ABSATZMIX UND GEWINN

Absatzmix (*revenue mix, sales mix*) nennt man die prozentuale Kombination der Mengen bestimmter Produkte oder Dienstleistungen, aus denen sich der Gesamtumsatz zusammensetzt. Wenn sich der Absatzmix verändert, kann das Gewinnziel immer noch erreicht werden. Die Auswirkungen auf den Betriebsgewinn hängen davon ab, wie sich die ursprünglichen Anteile von Produkten mit niedrigeren und höheren Deckungsbeiträgen verschoben haben.

Angenommen Mary Frost plant gerade für den nächsten Computerkongreß. Sie will zwei Softwareprodukte verkaufen – Do-All und Superword – und stellt den folgenden Plan auf:

	Do-All	Superword	Summe
Absatzstückzahl	60	30	90
Erlös, 200 $ und 130 $ pro Stück	12.000 $	3.900 $	15.900 $
Variable Kosten	7.200 $	2.700 $	9.900 $
Deckungsbeitrag, 80 $ und 40 $ pro Stück	4.800 $	1.200 $	6.000 $
Fixkosten			2.000 $
Betriebsgewinn			4.000 $

Auch hier stellt sich die Frage nach der Gewinnschwelle. Anders als im Einproduktfall gibt es in einer Situation mit mehreren Produkten (oder Dienstleistungen) nicht nur einen einzigen Break-even-Punkt. Die Anzahl hängt vielmehr vom Absatzmix ab. Der folgende Ansatz ist anwendbar, wenn man davon ausgehen kann, daß der geplante Absatzmix (2 Einheiten von Do-All je Einheit von Superword) unabhängig vom Gesamterlös immer gleich bleibt:

$$\text{Sei S} = \text{Stückzahl von Superword am Break - even - Punkt}$$
$$2S = \text{Stückzahl von Do - All am Break - even - Punkt}$$

$$\text{Erlös - variable Kosten - Fixkosten} = \text{Betriebsgewinn}$$
$$[200 \text{ \$(2S)} + 130 \text{ \$(S)}] - [120 \text{ \$(2S)} + 90 \text{ \$(S)}] - 2.000 \text{ \$} = 0$$
$$530 \text{ \$(S)} - 330 \text{ \$(S)} = 2.000 \text{ \$}$$
$$200 \text{ \$(S)} = 2.000 \text{ \$}$$
$$S = 10$$
$$2S = 20$$

Bei einem Absatzmix von 20 Einheiten Do-All und 10 Einheiten Superword liegt der Break-even-Punkt bei 30 Stück. Bei diesem Mix entspricht der gesamte Deckungsbeitrag (80 \$ × 20 = 1.600 bei Do-All plus 40 \$ × 10 = 400 \$ bei Superword) den Fixkosten von 2.000 \$.

Alternativ führen zum Beispiel auch die folgenden Produktkombinationen zu einem Deckungsbeitrag von 2.000 \$ und damit zu einem Gewinn von null:

Do-All	25	20	15	10	5	0
Superword	0	10	20	30	40	50
Summe	25	30	35	40	45	50

Verschiebt sich bei einer gegebenen Gesamtzahl von verkauften Produkten unter sonst gleichen Umständen der Absatzmix zugunsten von Produkten mit höheren Deckungsbeiträgen, so steigt der Betriebsgewinn. Wenn sich also in unserem Beispiel der Absatzmix zugunsten von Do-All mit dem im Vergleich zu Superword doppelten Deckungsbeitrag verschiebt (etwa von 60 % auf 70 %), wird der Gewinn von Mary Frost höher ausfallen.

Manager möchten zwar die Erlöse von allen Produkten maximieren, sind aber oft mit begrenzten Ressourcen konfrontiert. So kann es zum Beispiel sein, daß keine zusätzliche Produktionskapazität zur Verfügung steht. In Kapitel 11 werden wir ausführlicher erläutern, warum es nicht unbedingt die beste Entscheidung ist, die Produkte mit dem höchsten Deckungsbeitrag pro Stück herzustellen. Die beste Entscheidung berücksichtigt vielmehr den Deckungsbeitrag pro Einheit des beschränkenden Faktors.

3.7 DIE ROLLE DER EINKOMMENSTEUER

Bei der Einführung des Gewinnziels in unserem obigen Beispiel von der Do-All-Software wurde die folgende Gewinn- und Verlustrechnung gezeigt (Seite 66):

Erlöse, 200 $ × 40	8.000 $
variable Kosten, 120 $ × 40	4.800 $
Deckungsbeitrag, 80 $ × 40	3.200 $
Fixkosten	2.000 $
Betriebsgewinn	1.200 $

Der Nettogewinn von Do-All ist der Betriebsgewinn abzüglich der Einkommensteuern. Wieviele Einheiten von Do-All müssen verkauft werden, wenn ein Nettogewinn von 1.200 $ erzielt werden soll und wenn der Gewinn einem Steuersatz von 40 % unterliegt? In der Gleichungsmethode der KVG-Analyse genügt es, das Gewinnziel so zu verändern, daß die Einkommensteuern berücksichtigt werden. Der Gleichungsansatz lautete:

$$\text{Erlös - variable Kosten - Fixkosten = Betriebsgewinn}$$

Nun berücksichtigen wir die Wirkung der Einkommensteuer:

$$\text{Nettogewinnziel} = \text{Betriebsgewinn - (Betriebsgewinn} \times \text{Steuersatz)}$$

$$\text{Nettogewinnziel} = \text{Betriebsgewinn} \times \text{(1 - Steuersatz)}$$

$$\text{Betriebsgewinn} = \frac{\text{Nettogewinnziel}}{\text{1 - Steuersatz}}$$

Wenn man die Einkommensteuern mitberücksichtigt, ergibt sich also aus der Gleichungsmethode:

$$\text{Erlös – variable Kosten – Fixkosten} = \frac{\text{Nettogewinnziel}}{\text{1 – Steuersatz}}$$

Setzt man die Zahlen aus dem Beispiel mit der Do-All-Software ein, so lautet die Gleichung:

$$200 \text{ \$} \times X - 120 \text{ \$} \times X - 2.000 \text{ \$} = \frac{\text{Nettogewinnziel}}{1 - \text{Steuersatz}}$$

$$200 \text{ \$} \times X - 120 \text{ \$} \times X - 2.000 \text{ \$} = \frac{1.200 \text{ \$}}{1 - 0,40}$$

$$200 \text{ \$} \times X - 120 \text{ \$} \times X - 2.000 \text{ \$} = 2.000 \text{ \$}$$

$$80 \text{ \$} \times X = 4.000 \text{ \$}$$

$$X = 4.000 \text{ \$} : 80 \text{ \$} = 50 \text{ Stück}$$

Beweis:

Erlös, 200 \$ × 50	\$ 10.000
variable Kosten, 120 \$ × 50	6.000
Deckungsbeitrag	4.000
Fixkosten	2.000
Betriebsgewinn	2.000
Einkommensteuer, 2.000 \$ × 0,40	800
Nettogewinn	\$ 1.200

Angenommen das Nettogewinnziel würde auf 1,680 \$ festgelegt anstatt auf 1.200 \$. Dann würde der erforderliche Absatz von 50 auf 60 Stück ansteigen:

$$\text{Betriebsgewinn} = \frac{\text{Nettogewinnziel}}{1 - \text{Steuersatz}}$$

$$200 \text{ \$} \times X - 120 \text{ \$} \times X - 2.000 \text{ \$} = \frac{1.680 \text{ \$}}{1 - 0,40}$$

$$80 \text{ \$} \times X - 2.000 \text{ \$} = 2.800 \text{ \$}$$

$$80 \text{ \$} \times X = 4.800 \text{ \$}$$

$$X = 4.800 \text{ \$} : 80 \text{ \$} = 60 \text{ Stück}$$

Die Existenz von Einkommensteuern verändert den Break-even-Punkt nicht. Das liegt daran, daß der Betriebsgewinn im Break-even-Punkt definitionsgemäß Null ist und damit auch keine Einkommensteuer zu zahlen ist.[18]

---

[18] Andere Steuerarten können den Break-even-Punkt verschieben. Eine Umsatzsteuer zum Beispiel, die vom Verkäufer abzuführen ist und einen festen Prozentsatz des Erlöses ausmacht, kann als variable Kosten behandelt werden und wird daher die Gewinnschwelle nach oben verschieben.

3.8 KVG-ANALYSE BEI GEMEINNÜTZIGEN INSTITUTIONEN

Die KVG-Analyse kann auf gemeinnützige Organisationen genauso angewandt werden wie auf gewinnorientierte Organisationen. Angenommen ein Sozialdienst erhält vom Staat einen Haushaltszuschuß für 19_7 in Höhe von 900.000 $. Der Hauptzweck dieser gemeinnützigen Einrichtung ist es, Behinderten zu helfen, die einen Arbeitsplatz suchen. Im Durchschnitt bezuschußt der Sozialdienst das Lohneinkommen jedes Behinderten jährlich mit 5.000 $. Die Fixkosten der Einrichtung betragen 270.000 $. Andere Kosten entstehen nicht. Der Geschäftsführer möchte wissen, wievielen Menschen im Jahr 19_7 geholfen werden kann. Hier kann man die KVG-Analyse anwenden, indem man einfach von einem Betriebsgewinn von null ausgeht. Sei X die Anzahl der Personen, die einen Einkommenszuschuß erhalten:

$$\text{Erlös - variable Kosten - Fixkosten} = 0 \ \$$$

$$900.000 \ \$ - 5.000 \ \$ \times X - 270.000 \ \$ = 0 \ \$$$

$$5.000 \ \$ \times X = 900.000 \ \$ - 270.000 \ \$$$

$$X = 630.000 \ \$: 5.000 \ \$ = 126 \text{ Personen}$$

Angenommen der Manager befürchtet, daß der Haushaltszuschuß für 19_7 um 15 % auf $(1 - 0,15) \times 900.000 \ \$ = 765.000 \ \$$ reduziert wird. Er möchte wissen, wieviele Behinderte dann unterstützt werden können. Wir gehen davon aus, daß sich die Höhe der Unterstützung pro Person nicht verändert:

$$765.000 \ \$ - 5.000 \ \$ \times X - 270.000 \ \$ = 0 \ \$$$

$$5.000 \ \$ \times X = 765.000 \ \$ - 270.000 \ \$$$

$$X = 495.000 \ \$: 5.000 \ \$ = 99 \text{ Personen}$$

Zwei Charakteristika der KVG-Beziehungen in einer gemeinnützigen Organisation sind zu beachten:

1. Der prozentuale Rückgang der Leistung beträgt $(126 - 99) : 126 = 21,4 \ \%$ und ist damit höher als die fünfzehnprozentige Verringerung des Haushaltszuschusses. Das liegt an den Fixkosten von 270.000 $.

2. Würde man die Beziehungen graphisch darstellen, so wäre der Haushaltszuschuß (Erlös) eine horizontale Linie bei 765.000 $. Der Geschäftsführer könnte die Aktivitäten an den reduzierten Haushaltszuschuß anpassen, indem er eine oder mehrere der folgenden Maßnahmen ergreift: (a) Er reduziert die Anzahl der unterstützten Personen; (b) er verringert die variablen Kosten (die Unterstützung pro Person); oder (c) er reduziert die Fixkosten.

3.9 DECKUNGSBEITRAG UND BRUTTOGEWINN

In diesem Abschnitt geht es um den Zusammenhang zwischen dem Deckungsbeitrag und dem Bruttogewinn, den wir in Kapitel 2 eingeführt haben. Zunächst die Definitionen:

Deckungsbeitrag = Erlös - alle Kosten, die von der Outputmenge abhängen

Bruttogewinn = Erlös - Herstellkosten des Umsatzes

Die Formulierung "alle Kosten, die von der Outputmenge abhängen" bezieht sich auf die variablen Kosten in jedem Bereich der Wertschöpfungskette. In einer Handelsfirma sind die Herstellkosten des Umsatzes identisch mit den Einkaufskosten der Produkte. Im verarbeitenden Gewerbe bestehen die Herstellkosten des Umsatzes aus variablen und fixen Herstellkosten.

Ein Dienstleistungsunternehmen kann einen Deckungsbeitrag berechnen aber keinen Bruttogewinn. In der Gewinn- und Verlustrechnung von Dienstleistungsunternehmen kommt der Posten Herstellkosten des Umsatzes nicht vor.

Unternehmen des Handelssektors

Bei Handelsunternehmen unterscheiden sich Deckungsbeitrag und Bruttogewinn an zwei Stellen, nämlich einmal bei den fixen Herstellkosten des Umsatzes (wie zum Beispiel eine fixe jährliche Zahlung an einen Hersteller für die Alleinvertretung seiner Produkte) und zum anderen bei den variablen Kosten, die nicht Herstellkosten des Umsatzes sind (wie etwa eine umsatzabhängige Verkäuferprovision). Beim Deckungsbeitrag werden alle variablen Kosten vom Erlös abgezogen, beim Bruttogewinn nur die Herstellkosten des Umsatzes. Das folgende Beispiel illustriert diesen Unterschied:

Deckungsbeitragsrechnung (in 1.000 $)			Bruttogewinnrechnung (in 1.000 $)	
Erlös		200	Erlös	200
Variable Herstellkosten des Umsatzes	120		Herstellkosten des Umsatzes (120 + 5)	125
andere variable Kosten	43	163	Bruttogewinn	75
Deckungsbeitrag		37	Betriebskosten (43 + 19)	62
Fixe Herstellkosten des Umsatzes	5		Betriebsgewinn	13
Andere Fixkosten	19	24		
Betriebsgewinn		13		

Die fixen Herstellkosten des Umsatzes enthalten bei einem Händler nur Fixkosten, die direkt mit dem Kauf der Waren zu tun haben. Dazu gehören zum Beispiel nicht die Fixkosten der Einkaufsabteilung (wie zum Beispiel fixe Gehälter). Diese Kosten werden bei der Deckungsbeitragsrechnung zu den anderen Fixkosten gerechnet.

Unternehmen des produzierenden Sektors

Bei Produktionsunternehmen unterscheiden sich Deckungsbeitrag und Bruttogewinn ebenfalls an zwei Stellen, nämlich einmal bei den Herstellfixkosten und zum anderen bei den fertigungsunabhängigen variablen Kosten. Das folgende Beispiel veranschaulicht diese Unterschiede:

Deckungsbeitragsrechnung (in 1.000 $)			Bruttogewinnrechnung (in 1.000 $)	
Erlös		1.000	Erlös	1.000
variable Herstellkosten	250		Herstellkosten des Umsatzes	
andere variable Kosten	270	520	(250 + 160)	410
Deckungsbeitrag		480	Bruttogewinn	590
Herstellfixkosten	160		Betriebskosten	
andere Fixkosten	138	298	(270 + 138)	408
Betriebsgewinn		182	Betriebsgewinn	182

Bei der Berechnung des Bruttogewinns werden die Herstellfixkosten vom Erlös abgezogen, bei der Deckungsbeitragsrechnung nicht. Bei einem Produktionsunternehmen enthalten die Herstellkosten des Umsatzes sämtliche variablen und fixen Herstellkosten. Die variablen Betriebskosten werden bei der Deckungsbeitragsrechnung vom Erlös abgezogen, bei der Bruttogewinnrechnung nicht.

Sowohl der *Deckungsbeitrag* als auch der *Bruttogewinn* können als Gesamtbetrag, als Betrag pro Stück oder als prozentualer Anteil am Erlös ausgedrückt werden. Der **Deckungsbeitragsanteil** ist der gesamte Deckungsbeitrag dividiert durch den Erlös. Der **Anteil der variablen Kosten** ist die Summe der variablen Kosten (abhängig von der Outputmenge) dividiert durch den Erlös. In unserem Beispiel beträgt der Deckungsbeitragsanteil 48 % (480 $: 1.000 $), der Anteil der variablen Kosten 52 % (520 $: 1.000 $). Der **Bruttogewinnanteil** ist der Bruttogewinn dividiert durch den Erlös, also 59 % (590 $: 1.000 $) in unserem Beispiel.

AUFGABE

Wembley Travel ist ein Reisebüro, das sich auf Flüge zwischen Los Angeles und London spezialisiert hat. Es verkauft den Kunden Flugtickets der United Airlines. United berechnet den Passagieren 900 $ für Hin- und Rückflug. Bis letzten Monat hat United an Wembley eine Verkaufsprovision von 10 % des Flugpreises bezahlt. Das war für Wembley die einzige Erlösquelle. Die Fixkosten des Reisebüros betragen 14.000 $ pro Monat (für Personalkosten, Miete etc.) und die variablen Kosten 20 $ pro Ticket. Diese 20 $ enthalten eine Gebühr von 15 $ für die Lieferung durch Federal Express. (Der Einfachheit halber gehen wir davon aus, daß jedes Rückflugticket eigens geliefert wird; die Liefergebühr von 15 $ fällt also bei jedem Ticket an.)

United Airlines hat soeben ein neues Vergütungsschema für Reisebüros angekündigt. Die Firma wird in Zukunft eine Verkaufsprovision von 10 % bis zu einem Höchstwert von 50 $ pro Ticket bezahlen. Für jedes Ticket, das mehr als 500 $ kostet, wird die Provision unabhängig vom Preis nur 50 $ betragen.

1. Wieviele Rückflugtickets mußte Wembley unter der alten Provisionsregelung jeden Monat verkaufen, (a) um den Break-even-Punkt zu erreichen und (b) um einen Betriebsgewinn von 7.000 $ pro Monat zu erzielen?

2. Wie lautet Ihre Antwort auf die Fragen (a) und (b) in Aufgabe 1 unter der neuen Vergütungsregelung?

3. Wembley wird von der Firma DHL Express kontaktiert, die einen Lieferpreis von 9 $ pro Ticket bietet. Wie würden sich die Antworten auf die Fragen (a) und (b) in Aufgabe 2 verändern, wenn Wembley dieses Angebot annimmt? DHL Express bietet Übernacht-Lieferung bei einer Zuverlässigkeit, die mit der von Federal Express vergleichbar ist.

LÖSUNG

1. Wembley erhält eine Provision von 10 % pro Ticket: 10 % × 900 $ = 90 $. Also gilt

$$AP = 90 \$$$
$$VKS = 20 \$$$
$$DBS = 90 \$ - 20 \$ = 70 \$$$
$$FK = 14.000 \$ \text{ pro Monat}$$

LÖSUNG (FORTSETZUNG)

a. $X = \dfrac{FK}{DBS} = \dfrac{14.000\ \$}{70\ \$} = 200$ Tickets pro Monat

b. Bei einem Gewinnziel (GZ) von 7.000 $ pro Monat:

$$XZ = \frac{FK + GZ}{DBS} = \frac{14.000\ \$ + 7.000\ \$}{70\ \$} = \frac{21.000\ \$}{70\ \$}$$

$= 300$ Tickets pro Monat

2. Wembley erhält nur 50 $ pro 900-Dollar-Ticket. Damit gilt

$$AP = 50\ \$$$

$$VKS = 20\ \$$$

$$DBS = 50\ \$ - 20\ \$ = 30\ \$$$

$$FK = 14.000\ \$ \text{ pro Monat}$$

a. $X = \dfrac{14.000\ \$}{30\ \$} = 467$ Tickets pro Monat (aufgerundet)

b. $XZ = \dfrac{21.000\ \$}{30\ \$} = 700$ Tickets pro Monat

Die Obergrenze für die Verkaufsprovision pro Ticket führt dazu, daß sich sowohl der Break-even-Punkt mehr als verdoppelt als auch die Anzahl der Tickets, die verkauft werden müssen, um einen Gewinn von 7.000 $ pro Monat zu erzielen. Es ist nicht überraschend, daß die Reisebüros auf den Vorschlag von United Airlines zur Veränderung der Provisionsregelung sehr negativ reagiert haben.

3. Das Angebot von DHL Express verringert die variablen Kosten pro Ticket von 20 $ auf 14 $.

$$AP = 50\ \$$$

$$VKS = 14\ \$$$

$$DBS = 50\ \$ - 14\ \$ = 36\ \$$$

$$FK = 14.000\ \$ \text{ pro Monat}$$

a. $X = \dfrac{14.000\ \$}{36\ \$} = 389$ Tickets pro Monat (aufgerundet)

b. $XZ = \dfrac{21.000\ \$}{36\ \$} = 584$ Tickets pro Monat (aufgerundet)

Durch die Erhöhung des Deckungsbeitrags reduziert sich sowohl der Break-even-Punkt als auch die Anzahl der Tickets, die erforderlich sind, um das Gewinnziel von 7.000 $ zu erreichen.

Aufgabe zum Selbststudium

ANHANG: ENTSCHEIDUNGSMODELLE UND UNSICHERHEIT

Manager treffen Vorhersagen und Entscheidungen in einer unsicheren Welt. Dieser Anhang untersucht die Eigenschaften der Unsicherheit und beschreibt, wie man damit umgehen kann. Weiter geht es darum, welche zusätzlichen Einsichten gewonnen werden können, wenn Unsicherheit in die KVG-Analyse miteinbezogen wird.

Der Umgang mit Unsicherheit

Die Rolle des Entscheidungsmodells: Unsicherheit ist die Möglichkeit, daß ein Istbetrag vom erwarteten Betrag abweichen wird. Man hat vielleicht die Marketingkosten auf 400.000 $ veranschlagt, und dann stellt sich heraus, daß sie tatsächlich 430.000 $ betragen. Ein Entscheidungsmodell (*decision model*) hilft Managern, mit Unsicherheit umzugehen; es ist eine formale Methode der Entscheidungsfindung, die oft auch eine quantitative Analyse enthält. In der Regel gehören dazu die folgenden Elemente:

1. Ein **Entscheidungskriterium**, also ein quantifizierbares Ziel. Dieses Ziel kann viele Formen annehmen. Meistens wird das Entscheidungskriterium als Gewinnmaximierung oder Kostenminimierung ausgedrückt. Das Entscheidungskriterium ist die Basis für die Auswahl der besten Handlungsalternative.

2. Eine Menge von **Handlungsalternativen**, die in Betracht gezogen werden.

3. Die Menge aller relevanten **Ereignisse**, die eintreten können. Die Ereignismenge sollte vollständig sein und aus Ereignissen bestehen, die sich gegenseitig ausschließen. Ereignisse schließen sich gegenseitig aus, wenn sie nicht gleichzeitig eintreten können. Eine Ereignismenge ist vollständig, wenn keine Ereignisse auftreten können, die darin nicht enthalten sind. Zum Beispiel kann die Nachfrage nach den Produkten einer Branche wachsen oder nicht wachsen; die Zinssätze können steigen, sinken oder gleichbleiben. Ist die Ereignismenge vollständig und schließen die Ereignisse sich gegenseitig aus, dann wird genau ein Ereignis aus dieser Menge eintreffen.

4. Eine Wahrscheinlichkeitenmenge, wobei eine **Wahrscheinlichkeit** die Chance ist, daß ein Ereignis eintritt.

5. Eine Menge der möglichen **Ergebnisse**. Ein Ergebnis ist die prognostizierte Auswirkung der verschiedenen Kombinationen von Handlungen und Ereignissen, auf das Entscheidungskriterium.

Es ist wichtig, Handlungen von Ereignissen zu unterscheiden. Handlungen sind Entscheidungen, die die Manager treffen – zum Beispiel die Preise für die Produkte des Unternehmens. Ereignisse können von den Managern dagegen nicht beeinflußt werden – zum Beispiel Wachstum oder Rückgang der gesamtwirtschaftlichen Aktivität. Das Ergebnis ist der Betriebsgewinn, den das Unternehmen erzielt, und der sowohl von der gewählten Handlung (Preissetzungsstrategie) als auch von dem eingetretenen

Ereignis (gesamtwirtschaftliche Aktivität) abhängt. Tafel 3.5 zeigt ein Entscheidungsmodell im Überblick, die Durchführung der gewählten Handlungsalternative, das Ergebnis und die darauffolgende Erfolgsermittlung.

TAFEL 3.5
Ein Entscheidungsmodell und sein Bezug zur Erfolgsermittlung

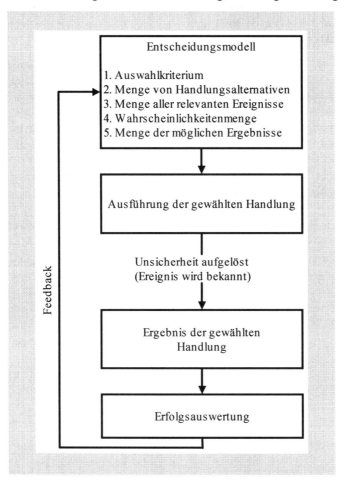

Wahrscheinlichkeiten: Will man ein Entscheidungsmodell anwenden, um mit der Unsicherheit fertigzuwerden, so ist die Zuweisung von Wahrscheinlichkeiten ein wichtiger Aspekt. Eine Wahrscheinlichkeitsverteilung beschreibt die Eintrittswahrscheinlichkeit für jedes der sich gegenseitig ausschließenden Ereignisse in der Ereignismenge. Die Wahrscheinlichkeiten dieser Ereignisse werden sich zu 1,00 addieren, denn in einer vollständigen Ereignismenge sind alle Möglichkeiten erschöpfend enthalten. In manchen Fällen gibt es viele Anhaltspunkte für die Zuweisung von Wahrscheinlichkeiten. So ist zum Beispiel die Wahrscheinlichkeit dafür, daß man beim Werfen einer Münze das Ergebnis "Kopf" erhält genau 1/2; Die Wahrscheinlichkeit dafür, daß man aus einem Stapel gut gemischter Karten eine bestimmte Spielkarte herauszieht, beträgt 1/52. In einem Produktionsbetrieb kann man aufgrund der Erfahrung mit der Fertigung von Tausenden von Einheiten die Wahrscheinlichkeit dafür, daß ein bestimmter Prozentsatz von Einheiten fehlerhaft ist, mit großer Zuversicht angeben. In anderen Situationen gibt es wenig Anhaltspunkte, die geschätzte Wahrscheinlichkeiten stützen könnten. So weiß man zum Beispiel nicht, wieviele Einheiten eines neuen pharmazeutischen Produkts im kommenden Jahr verkauft werden können.

Das Konzept der Unsicherheit kann mit Hilfe der Entscheidungssituation eines Verlagslektors veranschaulicht werden. Der Lektor muß entscheiden, ob er einen Spionageroman oder einen historischen Roman veröffentlichen will. Beide vorgeschlagenen Bücher erfordern zu Beginn des Jahres eine Investition von 200.000 $. (Der Einfachheit halber ignorieren wir hier den Zeitwert des Geldes, der in den Kapiteln 22 und 23 behandelt wird.) Aufgrund seiner Erfahrung glaubt der Lektor, daß die folgende Wahrscheinlichkeitsverteilung die relative Wahrscheinlichkeit von Einnahmen verschiedener Höhe für das nächste Jahr zutreffend beschreibt (unter der Voraussetzung, daß beide Bücher einen Lebenszyklus von einem Jahr haben):

Vorschlag A: Spionageroman		Vorschlag B: historischer Roman	
Wahrscheinlichkeit	**Einnahmen (in $)**	**Wahrscheinlichkeit**	**Einnahmen (in $)**
0,10	300.000	0,10	200.000
0,20	350.000	0,25	300.000
0,40	400.000	0,30	400.000
0,20	450.000	0,25	500.000
0,10	500.000	0,10	800.000
1,00		1,00	

Tafel 3.6 enthält einen graphischen Vergleich der Wahrscheinlichkeitsverteilungen.

Erwartungswert: Ein Erwartungswert ist der gewichtete Durchschnitt der Ergebnisse, wobei jedes Ergebnis mit seiner Wahrscheinlichkeit gewichtet wird. Der Erwartungswert $E(a_1)$ der Einnahmen aus dem Spionageroman beträgt 400.000 $:

$$E(a_1) = 0,1\,(300.000\ \$) + 0,2(350.000\ \$) + 0,4(400.000\ \$)$$
$$+ 0,2(450.000\ \$) + 0,1(500.000\ \$)$$
$$= 400.000\ \$$$

TAFEL 3.6

Entscheidungen unter Unsicherheit: Vergleich von Wahrscheinlichkeitsverteilungen

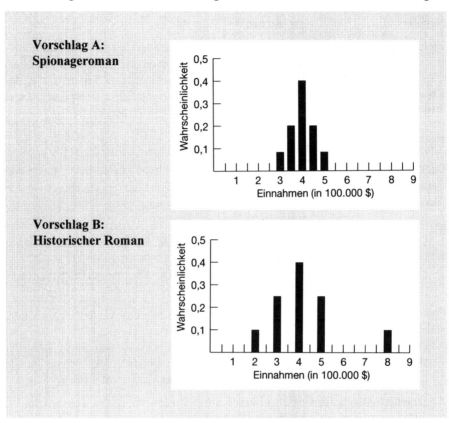

Der Erwartungswert $E(a_2)$ der Einnahmen aus dem historischen Roman beträgt 420.000 $:

$$E(a_2) = 0,1 \,(200.000\ \$) + 0,25(300.000\ \$) + 0,3(400.000\ \$)$$
$$+ 0,25(500.000\ \$) + 0,1(800.000\ \$)$$
$$= 420.000\ \$$$

Der Erwartungswert ist ein häufig benutztes Entscheidungskriterium. Ein Lektor, der den Erwartungswert der Einnahmen maximieren will, wird den historischen Roman gegenüber dem Spionageroman bevorzugen.

Um den Erwartungswert zu interpretieren, stellen wir uns vor, daß das Unternehmen viele historische Romane publiziert, bei denen die Wahrscheinlichkeitsverteilung der Einnahmen derjenigen in Tafel 3.6 entspricht. Der Erwartungswert von 420.000 $ entspricht den durchschnittlichen Einnahmen pro Roman, die der Verlag aus allen diesen

Roman erhält. Bei einem bestimmten Roman können die Einnahmen 200.000 \$, 300.000 \$, 400.000 \$, 500.000 \$ oder 800.000 \$ betragen. Wenn der Verlag aber 100 solcher Romane veröffentlicht, erwartet er Einnahmen von insgesamt 42 Mio. \$, also durchschnittlich 420.000 \$ pro Roman.

Viele Statistiker und Kostenrechner legen dem Entscheidungsträger lieber die gesamte Wahrscheinlichkeitsverteilung vor. Andere präsentieren drei Kategorien von Informationen: das beste mögliche Ergebnis, das wahrscheinlichste Ergebnis und das schlechteste mögliche Ergebnis. Beide Arten der Präsentation erinnern den Nutzer daran, daß die anstehende Entscheidung mit Unsicherheit verbunden ist.

Fallbeispiel zur Veranschaulichung

Denken wir noch einmal an Mary Frost und die alternativen Mietverträge, die ihr von Computer Conventions Inc. für den Verkauf von Do-All-Software angeboten werden (Seite 70):

- *Option 1*: eine feste Gebühr von 2.000 \$
- *Option 2*: eine feste Gebühr von 1.400 \$ plus 5 % der Erlöse aus dem Verkauf von Do-All während des Kongresses
- *Option 3*: 20 % der Erlöse aus dem Verkauf von Do-All während des Kongresses (aber keine feste Gebühr)

Frost schätzt die Wahrscheinlichkeit dafür, daß sie 40 Stück verkaufen wird, auf 0,60 und die Wahrscheinlichkeit dafür, daß sie 70 Stück verkaufen wird, auf 0,40. Sie wird jedes Softwarepaket für 200 \$ verkaufen. Die Pakete wird sie von einem Software-Großhändler zu einem Stückpreis von 120 \$ kaufen mit vollem Rückgaberecht für alle nichtverkauften Einheiten. Welchen Mietvertrag sollte Mary Frost wählen?

Allgemeiner Ansatz für Entscheidungen unter Unsicherheit: Die Konstruktion eines Entscheidungsmodells besteht aus fünf Schritten, die sich jeweils aus den fünf zu Beginn dieses Anhangs beschriebenen Eigenschaften ergeben.[19]

Schritt 1: *Identifiziere das Entscheidungskriterium.* Wir gehen davon aus, daß Mary Frost die erwarteten Nettoeinnahmen während des Kongresses maximieren möchte.

Schritt 2: *Identifiziere die Menge der in Frage kommenden Handlungsalternativen.* Wir bezeichnen eine Handlung mit a. Mary Frost hat drei Handlungsalternativen:

$$a_1 = \text{Zahle eine feste Gebühr von 2.000 \$}$$

$$a_2 = \text{Zahle eine feste Gebühr von 1.400 \$ plus 5 \% des Umsatzes}$$

$$a_3 = \text{Zahle 20 \% des Umsatzes (aber keine feste Gebühr)}$$

---

[19] Die Darstellung hier stützt sich teilweise auf Vorlesungsnotizen von R. Williamson.

Schritt 3: *Identifiziere die Menge aller relevanten Ereignisse, die eintreten können.* Unsicher ist für Mary Frost nur die Zahl der Softwarepakete, die sie verkaufen kann. Wir benutzen x als Bezeichnung für eine Ereignis.

$$x_1 = 40 \text{ Stück}$$

$$x_2 = 70 \text{ Stück}$$

Schritt 4: *Ordne den möglichen Ereignissen Wahrscheinlichkeiten zu.* Frost rechnet mit einer 60-Prozent-Chance, daß sie 40 Stück verkaufen kann und mit einer 40-Prozent-Chance, daß sie 70 Stück verkaufen kann. Wir bezeichnen die Wahrscheinlichkeit eines Ereignisses mit $P(x)$. Dann gibt es folgende Wahrscheinlichkeiten:

$$P(x_1) = 0{,}60$$

$$P(x_2) = 0{,}40$$

TAFEL 3.7
Entscheidungstabelle für Do-All-Software

Handlungsalternativen	Eintrittswahrscheinlichkeiten der Ereignisse	
	$x_1 = 40$ Stück verkauft $P(x_1) = 0{,}60$	$x_2 = 70$ Stück verkauft $P(x_2) = 0{,}40$
a_1: zahle eine feste Gebühr von 2.000 $	1.200 $[a]	3.600 $[b]
a_2: zahle eine feste Gebühr von 1.400 $ plus 5 % vom Umsatz	1.400 $[c]	3.500 $[d]
a_3: zahle 20 % vom Umsatz	1.600 $[e]	2.800 $[f]

  a. Nettoeinnahmen = (200 $ - 120 $)(40) - 2.000 $ = 1.200 $
  b. Nettoeinnahmen = (200 $ - 120 $)(70) - 2.000 $= 3.600 $
  c. Nettoeinnahmen = (200 $ - 120 $ - 10 $*)(40) - 1.400 $= 1.400 $
  d. Nettoeinnahmen = (200 $ - 120 $ - 10 $*)(70) - 1.400 $= 3.500 $
  e. Nettoeinnahmen = (200 $ - 120 $ - 40 $**)(40) = 1.600 $
  f. Nettoeinnahmen = (200 $ - 120 $ - 40 $**)(70) = 2.800 $

  *   10 $ = 5 % des Absatzpreises von 200 $
  ** 40 $ = 20 % des Absatzpreises von 200 $

Schritt 5: *Identifiziere die Menge der möglichen Ergebnisse in Abhängigkeit von den Handlungen und Ereignissen.* Im Beispiel haben die Ergebnisse die Form von sechs möglichen Nettoeinnahmebeträgen, die in Tafel 3.7 in einer Entscheidungstabelle dargestellt sind. Eine **Entscheidungstabelle** ist eine Zusammenfassung der betrachteten Handlungsalternativen, Ereignisse, Ergebnisse und Eintrittswahrscheinlichkeiten.

Mary Frost kann nun die Information in Tafel 3.7 benutzen, um die erwarteten Nettoeinnahmen für jede Handlungsalternative zu berechnen:

$$E(a_1) = 0,60(1.200 \text{ \$}) + 0,40(3.600 \text{ \$}) = 2.160 \text{ \$}$$

$$E(a_2) = 0,60(1.400 \text{ \$}) + 0,40(3.500 \text{ \$}) = 2.240 \text{ \$}$$

$$E(a_3) = 0,60(1.600 \text{ \$}) + 0,40(2.800 \text{ \$}) = 2.080 \text{ \$}$$

Wenn sie die erwarteten Nettoeinnahmen maximieren will, sollte Frost die Handlung a_2 wählen, das heißt sie sollte mit Computer Conventions Inc. die Zahlung einer festen Gebühr von 1.400 \$ zuzüglich fünf Prozent des Umsatzes vereinbaren.

Betrachten wir die Wirkung der Unsicherheit auf die Entscheidung. Wenn Frost sicher wäre, daß sie nur 40 Stück der Do-All-Software verkaufen wird (also $P(x_1) = 1$), würde sie Alternative a_3 bevorzugen (zahle 20 % des Umsatzes und keine feste Gebühr). Um das nachzuvollziehen, betrachten wir noch einmal Tafel 3.7. Wenn 40 Stück verkauft sind, ergibt die Alternative a_3 die maximalen Nettoeinnahmen von 1.600 \$. Da keine Fixkosten anfallen, ist die Standmiete bei niedrigen Umsätzen am niedrigsten.

Wäre Frost dagegen sicher, daß sie 70 Softwarepakete verkaufen würde (also $P(x_2) = 1$), so würde sie Alternative a_1 bevorzugen (zahle eine feste Gebühr von 2.000 \$). Aus Tafel 3.7 ist zu ersehen, daß bei 70 verkauften Einheiten a_1 die maximalen Nettoeinnahmen von 3.600 \$ erbringt. Bei a_2 und a_3 steigen die Standgebühren mit dem Umsatz, aber bei a_1 bleiben sie unverändert.

Gute Entscheidungen und gute Ergebnisse: Man muß immer unterscheiden zwischen einer guten Entscheidung und einem guten Ergebnis. Beides fällt nicht notwendig zusammen. Definitionsgemäß kann man bei Unsicherheit nicht garantieren, daß nachträglich immer das beste Ergebnis erreicht sein wird. Man kann auch Pech haben und trotz guter Entscheidungen schlechte Ergebnisse erzielen.

Angenommen jemand bietet Ihnen ein Glücksspiel an, das darin besteht, daß eine Münze ein einziges Mal geworfen wird. Wenn "Kopf" herauskommt, gewinnen Sie 20 \$, wenn "Zahl" herauskommt, verlieren Sie einen Dollar. Als Entscheidungsträger gehen Sie die logischen Schritte durch: Sie sammeln Informationen, schätzen Ergebnisse und treffen Ihre Wahl: Sie nehmen die Wette an, weil Sie mit einem erwarteten Gewinn von 9,50 \$ verbunden ist [0,5(20 \$) + 0,5(-1 \$)]. Die Münze wird geworfen und es kommt "Zahl" heraus. Sie verlieren. Aus Ihrer Sicht war es eine gute Entscheidung aber ein schlechtes Ergebnis.

Eine Entscheidung kann nur auf der Basis der Information getroffen werden, die zum Zeitpunkt der Entscheidung verfügbar ist. Hinterher ist man immer klüger, aber ein schlechtes Ergebnis heißt nicht unbedingt, daß man eine schlechte Wahl getroffen hat. Gute Entscheidungen sind unser bester Schutz gegen schlechte Ergebnisse.

Prozeßkostenrechnung (I): Anwendungen im Dienstleistungs- und Handelssektor

Was kostet es Arthur Anderson, für Federal Express die Revision vorzunehmen? Was kostet es die Firma Safeway, ein Sechserpack Pepsi-Cola zu verkaufen? Was kostet es die Ford Motor Company, einen Ford Bronco herzustellen und ihn an einen Händler zu verkaufen? Manager stellen solche Fragen zu vielerlei Zwecken, zum Beispiel wenn es um die Formulierung von umfassenden Strategien, um die Konzentration auf bestimmte Produkte oder Dienstleistungen, um die Preiskalkulation, die Kostenkontrolle oder die Erfüllung von externen Berichtspflichten geht. In den Kapiteln 4 und 5 werden Konzepte und Techniken vorgestellt, mit deren Hilfe man solche Fragen beantworten kann. Kapitel 4 bringt Beispiele aus Dienstleistung und Handel. Beispiele aus dem verarbeitenden Gewerbe werden in Kapitel 5 behandelt.

Bevor wir uns mit den Einzelheiten von Kostenrechnungssystemen befassen, sei auf drei wichtige Punkte hingewiesen:

1. Der Kosten-Nutzen-Ansatz, den wir in Kapitel 1 vorgestellt haben, spielt eine wesentliche Rolle beim Design und der Auswahl von Kostenrechnungssystemen. Die Kosten eines komplizierten Systems, einschließlich der Kosten für die Schulung von Managern und anderen Mitarbeitern, können recht hoch sein. Manager sollten ein komplizierteres Kostenrechnungssystem nur dann einführen, wenn sie davon überzeugt sind, daß der Nutzen die Kosten überwiegt.

2. Kostenrechnungssysteme sollten auf den Betrieb zugeschnitten sein und nicht umgekehrt. Jede bedeutende Veränderung der betrieblichen Tätigkeit rechtfertigt wahrscheinlich eine entsprechende Veränderung des begleitenden Kostenrechnungssystems. Am besten beginnt man das Design eines Systems mit einer sorgfältigen Studie über die Betriebsabläufe und leitet daraus ab, welche Informationen erfaßt und aufbereitet werden sollen. Die schlechtesten Systeme sind solche, die von den Werksleitern als irreführend oder nutzlos empfunden werden.

3. Kostenrechnungssysteme sollen Zahlen hervorbringen, die genau zeigen, wie bestimmte Kostenobjekte – Produkte, Dienstleistungen oder Kunden – die Ressourcen der Organisation verbrauchen.

4.1 DAS BAUSTEINPRINZIP

In Kapitel 2 haben wir die Begriffe *Kostenobjekt*, *Einzelkosten* und *Gemeinkosten* eingeführt. Zwei weitere Begriffe sind im Zusammenhang mit Kostenrechnungssystemen ebenfalls von Bedeutung:

- **Kostenpool** (*cost pool*): eine Gruppierung einzelner Kostenarten. Ein Kostenpool kann sehr breit (zum Beispiel ein unternehmensweiter Gesamtkostenpool für Telefone und Faxgeräte) oder sehr eng (zum Beispiel die Betriebskosten eines Autos, das von einem reisenden Vertreter benutzt wird) definiert sein.
- **Kostenbezugsgröße** (*cost-allocation base*): Bezugsgröße für die systematische Verteilung bestimmter Gemeinkosten oder Gruppen von Gemeinkosten auf die Kostenobjekte. Es gibt finanzielle Kostenbezugsgrößen (wie zum Beispiel die Fertigungslöhne) und nichtfinanzielle Kostenbezugsgrößen (wie die Anzahl der zurückgelegten Automeilen). Oft versucht man, die Kostentreiber der Gemeinkosten als Kostenbezugsgröße zu benutzen. So kann man zum Beispiel die Anzahl der zurückgelegten Meilen zugrundelegen, wenn man die Betriebskosten von Fahrzeugen verschiedenen Vertriebsbezirken zuordnen möchte.

Diese fünf Begriffe stellen die Bausteine dar, die wir im folgenden benutzen werden, um Kostenrechnungssysteme zu entwerfen.

4.2 ZUSCHLAGS- UND DIVISIONSKALKULATION

Für die Verteilung der Kosten auf Produkte oder Dienstleistungen gibt es grundsätzlich zwei Methoden:

- **Zuschlagskalkulation** (*job-costing*): Bei der Zuschlagskalkulation werden die Kosten einer ganz bestimmten Einheit oder einer Charge eines Produkts oder einer Dienstleistung zugeordnet. Das Produkt oder die Dienstleistung ist dabei oft maßgeschneidert, wie zum Beispiel eine Revision durch einen externen Wirtschaftsprüfer.
- **Divisionskalkulation** (*process-costing*): Hier werden die Kosten mit Hilfe von groben Durchschnittswerten auf große Mengen ähnlicher Einheiten eines Produkts oder einer Dienstleistung verteilt. Oft geht es dabei um identische Artikel (wie etwa Barbie-Puppen oder Dachnägel) die in Massenproduktion hergestellt werden und nicht auf einen bestimmten Kunden zugeschnitten sind.

Diese beiden Kalkulationsmethoden stellt man sich am besten als entgegengesetzte Pole eines Kontinuums vor:

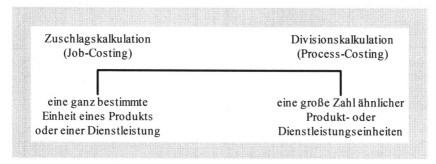

Die meisten Unternehmen benutzen Kostenrechnungssysteme, die nicht ausschließlich auf einer der beiden Methode basieren, sondern Elemente der Zuschlagskalkulation mit Elementen der Divisionskalkulation vereinen. Zunächst wollen wir diese beiden Methoden aber in ihrer reinen Form vorstellen. Tafel 4.1 zeigt Beispiele aus Dienstleistung, Handel und verarbeitendem Gewerbe.

TAFEL 4.1

Beispiele für die Anwendung der Zuschlagskalkulation und der Divisionskalkulation in den drei Sektoren der Volkswirtschaft

	Dienstleistungssektor	Handel	verarbeitendes Gewerbe
Zuschlags-kalkulation	• Revisionen eines Wirtschaftsprüfers • Kampagnen einer Werbefirma	• Katalogversand • Sonderaktion für ein neues Produkt im Sortiment	• Flugzeug-montage • Hausbau
Divisions-kalkulation	• Kontenverwaltung • Zustellung von Standardbriefen	• Getreidehandel • Bearbeitung neuer Zeitschrif-tenabbonements	• Raffinieren von Öl • Produktion von Getränken

Die Produkte oder Dienstleistungen, deren Kosten mit Hilfe der Zuschlagskalkulation berechnet werden, können sich sehr stark voneinander unterscheiden. Revisionen eines Wirtschaftsprüferbüros sind zum Beispiel je nach Kunde von sehr verschiedener Komplexität. Ein Unternehmen, das Flugzeuge montiert, erhält von jedem Kunden unterschiedliche Spezifikationen in bezug auf die elektronische Ausstattung, die Größe der Toiletten und so weiter. In diesen Beispielen steht jede Dienstleistung und jedes Produkt für sich und ist individuell identifizierbar. Die Zuschlagskalkulation ist speziell für die Kostenberechnung solcher individueller Produkte und Dienstleistungen geeignet.

Unternehmen, die mit der Divisionskalkulation arbeiten, bieten ihren Kunden ähnliche (manchmal auch identische) Produkte oder Dienstleistungen an. Eine Bank zum Beispiel verwaltet die Konten aller Kunden auf die gleiche Weise. Ein Zeitschriftenverlag bietet jedem Kunden das gleiche Produkt an (etwa die wöchentliche Ausgabe der *Newsweek* oder der *Time*). Die Kunden einer Ölraffinerie erhalten alle das gleiche Produkt, nämlich Rohöl. Bei der Divisionskalkulation wird für ähnliche Produkte oder Dienstleistungen an verschiedene Kunden aus den Gesamtkosten ein Durchschnitt gebildet, um die Stückkosten zu ermitteln. In den Kapiteln 17 und 18 wird dieses Verfahren im einzelnen beschrieben.

4.3 Zuschlagskalkulation als Istkostenrechnung in Dienstleistungsunternehmen

Dienstleistungsunternehmen bieten ihren Kunden Dienstleistungen oder immaterielle Produkte an. Im Dienstleistungssektor sind die Aufträge oft sehr unterschiedlich in bezug auf Umfang, Komplexität und Ressourcenverbrauch. Man denke etwa an einen Kundendienstauftrag zur Reparatur eines Kühlschranks, einen Revisionsauftrag, die Produktion eines Films oder ein Forschungsprogramm einer Universität für eine staatliche Behörde.

Zuschlagskalkulation eines Revisionsauftrags

Lindsay & Associates ist eine Wirtschaftsprüfungskanzlei. Jeder Revisionsauftrag wird als individuelle Aufgabe betrachtet. Lindsay gibt für jede Revision im voraus ein Angebot mit einem festen Honorar ab. Für die Firma sind die Kosten eines Revisionsauftrags ein wichtiges Thema. Aufzeichnungen über die Kosten früherer Aufträge ermöglichen es, für potentielle zukünftige Aufträge informierte Kostenschätzungen zu erstellen. Je mehr die Firma über ihre eigenen Kosten weiß, umso wahrscheinlicher ist es, daß es ihr gelingt, Preisangebote abzugeben, die einen Gewinn ermöglichen.

Betrachten wir zunächst die Istkostenrechnung, die Lindsay benutzt, um die Kosten individueller Aufträge zu bestimmen. In einer **Istkostenrechnung** (*actual costing*) werden einem Kostenobjekt die Einzelkosten zugeordnet, indem die Istkostensätze mit der Istmenge der Einzelkosteninputs multipliziert werden. Die Gemeinkosten werden zugerechnet, indem die entsprechenden Istkostensätze mit den Istmengen der Kostenbezugsgrößen multipliziert werden. Die Revision bei Tracy Transport dient im folgenden als Beispiel für eine Istkostenrechnung. Im November 19_7 erhielt Lindsay den Zuschlag für die 19_8 fällige Revision bei Tracy Transport zu einem Honorar von 86.000 $. Die Revision wurde zwischen Januar und März 19_8 durchgeführt und bezog sich auf das Geschäftsjahr 19_7 bei Tracy Transport.

Allgemeiner Ansatz der Zuschlagskalkulation

Die sechs Schritte, die notwendig sind, um Kosten auf individuelle Aufträge zu verteilen, werden im folgenden dargestellt. Sie sind in allen drei Sektoren gleichermaßen anwendbar.

Schritt 1: *Identifiziere den Auftrag, der als Kostenobjekt dienen soll.* In unserem Beispiel ist dieser Auftrag die jährliche Revision der Bilanz von Tracy Transport.

Schritt 2: *Identifiziere die Einzelkosten des Auftrags.* Lindsay identifiziert bei der Kostenrechnung für individuelle Revisionen nur eine Kategorie von Einzelkosten, nämlich die Arbeit der Wirtschaftsprüfer. Jeder Revisor füllt täglich einen Arbeitszeitbericht aus, mit dessen Hilfe die Arbeitsstunden den einzelnen Revisionsprojekten zugeordnet werden. Aus diesen Berichten geht hervor, daß der Auftrag von Tracy Transport 800 Wirtschaftsprüferstunden gekostet hat. Der Istkostensatz beträgt 51 $ pro Stunde.[20] Lindsay ordnet der Revision bei Tracy Transport Lohneinzelkosten in Höhe von 40.800 $ (51 $ × 800) zu.

Schritt 3: *Identifiziere die Gemeinkostenpools, die mit dem Auftrag verbunden sind.* Lindsay faßt alle Gemeinkosten unter der Bezeichnung Revisionsunterstützung in einem einzigen Kostenpool zusammen. Dieser Kostenpool besteht aus einer Vielzahl einzelner Kostenarten, wie etwa dem Sekretariat oder der allgemeinen Revisionsunterstützung, die weniger vorhersehbar sind und den Aufträgen weniger leicht zugeordnet werden können als die Lohneinzelkosten. Der Istkostenzuschlag kann also oft erst am Jahresende aufgrund der Istzahlen berechnet werden. 19_8 betrugen die Gemeinkosten insgesamt 12.690.000 $ (4.990.000 $ für "andere Arbeitskosten" und 7.700.000 $ für "Sachkosten").

Schritt 4: *Wähle die Bezugsgröße für die Zurechnung der Gemeinkosten zum Auftrag.* Die Kostenbezugsgröße für den Gemeinkostenpool Revisionsunterstützung ist die Arbeitszeit der Wirtschaftsprüfer. Die Gesamtarbeitszeit der Wirtschaftsprüfer im Jahr 19_8 beträgt 270.000 Stunden.

Schritt 5: *Berechne den Kostenzuschlagssatz pro Einheit der Bezugsgröße für die Zurechnung der Gemeinkosten zum Auftrag.* Der Istkostensatz pro Wirtschaftsprüferstunde betrug im Jahr 19_8 bei Lindsay 47 $.

---

[20] Der Istkostensatz ist der durchschnittliche Stundensatz (gesamte Arbeitskosten für die Wirtschaftsprüfer dividiert durch die Anzahl der tatsächlich geleisteten Arbeitsstunden), der für die Arbeit der Wirtschaftsprüfer während der Zeit, in der die Revision bei Tracy Transport durchgeführt wurde, bezahlt worden ist.

$$\text{Istkostensatz} \ = \ \frac{\text{Istkosten im Gemeinkostenpool}}{\text{Istmenge der Kostenbezugsgröße}}$$

$$= \frac{4.900.000\ \$ + 7.700.000\ \$}{270.000\ \text{Stunden}} = \frac{12.690.000\ \$}{270.000\ \text{Stunden}}$$

$$= 47\ \$\ \text{pro Wirtschaftsprüferstunde}$$

Dem Revisionsauftrag werden also tatsächlich angefallene Gemeinkosten in Höhe von 37.600 $ (47 $ × 800) zugerechnet.

Schritt 6: *Bestimme die Kosten des Kostenobjekts durch Aufaddieren aller Einzelkosten und Gemeinkosten.* Mit Hilfe der Informationen aus den Schritten 1 bis 5 können wir nun die Istkosten der Revision von 19_8 bei Tracy Transport berechnen:

Zugeordnete Auftragseinzelkosten (in $)	
Wirtschaftsprüferstunden, 51 $ × 800	40.800
Zugerechnete Auftragsgemeinkosten	
Revisionsunterstützung, 47 $ × 800	37.600
	78.400

Erinnern wir uns daran, daß Lindsay für die Revision bei Tracy Transport 86.000 $ erhalten hat. Die Istkostenrechnung zeigt also, daß dieser Auftrag einen Gewinn von 7.600 $ (86.000 $ - 78.400 $) gebracht hat.

Tafel 4.2 gibt einen Überblick über die Zuschlagskalkulation von Lindsay. Man sieht die fünf Bausteine, die in diesem Kapitel eingeführt worden sind: Kostenobjekt, Kostenpool, Einzelkosten, Gemeinkosten und Kostenbezugsgröße. Alle graphischen Darstellungen von Kostenrechnungssystemen in diesem Buch enthalten die gleichen Symbole wie Tafel 4.2. Ein Fünfeck steht zum Beispiel immer für Einzelkosten.

Ersterfassungsbelege

Die Informationen für die Kostenrechnung werden mit Hilfe von **Ersterfassungsbelegen** (*source documents*) gesammelt. Das sind die Originalbelege, die den Journaleinträgen in einem Buchführungssystem zugrunde liegen. Bei Lindsay sind die wichtigsten Ersterfassungsbelege die Arbeitszeitberichte. Alle Wirtschaftsprüfer schreiben täglich auf, womit sie jede halbe Stunde verbracht haben. Am Ende jeder Woche wird für jeden Auftrag die Gesamtzahl der aufgewendeten Wirtschaftsprüferstunden (sowohl für die vergangene Woche als auch insgesamt seit Beginn des Projekts) in einer Tabelle festgehalten. Besonders in Dienstleistungsorganisationen, bei denen die Arbeitskosten oft mehr als die Hälfte der Gesamtkosten ausmachen, sind genaue Informationen darüber, wie die Angestellten ihre Zeit verwenden, sehr wichtig.

Wirtschaftsprüfer- und Anwaltskanzleien verhängen oft Sanktionen gegen Mitarbeiter, die auf Verlangen keinen korrekten Arbeitszeitbericht vorlegen. Computer vereinfachen die Erfassung und Aufbereitung der Informationen über die Projektkosten.

TAFEL **4.2**

Überblick über die Zuschlagskalkulation bei Lindsay and Associates

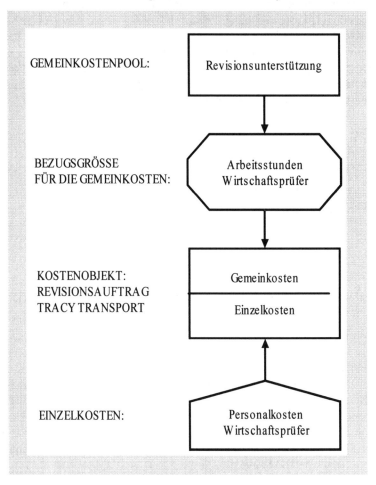

4.4 EINFACHE SOLLKOSTENRECHNUNG

Die Schwierigkeit der Berechnung der tatsächlichen Gemeinkosten für jeden Auftrag hat zur Folge, daß die Firma Lindsay & Associates bis Ende 19_8 warten muß, um die Istkosten einzelner Aufträge im Jahr 19_8 zu berechnen. Manager wollen oft aktuellere Informationen über die "tatsächlichen" Projektkosten. Deshalb sind Alternativen zur dargestellten Istkostenrechnung entwickelt worden. Diese Alternativen sind eine pragmatische Antwort auf den Wunsch nach einer möglichst zeitnahen Schätzung der durchschnittlichen Istkosten verschiedener Projekte. Hier stellen wir die einfache Sollkostenrechnung vor, bei der zur Berechnung der Gemeinkostensätze Planbeträge anstelle von Istbeträgen verwendet werden. Die folgenden Zahlen beziehen sich auf das Gesamtgeschäft von Lindsay & Associates:

	Plankosten
Gesamtzahl der Wirtschaftsprüferstunden	288.000
Einzelkosten	
Personalkosten der Wirtschaftsprüfer	14.400.000 $
Gemeinkosten	
andere Personalkosten	5.328.000 $
Sachkosten	7.632.000 $
	12.960.000 $

Die Einzelposten, aus denen sich diese Beträge zusammensetzen, sind der Tafel 4.3 zu entnehmen.

In einer **einfachen Sollkostenrechnung** (*normal costing*)[21] werden die Einzelkosten dem Kostenobjekt zugeordnet, indem die Istkostensätze mit den Istmengen der Einzelkosteninputs multipliziert werden. Die Gemeinkosten werden dem Kostenobjekt zugerechnet, indem die Plankostensätze mit den Istmengen der Kostenbezugsgrößen multipliziert werden. Die Einzelkosten werden also bei der Istkostenrechnung und bei der einfachen Sollkostenrechnung nach der gleichen Methode zugeordnet. Für die Revision von 19_8 bei Tracy Transport betragen die zugeordneten tatsächlichen Einzelkosten 40.800 $ (der Istkostensatz von 51 $ pro Wirtschaftsprüferstunde multipliziert mit der Istmenge von 800 Stunden).

---

[21] Im deutschen Sprachgebrauch bezeichnet der Ausdruck Normalkostenrechnung eine *vergangenheitsorientierte* Kostenrechnungsmethode, bei der man die Kostensätze aus Durchschnittswerten vergangener Perioden errechnet. Sollkostenrechnung steht dagegen für die (hier gemeinte) *zukunftsorientierte* Kostenrechnungsmethode, bei der man die Plankosten bei der tatsächlich realisierten Beschäftigung ermittelt. [Anm. d. Übers.]

TAFEL 4.3

Gewinn- und Verlustrechnung von Lindsay & Associates: Planzahlen und Istergebnisse für 19_8 (in 1.000)

	Planbeträge 19_8		Istbeträge 19_8	
Erlöse	33.120 $		29.700 $	
Kosten				
Personalkosten Wirtschaftsprüfer	14.400		13.770	
andere Personalkosten				
Bürokräfte	2.030 $		1.840 $	
EDV-Fachleute	1.008 $		1.230 $	
Verwaltung	1.252 $		1.100 $	
Sonstige	1.038 $	5.328 $	820 $	4.990 $
Sachkosten				
Berufshaftpflicht	2.160 $		2.069 $	
Weiterbildung	880 $		540 $	
Raumkosten	2.000 $		1.913 $	
Telefon, Fax, Kopierer	1.430 $		1.530 $	
Reisekosten und Spesen	770 $		718 $	
Andere Sachkosten	392 $	7.632 $	930 $	7.700 $
Gesamtkosten		27.360 $		26.460 $
Betriebsgewinn		5.760 $		3.240 $

Der Unterschied zwischen der Istkostenrechnung und der einfachen Sollkostenrechnung besteht darin, daß bei der Istkostenrechnung die Gemeinkosten zu Istkostensätzen bewertet werden und bei der einfachen Sollkostenrechnung zu Plankostensätzen. Erinnern wir uns daran, daß Lindsay & Associates alle Gemeinkosten unter der Bezeichnung Revisionsunterstützung in einem einzigen Kostenpool zusammenfaßt. Die Plankosten für die Revisionsunterstützung in 19_8 betragen 12.960.000 $. Die Kostenbezugsgröße für diesen Gemeinkostenpool sind die Wirtschaftsprüferstunden, die im Plan mit 288.000 Stunden angesetzt sind. Damit beträgt der Plangemeinkostenzuschlag 45 $ pro Wirtschaftsprüferstunde

$$\text{Plankostensatz} = \frac{\text{Plankosten im Gemeinkostenpool}}{\text{Planmenge der Kostenbezugsgröße}}$$

$$= \frac{5.328.000 \ \$ + 7.632.000 \ \$}{288.000 \ \text{Stunden}} = 45 \ \$ \ \text{pro Wirtschaftsprüferstunde}$$

Bei der einfachen Sollkostenrechnung wird jede Wirtschaftsprüferstunde, die für Projekte im Jahr 19_8 aufgewendet worden ist, mit dem tatsächlichen Stundensatz von 51 $ zuzüglich dem Plankostenzuschlagssatz von 45 $ bewertet. Berechnet man die Kosten der Revision bei Tracy Transport mit Hilfe der einfachen Sollkostenrechnung, so kommt man auf 76.000 $:

Zugeordnete Auftragseinzelkosten	
Personalkosten Wirtschaftsprüfer, 51 $ × 800	40.800 $
Zugerechnete Auftragsgemeinkosten	
Revisionsunterstützung, 45 $ × 800	36.000 $
	76.800 $

Bei der einfachen Sollkostenrechnung werden die tatsächlichen Einzelkosten verwendet, denn diese Kosten sind bekannt und können einem Auftrag schnell zugeordnet werden. Gemeinkosten können den Aufträgen definitionsgemäß nicht zugeordnet werden. Mehr noch: Sie sind weniger gut prognostizierbar und erst am Ende des Jahres bekannt. Die einfache Sollkostenrechnung verwendet deshalb Plankostensätze für die Gemeinkosten, um die tatsächlichen Gemeinkosten eines Auftrags bald nach seiner Fertigstellung zu schätzen oder anzunähern.

Die Baubranche ist ein gutes Beispiel für die Verwendung der einfachen Sollkostenrechnung. Hier wird das Rohmaterial zu einem Preis eingekauft, der zum Zeitpunkt des Kaufs bekannt ist, und die Arbeitskräfte werden auf der Basis eines Stundenlohns bezahlt, der zum Zeitpunkt ihrer Einstellung vereinbart wird. Für beide großen Einzelkostenkategorien können also die Istkosten berechnet werden, während der Bau stattfindet. Die Gemeinkosten werden mit Hilfe eines Plankostensatzes zugerechnet.

Man beachte, daß die einfache Sollkostenrechnung von einem vorher festgelegten (Plan-)Kostensatz für die Zurechnung der Gemeinkosten ausgeht, hier sind es 45 $. Im Gegensatz dazu haben wir bei der Istkostenrechnung einen Kostensatz von 47 $ angewendet. In Kapitel 5 werden verschiedene, alternative Ansätze für die Verrechnung dieser Differenzen in Kostenberichten für einzelne Aufträge und bei der Vorbereitung von Gewinn- und Verlustrechnung und Bilanz vorgestellt.

4.5 ABRECHNUNGSZEITRÄUME FÜR DIE BESTIMMUNG VON GEMEINKOSTENZUSCHLÄGEN

Bei Lindsay & Associates werden die Gemeinkostenzuschläge für ein ganzes Jahr berechnet. Die meisten Unternehmen legen bei der Berechnung dieser Zuschläge Zeiträume von sechs oder zwölf Monaten zugrunde. Manche Unternehmen führen die Rechnung aber auch wöchentlich oder monatlich durch. Dafür gibt es drei Gründe.

1. *Die geplanten Gemeinkosten*: Je kürzer die Abrechnungsperiode, umso größer ist der Einfluß von saisonalen Schwankungen auf das Kostenniveau. Benutzt man zum Beispiel den Monat als Abrechnungsperiode, so werden die Heizkosten nur den Wintermonaten zugerechnet. Legt man als Abrechnungsperiode ein Jahr zugrunde, so sind die Auswirkungen aller vier Jahreszeiten in einem einzigen Gemeinkostenzuschlag zusammengefaßt. Die Gesamthöhe der Gemeinkosten wird auch durch nichtsaisonale Kosten beeinflußt, die zufällig in einen bestimmten Monat fallen, aber dem Betrieb während der kommenden Monate zugute kommen. Beispiele sind Reparaturen und Instandhaltung von Ausrüstungsgegenständen, Honorare für Anwälte, Wirtschaftsprüfer etc., sowie Kosten für Neueinstellungen oder Werbemaßnahmen.

2. *Die geplante Menge der Kostenbezugsgröße:* Ein weiterer Grund für längere Abrechnungsperioden ist die bessere Verteilung der fixen Gemeinkosten bei Auslastungsschwankungen. Manche Gemeinkosten (zum Beispiel das Büromaterial) sind variabel im Hinblick auf die Kostenbezugsgröße, andere sind jedoch fix (zum Beispiel Grundsteuer und Miete).

Die wechselnde Länge der Kalendermonate beeinflußt die Höhe der monatlichen Gemeinkostenzuschläge. Die Anzahl der Werktage (Montag bis Freitag) pro Monat schwankt zwischen 20 und 23. Wenn man die Zuschläge für jeden Monat separat berechnet, muß man Projekten, die im Februar durchgeführt werden, einen höheren Anteil an den Gemeinkosten (wie etwa Abschreibungen und Grundsteuern) zurechnen als solchen, die im März durchgeführt werden. Viele Manager halten solche Ergebnisse für unvernünftig. Benutzt man das Kalenderjahr als Abrechnungsperiode, so hat die Anzahl der Werktage pro Monat keinen Einfluß auf die Stückkosten.

Nehmen wir zum Beispiel eine Steuerberaterfirma, deren Arbeitsbelastung stark von der Jahreszeit abhängt. Bei vielen Steuerberaterfirmen fällt 80 % der Arbeit in den vier Monaten unmittelbar nach Ende des Steuerjahres an. Die Tabelle zeigt die variablen Gemeinkosten (Telefon-, Fax- und Kopierkosten) und die fixen Gemeinkosten (Versicherung und Miete):

Geplante Gemeinkosten			Planarbeitszeit der W.prüfer	Zuschlag pro W.prüferstunde
variabel	fix	Summe		
Monat mit hoher Auslastung				
40.000 $	60.000 $	100.000 $	3.200 Stunden	31,25 $
Monat mit niedriger Auslastung				
10.000 $	60.000 $	70.000 $	800 Stunden	87,50 $

Aufgrund der Fixkosten von 60.000 $ schwanken die monatlichen Gemeinkostenzuschläge in unserem Beispiel zwischen 31,25 $ und 87,50 $. Die meisten Manager sind der Meinung, daß identische Projekte, die in verschiedenen Monaten durchgeführt werden, nicht mit derart unterschiedlichen Gemeinkostenzuschlägen pro Arbeitsstunde belastet werden sollten (87,50 \$: 31,25 \$ = 280 %). Für die Steuersaison hat sich das Management auf ein Kapazitätsniveau festgelegt, das über 30 Tage pro Monat weit hinausgeht. Ein durchschnittlicher, auf das ganze Jahr bezogener Kostenzuschlag wird die Auswirkungen der monatlichen Outputschwankungen glätten.

3. *Kosten-Nutzen-Erwägungen:* Die Neuberechnung der Gemeinkostenzuschläge macht Arbeit. Je kürzer die Abrechnungsperiode, umso häufiger müssen die Manager Zähler und Nenner neu schätzen. Die meisten Manager sind der Auffassung, daß eine Abrechnungsperiode von weniger als sechs oder zwölf Monaten nicht genügend zusätzlichen Nutzen bringt, um den zusätzlichen Managementaufwand zu rechtfertigen.

4.6 ERWEITERTE SOLLKOSTENRECHNUNG

Verschiedene Organisationen entwerfen ihre eigenen Abwandlungen der Sollkostenrechnung. Hauptziel ist es, zu einer Schätzung der Istkosten von Projekten zu kommen. Dabei werden die unterschiedlichsten Durchschnittskostenzuschläge benutzt. So kann es in dem Beispiel der Firma Lindsay & Associates sein, daß die tatsächlichen Lohneinzelkosten eines Projekts nach seiner Fertigstellung schwer festgestellt werden können, weil sie gewinnabhängige Prämien enthalten, die der Höhe nach erst am Jahresende feststehen. Auch die Anzahl der Arbeitsstunden kann von Monat zu Monat stark schwanken, je nach der Zahl der Werktage pro Monat und der Kundennachfrage. Um Prämienzahlungen in den Einzelkostensatz einzurechnen, kann Lindsay von einem geplanten Jahreseinzelkostensatz ausgehen, anstatt den einzelnen Projekten die Istkosten zuzuordnen.[22] Bei der **erweiterten Sollkostenrechnung** (*extended normal costing*, *budgeted costing*) werden die Einzelkosten einem Kostenobjekt zugeordnet, indem man den Plankostensatz mit der Istmenge des Einzelkosteninputs multipliziert. Die Gemeinkosten werden zugerechnet, indem man den Plankostenzuschlag mit der Istmenge der Kostenbezugsgröße multipliziert. Die Besonderheit der erweiterten Sollkostenrechnung liegt darin, daß sie sowohl für die Einzelkosten wie auch für die Gemeinkosten Plankostensätze verwendet. Beide Kostensätze werden zu Beginn der Abrechnungsperiode berechnet.

Für die Einzelkosten wird der Plankostensatz für das Jahr 19_8 bei Lindsay & Associates wie folgt berechnet

$$\text{Plankostensatz (Einzelkosten)} = \frac{\text{geplante Personalkosten für Wirtschaftsprüfer}}{\text{geplante Anzahl der Wirtschaftsprüferstunden}}$$

---

[22] Alternativ könnte Lindsay einfach diejenigen Einzelkosten, die wie die Prämienzahlungen erst am Jahresende feststehen, als Gemeinkosten betrachten, die nach der einfachen Sollkostenrechnung auf die Projekte verteilt werden.

$$= \frac{14.400.000 \text{ \$}}{288.000 \text{ Stunden}}$$

$$= 50 \text{ \$ pro Wirtschaftsprüferstunde}$$

Im Anhang zu diesem Kapitel werden weitere Aspekte der Berechnung von Plankostensätzen für Lohneinzelkosten behandelt.

Mit der erweiterten Sollkostenrechnung kommt man für die Revision bei Tracy Transport auf Gesamtkosten von 76.000 $

zugeordnete Einzelkosten	
Wirtschaftsprüferstunden, 50 $ × 800	40.000 $
zugerechnete Gemeinkosten	
Revisionsunterstützung, 45 $ × 800	36.000 $
	76.000 $

Die Revision bei Tracy Transport war im März 19_8 abgeschlossen. Mit Hilfe der erweiterten Sollkostenrechnung kann Lindsay den Betrag von 76.000 $ berechnen, sobald bekannt ist, daß das Projekt tatsächlich 800 Wirtschaftsprüferstunden in Anspruch genommen hat. Diese Information kann nützlich werden, wenn es darum geht, ein Preisangebot für zukünftige Revisionen bei Tracy Transport oder für ähnliche Projekte in einem späteren Monat des Jahres 19_8 abzugeben.

Tafel 4.4 faßt die drei in diesem Kapitel beschriebenen Kostenrechnungsmethoden zusammen. Die Istkostensätze und Plankostensätze in Tafel 4.4 werden zu verschiedenen Zeitpunkten entwickelt. Es ist also nicht weiter überraschend, daß sie nicht übereinstimmen. Die folgenden Kostensätze wurden dabei benutzt:

	Istkostensatz	Plankostensatz
Einzelkostensatz	51 $/Stunde	50 $/Stunde
Gemeinkostensatz	47 $/Stunde	45 $/Stunde

In der Praxis stimmen die Kostenrechnungssysteme nicht immer genau mit einem der drei Ansätze in Tafel 4.4 überein. So könnte zum Beispiel eine technische Beratungsfirma einige Einzelkosten unmittelbar bei Entstehen den Projekten zuordnen (Kosten für die Anfertigung von Entwürfen oder Honorare für externe Experten), während andere Einzelkosten (Personalkosten für Ingenieure) und die Gemeinkosten (Bürokosten und technische Unterstützung) mit Hilfe von Plankostensätzen den Projekten zugerechnet werden.

TAFEL 4.4
Istkostenrechnung, einfache Sollkostenrechnung und erweiterte Sollkostenrechnung

A: Allgemeine Formel

	Istkostenrechnung	einfache Sollkostenrechnung	erweiterte Sollkostenrechnung
Einzelkosten	Istkostensatz × Istmenge des Einzelkosteninput	Istkostensatz × Istmenge des Einzelkosteninput	Plankostensatz × Istmenge des Einzelkosteninput
Gemeinkosten	Istkostensatz × Istmenge der Kostenbezugsgröße	Plankostensatz × Istmenge der Kostenbezugsgröße	Plankostensatz × Istmenge der Kostenbezugsgröße

B: Kostenrechnung für das Revisionsprojekt bei Tracy Transport

	Istkostenrechnung	einfache Sollkostenrechnung	erweiterte Sollkostenrechnung
Einzelkosten	51 $ × 800 = 40.800 $	51 $ × 800 = 40.800 $	50 $ × 800 = 40.000 $
Gemeinkosten	47 $ × 800 = 37.600 $	45 $ × 800 = 36.000 $	45 $ × 800 = 36.000 $
Gesamtkosten	78.400 $	76.800 $	76.000 $

4.7 GROBE DURCHSCHNITTSRECHNUNG ODER "PEANUT-BUTTER COSTING"

Der Ausdruck **peanut-butter costing** beschreibt einen Kostenrechnungsansatz, bei dem man die Kosten der Ressourcen gleichmäßig auf die Kostenobjekte verteilt (so wie die Erdnußbutter auf einem Sandwich), obwohl die einzelnen Produkte, Dienstleistungen oder Kunden tatsächlich einen sehr unterschiedlichen Ressourcenverbrauch aufweisen.

Überschätzung und Unterschätzung der tatsächlichen Kosten

Die Verwendung von groben Durchschnittswerten kann dazu führen, daß die tatsächlichen Kosten von Produkten (Dienstleistungen, Kunden etc.) unterschätzt oder überschätzt werden. Unternehmen, die die Kosten bestimmter Produkte unterschätzen, machen möglicherweise Umsätze, die mit Verlusten verbunden sind, während sie irrtümlich glauben, damit einen Gewinn zu erwirtschaften. Unternehmen, die die Kosten bestimmter Produkte überschätzen, riskieren den Verlust von Marktanteilen an alte oder neue Konkurrenten. Da diese Produkte tatsächlich weniger kosten, als aus den Berichten an das Management hervorgeht, könnte das Unternehmen die Absatzpreise senken, um die Marktanteile zu erhalten oder auszubauen, und dennoch in der Gewinnzone bleiben.

Quersubventionierung

Quersubventionierung (*cross-subsidization*) bedeutet, daß die Fehleinschätzung der Kosten bei mindestens einem Produkt dazu führt, daß auch die Kosten anderer Produkte in der Organisation falsch eingeschätzt werden. Ein klassisches Beispiel ist die gleichmäßige Verteilung bestimmter Kosten unter mehreren Nutzern ohne Rücksicht auf deren unterschiedlichen Ressourcenverbrauch. Nehmen wir die Verteilung der Kosten eines Restaurantbesuchs auf vier Kollegen, die sich einmal im Monat treffen, um geschäftliche Entwicklungen zu diskutieren. Hauptspeisen, Nachspeisen und Getränke werden von jedem Teilnehmer individuell bestellt. Die Restaurantrechnung für das letzte Treffen sieht folgendermaßen aus:

	Hauptgericht	Nachspeise	Getränke	Summe
Emma	11 $	0 $	4 $	15 $
Jakob	20 $	8 $	14 $	42 $
Jessica	15 $	4 $	8 $	27 $
Matthias	14 $	4 $	6 $	24 $
Summe	60 $	16 $	32 $	108 $
Durchschnitt	15 $	4 $	8 $	27 $

Aus der Gesamtrechnung in Höhe von 108 $ ergeben sich Durchschnittskosten pro Abendessen von 27 $. Bei diesem groben Durchschnittskostenansatz wird jeder Teilnehmer gleich behandelt. Emma würde sich wahrscheinlich weigern, 27 $ zu bezahlen, denn ihre tatsächlichen Kosten betragen nur 15 $. Sie hatte die billigste Hauptspeise, keine Nachspeise und die niedrigste Getränkerechnung. Wenn man unter allen vier Teilnehmern den Durchschnitt bildet, werden die Kosten von Emma und Matthias überschätzt und diejenigen von Jakob unterschätzt. Nur Jessicas Kosten entsprechen genau dem Durchschnitt.

Das Restaurantbeispiel ist einfach und intuitiv einleuchtend. Da alle Rechnungsposten den Teilnehmern als Einzelkosten zugeordnet werden können, kann man die Höhe der Quersubventionierung für jeden Teilnehmer leicht ausrechnen. Sobald Gemeinkosten im Spiel sind, tauchen jedoch komplexere Probleme auf. Dann werden bestimmte Ressourcen von zwei oder mehr Teilnehmern genutzt. Gemeinkosten – hier zum Beispiel die Kosten einer Flasche Wein, die zwei oder mehr Teilnehmer miteinander geteilt haben – müssen definitionsgemäß immer aufgeschlüsselt werden.

Im folgenden untersuchen wir, wie Kostenrechnungssysteme verfeinert werden können, um Fehleinschätzungen der Kosten von Projekten, Produkten oder Kunden möglichst zu vermeiden.

4.8 VERFEINERUNG VON KOSTENRECHNUNGSSYSTEMEN

Das Kostenrechnungssystem von Lindsay & Associates in Teil A der Tafel 4.5 beruht auf groben Durchschnittswerten. Es hat eine einzige Einzelkostenkategorie und einen einzigen Gemeinkostenpool. Die Zahlen, die damit berechnet werden, könnten irreführend sein, wenn verschiedene Projekte, Dienstleistungen, Kunden etc. sich in bezug darauf, wie sie die Ressourcen der Organisation verbrauchen, deutlich voneinander unterscheiden. Sind sie einander jedoch sehr ähnlich, so wird ein einfaches Kostenrechnungssystem ausreichen, um die Projektkosten zutreffend zu beurteilen.

Immer häufiger versuchen Unternehmen, ihre Kostenrechnungssysteme zu verfeinern. Ein verfeinertes Kostenrechnungssystem kann die Unterschiedlichkeit der Ressourcennutzung von Projekten, Produkten und Kunden besser erfassen. Die Verschärfung der Konkurrenz und die Fortschritte bei der Informationstechnologie haben diese Tendenz beschleunigt.

Für die Verfeinerung eines Kostenrechnungssystems gibt es drei Richtlinien:

- *Richtlinie 1: Die Zuordnung der Einzelkosten.* Behandle alle Kostenarten, bei denen die Zuordnung wirtschaftlich sinnvoll ist, als Einzelkosten.
- *Richtlinie 2: Gemeinkostenpools.* Erhöhe die Anzahl der Gemeinkostenpools, so daß jeder Pool in sich homogen ist. In einem *homogenen* Kostenpool haben alle Kostenarten die gleiche Ursache-Wirkungs-Beziehung mit der Kostenbezugsgröße; würde man einen homogenen Kostenpool weiter unterteilen, so würde sich die Kostenzurechnung nicht wesentlich verändern.
- *Richtlinie 3: Kostenbezugsgrößen.* Identifiziere für jeden Gemeinkostenpool eine angemessene Kostenbezugsgröße. In diesem Kapitel wählen wir die Kostenbezugsgrößen nach dem Kriterium von Ursache und Wirkung.

4.9 VERFEINERTE KOSTENRECHNUNG IM DIENSTLEISTUNGSSEKTOR

In vielen Dienstleistungsbranchen versuchen heute Unternehmen, ihre Kostenrechnungssysteme zu verfeinern. Zum Beispiel investieren Banken in neue Kostenrechnungssysteme, um zu verstehen, wie sich die Kosten ihrer einzelnen Produkte und Leistungen voneinander unterscheiden. Der Kasten **Konzepte und ihre Umsetzung** auf Seite 109 bezieht sich auf diesen Bereich. Im folgenden benutzen wir unser Beispiel von Lindsay & Associates, um die drei Richtlinien für die Verfeinerung eines Kostenrechnungssystems zu illustrieren.

Verfeinerung durch Zuordnung einer größeren Zahl von Einzelkosten

Nach Richtlinie 1 sollen alle Kostenarten als Einzelkosten behandelt werden, bei denen der Aufwand nicht zu groß ist. Manager haben mehr Vertrauen in die Genauigkeit von Kosten, die einem Auftrag als Einzelkosten zugeordnet worden sind. Lindsay & Associates untersuchen ihre Aktivitäten und kommen zu dem Schluß, daß fünf verschiedene Einzelkostenkategorien identifiziert werden können:

1. Personalkosten für Wirtschaftsprüfer, die gleichzeitig Teilhaber der Firma sind: 100 $ pro Stunde.

2. Personalkosten für Wirtschaftsprüfer, die nicht Teilhaber der Firma sind: 40 $ pro Stunde.

3. Personalkosten für EDV-Fachleute: 35 $ pro Stunde.

4. Telefon-, Fax- und Kopierkosten: Zuordnung nach den Aufzeichnungen der Mitarbeiter, interne Kostensätze oder monatliche Rechnungen von Dritten.

5. Reisekosten und Spesen: Zuordnung nach den Aufzeichnungen der Mitarbeiter, interne Kostensätze oder monatliche Rechnungen von Dritten.

Lindsay konnte bereits existierende Daten nutzen, um die Kosten auf diese fünf Kategorien aufzuteilen. So hat zum Beispiel jeder Wirtschaftsprüfer einen bestimmten Status als Teilhaber oder Mitarbeiter. Kombiniert man die Arbeitszeitberichte aller Wirtschaftsprüfer mit der Information über ihren Status, so ergeben sich daraus zwei voneinander getrennte Kategorien von Lohneinzelkosten. (Die Aufgabe zum Selbststudium auf Seite 120 zeigt die Berechnung der entsprechenden Einzelkostensätze.) Wir nehmen an, daß Lindsay für die ersten drei Einzelkostenarten Plankostensätze im Sinne der erweiterten Sollkostenrechnung benutzt. Die Istkostensätze für diese Kostenarten sind ja erst bekannt, wenn am Jahresende die gewinnabhängigen Prämien bestimmt werden können. Im Gegensatz dazu sind für die beiden letzten Kostenarten jeden Monat die Istwerte verfügbar.

Teil A der Tafel 4.5 zeigt diese Verfeinerung der Einzelkostenzuordnung im Überblick. Durch die Trennung der Kostenpools für die Wirtschaftsprüferarbeit von Teilhabern und Nichtteilhabern erkennt man die unterschiedliche Entlohnung dieser beiden Gruppen; Teilhaber kommen im Durchschnitt auf ein Jahresgehalt von 160.000 $, Mitarbeiter erhalten durchschnittlich nur 64.000 $. Die Unterscheidung der Einzelkostenpools bewirkt, daß Revisionsprojekte mit der gleichen Gesamtzahl von Wirtschaftsprüferstunden aber einer unterschiedlichen Zusammensetzung der Arbeitszeit von Teilhabern und Nichtteilhabern in der Kostenrechnung unterschiedlich bewertet werden. Die Kostenarten 3 - 5 wurden vorher als Gemeinkosten behandelt.

Warum könnte das Kostenrechnungssystem in Teil A der Tafel 4.5 die Projektkosten zutreffender darstellen als dasjenige in Tafel 4.2 (Seite 95)? Das Kostenrechnungssystem in Tafel 4.2 unterstellt, daß alle Projekte bei Lindsay auf ähnliche Art und Weise zum Ressourcenverbrauch beitragen. Im einzelnen bedeutet das, daß

1. alle Projekte die Arbeitszeit von Teilhabern und Nichtteilhabern in der gleichen Zusammensetzung beanspruchen.

2. alle Projekte die Kosten im Gemeinkostenpool (Arbeitszeit der Bürokräfte, Kosten der Informationssysteme, Telefon-, Fax- und Kopierkosten, Reisekosten) im gleichen Verhältnis verursachen.

Aus Gesprächen mit dem Personal und aus der Analyse der Kostenberichte zieht die Firma den Schluß, daß keine dieser beiden Annahmen zutrifft. Das Kostenrechnungssystem in Teil A der Tafel 4.5 hebt beide Annahmen auf. In diesem System werden die Kosten auf Projekte mit unterschiedlichem Ressourcenverbrauch entsprechend unterschiedlich verteilt.

Verfeinerung durch eine größere Anzahl von Gemeinkostenpools mit unterschiedlichen Kostentreibern

Die Zuschlagskalkulation in Teil A der Tafel 4.5 beruht auf einem einzigen Gemeinkostenpool. Nach Richtlinie 2 soll die Anzahl der Gemeinkostenpools erhöht werden, bis jeder dieser Kostenpools homogen ist. Bei der Verwendung eines einzigen Gemeinkostenpools geht man von der impliziten Annahme aus, daß alle Gemeinkosten einen einzigen Kostentreiber haben, der dann als Kostenbezugsgröße benutzt wird. Aus Mitarbeitergesprächen hat die Firmenleitung von Lindsay geschlossen, daß die folgenden drei Gemeinkostenpools die Genauigkeit der Projektkostenberechnung erhöhen:

Gemeinkostenpool	Kostenbezugsgröße
1. Allgemeine Revisionsunterstützung	25 $ pro Wirtschaftsprüferstunde (gleicher Satz für Teilhaber und andere)
2. Berufshaftpflichtversicherung	15 % der Arbeitskosten für Wirtschaftsprüfer
3. Sekretariat	18 $ pro Arbeitsstunde der Teilhaber (wie in den meisten Wirtschaftsprüferkanzleien haben nur die Teilhaber Sekretärinnen)

Die Aufgabe zum Selbststudium (Seite 120) zeigt im Einzelnen, wie diese drei Gemeinkostensätze zu berechnen sind. Die drei Gemeinkostenpools stellen voneinander getrennte Aktivitätsbereiche dar, deren Kosten den einzelnen Revisionsprojekten nicht auf wirtschaftliche sinnvolle Weise direkt zugeordnet werden können.

Tafel 4.5
Alternative Ansätze für die Zuschlagskalkulation bei Lindsay & Associates

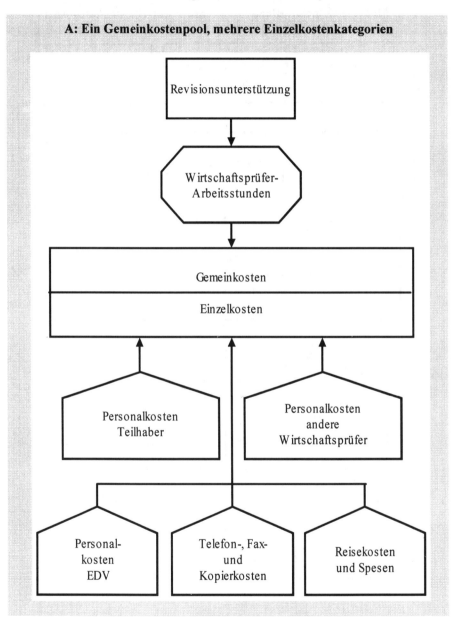

Tafel 4.5 (Fortsetzung)

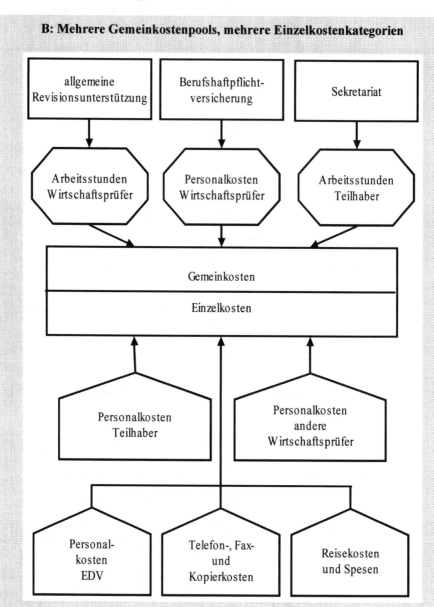

Konzepte und ihre Umsetzung

BANKEN BEENDEN DIE QUERSUBVENTIONIERUNG VIELER LEISTUNGEN

Viele Jahre lang haben Banken im Privatkundengeschäft ein breites Spektrum "kostenloser" Leistungen angeboten. Ein Kunde mit einer Mindesteinlage von 100 $ hatte Anspruch auf "kostenlose" Kontoführung, "kostenlose" Nachforschungen über bereits ausgestellte Schecks, "kostenlose" Zahlungsanweisungen, "kostenlose" Devisenwechsel und so weiter. Aber, wie ein berühmter Wirtschaftswissenschaftler (Milton Friedman) gesagt hat, "es gibt kein kostenloses Mittagessen". Was hier betrieben wurde, war Quersubventionierung.

Eine Hauptquelle der Rentabilität im Massengeschäft der Banken ist die Zinsspanne (Differenz zwischen dem Zinssatz, zu dem eine Bank Kredite vergibt oder Geld anlegt, und dem Zinssatz, den sie an die Sparer bezahlt). Mit dieser Zinsspanne haben die Banken die Kosten der vielen "kostenlosen" Dienstleistungen an ihre Kunden gedeckt. Vor kurzem haben die Banken begonnen, die Prozeßkostenrechnung einzuführen, um die Kosten dieser Einzelleistungen zu bestimmen. Dazu mußte untersucht werden, wie jede Leistung (wie etwa die Kontoführung) am Ressourcenverbrauch der Bank beteiligt ist. Bei diesen Studien kam heraus, daß Kunden, die geringe Einlagen hatten und die vielen "kostenlosen" Dienste häufig in Anspruch nahmen, den Banken Verluste bereiteten. Im Gegensatz dazu waren Kunden mit hohen Einlagen, die von den "kostenlosen" Leistungen nur eingeschränkt Gebrauch machten, für die Banken sehr profitabel. Diese Kunden subventionierten diejenigen mit niedrigen Einlagen.

Viele Banken reagierten auf den erhöhten Wettbewerb, indem sie eine Vielzahl von Einzelgebühren einführten. Hier die Gebühren der Wells Fargo Bank:

- Scheckeinreichung   3 $ pro Einreichung
- Einreichung von Auslandsschecks   5 $ pro Einreichung
- Anforderung von besonderen
  Aufstellungen   4 $ pro Aufstellung
- Sperrung der Scheckkarte   10 $ pro Sperrung
- Kundentelefon (24 Stunden)
  persönliches Gespräch   1,50 $ pro Gespräch
  automatisiertes Gespräch   0,50 $ pro Gespräch

Diese Gebühren basieren auf einer Analyse der Aktivitäten, die jeder Dienstleistung zugrunde liegen. So verbraucht zum Beispiel eine Anfrage

Konzepte und ihre Umsetzung

BANKEN BEENDEN DIE QUERSUBVENTIONIERUNG VIELER LEISTUNGEN (FORTSETZUNG)

beim Kundendienst über ein persönliches Gespräch mehr Ressourcen als eine Anfrage, die ein automatischer Anrufbeantworter erledigen kann. Kunden mit hohen Guthaben werden diese Gebühren von Wells Fargo ermäßigt oder ganz erlassen.

Natürlich haben diese neuen Bankgebühren viel Aufmerksamkeit erregt. Verbraucherverbände pflegen bei solchen Gelegenheiten ihrer Empörung Ausdruck zu geben. Ein Verband argumentierte, daß die Gebühren "insbesondere diejenigen Gruppen benachteiligen, die sich das am wenigsten leisten können, nämlich ältere Menschen, Kinder und Arme." Im Gegensatz dazu sprach ein Unternehmensberater von einem "kühnen Schritt": "Die Banken sagen dem Publikum, was ihre Interaktionen wirklich kosten."

Die Bereitschaft der Banken, spezielle Leistungen mit Gebühren zu belegen, hat aber auch Grenzen. So haben die Prozeßkostenstudien zum Beispiel gezeigt, was die gebührenfreien Hotlines für Kundenbeschwerden kosten. Trotzdem haben die Banken bisher darauf verzichtet, für die Nutzung dieser Hotlines eine Gebühr zu erheben. Auch erlassen einige Banken die Gebühren für Kundendienstgespräche, wenn sich herausstellt, daß die Bank zugesagte Verpflichtungen nicht eingehalten hat.

Quelle: Gespräche mit Managern, die in verschiedenen Banken die Prozeßkostenrechnung einführten.

Die Verwendung von drei Gemeinkostenpools führt zu einer unterschiedlichen Kostenbelastung der Revisionsprojekte, wenn diese die Hilfsressourcen verschieden nutzen. So werden zum Beispiel jetzt im verfeinerten Kostenrechnungssystem für Revisionsprojekte mit der gleichen Anzahl von Wirtschaftsprüferstunden aber mit unterschiedlicher Beteiligung der Teilhaber unterschiedliche Kosten berechnet. Teil B der Tafel 4.5 (Seite Seite 107) zeigt diese noch weiter verfeinerte Zuschlagskalkulation im Überblick. Sie ist ein Beispiel für die Verwendung von unterschiedlichen Kostenbezugsgrößen für jeden der drei Gemeinkostenpools (Richtlinie 3). So werden etwa die Gemeinkosten für das Sekretariat auf der Basis der Teilhaberarbeitsstunden zugerechnet, während für die Zurechnung der allgemeinen Revisionsunterstützung alle Wirtschaftsprüferstunden zugrundegelegt werden.

TAFEL 4.6

Zuschlagskalkulation für die Revision bei Tracy Transport, mehrere Einzelkostenarten und mehrere Gemeinkostenpools

Einzelkosten	
Personalkosten für die Teilhaber, 100 $ × 80	8.000 $
Personalkosten für andere Wirtschaftsprüfer, 40 $ × 720	28.800 $
Personalkosten für EDV-Fachleute, 35 $ × 40	1.400 $
Telefon-, Fax- und Kopierkosten (soweit sie dem Projekt zugeordnet werden können)	800 $
Reisekosten und Spesen (soweit sie dem Projekt zugeordnet werden können)	1.100 $
	40.100 $
Gemeinkosten	
allgemeine Revisionsunterstützung, 25 $ × 800	20.000 $
Berufshaftpflicht, 36.800 $ × 0,15	5.520 $
Sekretariat, 18 $ × 80	1.440 $
	26.960 $
Gesamtkosten	67.060 $

Tafel 4.6 zeigt, daß man mit Hilfe der verfeinerten Kostenrechnung (aus Teil B der Tafel 4.5) für die Revision bei Tracy Transport auf Kosten von 67.060 $ kommt. Das Management bei Lindsay ist davon überzeugt, daß diese Zahl eine genauere Schätzung des Ressourcenverbrauchs für diese Revision darstellt als die 76.000 $, die bei der erweiterten Sollkostenrechnung (siehe Abschnitt 4.6) herausgekommen waren. So wurde zum Beispiel bei dieser Revision die Arbeitszeit von Teilhabern und Nichtteilhabern im Verhältnis 1:9 eingesetzt. Bei dem Kostenrechnungssystem aus Teil A der Tafel 4.5 geht man davon aus, daß bei diesem wie bei allen anderen Revisionsprojekten der Unternehmensdurchschnitt von einer Teilhaberstunde pro fünf Arbeitsstunden von Nichtteilhabern anzusetzen ist. Dieses Verhältnis beruht auf der Tatsache, daß bei Lindsay 30 Teilhaber und 150 andere Wirtschaftsprüfer arbeiten. Mit dem neuen System (Teil B) kann Lindsay das genauere Verhältnis von eins zu neun verwenden. Das Kostenrechnungsschema in Tafel 4.5B und Tafel 4.6 wird im englischen Sprachgebrauch manchmal als *menu-based costing* ("Menü-Kostenrechnung") bezeichnet, wobei die Einzelkostenarten und die Gemeinkostenpools unterschiedliche Punkte auf einer Speisekarte darstellen. Die Kostenbelastung der einzelnen Projekte entspricht genau dem, was jedes Projekt von dieser Speisekarte bestellt.

Durch das verfeinerte Kostenrechnungssystem hat Lindsay & Associates bessere Informationen zur Verfügung, um auf die Herausforderungen des Wettbewerbs zu reagieren. Angenommen ein Konkurrent hätte für die in 19_9 fällige Revision für das Geschäftsjahr 19_8 bei Tracy Transport ein Preisangebot von 74.000 $ abgegeben. Mit dem System aus Tafel 4.2 käme Lindsay zu der Schlußfolgerung, daß mit einem Angebot unter 74.000 $ die Plankosten von 76.000 $ nicht gedeckt werden könnten. Mit dem verfeinerten System aus Teil C der Tafel könnte Lindsay einen Preis unter 74.000 $ anbieten, der die Kosten von 67.060 $ deckt und zusätzlich einen Gewinn ermöglicht.

4.10 PROZEßKOSTENRECHNUNG IM HANDEL

Ein spezieller Ansatz zur Verfeinerung eines Kostenrechnungssystems ist die **Prozeß-kostenrechnung** (*activity-based costing*)[23]. Bei dieser Methode konzentriert man sich auf Aktivitäten oder Prozesse als grundlegende Kostenobjekte. Eine **Aktivität** oder ein **Prozeß** ist ein Ereignis, eine Aufgabe oder Arbeitseinheit mit einem ganz bestimmten Zweck. Bei der Prozeßkostenrechnung verwendet man die Kosten dieser Aktivitäten als Basis für die Verteilung der Kosten auf andere Kostenobjekte wie Produkte, Dienstleistungen oder Kunden:

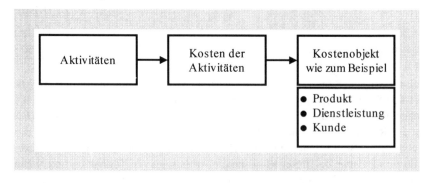

Bei der Prozeßkostenrechnung orientiert man sich an den Kostentreibern, wenn es darum geht, wieviele Gemeinkostenpools verwendet werden sollen und welcher Bezugsgröße für jeden Gemeinkostenpool der Vorzug gegeben werden soll.

---

[23] Genau genommen hat sich die Prozeßkostenrechnung aus dem activity-based costing (ABC) entwickelt. Das in den USA entwickelte ABC zielt in erster Linie darauf ab, die Herstellgemeinkosten durch differenziertere Bezugsgrößen den Kostenobjekten verursachungsgerecht zuzuordnen. Die Prozeßkostenrechnung hat diesen Ansatz auf alle Betriebsgemeinkosten (Beschaffung, Lagerhaltung, Verwaltung, Vertrieb etc.) ausgedehnt. Wir machen aber im weiteren keinen Unterschied zwischen beiden Begriffen. Entsprechend werden auch die Begriffe *Aktivität* und *Prozeß* synonym verwendet. [Anm. d. Übers.]

Wir betrachten im folgenden eine Anwendung der Prozeßkostenrechnung im Einzelhandel, wo es vor allem um den Gewinn aus einzelnen Produkten oder Produktlinien geht. Eine **Produktlinie** ist eine Gruppe von ähnlichen Produkten. So würde zum Beispiel die Softdrink-Produktlinie in einem Supermarkt Coca-Cola, Pepsi und andere nichtalkoholische Getränke umfassen.

Für ihren Laden in Memphis benutzt die Firma Family Supermarket (FS) ein Kostenrechnungssystem mit einer einzigen Kategorie von Einzelkosten (Einkaufskosten der Handelswaren) und einem einzigen Gemeinkostenpool (Ladenunterhalt). Die Ladenunterhaltskosten wurden den Produkten mit einem Zuschlag von 30 % auf die Einkaufskosten der verkauften Produkte zugerechnet. So hat man zum Beispiel einem Kaffeeprodukt mit Einkaufskosten von 6,30 $ einen Gemeinkostenzuschlag von 1,89 $ (6,30 $ × 0,30) zugerechnet. Teil A der Tafel 4.7 enthält einen Bericht über die Produktlinien-Rentabilität aus diesem Kostenrechnungssystem. Teil B zeigt einen Überblick über dieses Kostenrechnungssystem. Die Einkaufskosten der verkauften Produkte machen bei FS 76,92 % der Gesamtkosten aus (100.000 $: 130.000 $). Dieser hohe Prozentsatz ist für viele Handelsunternehmen typisch. Auf der Basis der Umsatzrentabilität ergibt sich folgende Rangordnung der Produktlinien: (1) Frischwaren (7,17 %); (2) abgepackte Lebensmittel (3,30 %); und (3) Softdrinks (1,70 %).

FS hat beschlossen, den Laden in Memphis zu vergrößern. Die Firma sucht nach genauen Informationen über die Rentabilität der einzelnen Produktlinien. Sie sieht die bisherigen Rentabilitätszahlen mit Skepsis, denn sie beruhen auf groben Durchschnittswerten bei den Ladenunterhaltskosten. Nachdem sie den Betrieb in Memphis eine Weile beobachtet haben, kommen die Manager zu dem Schluß, daß die einzelnen Produktlinien die allgemeinen Ressourcen der Firma in sehr unterschiedlicher Weise in Anspruch nehmen.

Daraufhin entscheiden die Manage, für die Berechnung der Produktlinienkosten die Prozeßkostenrechnung einzuführen. Nach einer Analyse des Betriebsablaufs und des Informationssystems beschließen sie, das Kostenrechnungssystem folgendermaßen zu verfeinern:

Richtlinie 1: Zuordnung der Einzelkosten. FS führt eine zusätzliche Einzelkostenkategorie ein – die Flaschenrückgabe. Diese Kostenkategorie betrifft ausschließlich die Produktlinie Softdrinks. Sie war vorher im Gemeinkostenpool Ladenunterhalt enthalten.

Richtlinien 2 und 3: Gemeinkostenpools und Bezugsgrößen. Der Gemeinkostenpool Ladenunterhalt wird durch Kostenpools für vier voneinander getrennte Aktivitätsbereiche ersetzt. Die Kostentreiber werden identifiziert und dann als Bezugsgrößen benutzt.

TAFEL 4.7

Produktlinien-Rentabilität bei Family Supermarkets nach dem alten Kostenrechnungssystem

A: Rentabilitätsbericht für Dezember 19_7 (in 1.000)

	Softdrinks	Frischware	abgepackte Lebensmittel	Summe
Erlös	26.450 $	70.020 $	40.330 $	136.800 $
Kosten				
Herstellkosten des Umsatzes	20.000 $	50.000 $	30.000 $	100.000 $
Ladenunterstützung	6.000 $	15.000 $	9.000 $	30.000 $
Gesamtkosten	26.000 $	65.000 $	39.000 $	130.000 $
Betriebsgewinn	450 $	5.020 $	1.330 $	6.800 $
Umsatzrentabilität = Betriebsgewinn : Erlös	1,70 %	7,17 %	3,30 %	4,97 %

B: Zuschlagskalkulation im Überblick

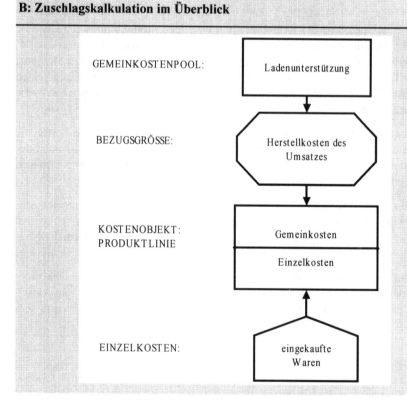

1. Der Kostenpool *Bestellungen* deckt alle Einkaufsaktivitäten ab. Kostentreiber ist die Anzahl der Kaufaufträge. Im Jahr 19_7 beträgt der Istkostensatz 100 $ pro Auftrag.

2. Im Kostenpool *Lieferungen* sind alle Aufwendungen für die physische Auslieferung und den Empfang von Waren enthalten. Kostentreiber ist die Anzahl der Lieferungen. Der tatsächliche Kostensatz für 19_7 beträgt 80 $ pro Lieferung.

3. Der Kostenpool *Regale* umfaßt das Einräumen von Waren in die Regale und das ständige Auffüllen der Regale. Kostentreiber sind die Arbeitsstunden, die mit Einräumen und Auffüllen von Regalen verbracht werden. Für 19_7 beträgt der Istkostensatz 20 $ pro Stunde.

4. Zum Kostenpool *Kundenunterstützung* gehören alle Hilfeleistungen für die Kunden wie zum Beispiel das Registrieren der Waren an der Kasse oder das Einpakken der gekauften Waren. Kostentreiber ist hier die Anzahl der verkauften Artikel. Für 19_7 betrug der tatsächliche Kostensatz 0,20 $ pro Artikel.

5. Das Personal von FS stellt für Dezember 19_7 die folgenden Daten zur Verfügung:

Aktivitätsbereich	Kostenbezugsgröße	Bezugsgrößenmenge		
		Softdrinks	Frischware	abgepackte Lebensmittel
Bestellungen	100 $ pro Auftrag	12	28	12
Lieferungen	80 $ pro Lieferung	10	73	22
Regale	20 $ pro Stunde	18	180	90
Kundenunterstützung	0,20 $ pro Artikel	4.200	36.800	10.200

Teil A der Tafel 4.8 enthält den Bericht über die Produktlinien-Rentabilität, der mit Hilfe der Prozeßkostenrechnung erstellt wurde. Einen Überblick über die Prozeßkostenrechnung zeigt Teil B. Die Manager sind davon überzeugt, daß das aktivitätsorientierte System glaubhaftere Zahlen liefert als das vorher benutzte System. Es unterscheidet genauer zwischen den verschiedenen Arten von Aktivitäten bei FS. Es verfolgt auch besser, wie die einzelnen Produktlinien zum Ressourcenverbrauch beitragen. Im alten und im neuen System ergeben sich die folgenden Rangordnungen nach der Umsatzrentabilität der Produktlinien:

altes Kostenrechnungssystem		neues System (Prozeßkostenrechnung)	
1. Frischware	7,17 %	1. Softdrinks	10,77 %
2. abgepackte Lebensmittel	3,30 %	2. abgepackte Lebensmittel	8,75 %
3. Softdrinks	1,70 %	3. Frischware	0,60 %

Die prozentualen Anteile der einzelnen Produktlinien am Erlöse, an den Kosten der verkauften Produkte und an den Gemeinkosten sind wie folgt:

	Softdrinks	Frischware	abgepackte Lebensmittel
Erlös	19,34 %	51,18 %	29,48 %
Kosten der verkauften Produkte	20,00 %	50,00 %	30,00 %
Aktivitätsbereiche			
Bestellungen	23,08 %	53,84 %	27,08 %
Lieferungen	9,53 %	69,52 %	20,95 %
Regale	6,25 %	62,50 %	31,25 %
Kundenunterstützung	8,20 %	71,88 %	19,92 %

Softdrinks verbrauchen von allen Ressourcen am wenigsten. Sie benötigen weniger Lieferungen und weniger Arbeitszeit für das Einräumen und Auffüllen der Regale als Frischwaren und abgepackte Lebensmittel. Die meisten großen Softdrink-Lieferanten räumen bei der Lieferung die Regale selbst ein. Im Gegensatz dazu sind bei Frischwaren die meisten Lieferungen und der größte Zeitaufwand für das Bestücken der Regale nötig. Bei Frischwaren ist auch die Anzahl der verkauften Artikel am höchsten. Beim alten Kostenrechnungssystem ging man von der Annahme aus, daß jede Produktlinie die Ressourcen in jedem Aktivitätsbereich proportional zu ihrem Anteil an den Einkaufskosten verbrauchte. Diese Annahme war offensichtlich falsch. Das alte Kostenrechnungssystem war ein klassisches Beispiel für *peanut-butter costing*.

Die Manager von FS können die Zahlen aus der Prozeßkostenrechnung als Entscheidungshilfe benutzen, wenn es darum geht, wie die geplante Erweiterung der Ladenfläche genutzt werden soll. Eine Erhöhung des Flächenanteils der Softdrinks ist gerechtfertigt. Die Zahlen aus der Prozeßkostenrechnung sollten aber nur eine Information unter anderen sein, auf die sich die Verteilung des Regalraums stützt. Möglicherweise gibt es bei FS eine gewisse Untergrenze für den Regalraum für Frischwaren, weil die Kunden erwarten, daß Supermärkte solche Waren führen.

Daten aus der Prozeßkostenrechnung können auch für eine informiertere Preisgestaltung genutzt werden. Nehmen wir zum Beispiel an, ein Konkurrent gibt eine fünfprozentige Verringerung seiner Preise für Softdrinks bekannt. Mit der derzeitigen Gewinnspanne von 10,77 % bei Softdrinks hat FS genügend Spielraum, um die Preise für diese Produktlinie zu reduzieren und trotzdem noch einen Gewinn zu erzielen. Im Gegensatz dazu hat das alte Kostenrechnungssystem irrtümlicherweise für Softdrinks eine Gewinnspanne von nur 1,70 % impliziert, wenig Spielraum also, um der Preissenkungsinitiative eines Konkurrenten entgegenzutreten.

Tafel 4.8

Produktlinien-Rentabilität bei Family Supermarkets mit Prozeßkostenrechnung

A: Rentabilitätsbericht für Dezember 19_7 (in 1.000)

	Softdrinks	Frischware	abgepackte Lebensmittel	Summe
Erlös	26.450 $	70.020 $	40.330 $	136.800 $
Kosten				
Herstellk. des Umsatzes	20.000 $	50.000 $	30.000 $	100.000 $
Flaschenrückgabe	400 $	0 $	0 $	400 $
Bestellungen	1.200 $	2.800 $	1.200 $	5.200 $
Lieferungen	800 $	5.840 $	1.760 $	8.400 $
Regale	360 $	3.600 $	1.800 $	5.760 $
Kundenunterstützung	840 $	7.360 $	2.040 $	10.240 $
Summe Kosten	23.600 $	69.600 $	36.800 $	130.000 $
Betriebsgewinn	2.850 $	420 $	3.530 $	6.800 $
Umsatzrentabilität	10,77 %	0,60 %	8.75 %	4,97 %

B: Zuschlagskalkulation im Überblick

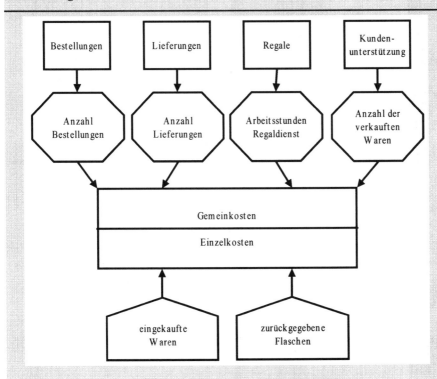

WACHSENDES INTERESSE AN DER PROZEßKO-STENRECHNUNG

Weltweit ist eine wachsende Zahl von Unternehmen dabei, die Prozeßkostenrechnung einzuführen. Eine Studie[a] über 162 Unternehmen mit Hauptsitz in den USA (29 davon aus dem Dienstleistungsbereich) kommt zu der folgenden Rangordnung von Anwendungen: (1) Kostenberechnung für Produkte und Dienstleistungen, (2) Kostensenkung und (3) Prozeßverbesserung. Die Rangfolge für die Bereiche, in denen "bedeutende" oder "sehr bedeutende" Veränderungen der Managemententscheidungen beobachtet wurden, war (1) Preissetzung, (2) Prozesse und (3) Sortiment.

Eine Umfrage unter kanadischen Unternehmen[b] hat ergeben, daß 14 % der befragten Betriebe mit Prozeßkostenrechnung arbeiten und weitere 15 % erwägen, ein solches System einzuführen. Dafür wurden folgende Gründe genannt:

genauere Kosteninformation für die Preissetzung	61 %
genauere Erfolgsanalyse	61 %
nach Produkten	22 %
nach Kunden	20 %
nach Prozessen	24 %
nach Abteilungen	43 %
verbesserte Erfolgsmessung	43 %
mehr Einsicht in die Kostenverursachung	37 %

Von den kanadischen Firmen, die die Prozeßkostenrechnung eingeführt hatten, haben 24 % damit das bisherige Kostenrechnungssystem ersetzt; bei 76 % dient sie nur zur Ergänzung.

In Großbritannien ergab eine Umfrage[c], daß "von 251 Unternehmen knapp unter 20 % Prozeßkostenrechnung eingeführt hatten." Die Rangfolge der Anwendungsbereiche war (1) Kostenmanagement, (2) Erfolgsmessung, (3) Preisgestaltung und (4) Erstellung von Kostenmodellen. Eine Umfrage in Neuseeland[d] brachte den Nutzen der Prozeßkostenrechnung in folgende Rangordnung: (1) Kostenmanagement, (2) Preisgestaltung und (3) Bewertung der Lagerbestände.

Irische Unternehmen, die mit ABC arbeiteten, gaben in einer Umfrage[e] folgende Bereiche an, in denen nach ihrer Erfahrung das neue System spürbare Verbesserungen gebracht hatte: (1) genauere Kosteninformationen für

(Seitentext vertikal:) Umfragen zur betrieblichen Praxis

WACHSENDES INTERESSE AN DER PROZEßKO-STENRECHNUNG (FORTSETZUNG)

Kostenrechnung und Preisgestaltung (71 %), (2) Verbesserungen bei Kostenkontrolle und Kostenmanagement (66 %), (3) mehr Einsicht in die Kostenverursachung (58 %), (4) verbesserte Erfolgsmessung (46 %) und (5) genauere Kundenrentabilitätsanalysen (25 %).

Die häufigsten Probleme bei der Einführung des Systems waren nach der kanadischen Umfrage Schwierigkeiten bei der Definition der Aktivitäten und bei der Auswahl der Kosteneinflußgrößen. Die irischen Unternehmen berichteten von Schwierigkeiten bei der Identifizierung der Aktivitäten und bei der Verteilung der Kosten auf diese Kostenpools, Schwierigkeiten bei der Identifizierung und Auswahl der Kostentreiber, von unzulänglicher Computersoftware und Mangel an entsprechenden Ressourcen. Die beiden wichtigsten Probleme in der Neuseelandstudie waren (1) Schwierigkeiten bei der Erhebung zuverlässiger Daten und (2) mangelnde Akzeptanz beim mittleren Management.

---

a. APQC/CAM-1.

b. Armitage und Nicholson.

c. Innes und Mitchell.

d. Cotton.

e. Clarke.

Die vollständigen Quellenangaben sind in Anhang A zu finden.

AUFGABE

Die Firma Lindsay & Associates ist dabei, ihr Kostenrechnungssystem, das bisher einen einzigen Einzelkostenpool (Arbeitskosten für Wirtschaftsprüfer) und einen einzigen Gemeinkostenpool (Revisionsunterstützung) hatte, zu verfeinern. Man führt ausführliche Gespräche mit Mitarbeitern auf allen Ebenen und untersucht die Arbeitsberichte von bereits abgeschlossenen Revisionsprojekten. Man stellt auch fest, daß die jüngsten technologischen Fortschritte bei der Informationserfassung (zum Beispiel Kodierungen in den Telefon-, Fax- und Kopiergeräten) es möglich machen, einige Kostenarten, die bisher als Gemeinkosten behandelt wurden, in Zukunft den Projekten zuzuordnen.

Das verfeinerte Kostenrechnungssystem enthält die folgenden fünf Kategorien von Einzelkosten:

- Personalkosten für diejenigen Wirtschaftsprüfer, die Teilhaber der Firma sind. Jeder der 30 Teilhaber hat eine geplante Arbeitszeit von jeweils 1.600 Stunden und ein durchschnittliches Jahresgehalt von 160.000 $.
- Personalkosten für die anderen Wirtschaftsprüfer. Jeder der 150 anderen Wirtschaftsprüfer hat eine geplante Arbeitszeit von 1.600 Stunden und ein durchschnittliches Jahresgehalt von 64.000 $.
- Personalkosten für die EDV-Fachleute. Jeder der 18 Fachleute hat ein durchschnittliches Jahresgehalt von 56.000 $ und eine geplante Arbeitszeit von 1.600 Stunden.
- Telefon-, Fax- und Kopierkosten. Die Kosten werden den Projekten zugeordnet, soweit sie identifiziert werden können. Die Höhe ergibt sich aus den monatlichen Rechnungen von Dritten oder aus internen Kostenverrechnungssätzen.
- Reisekosten und Spesen. Die Kosten werden den Projekten zugeordnet, soweit sie identifiziert werden können. Die Höhe ergibt sich aus den monatlichen Rechnungen von Dritten oder aus internen Kostenverrechnungssätzen.

Die drei Gemeinkostenpools und die dazugehörigen Bezugsgrößen sind

- Allgemeine Revisionsunterstützung (Gemeinkostenpool I). Der Planbetrag für 19_8 ist 7.200.000 $, wie aus Spalte 5 der Tafel 4.9 zu ersehen ist. Die Bezugsgröße sind die geplanten Wirtschaftsprüferstunden.
- Berufshaftpflichtversicherung (Gemeinkostenpool II). Spalte 6 der Tafel 4.9 zeigt, daß für 19_8 Versicherungsbeiträge von 2.160.000 $ geplant sind. Bezugsgröße sind die geplanten Personalkosten für Wirtschaftsprüfer.

Aufgabe zum Selbststudium

AUFGABE (FORTSETZUNG)

- Sekretariat (Gemeinkostenpool III). Die Plankosten für 19_8 betragen 864.000 $, wie aus Spalte 7 der Tafel 4.9 hervorgeht. Bezugsgröße sind die geplanten Arbeitsstunden der Teilhaber.

1. Berechnen Sie die Plankostensätze pro Arbeitsstunde für (a) die Teilhaber, (b) die anderen Wirtschaftsprüfer und (c) die EDV-Fachleute.

2. Berechnen Sie den Plankostenzuschlag pro Einheit der Kostenbezugsgröße für (a) die allgemeine Revisionsunterstützung, (b) die Berufshaftpflichtversicherung und (c) das Sekretariat.

LÖSUNG

1. Die Formel für die Berechnung der Plankostensätze lautet

$$\text{Plankostensatz (Personalkosten)} = \frac{\text{geplante Personalkosten}}{\text{geplante Gesamtarbeitszeit}}$$

Lindsay verwendet als Nenner die geplante berechenbare Arbeitszeit für die Kunden.

a. Teilhaber: $\dfrac{160.000\ \$ \times 30}{1.600\ \text{Stunden} \times 30} = 100\ \$ / \text{Stunde}$

b. Andere Wirtschaftsprüfer: $\dfrac{64.000\ \$ \times 150}{1.600\ \text{Stunden} \times 150} = 40\ \$ / \text{Stunde}$

c. EDV-Fachleute: $\dfrac{56.000\ \$ \times 18}{1.600\ \text{Stunden} \times 18} = 35\ \$ / \text{Stunde}$

Spalte 4 der Tafel 4.9 zeigt, daß "andere Personalkosten" in Höhe von 1.008.000 $ und "Sachkosten" in Höhe von 1.728.000 $ nun im verfeinerten Kostenrechnungssystem zu Einzelkosten geworden sind. Im alten Kostenrechnungssystem wurden diese Kosten als Gemeinkosten behandelt.

2. Die Formel für die Berechnung der Plankostenzuschläge lautet:

$$\text{Plankostenzuschlag} = \frac{\text{Plankosten im Gemeinkostenpool}}{\text{Planmenge der Kostenbezugsgröße}}$$

Aufgabe zum Selbststudium

TAFEL 4.9

Plankostenvergleich für das bisherige und das verfeinerte Kostenrechnungssystem bei Lindsay & Associates (in 1.000)

Kostenarten (1)	Altes System EK (2)	GK (3)	Verfeinertes System EK (4)	I (5)	GK II (6)	III (7)
Personalkosten						
Wirtschaftsprüfer						
Teilhaber	14.400 $	0 $	4.800 $	0 $	0 $	0 $
Nichtteilhaber	-	-	9.600 $	0 $	0 $	0 $
Summe	14.400 $	0 $	14.400 $	0 $	0 $	0 $
Andere Personalkost.						
Bürokräfte	0 $	2.030 $	0 $	1.166 $	0 $	864 $
EDV-Fachleute	0 $	1.008 $	1.008 $	0 $	0 $	0 $
Verwaltung	0 $	1.252 $	0 $	1.252 $	0 $	0 $
Andere	0 $	1.038 $	0 $	1.038 $	0 $	0 $
Summe	0 $	5.328 $	1.008 $	3.456 $	0 $	864 $
Sachkosten						
Berufshaftpflicht-versicherung	0 $	2.160 $	0 $	0 $	2.160 $	0 $
Weiterbildung	0 $	880 $	0 $	880 $	0 $	0 $
Raumkosten	0 $	2.000 $	0 $	2.000 $	0 $	0 $
Telefon/Fax/ Kopierer	0 $	1.430 $	1.070 $	360 $	0 $	0 $
Reisekosten/Spesen	0 $	770 $	658 $	112 $	0 $	0 $
Andere	0 $	392 $	0 $	392 $	0 $	0 $
Summe	0 $	7.932 $	1.728 $	3.744 $	2.160 $	0 $
Summe Betriebskosten	14.400 $	12.960 $	17.136 $	7.200 $	2.160 $	864 $

LÖSUNG (FORTSETZUNG)

Aufgabe ...

a. allgemeine Revisionsunterstützung:

$$\frac{7.200.000 \ \$}{288.000 \ \text{Stunden}} = 25 \ \$ \ \text{pro Wirtschaftsprüferstunde}$$

b. Berufshaftpflichtversicherung:

$$\frac{2.160.000 \ \$}{14.400.000 \ \$} = 15 \ \% \ \text{der Arbeitskosten für die Wirtschaftsprüfer}$$

c. Sekretariat:

$$\frac{864.000 \ \$}{48.000 \ \text{Stunden}} = 18 \ \$ \ \text{pro Teilhaberstunde}$$

ANHANG: BERECHNUNG DER PERSONALKOSTENSÄTZE

Die Plankostensätze für die Personalkosten können auf verschiedene Arten berechnet werden. Entscheidend ist die Anzahl der Stunden im Nenner. Wir nehmen an, daß jeder Wirtschaftsprüfer bei Lindsay 2.000 Stunden pro Jahr zur Verfügung hat, die wie folgt verplant werden:

1. geplante berechenbare Arbeitszeit für die Kunden	1.600 Stunden
2. geplante Ausfallzeit wegen Urlaub und Krankheit	160 Stunden
3. geplante Weiterbildungszeit	240 Stunden
4. geplante nichtberechenbare Arbeitszeit aufgrund mangelnder Nachfrage	0 Stunden
geplante verfügbare Zeit	2.000 Stunden

Der Einfachheit halber gehen wir davon aus, daß alle 1.600 Stunden berechenbarer Arbeitszeit jedes Wirtschaftsprüfers nachgefragt werden. Probleme, die mit ungenutzten Kapazitäten zusammenhängen verschieben wir auf Kapitel 14. Für jeden Wirtschaftsprüfer ist ein Jahresgehalt von 80.000 $ vorgesehen (einschließlich Grundgehalt, Erfolgsprämie und Sozialleistungen).

Unterschiedliche Nenner bei der Berechnung des Stundensatzes der Wirtschaftsprüfer beeinflussen die ermittelten Plankostensätze. Betrachten wir die beiden folgenden alternativen Ansätze:

1. *Berechenbare Zeit im Nenner*: 1.600 Stunden. Daraus ergibt sich ein geplanter Arbeitskostensatz von 50 $ pro Wirtschaftsprüferstunde (80.000 $: 1.600 Stunden = 50 $/Stunde). Die 80.000 $ im Zähler enthalten auch das Gehalt, das der Angestellte verdient, wenn er im Urlaub oder krank ist, oder wenn er sich weiterbildet. Da man die 400 Stunden, die dafür gebraucht werden, im Nenner wegläßt, enthält jeder Dollar Personalkosten, der einem Projekt in Rechnung gestellt wird, neben der Vergütung für die tatsächlich aufgewendete Arbeitszeit implizit auch einen Anteil an den Kosten für Urlaub, Krankheit und Weiterbildung. Dieser Ansatz führt dazu, daß die gesamten Personalkosten den Projekten einer Periode als Einzelkosten zugeordnet werden (unter der Annahme, daß die verfügbare berechenbare Arbeitszeit voll nachgefragt wird). Der Einfachheit halber haben wir bei dem Beispiel der Firma Lindsay diesen Ansatz gewählt. In den Projektkosten sind also alle Personalkosten für die Wirtschaftsprüfer als Einzelkosten enthalten.

2. *Verfügbare Zeit im Nenner*: 2.000 Stunden. Daraus ergibt sich ein Plankostensatz von 40 $ pro Stunde (80.000 $: 2.000 Stunden = 40 $/Stunde). Dieser Ansatz führt dazu, daß die Kosten für Urlaub, Krankheit und Weiterbildung nicht im Einzelkostensatz für die Arbeit der Wirtschaftsprüfer enthalten sind. Von den gesamten Arbeitskosten in Höhe von 80.000 $ werden nur 64.000 $ (40 $/Stunde × 1.600 Stunden) den Projekten dieser Periode als Einzelkosten zugeordnet. Der Rest wird als Gemeinkosten behandelt.

Mit diesem zweiten Ansatz wird explizit anerkannt, daß die Wirtschaftsprüfer nicht all ihre verfügbare Zeit direkt auf Kundenaufträge verwenden können. Insbesondere muß auch Zeit für die Anwerbung neuer Kunden (Geschäftsentwicklung) und für die Weiterbildung aufgewendet werden. Die gesamten Arbeitskosten werden aufgeteilt in diese Einzel- und Gemeinkostenkategorien, und die Kosten für jede Aktivität außerhalb der Projekte, wie zum Beispiel die Teilnahme an einem Kurs über neue Steuergesetze, werden klar identifiziert (unter Verwendung des Stundensatzes von 40 $).

Bei jedem der beiden Ansätze werden die gesamten Arbeitskosten für Wirtschaftsprüfer auf die verschiedenen Projekte verteilt. Beim ersten Ansatz werden diese Arbeitskosten jedoch ausschließlich als Einzelkosten zugeordnet. Beim zweiten Ansatz wird ein Teil der Arbeitszeit als Gemeinkosten zugerechnet. Hinzu kommt, daß beim zweiten Ansatz projektunabhängige Aktivitäten systematisch als Marketing- oder Weiterbildungskosten erfaßt werden, Informationen, die für das Management der Firma von großem Wert sind.

Prozeßkostenrechnung (II): Anwendungen im verarbeitenden Gewerbe

In Kapitel 4 haben wir Kostenrechnungssysteme in Dienstleistungs- und Handelsunternehmen vorgestellt. Jetzt wenden wir uns dem verarbeitenden Gewerbe zu. Hier ist aufgrund der komplexeren Produktionsprozesse die Kostenrechnung oft detaillierter als im Dienstleistungs- und Handelssektor.

Zuerst stellen wir die Zuschlagskalkulation für einen Produktionsbetrieb vor. Transaktion für Transaktion fassen wir zusammen, wie ein Kostenrechnungssystem den Kauf von Inputs, ihre Verwandlung in unfertige und fertige Erzeugnisse, und schließlich ihren Verkauf nachverfolgt. Anschließend untersuchen wir die Verwendung der Prozeßkostenrechnung (*activity-based costing*) im verarbeitenden Gewerbe.

5.1 ZUSCHLAGSKALKULATION IM VERARBEITENDEN GE-WERBE

Die sechs Schritte, die wir in Kapitel 4 vorgestellt haben, sind auch im verarbeitenden Gewerbe anwendbar. Wir illustrieren diesen Ansatz anhand der Robinson Company, eines Herstellers von Spezialmaschinen für die Papierindustrie mit einem Werk in Green Bay, Wisconsin. Robinson verwendet die *einfache Sollkostenrechnung*, berechnet also die Einzelkosten als Istkosten und die Gemeinkosten als Plankosten (siehe Kapitel 4, Seite 96 ff.)

Schritt 1: *Identifiziere das Projekt, das als Kostenobjekt dienen soll.* Das Projekt ist in diesem Fall eine Papierbreimaschine, die 19_7 für die Western Pulp and Paper Company hergestellt wurde.

Schritt 2: *Identifiziere die Einzelkosten des Projekts.* Robinson unterscheidet zwei Kategorien von Herstelleinzelkosten, nämlich Fertigungsmaterial und Fertigungslöhne.

Schritt 3: *Identifiziere die Gemeinkostenpools, die mit dem Projekt verbunden sind.* Für Zwecke der Produktkostenrechnung benutzt Robinson einen einzigen Gemeinkostenpool mit der Bezeichnung *Produktionsoverhead.* Dieser Kostenpool enthält alle Gemeinkosten der Produktionsabteilung in Green Bay. Dazu gehören zum Beispiel Abschreibungen auf Anlagen und Maschinen, Aufwand für Energie, Hilfs- und Betriebsstoffe, sowie die Hilfslöhne.

TAFEL 5.1

Zuschlagskalkulation für die Herstellkosten der Robinson Company im Überblick

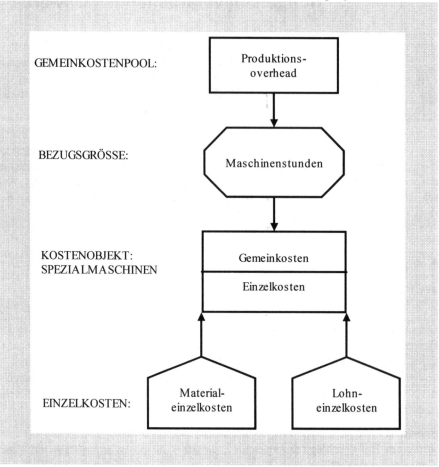

Schritt 4: *Wähle die Bezugsgröße für die Zurechnung der Gemeinkosten zum Projekt.* Robinson benutzt Maschinenstunden als Bezugsgröße für die Herstellgemeinkosten.

Schritt 5: *Berechne den Kostensatz pro Einheit der Bezugsgröße für die Zurechnung der Gemeinkosten zum Projekt.* Robinson plant für 19_7 Herstellgemeinkosten in Höhe von 1.280.000 $ bei insgesamt 16.000 Maschinenstunden. Also beträgt im Jahr 19_7 der Plankostenzuschlag für die Herstellgemeinkosten 80 $ pro Maschinenstunde (1.280.000 $: 16.000 Stunden).

TAFEL 5.2

Abteilungskostenrechnung (Kostenstellenrechnung) und Projektkostenrechnung (Kostenträgerrechnung) bei Western Pulp and Paper[24]

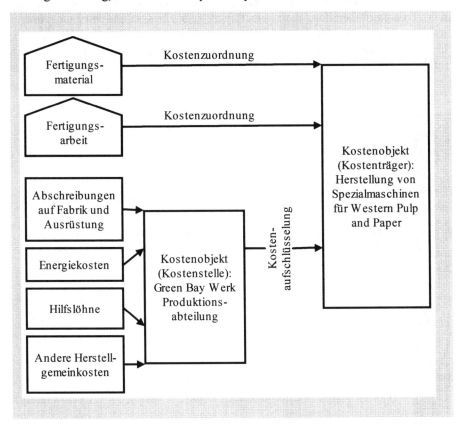

Schritt 6: *Bestimme die Kosten des Kostenobjekts durch Aufaddieren aller Einzelkosten und Gemeinkostenzuschläge.* Die Kosten des Projekts für Western Pulp betragen 10.135 $.

Herstelleinzelkosten		
Fertigungsmaterial	4.606 $	
Fertigungslöhne	1.329 $	5.935 $
Herstellgemeinkosten (80 $/Maschinenstunde × 52,5 Maschinenstunden)		4.200 $
Herstellkosten des Projekts		10.135 $

---

[24] Die in der deutschen Kostenrechnung übliche Unterscheidung zwischen Kostenstellen- und Kostenträgerrechnung wird im Original nicht gemacht und wurde hier der Klarheit halber hinzugefügt. [Anm. d. Übers.]

Tafel 5.1 zeigt die Zuschlagskalkulation für die Herstellkosten der Robinson Company im Überblick.

Robinson verwendet sein Kostenrechnungssystem sowohl für das Kostenmanagement in der Produktionsabteilung von Green Bay als auch zur Kostenkalkulation einzelner Projekte wie etwa der Maschine für Western Pulp and Paper. Die Produktionsabteilung ist ein wichtiges Kostenobjekt genauso wie jedes einzelne Fertigungsprojekt. Tafel 5.2 zeigt den Zusammenhang zwischen diesen beiden wichtigen Zielen eines Zuschlagskalkulationssystems.

BEZUGSGRÖßEN FÜR DIE HERSTELLGEMEINKOSTEN

Die folgende Tabelle zeigt, wie in verschiedenen Teilen der Welt die Herstellgemeinkosten auf die Produkte aufgeschlüsselt werden. Die Prozentzahlen geben an, wie oft bestimmte Bezugsgrößen im entscheidungsorientierten Rechnungswesen der fünf untersuchten Länder verwendet werden. Die Prozentzahlen ergänzen sich zu mehr als 100 Prozent, weil viele der befragten Unternehmen mehr als eine Bezugsgröße verwenden.

	USA[a]	Austr.[b]	Irland[c]	Japan[b]	GB[b]
Fertigungsarbeitzeit	31 %	36 %	30 %	50 %	31 %
Fertigungslöhne	31 %	21 %	22 %	7 %	29 %
Maschinenstunden	12 %	19 %	19 %	12 %	27 %
Materialeinzelkosten	4 %	12 %	10 %	11 %	17 %
Outputeinheiten	5 %	20 %	28 %	16 %	22 %
Primärkostenanteil[d]	–	1 %	–	21 %	10 %
Andere	17 %	–	9 %	–	–

a. Cohen und Paquette, "Management Accounting."
b. Blayney und Yokoyama, "Comparative Analysis."
c. Clarke, "Survey."
Vollständige Quellenangaben sind in Anhang A zu finden.
d. Definition der Primärkosten siehe Kapitel 2, Seite 50.

Umfragen zur betriebl. Praxis

Ersterfassungsbelege

Ersterfassungsbelege sind die Originaldokumente, auf denen die Journaleinträge eines Buchführungssystems beruhen. Bei der Zuschlagskalkulation für ein Projekt ist das **Kostensammelblatt** (*job cost record*) der wichtigste Beleg. In diesem Dokument werden alle Kosten, die einem bestimmten Projekt zugeteilt werden, erfaßt und aufaddiert. Teil A der Tafel 5.3 zeigt ein typisches Kostensammelblatt der Robinson Company.

TAFEL 5.3

Ersterfassungsbelege bei der Robinson Company: Kostensammelblatt, Materialentnahmeschein und Arbeitszeitschein

A: KOSTENSAMMELBLATT

JOB COST RECORD					
JOB NO:	WPP298		CUSTOMER:	Western Pulp and Paper	
Date Started:	Feb.7,19_7		Date Completed:	April 3,19_7	
DIRECT MATERIALS					
Materials Requisition No.	Part No.	Date Received	Quantity Used	Unit Cost	Billing Amount
③ 19_7:198	MB 468-A	Feb. 9, 19_7	8	$14	$112
19_7:268	TB 267-F	Feb. 11, 19_7	12	63	756
					•
					•
					•
Total					$4,606
DIRECT MANUFACTURING LABOR					
Labor Time Record No.	Employee No.	Period Covered	Hours Used	Hourly Rate	Billing Amount
③ LT 232	551-87-3076	Feb.16–22, 19_7	25	$18	$450
LT 247	287-31-4671	Feb.16–22, 19_7	16	18	288
					•
					•
					•
Total					$1,329
MANUFACTURING OVERHEAD*					
Cost Pool Category	Allocation Base	Allocation Base Units Used	Allocation Base Rate		Billing Amount
Manufacturing	Machine-Hours	52.50	$80		$4,200
					•
					•
					•
Total					$4,200
TOTAL BILLABLE JOB COST					$10,135

Ersterfassungsbelege gibt es auch für bestimmte Posten in einem Kostensammelblatt. Nehmen wir das Fertigungsmaterial. Der Ersterfassungsbeleg ist ein **Materialentnahmeschein** (*materials record*), ein Formular, das dazu dient, die Kosten des Fertigungsmaterials den entsprechenden Abteilungen und Projekten in Rechnung zu stellen. Ein Materialentnahmeschein der Robinson Company ist in Teil B der Tafel 5.3 zu sehen.

Der Ersterfassungsbeleg für die Fertigungsarbeit ist ein **Arbeitszeitschein** (*labor time record*), das benutzt wird, um die Arbeitszeit, die für ein bestimmtes Projekt aufgewendet wird, den Abteilungen und Projekten zuzuordnen. Teil C der Tafel 5.3 zeigt ein typisches Arbeitszeitblatt der Robinson Company. Die Verläßlichkeit der Kostensammelblätter hängt von der Verläßlichkeit des Dateninputs ab. Zu Problemen kommt es, wenn zum Beispiel Material auf dem Materialentnahmeschein einem bestimmten Projekt zugeordnet wird, tatsächlich aber "ausgeliehen" und für ein anderes Projekt verwendet wurde, oder wenn den Material- oder Arbeitsinputs falsche Projektnummern zugeordnet werden.

TAFEL 5.3 (FORTSETZUNG)

Ersterfassungsbelege bei der Robinson Company: Kostensammelblatt, Materialentnahmeschein und Arbeitszeitschein

B: MATERIALENTNAHMESCHEIN

MATERIALS REQUISITION RECORD

Materials Requisition Record No: 19_7:198
Job No: WPP 298   Date: Feb. 9, 19_7

Part No.	Part Description	Quantity	Unit Cost	Total Cost
MB468-A	Metal Brackets	8	$14	$112

Issued By: *B. Clyde*   Date: Feb. 9, 19_7
Received By: *L. Daley*   Date: Feb. 9, 19_7

C: ARBEITSZEITSCHEIN

LABOR TIME RECORD

Labor Time Record No: LT 232

Employee Name: G.L. Cook   Employee No: 551-87-3076

Employee Classification Code: Grade 3 Machinist

Week Start: Feb. 16, 19_7   Week End: Feb. 22, 19_7

Job. No.	M	T	W	Th	F	S	Su	Total
WPP298	4	8	3	6	4	0	0	25

Supervisor: *R. Stuart*   Date: Feb. 23, 19_7

In vielen Kostenrechnungssystemen existieren die Ersterfassungsbelege nur in Form von Computerdateien. Mit dem Strichkode und anderen Formen der On-Line-Datenerfassung werden der Material- und Arbeitszeitaufwand für Projekte immer häufiger automatisch gespeichert.

5.2 Beispiel für die Anwendung der Zuschlagskalkulation im verarbeitenden Gewerbe

Anhand der Robinson Company wollen wir zeigen, wie die Zuschlagskalkulation im verarbeitenden Gewerbe funktioniert. Erinnern wir uns daran, daß das Kostenrechnungssystem der Firma zwei Kategorien von Einzelkosten (Fertigungsmaterial und Fertigungslöhne) und einen Gemeinkostenpool (Produktionsoverhead) enthält. Siehe Tafel 5.1. Im folgenden Beispiel geht es um Ereignisse, die im September 19_7 stattgefunden haben.

Hauptbuch und Nebenbücher

Wie bereits erwähnt gibt es in einem Zuschlagskalkulationssystem für jedes Projekt ein eigenes Kostensammelblatt. Dieses Blatt ist in der Regel in einem Nebenbuch zu finden. Im Hauptbuch werden diese einzelnen Kostensammelblätter auf dem Herstellkonto, das alle begonnenen Projekte betrifft, zusammengefaßt.

Tafel 5.4 zeigt die Beziehungen zwischen den T-Konten im Hauptbuch der Robinson Company und den Belegblättern in den Nebenbüchern. Teil A enthält den Ausschnitt aus dem Hauptbuch, der das Kostenrechnungssystem aus der "Vogelperspektive" zeigt; die Beträge sind den Ersterfassungsbelegen in den Nebenbüchern entnommen, die in Teil B angedeutet sind und das Kostenrechnungssystem aus der Froschperspektive zeigen.

In den meisten Kostenrechnungssystemen steuern Softwareprogramme die Verarbeitung der Transaktionen. Manche Programme nehmen Einträge in die Nebenbücher und Einträge in das Hauptbuch simultan vor. Bei anderen Programmen werden die Einträge in das Hauptbuch in wöchentlichen oder monatlichen Abständen vorgenommen, während Einträge in die Nebenbücher häufiger stattfinden. In der Robinson Company werden die Einträge in die Nebenbücher sofort vorgenommen, wenn die Transaktion stattgefunden hat, die Einträge in das Hauptbuch einmal im Monat.

Ein Hauptbuch sollte als eines von vielen Hilfsmitteln für Planung und Steuerung gesehen werden. Um den Betriebsablauf zu kontrollieren, benutzen die Manager nicht nur die Ersterfassungsbelege in den Nebenbüchern, sondern sie analysieren auch nichtfinanzielle Variable wie zum Beispiel den Anteil der Projekte, bei denen eine Nachbesserung erforderlich war.

TAFEL 5.4

Zuschlagskalkulation der Produktionskosten mit Hilfe der einfachen Sollkostenrechnung: Diagramm der Zusammenhänge zwischen Nebenbüchern und Hauptbuch, September 19_7

A: HAUPTBUCH

① Einkauf von Material gegen Kredit, 89.000 $.

② Materialverwendung: Einzelkostenmaterial, 81.000 $; Gemeinkostenmaterial, 4.000 $

③ Fälligkeit der Arbeitslöhne: Fertigungslöhne, 39.000 $; Hilfslöhne, 15.000 $

④ Lohnzahlung, 54.000 $

⑤ Entstehung von anderen Produktionsoverheadkosten, 75.000 $

⑥ Verrechnung von Produktionsoverheadkosten, 80.000 $

⑦ Fertigstellung und Weiterleitung der fertigen Erzeugnisse, 188.800 $

⑧ Herstellkosten des Umsatzes, 180.000 $

Material

① 89.000	② 85.000

Produktionsoverhead

② 4.000	
③ 15.000	
⑤ 75.000	
Saldo 94.000	

Unfertige Erzeugnisse

② 81.000	⑦ 188.800
③ 39.000	
⑥ 80.000	
Saldo 11.200	

Fertige Erzeugnisse

⑦ 188.800	⑧ 180.000
Saldo 8.800	

Lohnverbindlichkeiten

④ 54.000	③ 54.000

Verr. Produktionsoverhead

	⑥ 80.000

Versicherungsbeiträge

	⑤ 2.000

Herstellkosten des Umsatzes

⑧ 180.000	

Verbindlichkeiten

	① 89.000
	⑤ 23.000

Kumulierte Abschreibungen

	⑤ 50.000

Kasse

	④ 54.000

TAFEL 5.4 (FORTSETZUNG)

Zuschlagskalkulation der Produktionskosten mit Hilfe der einfachen Sollkostenrechnung: Diagramm der Zusammenhänge zwischen Nebenbüchern und Hauptbuch, September 19_7

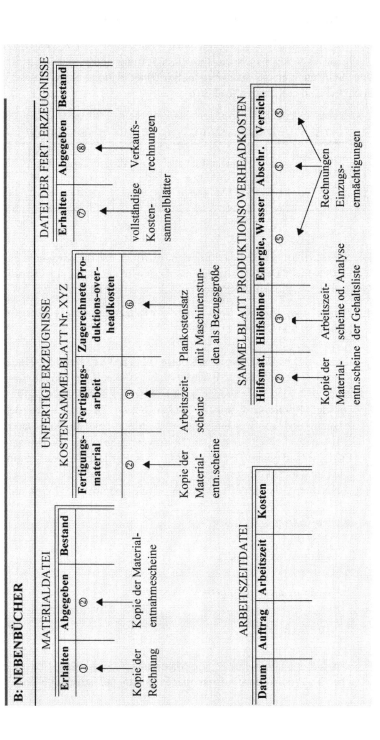

B: NEBENBÜCHER

Erläuterungen zu den Transaktionen

Die folgende Analyse jeder einzelnen Transaktion soll zeigen, wie die Zuschlag-skalkulation einerseits der Kostenverantwortung und Kostenkontrolle der Abteilungen und andererseits der Produktkostenkalulation dient. Diese Transaktionen entsprechen den Schritten (a) bis (d):

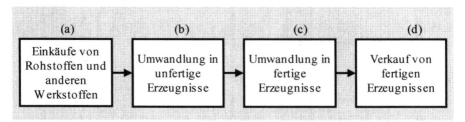

Die Schritte (b) und (c) sind dafür verantwortlich, daß die Kostenrechnung für produzierte Güter mehr Details aufweist als die Kostenrechnung für Dienstleistungen oder Handelswaren, die wir in Kapitel 4 beschrieben haben.

1. *Transaktion*: Einkauf von Material (Einzelkosten und Gemeinkosten) gegen Kredit, 89.000 $.

Analyse: Die Aktivseite des Kontos Material wird erhöht. Die Passivseite des Kontos Verbindlichkeiten wird erhöht. Beide Hauptbuchkonten werden durch Einträge in den Nebenbüchern unterstützt. In die Lagerkarte für das Material – bei der Robinson Company *Materialdatei* genannt – werden ständig alle Lagerzu- und -abgänge eingetragen. Zumindest enthält diese Datei Spalten für die erhaltenen Materialmengen, die Materialabgabe an die Projekte und den aktuellen Lagerbestand (siehe Teil B der Tafel 5.4). Für jede Materialart gibt es im Nebenbuch eine eigene Materialdatei. Der folgende Journaleintrag faßt alle Einträge in den Nebenbüchern für das Material vom September 19_7 zusammen:

Journaleintrag:

Material	89.000	
an Verbindlichkeiten		89.000

Übertrag in das Hauptbuch:

Material		Verbindlichkeiten	
① 89.000			① 89.000

Das Materialkonto enthält alle Materialkäufe, unabhängig davon, ob die Materialien als Produkteinzelkosten oder Produktgemeinkosten behandelt werden.

2. *Transaktion*: Materialabgabe an die Produktionsabteilung: Einzelkostenmaterial 81.000 $ und Gemeinkostenmaterial 4.000 $.

Analyse: Die Aktivseiten der Konten Unfertige Erzeugnisse und Herstellgemeinkosten werden erhöht. Die Aktivseite des Kontos Material wird vermindert. Dahinter steht die Annahme, daß Kosten, die für die unfertigen Erzeugnisse aufgewendet werden, diesen Produkten "anhaften" und damit ihren Wert erhöhen. Mit Hilfe der Materialentnahmescheine kann man die Verantwortlichkeit feststellen und die Abteilungen für die an sie herausgegebenen Materialien belasten. Die Entnahmescheine werden gesammelt und monatlich in das Hauptbuch übertragen. Wenn das Einzelkostenmaterial verwendet wird, trägt man es in die Kostensammelblätter der einzelnen Projekte ein, die Nebenbuchbelege für das Konto Unfertige Erzeugnisse im Hauptbuch. Kosten für Hilfs- und Betriebsstoffe werden den Produktionsoverheadkonten der einzelnen Produktionsabteilungen belastet; diese Konten bilden das Nebenbuch für das Konto Produktionsoverhead im Hauptbuch der Robinson Company. Die Kosten für Hilfs- und Betriebsstoffe werden den einzelnen Projekten als Teil der Herstellgemeinkosten zugerechnet. Das Konto Produktionsoverhead im Hauptbuch enthält die Istkosten aller einzelnen Gemeinkostenarten.

Jeder Gemeinkostenpool eines Kostenrechnungssystems hat im Hauptbuch sein eigenes Konto. Robinson hat nur einen Gemeinkostenpool, die Produktionsoverheadkosten.

Journaleintrag:

Unfertige Erzeugnisse	81.000	
Produktionsoverhead	4.000	
an Material		85.000

Übertrag in das Hauptbuch:

Material			Unfertige Erzeugnisse	
① 89.000	② 85.000		② 81.000	

Produktionsoverhead	
② 4.000	

3. *Transaktion*: Die Arbeitslöhne werden fällig, Fertigungslöhne (Einzelkosten) 39.000 $ und Hilfslöhne (Gemeinkosten) 15.000 $.

Analyse: Die Aktivseiten der Konten Unfertige Erzeugnisse und Produktionsoverhead werden erhöht. Die Passivseite des Kontos Lohnverbindlichkeiten wird ebenfalls erhöht. Mit Hilfe von Arbeitszeitblättern werden die Fertigungslöhne den

Unfertigen Erzeugnissen zugeordnet (siehe Teil B der Tafel 5.3) und die Neben-
löhne auf dem Konto Produktionsoverhead gesammelt. Hilfslöhne sind Gemeinkosten und werden definitionsgemäß nicht den einzelnen Projekten zugeordnet.
Die Abteilungsleiter sind dafür verantwortlich, daß die verfügbare Arbeit effizient
genutzt wird.

Journaleintrag:

Unfertige Erzeugnisse	39.000	
Produktionsoverhead	15.000	
an Lohnverbindlichkeiten		54.000

Übertrag in das Hauptbuch:

Lohnverbindlichkeiten		Unfertige Erzeugnisse	
	③ 54.000	② 81.000	
		③ 39.000	

Produktionsoverhead	
② 4.000	
③ 15.000	

4. *Transaktion*: Bezahlung der gesamten Lohnkosten für den Monat, 54.000 $. (Der
Einfachheit halber werden Lohnabzüge in diesem Beispiel nicht berücksichtigt.)
Analyse: Die Passivseite des Kontos Lohnverbindlichkeiten nimmt ab. Die
Aktivseite des Kassenkontos nimmt ebenfalls ab.

Journaleintrag:

Lohnverbindlichkeiten	54.000	
an Kasse		54.000

Übertrag in das Hauptbuch:

Lohnverbindlichkeiten		Kasse	
④ 54.000			④ 54.000

Der Einfachheit halber haben wir hier angenommen, daß alle Löhne vollständig
am Ende des Monats ausgezahlt werden.

5. *Transaktion*: Zusätzliche Herstellgemeinkosten während des Monats, 75.000 $.
Darin sind enthalten die Kosten für Energie- und Wasserversorgung sowie Reparaturen in Höhe von 23.000 $, Versicherungsbeiträge in Höhe von 2.000 $ und

Abschreibungen auf Anlagen und Maschinen in Höhe von 50.000 $.

Analyse: Die Aktivseite des Kontos Produktionsoverhead erhöht sich. Die Passivseite des Kontos Verbindlichkeiten nimmt zu. Die Passivseite des Kontos Versicherungsbeiträge erhöht sich. Die Aktivseite des Kontos Anlagen und Maschinen nimmt ab auf dem Umweg über ein Gegenkonto Abschreibungen auf Sachanlagen. Die Einzelheiten dieser Kosten werden in die Gemeinkostensammelblätter im Nebenbuch für Herstellgemeinkosten eingetragen. Zu den entsprechenden Ersterfassungsbelegen gehören Rechnungen (zum Beispiel eine Strom-, Gas- und Wasserrechnung) und spezielle Pläne der verantwortlichen Buchhaltungsabteilung (zum Beispiel Anlagenkarteien, aus denen die geplanten Abschreibungen hervorgehen).

Journaleintrag:

Produktionsoverhead	75.000	
an Verbindlichkeiten		23.000
an Abschreibungen auf Sachanlagen		50.000
an Versicherungsbeiträge		2.000

Übertrag in das Hauptbuch:

Verbindlichkeiten		Produktionsoverhead	
① 89.000		② 4.000	
⑤ 23.000		③ 15.000	
		⑤ 75.000	

Abschreibungen auf Sachanlagen		Versicherungsbeiträge	
⑤ 50.000		⑤ 2.000	

6. *Transaktion*: Verteilung der Herstellgemeinkosten auf die Produkte, 80.000 $.

Analyse: Die Aktivseite des Kontos Unfertige Erzeugnisse nimmt zu. Das Konto Produktionsoverhead wird vermindert auf dem Umweg über das Gegenkonto Verrechnete Produktionsoverheadkosten. Das Konto **Verrechnete Produktionsoverheadkosten** enthält alle Herstellgemeinkosten, die den einzelnen Projekten über den geplanten Zuschlagssatz multipliziert mit der Istprozeßmenge zugerechnet worden sind. Alle diese Herstellkosten werden dem Produkt oder der Dienstleistung mit Hilfe einer Kostenbezugsgröße zugerechnet, weil sie nicht auf ökonomisch sinnvolle Weise direkt zugeordnet werden können. Bei Robinson ist für 19_7 ein Gemeinkostenzuschlag von 80 $ pro Maschinenstunde geplant. Die Höhe der Gemeinkosten, die einem Projekt zugerechnet werden, hängt also von der Anzahl der Maschinenstunden ab, die für dieses Projekt gebraucht werden. Das Kostensammelblatt für jedes einzelne Projekt im Nebenbuch enthält auf der

Passivseite einen Posten für die zugerechneten Herstellgemeinkosten. Es wird angenommen, daß für alle Projekte zusammen 1.000 Maschinenstunden aufgewendet wurden; daraus ergeben sich die zugerechneten Herstellgemeinkosten mit 1.000 × 80 $ = 80.000 $.

Immer wenn Maschinenstunden für ein Projekt aufgewendet werden, wird auf dem Kostensammelblatt unter verrechnete Produktionsoverheadkosten ein Eintrag gemacht. Im Gegensatz dazu werden die Einträge auf dem Konto Produktionsoverhead im Hauptbuch erst vorgenommen, wenn die tatsächlichen Transaktionen stattfinden.

Journaleintrag:

Unfertige Erzeugnisse	80.000	
an Verrechnete Produktionsoverheadkosten		80.000

Übertrag in das Hauptbuch:

Verrechnete Produktionsoverheadk.		Unfertige Erzeugnisse	
	⑥ 80.000	② 81.000	
		③ 39.000	
		⑥ 80.000	

7. *Transaktion:* Acht einzelne Projekte werden abgeschlossen und zu den fertigen Erzeugnissen gebracht, 188.800 $.

Analyse: Die Aktivseite des Kontos Fertige Erzeugnisse nimmt zu. Die Aktivseite des Kontos Unfertige Erzeugnisse nimmt ab. Nach der Fertigstellung werden für jedes Projekt im Nebenbuch die Gesamtkosten berechnet. Da Robinson die einfache Sollkostenrechnung verwendet, bestehen diese Gesamtkosten aus den *tatsächlichen* Materialeinzelkosten, den *tatsächlichen* Lohneinzelkosten und den *geplanten* Herstellgemeinkosten, die dem Projekt zugerechnet werden.

Journaleintrag:

Fertige Erzeugnisse	188.000	
an Unfertige Erzeugnisse		188.000

Übertrag in das Hauptbuch:

Unfertige Erzeugnisse			Fertige Erzeugnisse	
② 81.000	⑦ 188.000		⑦ 188.000	
③ 39.000				
⑥ 80.000				

8. *Transaktion*: Herstellkosten des Umsatzes, 180.000 $.

Analyse: Der Betrag von 180.000 $ repräsentiert die Kosten derjenigen Produkte, die im Lauf des September 19_7 an Kunden verkauft worden sind. Die Aktivseite des Kontos Herstellkosten des Umsatzes nimmt zu. Die Aktivseite des Kontos Fertige Erzeugnisse nimmt ab.

Journaleintrag:

Herstellkosten des Umsatzes	180.000	
an Fertige Erzeugnisse		180.000

Übertrag in das Hauptbuch:

Unfertige Erzeugnisse				Fertige Erzeugnisse	
②	81.000	⑦	188.000	⑦	188.000
③	39.000				
⑥	80.000				

5.3 GEPLANTE GEMEINKOSTEN UND ANPASSUNGEN AM ENDE DER PERIODE

Die Plangemeinkostenzuschläge haben den Vorteil, daß sie zeitiger zur Verfügung stehen als die Istgemeinkostenzuschläge. Mit Hilfe der Plankostensätze kann man die Gemeinkosten den einzelnen Projekten laufend zurechnen, anstatt bis zum Ende der Abrechnungsperiode zu warten, wenn die tatsächlichen Kosten bekannt sind. Plankostensätze haben jedoch den Nachteil, daß sie höchstwahrscheinlich ungenau sind, denn sie werden bis zu zwölf Monate vor dem Eintreten der Istkosten berechnet. In diesem Abschnitt geht es um die Anpassungen, die gemacht werden müssen, wenn die verrechneten Gemeinkosten nicht mit den tatsächlich entstandenen Gemeinkosten übereinstimmen.

Gemeinkostenunterdeckung tritt auf, wenn der zugerechnete Betrag an Gemeinkosten in einer Abrechnungsperiode geringer ist, als der tatsächlich angefallene Betrag. Von **Gemeinkostenüberdeckung** spricht man, wenn die verrechneten Gemeinkosten in einer Abrechnungsperiode höher sind, als die tatsächlich entstandenen Gemeinkosten.

Gemeinkostenunter-	=	tatsächlich entstandene	-	verrechnete
oder -überdeckung		Gemeinkosten		Plangemeinkosten

Die Robinson Company hat einen einzigen Gemeinkostenpool (Produktionsoverhead) in ihrem Kostenrechnungssystem. In ihrem Hauptbuch gibt es zwei Gemeinkostenkonten, die dazugehören:

• Auf dem Konto *Produktionsoverhead* werden für alle Arten von Gemeinkosten (wie etwa Aufwendungen für Hilfs- und Betriebsstoffe, Hilfslöhne, Energiekosten und Miete) die Istbeträge verzeichnet.

• Auf dem Konto *Verrechnete Produktionsoverheadkosten* werden diejenigen Beträge erfaßt, die den einzelnen Projekten auf der Basis des Plankostensatzes multipliziert mit der tatsächlichen Maschinenlaufzeit zugerechnet worden sind.

9. Gehen wir von den folgenden Jahresdaten für die Robinson Company aus:

Verrechnete Produktionsoverheadkosten

	31. 12. 19_7	1.000.000

Produktionsoverhead

31.12.19_7	1.200.000	

Der geplante Gemeinkostenzuschlag von 80 $ wird berechnet, indem man die geplanten Herstellgemeinkosten von 1.280.000 $ durch die geplante Maschinenlaufzeit von 16.000 Stunden teilt. Der Passivsaldo in Höhe von 1.200.000 $ auf dem Konto Produktionsoverhead ist die Summe aller Beträge, die im Jahr 19_7 tatsächlich für Herstellgemeinkosten aufgewendet worden sind. Der Aktivsaldo in Höhe von 1.000.000 $ auf dem Konto Verrechnete Produktionsoverheadkosten ist das Produkt aus den 12.500 Maschinenstunden, die für alle Projekte zusammen tatsächlich aufgewendet wurden, und dem Plankostensatz von 89 $ pro Stunde.

Die Differenz in Höhe von 200.000 $ ist eine Gemeinkostenunterdeckung, denn die tatsächlich entstandenen Gemeinkosten übersteigen den verrechneten Betrag. Diese Differenz von 200.000 $ im Jahr 19_7 hat zwei Ursachen, die mit der Berechnung des geplanten Maschinenstundensatzes von 80 $ zu tun haben:

1. *Ursache im Zähler* (*geplante Gemeinkosten*): Die tatsächlichen Herstellgemeinkosten von 1.200.000 $ sind geringer als der geplante Betrag von 1.280.000.

2. *Ursache im Nenner* (*geplante Prozeßmenge*): Die tatsächliche Maschinenlaufzeit ist mit 12.500 Stunden geringer als die geplante (16.000 Stunden).

Es gibt grundsätzlich zwei Ansätze, um die Gemeinkostenunterdeckung in Höhe von 200.000 $ im Kostenrechnungssystem der Robinson Company zu korrigieren: (1) der korrigierte Gemeinkostenzuschlag und (2) die anteilige Kostenverrechnung.

Korrigierter Gemeinkostenzuschlag

Bei diesem Ansatz werden alle Einträge im Hauptbuch noch einmal mit den Istkosten anstelle der Plankosten nachvollzogen. Zuerst wird am Ende jeder Abrechnungsperiode der Istkostensatz berechnet. Dann wird für jedes Projekt, dem während der Periode Gemeinkosten zugerechnet worden sind, der entsprechende Betrag auf der Basis des Istkostensatzes (anstelle des Sollkostensatzes) neu berechnet: Zuletzt werden die Abschlußbuchungen gemacht. Im Ergebnis werden die tatsächlich entstandenen Gemeinkosten auf jedem Kostensammelblatt, sowie auf den Konten für den Endbestand an fertigen und unfertigen Erzeugnissen und die Herstellkosten des Umsatzes korrekt dargestellt.

Die weitverbreitete Einführung von computergestützten Buchführungssystemen hat die Kosten der Korrektur des Gemeinkostenzuschlags stark verringert. Nehmen wir das Beispiel der Robinson Company. Die Istgemeinkosten (1.200.000 $) sind um 20 % höher als die verrechneten Plangemeinkosten (1.000.000 $). Für das Jahr 19_7 beträgt der Istgemeinkostensatz 96 $ pro Maschinenstunde (1.200.000 $: 12.500 Maschinenstunden) anstelle der geplanten 80 $ pro Maschinenstunde. Am Jahresende könnte Robinson die jedem Projekt zugerechneten Herstellgemeinkosten mit einem einzigen Programmbefehl um 20 % erhöhen. Der Befehl würde sich auf die Nebenbücher ebenso beziehen wie auf das Hauptbuch. Dieser Ansatz erhöht die Genauigkeit sowohl der Produktkostenkalkulation als auch der Saldenberechnung für die Lagerbestände und die Herstellkosten des Umsatzes. Dieser Zuwachs an Genauigkeit hat einen wichtigen Vorteil. Die Ex-post-Analyse der Produktrentabilität bietet den Managern möglicherweise nützliche Einsichten für zukünftige Entscheidungen über die Preis- und Sortimentgestaltung. Diese Entscheidungen haben eine bessere Grundlage, wenn für die abgeschlossenen Projekte genauere Produktrentabilitätszahlen vorliegen.

Anteilige Kostenverrechnung

Bei diesem Ansatz verteilt man die Gemeinkostenunter- oder -überdeckung gleichmäßig auf den Schlußbestand an fertigen und unfertigen Erzeugnissen und die Herstellkosten des Umsatzes. Betrachten wir noch einmal die Robinson Company, wo die Herstellgemeinkosten auf der Basis der Maschinenlaufzeit zugerechnet werden. Gemeinkosten werden also niemals dem Material zugerechnet. Nur die Schlußbestände an unfertigen und fertigen Erzeugnissen enthalten eine Komponente für die zugerechneten Herstellgemeinkosten. In unserem Beispiel sind es also nur diese beiden Bestandskonten und das Konto Herstellkosten des Umsatzes, bei denen die anteilige Kostenverrechnung eine Rolle spielt. Angenommen die Robinson Company hat im Jahr 19_7 folgende Istergebnisse erzielt:

	Jahresendbestand (vor der anteiligen Verrechnung)	Verrechnete Herstellgemeinkosten im Jahresendbestand (vor der anteiligen Verrechn.)
Unfertige Erzeugnisse	50.000 $	13.000 $
Fertige Erzeugnisse	75.000 $	25.000 $
Herstellk. des Umsatzes	2.375.000 $	962.000 $
	2.500.000 $	1.000.000 $

Für die anteilige Verrechnung der Gemeinkostenunterdeckung von 200.000 $ am Ende des Jahres 19_7 gibt es drei Methoden:

Methode 1: Die Verrechnung basiert auf dem Gesamtbetrag der bereits verrechneten Gemeinkosten in den Schlußbeständen der Konten Unfertige Erzeugnisse (UE), Fertige Erzeugnisse (FE) und Herstellkosten des Umsatzes (HKU). In unserem Beispiel würden die 200.000 $ auf die drei einschlägigen Konten proportional zum Gesamtbetrag der zugerechneten Gemeinkosten (Spalte 3 der folgenden Tabelle) verrechnet. Damit kommt man zu dem in Spalte 5 angegebenen Ergebnis.

(1)	Schlußbe- stand vor Ver- rechnung (2)	Gemeinkostenkom- ponente in Spalte (2) (3)	Verrechnung der Gemeinkosten- unterdeckung von 200.000 $ (4)	Schlußbe- stand nach Verrechnung (5) = (2) + (4)
UE	50.000 $	13.000 $ (1,3 %)	1,3 % = 2.600 $	52.600 $
FE	75.000 $	25.000 $ (2,5 %)	2,5 % = 5.000 $	80.000 $
HKU	2.375.000 $	962.000 $ (96,2 %)	96,2 % = 192.400 $	2.567.400 $
	2.500.000 $	$ 1.000.000 $ (100,0 %)	200.000 $	2.700.000 $

Der Journaleintrag für diese anteilige Verrechnung lautet

Unfertige Erzeugnisse	2.600	
Fertige Erzeugnisse	5.000	
Herstellkosten des Umsatzes	192.400	
Verrechnete Produktionsoverheadkosten	1.000.000	
an Produktionsoverhead		1.200.000

Dieser Journaleintrag führt dazu, daß die Schlußbestände der Konten Unfertige Erzeugnisse, Fertige Erzeugnisse und Herstellkosten des Umsatzes nach der Verrechnung mit denjenigen identisch sind, die herausgekommen wären, wenn man die tatsächlichen Kostensätze anstelle der geplanten Kostensätze benutzt hätte. Mit Methode 1 kommt man also zu den gleichen Schlußbeständen wie mit dem korrigierten Gemeinkostensatz.

Methode 2: Die Verrechnung basiert auf den Schlußbeständen der Konten Unfertige Erzeugnisse, Fertige Erzeugnisse und Herstellkosten des Umsatzes. In unserem Beispiel wird die Gemeinkostenunterdeckung in Höhe von 200.000 $ auf die drei einschlägigen Konten proportional zu ihren Schlußbeständen in Spalte (2) der folgenden Tabelle verrechnet. Daraus ergeben sich die neuen Schlußbestände in Spalte (4):

(1)	Schlußbestand vor Verrechnung (2)	Verrechnung der Gemeinkostenunterdeckung von 200.000 $ (3)	Schlußbestand nach Verrechnung (4) = (2) + (3)
UE	50.000 $ (2 %)	0,02 × 200.000 $ = 4.000 $	52.600 $
FE	75.000 $ (3 %)	0,03 × 200.000 $ = 6.000 $	80.000 $
HKU	2.375.000 $ (95 %)	0,95 × 200.000 $ = 190.000 $	2.567.400 $
	2.500.000 $ (100 %)	1,00 200.000 $	2.700.000 $

Die unfertigen Erzeugnisse machen zum Beispiel zwei Prozent der Gesamtkosten von 2.500.000 $ aus; daher rechnen wir zwei Prozent der Gemeinkostenunterdeckung (0,02 × 200.000 $ = 4.000 $) den unfertigen Erzeugnissen zu.

Der Journaleintrag für diese Verrechnungsmethode würde folgendermaßen lauten:

Unfertige Erzeugnisse	4.000	
Fertige Erzeugnisse	6.000	
Herstellkosten des Umsatzes	190.000	
Verrechnete Produktionsoverheadkosten	1.000.000	
an Produktionsoverhead		1.200.000

Man beachte, daß bei einer Gemeinkostenüberdeckung die Schlußbestände der Konten Unfertige Erzeugnisse, Fertige Erzeugnisse und Herstellkosten des Umsatzes nicht erhöht sondern verringert würden.

Methode 3: Hier wird die Gemeinkostenunterdeckung am Ende des Jahres einfach dem Konto Herstellkosten des Umsatzes zugeschlagen. In unserem Beispiel würde der Journaleintrag folgendermaßen lauten:

Herstellkosten des Umsatzes	200.000	
Verrechnete Produktionsoverheadkosten	1.000.000	
an Produktionsoverhead		1.200.000

Die beiden Gemeinkostenkonten werden abgeschlossen, wobei die gesamte Differenz zwischen ihnen auf die Kosten der verkauften Produkte aufgeschlagen wird. Der Schlußbestand auf diesem Konto nach der Verrechnung beträgt 2.375.000 $ + 200.000 $ = 2.575.000 $.

Entscheidung zwischen den drei Methoden

Die Wahl zwischen diesen Methoden sollte sich danach richten, zu welchem Zweck die Kosteninformation verwendet werden soll. Die folgende Tabelle vergleicht die Schlußbestände der Konten nach den drei Verrechnungsmethoden:

	Korrektur des Zuschlagsatzes	Anteilmäßige Verrechnung		
		Methode 1 (Verrechnung nach den zugerechneten Gemeinkosten)	Methode 2 (Verrechnung nach den Schlußbeständen)	Methode 3 (Aufschlag auf die Herstellkosten des Umsatzes)
UE	52.600 $	52.600 $	54.000 $	50.000 $
FE	80.000 $	80.000 $	81.000 $	75.000 $
HKU	2.567.400 $	2.567.400 $	2.565.000 $	2.575.000 $
	2.700.000 $	2.700.000 $	2.700.000 $	2.700.000 $

Wenn es darum geht, zum Zweck der Rentabilitätsanalyse möglichst genaue Berichte über die Kosten der einzelnen Projekte zu entwickeln, ist die Korrektur des Gemeinkostenzuschlags vorzuziehen. Bei den Methoden der anteiligen Verrechnung werden die individuellen Kostensammelblätter überhaupt nicht korrigiert.

Geht es hingegen lediglich um möglichst genaue Zahlen über den Wert der Lagerbestände und die Herstellkosten des Umsatzes, so sollte entweder die Korrektur des Zuschlagsatzes oder Methode 1 der anteiligen Verrechnung benutzt werden. Auf beiden Wegen kommt man zu den gleichen Endsalden für die Konten Unfertige Erzeugnisse, Fertige Erzeugnisse und Herstellkosten des Umsatzes, die auch herausgekommen wären, wenn von vornehein die Istkostensätze benutzt worden wären. Methode 2 ist oft gerechtfertigt, weil sich damit die Ergebnisse von Methode 1 auf kostengünstigere Weise annähern lassen. Bei Methode 2 wird implizit vorausgesetzt, daß der Anteil der Gemeinkosten an den gesamten Herstellkosten bei Unfertigen Erzeugnissen, Fertigen Erzeugnissen und Umsatz. Wenn diese Annahme nicht zutrifft, kann Methode 2 Ergebnisse liefern, die von denen der Methode 1 stark abweichen. Viele Unternehmen verwenden Methode 3, erstens, weil es die einfachste Methode ist, und zweitens, weil die drei Methoden oft zu ähnlichen Endsalden auf den drei betroffenen Konten führen.

In diesem Abschnitt haben wir Korrekturen für den Fall der Gemeinkostenunter- oder -überdeckung am Ende der Periode untersucht. Die gleichen Probleme tauchen auf, wenn für die Einzelkosten Plankostensätze verwendet werden und am Ende der Periode Anpassungen notwendig sind.

5.4 PROZEßKOSTENRECHNUNG IM VERARBEITENDEN GE-WERBE

In Kapitel 4 haben wir anhand von Beispielen die Anwendung des Prozeßkostenrechnung (PKR) im Dienstleistungssektor und im Handel erläutert. Bei diesen Ansatz stehen Aktivitäten oder Prozesse als grundlegende Kostenobjekte im Mittelpunkt. Die Kosten dieser Aktivitäten sind die Basis für die Verteilung der Kosten auf andere Kostenobjekte wie Produkte, Dienstleistungen oder Kunden. Die PKR benutzt das Konzept des Kostentreibers (cost driver), um zu entscheiden, wieviele Gemeinkostenpools gebildet werden sollen und welche Bezugsgröße für jeden Gemeinkostenpool am günstigsten ist. Im folgenden zeigen wir den Nutzen der PKR beim Entwurf eines Kostenrechnungssystems im Produktionssektor. Instruments Inc. baut und testet mehr als 800 verschiedenen elektronische Instrumente, einschließlich Leiterplatten. Jede Leiterplatte wird aus verschiedenen Teilen (Dioden, Kondensatoren und integrierte Schaltkreise) zusammengebaut. Im folgenden untersuchen wir die bisherige Produktkostenkalkulation und das mit Hilfe der PKR verbesserte Kostenrechnungssystem.

Bisheriges Kostenrechnungssystem

Bisher hat Instruments Inc. eine Methode angewandt, die für viele Kostenrechnungssysteme auf der ganzen Welt typisch ist. Die Zuschlagskalkulation beruhte auf zwei Einzelkostenarten und zwei Gemeinkostenpools:

- Herstelleinzelkosten
  Fertigungsmaterial
  Fertigungslöhne
- Herstellgemeinkosten
  Einkaufskosten – Zuschlag von 40 % auf die Materialeinzelkosten
  Produktionsunterstützung – Zuschlag von 800 % auf die Fertigungslöhne

Man benutzte eine einfache Sollkostenrechnung mit Istkosten für die beiden Einzelkostenarten und Plankosten für die beiden Gemeinkostenpools. Teil A der Tafel 5.5 gibt an, welche Kosten für die Produkte X und Y im herkömmlichen Kostenrechnungssystem ermittelt wurden. Teil B der Tafel zeigt die Methode im Überblick.

Als die Konkurrenz immer deutlicher spürbar wurde, wuchs bei den Managern in Produktdesign, Produktion und Marketing von Instruments Inc. die Skepsis über die Zuverlässigkeit des Kostenrechnungssystems. Häufig wurde darüber geklagt, daß das System Zahlen produzierte, die nicht dazu geeignet waren, aufzuzeigen, wie sich die verschiedenen Produkte in ihrem Ressourcenverbrauch unterschieden. So kommentierte zum Beispiel ein Produktdesigner:

TAFEL 5.5

Herstellkosten bei Instruments Inc. nach der herkömmlichen Kostenrechnung

A: Bericht über die Herstellkosten für 19_7

	Leiterplatte X	Leiterplatte Y
Einzelkosten		
Fertigungsmaterial	600 $	280 $
Fertigungslöhne	32 $	56 $
Summe Einzelkosten	632 $	336 $
Gemeinkosten		
Einkauf (X, 32 $; Y, 56 $) × 40 %	240 $	112 $
Produktionsunterstützung		
(X, 32 $; Y 56 $) × 800 %	256 $	448 $
Summe Gemeinkosten	496 $	560 $
Summe Herstellkosten	1.128 $	896 $

B: Überblick über die Zuschlagskalkulation

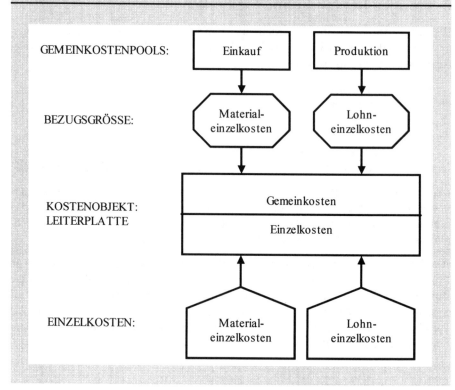

Wie kann es sein, daß die verrechneten Einkaufskosten 0,02 $ betragen, wenn ich einen Kondensator für 0,20 $ verwende, und 10 $, wenn ich ein Koprozessor für 100 $ verwende. Der Einkauf eines Koprozessors verschlingt doch nicht 500mal soviele Ressourcen wie der Einkauf eines Kondensators. Diese Art mit den Gemeinkosten umzugehen ist doch völlig verrückt.

Die Produktionsmanager waren davon überzeugt, daß die Kosten in den verschiedenen Aktivitätsbereichen von unterschiedlichen Faktoren bestimmt wurden. Weil diese Unterschiede im Kostenrechnungssystem nicht zum Ausdruck kamen, wurden die ermittelten Kostenzahlen bei Entscheidungen als wenig hilfreich, wenn nicht sogar als schädlich empfunden. Die Marketingmanager hatten das Gefühl, daß das Kostenrechnungssystem dazu tendierte, die Kosten von materialintensiven Produkten wie Leiterplatte X, bei denen die Konkurrenz sehr groß ist, systematisch zu überschätzen. Das lag daran, daß ein zu großer Teil der Herstellgemeinkosten den materialintensiven Produkten und ein zu kleiner Teil Produkten mit niedrigeren Materialkosten zugerechnet wurde.

Verfeinerung der Kostenrechnung mit Hilfe der PKR

Mitarbeiter aus Produktdesign, Produktion und Rechnungswesen bildeten ein abteilungsübergreifendes Team, um das Kostenrechnungssystem mit einem prozeßorientierten Ansatz zu verfeinern. Unsere Beschreibung der Prozeßkostenrechnung bei Instruments Inc. folgt wieder den bereits bekannten sechs Schritten.

Schritt 1: *Identifiziere das Projekt, das als Kostenobjekt dienen soll.* Ein Projekt bei Instruments Inc. ist ein Auftrag beliebigen Umfangs für eines der mehr als 800 elektronischen Instrumente einschließlich der 80 verschiedenen Leiterplatten.

Schritt 2: *Identifiziere die Einzelkosten des Projekts.* Instruments Inc. beschließt, die bereits bestehenden zwei Einzelkostenarten Fertigungsmaterial und Fertigungslöhne in das verfeinerte Kostenrechnungssystem zu übernehmen.

Schritt 3: *Identifiziere die Gemeinkostenpools, die mit dem Projekt verbunden sind.* Das verfeinerte System hat fünf Gemeinkostenpools. Diese Gemeinkostenpools entsprechen einzelnen Aktivitätsbereichen in der Produktionsanlage der Firma.

1. *Materialhandhabung:* Alle Teile, die zur Herstellung der Leiterplatte notwendig sind, werden in einem Baukasten zusammengestellt.

2. *Maschinelles Montieren:* Automatische und halbautomatische Produktionsanlagen montieren Komponenten auf die Leiterplatte.

3. *Manuelles Montieren:* Facharbeiter montieren diejenigen Komponenten, die nicht maschinell montiert werden können (wegen ihrer Form, ihres Gewichts, ihrer Anordnung auf der Platte usw.).

4. *Lötbad:* Alle Teile, die auf die Leiterplatte montiert worden sind, werden gleichzeitig festgelötet.

5. *Qualitätskontrolle:* Das fertige Produkt wird getestet, um zu überprüfen, ob alle Komponenten montiert und am richtigen Platz sind, und ob die Leistung der Spezifikation entspricht.

Schritt 4: *Wähle für jeden Gemeinkostenpool die Bezugsgröße für die Zurechnung der Kosten zum Projekt.* Instruments Inc. hat nach dem Kriterium von Ursache und Wirkung die Kostentreiber als Bezugsgrößen gewählt, wie bei der PKR üblich. Das abteilungsübergreifende Team hat Mitarbeiter im Produktionsbereich interviewed, den Betrieb im Werk beobachtet und Betriebsdaten in jedem Aktivitätsbereich analysiert. Die gewählten Bezugsgrößen werden mit den dazugehörigen Kostensätzen unter Schritt 5 aufgeführt.

Schritt 5: *Berechne den Kostensatz pro Einheit jeder Bezugsgröße für die Zurechnung der Gemeinkosten zum Projekt.* Nehmen wir als Beispiel den Gemeinkostenpool Maschinelles Montieren. 19_8 betrugen die Plankosten für diesen Aktivitätsbereich 2.000.000 $. Die geplante Anzahl maschinenmontierter Leiterplattenteile war im gleichen Zeitraum 4.000.000 Stück. Daraus ergibt sich ein Plankostensatz für das maschinelle Montieren in Höhe von 0,50 $ pro Teil (2.000.000 $: 4.000.000 Teile). Auf ähnliche Weise wurden die folgenden Plankostensätze für jeden Aktivitätsbereich berechnet.

Aktivitätsbereich	Bezugsgröße	Gemeinkostenzuschlag
1. Materialhandhabung	Teile[a]	2 $ pro Teil
2. Maschinelles Montieren	maschinell montierte Teile	0,50 $ pro Montagevorgang
3. Manuelles Montieren	manuell montierte Teile	4 $ pro Montagevorgang
4. Lötbad	Leiterplatten	50 $ pro Leiterplatte
5. Qualitätskontrolle	Testzeit	50 $ pro Teststunde

a. Die leere Leiterplatte wird als ein Teil gezählt und zu der Anzahl der Komponenten, die darauf montiert werden sollen, hinzuaddiert.

Teil A der Tafel 5.6 zeigt die Kostenkalkulation für die Produkte X und Y im PKR-System. Teil B enthält die Zuschlagskalkulation im Überblick. Indem man die Anzahl der Gemeinkostenpools auf fünf erhöht, wird jeder Gemeinkostenpool homogener. So werden zum Beispiel die Kosten im Bereich Qualitätskontrolle vor allem durch die Anzahl der Teststunden bestimmt, während die Kosten im Bereich maschinelles Montieren einen anderen Kostentreiber haben (Anzahl der maschinell montierten Teile).

TAFEL 5.6
Herstellkosten bei Instruments Inc. mit Prozeßkostenrechnung

A: Herstellkosten für 19_7

	Leiterplatte X	Leiterplatte Y
Einzelkosten		
Fertigungsmaterial	600 $	280 $
Fertigungslöhne	32 $	56 $
Summe Einzelkosten	632 $	336 $
Gemeinkosten		
Materialhandhabung (81 Teile; 121 Teile) × 2 $	162 $	242 $
Maschinelles Montieren (70; 90) × 0,50 $	35 $	45 $
Manuelles Montieren (10; 30) × 4 $	40 $	120 $
Lötbad (X, 1 Platte; Y, 1 Platte) × 50 $	50 $	50 $
Qualitätskontrolle (1,5; 6,5) × 50 $	75 $	325 $
Summe Gemeinkosten	362 $	782 $
Herstellkosten der Produktion	994 $	1.118 $

B: Überblick über die Zuschlagskalkulation

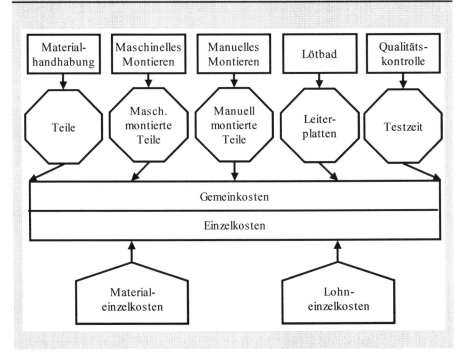

Schritt 6: *Bestimme die Kosten des Kostenobjekts durch Aufaddieren aller Einzelkosten und Gemeinkosten.* Aus dem PKR-System ergeben sich die folgenden Herstellkosten

	Platte X	Platte Y
Projekteinzelkosten	632 $	336 $
Projektgemeinkosten	362 $	782 $
Gesamtkosten	994 $	1.118 $

Leiterplatte X hat mit dem ABC-System um 11,9 % geringere Kosten als beim bisherigen Kostenrechnungssystem: (994 $ - 1.128 $) : 1.128 $ = -11,9 %. Im Gegensatz dazu sind die Kosten von Leiterplatte Y mit ABC um 24,8 % höher als bisher: (1.118 $ - 896 $) : 896 $ = 24.8 %.

Neue Einsichten durch Prozeßkostenrechnung

Die Prozeßkostenrechnung verhilft Instruments Inc. zu einer Reihe von neuen Einsichten:

1. Die Unterschiede in den Herstellkosten zwischen den Leiterplatten X und Y beleuchten den unterschiedlichen Ressourcenverbrauch dieser Produkte in jedem Aktivitätsbereich:

	Platte X	Platte Y
Materialhandhabung	81 Teile	121 Teile
Maschinelles Montieren	70 Teile	90 Teile
Manuelles Montieren	10 Teile	30 Teile
Qualitätskontrolle	1,5 Stunden	6,5 Stunden

Das PKR-System mit seiner feineren Kostenzurechnung kann den unterschiedlichen Ressourcenverbrauch von Projekten, Produkten, Kunden, und so weiter besser messen. Diese Unterschiede erklären, wie es dazu kam, daß die Kosten von Leiterplatte X im herkömmlichen Kostenrechnungssystem überschätzt und diejenigen von Leiterplatte Y unterschätzt wurden. Die Marketingabteilung kann den Preis von Platte X senken und immer noch einen vernünftigen Gewinn realisieren. In den letzten Jahren hatte die Firma bei diesem materialintensiven Produkt Marktanteile verloren.

2. Das PKR-System zeigt Möglichkeiten zur Kosteneinsparung auf. Durch die neue Kostenrechnung werden drei Gründe für die geringeren Kosten der Leiterplatte X sichtbar:

   a. Leiterplatte X hat weniger Komponenten.
   b. Leiterplatte X hat einen höheren Anteil an maschinell montierten Teilen.
   c. Leiterplatte X braucht weniger Testzeit.
   Das PKR-System signalisiert den Produktdesignern, daß diese drei Faktoren zu

niedrigeren Kosten für den Bau von Leiterplatten führen. Tatsächlich ist X eine schlichte Standardleiterplatte, die Instruments Inc. in großen Mengen herstellt.

3. Die Mitarbeiter von Instruments Inc. können mit Hilfe des PKR-Systems gezieltere Anstrengungen zur Kostensenkung unternehmen. Die fünf Aktivitätsbereiche haben unterschiedliche Kostentreiber. Kostensenkungsziele können nun so formuliert werden, daß sie sich direkt auf die Kosten pro Einheit des Kostentreibers in jedem Aktivitätsbereich beziehen. So kann man zum Beispiel dem Leiter des Bereichs Materialhandhabung als Leistungsziel die Senkung des Kostensatzes von 2 $ pro Teil vorgeben. Man beachte, daß jede der Bezugsgrößen im PKR-System eine nichtfinanzielle Variable ist (Anzahl der Teile, Testzeit usw.). Die Kontrolle physischer Einheiten wie Stunden oder Teile ist für das Betriebspersonal oft die beste Möglichkeit, des Kostenmanagements.

Prozeßkostenrechnung und Anpassungen am Ende der Rechnungsperiode

Das Problem der Korrektur von Gemeinkostenunter- oder überdeckungen taucht in jeder Plankostenrechnung auf. In dem Beispiel von der Robinson Company (Seite 131 ff.) gab es nur einen Plankostensatz, nämlich den Zuschlag für die Herstellgemeinkosten (Produktionsoverhead). Im Beispiel der Firma Instuments Inc. gibt es einen Plankostensatz für jeden der fünf Aktivitätsbereiche, die zu den Gemeinkosten der Leiterplattenproduktion gehören. Gemeinkostenunter- oder -überdeckung kann in jedem Aktivitätsbereich auftreten. Am Ende einer Abrechnungsperiode sind also bis zu fünf Korrekturen für die zu hoch oder zu niedrig angesetzten Gemeinkosten erforderlich.

Wenn es bei der Anpassung am Periodenende darum geht, genauere Informationen über die Kosten der einzelnen Produkte zu erhalten, dann sollte die Korrektur der Zuschlagssätze erfolgen, soweit das wirtschaftlich sinnvoll erscheint. Geht es jedoch lediglich um möglichst genaue Abschlußsalden für die Lagerbestände und die Herstellkosten des Umsatzes, so sollte die anteilige Verrechnung (auf der Grundlage der verrechneten Gemeinkosten jedes Aktivitätsbereichs) genügen. Man beachte, daß bei Instruments Inc. diese anteilige Verrechnung auch den Materiallagerbestand betrifft. Das liegt daran, daß die Gemeinkosten, die mit der Materialhandhabung zu tun haben, dem gesamten Material zugerechnet werden. Eine Unter- oder -überdeckung bei diesen Materialgemeinkosten macht Anpassungen bei allen drei Komponenten des Lagerbestands (Material, unfertige Erzeugnisse und fertige Erzeugnisse) nötig, sowie bei den Herstellkosten des Umsatzes.

DIE EINFÜHRUNG DER PROZEßKOSTENRECHNUNG BEI CLARK-HURTH

Clark-Hurth (C-H), eine Abteilung der Clark Equipment Company, stellt ein breites Spektrum von Triebwellen und Achsen her. Als Zulieferer von vielen Fahrzeug- und Maschinenherstellern ist C-H in den vergangenen Jahren unter großen Druck geraten, immer höhere Qualität zu immer niedrigeren Kosten anzubieten. Um genauere Informationen über die Produktkosten zu erhalten, haben die Manager bei C-H ihr bisheriges Kostenrechnungssystem aufgegeben und die Prozeßkostenrechnung eingeführt. Die Firma benutzte bisher zwei Arten von Einzelkosten (Fertigungsmaterial und Fertigungslöhne) und einen einzigen Gemeinkostenpool (Herstellgemeinkosten, die auf der Basis der Fertigungsarbeitszeit zugerechnet wurden). Die Manager hatten jedoch das Gefühl, daß dieses System den unterschiedlichen Ressourcenverbrauch der verschiedenen Produkte kaum offenlegen konnte. Von der PKR versprach man sich eine Verbesserung.

Schritt 1 der Einführung der PKR bei C-H bedeutete, daß alle Arbeitskräfte, deren Löhne und Gehälter als Herstellgemeinkosten behandelt wurden, beobachtet werden mußten, um Informationen über die von ihnen ausgeführten Aktivitäten zu erhalten. Dabei wurden mehr als 170 Aktivitäten aufgelistet und je nach ihrer Häufigkeit in eine Rangordnung gebracht. Schritt 2 bestand darin, diejenigen Aktivitäten zu bestimmen, die aus Sicht der Kunden zum Wert des Produkts beitrugen. Das führte dazu, daß mehrere Aktivitäten eingestellt wurden. Im dritten Schritt wählten die Manager Kostentreiber für die 40 häufigsten Aktivitäten. Das waren teils traditionelle Meßgrößen (wie etwa die Fertigungsarbeitszeit oder die Maschinenlaufzeit) und teils nichttraditionelle Meßgrößen (wie die Anzahl der Teile in einem Produkt).

In Schritt 4 wurden die Kosten pro Einheit der Bezugsgröße für jede der 40 Aktivitäten geschätzt. Schritt 5 war die Berechnung der Produktkosten auf der Grundlage des PKR-Systems.

Die revidierten Produktkosten zeigten einige typische Muster. Es stellte sich zum Beispiel heraus, daß bei vielen Produkten mit niedrigen Verkaufszahlen die Kosten unterschätzt worden waren, und daß die Firma mit diesen Produkten in Wirklichkeit einen Verlust gemacht hatte. Bei mehreren Produkten mit hohen Absatzzahlen, die keine hohen Ansprüche an die Fertigungsstraße stellten, hatte man die Kosten beträchtlich überschätzt.

Konzepte und ihre Umsetzung

DIE EINFÜHRUNG DER PROZEßKOSTENRECHNUNG BEI CLARK-HURTH (FORTSETZUNG)

Konzepte und ihre Umsetzung

C-H nutzte diese revidierte Kosteninformation bei der Erstellung der Angebote an andere Firmen.

Inzwischen wird die Prozeßkostenrechnung bei C-H für das Kostenmanagement genutzt. So hat die Firma zum Beispiel in Schritt 1 herausgefunden, daß die große Anzahl einzelner Teile, die eingekauft werden mußten, viel Zeit und andere Ressourcen in Anspruch nahm. Daraufhin wurden Schritte unternommen, um die ständige Vermehrung der Teile einzudämmen. Eine Maßnahme ist die Einführung von Standardteilen, die für viele Produkte verwendet werden. Eine zweite Maßnahme besteht darin, daß man die Mitarbeiter im Einkauf verpflichtete, die Bestellung eines neuen Teils zu begründen, wenn auch ein in der Firma vorhandenes Teil verwendet werden könnte.

Der *President* von C-H stellt fest, daß der Übergang zur PKR der Firma drei wichtige Vorteile gebracht hat:

1. Ein besseres Verständnis dafür, was die Mitarbeiter bei C-H tun.
2. Ein besseres Verständnis der realen Kosten.
3. Ein besseres Verständnis für die vorhandenen Kostensenkungsmöglichkeiten.

Quelle: Übernommen aus einer Präsentation von Clark-Hurth bei Computer Aided Manufacturing-International (CAM-I).

5.5 KOSTENHIERARCHIEN

Für viele Kostenarten ist die Anzahl der Outputeinheiten (oder Variable, die eine Funktion der Outputmenge sind) der entscheidende Kostentreiber. Ein großer Teil der Darstellung in diesem Kapitel und in früheren Kapiteln stützt sich auf diese Annahme. Allerdings hängen nicht alle Kosten von der Outputmenge ab. Das hat zur Bildung von Kostenhierarchien geführt. Eine **Kostenhierarchie** ist eine Zuordnung von Kosten zu verschiedenen Kostenpools aufgrund unterschiedlicher Arten von Kostentreibern oder aufgrund unterschiedlicher Schwierigkeitsgrade bei der Bestimmung von Ursache-Wirkungs-Zusammenhängen.

Hierarchie der Herstellkosten

Das Konzept der Kostenhierarchie ist ein wichtiger Teil von manchen PKR-Anwendungen. In diesem Abschnitt wird eine vierstufige Hierarchie von Herstellkosten als Beispiel benutzt. In den Kapiteln 14 und 16 wird dieses Thema weiter vertieft. Die vier Ebenen von Herstellkosten, die wir im folgenden untersuchen, sind

1. Outputabhängige Kosten (*output unit-level costs*)
2. Chargenabhängige Kosten (*batch-level costs*)
3. Produktpflegekosten (*product-sustaining costs*)
4. Kosten der Betriebsstätte (*facility-sustaining costs*)

Tafel 5.6 illustriert diese vier Kostenebenen.

TAFEL **5.6**
Hierarchie der Herstellkosten

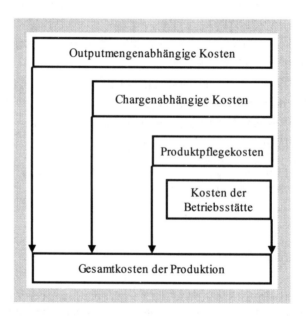

Outputabhängige Kosten sind Ressourcen für Aktivitäten, die jede einzelne Einheit eines Produkts oder einer Dienstleistung betreffen. Jede Kostenart in Tafel 5.5 ist eine lineare Funktion des Outputs an Leiterplatten vom Typ X oder Y. Die folgende Tabelle zeigt die gesamten Herstellgemeinkosten der fünf Aktivitätsbereiche für eine, für zehn und für 100 Leiterplatten vom Typ X.

Herstellgemeinkosten	Gesamte Outputmenge		
	1	10	100
Materialhandhabung (81 × 2 $) × 1, 10, 100	162 $	1.620 $	16.200 $
Maschinelles Montieren (70 × 0,50 $) × 1, 10, 100	35 $	350 $	3.500 $
Manuelles Montieren (10 × 4 $) × 1, 10, 100	40 $	400 $	4.000 $
Lötbad (1 × 50 $) × 1, 10, 100	50 $	500 $	5.000 $
Qualitätskontrolle (1,5 × 50 $) × 1, 10, 100	75 $	750 $	7.500 $
Summe Herstellgemeinkosten	362 $	3.620 $	36.200 $

Eine Erhöhung der Anzahl der montierten Outputeinheiten erhöht definitionsgemäß die Gesamtkosten, wenn die betreffende Kostenart zu den outputabhängigen Kosten gehört. Bei Instruments Inc. steigen die Kosten in jedem der fünf Gemeinkostenpools linear an. In anderen Fällen kann der Anstieg auch nichtlinear sein.

Chargenabhängige Kosten sind Ressourcen für Aktivitäten, die nicht die individuellen Einheiten sondern eine Gruppe von Einheiten eines Produkts oder einer Dienstleistung betreffen. Rüstkosten sind ein Beispiel für chargenabhängige Kosten. Angenommen man muß vor Beginn der Produktion der Leiterplatten vom Typ X Software-Programme laden und die Maschine, die die Teile montiert, neu hochfahren. Diese Aufgabe erfordert eine Anlaufzeit von 20 Minuten und muß durchgeführt werden unabhängig davon, ob eine, zehn oder 100 Leiterplatten zusammengebaut werden sollen. Die tatsächlichen Kosten der maschinellen Montage von 100 Leiterplatten sind die Summe aus (a) den outputabhängigen Kosten dieser 100 Platten (35 $ × 100) und (b) der Anzahl der Anlaufzeiten multipliziert mit den Rüstkosten. Angenommen die Rüstkosten betragen 400 $. Dann sind die chargenabhängigen Kosten der maschinellen Montage 400 $ × die Anzahl der Chargen. Daraus ergeben sich für das maschinelle Montieren von 100 Outputeinheiten folgende Gesamtkosten:

	Anzahl der Chargen		
	1	2	20
outputabhängige Kosten (35 $ × 100)	3.500 $	3.500 $	3.500 $
chargenabhängige Kosten (400 $ × 1, 2, 20)	400 $	800 $	8.000 $
Gesamtkosten der maschinellen Montage	3.900 $	4.300 $	11.500 $
Durchschnittskosten pro Outputeinheit	39 $	43 $	115 $

Mit einer einzigen Maschineinrichtung für die Montage von 100 Leiterplatten des Typs X wird Instruments Inc. viel niedrigere Kosten haben als (zum Beispiel) bei 20 Chargen mit durchschnittlich fünf Outputeinheiten, für die die Maschinen jedesmal neu eingerichtet werden müssen.

Produktpflegekosten sind Ressourcen für alle Aktivitäten, die unternommen werden, um bestimmte Produkte oder Dienstleistungen zu erhalten. Die Produktpflegekosten können nicht in einen Ursache-Wirkungs-Zusammenhang mit einzelnen Produkteinheiten oder Chargen gebracht werden. Nehmen wir die Kosten für das Design jeder Leiterplatte. Dazu gehören die Arbeitskosten der Produktdesigner, die Kosten ihrer Ausrüstung und die Kosten des Materials, das verbraucht wird, um alternative Designmöglichkeiten zu untersuchen. Diese Kosten entstehen unabhängig von der Anzahl der montierten Outputeinheiten oder der Zahl der Chargen im Produktionsbereich.

Kosten der Betriebsstätte sind Ressourcen für Aktivitäten, die nicht bestimmten Produkten oder Dienstleistungen zugerechnet werden können, sondern der Erhaltung der Gesamtorganisation dienen. Beispiele für solche Kosten der Betriebsstätte sind Miete oder Pacht für einen Produktionsbetrieb und das Gehalt des Werksmanagers.

Stückkostenberechnung

In Kapitel 2 haben wir festgehalten, daß sich die Stückkosten eines Produkts mit der Outputmenge verändern, wenn ein Teil der Kosten nicht linear von der Outputmenge abhängt. Das Konzept der Kostenhierarchie enthält Beispiele für drei Kostenkategorien, die keinen linearen Zusammenhang mit der Outputmenge aufweisen. Angenommen Instruments Inc. rechnet der Leiterplatte X bei 100 Outputeinheiten die folgenden Kosten zu:

Outputabhängige Kosten (994 $ × 100)	99.400 $
Chargenabhängige Kosten	11.716 $
Produktpflegekosten	6.435 $
Kosten der Betriebsstätte	16.849 $
Summe Herstellkosten	134.400 $

Sollten die Kosten aller vier Ebenen der Kostenhierarchie in die Stückkostenberechnung einbezogen werden? Die Antwort hängt vom Zweck der Rechnung ab. Nehmen wir zum Beispiel das Kostenmanagement. Zu diesem Zweck ist es nicht notwendig, alle Herstellkosten als Stückkosten auszudrücken. In der Regel ist es angemessen, die Kosten auf der Ebene zu steuern, auf der sie entstehen. So kann man zum Beispiel die chargenabhängigen Kosten senken, indem man die Anzahl der Chargen oder die Kosten pro Charge verringert. Man gewinnt keine zusätzlichen Einsichten für das Kostenmanagement, indem man die chargenabhängigen Kosten durch die Gesamtzahl der hergestellten Outputeinheiten dividirt. Für andere Zwecke kann es jedoch notwendig sein, die chargenabhängigen Kosten, die Produktpflegekosten oder die Kosten der

Betriebsstätte als Stückkosten auszudrücken. So erfordert zum Beiepiel die Bewertung der Lagerbestände für den Jahresabschluß, daß die gesamten Herstellkosten auf die Outputmenge bezogen werden. 134.400 $: 100 Stück = 1.344,00 $ pro Stück.

5.6 TRADITIONELLE KOSTENRECHNUNG VERSUS PROZEß-KOSTENRECHNUNG

Die Beispiele von Instruments Inc. in Tafel 5.3 und von Family Supermarkets in Teil B der Tafel 4.8 (Seite 117) illustrieren, wie man mit Hilfe der Prozeßkostenrechnung ein Kostenrechnungssystem verfeinern kann. Die wichtigsten Unterschiede zwischen dem sogenannten "traditionellen" Ansatz und dem PKR-Ansatz sind die folgenden:

Traditioneller Ansatz	PKR-Ansatz
Einer oder wenige Gemeinkostenpools für jede Abteilung oder für das gesamte Werk, bei in der Regel geringer Homogenität innerhalb der Kostenpools	Viele homogene Gemeinkostenpools, weil viele Aktivitätsbereiche oder Prozesse unterschieden werden. Betriebspersonal spielt eine wichtige Rolle bei der Identifikation der Prozesse.
Die Gemeinkostenbezugsgrößen können mit den Kostentreibern identisch sein oder auch nicht.	Es ist sehr viel wahrscheinlicher, daß die Gemeinkostenbezugsgrößen den Kostentreibern entsprechen.
Als Bezugsgrößen werden oft finanzielle Maße benutzt wie zum Beispiel Fertigungslöhne oder Materialkosten.	Die Bezugsgrößen sind oft nichtfinanzielle Variable wie zum Beispiel die Anzahl der Teile in einem Produkt oder die Testzeit.

Bei der traditionellen Kostenrechnung werden oft zuwenige Gemeinkostenpools verwendet, so daß die Kostenaufschlüsselung zu einer allzu breiten Durchschnittsrechnung führt. Die Ergebnisse einer solchen Rechnung können zu falschen Entscheidungen über Preise oder Produktpalette führen. So kann es zum Beispiel vorkommen, daß der Preis für ein Produkt, dessen Kosten durch den traditionellen Ansatz überschätzt werden, zu hoch angesetzt wird, so daß Marktanteile verloren gehen. Genauso kann es sein, daß Manager die Verkaufspreise für manche Produkte niedriger ansetzen, als es den Kosten der zu ihrer Herstellung aufgewendeten Ressourden entspricht. Diese Gefahren sind dort besonders ausgeprägt, wo Hunderte von unterschiedlichen Produkten in ganz verschiedenen jährlichen Outputmengen von wenigen Einheiten (etwa bei Motoren oder Computern) bis hin zu Tausenden von Einheiten anderer Güter hergestellt werden. Fallstudien haben gezeigt, daß die breite Durchschnittsbildung in der traditionellen Kostenrechnung materialintensiven Produkten einen zu großen Teil der Herstellgemeinkosten aufbürdet und Produkten mit niedrigerem Materialanteil einen zu geringen.

Ein grundlegenderer Unterschied besteht darin, daß beim Kostenmanagement nach dem PKR-Ansatz Prozesse und nicht Produkte im Mittelpunkt stehen. Durch das Zusammenfassen der Kosten nach Prozessen oder Aktivitätsbereichen gewinnt man Informationen, die den Managern helfen können, die Kosten in der gesamten Wertschöpfungskette vom F&E-Bereich bis hin zum Kundendienst besser zu planen und zu steuern.

AUFGABE

Sie werden gebeten, die folgenden unvollständigen Konten von Endeavor Printing auf den Stand vom 31. Januar 19_8 zu bringen. Verwenden Sie sowohl die Daten in den T-Konten als auch die zusätzlichen Informationen (a) bis (i).

Für die Zuschlagskalkulation auf Sollkostenbasis verwendet Endeavor zwei Einzelkostenkategorien (Fertigungsmaterial und Fertigungsarbeit) und einen Gemeinkostenpool (Herstellgemeinkosten mit den Fertigungslöhnen als Bezugsgröße).

Material	Lohnverbindlichkeiten
31. 12. 19_7	31.1.19_8
Saldo 15.000	Saldo 3.000

Unfertige Erzeugnisse	Herstellgemeinkosten
	Januar 19_8
	Belastung 57.000

	Verrechnete HerstellGK

Fertige Erzeugnisse	Herstellkosten des Umsatzes
31. 12. 19_7	
Saldo 20.000	

Zusätzliche Informationen:

a. Die Herstellgemeinkosten werden mit Hilfe von Plankostensätzen aufgeschlüsselt, die jedes Jahr im Dezember festgelegt werden. Das Management prognostiziert die Herstellgemeinkosten und die Fertigungslöhne für das nächste Jahr. Die Planzahlen für 19_8 sind 400.000 $ für die Fertigungslöhne und 600.000 $ für die Herstellgemeinkosten.

b. Der einzige Auftrag, der am 31. Januar 19_8 noch nicht abgeschlossen ist, ist der Auftrag Nr. 419 mit Fertigungslöhnen in Höhe von 2.000 $ (125 Fertigungsarbeitsstunden) und Materialeinzelkosten in Höhe von 8.000 $.

c. Im Lauf des Januar wird insgesamt Material im Wert von 90.000 $ der Produktion zugeführt.

d. Die Herstellkosten der im Januar fertiggestellten Produkte betragen 90.000 $.

AUFGABE (FORTSETZUNG)

e. Der Wert des Lagerbestands an Fertigungsmaterial am 31. Januar 19_8 beträgt 20.000 $.

f. Der Wert des Lagerbestands an fertigen Erzeugnissen am 31. Januar 19_8 ist 15.000 $.

g. Alle Arbeiter im Werk verdienen den gleichen Lohnsatz. Die Fertigungsarbeitszeit betrug im Januar insgesamt 2.500 Stunden. Darüberhinaus fiel, einschließlich der Leitung, Arbeit im Wert von 10.000 $ an.

h. Die Bruttolohnkosten an den Zahltagen im Januar betragen insgesamt 52.000 $. Alle Mitarbeiter werden wöchentlich bezahlt.

i. Alle im Januar tatsächlich entstandenen Herstellgemeinkosten sind bereits verbucht.

Berechnen Sie die folgenden Zahlen:

1. Materialeinkauf im Monat Januar.

2. Herstellkosten des Umsatzes im Januar.

3. Im Monat Januar entstandenen Fertigungslöhne.

4. Im Januar verrechnete Herstellgemeinkosten.

5. Saldo der Lohnverbindlichkeiten am 31. Dezember 19_7.

6. Bestand an unfertigen Erzeugnissen am 31. Januar 19_8.

7. Bestand an unfertigen Erzeugnissen am 31. Dezember 19_7.

8. Bestand an fertigen Erzeugnissen am 31. Januar 19_8.

9. Gemeinkostenunter- oder -überdeckung für Januar.

LÖSUNG

Beträge aus den T-Konten werden mit (T) gekennzeichnet.

1. Materialeinkauf: 90.000 $ (c) + 20.000 $ - 15.000 $ (T) = 95.000 $

2. Herstellkosten des Umsatzes: 20.000 $ (T) + 180.000 $ (d) - 15.000 $ = 185.000 $

3. Fertigungslohnsatz: 2.000 $ (b) : 125 Stunden (b) = 16 $ pro Stunde
Fertigungslöhne: 2.500 Stunden (g) × 16 $ = 40.000 $

4. Herstellgemeinkostensatz: 600.000 $ (a) : 400.000 $ (a) = 150 %
Verrechnete Herstellgemeink.: 150 % × 40.000 $ (siehe 3) = 60.000 $

5. Lohnverbindlichkeiten, 31. 12. 19_7: 52.000 $ (h) + 3.000 $ (T) - 40.000 $ (siehe 3) - 10.000 $ (g) = 5.000 $

LÖSUNG (FORTSETZUNG)

6. Unfertige Erzeugnisse, 31. 1. 19_8: 8.000 $ (b) + 2.000 $ (b) + 150 % von 2.000 $ (b) = 13.000 $

7. Unfertige Erzeugnisse, 31. 12. 19_7: 180.000 $ (d) + 13.000 $ (siehe 6) - 90.000 $ - 40.000 $ (siehe 3) - 60.000 $ (siehe 4) = 3.000 $

8. Fertige Erzeugnisse, 31. 1. 19_8: 20.000 $ (T) + 180.000 $ (d) - 185.000 $ (2) = 15.000 $ (f)

9. Gemeinkostenüberdeckung: 60.000 $ (siehe 4) - 57.000 $ (T) = 3.000 $

Die Konteneinträge sind mit den Buchstaben der zusätzlichen Informationen und den Zahlen der entsprechenden Teilaufgaben gekennzeichnet.

Material

31.12.19_7 (gegeben)	15.000		
(1)	95.000	(c)	90.000
31.1.19_8 (e)	20.000		

Unfertige Erzeugnisse

31.12.19_7 (7)	3.000	(d)	180.000
Fertigungsmaterial (c)	90.000		
Fertigungslöhne (b) (g) (3)	40.000		
Verr. Fert.GK (g) (a) (4)	60.000		
31.1.19_8 (b) (6)	13.000		

Fertige Erzeugnisse

31.12.19_7 (gegeben)	20.000		
(d)	180.000	(f) (2)	185.000
31.1.19_8 (9)	15.000		

Lohnverbindlichkeiten

(h)	52.000	31.12.19_7 (5)	5.000
		(g)	40.000
		(g)	10.000
		31.1. 19_8 (gegeben)	3.000

Herstellgemeinkosten

Januar (gegeben)	57.000

Verrechnete Herstellgemeinkosten / Herstellkosten d. Umsatzes

	(g) (a) (4) 60.000	(f) (2) 185.000

Gesamtbudget und Verantwortungsrechnung

Budgetierung ist das am weitesten verbreitete Werkzeug zur Planung und Steuerung von Organisationen. Umfragen zeigen, daß in vielen Teilen der Welt beinahe alle mittleren und großen Unternehmen mit Budgets arbeiten. Budgetierungsverfahren richten den Blick der Manager nach vorne. Durch eine zukunftsorientierte Perspektive sind sie in einer besseren Position, um Chancen wahrzunehmen. Sie können dadurch auch Probleme vorhersehen und Maßnahmen ergreifen, um sie zu vermeiden oder zu entschärfen. Wie ein Beobachter gesagt hat: "Wenige Unternehmen planen einen Konkurs, aber viele, die in Konkurs geraten, haben versäumt zu planen."

In diesem Kapitel untersuchen wir die Budgetierung als ein Planungs- und Koordinationsinstrument. Häufig greifen wir dabei auf Themen aus früheren Kapiteln zurück. Indem sie ein Verständnis für das Kostenverhalten entwickeln (Kapitel 2 und 3) können Manager besser voraussehen, wie eine Veränderung des geplanten Leistungsniveaus die geplanten Gesamtkosten beeinflußt. Wenn sie sich mit der Kostenverteilung auskennen (Kapitel 4 und 5), können sie zeigen, wie sich alternative geplante Erlös- und Kostenbeträge auf die Planergebnisrechnung und die Bilanz auswirken werden.

In Kapitel 1 (Seite 19 ff.) haben wir einige neuere Entwicklungen im Management beschrieben, die sich auf das entscheidungsorientierte Rechnungswesen auswirken. In den Budgets schlagen sich viele dieser Themen finanziell nieder. So kann ein Budget zum Beispiel die geplanten finanziellen Auswirkungen von Maßnahmen zur ständigen Leistungssteigerung und Kostensenkung quantifizieren.

Der Stoff dieses Kapitels ist auch eine wichtige Voraussetzung für spätere Kapitel. So untersuchen wir zum Beispiel in den Kapiteln 7 und 8, wie Budgetzahlen dabei helfen können, die Leistung der Manager oder die Leistung der Geschäftsbereiche, für die sie verantwortlich sind, zu evaluieren.

6.1 DIE HAUPTEIGENSCHAFTEN VON BUDGETS

Definition und Aufgaben

Ein *Budget* ist der quantitative Ausdruck eines vorgeschlagenen Management-Aktionsplans für einen bestimmten zukünftigen Zeitraum. Es kann sowohl finanzielle als auch nichtfinanzielle Aspekte dieses Planes abdecken und dem Unternehmen in der kommenden Periode als Wegweiser dienen. Budgets, die die finanzielle Seite der betrieblichen Planung enthalten, quantifizieren die Erwartungen des Managements in bezug auf den zukünftigen Gewinn, den Cash-flow und die Finanzlage. So wie es für vergangene Perioden Finanzberichte gibt, so gibt es für zukünftige Perioden zum Beispiel eine Planergebnisrechnung, einen Liquiditätsplan und eine Planbilanz.

Gut geführte Organisationen haben in der Regel den folgenden Planungsablauf:

1. Die Leistung der Gesamtorganisation und ihrer Untereinheiten wird geplant. Das gesamte Managementteam stimmt den Planzahlen zu.

2. Ein Bezugsrahmen wird erstellt, der die speziellen Erwartungen enthält, mit denen die tatsächlichen Ergebnisse verglichen werden können.

3. Abweichungen vom Plan werden untersucht. Wenn nötig, werden daraufhin Korrekturmaßnahmen eingeleitet.

4. Unter Berücksichtigung des Feedbacks und der geänderten Rahmenbedingungen wird ein neuer Plan aufgestellt.

Das **Gesamtbudget** (*master budget*) faßt alle Einzelbudgets der Organisation für eine bestimmte Planungsperiode in einem einheitlichen Dokument zusammen. Es enthält die Auswirkungen der *Betriebs*entscheidungen ebenso wie der *Finanzierungs*entscheidungen. Betriebsentscheidungen beziehen sich auf den Erwerb und die Nutzung von knappen Ressourcen. Bei Finanzierungsentscheidungen geht es um die Beschaffung von Mitteln für den Erwerb von Ressourcen. In diesem Buch geht es darum, wie das Rechnungswesen den Managern bei ihren Betriebsentscheidungen hilft, und deshalb liegt in diesem Kapitel die Betonung auf den Betriebsbudgets.

Der Ausdruck *Gesamt*budget deutet an, daß es sich hier um eine umfassende und vollständige Sammlung der Einzelbudgets einer Organisation handelt. Betrachten wir zum Beispiel die News Corporation. Einzelne Produktlinien wie Fox Television, *TV Guide* und die Zeitungen *The Times/Sunday Times* haben jeweils eine eigene Planergebnisrechnung, eine eigene Kapitalflußrechnung und so weiter. Im Gesamtbudget der News Corporation gibt es eine einheitliche Planergebnisrechnung, der die Informationen aus den vielen einzelnen Planergebnisrechnungen enthält. Ebenso enthält das Gesamtbudget eine einheitliche Kapitalflußrechnung, die sich aus den einzelnen Kapitalflußrechnungen ergibt.

6.2 VORTEILE VON BUDGETS

Budgets sind ein Hauptbestandteil der meisten Unternehmenssteuerungssysteme. Bei intelligenter Anwendung können Budgets (1) die Planung und die Einhaltung von Plänen erzwingen, (2) Leistungskriterien liefern und (3) die Kommunikation und Koordination innerhalb der Organisation fördern.

Strategien und Pläne

Das Aufstellen von Budgets bringt den größten Nutzen, wenn es als integraler Teil der strategischen Analyse einer Organisation verstanden wird. Eine **strategische Analyse** untersucht, wie eine Organisation am besten ihre eigenen Fähigkeiten mit den Chancen, die der Markt bietet, vereinigen kann, um ihre übergeordneten Ziele zu erreichen. Dabei geht es um Fragen wie die folgenden:

1. Was sind die übergeordneten Ziele der Organisation?
2. Hat sie es mit lokalen, regionalen, nationalen oder globalen Märkten zu tun? Welche Trends werden die Märkte für ihr Produkt beeinflussen? Welche Auswirkungen haben die Gesamtwirtschaft, die Branche und die Konkurrenten auf die Organisation?
3. Welche organisatorischen und finanziellen Strukturen dienen der Organisation am besten?
4. Welche Risiken sind mit alternativen Strategien verbunden und welche Pläne hat die Organisation für den unvorhergesehenen Fall, daß ihr bevorzugter Plan fehlschlägt?

Tafel 6.1
Strategische Analyse bei der Formulierung von langfristigen und kurzfristigen Budgets

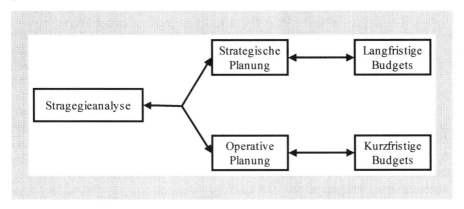

Betrachten wir das Diagramm in Tafel 6.1. Die strategische Analyse liegt sowohl der langfristigen (strategischen) wie der kurzfristigen (operativen) Planung zugrunde. Diese Pläne wiederum dienen der Aufstellung von Budgets. Die Pfeile im Diagramm zeigen in beide Richtungen. Das soll zum Ausdruck bringen, daß Strategie, Planung und Budgets miteinander verbunden sind und einander beeinflussen. Budgets geben den Managern ein Feedback über die wahrscheinlichen Auswirkungen ihrer strategischen Pläne. Die Manager benutzen dieses Feedback dann, um ihre strategischen Pläne zu revidieren. Ein Beispiel für den Zusammenhang zwischen strategischer Analyse und Budgetierung ist die strategische Entscheidung der Firma Apple Computer, den Verkaufspreis für ihre Produktlinie Power Macintosh zu senken. Man ging davon aus, daß die Preissenkung zu einer erhöhten Nachfrage nach den Computern der Firma führen würde. Der Finanzplan zeigte jedoch, daß Apple auch bei den vorhergesagten höheren Umsatzzahlen seine Finanzziele nicht würde erreichen können. Um der Strategie zum Erfolg zu verhelfen, hätte Apple durch Rationalisierung und durch Verlagerung von Betriebseinheiten an Standorte mit niedrigeren Kosten die Betriebskosten senken müssen. Daraufhin bildete die Firma funktionsübergreifende Teams mit Mitarbeitern aus verschiedenen Teilen der Wertschöpfungskette, um zu spürbaren Kostensenkungen zu kommen.

Ein Rahmen für die Leistungsbeurteilung

Durch die Budgetierung von Leistungsmaßen kann man zwei wichtige Beschränkungen überwinden, die mit der Beurteilung aktueller Ergebnisse auf der Basis von früheren Leistungen verbunden sind. Eine Beschränkung besteht darin, daß Ergebnisse aus der Vergangenheit immer auch Fehleinsätze und schwache Leistungen beinhalten. Nehmen wir eine Funktelefonfirma (Mobile Communications), die die Leistungen ihrer Verkaufsabteilung im Jahr 19_7 untersucht. Wir nehmen an, daß die Leistung im Jahr 19_6 auch auf den Bemühungen vieler Verkäufer beruhen, die die Firma verlassen haben, weil sie kein Gefühl für den Markt hatten. (Wie der *President* von Mobile es ausdrückte: "Sie waren nicht imstande, in einer Hitzewelle Eiskrem zu verkaufen.") Würde man die Verkaufszahlen dieser früheren Angestellten zugrunde legen, so würde man damit den Maßstab für die Leistung des neuen Verkaufspersonals viel zu niedrig ansetzen.

Eine zweiter Nachteil der früheren Leistung als Vergleichsmaßstab liegt darin, daß die Erwartungen für die Zukunft sich unter Umständen erheblich von der Vergangenheit unterscheiden. Nehmen wir noch einmal unsere Funktelefongesellschaft. Angenommen Mobile Communications hätte im Jahr 19_7 einen Einkommensanstieg von 20 % zu verzeichnen gegenüber einem Anstieg von 10 % im Jahr 19_6. Weist das auf eine traumhafte Verkaufsleistung hin? Bevor wir diese Frage bejahen, müssen wir zwei zusätzliche Fakten bedenken. Erstens hat im November 19_6 ein Wirtschaftsverband der Branche für 19_7 ein Einkommenswachstum von 40 % vorhergesagt. Zweitens betrug die tatsächliche Wachstumsrate des Branchengewinns im Jahr 19_7 50 %. Im Lichte dieser Fakten erscheint die tatsächliche Einkommenssteigerung von 20 % eher negativ, obwohl sie die tatsächliche Wachstumsrate von 10 % für das Jahr 19_6 übertrifft. Eine geplante Steigerungsrate von 40 % ist ein besserer Maßstab zur Bewertung der Verkaufsleistung des Jahres 19_7. Ein Vergleich mit dem Fahrradfahren ist hier angebracht: Bei einem geplanten Branchenwachstums von 40 % entspricht das Verkaufen dem Fahrradfahren auf einer steil abfallenden Straße. Man wird nur dann von einer guten Leistung sprechen, wenn im Vergleich zu anderen Fahrern unter ähnlichen Bedingungen eine überdurchschnittliche Geschwindigkeit erreicht worden ist.

Koordination und Kommunikation

Koordination bedeutet, alle Produktionsfaktoren und alle Abteilungen und Funktionen so zu mischen und auszubalancieren, daß das Unternehmen seine Ziele erreicht. *Kommunikation* heißt, dafür zu sorgen, daß alle Abteilungen und Funktionsbereiche diese Ziele verstehen und akzeptieren.

Koordination macht es erforderlich, daß die Manager die Beziehungen zwischen einzelnen Betriebsabläufen und Abteilungen und der Firma als Gesamtheit bedenken. Koordination bedeutet zum Beispiel, daß der Einkauf Beschaffungsbudgets aufstellt, die an den Erfordernissen der Produktion orientiert sind. Ebenso planen die Produktionsmanager Personal und Maschinen so, daß die Produktmengen hergestellt werden können, die erforderlich sind, um die Gewinnprognosen zu erfüllen. Wie kann nun ein Budget zur Koordination beitragen? Betrachten wir die Firma Snapple Beverage. Bewertet man die Leistung der Produktionsmanager auf der Basis des größtmöglichen Outputs bei möglichst niedrigen Stückkosten, so bevorzugen sie lange Produktionsserien mit sehr wenig Änderungen der Geschmacksrichtung. Wenn aber der Output nicht verkauft werden kann, wird die Firma vielleicht feststellen, daß sie einen kostspieligen Lagerbestand von Mango Madness aufgebaut hat. Das Budget verbessert die Koordination, indem es die Produktionsmanager darauf beschränkt, nur das herzustellen, was die Marketingabteilung ihrer eigenen Vorhersage nach verkaufen kann. Das kann zum Beispiel bedeuten, daß mitten in einer Produktionsschicht von Mango Madness auf Limonade umgestellt wird.

Wenn die Koordination erfolgreich sein soll, ist Kommunikation wesentlich. Der Produktionsmanager muß das Absatzbudget kennen. Der Einkaufsmanager muß das Produktionsbudget kennen und so weiter. Ein formales Dokument wie ein Gesamtbudget ist ein wirkungsvolles Mittel, um der Organisation insgesamt ein konsistentes System von Einzelplänen zu kommunizieren.

Unterstützung durch das Management und Budgetverwaltung

Budgets helfen den Managern, aber Budgets erfordern auch viel Arbeit. Letztlich hat die Firmenleitung die Verantwortung für die Budgets der von ihnen betreuten Organisation. Das *Management auf allen Ebenen sollte jedoch das Budget und alle Aspekte des Unternehmenssteuerungssystems unterstützen.* Besonders die Unterstützung des Topmanagements ist entscheidend dafür, daß die Linie sich an der Aufstellung und erfolgreichen Verwaltung der Budgets aktiv beteiligt. Wenn die Linienmanager das Gefühl haben, daß das Topmanagement nicht an das Budget "glaubt", werden sie sich am Budgetprozeß wahrscheinlich nicht aktiv beteiligen. Auch wenn das Topmanagement bei Einkommensverlusten stets globale Kostensenkungen einfordert, werden die Linienmanager kaum bereit sein, vollkommen ehrliche Budgetinformationen zu liefern.

Budgets sollten nicht rigide verwaltet werden. Veränderungen der Rahmenbedingungen machen Veränderungen der Pläne erforderlich. Ein Manager kann sich dem Budget verpflichtet fühlen, aber wenn sich eine Situation entwickelt, in der bestimmte Reparaturen oder ein bestimmtes Werbeprogramm den Interessen der Organisation besser dienen könnten, soll der Manager die Reparaturen oder die Werbung nicht hinausschieben, nur um das Budget zu erfüllen. Die Einhaltung des Budgets sollte nicht als Ziel an sich betrachtet werden.

6.3 BUDGETARTEN

Zeithorizont

Die Zeitperiode, die für ein Budget gewählt wird, sollte aus dem Zweck des Budgets abgeleitet werden. Nehmen wir das Budget für eine neue Harley-Davidson 500. Wenn es darum geht, ein Budget für die Gesamtrentabilität dieses neuen Motorrads aufzustellen, kann ein Zeitraum von fünf Jahren oder mehr angemessen sein (um Design, Herstellung, Verkauf und Kundendienst abzudecken). Betrachten wir im Gegensatz dazu die Budgetierung für ein Weihnachtsspiel. Wenn der Zweck darin besteht, alle Ausgaben zu schätzen, könnte ein Zeitraum von sechs Monaten von der Planung bis zur Vorstellung ausreichend sein.

Die am häufigsten gebrauchte Budgetperiode ist ein Jahr. Das Jahresbudget wird oft für das erste Vierteljahr in Monate und für den Rest der Zeit in Quartale unterteilt. Die Plandaten für ein Jahr werden im Lauf des Jahres häufig revidiert. So wird zum Beispiel am Ende des ersten Quartals das Budget für die nächsten drei Quartale im Licht der neu gewonnenen Informationen angepaßt.

Immer mehr Firmen verwenden *rollende Budgets*. Ein **rollendes Budget** (*rolling budget*) ist ein Budget, das stets für eine bestimmte zukünftige Periode gilt, indem man am Ende eines Monates, Quartals oder Jahres einen Monat, ein Quartal oder ein Jahr hinzufügt. Ein rollendes Zwölfmonatsbudget für den Zeitraum März 19_7 bis Februar 19_8 wird einen Monat später zu einem rollenden Zwölfmonatsbudget für den Zeitraum April 19_7 bis März 19_8. Es ist also immer ein Zwölfmonatsbudget vorhanden. Rollende Budgets zwingen das Management ständig, sich die nächsten zwölf Monate konkret vor Augen zu halten, unabhängig davon, in welchem Monat man sich gerade befindet. Die Arizona Public Service Company hat ein Budget, das über zwei Jahre reicht und jeden Monat auf den neuesten Stand gebracht wird. Die NEC Corporation of Japan hat ein Jahresbetriebsbudget, das jeden Monat aktualisiert wird. Oft verwenden die Firmen auch rollende Budgets für ihre langfristige Planung. So hat die NEC Corporation zum Beispiel auch einen Fünfjahresplan, der jedes Jahr auf den neuesten Stand gebracht wird.

Terminologie

Die Terminologie, mit der die Budgets beschrieben werden, ist von Organisation zu Organisation unterschiedlich. Finanzpläne werden zum Beispiel oft als Pro-Forma-Finanzberichte bezeichnet. Dazu gehören bei vielen Firmen eine Planergebnisrechnung, eine Planbilanz und eine Kapitalflußrechnung. Manche Firmen wie zum Beispiel Hewlett Packard beschreiben die Budgetierung als Zielvorgabe (*targeting*). Viele Unternehmen – wie etwa die Nissan Motor Company und Owens-Corning – versuchen der Budgetierung einen positiveren Anstrich zu geben und bezeichnen das Budget als *Gewinnplan*.

Ein Beispiel für ein Gesamtbudget

Man kann den Budgetprozeß gut erklären, indem man die Entwicklung eines real existierenden Budgets durchgeht. Wir verwenden hier ein Gesamtbudget, denn es vermittelt ein vollständiges Bild des gesamten Planungsprozesses bei Halifax Engineering, einem Hersteller von Flugzeugersatzteilen. Die Zuschlagskalkulation für die Herstellkosten beruht auf zwei Einzelkostenarten (Fertigungsmaterial und Fertigungslöhne) und einem Gemeinkostenpool (Herstellgemeinkosten). Als Bezugsgröße für die Aufschlüsselung der (variablen und fixen) Herstellgemeinkosten auf die Produkte dient die Fertigungsarbeitszeit.

Tafel 6.2 zeigt ein vereinfachtes Diagramm der verschiedenen Teile des Gesamtbudgets von Halifax Engineering. Das Gesamtbudget enthält die finanziellen Aspekte aller Einzelbudgets der Organisation. Das Ergebnis ist ein System von miteinander zusammenhängenden Budgets für einen bestimmten Zeitraum, in der Regel ein Jahr. Der größte Teil von Tafel 6.2 zeigt Budgets, die zusammen oft als **Betriebsplan** bezeichnet werden, das sind die Planergebnisrechnung und die dazugehörigen Einzelbudgets. Die Einzelbudgets berühren die verschiedenen Teile der Wertschöpfungskette von F&E bis hin zum Kundendienst. Im Gegensatz dazu ist der **Finanzplan** derjenige Teil des Gesamtbudgets, der den Kapitalbindungsplan, den Liquiditätsplan, die Planbilanz und die Kapitalflußrechnung umfaßt. Darin geht es vor allem um die Auswirkungen des Betriebsablaufs und des geplanten Kapitalbedarfs auf die liquiden Mittel.

Das Gesamtbudget ist letztendlich oft das Ergebnis verschiedener Iterationsschritte. Jeder neue Entwurf erfordert Zusammenarbeit quer durch die verschiedenen betrieblichen Funktionen der Wertschöpfungskette.

Tafel 6.2

Überblick über das Gesamtbudget für Halifax Engineering

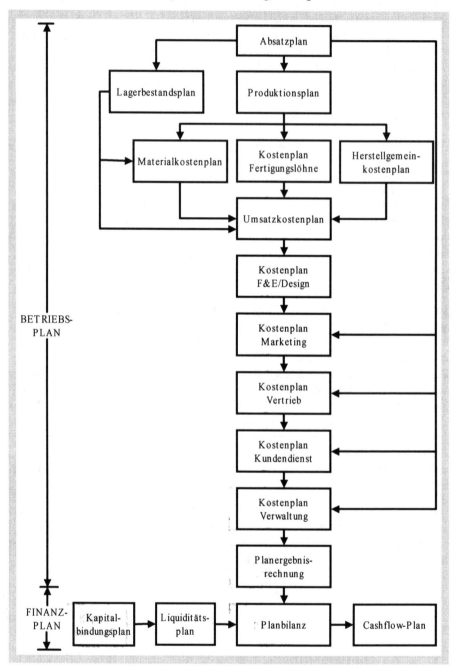

Grundlegende Daten und Anforderungen

Bei Halifax Engineering produzieren Facharbeiter in einer Maschinenhalle aus Metallegierungen zwei Sorten von Flugzeugersatzteilen, reguläre Teile und Hochbelastungsteile. Die Manager von Halifax erstellen ein Gesamtbudget für 19_8. Um die Darstellung übersichtlich zu halten, gehen wir von den folgenden Annahmen aus:

1. Die einzige Einkommensquelle ist der Verkauf der beiden Ersatzteiltypen. Umsatzneutrale Erträge, wie zum Beispiel Zinseinkommen, sind gleich null.

2. Die Lagerbestände an unfertigen Erzeugnissen sind vernachlässigbar.

3. Die Lagerbestände an Fertigungsmaterial und fertigen Erzeugnissen werden mit Hilfe der First-in-first-out (Fifo)-Methode bewertet.

4. Sowohl beim eingekauften Fertigungsmaterial als auch bei den verkauften Produkten bleiben die Stückkosten während des Haushaltsjahres (19_8) unverändert.

5. Die variablen Herstellkosten hängen von der Fertigungsarbeitszeit ab. Die übrigen variablen Kosten hängen vom Erlös ab. Beide Annahmen sind Vereinfachungen, um das Beispiel möglichst unkompliziert zu halten.

6. Alle (fixen und variablen) Herstellkosten werden mit Hilfe einer einzigen Bezugsgröße – der Fertigungsarbeitszeit – zugeordnet.

Die Manager von Halify Engineering prognostizieren für 19_8 die folgenden Zahlen:

Fertigungsmaterial	
Legierung 111	7 $ pro Kilogramm
Legierung 112	10 $ pro Kilogramm
Fertigungslöhne	20 $ pro Stunde

Bestandteile pro Produkteinheit:	reguläre Flugzeugteile	Hochbelast.teile
Fertigungsmaterial Legierung 111	12 Kilogramm	12 Kilogramm
Fertigungsmaterial Legierung 112	6 Kilogramm	8 Kilogramm
Fertigungsarbeitszeit	4 Stunden	6 Stunden

Alle Einzelkosten sind variabel in bezug auf die Outputeinheiten. Für das Jahr 19_8 liegen die folgenden zusätzlichen Informationen vor:

	reguläre Teile	Hochbelastungsteile
erwarteter Absatz in Mengeneinheiten	5.000	1.000
Absatzpreis pro Einheit	600 $	800 $
Geplanter Endbestand in Mengeneinheiten[a]	1.100	50
Anfangsbestand in Mengeneinheiten	100	50
Anfangsbestand in Dollar	38.400 $	26.200 $

| | Fertigungsmaterial | |
	Legierung 111	Legierung 112
Anfangsbestand in Kilogramm	7.000	6.000
Geplanter Endbestand in Kilogramm[a]	8.000	2.000

a. Die geplanten Endbestände hängen vom erwarteten Absatz, von den erwarteten Schwankungen der Nachfrage nach den Produkten sowie von Managementphilosophien wie zum Beispiel dem Just-in-time-Management der Lagerhaltung ab.

Bei den geplanten Outputniveaus für die regulären Teile und die Hochbelastungsteile rechnet das Management mit den folgenden Herstellgemeinkosten:

Herstellgemeinkosten

Variable:	Hilfs- und Betriebsstoffe	90.000 $	
	Hilfslöhne	210.000 $	
	Lohnnebenleistungen (Fertigungslöhne und Hilfslöhne)	300.000 $	
	Energie	120.000 $	
	Instandhaltung	60.000 $	780.000 $
Fixe:	Abschreibungen	220.000 $	
	Vermögenssteuern	50.000 $	
	Versicherungsbeiträge	10.000 $	
	Produktionsleitung	100.000 $	
	Energie	22.000 $	
	Instandhaltung	18.000 $	420.000 $
Summe			1.200.000 $

Andere (fertigungsunabhängige) Kosten

Variable:	F&E, Produktdesign	76.000 $	
	Marketing	133.000 $	
	Vertrieb	66.500 $	
	Kundendienst	47.500 $	
	Verwaltung	152.000 $	475.000 $
Fixe:	F&E, Produktdesign	60.000 $	
	Marketing	67.000 $	
	Vertrieb	33.500 $	
	Kundendienst	12.500 $	
	Verwaltung	222.000 $	395.000 $
			870.000 $

Nun geht es darum, eine Planergebnisrechnung für das Jahr 19_8 zu erstellen. Das ist eine Komponente des Gesamtbudgets von Halifax, wie aus Tafel 6.2 abzulesen ist. Andere Komponenten des Gesamtbudgets – die Planbilanz und der Liquiditätsplan – werden im Anhang zu diesem Kapitel behandelt.

Bei der Entwicklung der Planergebnisrechnung für Halifax werden die folgenden Hilfspläne aufgestellt:

1. Absatzplan
2. Produktionsplan
3. Materialkostenplan
4. Fertigungsarbeitsplan
5. Herstellgemeinkostenplan
6. Lagerbestandsplan
7. Umsatzkostenplan
8. Plan für fertigungsunabhängige Kosten

Die meisten Organisationen haben ein Planungshandbuch, das Instruktionen und wichtige Informationen für die Aufstellung der Budgets enthält. Zwar sind die Einzelheiten von Organisation zu Organisation verschieden, aber im allgemeinen liegen der Entwicklung einer Planergebnisrechnung die folgenden Schritte zugrunde: Angefangen mit dem Absatzplan folgt ein Plan auf den anderen in logischer Reihenfolge. In den meisten Fällen wird die Budgetberechnung durch die entsprechende Computersoftware beschleunigt.

Schritte bei der Aufstellung eines Betriebsplans

Schritt 1: Absatzplan. Der Absatzplan oder Erlösplan (Tabelle 1) ist üblicherweise der Ausgangspunkt des Planungsprozesses. Das liegt daran, daß die Produktion (und damit die Kosten) und die Lagerbestände im allgemeinen vom geplanten Absatzniveau abhängen.

Tabelle 1: Absatzplan für das Geschäftsjahr 19_8

	Absatzmenge	Absatzpreis	Gesamterlös
reguläre Teile	5.000	600 $	3.000.000 $
Hochbelastungs-teile	1.000	800 $	800.000 $
Insgesamt			3.800.000 $

Der Erlös in der Planergebnisrechnung beläuft sich auf 3,8 Mio. $. Der Absatzplan ist oft das Ergebnis einer ausführlichen Informationssammlung und von Diskussionen zwischen Verkaufsmanagern und Gebietshandelsvertretern.

Oft existiert ein gewisser Druck, den geplanten Erlös höher oder niedriger anzusetzen als den tatsächlich erwarteten Erlös. Lotus benutzt den Ausdruck *geforderter Planerlös* (*challenge revenue budget*), um zu signalisieren, daß der geplante Erlös eine *Herausforderung* enthält und daß überdurchschnittliche Anstrengungen und großer Einfallsreichtum erforderlich sind, um ihn zu erreichen. Lotus benutzt solche Herausforderungen als Motivationsinstrument. Die Mitarbeiter sehen sie aber oft nur als zu hoch angesetzte Schätzungen der erwarteten Erlöse.

Ein Anreiz zur Unterschätzung der erwarteten Erlöse kann dann entstehen, wenn eine Firma die Differenz zwischen Istbeträgen und Planbeträgen dazu benutzt, um die Leistung der Marketingmanager zu bewerten. Die Manager reagieren darauf unter Umständen, indem sie stark konservative Prognosen abgeben. Der Ausdruck **weiche Pläne** bezieht sich auf diese Praxis der Unterschätzung von Planerlösen (oder der Überschätzung von Plankosten) in der Absicht, die Planziele leichter erreichbar zu machen. Bei weichen Plänen ist es wahrscheinlicher, daß die tatsächlichen Erlöse die Planerlöse übertreffen werden. Aus dem Blickwinkel des Marketingmanagers sind weiche Pläne eine Absicherung gegen unerwartete ungünstige Umstände.

Gelegentlich sind die Erlöse durch die verfügbare Produktionskapazität begrenzt. Eine ungewöhnlich starke Marktnachfrage, Personal- oder Materialengpässe sowie Streiks können dazu führen, daß eine Firma ihr Fertigwarenlager völlig ausschöpft. Zusätzliche Verkäufe sind dann nicht möglich, weil das Produkt nicht verfügbar ist. In solchen Fällen ist die Produktionskapazität – der Faktor, der den Umsatz begrenzt – der Ausgangspunkt für die Aufstellung des Absatzplans.

Schritt 2: Produktionsplan (in Mengeneinheiten). Nachdem der Absatzplan vorliegt, kann man sich daran machen, einen Produktionsplan aufzustellen (Tabelle 2). Die Produktionsmenge hängt vom geplanten Absatz und den erwarteten Veränderungen des Lagerbestandes ab:

Geplante Produktions- menge	=	geplante Absatzmenge	+	angestrebter Endbe- stand an fertigen Erzeugnissen	-	Anfangsbestand an fertigen Erzeugnissen

Wenn der Absatz während des Jahres nicht gleichmäßig verläuft, müssen die Manager entscheiden, ob sie (1) die Produktionsmenge von Zeit zu Zeit anpassen, um die Lagerbestände zu minimieren, oder (2) bei konstanter Produktionsmenge die Lagerbestände als Puffer verwenden. Immer häufiger wählen die Manager eine Anpassung der Produktionsmenge. In Kapitel 20 diskutieren wir die Just-in-time-Produktion, deren Ziel es ist, die Lagerbestände im Jahresablauf extrem niedrig zu halten.

Tabelle 2: Produktionsplan (in Mengeneinheiten) für das Geschäftsjahr 19_8

Produkt

	reguläre Teile	Hochbelastungsteile
Geplante Absatzmenge (Tabelle 1)	5.000	1.000
zuzüglich angestrebter Endbestand an fertigen Erzeugnissen	1.100	50
insgesamt benötigte Produkteinheiten	6.100	1.050
abzüglich Anfangsbestand an fertigen Erzeugnissen	100	50
Anzahl der zu produzierenden Einheiten	6.000	1.000

Schritt 3: Materialkostenplan. Die Entscheidung über die Outputmenge (Tabelle 2) ist der Schlüssel zur Berechnung des Verbrauchs von Fertigungsmaterial sowohl in Mengeneinheiten als auch in Geldeinheiten.

Tabelle 3A: Materialkostenplan in Kilogramm und in Dollar für 19_8

Material

	Legierung 111	Legierung 112	Summe
Fertigungsmaterial für reguläre Teile (6.000 Stück × 12 bzw. 6 kg, siehe Tabelle 2)	72.000 kg	36.000 kg	
Fertigungsmaterial für Hochbelastungsteile (1.000 Stück × 12 kg bzw. 8 kg	12.000 kg	8.000 kg	
Benötigtes Material insgesamt	84.000 kg	44.000 kg	
Fertigungsmaterial aus dem Anfangsbestand (Kostenberechnung nach FIFO-Methode)	7.000 kg	6.000 kg	
multipliziert mit den Kosten pro Kilogramm des Anfangsbestands	7 $	10 $	
Kosten des zu verwendenden Fertigungsmaterials aus dem Anfangsbestand	49.000 $	60.000 $	109.000 $
Materialeinkauf (84.000 kg - 7.000 kg; 44.000 kg - 6.000 kg)	77.000 kg	38.000 kg	
multipliziert mit den Kosten pro Kilogramm des eingekauften Fertigungsmaterials	7 $	10 $	
Kosten des eingekauften Fertigungsmaterials	539.000 $	380.000 $	919.000 $
Gesamtkosten des zu verwendenden Fertigungsmaterials	588.000 $	440.000 $	1.028.000 $

Tabelle 3B enthält den Plan für den Materialeinkauf, der vom geplanten Materialverbrauch, vom Anfangsbestand an Fertigungsmaterial und vom geplanten Endbestand abhängt:

Tabelle 3B: Materialeinkaufsplan für das Geschäftsjahr 19_8

Material

	Legierung 111	Legierung 112	Summe
Fertigungsmaterial für die Produktion aus Tabelle 3A	84.000 kg	44.000 kg	
Zuzüglich angestrebter Materialendbestand	8.000 kg	2.000 kg	
Benötigtes Material insgesamt	92.000 kg	46.000 kg	
Abzüglich Materialanfangsbestand	7.000 kg	6.000 kg	
Notwendiger Materialeinkauf	85.000 kg	40.000 kg	
Multipliziert mit den Kosten pro Kilogramm des gekauften Materials	7 $	10 $	
Gesamtkosten des Materialeinkaufs	595.000 $	400.000 $	995.000 $

Schritt 4: Fertigungsarbeitskostenplan. Diese Kosten hängen von den Lohnsätzen, den Produktionsmethoden und den Einstellungsplänen ab. Die Berechnungen für die Arbeitskosten in der Fertigung erscheinen in Tabelle 4.

Tabelle 4: Fertigungsarbeitskostenplan für das Geschäftsjahr 19_8

	Produzierter Output (Tabelle 2)	Arbeitszeit pro Stück	Fertigungsarbeit insgesamt	Stundenlohn	Lohnkosten insgesamt
Reguläre Teile	6.000 Stück	4 Stunden	24.000 Stunden	20 $	480.000 $
Hochbelastungsteile	1.000 Stück	6 Stunden	6.000 Stunden	20 $	120.000 $
Summe			30.000 Stunden		600.000 $

Schritt 5: Herstellgemeinkostenplan. Die Gesamtsumme dieser Kosten hängt davon ab, wie die einzelnen Gemeinkosten mit dem zugrundegelegten Kostentreiber, der Fertigungsarbeitszeit, variieren. In Tabelle 5 ist die Berechnung der geplanten Herstellgemeinkosten zu sehen.

Tabelle 5: Herstellgemeinkostenplan für das Geschäftsjahr 19_8

	Beim geplanten Beschäftigungsumfang von 30.000 Fertigungsarbeitsstunden	
Variable Herstellgemeinkosten		
Hilfs- und Betriebsstoffe	90.000 $	
Hilfslöhne	210.000 $	
Lohnnebenkosten (Fertigungslöhne und Hilfslöhne)	300.000 $	
Energie	120.000 $	
Instandhaltung	60.000 $	780.000 $
Fixe Herstellgemeinkosten		
Abschreibung	220.000 $	
Vermögensteuern	50.000 $	
Versicherungsbeiträge	10.000 $	
Werksleitung	100.000 $	
Energie	22.000 $	
Instandhaltung	18.000 $	420.000 $
		1.200.000 $

Halifax behandelt sowohl die variablen als auch die fixen Herstellgemeinkosten als aktivierbare Kosten der Lagerbestände.[25] Die Firma geht von einem geplanten Gemeinkostensatz von 40 $ pro Fertigungsarbeitsstunde aus (gesamte Gemeinkosten geteilt durch die geplante Fertigungsarbeitszeit: 1.200.000 $: 30.000). Sie benutzt einen einheitlichen Kostensatz für variable und fixe Herstellgemeinkosten.

Schritt 6: Geplante Lagerbestände. Tabelle 6A zeigt die Berechnung der Stückkosten für die beiden Produkte. Mit Hilfe dieser Stückkosten kann man die Kosten der geplanten Endbestände beim Material und den fertigen Erzeugnissen in Tabelle 6B berechnen.

---

[25] Diese Methode zur Bewertung der Lagerbestände wird als *Vollkostenrechnung* (*absorption costing*) bezeichnet und ist in Kapitel 9 genauer beschrieben.

Tabelle 6A: Herstellstückkosten der in 19_8 fertiggestellten Erzeugnisse

	Kosten pro Inputeinheit	Reguläre Teile		Hochbelastungsteile	
		Inputs	Betrag	Inputs	Betrag
Material Legierung 111	7 $	12 kg	84 $	12 kg	84 $
Material Legierung 112	10 $	6 kg	60 $	8 kg	80 $
Fertigungsarbeit	20 $[a]	4 Std.	80 $	6 Std.	120 $
Herstellgemeinkosten	40 $[b]	4 Std.	160 $	6 Std.	240 $
Summe			384 $		524 $

a. Daten von Seite 171.
b. Die Fertigungsarbeitszeit ist die einzige Bezugsgröße für die (variablen und fixen) Herstellgemeinkosten. Der Plankostensatz von 40 $ pro Fertigungsarbeitsstunde wurde in Schritt 5 berechnet.

Tabelle 6B: Geplante Lagerbestände zum 31. Dezember 19_8

	Menge	Kosten pro Einheit	Wert	
Fertigungsmaterial				
Legierung 111	8.000 kg[a]	7 $	56.000 $	
Legierung 112	2.000 kg[a]	10 $	20.000 $	76.000 $
Fertige Erzeugnisse				
Reguläre Teile	1.100 Stück[a]	384 $[b]	422.400 $	
Hochbelastungsteile	50 Stück[a]	524 $[b]	26.200 $	448.600 $
Lagerendbestand insgesamt				524.600 $

a. Daten von Seite 171.
b. Aus Tabelle 6A. Die Zahlen beruhen auf den Herstellkosten der fertigen Erzeugnisse aus dem Jahr 19_8, denn bei der Fifo-Methode besteht der Lagerendbestand aus Produkteinheiten, die während des Jahres 19_8 hergestellt worden sind.

Schritt 7: Umsatzkostenplan. Die Informationen aus den Tabellen 3-6 führen zu Tabelle 7.

Dabei gilt die folgende Gleichung:

Herstellkosten des Umsatzes	=	Anfangsbestand an fertigen Erzeugnissen	+	Herstellkosten der Rechnungsperiode	-	Endbestand an fertigen Erzeugnissen

Tabelle 7: Umsatzkostenplan für das Geschäftsjahr 19_8

	Aus Tabelle		Summe
Anfangsbestand an fertigen Erzeugnissen, 1. Januar 19_8	Gegeben[a]		64.600 $
Verwendetes Fertigungsmaterial	3A	1.028.000 $	
Fertigungslöhne	4	600.000 $	
Herstellgemeinkosten	5	1.200.000 $	
Herstellkosten der Produktion			2.828.000 $
Herstellkosten der fertigen Erzeugnisse			2.892.600 $
Abzüglich Endbestand an fertigen Erzeugnissen, 31. Dezember 19_8	6B		448.600 $
Herstellkosten des Umsatzes			2.444.000 $

a. Gegeben in der Beschreibung der zugrundeliegenden Daten und Anforderungen (reguläre Teile: 38.400 $, Hochbelastungsteile: 26.200 $).

Schritt 8: Geplante sonstige (fertigungsunabhängige) Kosten. Die Tabellen 2-7 decken die Planung für den Produktionsbereich von Halifax ab. Der Kürze halber werden die übrigen Bereiche der Wertschöpfungskette in einer einzigen Tabelle zusammengefaßt.

Tabelle 8: Geplante sonstige (fertigungsunabhängige) Kosten für 19_8.

Variable Kosten		
F&E/Produktdesign	76.000 $	
Marketing	133.000 $	
Vertrieb	66.500 $	
Kundendienst	47.500 $	
Verwaltung	152.000 $	475.000 $[a]
Fixkosten		
F&E/Produktdesign	60.000 $	
Marketing	67.000 $	
Vertrieb	33.500 $	
Kundendienst	12.500 $	
Verwaltung	222.000 $	395.000 $
Gesamtkosten		870.000 $

a. Die gesamten variablen Kosten für Tabelle 8 betragen 0,125 $ pro Dollar Umsatz (475.000 $: 3.800.000 $).

PLANUNGSPRAKTIKEN RUND UM DEN GLOBUS

Umfragen bei Unternehmen in den USA, Japan, Australien, Großbritannien und Holland zeigen einige interessante Ähnlichkeiten und Unterschiede in den Planungspraktiken der verschiedenen Länder. Die Verwendung von Gesamtbudgets ist überall weit verbreitet. Unterschiede gibt es bei anderen Aspekten des Planungsprozesses. In den USA legen die Manager Wert auf eine größere Beteiligung am Planungsprozeß und betrachten die Investitionserträge als wichtigstes Planziel. Im Gegensatz dazu ist den Japanern die Beteiligung nicht so wichtig und sie betrachten den Umsatz als wichtigstes Planziel.

	USA	Japan	Austr.	GB	Niederl.
1. Anteil der Unternehmen, die einen vollständigen Gesamtplan aufstellen	91 %	93 %	95 %	100 %	100 %
2. Anteil der Unternehmen, die die Teilnahme der Abteilungsleiter an den Diskussionen des Planungsstabes registrieren	78 %	67 %	-	-	82 %
3. Rangfolge der wichtigsten Planungsziele für die Abteilungsleiter (1 = am wichtigsten)					
Return on investment	1	3	-	-	-
Betriebsergebnis	2	2	-	-	-
Umsatz	3	1	-	-	-

Quellen: Asada, Bailes und Amano, "An Empirical Study," Blayney und Yokoyama, "Comparative Analysis" und de With und Ijskes, "Current Budgeting." Vollständige Quellenangabe in Anhang A.

Umfragen zur betrieblichen Praxis

Schritt 9: Planergebnisrechnung. Die Tabellen 1,7 und 8 geben uns die nötigen Informationen, um die Planergebnisrechnung zu vervollständigen (Tafel 6.3). Natürlich könnten in diesen Plan auch mehr Einzelheiten aufgenommen werden. Dann würde man eine geringere Zahl von Hilfsplänen aufstellen.

Die Strategien der Unternehmensleitung zur Erreichung der Erlös- und Gewinnziele beeinflussen die geplanten Kosten für die verschiedenen betrieblichen Funktionen der Wertschöpfungskette. Wenn sich die Strategien ändern, wird sich auch die Zuweisung von Plankosten zu den verschiedenen Bestandteilen der Wertschöpfungskette ändern.

So wird sich zum Beispiel eine Verschiebung der Strategie zugunsten einer Betonung der Produktentwicklung und des Kundendienstes dahingehend auswirken, daß mehr Ressourcen für diese Teile des Gesamtbudgets zur Verfügung stehen. Die Istdaten, die aus dieser Strategie resultieren, werden mit den Plandaten verglichen. Das Management kann dann auswerten, ob die Konzentration auf die Produktentwicklung und den Kundendienst erfolgreich war. Dieses Feedback ist ein wichtiger Input für die folgenden Planperioden.

Tafel 6.3
Planergebnisrechnung von Halifax Engineering für das Geschäftsjahr 19_8

Erlöse	Tabelle 1		3.800.000 $
Kosten			
Herstellkosten des Umsatzes	Tabelle 7		2.444.000 $
Bruttogewinn			1.356.000 $
Betriebskosten			
F&E/Produktdesign-Kosten	Tabelle 8	136.000 $	
Marketingkosten	Tabelle 8	200.000 $	
Vertriebskosten	Tabelle 8	100.000 $	
Kundendienstkosten	Tabelle 8	60.000 $	
Verwaltungskosten	Tabelle 8	374.000 $	870.000 $
Betriebsergebnis			486.000 $

6.4 COMPUTERGESTÜTZTE PLANUNGSMODELLE

Tafel 6.1 (Seite 165) zeigt, wie strategische Analyse, Planung und Budgetierung miteinander zusammenhängen. Der Wert, den die Budgets für die Manager bei ihren strategischen Analysen und Planungen haben, wird durch Sensitivitätsanalysen noch gesteigert. Eine Sensitivitätsanalyse ist eine Technik, mit deren Hilfe man untersuchen kann, wie ein Ergebnis sich verändern wird, wenn die ursprünglich prognostizierten Daten nicht erreicht werden oder wenn sich eine zugrundegelegte Annahme verändert. Die einfachste Form der Sensitivitätsanalyse haben wir in Kapitel 3 gezeigt (Seite 68 ff.). Hier genügt ein Taschenrechner, um die Berechnungen durchzuführen. Heute sind für komplexere Aufgaben wie etwa die Sensitivitätsanalyse für die Pläne in einem Gesamtbudget kommerzielle Softwarepakete erhältlich. Diese Programme berechnen **Planungsmodelle**, eine mathematische Darstellung der Zusammenhänge zwischen betrieblichen Aktivitäten, finanziellen Aktivitäten und Finanzberichten.

Tafel 6.4
Auswirkungen von Veränderungen der Planannahmen auf das geplante Betriebsergebnis von Halifax Engineering

| Schlüsselannahmen | Absatzmenge | | Absatzpreis | | Materialkosten pro kg | | Geplanter Betriebsgewinn | |
Szenario	reguläre Teile	Hochleistungs- teile	reguläre Teile	Hochleistungs- teile	Legierung 111	Legierung 112	in Dollar	Veränderung gegenüber Gesamtplan
Gesamtplan	5.000	1.000	600 $	800 $	7,00 $	10,00 $	486.000 $	
Szenario 1	5.000	1.000	582 $	776 $	7,00 $	10,00 $	386.250 $	- 21 %
Szenario 2	4.800	960	600 $	800 $	7,00 $	10,00 $	438.273 $	- 10 %
Szenario 3	5.000	1.000	600 $	800 $	7,35 $	10,50 $	448.380 $	- 9 %

Nehmen wir noch einmal die Firma Halifax Engineering als Beispiel. Ihr Finanzplanungsmodell geht von folgenden Voraussetzungen aus:

- Fertigungsmaterial und Fertigungslöhne variieren proportional zu den Outputmengen an regulären Teilen und Hochbelastungsteilen.
- Die variablen Herstellgemeinkosten hängen von der Fertigungsarbeitszeit ab.
- Die variablen fertigungsunabhängigen Kosten hängen vom Dollarertrag ab.
- Die angestrebten Lagerendbestände bleiben unverändert.

Tafel 6.4 zeigt das geplante Betriebseinkommen für drei alternative Szenarien:

Szenario 1: Bei beiden Produkttypen geht der Absatzpreis um 3 % zurück.

Szenario 2: Bei beiden Produkttypen geht die verkaufte Menge um 4 % zurück.

Szenario 3: Bei beiden Fertigungsmaterialien steigt der Einkaufspreis um 5 %.

Tafel 6.4 zeigt, daß im Vergleich zum ursprünglichen Gesamtbudget das geplante Betriebsergebnis in Szenario 1 um 21 % zurückgeht, in Szenario 2 um 10 % und in Szenario 3 um 9 %. Die Manager können diese Information benutzen, um die Maßnahmen zu planen, die notwendig werden könnten, wenn sie mit diesen Szenarien konfrontiert sind.

6.5 KAIZENPLANUNG

In Kapitel 1 haben wir gesehen, daß die ständige Leistungssteigerung eines der Schlüsselthemen des heutigen Managements darstellt. Die Japaner benutzen den Ausdruck *kaizen* für ständige Leistungssteigerung. **Kaizenplanung** ist ein Planungsansatz, der die ständige Leistungssteigerung während der Planperiode explizit in den Planzahlen berücksichtigt.

Betrachten wir das Beispiel der Firma Halify Engineering in Tabelle 4 (Seite 176). Der Plan für 19_8 geht davon aus, daß man für jedes reguläre Teil 4,0 Stunden und für jedes Hochbelastungsteil 6,0 Stunden Fertigungsarbeitszeit benötigt. Ein Kaizenplanungsansatz würde von einer ständigen Reduzierung dieser Arbeitszeitanforderungen während des Jahres 19_8 ausgehen. Halifax könnte zum Beispiel die folgenden Arbeitsstunden pro Stück planen:

	Geplante Arbeitsstunden	
	Reguläre Teile	**Hochbelastungsteile**
Januar bis März 19_8	4,00	6,00
April bis Juni 19_8	3,90	5,85
Juli bis September 19_8	3,80	5,70
Oktober bis Dezember 19_8	3,70	5,55

Wenn Halifax diese ständigen Verbesserungen nicht realisiert, werden negative Abweichungen in den Berichten auftauchen. Man beachte, daß diese Reduzierung der Fertigungsarbeitszeit im Firmenplan sogar eine Senkung der variablen Herstellgemeinkosten nach sich ziehen würde, vorausgesetzt, daß die Fertigungsarbeitszeit als Kostentreiber für diese Kosten betrachtet wird.

Kaizen bei Citizen Watch

Citizen Watch ist der weltweit größte Hersteller von Armbanduhren. Die Montagebereiche in den Fabriken der Firma sind hochautomatisiert. Die Einzelteile jeder Armbanduhr machen einen recht großen Prozentsatz der Stückkosten aus. Ein wichtiger Aspekt des Kostenmanagements bei Citizen Watch ist die Kaizenplanung. Alle Untereinheiten des gesamten Produktionsbereichs einschließlich der Zulieferer von Komponenten müssen ständig nach Kostensenkungsmöglichkeiten suchen. In ihrer Produktionsstätte in Tokio plant die Firma zum Beispiel, daß alle externen Zulieferer eine stetige Kostenreduktion von 3 % pro Jahr realisieren. Zulieferer, die dieses Ziel übererfüllen, können mindestens ein Jahr lang alle Kostensenkungen, die über 3 % hinausgehen, für sich behalten. Zulieferer, die die Vorgabe nicht erreichen, werden im folgenden Jahr von Ingenieuren der Firma Citizen Watch "unterstützt".[26]

6.6 PROZEßORIENTIERTE PLANUNG

In den Kapiteln 4 und 5 haben wir erläutert, wie die Prozeßkostenrechnung die Entscheidungsfindung verbessern kann. Die Prinzipien der Prozeßkostenrechnung kann man auch auf die Planung anwenden. Prozeßorientierte Planung konzentriert sich auf die Kosten der Prozesse, die notwendig sind, um Produkte und Dienstleistungen herzustellen und zu verkaufen. Dabei teilt man die Gemeinkosten in separate homogene Kostenpools auf. Nach dem Kriterium von Ursache und Wirkung werden die Kostentreiber für jeden dieser Gemeinkostenpools identifiziert.

Die prozeßorientierte Planung besteht aus vier grundlegenden Schritten:

1. Bestimme die Plankosten für die Kostentreiber jedes Prozesses.
2. Bestimme den Bedarf für jeden einzelnen Prozeß (Prozeßmenge) aufgrund der geplanten Produktion, neuer Produktentwicklungen und so weiter.
3. Berechne die Kosten für jeden Prozeß.
4. Beschreibe das Budget als Kosten der Durchführung verschiedener Prozesse (anstatt als Kosten von funktionellen oder konventionellen Ausgabenkategorien der Wertschöpfungskette).

---

[26] Siehe R. Cooper, "Citizen Watch Company, Ltd.: Cost Reduction for Mature Products," Harvard Business School, Case No. 9-194-033.

Ein prozeßorientierter Planungsansatz wird durch die Einführung der Prozeßkostenrechnung, wie wir sie in den Kapiteln 4 und 5 beschrieben haben, erleichtert. Betrachten wir die prozeßorientierte Planung für die Bereiche F&E sowie Produktdesign bei Bradford Aerospace. Fünf Prozesse und deren Kostentreiber wurden identifiziert. Für das Jahr 19_7 sind für diese Prozesse die folgenden Kostensätze geplant:

Prozeß	Kostentreiber/Plankostensatz
• *Computerunterstütztes Design (CAD)* von Flugzeugteilen	CAD-Arbeitsstunden, 80 $ pro Stunde
• *Manuelles Design* von Flugzeugteilen	Arbeitsstunden, 50 $ pro Stunde
• *Prototypentwicklung* von Flugzeugteilen	Arbeitsstunden, 60 $ pro Stunde
• *Testen* von Flugzeugteilen unter verschiedenen Einsatzbedingungen	Testarbeitsstunden, 40 $ pro Stunde
• *Beschaffung* von Hilfs- und Betriebsstoffen und Komponenten	Bestellungen, 25 $ pro Bestellung

Tafel 6.5 zeigt die prozeßorientierte Kostenplanung für die Monate Januar bis Dezember 19_7. Bradford veranschlagt die Prozeßmenge für jeden Prozeß auf der Grundlage der geplanten Produktion und der neuen Produktentwicklungen. Diese Prozeßmengen werden mit den entsprechenden Kostensätzen multipliziert, um die geplanten Prozeßkosten zu errechnen. Die geplanten Gesamtkosten für F&E und Produktdesign sind die Summe der geplanten Kosten der einzelnen Prozesse in diesem Teil der Wertschöpfungskette.

Tafel 6.5
Prozeßorientierte Kostenplanung für F&E/Produktdesign bei Bradford Aerospace: Januar bis Dezember 19_7

Prozesse	Geplante Prozeßmenge	Plankostensatz	Plankosten
Computerunterstütztes Design	200 Stunden	80 $	16.000 $
Manuelles Design	70 Stunden	50 $	3.500 $
Prototypentwicklung	80 Stunden	60 $	4.800 $
Testen	280 Stunden	40 $	11.200 $
Beschaffung	120 Bestellungen	25 $	3.000 $
Summe			38.500 $

Der prozeßorientierte Plan in Tafel 6.5 gilt nur für einen Teil der Wertschöpfungskette bei Bradford. In vielen Fällen wird der gleiche Prozeß in mehr als einem Teil der Wertschöpfungskette erscheinen. Beschaffungsaktivitäten wie die Bearbeitung von Einkaufsaufträgen und die Bezahlung der Zulieferer sind in den meisten Bereichen der Wertschöpfungskette zu finden. Firmen mit prozeßorientierter Planung können ihre Budgets entweder nach den einzelnen Teilen der Wertschöpfungskette gliedern oder nach den grundlegenden Prozessen wie zum Beispiel der Beschaffung, indem sie die geplanten Beschaffungskosten aus verschiedenen Teilen der Wertschöpfungskette zusammenfassen.

Eine Umfrage unter Managern in Großbritannien ergab die folgende Rangfolge der Nutzen aus der prozeßorientierten Planung: (1) die Fähigkeit, realistischere Pläne aufzustellen, (2) die bessere Identifikation der notwendigen Ressourcen, (3) die Verbindung der Kosten mit den Leistungsmengen, (4) ein klarere Kostenverantwortung der Mitarbeiter und (5) die Identifikation von weichen Plänen.[27]

6.7 PLANUNG UND VERANTWORTUNGSRECHNUNG

Organisationsstruktur und Verantwortung

Die Organisationsstruktur ist ein Arrangement von Verantwortungslinien innerhalb der Gesamtheit. Eine Firma kann so wie British Petroleum überwiegend nach betrieblichen Funktionen organisiert sein: Exploration, Raffinerie und Marketing. Ein anderes Unternehmen kann wie Proctor & Gamble, ein riesiger Hersteller von Haushaltsprodukten, nach Produktlinien oder Marken organisiert sein. Die Manager der einzelnen Abteilungen (Zahnpasta, Seife usw.) hätten jeweils die Entscheidungsbefugnis in bezug auf alle betrieblichen Funktionen (Herstellung, Marketing usw.) innerhalb dieser Abteilung.

Um die Ziele, die im Gesamtbudget beschrieben werden, zu erreichen, muß eine Organisation die Bemühungen aller Mitarbeiter koordinieren, vom Topmanagement durch alle Managementebenen bis hinunter zum einfachen Arbeiter. Koordination bedeutet, den Managern Verantwortungsbereiche zuzuweisen und sie für ihre Handlungen bei der Planung und Steuerung der menschlichen und materiellen Ressourcen zur Rechenschaft zu ziehen. Management ist im wesentlichen eine menschliche Aktivität. Budgets existieren nicht als Selbstzweck sondern zur Unterstützung der Manager.

Jeder Manager steht unabhängig von seiner hierarchischen Stufe einem betrieblichen Verantwortungszentrum vor. Ein **Verantwortungszentrum** oder **Responsibility Center** ist ein Teil, ein Segment oder eine Untereinheit einer Organisation, deren Ma-

---

[27] J. Innes und F. Mitchell, "A Survey of Activity-Based Costing in the U.K.'s Largest Companies," *Management Accounting Research* (Bd. 6), S. 137-53.

nager für ein bestimmtes Bündel an Aktivitäten verantwortlich ist. Je höher die hierarchische Ebene eines Managers/einer Managerin, desto breiter ist das Verantwortungszentrum, das er/sie managt, und desto größer ist die Anzahl seiner/ihrer Untergebenen. Der Begriff **Verantwortungsrechnung** (*responsibility accounting*) bezeichnet ein System, das die Pläne (Budgets) und Aktionen (Istergebnisse) jedes Verantwortungszentrums mißt. Es gibt vier Haupttypen von Verantwortungszentren:

1. **Cost Center:** Der Manager ist ausschließlich für die Kosten verantwortlich

2. **Revenue Center:** Der Manager ist ausschließlich für die Erlöse verantwortlich.

3. **Profit Center:** Der Manager ist für Erlöse und Kosten verantwortlich.

4. **Investment Center:** Der Manager ist für Investitionen, Kosten und Erlöse verantwortlich.

Die Instandhaltungsabteilung eines Mariott-Hotels wäre ein Cost Center, weil der Leiter dieser Abteilung nur für die Kosten verantwortlich ist. Das Budget würde die Kosten besonders herausstellen. Die Verkaufsabteilung des Hotels wäre ein Revenue Center, denn der Verkaufsmanager ist nur für den Umsatz verantwortlich. Hier würde das Budget vor allem den Erlös herausstellen. Der Hotelmanager wäre für ein Profit Center verantwortlich, denn er muß über Erlöse und Kosten Rechenschaft ablegen. Der Regionalmanager, der für Investitionen in neue Hotelprojekte sowie für Erlöse und Kosten verantwortlich ist, würde einem Investment Center vorstehen. Erlöse, Kosten und Investitionen würden in seinem Budget im Mittelpunkt stehen.

Die Verantwortungsrechnung beeinflußt das Verhalten, wie die folgende Begebenheit zeigt:

Die Verkaufsabteilung fordert einen eiligen Produktionsdurchlauf. Der für den Werksplan verantwortliche Mitarbeiter argumentiert, daß dadurch der Produktionsablauf gestört würde und beträchtliche Kosten in nicht genau bestimmter Höhe verursacht würden. Die Antwort der Verkaufsabteilung lautet: "Wollen Sie die Verantwortung dafür übernehmen, daß wir die Firma X als Kunden verlieren?" Natürlich will der Werksplaner eine solche Verantwortung nicht übernehmen und er gibt nach, nicht ohne daß vorher noch ein heftiger Austausch von Argumenten stattgefunden hat und eine beträchtliche Menge schlechter Gefühle aufgebaut worden ist. Der Controller schlägt eine innovative Lösung vor. Er analysiert die Lohnliste in der Montageabteilung, um die Kosten zu bestimmen, die mit der Fertigstellung von Eilaufträgen verbunden sind. Diese Information beseitigt die Ursache des Streits. In Zukunft würde der Werksplaner jeden Eilauftrag ohne Diskussion akzeptieren. Die zusätzlichen Kosten würden pflichtgemäß festgehalten und der Verkaufsabteilung in Rechnung gestellt.

In der Folge verschwanden die Spannungen, die durch Eilaufträge verursacht wurden, und irgendwie verringerte sich die Anzahl der von der Verkaufsabteilung geforderten Eilaufträge allmählich auf ein vernachlässigbares Niveau.[28]

Die Verantwortungsrechnung ordnet die Kosten entweder (1) dem einzelnen Mitarbeiter zu, der am besten weiß, warum diese Kosten entstanden sind, oder (2) den Prozeß, der die Kosten verursacht hat. In diesem Beispiel war die Ursache die Verkaufsaktivität und die entstehenden Kosten wurden der Verkaufsabteilung in Rechnung gestellt. Wenn Eilaufträge regelmäßig vorkommen, könnte die Verkaufsabteilung ein Budget für solche Kosten haben, und die tatsächliche Leistung der Abteilung würde dann mit diesem Budget verglichen.

Feedback und Schuldzuschreibungen

Gekoppelt mit der Verantwortungsrechnung sind Budgets eine systematische Unterstützung für die Manager, besonders dann, wenn sie das Feedback sorgfältig interpretieren. Manager, Buchhalter und Studenten des entscheidungsorientierten Rechnungswesens tendieren zu Schuldzuweisungen, das heißt sie benutzen die Abweichungen zwischen den Planvorgaben und den Istergebnissen im System der Verantwortungsrechnung, um mit dem Finger auf diejenigen zu zeigen, die an den betrieblichen Problemen Schuld sind. Bei der Analyse von Abweichungen sollten die Manager sich darauf konzentrieren, wen sie fragen sollten, und nicht, wen sie beschuldigen sollten. Abweichungen legen es nahe, bestimmten Personen, die über die relevanten Informationen verfügen müßten, Fragen zu stellen oder Aufmerksamkeit zuzuwenden. Dennoch können Abweichungen, wenn man sie richtig versteht, auch dazu beitragen, die Leistungen von Managern zu bewerten.

6.8 Verantwortung und Steuerbarkeit

Definition der Steuerbarkeit

Mit **Steuerbarkeit** ist der Grad an Einfluß gemeint, den ein bestimmter Manager über Kosten, Erträge oder andere relevante Größen hat. **Steuerbare Kosten** sind alle Kosten, die in einem gegebenen Zeitraum primär dem Einfluß des Managers eines gegebenen Verantwortungszentrums unterliegen. In der Verantwortungsrechnung könnte man entweder alle nicht-steuerbaren Kosten aus dem Leistungsbericht eines Managers ausschließen oder man könnte solche Kosten getrennt von den steuerbaren Kosten darstellen. So könnte zum Beispiel der Leistungsbericht eines Maschinenaufsehers auf die verbrauchten Mengen (nicht die Kosten) an Fertigungsmaterial, Energie und anderen Sachgütern und auf die benötigte Arbeitszeit beschränkt sein.

In der Praxis ist es schwierig, die Steuerbarkeit genau festzustellen:

---

[28] R. Villers, "Control and Freedom in a Decentralized Company," *Harvard Business Review* (Bd. 32, Nr. 2), S. 95.

1. Nur wenige Kosten werden ganz klar von einem einzigen Manager beeinflußt. So können die Kosten des Fertigungsmaterials zum Beispiel von einem Einkaufsmanager beeinflußt werden, aber sie hängen auch von Marktbedingungen ab, die sich der Kontrolle des Managers entziehen. Die Verbrauchsmengen werden vielleicht von einem Produktionsmanager beeinflußt, aber sie hängen auch von der Qualität des eingekauften Materials ab. Hinzu kommt, daß Manager oft in Teams arbeiten, und es ist unklar, wie man bei Teamentscheidungen die Verantwortung eines Einzelnen bewerten kann.

2. Wenn der Zeitraum lang genug gewählt wird, werden alle Kosten von irgendjemandem gesteuert. Die meisten Leistungsberichte beziehen sich aber auf Zeiträume von höchstens einem Jahr. Der jetzige Manager hat vielleicht Probleme und Ineffizienzen von seinem Vorgänger geerbt. Er ist vielleicht an ungünstige Verträge mit Zulieferern oder Gewerkschaften gebunden, die von seinem Vorgänger ausgehandelt worden sind. Die Folgen der Entscheidungen anderer lassen sich oft nicht trennen von dem Bereich, den der jetzige Manager unter seiner Kontrolle hat. Man kann dann keine klare Antwort auf die Frage geben, wofür der jetzige Manager eigentlich genau verantwortlich ist.

Topmanager haben unterschiedliche Einstellungen zu der Frage der Steuerbarkeit, wenn sie die Leistung ihrer Untergebenen bewerten. Ein neu ernannter *President* nahm einmal sein Managementteam auf eine Kreuzfahrt mit und sagte: "Ich erwarte von jedem, daß er seine Budgetziele erreicht, ganz egal was geschieht; und diejenigen, die das nicht schaffen, können sich gleich ein bißchen näher an die Reling stellen." Andere Firmenleiter halten es für angebracht, vorsichtigere Urteile über Manager zu treffen, die ihr Budgetziel verfehlt haben, und das Risiko mit den Managern zu teilen, wenn nicht-steuerbare Faktoren in Rechnung gestellt werden müssen.

Die Bedeutung von Information und Verhalten

Man sollte die Steuerbarkeit nicht überbetonen. Die Verantwortungsrechnung ist in einem viel größeren Rahmen zu sehen. Es geht dabei um *Information* und um *Wissen* und nicht so sehr um Steuerung. Die Schlüsselfrage lautet: Wer ist am besten informiert? Oder anders ausgedrückt: Wer ist die Person, die uns über einem bestimmten Punkt am meisten sagen kann, unabhängig davon, ob dieser Mitarbeiter/diese Mitarbeiterin den fraglichen Bereich unter seiner/ihrer persönlichen Kontrolle hat. So kann man zum Beispiel Einkaufsmanager für die gesamten Einkaufskosten verantwortlich machen, nicht weil sie die Marktpreise beeinflussen könnten, sondern weil sie nicht-steuerbare Preise vorhersagen und nicht-steuerbare Preisänderungen erklären können. Genauso kann der Manager einer Filiale von Pizza Hut für das Betriebsergebnis seiner Filiale verantwortlich gemacht werden, obwohl er weder die Verkaufspreise noch die Kosten der meisten Gerichte beeinflussen kann und in bezug auf die verkauften Produkte und die verwendeten Zutaten kaum Entscheidungsfreiheit hat. Er ist aber am besten in der Lage, Abweichungen zwischen dem Planergebnis und dem Istergebnis zu erklären.

BELIEBTE BUDGETSPIELE

Budgets haben eine Schlüsselrolle bei der Bewilligung von Ressourcen. Es ist daher nicht überraschend, daß Manager viele Tricks anwenden, um mehr Mittel zugeteilt zu bekommen. Im folgenden beschreiben wir einige der beliebtesten Budgettricks:[a]

Den Fuß in die Tür bekommen. Bei diesem Spiel versucht man, ein kleines Projekt bewilligt zu bekommen, das sich dann zu einem viel größeren Projekt ausweitet. Viele Bauunternehmer setzen bei den ersten Plänen die Kosten für eine Büroerweiterung viel zu niedrig an. Sobald das Projekt einmal auf den Weg gebracht ist, machen sie enorme Gewinne, wenn ihre Kunden den beinahe unvermeidlichen Veränderungen der ursprünglichen Pläne zustimmen. Die wichtigste Herausforderung für die meisten Bauunternehmen besteht darin, den ersten "Fuß in die Tür" zu bekommen.

Einen lästigen und wertlosen Besitz nutzen. Bei diesem Trick erreicht man die Bewilligung von Budgetmitteln, indem man ein Projekt so darstellt, als würde damit ein lästiger und wertloser Besitz sinnvoll genutzt. Eine Marketingabteilung wollte einmal neue Schulungsräume. Sie wurde darüber informiert, daß das Topmanagement verfügt habe, daß "keine neuen Gebäude errichtet werden sollten". Daraufhin schlug die Abteilung vor, stattdessen eine bereits bestehende Fabrikhalle zu renovieren, die ein Jahr lang leer gestanden hatte. Das Projekt wurde genehmigt, obwohl es viel billiger gewesen wäre, neue Räume zu bauen.

Vermeiden, daß die Anwälte auf unserem Grab tanzen. Hier versucht man Budgetforderungen dadurch zu rechtfertigen, daß andernfalls "unter Garantie" viele Gerichtsverfahren zu erwarten wären. Ein Herzchirurg, der sein Reich erweitern wollte, konnte den Kauf einer sehr teuren Ausrüstung durchsetzen. Als Grund gab er an, daß zukünftige Schadenersatzforderungen wegen ärztlichen Kunstfehlern vermieden werden müßten.

Auf dem neuesten Stand bleiben. Diesen Trick zur Durchsetzung von Budgetzuweisungen findet man häufig bei Technikern, die verlangen, daß jede neue Technologie gekauft werden soll. Die Verkäufer von technischer Software stimmen unweigerlich diese Tonart an, um Produktdesigner zum Kauf ihrer neuen Produkte zu bewegen. Solche Gespräche werden regelmäßig mit der Behauptung gewürzt, daß die Konkurrenz die Software, die den neuesten "Stand der Kunst" repräsentiert, bereits gekauft habe, und daß jeder, der da nicht mitziehe, Wettbewerbsnachteile zu befürchten habe.

a. Eine ausführlichere Diskussion über Budgettricks ist in R. Anthony und D. Young, *Management Control in Nonprofit Organizations* (Homewood, Ill.: Irwin, 1994) zu finden.

Konzepte und ihre Umsetzung

Leistungsberichte für Verantwortungszentren können auch nicht-steuerbare Posten beinhalten, denn dieser Ansatz könnte Verhaltensänderungen in die vom Topmanagement gewünschte Richtung hervorrufen. So haben zum Beispiel manche Firmen Cost Center in Profit Center umgewandelt, weil dies wahrscheinlich zu einem veränderten Verhalten der Manager führt. Der Manager eines Cost Center wird sich vor allem auf die Produktionseffizienz konzentrieren und den Forderungen des Verkaufspersonals nach einem schnelleren Service und der Erledigung von Eilaufträgen weniger Beachtung schenken. In einem Profit Center ist der Manager für Kosten und Erlöse verantwortlich. Selbst wenn er keine Kontrolle über das Verkaufspersonal hat, wird er in dieser Situation eher geneigt sein, die Auswirkungen seiner Entscheidungen auf Kosten und Erlöse abzuwägen, anstatt sich ausschließlich um die Kosten zu kümmern.

6.9 MENSCHLICHE ASPEKTE DES BUDGETWESENS

Wir haben die beiden großen Themen Gesamtbudget und Verantwortungsrechnung in einem Kapitel behandelt, um zu betonen, daß der menschliche Faktor ein entscheidender Teil des Budgetwesens ist. Zu oft betrachten Studenten das Budgetwesen als ein mechanisch anzuwendendes Instrument.

Die Budgettechniken selbst sind frei von Emotionen; ihre Verwaltung erfordert jedoch Bildung, Überredungskunst und intelligente Interpretation. Viele Manager haben eine negative Einstellung zu den Budgets. Für sie ist das Wort *Budget* ungefähr so populär wie *Stellenabbau*, *Kurzarbeit* oder *Streik*. Topmanager müssen ihre Untergebenen davon überzeugen, daß das Budget ein positives Instrument ist, das ihnen helfen soll, Ziele zu wählen und zu erreichen. Aber Budgets sind auch kein Allheilmittel. Sie sind keine Therapie für untalentierte Manager, fehlerhafte Organisation oder ein unzureichendes Rechnungswesen.

6.10 BUDGETIERUNG: EINE DISZIPLIN IM UMBRUCH

Viele Bereiche des Controlling sind einer ständigen Diskussion unterworfen. Die Budgetierung ist keine Ausnahme. Die Befürworter neuer Ansätze führen immer auch ihre Kritik an der sogenannten "traditionellen Budgetierung" ins Feld. Tafel 6.6 enthält eine Zusammenfassung von sechs Vorschlägen zur Verbesserung des herkömmlichen Budgetwesens. Unter den negativen Eigenschaften, die in der linken Spalte aufgeführt werden, findet man kaum etwas Neues; diese Kritikpunkte sind schon lange bekannt. Wir haben in früheren Abschnitten dieses Kapitels darauf hingewiesen, wie wichtig es ist, diese Probleme zu vermeiden. Manager prüfen derzeit größere Veränderungen, um mit diesen Problemen fertig zu werden.

Tafel 6.6

Kritik der traditionelle Planungsverfahren und Veränderungsvorschläge

Kritik des herkömmlichen Planungsverfahrens	Veränderungsvorschläge
Übermäßiges Vertrauen auf die Extrapolation von Trends aus der Vergangenheit.	Die Planung explizit mit der Strategie verknüpfen.
Kürzen aller Kostenansätze um einen fixen Prozentsatz wenn das Durchrechnen des Plans zu "unakzeptablen Ergebnissen" führt.	Anwendung der Prozeßkostenrechnung, um Bereiche für sinnvolle Kostensenkungen zu finden.
Behandlung der einzelnen Funktionsbereiche, als ob sie voneinander unabhängig wären.	Explizite Anwendung eines bereichsübergreifenden Ansatzes, wo gegenseitige Abhängigkeiten zwischen den Funktionsbereichen der Wertschöpfungskette erkannt werden.
Kurzsichtige Überbetonung eines fixen Zeithorizonts (zum Beispiel ein Jahr). Die Einhaltung der jährlichen Kostenziele wird als Hauptaufgabe betrachtet.	Den Planungszyklus auf den Planungszweck zuschneiden. Ereignisse jenseits der laufenden Planperiode werden bei der Bewertung gegenwärtiger Entscheidungen als wichtig anerkannt. Der Wertschöpfung wird die größte Bedeutung beigemessen.
Ausschließliche Beschäftigung mit den finanziellen Aspekten der Ereignisse innerhalb der Planungsperiode.	Finanzielle und nichtfinanzielle Aspekte (wie Qualität und Zeit) in einem ausgewogenen Maß berücksichtigen.
Erfolgsbewertung mit Hilfe des Plans erst am Ende der Planperiode.	Allen Mitarbeitern die Notwendigkeit ständiger Leistungsverbesserungen (wie zum Beispiel Umsatzsteigerung und Kostensenkung) innerhalb der Planperiode signalisieren.

Quelle: "*Advanced Budgeting Study Group Report for* CAM-I," *Management Accounting* (U.K., Dezember 1994).

ANHANG: DER LIQUIDITÄTSPLAN

In diesem Kapitel stand der Betriebsplan im Mittelpunkt. Der zweite wichtige Teil des Gesamtbudgets ist der **Finanzplan**, der aus dem Kapitalbindungsplan, dem Liquiditätsplan, der Planbilanz und der (prospektiven) Kapitalflußrechnung besteht. In diesem Anhang geht es um den Liquiditätsplan und die Planbilanz. Die Investitionsplanung, die hinter dem Kapitalbindungsplan steht, wird in den Kapiteln 22 und 23 behandelt. Die Kapitalflußrechnung zu erläutern würde den Rahmen dieses Buches sprengen.

Angenommen die Firma Halifax Engineering aus diesem Kapitel hätte für das Jahr 19_7 die in Tafel 6.7 gezeigte Bilanz. Der geplante Cash-flow für 19_8 sieht folgendermaßen aus:

	1. Quartal	2. Quartal	3. Quartal	4. Quartal
Kundeninkasso	913.700 $	984.600 $	976.500 $	918.400 $
Auszahlungen				
Fertigungsmaterial	314.360 $	283.700 $	277.880 $	213.800 $
Lohnzahlungen	557.520 $	432.080 $	409.680 $	400.720 $
Einkommensteuern	50.000 $	46.986 $	46.986 $	46.986 $
Andere Kosten	184.000 $	156.000 $	151.000 $	149.000 $
Maschinenkauf				35.080 $

Die Vierteljahresdaten basieren auf den Cash-flow-Wirkungen der betrieblichen Vorgänge aus den Tabellen 1-8 in diesem Kapitel, wobei wir die Details hier weglassen, um die Illustration relativ kurz und übersichtlich zu halten.

Die Firma möchte zum Ende jedes Quartals einen Kassenbestand von mindestens 35.000 $ übrig haben. Sie kann zu einem Zinssatz von 12 % pro Jahr Kredite über 1.000 $ oder ein Vielfaches davon aufnehmen oder zurückzahlen. Das Management möchte nicht mehr Kassenkredite aufnehmen als unbedingt nötig und diese Kredite so pünktlich wie möglich zurückzahlen. Aufgrund eines speziellen Arrangements werden die Zinsen gleichzeitig mit der Kapitalrückzahlung berechnet und bezahlt. Wir gehen davon aus, daß die Kreditaufnahme zu Beginn und die Rückzahlung am Ende des jeweiligen Quartals stattfindet. Die Zinsen werden auf einen Dollar auf- oder abgerundet.

Ein Mitarbeiter im entscheidungsorientierten Rechnungswesen bei Halifax Engineering erhält alle Daten, die wir in diesem Kapitel zusammengetragen haben. Seine Aufgabe lautet folgendermaßen:

1. Stellen Sie einen Liquiditätsplan auf. Das heißt, stellen Sie für jedes Quartal die Kassenzu- und -abflüsse dar einschließlich der Einzelheiten über Kreditaufnahme, Kreditrückzahlung und Zinszahlungen.

2. Stellen Sie die Planbilanz auf.

3. Stellen Sie die Planergebnisrechnung auf unter Berücksichtigung der Auswirkungen von Zinszahlungen und Einkommensteuern. Gehen Sie davon aus, daß die Einkommensteuer für 19_8 (bei einem Steuersatz von 40 %) 187.944 $ beträgt.

Tafel 6.7
Bilanz der Firma Halifax Engineering für das Jahr 19_7

AKTIVA

Umlaufvermögen		
Kasse	30.000 $	
Forderungen	400.000 $	
Rohmaterial	109.000 $	
Fertige Erzeugnisse	64.600 $	603.600 $
Anlagevermögen		
Grund	200.000 $	
Gebäude und Anlagen	2.200.000 $	
Akkumulierte Abschreibungen	(690.000) $	1.710.000 $
Summe		2.313.600 $

PASSIVA

Kurzfristige Verbindlichkeiten		
Verbindlichkeiten	150.000 $	
zu zahlende Einkommensteuer	50.000 $	200.000 $
Eigenkapital		
Nennwertlose Stammaktien, 25.000 umlaufende Aktien	350.000 $	
einbehaltene Gewinne	1.763.600 $	2.113.600 $
Summe		2.313.600 $

Aufstellung der Budgets

1. Der **Liquiditätsplan** (Tafel 6.8) ist eine Liste der erwarteten Ein- und Auszahlungen. Es prognostiziert die Auswirkungen eines gegebenen Betriebsniveaus auf die Kassenbestände. In Tafel 6.8 wird der Liquiditätsplan nach Quartalen dargestellt, um die Auswirkungen des Cash-flow-Timings auf die Bankkredite und ihre Rückzahlung aufzuzeigen.

Tafel 6.8
Halifax Engineering: Kassenplan für das Jahr 19_8

	1. Quartal	2. Quartal	3. Quartal	4. Quartal	Gesamtes Jahr
Kassenanfangsbestand	30.000 $	35.820 $	35.934 $	35.188 $	30.000 $
Zuzüglich Einzahlungen					
Kundeninkasso	913.700 $	984.600 $	976.500 $	918.400 $	3.793.200 $
Verfügbarer Kassenbestand (a)	943.700 $	1.020.420 $	1.012.434 $	953.588 $	3.823.200 $
Abzüglich Auszahlungen					
Fertigungsmaterial	314.360 $	283.700 $	227.880 $	213.800 $	1.039.740 $
Lohnkosten	557.520 $	432.080 $	409.680 $	400.720 $	1.800.000 $
Einkommensteuer	50.000 $	46.986 $	46.986 $	46.986 $	190.958 $
Andere Kosten	184.000 $	156.000 $	151.000 $	149.000 $	640.000 $
Kauf einer Maschine	0 $	0 $	0 $	35.080 $	35.080 $
Summe Auszahlungen (b)	1.105.880 $	918.766 $	835.546 $	835.586 $	3.705.778 $
Gewünschter Mindestkassenbestand	35.000 $	35.000 $	35.000 $	35.000 $	35.000 $
Erforderliche liquide Mittel (c)	1.140.880 $	953.766 $	870.546 $	880.586 $	3.740.778 $
Kassenüberschuß (-defizit) (a) - (c)[a]	(197.180) $	66.654 $	141.888 $	73.002 $	82.422 $
Finanzierung					
Kreditaufnahme (Periodenbeginn)	198.000 $	0 $	0 $	0 $	198.000 $
Rückzahlung (Periodenende)	-	(62.000) $	(130.000) $	(6.000) $	(198.000) $
Zinsen (12 % pro Jahr)[b]	-	(3.720) $	(11.700) $	(720) $	(16.140) $
Gesamteffekt der Finanzierung (d)	198.000 $	(65.720) $	(141.700) $	(6.720) $	(16.140) $
Kassenendbestand (a) - (b) + (d)	35.820 $	35.934 $	35.188 $	101.292 $	101.282 $

Anmerkungen zu Tafel 6.8:

a. Überschuß der insgesamt verfügbaren Kassenbestände über die erforderlichen Kassenmittel vor Finanzierung.

b. Man beachte, daß die Zinszahlungen sich nur auf den Teil der Kreditsumme beziehen, der am Ende eines gegebenen Quartals zurückbezahlt wird. Die Zinsen sind wie folgt zu berechnen: $62.000 \$ \times 0,12 \times 2/4 = 3.720 \$$; $130.000 \$ \times 0,12 \times 3/4 = 11.700 \$$; $6.000 \$ \times 0,12 \times 4/4 = 720 \$$. Zu beachten ist auch, daß *Abschreibungen nicht mit Auszahlungen verbunden sind.*

In der Praxis sind monatliche und manchmal sogar wöchentliche Liquiditätspläne sehr hilfreich, um die Kassenbestände zu planen und zu kontrollieren. Liquiditätspläne helfen, unnötige Kassenüberschüsse und unerwartete Fehlbestände zu vermeiden. Die Kassenbestände werden auf den Bedarf abgestimmt. Normalerweise hat der Liquiditätsplan die folgenden Hauptabschnitte:

a. Die Summe aus Anfangsbestand und Einzahlungen entspricht dem verfügbaren Kassenbestand ohne Kreditaufnahme. Die Einzahlungen bestehen aus der Eintreibung ausstehender Rechnungen, aus Barverkäufen und verschiedenen periodisch wiederkehrenden Beträgen, wie etwa Mieteinnahmen und Patentgebühren. Für eine genaue Prognose braucht man Informationen darüber, welcher Teil der ausstehenden Rechnungen voraussichtlich kassiert werden kann. Schlüsselfaktoren sind hier die bisherigen Erfahrungen mit zweifelhaften Forderungen (Rechnungen, die nicht eingetrieben werden können) und mit der durchschnittlichen zeitlichen Lücke zwischen Verkauf und Rechnungseingang.

b. Zu Auszahlungen kommt es bei folgenden Anlässen:

(i) *Materialkäufe* – abhängig von den Zahlungsbedingungen der Lieferanten und den Zahlungsgewohnheiten des Käufers.

(ii) *Ausgaben für Fertigungslöhne und andere Löhne und Gehälter* – abhängig vom Fälligkeitstermin.

(iii) *Andere Kosten* – abhängig vom Timing und den Kreditbedingungen. *Man beachte, daß Abschreibungen nicht zu Auszahlungen führen.*

(iv) *Andere Auszahlungen* – Ausgaben für Grund und Boden, Werksgebäude und Ausrüstungen und für langfristige Investitionen.

Tafel 6.9
Halifax Engineering: Planbilanz für das Jahr 19_8

AKTIVA

Umlaufvermögen			
Kasse (aus Tafel 6.8)		101.282 $	
Forderungen (1)		406.800 $	
Rohmaterial (2)		76.000 $	
Fertige Erzeugnisse (2)		448.600 $	1.032.682 $
Anlagevermögen			
Grund (3)		200.000 $	
Gebäude und Ausrüstungen (4)	2.235.080 $		
Akkumulierte Abschreibungen (5)	(920.000) $	1.315.080 $	1.514.080 $
Summe			2.547.762 $

PASSIVA

Kurzfristige Verbindlichkeiten			
Verbindlichkeiten (6)		105.260 $	
zu zahlende Einkommensteuer (7)		46.986 $	152.246 $
Eigenkapital			
Nennwertlose Stammaktien, 25.000 umlaufende			
Aktien (8)		350.000 $	
einbehaltene Gewinne (9)		2.045.516 $	2.395.516 $
Summe			2.547.762 $

Für die meisten der folgenden Berechnungen dient die Anfangsbilanz als Ausgangspunkt:
(1) 400.000 $ + 3.800.000 $ Erlöse - 3.793.200 Einzahlungen (Tafel 6.8) = 406.800 $.
(2) Aus Tabelle 6B, Seite 178.   (3) Anfangsbilanz, Seite 194.
(4) 2.200.000 $ + 35.080 Maschinenkauf = 2.235.080 $.
(5) 690.000 $ + 230.000 $ Abschreibungen aus Tabelle 5, Seite 177.
(6) 150.000 $ + 995.000 $ (Tabelle 3B, Seite 176) - 1.039.740 $ (Tafel 6.8) = 105.260 $.
Es gibt keine Lohnverbindlichkeiten. Die Lohnzahlungen bestehen im einzelnen aus 600.000
$ Fertigungslöhnen (Tabelle 4, Seite 176) + 620.000 $ Fertigungsoverheadlohnkosten
(200.000 $ Fertigungshilfslöhne + 320.000 $ Lohnnebenkosten + 100.000 $ Werksleitung aus
Tabelle 5) + 105.000 $ Arbeitskosten F&E/Design (Tabelle 8) + 130.000 $ Arbeitskosten
Marketing (Tabelle 8, Seite 179) + 245.000 $ Arbeitskosten Verwaltung (Tabelle8) =
1.800.000 $, die laut Tafel 6.8 vollständig ausgezahlt worden sind.
(7) 50.000 $ + 187.944 $ im laufenden Jahr - 190.958 $ Auszahlungen = 46.986 $.
(8) Aus der Anfangsbilanz.
(9) 1.763.600 $ + 281.916 $ Nettogewinn aus Tafel 6.10 = 2.045.516 $.

Tafel 6.10

Planergebnisrechnung von Halifax Engineering für das Geschäftsjahr 19_8

Erlöse	Tabelle 1		3.800.000 $
Kosten			
Herstellkosten des Umsatzes	Tabelle 7		2.444.000 $
Bruttogewinn			1.356.000 $
Betriebskosten			
F&E/Produktdesign-Kosten	Tabelle 8	136.000 $	
Marketingkosten	Tabelle 8	200.000 $	
Vertriebskosten	Tabelle 8	100.000 $	
Kundendienstkosten	Tabelle 8	60.000 $	
Verwaltungskosten	Tabelle 8	374.000 $	870.000 $
Betriebsergebnis			486.000 $
Zinszahlungen	Tafel 6.8		16.140 $
Gewinn vor Steuern			469.860 $
Einkommensteuer	Gegeben		187.944 $
Nettogewinn			281.916 $

c. Der Finanzierungsbedarf hängt von der Höhe der verfügbaren Mittel unter (a) in Tafel 6.8 im Vergleich zum Mittelbedarf unter (c) ab. Der Bedarf an liquiden Mitteln besteht aus den Auszahlungen unter (b) zuzüglich des erwünschten Mindestkassenbestandes am Ende der Periode. Bei einem Kassenüberschuß können Kredite zurückgezahlt oder kurzfristige Investitionen getätigt werden. Die Ausgaben für Zinszahlungen werden in der Regel in diesem Abschnitt des Liquiditätsplans aufgeführt.

d. Der Kassenbestand am Ende der Periode. Die Finanzierungsentscheidungen können sich auf den Liquiditätsplan unter (d) in Tafel 6.8 positiv (Kreditaufnahme) oder negativ (Kreditrückzahlung) auswirken; der Endbestand beträgt (a) - (b) + (d).

Der Liquiditätsplan in Tafel 6.8 zeigt das Muster von kurzfristigen "selbst-liquidierenden Kassenkrediten". Saisonale Spitzen bei Produktion oder Absatz führen oft zu umfangreichen Auszahlungen für Materialkäufe, Löhne und andere Betriebskosten. Die Einzahlungen der Kunden hinken typischerweise hinter den Verkäufen her. Die Kassenkredite sind selbst-liquidierend in dem Sinne, daß das geborgte Geld verwendet wird, um Ressourcen zu erwerben, die zum Wiederverkauf miteinander kombiniert werden, und daß die Einnahmen aus den Verkäufen genutzt werden, um die Kredite zurückzubezahlen. Diese Bewegung von liquiden Mitteln über Vorräte zu Forderungen und schließlich zurück zu liquiden Mitteln wird **Betriebskapitalzyklus** oder **betriebliche Durchlaufzeit** (*self-liquidating cycle, working-capital cycle, cash cycle, operating cycle*) genannt.

2. Die Planbilanz ist in Tafel 6.9 (Seite 197) dargestellt. Jeder Posten wird geplant im Lichte der Einzelheiten des Betriebsplans, die in allen vorangegangenen Budgetübersichten zum Ausdruck gekommen sind. So wird zum Beispiel der Endbestand an offenen Forderungen von 406.800 $ berechnet, indem man die geplanten Erlöse von 3.800.000 $ (aus Tabelle 1) zum Anfangsbestand von 400.000 $ hinzuaddiert und davon die geplanten Einzahlungen von 3.793.200 $ (aus Tafel 6.9) abzieht.

3. Die Planergebnisrechnung enthält Tafel 6.10. Es ist die Planergebnisrechnung aus Tafel 6.3 (Seite 181) erweitert um die Zinszahlungen und die Einkommensteuer.

Der Einfachheit halber haben wir Einzahlungen und Auszahlungen für diese Illustration explizit angegeben. Oft kommt es zu Zeitverschiebungen zwischen der Entstehung von Forderungen und Verbindlichkeiten und den entsprechenden Einzahlungen und Auszahlungen. In dem Beispiel der Firma Halifax Engineering wird das Inkasso von Kundenrechnungen unter zwei Voraussetzungen abgeleitet: (1) 10 % der Verkäufe jedes Monats sind Barverkäufe, 90 % sind Verkäufe mit Zahlungsziel; (2) in den beiden Monaten, die auf den Verkauf folgen, werden jeweils die Hälfte der ausstehenden Forderungen eingetrieben, wie die folgende Tabelle zeigt.

	Mai	**Juni**	**Juli**	**Aug.**	**Sept.**	**3. Quartal insgesamt**
Monatlicher Absatzplan für Halifax (gegeben)						
Verkauf auf Kredit, 90 %	308.800 $	307.800 $	280.800 $	280.000 $	280.800 $	
Verkauf gegen Kasse, 10 %	34.200 $	34.200 $	31.200 $	31.200 $	31.200 $	
Gesamterlös	342.000 $	342.000 $	312.000 $	312.000 $	312.000 $	
Inkasso aus						
Verkauf geg. Kasse, laufender Monat			31.200 $	31.200 $	31.200 $	
Verkauf geg. Kredit vergangen. Monat			153.900 $[a]	140.400 $[b]	140.000 $[c]	
Verkauf geg. Kredit, vorverg. Monat			153.900 $[d]	153.900 $[a]	140.400 $[b]	
			339.000 $	325.500 $	312.000 $	976.500 $

a. 0,50 × 307.800 $ (Umsatz vom Juni) = 153.900 $.
b. 0,50 × 280.800 $ (Umsatz vom Juli) = 140.400 $.
c. 0,50 × 280.800 $ (Umsatz vom August) = 140.400 $.
d. 0,50 × 307.800 (Umsatz vom Mai) = 153.900 $.

Natürlich hängt der Zeitplan für die Einzahlungen von den Kreditbedingungen, von den Erfahrungen mit der Zahlungsmoral der Kunden und von der erwarteten Höhe der notleidenden Kredite ab. Ähnliche Pläne können für die Betriebskosten und die entsprechenden Kassenauszahlungen aufgestellt werden.

Flexible Budgets, Abweichungsanalyse und Unternehmenssteuerung (I)

Wir haben gesehen, daß Manager ihre Pläne in Form von Budgets quantifizieren. In diesem Kapitel geht es darum, daß flexible Budgets und Abweichungen bei der Planung und Steuerung von Unternehmen eine Schlüsselrolle spielen können. Flexible Budgets und Abweichungsanalysen helfen den Managern, aufzuklären, warum die Istergebnisse von den Planzahlen abweichen. Diese Einsicht in das "Warum" gibt den Themen in diesem und dem nächsten Kapitel ihre besondere Bedeutung.

Jede *Abweichung (variance)*, die wir berechnen, ist die Differenz zwischen einem Istergebnis und einem Planbetrag. Der Planbetrag ist ein **Benchmark**, das heißt eine Bezugsgröße, die einen Vergleich ermöglicht. Firmen wählen unterschiedliche Vergleichsgrößen, einschließlich der folgenden:

1. Finanzielle Variable, die aus dem Buchführungssystem der Firma selbst hervorgehen (wie zum Beispiel die Herstellkosten für einen Bronco bei Ford).
2. Finanzielle Variable, die nicht aus dem Buchführungssystem der Firma selbst hervorgehen (Ford benutzt zum Beispiel die geschätzten Herstellkosten eines 4 Runner von Toyota als Vergleichsgröße für die Bewertung der Wettbewerbsfähigkeit seiner Produktlinie Bronco)
3. Nichtfinanzielle Variable (wie zum Beispiel die Ausfallhäufigkeit des Fließbands bei Ford).

In diesem Kapitel stehen finanzielle Vergleichsgrößen aus dem eigenen Rechnungswesen der Firma im Mittelpunkt. Vergleichsgrößen, die den Punkten 2 und 3 entsprechen, werden mehr am Rande behandelt.

Es gibt große Unterschiede zwischen verschiedenen Organisationen in bezug auf die Berechnung und Benennung der verwendeten Planzahlen. Manche Organisationen stützen sich bei der Entwicklung von Budgetbeträgen stark auf die Istwerte vergangener Perioden. Andere führen detaillierte technische Untersuchungen, sowie Zeit- und Bewegungsstudien durch. Oft wird der Ausdruck **Standard** benutzt, wenn die Budgetbeträge auf solchen sorgfältigen Untersuchungen beruhen. In der Praxis gibt es keine exakte Trennlinie zwischen *Plankosten* und *Standardkosten*. Wir benutzen *Plankosten* als allgemeineren Ausdruck, denn manche Planbeträge beruhen vielleicht nicht auf sorgfältigen Studien. Alle Abweichungen, die wir diskutieren, können sich jedoch auf Standardbeträge oder Planbeträge beziehen.

7.1 STARRE UND FLEXIBLE BUDGETS[29]

Dieses Kapitel enthält Beispiele sowohl für starre als auch für flexible Budgets. Ein **starres Budget** (*static budget*) beruht auf einer einzigen Planausbringungsmenge; wenn es einmal aufgestellt worden ist, wird es nicht angepaßt oder geändert, unabhängig davon, wie sich die Istbeschäftigung (oder die Istmengen der Erlös- und Kostentreiber) später entwickelt. Ein **flexibles Budget** (*flexible budget*) wird dagegen an spätere Veränderungen der Leistungsmenge (oder der Erlös- und Kostentreibermengen) angepaßt. Wie wir sehen werden, ermöglicht ein flexibles Budget die Analyse eines reichhaltigeren Satzes von Abweichungen als ein starres Budget. Eine **positive Abweichung** – in den Tafeln mit P bezeichnet – ist eine Abweichung, die den Betriebserfolg im Vergleich zum budgetierten Betrag erhöht. Eine **negative Abweichung** – mit N bezeichnet – verringert den Betriebserfolg im Vergleich zum geplanten Betrag.

Sowohl starre als auch flexible Budgets können verschieden detailliert sein. Immer mehr Organisationen entwickeln Budgetansätze mit groben Überblickszahlen, die dann am Computerbildschirm genauer aufgeschlüsselt werden können. In diesem Buch benutzen wir den Ausdruck *Stufe* gefolgt von einer Zahl, um anzugeben, wieviele Einzelheiten bestimmte Abweichungen zum Ausdruck bringen. Stufe 0 enthält die wenigsten Einzelheiten, Stufe 1 bietet etwas mehr Information und so weiter.

Am Beispiel der Webb Company wird die Verwendung von starren und flexiblen Budgets illustriert. Webb produziert und verkauft ein einziges Produkt, nämlich ein charakteristisches Jackett, das viele Materialien, Maßschneiderei und Handarbeit erfordert. Das Produkt wird an unabhängige Bekleidungsgeschäfte und Einzelhandelsketten verkauft. Die Firma bestimmt den geplanten Erlös (den geplanten Absatzpreis multipliziert mit der geplanten Absatzmenge) auf der Basis von Informationen ihrer Marketingmitarbeiter sowie einer Analyse der allgemeinen und branchenspezifischen wirtschaftlichen Situation. Das Kostenrechnungssystem bei Webb umfaßt die Herstellkosten und die Marketingkosten. In jedem Bereich gibt es Einzelkosten und Gemeinkosten:

	Einzelkosten	**Gemeinkosten**
Produktion	Fertigungsmaterial	Variable Herstellgemeinkosten
	Fertigungslöhne	Fixe Herstellgemeinkosten
Marketing	Marketinglöhne	Variable Marketinggemeinkosten
		Fixe Marketinggemeinkosten

---

[29]In diesem Kapitel ist nicht von *starrer* bzw. *flexibler Plankostenrechnung* die Rede, denn die Budgets enthalten auch Planabsatzmengen und Planerlöse. Man könnte also eher von einer *starren* bzw. *flexiblen Planergebnisrechnung* sprechen. [Anm. d. Übers.]

Zu den Herstellkosten der Firma gehören Fertigungsmaterialien (variabel), Fertigungslöhne (variabel) und Herstellgemeinkosten (teils variabel, teils fix). Die Marketingkosten (Vertrieb, Kundendienst und Werbung) bestehen aus den Marketinglöhnen (vor allem Vertriebspersonal, variabel) und den Marketinggemeinkosten (teils variabel, teils fix). Kostentreiber für das Fertigungsmaterial, die Fertigungslöhne und die variablen Herstellgemeinkosten ist die *Produktionsstückzahl*. Kostenbestimmungsfaktor für die Marketinglöhne und die variablen Marketinggemeinkosten ist die *Absatzstückzahl*. Erlöstreiber ist ebenfalls die *Absatzstückzahl*. Der relevante Bereich für den Absatzpreis von 180 $ pro Jackett und für die Kostentreiber in Produktion und Marketing liegt zwischen 8.000 und 16.000 Stück. Alle Kosten bei Webb hängen entweder von der Ausbringungsmenge ab oder sind fix. Wir treffen diese vereinfachenden Annahmen, um den grundsätzlichen Ansatz der flexiblen Plankostenrechnung klarer herauszustellen.

Der Einfachheit halber gehen wir in diesem Kapitel davon aus, daß Webb zu Beginn und am Ende der Rechnungsperiode keine Lagerbestände hat. In Kapitel 9 kommen dann die zusätzlichen Probleme zur Sprache, die entstehen, wenn Lagerbestände zu berücksichtigen sind.

7.2 ABWEICHUNGEN BEI STARREN BUDGETS

Istergebnisse und Planzahlen im starren Budget der Firma Webb für April 19_7 lauten wie folgt:

	Istergebnisse	Planergebnisse (starres Budget)
Absatzmenge	10.000 Stück	12.000 Stück
Erlöse	1.850.000 $	2.160.000 $
Variable Kosten	1.120.000 $	1.188.000 $
Fixkosten	705.000 $	710.000 $
Betriebsgewinn	25.000 $	262.000 $

Tafel 7.1 zeigt die Abweichungsanalysen der Stufen 0 und 1 für April 19_7. Stufe 0 ist der am wenigsten detaillierte Vergleich zwischen dem tatsächlichen und dem geplanten Betriebserfolg. Die negative Abweichung von 237.000 $ erhält man, wenn man einfach den Planerfolg (262.000 $) vom Isterfolg (25.000 $) abzieht:

$$\text{Ergebnisabweichung (starres Budget)} = \text{Istergebnis - Planergebnis}$$
$$= 25.000 \text{ \$} - 262.000 \text{ \$}$$
$$= 237.000 \text{ \$ N}$$

Die Analyse der Stufe 1 in Tafel 7.1 gibt den Managern genauere Informationen über die Abweichung des Betriebserfolgs in Höhe von 237.000 $ N. Die zusätzliche Information der Stufe 1 bezieht sich auf die Erlöse, die variablen Kosten und die fixen Kosten. Der geplante Deckungsbeitrag von 45 % (972.000 $: 2.160.000 $) schrumpft bei den Istwerten auf 39,5 % (730.000 $: 1.850.000 $).

Stufe 1 enthält zwar mehr Informationen als Stufe 0. Man kann jedoch zusätzliche Einsichten bezüglich der Abweichungsursachen gewinnen, wenn man ein flexibles Budget in die Abweichungsanalyse miteinbezieht.

Tafel 7.1
Analyse der Ergebnisabweichung, Webb Company, April 19_7

STUFE 0

Istergebnis	25.000 $
Planergebnis	262.000 $
Ergebnisabweichung (starres Budget)	237.000 $ N*

STUFE 1

	Istzahlen (1)	Budgetabweichungen (2) = (1) - (3)	Planzahlen (3)
Absatzmenge	10.000 Stück	2.000 Stück N	12.000 Stück
Erlöse	1.850.000 $	310.000 $ N	2.160.000 $
Variable Kosten	1.120.000 $	68.000 $ P	1.188.000 $
Deckungsbeitrag	730.000 $	242.000 $ N	972.000 $
Fixkosten	705.000 $	5.000 $ P	710.000 $
Betriebsgewinn	25.000 $	237.000 $ N	262.000 $

237.000 $ N

Gesamtabweichung

* P = positive Auswirkung auf den Betriebsgewinn; N = negative Auswirkung auf den Betriebsgewinn

7.3 SCHRITTE BEI DER ENTWICKLUNG EINES FLEXIBLEN BUDGETS

Die Firma Webb entwickelt ihr flexibles Budget in fünf Schritten. Dieser Ansatz ist relativ einfach, wenn man davon ausgeht, daß alle Kosten entweder von der Ausbringungsmenge abhängen oder fix sind. Die fünf Schritte sehen folgendermaßen aus:

Schritt 1: *Bestimme den geplanten Absatzpreis pro Stück, die geplanten variablen Stückkosten und die geplanten Fixkosten.* Jede Produkteinheit (jedes Jackett) hat einen geplanten Absatzpreis von 180 $. Die geplanten variablen Kosten sind 99 $ pro Jakkett. Spalte 2 der Tafel 7.2 zeigt eine Aufschlüsselung dieses Betrags. Die geplanten Fixkosten belaufen sich auf 710.000 $ (276.000 $ Fertigungsfixkosten und 434.000 $ Marketingfixkosten).

Schritt 2: *Bestimme die Istmenge des Erlöstreibers.* Erlöstreiber bei Webb ist die Absatzstückzahl. Im April 19_7 hat die Firma 10.000 Jacketts verkauft.

Schritt 3: *Bestimme den Sollerlös als geplanten Absatzpreis multipliziert mit der Istmenge des Erlöstreibers*

$$\text{Sollerlös} = 180\ \$ \times 10.000$$
$$= 1.800.000\ \$$$

Schritt 4: *Bestimme die Istmenge der (des) Kostentreiber(s).* Kostentreiber für die Herstellkosten ist die Produktionsstückzahl. Kostentreiber für die Marketingkosten ist die Absatzstückzahl. Im April 19_7 hat Webb 10.000 Jacketts hergestellt und verkauft.

Schritt 5: *Bestimme die Sollkosten aus den geplanten variablen Stückkosten, den geplanten Fixkosten und der Istmenge der (des) Kostentreiber(s).*

Variable Sollkosten		
Fertigung	= 88 $ × 10.000	= 880.000 $
Marketing	= 11 $ × 10.000	= 110.000 $
		990.000 $
Fixe Plankosten		
Fertigung	= 276.000 $	
Marketing	= 434.000 $	
	= 710.000 $	

Diese fünf Schritte ermöglichen es der Firma, zu einer Abweichungsanalyse der Stufe 2 zu kommen, mit deren Hilfe die Ursachen für die negative Ergebnisabweichung besser erklärt werden können. Tafel 7.2 zeigt das flexible Budget für 10.000 Stück (Spalte 3) sowie für 12.000 und 15.000 Stück (Spalten 4 und 5).

Tafel 7.2
Flexible Budgets der Webb Company, April 19_7

	Planstück-kosten (1)	Sollkosten für alternative Mengen verkaufter Outputeinheiten (flexibles Budget)			Istwerte für 10.000 Einheiten (5)
		10.000 (2)	12.000 (3)	15.000 (4)	
Erlös	180 $	1.800.000 $	2.160.000 $	2.700.000 $	1.850.000 $
Variable Kosten					
Fertigungsmaterial	60 $	600.000 $	720.000 $	900.000 $	688.200 $
Fertigungslöhne	16 $	160.000 $	192.000 $	240.000 $	198.000 $
Marketinglöhne	6 $	60.000 $	72.000 $	90.000 $	57.600 $
Variable Fertigungsgemeinkosten	12 $	120.000 $	144.000 $	180.000 $	130.500 $
Variable Marketinggemeinkosten	5 $	50.000 $	60.000 $	75.000 $	45.700 $
Summe variable Kosten	99 $	990.000 $	1.188.000 $	1.485.000 $	1.120.000 $
Deckungsbeitrag	81 $	810.000 $	972.000 $	1.215.000 $	730.000 $
Fixkosten					
fixe Fertigungsgemeinkosten		276.000 $	276.000 $	276.000 $	285.000 $
fixe Marketinggemeinkosten		434.000 $	434.000 $	434.000 $	420.000 $
Summe Fixkosten		710.000 $	710.000 $	710.000 $	705.000 $
Gesamtkosten		1.700.000 $	1.898.000 $	2.195.000 $	1.825.000 $
Betriebsgewinn		100.000 $	262.000 $	505.000 $	25.000 $

7.4 SOLL-IST-ABWEICHUNGEN UND ABSATZVOLUMENAB-WEICHUNGEN

Tafel 7.3 zeigt die Abweichungsanalyse der Stufe 2. Man beachte, daß die negative Gesamtabweichung des Istergebnisses vom Planergebnis im starren Budget in Höhe von 237.000 $ nun (im flexiblen Budget) in zwei Komponenten aufgespalten worden ist, nämlich in eine Soll-Ist-Abweichung und eine Absatzvolumenabweichung.

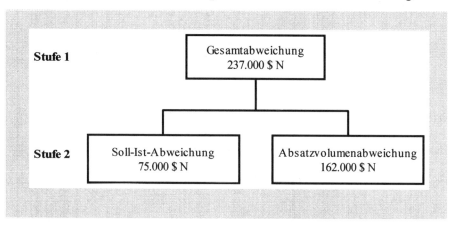

Die **Soll-Ist-Abweichung** (*flexible-budget variance*) ist die Differenz zwischen dem Istergebnis und dem Ergebnis des flexiblen Budgets, in dem die Istmengen der Erlös- und Kostentreiber berücksichtigt sind. Die **Absatzvolumenabweichung** (*sales-volume variance*) ist die Differenz zwischen der Soll-Ist-Abweichung und der Gesamtabweichung; Stückpreise, variable Stückkosten und Fixkosten werden dabei konstant gehalten. Die Kenntnis dieser Abweichungen liefert den Managern eine bessere Erklärung für die Gesamtabweichung in Höhe von 237.000 $ N.

Soll-Ist-Abweichungen

Die ersten drei Spalten der Tafel 7.3 vergleichen die Istbeträge mit den Beträgen des flexiblen Budgets. Die Soll-Ist-Abweichungen für vier Positionen der Gewinn- und Verlustrechnung werden in Spalte 2 aufgeführt:

Soll-Ist-Abweichung = Istbetrag - Sollbetrag (flexibles Budget)

Für den Betriebserfolg beträgt die Soll-Ist-Abweichung 75.000 $ N (25.000 $ - 100.000 $). Diese Abweichung entsteht, weil der tatsächliche Absatzpreis, die variablen Stückkosten und die Fixkosten sich von den jeweiligen Plangrößen unterscheiden. Die tatsächlichen und geplanten Stückpreise und variablen Stückkosten lauten wie folgt:

Tafel 7.3

Abweichungsanalyse auf der Basis flexibler Budgets, Webb Company, April 19_7

STUFE 2

	Istzahlen (1)	Soll-Ist-Abweichungen (2) = (1) - (3)	Sollzahlen (flexibles Budget) (3)	Absatzvolumenabweichungen (4) = (3) - (5)	Planzahlen (starres Budget) (5)
Absatzmenge	10.000 Stück	0	10.000 Stück	2.000 Stück N	12.000 Stück
Erlös	1.850.000 $	50.000 $ P*	1.800.000 $	360.000 $ N	2.160.000 $
Variable Kosten	1.120.000 $	130.000 $ N	990.000 $	198.000 $ P	1.188.000 $
Deckungsbeitrag	730.000 $	80.000 $ N	810.000 $	162.000 $ N	972.000 $
Fixkosten	705.000 $	5.000 $ P	710.000 $	0 $	710.000 $
Betriebsgewinn	25.000 $	75.000 $ N	100.000 $	162.000 $ N	262.000 $

75.000 $ N

Soll-Ist-Abweichung

162.000 $ N

Absatzvolumenabweichung

237.000 $ N

Gesamtabweichung

* P = positive Auswirkung auf den Betriebsgewinn; N = negative Auswirkung auf den Betriebsgewinn

	Istbetrag pro Stück	Planbetrag pro Stück
Absatzpreis	185 $	180 $
Variable Kosten	112 $	99 $

Die tatsächlichen Fixkosten von 705.000 $ liegen um 5.000 $ unter dem Planbetrag von 710.000 $.

Soweit sich die Soll-Ist-Abweichung auf den Erlös bezieht, spricht man oft von einer **Absatzpreisabweichung** (*selling-price variance*), denn sie ist allein auf Differenzen zwischen dem tatsächlichen und dem geplanten Absatzpreis zurückzuführen.

$$\text{Absatzpreisabweichung} = (\text{Istabsatzpreis - Planabsatzpreis}) \times \text{Istabsatzmenge}$$
$$= (185 \ \$ - 180 \ \$) \times 10.000$$
$$= 50.000 \ \$ \ P$$

Webb hat eine positive Absatzpreisabweichung, denn der tatsächliche Absatzpreis liegt um 5 $ über dem geplanten Absatzpreis. In der Regel sind die Marketingmanager am besten über die Gründe für diese Absatzpreisdifferenz informiert.

Absatzvolumenabweichungen

Die Sollzahlen in Spalte 3 von Tafel 7.3 und die Planzahlen in Spalte 5 beruhen beide auf den geplanten Absatzpreisen und den geplanten Kostensätzen. Die Differenz zwischen ihnen wird als Absatzvolumenabweichung bezeichnet, weil in vielen Kontexten die Absatzstückzahl gleichzeitig Erlöstreiber und Kostentreiber ist. Für den Betriebsgewinn gilt

$$\text{Absatzvolumenabweichung} = \text{Betriebsgewinn im flexiblen Budget - geplanter Gewinn}$$
$$= 100.000 \ \$ - 262.000 \ \$$$
$$= 162.000 \ \$ \ N$$

In unserem Beispiel der Firma Webb entsteht diese Absatzvolumenabweichung beim Betriebserfolg deshalb, weil nur 10.000 Stück und damit 2.000 Stück weniger als die geplanten 12.000 Stück verkauft worden sind.

7.5 EINSATZPREIS- UND VERBRAUCHSABWEICHUNGEN

Die Soll-Ist-Abweichung (Stufe 2) fängt den Unterschied zwischen den Istzahlen und den Sollzahlen (flexibles Budget) ein. Die Quellen für diese Abweichung (soweit sie die Kosten betrifft) sind Unterschiede zwischen Ist- und Sollwerten bei Preisen und Mengen der Inputgüter. Die beiden Abweichungen, die wir in diesem Abschnitt diskutieren – Einsatzpreisabweichungen und Verbrauchsabweichungen – analysieren diese Differenzen. Diese Information hilft den Managern, Leistungen in der Vergangenheit besser zu verstehen und zukünftige Leistungen besser zu planen. Wir sprechen hier von einer Abweichungsanalyse der Stufe 3, denn sie enthält detailliertere Informationen als die Abweichungsanalyse der Stufe 2.

Eine **Einsatzpreisabweichung** (*price variance, input-price variance*) ist die Differenz zwischen dem Istpreis und dem Planpreis multipliziert mit der Istmenge des betreffenden Inputs (zum Beispiel gekauftes oder verbrauchtes Fertigungsmaterial). Eine **Verbrauchsabweichung** ist die Differenz zwischen der tatsächlich verbrauchten Inputmenge (zum Beispiel Fertigungsmaterial in Metern Stoff) und derjenigen Inputmenge, die laut Budget hätte verbraucht werden sollen, multipliziert mit dem Inputpreis. *Verbrauchsabweichungen* werden manchmal auch **Effizienzabweichungen** (*efficiency variance, input-efficiency variance, usage variance*) genannt.

Zwischen diesen beiden Arten von Abweichungen besteht bei Webb folgender Zusammenhang:

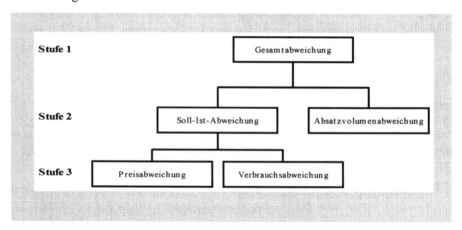

Die Bestimmung von Planpreisen und Planmengen für die Inputs

Bei Webb sind die beiden Hauptinformationsquellen über die Planpreise und Planmengen für die Inputs

1. *die tatsächlichen Inputdaten aus vergangenen Perioden.* Die meisten Firmen verfügen über Istwerte aus der Vergangenheit über Inputpreise und Inputmengen. Diese Daten können für die Erstellung eines flexiblen Budgets genutzt werden. Daten aus der Vergangenheit sind in der Regel zu relativ niedrigen Kosten verfügbar. Die Nutzung dieser Quelle stößt jedoch auf Grenzen (a), weil die Daten der Vergangenheit auch die Ineffizienzen der Vergangenheit beinhalten, und (b), weil die Daten der Ver-

gangenheit Veränderungen, die für die Planperiode erwartet werden, nicht berücksichtigen.

2. *von Webb entwickelte Standards.* Ein *Standard* ist ein sorgfältig im voraus bestimmter Betrag, der in der Regel auf irgendeine Einheit (z.b. Kostentreiber) bezogen wird. Webb benutzt Zeit- und Bewegungsstudien sowie technische Untersuchungen, um seine Standards zu bestimmen. Die Firma führt zum Beispiel eine detaillierte Analyse der Schritte zur Fertigung eines Jacketts durch. Jedem Schritt wird dann eine Standardzeit zugewiesen, basierend auf der Arbeit einer qualifizierten Kraft, deren Arbeitsmittel effizient funktionieren. Die Vorteile von Standardvorgaben sind (a), daß die Ineffizienzen der Vergangenheit ausgeschlossen werden, und (b), daß die für die Budgetperiode erwarteten Veränderungen berücksichtigt werden können. Ein Beispiel für (a) könnte darin bestehen, daß ein Zulieferer seine Fähigkeit, die anspruchsvollen Qualitätsanforderungen für das Tuchmaterial, aus dem die Jacketts von Webb angefertigt werden, beständig zu erfüllen, dramatisch verbessert. Ein Beispiel für (b) wäre der Erwerb von neuen Webmaschinen, die mit höherer Geschwindigkeit und geringeren Ausschußraten arbeiten.

Webb hat Standardinputs und Standardkosten für jede variable Kostenart entwickelt. Ein **Standardinput** (*standard input*) ist eine sorgfältig im voraus bestimmte Inputmenge (wie zum Beispiel Material in Kilogramm oder Arbeitszeit in Stunden), die für eine Outputeinheit benötigt wird. **Standardkosten** (*standard cost*) sind sorgfältig im voraus bestimmte Kosten. Standardkosten können sich auf Input- oder Outputeinheiten beziehen. Bei Webb werden die Plankosten für jede variable Kostenart mit Hilfe der folgenden Formel berechnet:

Zulässiger Standardinput für eine Outputeinheit × Standardkosten pro Inputeinheit

Die variablen Kostenarten sind

- Fertigungsmaterial: Zulässig sind 2,00 Quadratmeter Stoff pro hergestellter Outputeinheit (Jackett) zum Standardkostensatz von 30 $ pro Quadratmeter.

    Standardkosten = 2,00 × 30 $ = 60,00 $ pro hergestellter Outputeinheit

- Fertigungslöhne: Erlaubt sind 0,80 Stunden Fertigungsarbeit pro hergestellter Outputeinheit zum Standardkostensatz von 20 $ pro Arbeitsstunde.

    Standardkosten = 0,80 × 20 $ = 16,00 $ pro hergestellter Outputeinheit

- Marketinglöhne: Zulässig sind 0,25 Stunden Marketingarbeit pro verkaufter Outputeinheit zum Standardkostensatz von 24 $ pro Arbeitsstunde.

    Standardkosten = 0,25 × 24 $ = 6,00 $ pro verkaufter Outputeinheit

- Variable Herstellgemeinkosten: Zugerechnet auf der Basis von 1,20 Maschinenstunden pro hergestellter Outputeinheit zum Standardkostensatz von 10 $ pro Maschinenstunde.

    Standardkosten = 1,20 × 10 $ = 12,00 $ pro hergestellter Outputeinheit

DIE WEITVERBREITETE VERWENDUNG VON STANDARDKOSTEN

Umfragen bei Unternehmen rund um den Globus zeigen, daß die Verwendung von Standardkosten bei Unternehmen des produzierenden Gewerbes weit verbreitet ist. Die folgenden Daten fassen die Ergebnisse von Umfragen in fünf Ländern zusammen

Land	Anteil der Befragten, die Standardkosten verwenden
Vereinigte Staaten[a]	86 %
Irland[b]	84 %
Großbritannien[c]	76 %
Schweden[d]	73 %
Japan[e]	65 %

a. Cornick, Cooper und Wilson, "How Do Companies."
b. Clarke, "Management Accounting."
c. Drury, Braund, Osborne und Tayles, *A Survey.*
d. Ask und Ax, "Trends."
e. Scarbrough, Nanni und Sakurai, "Japanese Management."
Vollständige Quellenangaben in Anhang A.

Die Studie aus Irland ergab, daß Standardkosten am häufigsten für Fertigungsmaterial (84 %), Fertigungslöhne (69 %) und Herstellgemeinkosten (59 %) benutzt wurden. In den meisten Firmen (55 %) wurden die Standardkosten jährlich neu festgelegt.

Wie kann man die Popularität von Standardkosten erklären? Unternehmen mit Hauptsitz in vier verschiedenen Ländern nennen die folgenden Gründe für die Verwendung von Standardkosten (der wichtigste Grund hat die Rangziffer 1, der unwichtigste die Rangziffer 4):

Grund[a]	USA	Kanada	Japan	GB
Kostenmanagement	1	1	1	2
Preissetzung und Preispolitik	2	3	2	1
Budgetplanung und -steuerung	3	2	3	3
Jahresabschlußvorbereitung	4	4	4	4

a. Inoue, "A Comparative Study."

Die Preis- und Verbrauchsabweichungen beim Fertigungsmaterial, die wir in diesem Kapitel behandelt haben, illustrieren den Nutzen von Standardkosten für das Kostenmanagement.

Umfragen zur betrieblichen Praxis

- Variable Marketinggemeinkosten: Zugerechnet auf der Basis von 0,125 Stunden Marketingarbeit pro verkaufter Outputeinheit zum Standardkostensatz von 40 $ pro Stunde.

Standardkosten = 0,125 × 40 $ = 5,00 $ pro verkaufter Outputeinheit

Diese Standardkostenberechnungen stecken hinter den Zahlen in Spalte 2 der Tafel 7.2.

Die Aufspaltung der Soll-Ist-Abweichung in ihre Preis- und Verbrauchskomponente ist wichtig, wenn es darum geht, die Leistung einzelner Manager zu bewerten. Bei Webb ist der Produktionsmanager für die Verbrauchsabweichung verantwortlich und der Einkaufsmanager für die Einsatzpreisabweichung. Die separate Berechnung der Preisabweichung ermöglicht es, die Verbrauchsabweichung mit Hilfe der Planpreise für die Inputs zu bestimmen. Die Beurteilung der Effizienz (verbrauchte Inputmenge bei gegebener Ausbringungsmenge) wird also nicht dadurch berührt, daß die Istpreise der Inputs von ihren Planpreisen abweichen. Dennoch ist hier eine Warnung angebracht. Wie wir im folgenden sehen werden, können die Ursachen von Einsatzpreis- und Verbrauchsabweichungen miteinander zusammenhängen. Aus diesem Grund sollte man diese Abweichungen nicht getrennt voneinander interpretieren.

Ein Beispiel für Einsatzpreis- und Verbrauchsabweichungen

Betrachten wir die drei Einzelkostenkategorien der Firma Webb. Die folgende Tabelle zeigt die Istkosten in diesen drei Kategorien:

Fertigungsmaterial, eingekauft und verwendet	
Materialeinzelkosten	688.200 $
Stoff gekauft und verwendet	22.200 m²
Istpreis pro m²	31 $
Fertigungsarbeit	
Fertigungslöhne	198.000 $
Fertigungsarbeitszeit	9.000 Stunden
Istpreis pro Stunde	22 $
Einzelkosten im Marketing	
Marketinglöhne	57.600 $
Marketingarbeitszeit	2.304 Stunden
Istpreis pro Stunde	25 $

Der Einfachheit halber gehen wir hier davon aus, daß gekaufte und verwendete Materialmengen identisch sind.

Die Istkosten und die Sollkosten (Plankosten auf der Basis der Istausbringungsmenge von 10.000 Einheiten) im April 19_7 sind der folgenden Tabelle zu entnehmen.

	Istkosten	Sollkosten		Soll-Ist-Abweichung
Materialeinzelkosten	688.200 $	600.000 $	(10.000 × 60 $)	88.200 $
Fertigungslöhne	198.000 $	160.000 $	(10.000 × 16 $)	38.000 $ N
Marketinglöhne	57.600 $	60.000 $	(10.000 × 6 $)	2.400 $ P
Summe	943.800 $	820.000 $		123.800 $ N

Wir verwenden nun diese Daten, um Einsatzpreisabweichungen und Verbrauchsabweichungen zu illustrieren. Beginnen wir mit den Preisabweichungen.

Einsatzpreisabweichungen

Die Formel für die Berechnung einer Einsatzpreisabweichung lautet

$$\text{Einsatzpreisabweichung} = (\text{Istpreis} - \text{Planpreis}) \times \text{Istverbrauch}$$

Damit sind die Preisabweichungen[30] für die drei Einzelkostenkategorien

Einzelkosten-kategorie	(Istpreis - Planpreis)	×	Istmenge	=	Einsatzpreis-abweichung
Materialeinzelkosten	(31 $ - 30 $)	=	22.200	=	22.200 $ N
Lohneinzelkosten Fertigung	(22 $ - 20 $)	=	9.000	=	18.000 N
Lohneinzelkosten Marketing	(25 $ - 24 $)	=	2.304	=	2.304 N

Alle drei Einsatzpreisabweichungen sind negativ (sie reduzieren den Betriebserfolg), weil der Istpreis jeweils den Planpreis übersteigt; das heißt, daß die Firma höhere Kosten pro Inputeinheit in Kauf nehmen mußte, als geplant war.

Bei Preisabweichungen ist stets ein breites Spektrum möglicher Ursachen zu bedenken. So könnte zum Beispiel die negative Materialpreisabweichung einen oder mehrere der folgenden Gründe haben.

- Der Einkaufsmanager der Firma Webb hat weniger geschickt verhandelt, als im Budget angenommen worden war.
- Der Einkaufsmanager hat kleinere Partien gekauft als vorgesehen, obwohl es für größere Partien Mengenrabatte gegeben hätte.
- Die Materialpreise sind aufgrund ungünstiger Wetterbedingungen unerwartet gestiegen.

---

[30]Die Einsatzpreisabweichung wird bei den Fertigungslöhnen auch *Lohnabweichung* genannt, beim Fertigungsmaterial *Materialpreisabweichung*. [Anm. d. Übers.]

• Die Planpreise für das Fertigungsmaterial wurden ohne eine sorgfältige Marktanalyse festgelegt.

Die Reaktion der Firma auf eine Materialpreisabweichung hängt wesentlich von dem vermuteten Grund für diese Abweichung ab. Angenommen die Firma beschließt, daß eine negative Abweichung auf mangelndes Verhandlungsgeschick des Einkaufsmanagers zurückzuführen ist. Webb kann daraufhin entweder in ein Verhandlungstraining für diesen Mitarbeiter investieren oder einen geschickteren Einkaufsmanager einstellen.

Bei der Interpretation von Materialpreisabweichungen sollte das Firmenmanagement etwaige Veränderungen in der Beziehung zu den Zulieferern berücksichtigen. Nehmen wir zum Beispiel an, daß Webb sich für eine langfristige Beziehung mit einem einzigen Materiallieferanten entscheidet. Webb und die Zulieferfirma vereinbaren für alle Materialkäufe in den nächsten sechs Monaten einen einheitlichen Einkaufspreis pro Mengeneinheit. Dann wird es wahrscheinlich kaum zu Materialpreisabweichungen kommen, denn Webb wird ausschließlich von diesem Lieferanten kaufen.

Verbrauchsabweichungen

Zur Berechnung von Verbrauchsabweichungen muß man die Inputmenge messen, die für eine gegebene Ausbringungsmenge verbraucht worden ist. Für jeden Output ist die Verbrauchsabweichung die Differenz zwischen dem tatsächlichen Verbrauch und dem für dieses Outputniveau geplanten Verbrauch, wobei die Inputpreise konstant gehalten werden:

Verbrauchsabweichung = (Istverbrauch - Sollverbrauch) × Planpreis des Inputs

Man geht also hier davon aus, daß eine Organisation ineffizient ist, wenn sie für den tatsächlich produzierten Output mehr Inputgüter verbraucht als geplant, bzw. daß sie effizient ist, wenn sie für den tatsächlich produzierten Output weniger Inputgüter verbraucht als geplant.

Die Verbrauchsabweichungen[31] für jede der Einzelkostenarten von Webb sind

Einzelkosten-kategorie	(Istverbrauch	- Sollverbrauch)	×	Planpreis	=	Verbrauchs-abweichung
Fertigungsmat.	(22.200 m² - 10.000 × 2,00 m²)		×	30 \$/m²	=	66.000 \$ N
Fertigungslöhne	(9.000 Stunden - 10.000 × 0,80 Std.)		×	20 \$/Std.	=	20.000 \$ N
Marketinglöhne	(2.304 Stunden - 10.000 × 0,25 Std.)		×	24 \$/Std.	=	4.704 \$ P

Leistungsabweichung und Materialverbrauchsabweichung sind beide negativ, denn der Inputverbrauch war höher als geplant, so daß der Betriebserfolg verringert wurde.

---

[31]Die Verbrauchsabweichung wird bei den Fertigungslöhnen auch *Leistungsabweichung* genannt, beim Fertigungsmaterial *Materialverbrauchsabweichung*. [Anm. d. Übers.]

Die Verbrauchsabweichung im Marketing ist positiv, denn der Inputverbrauch war geringer als geplant, so daß im Ergebnis ein höherer Betriebserfolg erzielt wurde.

Wie bei den Preisabweichungen müssen die Manager von Webb auch für die Entstehung der Verbrauchsabweichungen ein breites Spektrum von möglichen Ursachen in Betracht ziehen. Die negative Leistungsabweichung bei der Fertigungsarbeit könnte zum Beispiel auf einen oder mehrere der folgenden Gründe zurückzuführen sein.

- Der Personalmanager der Firma hat unterqualifizierte Arbeitskräfte eingestellt.
- Der für die Produktionsplanung zuständige Mitarbeiter hat einen ineffizienten Arbeitsplan aufgestellt mit dem Ergebnis, daß mehr Fertigungsarbeitszeit pro Jakkett aufgewendet werden mußte.
- Die Wartungsabteilung der Firma hat die Maschinen nicht ordentlich gewartet, so daß mehr Fertigungsarbeitszeit pro Jackett aufgewendet werden mußte.
- Die Zeitstandards wurden ohne eine sorgfältige Analyse der Arbeitsabläufe und der Fähigkeiten der Mitarbeiter festgelegt.

Wenn die negative Leistungsabweichung auf unzureichende Maschinenwartung zurückzuführen ist, kann die Firma beschließen, daß ein Team aus werkseigenen Technikern und Maschinenbedienungspersonal einen Wartungsplan erarbeiten soll, der sicherstellt, daß in Zukunft die Jacketts schneller genäht werden können.

Darstellung von Einsatzpreis- und Verbrauchsabweichungen

Die Summe aus Einsatzpreisabweichung und Verbrauchsabweichung entspricht der Soll-Ist-Abweichung[32]:

---

[32]Die folgende Übersicht faßt die in diesem Kapitel verwendete Terminologie der Abweichungen zusammen [Anm. d. Übers.]:

Allgemein: Erlöse und Kosten	Gesamtabweichung		
	Soll-Ist-Abweichung		Absatzvolumenabweichung
Erlöse	Absatzpreisabweichung		Absatzvolumenabweichung
Einzelkosten	Inputpreisabweichung	Verbrauchsabweichung	Die Absatzvolumenabweichung der Einzelkosten ist eher ein Indikator für die Planungsgenauigkeit und für die Kostenanalyse nicht interessant.
Material	Materialpreisabweichung	Materialverbrauchsabweichung	
Arbeit	Lohnabweichung	Leistungsabweichung	

Tafel 7.4 zeigt eine bequeme Art der Darstellung von Informationen über Istgrößen und Plangrößen, die zur Berechnung der Preis- und Verbrauchsabweichungen beim Fertigungsmaterial verwendet werden. Die Tafel beruht auf der Voraussetzung, daß gekaufte und verbrauchte Materialmengen identisch sind.

TAFEL 7.4

Spaltendarstellung der Abweichungsanalyse: Materialkosten der Webb Company im April 19_7

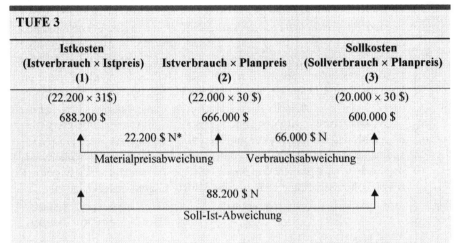

TUFE 3		
Istkosten (Istverbrauch × Istpreis) (1)	**Istverbrauch × Planpreis** (2)	**Sollkosten** (Sollverbrauch × Planpreis) (3)
(22.200 × 31$)	(22.000 × 30 $)	(20.000 × 30 $)
688.200 $	666.000 $	600.000 $

22.200 $ N* ↑   66.000 $ N ↑

Materialpreisabweichung   Verbrauchsabweichung

88.200 $ N

Soll-Ist-Abweichung

* P = positive Auswirkung auf den Betriebsgewinn; N = negative Auswirkung auf den Betriebsgewinn

GESAMTKOSTEN DER BEREITSTELLUNG VON FERTIGUNGSMATERIAL BEI PARKER-HANNIFIN

In der Compumotor Abteilung der Firma Parker-Hannifin machen die Materialkosten mehr als 50 % der gesamten Fertigungskosten aus. P-H hat ein Zuliefererkostenmodell entwickelt, das auf der Erkenntnis beruht, daß die Gesamtkosten des Fertigungsmaterials neben den Einkaufskosten noch aus vielen weiteren Posten bestehen. Dieses Modell dient als Richtlinie für die Wahl der Zulieferer und für das laufende Kostenmanagement der materialabhängigen Kosten. Das Zuliefererkostenverhältnis ist das Verhältnis der einkaufsunabhängigen Kosten zu den gesamten Zuliefererkosten. P-H benutzt dieses Zuliefererkostenverhältnis, um die Leistung jedes Zulieferers im Zeitablauf zu untersuchen. So könnte zum Beispiel eine Veränderung des Zuliefererkostenverhältnisses der Firma Acme auf einen Anstieg der Lieferfehler zurückzuführen sein. P-H spricht mit seinen Zulieferern über dieses Modell, so daß Käufer und Verkäufer gemeinsam nach Kosteneinsparungsmöglichkeiten suchen können, um die Beziehung für beide Partner produktiver zu gestalten. Ein hypothetischer Bericht für einen hypothetischen Zulieferer (Acme components) könnte folgendermaßen lauten:

	Outputmaß	Anzahl Aktivitäten	Kosten pro Aktivität	Gesamt-kosten
Bestellungen				
automatisiert	Monatspauschale	0	10 $	0 $
nicht automatisiert	Zahl der Bestell.	22	2 $	44 $
Produktkomplexität	Kategorien 1-4	1	16 $	16 $
Eingangskontrolle	Stundensatz	6	10 $	60 $
Lieferfehler	Anzahl der Fehler	2	25 $	50 $
Zahlungsmethode				
automatisiert	Lieferscheine	0	1 $	0 $
nicht automatisiert	Lieferscheine	16 $	3 $	48 $
Lagerhaltung	Durchschnittsbestand × Kapitalkosten			940 $
1. Einkaufsunabhängige Kosten				1.158 $
2. Einkaufskosten				23.842 $
3. Summe Lieferantenkosten (1 + 2)				25.000 $
Lieferantenkostenverhältnis (1 : 3)				4,632 %

Quelle: Präsentation von Parker-Hannifin beim CAM-I-Treffen 1995 und Diskussion mit Managern von P-H.

(vertikaler Seitentext) Konzepte und ihre Umsetzung

7.6 LEISTUNGSMESSUNG MIT HILFE VON ABWEICHUNGEN

Effektivität und Effizienz

Eine wichtige Nutzung der Abweichungsanalyse ist die Leistungsbewertung. Zwei Eigenschaften der Leistung werden üblicherweise gemessen:

- **Effektivität** – der Grad der Erreichung eines im voraus bestimmten Ziels.
- **Effizienz** – die relative Inputmenge, die verbraucht worden ist, um ein bestimmtes Outputniveau zu erreichen.

Bevor man eine Abweichung als Leistungsmaß benutzt, sollte man ihre Ursachen sorgfältig interpretieren. Angenommen ein Einkaufsmanager der Firma Webb hat gerade einen Vertrag ausgehandelt, der zu einer positiven Materialpreisabweichung führt. Dieses Ergebnis könnte auf einen oder mehrere der folgenden Gründe zurückzuführen sein:

1. Der Einkaufsmanager hat mit den Zulieferern wirkungsvoll verhandelt.
2. Der Einkaufsmanager hat eine niedrigere Qualität zu einem niedrigeren Preis akzeptiert.
3. Der Einkaufsmanager hat einen Mengenrabatt herausgeschlagen. Er hat allerdings eine größere Menge bestellt, als kurzfristig gebraucht wird, so daß ein übermäßiger Lageraufbau stattgefunden hat.

Wenn die Leistung des Einkaufsmanagers ausschließlich anhand der Materialpreisabweichungen bewertet wird, dann wird nur der erste Grund als akzeptabel betrachtet, und die Bewertung wird positiv ausfallen. Die Gründe 2 und 3 würden als nicht akzeptabel gelten und würden für die Firma wahrscheinlich zusätzliche Kosten verursachen, wie zum Beispiel höhere Materialausschußkosten beziehungsweise höhere Lagerkosten.

Leistungsmaße werden immer häufiger so gewählt, daß Kostensenkung für die Firma insgesamt im Mittelpunkt steht. Ein solcher Ansatz gehört zentral zu der Analyse der gesamten Wertschöpfungskette, die eines der neuen Managementthemen darstellt. In unserem Beispiel vom Einkaufsmanager kann die Firma letztendlich aus den Gründen 2 und 3 mehr Geld verlieren, als sie durch den Grund 1 gewinnt. Umgekehrt kann man die Herstellkosten absichtlich erhöhen (zum Beispiel weil man höhere Kosten für besseres Material oder mehr Fertigungsarbeitszeit in Kauf nimmt), um eine bessere Produktqualität zu erreichen. Auch hier können die Kosten der höheren Produktqualität durch Einsparungen bei den Kundendienstkosten überkompensiert werden.

Wenn ein einziges Leistungsmaß (zum Beispiel eine Leistungsabweichung oder ein Bericht über die Beurteilung durch die Kunden) zu stark betont wird, tendieren die Manager dazu, Entscheidungen zu treffen, die ihre eigene Leistung, ausgedrückt durch dieses isolierte Leistungsmaß, maximieren. Solche Entscheidungen können mit den übergeordneten Zielen der Organisation in Widerspruch stehen. Dieser falsche Blickwinkel entsteht, weil das Topmanagement ein System der Leistungsmessung und -belohnung entworfen hat, das die übergeordneten Ziele der Organisation nicht adäquat widerspiegelt.

Der Kasten **Konzepte und ihre Umsetzung** über Parker-Hannifin (Seite 218) zeigt den innovativen Ansatz einer Firma, die bei der Bewertung der Materialbeschaffungsfunktion zusätzlich zum Kaufpreis mehrere andere Variable berücksichtigt.

Ständige Leistungssteigerung

Ständige Leistungssteigerung ist eines der sich entwickelnden Managementthemen, die in diesem Buch besonders herausgestellt werden. Siehe dazu Tafel 1.7 (Seite 19) und den Abschnitt über Kaizen-Budgetierung in Kapitel 6 (Seite 183). Die Verwendung von **ständig sinkenden Plankosten** ist eine weitere Möglichkeit, Abweichungen in den Griff zu bekommen. Dabei werden die Plankosten in aufeinanderfolgenden Zeitabschnitten schrittweise gesenkt. Die Materialplankosten für jedes Jackett, das die Webb Company im April 19_7 produziert hat, betrugen 60 $ pro Stück. Für die Abweichungsanalysen der folgenden Perioden könnten die Plankosten so bestimmt werden, daß ein Kostensenkungsziel von einem Prozent pro Periode eingerechnet wird:

Monat	Plankostensatz des letzten Monats	Verringerung des Plankostensatzes	Revidierter Plankostensatz
April 19_7	–	–	60,00 $
Mai 19_7	60,00 $	0,600 $ (0,01 × 60,00 $)	59,40 $
Juni 19_7	59,40 $	0,594 $ (0,01 × 59,40 $)	58,81 $
Juli 19_7	58,81 $	0,588 $ (0,01 × 58,81 $)	58,22 $

Diese Senkung der Plankosten für das Fertigungsmaterial könnte durch Effizienzsteigerungen oder durch Preissenkungen realisiert werden. Durch die Verwendung von ständig sinkenden Plankosten signalisiert eine Organisation, wie wichtig sie die ständige Suche nach Möglichkeiten zur Senkung der Gesamtkosten nimmt. Die Manager könnten zum Beispiel negative Verbrauchsabweichungen beim Fertigungsmaterial dadurch vermeiden, daß sie die Materialverschwendung ständig reduzieren.

Für neue Produkte können in den ersten Herstellungsmonaten höhere Kostensenkungen eingeplant werden als für solche, die etwa schon drei Jahre lang produziert worden sind. Verbesserungsmöglichkeiten zu identifizieren kann viel leichter sein, wenn mit der Herstellung eines Produkts gerade begonnen worden ist. Sobald die einfachen Möglichkeiten identifiziert worden sind (die niedrig hängenden Früchte geerntet worden sind), braucht man viel mehr Einfallsreichtum, um weitere Verbesserungsmöglichkeiten zu finden.

Die Erklärung von Abweichungen anhand der Wertschöpfungskette

Mit Hilfe der Wertschöpfungskette kann man die mannigfaltigen möglichen Abweichungsursachen neu ordnen. Nehmen wir eine negative Verbrauchsabweichung beim Fertigungsmaterial in der Produktionsabteilung einer Firma. Unter anderen sind folgende Gründe denkbar:

- Schlechtes Design des Produkts oder des Produktionsprozeses
- Schlechte Qualität oder Lieferschwierigkeiten beim Fertigungsmaterial
- Schlechte Arbeit in der Produktionsabteilung
- Unzureichendes Training der Mitarbeiter
- Ungünstige Einteilung von Arbeitskräften oder Maschinen für bestimmte Aufgaben
- Produktionsstau wegen einer großen Zahl von Eilaufträgen

Diese Liste ist keineswegs erschöpfend. Sie deutet jedoch an, daß eine Abweichung in einem Teil der Wertschöpfungskette (hier in der Produktionsabteilung) von anderen Teilen der Wertschöpfungskette (zum Beispiel der Designabteilung oder der Marketingabteilung) verursacht sein kann. Man beachte, daß Verbesserungen auf einer frühen Stufe der Wertschöpfungskette (zum Beispiel beim Produktdesign) die Größenordnung der Abweichungen auf den folgenden Stufen beträchtlich reduzieren kann.

Die wichtigste Aufgabe bei der Abweichungsanalyse besteht darin, zu verstehen, warum Abweichungen auftreten, und dieses Wissen dann zu benutzen, um Einsicht und ständige Verbesserung zu fördern. So könnte man etwa in der obigen Liste von Beispielen nach Verbesserungsmöglichkeiten beim Produktdesign suchen, bei der Pünktlichkeit der Materiallieferungen, bei der Motivation der Mitarbeiter in der Fertigung und so weiter. Die Abweichungsanalyse sollte nicht dazu benutzt werden, um Schuldzuweisungen auszuteilen. Sie sollte vielmehr den Lernprozeß in der Organisation wesentlich voranbringen.

Wann sollten Abweichungen untersucht werden?

Ob eine Abweichung genauer untersucht werden soll, entscheiden Manager oft nach ihrer subjektiven Einschätzung oder nach Faustregeln. Bei kritischen Positionen kann schon eine kleine Abweichung dazu führen, daß der Sache schnell nachgegangen wird. Bei anderen Positionen muß die Abweichung einen bestimmten Geldbetrag oder einen bestimmten Prozentsatz vom Planbetrag überschreiten, damit eine eingehende Untersuchung ausgelöst wird. So kann zum Beispiel bei Fertigungsmaterial im Wert von einer Million Dollar eine Kostenabweichung um 4 % mehr Aufmerksamkeit verdienen als eine Kostenabweichung um 20 % bei einer Reparatur in Höhe von 10.000 $. Deshalb sind Faustregeln weitverbreitet wie zum Beispiel "untersuche alle Abweichungen, die über 5.000 $ oder 25 % der Plankosten hinausgehen, je nachdem, welche

Schwelle die niedrigere ist" (siehe den Kasten **Umfragen zur betrieblichen Praxis** zum Thema "Die Entscheidung zur Untersuchung von Abweichungen", Seite 222). Die Abweichungsanalyse unterliegt den gleichen Kosten-Nutzen-Erwägungen wie alle anderen Bestandteile eines Unternehmenssteuerungssystems.

Traditionell ist man im entscheidungsorientierten Rechnungswesen davon ausgegangen, daß ein Planbetrag eine einzige akzeptable Zahl ist. In der Praxis ist den Managern klar, daß das Budget eine gewisse Bandbreite möglicher und akzeptabler Ergebnisse darstellt, und sie erwarten infolgedessen, daß Abweichungen innerhalb gewisser normaler Grenzen nach dem Zufallsprinzip fluktuieren. Eine zufällige Abweichung liegt definitionsgemäß innerhalb dieser Bandbreite und macht deshalb keine Korrektur durch die Manager erforderlich. Zufallsabweichungen sind wie der Name schon sagt, eher dem Zufall als den Managemententscheidungen zuzuschreiben.

DIE ENTSCHEIDUNG ZUR UNTERSUCHUNG VON ABWEICHUNGEN

Eine Umfrage unter US-amerikanischen Managern ergab die folgenden Kriterien für die Untersuchung von Kostenabweichungen beim Fertigungsmaterial und bei den Fertigungslöhnen:

Ansatz	Fertigungsmaterial	Fertigungslöhne
Alle Abweichungen werden analysiert	6,9	5,3
Abweichungen oberhalb bestimmter Dollarbeträge werden analysiert	34,8	31,0
Abweichungen oberhalb bestimmter Prozentsätze werden analysiert	12,2	14,1
Ausgewählte Fälle (statistisches Verfahren) werden analysiert	0,9	0,9
Abweichungen werden niemals analysiert	0,0	0,9
Manager entscheiden von Fall zu Fall, ob Untersuchung nötig ist	45,2	47,8
	100,0	100,0

Bei allen Abweichungen ist eine Untersuchung gerechtfertigt, wenn die Kosten des Prozesses, der außer Kontrolle geraten ist, extrem hoch sind. Ein Beispiel ist die Herstellung eines Türschlosses für eine Raumfähre.

Quelle: Gaumnitz und Kollaritsch, "Manufacturing Variances." Ausführliche Quellenangabe in Anhang A.

Umfragen zur betriebl. Praxis

Finanzielle und nichtfinanzielle Leistungsmaße

Fast alle Organisationen benutzen eine Kombination aus finanziellen und nichtfinanziellen Leistungsmaßen anstatt sich ausschließlich auf eines von beiden zu verlassen. Nehmen wir noch einmal das Beispiel der Webb Company. Im Zuschneideraum der Firma wird Stoff ausgebreitet und in Stücke geschnitten, die dann passend gemacht und zusammengenäht werden. Bei der Kontrolle der Aktivitäten im Zuschneideraum konzentriert man sich oft auf nichtfinanzielle Maße wie den Stoffverbrauch in Quadratmetern für die Produktion von 1.000 Jacketts oder den Prozentsatz von Jacketts, die ohne Nachbesserung fertiggestellt werden. Die Produktionsmanager bei Webb werden wahrscheinlich auch finanzielle Maßstäbe anwenden, um die Gesamtkosteneffizienz des Betriebsablaufs zu bewerten und um Richtlinien zu erarbeiten etwa für Entscheidungen über Veränderungen der Inputzusammensetzung bei der Herstellung der Jacketts. Finanzielle Maßstäbe sind in einem Unternehmen oft entscheidend, denn sie fassen die wirtschaftlichen Auswirkungen verschiedener physischer Aktivitäten auf eine Weise zusammen, die Manager ohne weiteres verstehen. Hinzu kommt, daß die Manager selbst oft anhand von finanziellen Maßstäben bewertet werden.

7.7 DIE BERÜCKSICHTIGUNG VON LAGERBESTÄNDEN

In unserem Beispiel von der Webb Company sind wir von folgenden Voraussetzungen ausgegangen:

1. Alle Produkteinheiten werden in der gleichen Rechnungsperiode hergestellt und verkauft. Es gibt keine Lagerbestände von unfertigen und fertigen Erzeugnissen zu Beginn oder am Ende der Rechnungsperiode.

2. Alle Fertigungsmaterialien werden in derselben Rechnungsperiode gekauft und verwendet. Es gibt keine Materiallagerbestände zu Beginn oder am Ende der Rechnungsperiode.

Beide Annahmen können aufgehoben werden, ohne die Schlüsselkonzepte dieses Kapitels zu verändern. Allerdings muß die Berechnung und Interpretation von Abweichungen verändert werden, wenn Lagerbestände zu Beginn und am Ende der Periode zu berücksichtigen sind.

Angenommen, das Fertigungsmaterial wird einige Zeit vor seiner Verwendung eingekauft, und es existieren Materiallagerbestände zu Beginn und am Ende der Rechnungsperiode. Typischerweise wollen Manager Abweichungen so früh wie möglich feststellen, um möglichst wohlinformierte Entscheidungen zu treffen. Materialpreisabweichungen kann man in der Regel frühestens zum Zeitpunkt des Einkaufs feststellen. Infolgedessen berechnen viele Firmen die Materialpreisabweichungen auf der Basis der in einer Rechnungsperiode eingekauften Mengen. Die Aufgabe zum Selbststudium am Ende dieses Kapitels zeigt, wie man zwei verschiedene Zeitpunkte (den

Zeitpunkt des Einkaufs und den Zeitpunkt des Verbrauchs) benutzen kann, um Materialpreisabweichungen zu bestimmen.

7.8 JOURNALEINTRÄGE MIT STANDARDKOSTEN

Der Kontrollaspekt der Standardkosten

In diesem Abschnitt illustrieren wir Journaleinträge bei Verwendung von Standardkosten. Wir beschränken uns dabei auf Fertigungsmaterial und Fertigungslöhne.

Wir verwenden auch hier wieder die bereits bekannten Daten der Webb Company mit einer Ausnahme. Wir nehmen an, daß Webb im April 19_7 25.000 m^2 Material kauft. Erinnern wir uns daran, daß der Istverbrauch 22.200 m^2 beträgt, und daß die für den Istoutput zulässige Standardmenge bei 20.000 m^2 liegt. Der Istpreis betrug 31 $/m^2$ bei einem Standardpreis von 30 $.

Man beachte, daß bei den folgenden Journaleinträgen negative Abweichungen immer auf der Sollseite und positive Abweichungen auf der Habenseite erscheinen.

Eintrag 1a: Man bestimmt die Materialpreisabweichung zum Zeitpunkt des Kaufs, indem man das Materialkonto mit den Materialkosten zu Standardpreisen belastet. Dies ist der frühestmögliche Zeitpunkt für die Bestimmung dieser Abweichung.

1a.	Material		
	(25.000 m × 30 $/m)	750.000 $	
	Materialpreisabweichung		
	(25.000 m × 1 $/m)	25.000	
	An Verbindlichkeiten		
	(25.000 m × 31 $/m)		775.000
	Erfassung des gekauften Fertigungsmaterials		

Eintrag 1b: Man bestimmt die Materialverbrauchsabweichung zum Zeitpunkt der Verwendung, indem man das Konto Unfertige Erzeugnisse mit dem für die Istausbringungsmenge zulässigen Standardverbrauch bewertet zu Standardinputpreisen belastet.

1b.	Unfertige Erzeugnisse		
	(20.000 m × 30 $/m)	600.000 $	
	Materialverbrauchsabweichung		
	(2.200 m × 30 $/m)	66.000 $	
	An Material		
	(22.200 m × 30 $/m)		666.000
	Erfassung des verwendeten Fertigungsmaterials		

Eintrag 2: Man bestimmt die Lohn- und Leistungsabweichungen für die Fertigungs-arbeit zum Zeitpunkt des Arbeitseinsatzes, indem man das Konto Unfertige Erzeugnisse mit der für die Istausbringungsmenge zulässigen Standardarbeitszeit bewertet zu Standardlohnsätzen belastet. Man beachte, daß das Konto Lohnforderungen nur Löhne enthält, die das Unternehmen den Arbeitskräften tatsächlich schuldet, und daß dort deshalb stets Istlohnsätze erscheinen.

2.	Unfertige Erzeugnisse		
	(8.000 Stunden × 20 $/Stunde)	160.000 $	
	Lohnabweichung		
	(9.000 Stunden × 2 $/Stunde)	18.000 $	
	Leistungsabweichung		
	(1.000 Stunden × 20 $/Stunde)	20.000 $	
	An Lohnverbindlichkeiten		
	(9.000 Stunden × 22 $/Stunde)		198.000
	Erfassung der Lohnverbindlichkeiten		

Ein Hauptvorteil dieses Standardkostensystems ist die Betonung des Kontrollaspekt der Standardkosten. Alle Abweichungen werden zum frühestmöglichen Zeitpunkt bestimmt, so daß die Manager aufgrund dieser Abweichungen wohlinformierte Entscheidungen treffen können.

Anpassungen am Ende der Periode

In Kapitel 5 sind die zwei wichtigsten Ansätze zur Erkennung einer Gemeinkosten-über- oder -unterdeckung am Ende einer Periode zur Sprache gekommen:

- Die korrigierte Kostenzurechnung, bei der jedes Kostensammelblatt um die Differenz zwischen den verrechneten Plankosten und den Istkosten korrigiert wird.
- Die anteilige Verrechnung, bei der auf einem oder mehreren der folgenden Konten am Ende der Periode der Saldo korrigiert wird: Material, Unfertige Erzeugnisse, Fertige Erzeugnisse und Herstellkosten des Umsatzes.

Preis- und Verbrauchsabweichungen können ebenso nach einer dieser beiden Methoden verteilt werden. Dieses Thema wird im Anhang zu Kapitel 8 im einzelnen dargelegt.

7.9 BENCHMARKING UND ABWEICHUNGSANALYSE

Die Planbeträge in den Formeln zur Berechnung von Abweichungen, die wir in diesem Kapitel vorgestellt haben, sind *Benchmarks* (Bezugspunkte, die einen Vergleich ermöglichen). Der Ausdruck **Benchmarking** bezieht sich auf den kontinuierlichen Prozeß der Bewertung von Produkten, Dienstleistungen und Aktivitäten anhand der bestmöglichen Leistungsniveaus. Man findet diese bestmöglichen Leistungsniveaus, indem man entweder auf interne Benchmarking-Informationen zurückgreift oder externe Benchmarks von Konkurrenzunternehmen oder von anderen Unternehmen mit ähnlichen Abläufen zu Hilfe nimmt. Viele Beratungsfirmen bieten heute Benchmarking-Dienste an. Hier stellen wir die Informationen dar, die ein solcher Dienst zur Verfügung gestellt hat, und klären dann, wie man diese Informationen in die Berechnung von Abweichungen einbeziehen kann.

Market Insights (MI), eine Beratungsfirma mit Sitz in San Francisco, analysiert Kosteninformationen, die von Krankenhäusern in den USA an verschiedene Aufsichtsgremien geliefert werden. MI entwickelt Benchmark-Studien, die zeigen, wie das Kostenniveau eines bestimmten Krankenhauses im Vergleich mit zahlreichen anderen Krankenhäusern in den USA einzuschätzen ist. Die Berichte können für ein Krankenhaus als Ganzes aufgestellt werden (zum Beispiel als Kosten pro Patiententag) oder für eine spezielle Gruppe von Diagnosen (zum Beispiel in der Kardiologie, der Orthopädie oder der Gynäkologie als Kosten pro Patient). Tafel 7.6 zeigt eine MI-Studie für ein Krankenhaus, das bei der Beratungsfirma Kunde ist. Aus Teil A ergibt sich, daß die Fallkosten des Kunden um 10 % über dem Durchschnitt vergleichbarer Krankenhäuser liegen. Teil B ist ein Auszug aus einem MI-Bericht auf der Ebene der diagnostischen Gruppen. Der Bericht zeigt, daß die Fallkosten des Kunden bei Schlaganfallpatienten 33.700 $ betragen gegenüber einem Marktdurchschnitt aller untersuchten Krankenhäuser von 31.300 $. Das Kostenniveau bei diesem Kunden liegt weit über dem vieler anderer Krankenhäuser. *Cost Benchmarking* ist Lenkung der Aufmerksamkeit in Reinkultur. Ein einzelner Krankenhausverwalter mag wohl in der Lage sein, ein überdurchschnittliches Kostenniveau zu rechtfertigen, indem er überdurchschnittliche Qualitäts- oder Erlösniveaus dokumentiert. In vielen Fällen können jedoch Krankenhäuser mit überdurchschnittlichen Kosten keine Überlegenheit bei der Servicequalität, beim Behandlungserfolg oder beim Erlös pro Patiententag nachweisen.

Tafel 7.6 zeigt, wie unterschiedlich die Kosten von Krankenhäusern sein können. Der Verwalter eines Krankenhauses mit überdurchschnittlichen Kosten könnte möglicherweise von den Managern anderer Häuser mit unterdurchschnittlichen Kosten eine Menge lernen. Bei der Verwendung von solchen Benchmark-Berichten ist jedoch Vorsicht angebracht. Die Zuverlässigkeit der Kostendaten, die in Benchmark-Berichten verwendet werden, ist von Krankenhaus zu Krankenhaus sehr unterschiedlich. Zahlreiche Krankenhäuser haben nicht gerade viel getan, um ihre Kostenrechnungssysteme zu verfeinern. Hinzu kommt, daß Kostenansätze für einzelne Diagnosegruppen auf zahlreichen Gemeinkostenaufschlüsselungen beruhen, deren Verläßlichkeit ebenfalls sehr unterschiedlich ist.

Kostenberichte wie in Tafel 7.6 stellen externe Benchmarks dar, die den Verwalter zwingen, zu fragen, *warum* sich die Kostenniveaus verschiedener Krankenhäuser voneinander unterscheiden und *wie* optimale Lösungen von den effizienteren zu den weniger effizienten Krankenhäusern transferiert werden können.

TAFEL 7.6

Cost-Benchmark-Studien der Firma Market Insight für ein Krankenhaus

A. KOSTENVERGLEICH AUF KRANKENHAUSEBENE

Durchschnitt der Vergleichsgruppe = 100

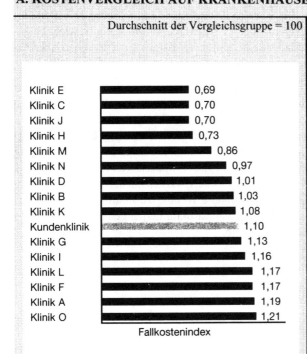

	Fallkostenindex
Klinik E	0,69
Klinik C	0,70
Klinik J	0,70
Klinik H	0,73
Klinik M	0,86
Klinik N	0,97
Klinik D	1,01
Klinik B	1,03
Klinik K	1,08
Kundenklinik	1,10
Klinik G	1,13
Klinik I	1,16
Klinik L	1,17
Klinik F	1,17
Klinik A	1,19
Klinik O	1,21

Wie man diese Graphik liest:

Die Graphik zeigt die Fallkosten des Klientenkrankenhauses relativ zu mehreren Vergleichskrankenhäusern. Benchmark sind die durchschnittlichen Fallkosten vergleichbarer Krankenhäuser.

Beispiel:

Die Gesamtkosten pro Fall (korrigiert um Unterschiede im Fallmix) liegen im Klientenkrankenhaus um 10 % höher als im Durchschnitt der Vergleichsgruppe. 9 Krankenhäuser haben niedrigere Gesamtkosten pro Fall als das Klientenkrankenhaus.

B: KOSTENVERGLEICH AUF DER EBENE DER DIAGNOSEGRUPPE*

Diagnosegruppe	Klienten-krankenhaus	Markt-durchschnitt	25. Per-zentil	Durchschnitt des Quartils mit den niedrigsten Kosten (1. - 25. Percentil)
Schlaganfall	33.700 $	31.300 $	21.900 $	20.500 $
Erkrankungen der Atemwege	66.800 $	53.700 $	44.400 $	38.400 $
Einfache Lungen-entzündung	37.100 $	29.500 $	23.300 $	22.000 $
Herzkatheder	24.800 $	21.200 $	20.100 $	17.100 $

* Die Kosten entsprechen der monatlichen Versicherungsprämie, die ein Versicherter an das Krankenhaus bezahlen müßte. Quelle: Market Insights (San Fancisco, CA).

Will man die Gesamtleistung eines Krankenhauses oder des Krankenhauspersonals bewerten, so müssen zusätzlich zu den Kosten noch andere Faktoren bewertet werden. Dazu gehört die von den Patienten wahrgenommene Servicequalität, die Erfolgsrate der Behandlungen (zum Beispiel die Überlebensrate von Schlaganfallpatienten), und die Motivation der Ärzte, des Pflegepersonals und anderer Mitarbeiter. In vielen Fällen wurde jedoch in der Vergangenheit den Kostenfaktoren zu wenig Gewicht beigemessen, zum Teil aufgrund des Fehlens von zuverlässigen Informationen über die Kostenverhältnisse in diesem Sektor der Wirtschaft.

Benchmark-Studien, die auf den Kosten anderer Unternehmen beruhen, können für viele Aktivitäten und Produkte entwickelt werden. So könnte zum Beispiel die Webb Company (möglicherweise mit Hilfe einer Beratungsfirma) die Materialkosten der Jacketts ihrer Konkurrenten schätzen. Die Materialkostenschätzung für den Konkurrenten mit den niedrigsten Kosten könnte als Plankostenansatz für die Berechnung von Abweichungen benutzt werden. Eine negative Materialverbrauchsabweichung würde dann signalisieren, daß Webb höhere Materialkosten hat als der optimalen Kostenlösung in der Branche entspricht. Das könnte Webb dazu veranlassen, ausführlich zu erforschen, wie die Firma ihre eigene Kostenstruktur derjenigen des Konkurrenten mit den niedrigsten Kosten anpassen könnte.

AUFGABE

Die O'Shea Company stellt Keramikvasen her. Sie benutzt ein Standardkostensystem zur Entwicklung von flexiblen Budgets. Im April 19_8 wurden 2.000 Stück fertiggestellt. Die folgenden Informationen beziehen sich auf die beiden Einzelkostenkategorien Fertigungsmaterial und Fertigungslöhne.

Es wurden 4.400 Pounds Fertigungsmaterial verbraucht. Der zulässige Standardmaterialverbrauch pro Outputeinheit ist 2 Pounds zu 15 $ pro Pound. 6.000 Pounds Material wurden gekauft, und zwar zu 16,50 $ pro Pound. Das ergibt eine Gesamtsumme von 99.000 $.

Die tatsächliche Fertigungsarbeitszeit betrug 3.250 Stunden, die gesamten Fertigungsarbeitskosten 40.300 $. Die zulässige Standardarbeitszeit ist 1,5 Stunden pro Outputeinheit und die Standardarbeitskosten betragen 12 $ pro Stunde.

1. Berechnen Sie die Preis- und Verbrauchsabweichungen für Fertigungsmaterial und Fertigungsarbeit. Die Materialpreisabweichung beruht auf einem flexiblen Budget mit den tatsächlich eingekauften Materialmengen, die Verbrauchsabweichung auf einem flexiblen Budget mit den tatsächlich verbrauchten Materialmengen.
2. Erstellen Sie Journaleinträge für ein Standardkostensystem, das die Abweichungen so früh wie möglich feststellt.

LÖSUNG

1. Tafel 7.7 zeigt, wie man die Spaltendarstellung der Abweichungen aus Tafel 7.4 so anpassen kann, daß die unterschiedlichen Zeitpunkte von Materialkauf und Materialverbrauch berücksichtigt werden. Man beachte insbesondere in Spalte 2 die beiden Berechnungen für das Fertigungsmaterial. Die Zahl 90.000 $ bezieht sich auf das eingekaufte Material, die Zahl 66.000 $ auf das verbrauchte Material.

Lösung (Fortsetzung)

2.

Material (6.000 × 15 $)	90.000 $	
Materialpreisabweichung (6.000 × 1,50 $)	9.000 $	
An Verbindlichkeiten (6.000 × 16,50 $)		99.000 $
Unfertige Erzeugnisse (4.000 × 15 $)	60.000 $	
Materialverbrauchsabweichung (400 × 15 $)	6.000 $	
An Material (4.400 × 15 $)		66.000 $
Unfertige Erzeugnisse (3.000 × 12 $)	36.000 $	
Lohnabweichung (3.250 × 0,40 $)	1.300 $	
Leistungsabweichung (250 × 12 $)	3.000 $	
An Lohnverbindlichkeiten		40.300 $

Aufgabe ....

TAFEL 7.7
Spaltendarstellung der Abweichungsanalyse

STUFE 3

	Istkosten (Istmenge × Istpreis) (1)		Istmenge × Planpreis (2)	Sollkosten (Sollmenge × Planpreis) (3)
Fertigungs-material	6.000 × 16,50 $ 99.000 $	6.000 × 15,00 $ 90.000 $	4.400 × 15,00 $ 66.000 $	4.000 × 15,00 $
	↑ 9.000 N ↑		↑ 6.000 N ↑	
	Preisabweichung		Verbrauchsabweichung	
Fertigungs-arbeit	3.250 × 12,40 $ 40.300 $		3.250 × 12,00 $ 39.000 $	3.000 × 12,00 $ 36.000 $
	↑ 1.300 N ↑		↑ 3.000 N ↑	
	Lohnabweichung		Leistungsabweichung	

KAPITEL 8

Flexible Budgets, Abweichungsanalyse und Unternehmenssteuerung (II)

Gemeinkosten oder Overheadkosten spielen in vielen Organisationen eine große Rolle. Chemie-, Papier- Stahl- und Telekommunikationsunternehmen zum Beispiel müssen beträchtliche Kosten aufwenden, um ihre Produktionsanlagen, Maschinen und andere Bestandteile ihrer Infrastruktur aufzubauen und zu erhalten. Solche Kosten gehören zu den Gemeinkosten der Produkte oder Dienstleistungen, die sie herstellen und verkaufen. Dieses Kapitel behandelt Methoden der Planung und Steuerung von Gemeinkosten, der Aufschlüsselung dieser Kosten auf die Produkte und der Analyse von Gemeinkostenabweichungen. Zu beachten ist insbesondere, wie die fixen Herstellgemeinkosten zum Zweck der Planung und Steuerung auf eine bestimmte Weise erklärt werden und zum Zweck der Lagerbewertung auf eine andere Weise.

8.1 DIE PLANUNG VON VARIABLEN UND FIXEN GEMEINKOSTEN

Wir knüpfen an die Analyse der Webb Company in Kapitel 7 an. In Kapitel 7 haben wir gezeigt, wie eine Gesamtabweichung aufgespalten werden kann in die Soll-Ist-Abweichung und die Absatzvolumenabweichung. In diesem Kapitel geht es um Soll-Ist-Abweichungen bei Gemeinkosten und um ihre Ursachen.

Die Kostenstruktur von Webb erklärt, warum die Firma der Planung von Gemeinkosten große Bedeutung beimißt. Die folgenden Anteile an den gesamten Plankosten (siehe Spalte 4 der Tafel 7.2, Seite 206) beruhen auf dem Budget für 12.000 Outputeinheiten im April 19_7:

	Variable Gemein- kosten	Fixe Gemeinkosten	Summe der Gemein- kosten
Produktion	7,59 %	14,54 %	22,13 %
Marketing	3,16 %	22,87 %	26,03 %
Gesamt	10,75 %	37,41 %	48,16 %

Die gesamten Gemeinkosten machen fast die Hälfte der Plankosten der Firma für 12.000 Outputeinheiten im April 19_7 aus. Offensichtlich kann Webb seine Rentabilität durch eine effektive Planung der variablen und fixen Gemeinkosten stark verbessern.

Die Planung der variablen Gemeinkosten

Zu den variablen Herstellgemeinkosten der Firma gehören die Kosten für Energie, für die technische Unterstützung und für Hilfs- und Betriebsstoffe, sowie um die Hilfslöhne. Eine effektive Planung der variablen Gemeinkosten bedeutet, Aktivitäten, die solche Kosten verursachen, nur zuzulassen, soweit sie zur Wertschöpfung beitragen, und dann die Kostentreiber dieser Aktivitäten möglichst effizient zu managen. Kosten tragen dann zur Wertschöpfung bei, wenn ohne sie das Produkt oder die Dienstleistungen für die Kunden einen geringeren Wert hätte. Nehmen wir die Kosten der Nähnadeln, die bei Webb zum Zusammennähen der Jacketts verwendet werden. Das Nähen ist ein wesentlicher Teil der Herstellung eines Jacketts. Die damit verbundenen Kosten (zum Beispiel für Nähnadeln) tragen also zur Wertschöpfung bei. Anders ist es bei den Kosten für ein Lagerhaus zur Aufbewahrung von Stoffballen, die im Notfall benutzt werden sollen, wenn zum Beispiel ein Zulieferer den Lieferzeitplan nicht einhält. Ein Jackett aus einem Stoff, der gelagert worden ist, unterscheidet sich nicht von einem Jackett aus Stoff, der vom Zulieferer unmittelbar in die Werkshalle geliefert worden ist. Die Kosten, die mit dem Lagerhaus verbunden sind, werden deshalb wohl in der Einschätzung der Firma nicht zur Wertschöpfung beitragen. Kosten, die eindeutig zur Wertschöpfung beitragen, und solche, die das eindeutig nicht tun, muß man sich als zwei Enden eines Kontinuums vorstellen. Viele Gemeinkosten sind in einem unklaren Graubereich zwischen diesen beiden Polen.

Die Planung der fixen Gemeinkosten

Die effektive Planung von fixen Gemeinkosten bedeutet, daß Aktivitäten, die solche Kosten verursachen, nur dann unternommen werden, wenn sie zur Wertschöpfung beitragen, und daß dann das angemessene Niveau dieser Aktivitäten sorgfältig bestimmt wird. Im Fertigungsbereich von Webb gehören dazu Abschreibungs- oder Leasingkosten für Werkshallen und Maschinen, ein Teil der Verwaltungskosten (zum Beispiel das Gehalt des Werksmanagers) und die Grundsteuer. Die kritischste Frage ist oft, wieviel Raum und Maschinen für die Produktion bereitgestellt werden sollen. Nehmen wir das Leasing von Webmaschinen mit fixen Leasingkosten pro Jahr. Versäumt es die Firma, ausreichend Maschinenkapazität zu leasen, so wird sie nicht in der Lage sein, die Nachfrage zu befriedigen, und wird Absatzeinbußen hinnehmen müssen. Überschätzt sie dagegen die Nachfrage, so entstehen ihr zusätzliche fixe Leasingkosten für Maschinen, die im Lauf des Jahres nicht voll ausgelastet werden können.

Zu Beginn einer Rechnungsperiode hat das Management wahrscheinlich die meisten Schlüsselentscheidungen, die das Niveau der fixen Gemeinkosten bestimmen, bereits getroffen. Im Gegensatz dazu spielen die täglichen laufenden Managemententscheidungen eine größere Rolle für das Niveau der variablen Gemeinkosten, die in dieser Rechnungsperiode entstehen.

Umfragen zur betrieblichen Praxis

BEZUGSGRÖßEN UND KOSTENSÄTZE FÜR DIE HERSTELLGEMEINKOSTEN IN DER ELEKTRONIKINDUSTRIE

Für Elektronikfirmen wie Apple Computer, Hewlett Packard, Hitachi, Philips, Siemens und Toshiba sind die Herstellgemeinkosten die zweitwichtigste Kostenkategorie in der Produktion. Zwei häufig benutzte Bezugsgrößen für die Herstellgemeinkosten in dieser Branche sind die Fertigungslöhne (oder die Fertigungsarbeitszeit) und die Fertigungsmaterialkosten. Viele Firmen benutzen beide Bezugsgrößen (und zusätzlich noch andere, wie zum Beispiel die Arbeitszeit für das Testen von Maschinen). Die einzelnen Segmente dieser Branche arbeiten mit unterschiedlichen Gemeinkostensätzen, was zum Teil an den unterschiedlichen Kostenstrukturen liegt. Die folgenden Branchendaten für vier Segmente der Elektronikindustrie stammen von Firmen, die Mitglieder der American Electronics Association sind. Es geht um die folgenden vier Segmente:

- Komponenten: z.B. Kondensatoren, Verstärker, Oszillatoren, sowie Leitungen und Kabel
- Computer: z.B. Großrechner, PCs und Kleinstcomputer
- Peripheriegeräte: z.B. CD-Laufwerke, Drucker und Tastaturen
- Instrumente: z.B. medizinische Instrumente und Apparate für Tests, Analysen und wissenschaftliche Zwecke

Das Verhältnis der Herstellgemeinkosten zu den Fertigungslöhnen reicht von 3,95 bei Instrumentenherstellern (17,0 % : 4,3 %) bis 2,13 bei Komponentenherstellern (22,6 % : 10,6 %). Offensichtlich hat die Planung und Steuerung der Herstellgemeinkosten für die Manager in der Elektronikindustrie eine hohe Priorität.

Quelle: *Operating Ratios Survey*, American Electronics Association, Ausführliche Literaturangabe in Anhang A.

Umfragen zur betriebl. Praxis

BEZUGSGRÖSSEN UND KOSTENSÄTZE FÜR DIE HERSTELLGEMEINKOSTEN IN DER ELEKTRONIKINDUSTRIE (FORTSETZUNG)

Kostenstruktur	Komponenten	Computer	Peripheriegeräte	Instrumente
Erlöse	100,0 %	100,0 %	100,0 %	100,0 %
F&E-Kosten	6,3 %	11,4 %	8,4 %	9,6 %
Herstellkosten				
• Material und Unteraufträge	28,3 %	36,5 %	40,2 %	28,6 %
• Fertigungslöhne	10,6 %	2,8 %	3,2 %	4,3 %
• Herstellgemeinkosten	22,6 %	10,3 %	12,2 %	17,0 %
Summe Herstellkosten	61,5 %	49,6 %	55,6 %	49,9 %
Marketingkosten	12,4 %	17,9 %	15,8 %	20,5 %
Allg. und Verwaltungskosten	11,9 %	7,8 %	9,6 %	11,4 %
Andere Kosten, Steuern und Gewinne	7,9 %	13,3 %	10,5 %	8,6 %
	100,0 %	100,0 %	100,0 %	100,0 %
Durchschn. Fertigungsgemeinkostensätze				
• Bezugsgröße: Fertigungslöhne	214,5 %	440,0 %	277,0 %	
• Bezugsgröße: Materialkosten	17,0 %	15,5 %	12,5 %	

Daten der Webb Company

Wir werden in diesem Kapitel die folgenden summarischen Informationen über die Webb Company im April 19_7 benutzen:

Gemeinkostenart	Istwerte	Sollkosten (für 10.000 Outputeinheiten)	Plankosten (für 12.000 Outputeinheiten)
Variable Herstell-gemeinkosten	130.500 $	120.000 $	144.000 $
Fixe Herstell-gemeinkosten	285.000 $	276.000 $	276.000 $
Variable Marketing-gemeinkosten	45.700 $	50.000 $	60.000 $
Fixe Marketing-gemeinkosten	420.000 $	434.000 $	434.000 $

8.2 DIE ENTWICKLUNG DER PLANKOSTENSÄTZE FÜR DIE VARIABLEN GEMEINKOSTEN

Webb entwickelt die Plankostensätze für die variablen Gemeinkosten in drei Schritten:

Schritt 1: Identifiziere die Kosten, die in den (oder die) variablen Gemeinkostenpool(s) gehören. Webb faßt alle variablen Herstellgemeinkosten in einem einzigen Kostenpool zusammen. Dazu gehören die Kosten für Energie, technische Unterstützung und Hilfs- und Betriebsstoffe, sowie die Hilfslöhne.

Schritt 2: Wähle die Kostenbezugsgröße(n). Die Produktionsmanager bei Webb sind der Ansicht, daß die Maschinenlaufzeit ein wichtiger Kostentreiber für die variablen Herstellgemeinkosten sind, und beschließen, dieses Maß als Bezugsgröße zu verwenden.

Schritt 3: Schätze den Plankostensatz (die Plankostensätze) für die variablen Gemeinkosten. Bei diesem Schritt hat man die Wahl zwischen verschiedenen Ansätzen. Eine Möglichkeit besteht darin, die Istkostensätze der Vergangenheit anzupassen, zum Beispiel an die erwartete Inflationsrate. Ein zweiter Ansatz ist die Verwendung von Standardkostensätzen.

Webb verwendet den Standardkostenansatz und kommt damit auf einen Plankostensatz von 30 $ pro Maschinenstunde für die variablen Gemeinkosten und auf 0,40 Maschinenstunden pro tatsächlich hergestellter Produkteinheit. Mit Hilfe dieser

Inputmengen wird der Plankostensatz für die variablen Herstellgemeinkosten pro Outputeinheit errechnet:

Sollverbrauch pro Produkteinheit × Plankosten pro Inputeinheit $= 0{,}40 \times 30\ \$$

$$= 12\ \$ \text{ pro Produkteinheit}$$

8.3 ABWEICHUNGEN BEI DEN VARIABLEN GEMEINKOSTEN

Im folgenden zeigen wir, wie der Plankostensatz für die variablen Herstellgemeinkosten benutzt wird, um die entsprechenden Kostenabweichungen bei der Firma Webb zu berechnen. Die folgenden Daten gelten für April 19_7:

Gesamtabweichungen und Soll-Ist-Abweichungen

Tafel 8.1 zeigt die Gesamtabweichungen der Stufe 1 für die variablen Herstellgemeinkosten:

Gesamtabweichung der variablen Gemeinkosten   = Istkosten - Plankosten (starres Budget)

$$= 130.500\ \$ - 144.000\ \$$$

$$= 13.500\ \text{P}$$

Zusätzliche Erkenntnisse über die Fähigkeit der Firmenmanager zur Steuerung der variablen Herstellgemeinkosten erhält man durch den Übergang zur Analyse des flexiblen Budgets der Stufe 2, die ebenfalls in Tafel 8.1 zu sehen ist. Bei den budgetierten Beträgen der Stufe 2 ist berücksichtigt, daß anstelle der geplanten 12.000 Outputeinheiten nur 10.000 produziert worden sind. Das flexible Budget für die variablen Herstellgemeinkosten im April 19_7 beträgt 120.000 $ (0,4 × 10.000 × 30 $).

Die Absatzvolumenabweichung bei den variablen Herstellgemeinkosten entsteht nur deshalb, weil die tatsächliche Zahl der verkauften Einheiten von der geplanten Zahl abweicht:

Absatzvolumenabweichung der variabl. Gemeinkosten   = Sollkosten - Plankosten

$$= 120.500\ \$ - 144.000\ \$$$

$$= 24.000\ \text{P}$$

Die Soll-Ist-Abweichung entsteht, weil die tatsächlichen variablen Herstellgemeinkosten nicht mit den Plankosten für die Istabsatzmenge übereinstimmt:

Soll-Ist-Abweichung der variablen Gemeinkosten   = Istkosten - Sollkosten

$$= 130.500\ \$ - 120.000\ \$$$

$$= 10.500\ \text{N}$$

Tafel 8.1
Abweichungsanalyse für die variablen Herstellgemeinkosten der Webb Company, April 19_7

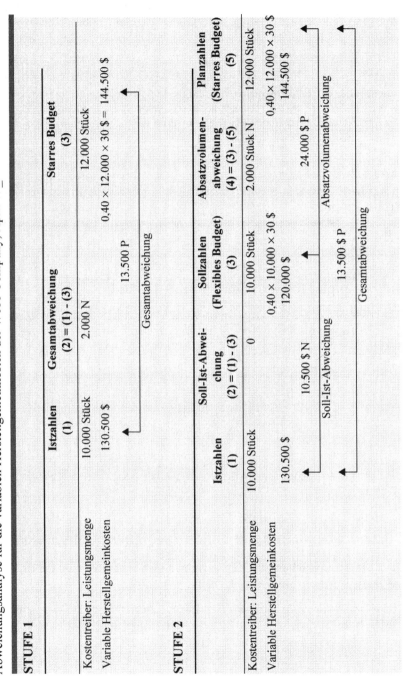

Diese negative Soll-Ist-Abweichung von 10.500 $ bedeutet, daß die tatsächlichen variablen Herstellgemeinkosten um 10.500 $ über den im flexiblen Budget vorgesehenen Betrag für die im April 19_7 tatsächlich produzierten 10.000 Jacketts hinausgehen.

Als nächstes geht es darum, wie man die Soll-Ist-Abweichung der Stufe 2 in die Verbrauchs- oder Effizienzabweichungen und die Preisabweichungen der Stufe 3 aufspaltet. Preisabweichungen bei Overheadkosten werden auch als *Ausgabenabweichungen* (*spending variance*) bezeichnet. Tafel 8.2 ist die Spaltendarstellung dieser Effizienz- und Ausgabenabweichungen der Stufe 3.

Tafel 8.2
Spaltendarstellung der Abweichungsanalyse: variable Herstellgemeinkosten der Webb Company

STUFE 3		
Istkosten (1)	Istinputmenge × Planpreis (2)	Sollkosten (Sollinputmenge × Planpreis) (3)
(4.500 × 29 $)	(4.500 × 30 $)	(0,40 × 10.000 × 30 $)
130.500 $	135.000 $	120.000 $

↑   4.500 $ P*   ↑   15.000 $ N   ↑
    Ausgabenabweichung   Effizienzabweichung

↑   10.500 $ N   ↑
                    Soll-Ist-Abweichung

* P = positive Auswirkung auf den Betriebsgewinn; N = negative Auswirkung auf den Betriebsgewinn

Effizienzabweichungen bei den variablen Gemeinkosten

Die **Effizienzabweichung bei den variablen Gemeinkosten** mißt die Effizienz, mit der die Bezugsgröße genutzt wird. Die Formel lautet

Effizienzabweichung der variablen Gemeinkosten	= (Istbezugsgrößenmenge - Sollbezugsgrößenmenge) × Plankostensatz
	= (4.500 - 10.000 × 0,40) × 30 $
	= (4.500 - 4.000) × 30 $ = 500 × 30 $
	= 15.000 $ N

Die Effizienzabweichung bei den variablen Overheadkosten wird ähnlich berechnet wie die Verbrauchsabweichung bei den Fertigungseinzelkosten, die wir in Kapitel 7 (Seite 215) beschrieben haben. Aber die Interpretation dieser beiden Abweichungen ist unterschiedlich. In Kapitel 7 beruhen die Verbrauchsabweichungen bei den verschiedenen Einzelkostenarten auf Unterschieden zwischen dem tatsächlichen Inputverbrauch und dem geplanten Inputverbrauch, der für das tatsächlich erzielte Leistungsniveau zulässig ist. In Kapitel 8 beruhen die Effizienzabweichungen bei den variablen Overheadkosten auf der Effizienz der Nutzung der *Kostenbezugsgröße*. Die negative Effizienzabweichung die den variablen Overheadkosten der Webb Company in Höhe von 15.000 $ bedeutet, daß mehr Maschinenstunden (Kostenbezugsgröße) eingesetzt worden sind, als nach dem Budget für die Produktion von 10.000 Jacketts zulässig gewesen wäre. Mögliche Gründe für diesen ungeplant hohen Verbrauch von Maschinenstunden sind unter anderem die folgenden:

• Die Arbeitskräfte haben die Maschinen weniger geschickt eingesetzt als geplant.
• Der für die Produktionsplanung verantwortliche Mitarbeiter hat einen ineffizienten Arbeitsplan erstellt mit dem Ergebnis einer ineffizienten Nutzung der Maschinen.
• Die Maschinen wurden nicht gut gewartet.
• Die Maschinenzeitstandards wurden festgelegt ohne eine sorgfältige Analyse der Bedingungen des Betriebsablaufs.

Die Reaktionen des Managements auf diese negative Abweichung von 15.000 $ hängen davon ab, welche(r) dieser Gründe das Ergebnis vom April 19_7 am besten erklärt.

Der Verbrauch von Baumwollfaden zum Nähen von Jacketts illustriert den Unterschied zwischen der Verbrauchsabweichung bei Einzelkostenarten und der Effizienzabweichung bei variablen Herstellgemeinkosten. Wenn Webb den Baumwollfaden als Einzelkostenkategorie behandelt, zeigt die Materialverbrauchsabweichung, ob mehr oder weniger Baumwollfaden pro Jackett verbraucht worden ist, als beim tatsächlich hergestellten Output geplant war. Behandelt Webb dagegen den Baumwollfaden als Gemeinkostenkategorie, dann zeigt die Effizienzabweichung der variablen Herstellgemeinkosten, ob Webb mehr oder weniger Maschinenstunden (Kostenbezugsgröße) eingesetzt hat, als beim tatsächlich hergestellten Output geplant war. Jede Veränderung des Verbrauchs von Baumwollfaden, die nicht aus einer vom Plan abweichenden Zahl von Maschinenstunden herrührt, wird sich in der Ausgabenabweichung der variablen Gemeinkosten zeigen.

Ausgabenabweichungen bei variablen Gemeinkosten

Eine Ausgabenabweichung bei variablen Gemeinkosten ist die Differenz zwischen den tatsächlich angefallenen variablen Gemeinkosten und den Plankosten, die angesichts der tatsächlich verbrauchten Menge der Kostenbezugsgröße zulässig sind. Die Formel für die Ausgabenabweichung bei variablen Herstellgemeinkosten lautet:

Ausgabenabweichung der variablen Herstellgemeinkosten	= (Istkosten pro Einheit der Bezugsgröße - Plankosten pro Einheit der Bezugsgröße) × Istbezugsgrößenmenge

$$= (29\ \$ - 30\ \$) \times 4.500$$

$$= -1\ \$ \times 4.500 = 4.500\ \$\ N$$

Webb hat im April 19_7 mit niedrigeren variablen Herstellgemeinkosten pro Maschinenstunde gearbeitet als im Budget vorgesehen war. Es ist also eine positive Ausgabenabweichung bei den variablen Herstellgemeinkosten entstanden.

Die Ausgabenabweichung bei den variablen Gemeinkosten wird ähnlich berechnet wie die Preisabweichung bei Einzelkosten wie zum Beispiel Fertigungsmaterial in Kapitel 7 (Seite 214). Man darf jedoch daraus nicht den Schluß ziehen, daß die Gründe für diese Abweichungen in beiden Fällen die gleichen sind. Für die Ausgabenabweichung bei den variablen Herstellgemeinkosten der Webb Company von 4.500 $ P können hauptsächlich zwei Ursachen verantwortlich sein:

Ursache A: Der Istpreis einzelner Posten innerhalb der variablen Gemeinkosten unterscheidet sich vom Planpreis. Zum Beispiel waren im April 19_7 die Hilfslöhne oder die Einkaufspreise für Energie oder Hilfs- und Betriebsstoffe niedriger als veranschlagt.

Ursache B: Der Istverbrauch bei einzelnen Posten unterscheidet sich vom Planverbrauch. Zum Beispiel war der Verbrauch von Energie, Hilfs- und Betriebsstoffen oder Gemeinkostenarbeitszeit niedriger als bei der Festsetzung des Plankostensatzes von 30 $ pro Maschinenstunde angenommen worden war.

Ursache A hat Implikationen für den Einkaufsbereich von Webb. Ursache B hat Implikationen für den Produktionsbereich der Firma. Die Unterscheidung zwischen diesen beiden Ursachen einer Ausgabenabweichung bei den variablen Gemeinkosten erfordert detaillierte Informationen über die budgetierten Preise und Mengen der einzelnen Posten im variablen Gemeinkostenpool.

Es folgt eine zusammenfassende Übersicht über die Abweichungen bei den variablen Herstellgemeinkosten, die in diesem Kapitel berechnet worden sind.

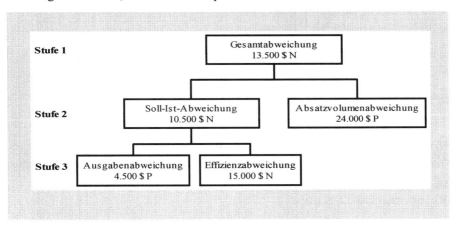

Die wichtigste Ursache für die negative flexible Budgetabweichung bei Webb besteht darin, daß der tatsächliche Einsatz von Maschinenstunden höher ist als geplant.

8.4 DIE ENTWICKLUNG DER PLANKOSTENSÄTZE FÜR DIE FIXEN GEMEINKOSTEN

Fixe Gemeinkosten sind definitionsgemäß eine Pauschalsumme, die nicht auf Veränderungen der Kostentreibermenge reagiert. Die Fixkosten werden zwar in flexiblen Budgets oft berücksichtigt, aber ihr Gesamtbetrag bleibt im relevanten Bereich unverändert unabhängig vom gewählten Outputniveau, von dem die variablen Kosten und Erlöse abhängen. Die geplanten Kostensätze für die fixen Gemeinkosten der Webb Company werden in den folgenden drei Schritten entwickelt:

Schritt 1: *Identifiziere die Kosten im (in den) fixen Gemeinkostenpool(s).* Das ist der Zähler in der Formel für den Plankostensatz. Bei Webb beinhalten die fixen Herstellgemeinkosten Abschreibungen, Leasingkosten, Grundsteuern, das Gehalt des Werksmanagers und einige Verwaltungskosten, die alle in einem einzigen Kostenpool zusammengefaßt sind. Diese Kosten sind im Budget für April 19_7 mit 276.000 $ veranschlagt.

Schritt 2: *Schätze die geplante Menge der Kostenbezugsgröße(n).* Das ist der Nenner der Berechnungsformel für den Plankostensatz. Webb verwendet die Maschinenlaufzeit als Kostenbezugsgröße. Die Firma plant die Produktion von 12.000 Jacketts im April 19_7. Für diesen Output sind 1.800 Maschinenstunden veranschlagt (12.000 Outputeinheiten × 0,40 Maschinenstunden pro Outputeinheit).

Schritt 3: *Berechne den Plankostensatz für die fixen Gemeinkosten.*

$$\begin{array}{l}\text{Plankostensatz für die fixen Gemeinkosten (pro}\\ \quad\text{Einheit der Bezugsgröße)}\end{array} = \dfrac{\text{Geplante fixe Gemeinkosten}}{\text{Planmenge der Bezugsgröße}}$$

$$= \dfrac{276.000\ \$}{4.800\ \text{Maschinenstunden}}$$

$$= 57,70\ \$ \text{ pro Maschinenstunde}$$

8.5 ABWEICHUNGEN BEI DEN FIXEN GEMEINKOSTEN

Die Gesamtabweichung der Stufe 1 für die fixen Herstellgemeinkosten der Firma Webb beträgt 9.000 $ N:

$$\begin{array}{ll}\text{Gesamtabweichung bei den fixen Gemeinkosten} & = \text{Istkosten - Plankosten (starres Budget)}\\ & = 285.000\ \$ - 276.000\ \$\\ & \ 9.000\ \$\ \text{N}\end{array}$$

Die Istwerte für die fixen Herstellgemeinkosten sind in Tafel 7.2 (S. 221) zu sehen. Die geplanten fixen Herstellgemeinkosten im starren Budget beziehen sich auf 12.000 Outputeinheiten. Da es sich um Fixkosten handelt, würden die gleichen 276.000 $ für alle Outputniveaus im relevanten Bereich gelten. Fixkosten verändern sich nicht, wenn man vom starren zum flexiblen Budget übergeht.

Die Formel für die Soll-Ist-Abweichung bei den fixen Herstellgemeinkosten lautet:

$$\begin{array}{ll}\text{Soll-Ist-Abweichung bei den fixen Gemeinkosten} & = \text{Istkosten - Sollkosten (flexibles Budget)}\\ & = 285.000\ \$ - 276.000\ \$\\ & \ 9.000\ \$\ \text{N}\end{array}$$

Bei den fixen Gemeinkosten ist die Soll-Ist-Abweichung mit der Gesamtabweichung identisch. Das liegt daran, daß sich die Fixkosten nicht verändern, wenn man das Budget flexibilisiert. Auf Stufe 3 der Abweichungsanalyse (Zerlegung der Soll-Ist-Abweichung in die Effizienz- und die Ausgabenkomponente) wird die gesamte Soll-Ist-Abweichung der Ausgabenkomponente zugerechnet, denn das ist genau der Grund, warum es bei den Fixkosten zu Abweichungen kommt.

Die negative Abweichung von 9.000 $ bedeutet einfach, daß Webb im April 19_7 mehr Geld für die fixen Herstellgemeinkosten ausgegeben hat, als im Budget veranschlagt.

Ein Überblick über Abweichungsanalysen der Stufen 1,2 und 3 für die fixen Gemeinkosten bei Webb im April 19_7 sieht folgendermaßen aus:

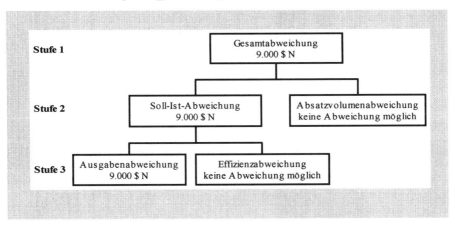

Auf Stufe 2 gibt es für die fixen Gemeinkosten niemals eine Absatzvolumenabweichung. Das liegt daran, daß die geplanten Fixkosten definitionsgemäß von Veränderungen des Absatzvolumens nicht beeinflußt werden. Genauso gib es auf Stufe 3 niemals eine Effizienzabweichung für die fixen Gemeinkosten. Schließlich kann ein Manager beim Umgang mit einem gegebenen Betrag an Fixkosten nicht mehr oder weniger effizient sein.

8.6 BESCHÄFTIGUNGSABWEICHUNG

Die Abweichungen, die in diesem Kapitel bisher diskutiert worden sind, sind in Tafel 8.3 dargestellt, in Teil A für die variablen Kosten und in den ersten drei Spalten von Teil B für die fixen Kosten. Als nächstes stellen wir eine weitere Abweichung bei den fixen Overheadkosten vor (rechte Spalte von Teil B der Tafel 8.3). Die **Beschäftigungsabweichung** (*production-volume variance*) ist die Differenz zwischen den geplanten und den verrechneten fixen Gemeinkosten.[33] Bei der Aufschlüsselung der fixen Overheadkosten multipliziert man den Plankostensatz für die fixen Overheadkosten mit der für die Istbeschäftigung geplanten Menge der Kostenbezugsgröße.

---

[33]Die Beschäftigungsabweichung taucht nur bei der flexiblen Plankostenrechnung auf Vollkostenbasis auf, also wenn die fixen Gemeinkosten auf die Kostenträger aufgeschlüsselt werden. [Anm. d. Übers.]

Die Formel für die Beschäftigungsabweichung ausgedrückt in Einheiten der Kostenbezugsgröße (hier Maschinenstunden) lautet

Beschäftigungsabweichung   = geplante fixe Gemeinkosten - verrechnete fixe Gemeinko-
                               sten (d.h. Sollbezugsgrößenmenge × Plankostensatz)

                             = 276.000 $ - (0,40 × 10.000 × 57.50)

                             = 276.000 $ - (4.000 × 57.50 $)

                             = 276.000 $ - 230.000 $

                             = 46.000 $ N

Die fixen Gemeinkosten sind immer die gleiche Pauschalsumme, unabhängig davon,
ob sie im statischen Budget stehen oder in irgendeinem flexiblen Budget innerhalb des
relevanten Bereichs. Die verrechneten fixen Gemeinkosten sind die Summe aller Beträge, die den einzelnen innerhalb der Rechnungsperiode hergestellten Produkten zugerechnet worden sind.

Teil A der Tafel 8.3 hat keine vierte Spalte wie Teil B. Das liegt daran, daß die vierte
Spalte auf die variablen Gemeinkosten nicht zutrifft. Der Betrag der verrechneten variablen Gemeinkosten ist immer der gleiche wie im flexiblen Budget.

Die Interpretation der Beschäftigungsabweichung

Eine Beschäftigungsabweichung taucht immer dann auf, wenn die Istbeschäftigung
von der Planbeschäftigung abweicht, die bei der Berechnung des Plankostensatzes für
die fixen Gemeinkosten zugrundegelegt worden ist. Wir berechnen diesen Satz, weil
man bei der Bewertung der Lagerbestände und bei manchen Vertragstypen die fixen
Gemeinkosten auf die Outputeinheiten beziehen muß. Genau dadurch entsteht die Beschäftigungsabweichung. Man sollte dieser Abweichung nicht allzuviel ökonomische
Bedeutung beimessen. Die häufigste Fehlinterpretation besteht darin, daß man an-
nimmt, diese Abweichung messe die wirtschaftlichen Kosten der Einschränkung von
Produktion und Verkauf von 12.000 auf 10.000 Einheiten. Diese Annahme berücksichtigt nicht die Ursachen dafür, daß Webb nur 10.000 Einheiten verkaufen konnte.
Angenommen ein neuer Konkurrent hätte dadurch Marktanteile gewonnen, daß er von
den Kunden einen niedrigeren Preis verlangt als Webb. Um die geplanten 12.000 Einheiten zu verkaufen, hätte Webb möglicherweise die gesamte Menge zu einem niedrigeren Preis abgeben müssen. Vielleicht hat sich die Firma klargemacht, daß der
Verkauf von 10.000 Einheiten zu einem höheren Preis ein höheres Betriebseinkommen ergeben würde als der Verkauf von 12.000 Einheiten zu einem niedrigeren Preis.
Beschäftigungsabweichung rechnet solche Informationen nicht mit ein. Es wäre also
irreführend, die negative Abweichung von 46.000 $ als Konsequenz eines um 2.000
Stück unter der Planmenge liegenden Absatzes im Monat April zu interpretieren.

Tafel 8.3
Abweichungsanalyse: Variable und fixe Herstellgemeinkosten, Webb Company

A: VARIABLE Herstellgemeinkosten

Istkosten (1)	Istinputmenge[+] × Planpreis (2)	Sollkosten (Sollinputmenge[+] × Planpreis) (3)
(4.500 × 29$)	(4.500 × 30 $)	(0,40 × 10.000 × 30 $)
130.500 $	135.000 $	120.000 $

▲   4.500 $ P   ▲   15.000 $ N   ▲
Ausgabenabweichung   Effizienzabweichung

▲   10.500 $ N   ▲
Soll-Ist-Abweichung

▲   10.500 $ N   ▲
Unter- oder Überdeckung der variablen Gemeinkosten
(Gesamtabweichung)

B: FIXE Herstellgemeinkosten

Istkosten (1)	Flexibles Budget (Pauschalbetrag unabhängig vom Output) (2)	Starres Budget (Pauschalbetrag unabhängig vom Output) (3)	Verrechn. Plankosten (Sollinputmenge* × Plankostensatz) (4)
			(0,40 × 10.000 × 57,70 $)
285.000 $	276.000 $	276.000 $ $	230.000 $

▲   9.000 $ P   ▲   Abweichung   ▲   46.000 $ N   ▲
Ausgabenabweichung   nicht möglich   Beschäftigungsabw.

▲   9.000 $ N   ▲   46.000 $ N   ▲
Soll-Ist-Abweichung   Beschäftigungsabw.

▲   55.000 $ N   ▲
Unter- oder Überdeckung der fixen Gemeinkosten
(Gesamtabweichung)

---

* Bei den Overheadkosten bezieht sich der Input auf die Bezugsgrößenmenge.

8.7 INTEGRIERTE ABWEICHUNGSANALYSE FÜR DIE GE-MEINKOSTEN

Tafel 8.3 illustriert die vier Abweichungen, die wir in diesem Kapitel erklärt haben. In der folgenden Tabelle werden sie noch einmal zusammengefaßt.

Analyse mit vier Abweichungen:

	Ausgaben-abweichung	Effizienz-abwei-chung	Beschäftigungs-abweichung
Variable Herstell-gemeinkosten	4.500 $ P	15.000 $ N	Keine Abweichung möglich
Fixe Herstell-gemeinkosten	9.000 $ N	Keine Abweichung möglich	46.000 $ N

Die vier Abweichungen in dieser Darstellung sind die beiden Abweichungen bei den variablen Herstellgemeinkosten und die beiden Abweichungen bei den fixen Herstell-gemeinkosten. Man beachte auch, daß es zwei Felder gibt mit der Aussage "Abwei-chung nicht möglich" Das liegt daran, daß (1) Effizienzabweichungen nur bei variablen Herstellgemeinkosten entstehen können. Für die fixen Gemeinkosten kann man keine Effizienzaussagen machen, denn dieser Betrag ist eine Pauschalsumme un-abhängig vom Outputniveau. (2) Die Beschäftigungsabweichung wiederum ist nur bei den fixen Herstellgemeinkosten möglich. Sie entsteht, weil bei der Lagerbewertung (und in einigen Fällen bei vertraglichen Entschädigungsansprüchen) die Pauschal-summe auf die einzelnen Produkteinheiten aufgeschlüsselt werden muß.

Analyse mit drei Abweichungen:

	Ausgaben-abweichung	Effizienz-abweichung	Beschäftigungs-abweichung
Gesamte Herstell-gemeinkosten	13.500 $ N	15.000 $ N	46.000 $ N

Faßt man in der Analyse mit vier Abweichungen die beiden Ausgabenabweichungen zusammen, so kommt man zur Analyse mit drei Abweichungen. Der einzige Informa-tionsverlust in der Analyse mit drei Abweichungen betrifft den Bereich der Ausgaben-abweichung: Anstelle der separaten Ausgabenabweichungen für fixe und variable Gemeinkosten, wird nur eine einzige Ausgabenabweichung aufgeführt. Die Analyse mit drei Abweichungen wird manchmal auch als **kombinierte Abweichungsanalyse** bezeichnet, denn sie kombiniert die Abweichungen bei den fixen und den variablen Gemeinkosten.

BEI DER BAXTER CORPORATION TRETEN INDIVIDU- ELLE ABWEICHUNGEN ALS UNABHÄNGIGES LEI- STUNGSMAß IN DEN HINTERGRUND

Die Baxter Corporation stellt in ihrem Werk in Lessines, Belgien, sterile Plastikbeutel für medizinische Zwecke her. Die Firma benutzt eine Standardkostenrechnung bei der variable und fixe Kosten als Herstellkosten der fertigen und unfertigen Erzeugnisse aktiviert werden. Viele Jahre lang wurden individuelle Abweichungen in Leistungsberichten so behandelt, als ob sie voneinander unabhängig wären. Letztendlich kam die Firma jedoch zu dem Schluß, daß diese Praxis die Manager zu Entscheidungen brachte, die zwar manchmal die festgestellten Abweichungen minimierten, aber für die langfristigen Firmeninteressen nicht unbedingt förderlich waren.

Bei Baxter wird nun anerkannt, daß gegenseitige Abhängigkeiten zwischen verschiedenen Abweichungen existieren. Ein wichtiges Leistungskriterium ist die Differenz zwischen dem Werksoutput zu Standardkosten (wobei alle Herstellkosten aktiviert werden) und zu Istkosten. Jeden Monat wird ein detaillierter Abweichungsbericht erstellt, aber die Manager werden für negative Abweichungen, die durch damit zusammenhängende positive Abweichungen an anderer Stelle kompensiert werden, nicht verantwortlich gemacht. Beobachtet man also etwa eine negative Ausgabenabweichung bei den fixen Herstellgemeinkosten aufgrund einer verbesserten Qualität der Anlagenwartung und gleichzeitig eine positive Effizienzabweichung bei den variablen Herstellgemeinkosten, weil die Maschinen die Plastikbeutel schneller herstellen und die Qualitätsanforderungen dabei genauso gut oder sogar besser erfüllen als zuvor, so würde man diese beiden Abweichungen nicht als unabhängig voneinander betrachten.

Quellen: Gespräche mit dem Management und E. Noreen, D. Smith und J. Mackey, *The Theory of Constraints and Its Implication for Management Accounting* (Great Barrington, Ma.: North River Press, 1995).

(seitlich) Konzepte und ihre Umsetzung

Analyse mit zwei Abweichungen:

	Soll-Ist-Abweichung	Beschäftigungsabweichung
Gesamte Herstellgemeinkosten	28.500 $ N	46.000 $ N

Kombiniert man auch die Ausgabenabweichung und die Effizienzabweichung miteinander, so kommt man zur Analyse mit zwei Abweichungen.

Analyse mit einer Abweichung:

	Gesamtabweichung
Gesamte Herstellgemeinkosten	65.500 $ N

Die einzige Abweichung in dieser Form der Analyse ist die Summe aus der Soll-Ist-Abweichung und der Beschäftigungsabweichung aus der Analyse mit zwei Abweichungen. Legt man die Zahlen aus Tafel 8.3 zugrunde, so ist die Herstellgemeinkostenabweichung die Differenz zwischen der tatsächlich aufgewendeten Gesamtsumme der Herstellgemeinkosten (130.500 $ + 285.000 $ = 415.500 $) und den auf die tatsächlich hergestellten Produkteinheiten verrechneten Herstellgemeinkosten (120.000 $ + 230.000 $ = 350.000 $). Die Herstellgemeinkostenabweichung der Webb Company von insgesamt 65.500 $ N im April 19_7 ist größtenteils eine Folge der Beschäftigungsabweichung von 46.000 $ N. In der Analyse mit vier Abweichungen, ist der zweithöchste Betrag die negative Effizienzabweichung von 15.000 $ bei den variablen Herstellgemeinkosten. Diese Abweichung entsteht durch die 500 Maschinenstunden, um die im April die für 10.000 Jacketts zulässige Maschinenlaufzeit überschritten worden ist. Die beiden Ausgabenabweichungen (4.500 $ P und 9.000 $ N) kompensieren sich teilweise gegenseitig.

Die vier festgestellten Abweichungen sind nicht unbedingt voneinander unabhängig. Es könnte zum Beispiel sein, daß Webb eine Maschinenflüssigkeit niedriger Qualität gekauft hat (wodurch eine positive Ausgabenabweichung entstanden ist); das hat zur Folge gehabt, daß die Maschinen länger als geplant laufen mußten (wodurch eine negative Effizienzabweichung entstanden ist).

8.8 GEMEINKOSTENABWEICHUNGEN IN PRODUKTIONSUNABHÄNGIGEN BEREICHEN

In unserem Beispiel von der Webb Company haben wir variable und fixe Herstellgemeinkosten untersucht. Nach den allgemein anerkannten Prinzipien der Rechnungslegung müssen sowohl variable als auch fixe Herstellgemeinkosten als Herstellungskosten der fertigen und unfertigen Erzeugnisse in der Bilanz aktiviert werden.[34] Im Gegensatz dazu besteht bei den Gemeinkosten anderer Bereiche der Wertschöpfungskette (wie zum Beispiel F&E und Marketing) eine Wahlmöglichkeit; sie können entweder aktiviert werden oder werden unmittelbar als Ausgaben der Periode behandelt, in der sie aufgetreten sind. Es stellt sich die Frage, ob man die Abweichungsanalyse, die in diesem Kapitel behandelt worden ist, auch auf die Gemeinkosten der produktionsunabhängigen Bereiche anwenden sollte.

---

[34]Siehe Fußnote auf Seite 53

Informationen über die Herstellkosten und über die variablen Kosten außerhalb der Produktion braucht man für Preiskalkulation und Sortimententscheidungen. Eine Abweichungsanalyse für die variablen Gemeinkosten ist für solche Entscheidungen wichtig. So können zum Beispiel Manager in Branchen mit hohen Vertriebskosten in Buchführungssysteme investieren, die frühzeitig verläßliche Informationen über Ausgaben- und Effizienzabweichungen bei den variablen Vertriebskosten geben.

Die Abweichungsanalyse für die fixen produktionsunabhängigen Gemeinkosten ist wichtig, wenn eine Firma auf Vollkostenbasis arbeitet, das heißt, wenn sie die vollen Istkosten zuzüglich eines prozentualen Aufschlags erstattet bekommt. In diesem Fall ermöglichen Informationen über diese Abweichungen genauere Schätzungen der Istkosten. In vielen anderen Fällen jedoch führen die Manager keine detaillierte Abweichungsanalyse für die produktionsunabhängigen Fixkosten durch. Die meisten sind der Ansicht, daß man durch die Berechnung von Ausgaben- oder Effizienzabweichungen für diese Kosten keine wesentlichen Informationen gewinnt.

8.9 UNTERSCHIEDLICHE ZWECKE DER ABWEICHUNGSANALYSE FÜR DIE HERSTELLGEMEINKOSTEN

Verschiedene Arten von Kostenanalysen können für unterschiedliche Zwecke geeignet sein. Nehmen wir den Zweck der Planung und Steuerung und den Zweck der Kostenbewertung von Lagerbeständen für den Jahresabschluß. Teil A der Tafel 8.4 zeigt die variablen Herstellgemeinkosten für jeden der beiden Zwecke, Teil B die fixen Herstellgemeinkosten.

Variable Herstellgemeinkosten

In Teil A der Tafel 8.4 sieht man, daß die variablen Herstellgemeinkosten bei Webb von den hergestellten Produkteinheiten (Jacketts) abhängen, gleichgültig ob sie zum Zweck der Planung und Steuerung (Figur 1) oder zum Zweck der Kostenbewertung von Vorräten (Figur 2) festgestellt werden. Je höher die Anzahl der hergestellten Produkteinheiten, desto höher die Gesamtsumme der budgetierten variablen Herstellgemeinkosten und damit auch die den Produkteinheiten zugerechneten variablen Herstellgemeinkosten.

Figur 1 der Tafel 8.4 gibt ein allgemeines Bild davon, wie sich die Gesamtsumme der variablen Herstellgemeinkosten mit steigendem Output verhalten könnte. Natürlich bestehen die variablen Herstellgemeinkosten aus vielen Positionen einschließlich der Kosten für Energie und Reparaturen, der Hilfslöhne und so weiter. Die Manager kontrollieren die variablen Herstellgemeinkosten, indem sie für jede Position einen Betrag budgetieren und dann den möglichen Gründen für signifikante Abweichungen nachgehen.

TAFEL 8.4

Verhalten der variablen und fixen Herstellgemeinkosten für Planung und Steuerung beziehungsweise für die Kostenbewertung von Lagerbeständen

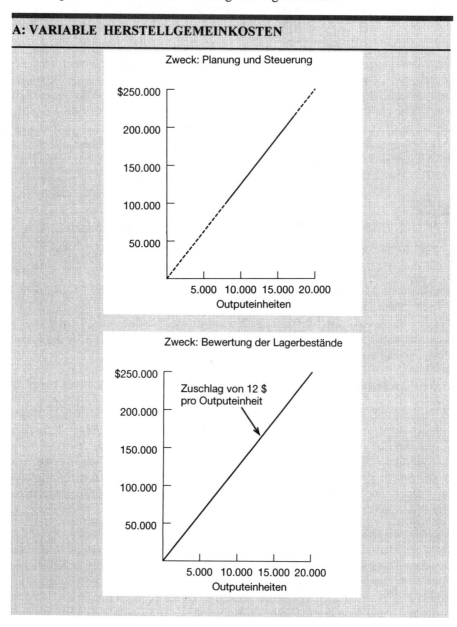

TAFEL 8.4 (Fortsetzung)

B: FIXE HERSTELLGEMEINKOSTEN

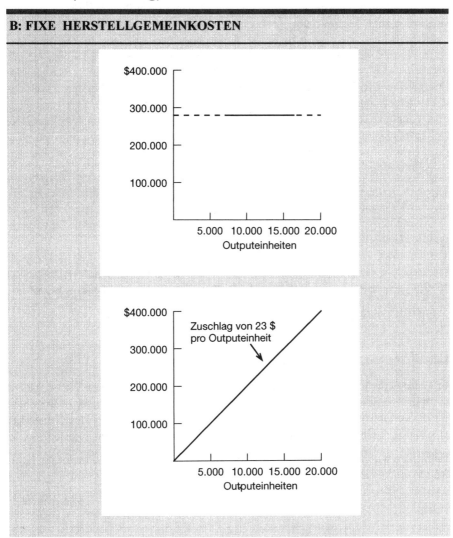

Fixe Herstellgemeinkosten

Teil B der Tafel 8.4 (Figur 3) zeigt, daß für Zwecke der Planung und Steuerung die fixen Herstellgemeinkosten im Outputbereich von 8.000 bis 18.000 Stück unverändert bleiben.

Nehmen wir eine monatliche Leasingrate von 20.000 $ für ein Gebäude im Rahmen einer dreijährigen Leasingvereinbarung. Die Manager beeinflussen diese fixen Leasingkosten zum Zeitpunkt des Vertragsabschlusses. Während der Leasingdauer kann das Management aber wenig tun, um an dieser Pauschalsumme von 20.000 $ pro Monat etwas zu ändern. Vergleichen wir diese Beschreibung der fixen Gemeinkosten mit derjenigen in Figur 4, die für den Jahresabschluß gilt. Nach den allgemein akzeptierten Prinzipien der Rechnungslegung werden die fixen Herstellkosten bei der Bewertung der Lagerbestände als Kostensatz pro Produkteinheit aktiviert. Mit jeder hergestellten Produkteinheit erhöht sich die Summe der den Produkten zugerechneten fixen Herstellgemeinkosten um 23 $ (57,50 $ pro Maschinenstunde × 0,40 Maschinenstunden pro Produkteinheit). Diese Stückkostenbetrachtung der fixen Herstellgemeinkosten sollte man jedoch bei der Planung und Steuerung nicht verwenden.

In jeder Figur der Tafel 8.4 ist der Nenner in Outputeinheiten ausgedrückt. Alternativ hätten wir diesen Nenner auch in Inputeinheiten ausdrücken können. Bei Webb wären die Maschinenstunden der richtige Nenner, denn sie sind die Bezugsgröße für variable und fixe Herstellgemeinkosten.

8.10 Journaleinträge für Gemeinkosten und deren Abweichungen

Die Aufzeichnung von Gemeinkosten

Im Beispiel der Robinson Company (Kapitel 5, Seite 132) haben wir ein einziges Konto für die Herstellgemeinkosten verwendet. In diesem Kapitel werden separate Konten für die variablen und die fixen Herstellgemeinkosten benutzt. Für jedes Gemeinkostenkonto braucht man ein eigenes Konto für die verrechneten Gemeinkosten.

Betrachten wir die folgenden Journaleinträge der Webb Company. Für April 19_7 galten die folgenden Beträge:

	Istkosten	Sollkosten (10.000 Einheiten)	Verrechnete Kosten
Variable Herstellgemeinkosten	130.500 $	120.000 $[a]	120.000 $[a]
Fixe Herstellgemeinkosten	285.000 $	276.000 $[b]	230.000 $[c]

a. 0,40 × 10.000 × 30 $ = 120.000 $
b. 276.000 $ sind die geplanten fixen Herstellgemeinkosten.
c. 0,40 × 10.000 × 57,50 $ = 230.000 $

Der Plankostensatz für die variablen Herstellgemeinkosten beträgt 30 $ pro Maschinenstunde. Für die fixen Herstellgemeinkosten ergibt sich bei 4.800 Maschinenstunden ein Plankostensatz von 57,50 $ pro Maschinenstunde. Webb verwendet die Analyse mit vier Abweichungen.

Während der Rechnungsperiode werden die tatsächlichen variablen und fixen Gemeinkosten in separaten Konten gesammelt. Sobald eine Produkteinheit hergestellt worden ist, werden die Plankostensätze für variable und fixe Gemeinkosten auf den entsprechenden Konten für die verrechneten Gemeinkosten eingetragen.

Für die variablen Herstellgemeinkosten werden im April 19_7 folgende Einträge gemacht

1. Variable Herstellgemeinkosten   130.500

    an Verbindlichkeiten und andere Konten   130.500

    Verbuchung der tatsächlich angefallenen variablen Herstellgemeinkosten

2. Unfertige Erzeugnisse   120.000

    an Verrechnete variable Herstellgemeinkosten   120.000

    Verbuchung der verrechneten variablen Herstellgemeinkosten

3. Verrechnete variable Herstellgemeinkosten   120.000

    Effizienzabweichung der variablen Herstellgemein-
        kosten   15.000

    an variable Herstellgemeinkosten   130.500

    an Ausgabenabweichung der variablen Herstellge-
        meinkosten   4.500

    Isolierung der Abweichungen für die Rechnungsperiode

Die Einträge für die fixen Herstellgemeinkosten lauten

1. Fixe Herstellgemeinkosten   285.000

    an Lohnverbindlichkeiten, Abschreibungen etc.   285.000

    Verbuchung der tatsächlich angefallenen fixen Herstellgemeinkosten

2. Unfertige Erzeugnisse   230.000

    an Verrechnete fixe Herstellgemeinkosten   230.000

    Verbuchung der verrechneten fixen Fert.gemeinkosten (0,40 × 10.000 × 57,50 $).

3. Verrechnete fixe Herstellgemeinkosten   230.000

    Ausgabenabweichung der fixen Fert.gemeinkosten   9.000

    Beschäftigungsabw. der fixen Fert.gemeinkosten   46.000

    an fixe Herstellgemeinkosten   285.000

    Isolierung der Abweichungen für die Rechnungsperiode

Gemeinkostenabweichungen und Anpassungen am Ende der Periode

In Kapitel 5 (Seite 139 ff.) haben wir in Umrissen gezeigt, wie man mit Hilfe der korrigierten Kostenzurechnung und der anteiligen Verrechnung die am Ende der Periode auftretenden Differenzen zwischen den tatsächlich aufgetretenen und den verrechneten Herstellgemeinkosten in den Griff bekommt. Nehmen wir zum Beispiel die variablen Herstellgemeinkosten bei Webb. Der Plankostensatz betrug 30 $ pro Maschinenstunde. Der Istkostensatz liegt bei 29 $ pro Maschinenstunde.

Nach dem Ansatz der korrigierten Kostenzurechnung würde Webb das Kostensammelblatt für jeden Auftrag, der während des Jahres bearbeitet worden ist, anpassen. Bei diesen Korrekturen würde man tatsächlich anstelle des Plankostensatzes von 30 $ pro Maschinenstunde den Istkostensatz von 29 $ anwenden. Dann würde die Firma den Lagerbestand am Ende der Periode und die Herstellkosten des Periodenumsatzes entsprechend neu berechnen. Dieser Ansatz hat verschiedene Vorteile. Die einzelnen Kostensammelblätter werden neu formuliert und geben dann ein genaues Bild der Istkosten. Der Lagerendbestand und die Herstellkosten des Umsatzes zeigen genau die tatsächlich entstandenen variablen Gemeinkosten. Ähnlich könnten auch die fixen Herstellgemeinkosten in den Kostensammelblättern korrigiert werden. Unter der Voraussetzung, daß alle Buchführungsaufzeichnungen in kompatiblen Computersystemen erstellt werden, kann die korrigierte Kostenzurechnung oft schnell und kostengünstig abgewickelt werden.

Auf die anteilige Verrechnung wird zurückgegriffen, wenn die Manager der Meinung sind, daß die korrigierte Kostenzurechnung zu teuer ist. Bei diesem Ansatz stehen für die Bereinigung von Abweichungen drei Optionen zur Verfügung:

- die anteilige Verrechnung auf der Basis der ursprünglich verrechneten Gemeinkosten beim Lagerendbestand und den Herstellkosten des Umsatzes;
- die anteilige Verrechnung auf der Basis der ursprünglichen Endsalden bei Lagerbeständen und Herstellkosten des Umsatzes;
- die Sofortabschreibung als Herstellkosten des Umsatzes.

Bei der anteiligen Verrechnung der Unterdeckung bei den variablen Herstellgemeinkosten in Höhe von 10.500 $ und der Unterdeckung bei den fixen Herstellgemeinkosten in Höhe von 55.000 $ könnte Webb jede dieser drei Optionen wählen.

8.11 FINANZIELLE UND NICHTFINANZIELLE ERFOLGSMAßE

Die Gemeinkostenabweichungen, die wir in diesem Kapitel behandelt haben, sind Beispiele für finanzielle Leistungsmaßstäbe. Oft geben auch nichtfinanzielle Maße nützliche Informationen. Die folgenden Punkte sind Beispiele für solche Maße, die der Webb Company wahrscheinlich bei der Planung und Steuerung ihrer Gemeinkosten gute Dienste leisten würden:

1. die Differenz zwischen dem Istverbrauch und dem Planverbrauch an Hilfs- und Betriebsstoffen in Mengeneinheiten pro Maschinenstunde;
2. die Differenz zwischen dem Istverbrauch und dem Planverbrauch an Energie pro Maschinenstunde;
3. die Differenz zwischen der tatsächlichen und der geplanten Maschinenlaufzeit pro Auftrag.

Wie die anderen in diesem Kapitel behandelten Abweichungen versteht man auch diese Leistungsmaße am besten als Anhaltspunkte für die Lenkung der Aufmerksamkeit und nicht als Problemlösungen. Diese Zahlen würden wahrscheinlich in der Produktionsabteilung täglich oder sogar stündlich notiert. Die Abweichungen bei den Herstellgemeinkosten, die wir in diesem Kapitel vorgestellt haben, sind Ausdruck der finanziellen Effekte von Vorgängen, die oft zuerst unter der Flagge von nichtfinanziellen Leistungsmaße, wie sie etwa hier unter 1. bis 3. aufgezählt worden sind, auftreten.

8.12 ISTKOSTENRECHNUNG, EINFACHE SOLLKOSTEN-RECHNUNG, ERWEITERTE SOLLKOSTENRECHNUNG UND STANDARDKOSTENRECHNUNG

In Kapitel 4 haben wir drei mögliche Kombinationen von Ist- und Plankostensätzen für Einzel- und Gemeinkosten dargestellt. Tafel 8.5 zeigt diese drei Kostenrechnungssysteme zusammen mit einem vierten, der **Standardkostenrechnung**, die in den Kapiteln 7 und 8 behandelt wurde. Bei der Standardkostenrechnung ordnet man die Einzelkosten einem Kostenobjekt zu, indem man den (die) Standardpreis(e) oder den (die) Standardkostensatz (-sätze) mit den Standardinputmengen multipliziert, die beim tatsächlich erzielten Output zulässig sind, und schlüsselt die Gemeinkosten auf, indem man den (die) Standardgemeinkostensatz (-sätze) mit den Standardinputmengen multipliziert, die beim tatsächlich erzielten Output zulässig sind.

Bei einem Standardkostenrechnungssystem können die Kosten für alle Produkte oder Dienstleistungen, die während der Periode erstellt werden sollen, zu Beginn dieser Periode errechnet werden. Dadurch wird es möglich, ein vereinfachtes Berichtssystem zu benutzen. Man braucht die tatsächlichen Kosten verbrauchter Ressourcen oder die tatsächlich eingesetzte Menge der verwendeten Kostenbezugsgröße für einzelne Produkte oder Dienstleistungen nicht aufzuzeichnen. Wenn die Standards einmal festgelegt sind, sind die Betriebskosten eines Standardkostenrechnungssystems niedrig im Vergleich zur Istkostenrechnung, der einfachen Sollkostenrechnung oder der erweiterten Sollkostenrechnung. Anhang A zu diesem Kapitel illustriert ein Standardkostenrechnungssystem und zeigt, wie in diesem System die anteilige Verrechnung von Abweichungen durchgeführt werden kann.

TAFEL 8.5

Istkostenrechnung, einfache Sollkostenrechnung, erweiterte Sollkostenrechnung und Standardkostenrechnung

	Einzelkosten	Gemeinkosten
Istkosten	Istpreis × Istmenge des Einzelkosteninputs	Istkostensatz × Istmenge der Kostenbezugsgröße
einfache Sollkosten	Istpreis × Istmenge des Einzelkosteninputs	Plankostensatz × Istmenge der Kostenbezugsgröße
erweiterte Sollkosten	Planpreis × Istmenge des Einzelkosteninputs	Plankostensatz × Istmenge der Kostenbezugsgröße
Standardkosten	Standardpreis × Sollmenge des Einzelkosteninputs	Standardkostensatz × Sollmenge der Kostenbezugsgröße

Aufgabe zum Selbststudium

AUFGABE

Die Webb Company analysiert ihre Marketinggemeinkosten mit Hilfe von vier Abweichungen. Für April 19_7 wurden die folgenden Informationen gesammelt.

a. Die Kostenbezugsgröße für die variablen Marketinggemeinkosten sind die geplanten Marketingarbeitsstunden pro Jackett. Die fixen Marketinggemeinkosten werden direkt den Jacketts zugerechnet.

b. Die Planbeträge für April 19_7 sind
   (i) Marketingarbeitszeit: 0,25 Stunden pro Jackett
   (ii) Plankostensatz für die variablen Marketinggemeinkosten: 20 $ pro Marketingarbeitsstunde
   (iii) Fixe Marketinggemeinkosten: 434.000 $
   (iv) Planbeschäftigung: 12.000 Jacketts

c. Die Istergebnisse für April 19_7 lauten
   (i) Variable Marketinggemeinkosten: 45.700 $
   (ii) Fixe Marketinggemeinkosten: 420.000 $
   (iii) Marketingarbeitszeit: 2.304 Stunden
   (iv) Istausbringungsmenge: 10.000 Jacketts

1. Analysieren Sie die Marketinggemeinkosten für April 19_7 analog zu der Darstellung in den beiden Teilen von Tafel 8.3.

2. Geben Sie mindestens eine der möglichen Erklärungen für jede der vier Abweichungen in der Analyse.

3. Beschreiben Sie, wie die Webb Company (a) ihre variablen Marketinggemeinkosten und (b) ihre fixen Marketinggemeinkosten planen und kontrollieren könnte.

LÖSUNG

1. Tafel 8.6 ist die Spaltendarstellung der Abweichungsanalyse. Der Plankostensatz für die fixen Marketinggemeinkosten beträgt (gerundet) 36,1667 $ pro Jackett. Diese Abweichungen können folgendermaßen zusammengefaßt werden:

	Ausgaben-abweichung	Effizienz-abwei-chung	Beschäftigungs-abweichung
Variable Marketing-gemeinkosten	380 $ P	3.920 $ P	keine Abweichung möglich
Fixe Marketing-gemeinkosten	14.000 $ P	keine Abweichung möglich	72.333 $ N

LÖSUNG (FORTSETZUNG)

2. *Ausgabenabweichung bei den variablen Marketinggemeinkosten* (380 $ P). Unter anderen sind folgende Ursachen denkbar:
a. Unerwartet niedrige Preise für Ausgabenpositionen innerhalb der variablen Marketinggemeinkosten wie zum Beispiel niedrigere Lohnsätze für die Mitarbeiter in der Marketingunterstützung, niedrigere Preise für Ferngespräche oder niedrigere Benzinpreise.
b. Ein unerwartet niedriger Verbrauch bei Ausgabenpositionen innerhalb der variablen Marketinggemeinkosten wie zum Beispiel weniger Beschäftigte in der Marketingunterstützung, weniger Ferngespräche und weniger Benzinverbrauch pro Marketingarbeitsstunde.

Effizienzabweichung bei den variablen Marketinggemeinkosten (3.920 $ P). Die Ursache für diese Abweichung ist ein produktiverer Einsatz der Kostenbezugsgröße (Marketingarbeitsstunden); anstatt der geplanten 2.500 Stunden wurden nur 2.304 Stunden für die direkt den Produkten zurechenbare Marketingarbeit aufgewendet. Vielleicht hat das Marketingpersonal, dessen Löhne als Einzelkosten behandelt werden, effizienter gearbeitet, möglicherweise aufgrund eines neuen Systems von Leistungsanreizen, eines verbesserten Trainingsprogramms oder aufgrund unerwartet großer ständiger Verbesserungen.

Ausgabenabweichung bei den fixen Marketinggemeinkosten (14.000 $ P). Mögliche Ursachen sind zum Beispiel
a. Unerwartet niedrige Preise für Ausgabenpositionen innerhalb der fixen Marketinggemeinkosten. Vielleicht hat ein Marketingabteilungsleiter gekündigt und ist durch eine niedriger bezahlte Fachkraft ersetzt worden, oder vielleicht konnte bei der Neuverhandlung des Mietvertrags für ein Gebäude eine niedrigere Miete durchgesetzt werden als geplant.
b. Ein unerwartet niedriger Verbrauch bei Ausgabenpositionen innerhalb der fixen Marketinggemeinkosten. Zum Beispiel könnte es sein, daß das Verkaufspersonal nur fünf anstatt sechs Autos geleast hat und damit die fixen monatlichen Leasingraten für Dienstwagen gesenkt hat.

LÖSUNG (FORTSETZUNG)

Beschäftigungsabweichung (72.333 $ N). Diese Abweichung entsteht, weil die Ausbringungsmenge (der Absatz) anstelle von 12.000 Stück nur 10.000 Stück betragen hat. Eine denkbare Erklärung liegt darin, daß das Verkaufspersonal viel weniger effektiv gearbeitet hat als geplant. Andere Erklärungen sind zum Beispiel ein gesamtwirtschaftlicher Abschwung, schlechte Arbeit in der Produktionsabteilung, ein neuer Konkurrent auf dem Markt oder eine Zollsenkung mit der Folge, daß Jacketts mit niedrigeren Preisen importiert werden.

3. (a) Die wichtigsten Ansätze zur Planung und Steuerung der variablen Marketinggemeinkosten sind

   a. Kreative Arbeit im Design, um Aktivitäten zu vermeiden, die keinen Mehrwert schaffen (zum Beispiel das Kontrollieren von Werbesendungen).

   b. Die Senkung des Plankostensatzes pro Einheit des Kostentreibers oder Verringerung des Kostentreiberverbrauchs pro Outputeinheit. Die Marketingmanager könnten zum Beispiel die Beschaffungspreise der Abteilung genauer kontrollieren.

   c. Die ständige Beobachtung und Analyse der Abweichungen.

   d. Die Zuweisung der Verantwortung für die Abweichungen an Manager, die in der Lage sind, die Produktivität des Marketingpersonals zu fördern.

   (b) Die wichtigsten Ansätze zur Planung und Steuerung der fixen Marketinggemeinkosten sind

   a. Die detaillierte Planung des Kapazitätsbedarfs und die Schaffung von Anreizen für die Manager, eine unverzerrte Schätzung ihres Planverbrauchs abzugeben.

   b. Die Forderung an die Manager, sorgfältige, kostenbewußte Planungsentscheidungen für die einzelnen Ausgabenpositionen zu treffen.

Die tägliche Überprüfung der Abweichungen wird bei der Kontrolle der fixen Marketinggemeinkosten eher eine relativ untergeordnete Rolle spielen.

Tafel 8.6

Abweichungsanalyse: Variable und fixe Marketinggemeinkosten der Webb Company

A: VARIABLE MARKETINGGEMEINKOSTEN

Istkosten (1)	Istinputmenge* × Plan-preis (2)	Sollkosten (Sollinputmenge* × Planpreis) (3)
	(2.304 × 20 $)	(0,25 × 10.000 × 20 $)
45.700 $	46.080 $	50.000 $

```
      ↑        380 $ P      ↑       3.920 $ P        ↑
       └─────────────────────┘ └──────────────────────┘
         Ausgabenabweichung        Effizienzabweichung

      ↑                      4.300 $ P                 ↑
       └──────────────────────────────────────────────┘
                      Soll-Ist-Abweichung
      ↑                      4.300 $ P                 ↑
       └──────────────────────────────────────────────┘
         Unter- oder Überdeckung der variablen Gemeinkosten
```

B: FIXE MARKETINGGEMEINKOSTEN

Istkosten (1)	Flexibles Budget (Pauschalbetrag unabhängig vom Output) (2)	Starres Budget (Pauschalbetrag unabhängig vom Output) (3)	Verrechn. Plankosten (Sollinputmenge* × Plankostensatz) (4)
			(1 × 10.000 × 36,1667 $)
420.000 $	434.000 $	434.000 $ $	361.667 $

```
   ↑    14.000 $ P   ↑   Abweichung   ↑   72.333 $ N   ↑
    └────────────────┘ └─────────────┘ └──────────────┘
     Ausgabenabweichung  nicht möglich  Beschäftigungsabw.

   ↑           14.000 $ N        ↑         72.333 $ N   ↑
    └───────────────────────────┘ └────────────────────┘
          Soll-Ist-Abweichung         Beschäftigungsabw.

   ↑                       58.333 $ N                    ↑
    └───────────────────────────────────────────────────┘
        Unter- oder Überdeckung der fixen Gemeinkosten
```

---

* Bei den Gemeinkosten bezieht sich der Input auf die Bezugsgrößenmenge.

ANHANG A: DIE ANTEILIGE VERRECHNUNG VON HER-STELLKOSTENABWEICHUNGEN MIT HILFE VON STANDARD-KOSTEN

In diesem Anhang geht es um die anteilige Verrechnung von Kostabweichungen im Rahmen der Standardkostenrechnung. Dabei zeigen wir auch, wie der Ansatz der anteiligen Verrechnung aus Kapitel 5 (Seite 141) um eine genauere Analyse der Preisabweichungen beim Fertigungsmaterial ergänzt werden kann.

Die Morales Company stellt ein einheitliches Produkt her, einen speziellen Plastikcontainer. Die Firma verwendet ein Standardkostenrechnungssystem. Variable und fixe Herstellkosten werden als Herstellungskosten aktiviert. Morales verteilt jeden Monat die Gewinn- und Verlustrechnung an seine Manager. Die folgenden Daten gelten für Oktober 19_7. (Damit die Berechnungen leicht zu handhaben sind, haben wir die Zahlen mit Absicht klein gehalten.)

Fertigungsmaterialeinkauf (verbucht auf dem Material zu Standardpreisen): 200.000 × 0,50 $	100.000 $
Materialpreisabweichung: 200.000 × 0,05 $	10.000 $ N
Fertigungsmaterial, verrechnet zu Standardpreisen: 160.000 × 0,50 $	80.000 $
Materialverbrauchsabweichung: 8.000 × 0,50 $	4.000 $ N
Fertigungslöhne: 2.200 × 20,4545 $	45.000 $
Fertigungslöhne, verrechnet zum Standardlohnsatz: 2.000 × 20,00 $	40.000 $
Lohnabweichung: 2.200 × 0,4545 $	1.000 $ N
Leistungsabweichung: 200 × 20,00 $	4.000 $ N
Herstellgemeinkosten verrechnet zum Plankostensatz pro Maschinenstunde	70.000 $
Istbetrag der Herstellgemeinkosten	75.000 $
Gemeinkostenunterdeckung	5.000 $
Erlöse	273.000 $
Marketing-, Vertriebs- und Kundendienstkosten	130.000 $

Die Materialpreisabweichungen werden nicht erst bei der Verwendung sondern schon beim Einkauf gemessen.

Angenommen 40 % der Oktoberproduktion befindet sich im Fertigwarenlager und 60 % wurden während des Monats verkauft. Am 31. Oktober 19_7 existiert kein Lagerbestand an unfertigen Erzeugnissen. Alle Abweichungen bei den Fertigungskosten sind negativ. Es gab keine Anfangslagerbestände am 1. Oktober 19_7. Bei den Kosten für Marketing, Vertrieb und Kundendienst sind keine Abweichungen aufgetreten. Die folgenden Salden (vor der anteiligen Verrechnung) am Ende des Monats beruhen auf den genannten Daten:

	in Dollar	in %
Unfertige Erzeugnisse	0	0
Fertige Erzeugnisse, 40 % der Standardkosten für Fertigungs-material, Fertigungsarbeit und Fertigungsoverhead (80.000 $ + 40.000 $ + 70.000 $) : 40 % von 190.000 $	76.000	40
Herstellkosten des Umsatzes, 60 % von 190.000 $	114.000	60
Summe	190.000	100

Morales hat 200.000 Pounds Fertigungsmaterial gekauft, von denen 160.000 Pounds dem Standardverbrauch für die Oktoberproduktion entsprechen. Die Standardbeträge für das Fertigungsmaterial in den Lagerbeständen am Ende des Monats betragen 0 Pounds für die unfertigen Erzeugnisse (0 % × 160.000), 64.000 Pounds für die fertigen Erzeugnisse (40 % × 160.000) und 96.000 Pounds für die Herstellkosten des Umsatzes (60 % × 160.000). Bei einem Einkauf von 200.000 Pounds, einem Standardverbrauch von 160.000 Pounds und einer Mengenkomponente der negativen Materialver-brauchsabweichung von 8.000 Pounds hat das Materiallager einen Endbestand von 32.000 Pounds.

	Material (in Pounds)	Gesamtkosten bei 0,50 $ Standardkosten pro Pound	Anteil
Zu verrechnen	200.000	100.000 $	100 %
Eingegangen in:			
Materialverbrauchsabweichung	8.000	4.000 $	4 %
Unfertige Erzeugnisse	0	0 $	0 %
Fertige Erzeugnisse	64.000	32.000 $	32 %
Herstellkosten des Umsatzes	96.000	48.000 $	48 %
Rest im Lagerbestand an Ferti-gungsmaterial	32.000	16.000 $	16 %
Verrechnet	200.000	100.000 $	100 %

Das Management erwägt zwei verschiedene Ansätze für die Behandlung der Kosten-abweichungen am Ende der Periode:

1. Die anteilige Verrechnung der Abweichungen bei den Fertigungslöhnen und den Herstellgemeinkosten auf der Basis der Abschlußsalden der Konten Unfertige Erzeug-nisse, Fertige Erzeugnisse und Herstellkosten des Umsatzes. Die anteilige Verrech-nung der Abweichungen beim Fertigungsmaterial basiert auf den Abschlußsalden der

Konten Material, Unfertige Erzeugnisse, Fertige Erzeugnisse und Herstellkosten des Umsatzes.

2. Sofortabschreibung aller Salden als Herstellkosten des Umsatzes.

Im folgenden geht es darum, wie sich die beiden Methoden jeweils auf den Betriebserfolg für Oktober 19_7 auswirken.

Die anteilige Verrechnung der Abweichungen bei den Fertigungslöhnen und den Herstellgemeinkosten

Wir werden die Analyse mit Hilfe von T-Konten darstellen. Die Numerierung der Konteneinträge entspricht dem logischen Fluß der Beträge durch die Konten für Fertigungslöhne und Herstellgemeinkosten

Unfertige Erzeugnisse

①Fertigungslöhne	40.000	③Weitergeleitet[a]	110.000
②Verrechnete Herstellgemeinkosten	70.000		

Fertige Erzeugnisse

③	110.000	④Verkauft[b]	66.000

Herstellkosten des Umsatzes

④	66.000

Herstellgemeinkosten

⑤angefallene Kosten	75.000

Verrechnete Herstellgemeinkosten

	②	70.000

Kasse, kurzfristige Verbindlichkeiten etc.

	①Fertigungslöhne	45.000
	⑤Herstellgemeinkosten	75.000

Lohnabweichungen

①	1.000

Leistungsabweichungen

①	4.000

a. Weitergeleitet als Teil der gesamten Standardkosten;
40.000 $ Fertigungslöhne + 70.000 $ Herstellgemeinkosten = 110.000 $.

b. Sechzig Prozent von 110.000 $.

In unserem Beispiel hat das Konto Unfertige Erzeugnisse einen Saldo von Null. Der Endbestand an fertigen Erzeugnissen stellt 40 % der gesamten Herstellkosten dar, der Saldo des Kontos Herstellkosten des Umsatzes 60 %. Alle Abweichungen bei den Fertigungslöhnen und den Herstellgemeinkosten können entsprechend anteilig verrechnet werden. Die Ergebnisse sind in Tafel 8.7 zu sehen.

	Gesamt-abweichung	Unfertige Erzeugnisse 0 %	Fertige Erzeugnisse 40 %	Herstellkosten des Umsatzes 60 %
Lohnabweichung	1.000 $ N	0 $	400 $	600 $
Leistungsabweichung	4.000 $ N	0 $	1.600 $	2.400 $
Herstellgemeinkosten-abweichung	5.000 $ N	0 $	2.000 $	3.000 $
Gesamt	10.000 $ N	0 $	4.000 $	6.000 $

Der Einfachheit halber haben wir die Abweichung bei den Herstellgemeinkosten nicht in Ausgabenabweichung, Effizienzabweichung oder Beschäftigungsabweichung unterteilt.

Auf der Basis der anteiligen Verrechnung dieser Abweichungen würden folgende Journaleinträge erstellt:

Fertige Erzeugnisse	4.000	
Herstellkosten des Umsatzes	6.000	
Verrechnete Herstellgemeinkosten	70.000	
an Lohnabweichung		1.000
an Leistungsabweichung		4.000
an Herstellgemeinkosten		75.000

Tafel 8.7

Gesamtüberblick über die anteilige Verrechnung von Abweichungen (alle negativ), Morales Company, Oktober 19_7

Art der Abweichung	Gesamt-abweichung (1)	An Material (2)	An Material-verbrauchs-abweichung (3)	An unfertige Erzeugnisse (4)	An fertige Erzeugnisse (5)	An Herstellko-sten des Umsatzes (6)
Materialpreisabweichung	10.000 $ [a]	1.600 $	400 $	0 $	3.200 $	4.800 $
Materialverbrauchsabweichung						
Saldo vor der anteiligen Verrechnung	4.000 $		4.000 $			
Saldo nach der anteil. Verrechnung			4.400 $	0 $	1.760 $	2.640 $
Lohnabweichung	1.000 $[b]			0 $	400 $	600 $
Leistungsabweichung	4.000 $[b]			0 $	1.600 $	2.400 $
Herstellgemeinkostenabweichung	5.000 $[b]			0 $	2.000 $	3.000 $
Summe der verrechneten Abweichungen	24.000 $	1.600 $		0 $	8.960 $	13.440 $
a. Prozentsätze für die anteilige Verrechnung:	100 %	16 %	4 %	0 %	32 %	48 %
b. Prozentsätze für die anteilige Verrechnung:	100 %			0 %	40 %	60 %

Die anteilige Verrechnung der Materialkostenabweichungen

Das Fertigungsmaterial wird beim Kauf aktiviert. Im Gegensatz dazu werden andere Herstellkosten nicht vor ihrem Verbrauch aktiviert. Deshalb ist bei der anteiligen Verrechnung der Materialkostenabweichungen beim Fertigungsmaterial ein zusätzlicher Schritt erforderlich (unter der Voraussetzung, daß Materialpreisabweichungen nicht beim Verbrauch sondern bereits beim Einkauf gemessen werden). Die folgenden T-Konten zeigen den Fluß der Materialkosten durch die betroffenen Konten:

Material

① gekauft	100.000	② verwendet	84.000

Unfertige Erzeugnisse[a]

②	80.000	③ Weitergeleitet[a]	80.000

Fertige Erzeugnisse

③	80.000	④ verkauft[b]	48.000
Saldo	32.000		

Herstellkosten des Umsatzes[a]

④	48.000		

Verbindlichkeiten

		①	110.000

Materialpreisabweichung

①	10.000		

Materialverbrauchsabweichung

②	4.000		

a. Nur die Kostenkomponente Fertigungsmaterial; Standardkosten des Fertigungsmaterials in den Herstellkosten des Umsatzes: 48.000 $ (96.000 Pounds × 0,50 $ Standardkosten pro Pound).

b. Weitergeleitet als Teil der gesamten Standardkosten.

Am schwierigsten ist die Verrechnung der Materialpreisabweichung. Um genau zu sein, müßten 0,05 $ pro Pound (10.000 $: 200.000) auf jedem Konto verrechnet werden, dem das Material zu Standardkosten belastet worden ist. Das Material ist nicht nur auf den Konten Unfertige Erzeugnisse, Fertige Erzeugnisse und Herstellkosten des Umsatzes zu finden, sondern auch auf den Konten Material und Materialverbrauchsabweichung. Wir beginnen also mit der anteiligen Verrechnung der Inputpreisabweichung auf fünf Konten und benutzen dabei die aus den Firmendaten bekannten Prozentsätze für die Verteilung des Fertigungsmaterials (Seite 262).

Materialpreisabweichung		10.000 $
Verrechnung:		
Materialverbrauchsabweichung	4 %	400 $
Unfertige Erzeugnisse	0 %	0 $
Fertige Erzeugnisse	32 %	3.200 $
Herstellkosten des Umsatzes	48 %	4.800 $
Material	16 %	1.600 $
Verrechnung insgesamt	100 %	10.000 $

Mit dem folgenden Journaleintrag wird die Materialpreisabweichung verrechnet:

Materialverbrauchsabweichung	400	
Fertige Erzeugnisse	3.200	
Herstellkosten des Umsatzes	4.800	
Material	1.600	
an Materialpreisabweichung		10.000 $

Nachdem die anteilige Verrechnung der Materialpreisabweichung verbucht worden ist, sieht das Konto Materialverbrauchsabweichung folgendermaßen aus:

Materialverbrauchsabweichung

Saldo vor der anteiligen Ver-rechnung	4.000		
anteilige Verrechnung der negativen Materialpreisab-weichung	400		
Saldo nach der anteiligen Ver-rechnung	4.400		

Die Materialverbrauchsabweichung wird nach der anteiligen Verrechnung ihrerseits auf folgenden Konten verbucht:

Unfertige Erzeugnisse, 0 %	0 $
Fertige Erzeugnisse, 40 %	1.760 $
Herstellkosten des Umsatzes, 60 %	2.640 $
Insgesamt verrechnet	4.400 $

Mit dem folgenden Journaleintrag wird die Materialverbrauchsabweichung verbucht:

Fertige Erzeugnisse	1.760	
Herstellkosten des Umsatzes	2.640	
an Materialverbrauchsabweichung		4.400

Tafel 8.7 ist ein vollständiger Überblick über alle hier erläuterten Abweichungsverrechnungen. Die T-Konten für die Lagerbestände und die Herstellkosten des Umsatzes nach der anteiligen Verrechnung sehen folgendermaßen aus:

Material

gekauft	100.000	verwendet	84.000
anteilige Verrechnung der Materialpreisabweichung	1.600		
Saldo	17.600		

Unfertige Erzeugnisse

Fertigungsmaterial	80.000	Weitergeleitet	190.000
Fertigungslöhne	40.000		
Verrechn. Herstellgemeinkosten	70.000		
Saldo	0		

Fertige Erzeugnisse

Weitergeleitet	190.000	Verkauft	114.000
anteilige Verrechnung der Abweichungen bei Fertigungslöhnen und Herstellgemeinkosten	4.000		
anteilige Verrechnung der Materialpreisabweichung	3.200		
anteilige Verrechnung der Materialverbrauchsabweichung	1.760		
Saldo	84.960		

Herstellkosten des Umsatzes		
Verkauft	114.000	
anteilige Verrechnung der Abweichungen bei Fertigungslöhnen und Herstellgemeinkosten	6.000	
anteilige Verrechnung der Materialpreisabweichung	4.800	
anteilige Verrechnung der Materialverbrauchsabweichung	2.640	
Saldo	127.440	

Tafel 8.8
Auswirkungen der Verrechnung von Abweichungen im Produktionsbereich auf den Betriebserfolg der Morales Company für Oktober 19_7

	Standardvollkostenrechnung	
	Alle Abweichungen bei den Herstellkosten des Umsatzes	anteilige Verrechnung der Abweichungen
Erlöse	273.000 $	273.000 $
Herstellkosten des Umsatzes (zu Standardkosten)	114.000 $	114.000 $
Bruttogewinn (zu Standardkosten)	159.000 $	159.000 $
Summe der Abweichungen (Tafel 8.7, Sp.1)	24.000 $	0 $
Verrechnete Abweichungen (Tafel 8.7, Sp.6)	0 $	13.440 $
Bruttogewinn	135.000 $	145.560 $
Kosten von Marketing, Vertrieb und Kundendienst	130.000 $	130.000 $
Betriebsgewinn	5.000 $	15.560 $

Tafel 8.8 vergleicht die Auswirkungen der Sofortabschreibung und der anteiligen Verrechnung auf den Betriebserfolg. Alle Abweichungen sind negativ, so daß die Sofortabschreibung auf dem Konto Herstellkosten des Umsatzes den Betriebserfolg um 24.000 $ vermindert. Bei der anteiligen Verrechnung der Abweichungen wird das Ergebnis nur um 13.440 $ reduziert. Beide Methoden unterscheiden sich im Betriebserfolg um 10.560 $. Für die Manager der Firma ist dieser Unterschied wahrscheinlich sehr interessant, vor allem dann, wenn der Betriebserfolg als Maßstab für ihre Leistung verwendet wird.

Alternative Sichtweisen der anteiligen Verrechnung

Buchhalter, die die anteilige Verrechnung von Abweichungen gemäß den Abschluß-salden am Monatsende befürworten, sehen diese Methode oft als eine Möglichkeit, die Istkosten, die als die genausten Kosten gelten, zu approximieren. Eine alternative Sichtweise geht davon aus, daß sich die Istkosten nicht zur Bilanzierung von Lager-beständen eignen. So wird zum Beispiel bei der anteiligen Verrechnung eine negative Materialverbrauchsabweichung als Lagerbestandskosten aktiviert, obwohl diese Ab-weichung auf schlechte Arbeit oder mangelhafte Wartung von Werk und Maschinen zurückzuführen sein kann. Typischerweise argumentieren die Befürworter der Sofor-tabschreibung aller Abweichungen auf dem Herstellkosten des Umsatzes, daß die Standardkosten am besten geeignet sind, um die Kosten für eine Lagerbestandspositi-on in der Bilanz darzustellen.

Die allgemein akzeptierten Regeln der Buchführung und die Einkommensteuergeset-ze verlangen normalerweise, daß Lagerbestände und Herstellkosten des Umsatzes im Jahresabschluß nicht zu Standardkosten sondern zu Istkosten bewertet werden. Des-halb ist die anteilige Verrechnung von Abweichungen im Produktionsbereich erfor-derlich, wenn sich daraus eine materielle Veränderung der Lagerbestände oder des Betriebserfolgs ergibt.

ANHANG B: TECHNISCHE KOSTEN, DISKRETIONÄRE KO-STEN UND INFRASTRUKTURKOSTEN

Unter dem Gesichtspunkt der Planung und Steuerung ist es für die Manager oft nütz-lich, die Kosten im allgemeinen und die Gemeinkosten im besonderen in drei Haupt-kategorien einzuteilen: technische Kosten, diskretionäre Kosten und Infrastrukturkosten.

- **Technische Kosten** (*engineered costs*) resultieren aus einem klaren Ursache-Wirkungs-Verhältnis zwischen Kosten und Output. Bei der Webb Company sind Fertigungsmaterial und Fertigungslöhne Beispiele für technische Einzelkosten; Energiekosten, Hilfs- und Betriebsstoffe und Hilfslöhne sind Beispiele für techni-sche Gemeinkosten. Alle diese Kosten nehmen mit wachsender Produktions-stückzahl auf eine bestimmte Weise zu. Betrachten wir insbesondere die Leasingkosten für Maschinen. Das sind kurzfristig fixe Kosten, aber sie sind auch ein Beispiel für technische Kosten. Das liegt daran, daß im Zeitverlauf ein klarer Ursache-Wirkungs-Zusammenhang zwischen Ausbringungsmenge, Maschinen-laufzeit der erforderlichen Kapazität und Leasingkosten für Maschinen besteht.
- **Diskretionäre Kosten** (*discretionary costs*) haben zwei wichtige Eigenschaften: (1) Sie entstehen durch periodisch (normalerweise jährlich) wiederkehrende Ent-scheidungen in bezug auf die maximalen Anschaffungen, die getätigt werden

können, und (2) sie weisen keinen klar meßbaren Ursache-Wirkungs-Zusammenhang zwischen Kosten und Output auf. Oft gibt es eine zeitliche Lücke zwischen der Anschaffung einer Ressource und ihrer Verwendung. Beispiele für diskretionäre Kosten sind Werbung, Managementtraining, F&E, Gesundheitsdienste, Unternehmensberatung, und Kosten der Personalabteilung für Rechtsberatung, Personalentwicklung und Öffentlichkeitsarbeit. Der bemerkenswerteste Aspekt der diskretionären Kosten liegt darin, daß die Manager selten davon überzeugt sind, daß die Ausgaben die "richtige" Höhe haben. Der Gründer von Lever Brothers, einem internationalen Hersteller von Konsumprodukten, hat einmal gesagt: "Die Hälfte des Geldes, das ich für Werbung ausgebe, ist verschwendet; das Problem ist, daß ich nicht weiß welche Hälfte."

- **Infrastrukturkosten** (*infrastructure costs*) sind die Kosten für Grundstücke, Werksgebäude, Anlagen und eine funktionierenden Organisation. Beispiele sind Abschreibungen, langfristige Leasing- und Mietkosten und der Erwerb von langfristig genutzten technischen Fähigkeiten. Die Zeitspanne von der Entscheidung für bestimmte Infrastrukturkomponenten über ihre Anschaffung bis zu ihrer letztendlichen Nutzung ist sehr lang. Anstelle der tagtäglichen Überwachung ist eine sorgfältige langfristige Planung der Schlüssel zum Management von Infrastrukturkosten. Oft herrscht auch eine hochgradige Unsicherheit über die Ergebnisse (Cash-flow) aus solchen Investitionsentscheidungen.

In diesem Kapitel haben wir uns fast ausschließlich auf die technischen Kosten konzentriert. Die Kapitel 22 und 23 geben einen Überblick über die formalen Entscheidungsmodelle, die Manager benutzen, wenn sie über Infrastrukturinvestitionen beschließen. In diesem Anhang geht es darum, welchen Unterschied es für die Planungs- und Steuerungsmethoden macht, ob man Gemeinkosten als diskretionäre oder als technische Kosten behandelt.

Beziehungen zwischen Input und Output

Technische Kosten unterscheiden sich von diskretionären Kosten in zwei wichtigen Aspekten: die Art des Prozesses und der Grad der Unsicherheit. Technische Overheadkosten beschreiben Prozesse, die aus vielen Einzelheiten bestehen, physisch beobachtbar sind und sich ständig wiederholen wie zum Beispiel Versandaktivitäten. Im Gegensatz dazu sind diskretionäre Overheadkosten mit Prozessen verbunden, die manchmal als *Blackbox* bezeichnet werden. Die Manager sind sich über die "richtige" Höhe der diskretionären Kosten nicht sicher. So ist zum Beispiel der Prozeß, der die Werbungskosten mit der Ausbringungsmenge verbindet, vage und ungeklärt.

Unsicherheit ist die Möglichkeit, daß ein Istbetrag von einem erwarteten Betrag abweichen wird. Je höher der Grad der Unsicherheit über den Zusammenhang zwischen Input und Output, desto unwahrscheinlicher ist es, daß überhaupt ein Ursache-Wirkungs-Zusammenhang existiert, und umso eher wird man die Kosten als diskretionäre Kosten behandeln. Werbungskosten haben eine unsichere Wirkung auf die Ausbringungsmenge, weil andere Faktoren wie zum Beispiel die allgemeine Marktsituation, die Reaktionen der Konkurrenten und das Auftauchen neuer Produkte den Output ebenfalls beeinflussen. Im Gegensatz dazu ist die Wirkung der Ausbringungsmenge auf die Versandkosten mit einem niedrigen Grad an Unsicherheit verbunden, weil diese Beziehung von keinen anderen Faktoren beeinflußt wird. Wenn sich die Ausbringungsmenge verändert, paßt eine Firma ihre Versandaktivitäten (zum Beispiel die Auslieferung fertiger Produktserien) und die Versandkosten entsprechend an. Die Unsicherheit ist größer bei diskretionären Kosten wie Werbungskosten oder Kosten für Forschung und Entwicklung, weil diese Kosten in der Regel lange bevor irgendein Output realisiert wird bereits anfallen.

Tafel 8.9 faßt diese wichtigen Unterschiede zwischen technischen Kosten und diskretionären Kosten zusammen.

Ob ein Ursache-Wirkungs-Zusammenhang zwischen Input (Aktivitäten und Kosten) und Output besteht ist von großer Bedeutung für die Planungs- und Steuerungstechniken, die man benutzt, um die technischen und diskretionären Overheadkosten zu managen. Die Planung und Steuerung der technischen Overheadkosten kann wirkungsvoll gestaltet werden, indem man die Aktivitäten mit Methoden der *Arbeitsmessung* analysiert. Für diskretionäre Kosten sind diese Techniken ungeeignet. Um diese Kosten zu managen verwenden die Firmen andere Techniken wie zum Beispiel *ausgehandelte starre Budgets*.

TAFEL 8.9
Unterschiede zwischen technischen Kosten und diskretionären Kosten

	Technische Kosten	Diskretionäre Kosten
1. Prozeß oder Aktivität	a. detailliert und physisch beobachtbar	a. Blackbox (Kenntnisse über den Prozeß sind flüchtig oder nicht vorhanden)
	b. repetitiv	b. nicht repetitiv, kein Routineablauf
2. Niveau der Unsicherheit	begrenzt oder gering (Versand oder Produktion)	groß (F&E oder Werbung)

Quelle: Diese Tafel beruht auf einer von H. Itami vorgeschlagenen Übersicht.

Arbeitsmessung und technische Kosten

Arbeitsmessung ist die sorgfältige Analyse einer Aufgabe, ihres Umfangs, sowie der Methode und der Effizienz, mit der sich ausgeführt wird. Ziel der Arbeitsmessung ist die Bestimmung des Arbeitspensums in einem Betrieb und der Anzahl der Arbeitskräfte, die man braucht, um diese Arbeit effizient auszuführen. Die Methode ist ideal geeignet, um die Ursache-Wirkungs-Zusammenhänge bei technischen Kosten zu messen.

Beispiele für Techniken der Arbeitsmessung sind[35]

- *Bewegungsstudien*: Film- oder Videoaufnahmen der Bestandteile einer Aufgabe und der dafür notwendigen Zeit. Diese Technik wird meist verwendet, wenn es um Massenartikel geht, zum Beispiel, um das Verhältnis zwischen den Aktivitäten und dem Output der Vertriebsabteilung festzustellen.
- *Stichprobenanalyse*: Man sammelt eine große Zahl von zufälligen Beobachtungen über die Aktivitäts- und Outputniveaus bei einer Aufgabe. Diese Beobachtungen werden verwendet, um Anzahl und Art der Arbeitsschritte bei *normalem* Betriebsablauf festzustellen.

Dayton-Hudson, ein Einzelhändler in den USA, ist ein leidenschaftlicher Befürworter von Arbeitsmessungstechniken. In seinem Unternehmen werden die Kartons, mit denen hantiert worden ist, die bearbeiteten Rechnungen und die etikettierten Waren stündlich gezählt. Programme zur Erhöhung der Produktivität in den Bereichen Verwaltung und Verkauf sind durch detaillierte Arbeitsmessungen unterstützt worden.

Indem man den Output mit den Kosten in Beziehung setzt, kann man durch Arbeitsmessung die Standardkosten pro Ausbringungseinheit bestimmen. Diese Standards können dann verwendet werden, um die technischen Kosten zu kontrollieren, indem man flexible Budgets berechnet (im Fall der variablen technischen Kosten) bzw. die Vollkosten beim tatsächlich erzielten Output (im Fall der fixen technischen Kosten). Ein Vergleich zwischen den Sollkosten im flexiblen Budget und den Istkosten ermöglicht ein sofortiges Feedback zum Zweck der Kostensteuerung. Durch Arbeitsmessung erhält man auch nicht-finanzielle Benchmarks, zum Beispiel, indem man die Arbeitszeit pro Outputeinheit für Verpackung und Versand überwacht.

Ausgehandelte starre Budgets und diskretionäre Kosten

Ein **ausgehandeltes starres Budget** ist ein Budget, das einen fixen Kostenbetrag festlegt, über den vor Beginn der Budgetperiode verhandelt worden ist. Wie alle starren Budgets wird es nach der Aufstellung nicht mehr angepaßt, auch wenn sich die Ausbringungsmenge verändert. Das ist ein wichtiger Aspekt der Planung und Steuerung von diskretionären Kosten, denn diese Kosten stehen in keinem Ursache-Wirkungs-Zusammenhang mit dem Output. Den Topmanagern ist bewußt, daß man bei diskretionären Overheadkosten einen niedrigen Ertrag riskiert. Sie kontrollieren diese Kosten durch die sorgfältige Analyse des Budgets.

Es gibt drei grundsätzliche Methoden zur Bestimmung eines ausgehandelten starren Budgets:

---

[35] Eine ausführliche Diskussion dieses Themas ist zu finden bei R. Failing, J. Janzen und L. Blevins, *Improving Productivity Through Work Measurement: A Cooperative Approach* (New York: AICPA, 1988).

Bei der **gewöhnlichen Budgetfortschreibung** (*ordinary incremental budgets*) bedenkt man das Budget und die Istergebnisse der vergangenen Periode, sowie die Erwartungen für die neue Periode und bestimmt daraus das neue Budget. So könnte zum Beispiel das Budget einer Forschungsabteilung erhöht werden, weil die Gehälter steigen, weil neues Personal hinzukommt oder weil ein neues Projekt begonnen wird.

Bei der **priorisierten Budgetfortschreibung** (*priority incremental budgets*) enthält jedes Budget eine Beschreibung der Veränderungen die vorgenommen würden, wenn das Budget beispielsweise um 10 % erhöht oder gekürzt würde. So kann zum Beispiel die Sportabteilung einer Universität beschließen, daß sie bei einer Budgetkürzung um 10 % Stipendien für Sportarten, die keinen großen Besucherzahlen anziehen, streichen wird. Das Budget zwingt den Manager (die Managerin) und seine (ihre) Vorgesetzten explizit zur Setzung von Prioritäten.

Zero-Base-Budgeting (ZBB) bedeutet Budgetierung von Grund auf, so als ob das Budget zum ersten Mal aufgestellt würde. Jede vorgeschlagene Ausgabe wird kritisch untersucht. ZBB verlangt von den Managern, daß sie Ziele, Arbeitsvorgänge und Prozesse in eine Rangfolge bringen, daß sie für jeden Prozeß alternative Methoden erkunden und die Prozeßkosten bestimmen. Es bringt also einen viel größeren Arbeitsaufwand mit sich als andere Formen der Budgetierung. ZBB zwingt die Führungskräfte, ihre Ausgaben systematischer und in regelmäßigeren Abständen zu rechtfertigen.

Die meisten Unternehmen verwenden die gewöhnliche oder die priorisierte Budgetfortschreibung für die jährliche Planung. Soweit Zero-Base-Budgeting überhaupt durchgeführt wird, wendet man es in der Regel weniger häufig an und jedesmal nur für einen Teil der Verantwortungszentren oder Abteilungen.

Abweichungsanalyse für technische oder diskretionäre Overheadkosten

Bei der Budgetierung von technischen Overheadkosten werden die Produktkosten mit Hilfe von Arbeitsmessung, flexiblen Budgets und aufgeschlüsselten Fixkosten bestimmt. Im Gegensatz dazu, werden diskretionäre Kosten in den ausgehandelten starren Budgets oft als Fixkosten behandelt. Das führt zu Unterschieden bei der Berechnung von Gemeinkostenabweichungen.

Angenommen die Firma Family Farm beschäftigt fünf Arbeitskräfte (die als Kundenrepräsentanten bezeichnet werden), um die Bestellungen im Versandkataloggeschäft zu bearbeiten. Jede(r) Angestellte verdient einen Planbetrag von 1.800 $ pro Monat und sollte bei effizientem Arbeitsablauf 1.000 Bestellungen pro Monat bearbeiten. Bei der Planung und Steuerung geht es darum, wieviel Personal für den Bestellservice eingestellt werden soll und wie diese Arbeitskraftressourcen effektiv und effizient gesteuert werden können. Im Juni hat Family Farm 4.700 Einzelbestellungen verarbeitet. Die Istkosten betrugen 9.200 $.

Abweichungsanalyse unter der Voraussetzung, daß die Lohnkosten für die Bestellabteilung technische Gemeinkosten sind: Wenn man von technischen Kosten ausgeht, entspricht der Ansatz zur Kontrolle und Steuerung der Lohnkosten in der Bestellabteilung genau der Beschreibung in diesem Kapitel. Ein Plankostensatz von 1,80 $ pro Bestellung wird berechnet auf der Basis des Ursache-Wirkungs-Zusammenhangs zwischen den 1.800 $, die jede(r) Beschäftigte monatlich verdient, und den 1.000 Bestellungen, deren Bearbeitung von jeder Arbeitskraft monatlich erwartet wird (1.800 $: 1.000 $ = 1,80 $). Auf dieser Basis würde der folgende Leistungsbereich erstellt werden (genau wie in Tafel 8.3):

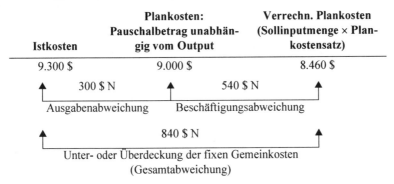

Istkosten	Plankosten: Pauschalbetrag unabhängig vom Output	Verrechn. Plankosten (Sollinputmenge × Plankostensatz)
9.300 $	9.000 $	8.460 $

300 $ N   540 $ N

Ausgabenabweichung   Beschäftigungsabweichung

840 $ N

Unter- oder Überdeckung der fixen Gemeinkosten
(Gesamtabweichung)

Tafel 8.10 (linke Graphik) zeigt die Abweichungsanalyse für den Fall, daß man von technischen Kosten ausgeht. Sie entspricht in etwa Teil B der Tafel 8.4, nur daß es hier viele alternative Fixkostenbeträge gibt. Man beachte auch, daß in Tafel 8.10 wie in Teil B der Tafel 8.4 die Linie der verrechneten Kosten in der Graphik für die technischen Kosten rein variabel ist (d.h. linear ansteigend verläuft), obwohl die Plankosten tatsächlich stufenweise ansteigen.

Die negative Beschäftigungsabweichung in Höhe von 540 $ macht die Manager darauf aufmerksam, daß die Abteilung möglicherweise übersetzt ist und ungenutzte Kapazitäten hat. Der Fixkostenschritt von 7.200 $ nach 9.000 $ in Tafel 8.10 konnte nur teilweise genutzt werden. Die Arbeitskapazität lag bei 5.000 Bestellungen, während nur 4.700 Bestellungen tatsächlich bearbeitet wurden. Die Ausgabenüberschreitung von 300 $ deutet darauf hin, daß zusätzliche Kosten entstanden sind, vielleicht, weil den Kundenrepräsentanten höhere Löhne gezahlt worden sind, oder aufgrund von Ineffizienzen.

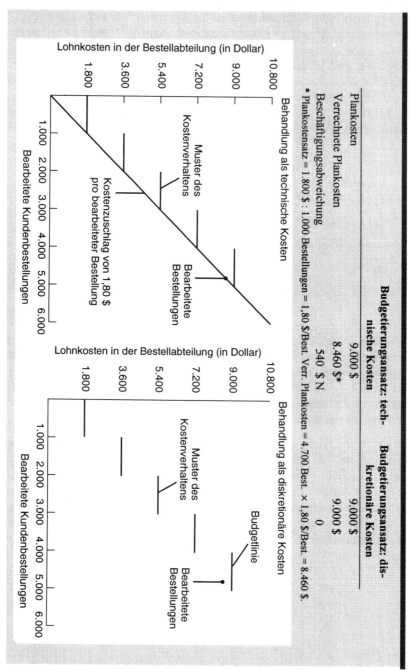

Tafel 8.10
Vergleich alternativer Budgetierungsansätze (technische Kosten versus diskretionäre Kosten) für Family Farm

	Budgetierungsansatz: tech-nische Kosten	Budgetierungsansatz: dis-kretionäre Kosten
Plankosten	9.000 $	9.000 $
Verrechnete Plankosten	8.460 $*	9.000 $
Beschäftigungsabweichung	540 $ N	0

* Plankostensatz = 1.800 $: 1.000 Bestellungen = 1,80 $/Best. Verr. Plankosten = 4.700 Best. × 1,80 $/Best. = 8.460 $.

Behandlung als technische Kosten

Lohnkosten in der Bestellabteilung (in Dollar)

10.800
9.000
7.200
5.400
3.600
1.800

Muster des Kostenverhaltens

Kostenzuschlag von 1,80 $ pro bearbeiteter Bestellung

Bearbeitete Bestellungen

1.000 2.000 3.000 4.000 5.000 6.000
Bearbeitete Kundenbestellungen

Behandlung als diskretionäre Kosten

Lohnkosten in der Bestellabteilung (in Dollar)

10.800
9.000
7.200
5.400
3.600
1.800

Muster des Kostenverhaltens

Budgetlinie

Bearbeitete Bestellungen

1.000 2.000 3.000 4.000 5.000 6.000
Bearbeitete Kundenbestellungen

Abweichungsanalyse unter der Voraussetzung, daß die Lohnkosten für die Bestellabteilung diskretionäre Gemeinkosten sind: Die Budgetlinie im Ansatz mit diskretionären Kosten in Tafel 8.10 hat zwischen 4.000 und 5.000 Bestellungen einen flachen Verlauf, denn die Einstufung als diskretionäre Kosten impliziert, daß zwischen den Kosten und dem Output kein Ursache-Wirkungs-Zusammenhang besteht, den man durch einen Plankostensatz annähern könnte. Das bedeutet auch, daß man die verrechneten Plankosten für die Istprozeßmenge (Anzahl der tatsächlich bearbeiteten Bestellungen) nicht bestimmen kann, wie wir das bei der Interpretation als technische Kosten getan haben. Die Beschäftigungsabweichung beträgt deshalb 0 $, denn man kann nicht sagen, ob ein Teil der Kapazität zwischen 4.000 und 5.000 Kundenbestellungen ungenutzt ist und gegebenenfalls welcher Teil. Die Ausgabenabweichung beträgt 300 $ (N) wie im Fall der technischen Kosten.

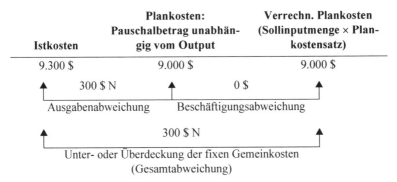

Aus der rechten Graphik in Tafel 8.10 kann man keine Einsicht darüber gewinnen, wie die Kosten zwischen 4.000 und 5.000 Kundenbestellungen gesteuert werden könnten. Das Hauptmittel der Kostenkontrolle bei der Interpretation als diskretionäre Kosten ist die persönliche Beobachtung. Das heißt, der Abteilungsleiter beurteilt den für die Aufgaben der Abteilung erforderlichen Personalbestand aufgrund seiner Erfahrung. Bei gelegentlichen Spitzenbelastungen werden oft Aushilfskräfte eingestellt oder Überstunden gemacht.

Zuletzt sei angemerkt, daß das Management bei der Klassifizierung von Kosten als technische oder diskretionäre Kosten eine gewisse Entscheidungsfreiheit hat. Die Klassifizierung hängt davon ab, welche Methode der Kostenkontrolle man für wünschenswert hält. Soweit gute Kostentreiber für die Gemeinkosten zur Verfügung stehen, bevorzugen die Manager im allgemeinen die Interpretation als technische Kosten, denn dadurch erhält man mehr Informationen über die Ressourcennutzung und über freie Kapazitäten (in Form der Beschäftigungsabweichung). Wie bei allen Entscheidungen im Kostenrechnungswesen wird die Wahl zwischen beiden Techniken beeinflußt durch die Prognosen der Manager über ihre Auswirkungen auf die betrieblichen Entscheidungen in der gesamten Organisation.

Alternative Methoden zur Bewertung von Lagerbeständen und ihre Auswirkungen auf den Gewinn

Der ausgewiesene Gewinn fesselt die Aufmerksamkeit der Manager mehr als die meisten anderen Zahlen. Betrachten wir drei Beispiele:

- Planungsentscheidungen beinhalten normalerweise eine Analyse der Auswirkungen aller verfügbaren Optionen auf den ausgewiesenen Gewinn in zukünftigen Perioden.
- Entscheidungen über Kosteneinschnitte zielen meistens auf die Erhöhung des ausgewiesenen Gewinns ab.
- Der ausgewiesene Gewinn ist die Schlüsselgröße bei der Bewertung der Managerleistungen.

Der ausgewiesene Gewinn von Fertigungsunternehmen wird durch die Wahl der Methode zur Bewertung von Vorräten beeinflußt. In diesem Kapitel untersuchen wir zwei dieser Methoden:

1. **Alternative Bewertungsmethoden:** Die Bewertungsmethoden unterscheiden sich in bezug darauf, welche Kosten bei ihrer Entstehung als Lagerbestandskosten verbucht werden müssen. Wir diskutieren drei Alternativen: die Teilkostenrechnung (*variable costing*), die Vollkostenrechnung (*absorption costing*) und das Throughput Costing ("Durchlaufkostenrechnung").
2. **Alternative Bezugsgrößenmengen:** Hier geht es darum, welche Bezugsgrößenmengen verwendet werden, um die Plankostensätze für die fixen Herstellkosten zu berechnen. Wir diskutieren vier Alternativen: Maximalkapazität (*theoretical capacity*), praktisch realisierbare Kapazität (*practical capacity*), Normalbeschäftigung (*normal utilization*) und Planbeschäftigung (*master-budget utilization*).

◆ TEIL I: METHODEN ZUR KOSTENBEWERTUNG VON LAGERBESTÄNDEN

Die beiden am häufigsten verwendeten Methoden zur Bewertung von Vorräten sind die Teilkostenrechnung und die Vollkostenrechnung. Wir stellen zuerst diese beiden Methoden vor und gehen anschließend auf das Throughput Costing ein.

9.1 Teilkostenrechnung und Vollkostenrechnung

Diese beiden Methoden unterscheiden sich lediglich darin, ob die fixen Herstelleinzel- und -gemeinkosten in die Bewertung der Lagerbestände eingehen. Aus Kapitel 2 wissen wir, daß zu den aktivierbaren Herstellkosten eines Fertigungsunternehmens alle diejenigen Kosten gehören, die mit der Beschaffung von Fertigungsmaterialien und anderen Inputs und ihrer Umwandlung in verkaufsfertige Erzeugnisse zusammenhängen. Diese Kosten werden zuerst aktiviert und dann zum Zeitpunkt des Verkaufs der Güter als Ausgaben behandelt.

Die **Teilkostenrechnung** ist eine Methode der Bewertung von Lagerbeständen, bei der alle variablen Herstellkosten aktiviert werden. Alle fixen Herstellkosten werden jedoch als Kosten derjenigen Periode behandelt, in der sie entstanden sind. Bei der **Vollkostenrechnung** werden die variablen und die fixen Herstellkosten aktiviert. Der Wert der Lagerbestände umfaßt also die gesamten Herstellkosten. Um die zugrundeliegenden Konzepte hervorzuheben, gehen wir in diesem ganzen Kapitel davon aus, daß die gewählte Bezugsgröße für die Berechnung der variablen und fixen Herstellgemeinkostensätze eine produktions- bzw. outputbezogene Variable ist. Beispiele sind Fertigungsarbeitszeit, Maschinenlaufzeit und Outputmenge.

Wir illustrieren den Unterschied zwischen Teilkostenrechnung und Vollkostenrechnung am Beispiel der Radius Company, einem Hersteller von speziellen Gürteln. Radius verwendet die einfache Sollkostenrechnung. Das heißt, bei der Zuordnung der Einzelkosten zu den Produkten werden Istkosten und Istverbrauch zugrundegelegt, die Zurechnung der Gemeinkosten erfolgt auf der Basis der Plankostensätze multipliziert mit dem Istverbrauch. Kostenbezugsgröße für alle Herstellgemeinkosten ist die Produktionsmenge. Kostenbezugsgröße für alle variablen Marketinggemeinkosten ist die Absatzmenge. (Nur die Herstellkosten werden zur Bewertung der Lagerbestände herangezogen.)

Um den Vergleich zwischen Teilkostenrechnung und Vollkostenrechnung im Auge zu behalten, gehen wir für das Jahr 19_7 von den folgenden Annahmen aus:

- Planproduktionsmenge und Istproduktionsmenge sind gleich (1.100.000 Produkteinheiten).
- Geplante und tatsächliche Fixkosten stimmen überein.
- Der Anteil der unfertigen Erzeugnisse ist minimal.
- Es gibt keinen Lageranfangsbestand am 1. Januar 19_7.
- Bei allen variablen Kosten ist der Kostentreiber eine outputabhängige Variable. (Dahinter steht zum Beispiel die Annahme, daß keine Losgrößen- und Produktpflegekosten entstehen.)

Bei einer Produktionsmenge von 1.100.000 Einheiten und einer Absatzmenge von 1.000.000 Einheiten im Jahr 19_7 beträgt der Lagerendbestand am 31. Dezember 19_7 100.000 Einheiten.

Die Stückkosten und die Gesamtkosten für 19_7 sind

	Stückkosten ($)	Gesamtkosten ($)
Variable Kosten		
Fertigungsmaterial	3,50	3.850.000
Fertigungslöhne	1,60	1.760.000
Herstellgemeinkosten	0,90	990.000
variable Herstellkosten	6,00	6.600.000
Marketingeinzelkosten	0,80	800.000
Marketinggemeinkosten	1,60	1.600.000
Marketingkosten	2,40	2.400.000
Summe variable Kosten	8,40	9.000.000
Fixkosten		
Herstelleinzelkosten	0,30	330.000
Herstellgemeinkosten	1,70	1.870.000
fixe Herstellkosten	2,00	2.200.000
Marketingeinzelkosten	2,10	2.100.000
Marketinggemeinkosten	3,40	3.400.000
Marketingkosten	5,50	5.500.000
Summe Fixkosten	7,50	7.700.000

Im Kern besteht der Unterschied zwischen Teilkostenrechnung und Vollkostenrechnung bei der Erstellung von Abschlüssen in der Behandlung der fixen Herstellkosten:

		Einzelkosten	Gemeinkosten
Bei beiden Methoden gleich:	variable Kosten	Fertigungs-einzelkosten	Fertigungs-gemeinkosten
Bei beiden Methoden unterschiedlich:	**Fixkosten**	Fertigungs-einzelkosten	Fertigungs-gemeinkosten

Für die Bestandsbewertung mit beiden Methoden gilt, daß alle variablen Herstellkosten (Einzelkosten und Gemeinkosten) bei ihrem Entstehen zunächst aktiviert werden.
Bei der Teilkostenrechnung werden die fixen Herstellkosten (Einzelkosten und Gemeinkosten) als Kosten derjenigen Periode verbucht, in der sie entstanden sind. Beispiele für variable Herstelleinzelkosten sind Fertigungsmaterial und Fertigungsarbeit.
Fixe Herstelleinzelkosten sind zum Beispiel die jährlichen Leasingkosten für eine Maschine, die ausschließlich der Montage eines einzigen Produkts dient. Die jährlichen
Leasingraten für ein Gebäude, in dem eine Vielzahl von Produkten montiert werden,
ist ein Beispiel für fixe Herstellgemeinkosten. Bei der Vollkostenrechnung werden die
fixen Herstellkosten zunächst aktiviert und dann zum Zeitpunkt des Verkaufs als Ausgaben (Herstellkosten des Umsatzes) verbucht. Die folgende Tabelle vergleicht die

beiden Bewertungsmethoden in bezug auf die aktivierten Stückkosten anhand der
Zahlen für die Firma Radius:

	Teilkostenrechnung		Vollkostenrechnung	
Variable Herstellkosten				
Fertigungsmaterial	3,50		3,50	
Fertigungslöhne	1,60		1,60	
Var. Herstellgemeinkosten	0,90	6,00	0,90	6,00
Fixe Herstellkosten				
fixe Herstelleinzelkosten			0,30	
fixe Herstellgemeinkosten		___	1,70	2,00
Summe aktivierte Herstellkosten		6,00		8,00

Tafel 9.1 zeigt die Gewinn- und Verlustrechnung der Radius Company für das Jahr
19_7 bei Teilkostenrechnung bzw. Vollkostenrechnung. Im Fall der Teilkostenrechnung beruht die Gewinn- und Verlustrechnung auf dem Deckungsbeitragsansatz, den
wir in Kapitel 3 eingeführt haben, im Fall der Vollkostenrechnung auf dem Bruttogewinnformat, das ebenfalls in Kapitel 3 vorgestellt wurde. Diese Unterschiede in der
Darstellung sind leicht zu erklären: Für die Teilkostenrechnung ist die Unterscheidung
zwischen variablen und fixen Kosten wesentlich; das Deckungsbeitragsformat stellt
diese Unterscheidung besonders heraus. Bei der Vollkostenrechnung steht die Unterscheidung zwischen den Herstellkosten und allen übrigen Kosten im Mittelpunkt; das
Bruttogewinnformat beleuchtet diesen Unterschied. Viele Firmen, die mit Vollkostenrechnung arbeiten, unterscheiden in ihrer Buchführung nicht zwischen variablen und
fixen Kosten.

Verfolgen wir in Tafel 9.1 die fixen Herstellkosten in Höhe von 2.200.000 $. Bei der
Teilkostenrechnung wird der Pauschalbetrag von 2.200.000 $ in der Gewinn- und
Verlustrechnung als Periodenkosten des Jahres 19_7 abgezogen. Im Gegensatz dazu
geht man bei der Vollkostenrechnung in der Gewinn- und Verlustrechnung davon aus,
daß jede fertige Produkteinheit Herstellfixkosten in Höhe von 2 $ absorbiert hat. Bei
der Vollkostenrechnung werden 2.200.000 $ zunächst als Herstellkosten aktiviert.
Aus den obigen Daten für die Radius Company geht hervor, daß 2.000.000 $ noch im
Jahr 19_7 zu Ausgaben werden, während 200.000 $ aktiviert bleiben. Sie sind im Wert
des Lagerbestands an fertigen Erzeugnissen zum 31. Dezember 19_7 enthalten. Die
variablen Herstellkosten werden in beiden Gewinn- und Verlustrechnungen der Tafel
9.1 gleich behandelt.

TAFEL 9.1

Vergleich der Gewinn- und Verlustrechnungen der Radius Company für das Jahr 19_7
bei Teilkostenrechnung und bei Vollkostenrechnung (in 1.000 Dollar)

TEIL A: TEILKOSTENRECHNUNG

Erlös: 17,00 $ 1.000.000 Stück		17.000
Variable Kosten		
Anfangsbestand an fertigen Erzeugnissen	0	
Variable Herstellkosten der Erzeugung: 6,00 $ 1.100.000	6.600	
Herstellkosten der fertigen Erzeugnisse	6.600	
Endbestand an fertigen Erzeugnissen: 6,00 $ 100.000 Stück	600	
Variable Herstellkosten des Umsatzes	6.000	
Variable Marketingkosten	2.400	
Korrekturposten für Abweichungen bei den variablen Kosten	0	
Summe variable Kosten		8.400
Deckungsbeitrag		8.600
Fixkosten		
Herstellfixkosten	2.200	
Marketingfixkosten	5.500	
Korrekturposten für Abweichungen bei den fixen Kosten	0	
Summe Fixkosten		7.700
Betriebsergebnis		900

TEIL B: VOLLKOSTENRECHNUNG

Erlös: 17,00 $ 1.000.000 Stück		17.000
Herstellkosten des Umsatzes		
Anfangsbestand an fertigen Erzeugnissen	0	
Variable Herstellkosten: 6,00 $ 1.100.000	6.600	
Fixe Herstellkosten: 2,00 $ 1.100.000	2.200	
Herstellkosten der fertigen Erzeugnisse	8.800	
Endbestand an fertigen Erzeugnissen: 8,00 $ 100.000 Stück	800	
Korrekturposten für Abweichungen bei den Herstellkosten	0	
Herstellkosten des Umsatzes		8.000
Bruttogewinn		9.000
Marketingkosten		
Variable Marketingkosten	2.400	
Fixe Marketingkosten	5.500	
Korrekturposten für Abweichungen bei den Marketingkosten	0	
Summe Marketingkosten		7.900
Betriebsergebnis		1.100

Man sollte niemals übersehen, daß der wesentliche Unterschied zwischen der Teilkostenrechnung und der Vollkostenrechnung in der Behandlung der Herstellfixkosten
liegt. Wenn sich der Lagerbestand verändert, kommt man wegen der unterschiedlichen Behandlung der Fixkosten mit beiden Methoden zu einem unterschiedlichen Betriebsergebnis. Vergleichen wir Absatzmengen von 900.000, 1.000.000 und 1.100.000
Produkteinheiten im Jahr 19_7. Die fixen Herstellkosten der Radius Company würden
in folgender Höhe in die Ausgaben des Jahres 19_7 eingehen:

	fixe Herstellkosten, die 19_7 als Ausgaben behandelt werden
Teilkostenrechnung bei einem Absatz von	
• 900.000, 1.000.000 oder 1.100.000 Produktein-heiten	2.200.000 $
Vollkostenrechnung bei einem Absatz von	
• 900.000 Einheiten (Lagerbestand +400.000 $)	1.800.000 $
• 1.000.000 Einheiten (Lagerbestand +200.000 $)	2.000.000 $
• 1.100.000 Einheiten (Lagerbestand bleibt unver-ändert)	2.200.000 $

9.2 Plankostenrechnung auf Teilkostenbasis und Vollkostenbasis

In unserem nächsten Beispiel untersuchen wir die Konsequenzen des Umgangs mit
den Herstellfixkosten etwas genauer. Die Stassen Company produziert und vertreibt
Teleskope. Sowohl für die Herstellkosten als auch für die Marketingkosten verwendet
sie ein Standardkostenrechnungssystem.[36] Das Geschäftsjahr hat am 1. Januar 19_7
begonnen. Im März sollen vergleichende Gewinn- und Verlustrechnungen für Januar
und Februar 19_7 aufgestellt werden. Die folgenden Stückzahlen stehen zur Verfügung:

Stückzahlen	Januar 19_7	Februar 19_7
Lageranfangsbestand	0	200
Produktion	600	650
Absatz	400	750
Lagerendbestand	200	100

---

[36]Der Einfachheit halber nehmen wir an, daß die Stassen Company die Standardkostenrechnung auf alle Betriebskosten anwendet, das heißt sie verwendet Kostenstandards
für variable und fixe Kosten in der Produktion und im Marketing.

Weiter ist bekannt:

Absatzpreis	99 $
Standardkostensatz (pro Stück) für die variablen Herstellkosten	20 $
Standardkostensatz (pro Stück) für die variablen Marketingkosten	19 $
Standardkostensatz (pro Monat) für die fixen Herstellkosten	12.800 $
Standardkostensatz (pro Monat) für die fixen Marketingkosten	10.400 $
Plan-Kostenbezugsgröße: Output pro Monat	800 Produkteinheiten

In dem Standardkostensatz für die variablen Herstellstückkosten von 20 $ sind 11 $ für die Kosten des Fertigungsmaterials enthalten. Der Einfachheit halber gehen wir davon aus, daß alle fixen Herstellkosten Produktgemeinkosten sind.

Wir nehmen an, daß es am Monatsende kaum unfertige Erzeugnisse zu verzeichnen waren. Es gab auch keine Anfangs- oder Endbestände an Fertigungsmaterialien. Am 1. Januar 19_7 waren keine fertigen Erzeugnisse auf Lager. Um die Auswirkungen der Beschäftigungsabweichung zu beleuchten, setzen wir voraus, daß weder im Januar noch im Februar Preis-, Effizienz- oder Ausgabeabweichungen bei irgendeinem Posten aufgetreten sind. Der Standardkostensatz pro Stück für die Herstellfixkosten beträgt 16 $ (12.800 $: 800). Damit sind die wichtigsten Standardkostensätze pro Stück (in $)

Variable Kosten	
Standardkostensatz für die variablen Herstellkosten	20
Standardkostensatz für die variablen Marketingkosten	19
Summe variable Kosten	39
Herstellkosten	
Standardkostensatz für die variablen Herstellkosten	20
Standardkostensatz für die fixen Herstellkosten	16
Summe Herstellkosten	36

Stassen verbucht alle Abweichungen in der Periode ihrer Entstehung als Ausgabe auf dem Konto Herstellkosten des Umsatzes.

Angenommen, die Manager bei Stassen erhalten eine Prämie, die vom ausgewiesenen Monatsgewinn abhängt. Die folgenden Punkte illustrieren, wie die Wahl zwischen Teilkostenrechnung und Vollkostenrechnung den ausgewiesenen Monatsgewinn der Firma beeinflußt und damit auch die Prämien, die den Managern zufließen.

Gewinn- und Verlustrechnungen im Vergleich

Tafel 9.2 enthält einen Vergleich der Gewinn- und Verlustrechnungen bei Teilkostenrechnung (Teil A) und bei Vollkostenrechnung (Teil B). Die jeweiligen Betriebsergebnisse lauten

	Januar 19_7	**Februar 19_7**
1. Vollkostenrechnung	4.000 $	20.200 $
2. Teilkostenrechnung	800 $	21.800 $
3. Differenz (1) - (2)	3.200 $	(1.600) $

Bei der Teilkostenrechnung in Teil A sind alle variablen Kosten zu Standardkostensätzen verrechnet mit Ausnahme des Korrekturpostens für Abweichungen bei den variablen Kosten. Dieser Posten würde alle Preis- und Verbrauchsabweichungen
enthalten, die mit den variablen Kosten verbunden sind. (In unserem Beispiel von der
Stassen Company sind diese Abweichungen Null.) Bei der Vollkostenrechnung in
Teil B werden alle Herstellkosten des Umsatzes zu Standardkostensätzen berechnet
mit Ausnahme des Korrekturpostens für Abweichungen. Dieser Posten würde alle Abweichungen bei den Herstellkosten beinhalten, also Preis-, Ausgaben-, Effizienz- und
Beschäftigungsabweichungen. In unserem Beispiel ist nur die Beschäftigungsabweichung von Null verschieden.

Beim Studium von Teil B der Tafel 9.2 sollte man in bezug auf die Vollkostenrechnung auf die folgenden Punkte achten:

1. Die aktivierten Stückkosten betragen nicht 20 sondern 36 $, weil die fixen und die
   variablen Herstellkosten auf die hergestellten Produkteinheiten verteilt werden.

2. Der Kostensatz von 16 $ für die Herstellfixkosten beruht auf einer Planbeschäfti-
   gung von 800 Stück pro Monat (12.800 $: 800 = 16 $). Wenn die *Produktion*
   (nicht der Absatz) von der Planbeschäftigung abweicht, spricht man von einer
   Beschäftigungsabweichung. Die Abweichung beträgt 16 $ multipliziert mit der
   Differenz zwischen der Istbeschäftigung und der Planbeschäftigung.

3. In bezug auf die fixen Herstellgemeinkosten kann nur bei der Vollkostenrechnung eine Beschäftigungsabweichung existieren, nicht jedoch bei der Teilkostenrechnung. Alle anderen Abweichungen sind bei beiden Verfahren möglich.

4. In der Gewinn- und Verlustrechnung auf Vollkostenbasis werden die Kosten pri-
   mär nach *Unternehmensbereichen* wie Produktion und Marketing klassifiziert. Im
   Gegensatz dazu ist bei der Gewinn- und Verlustrechnung auf Teilkostenbasis das
   Kostenverhalten (variabel oder fix) das entscheidende Klassifikationskriterium.
   Gewinn- und Verlustrechnungen auf Vollkostenbasis brauchen zwischen varia-
   blen und fixen Kosten nicht zu unterscheiden. In Tafel 9.2 treffen wir diese
   Unterscheidung für die Stassen Company, um herauszustellen, wie bei beiden
   Methoden einzelne Posten unterschiedlich zugeordnet werden.

Tafel 9.2
Stassen Company: Vergleich der Gewinn- und Verlustrechnungen auf Teilkosten- und auf Vollkostenbasis für Januar und Februar 19_7

TEIL A: TEILKOSTENRECHNUNG

	Januar 19_7	Februar 19_7
Erlös[a]	39.600 $	74.250 $
Variable Kosten		
Lageranfangsbestand an fertige Erzeugnissen	0 $	4.000 $
Variable Herstellkosten der Erzeugung[b]	12.000 $	13.000 $
Herstellkosten der fertigen Erzeugnisse	12.000 $	17.000 $
Lagerendbestand an fertigen Erzeugnissen[c]	4.000 $	2.000 $
Variable Herstellkosten des Umsatzes	8.000 $	15.000 $
Variable Marketingkosten[d]	7.600 $	14.250 $
Summe variable Kosten (zum Standardkostensatz)	15.600 $	29.250 $
Deckungsbeitrag (zum Standardkostensatz)	24.000 $	45.000 $
Korrekturposten für Abweichungen	0 $	0 $
Deckungsbeitrag	24.000 $	45.000 $
Fixkosten		
Herstellfixkosten	12.800 $	12.800 $
Marketingfixkosten	10.400 $	10.400 $
Summe Fixkosten (zum Standardkostensatz)	23.200 $	23.200 $
Korrekturposten für Abweichungen	0 $	0 $
Summe Fixkosten	23.200 $	23.200 $
Betriebsergebnis	800 $	21.800 $

a. 400 × 99 $ = 39.600 $; 750 × 99 $ = 74.250 $.
b. 600 × 20 $ = 12.000 $; 650 × 20 $ = 13.000 $.
c. 200 × 20 $ = 4.000 $; 100 × 20 $ = 2.000 $.
d. 400 × 19 $ = 7.600 $; 750 × 19 $ = 14.250 $.

Tafel 9.2 (Fortsetzung)

TEIL B: VOLLKOSTENRECHNUNG

	Januar 19_7	Februar 19_7
Erlös[a]	39.600 $	74.250 $
Herstellkosten des Umsatzes		
Lageranfangsbestand an fertigen Erzeugnissen	0 $	7.200 $
Variable Herstellkosten[b]	12.000 $	13.000 $
Fixe Herstellkosten[c]	9.600 $	10.400 $
Herstellkosten der fertigen Erzeugnisse	21.600 $	30.600 $
Lagerendbestand[d]	7.200 $	3.600 $
Summe Herstellkosten des Umsatzes (zum Standardkostensatz)	14.400 $	27.000 $
Bruttogewinn (zum Standardkostensatz)	25.200 $	47.250 $
Korrekturposten für Abweichungen[e]	3.200 $ N	2.400 $ N
Bruttogewinn	22.000 $	44.850 $
Marketingkosten		
Variable Marketingkosten[f]	7.600 $	14.250 $
Fixe Marketingkosten	10.400 $	10.400 $
Summe Marketingkosten (zum Standardkostensatz)	18.000 $	24.650 $
Korrekturposten für Abweichungen	0 $	0 $
Summe Marketingkosten	18.000 $	24.650 $
Betriebsergebnis	4.000 $	20.200 $

a. $400 \times 99\ \$ = 39.600\ \$$; $750 \times 99\ \$ = 74.250\ \$$.
b. $600 \times 20\ \$ = 12.000\ \$$; $650 \times 20\ \$ = 13.000\ \$$.
c. $600 \times 16\ \$ = 9.600\ \$$; $650 \times 16\ \$ = 10.400\ \$$.
d. $200 \times (20\ \$ + 16\ \$) = 7.200\ \$$; $100 \times (20\ \$ + 16\ \$) = 3.600\ \$$.
e. Im Januar 19_7 tritt eine negative Beschäftigungsabweichung in Höhe von 3.200 $ (($600 - 800) \times 16$ $)$ auf, im Februar 19_7 eine negative Beschäftigungsabweichung in Höhe von 2.400 $ (($650 - 800) \times 16\ \$$).
f. $400 \times 19\ \$ = 7.600\ \$$; $750 \times 19\ \$ = 14.250\ \$$.

Wie sind die Unterschiede im Betriebsgewinn zu erklären?

Wenn während einer Rechnungsperiode der Lagerbestand zunimmt, kommt man in der Regel mit der Teilkostenrechnung zu einem schlechteren Betriebsergebnis als mit der Vollkostenrechnung; nimmt der Lagerbestand zu, so ist es umgekehrt. Diese Unterschiede im Betriebsgewinn sind ausschließlich darauf zurückzuführen, daß bei der

Vollkostenrechnung beim Lageraufbau fixe Herstellkosten aktiviert und erst beim Lagerabbau als Kosten verbucht werden.

Die Differenz zwischen dem Betriebsergebnis bei Vollkosten- und bei Teilkostenrechnung kann mit Hilfe der Formel 1 berechnet werden. Wir verwenden dazu die Daten aus Tafel 9.2:[37]

Formel 1

Betriebsergebnis auf Vollkostenbasis - Betriebsergebnis auf Teilkostenbasis
= Herstellfixkosten im Lagerendbestand - Herstellfixkosten im Lageranfangsbestand

Januar 19_7	4.000 \$ - 800 \$	=	$(200 \times 16 \$) - (0 \times 16 \$)$
	3.200 \$	=	3.200 \$
Februar 19_7	20.200 \$ - 21.800 \$	=	$(100 \times 16 \$) - (200 \times 16 \$)$
	-1.600 \$	=	-1.600 \$

Die fixen Herstellkosten für den Lagerendbestand sind bei der Teilkostenrechnung Ausgaben der laufenden Periode und werden bei der Vollkostenrechnung auf eine zukünftige Periode verschoben.

Alternativ kann man zwei andere Formeln verwenden, wenn man davon ausgeht, daß alle Herstellkostenabweichungen als Periodenkosten abgeschrieben werden, daß sich der Bestand an unfertigen Erzeugnissen nicht verändert und daß der Plankostensatz für die fixen Fertigungsgemeinkosten von einer Periode auf die nächste unverändert bleibt:

Formel 2

Betriebsergebnis auf Vollkostenbasis - Betriebsergebnis auf Teilkostenbasis
= (Produktionsmenge - Absatzmenge) × Plankostensatz für die Herstellfixkosten

Januar 19_7	4.000 \$ - 800 \$	=	$(600 - 400) \times 16 \$$
	3.200 \$	=	3.200 \$
Februar 19_7	20.200 \$ - 21.800 \$	=	$(650 - 750) \times 16 \$$
	-1.600 \$	=	-1.600 \$

Formel 3

Betriebsergebnis auf Vollkostenbasis - Betriebsergebnis auf Teilkostenbasis
= (Endbestand - Anfangsbestand) × Plankostensatz für die Herstellfixkosten

| Januar 19_7 | 4.000 \$ - 800 \$ | = | $(200 - 0) \times 16 \$$ |
| | 3.200 \$ | = | 3.200 \$ |

---

[37]Diese Formel beruht auf der Annahme, daß die Zahlen für die Lagerbestände zu Beginn und am Ende der Periode die anteilige Verrechnung von Abweichungen bei den Herstellgemeinkosten bereits beinhalten.

Februar 19_7   20.200 $ - 21.800 $ = (100 - 200) × 16 $
                 -1.600 $ = -1.600 $

Auswirkungen von Absatz und Produktion auf das Betriebsergebnis

Unter der Voraussetzung eines gegebenen Deckungsbeitrags pro Stück ist bei der Teilkostenrechnung die Veränderung des Betriebsergebnisses von Periode zu Periode ausschließlich auf Veränderungen der Absatzstückzahlen zurückzuführen. Vergleichen wir in unserem Beispiel das Betriebsergebnis auf Teilkostenbasis für die Monate Januar und Februar 19_7

Veränderung des Betriebsgewinns
   = Deckungsbeitrag pro Stück × Veränderung der Absatzmenge

   21.800 $ - 800 $ = (99 $ - 38 $) × (750 - 400)
   21.000 $ = 60 $ × 350
   21.000 $ = 21.000 $

Man beachte, daß bei Teilkostenrechnung die Manager von Stassen das Betriebsergebnis der Firma (und damit ihre Prämien) nicht dadurch erhöhen können, daß sie auf Lager produzieren.

Bei der Vollkostenrechnung haben jedoch *sowohl* die Absatzstückzahlen *als auch* die Produktionsstückzahlen einen Einfluß auf das Betriebsergebnis. Tafel 9.3 illustriert diesen Punkt. Die Tafel zeigt, wie das Betriebsergebnis auf Vollkostenbasis für Februar 19_7 auf Veränderungen des Produktionsniveaus im gleichen Monat reagiert. Dabei gehen wir davon aus, daß alle Abweichungen (einschließlich der Beschäftigungsabweichung) am Ende jeder Rechnungsperiode als Herstellkosten des Umsatzes abgeschrieben werden. Der Lageranfangsbestand für Februar 19_7 von 200 Stück und der Absatz von 750 Stück während dieses Monats sind unverändert. Aus Tafel 9.3 kann man ablesen, daß bei einer Produktion von nur 550 Stück und einem Absatz von 750 Stück das Betriebsergebnis 18.600 $ beträgt. Durch die Herstellung von mehr als 550 Stück im Februar 19_7 kann Stassen das Betriebsergebnis auf Vollkostenbasis erhöhen. Jede zusätzliche Produkteinheit im Lagerendbestand vom Februar 19_7 erhöht das Betriebsergebnis dieses Monats um 16 $. Wenn zum Beispiel 800 Stück produziert werden, beträgt der Endbestand 250 Stück und das Betriebsergebnis liegt bei 22.600 $. Das sind 4.000 $ mehr als bei einem Lagerendbestand von Null am 28. Februar 19_7 (250 Stück × 16 $/Stück = 4.000 $). Erinnern wir uns daran, daß die Manager von Stassen eine Prämie erhalten, die vom monatlichen Betriebsergebnis abhängt. Bei der Vollkostenrechnung können sie das Betriebsergebnis (und damit ihre Prämien) erhöhen, indem sie auf Lager produzieren. Im Abschnitt 9.6 dieses Kapitels diskutieren wir die unerwünschten Auswirkungen dieses Verhaltens.

Tafel 9.3

Stassen Company: Auswirkungen unterschiedlicher Produktionsmengen auf das Betriebsergebnis auf Vollkostenbasis bei konstanter Absatzmenge, Daten für Februar 19_7 bei einem Absatz von 750 Stück

	Produktionsmenge Februar 19_7				
	550	650	700	800	850
Stückzahlen					
Lageranfangsbestand	200	200	200	200	200
Produktion	550	650	700	800	850
Fertige Erzeugnisse	750	850	900	1.000	1.050
Absatz	750	750	750	750	750
Lagerendbestand	0	100	150	250	300
Gewinn- und Verlustrechnung					
Erlös	74.250 $	74.250 $	74.250 $	74.250 $	74.250 $
Lageranfangsbestand	7.200 $	7.200 $	7.200 $	7.200 $	7.200 $
Variable Herstellkosten[a]	11.000 $	13.000 $	14.000 $	16.000 $	17.000 $
Fixe Herstellkosten[b]	8.800 $	10.400 $	11.200 $	12.800 $	13.600 $
Kosten der fertigen Erzeugn.	27.000 $	30.600 $	32.400 $	36.000 $	37.800 $
Lagerendbestand[c]	0 $	3.600 $	5.400 $	9.000 $	10.800 $
Herstellkosten des Umsatzes (Standardkostensätze)	27.000 $	27.000 $	27.000 $	27.000 $	27.000 $
Korrekturposten für Abweichungen bei den Herstellkosten[d]	4.000 $ N	2.400 $ N	1.600 $ N	0 $	800 $ P
Summe Herstellkosten des Umsatzes	31.000 $	29.400 $	28.600 $	27.000 $	26.200 $
Bruttogewinn	43.250 $	44.850 $	45.650 $	47.250 $	48.050 $
Summe Marketing- und Verwaltungskosten	24.650 $	24.650 $	24.650 $	24.650 $	24.650 $
Betriebsergebnis	18.600 $	20.200 $	21.000 $	22.600 $	23.400 $

a. 20 $ pro Stück
b. Zugerechnet mit 16 $ pro Stück
c. 36 $ pro Stück
d. (Produktionsstückzahl - 800) × 16 $. Abschreibung der Gesamtsumme unter Kosten der verkauften Güter am Ende der Rechnungsperiode

Tafel 9.4
Auswirkungen von Teilkostenrechnung (TKR) und Vollkostenrechnung (VKR) auf den Gewinn

Frage	Teilkosten-rechnung	Vollkosten-rech-nung	Kommentar
Werden Herstellfixkosten aktiviert?	Nein	Ja	Es stellt sich die grundsätzliche Frage, wann diese Kosten als Periodenkosten verrechnet werden sollten.
Sind Beschäftigungsabweichungen möglich?	Nein	Ja	Die Wahl der Kostenbezugsgröße hat nur bei der Vollkostenrechnung Einfluß auf das Betriebsergebnis.
Wie werden die anderen Abweichungen behandelt?	Wie bei VKR	Wie bei TKR	Daran sieht man, daß der grundsätzliche Unterschied in der Behandlung der fixen (und nicht der variablen) Herstellkosten besteht.
Wird routinemäßig zwischen variablen und fixen Kosten unterschieden?	Ja	Nicht immer	Wenn es erwünscht ist, kann die Vollkostenrechnung leicht modifiziert werden, so daß variable und fixe Kosten als Unterkategorien erscheinen (siehe Tafel 9.1, Teil B).
Wie wirken sich mengenmäßige Veränderungen der Lagerbestände auf das Betriebsergebnis aus?			Unterschiede sind darauf zurückzuführen, daß die fixen Herstellkosten zu verschiedenen Zeitpunkten als Periodenkosten wirksam werden.
Produktion = Absatz	Betriebsgewinn unverändert	Betriebsgewinn unverändert	
Produktion > Absatz	niedriger[a]	höher[b]	
Produktion < Absatz	höher	niedriger	
Wie werden die Kosten-Volumen-Gewinn-Beziehungen beeinflußt?	Abhängig von Absatzmenge	Abhängig von Absatzmenge und Produktionsmenge	Nutzen für die Unternehmenssteuerung: Auswirkungen von Veränderungen der Produktionsmenge auf das Betriebsergebnis sind bei Teilkostenrechnung leichter zu verstehen.

a. Das bedeutet, das Betriebsergebnis ist niedriger als bei Vollkostenrechnung.
b. Das bedeutet, das Betriebergebnis ist höher als bei Teilkostenrechnung.

Tafel 9.4 zeigt die wichtigsten Unterschiede zwischen der Teilkostenrechnung und der Vollkostenrechnung.

9.3 Die Gewinnschwelle bei Teilkostenrechnung und bei Vollkostenrechnung

In Kapitel 3 haben wir die Kosten/Volumen/Gewinn-Analyse vorgestellt. Bei der Teilkostenrechnung wird die Gewinnschwelle oder der Break-Even-Punkt (Absatzmenge, bei der der ausgewiesene Gewinn Null wird) in der üblichen Weise berechnet. Das Ergebnis ist eindeutig, es gibt nur einen einzigen Break-Even-Punkt. Er ist eine Funktion (1) der Fixkosten, (2) des Deckungsbeitrags pro Stück und (3) der Absatzmenge. Hält man (1) und (2) konstant, so steigt das Betriebsergebnis, wenn die Absatzmenge zunimmt und umgekehrt. In unserem Beispiel von der Firma Stassen kann man die Gewinnschwelle für Februar 19_7 folgendermaßen berechnen:[38]

$$\text{Gewinnschwelle} = \frac{\text{Summe der Fixkosten}}{\text{Deckungsbeitrag pro Stück}}$$

$$\text{Sei Q} = \text{Gewinnschwelle}$$

$$Q = \frac{12.800\ \$ + 10.400\ \$}{99\ \$ - (20\ \$ + 19\ \$)} = \frac{23.200\ \$}{60\ \$}$$

$$Q = 387 \text{ Stück (gerundet)}$$

Benutzt man die Vollkostenrechnung, so ist der Break-even-Punkt nicht eindeutig. Die folgende Formel beleuchtet einige Faktoren, welche den Break-Even-Punkt beeinflussen:[39]

$$Q = \frac{\text{Fixkosten} + [\text{Herstellfixkostensatz (Gewinnschwelle } - \text{Outputmenge)}]}{\text{Deckungsbeitrag pro Stück}}$$

$$Q = \frac{12.800\ \$ + 10.400\ \$ + [16\ \$ (Q - 650)]}{99\ \$ - (20\ \$ + 19\ \$)}$$

$$Q = \frac{23.000\ \$ + 16\ \$\ Q - 10.400\ \$}{60\ \$}$$

$$60\ \$\ Q = 12.800\ \$ + 16\ \$\ Q$$

---

[38]Beweis für die Gewinnschwelle:
Erlöse: 99 $ × 387   38.313 $
Kosten: 39 $ × 387   15.093 $
Deckungsbeitrag   23.220 $
Fixkosten   23.200 $
Betriebsergebnis   20 $ (Rundungsfehler)

$$44 \ \$ \ Q \ = \ 12.800 \ \$$$

$$Q \ = \ 291 \ \text{Stück (gerundet)}$$

Bei Vollkostenrechnung hängt die Gewinnschwelle (1) von den Fixkosten, (2) vom Deckungsbeitrag pro Stück, (3) von der Absatzmenge, (4) von der Produktionsmenge und (5) von der gewählten Planbezugsmenge zur Bestimmung des Kostensatzes für die fixen Fertigungskosten ab. Bei Stassen würden im Februar 19_7 Fixkosten von 23.200 $, ein Deckungsbeitrag pro Stück von 60 $, eine Absatzmenge von 291 Stück (gerundet), eine Produktionsmenge von 650 Stück und eine Bezugsgrößenmenge (Planbeschäftigung) von 800 Stück ein Betriebsergebnis von Null ergeben. Man beachte jedoch, daß es viele Kombinationen dieser fünf Faktoren gibt, die zu einem Betriebsergebnis von Null führen.

Wir sehen, daß die Teilkostenrechnung mit der Kosten/Volumen/Gewinn-Analyse gut zusammenpaßt. Auf der Basis der Teilkostenrechnung kann man den break-Even-Punkt oder irgendwelche Auswirkungen von Veränderungen der Absatzmenge auf das Betriebsergebnis leicht berechnen. Dagegen muß man bei der Vollkostenrechnung auch die Produktionsmenge und die Planbeschäftigung für diese Berechnungen heranziehen.

Angenommen in unserem Beispiel entspräche die Istbeschäftigung im Februar 19_7 der Planbeschäftigung von 800 Stück. Gehen wir weiter davon aus, daß nichts verkauft würde und daß keine fixen Marketingkosten entstünden. Die ganze Produktion würde auf Lager genommen und alle fixen Herstellgemeinkosten wären im Wert der Lagerbestände enthalten. Es gäbe keine Beschäftigungsabweichung. Dann könnte die Firma die Gewinnschwelle erreichen, ohne irgendetwas zu verkaufen! Im Gegensatz dazu würde bei Teilkostenrechnung ein Betriebsverlust in Höhe der Fixkosten von 12.800 $ ausgewiesen.

---

[39]Beweis für die Gewinnschwelle:

Erlöse: 99 $ × 291		28.809 $
Herstellkosten des Umsatzes		
Standardkostensatz: 36 $ × 291	10.476 $	
Beschäftigungsabweichung: (800 - 650) × 16 $	2.400 $	12.876 $
Bruttogewinn		15.933 $
Marketingkosten		
Variable Marketingkosten: 19 $ × 291	5.529 $	
Fixe Marketingkosten _	10.400 $	15.929 $
Betriebsergebnis		4 $
(Rundungsfehler)		

9.4 Throughput Costing

Manche Kritiker der gängigen Kostenrechnungssysteme behaupten, daß sogar bei der Teilkostenrechnung ein übermäßig großer Kostenbetrag aktiviert wird. Sie argumentieren, daß nur Materialeinzelkosten "echte" variable Kosten sind, und schlagen vor, stattdessen das **Throughput Costing** zu verwenden. Throughput Costing behandelt alle Kosten mit Ausnahme der variablen Materialeinzelkosten als Kosten derjenigen Periode, in der sie entstanden sind; nur die variablen Materialeinzelkosten werden aktiviert. Diese Methode ist erst seit kurzem im Gespräch und noch nicht sehr weit verbreitet.

Tafel 9.5 zeigt die Gewinn- und Verlustrechnung für die Stassen Company auf der Basis des Throughput Costing. Vergleichen wir die Betriebsergebnisse mit denen bei Vollkostenrechnung und bei Teilkostenrechnung:

	Vollkostenrechnung	**Teilkostenrechnung**	**Throughput Costing**
Januar 19_7	4.000 $	800 $	(1.000) $
Februar 19_7	20.200 $	21.800 $	22.700 $

Nur die 11 $ Materialeinzelkosten werden beim Throughput Costing aktiviert (im Vergleich zu 36 $ bei der Vollkostenrechnung und 20 $ bei der Teilkostenrechnung). Wenn die Produktion den Absatz übersteigt (wie im Januar 19_7) sind die Kosten, die in der laufenden Periode als Aufwand verbucht werden, beim Throughput Costing am höchsten. Der Throughput-Beitrag (*throughput contribution*) in Tafel 9.5 entspricht dem Erlös abzüglich der variablen Materialeinzelkosten.

Befürworter des Throughput Costing behaupten, daß hier im Vergleich zur Teilkostenrechnung und insbesondere zur Vollkostenrechnung ein geringerer Anreiz zum Aufbau von übertrieben großen Lagerbeständen besteht. Die Verringerung der Lagerhaltung bedeutet, daß weniger Ressourcen in den Lagerbeständen gebunden sind und dadurch mehr Ressourcen für Investitionen in produktive Absatzmöglichkeiten zur Verfügung stehen. Hinzu kommt, daß durch eine Verringerung der Lagerbestände in der Regel auch die Kosten aufgrund von Verderb oder Veralten von gelagerten Produkten zurückgehen.

Tafel 9.5
Throughput Costing für die Stassen Company

	Januar 19_7	Februar 19_7
Produktionsmenge (Stück)	**600**	**650**
Absatzmenge (Stück)	**400**	**750**
Gewinn- und Verlustrechnung		
Erlös[a]	39.600 $	74.250 $
Variable Materialeinzelkosten		
Lageranfangsbestand an Fertigungsmaterial	0 $	2.200 $
Fertigungsmaterial in den produzierten Gütern[b]	6.600 $	7.150 $
Kosten der fertigen Erzeugnisse	6.600 $	9.350 $
Lagerendbestand an Fertigungsmaterial[c]	2.200 $	1.100 $
Materialeinzelkosten (zu Standardkostensätzen)	4.400 $	8.250 $
Korrekturposten für Abweichungen bei den Material-einzelkosten	0 $	0 $
Summe variable Materialeinzelkosten	4.400 $	8.250 $
Throughput-Beitrag[d]	35.200 $	66.000 $
Andere Kosten		
Herstellkosten[e]	18.200 $	18.650 $
Marketingkosten[f]	18.000 $	24.650 $
Korrekturposten für Abweichungen	0 $	0 $
Summe andere Kosten	36.200 $	43.300 $
Betriebsergebnis	(1.000) $	22.700 $

a. 400 × 99 $ = 39.600 $; 750 × 99 $ = 74.250 $
b. 600 × 11 $ = 6.600 $; 650 × 11 $ = 7.150 $
c. 200 × 11 $ = 2.200 $; 100 × 11 $ = 1.100 $
d. Der Throughput-Beitrag ist die Differenz zwischen dem Erlös und den variablen Materialeinzelkosten
e. (600 × 9 $) + 12.800 $ = 18.200 $; (650 × 9 $) + 12.800 $ = 18.650 $
f. (400 × 19 $) + 10.400 $ = 18.000 $; (750 × 19 $) + 10.400 $ = 24.650 $

9.5 Zusammenfassender Vergleich der Methoden zur Bewertung von Lagerbeständen

Teilkostenrechnung, Vollkostenrechnung und Throughput Costing können mit Istkostenrechnung, einfacher Sollkostenrechnung, erweiterter Sollkostenrechnung und Plankostenrechnung kombiniert werden. Tafel 9.6 zeigt die Kostensammelblätter unter zwölf alternativen Vorratsbewertungssystemen im Überblick. Die Daten in Tafel 9.6 stellen die Posten dar, mit denen das Konto Projektkosten unter alternativen Systemen der Kostenbewertung von Lagerbeständen belastet wird (also die Beträge, die dem Produkt zugerechnet werden).

Die Teilkostenrechnung ist unter Fachleuten umstritten. Man ist sich zwar darüber einig, daß es zu Zwecken der Planung und Steuerung nötig ist, variable und fixe Kosten gegeneinander abzugrenzen; aber es ist unklar, ob man die Teilkostenrechnung für das externe Berichtswesen benutzen soll. Die Befürworter der Teilkostenrechnung für externe Berichte behaupten, daß der fixe Anteil der Herstellkosten mehr mit der Produktionskapazität zu tun hat als mit der Herstellung bestimmter Produkteinheiten. Die Unterstützer der Vollkostenrechnung argumentieren, daß im Wert der Lagerbestände ein Teil der fixen Herstellkosten enthalten sein sollte. Da variable und fixe Herstellkosten zur Güterproduktion notwendig sind, sollten beide Arten von Kosten in die Vorratsbewertung eingehen, unabhängig von ihren unterschiedlichen Verhaltensmustern.

Die Vollkostenrechnung (und ihre Varianten) ist die am häufigsten verwendete Methode für Zwecke der externen Rechnungslegung So ist es zum Beispiel in den USA für Steuererklärungen gegenüber dem IRS Vorschrift, daß alle Herstellkosten zuzüglich eines Teils der Produktdesignkosten und der Verwaltungskosten (zum Beispiel der Kosten der Rechtsabteilung) als Herstellungskosten aktiviert werden. Bei ihren Geschäftsberichten für die Aktionäre folgen die Unternehmen weltweit in der Regel dem allgemein akzeptierten Buchführungsprinzip, daß alle Herstellgemeinkosten zu aktivieren sind.[40]

---

[40]Auch in Deutschland ist für die Steuerbilanz die Vollkostenrechnung vorgeschrieben (siehe auch Fußnote auf Seite 53). Für die Handelsbilanz ist dagegen die Bilanzierung zu variablen Kosten zulässig. Hier sind lediglich die Herstelleinzelkosten aktivierungspflichtig. Für die variablen und fixen Herstellgemeinkosten besteht ein Aktivierungswahlrecht. Für die Preisermittlung bei öffentlichen Aufträgen ist die Vollkostenrechnung nur dann erforderlich, wenn keine Marktpreise feststellbar sind und die Preise deshalb auf den Selbstkosten beruhen. Viele Unternehmen verwenden Vollkostenrechnung und Teilkostenrechnung (bzw. Plankostenrechnung auf Vollkostenbasis und Grenzplankostenrechnung) gleichzeitig, um den Anforderungen des externen und des internen Rechnungswesens zu genügen. [Anm. d. Übers.]

Tafel 9.6
Vergleichender Überblick über alternative Lagerbewertungssysteme

		Istkosten-rechnung	Einfache Soll-kostenrechnung	erweiterte Soll-kostenrechnung	Plankosten-rechnung
Throughput Costing / Teilkostenrechnung / Vollkostenrechnung	variable Material-einzelkosten	Istpreise × Istverbrauch	Istpreise × Istverbrauch	Planpreise × Istverbrauch	Standardpreise × Standardverbrauch beim Istoutput
	variable Verarbeitungs-einzelkosten*	Istpreise × Istverbrauch	Istpreise × Istverbrauch	Planpreise × Istverbrauch	Standardpreise × Standardverbrauch beim Istoutput
	variable Herstell-gemeinkosten	Istkostensätze × Istverbrauch	Plankostensätze × Istverbrauch	Plankostensätze × Istverbrauch	Standardkostensätze × Standardverbrauch beim Istoutput
	fixe Herstell-einzelkosten	Istpreise × Istverbrauch	Istpreise × Istverbrauch	Planpreise × Istverbrauch	Standardpreise × Standardverbrauch beim Istoutput
	fixe Herstell-gemeinkosten	Istkostensätze × Istverbrauch	Plankostensätze × Istverbrauch	Plankostensätze × Istverbrauch	Standardkostensätze × Standardverbrauch beim Istoutput

* Verarbeitungskosten sind alle Herstellkosten abzüglich der Materialeinzelkosten.

Throughput Costing ist für die externe Rechnungslegung nicht zulässig, wenn es im Vergleich zur Vollkostenrechnung zu substantiell anderen Ergebnissen führt. Befürworter des Throughput Costing legen die Betonung auf die internen Zwecke des entscheidungsorientierten Rechnungswesens.

Der IRS und die Kosten des Verpackungsdesigns

Wo zieht der IRS (Internal Revenue Service, größte Bundessteuerbehörde der USA) die Grenze bei den aktivierungspflichtigen Herstellungskosten für die Steuerbilanz? Laut IRS müssen die Unternehmen die aktivierten Kosten mit Hilfe der Vollkostenrechnung bestimmen.

In aller Regel wollen die Steuerzahler nicht mehr Kosten aktivieren, als von den Steuergesetze zwingend vorgeschrieben wird, und so viele Posten wie möglich in der laufenden Periode als Kosten absetzen. Je höher die Abzüge, umso niedriger ist das zu versteuernde Einkommen. Umgekehrt gilt bei diesem Tauziehen um die Steuern, daß die Steuereinnahmen umso höher ausfallen werden, je mehr Posten der IRS als aktivierungspflichtig klassifiziert.

Bestimmte Steuerzahler – die Hersteller von Konsumprodukten – geben manchmal große Summen für das Verpackungsdesign aus. Nehmen wir zum Beispiel die Container für L'Eggs Strumpfhosen, die von Sara Lee hergestellt werden. Zu den Kosten für das Design dieser Verpackung gehören Materialkosten, Laborkosten und Overheadkosten für jeden Entwicklungsschritt vom vorläufigen Design über die Prototypen bis hin zu dem Arbeitsmodell, das Sara Lee testet. Jeder Arbeitsauftrag an eine unabhängige Designfirma oder eine Konsumententestfirma würde für Sara Lee ebenfalls Designkosten darstellen. Die Frage ist nun, welchen Teil dieser Kosten L'Eggs geltend machen kann und welchen Teil die Firma als aktivierte Kosten absorbieren muß. Ist es zulässig, daß Kosten für das Verpackungsdesign, die aufgewendet werden, bevor die Produktion überhaupt anläuft, als aktivierungspflichtige Kosten eingeordnet werden?

Obwohl viele Firmen diese Ansicht nicht teilen, verlangt der IRS, daß die Kosten für das Verpackungsdesign aktiviert werden. Die Unternehmen müssen diese Kosten dann über einen Zeitraum von sechs Jahren amortisieren. Der IRS erlaubt jedoch die vorzeitige Abschreibung von noch nicht amortisierten Designkosten, wenn die Firma das Design nicht länger verwendet. Anders ausgedrückt: Unternehmen dürfen in der laufenden Periode nur die Designkosten für eine Verpackung abschreiben, die kein Markterfolg war.

Quelle: Ochsenschlager: "IRS Rules on Package Design Costs."

Konzepte und ihre Umsetzung

9.6 Erfolgsmessung und Vollkostenrechnung

Unerwünschter Lageraufbau

Die Vollkostenrechnung ermöglicht es den Managern das Betriebsergebnis kurzfristig zu verbessern, indem sie unabhängig von der Kundennachfrage den Output erhöhen. Tafel 9.3 zeigt, wie ein Stassen-Manager durch die Herstellung von zusätzlichen 250 Produkteinheiten auf Lager das Betriebsergebnis für Februar 19_7 von 18.600 $ auf 22.600 $ steigern kann. Durch eine solche Ausweitung der Produktion können die Betriebskosten steigen, ohne daß der Absatz entsprechend zunimmt. So könnte zum Beispiel ein Manager, dessen Leistung anhand des Gewinns auf Vollkostenbasis bewertet wird, die Produktion gegen Ende einer Revisionsperiode steigern, nur um den ausgewiesenen Gewinn zu erhöhen. Jede zusätzlich hergestellte Produkteinheit absorbiert fixe Herstellkosten, die andernfalls als Periodenkosten abgeschrieben worden wären.

Die unerwünschten Auswirkungen einer solchen Produktionssteigerung können beträchtliche Größenordnungen annehmen und sie können auf unterschiedliche Weise entstehen, wie die folgenden Beispiele zeigen:

1. Ein Werksmanager kann die Produktion auf solche Aufträge umstellen, die den höchsten Betrag an fixen Herstellkosten absorbieren, unabhängig von der Kundennachfrage nach diesen Produkten. Schwierig herzustellende Teile können verschoben werden mit der Folge, daß die versprochenen Liefertermine nicht eingehalten werden können.

2. Ein Werksmanager kann einen bestimmten Auftrag akzeptieren, um die Produktion zu erhöhen, obwohl ein anderes Werk im gleichen Unternehmen für diesen Auftrag besser geeignet wäre.

3. Es kann passieren, daß ein Manager Wartungsarbeiten in die nächste Rechnungsperiode verschiebt, um den erhöhten Produktionsplan zu erfüllen. Obwohl dadurch vielleicht das Betriebsergebnis für diese Periode steigt, wird es wahrscheinlich in zukünftigen Perioden abnehmen, weil mehr Reparaturen anfielen und die Anlagen weniger effizient arbeiten.

Zu Anfang konzentrierte sich die Kritik an der Vollkostenrechnung darauf, ob fixe Fertigungsgemeinkosten nach allgemein akzeptierten Prinzipien der Buchführung als Aktivum gelten können. In letzter Zeit hat die Kritik jedoch immer mehr die potentiell unerwünschten Anreizeffekte der Vollkostenrechnung für die Manager aufs Korn genommen. Ein Kritiker hat die Vollkostenrechnung sogar als "eines der schwarzen Löcher der Kostenrechnung" bezeichnet, unter anderem weil sie Manager zu Entscheidungen verleiten kann, die "im Widerspruch zu den langfristigen Interessen des Unternehmens stehen."

Die Teilkostenrechnung in der betrieblichen Praxis

Umfragen haben gezeigt, daß weltweit etwa 30 bis 50 % der befragten Unternehmen im internen Rechnungswesen mit der Teilkostenrechnung arbeiten:

	USA[a]	Kan.[a]	Austral.[b]	Jap.[b]	Schwed.[c]	GB[b]
Teilkostenr.	31 %	48 %	33 %	31 %	42 %	52 %
Vollkostenr.	65 %	52 %	} 67 %	} 69 %	} 58 %	} 48 %
Andere	4 %	0 %				

Eine Umfrage unter irischen Firmen[d] hat ergeben, daß dort die Vollkostenrechnung vorherrschend ist. Nur 19 % der Befragten verwendeten die Teilkostenrechnung als wichtigstes Format in internen Berichten an das Topmanagement. Weitere 31 % benutzten sie als ergänzendes Format. Umfragen über die Verwendung der Durchlaufkostenrechnung sind bisher nicht durchgeführt worden.

Viele Unternehmen verwenden eine Variante der Teilkostenrechnung für das interne Berichtswesen und die Vollkostenrechnung für Jahresabschlüsse oder Steuerbilanzen. Wie behandeln diese Firmen, die fixen Herstellgemeinkosten (HGK) in ihrem internen Berichtswesen?

	Austral.[b]	Jap.[b]	GB[b]
Anteilige Verrechnung der fixen HGK beim Lagerbestand bzw. den Herstellkosten des Umsatzes am Ende der Periode	41 %	39 %	25 %
Monatliche Kostenrechnung auf Teilkostenbasis, Umwandlung in Vollkostenrechnung einmal pro Jahr	11 %	8 %	4 %
Verwendung von Teilkostenrechnung und Vollkostenrechnung in einem dualen Kostenrechnungssystem	23 %	33 %	31 %
Behandlung der fixen HGK als Periodenkosten	25 %	3 %	35 %
Andere Lösung	0 %	17 %	4 %

Das häufigste Problem, von dem Firmen berichteten, die mit der Teilkostenrechnung arbeiten, sind Schwierigkeiten bei der Einteilung der Kosten in fixe und variable Kosten.

a. Aus Inoue, "A Comparative Study."
b. Aus Blayney und Yokoyama, "A Comparative Analysis."
c. Aus Ask und Ax, "Trends."
d. Aus Clarke, "Management Accounting Systems."
Vollständige Quellenangaben in Anhang A.

Umfragen zur betrieblichen Praxis

Vorschläge für eine verbesserte Leistungsbewertung

Kritiker der Vollkostenrechnung haben eine Reihe von Vorschlägen vorgelegt, wie die Leistungsbewertung für Manager verbessert werden kann. Einige Beispiele:

1. *Veränderung des Buchführungssystems.* Wie wir weiter oben in diesem Kapitel bereits diskutiert haben, verringern sowohl die Teilkostenrechnung als auch die Durchlaufkostenrechnung die Anreize für die Manager zum Lageraufbau. Ein alternativer Ansatz besteht darin, Manager, die Ressourcen in Lagerbeständen binden, im Buchführungssystem mit einer Gebühr zu belasten. Je höher die Lagerbestände, desto höher die Lagerhaltungsgebühr.

2. *Veränderung der Zeitperiode, die der Leistungsbewertung zugrunde liegt.* Kritiker der Vollkostenrechnung führen Beispiele dafür an, daß Manager Entscheidungen treffen, die das vierteljährliche oder jährliche Betriebsergebnis möglicherweise auf Kosten des langfristigen Gewinns maximieren. Legt man der Leistungsbewertung einen Zeitraum von drei bis fünf Jahren zugrunde, so verringert man damit den Anreiz zu kurzfristig orientierten Handlungsweisen, die den langfristigen Gewinn beeinträchtigen.

3. *Leistungsbewertung auf der Basis von nichtfinanziellen und finanziellen Variablen.* Gegenwärtig werden unteren anderen die folgenden nichtfinanziellen Variablen benutzt, um die Leistung von Managern in Schlüsselbereichen zu kontrollieren:

A. $\dfrac{\text{Lagerendbestand der laufenden Periode in Mengeneinheiten}}{\text{Lagerendbestand der vergangenen Periode in Mengeneinheiten}}$

B. $\dfrac{\text{Absatzmenge der laufenden Periode}}{\text{Lagerendbestand der laufenden Periode in Mengeneinheiten}}$

Wenn man die Entwicklung dieser beiden nichtfinanziellen Lagerbestandsmaße Monat für Monat verfolgen würde, erhielte man frühzeitig Signale für einen Lageraufbau am Jahresende (wenn ein Unternehmen mehrere Produkte herstellt oder verkauft, könnten die beiden Maße für jedes Produkt getrennt gemeldet werden).

◆ TEIL II: ALTERNATIVE BEZUGSGRÖSSEN-KONZEPTE IN DER VOLLKOSTENRECHNUNG

Im folgenden untersuchen wir, wie sich alternative Konzepte der Kostenbezugsgröße bei Vollkostenrechnung auf die Plankostensätze für die fixen Herstellgemeinkosten und auf das Betriebsergebnis auswirken. Die ausgewiesenen Kosten können durch die Wahl einer bestimmten Bezugsgröße spürbar beeinflußt werden. Das kann in vielen Zusammenhängen eine Rolle spielen, so zum Beispiel bei der Preiskalkulation und bei Vertragsabschlüssen auf der Basis von ausgewiesenen Kosten.

9.7 Alternative Bezugsgrößenkonzepte

Wir wollen mehrere alternative Bezugsgrößenkonzepte am Beispiel eines Flaschenabfüllwerks für Eistee illustrieren. Die Bushells Company füllt Eistee in Flaschen. Die variablen Herstellkosten jeder Flasche betragen 0,35 $. Die Abfüllanlage verursacht monatliche Herstellfixkosten in Höhe von 50.000 $. Die Firma verwendet die Vollkostenrechnung für ihre monatlichen internen Berichte und für die Geschäftsberichte an die Aktionäre. Bushels könnte zur Berechnung des Kostensatzes für die fixen Fertigungsgemeinkosten jedes von mindestens vier verschiedenen Konzepten für die Kostenbezugsgröße heranziehen: die Maximalkapazität, die praktisch realisierbare Kapazität, die Normalauslastung und die Planauslastung. In jedem Fall definiert Bushells die Kostenbezugsgröße in Produkteinheiten (Eisteeflaschen).

Maximalkapazität und praktisch realisierbare Kapazität

Der Ausdruck Kapazität deutet auf eine Beschränkung hin, eine obere Grenze. Die Maximalkapazität ist derjenige Output, der erreicht wird, wenn die Produktionsanlagen die ganze Zeit über bei voller Effizienz arbeiten. Bushells kann 2.400 Flaschen in einer Stunde abfüllen, wenn die Abfüllanlagen mit vollen Tempo betrieben werden. Aufgrund einer Vereinbarung mit der Gewerkschaft können höchsten zwei 8-Stunden-Schichten pro Tag gefahren werden. Die monatliche Maximalkapazität wäre also

2.400 Flaschen pro Stunde × 16 Stunden × 30 Tage = 1.152.000 Flaschen

Die Maximalkapazität berücksichtigt keine Wartungszeiten, keine Unterbrechungen wegen zerbrochener Flaschen in den Abfüllanlagen oder ähnliche Störungen. Nur selten ist ein Werk in der Lage mit Maximalkapazität zu arbeiten. Trotzdem kann die Maximalkapazität ein Auslastungsziel sein.

Die praktisch realisierbare Kapazität entspricht der Maximalkapazität abzüglich der unvermeidbaren Betriebsunterbrechungen etwa durch plangemäße Wartungszeiten und Betriebsschließungen an Feiertagen und so weiter. Angenommen der praktisch realisierbare Output beträgt 2.000 Flaschen pro Stunde und das Werk kann an 25 Tagen im Monat in Betrieb sein. Daraus ergibt sich eine praktisch realisierbare Kapazität von

2.000 Flaschen pro Stunde × 16 Stunden × 25 Tage/Monat = 800.000 Flaschen/Monat

Bei der Schätzung der Maximalkapazität und der praktisch realisierbaren Kapazität müssen technische, wirtschaftliche und menschliche Faktoren in Betracht gezogen werden. Die Ingenieure bei Bushels können Informationen über die technische Leistungsfähigkeit der Abfüllmaschinen geben. Manchmal kommt es jedoch vor, daß eine Erhöhung der Kapazität zwar technisch möglich aber wirtschaftlich nicht sinnvoll ist. So kann es zum Beispiel sein, daß die Gewerkschaft zwar eine dritte Schicht pro Tag erlaubt, aber nur zu unüblich hohen Lohnsätzen, die auf dem Eisteemarkt finanziell unsinnig sind. Aspekte der Arbeitssicherheit, wie zum Beispiel ein erhöhtes

Verletzungsrisiko, wenn das Fließband mit höherer Geschwindigkeit arbeitet, sind ebenfalls unbedingt zu berücksichtigen.

Normalauslastung und Planauslastung

Maximalkapazität und praktisch realisierbare Kapazität sind Maße für das, was ein Betrieb anbieten kann. Im Gegensatz dazu messen die Normalauslastung und die Planauslastung die Nachfrage nach dem Output eines Betriebes. In vielen Fällen liegt die budgetierte Nachfrage weit unter dem verfügbaren Angebot (Produktionskapazität).

Die **Normalauslastung** ist diejenige Kapazitätsauslastung, die die durchschnittliche Kundennachfrage innerhalb einer bestimmten Periode (sagen wir zwei oder drei Jahre) befriedigt, wobei saisonale, zyklische und andere Trendfaktoren bereits berücksichtigt sind. Die **Planauslastung** ist diejenige Kapazitätsauslastung, die für die nächste Planperiode erwartet wird. Diese beiden Beschäftigungsniveaus können sich voneinander unterscheiden – zum Beispiel wenn eine Branche zyklische Nachfrageschwankungen aufweist, oder wenn das Management glaubt, daß die Planbeschäftigung der kommenden Periode für die "langfristige" Nachfrage nicht repräsentativ ist.

Betrachten wir als Beispiel die Eisteeproduktion der Firma Bushels. Das Gesamtbudget für 19_8 beruht auf einer Planbeschäftigung von 400.000 Flaschen pro Monat. Die Planauslastung beträgt also 400.000 Flaschen. Das Topmanagement der Firma ist jedoch davon überzeugt, daß das normale monatliche Produktionsniveau in den kommenden ein bis drei Jahren bei 500.000 Flaschen liegen wird. Diese Leute betrachten die Planbeschäftigung des Jahres 19_8 von 400.000 Flaschen als "abnorm" niedrig. Der Grund liegt darin, daß ein wichtiger Konkurrent seine Absatzpreise für Eistee stark gesenkt und enorme Summe für Werbung ausgegeben hat. Bushels erwartet, daß die Preis- und Werbungsinitiative ein kurzfristiges Phänomen sein wird und daß die Firma 19_9 die Marktanteile, die sie an den Konkurrenten verloren hat, wieder zurückgewonnen haben wird.

Ein wichtiger Grund dafür, warum man die Planauslastung anstelle der Normalauslastung wählt, liegt darin, daß es in vielen Branchen mit langfristigen zyklischen Absatzschwankungen schwierig ist, die Normalauslastung vorherzusagen. So haben zum Beispiel in den USA in den achtziger Jahren viele Stahlhersteller geglaubt, sich mitten in einem zyklischen Nachfragerückgang zu befinden, und in Kürze einen Aufschwung erwartet. Unglücklicherweise ließ der Aufschwung jahrelang auf sich warten, und viele Werke mußten schließen. Ein ähnliches Problem taucht auf, wenn man die "normale" Nachfrage schätzt. Manche Marketingmanager neigen dazu, ihre Fähigkeit zur Wiedergewinnung verlorener Marktanteile zu überschätzen. Ihre Schätzung der "normalen" Nachfrage nach ihrem Produkt kann dann auf einer übertrieben optimistischen Zukunftsperspektive beruhen ("man erwartet Rosen, wo es nur Dornen gibt").

9.8 Auswirkungen auf die Bilanz

Bushels plant fixe Herstellkosten von 50.000 $ pro Monat. Angenommen, die Istkosten betragen stattdessen 50.000 $. Der Einfachheit halber gehen wir davon aus, daß alle fixen Herstellkosten Overheadkosten sind. Im Mai 19_8 lauten die Plankostensätze für die fixen Herstellgemeinkosten bei den vier vorgestellten alternativen Konzepten der Planbeschäftigung

Konzept der Kosten-bezugsgröße (1)	geplante fixe Her-stellgemeinkosten pro Monat (2)	Planbeschäftigung (in Flaschen) (3)	Plankostensatz für die fixen Herstell-gemeinkosten (4) = (2) : (3)
Maximalkapazität	50.000 $	1.152.000	0,0434 $
Praktisch realisier-bare Kapazität	50.000 $	800.000	0,0625 $
Normalauslastung	50.000 $	500.000	0,1000 $
Planauslastung	50.000 $	400.000	0,1250 $

Der Plankostensatz für die fixen Herstellgemeinkosten auf der Basis der Planauslastung (0,1250 $) liegt um mehr als 180 % über dem Plankostensatz auf der Basis der Maximalkapazität (0,0434 $).

Gehen wir nun davon aus, daß die Istbeschäftigung der Firma Bushells im Mai 19_8 bei 460.000 Flaschen Eistee liegt. Der tatsächliche Absatz beträgt 420.000 Flaschen. Nehmen wir weiter an, daß am 1. Mai 19_8 kein Lageranfangsbestand vorhanden war, und daß während des Monats keine Preis- oder Verbrauchsabweichungen bei den Produktionskosten aufgetaucht sind. Das Abfüllwerk verkauft Eistee in Flaschen an eine andere Firmenabteilung zum Preis von 0,50 $ pro Flasche. Die einzigen Kosten sind die variablen Herstellkosten von 0,35 $ pro Flasche und die fixen Herstellgemeinkosten von 50.000 $ im Monat. Bushells korrigiert alle Abweichungen am Monatsende auf dem Konto Herstellkosten des Umsatzes.

Bei jedem Konzept der Kostenbezugsgröße sind die budgetierten Herstellkosten pro Flasche Eistee die Summe aus 0,35 $ variablen Herstellkosten und den budgetierten fixen Herstellgemeinkosten (Spalte 4 der obigen Tabelle)

Konzept der Kostenbezugsgröße (1)	variable Herstellkosten (2)	Plankostensatz für die fixen Herstellgemeinkosten (3)	Summe der Herstellkosten (4) = (2) + (3)
Maximalkapazität	0,3500 $	0,0434 $	0,3934 $
Prakt. real. Kapazität	0,3500 $	0,0625 $	0,4125 $
Normalauslastung	0,3500 $	0,1000 $	0,4500 $
Planauslastung	0,3500 $	0,1250 $	0,4750 $

Jedes Beschäftigungskonzept führt zu einer unterschiedlichen Beschäftigungsabweichung:

Beschäftigungsabweichung (BA)

  = (Planbeschäftigung - Istbeschäftigung)

  × Plankostensatz für die fixen Herstellgemeinkosten.

BA bei Maximalkapazität	=	(1.152.000 - 460.000) × 0,0434 $
	=	30.033 $ N (aufgerundet)
BA bei der praktisch real. Kapazität	=	(800.000 - 460.000) × 0,0625 $
	=	21.250 $ N
BA bei Normalauslastung	=	(500.000 - 460.000) × 0,1000 $
	=	4.000 $ N
BA bei Planauslastung	=	(400.000 - 460.000) × 0,1250 $
	=	7.500 $ P

Tafel 9.7 zeigt, wie die Wahl der Bezugsgröße das Betriebsergebnis der Firma Bushell im Monat Mai 19_8 beeinflußt. Legt man die Planauslastung zugrunde, so wird den 40.000 Flaschen im Lagerendbestand der höchste Betrag an fixen Herstellgemeinkosten pro Flasche zugerechnet. Entsprechend ist bei der Planauslastung auch das Betriebsergebnis am höchsten. Erinnern wir uns daran, daß Bushells am 1. Mai 19_8 keinen Lageranfangsbestand hatte und daß die Produktion im Mai 460.000 Flaschen und der Absatz 420.000 Flaschen betrug. Also ist am 31. Mai ein Lagerendbestand von 40.000 Flaschen zu verzeichnen. Die Differenzen zwischen den Betriebsergebnissen für die vier Bezugsgrößenkonzepte in Tafel 9.7 sind darauf zurückzuführen, daß jeweils fixe Herstellgemeinkosten in unterschiedlicher Höhe aktiviert werden:

Bezugsgrößenkonzept	Fixe Herstellgemeinkosten im Wert des Lagerbestands zum 31. Mai 19_8
Maximalkapazität	40.000 × 0,0434 $ = 1.736 $
Praktisch real. Kapazität	40.000 × 0,0625 $ = 2.500 $
Normalauslastung	40.000 × 0,1000 $ = 4.000 $
Planauslastung	40.000 × 0,1250 $ = 5.000 $

Also ist in Tafel 9.7 der Unterschied von 1.000 $ zwischen dem Betriebsergebnis auf der Basis der Planauslastung und dem Betriebsergebnis auf der Basis der Normalauslastung auf die Differenz zwischen den aktivierten fixen Herstellgemeinkosten (5.000 $ - 4.000 $) zurückzuführen.

Es gibt keine Vorschrift, daß US-amerikanische Firmen für das interne Rechnungswesen, den Jahresabschluß und die Steuerbilanz das gleiche Beschäftigungskonzept zugrundelegen müssen. Trotzdem wählen die Firmen der Einfachheit halber und auch aus Kostengründen oft die gleiche Bezugsgröße für diese Zwecke. Die Steuervorschriften des IRS verbieten praktisch die Verwendung der Maximalkapazität oder der praktisch realisierbaren Kapazität. Beide Konzepte führen in der Regel dazu, daß die Unternehmen die fixen Herstellgemeinkosten schneller vom zu versteuernden Einkommen abziehen, als das IRS es will. Das IRS verlangt, daß Steuerbilanzen auf der Planauslastung beruhen (und daß Kostenabweichungen in vollem Umfang anteilig auf den Lagerbestandkonten und dem Konto Herstellkosten des Umsatzes verrechnet werden).

Tafel 9.7

Bushells Company: Auswirkungen alternativer Bezugsgrößenkonzepte auf die Gewinn- und Verlustrechnung für Mai 19_8

	Maximal-kapazität	prakt. real. Kapazität	Normal-auslastung	Plan-ausla-stung
Absatz, 0,50 $ × 420.000	210.000 $	210.000 $	210.000 $	210.000 $
Herstellkosten des Umsatzes (HKU)				
Lageranfangsbestand an fert. Erz.	0 $	0 $	0 $	0 $
Variable Herstellkosten[a]	161.000 $	161.000 $	161.000 $	161.000 $
Fixe Herstellgemeinkosten[b]	19.964 $	28.750 $	46.000 $	57.500 $
Kosten der fertigen Erzeugnisse	180.964 $	189.750 $	207.000 $	218.500 $
Lagerendbestand[c] an fert. Erz.	15.736 $	16.500 $	18.000 $	19.000 $
Summe HKU (zu Standardsätzen)	165.228 $	173.250 $	189.000 $	199.500 $
Korrekturposten für Abweichungen bei den Herstellkosten[d]	30.033 $ N	21.250 $ N	4.000 $ N	7.500 $ P
Summe HKU	195.261 $	194.500 $	193.000 $	192.000 $
Bruttogewinn	14.739 $	15.500 $	17.000 $	18.000 $
Marketingkosten	10.000 $	10.000 $	10.000 $	10.000 $
Betriebsergebnis	4.739 $	5.500 $	7.000 $	8.000 $

a. 0,35 $ × 460.000 = 161.000 $
b. Fixe Herstellgemeinkosten:
  0,0434 $ × 460.000 = 19.964 $; 0,0625 $ × 460.000 = 28.750 $
  0,1000 $ × 460.000 = 46.000 $; 0,1250 $ × 460.000 = 57.500 $
c. Kosten des Lagerendbestands:
  (0,3500 $ + 0,0434 $) (460.000 - 420.000) = 15.736 $;
  (0,3500 $ + 0,0625 $) (460.000 - 420.000) = 16.500 $;
  (0,3500 $ + 0,1000 $) (460.000 - 420.000) = 18.000 $;
  (0,3500 $ + 0,1250 $) (460.000 - 420.000) = 19.000 $
d. Die einzige Abweichung im Mai 19_8 ist die Beschäftigungsabweichung. Berechnungen siehe Seite 306.

Aufgabe

Angenommen, die Bushells Company berechnet das Betriebsergebnis für Mai 19_9. Dieser Monat ist identisch mit dem Monat Mai 19_8, für den die Ergebnisse in Tafel 9.7 zu finden sind, außer daß die Planauslastung für 19_9 nicht 400.000 sondern 600.000 Flaschen pro Monat beträgt. Es gibt keinen Lageranfangsbestand zum 1. Mai 19_9 und keine Abweichungen mit Ausnahme der Beschäftigungsabweichung. Bush korrigiert diese Abweichung immer am Monatsende auf dem Konto Herstellkosten des Umsatzes.

Wie würden sich die Ergebnisse für Mai 19_9 von denen in Tafel 9.7 unterscheiden? Zeigen Sie Ihre Berechnungen.

Lösung

Die einzige Veränderung in Tafel 9.7 bezieht sich auf das Niveau der Planauslastung. Der Plankostensatz für die fixen Herstellgemeinkosten im Mai 19_9 ist

$$\frac{50.000 \ \$}{600.000 \ \text{Flaschen}} = 0{,}0833 \ \$ \text{ pro Flasche}$$

Die Herstellkosten pro Flasche errechnen sich damit zu 0,4333 $ (0,3500 $ + 0,0833 $). Die Beschäftigungsabweichung für Mai 19_9 beläuft sich auf

$$(600.000 - 460.000) \times (0{,}0833 \ \$) = 11.662 \ \$ \ N$$

Die Gewinn- und Verlustrechnung für Mai 19_9 lautet:

Erlöse	210.000 $
Herstellkosten des Umsatzes	
Lageranfangsbestand an fertigen Erzeugnissen	0 $
Variable Herstellkosten: 0,35 $ × 460.000	161.000 $
Fixe Herstellkosten: 0,0833 $ × 460.000	38.318 $
Kosten der fertigen Erzeugnisse	199.318 $
Lagerendbestand an fert. Erz.: 0,4333 $ × (460.000 - 420.000)	17.332 $
Summe Herstellkosten des Umsatzes (zu Standardsätzen)	181.986 $
Korrekturposten für Abweichungen	11.662 $ N
Summe Herstellkosten des Umsatzes	193.648 $
Bruttogewinn	16.352 $
Andere Kosten	0 $
Betriebsergebnis	16.352 $

Bei identischen Produktions- und Absatzmengen wurden also im Mai 19_9 weniger fixe Herstellgemeinkosten aktiviert als im Mai 19_8.

Bestimmung des Kostenverhaltens

KAPITEL

In diesem Kapitel geht es darum, wie sich die Kosten verhalten, das heißt wie sie auf Veränderungen der Aktivitätsniveaus, der Outputmenge usw. reagieren. Das Kostenverhalten festzustellen, indem man die Kostentreiber identifiziert und die fixen von den variablen Kosten unterscheidet, ist oft der Schlüssel zu guten Managemententscheidungen. Viele Managementfunktionen wie zum Beispiel Planung und Steuerung sind auf eine genaue Kenntnis des Kostenverhaltens angewiesen. Beispiele sind die folgenden Fragen: Welcher Preis sollte für ein bestimmtes Produkt festgesetzt werden? Soll ein Produkt im Unternehmen selbst hergestellt oder von einer anderen Firma gekauft werden? Wie wirkt sich eine Steigerung der Absatzmenge um 20 % auf das Betriebsergebnis aus? Entscheidungen im Bereich der Steuerung wie zum Beispiel die Interpretation bestimmter Abweichungen stützen sich ebenfalls auf die Kenntnis des Kostenverhaltens. Festzustellen und zu verstehen, wie sich die Kosten verhalten, ist eine der wichtigsten Aufgaben der Kostenrechnung.

10.1 ALLGEMEINES ZUR SCHÄTZUNG VON KOSTENFUNKTIONEN

Grundannahmen und Beispiele für Kostenfunktionen

Eine Kostenfunktion ist eine mathematische Funktion, die Muster des Kostenverhaltens – also die Reaktion der Kosten auf Veränderungen des Kostentreibers – beschreibt. Man kann eine Kostenfunktion graphisch darstellen, indem man den Kostentreiber entlang der X-Achse mißt und die entsprechenden Gesamtkosten entlang der Y-Achse.

Bei der Schätzung von Kostenfunktionen geht man häufig von zwei Annahm aus.

1. Veränderungen der Gesamtkosten eines Kostenobjekts sind durch Veränderungen eines einzigen Kostentreibers zu erklären.

2. Das Kostenverhalten kann durch eine lineare Funktion des Kostentreibers innerhalb des relevanten Bereichs geeignet angenähert werden. Eine **lineare Kostenfunktion** ist eine Kostenfunktion, bei der innerhalb des relevanten Bereichs die Kurve der Gesamtkosten in Abhängigkeit von einem einzigen Kostentreiber eine gerade Linie bildet.

Für den größten Teil dieses Kapitels gehen wir von diesen Annahmen aus. In späteren Abschnitten kommen Beispiele für nichtlineares Kostenverhalten vor, bei denen der

Graph für den Zusammenhang zwischen Kostentreiber und Gesamtkosten keine gerade Linie ist. Im letzten Abschnitt des Anhangs beschreiben wir, wie man Veränderungen der Gesamtkosten durch Veränderungen bei zwei oder mehr Kostentreibern erklären kann. Wir illustrieren die Kostenfunktionen im Kontext der Verhandlungen zwischen Cannon Services und World Wide Communications (WWC) um die ausschließliche Nutzung einer Telefonleitung zwischen New York und Paris. WWC bietet Cannon Services drei alternative Kostenstrukturen an.

Tafel 10.1
Beispiele für lineare Kostenfunktionen

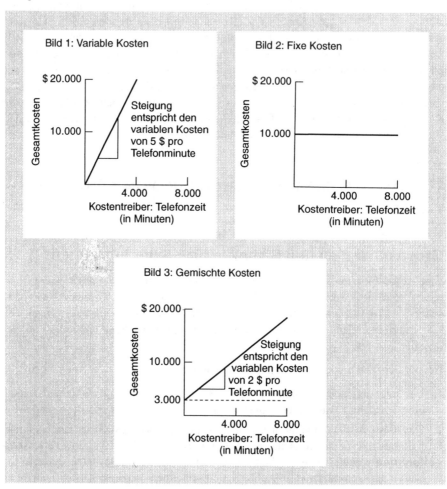

- *Alternative 1:* 5 $ pro Minute Leitungsnutzung. Wie wir in Kapitel 2 gesehen haben, bedeutet das für Cannon Services rein variable Kosten. Die Telefonzeit ist der Kostentreiber; das heißt, die Anzahl der Telefonminuten ist der Faktor, dessen Veränderung zu einer Veränderung der Gesamtkosten führt.

Bild 1 in Tafel 10.1 zeigt rein variable Kosten. Die Gesamtkosten (gemessen entlang der vertikalen Y-Achse) verändern sich innerhalb des relevanten Bereichs proportional zur Anzahl der Telefonminuten (gemessen entlang der horizontalen X-Achse). Der relevante Bereich, der in Kapitel 2 beschrieben wurde, ist derjenige Wertebereich des Kostentreibers, innerhalb dessen die Beziehung zwischen dem Kostentreiber und den Gesamtkosten gilt. Es gibt keine Fixkosten. Jede zusätzliche Minute erhöht die Gesamtkosten um 5 $. Der Graph in Bild 1 hat eine Steigung von 5 $, das ist der Betrag, um den die Gesamtkosten stiegen, wenn sich der Kostentreiber im relevanten Bereich um eine Einheit erhöht.

Wir können die Kostenfunktion in Bild 1 der Tafel 10.1 auch als Gleichung schreiben:

$$y = 5\$X$$

wobei X die Telefonnutzung in Minuten mißt und y die Gesamtkosten der Telefonzeit, die durch die Kostenfunktion bestimmt sind.

- *Alternative 2:* 10.000 $ pro Monat. Bei dieser Alternative hat Cannon Services Fixkosten von 10.000 $. Bild 2 in Tafel 10.1 stellt diese Fixkosten dar. Die Gesamtkosten sind 10.000 $ pro Monat, unabhängig vom Umfang der Telefonnutzung. (Wir haben denselben Kostentreiber benutzt, nämlich die Anzahl der Telefonminuten, um Muster des Kostenverhaltens bei alternativen Verträgen zu vergleichen.)

Der Graph in Bild 2 stellt die fixen Kosten von 10.000 $ als **Konstante** oder als **Achsenabschnitt** dar, eine Komponente der Gesamtkosten, die im relevanten Bereich bei Veränderungen des Kostentreiber unverändert bleibt. Bei Alternative 2 stellt diese Konstante die gesamten Kosten dar, denn es gibt in diesem Vertrag keine variablen Kosten. Die Steigung ist Null.

Wir können die Kostenfunktion in Bild 2 der Tafel 10.1 folgendermaßen schreiben:

$$y = 10.000 \$$$

- *Alternative 3:* 3.000 $ pro Monat plus 2 $ pro Minute Telefonbenutzung. Das ist ein Beispiel für gemischte Kosten. **Gemischte Kosten** oder **semivariable Kosten** sind Kosten, die sowohl fixe als auch variable Bestandteile haben. Bild 3 in Tafel 10.1 stellt die gemischten Kosten dar. Sie bestehen aus einer Fixkostenkomponente (3.000 $ pro Monat) und einer variablen Komponente, die von der Anzahl der Telefonminuten abhängt (2 $ pro Minute). In diesem Beispiel ist die Konstante oder der Achsenabschnitt 3.000 $ und die Steigung beträgt 2 $.

Wir können die Kostenfunktion in Bild 3 der Tafel 10.1 folgendermaßen ausdrücken:

$$y = 3.000 \, \$ + 2\$X$$

Bei semivariablen Kosten steigen die Gesamtkosten, wenn sich die Kostentreibermenge im relevanten Bereich erhöht, jedoch steigen sie nicht proportional. Wenn zum Beispiel 4.000 Minuten lang telefoniert wird, betragen die Gesamtkosten 3.000 $ + 2 $ × 4.000 = 11.000 $. Ist die Telefonzeit jedoch 8.000 Minuten, so fallen Gesamtkosten von 3.000 $ + 2 $ × 8.000 = 19.000 $ an. Die Telefonzeit hat sich zwar verdoppelt, aber die Gesamtkosten sind nur auf das 1,73-fache (19.000 $: 11.000 $) der ursprünglichen Kosten angestiegen.

Muster des Kostenverhaltens zu verstehen ist für die Wahl zwischen solchen Alternativen eine wichtige Voraussetzung. Angenommen Cannon Services rechnet mit mindestens 4.000 Telefonminuten pro Monat. Unter den drei alternativen Verträgen würden folgende Kosten entstehen. Alternative 1: 20.000 $ (5 $ × 4.000); Alternative 2: 10.000 $; Alternative 3: 11.000 $ (3.000 $+ 2 $ × 4.000). Alternative 2 ist hier mit den geringsten Kosten verbunden. Wenn Cannon mehr als 4.000 Telefonminuten pro Monat verbraucht, sind die Alternativen 1 und 3 im Vergleich zu Alternative 2 sogar noch teurer. Cannon würde also Alternative 2 bevorzugen.

Grundbegriffe

Man beachte zwei Eigenschaften der Kostenfunktionen in unserem Beispiel, die wir anhand von Bild 3 aufzeigen.

1. Veränderungen der Gesamtkosten werden durch Veränderungen eines *einzigen* Kostentreibers (der Anzahl der verbrauchten Telefonminuten) erklärt.

2. Die Kostenfunktionen sind linear; das heißt der Graph der Gesamtkosten in Abhängigkeit von den verbrauchten Telefonminuten ist eine gerade Linie. Die einzigen Informationen, die wir brauchen, um den Graph in Bild 3 zu zeichnen, sind die Höhe der Konstante oder des Achsenabschnitts (3.000 $) und die Steigung (2 $ pro verbrauchte Telefonminute). Diese beiden Informationen beschreiben die Gesamtkosten im ganzen relevanten Bereich der verbrauchten Telefonminuten. Lineare Kostenfunktionen können also (falls es nur einen einzigen Kostentreiber gibt) durch eine einzige Konstante (genannt a) und eine einzige Steigung (genannt b) beschrieben werden. Wir verwenden folgende Schreibweise für die lineare Kostenfunktion:

$$y = a + bX$$

Bei Alternative 1 gilt $a = 0$ $ und $b = 5$ $ pro Telefonminute, bei Alternative 2 gilt $a = 10.000$ $ und $b = 0$ $ pro Telefonminute und bei Alternative 3 $a = 3.000$ $ und $b = 2$ $ pro Telefonminute.

Anhand der Kostenstrukturen, die WWC der Firma Cannon Services vorgeschlagen hat, kann man variable, fixe und gemischte Kostenfunktionen illustrieren. Oft werden Kostenfunktionen jedoch aus Kostendaten der Vergangenheit geschätzt. Die **Kostenschätzung** ist der Versuch, *vergangene* Beziehungen zwischen den Gesamtkosten und ihren Kostentreibern zu messen. So könnten zum Beispiel Manager die Kostenschätzung dazu nutzen, um zu verstehen, was bewirkt, daß sich die Marketingkosten und ihre fixen und variablen Kostenkomponenten von Jahr zu Jahr verändern (die Anzahl der verkauften Autos oder die Anzahl der neu eingeführten Modelle). Manager interessieren sich für die Schätzung vergangener Kostenmuster hauptsächlich deshalb, weil sie dadurch zu genaueren **Kostenvorhersagen** kommen können. Bessere Kostenvorhersagen helfen den Managern informiertere Planungs- und Steuerungsentscheidungen zu treffen. In unserem Beispiel würden sie vielleicht einen besseren Marketingkostenplan für das nächste Jahr aufstellen.

In Kapitel 2 haben wir drei weitere Kriterien zur Unterscheidung von fixen und variablen Kostenkomponenten vorgestellt, die wir hier kurz wiederholen.

Die Wahl des Kostenobjekts: Eine bestimmte Kostenart kann in bezug auf ein Kostenobjekt variabel und in bezug auf ein anderes fix sein. Die jährlichen Anmeldungs- und Lizenzgebühren für einen Lieferwagen sind variable Kosten in bezug auf die Anzahl der Lieferwagen, welche die Flughafentransportfirma SuperShuttle in Betrieb hat; gleichzeitig sind die Anmelde- und Lizenzgebühren für einen bestimmten Lieferwagen in bezug auf die Anzahl der während des Jahres zurückgelegten Meilen Fixkosten.

Der Zeithorizont: *Ob eine Kostenart in bezug auf einen bestimmten Kostentreiber fix oder variabel ist, hängt von dem Zeithorizont ab, der in der Entscheidungssituation zugrundegelegt wird. Je länger der Zeithorizont, desto wahrscheinlicher ist es ceteris paribus, daß die Kosten variabel sind.* So sind zum Beispiel die Gehälter und Sachkosten für die Inspektionen bei der Boeing Company kurzfristig in der Regel fix in bezug auf die für Inspektionsaktivitäten aufgewendeten Arbeitsstunden. Langfristig aber werden die gesamten Inspektionskosten der Firma Boing mit der erforderlichen Inspektionszeit variieren: Wird mehr Inspektionszeit gebraucht, so werden mehr Inspektoren eingestellt; wird weniger gebraucht, so werden einige Inspektoren andere Aufgaben zugewiesen bekommen.

Der relevante Bereich: Buchhalter und Manager benutzen lineare Kostenfunktionen um den Zusammenhang zwischen den Kostentreibern und den Gesamtkosten innerhalb eines relevanten Bereichs anzunähern. Tafel 10.2 zeigt für ein Werk der Firma AMC, Inc., in Cleveland den über mehrere Jahre gemessenen Zusammenhang zwischen den gesamten Fertigungslöhnen und der Anzahl der pro Jahr hergestellten Ventile. Außerhalb des relevanten Bereichs sind die Kosten nichtlinear. In diesem Fall tauchen bei niedrigem Output Nichtlinearitäten auf, weil die Arbeitskräfte in der Fertigung nicht effizienz genutzt werden. Bei hohem Output kommt es zu Nichtlinearitäten, weil aufgrund der größeren Enge im Werk mehr Koordination nötig ist.

Tafel 10.2
Linearität im relevanten Bereich

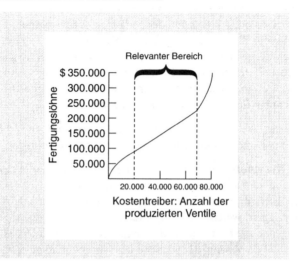

10.2 DIE AUSWAHL DER KOSTENTREIBER NACH URSACHE UND WIRKUNG

Bei der Schätzung einer Kostenfunktion ist die wichtigste Frage, ob zwischen dem Kostentreiber und dem Kostenergebnis ein Ursache-Wirkungs-Zusammenhang besteht. Ein solcher Zusammenhang kann verschiedene Gründe haben.

1. Zwischen den Kosten und dem Kostentreiber kann ein physischer Zusammenhang bestehen. Ein Beispiel dafür wäre der Zusammenhang zwischen den Materialkosten und der Produktionsstückzahl als Kostentreiber. Um größere Stückzahlen zu produzieren, muß man mehr Material haben und damit auch höhere Kosten für das Material aufwenden.

2. Ursache und Wirkung können aus einem Vertrag entstehen wie in dem oben beschriebenen Beispiel von Cannon Services, wo die Anzahl der verbrauchten Telefonminuten der Kostentreiber für die Kosten der Telefonleitung ist.

3. Ursache und Wirkung können auch implizit aus der Logik und dem Wissen über den Betriebsablauf folgen. So kann man zum Beispiel die Anzahl der Komponenten als Kostentreiber für die Designkosten verwenden. Es ist intuitiv klar, daß das Design eines komplexen Produkts mit vielen Komponenten, die präzise zusammenpassen müssen, höhere Kosten verursachen wird als das Design eines einfachen Produkts mit wenigen Teilen.

Umfragen zur betriebl. Praxis

INTERNATIONALER VERGLEICH VON ÜBLICHEN KOSTENKLASSIFIKATIONEN

Organisationen unterscheiden sich in der Klassifikation einzelner Kostenarten. Ein Posten, der in einer Organisation als variable Kosten behandelt wird, kann in einer anderen zu den Fixkosten gerechnet werden. Nehmen wir die Arbeitskosten. Hausbaufirmen klassifizieren die Lohnkosten oft als variable Kosten. Diese Unternehmen passen ihr Personal sehr schnell an Veränderungen der Nachfrage an. Im Gegensatz dazu werden die Lohnkosten von Ölraffinerien oft als Fixkosten behandelt. In diesen Firmen ist das Personal stabil, auch wenn das Volumen oder die Art der Ölprodukte sich stark verändert.

Umfragen zeigen signifikante Unterschiede zwischen verschiedenen Ländern in bezug auf den Anteil der Firmen, die bestimmte Kostenarten als variable, als fixe oder als gemischte Kosten betrachten. Im Vergleich zu japanischen Unternehmen behandeln weniger US-amerikanische und australische Unternehmen die Lohnkosten als Fixkosten.

Kostenart	US-amerikanische Firmen			Japanische Firmen			Australische Firmen		
	variabel	gemischt	fix	variabel	gemischt	fix	variabel	gemischt	fix
Fertigungslöhne	86 %	6 %	8 %	52 %	5 %	43 %	70 %	20 %	10 %
Einrichtelöhne	60 %	25 %	15 %	44 %	6 %	50 %	45 %	33 %	22 %
Arbeitskosten Materialwesen	48 %	34 %	18 %	23 %	16 %	61 %	40 %	30 %	30 %
Arbeitskosten Qualitätskontrolle	34 %	36 %	30 %	13 %	12 %	75 %	21 %	27 %	52 %
Werkzeugbestückung	32 %	35 %	33 %	31 %	26 %	43 %	25 %	28 %	47 %
Energiekosten	26 %	45 %	29 %	42 %	31 %	27 %	-	-	-
Kosten der Raumnutzung	1 %	6 %	93 %	0 %	0 %	100 %	-	-	-
Abschreibung	1 %	7 %	92 %	0 %	0 %	100 $	-	-	-

Quellen: Tochtergesellschaft der NAA in Tokio, "Management Accounting in the Advanced Manufacturing," und Joye und Blayney, "Cost and Management Accounting." Vollständige Quellenangaben in Anhang A.

Man sollte darauf achten, daß man nicht eine starke Korrelation oder Verbindung zwischen zwei Variablen so interpretiert, als würde die eine die andere verursachen. Eine hohe Korrelation zwischen zwei Variablen u und v bedeutet lediglich, daß sich die beiden Variablen miteinander bewegen. Es kann sein, daß u die Ursache von v ist oder v die Ursache von u, oder daß beide sich gegenseitig beeinflussen. Es kann aber auch sein, daß beide von einer dritten Variablen z beeinflußt werden oder daß die Korrelation nur auf einem Zufall beruht. Hohe Korrelationen legen keine Schlußfolgerungen über Ursache und Wirkung nahe. Ein höheres Produktionsniveau führt zum Beispiel in der Regel zu höheren Kosten für Fertigungsmaterial und Fertigungsarbeit. Material- und Arbeitskosten sind stark korreliert, aber man kann nicht sagen, daß die einen die anderen verursachen.

Betrachten wir ein anderes Beispiel. Während der letzten 28 Jahre ist der Aktienindex der New Yorker Börse in fast allen Jahren gestiegen, in denen ein Team der National Football League (zum Beispiel die San Francisco 49er) die Super Bowl gewonnen hat, und fast in allen Jahren gefallen, in denen ein Team der American Football League (zum Beispiel die Miami Dolphins) die Super Bowl gewonnen hat.[41] Es gibt jedoch keinen plausiblen Ursache- und Wirkungszusammenhang für diese hohe Korrelation.

Nur ein echter Ursache-Wirkungs-Zusammenhang, nicht eine bloße Korrelation, begründet eine ökonomisch plausible Beziehung zwischen Kosten und ihren Kostentreibern. Aus dieser Plausibilität schöpft der Analytiker das Vertrauen darauf, daß die geschätzte Beziehung unter ähnlichen Datenkonstellationen immer wieder auftauchen wird. Die Begründung einer ökonomischen Plausibilität ist ein wesentlicher Aspekt bei der Kostenschätzung.

10.3 METHODEN DER KOSTENSCHÄTZUNG

Es gibt vier Methoden der Kostenschätzung:

1. die Methode des Industrial Engineering
2. die Konferenzmethode
3. die Kontenanalyse
4. die statistische Analyse von Kostenbeziehungen aus Gegenwart und Vergangenheit

Industrial Engineering

Bei der Methode des **Industrial Engineering**, auch **Arbeitsmessung** genannt, schätzt man Kostenfunktionen, indem man den physischen Zusammenhang zwischen Inputs

---

[41]J. Granelli und T. Petrumo, "You can Take Heart from the January Gain or You can Punt," *Los Angeles Times* (1. Februar 1993).

und Outputs analysiert. Diese Methode geht auf Studien und Techniken zurück, die Frank und Lillian Gilbreth zu Beginn der zwanziger Jahre entwickelt haben. Nehmen wir als Beispiel einen Teppichhersteller, der als Inputs Baumwolle, Wolle, Farben, Arbeit, Maschinenzeit und Energie benutzt. Der Output wird in Quadratmetern Teppich gemessen. Mit Hilfe von Zeit- und Bewegungsstudien bestimmt man den Aufwand an Zeit und Material, der notwendig ist, um die verschiedenen Arbeitsgänge bei der Herstellung des Teppichs auszuführen. Eine solche Studie kann zum Beispiel zu dem Ergebnis kommen, daß man zwei Ballen Baumwolle und drei Gallonen Farbe braucht, um 20 Quadratmeter Teppich herzustellen. Standard- und Plankostensätze übersetzen diese physischen Input- und Outputmaße in Kosten. Das Ergebnis ist eine geschätzte Kostenfunktion, welche die gesamten Herstellkosten zur Kostentreibermenge, den Quadratmetern Teppich, in Beziehung setzt.

Die Methode des Industrial Engineering kann sehr zeitaufwendig sein. Verträge mit staatlichen Stellen verlangen manchmal ihre Anwendung. Viele Firmen finden es jedoch zu teuer, ihre gesamte Kostenstruktur auf diese Weise zu analysieren. Die Methode wird häufiger für Einzelkostenkategorien wie Materialkosten und Fertigungslöhne verwendet, aber nicht für Overheadkosten wie die Fertigungsgemeinkosten. Physische Zusammenhänge zwischen Inputs und Outputs können für einzelne Gemeinkostenarten schwierig zu bestimmen sein.

Die Konferenzmethode

Bei der **Konferenzmethode** schätzt man Kostenfunktionen auf der Basis von Analysen und Meinungen über die Kosten und ihre Kostentreiber, die in verschiedenen Abteilungen eines Unternehmens gesammelt werden (Einkauf, Prozeßtechnik, Produktion, Personalwesen und so weiter). Die Co-operative Bank in Großbritannien hat eine Abteilung für Kostenschätzungen, die Kostenfunktionen für ihre Kleinkundenprodukte (Girokonten, Kreditkarten, Hypotheken und so weiter) auf der Basis übereinstimmender Schätzungen der zuständigen Abteilungen entwickelt. Die Bank nutzt diese Informationen für die Preisgestaltung, für die Verschiebung der Produktstruktur zugunsten von Produkten, die den höchsten Gewinn bringen, und für die Überwachung und Messung von Kostensenkungen im Zeitablauf.

Die Konferenzmethode ermöglicht die schnelle Entwicklung von Kostenfunktionen und Kostenschätzungen. Das Aufgebot von Expertenwissen aus allen Bereichen der Wertschöpfungskette verleiht der Methode Glaubwürdigkeit. Die Präzision der Kostenschätzungen hängt in erster Linie von der Sorgfalt und der Detailgenauigkeit ab, mit der die verwendeten Informationen zusammengestellt werden.[42]

---

[42]Die Konferenzmethode wird genauer beschrieben in W. Winchell, *Realistic Cost Estimating for Manufacturing*, 2. Auflage (Dearborn, Mich.: Society for Manufacturing Engineers, 1991).

Die Kontenanalyse

Bei der **Kontenanalyse** schätzt man Kostenfunktionen, indem man die Kostenkonten im Hauptbuch in bezug auf den identifizierten Kostentreiber als variabel, fix oder gemischt einstuft. Typischerweise stützen sich die Manager bei solchen Kostenklassifizierungen eher auf eine qualitative als auf eine quantitative Analyse. Die Methode der Kontenanalyse ist weit verbreitet.[43]

Betrachten wir die Hilfslöhne in einem kleinen Produktionsbereich (oder einer Zelle) von Elegant Rugs, einer Firma, die Teppiche für Privatwohnungen und Büros herstellt und dabei automatische Webmaschinen auf dem neuesten Stand der Technik benutzt. Dazu gehören die Kosten für die Maschinenwartung, die Qualitätskontrolle und den Maschineneinrichtung. Im letzten Vierteljahr hat Elegant Rugs die Maschinen der Zelle insgesamt 862 Stunden lang laufen lassen und Hilfslöhne in Höhe von insgesamt 12.501 $ gezahlt. Das Management möchte, daß der Kostenanalytiker mit Hilfe der Kontenanalyse eine lineare Kostenfunktion für die Hilfslöhne schätzt, wobei die Maschinenstunden als Kostentreiber fungieren sollen.

Der Kostenanalytiker beschließt, die gesamten Hilfslöhne (12.501 $) mit Bezug auf die Anzahl der geleisteten Maschinenstunden in fixe (2.157) und variable (10.344) Kosten einzuteilen. Die variablen Kosten pro Maschinenstunde sind 10.344 $: 862 = 12 $. Die allgemeine Kostengleichung $y = a + bX$ lautet hier:

$$\text{Hilfslöhne} = 2.157\ \$ + (12\ \$ \times \text{Anzahl der Maschinenstunden})$$

Die Hilfslöhne pro Maschinenstunde belaufen sich auf 12.501 $: 862 = 14.50 $.

Das Management von Elegant Rugs kann die Kostenfunktion benutzen, um die Hilfslöhne bei einer Beschäftigung von 950 Maschinenstunden im nächsten Vierteljahr zu schätzen (2.157 $: 950 × 12 = 13.557 $). Die Hilfslöhne pro Maschinenstunde sinken auf 13.557 : 950 = 14.27, weil die Fixkosten auf eine größere Zahl von Einheiten verteilt werden.

Bei der Kontenanalyse wird in verschiedenen Organisationen unterschiedlich sorgfältig gearbeitet. In manchen Organisationen werden die Kostenklassifikationsentscheidungen von Mitarbeitern mit fundierten Betriebskenntnissen getroffen. So können zum Beispiel Mitarbeiter aus der Fertigung Kosten wie den Verbrauch von Schmiermitteln oder die Arbeitskosten im Materialwesen klassifizieren, während Mitarbeiter aus der Marketingabteilung Kosten für Werbebrochuren und Verkäufergehälter klassifizieren. In anderen Unternehmen wird nur eine oberflächliche Analyse durchgeführt, manchmal von Mitarbeitern mit begrenzter Kenntnis der Betriebsabläufe, bevor Entscheidungen über die Klassifikation von Kosten getroffen werden. Es ist offensichtlich, daß der erstere Ansatz zuverlässigere Kostenklassifikationen und damit auch bessere Schätzungen der fixen und variablen Kostenkomponenten liefert als der

---

[43]Entsprechende Umfragen sind zu finden in M. M. Mowen, *Accounting for Costs as Fixed and Variable* (Montvale, N.J.: National Association of Accountants, 1986).

letztere. Die Glaubwürdigkeit der Kontenanalyse kann verbessert werden, indem man sie durch die Konferenzmethode ergänzt.

Statistische Analyse von Kostenzusammenhängen

Unter einer statistischen Analyse versteht man formale Methoden zur Gewinnung von Kostenfunktionen aus beobachteten Daten vergangener Perioden. Die Spalten 1 und 2 der Tafel 10.3 zeigen eine Aufgliederung der gesamten Fertigungshilfslöhne von 12.501 $ und der gesamten 862 Maschinenstunden der letzten Vierteljahresperiode in wöchentliche Daten. Man beachte, daß die Daten immer paarweise zusammengehören. So sieht man zum Beispiel in der letzten Zeile, daß in der zwölften Woche bei 48 Maschinenstunden Hilfslöhne in Höhe von 963 $ gezahlt worden sind. Im nächsten Abschnitt benutzen wir die Daten in Tafel 10.3 um zwei verschiedene statistische Methoden der Schätzung einer Kostenfunktion vorzustellen: die Extremwertmethode und die Regressionsanalyse.

Tafel 10.3
Wöchentliche Daten für Hilfslöhne, Maschinenlaufzeit und Fertigungsarbeitszeit bei Elegant Rugs

Woche	Hilfslöhne (1)	Kostentreiber: Maschinenstunden (2)	Alternativer Kostentreiber: Fertigungsarbeitsstunden (3)
1	1.190 $	68	30
2	1.211 $	88	35
3	1.004 $	62	36
4	917 $	72	20
5	770 $	60	47
6	1.456 $	96	45
7	1.180 $	78	44
8	710 $	46	38
9	1.316 $	82	70
10	1.032 $	94	30
11	752 $	68	29
12	963 $	48	38

10.4 Schritte zur Schätzung einer Kostenfunktion

Bei der Schätzung einer Kostenfunktion auf der Basis der Analyse von Kostenrelationen aus Gegenwart und Vergangenheit gehen wir in sechs Schritten vor: (1) Wähle die abhängige Variable (die Variable, die vorhergesagt werden soll, also irgendeine Art von Kosten); (2) identifiziere den (die) Kostentreiber (unabhängige Variable); (3) sammle Daten über die abhängige Variable und den (die) Kostentreiber; (4) zeichne die Daten in ein Diagramm ein; (5) schätze die Kostenfunktion; und (6) evaluiere die geschätzte Kostenfunktion. Wie wir bereits früher in diesem Kapitel festgestellt haben, ist der richtige Kostentreiber nicht immer offensichtlich. Oft muß der Kostenanalytiker diese Stufen mehrmals durchlaufen und alternative, ökonomisch plausible Kostentreiber ausprobieren, um zu sehen, welcher am besten zu den Daten paßt.

Schritt 1: Wähle die abhängige Variable. Die Wahl der abhängigen Variablen (der Kostenvariablen, die vorhergesagt werden soll) hängt davon ab, zu welchem Zweck eine Kostenfunktion geschätzt werden soll. Ist der Zweck zum Beispiel die Bestimmung der Fertigungsgemeinkosten für eine bestimmte Produktionsstraße, dann sollte die abhängige Variable alle Kosten enthalten, die in bezug auf die Produktionsstraße als Overheadkosten klassifiziert werden.

Schritt 2: Identifiziere den (die) Kostentreiber. Der gewählte Kostentreiber sollte in einem ökonomisch plausiblen Zusammenhang mit der abhängigen Variablen stehen und genau meßbar sein. Idealerweise sollten alle Einzelposten, die in der abhängigen Variablen enthalten sind, den (die) gleichen Kostentreiber haben. Wenn die Beziehung nicht eindeutig ist, sollte der Kostenanalytiker erwägen, mehr als eine Kostenfunktion zu schätzen.

Betrachten wir mehrere Arten von Sozialleistungen für die Beschäftigten und die dazugehörigen Kostentreiber:

Sozialleistung	Kostentreiber
Zuschüsse zu den Krankheitskosten	Anzahl der Beschäftigten
Kantinenmahlzeiten	Anzahl der Beschäftigten
Zuschüsse zur Rentenversicherung	Gehaltssumme
Zuschüsse zur Lebensversicherung	Gehaltssumme

Die Kosten für die Zuschüsse zu den Krankheitskosten und für das Kantinenessen können in einem Kostenpool zusammengefaßt werden, weil sie beide denselben Kostentreiber haben, nämlich die Anzahl der Beschäftigten. Die Zuschüsse zur Rentenversicherung und die Zuschüsse zur Lebensversicherung haben einen anderen Kostentreiber, nämlich die Gehaltssumme, und sollten deshalb nicht mit den Zuschüssen zu den Krankheitskosten und den Kantinenmahlzeiten kombiniert werden. Stattdessen sollteman sie in einem eigenen Kostenpool zusammenfassen und die Gehaltssumme für die Empfänger dieser Leistungen als Kostentreiber verwenden.

Schritt 3: Sammle Daten für die abhängige Variable und den (die) Kostentreiber. Dieser Schritt ist in der Regel der schwierigste Teil der Kostenanalyse. Kostenanalytiker ziehen Daten aus Firmendokumenten, aus Gesprächen mit Managern und aus speziellen Studien. Diese Daten können Zeitreihen oder Querschnittsdaten sein. *Zeitreihen* beziehen sich auf die gleiche Untereinheit (ein Unternehmen, ein Werk, einen Aktivitätsbereich und so weiter) und decken eine Reihe von vergangenen Zeitperioden ab. Die wöchentlichen Beobachtungen der Hilfslöhne und der Maschinenlaufzeit bei Elegant Rugs sind ein Beispiel. Im Idealfall enthalten Zeitreihen zahlreiche Beobachtungen und beziehen sich auf eine Firma, deren Betrieb in der fraglichen Zeit keinen größeren betriebswirtschaftlichen oder technischen Veränderungen ausgesetzt war. Eine stabile Technologie stellt sicher, daß die in der Schätzperiode gesammelten Daten stets den gleichen zugrundeliegenden Zusammenhang zwischen der abhängigen Variablen und dem (den) Kostentreiber(n) darstellen. Darüberhinaus sollten die Zeitperioden (Tage, Wochen oder Monate), für die die abhängige Variable und der (die) Kostentreiber gemessen worden sind, identisch sein. *Querschnittsdaten* beziehen sich auf verschiedene Untereinheiten und ein- und denselben Zeitraum. Untersuchungen der Personalkosten und der gewährten Kredite in 50 Zweigstellen einer Bank für den Monat März wären ein Bcispiel für Querschnittsdaten. In einem späteren Abschnitt dieses Kapitels beschreiben wir Probleme, die bei der Sammlung von Daten auftreten.

Schritt 4: Zeichne die Daten in ein Diagramm. Dieser Schritt ist wichtig. Der Spruch "ein Bild ersetzt tausend Worte" bringt den Nutzen der graphischen Abbildung von Daten zum Ausdruck. Der allgemeine Zusammenhang zwischen der abhängigen Variablen und dem Kostentreiber ist in einer solchen graphischen Darstellung leicht zu sehen. Man entdeckt auch Ausreißer, die der Analytiker überprüfen sollte. Dabei geht es um die Frage, ob die Daten auf einem Irrtum bei der Datenerhebung oder auf einem ungewöhnlichen Ereignis wie zum Beispiel einem Streik beruhen. Durch das Aufzeichnen gewinnt man auch Einsichten über den relevanten Bereich der Kostenfunktion sowie darüber, ob der Zusammenhang annähernd linear ist.

Tafel 10.4 enthält eine graphische Abbildung der Daten aus den Spalten 1 und 2 der Tafel 10.3. Es gibt starke Anzeichen für eine positive Beziehung zwischen den Hilfslöhnen und der Maschinenlaufzeit (das heißt, die Fertigungshilfslöhne steigen mit der Anzahl der Maschinenstunden). In Tafel 10.4 sind keine Ausreißer zu sehen. Der relevante Bereich liegt zwischen 46 und 96 Maschinenstunden pro Woche.

Schritt 5: Schätze die Kostenfunktion. Wir zeigen die Schätzung der Kostenfunktion für die Daten von Elegant Rugs mit Hilfe der Extremwertmethode und der Regressionsanalyse.

Schritt 6: Evaluiere die geschätzte Kostenfunktion. Wir beschreiben Kriterien für die Evaluierung von Kostenfunktionen.

Tafel 10.4

Graphische Darstellung der wöchentlichen Kosten für Hilfslöhne in Abhängigkeit von der Maschinenlaufzeit bei Elegant Rugs

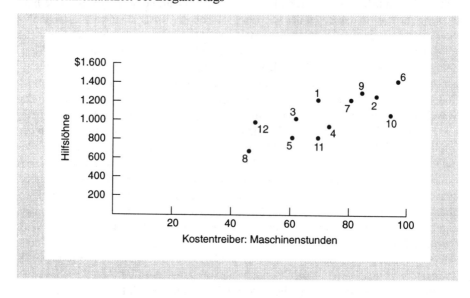

Extremwertmethode

Manchmal verwenden Manager sehr einfache Methoden zur Schätzung von Kostenfunktionen. Ein Beispiel ist die **Extremwertmethode**, die nur vom höchsten und vom niedrigsten beobachteten Wert für den *Kostentreiber* innerhalb des relevanten Bereichs ausgeht. Die Linie, die diese beiden Punkte verbindet, ist dann die geschätzte Kostenfunktion.

Wir illustrieren diese Methode anhand der Daten aus Tafel 10.3.

	Kostentreiber: Maschinenstunden	Hilfslöhne
Höchster beobachteter Wert für den Kostentreiber (6. Woche)	96	1.456 $
Niedrigster beobachteter Wert für den Kostentreiber (8. Woche)	46	710 $
Differenz	50	746 $

Steigung b = (Differenz zwischen den Kosten, die mit dem höchsten und dem niedrigsten beobachteten Wert für den Kostentreiber verbunden sind)/(Differenz zwischen dem höchsten und dem niedrigsten beobachteten Wert für den Kostentreiber)

= 746 $: 50 = 14,92 $ pro Maschinenstunde

Um die Konstante zu berechnen, können wir entweder vom höchsten oder vom niedrigsten beobachteten Wert für den Kostentreiber ausgehen. Beide Wege führen zu derselben Antwort (weil die Lösungstechnik zwei lineare Gleichungen mit zwei Unbekannten – Konstante und Steigung – löst).

$$\text{Da} \quad y = a + bX \quad \text{gilt auch} \quad a = y - bX$$

Beim höchsten beobachteten Wert für den Kostentreiber gilt

$$\text{Konstante } a = 1.456 \ \$ - (14,92 \ \$ \times 96) = 23,68 \ \$$$

Beim niedrigsten beobachteten Wert für den Kostentreiber gilt

$$\text{Konstante } a = 710 \ \$ - (14,92 \times 46) = 23,68 \ \$$$

Deshalb kommt man mit der Extremwertmethode zu folgender Schätzung der Kostenfunktion:

$$y = a + bX$$
$$= 23,68 \ \$ + 14,92 \times \text{ Anzahl der Maschinenstunden}$$

Die fett gezeichnete Linie in Tafel 10.5 zeigt die mit der Extremwertmethode geschätzte Kostenfunktion. Sie ist die gerade Verbindungslinie zwischen den Beobachtungen mit dem höchsten beziehungsweise dem niedrigsten Wert für den Kostentreiber (Maschinenstunden). Der Wert der Konstante oder des Achsenabschnitts kann nicht als Schätzwert für die Fixkosten von Elegant Rugs bei einem Output von Null interpretiert werden. Das liegt daran, daß das Stillegen des Werks außerhalb des relevanten Bereichs liegt. Der Achsenabschnitt ist diejenige konstante Komponente der Gleichung, die innerhalb des relevanten Bereichs die beste (lineare) Annäherung an das tatsächliche Kostenverhalten liefert.

Angenommen in Woche 6 hätten die Hilfslöhne bei einer Maschinenlaufzeit von 96 Stunden 1.280 $ anstelle von 1.456 $ betragen. In diesem Fall ist der höchste beobachtete Wert für den Kostentreiber (96 Maschinenstunden in Woche 6) nicht mehr mit dem jetzt höchsten beobachteten Wert für die abhängige Variable (Hilfslöhne in Höhe von 1.316 $ in Woche 9) verbunden. Wenn man berücksichtigt, daß in einer Kostenfunktion der Kostentreiber die Ursache und die abhängige Variable die Wirkung darstellt, ist es angemessen, den höchsten und den niedrigsten beobachteten Wert des Kostentreibers zugrundezulegen. Nach der Extremwertmethode würde man bei der

Schätzung der neuen Kostenfunktion ebenfalls die Daten der Wochen 6 und 8 verwenden.

Es liegt eine offensichtliche Gefahr darin, sich nur auf zwei Beobachtungen zu verlassen. Angenommen der Arbeitsvertrag enthält Klauseln, die bestimmte Mindestzahlungen garantieren, so daß in Woche 8 bei nur 46 Maschinenstunden die Hilfslöhne 1.000 $ anstelle von 710 $ betragen. Die dünn gezeichnete Linie in Tafel 10.5 zeigt die revidierte Schätzung der Kostenfunktion nach der Extremwertmethode. Sie liegt praktisch überall oberhalb der beobachteten Daten. In diesem Fall führt die Wahl des höchsten und des niedrigsten beobachteten Wertes für die Maschinenstunden zu einer geschätzten Kostenfunktion, welche die zugrundeliegende (lineare) Kostenbeziehung zwischen den Hilfslohnkosten und der Maschinenlaufzeit nur schlecht beschreibt.

Manchmal wird die Extremwertmethode so modifiziert, daß die beiden gewählten Beobachtungen für hohe und tiefe Werte repräsentativ sind. Damit will man vermeiden, daß extreme Beobachtungen, die durch ungewöhnliche Ereignisse verursacht sind, die Kostenfunktion beeinflussen. Doch auch eine solche Modifikation ändert nichts daran, daß die Methode bei der Schätzung der Kostenfunktion auf zwei Beobachtungen beschränkt ist und alle anderen Informationen ignoriert.

Tafel 10.5
Die Abhängigkeit der wöchentlichen Hilfslöhne von den Maschinenstunden für die Firma Elegant Rugs nach der Extremwertmethode

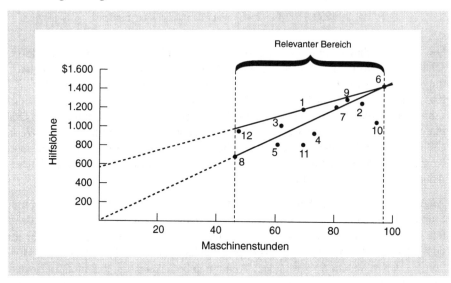

Regressionsanalyse

Im Gegensatz zur Extremwertmethode verwendet die Regressionsanalyse zur Schätzung der Kostenfunktion alle verfügbaren Daten. Die **Regressionsanalyse** ist eine statistische Methode zur Messung der *durchschnittlichen* Veränderung der abhängigen Variablen, die mit einer Veränderung von einer oder mehreren unabhängigen Variablen um eine Einheit verbunden ist. Im Beispiel der Firma Elegant Rugs ist die abhängige Variable die Summe der Fertigungshilfslöhne. Die unabhängige Variable oder der Kostentreiber ist die Anzahl der Maschinenstunden. Bei der **einfachen Regression** schätzt man den Zusammenhang zwischen der abhängigen Variablen und einer unabhängigen Variablen; bei der **multiplen Regression** wird die Beziehung zwischen der abhängigen Variablen und mehreren unabhängigen Variablen untersucht.

Für die Anwendung der Regressionsanalyse empfehlen wir die Verwendung der entsprechenden Softwareprogramme und zeigen deshalb detaillierte Berechnungen zur Ableitung der Regressionsgeraden nur im Anhang zu diesem Kapitel. Die allgemein verfügbaren Programme (zum Beispiel SPSS, SAS, Lotus und Excel) für Mainframes und PCs berechnen fast alle statistischen Größen, auf die wir uns in diesem Kapitel beziehen.

Tafel 10.6

Regressionsmodell für die wöchentlichen Fertigungshilfslöhne und die Maschinenstunden bei Elegant Rugs

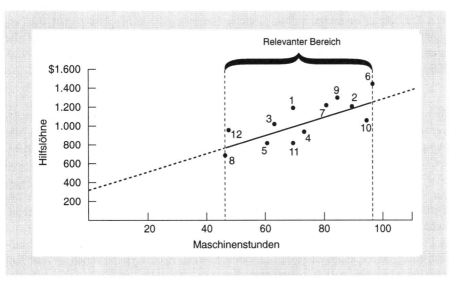

Tafel 10.6 zeigt die mit Hilfe der Regressionsanalyse entwickelte Linie, die am besten zu den Daten in den Spalten 1 und 2 der Tafel 10.3 paßt. Die geschätzte Kostenfunktion lautet

$$y = 300,98 \ \$ + 10,31 \ \$ \times X$$

Dabei steht y für die prognostizierten Hilfslöhne für beliebige Maschinenlaufzeiten (X). Die Konstante a in der Regressionsgleichung beträgt 300,98 $ und die Steigung b 10,31 $ pro Maschinenstunde.

Die Regressionsgleichung und die Regressionsgerade in Tafel 10.6 kann man mit Hilfe der Methode der kleinsten quadratischen Abweichung ableiten. Die Regressionsgerade wird so gezeichnet, daß sie die Summe der ins Quadrat genommenen vertikalen Abstände zwischen den beobachteten Punkten und der Regressionsgeraden minimiert. Die vertikalen Abstände messen die Differenz zwischen den Istkosten und den geschätzten Kosten für jede Beobachtung. Diese Differenz wird **Restgröße** oder **Residualterm** genannt. Je kleiner die Restgröße, umso besser stimmen die geschätzten Kosten mit den tatsächlich beobachteten Kosten überein. Diese sogenannte Güte der Anpassung ist ein Maß für die Stärke des Zusammenhangs zwischen dem Kostentreiber und den Kosten. Die Regressionsgerade in Tafle 10.6 steigt von links nach rechts einigermaßen steil an. Die positive Steigung dieser Geraden zeigt, daß die Fertigungshilfslöhne im Durchschnitt mit der Maschinenlaufzeit steigen.

Die gestrichelten vertikalen Linien in Tafel 10.6 grenzen den relevanten Bereich ab. Wie bereits erläutert, gilt die geschätzte Kostenfunktion nur für diejenigen Kostentreibermengen, die innerhalb des relevanten Bereichs liegen.

Der Schätzwert für die Steigung b bedeutet, daß die Kosten für Fertigungshilfslöhne im relevanten Bereich mit jeder Maschinenstunde durchschnittlich um 10,31 $ ansteigen. Das Management kann diese Gleichung benutzen, wenn es darum geht, die Fertigungshilfslöhne für zukünftige Perioden zu planen. Wenn zum Beispiel für die kommende Woche 90 Maschinenstunden geplant sind, liegen die prognostizierten Kosten für die Fertigungshilfslöhne bei

$$y = 300,98 \ \$ + (10,31 \ \$ \times 90) = 1.228,88 \ \$$$

Vergleichen wir die Regressionsgleichung mit der Schätzgleichung aus der Extremwertmethode im letzten Abschnitt. Dort betrugen die geschätzten Kosten für 90 Maschinenstunden 23,68 $ + (14,92 $ × 90) = 1.366,48 $. Angenommen Elegant Rugs hat im Lauf des nächsten Vierteljahres dreimal eine wöchentliche Maschinenlaufzeit von 90 Stunden. Gehen wir weiter davon aus, daß die Kosten für die Fertigungshilfslöhne im Durchschnitt dieser drei Wochen bei 1.300 $ liegen. Aufgrund der Prognose mit Hilfe der Extremwertmethode käme die Firma zu dem Ergebnis, daß sie gut abgeschnitten hat. Vergleicht man jedoch die Istkosten von 1.300 $ mit der Prognose von 1.228,88 $ aus dem Regressionsmodell, so kommt man zu einer ganz anderen Schlußfolgerung, und Elegant Rugs würde wahrscheinlich nach Wegen suchen, um die Kosten besser in den Griff zu bekommen.

Eine intelligente Anwendung der Regressionsanalyse setzt eine genaue Kenntnis des Betriebsablaufs und der Kostenrechnung voraus. Nehmen wir als Beispiel die Kosten für Wartung und Reparatur von Metallschneidemaschinen bei der Helix Corporation, einem Hersteller von Aktenschränken. Helix setzt Termine für Reparaturen und Wartungsarbeiten an, wenn die Produktion gerade auf einem niedrigen Niveau läuft, um zu vermeiden, daß Maschinen in Hochbetriebszeiten stillgelegt werden müssen. Eine Zeichnung und Regressionsanalyse der monatlichen Daten wird dann hohe Reparaturkosten in Monaten mit niedriger Produktion und niedrige Reparaturkosten in Monaten mit hoher Produktion anzeigen. Der technische Zusammenhang zwischen der Produktionsstückzahl und den Reparaturkosten ist jedoch normalerweise ganz klar. Über einen längeren Zeitraum hinweg besteht folgender Ursache-Wirkungs-Zusammenhang: Je höher das Produktionsniveau, desto höher sind auch die Reparaturkosten. Um zu einer korrekten Schätzung des Zusammenhangs zu kommen, wird ein vernünftiger Analyst berücksichtigen, daß die Reparaturkosten tendenziell mit einer gewissen zeitlichen Verzögerung auf Perioden mit hoher Produktion folgen, und wird den Kostentreiber Produktionsniveau als verzögerte Variable in die Schätzgleichung einbauen.

10.5 DIE AUSWERTUNG UND AUSWAHL VON KOSTENTREIBERN

Die richtige Identifikation des Kostentreibers und die richtige Unterscheidung zwischen Fixkosten und variablen Kosten sind für viele Managemententscheidungen wichtige Voraussetzungen. Angenommen das Management bei Elegant Rugs erwägt, eine neue Art von Teppich einzuführen. Man erwartet für diesen Teppich einen wöchentlichen Absatz von 650 Quadratmetern zu einem Preis von 12 $ pro Quadratmeter. Um diese Entscheidung zu treffen, braucht das Management eine Kostenschätzung. Der Schlüssel dazu ist die Identifikation der richtigen Kostentreiber und die Schätzung der Kostenfunktionen. Betrachten wir insbesondere die Kosten für die Fertigungshilfslöhne. Das Management glaubt, daß sowohl die Maschinenlaufzeit als auch die Fertigungsarbeitszeit selbst plausible Kostentreiber für die Fertigungshilfslöhne sind. Es wird geschätzt, daß 72 Maschinenstunden und 21 Fertigungsarbeitsstunden erforderlich wären, um die Teppichmenge herzustellen, die wöchentlich gebraucht würde.

Hier stellt sich nun die Frage, welche Entscheidungshilfen die verschiedenen Methoden zur Kostenschätzung für die Wahl des Kostentreibers bieten können. Industrial Engineering beruht auf der Analyse der physischen Zusammenhänge zwischen den Kosten und den Kostentreibern, die in diesem Fall schwierig zu spezifizieren sind. Bei der Konferenzmethode und der Kontenanalyse beruht die Wahl des Kostentreibers und die Schätzung der fixen und variablen Komponenten der Kostenfunktion auf subjektiven Einschätzungen. In diesen Fällen muß sich das Management auf sein gesundes Urteilsvermögen verlassen. Man kann jedoch diese Methoden nicht dazu verwenden, um alternative Kostentreiber zu testen. Der Hauptvorteil der statistischen Methoden besteht darin, daß man mit ihrer Hilfe verschiedene Kostentreiber bewerten kann. Wir illustrieren diesen Vorgang anhand der Regressionsanalyse.

Angenommen Elegant Rugs möchte herausfinden, ob die Fertigungsarbeitszeit sich als Kostentreiber für die Fertigungshilfslöhne besser eignet als die Maschinenlaufzeit. Der Kostenanalyst der Firma gibt die Daten in den Spalten 1 und 3 der Tafel 10.3 in ein Computerprogramm ein und schätzt die Kostenfunktion:

$$y = 744{,}67 \ \$ + 7{,}72 \ \$ \times X$$

Tafel 10.7 zeigt die Datenpunkte für die Fertigungshilfslöhne und die Fertigungsarbeitszeit, sowie die Regressionsgerade, die diesen Daten am besten angepaßt ist.

Tafel 10.7
Regressionsmodell für die wöchentlichen Hilfslöhne und die Fertigungsarbeitsstunden bei Elegant Rugs

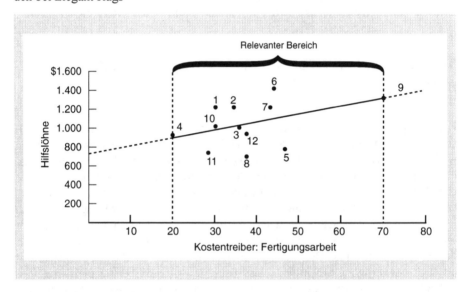

Welchen Kostentreiber sollte Elegant Rugs wählen? Wir berücksichtigen drei der wichtigsten Kriterien.

1. *Wirtschaftliche Plausibilität.* Beide Kostentreiber sind ökonomisch plausibel. In der hochautomatisierten Produktionsumgebung on Elegant Rugs, die dem neuesten Stand der Technik entspricht, haben die Kosten jedoch wahrscheinlich einen engeren Bezug zur Maschinenlaufzeit als zur Fertigungsarbeitszeit.

2. *Güte der Anpassung.* Vergleichen wir die Tafeln 10.6 und 10.7. Die vertikalen Abstände zwischen den Istkosten und den prognostizierten Kosten sind bei der Maschinenlaufzeit viel geringer als bei der Fertigungsarbeitszeit. Die Maschinenlaufzeit steht also auch in einem engeren Zusammenhang mit den Fertigungshilfslöhnen.

3. *Steigung der Regressionsgeraden.* Vergleichen wir noch einmal die Tafeln 10.6 und 10.7. Die Regressionsgerade für die Maschinenstunden steigt relativ steil an, während diejenige für die Fertigungsarbeitszeit einen relativ flachen Verlauf hat. Eine relativ flache Regressionsgerade weist auf einen schwachen oder gar nicht vorhandenen Zusammenhang zwischen den Fertigungshilfslöhnen und der Fertigungsarbeitszeit hin, denn Veränderungen der Fertigungsarbeitszeit haben im Durchschnitt minimale Auswirkungen auf die Kosten für die Fertigungshilfslöhne.

Elegant Rugs sollte die Maschinenstunden als Kostentreiber wählen und die Kostenfunktion $y = 300,98 + (10,31 \times$ Anzahl der Maschinenstunden) für die Prognose der Hilfslöhne in zukünftigen Perioden verwenden. Aufgrund dieses Modells würde die Firma Kosten in Höhe von $y = 300,98$ \$ $+ (10,31$ \$ $\times 72) = 1.043,30$ \$ vorhersagen. Hätte man die Fertigungsarbeitszeit als Kostentreiber benutzt, so wäre man fälschlicherweise auf Kosten in Höhe von 744,67 \$ $+ (7,72$ \$ $\times 21) = 906,79$ \$ gekommen. Würde Elegant Rugs die Kosten systematisch unterschätzen und auch für andere Gemeinkostenarten die falschen Kostentreiber wählen, so käme die Firma zu dem Schluß, daß die Produktionskosten für die neue Teppichsorte recht niedrig und im wesentlichen fix sind (die Regressionsgerade ist relativ flach). Es würde sich jedoch herausstellen, daß die tatsächlichen Kosten, die von den Maschinenstunden abhängen, viel höher ausfallen. Der falsche Kostentreiber würde das Management glauben machen, daß die neue Teppichsorte viel profitabler sei, als dies tatsächlich der Fall ist.

Eine falsche Schätzung der Kostenfunktion hat auch Rückwirkungen auf das Kostenmanagement und die Kostenkontrolle. Angenommen, die Fertigungsarbeitszeit würde als Kostentreiber verwendet und die tatsächlich angefallenen Hilfslöhne lägen bei 970 \$. Dann würden die Istkosten die prognostizierten Kosten (906,79 \$) übersteigen. Das Management sähe sich gezwungen, nach Wegen zur Kostensenkung zu suchen. Legt man stattdessen die Maschinenstunden als den besseren Kostentreiber zugrunde, so liegen die Istkosten des Werks unter den prognostizierten Kosten (1.043,30 \$) – eine Leistung, die das Management versuchen sollte zu wiederholen und nicht zu verändern.

10.6 NICHTLINEARITÄT UND KOSTENFUNKTIONEN

In der Praxis sind Kostenfunktionen nicht immer linear. Eine nichtlineare Kostenfunktion zeichnet sich dadurch aus, daß der Graph der Gesamtkosten als Funktion eines einzigen Kostentreibers innerhalb des relevanten Bereichs keine gerade Linie bildet. In Tafel 10.2 ist eine Kostenfunktion, die im relevanten Bereich zwischen 0 und 80.000 produzierten Ventilen nichtlinear verläuft, graphisch dargestellt. Betrachten wir ein anderes Beispiel. Bei der Werbung können steigende Skalenerträge dazu führen, daß in einer Werbeagentur, welche die Anzahl der Inserate verdoppelt, weniger als die doppelten Kosten anfallen. Selbst die Materialeinzelkosten variieren nicht im-

mer linear mit dem Output, etwa wenn beim Einkauf von Fertigungsmaterial Mengenrabatte genutzt werden können. Wie man in Tafel 10.8 sieht, steigen zwar die
Gesamtkosten für das Fertigungsmaterial, aber sie steigen wegen der Mengenrabatte
nicht so schnell wie die Kostentreibermenge. Bei der Kostenfunktion in Tafel 10.8 ist
$b = 25$ \$ für Einkäufe im Bereich 1-1.000 Mengeneinheiten, $b = 15$ \$ für Einkäufe im
Bereich 1.001-2.000 Mengeneinheiten und $b = 10$ \$ für Einkäufe, die 2.000 Mengen-
einheiten überschreiten (für alle drei Bereiche gilt $a = 0$ \$). Bei jeder Preisschwelle
sinken die Stückkosten; sie sind also um so niedriger, je höher die Bestellmenge ist.

Tafel 10.8
Auswirkungen von Mengenrabatten auf die Steigung der
Materialkostenfunktion

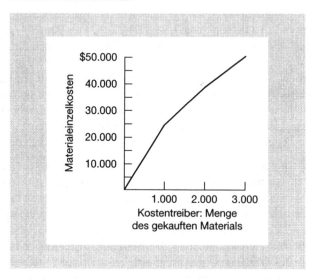

Stufenförmige Kostenfunktionen sind ebenfalls ein Beispiel für nichtlineare Kostenfunktionen. Eine **stufenvariable Kostenfunktion** zeichnet sich dadurch aus, daß die
Kosten innerhalb verschiedener Bereiche von Kostentreibermengen konstant sind,
daß sie aber beim Übergang von einem Bereich zum nächsten in diskreten Schritten
(also stufenförmig) ansteigen. Die Abbildung in Tafel 10.9 zeigt eine solche *stufenvariable Kostenfunktion*, bei der die Kosten jeweils in einem engen Geltungsbereich
konstant sind. Dabei geht es um den Zusammenhang zwischen den Maschinenrüstko-
sten und der Produktionsstückzahl. Es ergibt sich ein stufenförmiges Kostenmuster,
weil Rüstkosten nur auftreten, wenn ein neues Fertigungslos begonnen wird. Dieses
stufenförmige Muster des Kostenverhaltens ist auch dann zu beobachten, wenn Inputs
wie Arbeitsvorbereitung, Produktdesignarbeiten und verfahrenstechnische Arbeiten
in diskreten Mengen eingekauft, aber in kleinen Teilmengen verwendet werden. Wie
in Tafel 10.9 gezeigt, werden stufenvariable Kostenfunktionen oft durch (linear-)va-
riable Kostenfunktionen angenähert.

PROZEßKOSTENRECHNUNG UND KOSTENSCHÄTZUNG

Bei der Kostenschätzung im Rahmen der Prozeßkostenrechnung (PKR) fließen die verschiedenen Methoden, die wir in diesem Kapitel vorgestellt haben, ineinander. Bei der PKR nutzt man durch ausführliche Interviews das Wissen der Manager von den Betriebsabläufen (sowie die Buchführungsunterlagen der Firma), um die Hauptprozesse zu identifizieren und die Kostentreiber und Kosten für jeden Prozeß auf den Ebenen der Produkteinheiten, der Fertigungspartien und der Produktpflege zu benennen. Bei der Bestimmung der Prozeßkosten verlassen sich PKR-Systeme oft auf Expertenanalysen und auf Meinungsäußerungen des Betriebspersonals (Konferenzmethode). So werden zum Beispiel bei der Co-operative Bank in Großbritannien die Kosten der Kreditbearbeitung und der dazugehörige Kostentreiber (die Anzahl der bearbeiteten Kredite, ein Kostentreiber, der eher auf der Ebene der Fertigungspartien und nicht auf der Ebene der Produkteinheiten angesiedelt ist, wie etwa der Wert der Kredite) von den Angestellten der Kreditabteilung subjektiv eingeschätzt. Manchmal verwendet man in der PKR Input-Output-Beziehungen (Industrial Engineering), um die Kostentreiber und die Kosten eines Prozesses zu identifizieren. Die Firma John Deere and Company zum Beispiel benutzt Arbeitsmessungsmethoden, um einen Kostentreiber auf der Ebene der Fertigungspartien (die Anzahl der bewegten Standardlasten) und die Kosten pro bewegter Standardlast in ihrem Komponentenwerk zu bestimmen.

In komplexen Produktionsumgebungen braucht man mehrere Kostentreiber, um die Produktkosten korrekt zu bestimmen. Nehmen wir zum Beispiel Caterpillar Inc., einen Hersteller von schweren Baumaschinen, und seine Vorgehensweise bei der Identifikation des Kostentreibers für die Kosten der Annahme von Lieferungen im Rahmen seiner PKR. Drei plausible Kostentreiber waren das Gewicht der gelieferten Teile, die Anzahl der gelieferten Teile und die Anzahl der Lieferungen. Gewicht und Anzahl der Teile sind Kostentreiber auf der Ebene der Outputeinheiten, während die Anzahl der Lieferungen auf der Ebene der Fertigungspartien liegt. Caterpillar benutzt das Gewicht der gelieferten Teile als Basis für die Kostenverteilung, denn eine Regressionsanalyse hat gezeigt, daß diese Größe der primäre Kostentreiber für die Kosten der Annahme von Materiallieferungen ist. Daneben verwendet Caterpillar noch eine Anzahl anderer Kostentreiber für die Verteilung von Kosten auf die Produkte

Quellen: Co-operative Bank, Harvard Business School Case No. N9-195-196, John Deere Component Works (A), Harvard Business School Case 9-187-107, sowie Gespräche mit den Firmenmanagern.

Konzepte und ihre Umsetzung

Tafel 10.9

Stufenvariable Kostenfunktion

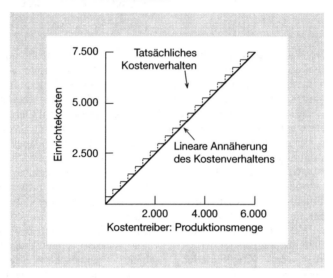

Tafel 10.10

Sprungfixe Kostenfunktion

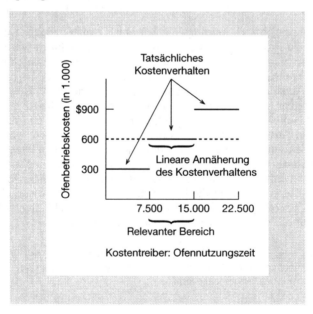

Die Abbildung in Tafel 10.10 zeigt eine *sprungfixe Kostenfunktion* für Crofton Steel, eine Firma, die große Wärmebehandlungsöfen zur Härtung von Stahlteilen betreibt. Der Hauptunterschied im Vergleich zu Tafel 10.9 besteht darin, daß bei einer sprungfixen Kostenfunktion die Kosten über große Abschnitte des relevanten Bereichs konstant sind. Die Abschnitte haben mit der Anzahl der eingesetzten Öfen zu tun (für jeden Ofen fallen Kosten von 300.000 $ an). Die Kostensprünge von einem Bereich zum nächsten kommen dadurch zustande, daß die benötigte Ofennutzungszeit den Einsatz eines weiteren Ofens erforderlich macht. Man sieht, daß beim Einsatz von zwei Öfen Betriebskosten von 600.000 $ erwartet werden. Das Management betrachtet die Betriebskosten für die Öfen innerhalb des jeweiligen relevanten Bereichs als Fixkosten.

10.7 LERNKURVEN UND NICHTLINEARE KOSTENFUNKTIONEN

Lernkurven führen ebenfalls zu nichtlinearen Kostenfunktionen. Eine **Lernkurve** (*learning curve*) ist eine Funktion, die zeigt, wie die Arbeitsstunden pro Outputeinheit mit zunehmender Outputmenge abnehmen, weil die Arbeitskräfte durch Übung dazulernen und ihre Aufgaben effizienter ausführen. Manager verwenden Lernkurven, um zu prognostizieren, wie sich mit zunehmendem Output die Arbeitszeit (und damit auch die Arbeitskosten) verändern.

Die Flugzeugmontageindustrie hat als erste die Auswirkungen solcher Übungsgewinne dokumentiert. Wenn die Arbeitskräfte mit ihren Aufgaben vertrauter werden, steigt ihre Effizienz. Die Manager lernen, wie man die Vorbereitung der Arbeitsschichten verbessern kann. Das Bedienungspersonal lernt, wie die Produktionsanlage am besten betrieben wird. Mit steigender Produktivität sinken die Stückkosten; das bedeutet, daß die Stückkostenfunktion nichtlinear verläuft.

Heute erweitert man das Lernkurvenkonzept, um andere Kostenbereiche in der Wertschöpfungskette wie etwa das Marketing, den Vertrieb oder den Kundendienst mit einzubeziehen. Der Ausdruck *Erfahrungskurve* beschreibt diese breitere Anwendung des Konzepts der Lernkurve. Eine **Erfahrungskurve** (*experience curve*) ist eine Funktion, die zeigt, wie die gesamten Produktionsstückkosten (einschließlich der Herstellkosten, der Marketingkosten, der Vertriebskosten und so weiter) mit steigendem Fertigungsvolumen zurückgehen.

Im folgenden beschreiben wir zwei Lernmodelle: Das Durchschnittsarbeitszeit-Lernmodell und das Grenzarbeitszeit-Lernmodell.[44]

Tafel 10.11

Graphische Darstellung des Durchschnittsarbeitszeit-Lernmodells

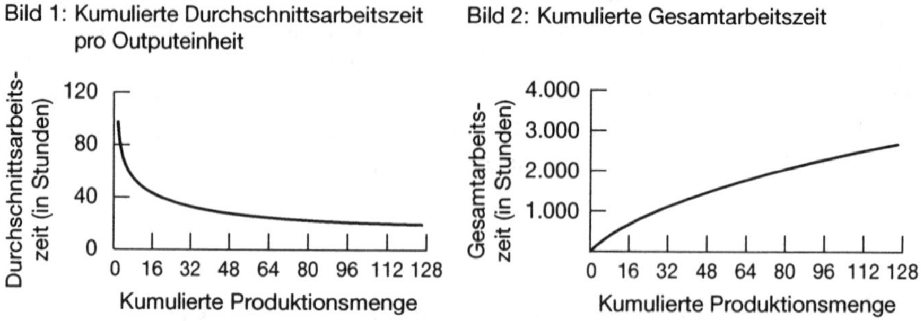

Bild 1: Kumulierte Durchschnittsarbeitszeit   Bild 2: Kumulierte Gesamtarbeitszeit
        pro Outputeinheit

Durchschnittsarbeitszeit-Lernmodell

Im **Durchschnittsarbeitszeit-Lernmodell** (*cumulative average-time learning model*) nimmt bei jeder Verdoppelung der kumulierten Outputmenge die kumulierte Durchschnittsarbeitszeit pro Produkteinheit um einen konstanten Prozentsatz ab. Tafel 10.11 zeigt eine 80prozentige Lernkurve dieses Typs. Die 80 Prozent bedeuten, daß bei einer Verdoppelung des Fertigungsvolumens von X auf $2X$ die kumulierte durchschnittliche Arbeitszeit auf 80 % ihres vorherigen Werts sinkt. Mit anderen Worten: Die durchschnittliche Arbeitszeit pro Mengeneinheit geht um 20 % zurück, wenn der Output von X auf $2X$ steigt. Bild 1 in Tafel 10.11 zeigt die kumulierte durchschnittliche Arbeitszeit *pro Mengeneinheit* als Funktion der produzierten Menge. Bild 2 zeigt die kumulierte Gesamtarbeitszeit in Abhängigkeit von der produzierten Menge. Die der Tafel 10.11 zugrundeliegenden Daten und die Einzelheiten ihrer Berechnung sind in Tafel 10.12 enthalten. Um die kumulierte Gesamtarbeitszeit zu bestimmen, multipliziert man die kumulierte Durchschnittszeit pro Mengeneinheit mit der kumulierten Anzahl der produzierten Mengeneinheiten. So benötigt man zum Beispiel für die Produktion von 4 kumulierten Mengeneinheiten 256,00 Arbeitsstunden (4 × 64).

---

[44]Für eine eingehendere Diskussion siehe J. Chen und R. Manes, "Distinguishing the Two Forms of the Constant Percentage Learning Curve Model," *Contemporary Accounting Research* (Frühjahr 1985), S. 242-252. Siehe auch Northern Aerospace Manufacturing case study in A. A. Atkinson, *Cost Estimation in Management Accounting – Six Case Studies* (Hamilton, Ontario: Society of Management Accountants of Canada, 1987).

Tafel 10.12
Durchschnittsarbeitszeit-Lernmodell

kumulierte Anzahl von Mengeneinheiten (1)	kumulierte Durchschnittszeit pro Einheit in Stunden (2)	kumulierte Gesamtarbeitszeit in Stunden (3) = (1) × (2)	Individuelle Arbeitszeit für die X-te Einheit in Stunden (4)
1	100,00	100,00	100,00
2	80,00 (100 × 0,8)	160,00	60,00
3	70,21	210,63	50,63
4	64,00 (80 × 0,8)	256,00	45,37
5	59,57	297,85	41,85
6	56,17	337,02	39,17
7	53,45	374,15	37,13
8	51,20 (64 × 0,8)	409,60	35,45
▣	▣	▣	▣
▣	▣	▣	▣
▣	▣	▣	▣
16	40,96 (51,2 × 0,8)	655,36	28,06

BEACHTE: Hinter dem Durschnittsarbeitszeit-Lernmodell steht die mathematische Beziehung

$$y = pX^q$$

wobei y = kumulierte durchschnittliche Arbeitszeit pro Mengeneinheit (in Stunden)
X = kumulierte Anzahl von Outputeinheiten
p = Erforderliche Arbeitszeit für die Produktion der ersten Einheit (in Stunden)
q = Lernrate

Der Wert von q wird berechnet nach der Formel

$$q = \frac{\ln (\text{Lernrate in \%})}{\ln 2}$$

Für eine 80prozentige Lernkurve erhält man

$$q = \frac{-0,2231}{0,6931} = -0,3219$$

Wenn zum Beispiel $X = 3$, $p = 100$ und $q = -0,3219$, dann gilt $y = 100 \times 3^{-0,3219} = 70,21$ Arbeitsstunden. Die kumulierte Gesamtarbeitszeit für $X = 3$ ist 70,21 × 3 = 210,63 Arbeitsstunden. Die individuellen Arbeitszeiten in Spalte 4 werden mit Hilfe der Daten in Spalte 3 berechnet. So erhält man zum Beispiel die individuelle Arbeitszeit für die dritte Einheit mit 210,63 - 160,00 = 50,63 Arbeitsstunden.

Grenzarbeitszeit-Lernmodell

Beim **Grenzarbeitszeit-Lernmodell** (*incremental unit-time learning model*) nimmt bei jeder Verdoppelung des kumulierten Fertigungsvolumens die Grenzarbeitszeit, also diejenige Arbeitszeit, die benötigt wird, um die letzte Einheit herzustellen, um einen bestimmten Prozentsatz ab. Tafel 10.13 illustriert das Grenzarbeitszeit-Lernmo-

dell für eine 80prozentige Lernkurve. 80 Prozent bedeutet hier, daß bei einer
Verdoppelung der Produktionsmenge von X auf $2X$ für die *letzte Einheit* der Menge
$2X$ nur 80 % der für die *letzte Einheit* der Menge X aufgewendeten Arbeitszeit erforderlich sind. Bild 1 der Tafel 10.13 zeigt die kumulierte Durchschnittszeit pro Einheit
als Funktion des kumulierten Fertigungsvolumens. Bild 2 der Tafel 10.13 stellt die kumulierte Gesamtarbeitszeit in Abhängigkeit vom Fertigungsvolumen dar. Die Daten,
die der Tafel 10.13 zugrundeliegen und die Einzelheiten ihrer Berechnung werden in
Tafel 10.14 dargestellt. Man erhält die kumulierte Gesamtarbeitszeit durch Aufaddieren der individuellen Arbeitszeiten pro Einheit. So benötigt man zum Beispiel für die
Produktion von vier Einheiten 314,21 Arbeitsstunden (100,00 + 80,00 + 70,21 +
64,00).

Tafel 10.13
Graphische Darstellung des Grenzarbeitszeit-Lernmodells

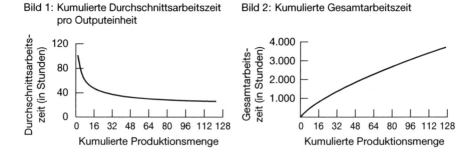

Bild 1: Kumulierte Durchschnittsarbeitszeit
pro Outputeinheit

Bild 2: Kumulierte Gesamtarbeitszeit

Bei gleicher Lernrate prognostiziert das Grenzarbeitszeit-Lernmodell eine höhere kumulierte Gesamtarbeitszeit für zwei oder mehr Einheiten als das Durchschnittsarbeitszeit-Lernmodell (man vergleiche die Ergebnisse in Tafel 10.12 mit denen in Tafel
10.14). Um zum Beispiel vier kumulierte Einheiten herzustellen, braucht man nach
dem Grenzarbeitszeit-Lernkurve 314,21 Arbeitsstunden und nach dem Durchschnittsarbeitszeit-Lernmodell 256,00 Arbeitsstunden bei einer Lernrate von 80 % in beiden
Modellen.

Bevorzugen sollte man dasjenige Modell, das die Entwicklung der Fertigungsarbeitszeit bei wachsendem Fertigungsvolumen genauer vorhersagt. Diese Wahl kann nur
von Fall zu Fall getroffen werden. Techniker, Werksmanager und Produktionsarbeiter
sind gute Informationsquellen, wenn es darum geht, welcher Art und wie groß die tatsächlichen Übungsgewinne sind. Die Aufzeichnung dieser Information ist bei der
Wahl des geeigneten Modells eine gute Hilfe. Die Aufgabe zum Selbststudium am

Ende dieses Kapitels illustriert die Anwendung der beiden alternativen Lernmodelle bei der Zuschlagskalkulation.

Tafel 10.14
Grenzarbeitszeit-Lernmodell

Kumulierte Mengenein- heiten (1)	Individuelle Arbeits- zeit für die X-te Ein- heit in Stunden (2)	Kumulierte Gesamtarbeitszeit in Stunden (3)	Kumulierte Durch- schnittsarbeitszeit in Stunden (4) = (3) : (1)
1	100,00	100,00	100,00
2	80,00 (100 × 0,8)	180,00	90,00
3	70,21	250,21	83,40
4	64,00 (80 × 0,8)	314,21	78,55
5	59,57	373,78	74,76
6	56,17	429,95	71,66
7	53,45	483,40	69,06
8	51,20 (64 × 0,8)	534,60	66,82
▦	▦	▦	▦
▦	▦	▦	▦
▦	▦	▦	▦
16	40,96 (51,2 × 0,8)	892,00	55,75

BEACHTE: Hinter dem Grenzarbeitszeit-Lernmodell steht die mathematische Beziehung

$$m = pX^q$$

wobei m = Arbeitszeit für die Produktion der letzten Einheit (in Stunden)

X = Kumulierte Anzahl von Outputeinheiten

p = Erforderliche Arbeitszeit für die Produktion der ersten Einheit (in Stunden)

q = Lernrate

Der Wert von q wird berechnet nach der Formel

$$q = \frac{\ln (\text{Lernrate in \%})}{\ln 2}$$

Für eine 80prozentige Lernkurve erhält man

$$q = \frac{-0,2231}{0,6931} = -0,3219$$

Wenn zum Beispiel $X = 3$, $p = 100$ und $q = -0,3219$, dann gilt $m = 100 \times 3^{-0,3219} = 70,21$ Arbeitsstunden. Die kumulierte Gesamtarbeitszeit für $X = 3$ ist $100 + 80 + 70,21 = 250,21$ Arbeitsstunden.

Die Festlegung von Preisen, Budgets, und Standards

Kostenprognosen sollten Lerneffekt berücksichtigen. Nehmen wir zum Beispiel die Daten für das Durchschnittsarbeitszeit-Lernmodell in Tafel 10.12. Angenommen die variablen Kosten, bei denen Lerneffekte sichtbar werden, bestehen aus der Fertigungsarbeit (20 $ pro Stunde) und dem Overheadaufwand (30 $ pro Fertigungsarbeitsstunde). Die entsprechende Kostenprognose ist in Tafel 10.15 zu sehen.

Tafel 10.15

Kostenprognose mit Hilfe von Lernkurven

Kumulierte Zahl der hergestellten Produkteinheiten	Kumulierte Gesamtarbeitszeit (in Stunden)*	Kumulierte Kosten	Anstieg der kumulierten Kosten
1	100,00	5.000 $ (100,00 × 50 $)	5.000 $
2	160,00	8.000 $ (160,00 × 50 $)	3.000 $
4	256,00	12.800 $ (256,00 × 50 $)	4.800 $
8	409,60	20.480 $ (409,60 × 50 $)	7.680 $
16	655,36	32.768 $ (655,36 × 50 $)	12.288 $

* Basiert auf dem Durchschnittsarbeitszeit-Lernmodell. Zur Berechnung dieser Beträge siehe Tafel 10.12.

Diese Daten zeigen, daß Lerneffekte großen Einfluß auf Managemententscheidungen haben könnten. so könnte zum Beispiel eine Firma für ihr Produkt einen extrem niedrigen Verkaufspreis festlegen, um eine hohe Nachfrage zu erzeugen. Wenn die Produktion der Firma zunimmt, um diese wachsende Nachfrage zu befriedigen, fallen die Stückkosten. Die Firma erobert einen höheren Marktanteil und fährt dabei das Produkt entlang der Lernkurve in einen Bereich niedrigerer Stückkosten. Zwar hat die Firma mit der ersten verkauften Einheit nur wenig verdient oder sogar einen Verlust gemacht, aber mit zunehmender Outputmenge steigt auch der Stückgewinn.

Alternativ könnte die Firma aufgrund von rechtlichen oder anderen Erwägungen auch nur für die letzten acht Einheiten einen niedrigen Preis setzen. Schließlich betragen die Fertigungslöhne und die dazugehörigen Fertigungsgemeinkosten pro Stück nach der Prognose nur 12.288 $ für diese letzten acht Einheiten (32.768 $ - 20.480 $). Die Stückkosten von 1.536 $ für diese acht Einheiten (12.288 $: 8) sind viel niedriger als diejenigen für die erste produzierte Einheit (5.000 $).

Viele Firmen beziehen Lerneffekte bei der Leistungsbewertung mit ein. Die Nissan Motor Company zum Beispiel berücksichtigt bei der Festlegung von Effizienzstandards für die Montage neuer Automodelle die Übungsgewinne, die entstehen, wenn mehr Einheiten produziert werden.

Die Lernmodelle, die wir in den Tafeln 10.11 bis 10.14 untersucht haben, beruhen auf der Annahmen, daß Lerneffekte von einer einzigen Variablen abhängig sind (Outputmenge). Firmen wie Analog Devices und Yokogowa Hewlett-Packard haben andere Lernmodelle entwickelt, bei denen Qualitätsänderungen im Zeitablauf (statt Veränderungen der Fertigungsarbeitszeit mit zunehmendem Fertigungsvolumen) im Mittelpunkt stehen. Solche neueren Studien legen den Schluß nahe, daß andere Faktoren als die Outputmenge – zum Beispiel die Jobrotation und die Organisation der Arbeitskräfte in Teams – Lerneffekte erzeugen, durch die sich die Qualität verbessert.

10.8 PROBLEME BEI DER SAMMLUNG UND AUFBEREITUNG DER DATEN

Die ideale Datenbasis für die quantitative Schätzung von Kostenfunktionen hat zwei Eigenschaften:

1. Sie enthält eine Vielzahl von zuverlässig gemessenen Beobachtungen der Kostentreibermenge und der abhängigen Variablen. Fehler bei der Messung der Kosten und des (der) Kostentreiber(s) sind besonders schwerwiegend. Sie führen dazu, daß die Wirkung der Kostentreibermenge(n) auf die Kosten falsch geschätzt werden.

2. Sie berücksichtigt viele Werte für den Kostentreiber über einen breiten Wertebereich. Verwendet man nur wenige, nahe beieinanderliegende Werten, so hat man ein zu kleines Segment des relevanten Bereichs erfaßt, wodurch sich die Zuverlässigkeit der Schätzergebnisse verringert.

Leider können die Kostenanalysten normalerweise nicht auf eine Datenbasis mit diesen beiden Eigenschaften zurückgreifen. In diesem Abschnitt zeigen wir einige häufige Datenprobleme auf sowie die Schritte, mit deren Hilfe der Analyst diese Probleme überwinden kann.

1. Die Meßperiode für die abhängige Variable (zum Beispiel Fertigungslöhne) stimmt mit derjenigen für den (die) Kostentreiber nicht richtig überein. Dieses Problem taucht oft auf, wenn Aufwand und Ertrag nicht periodengerecht verbucht werden. Nehmen wir als Beispiel eine Kostenfunktion mit den Kosten für Maschinenschmiermittel als abhängige Variable und den Maschinenstunden als Kostentreiber. Angenommen das Schmiermittel wird sporadisch gekauft und für den späteren Gebrauch aufbewahrt. Eine Einnahmen-Ausgaben-Rechnung ohne Periodenabgrenzung wird für viele Monate keinen, für einige wenige aber einen beträchtlichen Schmiermittelverbrauch ausweisen. Das ist offensichtlich ein falsches Bild von den tatsächlichen Vorgängen. Der Analyst sollte den Verbrauch von Maschinenschmiermitteln periodengerecht abgrenzen, damit Kosten und Kostentreiber besser zusammenpassen.

2. Fixkosten werden zugerechnet, als ob sie variabel wären. Man kann Kosten wie zum Beispiel Abschreibungen, Versicherungsbeiträge oder Mieten den Produkten zurechnen, um die Stückkosten zu ermitteln. *Das birgt die Gefahr, daß diese Kosten nicht als Fixkosten sondern als variable Kosten betrachtet werden.* Um dieses Problem zu vermeiden, sollte der Analyst sorgfältig zwischen fixen und variablen Kosten unterscheiden und die zugerechneten Fixkosten pro Stück nicht als variable Kosten behandeln.

3. Entweder sind nicht für alle Beobachtungen Daten verfügbar oder sie sind nicht gleich zuverlässig. Oft fehlen Kostendaten, weil Kosten nicht verbucht oder nicht richtig zugeordnet worden sind. Daten über Kostentreibermengen stammen oft nicht aus dem abteilungsinternen Rechnungswesen. So erhält die Rechnungswesenabteilung möglicherweise Daten über Testzeiten für medizinische Instrumente aus der Produktionsabteilung der Firma und Daten über die Anzahl der an die Kunden ausgelieferten Artikel aus der Vertriebsabteilung. Die Verläßlichkeit solcher Daten ist von Organisation zu Organisation sehr verschieden. In manchen Firmen werden die Daten noch immer manuell und nicht elektronisch erfaßt. Bei der manuellen Erfassung ist in der Regel der Prozentsatz an fehlenden oder fehlerhaft erfaßten Beobachtungen höher. Um dieses Problem zu minimieren, sollte der Kostenanalyst Datensammlungsbögen entwerfen, wo die erforderlichen Daten regelmäßig und routinemäßig einzutragen sind, und sollte sofort nachfassen, wenn Daten fehlen.

4. Extreme Beobachtungswerte entstehen durch Irrtümer bei der Kostenerfassung (zum Beispiel ein verschobener Dezimalpunkt), durch nichtrepräsentative Zeitperioden (wenn zum Beispiel in einer Periode ein größerer Maschinenschaden aufgetreten ist oder wenn eine ausländische Zulieferfirma Material zu spät geliefert hat und dadurch Produktionsengpässe entstanden sind), oder weil sie außerhalb des relevanten Bereichs liegen. Analysten sollten ungewöhnliche Beobachtungen anpassen oder aussortieren, bevor sie eine Kostenfunktion schätzen; andernfalls käme ein falsches Schätzergebnis heraus.

5. Es gibt keine homogene Beziehung zwischen den einzelnen Kostenarten in dem Kostenpool, der die abhängige Variable darstellt, und dem Kostentreiber. Eine homogene Beziehung existiert, wenn jede Aktivität, deren Kosten in der abhängigen Variablen enthalten sind, denselben Kostentreiber hat. Nehmen wir als Beispiel die Overheadkosten der Materialbeschaffung. Dieses Gemeinkostenkonto kann eine heterogene Menge von Prozessen beinhalten (zum Beispiel Verhandlungen mit neuen Zulieferern, Materialbestellung, Prüfung der Lieferungen und innerbetrieblicher Materialtransport). Wenn jeder Prozeß denselben Kostentreiber hat, legt das Prinzip der homogenen Beziehung den Schluß nahe, daß für den gesamten Kostenpool eine einzige Kostenfunktion geschätzt werden kann. Haben die Prozesse unterschiedliche Kostentreiber, so würde man für jeden Prozeß eine eigene Kostenfunktion mit dem jeweiligen Kostentreiber schätzen.

6. Die Beziehung zwischen Kosten und Kostentreiber ist nicht stabil; das heißt, der den Beobachtungen zugrundeliegende Prozeß hat sich im Zeitablauf verändert. So wird wahrscheinlich die Beziehung zwischen den Fertigungsgemeinkosten und der Maschinenlaufzeit nicht stabil sein, wenn die Daten aus einer Periode stammen, in deren Verlauf eine neue Technologie eingeführt worden ist. Eine Möglichkeit, die Stabilität in diesem Fall zu testen, besteht darin, die Stichprobe in zwei Teile zu teilen und für die Zeit vor bzw. nach der technischen Veränderung getrennte Kostenfunktionen zu schätzen. Wenn dann die geschätzten Koeffizienten für beide Perioden ähnlich sind, kann der Analyst die Daten wieder zusammenführen und eine einzige Kostenfunktion schätzen. Wenn für die Schätzung größere Datenmengen zur Verfügung stehen, steigt die Zuverlässigkeit der Kostenprognosen, die daraus abgeleitet werden.

7. Die abhängige Variable, der Kostentreiber oder beide sind von Inflation betroffen. So kann zum Beispiel Inflation dazu führen, daß sich die Kosten ändern, obwohl die Werte für den Kostentreiber unverändert geblieben sind. Um die zugrundeliegende Ursache- und Wirkungsbeziehung zwischen Kostentreiber und Kosten zu untersuchen, sollte der Analyst rein inflationäre Preiseffekte aus den Daten herausrechnen.

In vielen Fällen muß der Kostenanalyst viel Mühe investieren, um die Auswirkungen dieser Probleme zu reduzieren, bevor er auf der Basis von Daten der Vergangenheit eine Kostenfunktion schätzen kann.

AUFGABE

Die Hubschrauberabteilung von Aerospatiale untersucht die Montagekosten für Hubschrauber in ihrem Werk in Marseilles. Sie hat einen ersten Auftrag über acht ihrer neuen Landüberwachungs-Helikopter erhalten. Aerospatiale kann zwischen zwei Methoden für die Montage der Hubschrauber wählen:

	Arbeitsintensive Montagemethode	Maschinenintensive Montagemethode
Materialeinzelkosten pro Hubschrauber	40.000 $	36.000 $
Fertigungsarbeitszeit für den ersten Hubschrauber	2.000 Arbeitsstunden	800 Arbeitsstunden
Lernkurve für die Fertigungsarbeitszeit pro Hubschrauber	85 % kumulierte Durchschnittszeit[a]	90 % Grenzarbeitszeit[b]
Fertigungslöhne	30 $ pro Stunde	30 $ pro Stunde
Maschinenbezogene Fertigungsgemeinkosten	12 $ pro Fertigungsarbeitsstunde	45 $ pro Fertigungsarbeitsstunde
Materialgemeinkosten	50 % der Materialeinzelkosten	50 % der Material-einzelkosten

a. Eine 85prozentige Lernkurve wird mathematisch mit $q = -0{,}2345$ wiedergegeben.
b. Eine 90prozentige Lernkurve wird mathematisch mit $q = -0{,}1520$ wiedergegeben.

1. Wieviele Fertigungsarbeitsstunden werden benötigt, um die ersten acht Hubschrauber zu montieren (a) bei der arbeitsintensiven Methode und (b) bei der maschinenintensiven Methode?

2. Wie hoch sind die Kosten für die Montage der ersten acht Hubschrauber (a) bei der arbeitsintensiven Methode und (b) bei der maschinenintensiven Methode?

LÖSUNG

1a. Arbeitsintensive Montagemethode (Durchschnittsarbeitszeit-Lern-modell mit einer Lernrate von 85 %).

Kumulierte Output- einheiten (1)	Kumulierte Durch-schnittsarbeits-zeit (y) in Stunden (2)	Kumulierte Gesamtarbeits-zeit in Stunden (3) = (1) × (2)	Arbeitszeit für die X-te Einheit in Stunden (4)
1	2.000	2.000	2.000
2	1.700 (2.000 × 0,85)	3.400	1.400
3	1.546	4.638	1.238
4	1.445 (1.700 × 0,85)	5.780	1.142
5	1.371	6.855	1.075
6	1.314	7.884	1.029
7	1.267	8.869	985
8	1.228,25 (1.445 × 0,85)	9.826	957

Die kumulierte Durchschnittszeit pro Einheit für die X-te Einheit in Spalte 2 wird berechnet als $y = pX^q$; siehe Tafel 10.12 (page 335). Für X = 3 ergibt sich zum Beispiel y = 2.000 × $3^{-0,2345}$ = 1.546 Arbeitsstunden.

1b. Maschinenintensive Montagemethode (Grenzarbeitszeit-Lernmodell mit einer Lernrate von 90 %).

Kumulierte Output-ein-heiten (1)	Arbeitszeit für die X-te Einheit (m) in Stunden (2)	Kumulierte Gesamtarbeits-zeit in Stunden (3)	Kumulierte Durch-schnittsarbeitszeit in Stunden (4) = (3) : (1)
1	800	800	800
2	720 (800 × 0,9)	1.520	760
3	677	2.197	732
4	648 (720 × 0,9)	2.845	711
5	626	3.471	694
6	609	4.080	680
7	595	4.675	668
8	583 (648 × 0,9)	5.258	657

Aufgabe zum Selbststudium

LÖSUNG (FORTSETZUNG)

Die individuelle Arbeitszeit für die X-te Einheit in Spalte 2 wird berechnet als $m = pX^q$; siehe Tafel 10.14 (S. 353). Zum Beispiel für X = 3, m = 800 × $3^{-0,1520}$ = 677 Arbeitsstunden.

2. Die Kosten für die Montage der ersten acht Hubschrauber betragen

	Arbeitsinten-sive Methode	Maschineninten-sive Methode
Fertigungsmaterial: 8 × 40.000 $; 8 × 36.000 $	320.000 $	288.000 $
Fertigungslöhne: 9.826 × 30 $; 5.258 × 30 $	294.780 $	157.740 $
Herstellgemeinkosten		
maschinenbezogene Fertigungsge-meinkosten: 9.826 × 12 $; 5.258 × 45 $	117.912 $	236.610 $
Materialgemeinkosten: 0,50 × 320.000 $; 0,50 × 288.000 $	160.000 $	144.000 $
Summe Montagekosten	892.692 $	826.350 $

Bei der maschinenintensiven Methode sind die Montagekosten um 66.342 $ niedriger als bei der arbeitsintensiven Methode (892.692 $ - 826.350 $).

ANHANG: REGRESSIONSANALYSE

In diesem Anhang werden Formeln für die Schätzung der Regressionsgleichung und für verschiedene häufig gebrauchte statistische Maßzahlen erläutert. Wir verwenden die Daten für Elegant Rugs, die in Tafel 10.3 dargestellt sind. Weiter werden die Güte der Anpassung und die Signifikanz der unabhängigen Variablen behandelt, sowie die Spezifikation von Schätzannahmen für die Regressionsanalyse.

Die Schätzung der Regressionsgeraden

Die Methode der kleinsten quadratischen Abweichung minimiert die Summe der ins Quadrat genommenen vertikalen Abstände zwischen den Datenpunkten und der geschätzten Regressionsgeraden.

Ziel ist es, die Werte für a und b in der Schätzgleichung $y = a + bX$ zu finden, wobei y für den prognostizierten Kostenwert steht im Unterschied zum beobachteten Kostenwert, den wir mit Y bezeichnen. Wir wollen diejenigen numerischen Werte für a und b finden, die den Ausdruck $\Sigma (Y - y)^2$ minimieren. Diese Berechnung wird mit Hilfe von zwei Gleichungen durchgeführt, die man üblicherweise als Normalgleichungen bezeichnet.

$$\Sigma Y = na + b(\Sigma X)$$
$$\Sigma XY = a(\Sigma X) + b(\Sigma X^2)$$

wobei n für die Zahl der Beobachtungen steht; ΣX bzw. ΣY sind die Summen der gegebenen X- bzw. Y-Werte; ΣX^2 ist die Summe der quadrierten X-Werte; und ΣXY ist die Summe derjenigen Beträge, die man erhält, wenn man jeden der gegebenen X-Werte mit dem dazugehörigen beobachteten Y-Wert multipliziert.

Tafel 10.16 zeigt die Berechnungen, die erforderlich sind, um diejenige Gerade zu finden, die den Daten für die Fertigungshilfslöhne und die Maschinenstunden bei Elegant Rugs am besten angepaßt ist. Durch simultanes Einsetzen in die beiden Normalgleichungen erhält man

$$12.501 = 12a + 862b$$
$$\text{und} \quad 928.716 = 862a + 64.900b$$

Die Lösung, $a = 300,98$ \$ und $b = 10,31$ \$, erhält man durch direktes Einsetzen, wenn man die Normalgleichungen symbolisch folgendermaßen neu schreibt:

$$a = \frac{(\sum Y)(\sum X^2) - (\sum X)(\sum XY)}{n(\sum X^2) - (\sum X)(\sum X)} \quad \text{und} \quad b = \frac{n(\sum XY) - (\sum X)(\sum Y)}{n(\sum X^2) - (\sum X)(\sum X)}$$

Für unser Zahlenbeispiel heißt das

$$a = \frac{(12.501)(64.900) - (862)(928.716)}{12(64.900) - (862)(862)} = 300,98$$

$$b = \frac{12(928.716) - (862)(12.501)}{12(64.900) - (862)(862)} = 10,31 \text{ \$}$$

Durch Einsetzen der Lösungswerte für a und b in die Gleichung der Regressionsgeraden erhält man

$$y = 200,98 \text{ \$} + 10,31 \text{ \$} \times X$$

Tafel 10.16
Berechnung der Regressionsgeraden für Hilfslöhne und Maschinenstunden bei Elegant Rugs

Woche (1)	Maschinen-stunden* X (2)	Hilfslöhne* Y (3)	X^2 (4)	XY (5)	$\hat{y}$ (6)	Varianz von Y $(Y-\bar{Y})^2$ (7)	unerklärte Varianz $(Y-\hat{y})^2$ (8)	Varianz von X $(X-\bar{X})^2$ (9)
1	68	1.190	4.624	80.920	1.002,06	21.978	35.321	15
2	88	1.211	7.744	106.568	1.208,26	28.646	8	261
3	62	1.004	3.844	62.248	940,20	1.425	4.070	97
4	72	917	5.184	66.024	1.043,30	15.563	15.952	0
5	60	770	3.600	46.200	919,58	73.848	22.374	140
6	96	1.456	9.216	139.776	1.290,74	171.603	27.311	584
7	78	1.180	6.084	92.040	1.105,16	19.113	5.601	38
8	46	710	2.116	32.660	775,24	110.058	4.256	667
9	82	1.316	6.724	107.912	1.146,40	75.213	28.764	103
10	94	1.032	8.836	97.008	1.270,12	95	56.701	491
11	68	752	4.624	51.136	1.002,06	83.955	62.530	15
12	48	963	2.304	46.224	795,86	6.202	27.936	568
Summe	862	12.501	64.900	928.716	12.501	607.699	290.824	1.979

* Die gleichen Daten wie in den Spalten 1 und 2 der Tafel 10.3.

Dabei steht y für die prognostizierten Fertigungshilfslöhne bei beliebiger Maschinenlaufzeit innerhalb des relevanten Bereichs. Normalerweise werden diese Berechnungen mit Programmen wie SPSS, SAS, Lotus oder Excel durchgeführt.

Güte der Anpassung

Die Güte der Anpassung ist ein Maß dafür, wie gut die prognostizierten Werte y für jeden Wert des Kostentreibers X die tatsächlich beobachteten Kosten Y treffen. Bei der Regressionsanalyse berechnet man ein statistisches Maß für die Güte der Anpassung, das Bestimmtheitsmaß genannt wird. Das **Bestimmtheitsmaß**, r^2, mißt den Prozentsatz der Variation von Y, $(Y - \bar{Y})2/n$, der durch die unabhängige Variable X erklärt wird, (wobei $\bar{Y} = \Sigma Y/n$). Das Bestimmtheitsmaß kann man bequemer ausdrücken als Eins minus derjenige Anteil an der gesamten Varianz, der *nicht* durch die unabhängige Variable erklärt wird. Die unerklärte Varianz entsteht wegen der Unterschiede zwischen den Istwerten Y und den prognostizierten Werten y.

$$r^2 = 1 - \frac{\text{unerklärte Varianz}}{\text{Gesamtvarianz}} = 1 - \frac{\Sigma(Y-y)^2}{\Sigma(Y-\bar{Y})^2}$$

Aus Tafel 10.16 ist bekannt, daß $\Sigma Y = 12.501$ und $\bar{Y} = 12.501 : 12 = 1.041,75$. Folglich erhält man die Gesamtvarianz als

$$\Sigma(Y - \bar{Y})^2 = (1.190 - 1.041,75)^2 + (1.211 - 1.041,75)^2 + ... + (963 - 1.041,75)^2$$
$$= 607.699$$

Jeder Wert von X erzeugt eine Prognose y. In der ersten Woche zum Beispiel ist $y = 300,98 \$ + ((10,31 \$ \times 68) = 1002,06 \$$. Deshalb gilt für die unerklärte Varianz

$$\Sigma(Y - y)^2 = (1.190 - 1.002,06)^2 + (1.211 - 1.208,26)^2 + ... + (963 - 795,86)^2$$
$$= 35.321 + 8 + ... + 27.936 = 290.824$$
$$r^2 = 1 - \frac{290.824}{607.699} = 0,52$$

Die Berechnungen zeigen, daß r^2 ansteigt, wenn die prognostizierten Werte y sich den tatsächlichen Beobachtungen Y stärker annähern. Der Wertebereich von r^2 reicht von 0 (keine Erklärungskraft) bis 1 (vollkommene Erklärungskraft). Bei $r^2 = 1$ sind die prognostizierten Kosten genau gleich den tatsächlich entstehenden Kosten; das heißt, die unabhängige Variable X hat die Varianz bei den Istkosten vollkommen erklärt. In der Regel gilt die Güte der Anpassung als ausreichend, wenn $r^2 \geq 0,30$. Man sollte sich aber nicht ausschließlich auf die Güte der Anpassung verlassen. Sie kann dazu verleiten, kritiklos unabhängige Variable zu akzeptieren, die r^2 erhöhen aber als Kostentreiber ökonomisch nicht plausibel sind. Die Güte der Anpassung ist nur dann von

Bedeutung, wenn der Zusammenhang zwischen Kosten und Kostentreiber ökonomisch sinnvoll ist.

Die Signifikanz der unabhängigen Variablen

Eine Schlüsselfrage für Manager lautet: Führen Veränderungen der ökonomisch plausiblen unabhängigen Variablen zu signifikanten Veränderungen der abhängigen Variablen? Oder anders formuliert: Ist die Steigung b der Regressionsgeraden signifikant? Nehmen wir zum Beispiel die Regressionsgerade für die Fertigungshilfslöhne und die Maschinenstunden bei Elegant Rugs. Hier beruht die Schätzung von b auf einer Stichprobe von 12 Beobachtungen. Wie alle Stichprobenkennzahlen ist b Zufallseinflüssen unterworfen. Eine andere Stichprobe mit dem Umfang 12 würde also zu einem anderen Schätzwert für b führen. Der **Standardfehler** des geschätzten Koeffizienten gibt an, wie stark der Schätzwert b wahrscheinlich durch Zufallsfaktoren beeinflußt wird. Der t-Wert von b mißt das Größenverhältnis zwischen dem geschätzten Koeffizienten und seinem Standardfehler. Ein absoluter t-Wert von mehr als 2,00 erlaubt den Schluß, daß b signifikant von null verschieden ist.[45] Mit anderen Worten: Es existiert eine Beziehung zwischen der abhängigen und der unabhängigen Variablen, die nicht allein dem Zufall zugeschrieben werden kann.

Tafel 10.17 faßt die Ergebnisse der Regressionsanalyse übersichtlich zusammen. Der t-Wert für den Steigungskoeffizienten b ist 10,31 $: 3,12 $ = 3,30, liegt also höher als der Schwellenwert 2,00. Der Koeffizient der Variablen Maschinenlaufzeit ist also signifikant von null verschieden. Es besteht nur eine geringe Wahrscheinlichkeit (weniger als 5 %) dafür, daß Zufallsfaktoren zu dem positiven Wert für b geführt haben. Alternativ können wir unsere Schlußfolgerung auch mit Hilfe eines "Konfidenzintervalls" ausdrücken: Die Wahrscheinlichkeit dafür, daß der wahre Wert des Maschinenstunden-Koeffizienten außerhalb des Intervalls 10,31 $ ± (2,00 × 3,12 $) oder 10,31 $ ± 6,24 $, d.h. außerhalb des Bereichs zwischen 4,07 $ und 16,55 $ liegt, beträgt weniger als fünf Prozent. Daraus können wir schließen, daß Veränderungen in

---

[45]Der kritische Wert für die Schlußfolgerung, daß ein Koeffizient b signifikant von null verschieden ist, ist eine Funktion der Freiheitsgrade in einer Regression. Der Schwellenwert 2,00 setzt einen Stichprobenumfang von 60 Beobachtungen voraus.Die Anzahl der Freiheitsgrade wird berechnet, indem man vom Stichprobenumfang die Anzahl der Parameter a und b, die in der Regression geschätzt werden, abzieht. Für eine einfache Regressionsgleichung lauten die kritischen t-Werte

Stichprobenumfang	Schwellenwert
12	$\lvert t \rvert > 2{,}23$
15	$\lvert t \rvert > 2{,}16$
20	$\lvert t \rvert > 2{,}10$
30	$\lvert t \rvert > 2{,}05$
60	$\lvert t \rvert > 2{,}00$

Der Einfachheit halber verwenden wir in diesem Kapitel einen Schwellenwert von 2,00.

der Anzahl der Maschinenstunden die Kosten für die Fertigungshilfslöhne tatsächlich beeinflussen. Genauso kann man aus den Daten der Tafel 10.17 den t-Wert für die Konstante *a* berechnen. Das Ergebnis ist 300,98 $: 229,76 $ = 1,31, also weniger als 2,00. Das bedeutet, daß der konstante Term innerhalb des relevanten Bereichs nicht signifikant von null verschieden ist.

Tafel 10.17
Ergebnisse der einfachen Regressionsanalyse für Elegant Rugs mit Fertigungshilfslöhnen als abhängige Variable und Maschinenstunden als unabhängige Variable

Variable	Koeffizient (1)	Standardfehler (2)	t-Wert (3) = (1) : (2)
Konstante	300,98 $	229,75 $	1,31
Unabhängige Variable:			
Maschinenstunden	10,31 $	3,12 $	3,30

$r^2 = 0,52$; Durbin-Watson-Koeffizient = 2,05

Spezifikationsanalyse der Schätzannahmen

Unter einer **Spezifikationsanalyse** versteht man das Testen der Annahmen, die der Regressionsanalyse zugrundeliegen. Wenn die Annahmen (1) Linearität innerhalb des relevanten Bereichs, (2) konstante Varianz der Störvariablen, (3) Unkorreliertheit der Störvariablen und (4) Normalverteilung der Störvariablen zutreffen, ergibt schon das einfachste Regressionsverfahren verläßliche Schätzwerte für die unbekannten Koeffizienten. In diesem Abschnitt geben wir einen kurzen Überblick über die Spezifikationsanalyse. Wenn diese Annahmen nicht erfüllt sind, ist ein komplexeres Regressionsverfahren notwendig, um die besten Schätzwerte zu erhalten.[46]

1. Linearität innerhalb des relevanten Bereichs: Häufig geht man von der Annahme aus, daß zwischen der unabhängigen Variablen *X* und der abhängigen variablen *Y* innerhalb des relevanten Bereichs ein linearer Zusammenhang besteht. Schätzt man jedoch eine grundsätzlich nichtlineare Beziehung mit Hilfe eines linearen Regressionsmodells, so erhält man falsche Schätzwerte für die Koeffizienten.

Gibt es nur eine unabhängige Variable, so kann man die Linearität am einfachsten überprüfen, indem man sich die Daten in einem Streudiagramm ansieht, ein Schritt, der oft unvernünftigerweise übergangen wird. Tafel 10.6 (page 325) zeigt für Elegant Rugs ein Streudiagramm für die Variablen Fertigungshilfslöhne und Maschinenstun-

---

[46]Genauere Darstellungen sind zu finden in C. J. Watson, P. Billingsley, D. J. Croft und D. V. Huntsberger, *Statistics for Management and Economics*, 5. Auflage (Needham Heights: Allyn und Bacon, 1993) und W. H. Greene, *Econometric Analysis*, 2. Auflage (New York: Macmillan, 1993).

den aus Tafel 10.3 (page 319). Das Streudiagramm zeigt, daß Linearität für diese Daten eine vernünftige Annahme zu sein scheint.

Die Lernkurven, die wir in diesem Kapitel vorgestellt haben, sind Beispiele für nichtlineare Kostenfunktionen; die Kosten steigen mit dem Produktionsniveau, aber sie steigen weniger als bei einer linearen Kostenfunktion. In diesem Fall sollte der Analyst eine nichtlineare Kostenfunktion schätzen, die Lerneffekte explizit mitberücksichtigt.

2. Konstante Varianz der Störvariablen: Die vertikale Abweichung des beobachteten Werts Y von dem Schätzwert auf der Regressionsgeraden y, $u = Y - y$ wird *Residuum* oder *Störvariable* genannt. Die Annahme einer konstanten Varianz impliziert, daß das Residuum vom Wert der unabhängigen Variablen nicht beeinflußt wird. Die Annahme impliziert auch, daß die beobachteten Wert gleichmäßig um die Regressionsgerade streuen. Das Streudiagramm ist die einfachste Möglichkeit, die *konstante Varianz* zu überprüfen. Die Annahme trifft für Teil A der Tafel 10.18 zu, aber nicht für Teil B. Die konstante Varianz der Störvariablen ist auch als *Homoskedastizität* bekannt. Bei einer Verletzung dieser Annahme spricht man von *Heteroskedastizität*.

Heteroskedastizität beeinträchtigt nicht die Genauigkeit der Schätzwerte a und b. Sie verringert jedoch die Verläßlichkeit der Schätzwerte für die Standardfehler und damit die Sicherheit, mit der man daraus Schlußfolgerungen ziehen kann.

3. Unkorreliertheit der Störvariablen: Diese Annahme bedeutet, daß das Residuum eines beliebigen Beobachtungspunkts nicht mit dem Residuum irgendeines anderen Beobachtungspunkts in Zusammenhang steht. Das Problem der *Autokorrelation* der Residuen taucht auf, wenn die Residuen nicht voneinander unabhängig sind. Autokorrelation bedeutet, daß es in der Abfolge von Residuen ein systematisches Muster gibt, so daß das Residuum der Beobachtung n eine Information über die Residuen der Beobachtungen $n + 1$, $n + 2$ usw. enthält. Bei Zeitreihendaten ist die Inflation ein häufiger Grund für Autokorrelation, denn sie führt dazu, daß Kosten (und damit Residuale) über die Zeit hinweg miteinander in Beziehung stehen. Autokorrelation kann auch in Querschnittsdaten auftreten, wie zum Beispiel in Tafel 10.19. Das Streudiagramm hilft, die Autokorrelation zu identifizieren. In Teil A der Tafel 10.19 existiert keine Autokorrelation, wohl aber in Teil B. Man betrachte das systematische Muster der Residuen in Teil B: Positive Residuen bei sehr hohen und sehr niedrigen Materialverbrauchsmengen und negative Residuen für mittlere Materialverbrauchsmengen. In Teil A ist kein solches systematisches Muster zu erkennen.

So wie die nicht-konstante Varianz der Störvariablen führt auch die Autokorrelation zu keiner Beeinträchtigung der Schätzungen von a und b. Sie beeinflußt jedoch die Standardfehler der Koeffizienten und damit die Genauigkeit, mit der man aus der Regressionsschätzung Schlußfolgerungen über die Datenparameter ziehen kann.

Tafel 10.18
Konstante Varianz des Residuals

A: BEISPIEL FÜR KONSTANTE VARIANZ DER STÖRVARIABLEN (gleich-förmige Streuung der Datenpunkte um die Regressionsgerade)

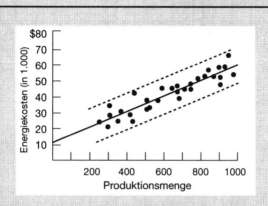

B: BEISPIEL FÜR NICHT-KONSTANTE VARIANZ DER STÖRVARIA-BLEN (höhere Outputs sind mit höheren Restwerten verbunden)

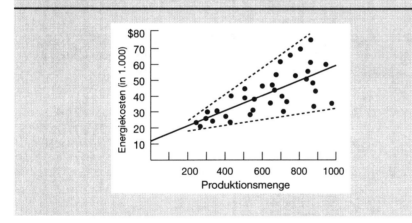

Der Durbin-Watson-Koeffizient ist ein Maß für die Autokorrelation in den geschätz-ten Residuen. Für Stichproben von 10-20 Beobachtungen deutet ein Durbin-Watson-Koeffizient im Bereich von 1,10-2,90 darauf hin, daß die Residuen unabhängig sind. Der Durbin-Watson-Koeffizient für die Regressionsergebnisse für Elegant Rugs in Tafel 10.17 ist 2,05. Daher scheint die Annahme der Unkorreliertheit der Störvaria-blen für dieses Regressionsmodell vernünftig.

4. Normalverteilung der Störvariablen: Diese Annahme bedeutet, daß die Residuen um die Regressionsgerade normalverteilt sind. Sie ist notwendig, wenn man über *y*, *a* und *b* Schlußfolgerungen ableiten will.

Tafel 10.19
Unkorreliertheit der Störvariablen

A: BEISPIEL FÜR UNKORRELIERTHEIT DER STÖRVARIABLEN (kein Muster)

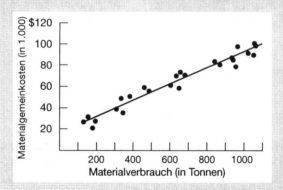

B: BEISPIEL FÜR AUTOKORRELATION DER STÖRVARIABLEN (Muster: positive Residuale bei besonders hohem und besonders niedrigem Materialverbrauch; negative Residuale bei mittlerem Materialverbrauch)

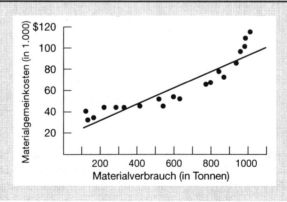

Die Wahl zwischen mehreren Kostenfunktionen aufgrund der Regressionsergebnisse

Betrachten wir die beiden oben beschriebenen Kostenfunktionen:

$$y = a + (b \times \text{Maschinenstunden})$$

$$y = a + (b \times \text{Fertigungsarbeitsstunden})$$

Die Tafeln 10.6 und 10.7 enthalten graphische Darstellungen der Daten für die beiden Regressionen. Tafel 10.17 zeigt die Ergebnisse der Regressionsanalyse für die Kostenfunktion mit der Maschinenlaufzeit als unabhängiger Variable. Die entsprechenden Ergebnisse für die Kostenfunktionen mit Fertigungsarbeitsstunden als unabhängiger Variablen sind in Tafel 10.20 zu finden.

Welche Regression würde man aufgrund des Materials in diesem Anhang bevorzugen? Tafel 10.21 enthält einen systematischen Vergleich dieser beiden Kostenfunktionen. Die Kostenfunktion auf der Basis der Maschinenlaufzeit schneidet nach mehreren Kriterien besser ab als die Kostenfunktion auf der Basis der Fertigungsarbeitsstunden. Das Kriterium der ökonomischen Plausibilität ist hier besonders wichtig.

Tafel 10.20
Ergebnisse der einfachen Regressionsanalyse für Elegant Rugs mit den Fertigungshilfslöhnen als abhängige Variable und der Fertigungsarbeitszeit als unabhängige Variable

Variable	Koeffizient (1)	Standardfehler (2)	t-Wert (3) = (1) : (2)
Konstante	744,67 $	217,61 $	3,42
Unabhängige Variable: Fertigungsarbeitszeit	7,72 $	5,40 $	1,43

$r^2 = 0,17$; Durbin-Watson-Koeffizient $= 2,26$

Man sollte nicht generell davon ausgehen, daß irgendeine Kostenfunktion alle Kriterien in Tafel 10.21 perfekt erfüllt. Ein Kostenanalytiker muß oft zwischen mehreren "unvollkommenen" Kostenfunktionen wählen; das heißt, daß die Daten jeder einzelnen Kostenfunktion eine oder mehrere der Voraussetzungen der Regressionsanalyse nicht perfekt erfüllen.

Tafel 10.21
Vergleich alternativer Kostenfunktionen für die Fertigungshilfslöhne

Kriterium	Kostenfunktion 1: Maschinenstunden als unabhängige Variable	Kostenfunktion 2: Fertigungsarbeitsstunden als unabhängige Variable
Ökonomische Plausibilität	In einem hochautomatisierten Werk ist ein positiver Zusammenhang zwischen den Fertigungshilfslöhnen (Arbeitskosten im Bereich technische Unterstützung) und der Maschinenlaufzeit ökonomisch plausibel.	Ein positiver Zusammenhang zwischen den Fertigungshilfslöhnen und den Fertigungsarbeitsstunden ist ökonomisch plausibel, allerdings in einem hochautomatisierten Werk bei wöchentlich erhobenen Daten weniger plausibel als ein Zusammenhang zwischen den Fertigungshilfslöhnen und der Maschinenlaufzeit.
Güte der Anpassung	$r^2 = 0,52$ Güte der Anpassung ausgezeichnet.	$r^2 = 0,17$ Güte der Anpassung mangelhaft.
Signifikanz der unabhängigen Variablen	Der t-Wert von 3,30 ist signifikant.	Der t-Wert von 1,43 ist nicht signifikant.
Spezifikationsanalyse der Modellannahmen	Die Abbildung der Daten deutet darauf hin, daß die Annahmen Linearität, konstante Varianz, Unkorreliertheit der Störvariablen und Normalverteilung der Störvariablen erfüllt sind, aber Schlußfolgerungen, die aus nur 12 Beobachtungen gezogen werden, sind nicht verläßlich. Durbin-Watson-Koeffizient = 2,05.	Die Abbildung der Daten deutet darauf hin, daß die Annahmen Linearität, konstante Varianz, Unkorreliertheit der Störvariablen und Normalverteilung der Störvariablen erfüllt sind, aber Schlußfolgerungen, die aus nur 12 Beobachtungen gezogen werden, sind nicht verläßlich. Durbin-Watson-Koeffizient = 2,26.

Multiple Regression und Kostenhierarchien

In manchen Fällen kann die Schätzung einer Kostenfunktion mit nur einer unabhängigen Variablen wie der Maschinenlaufzeit befriedigende Ergebnisse bringen. Oft ist jedoch die Schätzung einer Kostenfunktion mit mehr als einer unabhängigen Variablen ökonomisch plausibler und verbessert die Genauigkeit.

Die am häufigsten verwendeten Schätzgleichungen für den Zusammenhang zwischen zwei oder mehreren unabhängigen Variablen und einer abhängigen Variablen sind linear und haben die Form

$$Y = a + b_1 X_1 + b_2 X_2 + ... + u$$

wobei

Y	=	Kostenvariable, die prognostiziert werden soll
$X_1, X_2, ...$	=	unabhängige Variable, auf denen die Prognose beruhen soll
$a, b_1, b_2, ...$	=	Regressionskoeffizienten
u	=	Residuum, das aus den Nettoeffekten anderer Faktoren besteht, die nicht im Modell enthalten sind, sowie aus Meßfehlern bei den abhängigen und unabhängigen Variablen

BEISPIEL: Betrachten wir die Daten von Elegant Rugs in Tafel 10.22. Die Fertigungshilfslöhne enthalten einen beträchtlichen Anteil an Kosten für die Maschineneinrichtung und Produktionsumstellung, wenn die Arbeit an einer Teppichserie beendet ist und die Herstellung einer neuen Charge beginnt. Das Management glaubt, daß die Fertigungshilfslöhne außer von den Maschinenstunden (einem Kostentreiber auf der Ebene der Produkteinheiten) auch von der Anzahl der wöchentlich produzierten Teppichserien (einem Kostentreiber auf der Ebene der Produktionschargen) beeinflußt werden. Elegant Rugs schätzt den Zusammenhang zwischen den Fertigungshilflöhnen und den beiden unabhängigen Variablen Maschinenstunden und Anzahl der verschiedenen Teppichaufträge, an denen während einer Woche gearbeitet worden ist.

Tafel 10.23 zeigt die Ergebnisse für das folgende multiple Regressionsmodell auf der Basis der Daten in den Spalten 1, 2 und 4 von Tafel 10.22:

$$y = 42,58 \text{ \$} + 7,60 \text{ \$} X_1 + 37,77 \text{ \$} X_2$$

wobei X_1 für die Anzahl der Maschinenstunden und X_2 für die Anzahl der Produktionschargen steht. Es ist ökonomisch plausibel, daß sowohl die Maschinenstunden als auch die Produktionschargen zur Erklärung der Höhe der Fertigungshilfslöhne bei Elegant Rugs beitragen. Das r_2 von 0,52 im einfachen Regressionsmodell mit den Maschinenstunden als unabhängiger Variabler (Tafel 10.17) erhöht sich auf 0,72 im multiplen Regressionsmodell der Tafel 10.23.

Tafel 10.22

Wöchentliche Daten für Fertigungshilfslöhne, Maschinenstunden, Fertigungsarbeitsstunden und Anzahl der Produktionschargen bei Elegant Rugs

Woche	Fertigungs-hilfslöhne (1)	Maschinen-stunden (2)	Fertigungs-arbeitsstunden (3)	Anzahl der Produkti-onschargen (4)
1	1.190 $	68	30	12
2	1.211 $	88	35	15
3	1.004 $	62	36	13
4	917 $	72	20	11
5	770 $	60	47	10
6	1.456 $	96	45	12
7	1.180 $	78	44	17
8	710 $	46	38	7
9	1.316 $	82	70	14
10	1.032 $	94	30	12
11	752 $	68	29	7
12	963 $	48	38	14

Tafel 10.23

Ergebnisse des multiplen Regressionsmodells mit den Fertigungshilfslöhnen und zwei unabhängigen Variablen (Maschinenstunden und Produktionschargen), Elegant Rugs

Variable	Koeffizient (1)	Standardfehler (2)	t-Wert (3) = (1) : (2)
Konstante	42,58 $	213,91 $	0,20
Unabhängige Variable 1: Maschinenstunden	7,60 $	2,77 $	2,74
Unabhängige Variable 2: Produktionschargen	37,77 $	15,25 $	2,48

$r^2 = 0,72$; Durbin-Watson-Koeffizient = 2,49

Die t-Werte lassen darauf schließen, daß die Regressionskoeffizienten beider unabhängigen Variablen signifikant von Null verschieden sind (t = 2,74 für den Koeffizienten der Maschinenstunden und t = 2,48 für den Koeffizienten der Produktionschargen). Das multiple Regressionsmodell in Tafel 10.23 erfüllt sowohl die ökonomischen als auch die statistischen Kriterien und erklärt viel größere Unterschiede in den Fertigungshilflöhnen als das einfache Regressionsmodell mit den Maschinenstunden als einziger unabhängigen Variablen. Die Information in Tafel 10.23 deutet darauf hin, daß sowohl die Maschinenstunden als auch die Produktionschargen wichtige Kostentreiber der monatlichen Fertigungshilfslöhne bei Elegant Rugs darstellen.

Die Regressionskoeffizienten – 7,60 $ für die Maschinenstunden und 37,77 $ für die Produktionschargen – messen die Veränderung der Fertigungshilfslöhne die mit einer Erhöhung um eine Einheit bei der jeweiligen unabhängigen Variablen einhergehen (unter der Voraussetzung, daß die andere unabhängige Variable konstant gehalten wird). So steigen zum Beispiel die Fertigungshilfslöhne um 37,77 $, wenn eine weitere Charge hinzugefügt wird und die Anzahl der Maschinenstunden unverändert bleibt.

Ein alternativer Ansatz besteht darin, daß man zwei separate Kostenpools bildet – einen für Kosten, die an die Maschinenlaufzeit gebunden sind, und einen anderen für Kosten, die an die Anzahl der Fertigungschargen gebunden sind. Elegant Rugs würde dann den Zusammenhang zwischen dem Kostentreiber und den Overheadkosten für jeden Kostenpool separat schätzen. Die schwierige Aufgabe bei dieser Vorgehensweise wäre die richtige Aufteilung der Overheadkosten auf die beiden Kostenpools.

Multikollinearität

Ein wichtiges Problem, das bei multiplen Regressionsmodellen auftaucht, ist die Multikollinearität. **Multikollinearität** existiert, wenn zwei oder mehrere unabhängige Variable miteinander hoch korreliert sind. Die Anwender der Regressionsanalyse gehen im allgemeinen davon aus, daß Korrelationskoeffizient von mehr als 0,70 zwischen den beiden unabhängigen Variablen auf Multikollinearität hinweist. Multikollinearität erhöht den Standardfehler der Regressionskoeffizienten der einzelnen Variablen. Dadurch entsteht größere Unsicherheit über den zugrundeliegenden Wert der Koeffizienten der unabhängigen Variablen. Das heißt, Variable, die ökonomisch und statistisch signifikant sind, werden nicht-signifikant erscheinen.

Die Korrelationskoeffizienten zwischen den potentiellen unabhängigen Variablen in Tafel 10.22 sind

Paarweise Kombinationen	Korrelationskoeffizient
Maschinenstunden und Fertigungsarbeitsstunden	0,12
Maschinenstunden und Produktionschargen	0,40
Fertigungsarbeitsstunden und Produktionschargen	0,30

Aus diesen Ergebnissen kann man schließen, daß multiple Regressionen mit einem beliebigen Paar der unabhängigen Variablen in Tafel 10.23 wahrscheinlich keine Multikollinearitätsprobleme aufwerfen werden.

Bei starker Multikollinearität sollte man versuchen, neue Daten zu erhalten, die von diesem Problem frei sind. Man sollte aber eine unabhängige Variable (Kostentreiber), die inhaltlich in das Modell hineingehört, nicht fallenlassen, nur weil sie mit einer anderen unabhängigen Variablen korreliert ist. Das würde nur dazu führen, daß der geschätzte Regressionskoeffizient der im Modell verbliebenen unabhängigen Variablen verzerrt, das heißt von seinem wahren Wert weiter entfernt wird.

Relevante Erlöse, relevante Kosten und Entscheidungsprozesse

Eine der wichtigsten Aufgaben des Controllers und ein Hauptanliegen dieses Buches ist die Unterstützung der Manager bei der Entscheidungsfindung. Die Verwendung von Informationen aus dem Rechnungswesen in Entscheidungsprozessen ist ein Thema, das sich wie ein roter Faden durch die bisherigen Kapitel dieses Buches zieht. In diesem Kapitel geht es um Entscheidungen wie die Annahme oder Zurückweisung eines einmaligen Sonderauftrags, das Insourcing oder Outsourcing von Produkten oder Dienstleistungen und die Ersetzung oder Weiterverwendung von Maschinen und technischen Anlagen. Bei diesen Entscheidungen ist die Unterscheidung zwischen relevanten und irrelevanten Kosten und Erlösen von besonderer Bedeutung.

11.1 INFORMATION UND ENTSCHEIDUNGSPROZEß

Jeder Manager hat eine Methode für Entscheidungen zwischen alternativen Handlungsmöglichkeiten. Oft spricht man in diesem Zusammenhang auch von einem Entscheidungsmodell. Ein **Entscheidungsmodell** ist eine formale Methode zur Entscheidungsfindung, die meist quantitative und qualitative Analysen beinhaltet. Das entscheidungsorientierte Rechnungswesen versorgt die Manager mit den für die Entscheidungsfindung relevanten Daten.

Vorhersagen und Modelle

Betrachten wir eine Entscheidungssituation des Staubsaugerherstellers Home Appliances: Soll eine Produktionsstraße umstrukturiert werden, um die Kosten für die Fertigungsarbeit zu senken? Der Einfachheit halber gehen wir davon aus, daß "umstrukturieren" und "nicht umstrukturieren" die einzigen Alternativen sind. Durch die Umstrukturierung würde der gesamte manuelle Materialtransport entfallen. Gegenwärtig sind 20 Arbeitskräfte in der Fertigungsstraße beschäftigt, 15 Arbeitskräfte bedienen die Maschinen und fünf befördern das Material. Jeder Beschäftigte leistet jährlich 2.000 Arbeitsstunden ab. Die Neustrukturierung soll 90.000 $ kosten. Der für das nächste Jahr prognostizierte Output von 25.000 Stück wird durch die Entscheidung nicht berührt. Ebenso nicht davon betroffen sind der prognostizierte Absatzpreis von 250 $ pro Stück, die Materialeinzelkosten von 50 $ pro Stück, die übrigen Herstellgemeinkosten in Höhe von 750.000 $ und die Marketingkosten in Höhe von 2.000.000 $. Kostentreiber ist die Produktionsstückzahl.

Der Entscheidungsprozeß ist eine Abfolge von Schritten. Im ersten Schritt sammelt das Management mehr Information über die Kosten der Fertigungsarbeit. Der bisherige Stundenlohnsatz in der Fertigung von 14 $ ist der Ausgangspunkt für die Vorhersage der gesamten Fertigungsarbeitskosten unter beiden Alternativen. Infolge einer kürzlich ausgehandelten Erhöhung der Sozialleistungen wird erwartet, daß der Lohnsatz auf 16 $ pro Stunden steigen wird.

Der zweite Schritt ist die Vorhersage der zukünftigen Kosten unter den beiden Alternativen. Wird nichts geändert, so sind die prognostizierten Fertigungslohnkosten 20 Arbeitskräfte × 2.000 Stunden pro Arbeitskraft × 16 $ pro Stunde = 640.000 $. Wird die Fertigungsstraße umstrukturiert, so sinken diese Kosten auf 15 × 2.000 Stunden × 16 $ pro Stunde = 480.000 $. Die prognostizierten Kosten der Neueinrichtung sind 90.000 $.

Im dritten Schritt vergleicht das Management von Home Appliances die prognostizierten Ersparnisse aus der Abschaffung der manuellen Materialbeförderung (5 Arbeitskräfte × 2.000 Stunden pro Arbeitskraft × 16 $ pro Stunde = 160.000 $) mit den Kosten der Umstrukturierung in Höhe von 90.000 $. Dabei werden auch andere, qualitative Überlegungen mit einbezogen wie zum Beispiel die Auswirkung der Belegschaftsreduzierung auf die Stimmung unter den Arbeitskräften. Nachdem man Kosten und Nutzen gegeneinander abgewogen hat, entscheidet sich das Management für die Umstrukturierung. Als nächstes wird im vierten Schritt die Entscheidung umgesetzt und die Fertigungsstraße neu eingerichtet.

Modelle und Feedback

Der fünfte und letzte Schritt besteht darin, daß die Manager Informationen über die tatsächlichen Ergebnisse der Umstrukturierung sammeln, um zu einer Erfolgsbewertung und zu einem Feedback für ihre Entscheidung zu kommen. Die Istergebnisse zeigen, daß die Fertigungslohnkosten in der neuen Situation 550.000 $ betragen und damit höher sind als die prognostizierten 480.000 $ (zum Beispiel aufgrund einer unerwartet niedrigen Arbeitsproduktivität). Dieses Feedback kann dazu führen, daß bei der Umsetzung nachgebessert wird, etwa durch ein verändertes Verhalten des Vorarbeiters, durch die Schulung oder den Austausch von Mitarbeitern, so daß in den folgenden Perioden das Ziel von 480.000 $ erreicht werden kann. Das Feedback kann die Entscheidungsträger aber auch zu der Überzeugung bringen, daß nicht die Umsetzung der Entscheidung sondern die Prognosemethode fehlerhaft war. Vielleicht sollte die Prognosemethode für ähnliche Entscheidungen in der Zukunft so modifiziert werden, daß Mitarbeiterschulungen oder Anlernzeiten bereits berücksichtigt sind.

Tafel 11.1 faßt die fünf Schritte des eben beschriebenen Entscheidungsprozesses zusammen, die Informationsgewinnung, die Prognoseerstellung, die Wahl einer Alternative, die Umsetzung der Entscheidung und die Bewertung der tatsächlichen Leistung als Feedback für die Manager. Das Feedback wiederum kann zukünftige Pro-

gnosen beeinflussen, die Prognosemethode selbst, das Entscheidungsmodell oder die
Umsetzung der Entscheidung.

Tafel 11.1
Informationen aus dem Rechnungswesen und Entscheidungsprozeß

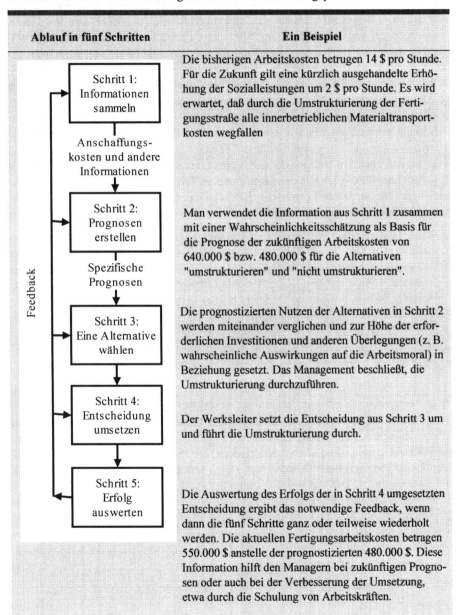

Ablauf in fünf Schritten	**Ein Beispiel**
Schritt 1: Informationen sammeln Anschaffungs- kosten und andere Informationen	Die bisherigen Arbeitskosten betrugen 14 $ pro Stunde. Für die Zukunft gilt eine kürzlich ausgehandelte Erhö- hung der Sozialleistungen um 2 $ pro Stunde. Es wird erwartet, daß durch die Umstrukturierung der Ferti- gungsstraße alle innerbetrieblichen Materialtransport- kosten wegfallen
Schritt 2: Prognosen erstellen Spezifische Prognosen	Man verwendet die Information aus Schritt 1 zusammen mit einer Wahrscheinlichkeitsschätzung als Basis für die Prognose der zukünftigen Arbeitskosten von 640.000 $ bzw. 480.000 $ für die Alternativen "umstrukturieren" und "nicht umstrukturieren".
Schritt 3: Eine Alternative wählen	Die prognostizierten Nutzen der Alternativen in Schritt 2 werden miteinander verglichen und zur Höhe der erfor- derlichen Investitionen und anderen Überlegungen (z. B. wahrscheinliche Auswirkungen auf die Arbeitsmoral) in Beziehung gesetzt. Das Management beschließt, die Umstrukturierung durchzuführen.
Schritt 4: Entscheidung umsetzen	Der Werksleiter setzt die Entscheidung aus Schritt 3 um und führt die Umstrukturierung durch.
Schritt 5: Erfolg auswerten	Die Auswertung des Erfolgs der in Schritt 4 umgesetzten Entscheidung ergibt das notwendige Feedback, wenn dann die fünf Schritte ganz oder teilweise wiederholt werden. Die aktuellen Fertigungsarbeitskosten betragen 550.000 $ anstelle der prognostizierten 480.000 $. Diese Information hilft den Managern bei zukünftigen Progno- sen oder auch bei der Verbesserung der Umsetzung, etwa durch die Schulung von Arbeitskräften.

Feedback

11.2 DIE BEDEUTUNG DER RELEVANZ

Relevante Kosten und relevante Erlöse

Die wichtigsten Konzepte in diesem Kapitel sind die relevanten Kosten und die relevanten Erlöse. **Relevante Kosten** sind diejenigen für die Zukunft *erwarteten Kosten*, die je nach der gewählten Handlungsalternative unterschiedlich ausfallen. Entscheidend ist dabei, daß die Kosten in der Zukunft anfallen und daß sie sich je nach der gewählten Alternative unterscheiden. Wir konzentrieren uns hier auf die Zukunft, weil es bei jeder Entscheidung um die Zukunft geht, egal ob man dabei um 20 Sekunden (die Entscheidung, eine Meßskala nachzustellen) oder um 20 Jahre (die Entscheidung, Kiefern zu pflanzen, um daraus Nutzholz zu gewinnen) vorausdenken muß. Eine Entscheidung hat die Funktion, Handlungsmöglichkeiten für die Zukunft zu wählen. *Die Vergangenheit kann man nicht ändern.* Die verschiedenen Alternativen müssen mit unterschiedlichen zukünftigen Kosten verbunden sein, denn andernfalls würde die Entscheidung für die Kosten keine Rolle spielen. Genauso sind die **relevanten Erlöse** diejenigen für die Zukunft erwarteten Erlöse, die je nach der gewählten Handlungsalternative unterschiedlich ausfallen.

In Tafel 11.2 sind die Fertigungslöhne von 640.000 $ beziehungsweise 480.000 $ relevante Kosten, also für die Zukunft erwartete Kosten, die sich je nach der gewählten Alternative unterscheiden. Der frühere Stundenlohnsatz von 14 $ und die frühere Summe der Fertigungslöhne von 560.000 $ (2.000 Stunden × 20 × 14 $ pro Stunde) sind nicht relevant, obwohl sie vielleicht bei der Erstellung der Lohnkostenprognosen von 640.000 und 480.000 $ eine Rolle spielen. *Historische Kosten können zwar eine nützliche Basis für informierte Meinungen über die zukünftig zu erwartenden Kosten sein, sind aber an und für sich für eine Entscheidung irrelevant.* Das liegt daran, weil sie sich auf die Vergangenheit und nicht auf die Zukunft beziehen.

Tafel 11.2 zeigt die quantitativen Daten, die der Entscheidung zwischen den Alternativen "umstrukturieren" und "nicht umstrukturieren" zugrundeliegen. Die beiden ersten Spalten enthalten *alle Daten*. In den beiden letzten Spalten sind nur die relevanten Posten zu sehen. Die Erlöse, die Materialeinzelkosten, die Fertigungsgemeinkosten und die Marketingkosten können ignoriert werden. Sie beziehen sich zwar auf die Zukunft, sind aber bei beiden Alternativen gleich und damit irrelevant. Die Daten in Tafel 11.2 zeigen an, daß das Neueinrichten der Produktionsstraße das für das nächste Jahr prognostizierten Betriebsgewinn um 70.000 $ erhöht. Man beachte, daß man zur gleichen Schlußfolgerung kommt, ob man nun alle Daten oder nur die relevanten Daten in der Analyse verwendet. Indem man die Analyse auf die relevanten Daten beschränkt, kann man sich von Daten befreien, die nichts zur Entscheidung beitragen und unter Umständen Verwirrung stiften.

Tafel 11.2
Die Bestimmung der relevanten Kosten und Erlöse für Home Appliances

	Alle Daten		Relevante Daten	
	Alternative 1: Nicht umstrukturieren	Alternative 2: Umstrukturieren	Alternative 1: Nicht umstrukturieren	Alternative 2: Umstrukturieren
Erlöse[a]	6.250.000 $	6.250.000 $	–	–
Kosten:				
Materialeinzelkosten[b]	1.250.000 $	1.250.000 $	–	–
Fertigungslöhne	640.000 $[c]	480.000 $[d]	640.000 $[c]	480.000 $[d]
Herstellgemeinkosten	750.000 $	750.000 $	–	–
Marketingkosten	2.000.000 $	2.000.000 $	–	–
Kosten der Umstrukturierung	–	90.000 $	–	90.000 $
Summe Kosten	4.640.000 $	4.570.000 $	640.000 $	570.000 $
Betriebsgewinn	1.610.000 $	1.680.000 $	(640.000) $	(570.000) $
	Unterschied: 70.000 $		Unterschied: 70.000 $	

a. 25.000 × 250 $ = 6.250.000 $
b. 25.000 × 50 $ = 1.250.000 $
c. 20 × 2.000 × 16 $ = 640.000 $
d. 15 × 2.000 × 16 $ = 480.000 $

Der Unterschied zwischen den Gesamtkosten der beiden Alternativen wird Differenzkosten oder relevante Nettokosten genannt. Die Differenzkosten der Alternative 2 gegenüber der Alternative 1 in Tafel 11.2 betragen 70.000 $.

Auch qualitative Faktoren können relevant sein

Wir unterscheiden zwischen *quantitativen* und *qualitativen* Folgen von Handlungsalternativen. **Quantitative Faktoren** sind Ergebnisse, die man numerisch messen kann. Einige quantitative Faktoren sind finanzieller Natur – das heißt, man kann sie leicht in Geldeinheiten ausdrücken. Beispiele sind Materialeinzelkosten, Fertigungslöhne und Marketingkosten. Andere quantitative Faktoren sind nichtfinanzieller Natur, das heißt, man kann sie numerisch messen, aber man kann sie nicht in Geldeinheiten ausdrücken. Die Verkürzung der Produktentwicklungszeit in einem Fertigungsunternehmen und der Anteil der pünktlich angekommenen Flüge bei einer Fluglinie sind Beispiele für nichtfinanzielle quantitative Faktoren. **Qualitative Faktoren** sind Ergebnisse, die nicht numerisch meßbar sind. Die Stimmung in der Belegschaft ist ein Beispiel.

In der Kostenanalyse betont man in der Regel quantitative Faktoren, die in Geldeinheiten ausgedrückt werden können. Aber die bloße Tatsache, daß qualitative und nichtfinanzielle quantitative Faktoren nicht leicht in Geldeinheiten gemessen werden können, macht sie nicht unwichtig. Manchmal müssen Manager diesen Faktoren sogar ein größeres Gewicht beimessen. So kann zum Beispiel Home Appliances zu dem Ergebnis kommen, daß es kostengünstiger ist, ein bestimmtes Teil von einem fremden Zulieferer zu beziehen als es im eigenen Haus herzustellen. Die Firma könnte sich dann trotzdem dafür entscheiden, das Teil selbst herzustellen, weil sie das Gefühl hat, daß der Zulieferer wahrscheinlich die anspruchsvollen Liefertermine nicht einhalten können wird – ein nichtfinanzieller quantitativer Faktor – und weil die Auslagerung der Produktion dieses Teils die Stimmung in der Belegschaft negativ beeinflussen könnte – ein qualitativer Faktor. Finanzielle und nichtfinanzielle Überlegungen gegeneinander abzuwägen ist jedoch meistens nicht einfach.

11.3 EIN BEISPIEL FÜR RELEVANZ: DIE WAHL DER PRODUKTIONSMENGE

Viele Managemententscheidungen beeinflussen die Produktionsmenge. Ein Beispiel ist die Entscheidung, ob ein neues Produkt eingeführt werden soll, ober ob der Absatz bei einem bereits eingeführten Produkt gesteigert werden soll. Wenn sich die Produktionsmengen verändern, interessieren sich die Manager für die Auswirkungen auf die Organisation und auf den Betriebserfolg. Schließlich steigt durch die Maximierung der Organisationsziele (in unseren Beispielen ist das in der Regel das Betriebsergebnis) auch die Entlohnung der Manager.

Einmalige Sonderaufträge

Manchmal geht es darum, ob in einer Situation mit unausgenutzten Produktionskapazitäten einmalige Sonderaufträge angenommen werden sollen, die keine langfristigen Implikationen mit sich bringen. Wir gehen davon aus, daß alle Kosten entweder fix sind oder von einem einzigen Kostentreiber (Produktionsmenge) abhängen. Das folgende Beispiel zeigt, daß Erlöse, variable Kosten und Deckungsbeiträge Schlüsselinformationen für Entscheidungen über die Produktionsmenge liefern können. Das Beispiel macht auch deutlich, daß das Vertrauen auf Stückkostenzahlen, die auch aufgeschlüsselte Fixkosten enthalten, die Manager in bezug auf die Auswirkungen einer Outputerhöhung auf das Betriebsergebnis in die Irre führen kann.

BEISPIEL: Die Firma Fancy Fabrics fertigt Badehandtücher in einem hochautomatisierten Werk in Charlotte, North Carolina. Das Werk hat eine Produktionskapazität von 48.000 Handtüchern pro Monat. Gegenwärtig liegt die monatliche Produktion bei 30.000 Handtüchern. Der Absatz läuft bisher ausschließlich über Kaufhäuser. Tafel 11.3 zeigt die erwarteten Ergebnisse für den kommenden Monat (August). (Man beachte, daß diese Beträge Prognosen sind.) Die Herstellstückkosten von 12 $ bestehen aus Materialeinzelkosten von 6 $ (variabel), Fertigungslöhnen in Höhe von 2 $ (davon 0,50 $ variabel) und Herstellgemeinkosten in Höhe von 4 $ (davon 1 $ variabel). Die Marketingkosten pro Stück betragen 7 $ (davon 5 $ variabel). Bei Fancy Fabrics fallen keine Kosten für Forschung und Entwicklung oder Produktdesign an. In den Marketingkosten sind die Kosten für Vertrieb und Kundendienst bereits enthalten.

Eine Luxushotelkette bietet an, in den nächsten drei Monaten 5.000 Handtücher pro Monat zu einem Preis von 11 $ pro Handtuch abzunehmen. Die Firma geht davon aus, daß keine weiteren Verkäufe an diesen Kunden zu erwarten sind. Für diesen einmaligen Sonderauftrag über 5.000 Stück würden keine Marketingkosten anfallen. Ferner ist nicht zu erwarten, daß die Annahme dieses Auftrags den Absatzpreis oder die Absatzmenge im regulären Kundengeschäft beeinflussen wird. Soll Fancy Fabrics das Angebot der Hotelkette annehmen?

Tafel 11.3 stellt die Daten im Vollkostenrechnungsformat dar: Die fixen Herstellkosten werden in die Produktkosten miteingerechnet (siehe Kapitel 9). Die Herstellstückkosten liegen mit 12 $ (davon sind 7,50 $ variabel und 4,50 $ fix), über dem Preis von 11 $, den die Hotelkette angeboten hat. Ein Manager, der die Stückkosten von 12 $ nach der Vollkostenrechnung als Entscheidungshilfe verwendet, könnte das Angebot ablehnen.

Tafel 11.3

Fancy Fabrics: Gewinn- und Verlustplan für August im Vollkostenformat

	insgesamt	pro Stück
Umsatz (30.000 Handtücher × 20 $)	600.000 $	20 $
Herstellkosten des Umsatzes	360.000 $	12 $
Bruttogewinn	240.000 $	8 $
Marketingkosten	210.000 $	7 $
Betriebsgewinn	30.000 $	1 $

Tafel 11.4 präsentiert die Daten in einem Deckungsbeitragsformat. Die relevanten Kosten, also diejenigen für die Zukunft erwarteten Kosten, die sich bei beiden Alternativen unterscheiden, sind die variablen Herstellkosten von 37.500 $ (7,50 $ pro Stück × 5.000 Stück). Die fixen Herstellkosten und alle Marketingkosten (einschließlich der variablen Marketingkosten) sind in diesem Fall irrelevant; sie werden sich insgesamt nicht verändern, unabhängig davon, ob der Sonderauftrag angenommen wird oder nicht. Die einzigen relevanten Posten sind deshalb hier die Erlöse und die variablen Herstellkosten. Ausgehend von dem relevanten Stückerlös von 11 $ (dem Absatzpreis für den Sonderauftrag) und den relevanten Stückkosten von 7,50 $ würde Fancy Fabrics durch den Sonderauftrag pro Monat einen zusätzlichen Betriebsgewinn von 17.500 $ [(11,00 $ - 7,50 $) × 5.000] erzielen. In diesem Beispiel kann man die irreführenden Implikationen der Vollkostenrechnung (Tafel 11.3) vermeiden, indem man entweder Gesamtbeträge oder relevante Beträge vergleicht (Tafel 11.4).

Die zusätzlichen Kosten von 7,50 $ pro Stück, die entstehen, wenn Fancy Fabrics den Sonderauftrag über 5.000 Handtücher annimmt, werden **Differenzkosten** oder **relevante Kosten** (*incremental cost*) genannt. Differenzkosten sind zusätzliche Kosten, die aufgewendet werden, um eine zusätzliche Menge eines Kostenobjekts zu erhalten, die über die bereits vorhandene oder geplante Menge hinausgeht. Die Firma könnte diese Kosten vermeiden, wenn sie den Sonderauftrag nicht annehmen würde. Durch den Sonderauftrag entstehen für Fancy Fabrics keine zusätzlichen fixen Herstellkosten, denn die Analyse in Tafel 11.4 geht davon aus, daß die zusätzlichen 5.000 Handtücher mit bereits vorhandenen Produktionskapazitäten hergestellt werden, die andernfalls in den nächsten drei Monaten ungenutzt bleiben werden.

Die Annahme, daß die Entscheidung über den einmaligen Sonderauftrag keine langfristigen Implikationen hat, ist für die hier vorgestellt Analyse von großer Bedeutung. Stellen wir uns zum Beispiel vor, Fancy Fabrics müßte fürchten, daß die Kaufhäuser (die regulären Kunden der Firma) eine Preissenkung fordern werden, wenn das Unternehmen Handtücher zu einem Stückpreis von 11 $ an die Luxushotelkette verkauft. In diesem Fall muß die Analyse für den Hotelauftrag so modifiziert werden, daß sie neben dem kurzfristigen Nutzen aus der Annahme des Auftrags auch die langfristigen Konsequenzen für das Geschäft und die Rentabilität von Fancy Fabrics berücksichtigt.

Tafel 11.4

Fancy Fabrics: Vergleich der Gewinn- und Verlustpläne für August im Deckungsbeitragsformat

	Ohne Sonderauftrag 30.000 Stück		Mit Sonderauftrag 35.000 Stück	Differenz 5.000 Stück
	pro Stück (in $)	insgesamt (in $)	insgesamt (in $)	insgesamt (in $)
Absatz	20,00 $	600.000 $	655.000 $	55.000 $[a]
Variable Kosten:				
var. Herstellkosten	7,50 $[b]	225.000 $	262.500 $	37.500 $[c]
var. Marketingkosten	5,00 $	150.000 $	150.000 $	– [d]
Summe var. Kosten	12,50 $	375.000 $	412.500 $	37.500 $
Deckungsbeitrag	7,50 $	225.000 $	242.500 $	17.500 $
Fixkosten:				
Herstellfixkosten	4,50 $[e]	135.000 $	135.000 $	– [f]
Marketingfixkosten	2,00 $	60.000 $	60.000 $	– [f]
Summe Fixkosten	6,50 $	195.000 $	195.000 $	–
Betriebserfolg	1,00 $	30.000 $	47.500 $	17.500 $

a. 5.000 × 11,00 $ = 55.000 $
b. Variable Herstellkosten = Materialeinzelkosten, 6 $ + Fertigungslöhne, 0,50 $ + Herstellgemeinkosten, 1 $ = 7,50 $
c. 5.000 × 7,50 $ = 37.500 $
d. Für den einmaligen Sonderauftrag über 5.000 Stück würden keine variablen Marketingkosten entstehen.
e. Fixe Herstellkosten = Fertigungslöhne, 1,50 $ + Herstellgemeinkosten, 3 $ = 4,50 $
f. Die Herstellfixkosten und die Marketingfixkosten würden durch den Sonderauftrag ebenfalls nicht berührt.

Stückkosten können in die Irre führen

Stückkostendaten sind bei der Kostenanalyse oft hilfreich. Dennoch können sie die Entscheidungsträger auch in die Irre führen, und zwar auf zweierlei Weise:

1. *Wenn irrelevante Kosten miteinbezogen werden.* Betrachten wir die fixen Fertigungslöhne und Herstellgemeinkosten bei Fancy Fabrics in Höhe von 4,50 $ pro Stück (siehe Tafel 11.4). Es wäre irreführend, sie in die Stückkostenbetrachtung für die Entscheidung über den einmaligen Sonderauftrag miteinzubeziehen. Unter den gegebenen Annahmen sind diese Stückkosten irrelevant und sollten deshalb aus der Rechnung ausgeschlossen werden.

2. *Wenn Stückkosten bei verschiedenen Outputniveaus miteinander verglichen werden.* In der Regel soll man anstelle der Stückkosten lieber die Gesamtkosten verwenden. Danach kann man die Gesamtkosten durch die Stückzahl teilen, falls erwünscht. Maschinenverkäufer zum Beispiel brüsten sich gerne mit den niedrigen Stückkosten beim Gebrauch ihrer neuen Maschinen. Manchmal vergessen sie jedoch dazuzusagen, daß diese Stückkosten auf einer Outputmenge beruhen, die weit über dem gegenwärtigen oder geplanten Outputniveau ihres potentiellen Kunden liegen. Nehmen wir als Beispiel eine neue Maschine, die 100.000 $ kostet, während ihrer Nutzungsdauer 100.000 Mengeneinheiten produzieren kann und keine Entsorgungskosten verursacht. Der Verkäufer könnte in seiner Präsentation die maschinenbezogenen Stückkosten mit 1 $ beziffern. Dieser Betrag ist jedoch falsch, wenn die Firma zum Beispiel während der Nutzungsdauer der Maschine mit einer Nachfrage von insgesamt 50.000 Stück rechnet. Dann wären die Stückkosten 100.000 $: 50.000 = 2 $. Besonders die Verwendung von Fixkosten pro Stück kann bei unterschiedlichen Produktionsniveaus irreführend sein.

Fallstricke bei der Analyse der relevanten Kosten

Eine Falle bei der Analyse der relevanten Kosten ist die Annahme, daß alle variablen Kosten relevant sind. In dem Beispiel von Fancy Fabrics sind die Marketingkosten von 5 $ pro Stück variabel aber nicht relevant, denn für den Sonderauftrag fallen keine zusätzlichen Marketingkosten an.

Eine zweite Fehlerquelle ist die Annahme, daß alle fixen Kosten irrelevant sind. Betrachten wir zum Beispiel die Herstellfixkosten. In unserem Beispiel sind wir davon ausgegangen, daß die zusätzliche Produktion von 5.000 Handtüchern pro Monat die Herstellfixkosten nicht berührt. Das heißt, wir nehmen an, daß der relevante Bereich mindestens von 30.000 bis 35.000 Handtücher pro Monat reicht. Manchmal kann es aber auch vorkommen, daß die zusätzliche Outputmenge die Herstellfixkosten erhöht. Angenommen Fancy Fabrics müßte drei Schichten mit 16.000 Handtüchern pro Schicht fahren, um die volle Kapazität von 48.000 Handtüchern pro Monat zu erreichen. Die Steigerung der monatlichen Produktion von 30.000 auf 35.000 Stück würde dann für einen Teil der Zeit eine dritte Schicht erforderlich machen, denn mit nur zwei Schichten könnten nur 32.000 Handtücher produziert werden. Diese zusätzliche

Schicht würde wahrscheinlich die Herstellfixkosten erhöhen und alle zusätzlichen Herstellfixkosten wären für diese Entscheidung relevant.

Die beste Methode, um diese beiden Fallstricke zu vermeiden besteht darin, daß man sich zuerst und vor allem auf das Konzept der Relevanz konzentriert. Bei jedem Posten, der in die Analyse einbezogen wird, muß es sich (1) um für die Zukunft erwartete Kosten oder Erlöse handeln, die sich (2) zwischen den betrachteten Alternativen unterscheiden.

11.4 OUTSOURCING UND DIE WAHL ZWISCHEN EIGENPRODUKTION UND KAUF

Als nächstes betrachten wir Entscheidungssituationen, in denen es darum geht, ob eine Firma ein bestimmtes Teil selbst herstellen oder kaufen sollte. Wie im letzten Abschnitt gehen wir auch hier von ungenutzten Kapazitäten aus.

Outsourcing und ungenutzte Kapazitäten

Outsourcing bedeutet, Güter und Dienstleistungen von Zulieferern außerhalb der Firma einzukaufen, anstatt die selben Güter und Dienstleistungen innerhalb der Firma selbst herzustellen (**Insourcing**). Kodak zum Beispiel produziert seine Filme lieber selbst (Insourcing), beauftragt aber IBM mit der Datenverarbeitung (Outsourcing). Toyota verläßt sich bei einigen Teilen und Komponenten auf externe Anbieter und stellt andere Teile im eigenen Haus her. Bei Entscheidungen über Outsourcing und Insourcing sind die Kosten ein wichtiger Faktor.

Manchmal diktieren qualitative Faktoren die Wahl der Manager zwischen Eigenfertigung und Kauf. So muß zum Beispiel Dell Computers den Pentiumchip für seine PCs von Intel kaufen, weil die Firma weder das Know-how noch die Technologie hat, um den Chip selbst herzustellen. Manchmal kann es sein, daß eine Firma ein Produkt im eigenen Haus herstellt, um die Kontrolle über das Produkt und die Technologie zu behalten. Coca-Cola zum Beispiel will die Formel für sein Konzentrat schützen und stellt es deshalb selbst her. Umfragen zur Unternehmenspraxis zeigen, daß Qualität, Lieferzuverlässigkeit und Kosten bei Entscheidungen über Eigenfertigung oder Kauf die wichtigsten Faktoren sind. In dem Beispiel, das wir im folgenden beschreiben, stehen finanzielle Faktoren im Mittelpunkt der Entscheidung. Uns geht es darum, herauszufinden, welche finanziellen Faktoren relevant sind.

BEISPIEL: Die Firma El Cerrito stellt Thermostate für Privatwohnungen und Industriegebäude her. Thermostate bestehen aus Relais, Schaltern und Ventilen. El Cerrito stellt seine Schalter selbst her. Die Spalten (1) und (2) der folgenden Tabelle enthalten die gegenwärtigen Kosten für den Hochspannungsschalter (HSS) der Firma, basierend auf einer Analyse der verschiedenen Fertigungsaktivitäten:

Jedesmal, wenn eine neue Partie HSS gemacht wird, kommt es zu Aktivitäten in den Bereichen Materialeinkauf, Materialannahme und Maschineneinrichtung. El Cerrito produziert die 10.000 HSS in 25 Partien zu je 400 Stück. Der Kostentreiber für die gemischten Overheadkosten ist die Anzahl der Partien. Die gemischten Overheadkosten bestehen aus Fixkosten von 5.000 $ plus variablen Kosten von 500 $ pro Partie. Daraus errechnen sich die Gesamtkosten mit 5.000 $ + 25 × 500 $ = 17.500 $. Die Firma beginnt mit der Produktion erst, wenn sie einen verbindlichen Kundenauftrag erhalten hat. Die Kunden fordern, daß die Thermostate in kleineren Partien angeboten werden sollen. El Cerrito geht davon aus, daß im nächsten Jahr die 10.000 Stück HSS in 50 Partien zu je 200 Stück gefertigt werden. Die Firma erwartet, daß durch ständige Verbesserungen die Kosten für Materialeinkauf, Materialannahme und Maschineneinrichtung auf 300 $ pro Partie gesenkt werden können. Darüberhinaus sind keine Veränderungen bei den Fixkosten oder den variablen Stückkosten vorgesehen.

Ein anderer Hersteller bietet an, der Firma im kommenden Jahr 10.000 HSS zu einem Preis von 16 $ pro Stück zu verkaufen und sich mit den Lieferterminen nach den Bedürfnissen von El Cerrito zu richten. Soll die Firma das Teil selbst produzieren oder kaufen?

	Gesamtkosten im laufenden Jahr 10.000 Stück (1)	Stückkosten im laufenden Jahr (2) = (1) : 10.000	Erwartete Gesamtkosten im nächsten Jahr 10.000 Stück (3)	Erwartete Stückkosten (4) = (3) : 10.000
Materialeinzelkosten	80.000 $	8,00 $	80.000 $	8 $
Fertigungslöhne	10.000 $	1,00 $	10.000 $	1 $
Variable Herstellgemeinkosten für Strom-, Gas- und Wasserversorgung	40.000 $	4,00 $	40.000 $	4 $
Gemischte Herstellgemeinkosten für Materialeinkauf, -annahme und Maschineneinrichtung	17.500 $	1,75 $	20.000 $	2 $
Fixe Gemeinkosten für Abschreibungen, Versicherungen und Verwaltung	30.000 $	3,00 $	30.000 $	3 $
Summe Herstellkosten	177.500 $	17,75 $	180.000 $	18 $

Die Spalten (3) und (4) der Tabelle zeigen die für das nächste Jahr erwarteten Gesamtkosten und Stückkosten für die Herstellung von 10.000 HSS. Bei den Materialeinzelkosten, den Fertigungslöhnen und den variablen Herstellgemeinkosten, also allen Kosten die von der Produktionsmenge abhängen, wird keine Änderung erwartet, denn El Cerrito plant auch im nächsten Jahr wieder 10.000 Stück herzustellen und zwar zu den gleichen variablen Stückkosten wie im laufenden Jahr. Bei den Kosten für Materialeinkauf, Materialannahme und Maschineneinrichtung wird trotz des unveränderten Fertigungsvolumens eine Steigerung erwartet, weil diese Kosten nicht von der Produktionsmenge sondern von der Anzahl der begonnenen Partien abhängen. Man rechnet mit 5.000 $ + 50 Partien × 300 $ pro Partie = 20.000 $. Die fixen Herstellgemeinkosten werden aller Erwartung nach gleich bleiben. die erwarteten Herstellstückkosten sind damit 18 $. Bei diesen Stückkosten sieht es so aus, als ob die Firma HSS in Zukunft von dem externen Anbieter kaufen sollte, denn die Eigenproduktion scheint teurer zu sein als der Kaufpreis von 16 $ pro Stück. Beim Outsourcing ist jedoch die richtige Entscheidung nur selten offensichtlich. Eine Schlüsselfrage für das Management lautet: Wie hoch ist die Differenz zwischen den relevanten Kosten der beiden Alternativen?

Gehen wir für den Moment davon aus, daß die derzeit für die Produktion von HSS genutzte Kapazität ungenutzt sein wird, wenn die Schalter von außen eingekauft werden. Nehmen wir weiter an, daß die 5.000 $ an fixen Gehältern für das Personal, das sich um Materialeinkauf, Materialannahme und Maschineneinrichtung kümmert, nicht entstehen, wenn die Herstellung von HSS vollkommen aufgegeben wird. Die 30.000 $ Abschreibungs-, Versicherungs- und Verwaltungskosten, bleiben jedoch von der Entscheidung unberührt.

Tafel 11.5 zeigt die Rechnung mit den relevanten Kosten. Bei Eigenproduktion anstelle von Zukauf spart El Cerrito 10.000 $. Anders ausgedrückt: Der Kauf von HSS kostet 160.000 $ aber spart nur 150.000 $ an Produktionskosten. Die Eigenherstellung ist also zu bevorzugen. In Tafel 11.5 sind die fixen Herstellgemeinkosten von 30.000 $ nicht enthalten, weil diese Kosten bei beiden Alternativen gleich und damit irrelevant sind. Alternativ könnte man die 30.000 $ auch bei beiden Wahlmöglichkeiten miteinrechnen, denn diese Kosten fallen an, unabhängig davon, ob die HSS gekauft oder selbst hergestellt werden. Tafel 11.6 enthält die 20.000 $ für Materialeinkauf, Materialannahme und Maschineneinrichtung bei der Alternative Eigenherstellung, nicht jedoch bei der Alternative Kauf. Der Grund liegt darin, daß diese Kosten vermieden werden können, wenn die Eigenproduktion eingestellt wird; damit sind sie relevante Kosten.

Die Zahlen in Tafel 11.5 gelten nur unter der Voraussetzung, daß die nicht mehr benötigten Anlagen ungenutzt bleiben. Wenn das Teil von einem externen Zulieferer gekauft wird, können die freigewordenen Anlagen möglicherweise für andere, profitablere Zwecke genutzt werden. Allgemeiner formuliert kann man sagen, daß es in unserem Beispiel letztlich nicht um die Wahl zwischen Eigenfertigung und Kauf geht, sondern es geht darum, wie die verfügbaren Produktionsmöglichkeiten am besten genutzt werden können.

Tafel 11.5

Relevante Posten für die Entscheidung über Eigenfertigung oder Kauf von HSS bei der Firma El Cerrito

Relevante Posten	Relevante Gesamtkosten		Relevante Stückkosten	
	Eigenfertigung	Kauf	Eigenfertigung	Kauf
Zukauf von HSS		160.000 $		16 $
Materialeinzelkosten	80.000 $		8 $	
Fertigungslöhne	10.000 $		1 $	
Variable Herstellgemeinkosten	40.000 $		4 $	
Fixe Gemeinkosten für Material- einkauf, -annahme und Maschineneinrichtung*	20.000 $		2 $	
Summe relevante Kosten	150.000 $	160.000 $	15 $	16 $
Unterschied zugunsten der Eigen- fertigung von HSS	10.000 $		1 $	

* Alternativ könnten die Abschreibungs-, Versicherungs- und Verwaltungskosten in Höhe von 30.000 $ bei beiden Alternativen mit aufgeführt werden. Sie wären jedoch für die Entscheidung irrelevant.

Die Nutzung von andernfalls brachliegenden Ressourcen kann oft die Rentabilität erhöhen. Nehmen wir als Beispiel das Maschinenreparaturwerk von Beijing Engineering, wo es um die Entscheidung ging, ein bestimmtes Produkt weiterzuführen oder aufzugeben. Der *China Daily* schrieb, die Arbeitskräfte "produzierten fleißig Spritzputzmaschinen", obwohl die Stückkosten über dem Absatzpreis lagen. Nach der üblichen Kalkulationsmethode verursachte die Produktion einer Putzmaschine 1.230 Yuan. Da jedoch der Absatzpreis nur 985 Yuan betrug, bedeutete das einen Verlust von 245 Yuan pro Putzmaschine. Dennoch wird die Produktion fortgesetzt, um die Marktnachfrage zu befriedigen. Arbeitskräfte und Maschinen wären sonst ohne Beschäftigung, und die Fabrik hätte weiterhin Ausgaben in Höhe von 759 Yuan, auch wenn keine Spritzputzmaschinen produziert würden. Obwohl die Produktion dieser Maschinen ein Verlustgeschäft ist, trägt sie kurzfristig tatsächlich dazu bei, den Betriebsverlust der Firma zu reduzieren.

CHEVRON UND BRITISH PETROLEUM – KONKURRENTEN AUF DEM ÖLFELD ABER PARTNER BEIM OUTSOURCING DER ZULIEFERLOGISTIK

Chevron und British Petroleum, zwei Konkurrenten in der Ölbranche, haben sich beim Outsourcing ihrer Logistikfunktionen zusammengetan. Sie sind eine strategische Allianz mit GATX Logistics eingegangen, um von dieser Firma Reifen, Batterien und Zubehör für die 6.500 Chevron- und BP-Tankstellen im ganzen Land zu beziehen. Durch diese gemeinsame Bemühung sind Chevron und BP in der Lage, ihre Vertriebszentren für Reifen, Batterien und Zubehör um mehr als 60 % zu reduzieren und die Wirtschaftlichkeit von Transport, Personalwesen und anderen Vertriebsaktivitäten zu erhöhen. Durch das gemeinsame Outsourcing konnten sowohl die Kosten gesenkt als auch der Service verbessert werden.

Wenn eine Tankstelle von British Petroleum oder Chevron Reifen, Batterien oder Zubehör braucht, gibt sie bei ihrer jeweiligen Firmenzentrale eine Bestellung auf. Die Firma schickt die Bestellung jeden Nachmittag auf elektronischem Weg an das GATX-System. GATX benutzt eine ausgefeilte Software zur Bestimmung der Transportrouten und übermittelt den Auftrag auf elektronischem Weg an eines von fünf Vertriebszentren in den Vereinigten Staaten. Am nächsten Tag werden die georderten Waren auf einen der 100 Lastwagen von GATX gepackt. Einen Tag später beliefert der Lastwagen die Tankstellen, die auf seiner ausgearbeiteten Route liegen.

Welchen Nutzen haben Chevron und BP von diesem Arrangement? Die Manager beider Firmen argumentieren, daß die Zusammenarbeit mit einer Spezialfirma für Logistik und Vertrieb effizienter und wirtschaftlicher ist, weil GATX Zugang zu besseren Vertriebssystemen und damit auch Skalenvorteile hat. Man ist sich darüber einig, daß das Outsourcing-Arrangement die Transportkosten um mindestens 25 % reduziert hat, eine Einsparung, die im zweistelligen Millionenbereich liegt. Und schließlich sind dadurch die Lieferfristen verkürzt worden.

Quelle: Aus *Purchasing*, 24. November 1994, S. 41 f.

Konzepte und ihre Umsetzung .

11.5 OPPORTUNITÄTSKOSTEN, OUTSOURCING UND KAPA- ZITÄTSENGPÄSSE

Betrachten wir noch einmal das Beispiel der Firma El Cerrito, bei dem wir davon aus-gegangen sind, daß die derzeit für die Produktion von HSS genutzte Kapazität bei ei-ner Entscheidung für Outsourcing stillgelegt würde. Nehmen wir nun stattdessen an, daß El Cerrito für diese Produktionskapazitäten alternative Verwendungsmöglichkei-ten hat. Die beste verfügbare Alternative besteht darin, pro Jahr 5.000 Standardschal-ter (StS) für die Terrence Corporation herzustellen. John Marquez, der Leiter des Rechnungswesens bei El Cerrito, rechnet in diesem Fall mit den folgenden Erlösen und Kosten:

Erwartete zusätzliche Erlöse		80.000 $
Erwartete zusätzliche Kosten		
Fertigungsmaterial	30.000 $	
Fertigungslöhne	5.000 $	
Variable Gemeinkosten (Strom, Gas und Wasser)	15.000 $	
Gemeinkosten für Materialeinkauf, -annahme und Maschineneinrichtung	5.000 $	
Summe erwartete zusätzliche Kosten		55.000 $
Erwarteter zusätzlicher Betriebsgewinn		25.000 $

Da El Cerrito nicht HSS und StS gleichzeitig produzieren kann, hat das Management drei Alternativen zur Wahl:

1. Eigenfertigung von HSS und keine Produktion von StS für Terrence.

2. Kauf von HSS und keine Produktion von StS für Terrence.

3. Kauf von HSS und Nutzung der freigewordenen Kapazität zur Produktion von StS für Terrence.

Teil A der Tafel 11.7 faßt die zusätzlich erwarteten zukünftigen Kosten und Erlöse für *alle* Alternativen zusammen. Die bevorzugte Alternative ist der Kauf von HSS und die Nutzung der freigewordenen Kapazität zur Produktion von StS, die an die Firma Ter-rence verkauft werden. Die Differenzkosten beim Kauf von HSS von einem externen Zulieferer sind höher als die Differenzkosten der Eigenfertigung von HSS (160.000 $ beim Kauf versus 150.000 $ bei der Eigenproduktion). Aber die durch das Outsour-cing freigewordene Kapazität ermöglicht es El Cerrito, durch die Produktion und den Verkauf von HS einen zusätzlichen Betriebsgewinn von 25.000 $ zu erwirtschaften (zusätzlich erwartete zukünftige Erlöse von 80.000 $ minus zusätzlich erwartete zukünftige Kosten von 55.000 $). Bei dieser Alternative beträgt die Summe der relevanten Kosten 160.000 $ - 25.000 $ = 135.000 $.

Tafel 11.6

Outsourcing-Entscheidung bei El Cerrito: Vergleich der relevanten Kosten aller Alternativen und Opportunitätskostenansatz

A: Vergleich der relevanten Kosten für alle Alternativen

	Alternativen für El Cerrito		
Relevante Posten	Eigenfertigung von HSS, keine StS	Kauf von HSS, keine StS	Kauf von HSS, Produktion von StS
Summe der Differenzkosten bei Eigenproduktion bzw. Kauf von HSS (aus Tafel 11.5)	150.000 $	160.000 $	160.000 $
zusätzlicher Gewinn durch StS	0 $	0 $	(25.000) $
Summe der relevanten Kosten	150.000 $	160.000 $	135.000 $

B: Opportunitätskostenansatz

	Alternativen für El Cerrito	
Relevante Posten	Eigenfertigung von HSS	Kauf von HSS
Summe der Differenzkosten bei Eigenproduktion bzw. Kauf von HSS (aus Tafel 11.5)	150.000 $	160.000 $
Opportunitätskosten: Entgangener Gewinn, weil Kapazitäten nicht für die nächstbeste Alternative (Produktion von StS) genutzt werden können	25.000 $	0 $
Summe relevante Kosten	175.000 $	160.000 $
Differenz zugunsten des Kaufs von HSS	15.000 $	

Die Entscheidung, eine Ressource auf eine bestimmte Weise zu nutzen, bedeutet, daß der Manager auf alternative Nutzungsmöglichkeiten verzichtet. Die entgangene Möglichkeit kann man als Kosten interpretieren, die der Manager bei seiner Entscheidung in Rechnung stellen muß. **Opportunitätskosten** sind der Gewinn, auf den man verzichtet, weil man eine beschränkte Ressource nicht ihrer zweitbesten alternativen Nutzung zuführt.

Teil B der Tafel 11.6 zeigt den Opportunitätskostenansatz für die Analyse der Alternativen, mit denen die Firma El Cerrito konfrontiert ist. Dabei konzentriert man sich auf die zwei Alternativen Eigenfertigung oder Kauf von HSS. Die Produktion von StS wird nicht explizit in den Vergleich miteinbezogen. Bei der Alternative "Eigenfertigung von HSS" fragt man sich, welche Kosten entstehen, wenn diese Alternative gewählt wird. Sicherlich entstehen Differenzkosten von 150.000 $ für die Fertigung der HSS. Das ist aber nicht alles: Indem El Cerrito die begrenzten Produktionsressourcen für die Fertigung von HSS nutzt, verzichtet die Firma auf die Möglichkeit, durch die Produktion und den Verkauf von StS 25.000 $ zu verdienen. Die relevanten Kosten der Eigenfertigung von HSS sind also die Summe aus den Differenzkosten von 150.000 $ und den Opportunitätskosten von 25.000 $. Als nächstes betrachten wir die Kaufalternative. Die Differenzkosten betragen 160.000 $. Die Opportunitätskosten sind null, denn diese Alternative setzt nicht die Nutzung einer beschränkten Ressource voraus – die Produktionskapazität von El Cerrito steht noch immer zur Verfügung. Teil B führt das Management zur gleichen Schlußfolgerung wie Teil A. Der Kauf von HSS bringt einen Vorteil von 15.000 $ und ist daher zu bevorzugen.

Die beiden Teile der Tafel 11.6 beschreiben zwei konsistente Methoden für die Entscheidungsfindung bei Kapazitätsengpässen. Der Vergleich aller Alternativen in Teil A enthält nur die Differenzkosten und -nutzen aber keine Opportunitätskosten. Der Grund liegt darin, daß der zusätzliche Nutzen aus der Produktion von StS als eigene Alternative explizit in Erscheinung tritt. In Teil B wird dieser Nutzen stattdessen als entgangener Nutzen der Alternative "Eigenfertigung von HSS" aufgeführt. In Teil B kommt die Idee zum Ausdruck, daß bei beschränkten Kapazitäten die relevanten Kosten gleich der Summe aus den Differenzkosten und den Opportunitätskosten sind.

Opportunitätskosten werden in formalen Finanzberichten nur selten erwähnt, denn sie sind nicht mit Ein- oder Auszahlungen verbunden. Im Rechnungswesen beschränkt man die systematische Kostenerfassung auf solche Kosten, die gegenwärtig oder in naher Zukunft zu Ausgaben führen. Das historische Berichtswesen enthält nur die gewählten, aber nicht die verworfenen Alternativen, denn die letzteren führen nicht zu Transaktionen, die aufgezeichnet werden könnten. Würde zum Beispiel El Cerrito sich für die Eigenproduktion von HSS entscheiden, so würde die Firma keine StS herstellen und keine Geschäftsvorgänge im Zusammenhang mit StS verbuchen. Dennoch sind die Opportunitätskosten der Eigenfertigung von HSS, nämlich der durch den Verzicht auf die Produktion von StS entgangene Gewinn, ein entscheidender Informationsinput für die Wahl zwischen Eigenfertigung und Kauf. Betrachten wir noch einmal Tafel 11.6, Teil B. Allein aufgrund der Differenzkosten, also derjenigen Kosten, die im Rechnungswesen systematisch erfaßt werden, ist es für El Cerrito kostengünstiger, HSS selbst herzustellen. Erkennt man jedoch die Opportunitätskosten von 25.000 $, so kommt man zu der Schlußfolgerung, daß der Kauf von HSS vorzuziehen ist.

Angenommen El Cerrito hat genügend freie Kapazitäten, um StS (oder irgendein anderes Teil) auch dann herzustellen, wenn die Firma sich für die Eigenfertigung von HSS entscheidet. Unter dieser Voraussetzung sind die Opportunitätskosten der Herstellung von HSS gleich null. Das liegt daran, daß El Cerrito nichts aufgeben muß, um HSS herzustellen. Berücksichtigt man in Teil B der Tafel, daß die Opportunitätskosten unter diesen Bedingungen null sind, so folgt daraus, daß El Cerrito sich für die Eigenfertigung von HSS entscheiden würde.

Unsere Analyse stützt sich auf rein quantitative Überlegungen. Bei der letztendlichen Entscheidung sollten jedoch auch qualitative Faktoren berücksichtigt werden. Bevor die Firma sich zum Kauf von HSS entscheidet, wird sie zum Beispiel die Reputation des Zulieferers in bezug auf Qualität und Zuverlässigkeit bei der Einhaltung von Lieferterminen überprüfen.

Lagerhaltungskosten

Die Entscheidung der Garvey Corporation über die Bestellung von Fertigungsmaterial ist ein weiteres Beispiel für die Anwendung des Konzepts der Opportunitätskosten. Garvey verfügt über genügend Geldmittel, um beliebige Mengen an Fertigungsmaterial einzukaufen.

Geschätzter jährlicher Bedarf an Fertigungsmaterial	120.000 Pounds
Kosten pro Pound für Bestellungen von weniger als 120.000 Pounds	10,00 $
Kosten pro Pound für Bestellungen von 120.000 Pounds oder mehr; 10,00 $ minus 2 % Rabatt	9,80 $
Alternativen, die in Frage kommen:	
A. Kauf von 120.000 Pounds zu Beginn des Jahres	
B. Kauf von 10.000 Pounds pro Monat	
Durchschnittliche Lagerinvestition	
A. (120.000 Pounds × 9,80 $) : 2*	588.000 $
B. (10.000 Pounds × 10,00 $) : 2*	50.000 $
Jährlicher Zinssatz für Staatsanleihen	6 %

* Das Beispiel beruht auf der Annahme, daß das gekaufte Fertigungsmaterial gleichmäßig mit einer Rate von 10.000 Pounds pro Monat verbraucht wird. Wenn das Fertigungsmaterial zu Beginn des Jahres (des Monats) gekauft wird, entspricht die Lagerinvestition im Jahresdurchschnitt den Kosten zu Beginn des Jahres (des Monats) plus den Kosten am Ende des Jahres (des Monats) geteilt durch 2.

Verträge und Opportunitätskosten

Opportunitätskosten sind ein wichtiger Teil der Schadenersatzforderungen bei Rechtsstreitigkeiten im Zusammenhang mit Vertragsbrüchen und Patentverletzungen. Die Inter-Power Development Corporation baut Kraftwerke und verkauft den erzeugten Strom im Rahmen von Stromabnahmeverträgen an Firmen, die über die entsprechenden Vertriebswege und Leitungsnetze verfügen. Inter-Power und Niagara Mohawk haben sich in einen Vertragsstreit verbissen, der damit zu tun hat, daß Niagara Mohawk einen Stromabnahmevertrag für ein im Bau befindliches 200-Megawatt-Kohlekraftwerk von Inter-Power im Staat New York gekündigt hat.[a] Inter-Power verlangt Schadenersatz in einer Größenordnung von 50 Mio. $ für die entstandenen Entwicklungskosten und die Opportunitätskosten, also die Gewinne, die Inter-Power während der Vertragslaufzeit erzielt hätte, wenn das Kraftwerk fertiggebaut worden wäre. Die Firma Niagara Mohawk argumentiert, daß die Kündigung des Vertrags zu ihren vertraglichen Rechten gehört. Der Fall ist noch nicht vor Gericht verhandelt worden.

Die Intel Corporation entwirft und produziert Computerchips (Mikroprozessoren) für PCs. Im Rahmen einer Kooperationsvereinbarung mit Intel stellt die AMD Corporation ebenfalls Chips her, die den Chiptypen 80386 und I486 von Intel sehr ähnlich sind (Klone). 1987 hat Intel diesen Vertrag gekündigt und AMD aufgefordert, die Produktion der Klone nach dem Design von Intel einzustellen. AMD weigerte sich. Intel erhob Klage gegen AMD und machte Schadenersatzforderung in Höhe von 1 Mrd. $ geltend, die Gewinne, die der Firma angeblich entgangen sind, weil AMD ihre Chips weiterhin geklont hat. Auch AMD hat Intel verklagt wegen des Bruchs der ursprünglichen Vereinbarung. Vor kurzem haben beide Firmen den Rechtsstreit beigelegt. AMD hat sich bereit erklärt, einen Nettobetrag von 40 Mio. $ an Intel zu bezahlen für das Recht, die Chips 80386 und I486 zu klonen, nicht jedoch den neueren Pentium-Chip.[b]

In Lieferverträgen wird fast immer versucht, jegliche Haftung für Opportunitätskosten auszuschließen. Die Hersteller von Halbleiteröfen wie etwa Semitherm erklären in ihren Verträgen, daß sie nicht für die entgangenen Gewinne verantwortlich sind, falls die Betriebe der Kunden aufgrund von Funktionsmängeln bei den Öfen stillgelegt werden müssen.

Jenseits von rechtlichen und vertraglichen Dimensionen sind jedoch die Opportunitätskosten ein wichtiger Faktor für jede Firma. Opportunitätskostenüberlegungen sind das Hauptmotiv für Qualität und Lieferpünktlichkeit. Die schlimmste Folge von schlechter Qualität und langen Lieferzeiten sind die entgangenen Gewinne aufgrund von unzufriedenen Kunden und Umsatzverlusten.

---

a. Aus Northeast Power Report, 4. August 1995.
b. Aus Computerworld, 14. März 1994, S. 10 und 16. Januar 1995, S.4.

Konzepte und ihre Umsetzung

Die folgende Tabelle vergleicht die beiden Alternativen.

	Alternative A: Bestellung einmal pro Jahr (1)	Alternative B: Bestellung einmal pro Monat (2)	Differenz (3) = (1) - (2)
Jährliche Einkaufskosten (120.000 × 9,80 $; 120.000 × 10 $)	1.176.000 $	1.200.000 $	(24.000) $
Opportunitätskosten der Lagerhaltung (Zinseinkommen bei Investition in Staatsanleihen: 6 % × 588.000 $; 6 % × 50.000 $)	35.280 $	3.000 $	32.280 $
Relevante Kosten	1.211.280 $	1.203.000 $	8.280 $

Die Opportunitätskosten der Lagerhaltung sind das Einkommen, auf das man verzichtet, indem man dieses Geld nicht anderweitig anlegt. Diese Opportunitätskosten sind nicht in der Buchführung zu finden, denn sie führen nicht zu Ausgaben. Spalte (3) zeigt, daß der Einkauf von 10.000 Pounds pro Monat kostengünstiger ist als der Einkauf von 120.000 Pounds zu Beginn des Jahres, weil die niedrigeren Opportunitätskosten der geringeren Lagerhaltung den Nachteil bei den Einkaufskosten mehr als wettmachen. Dieses Ergebnis paßt zu dem Trend zugunsten kleinerer Lagerbestände, wie er zum Beispiel in Just-in-time-Liefersystemen zum Ausdruck kommt. Bedenkt man weitere Differenznutzen einer geringeren Lagerhaltung wie zum Beispiel niedrigere Versicherungsbeiträge und niedrigere Kosten für den innerbetrieblichen Transport, für die Lagerhaltung selbst, sowie für Veraltung und Bruch, so spricht noch mehr für die Alternative B.

11.6 ENTSCHEIDUNGEN ÜBER DEN PRODUKTMIX BEI BEGRENZTEN KAPAZITÄTEN

Firmen mit Kapazitätsbeschränkungen wie El Cerrito müssen oft Entscheidungen darüber treffen, welche Produkte sie herstellen wollen und in welchen Mengen. In einem Werk, das mehrere Produkte herstellt und unter Vollauslastung arbeitet, geht es oft darum, welchen Produkten Vorrang gegeben werden soll. Diese Entscheidungen haben meist einen kurzen Zeithorizont. So muß zum Beispiel General Mills seinen Produktmix ständig an kurzfristige Schwankungen der Einkaufspreise, der Absatzpreise und der Nachfrage anpassen. In diesem Abschnitt gehen wir davon aus, daß bei kurzfristigen Veränderungen des Produktmix ausschließlich diejenigen Kosten betroffen sind, die von der Produktionsmenge (und der Absatzmenge) abhängen.

Eine Analyse der Deckungsbeiträge pro Stück für die einzelnen Produkte zeigt, welcher Produktmix das Betriebsergebnis maximiert. Betrachten wir Power Recreation, einen Hersteller von Motoren für ein breites Spektrum von Produkten zur kommerziellen und privaten Nutzung. In seinem Werk in Lexington, Kentucky, werden zwei Motoren montiert – ein Snowmobil-Motor und ein Bootsmotor. Folgende Informationen über diese Produkte sind bekannt:

	Snowmobil-Motor	Bootsmotor
Absatzpreis	800 $	1.000 $
Variable Stückkosten	560 $	625 $
Deckungsbeitrag pro Stück	240 $	375 $
Deckungsbeitragsrate	30 %	37,5 %

Auf den ersten Blick scheinen die Bootsmotoren mehr Gewinn abzuwerfen als die Snowmobil-Motoren. Das wichtigste Produkt ist jedoch nicht notwendigerweise dasjenige mit dem höheren Deckungsbeitrag pro Stück oder der höheren Deckungsbeitragsrate. Vielmehr sollten sich die Manager am *höchsten Deckungsbeitrag pro Einheit des Engpaßfaktors*, also des kritischen oder limitierenden Faktors orientieren. Der Engpaßfaktor beschränkt (limitiert) die Produktion oder den Verkauf eines gegebenen Produkts. (Siehe auch Kapitel 19, Theorie der Gewinnmaximierung unter Nebenbedingungen, Seite 667 ff.)

Nehmen wir an, daß täglich nur 600 Maschinenstunden für die Montage von Motoren verfügbar sind. Zusätzliche Kapazitäten können kurzfristig nicht verfügbar gemacht werden. Power Recreation kann so viele Motoren verkaufen, wie die Firma herstellt. Der limitierende Faktor sind also die Maschinenstunden. Man braucht zwei Maschinenstunden um einen Snowmobil-Motor herzustellen und fünf Maschinenstunden, um einen Bootsmotor herzustellen.

	Snowmobil-Motor	Bootsmotor
Deckungsbeitrag pro Motor	240 $	375 $
Maschinenstunden pro Motor	2 Maschinenstunden	5 Maschinenstunden
Deckungsbeitrag pro Maschinenstunde (240 : 2; 375 : 5)	120 $	75 $
Summe der Deckungsbeiträge für 600 Maschinenstunden (120 $ × 600; 75 $ × 600)	72.000 $	45.000 $

Die Herstellung von Snowmobil-Motoren bringt einen höheren Deckungsbeitrag pro Maschinenstunde, und die Maschinenlaufzeit ist in diesem Beispiel der Engpaßfaktor.

Deshalb ist es richtig, den Snowmobil-Motoren Vorrang zu geben. Im Rahmen der Fertigung können aber auch Fertigungsmaterial, Komponenten oder qualifizierte Arbeitskräfte Engpaßfaktoren sein oder auch die Finanzierungs- und Absatzmöglichkeiten. In einem Kaufhaus kann der limitierende Faktor die Ausstellungsfläche sein. Der höchste Deckungsbeitrag pro Einheit des limitierenden Faktors ergibt den maximalen Betriebserfolg.

Wie man sich vorstellen kann, steht in vielen Fällen ein Hersteller oder Einzelhändler vor der Herausforderung, das gesamte Betriebsergebnis für eine Vielzahl von Produkten mit jeweils mehr als einem Engpaßfaktor zu maximieren. Die Bestimmung desjenigen Produktionsplans und derjenigen Produktpalette, die den höchsten Gewinn abwerfen, entspricht im wesentlichen der Maximierung des gesamten Deckungsbeitrags unter vielen Nebenbedingungen. Optimierungstechniken wie zum Beispiel die lineare Programmierung, die im Anhang zu diesem Kapitel erläutert wird, helfen diese komplizierten Probleme zu lösen.

11.7 KUNDENRENTABILITÄT, PROZEßKOSTENRECHNUNG UND RELEVANTE KOSTEN

Oft müssen Firmen auch darüber entscheiden, ob sie bestimmte Kunden neu aufnehmen und andere fallenlassen sollen. Dieser Abschnitt zeigt anhand eines Beispiels die Analyse der relevanten Erlöse und Kosten, wenn im Rahmen der Prozeßkostenrechnung für verschiedene Aktivitäten unterschiedliche Kostentreiber identifiziert werden. Das Kostenobjekt in unserem Beispiel sind die Kunden. Es geht um die Kundenrentabilität bei Allied West, dem Verkaufsbüro von Allied Furniture an der Westküste. Allied Furniture ist eine Großhandelsfirma, die Spezialmöbel vertreibt.

Allied West liefert Möbel an drei örtliche Einzelhändler, Vogel, Brenner und Wisk. Tafel 11.7 zeigt die (repräsentativen) Umsätze und Kosten von Allied West für das Jahr 19_8 aufgeschlüsselt nach Kunden. Zusätzlich sind folgende Informationen über die Kosten einzelner Prozesse auf verschiedenen Ebenen der Kostenhierarchie bekannt:

1. Die Arbeitskosten für Lagerung und Transport von Material hängen von der Anzahl der Möbelstücke ab, die dem jeweiligen Kunden geliefert werden.

2. Möbel für verschiedene Kunden werden in verschiedenen Bereichen des Lagerhauses aufbewahrt. Die Ausrüstungen für die Lagerung und den Transport von Material in einem bestimmten Bereich und die Abschreibungen für diese Ausrüstungen werden mit dem individuellen Kundenkonto identifiziert. Ausrüstungen, die in diesem Bereich nicht gebraucht werden, bleiben ungenutzt. Die Ausrüstungen haben eine Nutzungsdauer von einem Jahr und Entsorgungskosten von null.

3. Allied West schlüsselt die Mietkosten auf die einzelnen Kunden auf je nach dem Lagerraum, der für die von ihnen bestellten Produkte benötigt wird.

4. Die Marketingkosten hängen von der Zahl der Vertreterbesuche beim Kunden ab.

5. Die Bestellkosten variieren mit der Anzahl der eingegangenen Bestellungen, die Lieferkosten mit der Anzahl der Lieferungen.

6. Allied West schlüsselt die fixen allgemeinen Verwaltungskosten nach den jeweiligen Umsätzen auf die Kunden auf.

Tafel 11.7
Kundenrentabilitätsanalyse für Allied West

	Vogel (in $)	Brenner (in $)	Wisk (in $)	Summe (in $)
Absatz	500.000	300.000	400.000	1.200.000
Herstellkosten des Umsatzes	370.000	220.000	330.000	920.000
Lohnkosten im Materialwesen	41.000	18.000	33.000	92.000
Abschreibungen für Ausrüstungen zur Lagerung und zum Transport von Material	10.000	6.000	8.000	24.000
Miete	14.000	8.000	14.000	36.000
Marketingkosten	11.000	9.000	10.000	30.000
Bestellungen und Lieferungen	13.000	7.000	12.000	32.000
Allgemeine Verwaltung	20.000	12.000	16.000	48.000
Summe Betriebskosten	479.000	280.000	423.000	1.182.000
Betriebsergebnis	21.000	20.000	(23.000)	18.000

Relevante Kosten der Beendigung einer Kundenbeziehung

Tafel 11.7 zeigt, daß die Firma mit dem Verkauf an Wisk einen Verlust von 23.000 $ gemacht hat. Der Manager von Allied West sieht die Ursache für diesen Verlust darin, daß Wisk eine große Zahl von Bestellungen mit geringem Volumen getätigt hat, was zu hohen Kosten für die Abwicklung der Bestellungen und Lieferungen, für Lagerung und Transport und für die Marketingaktivitäten führt. Allied West zieht mehrere mögliche Vorgehensweisen in bezug auf das Konto Wisk in Erwägung: Die Senkung der eigenen Kosten im Zusammenhang mit Wisk durch Steigerung der Effizienz, Einschränkung der Leistungen oder Erhöhung der Preise für Wisk, oder aber die Beendigung dieser Kundenbeziehung. In der folgenden Analyse geht es darum, welchen Einfluß die Beendigung der Kundenbeziehung auf das Betriebsergebnis hätte.

Die Schlüsselfrage lautet: Welches sind die relevanten Kosten und die relevanten Erlöse? Die Analyse beruht auf den folgenden Informationen über die Auswirkungen der Reduktion verschiedener Aktivitäten.

1. Durch den Wegfall des Kunden Wisk können die Herstellkosten des Umsatzes, die Lohnkosten im Materialwesen, die Marketingkosten, sowie die Kosten für die Abwicklung von Bestellungen und Lieferungen, die bisher auf dem Konto Wisk entstanden sind, eingespart werden.

2. Der Wegfall des Kunden Wisk bedeutet, daß der Lagerraum, der bisher durch Produkte für diesen Kunden belegt war, sowie die Ausrüstung zum Transport dieser Produkte ungenutzt bleiben.

3. Der Wegfall des Kunden Wisk hat keine Auswirkungen auf die fixen allgemeinen Verwaltungskosten.

Tafel 11.8
Analyse der relevanten Kosten durch den Wegfall des Kunden Wisk

	Gesamterlöse und Gesamtkosten		Umsatzrückgang und Kostenersparnis bei Wegfall des Kunden Wisk
	Wisk halten	Wisk aufgeben	
Absatz	1.200.000 $	800.000 $	(400.000) $
Herstellkosten des Umsatzes	920.000 $	590.000 $	330.000 $
Lohnkosten im Materialwesen	92.000 $	59.000 $	33.000 $
Abschreibungen für Ausrüstungen zur Lagerung und zum Transport von Material	24.000 $	24.000 $	0 $
Miete	36.000 $	36.000 $	0 $
Marketingkosten	30.000 $	20.000 $	10.000 $
Bestellungen und Lieferungen	32.000 $	20.000 $	12.000 $
Allgemeine Verwaltung	48.000 $	48.000 $	0 $
Summe Betriebskosten	1.182.000 $	797.000 $	385.000 $
Betriebsergebnis	18.000 $	3.000 $	(15.000) $

Tafel 11.8 enthält die Berechnung der relevanten Kosten. Das Betriebsergebnis von
Allied West wird um 15.000 $ zurückgehen, wenn der Kunde Wisk wegfällt. Deshalb
beschließt die Firma, den Kunden zu halten. Die letzte Spalte in Tafel 11.8 zeigt, daß
die Kosteneinsparungen durch die Beendigung der Geschäftsbeziehungen zur Firma
Wisk in Höhe von 385.000 $ nicht ausreichen, um den Umsatzverlust von 400.000 $
zu kompensieren. Der Hauptgrund liegt darin, daß sich die Kosten für Abschreibung,
Miete und allgemeine Verwaltung nicht verändern, wenn ein Kunde wegfällt.

Stellen wir uns nun vor, daß Allied West den freigewordenen Lagerraum an die
Sanchez Corporation vermieten könnte, die dafür 20.000 $ pro Jahr geboten hat. Dann
wären diese 20.000 $ die Opportunitätskosten der Aufrechterhaltung der bisherigen
Dienstleistungen für Wisk. Die Firma könnte durch die Beendigung der Beziehungen
zu Wisk 5.000 $ zusätzlichen Gewinn machen (20.000 $ Mieteinnahmen minus
15.000 $ entgangener Gewinn). Bevor eine abschließende Entscheidung getroffen
wird, muß Allied West untersuchen, ob die Zusammenarbeit mit Wisk profitabler gestaltet werden kann, so daß dadurch ein größerer Gewinn erzielt werden könnte als
durch die Vermietung an Sanchez. Die Firma muß auch qualitative Überlegungen einbeziehen, so etwa die Frage, wie sich die Entscheidung auf ihren Ruf in bezug auf die
Entwicklung stabiler, langfristiger Geschäftsbeziehungen auswirken könnte.

Die relevanten Kosten der Aufnahme eines neuen Kunden

Betrachten wir den Fall, daß Allied West zusätzlich zu Vogel, Brenner und Wisk einen
vierten Kunden, Loral, aufnehmen könnte und die Auswirkungen dieses Schritts auf
das Betriebsergebnis zu bewerten hat. Die Firma hat bereits Mietkosten in Höhe von
36.000 $ für das Lagerhaus und allgemeine Verwaltungskosten in Höhe von 48.000 $.
Diese Kosten werden unverändert bleiben, wenn Loral als neuer Kunde hinzukommt.
Loral ist ein Kunde mit einem ähnlichen Profil wie Wisk. Angenommen Allied West
erwartet, daß die übrigen Erlöse und Kosten aus der Geschäftsbeziehung mit Loral denen in der Spalte des Kunden Wisk in Tafel 11.7 entsprechen werden. Sollte die Firma
Loral als Kunden aufnehmen? Tafel 11.9 zeigt, daß die Differenzerlöse um 7.000 $
über den Differenzkosten liegen. Allied wird sich also für den neuen Kunden entscheiden. Wichtig ist, daß die Kosten für die Anschaffung neuer Transportausrüstungen
(Abschreibungen von 8.000 $ in Tafel 11.9) hier als relevante Kosten miteinbezogen
werden müssen. Der Grund ist, daß diese Kosten vermieden werden können, wenn die
Firma sich gegen Loral entscheidet. Man beachte den entscheidenden Unterschied:
Bei der Entscheidung, ob ein Kunde fallengelassen werden soll, sind die Abschrei-
bungskosten (als vergangene Kosten) irrelevant; dagegen sind die Anschaffungskosten für neue Ausrüstungen, die dann in der Zukunft als Abschreibungen verbucht
werden, relevant für die Entscheidung, ob ein neuer Kunde aufgenommen werden soll.

Tafel 11.9
Analyse der relevanten Kosten durch die Aufnahme des Kunden Loral

	Gesamterlöse und Gesamtkosten		Differenzerlös und Differenzkosten durch die Aufnahme des Kunden Loral
	Loral aufnehmen	Loral nicht aufnehmen	
Absatz	1.200.000 $	1.600.000 $	400.000 $
Herstellkosten des Umsatzes	920.000 $	1.250.000 $	(330.000) $
Lohnkosten im Materialwesen	92.000 $	125.000 $	(33.000) $
Abschreibungen für Ausrüstungen zur Lagerung und zum Transport von Material	24.000 $	32.000 $	(8.000) $
Miete	36.000 $	36.000 $	0 $
Marketingkosten	30.000 $	40.000 $	(10.000) $
Bestellungen und Lieferungen	32.000 $	44.000 $	(12.000) $
Allgemeine Verwaltung	48.000 $	48.000 $	0 $
Summe Betriebskosten	1.182.000 $	1.575.000 $	393.000 $
Betriebsergebnis	18.000 $	25.000 $	7.000 $

11.8 DIE IRRELEVANZ VERGANGENER KOSTEN UND ENTSCHEIDUNGEN ÜBER ERSATZINVESTITIONEN

Die Beispiele in diesem Kapitel haben gezeigt, daß die erwarteten zukünftigen Kosten, die bei allen Alternativen gleich sind, als irrelevant betrachtet werden können. Nun wenden wir uns noch einmal dem Gedanken zu, daß alle vergangenen Kosten irrelevant sind.

Nehmen wir als Beispiel eine Ersatzinvestition. Hier muß der **Buchwert** (Anschaffungskosten minus akkumulierte Abschreibungen) der vorhandenen Ausrüstungsgegenstände als irrelevante Kosten behandelt werden. Angenommen die Toledo Company denkt darüber nach, ob eine Metallschneidemaschine für Flugzeugteile durch ein technisch fortschrittlicheres Modell ersetzt werden soll. Die neue Maschine hat die Fähigkeit, automatische Qualitätstests durchzuführen und ist effizienter als die alte. Sie hat jedoch auch eine kürzere Nutzungsdauer. Die Toledo Company benutzt die lineare Abschreibungsmethode. Der Absatz von Flugzeugteilen (1,1 Mio. $ pro

Jahr) wird durch die Entscheidung über die Ersatzinvestition nicht berührt. Die folgende Übersicht enthält die bekannten Daten über die vorhandene Maschine und die Ersatzmaschine:

	Vorhandene Maschine	Ersatzmaschine
Anschaffungskosten	1.000.000 $	600.000 $
Nutzungsdauer	5 Jahre	2 Jahre
Gegenwärtiges Alter	3 Jahre	0 Jahre
Verbleibende Nutzungsdauer	2 Jahre	2 Jahre
Akkumulierte Abschreibungen	600.000 $	noch nicht erworben
Buchwert	400.000 $	noch nicht erworben
Gegenwärtiger Wiederverkaufspreis	40.000 $	noch nicht erworben
Entsorgungskosten in 2 Jahren	0 $	0 $
Jährliche Betriebskosten (Wartung, Energieverbrauch, Reparaturen, Kühlmittel usw.)	800.000 $	460.000 $

Wir konzentrieren uns auf das zentrale Konzept der Relevanz und ignorieren den Zeitwert des Geldes bei dieser Rechnung.

Tafel 11.10 zeigt einen Kostenvergleich für die beiden Maschinen. Manche Manager würden die alte Maschine nicht ersetzen, denn damit ist die Anerkennung eines "Verlusts bei Entsorgung" von 360.000 $ verbunden (400.000 $ Restbuchwert minus 40.000 $ Verkaufspreis); behält man die Maschine, so kann man den Buchwert als Abschreibung über die nächsten zwei Jahre verteilen (Abschreibung klingt viel besser als Verlust bei Entsorgung).

Wir können unsere Definition der Relevanz auf vier Posten anwenden, die bei Entscheidungen über Ersatzinvestitionen häufig eine Rolle spielen:

1. *Restbuchwert der alten Maschine.* Irrelevant, denn es handelt sich um vergangene (historische) Kosten. Alle vergangenen Kosten sind "den Bach hinunter". Was schon ausgegeben worden ist oder was schon passiert ist, kann durch nichts mehr rückgängig gemacht werden.

2. *Gegenwärtiger Wiederverkaufspreis der alten Maschine.* Relevant, denn das ist eine erwartete zukünftige Einnahme, die nur bei einer der beiden Alternativen entstehen wird.

3. *Gewinn oder Verlust bei Entsorgung.* Das ist die algebraische Differenz zwischen den Posten 1 und 2. Es ist eine bedeutungslose Kombination zweier Werte, die lediglich den Unterschied zwischen dem irrelevanten Restbuchwert und dem relevanten Wiederverkaufspreis verwischt. Jeder Posten sollte gesondert betrachtet werden.

4. *Kosten der neuen Maschine.* Relevant, weil es sich dabei um eine erwartete zukünftige Ausgabe handelt, die nur bei einer der beiden Alternativen entstehen wird.

Tafel 11.10

Kostenvergleich mit relevanten und irrelevanten Posten für die Entscheidung über die Ersatzinvestition bei der Toledo Company

	Kosten und Erlöse der beiden nächsten Jahre		
	Behalten	**Ersetzen**	**Differenz**
Erlös	2.200.000 $	2.200.000 $	–
Betriebskosten			
Betriebsausgaben für die Maschine	1.600.000 $	920.000 $	680.000 $
Restbuchwert der alten Maschine			
Jährliche Abschreibung oder	400.000 $	–	–
Einmalige Abschreibung	–	400.000 $*	
Gegenwärtiger Wiederverkaufswert der alten Maschine	–	(40.000) $*	40.000 $
Jährliche Abschreibung der Anschaffungskosten für die neue Maschine	–	600.000 $	(600.000) $
Summe Betriebskosten	2.000.000 $	1.880.000 $	120.000 $
Betriebsergebnis	200.000 $	320.000 $	120.000 $

* In einer offiziellen Gewinn- und Verlustrechnung würden diese beiden Posten als "Verlust bei Entsorgung der Maschine" zusammengefaßt.

Tafel 11.10 sollte diese vier Behauptungen bestätigen. Die letzte Spalte zeigt, daß der Buchwert der alten Maschine die beiden Alternativen nicht voneinander unterscheidet und bei der Entscheidungsfindung vollständig ignoriert werden könnte. Unabhängig davon, wann diese Kosten von den Erlösen abgezogen werden, ist der Gesamtbetrag immer 400.000 $, denn es handelt sich um vergangene (historische) Kosten. Man beachte, daß der Vorteil durch die Ersatzinvestition für beide Jahre zusammen 120.000 $ ausmacht.

In beiden Fällen wird der Restbuchwert der alten Maschine abgeschrieben mit letztendlich der gleichen Wirkung auf das Betriebsergebnis. Die 400.000 $ gehen in die Gewinn- und Verlustrechnung entweder als einmalige Abschreibung ein, gegen die der Erlös in Höhe von 40.000 $ aufgerechnet wird, so daß sich im laufenden Jahr ein

Verlust bei Entsorgung in Höhe von 360.000 $ ergibt, oder sie werden als jährliche Abschreibung in Höhe von je 200.000 $ auf die nächsten zwei Jahre verteilt. Wie sie in der Gewinn- und Verlustrechnung erscheinen, ist jedoch für die Entscheidung über die Ersatzinvestition irrelevant. Im Gegensatz dazu sind die Anschaffungskosten von 600.000 $ für die neue Maschine relevant, denn sie können vermieden werden, wenn man sich entscheidet, die alte Maschine nicht zu ersetzen.

Vergangene Kosten, die durch nichts mehr geändert werden können, werden manchmal auch als **versunkene Kosten** (*sunk costs*) bezeichnet. In unserem Beispiel hat die alte Ausrüstung einen Buchwert von 400.000 $ und einen gegenwärtigen Wiederverkaufswert von 40.000 $. In diesem Fall sind die gesamten 400.000 $ versunkene Kosten, denn sie stellen eine Ausgabe dar, die in der Vergangenheit getätigt worden ist und nicht mehr verändert werden kann. Vergangene Kosten und versunkene Kosten sind also synonyme Begriffe.

Tafel 11.11 enthält ausschließlich die relevanten Posten. Man beachte, daß man zum gleichen Ergebnis kommt (120.000 $ Nettodifferenz), obwohl der Restbuchwert aus der Berechnung völlig ausgeklammert worden ist. Die einzigen relevanten Posten sind die Betriebsausgaben für die beiden Maschinen, der Wiederverkaufspreis der alten Maschine und die Anschaffungskosten für die neue Maschine (in Tafel 11.11 als Abschreibung dargestellt).

Tafel 11.11
Kostenvergleich mit ausschließlich relevanten Posten für die Entscheidung über die Ersatzinvestition bei der Toledo Company

	Relevante Kosten der beiden nächsten Jahre		
	Behalten	Ersetzen	Differenz
Betriebsausgaben für die Maschine	1.600.000 $	920.000 $	680.000 $
Gegenwärtiger Wiederverkaufswert der alten Maschine	–	(40.000) $	40.000 $
Jährliche Abschreibung der Anschaffungskosten für die neue Maschine	–	600.000 $	(600.000) $
Summe relevante Kosten	1.600.000 $	1.480.000 $	120.000 $

Entscheidungsträger haben unterschiedliche Präferenzen in bezug auf die Darstellungsformate in den Tafeln 11.10 und 11.11. Manche bevorzugen das Format in Tafel 11.10, denn es zeigt, warum manche Posten für die Entscheidung irrelevant sind. Andere Manager verwenden lieber das Format in Tafel 11.11, weil es knapp und prägnant ist.

11.9 ENTSCHEIDUNGEN UND LEISTUNGSBEWERTUNG

Betrachten wir unsere Entscheidung über die Ersatzinvestition im Licht der in Tafel 11.1 (Seite 361) dargestellten Abfolge von fünf Schritten.

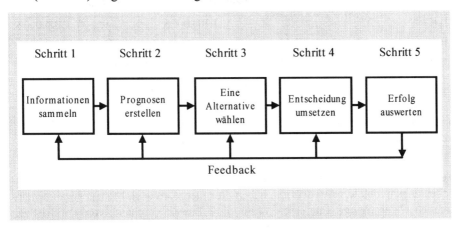

Wenn das Entscheidungsmodell (Schritt 3) vorsieht, daß man diejenige Alternative wählt, welche die Gesamtkosten über die Nutzungsdauer der Ausrüstung minimiert, dann erzwingt die Analyse in den Tafeln 11.10 und 11.11 die Alternative "Ersetzen" anstelle von "Behalten". Würde ein Manager aber im wirklichen Leben ebenfalls die alte Maschine ersetzen? Die Antwort hängt davon ab, ob der Manager das Gefühl hat, daß das Entscheidungsmodell mit den Regeln für die Bewertung der Managementleistung (Schritt 5) übereinstimmt.

Manager favorisieren tendenziell diejenige Alternative, die ihre Leistung am besten aussehen läßt. Wenn das Modell der Leistungsbewertung zum Entscheidungsmodell im Widerspruch steht, hat Ersteres oft einen größeren Einfluß auf das Verhalten des Managers. Das Entscheidungsmodell in Tafel 11.10 zum Beispiel, das auf einer Analyse der relevanten Kosten über die Nutzungsdauer der beiden Maschinen beruht, favorisiert die Ersatzinvestition. Wenn aber die Beförderung oder die Leistungsprämie des Managers vom Betriebserfolg des ersten Jahres bei periodengerechter Aufwands- und Ertragsrechnung abhängt, wird für den Manager die Versuchung, die alte Maschine nicht zu ersetzen, überwältigend sein. Bei periodengerechter Buchführung ist nämlich das Betriebsergebnis des ersten Jahres höher, wenn man die alte Maschine behält, wie die folgende Tabelle zeigt:

Ergebnis des ersten Jahres bei periodengerechter Buchführung

	Behalten		Ersetzen
Erlös		1.100.000 $	1.100.000 $
Betriebskosten			
Betriebsausgaben	800.000 $		460.000 $
Abschreibung	200.000 $		300.000 $
Verlust bei Entsorgung	–		360.000 $
Summe Betriebskosten		1.000.000 $	1.120.000 $
Summe relevante Kosten		100.000 $	(20.000) $

Selbst wenn die Ziele des Topmanagements langfristig angelegt (und mit dem Entscheidungsmodell konsistent) sind, haben die untergeordneten Manager wahrscheinlich eher kurzfristige Interessen, wenn ihre Leistung anhand von kurzfristigen Maßstäben wie dem Betriebsergebnis gemessen wird.

Die Auflösung des Konflikts zwischen dem Entscheidungsmodell und dem Modell der Leistungsbewertung ist in der Praxis oft ein verwirrendes Problem. Theoretisch ist die Lösung offensichtlich – man entwirft einfach konsistente Modelle. Nehmen wir unser Beispiel von der Ersatzinvestition. Die jährlichen Auswirkungen der Ersatzinvestition auf das Betriebsergebnis können über einen Zeitraum von zwei Jahren hinweg geplant werden. Bei der Bewertung des Managers wäre klar, daß man für das erste Jahr ein schlechtes Ergebnis, für das zweite jedoch ein viel besseres erwartet.

Die praktische Schwierigkeit besteht darin, daß Buchführungssysteme selten jeder Entscheidung einzeln nachgehen. Die Leistungsbewertung bezieht sich auf ein Verantwortungszentrum und eine bestimmte Zeitperiode, nicht auf ein Projekt oder einen bestimmten Ausrüstungsgegenstand über seine gesamte Laufzeit bzw. Nutzungsdauer. Deshalb sind die Auswirkungen vieler verschiedener Entscheidungen in einem einzigen Leistungsbericht zusammengefaßt. Durch dieses Berichtssystem wird das Topmanagement selten darauf aufmerksam, daß eine besonders wünschenswerte Alternative von untergeordneten Managern nicht gewählt worden ist.

Es gibt noch einen weiteren Konflikt zwischen dem Entscheidungsmodell und dem Modell der Leistungsbewertung. Angenommen ein Manager kauft eine bestimmte Maschine, um dann zu entdecken, daß stattdessen eine noch bessere Maschine hätte gekauft werden können. Das Entscheidungsmodell könnte zu dem Ergebnis kommen, daß die vorhandene Maschine durch die bessere Maschine ersetzt werden sollte, aber der Manager wird vielleicht trotzdem zögern. Das liegt daran, daß der Ersatz der Maschine so bald nach ihrem Kauf ein schlechtes Licht auf die Fähigkeiten und die Leistung des Managers werfen könnte. Wenn die Vorgesetzten des Managers von der

Existenz der besseren Maschine nichts wissen, kann es sein, daß er die vorhandene Maschine lieber behält, anstatt sie zu ersetzen.

AUFGABE

Wally Lewis ist der Manager der technischen Entwicklungsabteilung von Goldcoast Products, Inc. Lewis hat gerade einen von allen zehn Technikern der Abteilung unterschriebenen Vorschlag erhalten, das existierende Großrechnersystem durch zehn Workstations zu ersetzen. Lewis ist von diesem Vorschlag nicht begeistert.

Die folgende Übersicht enthält die Daten über den Großrechner und die Workstations:

	Großrechner	Workstations
Anschaffungskosten	300.000 $	
Nutzungsdauer	5 Jahre	3 Jahre
Gegenwärtiges Alter	2 Jahre	0 Jahre
Restnutzungsdauer	3 Jahre	3 Jahre
Akkumulierte Abschreibungen	120.000 $	noch nicht erworben
Restbuchwert	180.000 $	noch nicht erworben
Gegenwärtiger Wiederverkaufspreis	95.000 $	noch nicht erworben
Entsorgungskosten in drei Jahren	0 $	0 $
Jährliche Betriebskosten für den Computer	40.000 $	10.000 $
Jährliche Erlöse	1.000.000 $	1.000.000$
Jährliche Betriebskosten anderer Art	880.000 $	880.000 $

Die Jahresprämie von Lewis enthält eine Komponente, die vom Betriebsergebnis der Abteilung abhängt. Er hat im nächsten Jahr die Möglichkeit, zum stellvertretenden Direktor der Gruppe Goldcoast Products aufzusteigen.

1. Vergleichen Sie die Kosten für den Großrechner und die Workstations. Fassen Sie die Ergebnisse für die drei Jahre zusammen, ohne den Zeitwert des Geldes zu berücksichtigen.

2. Warum könnte Lewis zögern, die zehn Workstations zu kaufen?

LÖSUNG

1. Die folgende Tabelle vergleicht alle zukünftigen Kosten der beiden Optionen "Großrechner" und "Workstations":

	Umsätze und Kosten der nächsten drei Jahre		
Alle Posten	**Groß-rechner**	**Work-stations**	**Differenz**
Absatz	3.000.000 $	3.000.000 $	–
Betriebskosten			
Betriebskosten für Computer	2.640.000 $	2.640.000 $	–
andere Betriebskosten	120.000 $	30.000 $	90.000 $
Buchwert des Großrechners			
jährliche Abschreibung oder	180.000 $	–	
einmalige Abschreibung	–	180.000 $	–
Gegenwärtiger Wiederverkaufspreis für den Großrechner	–	(95.000) $	95.000 $
Jährliche Abschreibungen für die Workstations		135.000 $	(135.000) $
Summe Betriebskosten	2.940.000 $	2.890.000 $	50.000 $
Betriebsergebnis	60.000 $	110.000 $	50.000 $

Alternativ kann sich die Analyse auch auf diejenigen Posten beschränken, die bei den beiden Alternativen verschieden sind

	Umsätze und Kosten der nächsten drei Jahre		
Alle Posten	**Groß-rechner**	**Work-stations**	**Differenz**
Betriebskosten für Computer	120.000 $	30.000 $	90.000 $
Gegenwärtiger Wiederverkaufs-preis für den Großrechner	–	(95.000) $	95.000 $
Jährliche Abschreibungen für die Workstations	–	135.000 $	(135.000) $
Summe relevante Kosten	120.000 $	70.000 $	50.000 $

LÖSUNG (FORTSETZUNG)

Die Analyse führt zu dem Ergebnis, daß es kostengünstiger ist, den Groß-rechner durch Workstations zu ersetzen.

2. Bei periodengerechter Aufwands- und Ertragsrechnung führen die Alter-nativen "Großrechner behalten" bzw. "Workstations kaufen" zu den folgen-den Betriebsergebnissen für das erste Jahr

	Großrechner behalten	Workstations kaufen
Absatz	1.000.000	1.000.000 $
Betriebskosten		
Betriebsausgaben für Computer	880.000 $	880.000 $
andere Betriebsausgaben	40.000 $	10.000 $
Abschreibungen	60.000 $	45.000 $
Verlust bei Entsorgung des Großrechners	–	85.000 $*
Summe Betriebskosten	980.000 $	1.020.000 $
Betriebsergebnis	20.000 $	(20.000) $

* 85.000 $ = Buchwert des Großrechners, 180.000 $ - Gegenwärtiger Wiederverkaufs-preis, 95.000 $

Lewis würde wahrscheinlich die Option "Workstations kaufen" verwerfen, weil sie einen erwarteten Betriebsverlust von 20.000 $ bringt, während die Option "Großrechner behalten" zu einem Betriebsgewinn von 20.000 $ führt. Die Entscheidung, die Workstations zu kaufen, würde die erfolgsab-hängige Komponente seiner Jahresprämie auf null setzen. Er fürchtet viel-leicht auch, daß der Betriebsverlust von 20.000 $ seine Beförderungschancen im nächsten Jahr verringert.

ANHANG: LINEARE PROGRAMMIERUNG

Die lineare Programmierung (LP) ist eine Optimierungstechnik, die man verwenden kann, um die Deckungsbeitragssumme (Zielfunktion) bei mehreren gegebenen Ne-benbedingungen zu maximieren. LP-Modelle gehen in der Regel davon aus, daß alle Kosten im Hinblick auf einen einzigen Kostentreiber (die Outputmenge) als variabel oder fix eingestuft werden können. LP-Modelle setzen auch voraus, daß bestimmte andere lineare Annahmen erfüllt sind. Sind diese Voraussetzungen nicht gegeben, so sollten andere Entscheidungsmodelle in Betracht gezogen werden.[47]

Nehmen wir die Firma Power Recreation als Beispiel, die in diesem Kapitel vorgestellt wurde (Seite 379 f.). Angenommen sowohl der Snowmobil-Motor als auch der Bootsmotor müssen auf einer sehr teuren Maschine getestet werden, bevor sie an die Kunden ausgeliefert werden. Die verfügbare Testmaschinenzeit ist begrenzt. Folgende Produktionsdaten sind bekannt:

		Kapazitätsnutzung in Stunden pro Produkteinheit		Maximale Tagesproduktion in Stück	
Abteilung	Verfügbare Tageskapazität	Snowmobil-Motor	Boots-motor	Snowmobil-Motor	Boots-motor
Montage	600 Maschinen-stunden	2,0	5,0	300*	120
Test	120 Teststunden	1,0	0,5	120	240

* Zum Beispiel 600 Maschinenstunden : 2,0 Maschinenstunden pro Snowmobil-Motor = 300, die maximale Anzahl von Snowmobil-Motoren, die die Montageabteilung herstellen kann, wenn sie keine Bootsmotoren produziert.

In Tafel 11.12 sind diese und andere relevante Daten zusammengefaßt. Man beachte, daß der Deckungsbeitrag bei Snowmobil-Motoren 240 $ beträgt, bei Bootsmotoren 375 $. Engpässe beim Fertigungsmaterial für Bootsmotoren begrenzen die Produktion auf 110 Bootsmotoren pro Tag. Wieviele Motoren jedes Typs sollten täglich hergestellt werden, um einen maximalen Betriebsgewinn zu erzielen?

Lösungsschritte bei LP-Aufgaben

Wir verwenden die Daten in Tafel 11.12, um die drei Schritte bei der Lösung eines LP-Problems aufzuzeigen. Im ganzen Anhang steht S für die Anzahl der produzierten Snowmobil-Motoren und B für die Anzahl der produzierten Bootsmotoren.

Schritt 1: Bestimme die Zielfunktion. Die Zielfunktion eines linearen Programms drückt das Ziel aus, das maximiert (zum Beispiel Betriebsergebnis) oder minimiert (zum Beispiel Betriebskosten) werden soll. In unserem Beispiel geht es darum, dieje-

---

[47] Andere Entscheidungsmodelle werden beschrieben in G. Eppen, F. Gould und C. Schmidt, *Quantitative Concepts for Management* (Englewood Cliffs, N.J.: Prentice Hall, 1991); und D. Nahmias, *Production and Operations Analysis* (Homewood, Ill.: Irwin, 1993).

nige Kombination von Produkten zu finden, die die kurzfristige Deckungsbeitragssumme (DBS) maximiert. Die Fixkosten bleiben unverändert, unabhängig davon,
welcher Produktmix gewählt wird, und sind deshalb irrelevant. Die lineare Funktion,
die das zu maximierende Ziel ausdrückt, lautet

$$\text{DBS} = 240 \text{ \$} \times S + 375 \text{ \$} \times B$$

Tafel 11.12
Betriebsdaten der Firma Power Recreation

	Tageskapazität in Stück		Absatz -preis	Variable Stück- kosten	Deckungs- beitrag pro Stück
Produkt	**Montage**	**Test**			
Nur Snowmobil-Motoren	300	120	800 $	560 $	240 $
Nur Bootsmotoren	120	240	1.000 $	625 $	375 $

Schritt 2: Spezifiziere die Nebenbedingungen. Eine Nebenbedingung ist eine mathematische Ungleichung oder Gleichung, welche die Variablen in einem mathemati-
schen Modell erfüllen müssen. In unserem Beispiel müssen die folgenden linearen
Ungleichungen erfüllt sein:

Kapazitätsbeschränkung der Produktionsabteilung	$2S + 5B \leq 600$
Kapazitätsbeschränkung der Testabteilung	$1S + 0,5B \leq 120$
Materialbeschränkung für Bootsmotoren	$B \leq 110$
Ausschluß negativer Produktionszahlen	$S \geq 0 \text{ und } B \geq 0$

Die Koeffizienten der Nebenbedingungen werden auch technische Koeffizienten genannt. So sind zum Beispiel in der Produktionsabteilung die technischen Koeffizienten 2 Maschinenstunden für Snowmobil-Motoren und 5 Maschinenstunden für
Bootsmotoren.

Die drei durchgezogenen Linien in der Graphik in Tafel 11.13 zeigen die Kapazitätsbeschränkungen für die Produktions- und Testabteilungen, sowie die Materialbe-
schränkung.[48] Die möglichen Alternativen sind diejenigen Stückzahlkombinationen
von Snowmobil-Motoren und Bootsmotoren, die alle Nebenbedingungen erfüllen.

---

[48] Ein Beispiel dafür, wie diese Linien in Tafel 11.14 gezeichnet werden: Anstelle der
Ungleichheitszeichen schreibt man Gleichheitszeichen. Angenommen in der Montageabteilung ist $B = 0$; dann gilt $S = 300$ (600 Maschinenstunden : 2 Maschinenstunden
pro Snowmobil-Motor). Für $S = 0$ ist $B = 120$ (600 Maschinenstunden : 5 Maschinenstunden pro Bootsmotor). Man verbindet diese beiden Punkte durch einen gerade
Linie.

Der dunkelgraue Bereich möglicher Lösungen in Tafel 11.14 zeigt die Grenzen der machbaren oder technisch realisierbaren Produktkombinationen.

Tafel 11.13
Lineare Programmierung: Graphische Lösung für Power Recreation

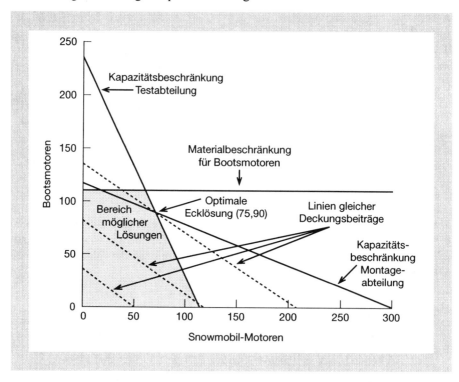

Schritt 3: Berechne die optimale Lösung. Wir stellen zwei Ansätze zur Ermittlung der Optimallösung vor, die Versuch-und Irrtum-Methode und die graphische Metho-de. Diese Methoden sind in unserem Fall einfach anzuwenden, denn es gibt nur zwei Variable in der Zielfunktion und eine geringe Anzahl von Nebenbedingungen. Durch die Beschäftigung mit diesen beiden Methoden gewinnt man ein gutes Verständnis für die lineare Programmierung. In der Praxis wird die Optimallösung einer LP-Anwen-dung jedoch in der Regel mit Hilfe eines Computerprogramms berechnet.[49]

Versuch und Irrtum: Die optimale Lösung kann durch Versuch und Irrtum gefunden werden. Man arbeitet dabei mit den Koordinaten der Ecken des Bereichs möglicher Lösungen. Die Anwendung ist sehr einfach.

Zuerst wählt man irgendeinen Eckpunkt und berechnet die Deckungsbeitragssumme. Fünf Eckpunkte sind in Tafel 11.13 zu sehen. Es ist hilfreich, mit simultanen Glei-chungen zu arbeiten, um die genauen Koordinaten der Punkte zu ermitteln. So kann man zum Beispiel den Punkt ($S = 75$; $B = 90$) ableiten, indem man die beiden dazugehörigen Ungleichungen als simultanes Gleichungssystem löst:

$$2S + 5B = 600 \quad (1)$$
$$1S + 0{,}5B = 120 \quad (2)$$

Man multipliziert (2) mit 2,0 und erhält: $\quad 2S + 1B = 240 \quad (3)$

Man zieht (3) von (1) ab: $\quad\quad\quad\quad 4B = 360$

Deshalb gilt $\quad\quad\quad\quad\quad\quad\quad\quad\quad B = 360 : 4 = 90$

Durch Einsetzen für B in (2) ergibt sich: $\quad 1S + 0{,}5(90) = 120$

$$S = 120 - 45 = 75$$

Für $S = 75$ und $B = 90$ ist DBS = 240 \$ (75) + 375 \$ (90) = 51.750 \$.

Dann bewegt man sich von Eckpunkt zu Eckpunkt und berechnet jedesmal die Deckungsbeitragssumme. Das führt zu folgendem Ergebnis:

Versuch	Eckpunkt (S; B)	Snowmobil-Motoren (S)	Bootsmotoren (B)	Deckungsbeitragssumme
1	(0; 0)	0	0	240 \$ (0) + 375 \$ (0) = 0 \$
2	(0; 110)	0	110	240 \$ (0) + 375 \$ (110) = 41.250 \$
3	(25; 110)	25	110	240 \$ (25) + 375 \$ (110) = 47.250 \$
4	(75; 90)	75	90	240 \$ (75) + 375 \$ (90) = 51.750 \$*
5	(120; 0)	120	0	240 \$ (120) + 375 \$ (0) = 28.800 \$

Der optimale Produktmix ist derjenige, der die höchste Deckungsbeitragssumme erbringt, also 75 Snowmobil-Motoren und 90 Bootsmotoren.

Graphische Methode: Betrachten wir alle möglichen Produktkombinationen, aus denen sich die gleiche Deckungsbeitragssumme von, sagen wir, 12.000 \$ ergibt. Also

$$240 \text{ \$} \times S + 375 \text{ \$} \times B = 12.000 \text{ \$}$$

Diese Menge von Produktkombinationen mit dem Deckungsbeitrag von 12.000 \$ ist in Tafel 11.14 durch die gestrichelte Linie dargestellt, die durch die Punkte ($S = 50$; B

---

[49] Die Versuch-und Irrtum-Methode und die graphische Methode sind zwar bei zwei und möglicherweise auch bei drei Variablen nützlich, bei vielen Variablen jedoch nicht anwendbar. Standard-Softwarepakete beruhen auf der Simplex-Methode. Die *Simplex-Methode* ist ein iteratives Verfahren für die Bestimmung der Optimallösung einer LP-Aufgabe. Sie beginnt mit einer bestimmten möglichen Lösung und testet diese Lösung dann durch Substitution, um herauszufinden, ob das Ergebnis verbessert werden kann. Die Substitution wird so lange fortgesetzt, bis keine weitere Verbesserung mehr möglich ist und die Optimallösung gefunden ist.

= 0) und ($S = 0$ und $B = 32$) verläuft. Weitere Punkte mit gleichen Deckungsbeitragssummen können durch Linien dargestellt werden, die zu dieser parallel verlaufen. In Tafel 11.14 sind drei gestrichelte Linien eingezeichnet. Je weiter die Linien vom Ursprung entfernt sind, umso höher ist die Deckungsbeitragssumme, denn umso mehr Motoren beider Arten werden verkauft.

Die optimale Linie ist diejenige, die vom Ursprung am weitesten entfernt ist, aber immer noch durch einen Punkt im Bereich der möglichen Lösungen verläuft. Diese Linie stellt die höchstmögliche Deckungsbeitragssumme dar. Die Optimallösung ist der Eckpunkt ($S = 75$; $B = 90$). Diese Lösung wird offensichtlich, wenn man ein Lineal auf die Zeichnung legt und es parallel zur 12.000 \$-Linie vom Ursprung weg schiebt. Man schiebt das Lineal so weit vom Ursprung weg wie möglich (um die Deckungsbeitragssumme zu vergrößern), ohne den Bereich realisierbarer Lösungen zu verlassen. Im allgemeinen ist die Optimallösung einer Maximierungsaufgabe der am weitesten vom Ursprung entfernt liegende Eckpunkt des Bereichs der möglichen Lösungen. Schiebt man das Lineal auch nur ein klein wenig über diesen Punkt hinaus, so liegt es außerhalb des Bereichs möglicher Lösungen.

Der Schlüssel zur Optimallösung liegt darin, daß man einen gegebenen Deckungsbeitrag pro Einheit der knappen Ressource durch einen anderen ersetzt. Betrachten wir Tafel 11.14 und bewegen wir uns vom Eckpunkt ($S = 25$; $B = 110$) zum Eckpunkt ($S = 75$; $B = 90$). In der Montageabteilung kann man jeweils einen Bootsmotor gegen 2,5 Snowmobil-Motoren tauschen (5 Maschinenstunden pro Bootsmotor : 2 Maschinenstunden pro Snowmobil-Motor). Die folgende Aufstellung zeigt, daß durch eine solche Substitution der Gewinn erhöht wird.

Deckungsbeitragssumme bei ($S = 25$; $B = 110$):
240 \$ × 25 + 375 \$ × 110   47.250 \$

Zusätzlicher Deckungsbeitrag von Produkt S durch Übergang zum
Eckpunkt ($S = 75$; $B = 90$): (75 - 25) × 240 \$ 12.000 \$

Verlorener Deckungsbeitrag von Produkt B durch Übergang zum
Eckpunkt ($S = 75$; $B = 90$): (110 - 90) × 375   7.500 \$

Netto gewonnener Deckungsbeitrag   4.500 \$

Deckungsbeitragssumme bei ($S = 75$; $B = 90$):
240 \$ × 75 + 375 \$ × 90   51.750 \$

Bei der Bewegung vom Eckpunkt ($S = 25$; $B = 110$) zum Eckpunkt ($S = 75$; $B = 90$) kämpft man mit der Kapazitätsbeschränkung der Montageabteilung. In dieser Abteilung kann man einen Nettovorteil realisieren, wenn man 1 Einheit von B gegen 2,5 Einheiten von S tauscht. Beim Eckpunkt ($S = 25$; $B = 110$) kommt die Kapazitätsbeschränkung der Testabteilung zum Tragen. Es stellt sich die Frage, ob wir uns entlang dieser Beschränkung zum Eckpunkt ($S = 120$; $B = 0$) bewegen sollen. Die Antwort lautet Nein, denn die entsprechende Analyse (die wir hier nicht darstellen) zeigt, daß sich eine solche Bewegung nicht lohnt.

Sensitivitätsanalyse

Welche Implikationen hat die Unsicherheit über die technischen Koeffizienten im LP-Modell? Veränderungen der Koeffizienten wirken sich auf die Steigung der Zielfunktion (die Linien gleicher Deckungsbeiträge) oder auf den Bereich realisierbarer Lösungen aus. Sehen wir uns an, wie eine Erhöhung des Deckungsbeitrags der Snowmobil-Motoren von 240 $ auf 300 $ pro Stück die optimale Lösung beeinflußt. Dabei gehen wir davon aus, daß der Deckungsbeitrag der Bootsmotoren mit 375 $ pro Stück unverändert bleibt. Die revidierte Zielfunktion lautet

$$DBS = 300 \; \$ \times S + 375 \; \$ \times B$$

Berechnen Sie die Deckungsbeitragssumme für jeden der fünf Eckpunkte in der Tabelle auf Seite 397 mit Hilfe von Versuch und Irrtum. Die Optimallösung lautet immer noch ($S = 75$; $B = 90$).

Gehen wir nun davon aus, daß der Deckungsbeitrag der Snowmobil-Motoren niedriger ist als 240 $ pro Stück. Durch Wiederholung der obigen Schritte werden Sie herausfinden, daß die Optimallösung unverändert bleibt, solange der Deckungsbeitrag pro Snowmobil-Motor nicht unter 150 $ fällt. *Große Veränderungen des Deckungsbeitrags pro Snowmobil-Motor haben keine Auswirkungen auf die Optimallösung.*

Was passiert, wenn der Deckungsbeitrag unter 150 $ fällt? Die Optimallösung verschiebt sich dann zum Eckpunkt ($S = 25$; $B = 110$). Snowmobil-Motoren werfen nun einen so geringen Deckungsbeitrag pro Stück ab, daß Power Recreation seinen Produktmix zugunsten von Bootsmotoren verändern wird.

Preisentscheidungen, Produktrentabilität und Kostenmanagement

KAPITEL

Bei Preisentscheidungen geht es darum, welche Preise Manager für die von ihnen angebotenen Produkte und Dienstleistungen verlangen. Der Kürze halber verwenden wir den Ausdruck Preisentscheidungen in diesem Kapitel so, daß auch Entscheidungen über die Rentabilität von Produkten mitinbegriffen sind. Diese Entscheidungen beeinflussen die Erlöse eines Unternehmens, welche die Gesamtkosten übersteigen müssen, wenn man Gewinne erzielen will. Die Bestimmung der Produktkosten ist also für Preisentscheidungen von großer Bedeutung. Es gibt jedoch nicht einen einzigen Weg der Produktkostenberechnung, der für alle Preisentscheidungen gleich relevant ist. Das liegt daran, daß Preisentscheidungen sich in bezug auf ihren Zeithorizont und ihren Kontext stark voneinander unterscheiden. Uns geht es vor allem darum, zu zeigen, wie ein Verständnis für die Kostentreiber und die Muster des Kostenverhaltens zu besseren Preisentscheidungen führen kann, und die Analyse der relevanten Kosten und relevanten Erlöse aus Kapitel 11 auf dieses Problem anzuwenden.

Nach der mikroökonomischen Theorie sollten gewinnmaximierende Unternehmen diejenige Produktmenge herstellen und verkaufen, bei der der Grenzerlös (der zusätzliche Erlös aus dem Verkauf einer zusätzlichen Einheit aufgrund der Nachfrage nach dem Produkt) den Grenzkosten (den zusätzlichen Kosten, die durch das Angebot einer zusätzlichen Produkteinheit entstehen) entspricht. Der Marktpreis ist derjenige Preis, bei dem gerade genügend Nachfrage für diese optimale Menge geschaffen wird. In diesem Kapitel beschreiben wir, wie Manager die Nachfrage bei verschiedenen Preisen bewerten, und wie sie ihre Kosten managen, um das Angebot zu beeinflussen und einen Gewinn zu erwirtschaften.

12.1 HAUPTEINFLUßFAKTOREN DER PREISENTSCHEIDUNG

Es gibt drei Haupteinflußfaktoren für Preisentscheidungen: die Kunden, die Konkurrenz und die Kosten.

Kunden: Manager müssen Preissetzungsprobleme immer durch die Augen ihrer Kunden betrachten. Eine Preiserhöhung kann dazu führen, daß die Kunden das Produkt einer Firma ablehnen und stattdessen ein Konkurrenz- oder Substitutionsprodukt wählen.

Konkurrenz: Die Reaktionen der Konkurrenten haben ebenfalls einen Einfluß auf die Preisentscheidungen. Im einen Extremfall kann es sein, daß die Preise und Produkte eines Konkurrenten eine Firma zwingen, ihre Preise zu senken, um wettbewerbsfähig zu sein. Das andere Extrem besteht darin, daß eine Firma keine Konkurrenten hat und in einer gegebenen Situation einfach ihre Preise erhöhen kann. Ein Unternehmen, das die Technologie, Kapazität und Betriebspolitik seiner Konkurrenten kennt, kann deren Kosten schätzen und damit wertvolle Informationen zur Bestimmung von wettbewerbsgerechten Preisen gewinnen.

Die Analyse der Konkurrenz kann verschiedene Formen annehmen. Viele Unternehmen wie zum Beispiel Ford, General Motors, Nutrasweet, PPG Industries und Raychem haben Abteilungen eingerichtet, deren Aufgabe es ist, über die finanzielle Situation, über Patente, Technologien, Erlös- und Kostenstrukturen und strategische Bündnisse der Konkurrenten Informationen zu beschaffen. Die Konkurrenten selbst, ihre Kunden, Zulieferer und früheren Angestellten sind wichtige Informationsquellen. Ein anderer Weg zur Beschaffung von Informationen ist die Dekonstruktion – ein Prozeß der Zerlegung und Analyse der Konkurrenzprodukte –, um die besten Produkteigenschaften, Materialien und Technologien in die firmeneigenen Designs zu übernehmen.

Wettbewerb macht vor internationalen Grenzen nicht halt. Wenn Firmen Produktionskapazitäten haben, die für den heimischen Markt zu groß sind, verfolgen sie oft eine aggressive Preispolitik auf den Exportmärkten. Heutzutage nehmen Manager oft einen globalen Standpunkt ein, und es wird immer selbstverständlicher, daß sie bei ihren Preisentscheidungen auch die internationale Konkurrenz berücksichtigen.

Kosten: Firmen versuchen, die Preise so zu setzen, daß sie über den durch die Produkte verursachten Kosten liegen. Studiert man die Muster des Kostenverhaltens, so versteht man, welche Gewinne durch verschiedene Kombinationen von Preisen und Absatzmengen bei einem bestimmten Produkt zu erzielen sind.

Aus der mikroökonomischen Theorie und aus Umfragen über das Vorgehen der Manager bei Preisentscheidungen wird deutlich, daß Unternehmen ihren Kunden, Konkurrenten und Kosten unterschiedliches Gewicht beimessen. Unternehmen, die gängige Handelswaren auf wettbewerbsintensiven Märkten verkaufen, müssen den durch die Marktkräfte festgelegten Preis akzeptieren. So haben zum Beispiel die Anbieter von Weizen, Reis und Sojabohnen viele Konkurrenten, die alle das gleiche Produkt zum gleichen Preis anbieten. Der Markt bestimmt den Preis, aber Kosteninformationen können diesen Anbietern helfen, zum Beispiel die Produktionsmenge zu finden, bei dem das Unternehmensziel am besten erreicht werden kann.

Auf weniger wettbewerbsintensiven Märkten haben die Manager einen gewissen Entscheidungsspielraum bei der Preissetzung. Die Preisentscheidung hängt von der Wertschätzung der Kunden für dieses Produkt, von den Preisstrategien der Konkurrenten und von den Kosten ab. Der Preis eines Produkte oder einer Dienstleistungen ergibt sich aus der Interaktion zwischen der *Nachfrage* nach diesem Produkt oder dieser Dienstleistung und dem *Angebot*. Die Kunden beeinflussen die Preise, weil sie die Nachfrage bestimmen. Die Kosten beeinflussen die Preise, weil sie das Angebot bestimmen. Die Konkurrenten bieten Alternativ- oder Substitutionsgüter an und beeinflussen so die Nachfrage und damit den Preis.

In Kapitel 1 haben wir unter den wichtigen, neu entstehenden Managementthemen die Kundenzufriedenheit, die ständige Leistungssteigerung und den doppelten Fokus nach innen und außen genannt. Die Preispolitik ist ein Bereich, in dem viele dieser Themen explizit zusammentreffen. So ist es zum Beispiel für die Kundenzufriedenheit als externen Fokus wichtig, niedrigere Preise für Qualitätsprodukte zu setzen. Wenn aber die Preise sinken, müssen auch die Kosten reduziert werden. Ständige Leistungssteigerungen als interner Fokus ist der Schlüssel zur erfolgreichen Kostenkontrolle.

12.2 PRODUKTKOSTEN UND ZEITHORIZONT

Wenn die Kosten gesenkt werden sollen, muß eine Firma alle sechs Bereiche der Wertschöpfungskette unter die Lupe nehmen, von F&E bis hin zum Kundendienst. Bei der Berechnung der für die Preisentscheidung relevanten Kosten innerhalb dieser Funktionsbereiche ist der Zeithorizont der Entscheidung ausschlaggebend. Die meisten Preisentscheidungen sind entweder kurzfristiger oder langfristiger Natur. Kurzfristig sind zum Beispiel (1) Preisentscheidungen für einen einmaligen Sonderauftrag ohne langfristige Implikationen oder (2) die Anpassung des Produktmix und des Fertigungsvolumens in einem Wettbewerbsmarkt. Der Zeithorizont für die Berechnung der relevanten Kosten für solche kurzfristigen Entscheidungen beträgt typischerweise sechs Monate oder weniger, manchmal aber auch bis zu einem Jahr. Langfristiger Natur ist zum Beispiel die Preissetzung für ein Produkt in einem wichtigen Markt, wo es für solche Entscheidungen beträchtliche Spielräume gibt. Der Berechnung der relevanten Kosten für solche langfristigen Entscheidungen liegt ein Zeithorizont von einem Jahr oder mehr zugrunde. Viele Preisentscheidungen haben sowohl kurzfristige als auch langfristige Implikationen. Wir untersuchen im folgenden zunächst kurzfristige Preisentscheidungen.

12.3 KOSTENKALKULATION UND PREISSETZUNG IN DER KURZEN FRIST

Ein einmaliger Sonderauftrag

Betrachten wir einen einmaligen Sonderauftrag über Lieferungen innerhalb der nächsten vier Monate. Ob dieser Auftrag angenommen oder abgelehnt wird, hat keine Auswirkungen auf die Erlöse (Absatzmenge oder Absatzpreis) aus den etablierten Absatzmöglichkeiten. Der Kunde wird wahrscheinlich in der Zukunft keinen weiteren Auftrag erteilen.

BEISPIEL: Die National Tea Corporation (NTC) betreibt ein Werk mit einer Monatskapazität von einer Million Kästen (jeder Kasten enthält 200 Dosen) Eistee. Gegenwärtig liegen Produktion und Absatz bei 600.000 Kästen pro Monat. Der Absatzpreis beträgt 90 $ pro Kasten. Bei NTC sind die Kosten für F&E und für Produkt- und Prozeßdesign vernachlässigbar. Die Kosten für den Kundendienst sind ebenfalls gering und in den Marketingkosten enthalten. Alle variablen Kosten hängen von der Outputmenge ab, wobei Produktions- und Absatzvolumen übereinstimmen. Pro Kasten entstehen die folgenden variablen und fixen Kosten (auf der Basis einer Produktionsmenge von 600.000 Kästen pro Monat):

	Variable Kosten pro Kasten	Fixkosten pro Kasten	Gesamtkosten pro Kasten
Herstellkosten			
Fertigungsmaterial	7 $	–	7 $
Verpackungskosten	18 $	–	18 $
Fertigungslöhne	4 $	–	4 $
Herstellgemeinkosten	6 $	13 $	19 $
Summe Herstellkosten	35 $	13 $	48 $
Marketingkosten	5 $	16 $	21 $
Vertriebskosten	9 $	8 $	17 $
Produktkosten insgesamt	49 $	37 $	86 $

Die variablen Herstellgemeinkosten von 6 $ pro Kasten sind Kosten für Strom, Gas und Wasser. Die folgende Tabelle enthält die fixen Herstellgemeinkosten insgesamt und pro Kasten (ausgehend von einem Fertigungsvolumen von 600.000 Kästen im Monat):

	Fixe Herstellgemeinkosten insgesamt	Fixe Herstellgemeinkosten pro Kasten
Abschreibungen und Produktionsunterstützung	3.000.000 $	5 $
Materialbeschaffung	600.000 $	1 $
Arbeitskosten für Maschineneinrichtung	1.800.000 $	3 $
Produkt- und Prozeßtechnik	2.400.000 $	4 $
Summe der fixen Herstellgemeinkosten	7.800.000 $	13 $

Die Canadian Tea (CT) baut ein neues Werk zur Herstellung von Eistee in Toronto. Das Werk wird frühestens in vier Monaten eröffnet werden. Das Management von CT möchte jedoch schon in den nächsten vier Monaten in Kanada 250.000 Kästen Eistee pro Monat verkaufen. CT hat NTC und zwei andere Firmen aufgefordert, für diesen Sonderauftrag ein Angebot abzugeben. In bezug auf die Herstellkosten ist der Eistee, der für CT produziert werden soll, mit dem gegenwärtigen Produkt von NTC identisch.

Wenn NTC die zusätzlichen 250.000 Kästen herstellt, würden weiterhin die bisherigen fixen Herstellgemeinkosten (7.800.000 $ pro Monat) entstehen. Hinzu kämen jeden Monat weitere fixe Herstellgemeinkosten in Höhe von 300.000 $ (100.000 $ für Materialbeschaffung und 200.000 $ für Maschineneinrichtung). Für F&E, Design, Marketing, Vertrieb und Kundendienst entstehen keine zusätzlichen Kosten. Die 250.000 Kästen werden von CT in Kanada vermarktet, wo NTC bisher keinen Eistee verkauft.

Der Vizepräsident von CT teilt jedem potentiellen Bieter mit, daß ein Angebot über 45 $ pro Kasten wahrscheinlich nicht wettbewerbsfähig sein wird. NTC weiß, daß einer der Konkurrenten mit einem sehr effizienten Werk hohe unausgelastete Kapazitäten hat und sich mit Sicherheit um den Auftrag bewerben wird. Welchen Preis sollte die Firma in ihr Angebot für die 250.000 Kästen schreiben?

Um die relevanten Kosten für die Preisangebotsentscheidung zu berechnen, analysiert NTC systematisch die Kosten in jedem Geschäftsbereich der Wertschöpfungskette. In diesem Beispiel sind nur die Herstellkosten relevant. Alle anderen Kosten in der Wertschöpfungskette werden durch den Sonderauftrag nicht berührt, sind also irrelevant.

Tafel 12.1
Relevante Kosten für den einmaligen Sonderauftrag über 250.000 Kästen

Fertigungsmaterial (250.000 × 7 $)		1.750.000 $
Verpackung (250.000 × 18 $)		4.500.000 $
Fertigungslöhne (250.000 × 4 $)		1.000.000 $
Variable Herstellgemeinkosten (250.000 × 6 $)		1.500.000 $
Fixe Herstellgemeinkosten		
Materialbeschaffung	100.000 $	
Lohnkosten für Maschineneinrichtung	200.000 $	
Summe fixe Herstellgemeinkosten		300.000 $
Summe relevante Kosten		9.050.000 $
Relevante Kosten pro Kasten: 9.050.000 : 250.000 = 36,20 $		

Tafel 12.1 zeigt eine Analyse der relevanten Kosten. Sie enthält alle Herstellkosten, deren Gesamthöhe sich verändert, wenn der Sonderauftrag angenommen wird: alle Herstelleinzelkosten und variablen Herstellgemeinkosten, sowie die Kosten für Materialbeschaffung und Maschineneinrichtung, die durch den Sonderauftrag entstehen würden. Die *bisherigen* fixen Herstellgemeinkosten sind irrelevant. Der Grund ist, daß diese Kosten sich nicht verändern werden, wenn der Sonderauftrag angenommen wird. Aber die *zusätzlichen* Materialbeschaffungs- und Maschineneinrichtungskosten in Höhe von 300.000 $ pro Monat sind relevant, denn diese Kosten werden nur dann entstehen, wenn der Sonderauftrag akzeptiert wird.

Tafel 12.1 zeigt die gesamten relevanten Kosten von 9.050.000 $ pro Monat (oder 36,20 $ pro Kasten) für den Sonderauftrag über 250.000 Kästen. Jedes Angebot über 36,20 $ pro Kasten wird die Rentabilität von NTC verbessern. So wird zum Beispiel ein erfolgreiches Angebot von 40 $ pro Kasten, also gut unter der von CT gesetzten Preisobergrenze von 45 $ pro Kasten, das monatliche Betriebsergebnis von NTC um 950.000 $ verbessern: 250.000 × (40 $ - 36,20 $) = 950.000 $. Man beachte auch hier wieder, wie die Stückkosten in die Irre führen können. In der Tabelle auf Seite 404 werden die gesamten Herstellkosten mit 48 $ pro Kasten berechnet. Diese Stückkosten von 48 $ könnten zu dem falschen Schluß führen, daß ein Angebot von 45 $ pro Kasten für den Sonderauftrag der Canadian Tea für NTC einen Verlust von 3 $ pro Kasten bedeuten würde. Das ist falsch, weil in den gesamten Herstellstückkosten 13 $ Fixkosten pro Kasten enthalten sind, die für den Sonderauftrag über 250.000 Kästen gar nicht entstehen. Diese Kosten sind also für das Angebot irrelevant.

Kostendaten sind zwar Schlüsselinformationen für die Entscheidung von NTC über den Angebotspreis, sie sind aber nicht die einzigen Inputs. NTC muß auch die Konkurrenten und ihre wahrscheinlichen Angebote in Betracht ziehen. Wenn NTC zum Beispiel weiß, daß die unterausgelastete Konkurrenzfirma ein Angebot von 39 $ pro Kasten plant, wird NTC nicht 40 $ sondern 38 $ pro Kasten bieten.

12.4 KOSTENKALKULATION UND PREISSETZUNG IN DER LANGEN FRIST

Viele Preisentscheidungen werden für einen langfristigen Zeitraum getroffen. Die Käufer – ob das nun ein Kunde ist, der eine Schachtel Bonbons kauft, oder eine Baufirma wie die Bechtel Corporation, die eine Fuhrpark von Zugmaschinen kauft, oder die General Foods Corporation, die Revisionsleistungen kauft – bevorzugen Preise, die über einen längeren Zeithorizont hinweg stabil bleiben. Ein stabiler Preis verringert die Notwendigkeit der ständigen Überprüfung von Anbieterpreisen. Größere Preisstabilität verbessert die Planung und trägt zur Entstehung von langfristigen Geschäftsbeziehungen zwischen Käufern und Verkäufern bei.

Die Kalkulation der Produktkosten

Richtige Produktkosteninformationen sind für einen Manager bei der Preisentscheidung von großer Bedeutung. In Branchen wie Öl, Gas und Bergbau setzen die Wettbewerbskräfte den Preis für ein Produkt, und die Kenntnis der langfristigen Produktkosten kann Entscheidungen über den Eintritt oder den Verbleib in einem Markt leiten. In anderen Branchen, wie etwa bei Spezialmaschinen, technischen Geräten und Autos, haben die Manager eine gewisse Kontrolle über den Produktpreis, und die langfristigen Produktkosten können als Basis für die Festlegung dieses Preises dienen.

Betrachten wir die Astel Computer Corporation. Astel stellt zwei Typen von PCs her, Deskpoint und Provalue. Deskpoint ist Astels Spitzenprodukt, ein PC mit Pentium-Chip, der über Computerhändler an große Organisationen und Behörden verkauft wird. In unserer Analyse geht es um die Preissetzung für Provalue, einen weniger mächtigen 486er PC, der über Kataloge und Massenvertriebswege an Privatkunden und kleine Organisationen verkauft wird.

Die Herstellkosten von Provalue werden mit Hilfe der in den Kapiteln 4 und 5 beschriebenen Prozeßkostenrechnung kalkuliert. Astel hat in seinem Buchführungssystem drei Kategorien von Herstelleinzelkosten (Fertigungsmaterial, Fertigungslöhne und Maschineneinzelkosten) und drei Herstellgemeinkostenpools (Materialbestellung und -annnahme, Testen und Inspektion, sowie Nachbesserungen). Astel behandelt die Maschinenkosten als Einzelkosten von Provalue, weil das Produkt auf Maschinen gefertigt wird, die für keine anderen Produkte verwendet werden. Die folgende Tabelle enthält die Kostenpools, die Kostentreiber für jeden Pool und die Kosten pro Einheit des Kostentreibers, die Astel verwendet, um die Herstellgemeinkosten den Produkten zuzurechnen.

Prozeß	Beschreibung der Aktivität	Kostentreiber	Kosten pro Einheit des Kostentreibers
1. Materialbestellung und -annahme	Komponenten bestellen, Lieferungen entgegennehmen und bezahlen	Anzahl der Aufträge	80 $ pro Auftrag
2. Testen und Inspektion	Komponenten und Endprodukt testen	Teststunden	2 $ pro Teststunde
3. Nachbesserungen	Fehler und Defekte korrigieren und reparieren	Anzahl der nachgebesserten Einheiten	100 $ pro nachgebesserte Einheit

Astel legt bei der Preisentscheidung für Provalue einen langfristigen Zeithorizont zugrunde. Über diesen Zeitraum hinweg betrachtet das Management die Materialeinzelkosten und die Fertigungslöhne als variabel mit Bezug auf die Fertigungsstückzahl und die Herstellgemeinkosten als variabel mit Bezug auf ihre jeweiligen Kostentreiber. Die Kosten der Materialbestellung und -annahme variieren zum Beispiel mit der

Anzahl der Bestellungen. Mitarbeiter im Bestellwesen können langfristig entlassen oder in andere Abteilungen umgesetzt werden, wenn weniger Bestellungen anfallen. Die Maschineneinzelkosten (Leasingraten für Maschinen) verändern sich in diesem Zeitraum innerhalb des relevanten Bereichs von Outputmengen nicht; sie sind langfristig fixe Kosten.

Astel hat im Jahr 19_7 keinen Anfangsbestand und keinen Endbestand an Provalue-Computern und fertigt und verkauft 150.000 Stück. Die Firma stützt sich bei der Preiskalkulation auf die folgenden Informationen über die Ressourcen, die bei der Produktion von Provalue 19_7 verbraucht werden:

1. Die Materialeinzelkosten pro PC betragen 460 $.

2. Die Fertigungslöhne pro PC betragen 64 $.

3. Für die Maschinen, die ausschließlich für die Fertigung von Provalue PCs verwendet werden, fallen fixe Einzelkosten in Höhe von 11.400.000 $ an.

Tafel 12.2
Herstellkosten von Provalue im Jahr 19_7 auf der Basis einer Aktivitätsanalyse

	Herstellkosten für 150.000 Stück (1)	Herstellkosten pro Stück (2) = (1) : 150.000
Herstelleinzelkosten		
Materialeinzelkosten (150.000 × 460 $)	69.000.000 $	460 $
Fertigungslöhne (150.000 × 64 $)	9.600.000 $	64 $
Maschineneinzelkosten (Fixkosten von 11.400.000 $)	11.400.000 $	76 $
Summe Herstelleinzelkosten	90.000.000 $	600 $
Herstellgemeinkosten		
Materialbestellung und -annahme (22.500 × 80 $)	1.800.000 $	12 $
Testen und Inspektion (4.500.000 × 2 $)	9.000.000 $	60 $
Nachbesserung (12.000 × 100 $)	1.200.000 $	8 $
Summe Herstellgemeinkosten	12.000.000 $	80 $
Summe Herstellkosten	102.000.000 $	680 $

4. Für Komponenten, die bei der Fertigung von Provalue-Computern gebraucht werden, werden 22.500 Bestellungen aufgegeben. (Der Einfachheit halber gehen wir davon aus, daß Provalue 450 Komponenten verschiedener Zulieferer enthält und

daß pro Komponente 50 Bestellungen aufgegeben werden, die dem Produktions-plan von Provalue entsprechen.)

5. Die Anzahl der Teststunden für Provalue beträgt 4.500.000 (150.000 PCs werden je 30 Stunden lang getestet).

6. Pro Jahr sind bei 12.000 Provalue-PCs Nachbesserungen erforderlich (8 % der hergestellten 150.000 Stück).

Die detaillierten Berechnungen, auf denen diese Zahlen beruhen, sind in Tafel 12.2 zu sehen. Diese Tafel zeigt, daß die Herstellkosten für Provalue insgesamt 102 Mio. $ und pro Stück 680 $ betragen. Die Herstellung ist jedoch nur ein Bereich der Wert-schöpfungskette. Für Zwecke der langfristigen Preispolitik und des Kostenmanage-ments bestimmt Astel die gesamten Produktkosten von Provalue.

Tafel 12.3
Produktrentabilität von Provalue im Jahr 19_7 auf der Basis einer Aktivitätsanalyse der Wertschöpfungskette

	Gesamtbetrag für 150.000 Stück (1)	Betrag pro Stück (2) = (1) : 150.000
Erlöse	150.000.000 $	1.000 $
Herstellkosten des Umsatzes* (aus Tafel 12.2)		
Fertigungsmaterial	69.000.000 $	460 $
Fertigungslöhne	9.600.000 $	64 $
Maschineneinzelkosten	11.400.000 $	76 $
Herstellgemeinkosten	12.000.000 $	80 $
Herstellkosten des Umsatzes	102.000.000 $	680 $
Betriebskosten		
F&E	5.400.000 $	36 $
Produkt- und Prozeßdesign	6.000.000 $	40 $
Marketing	15.000.000 $	100 $
Vertrieb	3.600.000 $	24 $
Kundendienst	3.000.000 $	20 $
Summe Betriebskosten	33.000.000 $	220 $
Produktkosten insgesamt	135.000.000 $	900 $
Betriebsergebnis	15.000.000 $	100 $

* Herstellkosten des Umsatzes = Gesamte Herstellkosten, da es für Provalue 19_7 keinen Anfangs- und keinen Endbestand gibt.

Der Kürze halber zeigen wir keine detaillierten Analysen oder Berechnungen für die anderen Bereiche der Wertschöpfungskette. Astel wählt die Kostentreiber und Kostenpools in jedem Bereich so, daß die Ursache- und Wirkungszusammenhänge zwischen den Aktivitäten und den Kosten in jedem Kostenpool deutlich werden. Die Kosten werden den einzelnen PCs auf der Basis der erforderlichen Kostentreibermengen zugeschrieben. Tafel 12.3 enthält die produktbezogene Gewinn- und Verlustrechnung für das Jahr 19_7 basierend auf einer Aktivitätsanalyse der Kosten in allen Bereichen der Wertschöpfungskette. Astel hat mit den Provalue-PCs 15 Mio. $ Gewinn gemacht oder 100 $ pro verkauftem PC. Damit wenden wir uns der Rolle der Kosten bei langfristigen Preisentscheidungen zu.

Alternative Methoden der langfristigen Preissetzung

Preisentscheidungen können

1. marktorientiert oder
2. kostenorientiert (Istkosten plus Gewinnaufschlag)

sein.

Der marktorientierte Ansatz der Preisbildung *beginnt* mit der Frage: Welchen Preis sollen wir verlangen, gegeben die Wünsche unserer Kunden und die Reaktionen unserer Konkurrenten? Der kostenorientierte Ansatz der Preisbildung *beginnt* mit der Frage: Was kostet es uns, dieses Produkt herzustellen, und welchen Preis sollten wir folglich verlangen, um unsere Kosten zu decken und den gewünschten Gewinn zu erzielen? Bei beiden Ansätzen werden die Kunden, die Konkurrenten und die Kosten berücksichtigt. Lediglich die Ausgangspunkte sind verschieden.

Auf sehr wettbewerbsintensiven Märkten (zum Beispiel Öl und Gas, Fluglinien) ist der marktorientierte Ansatz die logische Vorgehensweise. Die Produkte oder Dienstleistungen, die eine Firma herstellt und anbietet, sind denen anderer Firmen sehr ähnlich, so daß die Firmen den Preis kaum beeinflussen können. In anderen Branchen mit höherer Produktdifferenzierung (zum Beispiel Autos, Managementconsulting und Rechtsberatung) haben die Unternehmen einen gewissen Spielraum bei der Preissetzung und bei der Gestaltung der Produkte und Dienstleistungen. Sie wählen die Preise und die Eigenschaften der Produkte und Dienstleistungen nach den erwarteten Reaktionen von Kunden und Konkurrenten. Die endgültige Entscheidung wird getroffen, nachdem auch die Herstell- und Vermarktungskosten bedacht worden sind.

Beim kostenorientierten Ansatz wird der Preis zunächst auf der Basis der Herstell- und Vermarktungskosten berechnet. In der Regel wird dann ein Gewinnaufschlag hinzugefügt, der eine vernünftige Rendite ergibt. Oft wird dann der Preis noch modifiziert aufgrund der erwarteten Kundenreaktionen auf alternative Preisniveaus und der Preise der Konkurrenten für ähnliche Produkte. Kurz gesagt: Die Marktkräfte diktieren letztendlich die Höhe des Gewinnaufschlags und damit den endgültigen Preis.

12.5 TARGET COSTING UND TARGET PRICING

Eine wichtige Form der marktorientierten Preissetzung ist das **Target Pricing**. Ein **Zielpreis** (*target price*) ist der geschätzte Preis eines Produkt (oder einer Dienstleistung), den die potentiellen Kunden zu zahlen bereit sein werden. Die Schätzung beruht auf dem Verständnis des von den Kunden wahrgenommenen Produktwerts und der Reaktionen der Konkurrenten. Der **geplante Stückgewinn** eines Produkts ist derjenige Betriebsgewinn, den ein Unternehmen mit jeder verkauften Mengeneinheit eines Produkts (oder einer Dienstleistung) erzielen will. Der Zielpreis führt zu den *Zielkosten* (*target costs*). Die **Zielkosten** pro Stück sind die geschätzten langfristigen Stückkosten eines Produkts (oder einer Dienstleistung), die es dem Unternehmen erlauben den geplanten Stückgewinn zu erzielen, vorausgesetzt, das Produkt wird zum Zielpreis verkauft. Die Zielkosten pro Stück werden abgeleitet, indem man den geplanten Stückgewinn vom Zielpreis abzieht.

In das **Target Costing** oder die **Zielkostenkalkulation** sollten alle Kosten einbezogen werden, also die variablen und die fixen. Langfristig müssen durch die Preise und Erlöse eines Unternehmens alle seine Kosten gedeckt sein. Andernfalls ist die Betriebsschließung die beste Alternative. Relativ zur Alternative Betriebsschließung sind alle Kosten relevant, unabhängig davon, ob sie fix oder variabel sind.

Die Zielkosten pro Stück sind oft niedriger als die bisherigen Vollkosten pro Stück. Um die Zielkosten pro Stück und den geplanten Stückgewinn zu realisieren, muß die Organisation ihre Produkte und Prozesse verbessern. Target Costing ist weltweit in verschiedenen Branchen verbreitet. Ford, General Motors, Mercedes, Toyota und Daihatsu in der Autoindustrie, Matsushita, Panasonic und Sharp in der Elektronik und Compaq und Toshiba im PC-Bereich sind Beispiele von Firmen, die Target Pricing und Target Costing anwenden.

Die Einführung von Target Pricing und Target Costing

Die Entwicklung von Zielpreisen und Zielkosten setzt die folgenden vier Schritte voraus:

Schritt 1: Entwickle ein Produkt, das die Bedürfnisse potentieller Kunden befriedigt.

Schritt 2: Wähle einen *Zielpreis* auf der Basis des von den Kunden wahrgenommenen Produktwerts und der Preise der Konkurrenten, sowie einen *geplanten Stückgewinn*.

Schritt 3: Leite die *Zielkosten pro Stück* ab, durch Abziehen des geplanten Stückgewinns vom Zielpreis.

Schritt 4: Führe eine *Wertanalyse* (*value engineering*) durch, um die Zielkosten zu erreichen. Eine **Wertanalyse** ist eine systematische Bewertung aller Aspekte der Wertschöpfungskette mit dem Ziel, die Kosten zu senken und gleichzeitig die Kundenbedürfnisse zu erfüllen. Eine Wertanalyse kann zu Verbesserungen beim Produktdesign, zu Veränderungen der Materialspezifikationen oder zu Modifikationen im Produktionsprozeß führen.

Wir illustrieren die vier Schritte zur Einführung von Target Pricing und Target Costing anhand des bereits eingeführten Beispiels der Firma Astel Computer.

Schritt 1: Produktplanung für Provalue. Astel ist dabei, das Design von Provalue zu verändern. Astel ist sehr besorgt über den starken Preiswettbewerb einiger Konkurrenten.

Schritt 2: Zielpreis für Provalue. Astel erwartet, daß die Konkurrenten die Preise der PCs, die mit Provalue konkurrieren, um 15 % reduzieren werden. Das Management bei Astel glaubt, daß die Firma aggressiv reagieren und den Preis von Provalue um 20 % von 1.000 $ auf 800 $ senken muß. Zu diesem niedrigeren Preis erwartet der Marketing-Manager von Astel einen Anstieg der Absatzzahlen von 150.000 auf 200.000 Stück pro Jahr.

Schritt 3: Zielkosten pro Stück für Provalue. Das Management der Firma Astel strebt eine Rendite von 10 % des Umsatzes an.

Angestrebter Erlös	=	800 $ × 200.000 = 160.000.000 $
Angestrebter Betriebserfolg	=	10 % × 160.000.000 $ = 16.000.000 $
Angestrebter Stückgewinn	=	16.000.000 $: 200.000 Stück = 80 $ pro Stück
Zielkosten pro Stück	=	Zielpreis - angestrebter Stückgewinn
	=	800 $ - 80 $ = 720 $
Gegenwärtige Gesamtkosten	=	135.000.000 $ (aus Tafel 12.3)
Gegenwärtige Stückkosten	=	135.000.000 $: 150.000 Stück = 900 $ pro Stück

Die Zielkosten pro Stück von 720 $ sind erheblich niedriger als die gegenwärtigen Stückkosten von 900 $. Es geht darum, Wege zu finden, wie man die Stückkosten von 900 $ auf 720 $ senken kann. Die Herausforderung in Schritt 4 besteht darin, die Zielkosten durch eine Wertanalyse zu erreichen.

Schritt 4: Wertanalyse für Provalue. Ein wichtiges Element der Wertanalyse bei Astel besteht darin, herauszufinden, welche Art von Billig-PC die Bedürfnisse der potentiellen Kunden befriedigt. Gegenwärtig enthält das Design von Provalue-PCs verschiedene Aufrüstungsstufen, die den PC schneller machen. Das Gerät zeichnet sich auch durch verschiedene Audiomerkmale aus. Ein wesentlicher erster Schritt bei der Wertanalyse ist es herauszufinden, ob die potentiellen Kunden bereit sind, den Preis für diese Merkmale zu bezahlen. Das Kundenfeedback läßt darauf schließen, daß die Kunden die Extras von Provalue nicht wertschätzen. Sie wollen einen PC ohne Kinkerlitzchen zu einem viel niedrigeren Preis. Bei Astel werden bereichsübergreifende Teams aus Marketingmanagern, Produktdesignern, Produktionstechnikern und Vorarbeitern gebildet, die Vorschläge für Verbesserungen bei Design und Produktionsprozeß erarbeiten sollen. Kostenrechnungsspezialisten schätzen die Kosteneinsparungen, die sich aus den vorgeschlagenen Veränderungen ergeben würden.

Manager finden die in Kapitel 2 eingeführte Unterscheidung zwischen Aktivitäten und Kosten, die zur Wertschöpfung beitragen (*value-added costs*), und solchen, die nicht zur Wertschöpfung beitragen, bei der Wertanalyse oft hilfreich. Eine Aktivität trägt zur Wertschöpfung bei, wenn die Kunden das Gefühl haben, daß sie dem Produkt oder der Dienstleistung Wert oder Nutzen hinzufügt. Die Bestimmung der Kosten, die zur Wertschöpfung beitragen, erfordert die Identifizierung derjenigen Produkteigenschaften, die aus der Sicht der Kunden wichtig sind. Bei Provalue gehören dazu die Eigenschaften des PCs und der Preis. Bestimmte Aktivitäten innerhalb des Unternehmens (zum Beispiel die Produktionsanlage) beeinflussen die von den Kunden geschätzten Eigenschaften. Astel versucht für jede Aktivität herauszufinden, ob sie zur Wertschöpfung beiträgt. Nicht alle Aktivitäten und ihre Kosten können immer sauber eingeteilt werden, in solche, die zur Wertschöpfung beitragen, und solche, die das nicht tun. Manche Kosten fallen in einen Graubereich zwischen beiden Kategorien und enthalten sowohl Komponenten, die zur Wertschöpfung beitragen, als auch andere, bei denen das nicht der Fall ist. Die folgenden Beispiele stammen aus einer Einteilung die das Betriebspersonal eines Montagewerks für medizinische Geräte der Firma General Electric aufgestellt hat:

Kategorie	Beispiele
Kosten, die zur Wertschöpfung beitragen	Kosten für Montage, Design, Werkzeuge und Maschinen
Kosten, die nicht zur Wertschöpfung beitragen	Kosten für Nachbesserungen, Terminüberwachung, Eillieferungen und veraltetes Inventar
Graubereich	Testkosten, Kosten für Materialbeförderung und Bestellungen

Im Beispiel von Provalue tragen die Kosten für Fertigungsmaterial, die Fertigungslöhne und die Maschinenkosten zur Wertschöpfung bei, Beschaffungs- und Testkosten fallen in den Graubereich (die Kunden sehen nur einen Teil dieser Kosten als Beitrag zur Wertschöpfung an) und die Kosten für Nachbesserungen tragen nicht zur Wertschöpfung bei.

Durch die Wertanalyse versucht man Prozesse und damit Kosten, die nicht zur Wertschöpfung beitragen, zu reduzieren oder ganz abzuschaffen, indem man die entsprechenden Prozeßmengen verringert. Um zum Beispiel die Nachbesserungskosten zu senken, muß Astel den Arbeitsaufwand in diesem Bereich reduzieren. Die Wertanalyse zielt auch auf eine Erhöhung der Effizienz bei denjenigen Aktivitäten, die zur Wertschöpfung beitragen, um die Wertschöpfungskosten zu reduzieren. Um zum Beispiel die Fertigungslöhne zu senken, muß Astel die Arbeitszeit reduzieren, die für die Herstellung des Provalue-PCs benötigt wird. Im nächsten Abschnitt geht es darum, wie Astel diese Kosten senken kann.

Kostenentstehung und vorbestimmte Kosten

Zwei Schlüsselkonzepte bei der Wertanalyse und beim Kostenmanagement sind die *Kostenentstehung* und die *vorbestimmten Kosten*. Von **Kostenentstehung** (*cost incurrence*) spricht man, wenn eine Ressource verbraucht wird. Kostenrechnungssysteme konzentrieren sich auf die Kostenentstehung. Sie erkennen und registrieren Kosten nur dann, wenn die Kosten gerade entstehen. Das Kostenrechnungssystem der Firma Astel zum Beispiel registriert die Materialeinzelkosten von Provalue zeitgleich mit der Montage und dem Verkauf jedes PCs. Aber die Materialeinzelkosten pro Stück werden schon viel früher festgelegt, wenn die Produktdesigner die letzten Entscheidungen über die Komponenten des Provalue-PCs treffen. Die Materialeinzelkosten von Provalue werden in der Phase des Produktkonstruktion *vorbestimmt*. **Vorbestimmte Kosten** (*locked-in costs*) sind Kosten, die noch nicht entstanden sind, die aber in der Zukunft entstehen werden aufgrund von Entscheidungen, die bereits getroffen worden sind.

Es ist wichtig zu unterscheiden zwischen dem Zeitpunkt, zu dem die Kosten vorprogrammiert werden, und dem Zeitpunkt, zu dem sie entstehen. Kosten, die bereits vorbestimmt sind, kann man nur schwer verändern oder reduzieren. Wenn Astel zum Beispiel im Produktionsprozeß auf Qualitätsprobleme stößt, sind die Möglichkeiten der Firma zur Verbesserung der Qualität und zur Verringerung des Ausschusses durch das Design des Computers begrenzt. Ausschußkosten entstehen während der Produktion, aber sie können durch eine fehlerhafte Produktkonstruktion bereits vorprogrammiert sein. Ähnlich sind in der Software-Branche die Produktionskosten der Software im Stadium des Designs und der Analyse bereits vorbestimmt. Teure und schwer zu behebende Fehler, die während der Kodierung und in der Testphase auftreten, sind oft durch ein schlechtes Design vorbestimmt.

Die folgende Liste enthält weitere Beispiele dafür, wie die Konstruktionsentscheidungen bei Astel die Kosten beeinflussen:

1. Konstruktionsentscheidungen wie die Wahl der Flachbaugruppen und der zusätzlichen Funktionen in Provalue-PCs beeinflussen die Materialeinzelkosten. Durch ein besseres Design kann man sowohl die Produktionsfehler im Werk reduzieren als auch den Zeitaufwand für die Nachbesserung fehlerhafter Produkte.

2. Indem man den Provalue-PC so konstruiert, daß er leicht herzustellen und leicht zu montieren ist, kann man die Lohneinzelkosten in der Fertigung senken. Man kann zum Beispiel Fertigungsarbeitszeit sparen, wenn sich die Teile ineinander stecken lassen (und nicht zusammengelötet werden müssen).

3. Besteht der Computer aus weniger Komponenten, so verringern sich die Kosten für Beschaffung und Materialtransport.

4. Durch eine Vereinfachung der Computerkonstruktion kann man Test- und Inspektionszeiten einsparen.

5. Wenn es gelingt, den Provalue-PC so zu konstruieren, daß weniger häufig Reparaturen anfallen und die Wartung und Reparatur des PCs beim Kunden weniger Zeit in Anspruch nimmt, so kann man damit die Kundendienstkosten senken.

Tafel 12.4

Bestimmung und Entstehung von Kosten für Provalue im Zeitablauf

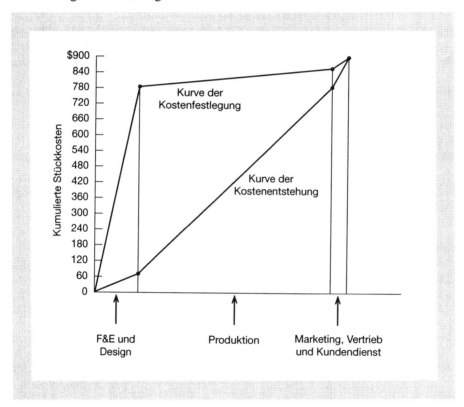

Tafel 12.4 zeigt, wie die Kurve der Kostenfestlegung und die Kostenentstehungskurve im Fall von Provalue aussehen könnten. (Die Zahlen, die der Graphik zugrunde liegen, sind Annahmen.) Die untere Kurve bildet die kumulierten Stückkosten ab, die in den verschiedenen Funktionsbereichen entstehen. Die obere Kurve bildet die vorbestimmten Kosten ab. Beide Kurven beruhen auf den gleichen kumulierten Stückkosten. Die Graphik betont die weite Spanne zwischen dem Zeitpunkt, zu dem die Kosten festgelegt werden, und dem Zeitpunkt, zu dem sie entstehen. In unserem Beispiel sind 86 % (780 $: 900 $) der Stückkosten von Provalue vorbestimmt, sobald Produkt- und Prozeßdesign abgeschlossen sind. Zum gleichen Zeitpunkt sind aber erst 8 % (76 $: 900

$) der Stückkosten tatsächlich entstanden. Am Ende der Konstruktionsphase sind Kosten wie das Fertigungsmaterial, die Fertigungslöhne, die Maschineneinzelkosten und ein großer Teil der Overheadkosten in Marketing, Vertrieb und Kundendienst bereits vorprogrammiert. Um die Gesamtkosten zu reduzieren, muß Astel das Design modifizieren, bevor die Kosten vorprogrammiert sind.

Hier ist allerdings zu beachten, daß die Kosten nicht immer so früh im Stadium der Konstruktion vorbestimmt werden wie bei Provalue. In manchen Branchen wie zum Beispiel beim Bergbau werden die Kosten festgelegt und entstehen in etwa zur gleichen Zeit. Wenn die Kosten nicht schon früh vorbestimmt sind, können Aktivitäten zur Kostensenkung auch zum Zeitpunkt der Kostenentstehung noch erfolgreich sein. In diesen Branchen liegt der Schlüssel zur Kostensenkung eher in der Verbesserung der betrieblichen Effizienz und Produktivität als in der Verbesserung des Designs.

12.6 DIE ERREICHUNG DER ZIELKOSTEN PRO STÜCK IM FALL VON PROVALUE

Das Wertanalyse-Team von Astel konzentriert seine Bemühungen um Stückkostensenkung auf die Analyse des Designs von Provalue. Ziel ist es, eine qualitativ hochstehende, zuverlässige Maschine mit weniger Extras zu konstruieren, die in die Preisvorstellungen der Kunden paßt und die Zielkosten erreicht.

Die Produktion von Provalue wird eingestellt. Stattdessen führt Astel den Provalue II ein. Provalue II hat weniger Komponenten als Provalue und ist leichter herzustellen und zu testen. Die folgenden Tabellen (Seite 417) vergleichen die Einzelkosten, die Herstellgemeinkosten und Kostentreiber für den Provalue und den Provalue II. Während 19_7 150.000 Provalue-PCs hergestellt und verkauft wurden, erwartet Astel 19_8 für den Provalue II eine Steigerung auf 200.000 Stück.

Man beachte, daß die Wertanalyse zu Kostensenkungen in allen Bereichen führen kann, unabhängig davon, ob sie zur Wertschöpfung beitragen oder nicht. So werden zum Beispiel die Lohnstückkosten, die unmittelbar zur Wertschöpfung beitragen, gesenkt, indem man das Produkt so konstruiert, daß weniger Fertigungsarbeitsstunden erforderlich sind (Kostentreiber für die Fertigungslöhne). Die Nachbesserungskosten pro Stück, die nicht zur Wertschöpfung beitragen, werden reduziert, indem man das Design vereinfacht und so Produktionsfehler und damit den Zeitaufwand für die Nachbesserung (Kostentreiber für Nachbesserungskosten) verringert.

Herstelleinzelkosten:

Stückkosten

Kostenart	Provalue	Provalue II	Erläuterung der Kosten für Provalue II
1. Material-einzelkosten	460 $	385 $	Provalue II enthält eine vereinfachte Festplatte, weniger Komponenten und keine Audioeigenschaften.
2. Fertigungslöhne	64 $	53 $	Provalue II benötigt weniger Montagezeit.
3. Maschineneinzelkosten	76 $	57 $	Die Maschinenkosten in Höhe von 11.400.000 $ sind Fixkosten. Astel kann mit der vorhandenen Kapazität 200.000 Einheiten von Provalue II herstellen. Durch das neue Design braucht man zur Produktion des Provalue II pro PC weniger Zeit als beim Provalue. Pro Stück betragen die Maschineneinzelkosten beim Provalue II 57 $ (11.400.000 $: 200.000).

Herstellgemeinkosten:

Prozeßmenge

Kostentreiber	Provalue*	Provalue II	Erläuterung der Prozeßmengen für Provalue II
1. Anzahl der Bestellungen	22.500	21.250	Astel wird für jede der 425 Komponenten im Provalue II 50 Bestellungen aufgeben. Damit ist die Gesamtzahl der Bestellungen 21.250 (425 × 50).
2. Teststunden	4.500.000	3.000.000	Der Provalue II ist leichter zu testen und benötigt nur 15 Teststunden pro PC. Damit ist die Gesamtzahl der erwarteten Teststunden 3.000.000 (15 × 200.000).
3. Anzahl der nachgebesserten PCs	12.000	13.000	Der Provalue II hat eine Reklamationsrate von nur 6,5 %, denn er ist einfacher herzustellen. Die Gesamtzahl der nachgebesserten PCs wird 13.000 betragen (6,5 % × 200.000).

* Aus Tafel 12.2.

Tafel 12.5
Zielherstellkosten für den Provalue II

	PROVALUE II Geschätzte Herstellkosten für 200.000 Stück (1)	PROVALUE II Geschätzte Herstellkosten pro Stück (2) = (1) : 200.000	PROVALUE Herstellkosten pro Stück (Tafel 12.2, Spalte 2) (3)
Herstelleinzelkosten			
Fertigungsmaterial (200.000 Stück × 385 $/Stück)	77.000.000 $	385,00 $	460,00 $
Fertigungslöhne (200.000 Stück × 53 $/Stück)	10.600.000 $	53,00 $	64,00 $
Maschineneinzelkosten (Fixkosten von 11.400.000 $)	11.400.000 $	57,00 $	76,00 $
Summe Herstelleinzelkosten	99.000.000 $	495,00 $	600,00 $
Herstellgemeinkosten			
Materialbestellung und -annahme (21.250 Bestellungen × 80 $/Bestellung)	1.700.000 $	8,50 $	12,00 $
Testen und Inspektion (3.000.000 Stunden × 2 $/Stunde)	6.000.000 $	30,00 $	60,00 $
Nachbesserungen (13.000 Stück × 100 $/Stück)	1.300.000 $	6,50 $	8,00 $
Summe Herstellgemeinkosten	9.000.000 $	45,00 $	80,00 $
Summe Herstellkosten	108.000.000 $	540,00 $	680,00 $

Tafel 12.6

Angestrebte Produktrentabilität des Provalue II im Jahr 19_8

	Gesamtbetrag für 200.000 Stück (1)	Betrag pro Stück (2) = (1) : 200.000
Erlös	160.000.000 $	800 $
Herstellkosten des Umsatzes* (aus Tafel 12.5)		
Fertigungsmaterial	77.000.000 $	385 $
Fertigungslöhne	10.600.000 $	53 $
Maschineneinzelkosten	11.400.000 $	57 $
Herstellgemeinkosten	9.000.000 $	45 $
Summe Herstellkosten des Umsatzes	108.000 000 $	540 $
Betriebskosten		
F&E	4.000.000 $	20 $
Produkt- und Prozeßdesign	6.000.000 $	30 $
Marketing	18.000.000 $	90 $
Vertrieb	5.000.000 $	25 $
Kundendienst	3.000.000 $	15 $
Summe Betriebskosten	36.000.000 $	180 $
Produktvollkosten	144.000.000 $	720 $
Betriebsergebnis	16.000.000 $	80 $

* Herstellkosten des Umsatzes = Gesamte Herstellkosten (da beim Provalue II im Jahr 19_8 annahmegemäß weder ein Anfangs- noch ein Endbestand existiert).

Tafel 12.5 zeigt die Zielkosten der Herstellung des Provalue II unter der Voraussetzung, daß die Kosten pro Einheit der Kostentreiber unverändert bleiben. (Die Aufgabe zum Selbststudium beschäftigt sich mit Veränderungen der Kosten pro Einheit der Kostentreiber.) Zum Vergleich sind in Tafel 12.5 auch die Produktionsstückkosten des Provalue aus Tafel 12.2 abgedruckt. Man sieht, daß die neue Konstruktion die Produktionsstückkosten voraussichtlich um 140 $ auf 540 $ reduzieren wird. Mit Hilfe einer ähnlichen Analyse (die hier nicht dargestellt ist) kann man die erwarteten Auswirkungen des neuen Designs auf die Kosten in anderen Bereichen der Wertschöpfungskette schätzen. Tafel 12.6 zeigt, daß die geschätzten Vollkosten pro Stück 720 $ betragen und damit genau den Zielkosten pro Stück für den Provalue II entsprechen. Astel hat es sich zum Ziel gesetzt, den Provalue II zum Zielpreis zu verkaufen, die Zielkosten einzuhalten und damit den angestrebten Gewinn zu realisieren.[50]

TARGET COSTING BEI CFM INTERNATIONAL, TOYOTA UND NISSAN

CFM International (CFMI),[a] ein Gemeinschaftsunternehmen der US-amerikanischen Firma General Electric und der französischen Firma SNECMA, stellt Flugzeugmotoren her. CFMI hat mit Boeing einen niedrigeren, marktorientierten Preis für den Motor vom Typ CFM56-7 ausgehandelt, der in den Maschinen 737-600, -700 und -800 von Boeing verwendet wird. Um die neue Preisgestaltung für den CFM56-7 zu unterstützen, hat CFMI für jedes der wichtigsten 50 Motorteile Zielkosten festgelegt. CFMI erreicht diese Zielkosten durch eine Wertanalyse in der Konstruktionsphase. Die Fertigungspläne für ein Teil werden erst freigegeben, wenn die Zielkosten erreicht sind.

Die Autofirmen Toyota und Nissan[b] sind ebenfalls begeisterte Anhänger von Target Pricing und Target Costing. Toyota und Nissan sind der Überzeugung, daß ein wesentlicher Teil ihrer Kosten bereits in der Konstruktionsphase vorbestimmt werden. Die Konstruktionstechniker dieser Firmen lernen, den Einfluß von Designentscheidungen auf Materialverbrauch, Rendite und Herstellungsverfahren zu erkennen. Speziell ausgebildete Kostenexperten schätzen die Herstellkosten für verschiedene alternative Designvarianten. Toyota bringt oft eine ganze Produktreihe gleichzeitig heraus, um die Vorteile gemeinsamer Komponenten und Prozesse zu nutzen. Die Autos der Celica-Linie, der Celica selbst, der Corona Exsiv und der Carina ED, haben viele Gemeinsamkeiten bei Motor und Fahrgestell, unterscheiden sich aber in äußeren Stylingmerkmalen.

a. "CFM International Locks in 737-X Engine Prices," *Aerospace Propulsion* (1. September 1994); T. Smart und Z. Schiller, "Just Imagine if Time Were Good," *Business Week* (17. April 1995).

b. T. Tanaka, "Target Costing at Toyota," *Journal of Cost Management* (Frühjahr 1993), S. 4-11; und R. Cooper, "Nissan Motor Company Ltd.: Target Costing System," Harvard Business School Case N9-194-040.

---

[50] Eine Beschreibung von Target Pricing, Target Costing und Wertanalyse im Automobilsektor findet sich in R. Cooper, "Nissan Motor Company, Ltd: Target Costing System," Harvard Business School Case N9-194-040.

12.7 COST-PLUS PRICING

Wie wir im letzten Abschnitt gesehen haben, orientiert sich Astel bei langfristigen Preisentscheidungen am externen Markt. Alternativ kann man auch eine kostenorientierte Methode der Preisbestimmung anwenden (**Cost-plus Pricing**). Dafür stehen zahlreiche Formeln zur Verfügung. Die allgemeine Formel für die Preisbestimmung addiert einen Gewinnzuschlag zu den Kosten.

Kosten	X \$
Gewinnzuschlag	Y \$
Voraussichtlicher Verkaufspreis	$X + Y$ \$

Die angestrebte Kapitalrendite als Basis für das Cost-plus Pricing

Betrachten wir eine kostenorientierte Preisformel, die Astel für den Provalue II benutzen könnte. Angenommen Astel verwendet einen Gewinnzuschlag von 12 % auf die Vollkosten pro Stück.

Kosten (Vollkosten pro Stück, aus Tafel 12.6)	720,00 \$
Zuschlag (12 % × 720 \$)	86,40 \$
Voraussichtlicher Verkaufspreis	806,40 \$

Wie kommt man auf den Gewinnzuschlag von 12 %? Eine Möglichkeit besteht darin, sich an der *angestrebten Kapitalrendite* zu orientieren. Die **angestrebte Kapitalrendite** (*target rate of return on investment*) ist gleich dem angestrebten Gewinn einer Organisation geteilt durch das investierte Kapital. Für das investierte Kapital gibt es viele verschiedene Definitionen. In diesem Kapitel definieren wir es als die Summe des Betriebsvermögens (langfristiges oder Anlagevermögen plus Umlaufvermögen). Unternehmen legen in der Regel fest, welche Kapitalrendite sie erwirtschaften wollen. Angenommen bei Astel beträgt die angestrebte Kapitalrendite (vor Steuern) 18 %. Gehen wir weiter davon aus, daß für den Provalue II Kapitalinvestitionen in Höhe von 96 Mio. \$ erforderlich sind. Das Gewinnziel für den Provalue II kann dann folgendermaßen ermittelt werden:

Investiertes Kapital	96.000.000 \$
Angestrebte Kapitalrendite	18 %
Angestrebter Gesamtgewinn (18 % × 96.000.000 \$)	17.280.000 \$
Angestrebter Stückgewinn für den Provalue II (17.280.000 \$: 200.000 Stück)	86,40 \$/Stück

Die Berechnung zeigt, daß Astel beim Provalue II einen Stückgewinn von 86,40 $ an-
strebt. Ausgedrückt als Prozentsatz der Vollkosten pro Stück (720 $) ergibt sich dar-
aus ein Gewinnzuschlag von 12 % (86,40 $: 720 $). Die angestrebte Kapitalrendite
von 18 % sollte nicht mit dem Gewinnzuschlag von 12 % verwechselt werden. Die angestrebte Kapitalverzinsung drückt das von Astel erwartete Betriebsergebnis als Prozentsatz der Investitionssumme aus. Der Gewinnzuschlag drückt das Betriebsergebnis
pro Stück als Prozentsatz der Vollkosten pro Stück aus. Astel legt zuerst die angestrebte Kapitalverzinsung fest und berechnet dann daraus den Gewinnzuschlag.

Manchmal ist es für die Unternehmen nicht leicht, festzustellen, wieviel Kapital in ein
Produkt investiert worden ist. Die Berechnung des investierten Kapitals setzt voraus,
daß Investitionen in Ausrüstungen und Gebäude einzelnen Produkten zugeordnet werden – eine schwierige und manchmal willkürliche Aufgabe. Manche Firmen benutzen
deshalb lieber alternative Kostengrößen und Gewinnzuschläge, bei denen es nicht nötig ist, das investierte Kapital zu berechnen, um den Preis zu bestimmen.

Tafel 12.7
Geschätzte Kostenstruktur für den Provalue II

Bereich der Wertschöpfungskette	Variable Stückkosten	Fixkosten pro Stück	Bereichskosten pro Stück
F&E	8,00 $	12,00 $	20,00 $
Produkt- und Prozeßdesign	10,00 $	20,00 $	30,00 $
Produktion	483,00 $	57,00 $	540,00 $
Marketing	25 ,00 $	65,00 $	90,00 $
Vertrieb	15,00 $	10,00 $	25,00 $
Kundendienst	6,00 $	9,00 $	15,00 $
Produktkosten	547,00 $	173,00 $	720,00 $
	↑	↑	↑
	Variable Pro- duktkosten pro Stück	Fixe Produktkosten pro Stück	Vollkosten pro Stück

* Basierend auf einer geplanten Jahresproduktion von 200.000 Stück.

Alternative Methoden des Cost-plus Pricing

Wie benutzen das Beispiel der Firma Astel, um diese Alternativen zu illustrieren. Tafel 12.7 unterscheidet für jeden Funktionsbereich der Wertschöpfungskette zwischen

den variablen und den fixen Anteilen der Stückkosten (ohne die Berechnungen im Detail darzustellen). Die folgende Tabelle enthält einige alternative Kostengrößen und
Gewinnzuschläge.

Kostenbasis	Geschätzte Stückkosten (in $) (1)	Gewinn-zuschlag (in %) (2)	Gewinn-zuschlag (in $) (3) = (1) × (2)	Voraussichtl. Verkaufspreis (in $) (4) = (1) + (3)
Variable Herstellkosten	483,00 $	65 %	313,95 $	796,95 $
Variable Produktkosten	547,00 $	45 %	246,15 $	793,15 $
Herstellkosten	540,00 $	50 %	270,00 $	810,00 $
Produktvollkosten	720,00 $	12 %	86,40 $	806,40 $

Um das Cost-plus Pricing zu illustrieren, haben wir in der Tafel bestimmte Zuschlagssätze angenommen (aber nicht abgeleitet). Die verschiedenen Kostengrößen und Zuschlagssätze, die wir hier benutzen, ergeben voraussichtliche Verkaufspreise, die sich
nicht sehr stark voneinander unterscheiden. In der Praxis wird eine Firma eine Kostenbasis wählen, die sie für verläßlich hält, und einen Zuschlagssatz, bei dem sie aufgrund
ihrer Erfahrung mit Produktpreisen erwarten kann, daß die Kosten gedeckt und die gewünschte Kapitalverzinsung erzielt wird. So kann eine Firma zum Beispiel die Vollkosten als Kostenbasis wählen, wenn sie bei der Unterscheidung zwischen variablen
und fixen Kosten unsicher ist.

Die Zuschlagssätze in der Tabelle sind sehr unterschiedlich. Der höchste Satz (65 %)
wurde auf die variablen Herstellkosten angewandt, der niedrigste (12 %) auf die Vollkosten. Der Zuschlagssatz auf die variablen Herstellkosten muß nicht nur für einen angemessenen Gewinn sorgen, sondern auch die fixen Herstellkosten abdecken sowie
die Kosten für andere betriebliche Funktionen wie F&E, Marketing und Vertrieb. Je
höher diese Kosten im Verhältnis zu den variablen Herstellkosten sind, desto höher
muß auch der Zuschlagssatz sein. In den Vollkosten sind dagegen bereits alle Kosten,
die bis zum Verkauf des Produkts angefallen sind, enthalten. Der genaue Zuschlagssatz hängt auch von der Wettbewerbsintensität am jeweiligen Produktmarkt ab. Zuschlagssätze und Gewinnspanne sind tendenziell umso niedriger, je mehr Wettbewerb
am Markt herrscht.

Umfragen zeigen, daß die meisten Manager von den Vollkosten ausgehen (siehe Umfragen zur betrieblichen Praxis, Seite 425), das heißt, daß sie die fixen und die variablen Stückkosten in die Kostenbasis miteinbeziehen, wenn sie Preisentscheidungen
treffen. Dieses Vorgehen hat den Umfragen zufolge die folgenden Vorteile:

1. *Deckung der vollen Produktkosten.* Bei langfristigen Preisentscheidungen sind
   die Vollkosten diejenigen Kosten, die mindestens abgedeckt werden müssen,
   damit ein Unternehmen im Geschäft bleiben kann. Verwendet man die variablen
   Kosten als Kostenbasis, so fehlt diese Information. Man ist dann versucht, bei

langfristigen Preissenkungen zu weit zu gehen, solange die Preise noch einen positiven Deckungsbeitrag ergeben. Eine Senkung der langfristigen Preise kann jedoch dazu führen, daß die langfristigen Erlöse unter den langfristigen (Voll-)Kosten liegen, so daß die Firma aufgeben muß.

2. *Preisstabilität.* Manager glauben, daß die Preiskalkulation auf der Basis der Vollkosten die Preisstabilität fördert, denn sie begrenzt die Preissenkungsmöglichkeiten. Manager legen Wert auf Preisstabilität, denn sie erleichtert die Planung.

3. *Einfachheit.* Eine Vollkostenformel für die Preiskalkulation erfordert keine detaillierte Analyse der Muster des Kostenverhaltens, um für jedes Produkt, die fixen und variablen Kostenkomponenten zu unterscheiden. Die Berechnung der variablen Kosten für jedes Produkt ist teuer und fehleranfällig. Aus diesen Gründen sind viele Manager der Überzeugung, daß die Vollkostenkalkulation den Kosten-Nutzen-Test am besten erfüllt.

Es ist nicht unproblematisch, die fixen Stückkosten in die Preiskalkulation miteinzubeziehen. Die Zurechnung der Fixkosten zu den Produkten kann recht willkürlich sein. Die Berechnung der fixen Stückkosten setzt eine Schätzung der erwarteten zukünftigen Absatzzahlen voraus. Wenn der tatsächliche Absatz hinter dieser Schätzung zurückbleibt, können die tatsächlichen Vollkosten pro Stück den Preis übersteigen.

Cost-plus Pricing und Target Pricing

Die Absatzpreise, die mit Hilfe des Cost-plus Pricing berechnet werden, sind *voraussichtliche* Preise. Nehmen wir zum Beispiel an, das ursprüngliche Produktdesign des Provalue II von Astel impliziert Stückkosten in Höhe von 750 $. Bei einem Zuschlagssatz von 12 % setzt Astel einen voraussichtlichen Preis von 840 $ fest (750 $ + 12 % × 750 $). Da am PC-Markt starker Wettbewerb herrscht, könnten die Reaktionen von Kunden und Konkurrenten auf diesen Preis Astel zwingen, den Zuschlagssatz und damit den Preis zu reduzieren (auf 800 $). Alternativ kann Astel den Provalue II neu designen, um die Kosten auf 720 $ pro Stück zu senken und einen Gewinnzuschlag von 80 $ pro Stück zu erzielen. Am Ende müssen Design und Preis den Konflikt zwischen Kosten, Gewinnzuschlag und Kundenreaktionen ausbalancieren.

Der Ansatz des Target Pricing macht das Hin- und Herwechseln zwischen Zuschlagskalkulation, Kundenreaktionen und Modifikationen bei Design und Kosten überflüssig. Stattdessen bestimmt man bei dieser Methode zuerst die Produkteigenschaften und den Preis auf der Basis der Kundenpräferenzen und der Reaktionen der Konkurrenten. Der Zielpreis dient dann als Orientierung und Motivation für die Manager, damit sie die Zielkosten erreichen und den angestrebten Betriebserfolg realisieren. Manchmal werden die Zielkosten nicht erreicht. Die Manager müssen dann das Produkt neu designen, den Preis anpassen oder mit einer geringeren Gewinnspanne auskommen.

UNTERSCHIEDLICHE METHODEN DER PREISKALKULATION UND DES KOSTENMANAGEMENTS IN VERSCHIEDENEN LÄNDERN

Umfragen[a] unter den Leitern der Finanzabteilungen der größten Industrieunternehmen in verschiedenen Ländern zeigen weltweit Ähnlichkeiten aber auch Unterschiede bei den Kalkulationsmethoden. Die kostenorientierte Preissetzung scheint in den USA verbreiteter zu sein als in Irland, Japan und Großbritannien.

Einige Umfragedaten aus Japan deuten an, daß sich die einzelnen Branchen bei der Verwendung des marktorientierten Target Pricing deutlich unterscheiden. Während eine Mehrzahl der japanischen Unternehmen mit Montagefertigung (zum Beispiel im Elektronik- und Automobilsektor) die Preise mit Hilfe des Target Costing ermitteln, ist diese Methode in Branchen mit Prozeßfertigung (zum Beispiel Chemie, Öl und Stahl) weit weniger verbreitet. Japanische Unternehmen führen häufiger Wertanalysen durch und beziehen die Entwickler häufiger in die Kostenschätzung ein. Bei der Ermittlung der Kosten für Preisentscheidungen ist das Muster einheitlich: Weltweit verwendet eine überwältigende Mehrheit der Unternehmen die Vollkostenkalkulation anstelle der Teilkostenkalkulation.

Rangordnung der Faktoren, auf die sich die Preiskalkulation stützt (1 = am wichtigsten):.

	USA	Japan	Irland	GB
marktorientiert	2	1	1	1
kostenorientiert	1	2	2	2

Anwendung der Wertanalyse und Beteiligung der Entwickler am Kostenmanagement:

	Austral.	Japan	GB
Prozentsatz der Firmen, die Wertanalysen anwenden, um die Kosten zu senken	24	58	29
Prozentsatz der Firmen, bei denen Entwickler an Kostenschätzungen beteiligt sind	25	46	32

Umfragen zur betrieblichen Praxis

UNTERSCHIEDLICHE METHODEN DER PREISKALKU-
LATION UND DES KOSTENMANAGEMENTS IN VER-
SCHIEDENEN LÄNDERN (FORTSETZUNG)

Rangordnung der Kostenrechnungsmethoden, die bei der Preiskalkulation angewandt werden (1 = am wichtigsten):.

	USA	GB	Irland
auf Vollkostenbasis	1	1	1
auf Teilkostenbasis	2	2	2

a. Übernommen aus Management Accounting Research Group, "Investigation"; Blayney und Yokoyama, "Comparative Analysis"; *Grant Thronton Survey*; Cornick, Cooper und Wilson, "How Do Companies"; Mills und Sweeting, "Pricing Decisions", und Drury, Braund, Osborne und Tayles, A Survey. Die vollständigen Quellenangaben sind in Anhang A zu finden.

Anbieter von recht einmaligen Produkten und Dienstleistungen – Wirtschaftsprüfer- und Managementberatungsfirmen zum Beispiel – verwenden oft das Cost-plus Pricing. Firmenorientierte Dienstleistungsunternehmen setzen ihre Preise auf der Basis der Kosten pro Stunde zuzüglich unterschiedlicher Zuschlagsätze für Firmenteilhaber, Manager und andere Mitarbeiter. Diese Preise werden jedoch bei intensivem Wettbewerb reduziert. Solche Dienstleistungsunternehmen gehen bei der Festlegung der Preise von einer mehrjährigen Geschäftsbeziehung mit dem Kunden aus. Wirtschaftsprüferfirmen zum Beispiel verlangen manchmal anfangs von einem Kunden einen niedrigen Preis und später höhere Preise.

Genaue Informationen über Kostentreiber und Kosten spielen beim Cost-plus Pricing wie auch beim Target Costing und Pricing eine wichtige Rolle. Die Identifikation der Kostentreiber ist dabei besonders kritisch, wenn die Manager Wertanalysen durchführen, um die Kosten für ihre Produkte zu senken und dabei gleichzeitig die Kundenerwartungen zu erfüllen.

12.8 KOSTENFREMDE ÜBERLEGUNGEN BEI PREISENT-SCHEIDUNGEN

Betrachten wir die Preise, die Fluglinien für ein Rückflugticket von San Francisco nach Chicago verlangen. Ein Ticket zweiter Klasse für diesen Flug kostet 400 $, wenn der Passagier eine Nacht von Samstag auf Sonntag in Chicago verbringt. Andernfalls kostet es 1.500 $. Dieser Preisunterschied kann nicht durch Kostenunterschiede für die Fluglinien erklärt werden. Die Kosten einer Fluglinie für den Transport eines Passagiers von San Francisco nach Chicago und zurück sind die gleichen, unabhängig davon, ob der Passagier von Samstag auf Sonntag in Chicago übernachtet. Die Erklärung für den Preisunterschied liegt vielmehr darin, daß sich hier eine Möglichkeit zur Preisdiskriminierung bietet.

Preisdiskriminierung ist die Praxis, von manchen Kunden einen höheren Preis zu verlangen als von anderen. In unserem Beispiel funktioniert das folgendermaßen: Die Nachfrage nach Flugtickets kommt hauptsächlich von zwei Personenkreisen, nämlich von Geschäftsleuten und von Personen, die zu ihrem Vergnügen reisen. Geschäftsleute müssen reisen, um für ihre Firmen tätig zu sein. Hin- und Rückreise finden in der Regel innerhalb der gleichen Woche statt, das heißt, sie fliegen unmittelbar nach Abschluß ihrer Arbeit zurück, weil Zeit für sie sehr wichtig ist. Deshalb ist die Nachfrage von Geschäftsleuten nach Flugreisen relativ unsensibel in bezug auf die Preise. Man spricht von einer *unelastischen Nachfrage*. Fluggesellschaften können von Geschäftsleuten höhere Preise verlangen, weil diese höheren Preise die Nachfrage kaum beeinflussen und daher zu einem höheren Betriebsergebnis führen.

Vergnügungsreisende haben ein weniger starkes Bedürfnis noch während der Woche wieder zurückzukehren. Tatsächlich wollen sie in der Regel lieber auch die Wochenenden an ihren Zielorten verbringen. Da sie ihre Tickets selbst bezahlen müssen, ist ihre Nachfrage preiselastischer als diejenige der Geschäftsreisenden. Bei Vergnügungsreisenden lohnt es sich für die Fluglinien, die Preise niedrig zu halten, um die Nachfrage anzuregen. Die Bedingung, daß man von Samstag auf Sonntag übernachten muß, trennt die beiden Kundenkreise voneinander. Die Fluggesellschaften können zwischen den beiden Marktsegmenten Preisdiskriminierung betreiben und damit von den unterschiedlichen Preiselastizitäten der Nachfrage von Geschäftsreisenden und Vergnügungsreisenden profitieren. Es existieren Preisunterschiede, obwohl die Leistungen für beide Marktsegmente die gleichen Kosten verursachen.

Neben der Preisdiskriminierung spielen bei Preisentscheidungen weitere kostenfremde Überlegungen eine Rolle wie zum Beispiel Kapazitätsbeschränkungen. So kann man zum Beispiel für dasselbe Produkt oder dieselbe Dienstleistung zur Hauptnutzungszeit, wenn eine Spitzenauslastung erreicht wird, höhere Preise verlangen, als zu anderen Zeiten, wenn Überschußkapazitäten vorhanden sind. Solche Spitzenauslastungspreise findet man in der Telefonbranche, im Telekommunikationsbereich, bei Hotels, Autovermietungen und Stromanbietern. Ein Beispiel sind die folgenden Preise der Avis Corporation vom Oktober 1995 für Mittelklassewagen, die am Detroit Metropolitan Airport gemietet wurden:

Werktage (Montag mit Donnerstag	55 $ pro Tag
Wochenenden (Freitag mit Sonntag)	26 $ pro Tag

Die Grenzkosten der Vermietung eines Autos sind für Avis die gleichen, unabhängig davon, ob der Wagen an einem Wochentag oder am Wochenende vermietet wird. Wodurch ist dann der Preisunterschied zu erklären? Wir bieten zwei verschiedene, aber miteinander zusammenhängende Erklärungen an. Eine Erklärung läuft darauf hinaus, daß unter der Woche aufgrund geschäftlicher Aktivitäten die Nachfrage nach Autos höher ist. Angesichts einer Auslastung an der Kapazitätsgrenze setzt Avis den Mietpreis so hoch, wie es der Markt erlaubt.

Eine zweite Erklärung geht dahin, daß die Tagessätze eine Form der Preisdiskriminierung sind. Unter der Woche kommt die Nachfrage nach Mietwagen hauptsächlich von Geschäftsreisenden, die Autos mieten müssen, um ihrer Arbeit nachzugehen, und die in bezug auf den Preis relativ unsensibel sind. Höhere Mietpreise an Werktagen sind profitabel, denn sie haben wenig Einfluß auf die Nachfrage. Im Gegensatz dazu kommt die Nachfrage nach Mietwagen am Wochenende hauptsächlich von Vergnügungsreisenden, die stärker auf die Preise reagieren. Niedrigere Tagessätze stimulieren die Nachfrage dieser Kunden und erhöhen das Betriebsergebnis von Avis. Beide Erklärungen haben gemeinsam, daß die Preisentscheidungen nicht von Kostenüberlegungen abhängen.

12.9 LIFE-CYCLE BUDGETING UND LIFE-CYCLE COSTING

Der Produktlebenszyklus reicht vom Beginn der ursprünglichen Forschung und Entwicklung bis zu dem Zeitpunkt, zu dem der Kundendienst für dieses Produkt beendet wird. Bei Autos kann dieser Zeitraum zwischen fünf und zehn Jahren liegen. Bei manchen pharmazeutischen Produkten liegt die Zeitspanne zwischen drei und fünf Jahren. Bei Modekleidung kann sie weniger als ein Jahr betragen.

Beim **Life-cycle Budgeting** oder der **Lebenszyklusbudgetierung** schätzen Manager die Erlöse und Kosten jedes Produkts vom Beginn der ursprünglichen F&E bis zur Beendigung des Kundendienstes und der Präsenz am Markt. Das **Life-cycle Costing** oder der **Lebenszykluskostenrechnung** verfolgt und akkumuliert die Istkosten jedes Produkts von Anfang bis Ende. Formulierungen wie "Kostenrechnung von der Wiege bis zum Grab" geben ein Gefühl dafür, daß hier alle Kosten, die mit einem Produkt zusammenhängen, vollständig erfaßt werden.

Lebenszyklusbudgetierung und Preisentscheidungen

Die geplanten Lebenszykluskosten können bei Preisentscheidungen eine wichtige Information darstellen. Bei einigen Produkten ist die Entwicklungsperiode relativ lang, und viele Kosten entstehen schon vor der Herstellung. Nehmen wir als Beispiel Insight, Inc., eine Softwarefirma, die ein neues Programmpaket für die Finanzbuchhaltung mit dem Namen "General Ledger" entwickelt. Für den sechsjährigen Produktlebenszyklus von General Ledger seien die folgenden Beträge budgetiert:

Jahre 1 und 2

F&E-Kosten	240.000 $
Designkosten	160.000 $

Jahre 3 bis 6

	einmalige Einrichtungskosten	Kosten pro Softwarepaket
Produktionskosten	100.000 $	25 $
Marketingkosten	70.000 $	24 $
Vertriebskosten	50.000 $	16 $
Kundendienstkosten	80.000 $	30 $

Um profitabel zu sein, muß Insight einen Erlös erwirtschaften, der die Kosten in allen sechs betrieblichen Funktionsbereichen deckt. Ein Produktlebenszyklusbudget (*product life-cycle budget*) unterstreicht, wie wichtig es ist, die Preise so zu setzen und die Erlöse so zu planen, daß die Kosten in *allen* Bereichen der Wertschöpfungskette gedeckt werden können und nicht nur die Kosten in einigen dieser Bereiche (zum Beispiel in der Fertigung). Das Lebenszyklusbudget macht auch deutlich, welche Kosten während des gesamten Produktlebenszyklus anfallen. Tafel 12.8 zeigt das Lebenszyklusbudget für General Ledger.

Drei Kombinationen von Absatzpreis und prognostizierter Nachfrage werden in Tafel 12.8 gezeigt. Man sieht sofort den hohen Anteil der produktionsunabhängigen Kosten. Zum Beispiel machen die Kosten für F&E und Produktdesign bei jeder der drei Preis-Mengen-Kombinationen 30 % der Gesamtkosten aus. Angesichts der hohen Kosten, die anfallen, bevor die Produktion überhaupt beginnt und bevor irgendein Erlös erwirtschaftet werden kann, sollte Insight auf eine möglichst genaue Erlös- und Kostenprognose für General Ledger eine Prämie aussetzen.

Tafel 12.8
Budgetierte Erlöse und Kosten über den gesamten Lebenszyklus des Softwarepakets General Ledger der Insight, Inc.*

	Alternative Kombinationen von Absatzpreis und Absatzmenge		
	1	2	3
Absatzpreis pro Paket	400 $	480 $	600 $
Absatzstückzahl	5.000	4.000	2.500
Lebenszykluserlöse (400 $ × 5.000; 480 $ × 4.000; 600 $ × 2.500)	2.000.000 $	1.920.000 $	1.500.000 $
Lebenszykluskosten			
F&E	240.000 $	240.000 $	240.000 $
Produkt- und Prozeßdesign	160.000 $	160.000 $	160.000 $
Fertigung (100.000 $ + 25 $ × 5.000; 100.000 $ + 25 $ × 4.000; 100.000 $ + 25 $ × 2.500)	225.000 $	200.000 $	162.500 $
Marketing (70.000 $ + 24 $ × 5.000; 70.000 $ + 24 $ × 4.000; 70.000 $ + 24 $ × 2.500)	190.000 $	166.000 $	130.000 $
Vertrieb (50.000 $ + 16 $ × 5.000; 50.000 $ + 16 $ × 4.000; 50.000 $ + 16 $ × 2.500)	130.000 $	114.000 $	90.000 $
Kundendienst (80.000 $ + 30 $ × 5.000; 80.000 $ + 30 $ × 4.000; 80.000 $ + 30 $ × 2.500)	230.000 $	200.000 $	155.000 $
Summe Lebenszykluskosten	1.175.000 $	1.080.000 $	937.500 $
Lebenszyklusgewinn	825.0000 $	840.000 $	562.500 $

* In dieser Tafel ist bei der Berechnung der Lebenszykluserlöse und Lebenszykluskosten der Zeitwert des Geldes nicht berücksichtigt worden. In den Kapiteln 22 und 23 wird gezeigt, wie dieser wichtige Faktor in solche Berechnungen miteinbezogen werden kann.

In Tafel 12.8 wird davon ausgegangen, daß der Absatzpreis pro Paket über den gesamten Produktlebenszyklus unverändert bleibt. Es kann jedoch sein, daß Insight aus strategischen Gründen beschließt, "den Markt abzusahnen". In diesem Fall würde die Firma zunächst von den Kunden, die begierig darauf sind, General Ledger bei Erscheinen sofort auszuprobieren, höhere Preise verlangen und dann niedrigere Preise von denjenigen, die bereit sind zu warten. Im Lebenszyklusbudget kommt diese Strategie dann entsprechend zum Ausdruck.

Die Entwicklung von Lebenszykluskostenberichten

In den meisten Buchführungssystemen ist das Berichtswesen am Kalender orientiert, es wird also monatlich, vierteljährlich oder jährlich berichtet. Im Gegensatz dazu steht bei Lebenszyklusberichten nicht der Kalender im Mittelpunkt. Betrachten wir die Lebensdauer von vier Produkten der Firma Insight:

Softwarepaket	Jahr 1	Jahr 2	Jahr 3	Jahr 4	Jahr 5	Jahr 6
Finanzbuchhaltung (General Ledger)						
Recht						
Personalbuchhaltung						
Technik						

Jedes Produkt hat eine Lebensdauer von mehr als einem Kalenderjahr.

Für die Entwicklung von Lebenszykluskostenberichten für jedes Produkt ist es erforderlich, Kosten und Erlöse Produkt für Produkt über mehrere Kalenderperioden hinweg zu verfolgen. So fallen zum Beispiel die Forschungs- und Entwicklungskosten, die im Lebenszykluskostenbericht enthalten sind, oft in verschiedenen Kalenderjahren an. Wenn die F&E-Kosten über den gesamten Lebenszyklus hinweg verfolgt werden, kann der Gesamtumfang dieser Kosten für jedes einzelne Produkt berechne und analysiert werden.

Ein Produktlebenszyklusbericht hat mindestens drei wichtige Vorteile:

1. Der Gesamtumfang der Kosten und Erlöse, die mit jedem Produkt verbunden sind, wird sichtbar. Die Herstellkosten sind in den meisten Buchführungssystemen gut sichtbar. Die Kosten der vorgelagerten Bereiche (zum Beispiel F&E) und

der nachgelagerten Bereiche (zum Beispiel Kundendienst) werden jedoch – bezogen auf die einzelnen Produkte – oft weniger deutlich.

2. Unterschiede zwischen den Produkten in bezug auf den Anteil der Kosten, die in den frühen Phasen des Produktlebenszyklus anfallen, werden beleuchtet. Je höher dieser Prozentsatz, umso wichtiger ist es, daß die Manager so früh wie möglich genaue Prognosen über die Erlöse für dieses Produkt aufstellen.

3. Wechselseitige Abhängigkeiten zwischen den Kosten der einzelnen betrieblichen Funktionsbereiche kommen ins Blickfeld. So ist es zum Beispiel möglich, daß Firmen, die in den Bereichen F&E und Produktdesign die Kosten senken, in den darauffolgenden Jahren einen starken Anstieg bei den Kundendienstkosten erleben. Diese Kosten entstehen, weil die Produkte das versprochene Qualitäts- und Leistungsniveau nicht erreichen. Ein Bericht über Lebenszykluserlöse und -kosten verhindert, daß solche Ursache-Wirkungs-Zusammenhänge zwischen Kostenänderungen in verschiedenen betrieblichen Funktionsbereichen versteckt werden, wie das in den am Kalender orientierten Gewinn- und Verlustrechnungen der Fall ist.

Lebenszykluskosten lenken den Blick verstärkt auf die Bedeutung der vorbestimmten Kosten, des Target Costing und der Wertanalyse für die Preissetzung und das Kostenmanagement. Bei Produkten mit langen Lebenszyklen ist zu dem Zeitpunkt, zu dem die Kosten vorprogrammiert werden, erst ein kleiner Teil der gesamten Lebenszykluskosten tatsächlich angefallen. Aber die vorbestimmten Kosten entscheiden für mehrere Jahre darüber, welche Kosten anfallen werden. Automobilfirmen kombinieren Target Costing und Life-Cycle Budgeting. So bestimmen zum Beispiel Chrysler, Ford, General Motors, Mercedes, Nissan und Toyota die Zielpreise und Zielkosten auf der Basis von Kosten- und Erlösschätzungen über einen Zeithorizont von mehreren Jahren.

Das Management der Umweltkosten ist ein weiteres Beispiel für die Lebenszyklusbudgetierung. Durch die Inkraftsetzung strenger Umweltgesetze (in den USA zum Beispiel der Clean Air Act, das Superfund Amendment und der Reauthorization Act) sind härtere Umweltstandards und höhere Strafen und Bußgelder für die Verschmutzung der Luft und die Vergiftung von Boden und Grundwasser eingeführt worden. Umweltkosten werden oft bereits in der Phase des Produkt- und Prozeßdesigns vorbestimmt. Um Haftungsprobleme zu vermeiden, versuchen die Firmen, Produkte, Prozesse und Verfahren so anzulegen, daß Umweltverschmutzung im gesamten Produktlebenszyklus verhindert oder reduziert wird. Die Computerhersteller Compaq und Apple haben zum Beispiel vor kurzem teure Recyclingprogramme eingeführt, um sicherzustellen, daß Nickel-Cadmium-Batterien (für Laptops) am Ende ihrer Lebensdauer umweltgerecht entsorgt werden.

Eine andere Anwendung der Idee der Lebenszykluskosten sind die Kundenlebenszykluskosten. **Kundenlebenszykluskosten** (*customer life-cycle costs*) sind die Gesamtkosten, die dem Kunden durch den Erwerb und den Gebrauch eines Produkts oder einer Dienstleistung entstehen, bis das Produkt durch ein anderes ersetzt wird. Die Kundenlebenszykluskosten für ein Auto sind der Kaufpreis plus die Betriebs- und Wartungskosten minus der Restwert beim Wiederverkauf. Kundenlebenszykluskosten können ein wichtiger Aspekt der Preisentscheidung sein. Die Ford Motor Company hat sich zum Ziel gesetzt, Autos zu entwickeln, die auf den ersten 100.000 Meilen nur minimale Wartungskosten erfordern. Ford rechnet damit, für diese Autos einen höheren Preis fordern zu können und/oder einen höheren Marktanteil zu gewinnen.

12.10 AUSWIRKUNGEN DER US-AMERIKANISCHEN ANTI-TRUST-GESETZE AUF DIE PREISPOLITIK DER UNTERNEHMEN

Unter dem Robinson-Patman-Act darf ein Hersteller keine Preisdiskriminierung betreiben, wenn er damit die Absicht verfolgt, den Wettbewerb zwischen den Kunden zu verringern oder zu verhindern. Die Preisdiskriminierungsgesetze haben drei wichtige Eigenschaften: (1) Sie gelten für Produkthersteller und nicht für Dienstleistungsunternehmen; (2) Preisdiskriminierung ist erlaubt, wenn die Preisunterschiede durch Kostenunterschiede gerechtfertigt werden können; und (3) Preisdiskriminierung ist nur dann illegal, wenn damit der Wettbewerb zerstört werden soll. Die Preisdiskriminierungspraktiken von Fluglinien und Autovermietern, die wir weiter oben in diesem Kapitel geschildert haben, sind legal, weil es sich um Dienstleistungsunternehmen handelt und weil ihre Praktiken den Wettbewerb nicht behindern.

Nach den amerikanischen Antitrust-Gesetzen, wie etwa dem Sherman Act, dem Clayton Act, dem Federal Trade Commission Act und dem Robinson-Patman Act, darf die Preispolitik nicht den Charakter eines Verdrängungswettbewerbs annehmen.[51] Eine Firma betreibt **Verdrängungswettbewerb** (*predatory pricing*), wenn sie absichtlich einen nicht-kostendeckenden Preis festlegt, um die Konkurrenten aus dem Feld zu schlagen, das Angebot zu beschränken und dann die Preise zu erhöhen anstatt die Nachfrage auszuweiten und sich der Konkurrenz zu stellen.[52]

Der oberste Gerichtshof der USA hat den Beweis dafür, daß ein Verdrängungswettbewerb stattgefunden hat, an die folgenden Bedingungen geknüpft: (1) Das beschuldigte Unternehmen verlangt einen Preis, der unter einem angemessenen Kostenbetrag liegt,

---

[51] Der Sherman Act und der Clayton Act werden diskutiert in A. Barkman und J. Jolley, "Cost Defenses for Antitrust Cases," *Management Accounting* 67, Nr. 10, S. 37-40.

[52] Siehe W. Viscusi, J. Vernon und J. Harrington, *Economics of Regulation and Antitrust* (Lexington, Mass.: D. C. Heath, 1992), S. 213; und J. L. Goldstein, "Single Firm Predatory Pricing in Antitrust Law: The Rose Acre Recoupment Test and the Search for an Appropriate Jucicial Standard," *Columbia Law Review* 91 (1991), S. 1757-92.

und (2) das beschuldigte Unternehmen hat vernünftige Aussichten, den durch diese Preispolitik entstandenen Verlust in der Zukunft wieder wettzumachen (durch einen höheren Marktanteil oder höhere Preise). Der Supreme Court hat jedoch nicht definiert, was unter einem "angemessenen Kostenbetrag" (*appropriate measure of costs*) zu verstehen ist.[53]

Die meisten Gerichte in den Vereinigten Staaten haben den "angemessenen Kostenbetrag" als kurzfristige Grenz- und Durchschnittskosten definiert.[54] In *Adjustor's Replace-a-Car v. Agency Rent-a-Car*[55] behauptet die Firma Adjustor's (die Klägerin), daß sie gezwungen war, sich aus Austin und San Antonio, Texas, zurückzuziehen, weil Agency einen Verdrängungswettbewerb praktiziert habe. Um den Verdrängungswettbewerb nachzuweisen, wies Adjustor auf den "Nettobetriebsverlust" in der Gewinn- und Verlustrechnung von Agency hin, der berechnet wurde, nachdem die Overheadkosten der Firmenzentrale zugerechnet worden waren. Der Richter entschied jedoch, daß es sich nicht um einen Verdrängungswettbewerb gehandelt habe, da die Mietwagenpreise bei Agency niemals unter die durchschnittlichen variablen Kosten gefallen sind.

Für Manager und Buchhalter, denen daran gelegen ist, nicht gegen die Antitrust-Gesetze zu verstoßen, empfiehlt es sich, die folgenden Verfahrensweisen zu beherzigen:

1. Man sammle die Daten so, daß die variablen Kosten auf relativ einfache Weise errechnet werden können.

2. Man führe genauestens Buch über die variablen Kosten für alle Bereiche der Wertschöpfungskette und überprüfe bei allen Preisen, die unter den variablen Kosten liegen, ob sie einer voraussichtlichen Klage wegen Verdrängungswettbewerb standhalten.

Die Entscheidung des Supreme Court im Fall *Brooke Group v. Brown & Williamson Tobacco* (BWT) zeigt, daß ein Verdrängungswettbewerb auch voraussetzt, daß die Firma mit den nicht-kostendeckenden Preisen eine vernünftige Chance hat, Preise und

---

[53] *Brooke Group v. Brown & Williamson Tobacco*, 113 S. Ct. (1993); T. J. Trujillo, "Predatory Pricing Standards under Recent Supreme Court Decisions and Their Failure to Recognize Strategic Behavior as a Barrier to Entry," *Iowa Journal of Corporation Law* (Sommer 1994), S. 809-31.

[54] Eine Ausnahme ist *McGahee v. Northern Propane Gas Co.* [858 F. 2d 1487 (1988)], wo das 11. Bezirksgericht feststellt, daß Preise unterhalb der gesamten Durchschnittskosten ein Beweis für die Verdrängungsabsicht sind. Eine ausführlichere DIskussion ist in P. Areeda und D. Turner, "Predatory Pricing and Related Practices under Section 2 of the Sherman Act," *Harvard Law Review* 88 (1975), S. 697-733 zu finden. Einen Überblick über die Kasuistik bietet W. Viscussi, J. Vernon und J. Harrington, *Economics of Regulation and Antitrust* (Lexington, Mass.: D. C. Heath, 1992). Zusammenfassungen von Gerichtsfällen sind auch im Abschnitt "Legal Developments" im *Journal of Marketing* zu finden.

[55] *Adjustor's Replace-a-Car, Inc. v. Agency Rent-a-Car*, 735 2d 884 (1984).

Marktanteile später zu erhöhen und dadurch ihre Verluste wieder wettzumachen.[56] Die beklagte Firma BWT, ein Zigarettenhersteller, verkaufte Markenzigaretten und hatte einen Marktanteil von 12 %. Durch die Einführung von No-name-Zigaretten war der Marktanteil von BWT bedroht. Die Firma reagierte durch die Einführung ihrer eigenen Version einer No-name-Zigarette zu einem Preis unterhalb der variablen Durchschnittskosten und machte es dadurch den Konkurrenten auf diesem Sektor schwer, im Geschäft zu bleiben. Der oberste Gerichtshof entschied, daß die Aktion von BWT keinen Verdrängungswettbewerb darstellte, sondern zum normalen Wettbewerbsverhalten zu rechnen war. Begründet wurde diese Entscheidung damit, daß BWT angesichts ihres gegenwärtigen geringen Marktanteils (12 %) und angesichts der Wettbewerbsverhältnisse innerhalb der Branche später nicht in der Lage sein würde, einen Monopolpreis zu erheben, um ihre Verlust wieder einzuholen.

Mit dem Verdrängungswettbewerb eng verbunden ist das Dumping. Nach US-amerikanischem Recht spricht man von **Dumping**, wenn ein nichtamerikanisches Unternehmen in den Vereinigten Staaten ein Produkt zu einem Preis unterhalb des Marktwertes im Ursprungsland verkauft, und wenn dieses Verhalten eine Branche in den USA materiell schädigt oder zu schädigen droht. Wenn Dumping nachgewiesen worden ist, kann nach dem US-amerikanischen Zollgesetz ein Antidumpingzoll erhoben werden, der dem Betrag entspricht, um den der Wert auf dem ausländischen Markt über dem Preis in den USA liegt. Dumpingfälle sind bei Zement, Stahl, Halbleitern und Pullovern vorgekommen. So hat zum Beispiel 1990 die International Trade Commission der USA entschieden, daß die Firma Cementos Mexicanos, S.A. (Cemex) im Süden und Südwesten der USA Zement zu Dumpingpreisen verkauft hat. Die Kommission erhob einen Antidumpingzoll von 58 % auf alle folgenden Cemex-Importe.[57]

Eine andere Verletzung der Antitrust-Gesetze sind Preisabsprachen. **Preisabsprachen** liegen vor, wenn Unternehmen einer Branche heimliche Verabredungen über Preise und Output treffen, um einen Preis zu erzielen, der über dem Wettbewerbspreis liegt. Preisabsprachen verstoßen gegen die Antitrustgesetze der Vereinigten Staaten, weil sie den Handel einschränken. So hat zum Beispiel 1990 das Justizministerium Klage erhoben, weil die Nutzung eines gemeinsamen Computerreservierungssystems es den Fluggesellschaften ermöglicht hat, durch geheime Absprachen wettbewerbswidrige Preise aufrechtzuerhalten. Die betroffenen Fluglinien – American, Continental, Delta, Midway, Northwest, PanAm, TWA, United und USAir – haben aufgrund des Vergleichs ihren Kunden Entschädigungen bezahlt.

---

[56] *Brooke Group v. Brown & Williamson Tobacco*, 113 S. Ct. (1993)..

[57] "Cemex and Antidumping," Graduate School of Business, Stanford University Case S-P-4, 1994.

12.11 AUSWIRKUNGEN DES DEUTSCHEN UND EUROPÄISCHEN WETTBEWERBSRECHTS AUF DIE PREISPOLITIK DER UNTERNEHMEN[58]

Nach europäischem Wettbewerbsrecht (Art. 86 EGV) ist die mißbräuchliche Ausnutzung einer marktbeherrschenden Stellung auf dem Gemeinsamen Markt oder einem wesentlichen Teil desselben verboten, wenn dies dazu führen kann, daß der Handel zwischen den Mitgliedsstaaten beeinträchtigt wird. Dabei wird zwischen zwei Arten von Mißbrauch unterschieden:

- **Ausbeutungsmißbrauch**: unangemessene Preise und Geschäftsbedingungen gegenüber Zulieferern oder Abnehmern
- **Behinderungsmißbrauch**: Beeinträchtigung der Wettbewerbsmöglichkeiten von Konkurrenten.

Zum Behinderungsmißbrauch gehört zum Beispiel die **Kampfpreisunterbietung** mit dem Ziel der Verdrängung von Konkurrenten. 1991 stellte der Europäische Gerichtshof in einem Grundsatzurteil fest, daß grundsätzlich Mißbrauch vorliegt, wenn Preise unter den variablen Kosten liegen, daß aber auch bei Preisen zwischen den variablen und den totalen Durchschnittskosten Mißbrauch vorliegen kann, wenn damit bezweckt wird, Konkurrenten mit geringeren finanziellen Ressourcen auszuschalten.

Ein Beispiel für Ausbeutungsmißbrauch ist die **Preisdiskriminierung**. So wurde zum Beispiel in den siebziger Jahren gegen die Firma LaRoche eine Geldbuße verhängt, weil sie ihre marktbeherrschende Stellung auf dem Markt für synthetische Vitamine mißbraucht hatte. Kunden, die ausschließlich oder überwiegend bei LaRoche einkauften, wurden hohe Preisvorteile gewährt. Ihren Konkurrenten entstanden dadurch so große Kosten- und Wettbewerbsnachteile, daß der zwischenstaatliche Handel dadurch beeinträchtigt wurde.

Im deutschen Wettbewerbsrecht gibt es ähnliche Regelungen (§22 GWB). Allerdings ist hier nicht das mißbräuchliche Verhalten per se verboten. Strafe droht vielmehr erst, wenn ein Unternehmen es versäumt, der Aufforderung des Bundeskartellamts zum Abstellen des beanstandeten Verhaltens Folge zu leisten.

Im deutschen wie im europäischen Wettbewerbsrecht gilt das Verbot von horizontalen und vertikalen Wettbewerbsbeschränkungen durch Vertrag oder aufeinander abgestimmtes Verhalten. Zwar gibt es von diesem **Kartellverbot** eine ganze Reihe von Ausnahmen. Verboten sind aber in jedem Fall Preiskartelle.

---

[58] [Anm. d. Übers.] Siehe dazu Schmidt, I. und A. Schmidt, Europäische Wettbewerbspolitik, München, 1997, sowie R. Olten, Wettbewerbstheorie und Wettbewerbspolitik, München 1995.

AUFGABE

Betrachten wir noch einmal das Beispiel der Firma Astel Computer (Seite 416 ff.). Der Marketingmanager der Firma weiß, daß eine weitere Preissenkung erforderlich ist, um 200.000 Einheiten des Provalue II zu verkaufen. Um den angestrebten Gewinn von 16 Mio. $ oder 80 $ pro Stück zu erzielen, wird Astel die Kosten des Provalue II um 6 Mio. $ oder 30 $ pro Stück reduzieren müssen. Die neue Version wird Modified Provalue II genannt. Astel will bei der Fertigung 4 Mio. $ oder 20 $ pro Stück einsparen, den Rest in den Bereichen Marketing, Vertrieb und Kundendienst. Das bereichsübergreifende Team, das mit dieser Aufgabe betraut worden ist, schlägt folgende Veränderungen bei der Fertigung des Modified Provalue II vor:

1. Einkauf von einigen vormontierten Komponenten, die die Funktionen mehrerer einzelner Komponenten in sich vereinigen. Diese Veränderung hat keine Auswirkungen auf Qualität und Leistung des Modified Provalue II, wird aber die Materialeinzelkosten von 385 auf 375 $ pro Stück verringern.

2. Neuorganisation der Arbeitsabläufe, um die Kosten der Materialbestellung und -annahme von 80 $ auf 60 $ pro Bestellung zu senken. Durch die Verwendung von vormontierten Komponenten verringert sich die Zahl der eingekauften Komponenten für den Modified Provalue II von 425 auf 400. Wie in dem Beispiel im Text gibt Astel pro Jahr für jede Komponente 50 Bestellungen auf.

3. Verringerung der Arbeitszeit und des Energieverbrauchs pro Teststunde. Dadurch reduzieren sich die Test- und Inspektionskosten für den Modified Provalue II von 2 $ auf 1,70 $ pro Teststunde. Jeder Modified Provalue II soll 14 statt 15 Stunden lang getestet werden.

4. Entwicklung eines neuen Verfahrens für Nachbesserungen, das die Nachbesserungskosten für jede der erwarteten 13.000 Reklamationen (6,5 % von 200.000) von 100 $ auf 80 $ senkt.

Bei den Fertigungslöhnen und den Maschinenkosten werden keine Veränderungen vorgeschlagen.

Sind die vorgeschlagenen Veränderungen ausreichend, um die angestrebte Senkung der Herstellkosten in Höhe von 4 Mio. $ (oder 20 $ pro Stück) zu realisieren? Zeigen Sie ihre Berechnungen.

LÖSUNG

Tafel 12.9 zeigt die Herstellkosten für den Modified Provalue II. Die vorgeschlagenen Veränderungen werden die Herstellkosten von 108 Mio. $ oder 540 $ pro Stück (siehe Tafel 12.5) auf 104 Mio. $ oder 520 $ pro Stück (siehe Tafel 12.9) verringern und damit die angestrebte Kostensenkung von 4 Mio. $ oder 20 $ pro Einheit realisieren.

Tafel 12.9

Zielkosten der Herstellung des Modified Provalue II für das Jahr 19_8

	Geschätzte Herstellkosten für 200.000 Stück (1)	Geschätzte Herstellstückkosten (2) = (1) : 200.000
Herstelleinzelkosten		
Fertigungsmaterial (200.000 × 53 $)	75.000.000 $	375,00 $
Fertigungslöhne (200.000 × 53 $)	10.600.000 $	53,00 $
Maschineneinzelkosten (Fixkosten in Höhe von 11.400.000 $)	11.400.000 $	57,00 $
Herstelleinzelkosten	97.000.000 $	485,00 $
Herstellgemeinkosten		
Materialbestellung und -annahme (20.000[a] × 60 $)	1.200.000 $	6,00 $
Test- und Inspektionskosten (2.800.000[b] Stunden × 1,70 $/Stunde)	4.760.000 $	23,80 $
Nachbesserungskosten (13.000 Stück × 80 $/Stück)	1.040.000 $	5,20 $
Herstellgemeinkosten	7.000.000 $	35,00 $
Gesamte Herstellkosten	104.000.000 $	520,00 $

a.   400 Komponenten × 50 Bestellungen/pro Komponente = 20.000 Bestellungen.
b.   200.000 Stück × 14 Teststunden pro Stück = 2.800.000 Teststunden.

Kostenaufschlüsselung (I)

Das Problem der Kostenaufschlüsselung taucht in fast jeder Organisation und in fast allen Bereichen der Buchführung unweigerlich auf. Wie soll man die Flugkosten einer Vorstellungsreise von Seattle über Boston nach Chicago und zurück nach Seattle auf die möglichen zukünftigen Arbeitgeber in Boston und Chicago verteilen? Wie sind die Kosten einer Universität aufzuschlüsseln auf die Bereiche Undergraduate-Ausbildung, Graduate-Ausbildung und Forschung? Wie sollen in einem Krankenhaus die Kosten für medizinische Ausrüstung, Räume und Personal aufgeteilt werden? Wie kann man in einem Multiprodukt-Unternehmen wie Heinz die Herstellgemeinkosten den einzelnen Produkten zurechnen?

Solche Fragen nach der Zurechnung von Kosten sind schwer zu beantworten. Die Antworten sind nur selten eindeutig richtig oder falsch. Trotzdem werden wir in diesem und im folgenden Kapitel versuchen, ein gewisses Verständnis für das Problem der Kostenaufschlüsselung und für die Dimensionen dieses Problems zu entwickeln, auch wenn die Antworten etwas unbestimmt bleiben. In Kapitel 13 geht es um die Aufschlüsselung der Kosten auf die betrieblichen Abteilungen (Kostenstellenrechnung). In Kapitel 14 behandeln wir spezielle Fragestellungen, die mit der Aufschlüsselung von Kosten auf verschiedene Produkte, Dienstleistungen, Kunden oder Aufträge zu tun haben (Kostenträgerrechnung).

13.1 DIE TERMINOLOGIE DER KOSTENAUFSCHLÜSSELUNG

In diesem Kapitel verwenden wir unter anderen die folgenden wichtigen Begriffe:

- *Kostenobjekt*: Alles wofür man eine getrennte Kostenmessung anstrebt.
- *Einzelkosten eines Kostenobjekts*: Kosten, die mit einem bestimmten Kostenobjekt verbunden sind und ihm auf wirtschaftlich sinnvolle Weise zugeordnet werden können.
- *Gemeinkosten eines Kostenobjekts*: Kosten, die mit einem bestimmten Kostenobjekt in Beziehung stehen, ihm aber nicht auf wirtschaftlich sinnvolle Weise zugeordnet werden können. Mit Kostenaufschlüsselung oder Kostenzurechnung ist die Zuweisung von Gemeinkosten zu bestimmten Kostenobjekten gemeint.

Die folgende Tabelle enthält Beispiele für die Einzelkosten und Gemeinkosten eines Produkts (Kostenträger) und eines Aktivitätsbereichs (Kostenstelle):

Kostenobjekt	Beispiel für Einzelkosten	Beispiel für Gemeinkosten
Produkt: Mikrowellenherd hergestellt von einer Haushaltsgerätefirma, die insgesamt 200 verschiedene Produkte fertigt	Material, das zur Herstellung des Mikrowellenherdes verwendet wird	Miete für das Werksgebäude, in dem noch andere Produkte hergestellt werden.
Aktivitätsbereich: Das Fotokopieren von Dokumenten in einer Anwaltskanzlei	Papier und Toner in der Kopiermaschine	Elektrischer Strom für den Betrieb der Maschine. Der Stromverbrauch wird für einzelne Geräte nicht getrennt gemessen.

Die Klassifikation der Kosten ist von Organisation zu Organisation unterschiedlich. Was in einer Organisation eine Einzelkostenart ist wie zum Beispiel Montagearbeit oder Energie, kann in einer anderen Organisation zu den Gemeinkosten zählen.

13.2 ZWECKE DER KOSTENAUFSCHLÜSSELUNG

Gemeinkosten machen oft einen großen Prozentsatz der Kosten aus, die auf die Kostenobjekte (Produkte, Vertriebskanäle, Kunden) verteilt werden. Tafel 13.1 illustriert vier Zwecke der Zurechnung von Gemeinkosten zu solchen Kostenobjekten:

1. Für wirtschaftliche Entscheidungen Informationen zur Verfügung stellen
2. Manager und Angestellte motivieren
3. Kosten rechtfertigen und Vergütungen berechnen
4. Gewinn und Vermögenswerte messen für externe Berichte

Die Aufschlüsselung einer bestimmten Kostenart muß nicht allen Zwecken gleichzeitig dienen. Nehmen wir als Beispiel das Gehalt eines Raumfahrtswissenschaftlers in einer zentralen Forschungsabteilung von Boeing oder Airbus. Dieses Gehalt kann als Teil der zentralen Forschungskosten aufgeschlüsselt werden, um wirtschaftliche Entscheidungen (1. Zweck) vorzubereiten; die Zurechnung kann den zweiten Zweck (Motivation) erfüllen oder auch nicht; das Gehalt kann einem staatlichen Auftrag zugerechnet werden, um Kosten zu rechtfertigen, die erstattet werden sollen (3. Zweck); es darf (nach den allgemein akzeptierten Grundsätzen einer ordnungsgemäßen Buchführung) nicht auf die Lagerbestände aufgeschlüsselt werden, um den vierten Zweck zu erfüllen (Gewinnmessung und Bewertung des Vermögens).

Tafel 13.1
Zwecke der Kostenaufschlüsselung

Zweck	Beispiele
1. Informationen für wirtschaftliche Entscheidungen zur Verfügung stellen	• Entscheiden, ob eine neue Flugstrecke eingerichtet werden soll • Entscheiden, ob eine bestimmte Komponente eines Fernsehgeräts im Haus hergestellt oder von einem anderen Hersteller gekauft werden soll • Entscheiden über den Absatzpreis für ein Standardprodukt oder eine Standarddienstleistung
2. Manager und Angestellte motivieren	• Das Design von Produkten fördern, die einfacher herzustellen sind • Den Verkaufsvertretern einen Anreiz geben, sich um Produkte oder Dienstleistungen mit hoher Gewinnspanne besonders zu kümmern
3. Kosten rechtfertigen oder Vergütungen berechnen	• Für Produkte einen "fairen" Preis festsetzen, wie es oft bei Verträgen mit dem Verteidigungsministerium geschieht • Die Vergütung für eine Beratungsfirma berechnen als Prozentsatz der Kostenersparnisse, die sich aus der Umsetzung ihrer Empfehlungen ergeben
4. Gewinn und Vermögen messen, um der gesetzlichen oder sonstigen externen Berichtspflicht zu genügen	• Die Lagerbestände bewerten für die Berichte an Aktionäre, Anleiheinhaber usw. (Nach den allgemein akzeptierten Grundsätzen des Rechnungswesens dürfen die Herstellkosten aktiviert werden, nicht jedoch die Kosten für Marketing, Vertrieb und Kundendienst.) • Die Lagerbestände bewerten für die Steuerbilanz

Für verschiedene Zwecke werden unterschiedliche Kostenarten aufgeschlüsselt. Betrachten wir zum Beispiel die Produktkosten der folgenden Bereiche der Wertschöpfungskette:

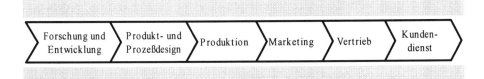

Warum werden Firmenoverheadkosten und Kosten von Serviceabteilungen auf die Geschäftsbereiche und Abteilungen aufgeschlüsselt?

Es gibt reichlich Umfragematerial über die Gründe, warum Manager die Overheadkosten der Firmenzentrale und andere Servicekosten auf die Geschäftsbereiche und Abteilungen aufschlüsseln. Eine Umfrage unter US-amerikanischen Managern[a] hat (nach der Häufigkeit ihrer Nennung geordnet) folgende Zwecke offenbart:

1. Die Manager der Profit Center daran erinnern, daß Overheadkosten existieren, und daß das Profit Center genügend verdienen muß, um einen Teil dieser Kosten zu decken

2. Die Nutzung von andernfalls unausgelasteten zentralen Diensten ermutigen.

3. Die Manager der Profit Center veranlassen, auf die Manager des Zentralbereichs Druck auszuüben, damit diese die Servicekosten unter Kontrolle halten

Kanadische Manager[b] haben (in der Reihenfolge ihrer Bedeutung) die folgenden Zwecke für die Zuordnung von Kosten zu Geschäftsbereichen und Abteilungen angegeben:

1. Die Bestimmung der Kosten

2. Die Leistungsbewertung von Profit Centers

3. Die Festlegung von Verantwortlichkeiten

4. Die Aufschlüsselung der Kosten nach ihrem tatsächlichen Verbrauch

5. Die Förderung eines effizienteren Ressourceneinsatzes

6. Die Förderung des Kostenbewußtseins

Diese Manager stießen bei der Umsetzung ihrer Kostenaufschlüsselungsprogramme auf die folgenden Schwierigkeiten: Die Kostenaufschlüsselung führt dazu, daß Verluste ausgewiesen werden müssen; es kommt zu Reibungen unter den Managern; die Marktpreise sind instabil; die Aufschlüsselung wird als willkürlich empfunden; die Einhaltung der Regeln ist schwer zu überprüfen; es ist schwierig, zu einer Einigung über die Aufschlüsselungsmethode zu kommen; der Zurechnungsprozeß ist zeitaufwendig.

a. Fremgen und Liao, *The Allocation*;
b. Atkinson, *Intrafirm Cost*;

WARUM WERDEN FIRMENOVERHEADKOSTEN ...? (FORTSETZUNG)

Eine ähnliche Befragung wurde mit australischen[c] und britischen[d] Managern durchgeführt. Aus den Antworten der beiden Gruppen ergab sich die gleiche Rangfolge für die folgenden Gründe der Aufschlüsselung von Firmenoverheadkosten auf die Geschäftsbereiche:

1. Anerkennen, daß solche Kosten in den Geschäftsbereichen selbst entstehen würden, wenn sie unabhängige Einheiten wären oder wenn die Dienstleistungen nicht zentral zur Verfügung gestellt würden

2. Den Abteilungsleitern bewußt machen, daß zentrale Kosten existieren

3. Den Abteilungsleitern einen Anreiz geben, auf die Manager des Zentralbereichs Druck auszuüben, damit sie die Kosten unter Kontrolle halten

4. Die Abteilungsleiter dazu veranlassen, bei der Nutzung zentraler Dienste sparsam zu sein.

a. Ramadan, "The Rationale";
b. Dean, Joye und Blayney, *Strategic Management*.
Vollständige Quellenangaben im Anhang A.

Normalerweise kann man nicht für jeden der vier Zwecke in Tafel 13.1 dieselbe Kostenkombination in diesen betrieblichen Funktionsbereichen verwenden. Zum Zweck der Vorbereitung wirtschaftlicher Entscheidungen sollten die Kosten aller sechs Funktionsbereiche einbezogen werden. Wenn es um die Motivation geht, nimmt man oft die Kosten aus mehr als einem Funktionsbereich, um den Managern bewußt zu machen, wie die Kosten in verschiedenen Bereichen miteinander zusammenhängen. Manche japanischen Firmen verlangen zum Beispiel von den Produktdesignern, daß sie alle Kosten, die in der Wertschöpfungskette nach dem Design kommen (neben den Herstellkosten also auch die Kosten von Vertrieb und Kundendienst), in ihren Produktkostenschätzungen mitberücksichtigen. Man möchte damit die Aufmerksamkeit darauf lenken, wie die verschiedenen Optionen für das Produktdesign die Gesamtkosten der Organisation beeinflussen. Bei Aufträgen mit Kostenerstattung ist oft im Vertrag festgelegt, ob die Kosten aller sechs betrieblichen Funktionsbereiche oder nur ein Teil davon erstattet werden sollen. Für öffentliche Aufträge der US-Regierung gibt es Kostenerstattungsregeln, die Marketingkosten explizit ausschließen.[59] Bei der Mes-

---

[59] In Deutschland ist bei öffentlichen Aufträgen grundsätzlich vom Marktpreis auszugehen. Ist kein Marktpreis feststellbar, so sind die Selbstkosten relevant, die – wie in den USA – keine Marketingkosten enthalten dürfen. [Anm. d. Übers.]

sung und Bewertung des Gewinns und des Vermögens in der Berichterstattung an externe Parteien enthalten die aktivierbaren Kosten nach den allgemein akzeptierten Regeln der ordnungsgemäßen Buchführung lediglich die Herstellkosten (und in manchen Fällen die Produktdesignkosten). In den USA werden Kosten für F&E genau wie die Kosten für Marketing, Vertrieb und Kundendienst in der Rechnungsperiode ihres Entstehens als Ausgaben verbucht.[60]

13.3 KRITERIEN FÜR DIE KOSTENAUFSCHLÜSSELUNG

Die Rolle der dominanten Kriterien

Tafel 13.2 zeigt vier Kriterien für Entscheidungen im Zusammenhang mit der Kostenzurechnung. Dabei geht es sowohl um die Anzahl der Gemeinkostenpools als auch um die Kostenbezugsgröße für jeden Gemeinkostenpool. Man legt zuerst fest, welchem primären Zweck die Kostenaufschlüsselung dienen soll, und wählt dann das entsprechende Kriterium für die Durchführung der Aufschlüsselung. Wenn der Zweck der Kostenzurechnung mit wirtschaftlichen Entscheidungen oder mit der Motivation zu tun hat, sind das Verursacherprinzip und das Nutzenprinzip am wichtigsten

Das Nutzenprinzip und das Fairneßprinzip werden manchmal in Verordnungen zum Beschaffungswesen der US-Bundesregierung zitiert. Die Federal Acquisition Regulation (RAF) enthält die folgende Definition der "Zurechenbarkeit" (FAR 31.210-4):

> Kosten sind zurechenbar, wenn man sie auf eines oder mehrere Kostenobjekte entsprechend dem erhaltenen Nutzenanteil oder einer anderen gerechten Relation verteilen kann. Entsprechend dieser Definition können Kosten einem öffentlichen Auftrag zugerechnet werden, wenn sie
> * speziell durch diesen Auftrag entstehen;
> * für diesen und auch für andere Aufträge von Nutzen sind ... und auf diese Aufträge in einer vernünftigen Proportion zu den erhaltenen Nutzen verteilt werden können, oder
> * für den gesamten Geschäftsbetrieb notwendig sind, obwohl kein direkter Zusammenhang mit einem bestimmten Kostenobjekt besteht.[61]

Auf den Kostenerstattungszweck der Kostenaufschlüsselung wird in Kapitel 14 näher eingegangen.

---

[60] Eine entsprechende Regelung gibt es auch im deutschen Steuerrecht. Siehe die Fußnote auf Seite 53. [Anm. d. Übers.]

[61] F. Alston, M. Worthington und L. Goldsman, *Contraction with the Federal Government*, 3. Auflage (New York: Wiley, 1993) S. 136. Dieses Buch enthält eine ausführliche Darstellung der Verwendung von Kosteninformationen in Verträgen mit der Bundesregierung.

Tafel 13.2

Kriterien für die Kostenaufschlüsselung

1. **VERURSACHERPRINZIP:** Nach diesem Kriterium identifiziert man eine oder mehrere Variable, die den Ressourcenverbrauch verursachen. So kann man zum Beispiel bei der Aufschlüsselung der Kosten der Qualitätsprüfung auf die Produkte von der Anzahl der Teststunden ausgehen. Kostenzurechnungen auf der Basis des Verursacherprinzips sind wahrscheinlich für das Betriebspersonal am glaubwürdigsten.

2. **NUTZENPRINZIP:** Nach diesem Kriterium identifiziert man die Nutznießer des Outputs eines Kostenobjekts. Die Kosten des Kostenobjekts werden unter den Nutznießern proportional zum erhaltenen Nutzen verteilt. Nehmen wir als Beispiel ein Werbeprogramm, das eher der allgemeinen Imagepflege der Unternehmung dient als irgendeinem einzelnen Produkt. Die Kosten dieses Programms können auf der Basis der Umsätze auf die Geschäftsbereiche verteilt werden; je höher der Umsatz, umso höher ist der Anteil eines Bereichs an den Kosten des Werbeprogramms. Diese Zurechnungsmethode beruht auf der Überzeugung, daß Bereiche mit höheren Umsätzen offensichtlich von der Werbung stärker profitiert haben als Bereiche mit niedrigeren Umsätzen und deshalb auch einen größeren Teil der Kosten tragen sollte.

3. **FAIRNESSPRINZIP:** Dieses Kriterium wird oft in öffentlichen Aufträgen zitiert, bei denen die Kostenzurechnung die Grundlage einer für den Staat und für seinen Lieferanten gleichermaßen befriedigenden Preisfindung ist. Die Kostenaufschlüsselung wird hier als – aus der Sicht der Vertragsparteien – "vernünftiges" oder "faires" Mittel der Preisfindung gesehen. Für die meisten Kostenaufschlüsselungsentscheidungen ist Fairneß eher ein hochfliegendes Ziel als ein operationales Kriterium.

4. **TRAGFÄHIGKEITSPRINZIP:** Nach diesem Kriterium sollen die Kosten proportional zur Leistungsfähigkeit der Kostenträger verteilt werden. Ein Beispiel ist die Aufschlüsselung der Gehälter von Topmanagern auf der Basis der Betriebsergebnisse der Geschäftsbereiche; dahinter steht die Annahme, daß die profitableren Bereiche auch eher dazu in der Lage sind, die Kosten der Firmenzentrale zu absorbieren.

Ob es möglich ist, ein bestimmtes Kriterium der Tafel 13.2 anzuwenden, hängt vom Kontext der Kostenzurechnung ab. Nehmen wir als Beispiel die Aufschlüsselung der Gemeinkosten auf die Produkte in einem Mehrproduktunternehmen nach dem Verursacherprinzip. Wenn die Gemeinkosten variabel sind und jedes Produkt sequentiell gefertigt wird, kann das Verursacherprinzip die Auswahl einer Kostenbezugsgröße leiten. Wenn jedoch die Gemeinkosten fix sind und zwei oder mehrere Produkte in Kuppelproduktion gefertigt werden, ist es nicht möglich, eine Ursache-Wirkungs-Beziehung zwischen der Arbeit an einem einzelnen Produkt und der Entstehung der Gesamtkosten zu identifizieren.

WARUM EIN LITER DESTILLIERTES WASSER FÜR CINDY CHASE 17 $ GEKOSTET HAT

Kostenaufschlüsselung ist ein unvermeidlicher Aspekt des Lebens. Cindy Chase hat das entdeckt, nachdem sie sich beim Skifahren in den Rocky Mountains ein Bein gebrochen hatte. Ein viertägiger Aufenthalt im Denver University Hospital kostete sie mehr als 10.000 $. Cindy war ausreichend krankenversichert, aber rätselte trotzdem darüber, wie es möglich war, daß eine Rechnung für nur vier Tage auf 10.000 $ lautete. Die Lösung war die Kostenaufschlüsselung.

Ein Posten auf der Rechnung, der Cindy Chase besonders ins Auge fiel war ein Liter destilliertes Wasser zu 17 $. Sie entdeckte, daß die Einzelkosten des destillierten Wassers nur 3,40 $ betrugen. Die übrigen 13,60 $ waren Overheadkosten (400 % der Einzelkosten). Ein Funktionär des Krankenhauses lieferte folgende Aufschlüsselung dieses Betrags:

- 4,25 $ Gehälter und Arbeitsmittel der Angestellten, die im Krankenhaus mit dem destillierten Wasser umgehen.
- 3,40 $ Versicherungskosten für Kunstfehler sowie Kosten für Lehre und Verwaltung
- 5,10 $ Kosten für die Behandlung nichtversicherter Patienten
- 0,85 $ Gewinnanteil
- 13,60 $

Die 5,10 $ Overheadkosten für die Behandlung nichtversicherter Patienten im Denver University Hospital bedeuten, daß Cindy Chase diejenigen Patienten, die nicht versichert sind, subventioniert. Ein Verwaltungsangestellter des Krankenhauses gab zu, daß der Kostenzuschlag mit Quersubventionierung verbunden war. Er bemerkte: "Wir verschieben einen Teil der Kosten für die Versorgung nichtversicherter Patienten zu den Patienten, die versichert sind oder aus eigener Tasche bezahlen. Das gefällt niemandem. Es ist nicht rational. Aber das System hat sich über die Jahre einfach so entwickelt."

Das Tragfähigkeitsprinzip ist das Kostenzurechnungskriterium, das am besten erklärt, warum das Krankenhaus die 5,10 $ in den Overheadkostenaufschlag von 13,40 $ auf die 3,40 $ für die Flasche mit destilliertem Wasser eingerechnet hat.

Quelle: Übernommen aus "ABC World News."

Konzepte und ihre Umsetzung

13.4 KOSTEN-NUTZEN-ÜBERLEGUNGEN

Viele Unternehmen legen großen Wert auf Kosten-Nutzen-Überlegungen, wenn sie ihre Systeme der Kostenaufschlüsselung entwerfen. Nicht nur das Sammeln der Daten verursacht Kosten sondern auch die Zeit, die erforderlich ist, um das Management über das gewählte System zu unterrichten. Je raffinierter das System, desto höher sind im allgemeinen diese Kosten.

Die Kosten des Entwurfs und der Einführung von raffinierten Kostenaufschlüsselungssystemen haben einen hohen Grad der Sichtbarkeit, und die meisten Unternehmen versuchen sie zu reduzieren. Im Gegensatz dazu ist der Nutzen aus einem gut angelegten Kostenaufschlüsselungssystem – die Möglichkeit, besser informierte Entscheidungen über Insourcing und Outsourcing, über Preise, Kostenkontrolle usw. zu treffen – schwer zu messen und oft weniger sichtbar. Trotzdem sollte man beim Entwurf von Kostenaufschlüsselungssystemen diese Nutzen ebenso bedenken wie die Kosten.

Angespornt durch die dramatische Senkung der Kosten für das Sammeln und Verarbeiten von Information tendieren Firmen heute zu einer detaillierteren Kostenaufschlüsselung. Viele Unternehmen benutzen inzwischen mehr als zehn verschiedene Kostenbezugsgrößen für die Overheadkosten von Produktion und Vertrieb. In vielen Firmen ist die Informationstechnologie für den Betrieb ihrer Werke oder Vertriebsnetze inzwischen auch auf dem neuesten Stand der Technik. Diese bereits vorhandene Technologie für die Entwicklung und den Betrieb eines Kostenaufschlüsselungssystems zu verwenden ist weniger teuer – und damit attraktiver – als ein solches System völlig neu aufzubauen.

13.5 KOSTENAUFSCHLÜSSELUNG UND KOSTENKALKULATION

Am Beispiel der Firma Computer Horizons wollen wir zeigen, wie die Kosten, die in verschiedenen Teilen einer Organisation entstehen, berechnet und dann auf die Produkte, Dienstleistungen, Kunden oder Aufträgen aufgeschlüsselt werden können. Computer Horizons hat zwei Fertigungsabteilungen. Die Abteilung für Kleincomputer stellt die Typen Plum, Plum Laptop und Super Plum her. Der Plum und der Plum Laptop werden in den Werken in St. Louis, Birmingham und Singapur zusammengebaut. Der Super Plum wird in Vancouver gefertigt. Die Abteilung für Peripheriegeräte stellt Drucker, Kabel und ähnliches Computerzubehör her. Sie hat ihre Fertigungsanlagen in St. Louis und Monterey.

Tafel 13.3 gibt einen Überblick über das Kostenrechnungssystem des Montagewerks der Kleincomputerabteilung in St. Louis. Dort werden die Produktlinien Plum und

Laptop Plum gefertigt. Der Bereich innerhalb des Kastens in Tafel 13.3 enthält einen Überblick über das Kostenrechnungssystem für die A-Version des Plum, der an Graphiken aus früheren Kapiteln erinnert. Siehe zum Beispiel Tafel 4.2 (Seite 95) und Tafel 5.1 (Seite 126).

Die Überblicke über Produktkostenrechnungen, die wir in früheren Kapiteln (und auch in diesem Kapitel) gezeigt haben, sind typischerweise nur Teile eines größeren Kostenrechnungssystems. Dieses Kostenrechnungssystem kann für ein Werk, eine Abteilung oder sogar ein ganzes Unternehmen mit vielen Produktionsstätten und Abteilungen in mehreren Ländern gelten. Computer Horizons hat Fertigungsbetriebe in den Vereinigten Staaten, in Kanada, Mexiko, Singapur und Großbritannien. Die Firma unterhält Marketingbüros in mehr als 20 Ländern. Jeden Monat werden die Zahlen aus allen Auslandsniederlassungen konsolidiert und für Zwecke der Planung und Kontrolle aufbereitet. Ein detaillierter Überblick über dieses firmenweite Kostenrechnungssystem wäre um Größenordnungen komplexer als derjenige in Tafel 13.3.

Das Kostenrechnungssystem für das Werk in St. Louis, das in Tafel 13.3 dargestellt ist, macht auf zwei wichtige Punkte aufmerksam. Erstens wird deutlich, daß es in den meisten Kostenrechnungssystemen multiple Kostenobjekte gibt. In dem betrachteten Werk sind das zum Beispiel die Instandhaltungsabteilung, die Montageabteilung für den Plum und die Montageabteilung für den Laptop Plum, sowie die einzelnen Produkte in der Fertigungsabteilung für den Plum, zum Beispiel die Modelle A, B und C. Man beachte jedoch, daß die Tafel 13.3 nur einen kleinen Ausschnitt aus der Gesamtheit der Kostenobjekte im Werk von St. Louis abbildet. Andere Beispiele wären die Beschaffungsabteilung, die Energieabteilung und die verschiedenen Produktversionen des Plum Laptop.

Tafel 13.3 zeigt auch, daß bestimmte Kosten gleichzeitig Einzelkosten eines Kostenobjekts (Kostenstelleneinzelkosten) und Gemeinkosten eines anderen Kostenobjekts (Kostenträgergemeinkosten) sein können. Nehmen wir zum Beispiel das Gehalt eines Managers der Instandhaltungsabteilung. Dieses Gehalt wird zunächst der Instandhaltungsabteilung als Einzelkosten zugeordnet. Dann werden die Kosten dieser Abteilung den beiden Montageabteilungen des Werks zugerechnet und zwar mit den Produktionsstückzahlen als Kostenbezugsgröße. Die Kosten der beiden Montageabteilungen werden dann wiederum auf die einzelnen Produkte (zum Beispiel das Modell A des Plum) aufgeschlüsselt, wobei die Maschinenstunden als Bezugsgröße dienen. Das Gehalt des Managers der Instandhaltungsabteilung gehört also gleichzeitig zu den Gemeinkosten jedes im Werk zusammengebauten Computers und zu den Einzelkosten der Instandhaltungsabteilung.

Tafel 13.3

Kostenzuordnung und Kostenaufschlüsselung im Montagewerk von Computer Horizons in St. Louis

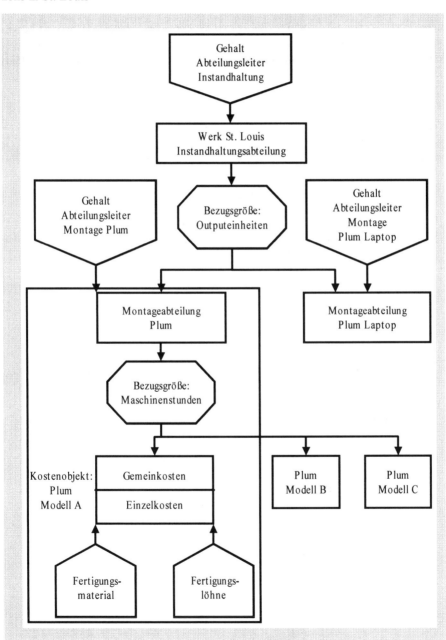

13.6 GEMEINKOSTENPOOLS UND KOSTENAUFSCHLÜSSE-LUNG

Die Gemeinkosten der Produkte, die in den Werken von Computer Horizons herge-stellt werden enthalten (1) Kosten, die in der Firmenzentrale entstehen, und (2) Ko-sten, die in den einzelnen Produktionsstätten entstehen. Tafel 13.4 zeigt beispielhaft Kostenpools auf den beiden Ebenen (1) und (2).

Tafel 13.4

Gemeinkostenpools (in bezug auf die einzelnen Produkte als Kostenobjekte) der Fir-ma Computer Horizons

Ebene 1 Firmenzentrale	
Gehälter der Firmenmanager	Personalbuchhaltung
Zentrale Computerabteilung	Personalabteilung
Controllingabteilung	Forschungs- und Entwicklungsabteilung
Finanzabteilung	Abteilung für politische Beziehungen
Rechtsabteilung	Abteilung für Aktionärspflege
Marketingabteilung	Abteilung für Öffentlichkeitsarbeit

Ebene 2

Gemeinkosten der gefertigten Produkte in jedem Kleincomputerwerk	Gemeinkosten der gefertigten Produkte in jedem Werk für Peripheriegeräte
Hilfslöhne	Hilfslöhne
Materialgemeinkosten	Materialgemeinkosten
Maschinen- und Ausrüstungskosten	Maschinen- und Ausrüstungskosten
Leasingkosten	Leasingkosten
Energiekosten	Energiekosten
Produktentwicklung	Produktentwicklung
Prozeßentwicklung	Prozeßentwicklung

Entscheidungen in bezug auf die Gemeinkosten

Bei der Sammlung der Gemeinkosten und ihrer Aufschlüsselung auf die Produkte der Abteilung für Mikrocomputer muß Computer Horizons einige wichtige Entscheidungen treffen:

- Welche Kostenarten aus der Firmenzentrale und den anderen Abteilungen sollen zu den Gemeinkosten der Abteilung für Kleincomputer gerechnet werden? Sollen alle oder nur einige der Kostenpools der Firmenzentrale (Tafel 13.4) aufgeschlüsselt werden? Einige Firmen nehmen zum Beispiel die Öffentlichkeitsarbeit aus der Kostenaufschlüsselung auf die Abteilungen aus; die Abteilungsleiter haben wenig Einfluß auf Entscheidungen der Zentralstelle für Öffentlichkeitsarbeit und würden die Zurechnung dieser Kosten als "Besteuerung ohne Mitspracherecht" zurückweisen.
- Wieviele Kostenpools sollen bei der Zurechnung der Kosten der Firmenzentrale an die Abteilung für Kleincomputer verwendet werden? Ein *Kostenpool* ist eine Zusammenfassung einzelner Kostenarten. Ein Extrem besteht darin, alle Kosten der Firmenzentrale in einem einzigen Kostenpool zusammenzufassen. Das andere Extrem wäre die Einrichtung zahlreicher einzelner Firmenkostenpools. Bei dieser Entscheidung ist das Konzept der Homogenität, das in den folgenden Abschnitten beschrieben wird, von großer Bedeutung.
- Welche Bezugsgröße sollte für jeden der Kostenpools verwendet werden, wenn die Firmenkosten der Abteilung für Kleincomputer zugerechnet werden? Die folgende Liste enthält einige Beispiele:

Kostenpool	Mögliche Kostenbezugsgrößen
Gehälter der Firmenmanager	Umsatz; eingesetztes Betriebsvermögen; Betriebsgewinn
Finanzabteilung	Umsatz; eingesetztes Betriebsvermögen; geschätzter Zeitaufwand
Rechtsabteilung	Geschätzter Zeitaufwand; Umsatz; eingesetztes Betriebsvermögen
Marketingabteilung	Umsatz; Anzahl der Mitarbeiter im Vertrieb
Personalbuchführung	Anzahl der Mitarbeiter; Lohnsumme
Personalabteilung	Anzahl der Mitarbeiter; Lohnsumme; Anzahl der Neueinstellungen

- Welche Kostenbezugsgröße sollte bei der Aufschlüsselung der Gemeinkostenpools der einzelnen Werke auf die dort gefertigten Produkte zugrunde gelegt werden? Hier kommen unter anderen die Anzahl der montierten Teile; die Fertigungsarbeitszeit; die Maschinenlaufzeit und die Testzeit in Frage.

Diese Bezugsgrößen für die Kosten der Firmenzentrale und die Werksoverheadkosten dienen nur der Illustration. Die Manager wählen die Bezugsgrößen je nach dem

Zweck der Kostenaufschlüsselung (siehe Tafel 13.1), den zugrundegelegten Kriterien (siehe Tafel 13.2) und den mit der Durchführung jeweils verbundenen Kosten.

Homogenität von Kostenpools

Von einem **homogenen Kostenpool** spricht man, wenn alle Aktivitäten, deren Kosten im Pool zusammengefaßt sind, den gleichen oder einen ähnlichen Ursache-Wirkungs-Zusammenhang oder Nutzenzusammenhang zwischen der Kostenbezugsgröße und den Kosten der Aktivität aufweisen. Die Verwendung homogener Gemeinkostenpools ist deshalb so wichtig, weil man dadurch zu genaueren Zahlen für die Kosten der Produkte, Dienstleistungen und Kunden kommt. Die Homogenität eines Kostenpools hat zum Beispiel zur Folge, daß dabei die gleiche Kostenaufschlüsselung herauskommt, die man erhalten würde, wenn man die Kosten jeder einzelnen Aktivität in diesem Pool getrennt zurechnen würde. Je höher der Grad der Homogenität, umso weniger Kostenpools sind nötig, um genau darzustellen, inwiefern die Produkte die Ressourcen der Organisation unterschiedlich nutzen.

Angenommen Computer Horizons möchte bei Entscheidungen über die Kostenzurechnung das Verursacherprinzip zugrundelegen. Die Firma sollte dann nur solche Kostenarten in einem Pool zusammenfassen, die die gleiche Ursache-Wirkungs-Beziehung zum Kostenobjekt haben. Wenn zum Beispiel die Anzahl der Mitarbeiter in einer Abteilung die Ursache für das Entstehen von Kosten in der zentralen Personalbuchhaltung und in der zentralen Personalabteilung ist, dann könnte man die Kostenpools der Personalbuchhaltung und der Personalabteilung zusammenfassen und einen gemeinsamen Kostensatz pro Einheit der Bezugsgröße bilden. Dieser Kostensatz entspricht dann der Summe der Kostensätze bei getrennter Aufschlüsselung der einzelnen Kostenpools.

Die Einführung einer größeren Anzahl von Kostenpools

Eine Vielzahl von Faktoren kann dazu führen, daß Manager die Einführung mehrerer Kostenpools erwägen, wo bisher ein einziger Kostenpool verwendet worden ist. Ein Faktor ist dabei die Meinung der Linienmitarbeiter und Linienmanager. Sie könnten zum Beispiel der Überzeugung sein, daß unterschiedliche Kostentreiber existieren, oder daß die Produkte die Anlage unterschiedlich beanspruchen und daß diese Unterschiede aufgrund des einheitlichen Kostenpools nicht erkannt werden. Auch Veränderungen der Werksanlage, des allgemeinen Betriebsablaufs etc. können dazu führen, daß nicht alle Produkte die Ressourcen gleichwertig in Anspruch nehmen. Ein dritter Faktor sind Veränderungen in der Produktpalette oder in der Art und Weise, wie die Produkte die Ressourcen im Kostenpool verbrauchen. Und viertens können auch Veränderungen in der Technologie der Informationsgewinnung eine Rolle spielen. Technologische Verbesserungen in diesem Zusammenhang können neue Möglichkeiten zur Entwicklung multipler Kostenpools eröffnen.

Die Einbeziehung von Kosten in einen Kostenpool

Ob eine bestimmte Kostenart oder ein Kostenbetrag in einem Kostenpool einbezogen werden kann oder nicht, hängt von dem Zweck der Kostenaufschlüsselung ab. Nehmen wir eine Beratungsfirma, bei der es darum geht, den Preis für Aufträge (1) eines anderen Unternehmens und (2) einer öffentlichen Diensstelle zu kalkulieren. Bei der Preisgestaltung für einen Kunden aus der Privatwirtschaft kann die Beratungsfirma die Kosten für Bier und Wein bei Arbeitsessen, die einen klaren Bezug zu dem jeweiligen Geschäft haben, mit einrechnen. Im Gegensatz dazu darf in den USA bei Rechnungen an staatliche Auftraggeber, mit denen ein Vertrag besteht, kein Kostenbetrag für alkoholische Getränke in einem Kostenpool enthalten sein, der dieser Rechnung zugrundeliegt. Die US-Regierung verlangt, daß alle Kosten für alkoholische Getränke vor der Aufschlüsselung aus den Kostenpools herausgerechnet werden.

13.7 DIE AUFSCHLÜSSELUNG VON KOSTEN ANDERER ABTEILUNGEN

In vielen Fällen sind in den Kosten einer Abteilung Beträge enthalten, die ihr aus einer anderen Abteilung zugerechnet worden sind. Bei der Verrechnung von Kosten zwischen zwei Abteilungen tauchen drei wichtige Fragen auf: (1) Soll man einen pauschalen oder einen dualen Kostensatz anwenden? (2) Sollen Plansätze oder Istsätze verwendet werden? (3) Soll man den Planverbrauch oder den Istverbrauch zugrundelegen?

Pauschale und duale Kostenaufschlüsselung

Bei der **pauschalen Kostenaufschlüsselungsmethode** (*single-rate cost-allocation method*) werden alle Kosten in einem Kostenpool zusammengefaßt und mit Hilfe desselben Kostensatzes pro Einheit der einzigen Bezugsgröße auf die Kostenobjekte aufgeschlüsselt. Die Kosten im Kostenpool werden nicht im Hinblick auf ihre Variabilität unterschieden (Fixkosten versus variable Kosten). Bei der **dualen Kostenaufschlüsselungsmethode** (*dual-rate cost-allocation method*) werden die Kosten eines Kostenpools zuerst in zwei Untergruppen eingeteilt (typischerweise unterscheidet man die variablen Kosten von den Fixkosten). Die Untergruppen haben unterschiedliche Kostensätze oder unterschiedliche Bezugsgrößen.

Betrachten wir die zentrale Computerabteilung in der Hauptverwaltung von Computer Horizons (siehe Tafel 13.4). Der Einfachheit halber gehen wir davon aus, daß diese Einrichtung ausschließlich von den Abteilungen für Kleincomputer und Peripheriegeräte genutzt wird. Die folgenden Zahlen gelten für das kommende Haushaltsjahr:

Fixe Betriebskosten der Einrichtung	300.000 $ pro Jahr
Verfügbare Gesamtkapazität	1.500 Stunden
Geplante langfristige Nutzung	
Abteilung für Kleincomputer	800 Stunden
Abteilung für Peripheriegeräte	400 Stunden
Summe	1.200 Stunden
Geplante variable Kosten pro Stunde in einem relevanten Bereich zwischen 1.000 und 1.500 Stunden	200 $ pro Stunde

Bei der pauschalen Aufschlüsselungsmethode (und unter der Voraussetzung, daß die geplante Nutzung die Kostenbezugsgröße ist und daß Plankostensätze angewandt werden) würden die Kosten der zentralen Computerabteilung folgendermaßen aufgeschlüsselt werden:

Gesamtkostenpool: 300.000 $ + (1.200 geplante Stunden × 200 $ pro Stunde)	540.000 $ pro Jahr
Geplante Nutzung	1.200 Stunden
Geplante Pauschalkostensatz pro Stunde: 540.000 $: 1.200	450 $ pro Stunde
Zurechnung an die Abteilung für Kleincomputer	450 $ pro Stunde
Zurechnung an die Abteilung für Peripheriegeräte	450 $ pro Stunde

Der Satz von 450 $ pro Stunde unterscheidet sich erheblich von den geplanten variablen Kosten pro Stunde (200 $), denn er enthält auch einen Betrag von 250 $ pro Stunde (300.000 $: 1.200) für die Fixkosten des Betriebs der Einrichtung. Diese Fixkosten entstehen unabhängig davon, ob der Computer mit 1.500 Stunden voll genutzt wird oder ob er plangemäß nur 1.200 Stunden oder sogar nur 600 Stunden genutzt wird.

Die Anwendung der pauschalen Kostenaufschlüsselungsmethode mit einem Stundensatz von 450 $ (mit der geplanten Nutzung als Kostenbezugsgröße) verwandelt die Fixkosten der zentralen Computerabteilung in variable Kosten für die Nutzer der Einrichtung. Diese Methode könnte dazu führen, daß firmeninterne Nutzer Computerzeit von externen Anbietern kaufen. Nehmen wir einen externen Anbieter, der mehr als 200 $ aber weniger als 450 $ pro Stunde verlangt. Eine Abteilung der Firma Computer Horizons, die auf diesen Anbieter zurückgreift, kann dadurch ihre eigenen Abteilungskosten verringern, während die Gesamtkosten der Firma steigen. Nehmen wir zum Beispiel an, die Abteilung für Kleincomputer beauftragt einen externen Anbieter, der 360 $ pro Stunde verlangt, während die zentrale Computerabteilung über unausgelastete Kapazitäten verfügt. Kurzfristig entstehen dadurch für Computer Horizons zusätzliche Kosten von 160 $ pro Stunde (360 $ externer Einkaufspreis pro Stunde minus 200 $ interne variable Kosten pro Stunde).

Bei der dualen Kostenaufschlüsselungsmethode müssen für jede Untergruppe im Kostenpool verschiedene Bezugsgrößen gewählt werden. Angenommen es werden auch hier die Plankostensätze verwendet. Die gewählten Kostenbezugsgrößen sind die geplante Nutzung für die Fixkosten und die tatsächliche Nutzung für die variablen Kosten. Der Abteilung für Kleincomputer würden die folgenden Kosten zugerechnet werden:

Fixkosten: (800 Stunden : 1.200 Stunden) × 300.000 $	200.000 $ pro Jahr
variable Kosten	200 $ pro Stunde

Die Kosten, die der Abteilung für Peripheriegeräte zugerechnet würden, betragen:

Fixkosten: (400 Stunden : 1.200 Stunden) × 300.000 $	100.000 $ pro Jahr
variable Kosten	200 $ pro Stunde

Gehen wir nun davon aus, daß im Lauf des folgenden Jahres die Abteilung für Kleincomputer tatsächlich 900 Stunden, die Abteilung für Peripheriegeräte jedoch nur 300 Stunden benötigt. Die Kostenaufschlüsselung auf die beiden Abteilungen würde folgendermaßen berechnet:

Bei der pauschalen Kostenaufschlüsselungsmethode

Abteilung für Kleincomputer	900 × 450 $ = 405.000 $
Abteilung für Peripheriegeräte	300 × 450 $ = 135.000 $

Bei der dualen Kostenaufschlüsselungsmethode

Abteilung für Kleincomputer	200.000 $ + (900 × 200 $) = 380.000 $
Abteilung für Peripheriegeräte	100.000 $ + (300 × 200 $) = 160.000 $

Ein offensichtlicher Vorteil der pauschalen Kostenaufschlüsselungsmethode sind die geringen Kosten der Durchführung. Man vermeidet damit die oft aufwendige Analyse, die notwendig ist, um die einzelnen Kostenarten einer Abteilung in fixe und variable Kosten einzuteilen. Die Pauschalmethode kann jedoch bewirken, daß einzelne Abteilungen Entscheidungen treffen, die zwar aus ihrer eigenen Perspektive richtig erscheinen, aber gegen die Interessen der Organisation insgesamt verstoßen.

Ein bedeutender Vorteil der dualen Kostenaufschlüsselungsmethode liegt darin, daß sie den Abteilungsleitern signalisiert, wie verschieden sich die variablen Kosten und die Fixkosten verhalten. Diese wichtige Information kann die Abteilungsleiter zu Entscheidungen veranlassen, die sowohl der Firma insgesamt als auch jeder einzelnen Abteilung zugute kommen. In unserem Beispiel wäre offensichtlich, daß die Nutzung eines externen Anbieters, der mehr als 200 $ pro Stunde verlangt, für die Firma insgesamt weniger günstig ist als die Nutzung ihrer eigenen zentralen Computerabteilung, deren variable Kosten 200 $ pro Stunde betragen.

Plankostensätze versus Istkostensätze

Die Entscheidung, ob Plankostensätze oder Istkostensätze zugrundegelegt werden sollen, beeinflußt den Grad der Unsicherheit, mit der die Nutzerabteilungen konfrontiert sind. Bei Plankostensätzen wissen die Nutzerabteilungen im voraus, welche Kostensätze ihnen in Rechnung gestellt werden. Mit dieser Information ausgerüstet, können sie den Umfang der Leistungen, die sie in Anspruch nehmen wollen, besser bestimmen und – wenn diese Option existiert – entscheiden, ob sie die firmeneigene Abteilung oder einen externen Anbieter beauftragen wollen. Im Gegensatz dazu sind den Nutzerabteilungen die Istkostensätze erst am Ende der Periode bekannt.

Plankostensätze helfen auch, die Manager der Serviceabteilung (zum Beispiel der zentralen Computerabteilung) zu Effizienzverbesserungen zu motivieren. Während der Haushaltsperiode tragen die Serviceabteilungen und nicht die Nutzerabteilungen das Risiko von negativen Kostenabweichungen. Das liegt daran, daß die Nutzerabteilung nicht für Kosten zu bezahlen braucht, die über die Plankostensätze hinausgehen. Der Manager der Serviceabteilung wird darin wahrscheinlich ein Gegenargument gegen die Verwendung von Plankostensätzen sehen, besonders dann, wenn durch Preiserhöhungen, auf die die Abteilung keinen Einfluß hat, negative Kostenabweichungen entstehen.

Manche Organisationen haben erkannt, daß es nicht immer die beste Lösung sein dürfte, alle Risiken von Planabweichungen vollständig der Serviceabteilung (bei der Verrechnung mit Hilfe von Plankostensätzen) oder der Nutzerabteilung (bei der Verrechnung mit Hilfe von Istkostensätzen) aufzubürden. Die beiden Abteilungen können zum Beispiel vereinbaren, mit Hilfe einer bestimmten Formel das Risiko eines großen, nicht beeinflußbaren Preisanstiegs für Materialien, die die Serviceabteilung benutzt, untereinander aufzuteilen.

Planverbrauch versus Istverbrauch als Kostenbezugsgröße

Die Entscheidung zwischen dem Istverbrauch und dem Planverbrauch als Basis für die Aufschlüsselung der Abteilungsfixkosten kann das Verhalten der Manager ebenfalls beeinflussen. Betrachten wir die geplanten Fixkosten in Höhe von 300.000 $ in der zentralen Computerabteilung von Computer Horizons. Wir nehmen an, daß die tatsächlichen Fixkosten den geplanten Fixkosten entsprechen. Weiter gehen wir davon aus, daß die tatsächliche Nutzung durch die Abteilung für Kleincomputer immer der geplanten Nutzung entspricht. Wir fragen, wie die Aufschlüsselung der Fixkostensumme von 300.000 $ beeinflußt wird, wenn die tatsächliche Nutzung durch die Abteilung für Peripheriegeräte der geplanten Nutzung entspricht (Fall 1), die geplante Nutzung übersteigt (Fall 2) bzw. hinter der geplanten Nutzung zurückbleibt (Fall 3). Man erinnere sich daran, daß die geplante Nutzung bei der Abteilung für Kleincomputer 800 Stunden und bei der Abteilung für Peripheriegeräte 400 Stunden beträgt. Tafel 13.5 zeigt die Aufschlüsselung der Fixkosten auf die Abteilungen für jeden der drei Fälle.

Im ersten Fall entsprechen die zugerechneten Fixkosten dem erwarteten Betrag. In Fall 2 ist der der Abteilung für Kleincomputer zugerechnete Fixkostenbetrag um 40.000 $ niedriger als erwartet (160.000 $ versus 200.000 $). In Fall 3 liegt er um 40.000 $ über dem erwarteten Betrag (240.000 $ versus 200.000 $). Betrachten wir den dritten Fall. Hier kommt es zu einem Anstieg um 40.000 $, obwohl die tatsächliche Nutzung durch die Abteilung für Kleincomputer genau der geplanten entspricht. Das liegt daran, daß die Fixkosten auf eine geringere Gesamtnutzungszeit verteilt werden. Wenn die Fixkosten auf der Basis der tatsächlichen Nutzung aufgeschlüsselt werden, haben Veränderungen in der Nutzung durch eine andere Abteilung einen Einfluß auf die Fixkosten, die der Abteilung für Kleincomputer zugerechnet werden. Die Nutzerabteilungen wissen dann erst am Ende der Haushaltsperiode, wie hoch die ihnen zugerechneten Kosten sind.

Wenn die Kostenzuteilung auf der Basis des Planverbrauchs erfolgt, kennen die Abteilungen die ihnen zugerechneten Kosten im voraus. Diese Information hilft ihnen bei der kurz- und langfristigen Planung. Der wichtigste Rechtfertigungsgrund für die Zurechnung der Fixkosten auf der Basis des Planverbrauchs hat mit der langfristigen Planung zu tun. Bei der Festlegung auf bestimmte Infrastrukturkosten (wie zum Beispiel die Fixkosten einer Serviceabteilung) geht ein Unternehmen von einem langfristigen Planungshorizont aus; die Aufschlüsselung dieser Fixkosten auf der Basis des Planverbrauchs ist konsistent mit diesem langfristigen Zeithorizont.

Wenn die Fixkosten nach dem geschätzten langfristigen Verbrauch aufgeschlüsselt werden, können manche Manager versucht sein, ihre geplante Nutzung gezielt zu unterschätzen. Auf diese Weise werden sie einen niedrigeren Teil der Gesamtkosten zu tragen haben (vorausgesetzt, daß *nicht* alle anderen Manager ihre Nutzung ähnlich unterschätzen). Manche Unternehmen bieten Belohnungen in Form von Gehaltserhöhungen und Beförderungen für Manager, die ihren langfristigen Verbrauch genau vorhersagen. (Das ist die Zuckerbrotmethode.) Alternativ verhängen andere Unternehmen Strafen für zu niedrige Vorhersagen des langfristigen Verbrauchs. So kann zum Beispiel ein höherer Kostensatz gefordert werden, nachdem eine Abteilung ihren Planverbrauch überschritten hat. (Das ist die Peitschenmethode.)

Tafel 13.5
Auswirkungen von Veränderungen im Istverbrauch auf die Aufschlüsselung der Abteilungskosten

Fall	Istverbrauch		Planverbrauch als Kostenbezugsgröße		Istverbrauch als Kostenbezugsgröße	
	Abteilung für Kleincomputer	Abteilung für Peripheriegeräte	Abteilung für Kleincomputer	Abteilung für Peripheriegeräte	Abteilung für Kleincomputer	Abteilung für Peripheriegeräte
1	800 Stunden	400 Stunden	200.000 $[a]	100.000 $[b]	200.000 $[a]	100.000 $[b]
2	800 Stunden	700 Stunden	200.000 $[a]	100.000 $[b]	160.000 $[c]	140.000 $[d]
3	800 Stunden	200 Stunden	200.000 $[a]	100.000 $[b]	240.000 $[e]	60.000 $[f]

a. $\frac{800}{(800+400)} \times 300.000\ \$$

b. $\frac{400}{(800+400)} \times 300.000\ \$$

c. $\frac{800}{(800+400)} \times 300.000\ \$$

d. $\frac{700}{(800+700)} \times 300.000\ \$$

e. $\frac{800}{(800+200)} \times 300.000\ \$$

f. $\frac{200}{(800+200)} \times 300.000\ \$$

13.8 DIE AUFSCHLÜSSELUNG DER KOSTEN VON SERVICE-ABTEILUNGEN

Fachabteilungen und Serviceabteilungen

Viele Organisationen unterscheiden zwischen Fachabteilungen und Serviceabteilungen. Eine **Fachabteilung** (*operating department*) – in Unternehmen des produzierenden Gewerbes auch **Produktionsabteilung** genannt – erhöht den Mehrwert eines Produkts oder einer Dienstleistung in einer für einen Kunden beobachtbaren Weise. Eine **Serviceabteilung** (*service department*) liefert unterstützende Dienstleistungen für andere unternehmensinterne Abteilungen (Fachabteilungen und andere Serviceabteilungen). Zu den Serviceabteilungen bei Computer Horizons gehören die Rechtsabteilung und die zentrale Personalabteilung.[62]

Serviceabteilungen (*Vorkostenstellen*) verursachen besondere Buchführungsprobleme, wenn sie sich gegenseitig unterstützen und auch wenn sie Fachabteilungen (*Endkostenstellen*) unterstützen. Ein Beispiel für gegenseitige Dienstleistungen bei Computer Horizons wären Dienstleistungen der Rechtsabteilung für die Personalabteilung (wie etwa eine Beratung zur Einhaltung von Arbeitsgesetzen) und umgekehrt die Unterstützung der Rechtsabteilung durch die Personalabteilung (etwa durch Ratschläge bei der Einstellung von Juristen und Sekretariatspersonal). Um die Kosten für Produkte, Dienstleistungen und Kunden bei Computer Horizons genau zu berechnen, muß man Kosten der Serviceabteilungen ebenso miteinbeziehen wie diejenigen der Fachabteilungen. Dieser Abschnitt zeigt alternative Möglichkeiten zur Berücksichtigung der Kosten von Serviceabteilungen.

Hier ist aus mehreren Gründen Vorsicht angebracht. Erstens gibt es große Unterschiede zwischen verschiedenen Organisationen in bezug darauf, welche Abteilungen der Firmenzentrale und welche den verschiedenen Unternehmensbereichen zugeordnet sind. Manche Abteilungen, die bei Computer Horizons zur Firmenzentrale gehören (zum Beispiel F&E) sind in anderen Organisationen auf der Ebene der Unternehmensbereiche angesiedelt. Zweitens unterscheiden sich Organisationen in bezug auf ihre Definitionen von *Fachabteilungen* und *Serviceabteilungen*. Wenn man Daten analysiert, die Aufschlüsselungen von Kosten aus Fachabteilungen und Serviceabteilungen enthalten, muß man stets versuchen, die genaue Bedeutung dieser beiden Begriffe festzustellen. Drittens ist der Prozentsatz der gesamten Servicekosten, die mit Hilfe

---

[62] Im deutschen Sprachgebrauch unterscheidet man zwischen **Vorkostenstellen** und **Endkostenstellen**: In einer Endkostenstelle (Material, Fertigung, Vertrieb) wird direkt am Endprodukt gearbeitet und die entsprechenden Kosten werden direkt auf die Kostenträger umgelegt. Eine Vorkostenstelle arbeitet nicht am Endprodukt sondern erbringt Leistungen für andere Kostenstellen und ihre Kosten werden auf diese anderen Kostenstellen aufgeschlüsselt. [Anm. d. Übers.]

der in diesem Abschnitt beschriebenen Methoden aufgeschlüsselt werden, unterschiedlich. Manche Unternehmen schlüsseln alle Kosten von Serviceabteilungen mit Hilfe einer dieser Methoden auf. In anderen Firmen werden nur die Gemeinkosten der Serviceabteilungen mit diesen Methoden zugerechnet, während alle Einzelkosten direkt den Fachabteilungen zugeordnet werden, die den Service in Anspruch genommen haben.

Aufschlüsselungsmethoden für die Kosten von Serviceabteilungen

Wir untersuchen nun drei Aufschlüsselungsmethoden für die Kosten von Serviceabteilungen: das *Anbauverfahren*, das *Stufenleiterverfahren* und das *Matrixverfahren*. Um uns auf diese Konzepte zu konzentrieren, arbeiten wir mit der pauschalen Kostenaufschlüsselung. Die Aufgabe zum Selbststudium am Ende dieses Kapitels illustriert die Anwendung der dualen Kostenaufschlüsselung.

Als Beispiel nehmen wir die Firma Castleford Engineering, die Maschinen für Stromkraftwerke herstellt. Castleford hat eine Produktionsstätte mit zwei Serviceabteilungen und zwei Fachabteilungen:

Serviceabteilungen	Fachabteilungen
Werksinstandhaltung	Fertigung
Informationssysteme	Montage

Für Planungs- und Steuerungszwecke werden die Kosten für jede Abteilung separat gesammelt. Zum Zweck der Kostenbewertung der Lagerbestände müssen jedoch die Kosten der Serviceabteilungen auf die Fachabteilungen aufgeschlüsselt werden. Die Daten für unser Beispiel sind in Tafel 13.6 aufgelistet. Wir erläutern diese Prozentsätze am Beispiel der Instandhaltungsabteilung. Diese Serviceabteilung leistet insgesamt 8.000 Arbeitsstunden: 20 % davon (1.600 : 8.000) kommen der Serviceabteilung Informationssysteme zugute, 30 % (2.400 : 8.000) der Fertigungsabteilung und 50 % (4.000 : 8.000) der Montageabteilung.

Anbauverfahren

Das **Anbauverfahren** (*direct allocation method*) für die Aufschlüsselung der Kosten von Serviceabteilungen ist am weitesten verbreitet. Dabei werden die Kosten jeder Serviceabteilung direkt den Fachabteilungen zugerechnet. In den Tafeln 13.7A und 13.7B wird diese Methode anhand der Daten aus Tafel 13.6 illustriert. Man beachte, daß bei dieser Methode die gegenseitigen Unterstützungsleistungen der beiden Serviceabteilungen Instandhaltung und Informationssysteme nicht berücksichtigt werden.

Tafel 13.6
Daten für die Aufschlüsselung der Kosten der Serviceabteilungen bei Castleford Engineering, 19_7

| | Serviceabteilungen | | Fachabteilungen | | |
	Werks- instandhaltung	Informations- systeme	Fertigung	Montage	Summe
Geplante Herstellgemeinkosten vor der Kostenverteilung zwischen den Abteilungen	600.000 $	116.000 $	400.000 $	200.000 $	1.316.000 $
Dienstleistungen der Serviceabtei- lungen:					
Werksinstandhaltung					
Geplante Arbeitsstunden	–	1.600	2.400	4.000	8.000
Prozentsatz	–	20 %	30 %	50 %	100 %
Informationssysteme					
Geplante Arbeitsstunden	200	–	1.600	200	2.000
Prozentsatz	10 %	–	80 %	10 %	100 %

Tafel 13.7B

Die Aufschlüsselung der Kosten der Serviceabteilungen von Castleford Engineering nach dem Anbauverfahren, 19_7

	Serviceabteilungen		Fachabteilungen		
	Werks-instandhaltung	Informations-systeme	Fertigung	Montage	Summe
Geplante Herstellgemeinkosten vor der Kostenverteilung zwischen den Abteilungen	600.000 $	116.000 $	400.000 $	200.000 $	1.316.000 $
Aufschlüsselung der Kosten für die Werksinstandhaltung (3/8, 5/8)a	(600.000) $		225.000 $	375.000 $	
	0 $				
Aufschlüsselung der Kosten für Informationssysteme (8/9, 1/9)b		(116.000) $	103.111 $	12.889 $	
		0 $			
Summe der geplanten Herstellgemeinkosten der Fachabteilungen			728.111 $	587.889 $	1.316.000 $

a. Bezugsgröße ist (2.400 + 4.000) = 6.400 Stunden; 2.400 : 6.400 = 3/8; 4.000 : 6.400 = 5/8.

b. Bezugsgröße ist (1.600 + 200) = 1.800 Stunden; 1.600 : 1.800 = 8/9; 200 : 1.800 = 1/9.

Tafel 13.7A
Aufschlüsselung der Kosten der Serviceabteilungen von Castleford Engineering nach dem Anbauverfahren, 19_7

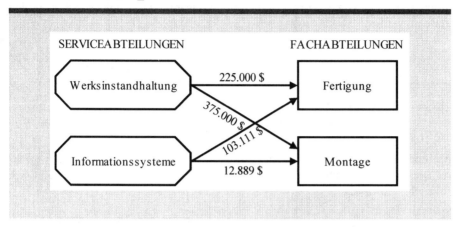

Die Bezugsgröße für die Aufschlüsselung der Instandhaltungskosten ist die geplante Gesamtarbeitszeit für Instandhaltungsarbeiten in den Fachabteilungen: 2.400 + 4.000 = 6.400 Stunden. In diesem Betrag sind die 1.600 Stunden Arbeit der Instandhaltungsabteilung für die Abteilung Informationssysteme nicht enthalten. Entsprechend ist die Bezugsgröße für die Aufschlüsselung der Kosten der Abteilung Informationssysteme 1.600 + 200 = 1.800 Stunden Computerzeit. Die 200 Stunden Arbeitszeit, die die Abteilung Informationssysteme für die Abteilung Werksinstandhaltung aufwendet, sind darin nicht enthalten.

Der Vorteil des Anbauverfahrens ist seine Einfachheit. Es ist nicht nötig die gegenseitige Inanspruchnahme zwischen den Serviceabteilungen zu prognostizieren.

Stufenleiterverfahren

Manche Unternehmen benutzen das **Stufenleiterverfahren** (*step-down allocation method, sequential allocation method*), bei dem die gegenseitigen Dienstleistungen der Serviceabteilungen *teilweise* sichtbar gemacht werden können. Bei dieser Methode ist es erforderlich, die Serviceabteilungen in eine Reihenfolge zu bringen, nach der die sequentielle Zurechnung erfolgen soll. Die Kosten der ersten Serviceabteilung werden auf die anderen Serviceabteilungen und die Fachabteilungen aufgeschlüsselt. Die Kosten der zweiten Serviceabteilung werden auf die Serviceabteilungen, deren Kosten noch nicht zugerechnet worden sind, und auf die Fachabteilungen aufgeschlüsselt. Dieser Vorgang wird wiederholt, bis die Kosten der letzten Serviceabteilung den Fachabteilungen zugerechnet worden sind. Es gibt zwei Möglichkeiten, die Reihenfolge der Serviceabteilungen festzulegen:

Methode A: Kriterium für die Rangfolge der Serviceabteilungen ist der Anteil ihrer Dienstleistungen für andere Serviceabteilungen. Die Abteilung mit dem höchsten Anteil ist die erste in der Reihenfolge, diejenige mit dem niedrigsten Anteil die letzte. In unserem Beispiel von der Firma Castleford Engineering würde folgende Reihenfolge gewählt werden:

	Anteil der Dienstleistungen für andere Serviceabteilungen
1. Werksinstandhaltung	20 %
2. Informationssysteme	10 %

Methode B: Kriterium für die Rangfolge der Serviceabteilungen ist der Geldwert ihrer Dienstleistungen für andere Serviceabteilungen. In unserem Beispiel ergibt sich folgende Reihenfolge:

	Geldwert der Dienstleistungen für andere Serviceabteilungen
1. Werksinstandhaltung (0,2 × 600.000 $)	120.000 $
2. Informationssysteme (0,1 × 116.000 $)	11.600 $

Tafel 13.8A

Aufschlüsselung der Kosten von Serviceabteilungen bei Castleford Engineering nach dem Stufenleiterverfahren, 19_7

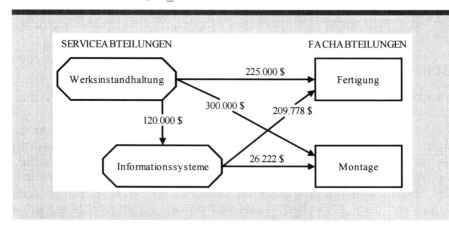

Tafel 13.8B
Aufschlüsselung der Kosten von Serviceabteilungen bei Castleford Engineering nach dem Stufenleiterverfahren, 19_7

	Serviceabteilungen		Fachabteilungen		Summe
	Werks-instandhaltung	Informations-systeme	Fertigung	Montage	
Geplante Herstellgemeinkosten vor der Kostenverteilung zwischen den Abteilungen	600.000 $	116.000 $	400.000 $	200.000 $	1.316.000 $
Aufschlüsselung der Kosten für die Werksinstandhaltung (2/10, 3/10, 5/10)[a]	(600.000) $	120.000 $	180.000 $	300.000 $	
	0 $	236.000 $			
Aufschlüsselung der Kosten für Informationssysteme (8/9, 1/9)[b]		(236.000) $	209.778 $	26.222 $	
		0 $			
Summe der geplanten Herstellgemeinkosten der Fachabteilungen			789.778 $	526.222 $	1.316.000 $

a. Bezugsgröße ist (1.600 + 2.400 + 4.000) = 8.000 Stunden; 1.600 : 8.000 = 2/10; 2.400 : 8.000 = 3/10; 4.000 : 8.000 = 5/10.
b. Bezugsgröße ist (1.600 + 200) = 1.800 Stunden; 1.600 : 1.800 = 8/9; 200 : 1.800 = 1/9.

Die Tafeln 13.8A und 13.8B zeigen das Stufenleiterverfahren, wobei die Kosten der Instandhaltungsabteilung zuerst aufgeschlüsselt werden; 120.000 $ werden der Abteilung Informationssysteme zugerechnet (20 % von 600.000 $), 180.000 $ der Fertigungsabteilung (30 % von 600.000 $) und 300.000 $ der Montageabteilung (50 % von 600.000 $). In der Abteilung Informationssysteme sind nun insgesamt Kosten in Höhe von 236.000 $ aufgelaufen (116.000 $ + 120.000 $ aus der ersten Runde der Kostenaufschlüsselung). Dieser Betrag wird jetzt auf die beiden Fachabteilungen aufgeteilt – 209.778 $ (8/9 × 236.000 $) an die Fertigungsabteilung und 26.222 $ (1/9 × 236.000 $) an die Montageabteilung.

Sobald die Kosten einer Serviceabteilung einmal aufgeschlüsselt worden sind, werden dieser Abteilung beim Stufenleiterverfahren keine Kosten aus den folgenden Serviceabteilungen mehr zugerechnet. Sobald also die Kosten der Abteilung Werksinstandhaltung aufgeschlüsselt worden sind, werden ihr keine Kosten von anderen Serviceabteilungen, die in der Reihenfolge nach ihr kommen, mehr zugerechnet.

Matrixverfahren

Beim **Matrixverfahren** (*reciprocal allocation method*) werden die gegenseitigen Dienstleistungen zwischen allen Serviceabteilungen explizit berücksichtigt. Theoretisch sind das Anbauverfahren und das Stufenleiterverfahren weniger genau, wenn die Serviceabteilungen gegenseitig Dienstleistungen in Anspruch nehmen. So sorgt zum Beispiel die Abteilung Werksinstandhaltung für die Instandhaltung der Computerausrüstung in der Abteilung Informationssysteme. Umgekehrt kümmert sich die Abteilung Informationssysteme um die Datenverarbeitung der Instandhaltungsabteilung. Das Matrixverfahren macht es möglich, die Beziehungen zwischen den Abteilungen *vollständig* in die Aufschlüsselung der Kosten der Serviceabteilungen miteinzubeziehen. Die Kosten der Instandhaltungsabteilung werden anteilig der Abteilung Informationssysteme zugerechnet und umgekehrt. Die Durchführung des Matrixverfahrens erfolgt in drei Schritten.

Schritt 1: Die Kosten der Serviceabteilungen und ihre gegenseitigen Lieferbeziehungen werden in Form eines linearen Gleichungssystems ausgedrückt. Sei WI die *Summe der reziproken Kosten* (*complete reciprocated costs*) der Abteilung Werksinstandhaltung und IS die Summe der reziproken Kosten der Abteilung Informationssysteme. Die Daten der Tafel 13.6 können dann folgendermaßen ausgedrückt werden:

(1)   WI = 600.000 $ + 0,1 IS

(2)   IS = 116.000 $ + 0,2 WI

Unter der **Summe der reziproken Kosten** verstehen wir die Kosten, die tatsächlich in einer Serviceabteilung entstanden sind, plus einem Anteil der Kosten der anderen Serviceabteilungen, die Dienstleistungen an diese Abteilung geliefert haben. Diese Summe liegt immer über den Istkosten der Serviceabteilung.

Schritt 2: Durch Lösen des Gleichungssystems berechnet man die Summe der reziproken Kosten für jede Serviceabteilung. Bei zwei Serviceabteilungen kann man die Substitutionsmethode verwenden. Einsetzen von (2) in (1) ergibt

$$WI = 600.000 \$ + [0,1(116.000 \$ + 0,2\ WI)]$$
$$WI = 600.000 \$ + 11.600 \$ + 0,02\ WI$$
$$0,98\ WI = 611.600 \$$$
$$WI = 624.082 \$$$

Durch Einsetzen in Gleichung (2) erhält man

$$IS = 116.000 \$ + 0,2(624.082 \$)$$
$$IS = 240.816 \$$$

Wenn es mehr als zwei Serviceabteilungen mit gegenseitigen Lieferbeziehungen gibt, muß man die Summe der reziproken Kosten für jede Abteilung mit Hilfe eines Computerprogramms errechnen.

Schritt 3: Man rechnet die Summe der reziproken Kosten jeder Serviceabteilung allen anderen Abteilungen (Serviceabteilungen und Fachabteilungen) zu, je nach dem Anteil der in Anspruch genommenen Leistungen an der Gesamtleistung. Nehmen wir als Beispiel die Abteilung Informationssysteme, bei der die Summe der reziproken Kosten 240.816 $ beträgt. Dieser Betrag ist folgendermaßen aufzuschlüsseln:

• An die Abteilung Werksinstandhaltung (1/10 × 240.816 $) =	24.082 $
• An die Fertigungsabteilung (8/10 × 240.816 $) =	192.653 $
• An die Montageabteilung (1/10 × 240.816 $) =	24.082 $
• Summe	240.817 $

Die Tafeln 13.9A und 13.9B zeigen die Daten für das Matrixverfahren im Überblick.

Daß die Summe der reziproken Kosten der Serviceabteilungen (864.898 $ = 624.082 $ + 240.816 $, siehe Tafel 13.9) die Plankosten dieser Abteilungen (716.000 $ = 600.000 $ + 116.000 $, siehe Tafel 13.6) übersteigt, ist für manche Manager, die diese Methode anwenden, eine Quelle der Verwirrung. Der Überschuß in Höhe von 148.898 $ entspricht der Summe der Kosten, die die beiden Serviceabteilungen einander zurechnen. Die Summe der Kosten, die beim Matrixverfahren auf die Fachabteilungen aufgeschlüsselt werden, beträgt weiterhin nur 716.000 $.

Überblick über die Methoden

Angenommen, die gesamten geplanten Overheadkosten jeder Fachabteilung in dem Beispiel der Tafeln 13.7 bis 13.9 werden den einzelnen Produkten in der Fertigungsabteilung auf der Basis der geplanten Maschinenstunden (4.000 Stunden) und in der Montageabteilung auf der Basis der geplanten Fertigungsarbeitszeit (3.000 Stunden) zugerechnet. Die folgende Tabelle zeigt für jede der drei Kostenaufschlüsselungsmethoden die geplanten Gemeinkostenzuschläge für beide Serviceabteilungen (gerundet auf den nächsten Dollar).

Aufschlüsselungs-methode für die Kosten der Serviceabteilungen	Summe der geplanten Overheadkosten nach Aufschlüsselung aller Kosten der Serviceabteilungen		Geplante Gemeinkostenzuschläge pro Stunde für die Preiskalkulation	
	Fertigung	Montage	Fertigung (4.000 Stunden)	Montage (3.000 Stunden)
Anbauverfahren	728.111 $	587.889 $	182 $	196 $
Stufenleiterverfahren	789.778 $	526.222 $	197 $	175 $
Matrixverfahren	779.877 $	536.123 $	195 $	179 $

Diese Unterschiede in den geplanten Gemeinkostenzuschläge bei den unterschiedlichen Aufschlüsselungsmethoden für die Kosten der Serviceabteilungen können für Manager von großer Bedeutung sein. Nehmen wir als Beispiel einen Kostenerstattungsvertrag über 100 Maschinenstunden und 15 Montagearbeitsstunden. Die folgenden Kosten der Serviceabteilungen würden diesem Auftrag zugerechnet:

Anbauverfahren	21.140 $	(182 $ × 100 + 196 $ × 15)
Stufenleiterverfahren	22.325 $	(197 $ × 100 + 175 $ × 15)
Matrixverfahren	22.185 $	(195 $ × 100 + 179 $ × 15)

Tafel 13.9A

Aufschlüsselung der Kosten der Serviceabteilungen bei Castleford Engineering nach dem Matrixverfahren, 19_7

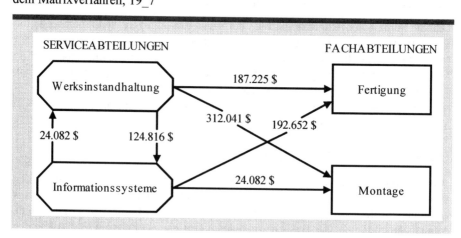

Tafel 13.9B
Aufschlüsselung der Kosten der Serviceabteilungen bei Castleford Engineering nach dem Matrixverfahren, 19_7

	Serviceabteilungen		Fachabteilungen		
	Werks-instandhaltung	Informations-systeme	Fertigung	Montage	Summe
Geplante Herstellgemeinkosten vor der Kostenverteilung zwischen den Abteilungen	600.000 $	116.000 $	400.000 $	200.000 $	1.316.000 $
Aufschlüsselung der Kosten für die Werksinstandhaltung (2/10, 3/10, 5/10)[a]	(624.082) $	124.816 $	187.225 $	312.041 $	
Aufschlüsselung der Kosten für Informationssysteme (1/10, 8/10, 1/10)[b]	24.082 $	(240.816) $	192.652 $	24.082 $	
	0 $	0 $			
Summe der geplanten Herstellgemeinkosten der Fachabteilungen			779.877 $	536.123 $	1.316.000 $

a. Bezugsgröße ist (1.600 + 2.400 + 4.000) = 8.000 Stunden; 1.600 : 8.000 = 2/10; 2.400 : 8.000 = 3/10; 4.000 : 8.000 = 5/10.
b. Bezugsgröße ist (200 + 1.600 + 200) = 2.000 Stunden; 200 : 2.000 = 1/10; 1.600 : 2.000 = 8/10; 200 : 2.000 = 1/10.

Die Anwendung des Stufenleiterverfahrens hätte die höchste Kostenerstattung zur Folge.

Das Matrixverfahren ist zwar konzeptionell vorzuziehen, wird aber nicht sehr häufig verwendet. Anbauverfahren und Stufenleiterverfahren haben den Vorteil, daß sie relativ einfach zu berechnen und zu verstehen sind. Jedoch sind durch den leichten Zugang zu Computerprogrammen, die lineare Gleichungssysteme lösen können, die zusätzlichen Kosten des Matrixverfahrens in den meisten Fällen minimal. Die breite Anwendung des Matrixverfahrens wird wahrscheinlich eher dadurch verhindert, daß (1) viele Manager es schwer verständlich finden und (2) die Zahlen, die mit Hilfe dieser Methode errechnet werden, sich manchmal nur wenig von den Ergebnissen des Anbauverfahrens oder des Stufenleiterverfahrens unterscheiden.

13.9 DIE AUFSCHLÜSSELUNG VON VERBUNDKOSTEN

Als nächstes stellen wir zwei Methoden vor, mit denen man Verbundkosten aufschlüsseln kann. **Verbundkosten** oder **Kosten bei verbundener Produktion** (*common costs*) sind Kosten für den Betrieb einer Anlage, für eine Aktivität oder ein ähnliches Kostenobjekt, das von zwei oder mehr Nutzern geteilt wird. Nehmen wir als Beispiel Jason Stevens, einen Studenten aus Seattle, der kurz vor dem Abschluß seines Examens steht und von einem Arbeitgeber in Boston zu einem Vorstellungsgespräch eingeladen worden ist. Das Rückflugticket Seattle-Boston kostet 1.200 $. Eine Woche vor seiner Abreise wird Stevens auch von einem Arbeitgeber in Chicago zu einem Vorstellungstermin eingeladen. Ein Rückflugticket nach Chicago kostet 800 $. Stevens beschließt, die beiden Vorstellungstermine zu einer Rundreise Seattle-Boston-Chicago zusammenzufassen. Das Ticket dafür kostet 1.500 $. Die 1.500 $ sind Verbundkosten, die beiden Arbeitgebern zugute kommen. Es gibt zwei Methoden für die Aufschlüsselung dieser Verbundkosten auf die beiden potentiellen Arbeitgeber: die proportionale und die inkrementale Kostenverteilung.

Die proportionale Kostenverteilung

Die **proportionale Kostenverteilung** (*stand-alone cost-allocation method*) verwendet Informationen, die sich auf jedes Kostenobjekt als getrennte Betriebseinheit beziehen, um die Gewichte für die Aufschlüsselung der Kosten zu ermitteln. In unserem Beispiel benutzt man die Information über die Marktpreise der einzelnen Rückflugtickets (1.200 $ und 800 $):

Arbeitgeber in Boston: $\dfrac{1.200\ \$}{1.200\ \$ + 800\ \$} \times 1.500\ \$ = 0,60 \times 1.500\ \$ = 900\ \$$

Arbeitgeber in Chicago: $\dfrac{800\ \$}{1.200\ \$ + 800\ \$} \times 1.500\ \$ = 0,40 \times 1.500\ \$ = 600\ \$$

Befürworter dieser Methode betonen oft die darin liegende Gerechtigkeit oder Fairness. Die Methode ist fair, weil jeder Arbeitgeber proportional zu seinen individuellen Einzelkosten an den Gesamtkosten beteiligt wird. Analog dazu gibt es eine proportionale Aufschlüsselung der Erlöse von Kuppelprodukten, die wir in Kapitel 16 vorstellen (Seite 470 ff.)

Inkrementale Kostenverteilung

Bei der **inkrementalen Kostenverteilung** (*incremental cost-allocation method*) werden die einzelnen Kostenobjekte in eine Rangfolge gebracht; anschließend wird diese Rangfolge benutzt, um die Kosten auf die Kostenobjekte aufzuschlüsseln. Das Kostenobjekt mit Rang 1 wird als *Hauptpartei* (*primary party*) bezeichnet und erhält alle Kosten zugewiesen, soweit sie nicht über seine Kosten als Einzeleinheit hinausgehen. Das Kostenobjekt mit Rang 2 wird als *Nebenpartei* (*incremental party*) bezeichnet und bekommt die zusätzlichen Kosten zugerechnet, die dadurch entstehen, daß es zwei Nutzer gibt. Existieren mehr als zwei Parteien, so muß man auch die Nebenparteien in eine Rangfolge bringen. Die in Kapitel 16 (Seite 541 ff.) beschriebene Methode der inkrementalen Erlösaufschlüsselung ist analog.

Betrachten wir noch einmal Jackson Stevens und seine 1.500 $ Flugkosten. Angenommen der Arbeitgeber in Boston wird als Primärpartei betrachtet. Stevens begründet das damit, daß er sich bereits verpflichtet hatte, nach Boston zu reisen. Die Kostenzurechnung würde dann folgendermaßen aussehen:

Partei	Zugerechnete Kosten	Übriggebliebene Kosten, die anderen Parteien zugerechnet werden müssen
Boston (Hauptpartei)	1.200 $	300 $ (1.500 $ - 1.200 $)
Chicago (Nebenpartei)	300 $	0

Der Arbeitgeber in Boston erhält den vollen Flugpreis Seattle-Boston zugerechnet. Der noch nicht aufgeschlüsselte Teil des Gesamtpreises wird dem Arbeitgeber in Chicago zugerechnet. Wäre der Arbeitgeber in Chicago als Hauptpartei ausgewählt worden, so wären ihm 800 $ (der Einzelflugpreis Seattle-Chicago) zugerechnet worden und dem Arbeitgeber in Boston die übrigen 700 $. Bei der inkrementalen Methode wird der Hauptpartei typischerweise der größte Teil der Verbundkosten zugerechnet. Es überrascht nicht, daß die meisten Nutzer in Verbundkostensituationen sich selbst als Nebenpartei vorschlagen. In manchen Fällen ist die Nebenpartei eine neu entstandene "Organisation" wie zum Beispiel eine neue Produktlinie oder ein neues Absatzgebiet. Ihre kurzfristigen Überlebenschancen können erhöht werden, wenn sie nur einen relativ niedrigen Teil der Verbundkosten zu tragen hat.

In bezug auf die Kostenzurechnungsoptionen von Jason Stevens ist hier noch eine relativierende Bemerkung angebracht. Es kann sein, daß einige potentielle Arbeitgeber Vorschriften haben, nach denen sich die Stellenbewerber richten müssen. Zum Beispiel kann der Arbeitgeber in Boston eine Richtlinie haben, wonach Flugkosten nur bis zum Preis für ein Ticket zweiter Klasse bei Vorausbuchung um sieben Tage erstattet werden können. Wenn dieser Betrag niedriger ist als der Betrag, den Stevens zum Beispiel bei Einzelzurechnung erhalten würde, so würde die Kostenaufschlüsselung durch die Erstattungsregel des Arbeitgebers bestimmt. Stevens sollte sich vor dem Kauf des Tickets erkundigen, welche Kostenaufschlüsselungsmethode(n) jeder potentielle Arbeitgeber für akzeptabel hält.

AUFGABE

Bei dieser Aufgabe geht es darum, wie die Aufschlüsselungsmethoden für die Kosten von Serviceabteilungen in einem Setting angewandt werden können, das sich von unserem Beispiel aus dem produzierenden Gewerbe (Tafeln 13.6 bis 13.9) unterscheidet. Die Kosten von zentralen Serviceabteilungen werden auf die Fachabteilungen aufgeschlüsselt. Die Abteilungen der Firmenzentrale stellen ihre Dienstleistungen einander sowie den Fachabteilungen zur Verfügung. Diese Aufgabe illustriert auch die Anwendung der dualen Zurechnungsmethode für die Kosten von Serviceabteilungen.

Computer Horizons plant die folgenden Beträge für Dienstleistungen der beiden zentralen Serviceabteilungen, der Rechtsabteilung (RA) und der Personalabteilung (PA), füreinander und für die beiden Fachabteilungen – die Abteilung Kleincomputer (KC) und die Abteilung Peripheriegeräte (PG):

Anbieter	Plankapazität				
	RA	**PA**	**KC**	**PG**	**Summe**
Rechtsabteilung					
Stunden		250	1.500	750	2.500
Anteil		10 %	60 %	30 %	100 %
Personalabteilung					
Stunden	2.500		22.500	25.000	50.000
Anteil	5 %		45 %	50 %	100 %

AUFGABE (FORTSETZUNG)

Die tatsächliche Nutzung ist aus der folgenden Tabelle zu ersehen:

Tatsächliche Nutzung

Anbieter	RA	PA	KC	PG	Summe
Rechtsabteilung					
Stunden		400	400	1.200	2.000
Anteil		20 %	20 %	60 %	100 %
Personalabteilung					
Stunden	2.000		26.600	11.400	40.000
Anteil	5 %		66,5 %	28,5 %	100 %

Die Istkosten sind

	Fixkosten	Variable Kosten
Rechtsabteilung	360.000 $	200.000 $
Personalabteilung	475.000 $	600.000 $

Die Fixkosten werden auf der Basis der Plankapazität zugeordnet, die variablen Kosten auf der Basis des Istverbrauchs.

Wie werden die Kosten der Rechtsabteilung und der Personalabteilung auf die beiden Produktionsabteilungen aufgeschlüsselt (a) beim Anbauverfahren, (b) beim Stufenleiterverfahren (wobei die Kosten der Rechtsabteilung zuerst aufgeschlüsselt werden sollen) und (c) beim Matrixverfahren?

LÖSUNG

Tafel 13.10 zeigt die Berechnungen für die Aufschlüsselung der fixen und variablen Kosten der Serviceabteilungen. Eine kurze Zusammenfassung bietet die folgende Tabelle:

	Abteilung Kleincomputer	Abteilung Peripheriegeräte
A. Anbauverfahren		
Fixkosten	465.000 $	370.000 $
Variable Kosten	470.000 $	330.000 $
	935.000 $	700.000 $
B. Stufenleiterverfahren		
Fixkosten	458.053 $	376.947 $
Variable Kosten	488.000 $	312.000 $
	946.053 $	688.047 $
C. Matrixverfahren		
Fixkosten	462.513 $	372.487 $
Variable Kosten	476.364 $	323.636 $
	938.877 $	696.123 $

Das lineare Gleichungssystem für das Matrixverfahren lautet:

Fixkosten:
$$R = 360.000 \text{ \$} + 0,05\,P$$
$$P = 475.000 \text{ \$} + 0,10\,R$$
$$R = 360.000 \text{ \$} + 0,05(475.000 + 0,10\,R) = 385.678 \text{ \$}$$
$$P = 475.000 \text{ \$} + 0,10(385.678 \text{ \$}) = 513.568 \text{ \$}$$

Variable Kosten:
$$R = 200.000 \text{ \$} + 0,05\,P$$
$$P = 600.000 \text{ \$} + 0,20\,R$$

Tafel 13.10
Alternative Aufschlüsselungsmethoden für die Kosten der Serviceabteilungen auf die Fachabteilungen bei Computer Horizons: duale Kostenzuschläge

Zurechnungsmethode	Serviceabteilungen		Fachabteilungen	
	RA	PA	KC	PG
A. Anbauverfahren				
Fixkosten	360.000 $	475.000 $		
RA (6/9, 3/9)	(360.000) $		240.000 $	120.000 $
PA (225/475, 250/475)	0 $	(475.000) $	225.000 $	250.000 $
		0 $	465.000 $	370.000 $
Variable Kosten	200.000 $	600.000 $		
RA (0,25; 0,75)	(200.000) $		50.000 $	150.000 $
PA (0,7; 0,3)	0 $	(600.000) $	420.000 $	180.000 $
		0 $	470.000 $	330.000 $
B. Stufenleiterverfahren				
(Rechtsabt. zuerst)				
Fixkosten (in $)	360.000 $	475.000 $		
RA (0,10; 0,60; 0,30)	(360.000) $	36.000 $	216.000 $	108.000 $
PA (225/475, 250/475)	0 $	(511.000) $	242.053 $	268.947 $
		0 $	458.053 $	376.947 $
Variable Kosten	200.000 $	600.000 $		
RA (0,20; 0,20; 0,60)	(200.000) $	40.000 $	40.000 $	120.000 $
PA (0,05; 0,45; 0,50)	0 $	(640.000) $	448.000 $	192.000 $
		0 $	488.000 $	312.000 $
C. Matrixverfahren				
Fixkosten	360.000 $	475.000 $		
RA (0,10; 0,60; 0,30)	(385.678) $	(38.568) $	231.407 $	115.703 $
PA (0,05; 0,45; 0,50)	25.678 $	513.568 $	231.106 $	256.784 $
	0 $	0 $	462.513 $	372.487 $
Variable Kosten	200.000 $	600.000 $		
RA (0,20; 0,20; 0,60)	(232.323) $	46.465 $	46.465 $	139.393 $
PA (0,05; 0,665; 0,285)	32.323 $	(646.465 $)	429.899 $	184.243 $
	0 $	0 $	476.364 $	323.636 $

Kostenaufschlüsselung (II)

KAPITEL

In Kapitel 13 haben wir vier Zwecke der Kostenaufschlüsselung eingeführt und die Aufschlüsselung von Kosten auf die Abteilungen (Kostenstellenrechnung) diskutiert. In Kapitel 14 untersuchen wir die Aufschlüsselung von Kosten auf einzelne Produkte, Dienstleistungen, Kunden oder Aufträge (zum Beispiel der öffentlichen Hand). Dabei geht es auch um Fragen im Zusammenhang mit Kostenpools und Bezugsgrößen. Wir betrachten Kosten, die in den Produktionsabteilungen entstehen, und solche, die ihnen bereits zugerechnet worden sind (zum Beispiel von zentralen Serviceabteilungen, wie in Kapitel 13 dargestellt).

14.1 KOSTENZUORDNUNG UND KOSTENAUFSCHLÜSSELUNG

Im folgenden verwenden wir als Beispiel die Kostenrechnung für ein Luxuskühlschrankmodell von Consumer Appliances Inc. (CAI). Die Firma CAI baut diesen Kühlschrank zusammen mit acht anderen Produkten in ihrem Werk in Windsor, Ontario. Mit Hilfe ihrer eigenen Vertriebsabteilung verkauft sie die Kühlschränke an Einzelhändler. CAI verwendet den 6-Schritte-Ansatz der Kostenrechnung, den wir in Kapitel 4 (Seite 93) und Kapitel 5 (Seite 125)vorgestellt haben.

Schritt 1: Wähle ein Produkt als Kostenobjekt. Das Kostenobjekt in diesem Beispiel ist ein Luxuskühlschrankmodell mit dem Namen Arctic.

Schritt 2: Identifiziere die Einzelkosten des Produkts. CAI identifiziert drei Kategorien von Einzelkosten. In dem Werk in Windsor entstehen zwei Arten von Einzelkosten: Fertigungsmaterial und Fertigungslöhne. Die Firma hat den Kundendienst im Rahmen eines Subunternehmerauftrags an eine Reparaturfirma für Elektrogeräte vergeben. Sie bezahlt diesem Unternehmen 75 $ pro verkauftem Kühlschrank. Die Firma erledigt alle Kundenreklamationen während der Garantiezeit von 24 Monaten. Damit werden jedem Arctic die folgenden Beträge zugeordnet:

Fertigungsmaterial	140 $
Fertigungslöhne	35 $
Kundendienst	75 $
Summe Einzelkosten	250 $

**Schritt 3: Identifiziere die Gemeinkostenpools, die mit dem Produkt zusammen-
hängen.** CAI identifiziert sechs Gemeinkostenpools, die mit der Produktion und dem
Verkauf des Arctic zu tun haben. Diese sechs Kostenpools sind unter Schritt 5 aufgelistet.

Schritt 4: Wähle die geeignete Kostenbezugsgröße für jeden Gemeinkostenpool.
Die gewählten Kostenbezugsgrößen sind ebenfalls unter Schritt 5 aufgelistet.

**Schritt 5: Bestimme den Kostensatz pro Einheit der Kostenbezugsgröße für die
Zurechnung der Gemeinkosten zu dem Produkt.** Die Bezugsgrößen und der Kostensatz für jeden Gemeinkostenpool in der Zeit von Januar bis Juni 19_8 sind

Gemeinkostenpool	Bezugsgröße	Kostensatz
Einkauf	Anzahl der Teile	0,50 $ pro Teil
Produktion:		
handgesteuerte Montage	Fertigungsarbeitszeit	20 $ pro Stunde
maschinengesteuerte Montage	Maschinenlaufzeit	16 $ pro Stunde
Qualitätskontrolle	Testzeit	30 $ pro Stunde
Vertrieb	Output in Raumein-heiten	2 $ pro Kubikfuß
Marketing	Absatzmenge	70 $ pro Stück

Diese Kostensätze gelten für die Kostenkalkulation aller Produkte, die im Werk von
Windsor zusammengebaut werden. Sie werden alle sechs Monate revidiert. Der Zuschlagssatz für jeden Gemeinkostenpool wird folgendermaßen berechnet:

$$\text{Geplanter Gemeinkostensatz} = \frac{\text{Geplante Gesamtkosten im Gemeinkostenpool}}{\text{Geplante Gesamtmenge der Kostenbezugsgröße}}$$

So lautet zum Beispiel die Formel für die Berechnung des Einkaufskostenzuschlags
von 0,50 $ pro Teil für jedes Produkt, das im Werk von Windsor montiert wird:

$$\frac{2.000.000 \text{ \$}}{4.000.000 \text{ Teile}} = 0{,}50 \text{ \$ pro Teil}$$

Die geplanten Gesamtkosten für den Einkauf in der Zeit von Januar bis Juni 19_8 belaufen sich auf 2 Mio. $. Dieser Betrag enthält Kosten für die Arbeit in der Einkaufs-
abteilung, für die Ausrüstung (zum Beispiel Computer) und für die Kontrolle und den
Transport der gelieferten Materialien. Die geplante Gesamtmenge der Kostenbezugsgröße ist vier Millionen Teile. Das ist die geplante Anzahl der Teile für alle Produkte,
die im Werk von Windsor im betrachteten Halbjahreszeitraum montiert werden sollen. Darin sind 252.000 Teile für das Luxuskühlschrankmodell enthalten (84 Teile pro
Kühlschrank × 3.000 geplante Produktionseinheiten). Die übrigen 3.784.000 Teile im
Nenner der Formel sind für andere Produkte.

Schritt 6: Rechne dem Produkt alle Einzel- und Gemeinkosten zu. Tafel 14.1 zeigt die Produktkostenzusammensetzung für den Arctic-Kühlschrank. Die vollständigen Produktkosten in Höhe von 608 $ enthalten 250 $ Einzelkosten und 358 $ Gemeinkosten. In den Gemeinkosten sind 150 $ für Vertrieb und Marketing enthalten. Bei der Berechnung der zu aktivierenden Herstellungskosten (zum Zweck der externen Berichterstattung) geht man nur von den Herstellkosten aus. Die aktivierbaren Produktkosten betragen 383 $ pro Arctic.

Tafel 14.1 bestätigt die Vorstellung von *unterschiedlichen Kosten für unterschiedliche Zwecke.* Der Betrag von 608 $ enthält die Gesamtkosten für alle betrieblichen Funktionen, die CAI durch den Preis abdecken muß, wenn die Firma profitabel bleiben soll. Bei der Vorlage von Jahresabschlüssen würde es aber gegen die allgemein anerkannten Prinzipien der Buchführung verstoßen, wenn man fertigungsunabhängige Betriebskosten (Vertrieb, Marketing und Kundendienst) in die Bewertung der Produktbestände miteinfließen lassen würde. Man beachte, daß diese Regel für fertigungsunabhängige Einzel- und Gemeinkosten gilt.

Tafel 14.1
Kostenrechnung für das Kühlschrankmodell Arctic

	Herstell-kosten	Betriebs-kosten	Gesamt-kosten
Produkteinzelkosten			
Fertigungsmaterial	140 $	–	140 $
Fertigungslöhne	35 $	–	35 $
Kundendienst	–	75 $	75 $
	175 $	75 $	250 $
Produktgemeinkosten			
Einkauf, 84 × 0,50 $	42 $	–	42 $
Fertigung: handgesteuert, 0,6 × 20 $	12 $	–	12 $
Fertigung: maschinengesteuert, 4,0 × 16 $	64 $	–	64 $
Fertigung: Qualitätskontrolle, 3,0 × 30 $	90 $	–	90 $
Vertrieb, 40 × 2 $	–	80 $	80 $
Marketing 1 × 70 $	–	70 $	70 $
	208 $	150 $	358 $
Summe Produktkosten	383 $	225 $	608 $

14.2 DIE WAHL DER GEMEINKOSTENPOOLS UND DIE BE-STIMMUNG DER KOSTENSÄTZE

Die Gemeinkosten, die den einzelnen Produkten, Dienstleistungen oder Kunden zuge-rechnet werden, hängen ab von

- den Entscheidungen über die Kostenpools (also davon, wieviele Kostenpools es gibt und welche Kosten jeweils enthalten sind)
- den Entscheidungen über die Kostenbezugsgrößen (also davon, welche Bezugs-größen und welche Bezugsgrößenmengen zugrunde gelegt werden)

In diesem Abschnitt beschäftigen wir uns mit Fragen, die mit der Wahl der Kosten-pools verbunden sind. Später geht es dann um die Wahl der Kostenbezugsgrößen.

Das Konzept der Homogenität des Kostenpools, das wir in Kapitel 13 diskutiert ha-ben, ist für die Fragen in diesem Abschnitt von zentraler Bedeutung. Ein Kostenpool ist homogen, wenn alle Aktivitäten, deren Kosten darin enthalten sind, das gleiche oder ein ähnliches Ursache-Wirkungs-Verhältnis oder Nutzenverhältnis zwischen dem Kostentreiber und den Kosten der Aktivität aufweisen. Als Beispiel betrachten wir die Entscheidung zwischen fabrikweit einheitlichen und abteilungsspezifischen Gemeinkostensätzen.

Einheitliche Kostensätze versus abteilungsspezifische Ko-stensätze

Wenn eine Firma viele Produkte herstellt, muß sie entscheiden, ob bei der Produktko-stenkalkulation fabrikweit ein einheitlicher Satz für die Herstellgemeinkosten ver-wendet werden soll, oder ob jede einzelne Abteilung einen eigenen Kostensatz erhält. Dabei tauchen zwei wichtige Fragen auf:

1. Existieren in den einzelnen Abteilungen *unterschiedliche* Ursache-Wirkungs-Zusammenhänge oder Nutzenzusammenhänge zwischen den Herstellgemeinko-sten und den dazugehörigen Kostentreibern?
2. Werden die einzelnen Produkte von den verschiedenen Abteilungen des Werks *verschieden* behandelt?

Wenn hier große Unterschiede bestehen, liefern abteilungsspezifische Overheadko-stensätze genauere Produktkostenzahlen als fabrikweit einheitliche Overheadkosten-sätze. Sind diese Unterschiede dagegen minimal, so führt die Verwendung von einheitlichen Sätzen zu ähnlichen Zahlen wie die Verwendung von abteilungsspezifi-schen Sätzen und hat den Vorteil, daß man weniger Kostenpools zuzurechnen hat.

Nehmen wir die Produktkostenkalkulation für die Produktionsanlage von CAI in Windsor. Dieses Werk hat drei Abteilungen: die Abteilung handgesteuerte Fertigung, die Abteilung maschinengesteuerte Fertigung und die Abteilung Qualitätskontrolle.

Viele Jahre lang hat Consumer Appliances einen einzigen, werkweit einheitlichen Overheadkostensatz verwendet, der sich auf die Fertigungsarbeitszeit in der handgesteuerten Fertigung bezog. Unmittelbar nach der Gründung des Werks war die handgesteuerte Fertigung die größte Abteilung. In den letzten Jahren ist jedoch der Umfang dieser Abteilung zurückgegangen, während die maschinengesteuerten Fertigungsstraßen gewachsen sind. Die Firma hat darauf mit einer Anpassung ihres Kostenrechnungssystems reagiert. Heute verwendet man in der Produktkostenrechnung drei verschiedene abteilungsbezogene Overheadkostensätze für die Produktionsanlage:

Gemeinkostenpool	Kostenbezugsgröße
Handgesteuerte Fertigung	20 $ pro Stunde Fertigungsarbeitszeit
Maschinengesteuerte Fertigung	16 $ pro Maschinenstunde
Qualitätskontrolle	30 $ pro Teststunde

Im alten Kostenrechnungssystem wäre der einheitliche Gemeinkostensatz für die gegenwärtige Rechnungsperiode 100 $ pro Stunde Fertigungsarbeitszeit.

Die Wirkung der Verwendung von drei abteilungsspezifischen Kostenpools anstelle eines einheitlichen Kostenpools kann am Beispiel von zwei Produkten aufgezeigt werden, dem Kühlschrankmodell Arctic und dem Wäschetrocknermodell Sunshine. Diese beiden Produkte verwenden die folgenden Ressourcen aus den drei Abteilungen:

Abteilung	Kostenbezugsgröße	Arctic	Sunshine
Handgesteuerte Fertigung	Fertigungsarbeitsstunden	0,6 Stunden	0,8 Stunden
Maschinengesteuerte Fertigung	Maschinenstunden	4,0 Stunden	1,5 Stunden
Qualitätskontrolle	Teststunden	3,0 Stunden	0,4 Stunden

Mit einem einheitlichen Kostensatz bzw. mit abteilungsspezifischen Kostensätzen würden diesen beiden Produkten die folgenden Fertigungsgemeinkosten zugerechnet:

	Arctic	Sunshine
Fabrikweit einheitlicher Overheadkostensatz		
0,6 Stunden Fertigungsarbeit, 100 $	60 $	
0,8 Stunden Fertigungsarbeit, 100 $		80 $
Abteilungsspezifische Overheadkostensätze		
Handgesteuerte Fertigung		
0,6 Stunden Fertigungsarbeit, 20 $	12 $	
0,8 Stunden Fertigungsarbeit, 20 $		16 $
Maschinengesteuerte Fertigung		
4,0 Maschinenstunden, 16 $	64 $	
1,5 Maschinenstunden, 16 $		24 $
Qualitätskontrolle		
3,0 Teststunden, 30 $	90 $	
0,4 Teststunden, 30 $		12 $
	166 $	52 $

Jedem Arctic-Kühlschrank werden mit den abteilungsspezifischen Kostensätzen 166 $ zugerechnet und mit dem einheitlichen Kostensatz 60 $. Die große Differenz ist dadurch zu erklären, daß die Abteilungskostensätze den relativ hohen Verbrauch von Leistungen der Abteilungen maschinengesteuerte Fertigung und der Qualitätskontrolle einfangen. Im Gegensatz dazu, werden jedem Sunshine-Wäschetrockner mit den abteilungsspezifischen Kostensätzen 52 $ zugerechnet und mit dem einheitlichen Kostensatz 80 $. Dieses Produkt macht von der maschinengesteuerten Fertigung und der Qualitätskontrolle relativ wenig Gebrauch. Man beachte jedoch, daß jeder Sunshine-Wäschetrockner 0,8 Arbeitsstunden in der handgesteuerten Fertigung benötigt (im Vergleich zu 0,6 Stunden für einen Arctic-Kühlschrank). Diese Arbeitsstunden sind die Kostenbezugsgröße beim werksweit einheitlichen Kostensatz. Tatsächlich hat CAI unter anderem deshalb die abteilungsspezifischen Kostensätze eingeführt, weil sich die Produktmanagerin von Sunshine beschwert hat. Sie argumentierte, daß der einheitliche Kostensatz ihre Produktlinie benachteilige und den Anschein erwecke, daß der Sunshine der Firma Verluste verursache, während die Produktlinie ihrer Ansicht nach ein großer Erfolg sei. Das Topmanagement hat ihre Argumentation akzeptiert und das Betriebspersonal angewiesen, die Ursache-Wirkungs-Zusammenhänge bei den Kosten des Werks zu analysieren. Die Einführung von drei verschiedenen Kostenbezugsgrößen in den drei Abteilungen (Fertigungsarbeitszeit, Maschinenlaufzeit und Testzeit) ist ein Ergebnis dieser Bemühungen.

Dieses Beispiel illustriert zwei Richtlinien für die Verfeinerung eines Kostenrechnungssystems, die wir in Kapitel 4 eingeführt haben (Seite 104):

1. Erweitere die Anzahl der Gemeinkostenpools, bis jeder Pool homogen ist.
2. Identifiziere eine geeignete Bezugsgröße für jeden Gemeinkostenpool.

Die Verwendung von Abteilungskostenpools führt zu genaueren Kostensätzen, wenn die einzelnen Abteilungen sich in ihren Ursache-Wirkungs-Zusammenhängen oder Nutzenzusammenhängen unterscheiden und wenn die einzelnen Produkte die Ressourcen der Abteilungen verschieden nutzen. Das ist bei den Produkten Arctic und Sunshine von Consumer Appliances der Fall. Die von CAI angewandten Richtlinien entsprechen der Methode der Prozeßkostenrechnung, die wir in den Kapiteln 4 und 5 diskutiert haben. Die Firma hat in ihrem Werk getrennte Prozesse identifiziert und sich bei der Auswahl der Kostenbezugsgrößen vom Ursache-Wirkungs-Kriterium leiten lassen.

14.3 Veränderungen der Kostenbezugsgrößen

Unternehmen verändern ihre Kostenrechnungssysteme in unterschiedlich regelmäßigen Abständen. Auch die Anlässe für diese Veränderungen sind nicht einheitlich. In manchen Fällen ist es eine Veränderung des Betriebsablaufs (zum Beispiel eine Zunahme der Automatisierung oder eine Veränderung der Produktpalette). Es kann aber auch eine Veränderung der Informationstechnologie sein. Ein anderer Anlaß ist eine Veränderung der Produkte oder Dienstleistungen von Konkurrenzunternehmen (wenn zum Beispiel eine Konkurrenzfirma Produkte einzeln verkauft, die bisher als Bündel zu einem Gesamtpreis angeboten worden sind).

In den Kapiteln 4 und 5 haben wir gezeigt, wie Unternehmen die Prozeßkostenrechnung nutzen können, um bei Produktpolitik, Preispolitik und Kostenmanagement bessere Entscheidungen zu treffen. Die Einführung der Prozeßkostenrechnung führt zu einer Erhöhung der Anzahl der Kostenpools und der Anzahl der Kostentreiber und damit der Kostenbezugsgrößen. In einer Untersuchung[63] von 166 Fällen, in denen die Prozeßkostenrechnung eingeführt worden ist, war die Anzahl der Prozesse folgendermaßen verteilt:

Weniger als 25	26-100	101-250	Mehr als 250
19,4 %	28,1 %	34,4 %	18,1 %

---

[63] *American Productivity and Quality Center and CAM-I*, ABM Best Practices Study, 1995.

Die Anzahl der Kostentreiber, die in diesen 166 Fällen als Bezugsgrößen verwendet wurden, war so verteilt:

Weniger als 5	6-10	11-25	26-50	Mehr als 50
8,1 %	26,1 %	27,3 %	20,5 %	18,0 %

In vielen Firmen wird der gleiche Kostentreiber für mehr als einen Prozeß benutzt. Allerdings können die Kostensätze pro Kostentreibereinheit für jeden Prozeß verschieden sein. Der Medianwert für die Anzahl der Prozesse oder Kostenpools liegt in dieser Studie über 100, während der Medianwert für die Anzahl der Kostentreiber etwas über 10 liegt. Diese Zahlen sind weit höher als die Vergleichszahlen in vielen Unternehmen, die nicht mit Prozeßkostenrechnung arbeiten.

Wenn Firmen vom handgesteuerten zum maschinengesteuerten Betrieb übergehen, verwenden sie häufiger die Maschinenlaufzeit als Kostenbezugsgröße. Im **handgesteuerten Betrieb** ist das Tempo der Produktion durch die Geschicklichkeit und Produktivität der Arbeitskräfte bestimmt. Maschinen sind Werkzeuge, die den Produktionsarbeitern helfen. Hier können die Fertigungslöhne oder die Fertigungsarbeitszeit die Ursache-Wirkungs-Zusammenhänge noch immer einfangen, auch wenn der Betrieb schon hochautomatisiert ist. Im Gegensatz dazu sind es im **maschinengesteuerten Betrieb** die Maschinen, die die meisten oder alle Phasen der Produktion lenken, vom Transport des Materials zur Fertigungsstraße über die Montage und andere Aktivitäten in der Fertigungsstraße bis hin zum Transport der fertigen Erzeugnisse zu den Auslieferungslagern. Die Maschinenbediener können in einer solchen Umgebung gleichzeitig für mehr als eine Maschine zuständig sein. Dabei geht es eher darum, die Produktionsstraße zu überwachen und Probleme zu beseitigen als um die Bedienung der Maschinen. Computerspezialisten und Industrieingenieure sind die eigentlichen Kontrolleure der Produktionsgeschwindigkeit. Im maschinengesteuerten Betrieb kann man die Ursache-Wirkungs-Zusammenhänge wahrscheinlich besser mit Hilfe der Maschinenlaufzeit einfangen als mit Hilfe der Fertigungsarbeitszeit.

Immer mehr Firmen schalten auf nichtfinanzielle Kostenbezugsgrößen um. So experimentieren zum Beispiel zur Zeit mehrere Unternehmen mit der Fertigungsdurchlaufzeit als Kostenbezugsgröße. Die **Fertigungsdurchlaufzeit** ist die Zeit zwischen dem Moment, in dem ein Auftrag in der Produktionsanlage begonnen werden kann, bis zu dem Moment, wo er als fertiges Produkt vorliegt. Alle Zeitverzögerungen zu Beginn oder während der Produktion sind im Maß der Fertigungsdurchlaufzeit enthalten. Der Grund für die Einführung dieser Kostenbezugsgröße liegt darin, daß Maßnahmen, die zur Verlängerung der Durchlaufzeit führen, oft auch die Overheadkosten eines Werks erhöhen. Wenn zum Beispiel unfertige Erzeugnisse in ein eigenes Lager und von dort wieder zurück in den Produktionsbereich gebracht werden müssen, steigen die Durchlaufzeit und die Materialtransportkosten. Mit der Verwendung dieser Kostenbezugsgröße signalisiert das Management dem Betriebspersonal, daß man die ausgewiesenen Produktkosten verringern kann, indem man die Fertigungsdurchlaufzeit verkürzt.

Die Aufgabe zum Selbststudium am Ende dieses Kapitels illustriert die Verwendung der Durchlaufzeit als Kostenbezugsgröße für einen Hersteller von medizinischen Instrumenten.

Die Folgen einer ungeeigneten Kostenbezugsgröße

Kostenzahlen spielen bei vielen wichtigen Entscheidungen eine Schlüsselrolle. Wenn diese Zahlen auf Kostenbezugsgrößen basieren, die die Ursache-Wirkungs-Zusammenhänge nicht richtig wiedergeben, die zur langfristigen Gewinnmaximierung des Unternehmens in Widerspruch stehen. Ein Beispiel ist die Verwendung der Fertigungslöhne als Kostenbezugsgröße in einer maschinengesteuerten Produktionsumgebung. In einer solchen Umgebung kann es zu Gemeinkostensätzen von mehr als 500 % der Fertigungslöhne kommen. Also bedeutet jeder Dollar an Fertigungslohnkosten, daß die ausgewiesenen Produktkosten um 6 $ steigen [(1 $ Einzelkosten + (500 % × 1 $) Gemeinkosten]. Das kann unter anderen die folgenden negativen Konsequenzen haben:

1. Produktmanager machen möglicherweise einen übermäßigen Gebrauch von externen Anbietern bei Teilen, die einen hohen Anteil an Lohneinzelkosten enthalten.

2. Produktionsmanager konzentrieren sich vielleicht zu sehr auf die Kontrolle der Fertigungsarbeitszeit und zuwenig auf die Kontrolle der teureren Kostenarten Materialverbrauch und Maschinenkosten. Bei einem Gemeinkostenzuschlag von 500 % kann man die ausgewiesenen Produktkosten um 6 $ senken, wenn man bei den Fertigungslohnkosten einen Dollar einspart. In dieser Situation können die Manager die den Produkten zugerechneten Kostenbeträge kontrollieren, indem sie den Einsatz an Fertigungsarbeit kontrollieren. Dadurch kann man aber die tatsächlich entstehenden Material- und Maschinenkosten nicht in den Griff bekommen.

3. Manager können versucht sein, die Kosten für die Belegschaft im Fertigungsbereich als Gemeinkosten und nicht als Einzelkosten einzustufen. Infolge davon wird ein Teil dieser Arbeitskosten (ungerechtfertigterweise) anderen Produkten zugerechnet.

4. Die Produktkosten können unter- oder überschätzt werden. Dadurch entsteht die Gefahr, daß eine Firma versucht, Marktanteile zu gewinnen bei Produkten, die sie für profitabel hält, die in Wirklichkeit aber gar nicht profitabel sind. Genauso kann es passieren, daß ein Unternehmen Produkte vernachlässigt, die eigentlich Gewinn bringen, weil man sie für unprofitabel hält.

Kostentreiber und Kostenbezugsgrößen

Wenn das Ursache-Wirkungs-Kriterium angewandt wird, sind die gewählten Kostenbezugsgrößen auch Kostentreiber. Da eine Veränderung einer Kostentreibermenge eine Veränderung der Gesamtkosten des entsprechenden Kostenobjekts nach sich zieht, erhöht die Verwendung von Kostentreibern als Bezugsgrößen die Genauigkeit der ausgewiesenen Produktkosten. Allerdings sind nicht alle Bezugsgrößen gleichzeitig auch Kostentreiber. Hier einige Gründe für die Verwendung von Bezugsgrößen, die keine Kostentreiber sind:

1. Die Erhöhung der Genauigkeit der einzelnen Produktkosten kann für eine Firma weniger wichtig sein als andere Ziele. Man denke etwa an das Ziel, das Belegschaftswachstum zu beschränken. Mehrere japanische Firmen verwenden die Fertigungsarbeitszeit als Kostenbezugsgröße, obwohl sie wissen, daß die Zahl der Arbeitsstunden nicht der wichtigste Kostentreiber für die Fertigungsgemeinkosten sind. Damit bezweckt man, an alle Manager ein klares Signal zu senden, daß die Reduzierung der Belegschaft eines der wichtigsten Ziele ist.

   Manchmal bevorzugen Manager auch die Fertigungsarbeitszeit als Kostenbezugsgröße, um die Automatisierung zu fördern. Durch diese Bezugsgröße werden die Produktdesigner motiviert, den Arbeitsinput der Produkte schon beim Entwurf zu verringern. Aus der Sicht des Managements kann ein höherer Automatisierungsgrad strategisch notwendig sein, um langfristig wettbewerbsfähig zu bleiben.

2. Kostentreibervariable können möglicherweise nicht ständig verläßlich gemessen werden. So betrachten Manager zum Beispiel oft die Anzahl der Maschineneinrichtungen als Kostentreiber für die Fertigungsgemeinkosten, aber in manchen Firmen wird diese Information nicht systematisch registriert.

3. Kostenrechnungssysteme mit vielen Kostenpools und Bezugsgrößen sind in der Anwendung teurer als solche mit wenigen Kostenpools und Bezugsgrößen. Die Investitionen, die erforderlich sind, um ein System mit vielen Gemeinkostenpools zu entwickeln und einzuführen und die Nutzer entsprechend zu schulen, können erhebliche Größenordnungen annehmen. Leider haben bei manchen Firmen Investitionen in ihre internen Buchführungssysteme niedrige Priorität, weil der Nutzen daraus oft schwer zu quantifizieren ist.

14.4 RECHTFERTIGUNG UND ERSTATTUNG VON AUFTRAGSKOSTEN

Kostendaten sind oft Schlüsselbestandteile von Verträgen. Einige Beispiele:

1. Ein Vertrag zwischen dem Verteidigungsministerium und einem Unternehmen, das ein neues Kampfflugzeug entwirft und zusammenbaut; der Preis für das Flugzeug entspricht den Kosten des Herstellers zuzüglich eines im voraus festgelegten Gewinnzuschlags.

Umfragen zur betrieblichen Praxis

HAT DAS ALTE SYSTEM DER PRODUKTKOSTENRECHNUNG AUSGEDIENT?

Ein Fernsehzuschauer merkt es, wenn sein Fernsehgerät nicht mehr funktioniert. Ein Autofahrer weiß Bescheid, wenn er sein Fahrzeug nacht mehr starten kann. Bei vielen Produkten ist ein Defekt leicht festzustellen. Der Zusammenbruch eines Produktkostenrechnungssystems kann dagegen leicht unentdeckt bleiben. Dennoch existieren keine Richtlinien, mit deren Hilfe die Nutzer entscheiden könnten, ob ihre Produktkostenrechnung ausgedient hat. Robin Cooper von der Claremont Graduate School bietet einen Satz von Richtlinien für diesen Zweck an.[a] Zwar können die einzelnen Richtlinien für sich genommen nicht ausschlaggebend sein, zusammengenommen signalisieren sie aber die Notwendigkeit, das existierende Kalkulationssystem im Detail zu überprüfen. Die folgenden vier Fragen beziehen sich auf diese Richtlinien. Die Antworten stammen aus einer Umfragen unter dänischen Firmen:[b]

Richtlinie	Ja	Nein
1. Können Manager Veränderungen der Gewinnmarge von einer Periode zur nächsten leicht erklären? (Wenn nicht, besteht eine Erklärung darin, daß das existierende Kostenrechnungssystem nicht mehr tauglich ist.)	70 %	30 %
2. Können Manager leicht erklären, warum ihre Angebote Erfolg haben oder keinen Erfolg haben? (Wenn nicht, besteht eine Erklärung darin, daß das existierende Kostenrechnungssystem am Ende ist.)	64 %	36 %
3. Hat unser Kostenrechnungssystem eine kleine Anzahl von Kostenpools und sind die Posten in jedem Pool heterogen? (Eine Reduzierung der Heterogenität erfordert einen Anstieg der Zahl der Kostenpools.)	56 %	44 %
4. Haben andere Unternehmen für konkurrierende und mit den unseren vergleichbare Massenprodukte Preise, die unter unseren Kosten liegen? (Eine mögliche Erklärung besteht darin, daß wir die Kosten dieser Produkte überschätzen.)	54 %	46 %

Ein nennenswerter Anteil der befragten Firmen hat die Fragen 1 und 2 verneint und die Fragen 3 und 4 bejaht. Das sind die Antworten, die als Alarmzeichen für den Zustand der Produktkostenrechnung gewertet werden müssen. Eine Firma, die diese vier Antworten gegeben hat, sollte schleunigst untersuchen, ob ihr Kostenrechnungssystem gründlich überarbeitet werden müßte.

a. Cooper, "Does Your Company."   b. Boons und Roozen, "Symptoms."
Vollständige Quellenangaben sind in Anhang A zu finden

2. Ein Forschungsvertrag zwischen einer Universität und einer Regierungsstelle; die Kostenerstattung für die Universität setzt sich aus den Einzelkosten sowie aus einem prozentualen Zuschlag für die Overheadkosten zusammen.

3. Ein Joint-Venture-Vertrag zwischen zwei Ölfirmen; die Betriebskosten einer gemeinsamen Ölraffinerie werden zwischen beiden Firmen aufgeteilt auf der Grundlage der erwarteten Anlagenutzung.

4. Ein Vertrag zwischen einer Energieberatungsfirma und einem Krankenhaus; die Beratungsfirma erhält ein festes Honorar plus einen Anteil der Energiekosteneinsparungen, die sich aus den Empfehlungen der Beratungsfirma ergeben.

Vertragsstreitigkeiten tauchen immer wieder auf und haben oft mit der Kostenaufschlüsselung zu tun. Die zwischen den Vertragsparteien strittigen Bereiche können eingegrenzt werden, wenn man zum Zeitpunkt des Vertragsabschlusses die "Spielregeln" explizit macht (am besten schriftlich) und sich darüber genau verständigt. Dazu gehören die Definition der zulässigen Kostenarten, die Kostenpools und die zulässigen Kostenbezugsgrößen.

Verträge mit der US-Regierung

Die US-Regierung hat zwei alternative Vorgehensweisen bei der Bezahlung ihrer Vertragspartner:[64]

1. Der Auftragnehmer erhält einen im voraus festgelegten Preis, ohne daß die Kosten, die sich aus der Erfüllung des Auftrags tatsächlich ergeben, analysiert werden. Dieser Ansatz kommt zur Anwendung, wenn zum Beispiel ein Angebotswettbewerb vorausgegangen ist, wenn es auf dem entsprechenden Markt einen angemessenen Preiswettbewerb gibt, oder wenn der Auftragnehmer mit einem eingeführten Katalog arbeitet, der ein Preisverzeichnis für Produkte enthält, die in nennenswerten Mengen auf dem allgemeinen Markt verkauft werden.

2. Der Auftraggeber wird bezahlt, nachdem die Kosten, die sich aus der Erfüllung des Auftrags tatsächlich ergeben, analysiert worden sind. In manchen Fällen wird im Vertrag explizit festgelegt, daß die Kostenerstattung auf der Basis der zulässigen Istkosten plus einem vereinbarten Gewinnzuschlag erfolgt. In anderen Fällen erhält der Auftragnehmer einen vorher vereinbarten festen Preis, vorausgesetzt, daß der für den Vertrag zuständige Regierungsbeamte diesen Preis als vernünftig betrachtet (das heißt nahe genug an den Istkosten).

Alle Verträge mit US-amerikanischen Regierungsstellen müssen mit den Kostenrechnungsstandards des **Cost Accounting Standards Board (CASB)** vereinbar sein. Ausschließlich das CASB ist berechtigt Kostenrechnungsstandards und Interpretationen

---

[64] Eine detaillierte Darstellung der Themen dieses Abschnitts findet sich bei F. Alston, M. Worthington und L. Goldsman, *Contracting with the Federal Government*, 3. Auflage (New York: Wiley, 1993).

davon aufzustellen, öffentlich bekanntzumachen, zu ändern oder aufzuheben. Dadurch soll erreicht werden, daß die Kostenrechnungsstandards, die der Messung, Aufschlüsselung und Zuordnung von Kosten zu einzelnen Aufträgen innerhalb der Vereinigten Staaten zugrundeliegen, *einheitlich* und *konsistent* sind.

CASB-Standards und ihre Interpretation

Einige CASB-Standards beschäftigen sich mit allgemeinen Fragen im Zusammenhang mit der Definition von Kostenarten, mit der Konsistenz der Kostenrechnung und mit dem Verbot der Doppelzählung. **Doppelzählung** tritt auf, wenn ein Betrag sowohl als Einzelkosten eines Vertrags in der Kostenrechnung auftaucht, als auch in einem Gemeinkostenpool enthalten ist, der mit Hilfe eines Plankostensatzes dem Vertrag zugerechnet wird. Andere Standards haben mit der Zurechnung von Gemeinkosten zu öffentlichen Aufträgen zu tun. So ist etwa der Standard 403 "Allocation of Home Office Expenses to Segments" ein Beispiel für die Praxis des CASB, Kostenpools und deren Bezugsgrößen zu bestimmen. Die Stoßrichtung dieser Bestimmung geht dahin, daß Ausgaben für die Hauptverwaltung auf der Basis des Ursache-Wirkungs-Zusammenhangs zwischen unterstützenden und nutznießenden Aktivitäten zugerechnet werden müssen. Die Vorschrift stellt die folgende Hierarchie von Zurechnungstechniken für zentrale Dienstleistungen auf:

- *Bevorzugte Methode*: ein Maß für die Aktivität der Organisation, die den Service zur Verfügung stellt. Service-Funktionen sind in der Regel arbeits-, maschinen- oder raumorientiert.
- *Beste Alternative*: ein Maß für den Output der Service-Funktion.

Tafel 14.2 enthält Beispiele für Kostenbezugsgrößen, die in Standard 403 für Kostenpools von Hauptverwaltungen vorgesehen sind.

Verträge mit staatlichen Stellen in Deutschland[65]

In Deutschland sind die Preise in Verträgen mit staatlichen Stellen in der VPÖA (Verordnung PR Nr. 30/53 über die Preise bei öffentlichen Aufträgen) geregelt. Danach gibt es folgende Möglichkeiten der Preisfindung für öffentliche Aufträge:

- Wo immer es möglich ist, sind die Leistungen zu Marktpreisen abzurechnen. Bei marktgängigen Produkten können das Listenpreise sein, die auch anderen Auftraggebern in Rechnung gestellt werden. Marktpreise können aber auch "künstlich" durch öffentliche Ausschreibung ermittelt werden.
- Sind keine Marktpreise zu ermitteln, so müssen ersatzweise Selbstkostenpreise (mit Gewinnaufschlag) herangezogen werden. Sind die Kosten ausreichend kalkulierbar, so muß der Preis bei Vertragsabschluß verbindlich festgelegt werden

---

[65] [Anm. d. Übers.] Siehe dazu A. G. Coenenberg, Kostenrechnung und Kostenanalyse, 3. Auflage, 1992, Kapitel 6: Kalkulation öffentlicher Aufträge und Leistungen.

(**Selbstkostenfestpreis**). Das ist vor allem bei Beschaffungsverträgen und Instandsetzungsrahmenverträgen der Fall. Bestehen bei Vertragsabschluß im Hinblick auf Leistungsumfang und Kostenentwicklung erhebliche Unsicherheiten, so wird ein vorläufiger Preis (**Selbstkostenrichtpreis**) vereinbart, der nach erbrachter Leistung noch korrigiert werden kann. Nur in Ausnahmefällen, wenn es aufgrund der Kalkulationsunsicherheit keine andere Möglichkeit gibt, sind **Selbstkostenerstattungspreise** zulässig. Auch hier wird jedoch häufig eine Preisobergrenze vereinbart.

Für die Kalkulation der Selbstkosten gelten die folgenden Prinzipien:

- *Verbot der Doppelverrechnung von Kosten*: Dieselben Gemeinkosten dürfen nicht gleichzeitig privatwirtschaftlichen Aufträgen und öffentlichen Aufträgen belastet werden.
- Selbstkostenpreise müssen auf *angemessenen* Kosten beruhen, die bei *wirtschaftlicher Betriebsführung* entstehen. Abschläge aufgrund von unwirtschaftlicher Betriebsführung spielen jedoch wegen der damit verbundenen Beurteilungsschwierigkeiten in der Praxis keine große Rolle.

Für die Verrechnung von Gemeinkosten gilt außerdem, daß grundsätzlich nur solche Gemeinkosten berücksichtigt werden können, die im Jahr der Leistungserstellung entstanden sind. Im Interesse der Transparenz müssen Kostensätze und Kostenbezugsgrößen in der Kalkulation angegeben werden und es dürfen nicht (Misch-)Kostensätze für große Kostenstellenaggregate mit Gemeinkosten unterschiedlichster Struktur gebildet werden.

Tafel 14.2

Beispiele für Kostenbezugsgrößen, die das CASB im Kostenrechnungsstandard 403 für zentrale Dienstleistungen der Hauptverwaltung vorschlägt.

Dienstleistung	Bezugsgröße
1. Personalverwaltung	1. Anzahl der Beschäftigten, Arbeitsstunden, Lohnsumme, Anzahl der Neueinstellungen
2. Datenverarbeitung	2. Maschinenlaufzeit, Anzahl der Berichte
3. Zentraler Einkauf und Vergabe von Unteraufträgen	3. Anzahl der Bestellungen, Wert der Bestellungen, Anzahl der Artikel
4. Zentraler Lagerservice	4. Lagerfläche, Wert der Materialien, Volumen
5. Firmenflugdienst	5. Istkostensatz oder Standardkostensatz pro Stunde, pro Meile, pro Passagiermeile oder ähnliche Einheit
6. Zentraler Telefondienst	6. Nutzungskosten, Anzahl der Telefonapparate

Fairneß der Preisgestaltung

In ausgehandelten Verträgen versucht man oft, die *Kostenverteilung,* also sowohl die *Zuordnung* von Einzelkosten als auch die *Aufschlüsselung* von Gemeinkosten, als Mittel für die Bestimmung eines für alle Beteiligten zufriedenstellenden Preises zu benutzen. Eine bestimmte Kostenaufschlüsselung kann man vielleicht nur schwer mit Hilfe von Ursache-Wirkungs-Zusammenhängen begründen, aber sie kann ein "vernünftiges" oder "faires" Mittel sein, um in den Köpfen der beteiligten Parteien einen Vertragspreis zu etablieren. Manche Kosten werden für "zulässig", andere für "unzulässig" erklärt. **Zulässige Kosten** sind Kosten, die nach dem gemeinsamen Willen der Vertragsparteien erstattungsfähig sind. In manchen Verträgen werden unzulässige Kostenarten ausdrücklich genannt. So sind zum Beispiel Kosten für Lobbyarbeit und Kosten für alkoholische Getränke in Verträgen mit Regierungsstellen der USA nicht zulässig. Andere Verträge legen fest, wie die zulässigen Kosten bestimmt werden müssen. So sind zum Beispiel in vielen Verträgen nur Flugtickets zweiter Klasse zulässige Kosten. Wenn man die Regeln der Kostenverteilung so explizit wie möglich (und in schriftlicher Form) festlegt, entstehen bei der Berechnung des Vertragspreises weniger Auseinandersetzungen und Rechtsstreitigkeiten.

14.5 KOSTENAUFSCHLÜSSELUNG UND UNTERSCHEIDUNG ZWISCHEN GENUTZTEN UND UNGENUTZTEN KAPAZITÄTEN

Bei der Aufschlüsselung von fixen Gemeinkosten entstehen – über die bisher diskutierten Aspekte hinaus – zusätzliche Schwierigkeiten, wenn ungenutzte Kapazitäten existieren. Ungenutzte Kapazitäten oder Überschußkapazitäten sind die Differenz zwischen der verfügbaren Produktionskapazität und derjenigen Kapazität, die benötigt wird, um die Kundennachfrage in der laufenden Periode zufriedenzustellen. die Behandlung der Kosten von ungenutzten Kapazitäten bei der Berechnung von Gemeinkostenzuschlägen kann sich auf Entscheidungen über die Allokation von Ressourcen auswirken. Ein Beispiel aus der Speditionsbranche soll diesen Punkt verdeutlichen.

Kapazitätseffekte bei Gemeinkostenzuschlägen

Rightway Foodmarkets ist eine landesweite Kette von Supermärkten. Viele Jahre lang hat Barton Transport, ein unabhängiges Unternehmen, Kühlware aus den Lagerhäusern von Rightway Foodmarkets auf die einzelnen Supermärkte verteilt. 19_7 hat Barton Transport der Firma (und auch anderen vergleichbaren Supermarktketten) 4 $ pro Tonnenmeile Lebensmitteltransport berechnet. (eine "Tonnenmeile" ist eine Tonne Lebensmittel, die eine Meile weit transportiert worden ist.) Im Juli 19_7 haben die Fahrer von Barton drei Wochen lang gestreikt. Das hatte unter anderem zur Folge, daß weniger Lebensmittel an die einzelnen Supermärkte von Rightway geliefert wurden.

Rightway beschloß, die Verteilung selbst zu übernehmen. Die Firma hatte zwei Optionen:

1. Ein eigenes Verteilungsnetz mit Fahrern, Lastwagen usw. "aus dem Boden stampfen".
2. Eine bereits existierende Speditionsfirma kaufen.

Rightway entschied sich für den zweiten Weg. Im November 19_7 erwarb die Firma National Roadfreight, ein ausgezeichnet geführtes Transportunternehmen.

Rightway hat für das Jahr 19_8 einen geplanten Transportbedarf von 5 Mio. Tonnenmeilen. Die Tochterfirma National Roadfreight hat im gleichen Jahr eine praktisch realisierbare Kapazität (Betriebsoptimum) von 8 Mio. Tonnenmeilen. Rightway rechnet mit einem beträchtlichen Firmenwachstum, so daß die Firma schon 19_9 die volle Kapazität von 8 Mio. Tonnenmeilen selbst nutzen könnte. Für 19_8 sind für die Tochter National Roadfreight folgende Transportkosten geplant;

- Die variablen Betriebskosten betragen 2,10 $ pro Tonnenmeile.
- Die Fixkosten belaufen sich auf 12 Mio. $.

Jedem Supermarkt der Kette werden die Transportkosten der gelieferten Lebensmittel berechnet. Wie soll Rightway diese Kosten bestimmen? Die Debatte bei Rightway dreht sich hauptsächlich darum, welcher Nenner für die Zurechnung der Fixkosten verwendet werden soll. Die beiden folgenden Alternativen kommen in Betracht:

- *Planauslastung* (*budgeted utilization*): das Kapazitätsniveau, das erforderlich ist, um die erwartete Nachfrage abzudecken. In unserem Beispiel beträgt die erwartete Nachfrage 5 Mio. Tonnenmeilen. Daraus ergibt sich ein Fixkostensatz von 2,40 $ pro Tonnenmeile (12.000.000 $: 5.000.000 Tonnenmeilen).
- *Praktisch realisierbare Kapazität* (*practical capacity*): das verfügbare Kapazitätsniveau, wenn man die üblichen Zeiten für Inspektionen, Reparaturen usw. berücksichtigt. Bei Rightway beträgt die praktisch realisierbare Kapazität 8 Mio. Tonnenmeilen. Daraus errechnet sich ein Fixkostensatz von 1,50 $ pro Tonnenmeile (12.000.000 $: 8.000.000 Tonnenmeilen).

Die beiden Alternativen haben folgende Auswirkungen auf die geplanten Kosten pro Tonnenmeile

	Methode 1: Planauslastung als Nenner	Methode 2: Praktisch realisierbare Kapazität als Nenner
Variable Kosten	2,10 $	2,10 $
Fixkosten	2,40 $	1,50 $
Gesamtkosten	4,50 $	3,60 $

Die Differenz zwischen beiden Ansätzen ist auf die geplante Überschußkapazität von 3 Mio. Tonnenmeilen im Jahr 19_8 zurückzuführen.

Bei Methode 1 werden diese 3 Mio. Tonnenmeilen Überschußkapazität in der Berechnung der Fixkosten pro Tonnenmeile nicht berücksichtigt. Infolgedessen werden den Supermärkten die gesamten Fixkosten von 12 Mio. $ als Transportkosten im Jahr 19_8 in Rechnung gestellt. Aus des Sicht eines Supermarktleiters erhöhen sich damit die Transportkosten von 4 $ pro Tonnenmeile im Jahr 19_7 (mit Barton Transport als Subunternehmer) auf 4,50 $ pro Tonnenmeile im Jahr 19_8 (mit der Spedition als Tochterfirma).

Bei Methode 2 wird berücksichtigt, daß drei Millionen Tonnenmeilen Kapazität nicht genutzt werden. Dieser Ansatz führt dazu, daß den Supermärkten 19_8 nur 7,5 Mio. $ fixe Transportkosten berechnet werden. Da die übrigen 4,5 Mio. $ Fixkosten nicht miteinbezogen werden, sinken die Transportkosten für die Manager der Rightway Foodmarkets auf 3,60 $ pro Tonnenmeile. Hier stellt sich die Frage, wo die übrigen 4,5 Mio. $ Fixkosten im Buchführungssystem auftauchen. Eine Möglichkeit besteht darin, in der Gewinn-und-Verlust-Rechnung die Fixkosten der ungenutzten Kapazitäten als eigenen Posten aufzuführen:

Fixkosten	
Genutzte Kapazität	7.500.000 $
Ungenutzte Kapazität	4.500.000 $
	12.000.000 $

Die Firmenleitung von Rightway hat die strategische Entscheidung getroffen, eine Speditionsfirma zu erwerben, deren Kapazität weit über dem internen Bedarf für 19_8 liegt. Indem man die 4,5 Mio. $ extra ausweist, zeigt man auf, daß bei der Tochterfirma diese beachtliche Überschußkapazität zur Verfügung steht.

Viele Firmen haben in ihren Produktionsanlagen, ihren Vertriebsnetzen, bei ihrem Verkaufspersonal und anderswo Überschußkapazitäten. Die Trennung zwischen den Kosten der genutzten Kapazitäten und den Kosten der ungenutzten Kapazitäten führt zu einem besseren Verständnis des Betriebs. Zusätzlich hilft diese separate Kostenzurechnung auch bei der Leistungsbewertung von Managern mit verschiedenen Verantwortungsbereichen. Der Kauf von Rightway war eine strategische Entscheidung, bei der man sich der Tatsache, daß 19_8 drei Millionen Tonnenmeilen ungenutzte Kapazität existieren würden, voll bewußt war. Die separate Zurechnung der 4,5 Mio. $ Kosten für ungenutzte Kapazitäten könnte dazu führen, daß die Firmenleitung nach Wegen sucht, wie diese Kapazität genutzt werden könnte.

Erinnern wir uns daran, daß die Rightway-Supermärkte über das ganze Land verteilt sind. Je nachdem, wie die Kosten der ungenutzten Speditionskapazität verrechnet werden, sind die einzelnen Ladenmanager mit unterschiedlichen Frachtkosten für ihr Lebensmittelangebot konfrontiert. Diese Frachtkosten beeinflussen die ausgewiesene

Profitabilität der einzelnen Produkte. Die Belastung einzelner Produkte mit den Kosten der ungenutzten Frachtkapazität kann dazu führen, daß Manager Produkten mit einem relativ hohen Frachtkostenanteil ungerechtfertigterweise weniger Raum geben.

Die Kosten ungenutzter Kapazitäten und die Abwärtsspirale bei der Nachfrage

Firmen mit einer kostenorientierten Preiskalkulation sind mit schwierigen Fragen konfrontiert, wenn sie hohe Kapazitätskosten und große Überschußkapazitäten haben. Nehmen wir noch einmal die Rightway-Foodmarkets als Beispiel. Angenommen jeder Supermarktleiter hat die Option, die Firma Barton Transport oder die Tochtergesellschaft von Rightway mit der Spedition zu beauftragen. 19_8 beträgt der Transportpreis bei Barton 4,10 $ pro Tonnenmeile. Wenn die Firma Rightway ihre internen Kosten auf der Grundlage der Planauslastung berechnet, kommt sie zu einem Preis von 4,50 $ pro Tonnenmeile. Stellen wir uns nun vor, daß manche Supermarktleiter beschließen, mit Barton Transport zusammenzuarbeiten. Infolgedessen wird die geplante Transportleistung im nächsten Jahr von 5 Mio. auf 4 Mio. Tonnenmeilen zurückgehen. Die Gesamtkosten pro Tonnenmeile würden von 4,50 $ auf 5,10 $ steigen, wie aus der folgenden Tabelle zu ersehen ist. Dieser Anstieg der Gesamtkosten ist ein Anreiz für weitere Rightway-Manager, auf die Firma Barton umzusteigen, deren Preis bei 4,10 $ pro Tonnenmeile liegt. Daraufhin kommt es zu einem weiteren Rückgang der Planauslastung und damit zu einem weiteren Anstieg der Kosten pro Tonnenmeile, wie die folgenden Zahlen zeigen:

Planauslastung (in Tonnenmeilen) (1)	Variable Kosten pro Tonnenmeile (2)	Zugerechnete Fixkosten pro Tonnenmeile [12.000.000 $: (1)] (3)	Gesamtkosten pro Tonnenmeile (4)
8 Millionen	2,10 $	1,50 $	3,60 $
5 Millionen	2,10 $	2,40 $	4,50 $
4 Millionen	2,10 $	3,00 $	5,10 $
3 Millionen	2,10 $	4,00 $	6,10 $
2 Millionen	2,10 $	6,00 $	8,10 $

Wenn Rightway die Fixkosten auf eine immer kleinere Transportleistung verteilt, werden die Kosten pro Tonnenmeile immer höher. Immer mehr Supermärkte werden wahrscheinlich lieber Barton Transport benutzen als die Tochterfirma von Rightway.

Die **Abwärtsspirale bei der Nachfrage** bezieht sich auf die ständige Verringerung der Nachfrage, die dadurch zustandekommt, daß die Preise immer wieder steigen, um die Fixkosten trotz der schrumpfenden Kundenbasis (in unserem Beispiel die Manager der einzelnen Rightway-Supermärkte) zu decken.

Tafel 14.3

Analyse der Differenz zwischen der gesamten verfügbaren Kapazität und der genutzten Kapazität

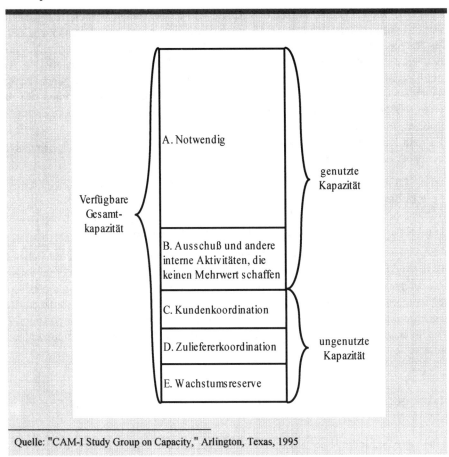

A. Notwendig

B. Ausschuß und andere interne Aktivitäten, die keinen Mehrwert schaffen

C. Kundenkoordination

D. Zuliefererkoordination

E. Wachstumsreserve

Verfügbare Gesamt- kapazität

genutzte Kapazität

ungenutzte Kapazität

Quelle: "CAM-I Study Group on Capacity," Arlington, Texas, 1995

14.6 SCHWIERIGKEITEN BEI DER KAPAZITÄTSMESSUNG

Der Ausdruck *Kapazität* hat eine intuitive Bedeutung ("Beschränkung" oder "Obergrenze"). Dennoch ist man sich nicht einig darüber, wie die Kapazität zu messen ist. In diesem Abschnitt werden verschiedene Fragen im Zusammenhang mit der Kapazitätsmessung diskutiert. In vielen Unternehmen ist die verfügbare Kapazität viel höher als die *notwendige* Kapazität. "Notwendig" im engsten Sinne ist diejenige Kapazität, die erforderlich ist, um ein gegebenes Outputniveau herzustellen, vorausgesetzt, daß Sicherheit (über die Nachfrage, die Zulieferungen, den Vertrieb etc.) und maximale Effizienz ständig gegeben sind.

Tafel 14.3 zeigt wie eine Forschungsgruppe von Unternehmensvertretern zwischen der notwendigen Kapazität (1) und der gesamten verfügbaren Kapazität unterscheidet. Das Rechteck "Ausschuß" (B) stellt diejenige Kapazität dar, die gegenwärtig für Aktivitäten verwendet wird, die keinen zusätzlichen Mehrwert schaffen, wie etwa Ausschuß, Verderb und Nachbesserung. Die Summe aus (A) und (B) ist die gegenwärtig genutzte Kapazität. Die Kästen, die mit den Kunden (C) und den Lieferanten (D) zu tun haben, zeigen, daß die Unternehmen Kapazität vorhalten, um für Koordinationsprobleme mit diesen beiden externen Parteien gerüstet zu sein. Der Wachstumsbereich (E) stellt Kapazität dar, die zwar derzeit nicht gebraucht wird, von der das Management aber erwartet, daß sie in Zukunft genutzt werden wird.

Tafel 14.3 macht die potentielle Überschußkapazität sichtbar. Organisationen können diese Information entweder dazu verwenden, um nach einer besseren Nutzung der vorhandenen Kapazität zu streben oder um die verfügbare Kapazität zu verringern und damit Kosten für die Erhaltung ungenutzter Kapazität einzusparen.

Ein großer Teil der gegenwärtigen Arbeit von Betriebsmanagern konzentriert sich auf die Beseitigung von Engpässen (siehe Kapitel 19). Dramatische Veränderungen im Niveau der verfügbaren Kapazität können erreicht werden, wenn man Schlüsselaspekte einer Organisation neu entwirft (etwa die Auftragsannahme, die Werksanlage oder das Produktdesign). Diese Veränderungen haben offensichtlich Auswirkungen darauf, wie die Kapazitätskosten geschätzt werden und wie die Fixkosten pro Produkteinheit interpretiert werden.

14.7 KOSTENVERTEILUNG UND KOSTENHIERARCHIEN

Eine extreme Methode der Kostenverteilung besteht darin, daß man alle Kosten vollständig auf die einzelnen Produkt- oder Dienstleistungseinheiten verteilt. Es gibt ein wachsendes Interesse an Kostenhierarchien, die eine solche vollständige Kostenverteilung vermeiden. Eine Kostenhierarchie ist eine Einteilung von Kosten in unterschiedliche Kostenpools entweder aufgrund von unterschiedlichen Kostentreibern oder aufgrund von unterschiedlichen Schwierigkeitsgraden bei der Bestimmung von Ursache-Wirkungs-Zusammenhängen. Nicht alle Kosten in einer Kostenhierarchie sind durch Variable zu erklären die sich auf Einheiten von Produkten oder Dienstleistungen beziehen. In Kapitel 5 (Seite 153) haben wir das Konzept der Kostenhierarchie eingeführt, wobei das Produkt als Kostenobjekt im Mittelpunkt stand. Die vier Kostenebenen in der produktbezogenen Kostenhierarchie sind (1) outputbezogene Kosten, (2) chargenbezogene Kosten, (3) Kosten der Produktpflege und (4) Kosten der Anlagenerhaltung. Der Kasten *Konzepte und ihre Umsetzung* (Seite 498) illustriert diese vierstufige Kostenhierarchie am Beispiel einer Viehfarm. Nur die Kosten, die sich auf die Outputeinheiten beziehen, werden in dieser Hierarchie den einzelnen Produkten zugerechnet. In Kapitel 16 (Seite 563 f.) diskutieren wir die Hierarchie der Kundenkosten, einschließlich der Kostenhierarchie für die Ersatzteilabteilung von GM.

Im folgenden geht es um zwei weitere Kostenhierarchien und um die unterschiedlichen Arten der Kostenaufschlüsselung, die sich darauf ergeben: (1) organisationsstrukturbezogene Kostenhierarchien und (2) markenbezogene Kostenhierarchien. Man beachte, daß alle diese Ansätze Beispiele für die Deckungsbeitragsmethode der Rentabilitätsmessung sind.

Organisationsstrukturbezogene Kostenhierarchien

Häufig findet man Kostenhierarchien, in denen die Kosten entlang der Organisationsstruktur eingeordnet werden (Werke, Unternehmensbereiche, Zentralverwaltung und so weiter). Wir illustrieren diesen Ansatz anhand eines Unternehmens mit Unternehmensbereichen und Zentralverwaltung. Innerhalb jedes Bereichs werden die Kosten als variable Kosten (in bezug auf die Outputeinheiten) oder als Fixkosten klassifiziert. Die Fixkosten unterscheidet man danach, ob sie innerhalb oder außerhalb des Unternehmensbereichs kontrolliert werden. Die *Kontrollierbarkeit* ist der Grad des Einflusses, den ein bestimmter Manager innerhalb eines bestimmten Zeitraums auf die Kosten (oder auf Erlöse oder andere in Frage kommende Größen) hat.

Tafel 14.4 zeigt die Gewinn- und Verlustrechnung für die Firma Newcastle Machining, die einen Hauptsitz und zwei **Unternehmensbereiche** oder **Untereinheiten** (*segments*) A und B hat. Diese Gewinn- und Verlustrechnung unterstreicht die Variabilität der Kosten in bezug auf die Outputniveaus in jedem der beiden Unternehmensbereiche. Die Verteilung der Erlöse und der variablen Kosten auf die Unternehmensbereiche ist normalerweise einfach. Daraus ergibt sich in Zeile 1 der Deckungsbeitrag. Zeile 2 der Tafel 14.4 enthält ein Maß für den vom Manager kontrollierbaren Beitrag, das oft als Maß für die Leistung des Managers verwendet wird. Zeile 3 beschreibt die Leistung des Unternehmensbereichs als wirtschaftliche Investition. Ein Unternehmensbereich oder eine Untereinheit ist ein identifizierbarer Teil einer Organisation. Zum Beispiel kann der Manager des Bereichs A für den nächsten Monat das Ziel haben, den Beitrag des bereichs in Zeile 2 von 10.000 auf 30.000 $ zu erhöhen. Wenn dieses Ziel erreicht wird, wird der Manager von der Firmenleitung vielleicht als erfolgreich beurteilt. Aufgrund von Zeile 3 kann die Firmenleitung aber den Bereich weiterhin als eine schlechte Investition ansehen. Die Unterscheidung zwischen Zeile 2 und Zeile 3 kann schwierig sein. Oft gibt es zwischen den Kostenarten, die die Bereichsmanager kontrollieren können, und denjenigen, die sie nicht kontrollieren können, einen Graubereich.

Die Gewinn- und Verlustrechnung in Tafel 14.4 zeigt, daß Kosten in Höhe von 135.000 $ nicht auf die Bereiche aufgeschlüsselt werden. Beispiele für Kosten, die in vielen Organisationen nicht aufgeschlüsselt werden, sind Körperschaftssteuern und Kreditzinsen.

KOSTENHIERARCHIEN AUF DER FARM

Die Canadian Valley Cattle Ranch (CVCR) ist ein Familienbetrieb in Seminole, Oklahoma. Zu ihr gehören 1.000 Acre Land und mehr als 600 Stück Vieh einer Rasse, die ursprünglich aus der Gegend von Limoges in Frankreich stammt. CVCR trifft Entscheidungen darüber, wann einzelne Rinder verkauft werden sollen, wo die Herden gefüttert werden sollen, über die Weiterentwicklung der Herden und die Unternehmensplanung. Die folgende Tabelle zeigt die Kostenhierarchie der Farm mit Beispielen für Kostenarten auf jeder Hierarchieebene und die dazugehörigen Kostentreiber:

Ebene der Kostenhierarchie	Kostenarten (Beispiele)	Kostentreiber
Outputeinheiten	Samenkosten	Anzahl der künstlichen Befruchtungen
	Futterkosten	Alter und Geschlecht des Tieres
Chargen	Ansähen und Bewässern der Weiden	Weidefläche
	Entwöhnung von Jungtieren	Arbeitsstunden
Produktpflege	Beratung über neue Varianten der Rasse	Anzahl der Beraterbesuche
	Werbung auf Landwirtschaftsausstellungen	Anzahl der besuchten Ausstellungen
Anlagenerhaltung	Grundsteuer	

Die Gruppierung der Kosten in dieser Kostenhierarchie hilft den Managern von CVCR, auf allen Ebenen besser informierte Entscheidungen zu treffen.

Quelle: D. Fulkerson, A. Lau und H. Pourjalali, "Applying Activity-Based Costing to the Canadian Valley Cattle Ranch: A Case Study," *Advanced Management Accounting*, Bd. 3 (Greenwich, Conn.: JAI Press, 1994).

Konzepte und ihre Umsetzung

Tafel 14.4

Monatliche Gewinn- und Verlustrechnung von Newcastle Machining: Kostenhierarchie auf der Basis der Organisationsstruktur und der Kontrollierbarkeit der Kosten (in 1.000)

		Gesamt	Bereich A	Bereich B
Erlöse		1,500 $	500 $	1.000 $
Variable Herstellkosten	780 $		250 $	530 $
Variable Marketingkosten	220 $		100 $	120 $
Summe variable Kosten		1.000 $	350 $	650 $
1. Deckungsbeitrag		500 $	150 $	350 $
Fixe Bereichskosten, die der Bereichsmanager kontrollieren kann[a]		190 $	140 $	50 $
2. Kontrollierbarer Beitrag nach Unternehmensbereich		310 $	10 $	300 $
Fixe Bereichskosten, die außerhalb des Bereichs kontrolliert werden[b]		70 $	20 $	50 $
3. Beitrag nach Bereichen		240 $	(10) $	250 $
Nicht aufgeschlüsselte Kosten		135 $		
4. Betriebsgewinn		105 $		

a. Beispiele sind Kosten für Werbung, Absatzförderung, Verkaufspersonal und technische Forschung, die klar auf den Unternehmensbereich bezogen sind.
b. Beispiele sind die Grundsteuern und das Gehalt des Bereichsmanagers.

Markenbezogene Kostenhierarchien

Markennamen wie Coca-Cola, Nestlé und Sony sind für die Firmen, in deren Eigentum sie sich befinden, wertvolle Aktivposten. Die Manager solcher Unternehmen treffen oft Entscheidungen, die auf Marken bezogen sind. Um diese Entscheidungen zu unterstützen, sind eigene Kostenhierarchien entwickelt worden. Nehmen wir die Schweizer Firma Nestlé. Zu einer markenbezogenen Kostenhierarchie für die Marke Nestlé würden die folgenden Punkte gehören:

1. Kosten auf der Ebene der einzelnen Produkte. Diese Kosten beziehen sich auf jede Einheit eines einzelnen Produkts, wie eine Tafel Nestlé-Milchschokolade oder ein Kännchen gesüßte Kondensmilch von Nestlé.

2. **Kosten auf der Ebene der Produktlinie.** Diese Kosten dienen der Unterstützung von Produktion und Marketing einer ganzen Produktgruppe (wie etwa der Produktlinie Nestlé-Schokolade oder den Nestlé-Milchprodukten). Die Kosten eines Fernsehspots, in dem für mehrere verschiedene Schokoladeprodukte geworben wird, würden in diese Kategorie fallen.

3. **Kosten auf der Ebene der Marke.** Diese Kosten beziehen sich auf die allgemeine Unterstützung aller Produkte der Marke Nestlé. Sie werden nicht den einzelnen Produktlinien, Produkten oder Produkteinheiten zugerechnet. Die Kosten für einen von Nestlé gesponserten Heißluftballon, der nur den Namen Nestlé trägt, würden zu dieser Kategorie zählen.

Durch die Verteilung der Kosten auf diesen verschiedenen Ebenen kann eine markenbezogene Kostenhierarchie den Managern bei schwierigen Entscheidungen auf jeder Ebene helfen. Nehmen wir als Beispiel den Vorschlag, daß Nestlé einer der Hauptsponsoren für die Olympischen Spiele des Jahres 2000 werden solle. Die Schirmherrschaft würde die Firma 25 Mio. $ kosten. Alle Nestlé-Markenprodukte würden von der prestigeträchtigen Öffentlichkeitswirkung dieses Ereignisses profitieren. Die einzelnen Produktmanager (wie zum Beispiel der Produktmanager für das Nestlé-Schokoladengetränk Quik) hätten jedoch keinerlei Kontrolle über die damit verbundenen Kosten von 25 Mio. $. Indem man diese Kosten nicht über die Ebene der Marke hinaus aufschlüsselt, erhöht man die Fähigkeit der Firma zur Bewertung der Leistungen der einzelnen Produktmanager innerhalb der Kostenbereiche, die sie kontrollieren oder zumindest nennenswert beeinflussen können.

AUFGABE

19_7 hat die Firma Medical Instruments das Kostenrechnungssystem in ihrem Produktionsbetrieb verändert. Das alte System hatte zwei Einzelkostenkategorien (Fertigungsmaterial und Fertigungslöhne) und eine Gemeinkostenkategorie (Herstellgemeinkosten). Die Gemeinkosten wurden den Produkten auf der Basis der Fertigungslöhne zugerechnet.

Im neuen Kostenrechnungssystem sind die Einzelkostenkategorien unverändert. Die Herstellgemeinkosten werden nun aber in zwei Kostenpools gesammelt:

1. Materialgemeinkosten werden auf der Basis der geplanten Anzahl der unterschiedlichen Teile in einem Produkt zugerechnet. (Wenn die Einzelteile eines Produkts alle voneinander verschieden sind, ist die Anzahl der Teile identisch mit der Anzahl der Teilekennziffern. Wenn die gleichen Teile in einem Produkt mehrfach verwendet werden, ist die Anzahl der Teile in diesem Produkt größer als die Anzahl der Teilekennziffern.)

2. Fertigungsgemeinkosten werden auf der Basis der Fertigungsdurchlaufzeit für jedes einzelne Produkt zugerechnet. Die Fertigungsdurchlaufzeit ist die Zeit von dem Moment, in dem mit der Herstellung des Produkts begonnen werden kann, bis zu dem Moment, in dem das fertige Produkt vorliegt.

Bei der Entwicklung der geplanten Gemeinkostensätze für 19_7 ist das Management von den folgenden Annahmen ausgegangen:

Materialgemeinkosten

Geplante Materialgemeinkosten	8.000.000 $
Geplante Anzahl unterschiedlicher Teilekennziffern	5.000
Geplante durchschnittliche Anzahl der Teile pro Kennziffer	800
Geplante Gesamtzahl der Teile (5.000 × 800)	4.000.000

$$\text{Plankostensatz für die Materialgemeinkosten} = \frac{8.000.000\ \$}{4.000.000\ \text{Teile}}$$

$$= 2\ \$\ \text{pro Teil}$$

AUFGABE (FORTSETZUNG)

Fertigungsgemeinkosten

Geplante Fertigungsgemeinkosten	12.000.000 $
Geplante Anzahl unterschiedlicher Produkte	400
Geplanter durchschnittlicher Output pro Produkt	100 Einheiten
Geplante durchschnittliche Fertigungsdurchlaufzeit	6 Stunden
Geplante gesamte Fertigungsdurchlaufzeit (400 × 100 × 6 Stunden)	240.000 Stunden

$$\text{Plankostensatz für die Fertigungsgemeinkosten} = \frac{12.000.000\ \$}{240.000\ \text{Stunden}}$$

$$= 50\ \$ \text{ pro Stunde}$$

Curt Henning untersucht, wie das neue Kostenrechnungssystem die ausgewiesenen Kosten der drei Produkte verändert. Einzelheiten über diese Produkte bezogen auf das Jahr 19_7 enthält die folgende Tabelle:

	Produkt A	Produkt B	Produkt C
Fertigungsmaterial	1.680 $	1,250 $	2,070 $
Fertigungsarbeitszeit	7,2 Stunden	4,3 Stunden	6,1 Stunden
Anzahl der Teile	128	86	260
Fertigungsdurchlaufzeit	4,8 Stunden	3,9 Stunden	18,5 Stunden

Der Lohnsatz für die Fertigungsarbeit beträgt im Jahr 19_7 30 $ pro Stunde. Unter dem alten Kostenrechnungssystem (mit nur einer Gemeinkostenkategorie) hätte man 19_7 einen Gemeinkostenzuschlag von 300 % der Fertigungslohnkosten benutzt.

1. Welche Eigenschaften eines Produkts führen dazu, daß es unter dem neuen Kostenrechnungssystem 19_7 höhere ausgewiesene Kosten hat, als unter dem alten Kostenrechnungssystem?

2. Berechnen Sie die Herstellkosten der Produkte A, B und C (a) mit der alten Produktkostenrechnung und (b) mit der neuen Produktkostenrechnung.

3. Warum könnte es einen Ursache-Wirkungs-Zusammenhang zwischen der tatsächlichen Fertigungsdurchlaufzeit und den Herstellgemeinkosten geben?

Aufgabe zum Selbststudium

LÖSUNG

1. Die Eigenschaften eines Produkts, die dazu führen, daß es unter dem neuen Kostenrechnungssystem deutlich höhere Kosten aufweist, sind (a) ein geringer Anteil (?) an Fertigungslohnkosten, (b) eine hohe Zahl von Teilen und (c) eine lange Fertigungsdurchlaufzeit.

2a.

	Produkt A	Produkt B	Produkt C
Herstelleinzelkosten pro Stück			
Fertigungsmaterial	1.680 $	1.250 $	2.070 $
Fertigungslöhne (7,2; 4,3; 6,1 × 30 $)	216 $	129 $	183 $
	1.896 $	1.379 $	2.253 $
Herstellgemeinkosten pro Stück (216 $; 129 $; 183 $ × 300 %)	648 $	387 $	549 $
Herstellkosten pro Stück	2.544 $	1.766 $	2.802 $

2b.

	Produkt A	Produkt B	Produkt C
Herstelleinzelkosten pro Stück			
Fertigungsmaterial	1.680 $	1.250 $	2.070 $
Fertigungslöhne (7,2; 4,3; 6,1 × 30 $)	216 $	129 $	183 $
	1.896 $	1.379 $	2.253 $
Herstellgemeinkosten pro Stück			
Materialgemeinkosten (128; 86; 260 × 2 $)	256 $	172 $	520 $
Fertigungsgemeinkosten (4,8; 3,9; 18,5 × 50 $)	240 $	195 $	925 $
	496 $	367 $	1.445 $
Herstellkosten pro Stück	2.392 $	1.746 $	3.698 $

Aufgabe zum Selbststudium

LÖSUNG (FORTSETZUNG)

3. Die Maßnahmen, die erforderlich sind, um die Fertigungsdurchlaufzeit zu verkürzen, werden wahrscheinlich die Aktivitäten verringern, die als Kostentreiber der Herstellgemeinkosten anzusehen sind. Viele Unternehmen, die dramatische Verringerungen ihrer Durchlaufzeiten erreicht haben, stellen fest,

- daß sich die Lagerbestände verringert haben (was niedrigere Materialtransportkosten bedeutet),
- daß das Qualitätsniveau gestiegen ist (was weniger Nachbesserungsarbeiten bedeutet) und
- daß die Komplexität der Terminplanung geringer geworden ist (was niedrigere Verwaltungskosten in der Produktionsabteilung bedeutet).

Kostenaufschlüsselung (III): Kuppelprodukte und Nebenprodukte

Bisher ging es entweder um Einprodukt-Unternehmen oder um Unternehmen, in denen die einzelnen Produkte separat hergestellt werden. Nun wenden wir uns dem komplexeren Fall zu, daß zwei oder mehr Produkte in ein und demselben Produktionsprozeß hergestellt werden (Kuppelproduktion). In diesem Kapitel untersuchen wir Methoden für die Aufschlüsselung der Kosten der Kuppelproduktion auf Produkte und Dienstleistungen.

15.1 ZUR TERMINOLOGIE

Betrachten wir einen einzigen Prozeß, in dem gleichzeitig zwei oder mehr Produkte oder Dienstleistungen entstehen. Beim Verbrennen von Kohle zum Beispiel erhält man Koks, Gas und andere Produkte. Der Augenblick in diesem Prozeß, an dem eines oder mehrere Kuppelprodukte getrennt voneinander identifiziert werden können, wird **Gabelungspunkt** (*splitoff point*) genannt. Ein Beispiel dafür ist der Moment, in dem die Kohle zu Koks, Gas und anderen Produkten wird. **Separierbare Kosten**, sind Kosten, die jenseits des Gabelungspunktes entstehen und die einem oder mehreren einzelnen Produkten zugerechnet werden können. Am Gabelungspunkte oder jenseits davon können Entscheidungen über den Verkauf oder die weitere Bearbeitung einzelner Produkte unabhängig von den Entscheidungen über andere Produkte getroffen werden.

Als Produkt bezeichnen wir jeden Output, der einen positiven Marktwert hat (oder der es einer Organisation ermöglicht, das Entstehen von Kosten zu vermeiden). **Kuppelprodukte** (*joint products*) haben jedes für sich genommen einen relativ hohen Marktwert, sind aber bis zum Gabelungspunkt nicht getrennt voneinander als einzelne Produkte identifizierbar. Wenn ein einziger Prozeß zwei oder mehr Produkte erzeugt, von denen nur eines einen relativ hohen Marktwert hat, so nennt man dieses das **Hauptprodukt** (*main product*). Ein **Nebenprodukt** (*byproduct*) hat im Vergleich zu Kuppelprodukten oder zu einem Hauptprodukt einen relativ geringen Marktwert. Ein **Abfallprodukt** (*scrap*) hat nur einen minimalen Marktwert. Die Klassifizierung von Produkten als Kuppelprodukt, Hauptprodukt, Nebenprodukt oder Abfallprodukt kann sich mit der Zeit verändern, besonders bei Produkten (wie zum Beispiel Weißblech), deren Marktpreis in jedem beliebigen Jahr um 30 % oder mehr steigen oder fallen kann.

Tafel 15.1 zeigt den Zusammenhang zwischen den Begriffen, die in diesem Abschnitt definiert worden sind. Man beachte jedoch, daß diese Unterscheidungen in der Praxis nicht einheitlich gehandhabt werden. Die Vielzahl der Begriffe und der Kostenrechnungspraktiken ist verwirrend. Es empfiehlt sich im konkreten Fall bei der Arbeit mit einer Organisation immer zuerst ein klares Verständnis der verwendeten Terminologie zu gewinnen.

Tafel 15.1
Kuppelprodukte, Hauptprodukt, Nebenprodukt und Abfallprodukt

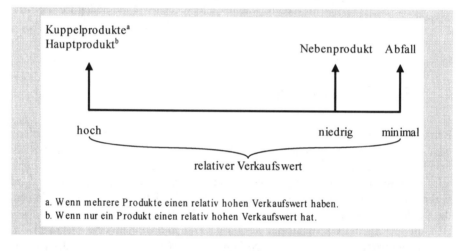

a. Wenn mehrere Produkte einen relativ hohen Verkaufswert haben.
b. Wenn nur ein Produkt einen relativ hohen Verkaufswert hat.

Es gibt sehr viele Branchen mit Kuppelproduktion. Tafel 15.2 zeigt eine Reihe von Beispielen. Für jedes Beispiel in Tafel 15.2 gilt, daß keines der Produkte hergestellt werden kann, ohne daß die Begleitprodukte entstehen, wenn auch manchmal in unterschiedlichen Proportionen. Eine Geflügelfarm kann nicht einen Truthahnflügel schlachten; sie muß den ganzen Truthahn schlachten und erhält dabei zusätzlich zu den Flügeln Bruststücke, Oberschenkel, Unterschenkel, Innereien, Gefiedermehl und Geflügelmehl. In diesem Beispiel kann man die Kosten einzelner Produkte nur bestimmen, wenn man die Produkte voneinander trennt. Im Gegensatz dazu ging es im früheren Kapiteln darum, wie den Produkten durch das Zusammenbauen Kosten zuwachsen.

Bei manchen Kuppelproduktionen entstehen auch Outputs, die keine Produkte sind. Das ist dann der Fall, wenn ein Output bei der Kuppelproduktion zwingend entsteht, ohne daß dadurch ein Mehrwert geschaffen wird. So entsteht zum Beispiel bei der Offshore-Verarbeitung von Kohlenwasserstoffen neben Öl und Gas auch Wasser, das ins Meer zurückgeleitet wird. Ähnlich entsteht bei der Gewinnung von Gold und Silber aus Eisenerz Staub, der unter die Erde zurückgebracht wird. Wasser und Staub werden in diesen Beispielen in der Regel nicht als Produkte betrachtet, aber sie sind Outputs. Im Buchführungssystem tauchen sie nicht als Kostenobjekte auf. Die physische Menge dieser Outputs kann im Vergleich zur Menge der Outputs, die als Produkte verbucht werden, recht groß sein. Normalerweise nennt man Outputs aber nur dann Produkte, wenn sie einen positiven Marktwert haben.

Tafel 15.2
Beispiele für Kuppelprodukte

Branche	Am Gabelungspunkt einzeln erkennbare Produkte
Landwirtschaft	
Lämmerfarm	Fleisch, Innereien, Felle, Knochen, Fett
Rohmilchproduktion	Sahne, entrahmte Milch
Truthahnfarm	Bruststücke, Flügel, Oberschenkel, Unterschenkel, Innereien, Gefiedermehl, Geflügelmehl
Bergbau	
Kohle	Koks, Gas, Benzol, Teer, Ammoniak
Kupfererz	Kupfer, Silber, Blei, Zink
Öl	Rohöl, Gas, flüssiges Erdgas
Salz	Wasserstoff, Chlor, Ätznatron
Chemische Industrie	
Flüssiges Erdgas	Butan, Ethan, Propan
Halbleiterindustrie	
Herstellung von Silicon-Mikrochips	Speicherchips mit unterschiedlicher Speicherkapazität, Geschwindigkeit, Lebenserwartung und Hitzebeständigkeit

15.2 WOZU WERDEN KOSTEN DER KUPPELPRODUKTION AUFGESCHLÜSSELT?

Es gibt viele Zusammenhänge, in denen die Zurechnung der Kosten der Kuppelproduktion zu den einzelnen Produkten oder Dienstleistungen erforderlich ist. Einige Beispiele:

1. Kostenbewertung der Lagerbestände und Berechnung der Herstellkosten des Umsatzes für Handels- und Steuerbilanz.

2. Kostenbewertung der Lagerbestände und Berechnung der Herstellkosten des Umsatzes für das interne Berichtswesen. Solche Berichte werden verwendet,

wenn es darum geht, die Profitabilität einzelner Unternehmensbereiche zu analysieren und die Erfolgsprämien für die Bereichsmanager zu bestimmen.

3. Kostenerstattung bei Verträgen, wenn ein Teil der Kuppelprodukte an einen einzigen Kunden verkauft werden (zum Beispiel an eine Behörde).

4. Kundenrentabilitätsanalyse, wenn einzelne Kunden unterschiedliche Kombinationen von Kuppelprodukten oder Nebenprodukten zusammen mit anderen Produkten der Firma kaufen.

5. Berechnung von Versicherungsleistungen, wenn Schadenersatzansprüche von
   Unternehmen mit Kuppelprodukten, Hauptprodukten oder Nebenprodukten auf
   der Basis von Kosteninformationen erhoben werden.

6. Preisregulierung, wenn ein oder mehrere Kuppelprodukte der Regulierung unterliegen.[66]

Diese sechs Bereiche sollen keine vollständige Liste darstellen. Ihre inhaltliche Breite
soll zeigen, warum es wichtig ist, Methoden für die Aufschlüsselung von Kosten der
Kuppelproduktion zu beherrschen.

15.3 ANSÄTZE ZUR KOSTENVERTEILUNG BEI KUPPELPRO-DUKTION

Für die Kostenaufschlüsselung bei Kuppelproduktion gibt es grundsätzlich zwei Ansätze:

- *Ansatz 1*: Kostenverteilung auf der Grundlage von Marktdaten wie zum Beispiel
  den Erlösen (**Marktwertrechnung**). Für die Anwendung dieses Ansatzes gibt es
  drei Methoden: die Aufschlüsselung nach dem Marktwert im Gabelungspunkt
  (*sales value at splitoff method*), die Aufschlüsselung nach dem geschätzten Netto-
  Realisationswert oder NRW-Methode (*estimated net realizable value method*
  oder *NRV method*) und die Aufschlüsselung nach dem Netto-Realisationswert bei
  konstantem Bruttogewinnanteil (*constant gross-margin percentage NRV
  method*).
- *Ansatz 2*: Proportionale Kostenverteilung auf der Basis von physikalischen Meßdaten wie Gewicht oder Volumen.

In früheren Kapiteln haben wir das Verursacherprinzip und das Nutzenprinzip (siehe
Tafel 13.2, Seite 445) als Richtlinien für Kostenverteilungsentscheidungen in den
Mittelpunkt gestellt. Bei Kuppelproduktion ist es definitionsgemäß nicht möglich,
sich bei der Zurechnung von Kosten zu den einzelnen Produkten vom Verursacher-

---

[66] Siehe J. Crespi und J. Harris, "Joint Cost Allocation under the Natural Gas Act: An
Historical Review," *Journal of Extractive Industries Accounting 2*, Nr. 2, S. 133-142.

prinzip leiten zu lassen. Der Ursache-Wirkungs-Zusammenhang existiert nur auf der Ebene der Kuppelproduktion. Das Nutzenkriterium führt zu einer Bevorzugung der Methoden unter Ansatz 1. Erlöse sind im allgemeinen ein besserer Indikator für erhaltene Nutzen als physikalische Maße wie Gewicht oder Volumen.

In der einfachsten Situation werden die Kuppelprodukte am Gabelungspunkt ohne weitere Verarbeitungsschritte verkauft. Wir gehen zunächst von diesem Fall aus (Beispiel 1) und illustrieren damit den Marktwert am Gabelungspunkt und die Kostenverteilung auf der Basis von physikalischen Meßdaten, wobei wir das Volumen als Maß verwenden. Anschließend betrachten wir Situationen, in denen nach dem Gabelungspunkt noch weitere Verarbeitungsschritte stattfinden (Beispiel 2) und illustrieren damit die NRW-Methode und die NRW-Methode bei konstanten Bruttogewinnanteilen.

Um jedes Kuppelproduktionsbeispiel zu verdeutlichen, machen wir in diesem Kapitel ausführlichen Gebrauch von Tafeln. Dabei verwenden wir die folgenden Symbole:

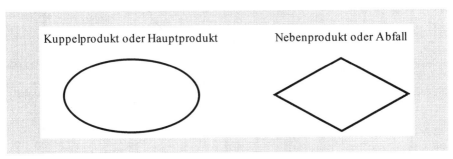

Kuppelprodukt oder Hauptprodukt   Nebenprodukt oder Abfall

Um zwischen den verschiedenen Methoden vergleichen zu können, halten wir für jede Methode die Bruttogewinnanteile für jedes einzelne Produkt fest.

BEISPIEL 1: Die Firma Farmers' Dairy kauft Rohmilch von einzelnen Farmen und verarbeitet sie bis zum Gabelungspunkt, an dem man die beiden Produkte (Sahne und entrahmte Milch) voneinander trennen kann. Diese beiden Produkte werden an ein unabhängiges Unternehmen verkauft, das sie an Supermärkte und andere Einzelhandelsgeschäft vermarktet und ausliefert.

Tafel 15.3 gibt einen Überblick über die grundlegenden Zusammenhänge in diesem Beispiel. Für Mai 19_7 sind folgende Daten bekannt:

- Verarbeitete Rohmilch: (110 Gallonen Rohmilch ergeben 100 Gallonen Rahm und entrahmte Milch bei einem Schwund von 10 Gallonen)

	Produktion	**Verkauf**
• Rahm	25 Gallonen	20 Gallonen zu 8 $ pro Gallone
• entrahmte Milch	75 Gallonen	30 Gallonen zu 4 $ pro Gallone

• Lagerbestände

	Anfangsbestand	**Endbestand**
Rohmilch	0 Gallonen	0 Gallonen
Rahm	0 Gallonen	5 Gallonen
entrahmte Milch	0 Gallonen	45 Gallonen

Tafel 15.3
Farmers' Dairy: Skizze zu Beispiel 1

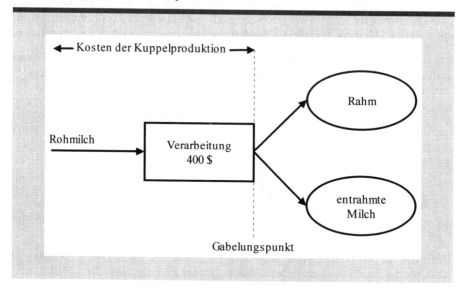

• Kosten für den Kauf von 110 Gallonen Rohmilch und die Verarbeitung bis zum Gabelungspunkt mit einem Ertrag von 25 Gallonen Rahm und 75 Gallonen entrahmte Milch: 400 $

Nun geht es darum, welcher Teil der Kosten der Kuppelproduktion dem Lagerendbestand an Rahm und welcher Teil dem Lagerendbestand an entrahmter Milch zugerechnet werden soll. Die Kosten in Höhe von 400 $ können keinem der beiden Produkte eindeutig zugeordnet werden. Das liegt daran, daß die Produkte vor dem Gabelungspunkt nicht voneinander getrennt waren. Die Zurechnungsmethoden für Kosten der Kuppelproduktion, die wir im folgenden diskutieren, können für die Kostenbewertung der Lagerbestände ebenso eingesetzt werden wie für die Bestimmung der Herstellkosten des Umsatzes.

Kostenverteilung nach dem Marktwert im Gabelungspunkt

Bei der Kostenverteilung nach dem Marktwert im Gabelungspunkt werden die Kosten der Kuppelproduktion auf der Basis des relativen Marktwerts im Gabelungspunkt für die jeweilige Rechnungsperiode aufgeteilt. In Beispiel 1 beträgt der Marktwert im Gabelungspunkt für die Produktion vom Mai 19_7 200 $ für Rahm und 300 $ für entrahmte Milch. Jedes Produkt wird mit seinem Anteil am gesamten Marktwert gewichtet. Mit Hilfe dieser Gewichte werden die Kosten der Kuppelproduktion den einzelnen Produkten zugerechnet:

	Rahm	Entrahmte Milch	Summe
1. Marktwert im Gabelungspunkt (Rahm: 25 Gallonen × 8 $/Gallone; entrahmte Milch: 75 Gallonen × 4 $/Gallone)	200 $	300 $	500 $
2. Gewichtung (200 $: 500 $; 300 $: 500 $)	0,40	0,60	
3. Zugerechnete Kosten der Kuppelproduktion (Rahm: 0,40 × 400 $; entrahmte Milch: 0,60 × 400 $)	160 $	240 $	400 $
4. Kosten der Kuppelproduktion pro Gallone (Rahm: 160 $: 25 Gallonen; entrahmte Milch: 240 $: 75 Gallonen)	6,40 $	3,20 $	

Man beachte, daß diese Methode den Marktwert der *gesamten Produktion der Rechnungsperiode* zugrundelegt. Die Kosten sind für alle produzierten Einheiten entstanden, nicht nur für diejenigen, die verkauft worden sind. Tafel 15.4 zeigt die Gewinn- und Verlustrechnung für diese Produktlinie auf der Grundlage der Kostenverteilung nach dem Marktwert im Gabelungspunkt. Mit Hilfe dieser Methode kann man die Kosten und Bruttogewinnanteile der einzelnen Produkte bestimmen. Sowohl Rahm als auch entrahmte Milch erzielen einen Bruttogewinnanteil von 20 %.[67]

Die Kostenverteilung nach dem Marktwert im Gabelungspunkt ist ein gutes Beispiel für die Anwendung des Nutzenkriteriums. Die Kosten werden auf die Produkte proportional zu ihrem Gewinnbeitrag verteilt. Diese Methode ist unkompliziert und intuitiv einleuchtend. Die Kostenbezugsgröße (Marktwert im Gabelungspunkt) wird in der Buchführung systematisch erfaßt und ist für alle Beteiligten leicht verständlich.

---

[67] Die prozentuale Gleichheit der Bruttogewinnanteile der beiden Produkte ist ein Ergebnis, zu dem man bei der Kostenverteilung nach dem Marktwert im Gabelungspunkt automatisch gelangt, wenn es keine Lageranfangsbestände gibt und wenn alle Produkte im Gabelungspunkt verkauft werden.

Tafel 15.4

Gewinn- und Verlustrechnung für die Produktlinie von Farmers' Dairy, Mai 19_7: Aufschlüsselung der Kuppelproduktionskosten auf der Basis des Marktwerts im Gabelungspunkt

	Rahm	entrahmte Milch	Summe
Umsatz (Rahm: 20 Gallonen × 8 $/Gallone; entrahmte Milch: 30 Gallonen × 4 $/Gallone)	160 $	120 $	280 $
Kosten der Kuppelproduktion			
Herstellkosten der Erzeugung (Rahm: 0,4 × 400 $; entrahmte Milch: 0,6 × 400 $)	160 $	240 $	400 $
Abzüglich Kosten des Lagerendbestands (Rahm: 5 Gallonen × 6,40 $/Gallone; entrahmte Milch: 45 Gallonen × 3,20 $/Gallone)	32 $	144 $	176 $
Herstellkosten des Umsatzes	128 $	96 $	224 $
Bruttogewinn	32 $	24 $	56 $
Bruttogewinnanteil	20 %	20 %	20 %

Proportionale Kostenverteilung auf der Basis von physikalischen Meßdaten

Bei dieser Methode werden die Kosten der Kuppelproduktion den einzelnen Produkten auf der Basis ihres relativen Anteils an der Gesamtproduktion im Gabelungspunkt zugerechnet. Dabei verwendet man ein allgemeines physikalisches Maß wie das Gewicht oder das Volumen. In Beispiel 1 ergeben die Kosten von 400 $ 25 Gallonen Rahm und 75 Gallonen entrahmte Milch. Mit Hilfe dieser Mengen kann man die Kosten der Kuppelproduktion wie folgt aufschlüsseln:

	Rahm	Entrahmte Milch	Summe
1. Physikalisches Maß der Produktion (Gallonen)	25	75	100
2. Gewichtung (25 Gallonen : 100 Gallonen; 75 Gallonen : 100 Gallonen)	0,25	0,75	
3. Aufgeschlüsselte Kosten der Kuppelproduktion (Rahm: 0,25 × 400 $; entrahmte Milch: 0,75 × 400 $)	1000 $	300 $	400 $
4. Kosten der Kuppelproduktion pro Gallone (Rahm: 100 $: 25 Gallonen; entrahmte Milch: 300 $% : 75 Gallonen)	4 $	4 $	

Tafel 15.5 zeigt die Gewinn- und Verlustrechnung für die Produktlinie unter Verwendung dieser Aufschlüsselungsmethode für die Kosten der Kuppelproduktion. Die Bruttogewinnanteile sind 50 % für Rahm und 0 % für entrahmte Milch.

Tafel 15.5

Gewinn- und Verlustrechnung für die Produktlinie von Farmers' Dairy, Mai 19_7: Zurechnung der Kuppelproduktionskosten aufgrund von physikalischen Meßdaten

	Rahm	entrahmte Milch	Summe
Umsatz (Rahm: 20 Gallonen × 8 $/Gallone; entrahmte Milch: 30 Gallonen × 4 $/Gallone)	160 $	120 $	280 $
Kosten der Kuppelproduktion			
Herstellkosten der Erzeugung (Rahm: 0,25 × 400 $; entrahmte Milch: 0,75 × 400 $)	100 $	300 $	400 $
Abzüglich Kosten des Lagerendbestands (Rahm: 5 Gallonen × 4 $/Gallone; entrahmte Milch: 45 Gallonen × 4 $/Gallone)	20 $	180 $	200 $
Herstellkosten des Umsatzes	80 $	120 $	200 $
Bruttogewinn	80 $	0 $	80 $
Bruttogewinnanteil	50 %	0 %	28,6 %

Die physikalischen Gewichte, die für die proportionale Aufschlüsselung der Kosten der Kuppelproduktion verwendet werden, haben unter Umständen keinerlei Zusammenhang mit der Ertragskraft der einzelnen Produkte. Nach dem Nutzenkriterium ist die Kostenzurechnung auf der Basis von physikalischen Meßdaten derjenigen auf der Basis des Marktwerts im Gabelungspunkt unterlegen. Nehmen wir als Beispiel Eisenerz, das Gold, Silber und Blei enthält. Die Verwendung eines allgemeinen physikalischen Maßes (Tonnen) würde dazu führen, daß fast alle Kosten dem schwersten Produkt zugerechnet würden, also dem Blei, das aber die geringste Ertragskraft hat. Ein weiteres Beispiel sind die Kosten für ein Schlachtschwein. Würde man sie den verschiedenen Produkten auf der Grundlage ihres Gewichts zurechnen, so hätten Schweinekoteletts die gleichen Kosten pro Pfund wie Schweinsfüße, Schweineschmalz, Schinken, Knochen und so weiter. In einer Gewinn- und Verlustrechnung für die Produktlinie würden die Produkte mit einem hohen Marktwert pro Pfund (zum Beispiel die Koteletts) einen phantastischen Gewinn aufweisen, Produkte mit einem niedrigen Marktwert pro Pfund (zum Beispiel Knochen) jedoch ständige Verluste.

Vergleichbare physikalische Maße für alle Produkte zu erhalten, ist nicht immer leicht. Betrachten wir zum Beispiel die Kuppelproduktion von Öl (Flüssigkeit) und Gas. Hier wird oft ein physikalisches Standardmaß gebraucht, die Britische Wärmeeinheit. Dieses Maß verändert sich jedoch mit der Temperatur des Gases. Bei manchen physikalischen Maßen braucht man zur Messung technisches Personal außerhalb der Buchführungsabteilung.

BEISPIEL 2: Wir gehen von der gleichen Situation aus wie in Beispiel 1. Allerdings können sowohl der Rahm als auch die entrahmte Milch weiterverarbeitet werden:

- Rahm → Buttercreme: Aus 25 Gallonen Rahm kann man 20 Gallonen Buttercreme gewinnen, wenn man weitere (separierbare) Verarbeitungskosten von 280 $ aufwendet. Die Buttercreme wird für 25 $ pro Gallone verkauft.
- Entrahmte Milch → Kondensmilch: 75 Gallonen entrahmte Milch werden zu 50 Gallonen Kondensmilch weiterverarbeitet. Dabei entstehen zusätzliche Verarbeitungskosten in Höhe von 520 $. Kondensmilch wird für 22 $ pro Gallone verkauft.

Der Umsatz während der Rechnungsperiode betrug 12 Gallonen Buttercreme und 45 Gallonen Kondensmilch. Tafel 15.6 zeigt einen Überblick über die grundlegenden Zusammenhänge.

Tafel 15.6
Farmer's Dairy: Skizze zu Beispiel 2

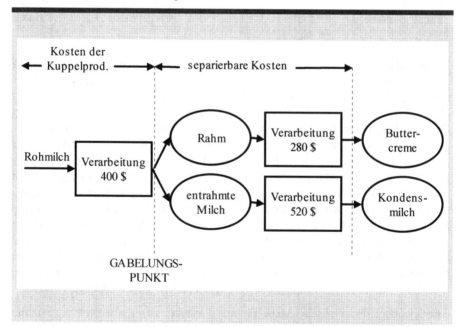

Die folgende Tabelle enthält die Lagerbestände:

	Anfangsbestand (in Gallonen)	Endbestand (in Gallonen)
Rohmilch	0 Gallonen	0 Gallonen
Rahm	0 Gallonen	0 Gallonen
Entrahmte Milch	0 Gallonen	0 Gallonen
Buttercreme	0 Gallonen	8 Gallonen
Kondensmilch	0 Gallonen	5 Gallonen

Wir verwenden Beispiel 2, um die NRW-Methode und die NRW-Methode bei konstantem Bruttogewinnanteil zu illustrieren.

Methode des geschätzten Netto-Realisationswerts (NRW)

Bei dieser Methode basiert die Aufschlüsselung der Kuppelproduktionskosten auf dem relativen geschätzten Netto-Realisationswert (erwarteter Endverkaufswert bei normalem Geschäftsverlauf minus der erwarteten separierbaren Kosten von Produktion und Marketing für die Gesamtproduktion der Rechnungsperiode). In unserem Beispiel würden die Kosten der Kuppelproduktion wie folgt zugerechnet:

	Butter- creme	Kondens- milch	Summe
1. Erwarteter Endverkaufswert der Produktion (Buttercreme: 20 Gallonen × 25 \$/Gallone; Kondensmilch: 50 Gallonen × 22 \$/Gallone)	500 \$	1.100 \$	1.600 \$
2. Abzüglich der erwarteten separierbaren Kosten für Fertigstellung und Marketing	280 \$	520 \$	800 \$
3. Geschätzter Netto-Realisationswert im Gabelungspunkt	220 \$	580 \$	800 \$
4. Gewichtung (220 \$: 800 \$; 580 \$: 800 \$)	0,275	0,725	
5. Zugerechnete Kosten der Kuppelproduktion (Buttercreme: 0,275 × 400 \$; Kondensmilch: 0,725 × 400 \$)	110 \$	290 \$	400 \$
6. Kosten der Kuppelproduktion pro Gallone [Buttercreme: (110 \$ + 280 \$) : 20; Kondensmilch: (290 \$ + 520 \$) : 50]	19,50 \$	16,20 \$	

Tafel 15.7 enthält die Gewinn-und-Verlustrechnung für die Produktlinie auf der Basis der Methode des geschätzten Netto-Realisationswerts. Die Bruttogewinnanteile betragen 22,0 % für Buttercreme und 26,4 % für Kondensmilch.

Tafel 15.7

Gewinn- und Verlustrechnung für die Produktlinie von Farmers' Dairy, Mai 19_7: Zurechnung der Kosten der Kuppelproduktion auf der Basis des geschätzten Netto-Realisationswerts

	Rahm	entrahmte Milch	Summe
Umsatz (Rahm: 20 Gallonen × 8 $/Gallone; entrahmte Milch: 30 Gallonen × 4 $/Gallone)	300 $	990 $	1.290 $
Herstellkosten des Umsatzes			
Kosten der Kuppelproduktion (Buttercreme: 0,275 × 400 $; Kondensmilch: 0,725 × 400 $)	110 $	290 $	400 $
Separierbare Herstellkosten	280 $	520 $	800 $
Herstellkosten der fertigen Erzeugnisse	390 $	810 $	1.200 $
Abzüglich Kosten des Lagerendbestands (Buttercreme: 8 Gallonen × 19,50 $/Gallone; Kondensmilch: 5 Gallonen × 16,20 $/Gallone)	156 $	81 $	237 $
Herstellkosten des Umsatzes	234 $	729 $	963 $
Bruttogewinn	66 $	261 $	327 $
Bruttogewinnanteil	22,0 %	26,4 %	25,3 %

Die Schätzung des Netto-Realisationswerts für jedes Produkt am Gabelungspunkt erfordert Informationen über die nächsten Verarbeitungsschritte (und ihre erwarteten separierbaren Kosten).[68] In manchen Produktionsstätten, wie zum Beispiel in der petrochemischen Industrie, kann es viele mögliche weitere Verarbeitungsschritte geben. Es kann sein, daß Unternehmen oft zwischen diesen Verarbeitungsschritten wechseln, um Schwankungen in den separierbaren Kosten jeder Verarbeitungsstufe oder im Absatzpreis der einzelnen Produkte auszunutzen. Bei der Methode des geschätzten NRW würde jede solche Veränderung die zugerechneten Anteile an den Kosten der Kuppelproduktion beeinflussen. (In der Praxis geht man zu Beginn der Rechnungsperiode von einer Reihe von Standardverarbeitungsschritten aus, wenn man die Methode des geschätzten NRW anwendet.)

Die Methode des Marktwerts im Gabelungspunkt ist weniger komplex als die Methode des geschätzten NRW, denn sie erfordert keine Kenntnis der weiteren Verarbei-

---

[68] Die Methode des geschätzten NRW ist klar, wenn es nur einen Gabelungspunkt gibt. Gibt es jedoch mehrere Gabelungspunkte, so kann es sein, daß ein weiteres Aufschlüsselungsverfahren erforderlich ist, wenn die Verarbeitungsprozesse sich nach dem ersten Gabelungspunkt wieder in einem Kuppelproduktionsprozeß vereinigen.

tungsschritte. Sie ist jedoch nicht immer anwendbar, weil es manchmal für eines oder mehrere der Produkte im Gabelungspunkt keine Marktpreise gibt. Es kann sein, daß Marktpreise erst auftauchen, wenn die Verarbeitung schon über den Gabelungspunkt hinaus fortgeschritten ist.

Die NRW-Methode bei konstanten Bruttogewinnanteilen

Bei der **NRW-Methode mit konstanten Bruttogewinnanteilen** werden die Kosten der Kuppelproduktion so aufgeschlüsselt, daß der gesamte Bruttogewinnanteil für alle einzelnen Produkte gleich ist. Man geht dabei in drei Schritten vor:

Schritt 1: Berechne den Bruttogewinnanteil für die gesamte Produktlinie.

Schritt 2: Ziehe die Bruttogewinnspanne von den Endverkaufswerten ab, um die Gesamtkosten zu erhalten, die jedes Produkt tragen sollte.

Schritt 3: Ziehe die erwarteten separierbaren Kosten von den Gesamtkosten ab, um die aufgeschlüsselten Kuppelproduktionskosten zu erhalten.

Tafel 15.8
Farmers' Dairy, Mai 19_7: Zurechnung der Kosten der Kuppelproduktion auf der Basis des geschätzten Netto-Realisationswerts bei konstanten Bruttogewinnanteilen

	Butter-creme	Kondens-milch	Summe
Schritt 1			
Erwarteter Endverkaufswert der Produktion: (20 Gallonen × 25 $/Gallone) + (50 Gallonen × 22 $/Gallone)			1.600 $
Abzüglich der gemeinsamen und der separierbaren Kosten (400 $ + 280 $ + 520 $)			1.200 $
Bruttogewinn			400 $
Bruttogewinnanteil (400 $: 1.600 $)			25 %
Schritt 2			
Erwarteter Endverkaufswert der Produktion: (Buttercreme: 20 Gallonen × 25 $/Gallone; Kondensmilch: 50 Gallonen × 22 $/Gallone)	500 $	1.100 $	1.600 $
Abzüglich des Bruttogewinns bei einem Bruttogewinnanteil von 25 %	125 $	275 $	400 $
Herstellkosten des Umsatzes	375 $	825 $	1.200 $
Schritt 3			
Abzüglich der separierbaren Kosten der Weiterverarbeitung und des Verkaufs	280 $	520 $	800 $
Zugerechnete Kosten der Kuppelproduktion	95 $	305 $	400 $

Tafel 15.8 zeigt diese drei Schritte zur Aufteilung der gemeinsamen Kosten von 400 $ zwischen den Produkten Buttercreme und Kondensmilch. Um diese Aufschlüsselung zu bestimmen, verwenden wir in Tafel 15.8 den erwarteten Endverkaufswert der *gesamten Produktion* der Rechnungsperiode (1.600 $) und *nicht* den tatsächlichen Umsatz dieser Periode. Die jedem Produkt zugerechneten gemeinsamen Kosten brauchen bei dieser Methode nicht unbedingt positiv zu sein. Manchen Produkten muß man negative Kosten zurechnen, um ihren Bruttogewinnanteil dem Unternehmensdurchschnitt anzupassen. Der Bruttogewinnanteil für die gesamte Produktlinie beträgt 25 %. Eine Gewinn- und Verlustrechnung auf der Basis der NRW-Methode bei konstanten Bruttogewinnanteilen ist in Tafel 15.9 dargestellt.

Tafel 15.9
Gewinn- und Verlustrechnung für die Produktlinie von Farmers' Dairy, Mai 19_7: Aufschlüsselung der Kuppelproduktionskosten auf der Basis des geschätzten Netto-Realisationswerts bei konstanten Bruttogewinnanteilen

	Butter-creme	Kondens-milch	Summe
Umsatz (Buttercreme: 12 Gallonen × 25 $/Gallone; Kondensmilch: 45 Gallonen × 22 $/Gallone)	300,0 $	990,0 $	1.290,0 $
Herstellkosten des Umsatzes			
Kosten der Kuppelproduktion (aus Tafel 15.8)	95,0 $	305,0 $	400,0 $
Separierbare Kosten der Weiterverarbeitung und des Verkaufs	280,0 $	520,0 $	800,0 $
Herstellkosten der fertigen Erzeugnisse	375,0 $	825,0 $	1.200,0 $
Abzüglich der Lagerendbestände (Buttercreme: 8 × 18,75 $[a]; Kondensmilch: 5 × 16,50 $[b])	150,0 $	82,5 $	232,5 $
Herstellkosten des Umsatzes	225,0 $	742,5 $	967,5 $
Bruttogewinn	75,0 $	247,5 $	322,5 $
Bruttogewinnanteil	25 %	25 %	25 %

a.   375 $: 20 Gallonen = 18,75 $/Gallone.
b.   825 $: 50 Gallonen = 16,50 $/Gallone.

Der NRW-Methode bei konstantem Bruttogewinnanteil liegt die nicht sehr robuste Annahme zugrunde, daß alle Produkte das gleiche Verhältnis zwischen Kosten und Marktwert aufweisen. In Unternehmen, die verschiedene Produkte herstellen, ohne daß dabei Kuppelproduktionsprozesse im Spiel sind, ist aber ein solches konstantes Verhältnis zwischen Kosten und Marktwert selten zu beobachten.

HÜHNERVERARBEITUNG: KOSTENRECHNUNG BEI ZERLEGUNGSPROZESSEN

Hühnerverarbeitungsbetriebe bieten viele Beispiele für Probleme der Kostenrechnung bei Kuppelprodukten und Nebenprodukten. Jedes Huhn wird getötet und dann in viele Produkte zerlegt. Man unternimmt alle Anstrengungen, um aus jedem Teil des Huhns einen Erlös zu erzielen.

Weißes Brustfleisch, das Produkt mit der größten Ertragskraft, gewinnt man aus der Vorderseite des Vogels. Die Rückseite liefert rotes Fleisch. Andere eßbare Produkte sind zum Beispiel die Hühnerflügel, das Hühnerklein und die Nieren. Es gibt viele nicht-eßbare Teile wie etwa die Federn, das Blut, den Kopf, die Füße und die Gedärme. Die nicht-eßbaren Teile werden für verschiedene Zwecke verwendet. Beispiele sind Geflügelfedern, die für Betten und Sportartikel verwendet werden; Geflügelabfälle wie Knochen, Schnäbel und Füße, die zu Tiermehl und Dünger vermahlen werden; Geflügelfett, das für Tier- und Haustierfutter verwendet wird.

Geflügelfirmen brauchen Kosteninformationen über Einzelprodukte für mehrere Zwecke. Ein Zweck ist die Kundenrentabilitätsanalyse. Verschiedene Kunden wie Supermärkte und Schnellimbißrestaurants kaufen sehr unterschiedliche Produktkombinationen. Kostendaten über einzelne Produkte ermöglichen es den Unternehmen, Unterschiede in der Kundenrentabilität herauszufinden. Ein Teil der Produkte wird in Gefrieranlagen aufbewahrt. Hier braucht man Produktkosten zur Bewertung von Lagerbeständen. Die Kosten werden von den Unternehmen ganz verschieden auf die Produkte verteilt. Betrachten wir zwei der größten Firmen in den USA, Southern Poultry und Golden State Poultry (Namen geändert).

Im Kostenrechnungssystem von Southern Poultry ist weißes Brustfleisch das einzige Hauptprodukt. Alle anderen Produkte werden als Nebenprodukte eingestuft. Ihre Marktpreise werden dazu verwendet, die dem Hauptprodukt zugerechneten Verarbeitungskosten zu vermindern. Das weiße Brustfleisch wird oft weiterverarbeitet zu Produkten wie garnierte Hühnerbrust oder marinierte Hühnerbrust. Um die Kosten dieser Produkte zu bestimmen, addiert man die separierbaren Kosten der Weiterverarbeitung zu den Kosten pro Pfund entbeinten weißen Brustfleischs.

Golden State Poultry behandelt alle Produkte, die an Einzelhandelsgeschäfte verkauft werden (Brustfilets, halbe Brüste, Schlegel, Schenkel und ganze Beine) als Kuppelprodukte. Alles andere sind Nebenprodukte. Der Erlös aus den Nebenprodukten wird gegen die Verarbeitungskosten verrechnet, bevor diese auf die Kuppelprodukte verteilt werden. Die Kostenzurechnung erfolgt auf der Basis des durchschnittlichen Verkaufspreises der einzelnen Produkte. Die Kosten für den Transport der Hühnerprodukte zu den Einzelhandelsgeschäften spielen bei der Gewichtung keine Rolle.

Quelle: Gespräche mit Managern der beiden Firmen.

Methodenvergleich

Bei der Wahl der Aufschlüsselungsmethode für die Kosten von Kuppelprodukten kann man nicht auf das Verursacherprinzip zurückgreifen. Bei Kuppelproduktion können die Manager nicht mit Sicherheit sagen, wodurch welche Kosten verursacht werden. Das Nutzenprinzip führt zu einer Bevorzugung der Zurechnung nach dem Marktwert im Gabelungspunkt (oder verwandten erlös- oder marktorientierten Methoden). Diese Methode hat unter anderen auch die folgenden Vorteile:

1. *Keine Vorwegnahme künftiger Managemententscheidungen.* Der Marktwert im Gabelungspunkt setzt nicht eine bestimmte Anzahl von weiteren Verarbeitungsschritten voraus.

2. *Berechnung der Gewichtungsfaktoren mit einem sinnvollen gemeinsamen Nenner.* Das Maß für den Marktwert im Gabelungspunkt (Geldeinheiten) ist sinnvoll interpretierbar. Im Gegensatz dazu, kann es bei der Zurechnung nach einem physikalischen Maß vorkommen, daß es kein sinnvolles gemeinsames Maß für alle einzelnen Produkte gibt (wenn zum Beispiel einige Produkte flüssig und andere fest sind).

3. *Einfachheit.* Die Zurechnung nach dem Marktwert im Gabelungspunkt ist einfach. Im Gegensatz dazu kann die Zurechnung nach dem geschätzten Netto-Realisationswert bei Prozessen mit mehreren Produkten und mehreren Gabelungspunkten sehr komplex sein. Der Gesamtmarktwert im Gabelungspunkt bleibt bei einer Veränderung des Produktionsprozesses nach dem Gabelungspunkt unberührt.

Wichtig ist, zu welchem Zweck man die Kuppelproduktionskosten aufschlüsseln will. Nehmen wir zum Beispiel die Preisregulierung. Marktorientierte Maße sind in diesem Zusammenhang schwierig anzuwenden. Wenn man die Kosten als Basis für die Festsetzung von Preisen verwendet und gleichzeitig die Verkaufspreise benutzt, um die Kosten aufzuschlüsseln, hat man ein zirkuläres Problem. In dieser Situation kann man auf physikalische Maße zurückgreifen, um die Kosten der Kuppelproduktion aufzuschlüsseln.[69]

---

[69] Eine Alternative ist die proportionale Kostenverteilung nach den Einzelproduktkosten (*stand-alone cost-allocation method*), die in Kapitel 13 (Seite 470 ff.) und Kapitel 16 (Seite 540 ff.) beschrieben wird. Nehmen wir zum Beispiel die Preisregulierung für Gas, das in einem Kuppelproduktionsprozeß zusammen mit Öl hergestellt wird. Bei der Einzelzurechnungsmethode würde man die Einzelkosten der Herstellung eines bestimmten Gasoutputs (A) schätzen und die Einzelkosten der Herstellung eines bestimmten Öloutputs (B) Dann würde man die gesamten Kuppelproduktionskosten aufschlüsseln mit den Gewichten $[A/(A+B)]$ für Gas und $[B/(A+B)]$ für Öl.

15.4 KEINE AUFSCHLÜSSELUNG DER KUPPELPRODUKTIONSKOSTEN

Alle beschriebenen Methoden der Aufschlüsselung von Kuppelproduktionskosten auf einzelne Produkte sind Gegenstand der Kritik. Deshalb verzichten manche Firmen gänzlich auf die Kostenverteilung. Stattdessen bewerten sie alle Lagerbestände zum geschätzten Netto-Realisationswert. Der Erlös für jedes Produkt wird festgehalten, wenn die Produktion abgeschlossen ist. Branchen, die diesen Ansatz in verschiedenen Varianten verwenden, sind die Fleischverpackung, die Konservenfabrikation und der Bergbau.

Buchhalter kritisieren in der Regel die Bewertung von Lagerbeständen zum geschätzten Netto-Realisationswert. Sie argumentieren, daß damit ein Gewinn verbucht wird, *bevor* der Umsatz stattgefunden hat. Teilweise als Reaktion auf diese Kritik bewerten manche Firmen, die auf die Kostenaufschlüsselung verzichten, ihre Lagerbestände zu Netto-Realisationswerten abzüglich einer normalen Gewinnspanne.

Tafel 15.10
Gewinn- und Verlustrechnung für die Produktlinie von Farmers' Dairy, Mai 19_7: Keine Aufschlüsselung der Kuppelproduktionskosten

	Butter-creme	Kondens-milch	Summe
Produziert und verkauft (Buttercreme: 12 Gallonen × 25 $/Gallone; Kondensmilch: 45 Gallonen × 22 $/Gallone)	300 $	990 $	1.290 $
Produziert aber nicht verkauft (Buttercreme: 8 Gallonen × 25 $/Gallone; Kondensmilch: 5 Gallonen × 22 $/Gallone)	200 $	110 $	310 $
Gesamtmarktwert der Produktion	500 $	1.100 $	1.600 $
Separierbare Kosten	280 $	520 $	800 $
Beitrag zu den Kosten der Kuppelproduktion und zum Betriebsgewinn	220 $	580 $	800 $
Kosten der Kuppelproduktion			400 $
Bruttogewinn			400 $
Bruttogewinnanteil			25 %

Tafel 15.10 zeigt die Gewinn- und Verlustrechnung für Beispiel 2, wenn die Kuppelproduktionskosten nicht aufgeschlüsselt werden. Die separierbaren Kosten werden zuerst zugerechnet, was den Managern den Ursache-Wirkungs-Zusammenhang zwi-

schen den einzelnen Produkten und den durch sie verursachten Kosten aufzeigt. Die gemeinsamen Kosten werden nicht auf die einzelnen Produkte Buttercreme und Kondensmilch aufgeschlüsselt.

AUFSCHLÜSSELUNG DER KUPPELPRODUKTIONS-KOSTEN

Systematische Umfragedaten über die Unternehmenspraxis bei der Zurechnung von Kuppelproduktionskosten gibt es für Australien, Japan und Großbritannien. Die Summe der Prozentzahlen ist höher als 100 %, weil manche Firmen mehr als eine Methode anwenden.

	Australien	Japan	Großbritannien
Physikalisches Maß	60 %	45 %	76 %
Marktwert	6 %	28 %	5 %
Ausgehandeltes Maß	10 %	10 %	19 %
Keine Aufschlüsselung	8 %	0 %	10 %
Andere	27 %	10 %	15 %

Die detaillierteste Studie bezieht sich auf die Kostenverteilungsmethoden von Unternehmen der chemischen Industrie und von Ölraffinerien in Großbritannien.

Branche	Vorherrschende Methode der Zurechnung von Kuppelproduktionskosten
Petrochemie	Marktwert im Gabelungspunkt oder geschätzter Netto-Realisationswert
Kohleverarbeitung	Physikalisches Maß
Kohlechemie	Physikalisches Maß
Ölraffinerie	Keine Aufschlüsselung

Die Autoren der Studie merkten an, daß die Manager der Mehrzahl der Ölraffinerien der Meinung waren, daß die komplexe Natur des Produktionsprozesses und die große Zahl von Kuppelprodukten es unmöglich machen, die Kosten sinnvoll auf die Produkte zu verteilen. Hinzu kommt, daß in der Regel für viele unfertige Erzeugnisse an einem oder mehreren der Gabelungspunkte keine Marktpreise existieren.

Quelle: Blayney und Yokoyama, "A comparative Analysis," und Slater und Wooton, "A Study". Ausführliche Quellenangaben in Anhang A.

Konzepte und ihre Umsetzung

15.5 DIE IRRELEVANZ DER KUPPELPRODUKTIONSKOSTEN FÜR MANAGEMENTENTSCHEIDUNGEN

Bei der Entscheidung, ob ein Produkt am Gabelungspunkt verkauft oder weiterverarbeitet werden soll, sollte man sich nicht von den aufgeschlüsselten Kosten der Kuppelproduktion leiten lassen, unabhängig davon, nach welcher Methode die Aufschlüsselung vorgenommen worden ist. Wenn ein Produkt ein unvermeidliches Ergebnis eines Kuppelproduktionsprozesses ist, sollte die Entscheidung zur Weiterverarbeitung weder von der Höhe der Gesamtkosten der Kuppelproduktion noch von dem Anteil der Kosten, der bestimmten Produkten zugerechnet wird, beeinflußt werden. Stattdessen sollten die Manager auf das Konzept der relevanten Kosten zurückgreifen, das wir in Kapitel 11 eingeführt haben.

Verkauf oder Weiterverarbeitung

Bei der Entscheidung, ob man jenseits des Gabelungspunktes weitere Kosten auf sich nehmen will, sollte man sich an dem zusätzlichen Betriebsgewinn orientieren, der dadurch erzielt werden kann. In Beispiel 2 sind wir davon ausgegangen, daß es profitabel ist, Rahm und entrahmte Milch zu Buttercreme beziehungsweise Kondensmilch weiterzuverarbeiten. Die Differenzanalyse für diese Entscheidungen sieht folgendermaßen aus:

Weiterverarbeitung von Rahm zu Buttercreme

Differenzerlös (500 $ - 200 $)	300 $
Differenzkosten	280 $
Differenzgewinn	20 $

Weiterverarbeitung von entrahmter Milch zu Kondensmilch

Differenzerlös (1.100 $ - 300 $)	800 $
Differenzkosten	520 $
Differenzgewinn	280 $

Die Höhe der Kuppelproduktionskosten, die bis zum Gabelungspunkt entstanden sind (400 $) sowie ihre Aufschlüsselung ist irrelevant, wenn es darum geht, ob Rahm oder entrahmte Milch weiterverarbeitet werden sollen. Der Grund ist, daß die Kuppelproduktionskosten die gleichen sind, unabhängig davon, ob die Weiterverarbeitung stattfindet oder nicht.

Viele Fertigungsunternehmen sind ständig mit der Frage konfrontiert, ob ein Kuppelprodukt weiterverarbeitet werden soll. Fleischprodukte kann man nach dem Zerteilen verkaufen oder man kann sie räuchern, einpökeln, einfrieren, eindosen und so weiter. Ölraffinerien versuchen immer von neuem, sich an den gewinnträchtigsten Produktmix anzupassen. Der Raffinerieprozeß macht es erforderlich, alle Produkte vom Rohöl zu trennen, auch wenn nur zwei oder drei davon ein hohes Ertragspotential haben. Das Management muß entscheiden, welche Kombination von Prozessen benutzt werden soll, um die profitabelste Mischung aus Rohöl, Gas, Butan, Ethan, Propan und so weiter zu erhalten.

Beim Entwurf von Vorlagen für solche Managemententscheidungen muß sich das Rechnungswesen auf die Differenzkosten konzentrieren und nicht darauf, wie die Kosten der Kuppelproduktion auf die verschiedenen Produkte zu verteilen sind. Die einzig relevanten Posten sind der Differenzerlös und die Differenzkosten. Das nächste Beispiel illustriert die Bedeutung dieser Sichtweise.

> **BEISPIEL 3:** Fragrance, Inc., verarbeitet eine spezielle Chemikalie, aus der zwei Parfums gewonnen werden, die Mystique und Passion genannt werden. Eine bestimmte Menge der Chemikalie ergibt 50 Unzen Mystique und 150 Unzen Passion. Der Marktwert im Gabelungspunkt beträgt 6 $/ounce für Mystique und 4 $/Unze für Passion. Bis zum Gabelungspunkt entstehen Kuppelproduktionskosten von 880 $. Der Manager hat die Option 150 Unzen Passion zu 100 Unzen Romance weiterzuverarbeiten. Die gesamten Differenzkosten der Umwandlung von Passion in Romance würden 160 $ betragen und der Verkaufspreis für Romance wäre 8 $/Unze. Tafel 15.11 gibt einen Überblick über die Zusammenhänge.

Tafel 15.11
Fragrance, Inc.: Skizze zu Beispiel 3

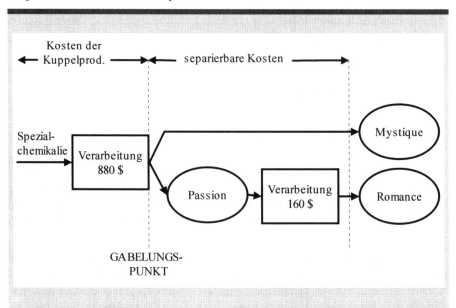

Der richtige Ansatz für die Entscheidung über die Weiterverarbeitung von Passion zu Romance besteht darin, den Differenzerlös mit den Differenzkosten zu vergleichen und dabei alle anderen Faktoren wie zum Beispiel das investierte Kapital und die Zeitperiode konstant zu halten:

Differenzerlös von Romance (100 × 8 $) - (150 × 4 $)	200 $
Differenzkosten der Weiterverarbeitung von Passion zu Romance	160 $
Differenzgewinn	40 $

Es folgt eine Berechnung des Gesamtgewinns für die beiden Alternativen:[70]

	Alternative 1 Verkauf von Mystique und Passion		Alternative 2: Verkauf von Mystique und Romance		Differenz
Gesamterlös	300 $ + 600 $	900 $	300 $ + 800 $	1.100 $	200 $
Gesamtkosten		880 $	880 $ + 160 $	1.040 $	160 $
Betriebsgewinn		20 $		60 $	40 $

An diesem Beispiel sieht man, daß es sich lohnt, den Prozeß weiterzuführen und zusätzliche Kosten für ein Kuppelprodukt auf sich zu nehmen, wenn der zusätzliche Erlös die zusätzlichen Kosten übersteigt.

Konventionelle Methoden der Aufschlüsselung von Kuppelproduktionskosten können irreführend sein, wenn man sich bei der Entscheidung über Verkauf oder Weiterverarbeitung auf die Stückkosten verläßt. So würden zum Beispiel bei der Zurechnung nach physikalischen Meßdaten (in unserem Fall Unzen) die gemeinsamen Kosten von 880 $ folgendermaßen auf die Produkte verteilt:

Produkt	hergestellte Menge in Unzen	Gewichtung	Zurechnung der Kuppelproduktionskosten
Mystique	50	50 : 200 = 0,25	0,25 × 880 $ = 220 $
Passion	150	150 : 200 = 0,75	0,75 × 880 $ = 660 $
	200		880 $

Die daraus abgeleitete Gewinn- und Verlustrechnung für die Produktlinie würde irrtümlicherweise implizieren, daß die Firma durch den Verkauf von Romance einen Verlust macht:

---

[70] Erlös für Mystique: 50 × 6 $ = 300 $; Erlös für Passion: 150 × 4 $ = 600 $; Erlös für Romance: 100 × 8 $ = 800 $.

	Mystique	Romance
Erlöse	300 $	800 $
Kosten		
zugerechnete Kosten der Kuppelproduktion	220 $	660 $
separierbare Kosten	–	160 $
Herstellkosten des Umsatzes	220 $	820 $
Betriebsgewinn	80 $	(20) $

15.6 DIE BUCHUNG VON NEBENPRODUKTEN

Aus Kuppelproduktionsprozessen entstehen oft auch sogenannte Nebenprodukte –
Produkte, die im Vergleich zu den Haupt- oder Kuppelprodukten einen relativ geringen Marktwert haben. In diesem Abschnitt geht es um die Behandlung von Nebenprodukten in der Kostenrechnung. Um die Darstellung zu vereinfachen, beschränken wir
uns auf zwei Produkte, ein Hauptprodukt und ein Nebenprodukt. (In vielen Fällen gibt
es mehrere Kuppelprodukte und mehrere Nebenprodukte und auch Abfallprodukte.
Die Alternativen für die Verbuchung von Abfallprodukten werden in Kapitel 18 dargestellt.[71]

> **BEISPIEL 4:** Die Firma Meatworks Group verarbeitet Fleisch aus
> Schlachthöfen. Eine ihrer Abteilungen zerteilt Lammvorderbeine und stellt
> zwei Produkte her:
>
> • Lammschulter (Hauptprodukt) – Verkaufspreis 60 $ pro Packung
> • Lammfuß (Nebenprodukt) – Verkaufspreis 4 $ pro Packung

Beide Produkte werden im Gabelungspunkt ohne weitere Verarbeitung verkauft, wie
Tafel 15.12 zeigt. Die folgende Tabelle enthält die Anzahl der Packungen, die in dieser Abteilung im Juli 19_7 hergestellt worden sind:

	Produktionsmenge	Absatzmenge	Anfangsbestand	Endbestand
Schulter	500	400	0	100
Fuß	100	30	0	70

---

[71] Weitere Darstellungen der Abrechnungsmethoden für Nebenprodukte findet sich in
C.Cheatham und M. Green, "Teaching Accounting for Byproducts," *Management
Accounting News & Views* (Frühjahr 1988), S. 14-15; und in D. Stout und D. Wygal,
"Making By-Products a Main Product of Discussion: A Challenge to Accounting Edu-
cators,"*Journal of Accounting Education* (1989), S. 219-233.

Tafel 15.12
Meatworks Group: Skizze zu Beispiel 4

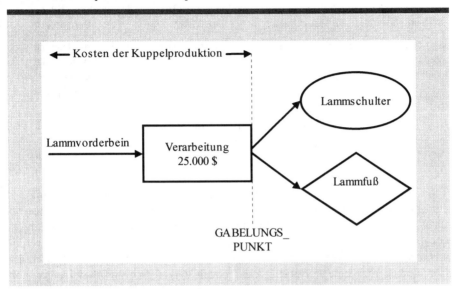

Die gesamten Herstellkosten betrugen 25.000 $.

Bei den Buchungsmethoden für die Nebenprodukte geht es hauptsächlich um zwei Fragen:

* *Zu welchem Zeitpunkt werden die Nebenprodukte zum ersten Mal im Hauptbuch verzeichnet?* Grundsätzlich gibt es zwei Alternativen, nämlich (1) zum Zeitpunkt der Fertigung und (2) zum Zeitpunkt des Verkaufs.
* *Wo erscheinen die Erlöse aus Nebenprodukten in der Gewinn- und Verlustrechnung?* Grundsätzlich gibt es die beiden Optionen (1) als Kostenreduktion für das Hauptprodukt beziehungsweise die Kuppelprodukte und (2) als eigener Posten unter Erlös oder sonstige Einkünfte.

Kombiniert man die beiden Fragen, so ergeben sich vier Alternativen für die Verbuchung von Nebenprodukten:[72]

---

[72] Das sind alles Variationen der sogenannten **Restwertmethode** oder **Subtraktionsmethode**. Dabei werden die Deckungsbeiträge der Nebenprodukte von den Gesamtkosten subtrahiert und die übrigen Kosten dem Hauptprodukt angelastet. [Anm. d. Übers.]

Buchungs- methode für Nebenprodukte	Wann erscheinen die Nebenprodukte im Hauptbuch?	Wo erscheinen die Nebenprodukte in der GuV?	Wo erscheinen die Nebenprodukte in der Bilanz?
A	Produktion	Kostenverringerung	Lagerbestand an
B	Produktion	Erlös oder Sonst. Ein- kommen	Nebenprodukten zu (nichtrealisierten) Verkaufspreisen bewertet
C	Verkauf	Kostenverringerung	Lagerbestand an
D	Verkauf	Erlös oder Sonst. Ein- kommen	Nebenprodukten nicht aufgeführt

Tafel 15.13 zeigt die Gewinn- und Verlustrechnung und die Lagerbestandszahlen in der Bilanz für jede der vier Methoden. Bei den Methoden A und B wird der Lagerbestand an Nebenprodukten zum Zeitpunkt der Produktion verbucht. Man beachte jedoch, daß Nebenproduktvorräte in der Bilanz zu Verkaufspreisen bewertet werden und nicht zu ihren Kosten. (Eine Variante der Methoden A und B besteht darin, daß man die Lagerbestände an Nebenprodukten zum Verkaufspreis abzüglich einer "normalen Gewinnspanne" aufführt. Bei dieser Variante vermeidet man es, in der Fertigungsperiode nicht-realisierte Gewinne gegen die Herstellkosten des Umsatzes aufzurechnen.[73]

Die Methoden C und D werden in der Praxis vor allem mit der relativ geringen Bedeutung der Nebenprodukte gerechtfertigt. Diese Methoden erlauben es den Managern, den ausgewiesenen Gewinn durch das Timing des Verkaufs von Nebenprodukten zu beeinflussen. Sie können einen Vorrat an Nebenprodukten anlegen und damit die nötige Flexibilität gewinnen, um die Erlöse anzukurbeln, wenn es für sie am vorteilhaftesten ist.

Die Firma Meatworks verwendet die Methode B. Diese Methode hebt den Beitrag der einzelnen Produkte zum Gesamterlös besonders heraus. Im Lauf der Zeit können sich die Erlöse einzelner Produkte verändern. Methode B ermöglicht es den Managern, die Ursache von Erlösänderungen leicht zu verfolgen.

---

[73] Bei einer Variante von Methode A zieht man den geschätzten Netto-Realisationswert eines oder mehrerer Nebenprodukte von den Kosten der Kuppelproduktion ab, bevor der Rest auf die einzelnen Kuppelprodukte aufgeschlüsselt wird. Bei einer anderen Variante zieht man den geschätzten NRW eines oder mehrerer Nebenprodukte von den gesamten Herstellkosten ab (Kosten der Kuppelproduktion plus separierbare Kosten).

Tafel 15.13
Meatworks Group: Gewinn- und Verlustrechnung für Juli 19_7

	Buchungsmethode für die Nebenprodukte			
	A	B	C	D
	Bei der Produktion	Bei der Produktion	Beim Verkauf	Beim Verkauf
Wann wird das Nebenprodukt verbucht?				
Wo erscheint das Nebenprodukt in der GuV	Kostenabzug	Erlös	Kostenabzug	Erlös
Erlöse				
Hauptprodukt: Lammschulter (400 × 60 $)	24.000 $	24.000 $	24.000 $	24.000 $
Nebenprodukt: Lammfuß (30 × 4 $)	–	120 $	–	120 $
Gesamterlös	24.000 $	24.120 $	24.000 $	24.120 $
Herstellkosten des Umsatzes				
Gesamtherstellkosten	25.000 $	25.000 $	25.000 $	25.000 $
Abzüglich der Nettoerlöse für Nebenprodukte	120 $	–	120 $	–
Nettoherstellkosten	24.880 $	25.000 $	24.880 $	25.000 $
Abzüglich Lagerbestand Hauptprodukt	4.976 $	5.000 $	4.976 $	5.000 $
Abzüglich Lagerbestand Nebenprodukt	280 $	280 $	–	–
Herstellkosten des Umsatzes	19.624 $	19.720 $	19.904 $	20.000 $
Bruttogewinn	4.376 $	4.400 $	4.096 $	4.120 $
Bruttogewinnanteil	18,23 %	18,24 %	17,07 %	17,08 %
Aktivierte Kosten (Periodenende)				
Hauptprodukt: Lammschulter	4.976 $	5.000 $	4.976 $	5.000 $
Nebenprodukt: Lammfuß (Verkaufspreise)	280 $	280 $	0 $	0 $

Ein alternativer Ansatz

Die in Tafel 15.13 gezeigten Buchungsmethoden setzen voraus, daß man eines oder mehrere Produkte als Nebenprodukte klassifiziert, während alle anderen als Haupt-produkte betrachtet werden. Ein alternativer Ansatz besteht darin, die Kosten der Kup-pelproduktion auf *alle* Produkten nach der gleichen Methode zu verteilen. Angenommen, man verwendet den geschätzten Netto-Realisationswert. Diesen Wert kann man leicht für jedes Produkt berechnen. Produkte mit niedrigen geschätzten NRWs erhalten niedrige Gewichte (seien es nun 15 %, 5 % oder 0,5 %). Dieser Ansatz würde die Unterscheidung zwischen Kuppelprodukten und Nebenprodukten überflüs-sig machen. Die Kostenrechnung für alle Kuppelprodukte und Nebenprodukte wäre konsistent. Die konsistente Anwendung einer marktorientierten Methode würde be-deuten, daß die daraus resultierende Kostenaufschlüsselung das Nutzenprinzip wider-spiegelt.

AUFGABE

Die Firma Inorganic Chemicals kauft Salz und verarbeitet es zu höherwertigen Produkten wie zum Beispiel Ätznatron, Chlor und PVC (Polyvinylchlorid). Im vergangenen Monat (Juli) hat Inorganic Chemicals für 40.000 $ Salz gekauft. Bis zum Gabelungspunkt, an dem zwei vermarktbare Produkte (Ätznatron und Chlor) hergestellt waren, entstanden Kosten in Höhe von 60.000 $. Chlor kann zu PVC weiterverarbeitet werden. Die Zahlen über Produktion und Absatz im Monat Juli lauten wie folgt:

	Produktion	Absatz	Absatzpreis pro Tonne
Ätznatron	1.200 Tonnen	1.200 Tonnen	50 $
Chlor	800 Tonnen		
PVC	500 Tonnen	500 TOnnen	200 $

Die gesamten 800 Tonnen Chlor wurden zu 500 Tonnen PVC weiterverarbeitet, wobei Differenzkosten in Höhe von 20.000 $ anfielen. Bei dieser Weiterverarbeitung des Chlors entstanden weder Nebenprodukte noch Abfallprodukte. Bei keinem der drei Produkte war im Juli ein Lageranfangsbestand oder Lagerendbestand zu verzeichnen.

Es gibt einen aktiven Markt für Chlor. Inorganic Chemicals hätte die gesamte Juliproduktion an Chlor für 75 $ pro Tonne verkaufen können.

1. Rechnen Sie aus, wie die Kuppelproduktionskosten in Höhe von 100.000 $ nach jeder der folgenden Methoden auf Ätznatron und Chlor aufgeschlüsselt würden: (a) Marktwert im Gabelungspunkt, (b) physikalische Meßgröße (Tonnen) und (c) geschätzter Netto-Realisationswert.

2. Wie hoch ist der Bruttogewinnanteil von (a) Ätznatron und (b) PVC nach jeder der drei Methoden aus Frage 1?

3. Die Firma Lifetime Swimmingpool Products bietet an, im August 800 Tonnen Chlor zu 75 $ pro Tonne zu kaufen. Das würde bedeuten, daß im August kein PVC hergestellt würde. Wie würde sich die Annahme dieses Angebots auf den Betriebsgewinn im Monat August auswirken?

Aufgabe zum Selbststudium

LÖSUNG

1. (a) Marktwert im Gabelungspunkt

	Ätznatron	Chlor	Summe
1. Marktwert im Gabelungspunkt (Ätznatron: 1.200×50 \$; Chlor: 800×75 \$)	60.000 \$	60.000 \$	120.000 \$
2. Gewichtung (60.000 \$: 120.000 \$; 60.000 \$: 120.000 \$)	0,5	0,5	
3. Zugerechnete Kosten (Ätznatron: $0,5 \times 100.000$ \$; Chlor: $0,5 \times 100.000$ \$)	50.000 \$	50.000 \$	100.000 \$

(b) Physikalische Meßgröße

	Ätznatron	Chlor	Summe
1. Physikalische Meßgröße (Tonnen)	1.200	800	2.000
2. Gewichtung (1.200 : 2.000; 800 : 2.000)	0,6	0,4	
3. Zugerechnete Kosten (Ätznatron: $0,6 \times 100.000$ \$; Chlor: $0,4 \times 100.000$ \$)	60.000 \$	40.000 \$	100.000 \$

(c) Geschätzter Netto-Realisationswert

	Ätznatron	Chlor	Summe
1. Erwarteter Endverkaufswert der Gesamtproduktion (Ätznatron: 1.200×50 \$; PVC: 500×200 \$)	60.000 \$	100.000 \$	160.000 \$
2. Erwartete separierbare Kosten		20.000 \$	20.000 \$
3. Erwarteter Netto-Realisationswert im Gabelungspunkt	60.000 \$	80.000 \$	140.000 \$
2. Gewichtung (60.000 \$: 140.000 \$; 80.000 \$: 140.000 \$)	3/7	4/7	
3. Zugerechnete Kosten (Ätznatron: $3/7 \times 100.000$ \$; Chlor: $4/7 \times 100.000$ \$)	42.857 \$	57.143 \$	100.000 \$

LÖSUNG (FORTSETZUNG)

2. (a) Ätznatron

	Marktwert im Gabelungspunkt	Physikalische Meßgröße	Geschätzter Netto-Realisationswert
Absatz	60.000 $	60.000 $	60.000 $
Kosten der Kuppelproduktion	50.000 $	60.000 $	42.857 $
Bruttogewinn	10.000 $	0 $	17.143 $
Bruttogewinnanteil	16,67 %	0 %	28,57 %

(b) PVC

	Marktwert im Gabelungspunkt	Physikalische Meßgröße	Geschätzter Netto-Realisationswert
Absatz	100.000 $	100.000 $	100.000 $
Kosten der Kuppelproduktion	50.000 $	40.000 $	57.143 $
Separierbare Kosten	20.000 $	20.000 $	20.000 $
Bruttogewinn	30.000 $	40.000 $	22.857 $
Bruttogewinnanteil	30,00 %	40,00 %	22,86 %

3. Differenzgewinn durch die Weiterverarbeitung von Chlor zu PVC:

Differenzerlös (500 × 200 $) - (800 × 75 $)	40.000 $
Differenzkosten	20.000 $
Differenzgewinn	20.000 $

Der Betriebsgewinn von Inorganic Chemicals würde sich um 20.000 $ verringern, wenn die Firma 800 Tonnen Chlor an Lifetime Swimming Pool Products verkaufen würde, anstatt das Chlor zu PVC weiterzuverarbeiten.

Aufgabe zum Selbststudium

Erlöse, Erlösabweichungen und Kundenrentabilitätsanalyse

KAPITEL

In den vorausgegangenen Kapiteln haben wir gezeigt, wie wichtig ein detailliertes Verständnis der Kosten für Entscheidungen über Produkte, Dienstleistungen, Kunden und Abteilungen ist. In diesem Kapitel geht es um die Bedeutung der Erlöse. Erlöse sind das Lebenselixier der meisten Organisationen. In florierenden Unternehmen verwenden die Manager einen großen Teil ihrer Energie auf die Erlösplanung und die Erlösanalyse. Im folgenden geht es um drei erlösbezogene Themen:

Teil Eins: Erlösanalyse: Probleme der Erlöszuordnung und Erlösaufschlüsselung bei der Verteilung der Erlöse auf Produkte, Dienstleistungen, Kunden oder Abteilungen.

Teil Zwei: Erlös- und Absatzmixanalyse: Erlös- und Absatzmixanalyse für Mehrproduktunternehmen oder Unternehmen mit einem einzigen Produkt, das in verschiedenen Ländern verkauft wird.

Teil Drei: Kundenrentabilitätsanalyse: Sammlung und Analyse von kundenbezogenen Kostendaten.

Viele der Konzepte, die wir in den vorausgegangenen Kapiteln im Zusammenhang mit den Kosten eingeführt haben, kann man auch auf die Erlöse anwenden. So ging es zum Beispiel in Kapitel 2 um Kostenzuordnung und Kostenaufschlüsselung. Im folgenden beschäftigen wir uns mit Erlöszuordnung und Erlösaufschlüsselung. In den Kapiteln 4 und 5 haben wir diskutiert, wie eine zu gleichmäßige Verteilung der Kosten auf die Kostenobjekte zum sogenannten "*peanut butter costing*" führt. Hier sehen wir uns an, wie bei den Erlösen ähnliche Probleme entstehen können. Kapitel 7 hat gezeigt, wie man eine detaillierte Abweichungsanalyse nutzen kann, um zu verstehen, warum die Istkosten sich von den Plankosten unterscheiden. Nun geht es darum, wie man aus einer detaillierten Abweichungsanalyse für die Erlöse von Mehrproduktunternehmen oder von Unternehmen mit einem einzigen Produkt, das in verschiedenen Ländern verkauft wird, zusätzliche Einsichten darüber gewinnen kann, warum sich die Isterlöse von den Planerlösen unterscheiden.

◆ TEIL EINS: ERLÖSANALYSE

Erlöse sind Mittelzuflüsse im Austausch für die Lieferung von Produkten oder Dienstleistungen an Kunden. In diesem Teil geht es um Fragen der Erlöszuordnung und Erlösaufschlüsselung, also der Verteilung der Erlöse auf Produkte, Dienstleistungen, Kunden oder Abteilungen. **Erlöszuordnung** (*revenue tracing*) findet statt, wenn die

Erlöse auf wirtschaftlich rentable Art und Weise mit einem einzelnen Produkt, (einer Dienstleistungen, einem Kunden usw.) identifiziert werden können. **Erlösaufschlüsselung** (*revenue allocation*) findet statt, wenn Erlöse, die mit einzelnen Produkten (Dienstleistungen, Kunden, usw.) zu tun haben, ihnen aber nicht eindeutig zugeordnet werden können, auf diese Produkte verteilt werden. Erlöszuordnung führt zu einer genaueren Allokation der Erlöse auf die Produkte als Erlösaufschlüsselung. Genau wie bei den Kostendaten glaubt man, daß genauere Informationen zu besseren Entscheidungen führen.

Wir illustrieren die einzelnen Themen am Beispiel der Softwarefirma Superhighway Application Group (SAG). Superhighway entwickelt, verkauft und pflegt drei Softwarepakete:

1. WordMaster: Die aktuelle Version, vor 36 Monaten freigegeben, ist WordMaster 5.0. WordMaster war das Anfangsprodukt des Unternehmens.
2. SpreadMaster: Die aktuelle Version, vor 18 Monaten freigegeben, ist SpreadMaster 3.0.
3. FinanceMaster: Die aktuelle Version ist FinanceMaster 2.0. Dieses jüngste Produkt der Firma ist bisher am erfolgreichsten. Die Version 2.0 wurde vor 6 Monaten freigegeben.

16.1 ERLÖSZUORDNUNG UND RÜCKSENDUNGEN

Die breite Durchschnittsbildung bei Erlöszahlen kann dazu führen, daß die Erlöse nicht richtig auf die einzelnen Produkte verteilt werden. Durch die Investition in Informationssysteme, die so viele Erlösposten wie möglich den einzelnen Produkten zuordnen, können Manager die Genauigkeit der ausgewiesenen Produkterlöse und damit auch die Genauigkeit der ausgewiesenen Produktgewinne erhöhen. Genauere Produktgewinne wiederum können zu genaueren Kundenrentabilitätszahlen führen.

Nehmen wir zum Beispiel die Rücksendungen. Bei vielen Unternehmen können unzufriedene Kunden gekaufte Produkte wieder zurückgeben und erhalten eine Rückerstattung des Kaufpreises (oder einen Gutschein für zukünftige Einkäufe). Zum Zeitpunkt des ursprünglichen Verkaufs weiß man nicht, welche Kunden das Produkt zurückgeben werden. Oft können Unternehmen aber aus Erfahrungen der Vergangenheit schließen, daß ein bestimmter Prozentsatz der tatsächlich verkauften Einheiten in der Folge wieder zurückgegeben wird.

Wenn eine Firma die Erlöszahlen korrigiert, indem sie für viele Produkte einen breiten Durchschnitt der Rücksendungen bildet, reduziert sie möglicherweise die Genauigkeit der ausgewiesenen Erlöszahlen für einzelne Produkte. Der gegenwärtig praktizierte Ansatz für den Ausweis der Rücksendungen bei Superhighway ist ein Beispiel für die breite Durchschnittsbildung. Man geht davon aus, daß die Rücksendungen 3 % des

Bruttoerlöses ausmachen. Diese drei Prozent werden auf alle drei Produkte angewandt. Die zurückgegebenen Produkte werden mit einem Wert von null angesetzt. Superhighway berechnet für jeden Monat die Erlöse mit 97 % der Bruttoerlöse beim Verkauf. Die folgende Tabelle zeigt den Absatz an neue Kunden für das Jahr 19_7:

	Word Master	Spread Master	Finance Master	Summe
Absatzstückzahl	6.000 $	9.000 $	4.000 $	
tatsächlicher Verkaufspreis	250 $	300 $	450 $	
Bruttoerlöse	1.500.000 $	2.700.000 $	1.800.000 $	6.000.000 $
abzüglich der durchschnittlichen Rücksendungen (3 %)	45.000 $	81.000 $	54.000 $	180.000 $
Nettoerlöse	1.455.000 $	2.619.000 $	1.746.000 $	5.820.000 $

Die Firmenpolitik erlaubt Warenrücksendungen innerhalb eines Monats nach dem Verkauf. Einen Monat nach dem Ende des Jahres 19_7 kennt man die Höhe der tatsächlichen Rücksendungen für 19_7.

Breite Durchschnittsbildung bei der Erlöskorrektur

Die gegenwärtig bei Superhighway praktizierte Methode besteht darin, daß man die tatsächlichen Rücksendungen auf einem einzigen Konto sammelt. Am Ende der Berichtsperiode wird der Erlös von 19_7 in einem einzigen Schritt korrigiert. Angenommen Superhighway hat tatsächliche Rücksendungen in Höhe von 249.000 $ bezogen auf einen Umsatz von 6 Mio. $ im Jahr 19_7. Mit den angenommenen 3 % hat man die tatsächlichen Warenrücksendungen um 69.000 $ unterschätzt. Der tatsächliche Anteil der Rücksendungen betrug 4,15 % (249.000 $: 6.000.000 $) gegenüber den geplanten 3 % (180.000 $: 6.000.000 $)

Ende 19_7 führt Superhighway für jedes Produkt eine einheitliche Anpassung der Nettoerlöse durch. Vom Bruttoerlös werden zusätzlich 1,15 % abgezogen, so daß die Korrektur für die tatsächlichen Warenrücksendungen nun 4,15 % ausmacht:

	Word Master	Spread Master	Finance Master	Summe
Bruttoerlöse	1.500.000 $	2.700.000 $	1.800.000 $	6.000.000 $
abzüglich der tatsächlichen Rücksendungen (4,15 %)	62.250 $	112.050 $	74.700 $	249.000 $
Nettoerlöse	1.437.750 $	2.587.950 $	1.725.300 $	5.751.000 $

Die einheitliche Korrektur der Erlöse um 4,15 % bei allen Produkten entspricht dem *peanut-butter costing*, das wir in Kapitel 4 (Seite 102 ff.) diskutiert haben. Wenn sich die Produkte in bezug auf die Häufigkeit von Rücksendungen unterschieden, erhält man genauere Nettoerlösbeträge für die individuellen Produkte, indem man die tatsächlichen Rücksendungen den richtigen Produktlinien zuordnet.

Wir gehen von den folgenden Zahlen für die tatsächlichen Rücksendungen im Jahr 19_7 aus:

	Word Master	Spread Master	Finance Master	Summe
Bruttoerlöse	1.500.000 $	2.700.000 $	1.800.000 $	6.000.000 $
tatsächliche Rücksendungen	15.000 $	108.000 $	126.000 $	249.000 $
Nettoerlöse	1.485.000 $	2.592.000 $	1.674.000 $	5.751.000 $

Die Prozentsätze für die tatsächlichen Rücksendungen lauten

- WordMaster: 1,0 % (15.000 $: 1.500.000 $)
- SpreadMaster: 4,0 % (108.000 $: 2.700.000 $)
- FinanceMaster: 7,0 % (126.000 $: 1.800.000 $)

Die einheitliche Korrektur um 4,15 % führt zu den folgenden Unter- und Überschätzungen der Nettoerlöse:

	Tatsächliche Nettoerlöse	angenommene Nettoerlöse aufgrund einheitlicher Rücksendungen von 4,15%	Differenz
WordMaster	1.485.000 $	1.437.750 $	47.250 $ Unterschätzung
SpreadMaster	2.592.000 $	2.587.950 $	4.050 $ Unterschätzung
FinanceMaster	1.674.000 $	1.725.300 $	51.300 $ Überschätzung
	5.751.000 $	5.751.000 $	

Diese Unter- oder Überschätzungen der tatsächlichen Nettoerlöse führen zu Unter- oder Überschätzungen der Rentabilität der einzelnen Produkte. WordMaster ist zum Beispiel tatsächlich rentabler als ausgewiesen wird, wenn man die einheitliche Korrektur um 4,15 % durchführt.

Durch die jüngsten Fortschritte in der Informationstechnologie ist die produktgenaue Sammlung von verläßlichen Daten für die Rücksendungen machbarer geworden. In der Vergangenheit haben viele Unternehmen für die Rücksendungen breite Durchschnitte gebildet, weil es zu schwierig war, für viele einzelne Produkte, die in verschiedenen Läden zurückgegeben wurden, zuverlässige Daten zu sammeln. Erst in den letzten Jahren haben die Einzelhändler umfangreiche Informationssysteme, so daß alle Läden produktgenaue Informationen über Warenrücksendungen in eine gemeinsame Datenbank eingeben können.

16.2 ERLÖSAUFSCHLÜSSELUNG

Manager sind zunehmend mit schwierigen Problemen der Erlösaufschlüsselung konfrontiert. Ein solches Problem entsteht, wenn man ein Produktpaket verkauft. Ein **Produktpaket** besteht aus zwei oder mehreren Produkten oder Dienstleistungen, die zu einem einheitlichen Gesamtpreis verkauft werden, wobei die einzelnen Komponenten des Pakets auch getrennt voneinander mit Preisen bewertet und verkauft werden könnten. Der Gesamtpreis für das Produktpaket ist typischerweise geringer als die Summe der Preise seiner Komponenten, wenn man sie separat einkauft. So bieten zum Beispiel Banken oft ihren Kunden ein Paket von Dienstleistungen aus verschiedenen Abteilungen (Kontoführung, Wertpapierdepot und Anlageberatung) zu einem einzigen Preis an. Ein Hotel kann für einen einheitlichen Preis ein Wochenendpaket anbieten, das Dienstleistungen aus den Abteilungen Beherbergung (das Zimmer), Restauration (die Mahlzeiten) und Erholung (die Benutzung des Golfplatzes) beinhaltet. Wenn die einzelnen Abteilungsmanager Erlös- oder Gewinnverantwortung haben, stellt sich die Frage, wie der Gesamterlös auf die einzelnen Komponenten des Produktpakets aufgeteilt werden soll.

Die Superhighway Application Group muß bei ihren Produktpaketverkäufen ebenfalls über die Erlösaufschlüsselung entscheiden. Dabei werden zwei oder drei Softwareprodukte als einheitliches Paket verkauft. Die Manager der Firma sind sehr daran interessiert, Rentabilitätszahlen für die einzelnen Produkte zu haben. Für jedes Produkt gibt es einen eigenen Manager, der für das Betriebsergebnis des Produkts verantwortlich ist. Hinzu kommt, daß die Techniker ebenfalls entlang der Produktgrenzen organisiert sind und daß ihr Bonus zum Teil nach der jeweiligen Produktrentabilität berechnet wird. Wie sollte Superhighway die Paketerlöse auf die einzelnen Produkte aufschlüsseln? Die folgende Tabelle enthält Informationen über die Paketabsätze und die Einzelpreise der Produkte:

	Einzelpreise			
Produktpakete	**WordMaster**	**SpreadMaster**	**FinanceMaster**	**Paketpreis**
Word und Spread	250 $	300 $	–	440 $
Word und Finance	250 $	–	450 $	560 $
Word, Spread und Finance	250 $	300 $	450 $	760 $

Die Herstellkosten pro Stück betragen bei WordMaster 36 $, bei SpreadMaster 40 $ und bei FinanceMaster 50 $.

Die beiden wichtigsten Gruppen von Methoden für die Erlösaufschlüsselung sind die proportionale und die inkrementale Erlösaufschlüsselung, die wir im folgenden nacheinander vorstellen. Für beide Methoden gibt es Analogien bei der Kostenaufschlüsselung, wie wir sie in Kapitel 13 diskutiert haben (Seite 470 ff.).

Proportionale Erlösaufschlüsselung

Die **proportionale Erlösaufschlüsselung** (*stand-alone revenue-allocation method*) benutzt Informationen über die einzelnen Produkte des Pakets, um die Gewichte zu bestimmen, mit deren Hilfe der Gesamterlös auf diese einzelnen Produkte aufgeschlüsselt wird. Betrachten wir als Beispiel das Paket Word und Finance, das für 560 $ verkauft wird. Es gibt drei produktbezogene Quellen für diese Gewichte:

1. *Einzelpreise.* Die individuellen Absatzpreise betagen 250 $ für WordMaster und 450 $ für FinanceMaster. Die Aufschlüsselung der 560 $ auf die beiden Produkte ist dann

$$\text{Word:} \qquad \frac{250\ \$}{250\ \$ + 450\ \$} \times 560\ \$ = 0{,}36 \times 560 = 202\ \$$$

$$\text{Finance:} \qquad \frac{450\ \$}{250\ \$ + 450\ \$} \times 560\ \$ = 0{,}64 \times 560 = 358\ \$$$

2. *Stückkosten.* Bei dieser Methode verwendet man die Kosten der einzelnen Produkte, um die Gewichte für die Erlösaufschlüsselung zu bestimmen. Wir gehen davon aus, daß die Erlösaufschlüsselung auf der Basis der Herstellstückkosten erfolgt.

$$\text{Word:} \qquad \frac{36\ \$}{36\ \$ + 50\ \$} \times 560\ \$ = 0{,}42 \times 560 = 235\ \$$$

$$\text{Finance:} \qquad \frac{50\ \$}{36\ \$ + 50\ \$} \times 560\ \$ = 0{,}58 \times 560 = 325\ \$$$

3. *Mengenverhältnis.* Bei dieser Methode erhält jede Produkteinheit im Paket bei der Erlösaufschlüsselung das gleiche Gewicht. Da die Serie Word plus Finance aus zwei Produkten besteht, erhält jedes Produkt 50 % des Paketerlöses zugerechnet.

$$\text{Word:} \qquad \frac{1}{1+1} \times 560\ \$ = 0{,}50 \times 560 = 280\ \$$$

$$\text{Finance:} \qquad \frac{1}{1+1} \times 560\ \$ = 0{,}50 \times 560 = 280\ \$$$

Diese drei Ansätze führen zu der folgenden Erlösaufschlüsselung auf die einzelnen Produkte:

Erlösschlüssel	WordMaster	FinanceMaster
Einzelpreise	202 $	358 $
Herstellstückkosten	235 $	325 $
Mengenverhältnis	280 $	280 $

Die Einzelpreise haben den Vorteil, daß sie oft der beste verfügbare Indikator für den Nutzen sind, den die Unternehmen aus dem Verkauf der Produkte ziehen. Marktorientierte Gewichte, die näher am Kunden sind, fangen das Nutzenverhältnis in einem Produktpaket besser ein als kostenorientierte oder mengenorientierte Gewichte. Die Erlösaufschlüsselung aufgrund der Produktzahl wird üblicherweise mit ihrer Einfachheit gerechtfertigt oder mit den Grenzen der alternativen Methoden (wenn zum Beispiel die Einzelpreise schwanken oder die Herstellstückkosten der einzelnen Produkte schwer zu berechnen sind).[74]

Inkrementale Erlösaufschlüsselung

Bei der **inkrementalen Erlösaufschlüsselung** (incremental revenue-allcation method) bringt man die einzelnen Produkte im Paket in eine Rangfolge und schlüsselt den Gesamterlös nach dieser Rangordnung auf die einzelnen Produkte auf. Das Produkt mit Rang 1 wird als *Hauptprodukt* bezeichnet, das Produkt mit Rang 2 als *Zusatzprodukt*.

Nehmen wir wieder das Produktpaket Word und Finance von Superhighway als Beispiel. Angenommen FinanceMaster wird als Hauptprodukt definiert. Wenn der Paketerlös den Einzelerlös des Hauptprodukts übersteigt, erhält das Hauptprodukt 100 % seines Einzelerlöses zugerechnet. Das ist beim Paket Word/Finance der Fall. Der Paketerlös von 560 $ ist höher als der Einzelerlös von 450 $ für Finance. Finance erhält also einen Erlös von 450 $ zugerechnet und Word den verbleibenden Erlös von 110 $:

Produkt	zugerechneter Erlös	übriger Erlös, der anderen Produkten zugerechnet werden kann
Finance	450 $	110 $ (560 $ - 450 $)
Word	110 $	0 $

---

[74] Eine alternative Gewichtungsmethode greift auf die Einzelerlöse zurück. Dieser Ansatz berücksichtigt sowohl Unterschiede in den Absatzmengen als auch Unterschiede in den Absatzpreisen der einzelnen Produkte im Paket. Die Manager haben weniger Möglichkeiten, diese Gewichte zu manipulieren, indem sie künstlich hohe Einzelpreise ansetzen. Ein Ansatz, der den Managern den Anreiz nimmt, künstlich hohe Einzelpreise anzusetzen, ist die Verwendung der tatsächlichen durchschnittlichen Absatzpreise anstelle der Listenpreise. Die tatsächlichen Stückpreise unterscheiden sich von den Listenpreisen durch Preisnachlässe und Rabatte.

Ist der Paketerlös kleiner oder gleich dem Einzelerlös des Hauptprodukts, so erhält das Hauptprodukt den gesamten Paketerlös zugerechnet. Alle anderen Produkte in der Serie würden keinen Erlös zugerechnet bekommen.

Besteht das Paket aus mehr als zwei Produkten, so wird der Erlös sequentiell aufgeschlüsselt. Betrachten wir zum Beispiel das Produktpaket Word, Spread und Finance, das für 760 $ verkauft wird. Angenommen Superhighway bestimmt Finance als Hauptprodukt, Spread als erstes Zusatzprodukt und Word als zweites Zusatzprodukt. Die Aufschlüsselung des Paketerlöses von 760 $ wird dann folgendermaßen vorgenommen:

Produkt	zugerechneter Erlös	übriger Erlös, der anderen Produkten zugerechnet werden kann
Finance	450 $	310 $ (760 $ - 450 $)
Spread	300 $	10 $ (760 $ - 450 $ - 300 $)
Word	10 $	0 $

Offensichtlich ist die Rangfolge der einzelnen Produkte im Paket der Schlüssel zur Bestimmung der Erlöse, die den einzelnen Produkten zugerechnet werden.

Wer entscheidet über die Rangfolge der Produkte bei der inkrementalen Erlösaufschlüsselung? Eine Möglichkeit besteht darin, die Kunden nach der relativen Bedeutung der einzelnen Komponenten im Produktpaket für ihre Kaufentscheidung zu befragen. Zweitens kann man sich nach jüngeren Daten über den Erfolg der einzelnen Produkte im Paket richten. Ein dritter Ansatz besteht darin, daß das Topmanagement von Superhighway die Rangfolge bestimmt.

Die Produktmanager der Firma wären sich wahrscheinlich nicht einig darüber, welchen Beitrag ihre jeweiligen Produkte zum Absatz des Produktpakets leisten. Möglicherweise würde jeder einzelne Produktmanager behaupten, für das Hauptprodukt des Pakets Word + Spread + Finance verantwortlich zu sein! Die proportionale Erlösaufschlüsselung macht es nicht erforderlich, die einzelnen Produkte in eine Rangfolge zu bringen. Es ist bei dieser Methode deshalb weniger wahrscheinlich, daß die Produktmanager sich in scharfe Auseinandersetzungen verwickeln.

◆ TEIL ZWEI: ERLÖS- UND ABSATZABWEICHUNGEN

Teil Eins dieses Kapitels hat verschiedene Themen beleuchtet, die damit zu tun haben, wie man verläßliche Informationen über die Erlöse einzelner Produkte und Dienstleistungen erhält. Nun untersuchen wir, wie man Abweichungen berechnet, die auf Erlösinformationen beruhen. Dabei geht es vor allem um Mehrproduktunternehmen und um Unternehmen, die das gleiche Produkt oder die gleiche Dienstleistung in verschiedenen Ländern verkaufen.

Die Erlösabweichungen, die wir diskutieren, werden meistens Absatzabweichungen genannt, hauptsächlich weil der Absatz in vielen Unternehmen die bedeutendste Komponente des Erlöses ist. So ist zum Beispiel im Automobilhandel der Verkauf neuer oder gebrauchter Kraftfahrzeuge typischerweise eine größere Quelle von Erlösen als der Kundendienst oder die Reparatur.

Die Ebenendarstellung, die wir in Kapitel 7 eingeführt haben, zeigt, wie die Abweichungen, die wir im folgenden diskutieren, miteinander verknüpft sind:

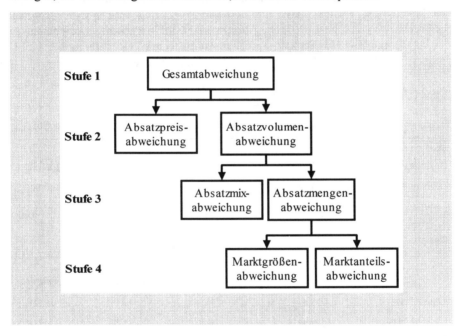

Zuerst geht es darum, wie für die Firma Global Air, die auf ihren Flügen mehrere Serviceklassen hat, die einzelnen Erlösabweichungen berechnet werden können. Dann zeigen wir die Berechnung der Abweichungen für die multinationalen Aktivitäten der Superhighway Application Group (SAG), die das gleiche Produkt in verschiedenen Ländern verkauft. Die Abweichungen in diesem Abschnitt können für jeden Posten in der Gewinn- und Verlustrechnung bestimmt werden. Um die Darstellung zu vereinfachen, berechnen wir die Abweichungen nur für den Erlös von Global Air. Fluglinien, die ihren Erlös steigern wollen, müssen viele schwierige Entscheidungen treffen, zum Beispiel über die Höhe von Preisnachlässen oder über die Ausgestaltung ihres Meilenrabattprogramms. Die Abweichungen, die im nächsten Abschnitt diskutiert werden, helfen den Managern, auszuwerten, wie gut die geplanten Erlösziele erreicht worden sind. Ein zweiter Grund dafür, warum Global Air vor allem an den Erlösen interessiert ist (und nicht zum Beispiel am Deckungsbeitrag pro Passagier), besteht darin, daß die variablen Kosten pro Passagier minimal sind. Und drittens werden viele Marketing- oder Verkaufsabteilungen als *Revenue Center* geführt.

16.3 ERLÖSABWEICHUNGSANALYSE FÜR MEHRPRODUKT-UNTERNEHMEN

Global Air fliegt zwischen New York und London. Die Fluglinie hat drei Serviceklassen: Erste Klasse, Businessklasse und Economyklasse. Gegenwärtig untersucht man die Ergebnisse für August 19_7. Die Absatzmenge wird in Rückflugtickets gemessen (Tickets für nur eine Flugrichtung werden in Äquivalente von Rückflugtickets umgerechnet). Für August 19_7 liegen folgende Plan- und Istzahlen vor:

Planzahlen, August 19_7

	Absatzpreis	Absatzmenge	Absatzmix	Erlös
Erste Klasse	3.200 $	1.000	5 %	3.200.000 $
Businessklasse	2.400 $	3.000	15 %	7.200.000 $
Economyklasse	900 $	16.000	80 %	14.400.000 $
Summe		20.000	100 %	24.800.000 $

Istzahlen, August 19_7

	Absatzpreis	Absatzmenge	Absatzmix	Erlös
Erste Klasse	2.600 $	2.400	10 %	6.240.000 $
Businessklasse	1.600 $	6.000	25 %	9.600.000 $
Economyklasse	700 $	15.600	65 %	10.920.000 $
Summe		24.000	100 %	26.760.000 $

Im Juli 19_7 ist PanAir, ein wichtiger Konkurrent von Global, in Konkurs gegangen. Die Firma wurde von Laker Travel aufgekauft, einem Reiseveranstalter im unteren Preisbereich. PanAir war im Markt für Tickets der Ersten Klasse und der Businessklasse stark präsent. Laker Travel bot sofort hohe Preisabschläge für alle Klassen an. Die Firma hatte jedoch einen schlechten Ruf unter den Reisenden der Ersten Klasse und der Businessklasse (sie hat "die globalen Minimalstandards für den Flugservice neu bestimmt", wie es ein Reisemagazin ausgedrückt hat). Global Air reduzierte gegen Ende Juli (nachdem der Plan für August aufgestellt war) alle seine Flugpreise, um der neuen Konkurrenz etwas entgegenzusetzen.

Gesamtabweichung

Die *Gesamtabweichung* (*static-budget variance*) für die Erlöse ist die Differenz zwischen den Isterlösen und den Planerlösen aus dem starren Budget.

Gesamtabweichung der Erlöse = Isterlöse - Planerlöse (starres Budget)

Erste Klasse:	6.240.000 $	-	3.200.000 $	=	3.040.000 $ P
Businessklasse:	9.600.000 $	-	7.200.000 $	=	2.400.000 $ P
Economyklasse:	10.920.000 $	-	14.400.000 $	=	3.480.000 $ N
Summe:					1.960.000 $ P

Global Air hat positive Abweichungen für die Erste Klasse und die Businessklasse und eine negative Abweichung für die Economyklasse. Mehr Information über die positive Gesamtabweichung in Höhe von 1.960.000 $ gewinnt man durch die Untersuchung der Absatzpreisabweichung und der Absatzvolumenabweichung:

Absatzpreisabweichung und Absatzvolumenabweichung

Die **Absatzpreisabweichung** (*flexible-budget variance*) ist die Differenz zwischen den Isterlösen und den im flexiblen Budget für die tatsächliche Absatzmenge geplanten Erlösen.

Absatzpreisabweichung der Erlöse = Isterlöse - Planerlöse (flexibles Budget)

Erste Klasse:	6.240.000 $	- (3.200 $ × 2.400 $)	
	= 6.240.000 $	- 7.680.000 $	= 1.440.000 $ N
Businessklasse:	9.600.000 $	- (2.400 $ × 6.000 $)	
	= 9.600.000 $	- 14.400.000 $	= 4.800.000 $ N
Economyklasse:	10.920.000 $	- (900 $ × 15.600 $)	
	= 10.920.000 $	- 14.040.000 $	= 3.120.000 $ N
Summe:			9.360.000 $ N

Die *negative Gesamtabsatzpreisabweichung* in Höhe von 9.360.000 $ kommt zustande, weil Global Air den Preis für jede Serviceklasse gegenüber dem geplanten Preis reduziert hat.

Die **Absatzvolumenabweichung** (*sales-volume variance*) zeigt die Auswirkung der Differenz zwischen dem Ist- und dem Planbetrag der Variablen, die man zur Flexibilisierung des Budgets benutzt. Für den Erlös von Global Air ist diese Variable die Absatzmenge jedes einzelnen Produkts. Diese Abweichung kann für jede Serviceklasse von Global Air berechnet werden:

Absatzvolumenabweichung der Erlöse
  = (Istabsatzmenge - Planabsatzmenge) × geplanter Absatzpreis

Erste Klasse:	(2.400 - 1.000) ×	3.200 $ =	4.480.000 $ P
Businessklasse:	(6.000 - 3.000) ×	2.400 $ =	7.200.000 $ P
Economyklasse:	(15.600 - 16.000) ×	900 $ =	360.000 $ N
Summe:			11.320.000 $ P

Die gesamte Absatzvolumenabweichung für die Erlöse ist positiv und beträgt 11.320.000 $. Sie setzt sich aus positiven Absatzvolumenabweichungen für die Erste Klasse und die Businessklasse und einer negativen Absatzvolumenabweichung für die Economyklasse zusammen. Zusätzliche Einsichten über die Absatzvolumenveränderungen erhält man, wenn man die Absatzvolumenabweichung in eine Absatzmengenabweichung und eine Absatzmixabweichung aufspaltet.

Absatzmengenabweichung

Die **Absatzmengenabweichung** (*sales-quantity variance*) ist die Differenz zwischen (1) dem Planerlös auf der Basis der Istabsatzmenge *aller* Produkte und des geplanten Absatzmix und (2) dem Planerlös im starren Budget (Planabsatzmenge *aller* Produkte und geplanter Absatzmix). Die Formel für die Berechnung der Absatzmengenabweichung der Erlöse und die entsprechenden Beträge für Global Air lauten:

Absatzmengenabweichung der Erlöse
  = (Istabsatzmengen aller Produkte - Planabsatzmengen aller Produkte)
    × geplanter Anteil am Absatz × geplanter Absatzpreis

Erste Klasse	=	(24.000 - 20.000) ×	0,05 × 3.200 $ =	640.000 $ P
Businessklasse	=	(24.000 - 20.000) ×	0,15 × 2.400 $ =	1.440.000 $ P
Economyklasse	=	(24.000 - 20.000) ×	0,80 × 900 $ =	2.880.000 $ P
Summe				4.960.000 $ P

Diese Abweichung ist positiv, wenn die tatsächlich verkaufte Menge größer ist als der geplante Absatz. Global hat 4.000 Rückflugtickets mehr verkauft, als geplant war. Deshalb ist die Absatzmengenabweichung der Erlöse positiv.

Absatzmixabweichung

Die **Absatzmixabweichung** (*sales-mix variance*) ist die Differenz zwischen (1) dem Planerlös beim tatsächlichen Absatzmix und (2) dem Planerlös beim geplanten Absatzmix. Die Formel für die Berechnung der Absatzmixabweichung der Erlöse und die entsprechenden Beträge für Global Air lauten

Absatzmixabweichung der Erlöse
= Istabsatzmengen × (Istanteil am Absatz - Plananteil am Absatz) × geplanter Absatzpreis

Erste Klasse:	24.000 $	×	(0,10 - 0,05)	×	3.200 $	=	3.840.000 $ P
Businessklasse:	24.000 $	×	(0,25 - 0,15)	×	2.400 $	=	5.760.000 $ P
Economyklasse:	24.000 $	×	(0,65 - 0,80)	×	900 $	=	3.240.000 $ N
Summe:							6.360.000 $ P

Eine positive Absatzmixabweichung in bezug auf ein einzelnes Produkt entsteht, wenn der tatsächliche Anteil am Absatz den geplanten übersteigt. Diese Bedingung trifft sowohl auf die Erste-Klasse-Tickets (10 % Istanteil versus 5 % Plananteil) als auch auf die Businessklasse-Tickets (25 % Istanteil versus 15 % Plananteil) zu. Im Gegensatz dazu hat die Economyklasse eine negative Absatzmixabweichung, weil der tatsächliche Absatzanteil (65 %) geringer ist als der geplante (80 %).

Das Konzept der Absatzmixabweichung der Erlöse (hier 6.360.000 $ P) kann man am besten über den geplanten Absatzpreis für eine hypothetische Einheit des Produktpakets erklären, die aus einzelnen, jeweils mit einem bestimmten Prozentsatz gewichteten Produkten des Pakets besteht. Die Gewichte für die Erlösabweichungen werden wie folgt berechnet:

	Planpreis des Produkts	Istanteil am Absatz	Planpreis des Pakets beim tatsächlichen Absatzmix	Plananteil am Absatz	Planpreis des Pakets beim geplanten Absatzmix
Erste	3.200 $	0,10	320 $	0,05	160 $
Business	2.400 $	0,25	600 $	0,15	360 $
Economy	900 $	0,65	585 $	0,80	720 $
Summe			1.505 $		1.240 $

Der tatsächliche Absatzmix hat einen geplanten Absatzpreis pro Einheit von 1.505 $ (wobei eine zusammengesetzte Einheit 10 % eines Tickets der Ersten Klasse, 25 % eines Tickets der Businessklasse und 65 % eines Tickets der Economyklasse enthält). Der geplante Absatzmix hat einen geplanten Absatzpreis pro Einheit von 1.240 $ (hier hat die Erste Klasse ein Gewicht von 0,05, die Businessklasse ein Gewicht von 0,15 und die Economyklasse ein Gewicht von 0,80). Die Absatzmixverschiebung im Jahr 19_7 bewirkt also, daß der geplante Absatzpreis pro zusammengesetzter Einheit um 265 $ steigt (1.505 $ - 1.240 $). Für die tatsächlich verkauften 24.000 Einheiten addiert sich diese Erhöhung zu einer positiven Absatzmixabweichung von 6 Mio. $.

Tafel 16.1 zeigt, wie man die Absatzmixabweichung und die Absatzmengenabweichung mit Hilfe der in Kapitel 7 eingeführten Spaltendarstellung berechnen kann.

Tafel 16.1

Analyse der Absatzmix- und Absatzmengenabweichungen für die Route New York-London von Global Air, August 19_7

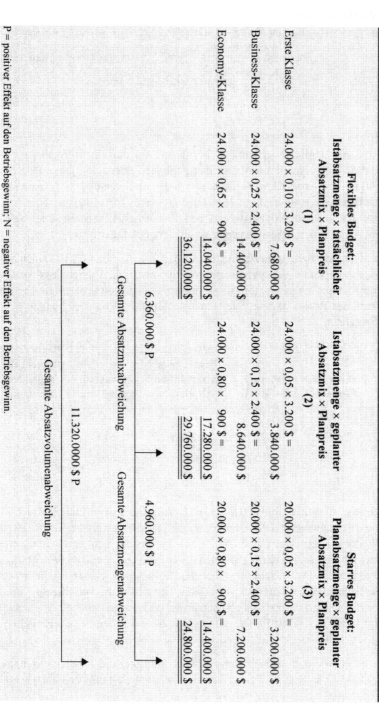

	Flexibles Budget: Istabsatzmenge × tatsächlicher Absatzmix × Planpreis (1)	Istabsatzmenge × geplanter Absatzmix × Planpreis (2)	Starres Budget: Planabsatzmenge × geplanter Absatzmix × Planpreis (3)
Erste Klasse	24.000 × 0,10 × 3.200 $ = 7.680.000 $	24.000 × 0,05 × 3.200 $ = 3.840.000 $	20.000 × 0,05 × 3.200 $ = 3.200.000 $
Business-Klasse	24.000 × 0,25 × 2.400 $ = 14.400.000 $	24.000 × 0,15 × 2.400 $ = 8.640.000 $	20.000 × 0,15 × 2.400 $ = 7.200.000 $
Economy-Klasse	24.000 × 0,65 × 900 $ = 14.040.000 $	24.000 × 0,80 × 900 $ = 17.280.000 $	20.000 × 0,80 × 900 $ = 14.400.000 $
	36.120.000 $	29.760.000 $	24.800.000 $

6.360.000 $ P   4.960.000 $ P

Gesamte Absatzmixabweichung   Gesamte Absatzmengenabweichung

11.320.0000 $ P

Gesamte Absatzvolumenabweichung

P = positiver Effekt auf den Betriebsgewinn; N = negativer Effekt auf den Betriebsgewinn.

Marktgrößen- und Marktanteilsabweichung

Der Absatz hängt sowohl von der Gesamtnachfrage am Markt ab als auch von der Fähigkeit der Firma, ihren Marktanteil aufrechtzuerhalten. Angenommen der geplanten Absatzmenge von 20.000 Einheiten (Rückflugtickets) liegt einerseits eine Schätzung des Managements zugrunde, daß der Marktanteil der Firma auf der Route New York-London im August 19_7 50 % beträgt, und andererseits eine Branchenabsatzprognose der Travel Information Group (TIG) von 40.000 Rückflugtickets für diese Route. Im September veröffentlicht TIG den folgenden Bericht:

	Geplantes Marktvolumen, August 19_7	Tatsächliches Marktvolumen, August 19_7
Erste Klasse	1.500	3.000
Businessklasse	6.000	9.000
Economyklasse	32.500	38.000
Summe	40.000	50.000

Der tatsächliche Marktanteil von Global Air betrug 48 % des Marktvolumens (24.000 : 50.000) im Gegensatz zu dem geplanten Marktanteil von 50 %. TIG stellt fest, daß Laker Travel in der Economyklasse sehr erfolgreich war, daß es der Firma aber nicht gelungen ist, Reisende der Ersten Klasse und der Businessklasse anzuziehen. Der Bericht stellt heraus, daß die Firma Global Air dagegen ihren Marktanteil in der Ersten Klasse und der Businessklasse sehr erfolgreich ausgedehnt hat.

Global Air kann diese Marktinformation von TIG nutzen, um durch die Aufspaltung der Absatzmengenabweichung in eine Marktgrößenabweichung und eine Markanteilsabweichung weitere Einsichten zu gewinnen. Die **Marktgrößenabweichung** (*market-size variance*) ist die Differenz zwischen (1) dem Planerlös aufgrund der tatsächlichen Marktgröße und dem geplanten Marktanteil und (2) dem Planerlös aus dem starren Budget, basierend auf der geplanten Marktgröße und dem geplanten Marktanteil. Die Formel und die entsprechenden Beträge für den Erlös von Global Air sind.

Marktgrößenabweichung der Erlöse
    = (tatsächliche Marktgröße - geplante Marktgröße) × geplanter Marktanteil
        × geplanter Absatzpreis des Produktpakets beim geplanten Absatzmix

    = (50.000 - 40.000) $ × 0,50 × 1.240 $

    = 6.200.000 $ P

Der geplante durchschnittliche Absatzpreis wird berechnet, indem man den Planerlös von 24.800.000 $ durch die Planabsatzmenge von 20.000 Stück dividiert. Die Marktgrößenabweichung der Erlöse von 6.200.000 $ ist positiv, denn sie stellt den zusätzlichen Erlös dar, der aufgrund der Marktnachfrageerhöhung von 25 % (50.000 : 40.000 = 125 %) zu erwarten wäre unter der Bedingung, daß Global Air sowohl den geplanten

Marktanteil von 50 % als auch den geplanten durchschnittlichen Absatzpreis von 1.240 $ aufrechterhält.

Tafel 16.2

Analyse der Marktanteils- und Marktgrößenabweichungen der Erlöse von Global Air auf der Route New York - London, August 19_7

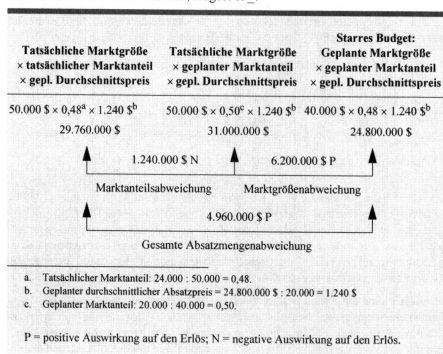

a. Tatsächlicher Marktanteil: 24.000 : 50.000 = 0,48.
b. Geplanter durchschnittlicher Absatzpreis = 24.800.000 $: 20.000 = 1.240 $
c. Geplanter Marktanteil: 20.000 : 40.000 = 0,50.

P = positive Auswirkung auf den Erlös; N = negative Auswirkung auf den Erlös.

Die **Marktanteilsabweichung** (*market-share variance*) ist die Differenz zwischen (1) dem geplanten Erlös bei dem für die tatsächliche Marktgröße und den tatsächlichen Marktanteil geplanten Absatzmix und (2) dem geplanten Erlös bei dem für die tatsächliche Marktgröße und den *geplanten Marktanteil* geplanten Absatzmix. Die Formel und die entsprechenden Beträge für Global Air lauten wie folgt.

Marktanteilsabweichung der Erlöse
    = tatsächliche Marktgröße × (tatsächlicher Marktanteil - geplanter Marktanteil)
      × geplanter Absatzpreis des Produktpakets beim geplanten Absatzmix
    = 50.000 × (0,48 - 0,50) × 1.240 $
    = 1.240.000 $ N

Global Air hat im Vergleich zur Planung Marktanteile verloren, denn der tatsächliche Marktanteil beträgt 48 % anstatt 50 %. Die negative Abweichung von 1.240.000 $ beleuchtet die Auswirkung dieses Marktanteilsverlustes von zwei Prozentpunkten auf den Erlös.

Tafel 16.3
Überblick über die Erlösabweichungen für die Route New York – London von Global Air, August 19_7

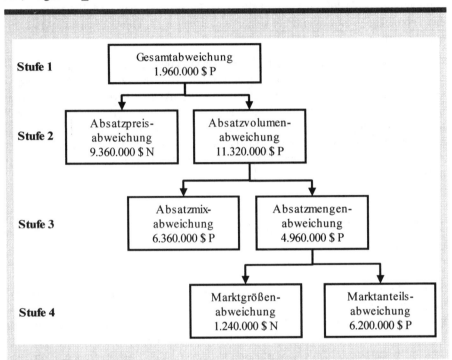

Tafel 16.2 zeigt die Marktgrößenabweichung und die Marktanteilsabweichung mit Hilfe der Spaltendarstellung aus Kapitel 7. Tafel 16.3 gibt einen Überblick über die Erlösabweichungen der Ebenen 1 bis 4 für Global Air. Man beachte, daß auf den Ebenen 2 und 4 einander teilweise kompensierende Abweichungen auftreten. Die negative Absatzpreisabweichung in Höhe von 9.360.000 $ ist durch den Rückgang der tatsächlichen Ticketpreise gegenüber den Planpreisen zu erklären. Die positive Absatzvolumenabweichung in Höhe von 11.320.000 $ spiegelt den Anstieg der Absatzmenge, der durch diesen Rückgang der Absatzpreise angeregt wurde.

Manchmal benutzt man das Bild vom "Schälen einer Zwiebel", um zu beschreiben, wie man auf der am stärksten aggregierten Ebene (Ebene 1) beginnt und dann immer mehr Einzelheiten über die Faktoren, die hinter bestimmten Abweichungsbeträgen stehen, herausschält. Immer mehr Manager haben Zugang zu Softwareprogrammen, die auf Ebene 1 beginnen und dann zu den Ebenen 2, 3 und 4 fortschreiten.

Die Aufspaltung der Absatzmengenabweichung in die Marktgrößenabweichung und die Marktanteilsabweichung kann für die Auswertung der Leistung des Marketingmanagers nützlich sein. Angenommen die Marktgröße und die Nachfrage nach den Produkten einer Branche sind hauptsächlich durch volkswirtschaftliche Faktoren wie Wachstumsraten und Zinssätze beeinflußt. Dann sagt die Marktgrößenabweichung nicht viel über die Leistung des Marketingmanagers aus, denn sie wird hauptsächlich von Faktoren beeinflußt, die außerhalb seiner Kontrolle liegen. Möglicherweise legt das Topmanagement deshalb bei seiner Bewertung mehr Gewicht auf die Marktanteilsabweichung.

Auf eine Schwierigkeit bei der Berechnung der Marktgrößen- und Marktanteilsabweichungen sei hingewiesen. Zuverlässige Informationen über Marktgröße und Marktanteil sind nicht in allen Branchen verfügbar. Softdrinks und Fernsehgeräte sind zum Beispiel Branchen, für die Statistiken über Marktgröße und Marktanteil weiten Kreisen zur Verfügung stehen. In anderen Branchen, wie zum Beispiel bei der Unternehmensberatung, sind die Informationen über Marktgröße und Marktanteil viel weniger zuverlässig und werden normalerweise nicht in regelmäßigen Abständen veröffentlicht.

16.4 ABWEICHUNGSANALYSE FÜR DEN ABSATZ IN MEHREREN LÄNDERN

In dem Beispiel der Firma Global Air haben wir die Abweichungsanalyse für den Erlös illustriert. In unserem nächsten Beispiel (SAG) geht es um die Abweichungsanalyse für den Deckungsbeitrag. Im Mittelpunkt steht hier die Abweichungsanalyse für ein einziges Produkt (oder eine einzige Dienstleistung) das in verschiedenen Ländern verkauft wird. Diese Länder können sich in bezug auf den Absatzpreis und die Produktkosten unterscheiden und auch in bezug auf die Intensität des Wettbewerbs an den jeweiligen Absatzmärkten.

Betrachten wir die Superhighway Application Group (SAG) die in diesem Kapitel schon einmal eine Rolle gespielt hat (Seite 535 ff.). Das Softwareprodukt SpreadMaster wird in drei verschiedenen Ländern verkauft, und zwar in den USA, in Japan und in Frankreich. SAG hat seine Absatzbasis vor kurzem über den US-amerikanischen Markt hinaus ausgedehnt. In den folgenden beiden Tabelle sind die Planzahlen und die Istzahlen für 19_8 zusammengefaßt:

PLANZAHLEN FÜR 19_8:

Land	Stück-preis (1)	Var. Stück-kosten (2)	Deckungs-beitr. pro Stück (3)	Absatz-menge (4)	Absatz-mix (5)	Erlös (6) = (1) × (4)	Deckungs-beitrag (7) = (3) × (4)
USA	300 $	80 $	220 $	9.600	60 %	2.880.000 $	2.112.000 $
Japan	270 $	130 $	140 $	4.000	25 %	1.080.000 $	560.000 $
Frankr.	350 $	120 $	230 $	2.400	15 %	840.000 $	552.000 $
				16.000	100 %	4.800.000 $	3.224.000 $

ISTZAHLEN FÜR 19_8:

Land	Stück-preis (1)	Var. Stück-kosten (2)	Deckungs-beitr. pro Stück (3)	Absatz-menge (4)	Absatz-mix (5)	Erlös (6) = (1) × (4)	Deckungs-beitrag (7) = (3) × (4)
USA	295 $	85 $	210 $	9.000	50 %	2.655.000 $	1.890.000 $
Japan	285 $	125 $	160 $	5.400	30 %	1.539.000 $	864.000 $
Frankr.	340 $	95 $	245 $	3.600	20 %	1.224.000 $	882.000 $
				18.000	100 %	5.418.000 $	3.636.000 $

Der allgemeine Rahmen für die Abweichungsanalyse (mit den Ebenen 1-3) kann auf die Unterschiede zwischen diesen Plan- und Istzahlen angewandt werden. Wir illustrieren die gewonnenen Einsichten anhand des Deckungsbeitrags.

Die Gesamtabweichung des Deckungsbeitrags (DB) für SpreadMaster lautet:

Gesamtabweichung des DB = tatsächlicher DB - geplanter DB (starres Budget)

USA:	1.890.000 $	-	2.112.000 $	=	222.000 $ N
Japan:	864.000 $	-	560.000 $	=	304.000 $ P
Frankreich:	882.000 $	-	552.000 $	=	330.000 $ P
Summe:					412.000 $ P

Die negative Abweichung in Höhe von 222.000 $ für die Vereinigten Staaten wird durch die positiven Abweichungen für Japan und Frankreich mehr als aufgewogen.

Die Absatzpreisabweichung sieht folgendermaßen aus:

Absatzpreisabweichung des DB
= tatsächlicher DB - bei der tatsächlichen Absatzmenge geplanter DB (flexibles Budget)

USA:	1.890.000 $ -	(220 $ × 9.000)	=	90.000 $ N
Japan:	864.000 $ -	(140 $ × 5.400)	=	108.000 $ P
Frankreich:	882.000 $ -	(23ß $ × 3.600)	=	54.000 $ P
Summe:				72.000 $ P

Die Absatzvolumenabweichung wird wie folgt berechnet:

Absatzvolumenabweichung des DB
           = (Istabsatzmenge - Planabsatzmenge) × geplanter DB pro Stück

USA:	(9.000 - 9.600)	×	220 $	=	132.000 $ N
Japan:	(5.400 - 4.000)	×	140 $	=	196.000 $ P
Frankreich:	(3.600 - 2.400)	×	230 $	=	276.000 $ P
Summe:					340.000 $ P

Im US-Markt liegt der tatsächliche Deckungsbeitrag unter dem geplanten (210 $ versus 220 $) und der Istabsatz unter dem Planabsatz (9.000 Stück versus 9.600 Stück). Deshalb sind für den US-Markt die Absatzpreisabweichung und die Absatzvolumenabweichung negativ. Das Gegenteil gilt für den japanischen und den französischen Markt. Hier liegt der tatsächliche Deckungsbeitrag über dem geplanten (160 $ versus 140 $ für Japan und 245 $ versus 230 $ für Frankreich), und der Istabsatz über dem Planabsatz (5.400 Einheiten versus 4.000 Einheiten für Japan und 3.600 Einheiten versus 2.400 Einheiten für Frankreich). Deshalb sind sowohl für den japanischen als auch für den französischen Markt die Absatzpreisabweichung und die Absatzvolumenabweichung positiv.

Die insgesamt positive Absatzvolumenabweichung von 340.000 $ kann in eine Absatzmengenabweichung und eine Absatzmixabweichung aufgespalten werden. Die Absatzmengenabweichung für SpreadMaster ist

Absatzmengenabweichung des DB
           = (Istabsatzmenge für alle Produkte - Planabsatzmenge für alle Produkte)
             × geplanter Anteil am Absatz × geplanter DB pro Stück

USA:	(18.000 - 16.000)	×	0,60	×	220 $	=	264.000 $ P
Japan:	(18.000 - 16.000)	×	0,25	×	140 $	=	70.000 $ P
Frankreich:	(18.000 - 16.000)	×	0,15	×	230 $	=	69.000 $ P
Summe:							403.000 $ P

Die Absatzmixabweichung für SpreadMaster lautet:

Absatzmixabweichung des DB
= Istabsatzmenge für alle Produkte
× (tatsächlicher Anteil am Absatz - geplanter Anteil am Absatz)
× geplanter Deckungsbeitrag pro Stück

USA:	18.000	×	(0,50 - 0,60)	× 220 $ =	396.000 $ N
Japan:	18.000	×	(0,30 - 0,25)	× 140 $ =	126.000 $ P
Frankreich:	18.000	×	(0,20 - 0,15)	× 230 $ =	207.000 $ P
Summe:					63.000 $ N

Tafel 16.4
Überblick über die Abweichungen des Gesamtdeckungsbeitrags von SpreadMaster
(in den USA, Japan und Frankreich)

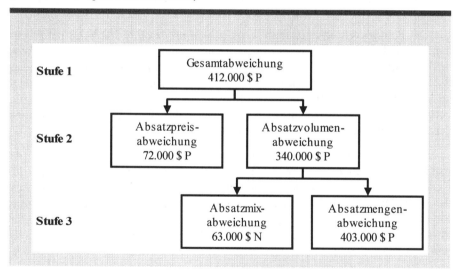

Tafel 16.4 zeigt einen Überblick über die Abweichungen, die wir in diesem Abschnitt für SpreadMaster berechnet haben. Man beachte, daß die positive Absatzvolumenabweichung von 340.000 $ auf Ebene 2 hauptsächlich darauf zurückzuführen ist, daß der Istabsatz um 2.000 Einheiten über dem Planabsatz liegt. Auf Ebene 3 beträgt die Absatzmengenabweichung 403.000 $ P und die Absatzmixabweichung 63.000 $ N. Der geplante Deckungsbeitrag für eine Einheit des Produktbündels ist beim tatsächlichen Absatzmix 198 $ [(220 $ × 0,50) + (140 $ × 0,30) + (230 $ × 0,20)] verglichen mit 201,50 $ beim geplanten Mix [220 $ × 0,60) + 140 $ × 0,25) + (230 $ × 0,15)]. Dieser Rückgang des geplanten Deckungsbeitrags pro Einheit des Produktbündels um 3,50 $ summiert sich für die 18.000 tatsächlich verkauften Einheiten zu der negativen Absatzmixabweichung von 63.000 $ (3,50 $ × 18.000). Der Rückgang im Absatzanteil

der Vereinigten Staaten (0,50 Istanteil versus 0,60 Plananteil) ist ein wichtiger Faktor, der zu dieser negativen Absatzmixabweichung beiträgt.[75]

Unser SAG-Beispiel in Tafel 16.4 könnte um die Marktgrößen- und Marktanteilsabweichungen erweitert werden, wie wir das in Tafel 16.3 am Beispiel von Global Air durchgeführt haben. Man beachte, daß es oft schwierig ist, zuverlässige Daten über die Marktgröße und den Marktanteil zu erhalten, insbesondere wenn die Analyse für mehrere Länder durchgeführt wird. Die Marktgrößen- und Marktanteilsabweichungen können für mehrere Posten der Gewinn- und Verlustrechnung berechnet werden, so zum Beispiel für den Erlös oder für den Deckungsbeitrag, wenn das Unternehmen zwischen variablen und fixen Kosten unterscheidet.

◆ TEIL DREI: KUNDENRENTABILITÄTSANALYSE

Bei der **Kundenrentabilitätsanalyse** (*customer profitability analysis*) untersucht man, wie sich verschiedene Kunden oder Kundengruppen im Hinblick auf ihre Rentabilität unterscheiden. Das ist ein relativ neues Thema im entscheidungsorientierten Rechnungswesen, das aber von wesentlicher Bedeutung ist. Manager müssen sicherstellen, daß Kunden, die wesentlich zur Rentabilität einer Organisation beitragen, die entsprechende Aufmerksamkeit erhalten. Ein Buchführungssystem, das über die Kundenrentabilität berichtet, hilft den Managern bei dieser Aufgabe.

Die Marketingbemühungen von Unternehmen sind darauf gerichtet, gewinnbringende Kunden anzuziehen und bei der Firma zu halten. In diesem Abschnitt geht es um die Darstellung und Analyse von kundenbezogenen Erlösen und Kosten. Wir untersuchen die Spring Distribution Company, einen Generalvertreter für Wasser, das von Spring Products abgefüllt wurde. Spring Distribution kauft Wasser von Spring Products für 0,50 $ pro Flasche. Die Firma verkauft an Großhandelskunden zu einem Listenpreis von 0,60 $ pro Flasche. Der Kundenkreis reicht von Supermärkten, Krankenhäusern und Universitätsmensen bis hin zu Tante-Emma-Läden. Endverbraucher gehören nicht dazu.

16.5 KUNDENERLÖSE

Kundenerlöse sind Mittelzuflüsse von Kunden im Austausch gegen Waren oder Dienstleistungen, die diesen Kunden geliefert worden sind. Teil Eins dieses Kapitels

---

[75] In unserem SAG-Beispiel haben wir alle Zahlen in US-Dollar ausgedrückt. Eine Erweiterung würde darin bestehen, Währungsunterschiede einzuführen, so daß die Auswirkungen von Wechselkursänderungen des Japanischen Yen oder des Französischen Franc relativ zum US-Dollar im Vergleich explizit gemacht werden.

hat gezeigt, wie man genauere Produkterlösdaten erhalten kann, wenn man Warenrücksendungen und andere Erlösschmälerungen den einzelnen Produkten zuordnet, anstatt grobe Durchschnitte für mehrere Produkte zu bilden. Genauso kann man genauere Kundenerlösdaten erhalten, wenn man so viele Erlösposten (zum Beispiel Rücksendungen und Gutscheine) wie möglich den einzelnen Kunden zuordnet.

Die Analyse der Kundenrentabilität wird erleichtert, wenn man möglichst viele Einzelheiten über die Erlöse festhält. Ein Schlüsselthema sind hier **Preisnachlässe**, also die Senkung der Verkaufspreise unter die Listenpreise, um die Kunden zur Erhöhung ihrer Nachfrage zu bewegen. Buchführungssysteme unterscheiden sich im Hinblick darauf, wie Einzelheiten über solche Preisnachlässe verbucht werden. Spring Distribution bietet wichtigen Kunden Preisnachlässe auf den Listenpreis von 0,60 $ pro Flasche. Die einzelnen Handelsvertreter können über die Höhe der Preisnachlässe selbst entscheiden. Der größte Kunde ist die Firma SuperMart, die im November 19_7 eine Million Flaschen für 0,56 $ pro Flasche gekauft hat. Für die Verbuchung der Erlöse gibt es hauptsächlich die beiden folgenden Optionen:

Option A: Der Listenpreis (0,60 $ pro Flasche) und der Preisnachlaß (0,04 $ pro Flasche) auf diesen Listenpreis werden als separate Posten aufgeführt.

Umsätze zum Listenpreis, 0,60 $ × 1.000.000	600.000 $
abzüglich des Preisnachlasses, 0,04 $ × 1.000.000	40.000 $
Ausgewiesener Erlös	560.000 $

Option B: Nur der tatsächliche Absatzpreis wird festgehalten, wenn man den Erlös ausweist.

Ausgewiesener Erlös, 0,56 $ × 1.000.000	560.000 $

Option A hat den Vorteil, daß der Umfang des Preisnachlasses herausgestellt wird. Das erleichtert die weitere Analyse, bei der man untersuchen könnte, welche Kunden Preisnachlässe erhalten haben und welche Handelsvertreter am häufigsten zu diesem Mittel gegriffen haben. Option B verhindert praktisch eine solche systematische Analyse der Preisnachlässe.

Bei Untersuchungen über die Kundenrentabilität in Unternehmen hat man herausgefunden, daß hohe Preisnachlässe ein wichtiger Grund dafür sind, warum ein Teil der Kunden unterhalb der erwarteten Rentabilität liegt. Möglicherweise haben die Handelsvertreter diesen Kunden Preisnachlässe eingeräumt, die mit ihrem gegenwärtigen oder potentiellen zukünftigen Wert für das Unternehmen nichts zu tun haben.

16.6 KUNDENBEZOGENE KOSTENRECHNUNG

Wir stellen zwei Ansätze der kundenbezogenen Kostenrechnung vor. Der erste Ansatz besteht darin, alle Kosten auf die einzelnen Kunden aufzuschlüsseln. Beim zweiten Ansatz rechnet man nur einen Teil der Kosten den einzelnen Kunden zu. Dieser zweite Ansatz wird mit Hilfe einer Kundenkosten-Hierarchie illustriert.

Die Aufschlüsselung aller Kosten auf die einzelnen Kunden

Bei dieser Methode entspricht die Summe der Kundengewinne der Gesamtrentabilität des Unternehmens. Spring Distribution bestimmt die Rentabilität einzelner Kunden auf der Basis eines Prozeßkostenrechnungssystems. Die fünf Prozesse und ihre Kostentreiber lauten

Prozeß	Kostentreiber und Kostensatz
Auftragsannahme	100 $ pro Auftrag
Verkaufsbesuche	80 $ pro Besuch
Auslieferungsfahrzeuge	2 $ pro zurückgelegte Meile
Produkt-Handling	0,02 $ pro verkaufte Flasche
Eillieferungen	300 $ pro Lieferung

Tafel 16.5 zeigt eine Kundenrentabilitätsanalyse für vier Kunden. Dieser Darstellung liegen die folgenden Daten zugrunde:

	Kunden			
	A	**B**	**G**	**J**
Verkaufte Flaschen	1.000.000	800.000	70.000	60.000
Listenpreis	0,60 $	0,60 $	0,60 $	0,60 $
Tatsächlicher Verkaufspreis	0,56 $	0,59 $	0,55 $	0,60 $
Anzahl der Bestellungen	30	25	15	10
Anzahl der Verkaufsbesuche	6	5	4	3
Anzahl der Lieferungen	60	30	20	15
Pro Lieferung zurückgelegte Meilen	5	12	20	6
Anzahl der Eillieferungen	1	0	2	0

Die Kunden A, B und J sind rentabel, während Kunde G keinen Gewinn bringt. Tafel 16.5 zeigt, wie diese Rentabilitätsunterschiede durch Unterschiede bei den Erlösen und Kosten der einzelnen Kunden zu erklären sind. Betrachten wir den Rentabilitätsunterschied zwischen den Kunden A und B. Ceteris paribus erwartet man umso mehr Gewinn von einem Kunden, je höher der Umsatz ist. Kunde A (mit dem höheren Umsatz) erhält jedoch einen Preisnachlaß von 0,04 $ pro Flasche, Kunde B nur 0,01 $ pro Flasche. Dieser Unterschied im Preisnachlaß ist ein wichtiger Faktor, der erklärt, warum Kunde B mehr Gewinn bringt als Kunde A. Bei den Kunden G und J ist die Situation ähnlich. Kunde J erhält keinen Preisnachlaß; bei Kunde G beträgt der Preisnachlaß 0,05 $ pro Flasche. Für diesen hohen Preisnachlaß mag es zwingende Gründe geben. Zum Beispiel kann es sein, daß bei G ein rasches Wachstum erwartet wird, oder oder daß es sich um ein sehr prestigeträchtiges Konto mit hoher Sichtbarkeit handelt, das die allgemeinen Marketingbemühungen von Spring Distribution fördert. Es kann aber auch sein, daß es wenige oder gar keine Vernunftgründe für den Preisnachlaß gibt. In diesem Fall sollte Spring Distribution untersuchen, ob der Vertrag mit Kunde G geändert werden kann. Kunden sprechen oft miteinander über die Preise, die sie bezahlen. Eine Politik unterschiedlicher Preisnachlässe kann dazu führen, daß Kunden Druck ausüben, um äquivalente Preisnachlässe zu erhalten.

Tafel 16.5
Kundenrentabilitätsanalyse für vier Kunden von Spring Distribution

	Kunde			
	A	**B**	**G**	**J**
Umsatz zum Listenpreis	600.000 $	480.000 $	42.000 $	36.000 $
Preisnachlaß	40.000 $	8.000 $	3.500 $	0 $
Nettoerlös	560.000 $	472.000 $	38.500 $	36.000 $
Herstellkosten des Umsatzes	500.000 $	400.000 $	35.000 $	30.000 $
Bruttogewinn	60.000 $	72.000 $	3.500 $	6.000 $
Betriebskosten				
Auftragsannahme	3.000 $	2.500 $	1.500 $	1.000 $
Verkaufsbesuche	480 $	400 $	320 $	240 $
Auslieferungsfahrzeuge	600 $	720 $	800 $	180 $
Produkt-Handling	20.000 $	16.000 $	1.400 $	1.200 $
Eillieferungen	300 $	0 $	600 $	0 $
Summe Betriebskosten	24.380 $	19.620 $	4.620 $	2.620 $
Betriebsgewinn	35.620 $	52.380 $	(1.120) $	3.380 $

Unterschiede in der Kostenstruktur sind ebenfalls eine Erklärung dafür, warum Kunden mit ähnlichen Umsätzen unterschiedlich rentabel sein können. Kunde G hat mehr

Bestellungen als J (15 versus 10), mehr Verkaufsbesuche (4 versus 3), mehr Lieferungen (20 versus 15) und mehr Eillieferungen (2 versus 0), und es müssen für ihn mehr Meilen pro Lieferung zurückgelegt werden (20 versus 6). Man sieht, daß die kundenorientierte Prozeßkostenrechnung der Firma eine Orientierung verschafft, wie sie die Kosten auf jedem Kundenkonto reduzieren kann. Wenn sie zum Beispiel den Kunden G dazu veranlaßt, seine Bestellungen zu konsolidieren, kann sie die Auftragskosten verringern. Genauso kann sie die Kosten für Eillieferungen reduzieren, indem sie den Kunden G dazu überredet, ausreichende Mengen zu bestellen und damit Eillieferungen überflüssig zu machen.

16.7 KUNDENRENTABILITÄTSPROFILE

Tafel 16.6 zeigt zwei Darstellungsweisen für Kundenrentabilitätsprofile. Der Einfachheit halber gehen wir davon aus, daß Spring Distribution nur zehn Kunden hat. Teil A zeigt die Kunden in der Rangfolge des Betriebsergebnisses. In Spalte 4 sieht man das kumulative Betriebsergebnis für diese Kunden. Es wird durch Aufaddieren der einzelnen Kundenergewinne berechnet. So steht zum Beispiel in Zeile 3 für den Kunden C in Spalte 4 ein kumulatives Betriebsergebnis von 108.650 $. Das ist die Summe aus 52.380 $ für Kunde B, 35.620 $ für Kunde A und 20.650 $ für Kunde C. Spalte 5 zeigt, welchem Prozentsatz des Gesamtergebnisses von 134.000 $ dieser Betrag von 108.650 $ entspricht. Die drei rentabelsten Kunden tragen also 81 % des Gesamtergebnisses bei. Diesen hohen prozentualen Beitrag einer kleinen Zahl von Kunden findet man in vielen Untersuchungen. Er zeigt, wie wichtig es ist, daß Spring Distribution mit dieser zentralen Kundengruppe gute Beziehung aufrechterhält.

Teil B der Tafel 16.6 ordnet die Kunden nach dem Erlös (vor dem Abzug von Preisnachlässen). Drei der vier kleinsten Kunden (gemessen am Erlös) sind unrentabel. Hinzu kommt, daß Kunde E mit einem Erlös von 193.000 $ kaum einen Gewinn bringt. Bei genauerer Analyse stellt sich heraus, daß ein ehemaliger Handelsvertreter der Firma dem Kunden E einen überzogen hohen Preisnachlaß gegeben hat, um sein monatliches Umsatzziel zu erfüllen.

Oft sind Manager der Ansicht, daß das Balkendiagramm in Tafel 16.7 die intuitivste Darstellung der Kundenrentabilitätsanalyse ist. Kunden, die einen hohen Gewinn bringen, fallen sofort auf. Auch die Anzahl der Verlustkunden und die Größenordnung der Verluste sind offensichtlich.

Tafel 16.6
Kundenrentabilitätsanalyse für Spring Distribution

Teil A: Kunden nach dem Betriebsergebnis in 19_7

Kundencode (1)	Kundenergebnis (2)	Kundenerlös[a] (3)	Kumuliertes Betriebsergebnis (4)	Anteil des kum. Ergebnisses am Gesamtergebnis (5)
B	52.380 $	480.000 $	52.380 $	39 %
A	35.620 $	600.000 $	88.000 $	66 %
C	20.650 $	247.000 $	108.650 $	81 %
D	16.840 $	227.000 $	125.490 $	94 %
F	6.994 $	99.000 $	132.484 $	99 %
J	3.380 $	36.000 $	135.864 $	101 %
E	3.176 $	193.000 $	139.040 $	104 %
G	-1.120 $	42.000 $	137.920 $	103 %
H	-1.760 $	39.000 $	136.160 $	102 %
I	-2.160 $	37.000 $	134.000 $	100 %
	134.000 $	2.000.000 $		

a. Der Kundenerlös ist der Bruttoumsatz vor Abzug von Preisnachlässen.

Teil B: Kunden nach dem Erlös in 19_7

Kundencode (1)	Kundenerlös (2)	Kundenergebnis (3)	Erlösrentabil. (4)	Kumulierter Erlös (5)	Anteil des kum. Erlöses am Gesamterlös (6)
A	600.000 $	35.620 $	0,059	600.000 $	30 %
B	480.000 $	52.380 $	0,109	1.080.000 $	54 %
C	247.000 $	20.650 $	0,084	1.327.000 $	66 %
D	227.000 $	16.840 $	0,074	1.554.000 $	78 %
E	193.000 $	3.176 $	0,016	1.747.000 $	87 %
F	99.000 $	6.994 $	0,071	1.846.000 $	92 %
G	42.000 $	-1.120 $	(0,027)	1.888.000 $	94 %
H	39.000 $	-1.760 $	(0,045)	1.927.000 $	96 %
I	37.000 $	-2.160 $	(0,058)	1.964.000 $	98 %
J	36.000 $	3.380 $	0,094	2.000.000 $	100 %
	2.000.000 $	134.000 $			

Tafel 16.7

Balkendiagrammdarstellung der Kundenrentabilität für Spring Distribution

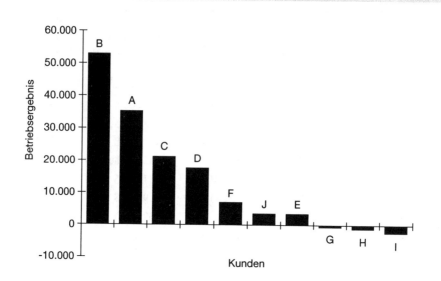

Die Kundenrentabilitätsanalyse ist aus mehreren Gründen ein nützliches Instrument für die Manager. Erstens macht sie oft sichtbar, wie wichtig ein kleiner Kreis von Kunden für die Gesamtrentabilität ist. Das Management muß sicherstellen, daß diese Kunden für die Firma hohe Priorität haben. Bei Microsoft gebraucht man die Formulierung "nicht alle Erlösdollars sind gleichermaßen mit Rentabilität ausgestattet", um diesen wichtigen Punkt zu unterstreichen. Zweitens kann man versuchen, bei denjenigen Kunden, die in die Verlustkategorie eingeordnet werden, Wege zu finden, um die zukünftigen Geschäfte mit ihnen rentabler zu gestalten.

In bezug auf die Kundenrentabilitätsdaten in den Tafeln 16.5 bis 16.7 sind mehrere Schwierigkeiten zu beachten. Erstens bezieht sich diese Information auf eine einzige Rechnungsperiode. Ein Kunde, der in einer Periode Verluste gebracht hat, kann in den folgenden Perioden hochrentabel sein. Manager legen großen Wert darauf, die Kundenbeziehungen langfristig zu pflegen. Die Tafeln 16.5 bis 16.7 sollten erweitert werden, um bei Kundenrentabilitätsberechnungen einen längeren Zeithorizont einzubeziehen. Zweitens unterscheidet die Kosteninformation nicht zwischen unterschiedlichen Graden der Variabilität oder Zeitperioden, innerhalb derer diese Variabilität zu beobachten ist. In vielen Fällen sind nicht alle Kosten, die einem Kunden zugerechnet werden, reine variable Kosten sind, die auf kurzfristige Umsatzreduktionen dieses Kunden reagieren. In der Regel kann man nicht alle Kosten, die einem unrentablen Kunden zugeschrieben werden, dadurch eliminieren, daß man diesen Kunden einfach fallen läßt.

DIE KUNDENRENTABILITÄTSANALYSE ERHÄLT IMMER MEHR AUFMERKSAMKEIT

Viele Unternehmen behaupten, daß ihre Strategien kundenorientiert seien. Immer mehr Unternehmen entwickeln Kundenrentabilitätssysteme, um diese strategische Stoßrichtung zu verstärken. Eine Umfrage in Großbritannien* hat ergeben, daß 50 % der befragten Unternehmen "begonnen hatte, [Kundenrentabilitätsanalysen durchzuführen] ... Weitere 12 % planten, sich in Zukunft damit zu beschäftigen."

Die möglichen Verwendungen der Kundenrentabilitätsanalyse wurden folgendermaßen eingestuft (1 = wichtigste Verwendung):

1. Hilfe bei der Preisgestaltung
2. Neuverhandlung von Kundenverträgen
3. Hilfe bei der Kundenpflege
4. Einfluß auf die Kostenkontrolle

Bei 60 % der Firmen, die den Anteil der kumulierten Beiträge ihrer Kunden zum Gesamtgewinn untersucht hatten, "galt die 80/20-Regel (das heißt, 20 % ihrer Kunden waren für 80 % der Gewinne verantwortlich)."

---

* Innes und Mitchell, "Survey of ...".
Vollständige Quellenangabe in Anhang A.

(Randtext: Umfragen zur betr. Praxis)

16.8 KUNDENKOSTENHIERARCHIEN

In dem Beispiel der Firma Spring Distribution wurden alle Kosten auf die einzelnen Kunden verteilt. Eine Alternative ist die Methode der Kostenhierarchien, die in Kapitel 5 (Seite 153 ff.) eingeführt worden ist. In diesem Abschnitt zeigen wir am Beispiel der Firma General Motors Service Parts Operations (GMSPO), wie eine Kundenkostenhierarchie entwickelt wird.[76] Eine Kundenkostenhierarchie kategorisiert die kundenbezogenen Kosten in verschiedene Kostenpools, entweder auf der Basis unterschiedlicher Typen von Kostentreibern oder auf der Basis unterschiedlicher Schwierigkeitsgrade bei der Bestimmung der Ursache-Wirkungs-Zusammenhänge (oder Nutzenzusammenhänge) GMSPO bietet seine Ersatzteile über vier große Vertriebswege an:

- GM-Händler
- andere Autohändler
- Ersatzteilmärkte
- Einzelhändler für Massenprodukte

GMSPO kauft Teile von anderen GM-Abteilungen. Diese Teile werden entweder direkt an die Verkaufsstellen geschickt oder zuerst zu einem der Ersatzteillager von GM. Der Betrieb von GMSPO ähnelt in vielerlei Hinsicht demjenigen von Spring Distribution und auch demjenigen des Hewlett-Packard Vertriebszentrums, das in dem Kasten *Konzepte und ihre Umsetzung* auf Seite 567 beschrieben wird.

Tafel 16.8 zeigt die Kostenhierarchie, die GMSPO benutzt, um die Rentabilität zu untersuchen. Ziel dieser Kostenhierarchie ist es, die Kosten der niedrigsten Hierarchieebene zuzuordnen, auf der sie identifiziert werden können. Die Kundenkostenhierarchie in Tafel 16.8 hat die folgenden sieben Ebenen:

1. *Unternehmensbezogene Aktivitäten*: Die am stärksten aggregierte Ebene enthält die Werkssicherheit, die Einarbeitung der Arbeitnehmer und neue Initiativen bei der Datenverarbeitung.

2. *Marktbezogene Aktivitäten*: Diese Ebene enthält die Kosten für die allgemeine Verkaufsförderung (zum Beispiel Sponsoring von Motorsportveranstaltungen).

3. *Vertriebswegbezogene Aktivitäten*: Diese Ebene umfaßt die Kosten für das Debitorenmanagement und das für den Export zuständige Personal.

4. *Kundenbezogene Aktivitäten*: Zu dieser Ebene gehören Preisnachlässe für bestimmte Kunden, Kundenkontakte und Warenrücksendungen.

5. *Auftragsbezogene Aktivitäten*: Diese Ebene enthält die Arbeitskosten für Zusammenstellung und Verpackung, für den Transport zum Kunden und die Fakturierung.

6. *Teilebezogene Aktivitäten*: Diese Ebene umfaßt Kosten für Warenanlieferung, Warenannahme, Abladen und Bruch oder Veraltung.

7. *Materialeinzelkosten*: Hierzu gehören die Kosten für die Teile, die gehandelt werden (zum Beispiel Kotflügel oder Displays für das Armaturenbrett).

Tafel 16.8 illustriert, wie man die Erlöse für die Ersatzteile mit den Kosten auf den verschiedenen Ebenen kombinieren kann, um alternative Rentabilitätszahlen zu berechnen:

1. Gesamtrentabilität
2. Rentabilitätsbeitrag des Marktes

---

[76] Für die Arbeit von Ron Bellow und seinem Team bei GMSPO wollen wir uns hier ausdrücklich bedanken.

Tafel 16.8
General Motors Service Parts: Alternative Rentabilitätsmaße auf der Basis eines Modells von Kostenhierarchien

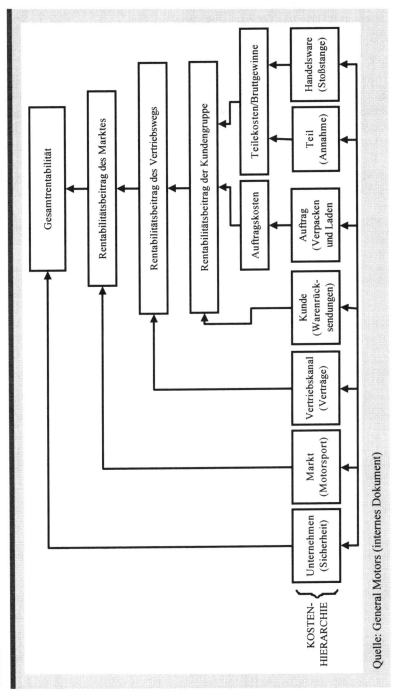

Quelle: General Motors (internes Dokument)

3. Rentabilitätsbeitrag des Vertriebswegs

4. Rentabilitätsbeitrag der Kundengruppe

5. Bruttogewinn aus dem Verkauf der Teile

Die Kostenhierarchie von GMSPO ermöglicht es General Motors, die Rentabilität aus mehreren verschiedenen Blickwinkeln zu betrachten. Die Rentabilität der Vertriebswege, der Kunden und der Produkte können jeweils getrennt voneinander untersucht werden. So kann man zum Beispiel die relative Rentabilität der vier wichtigsten Vertriebswege (GM-Händler, andere Autohändler, Ersatzteilmärkte und Einzelhändler für Massenprodukte) unabhängig von der Rentabilität einzelner Konten innerhalb dieser Vertriebswege analysieren. Bei der Untersuchung der Rentabilität einzelner Kunden werden die Kosten auf den Ebenen 1 bis 3 nicht aufgeschlüsselt. GM geht davon aus, daß diese Kosten nicht auf die einzelnen Kunden verteilt werden können. In diesem Fall ist die Summe der Einzelkundengewinne höher als der Gesamtgewinn von GMSPO. Kunden, die nach der Berechnungsmethode von GMSPO unrentabel sind, leisten keinen Beitrag zur Deckung der vielen Infrastrukturkosten, die mit den Ebenen Unternehmen, Märkte und Vertriebswege verbunden sind.

HEWLETT-PACKARD FÜHRT DIE KUNDENRENTABI-LITÄTSANALYSE EIN

Die North American Distribution Organization von Hewlett-Packard (HP-NADO) ist eine von weltweit vier HP-Vertriebsorganisationen. Die NADO ist die Kontaktstelle zwischen HP und seinen Kunden. Sie ist der Informationsknotenpunkt zwischen den Fabriken von HP und den Vertriebskanälen der Firma. In vielen Fällen durchlaufen die Produkte auch physisch das Vertriebslager, wo sie für individuelle Bestellungen aufbereitet werden (wie zum Beispiel spezielle Produktkombinationen und Verpackungen).

Das frühere Kostenrechnungssystem von HP-NADO war für viele bestehende Systeme typisch. Es war auf die Kosten einer einzigen Funktion, des Produktvertriebs, ausgerichtet. Der aufschlußreichste Kritikpunkt an dem System war, daß es den Managern bei ihren wichtigsten Entscheidungen keine Unterstützung bot, zum Beispiel, wenn es darum ging, welche Vertriebskanäle besonders forciert und welche individuellen Kunden besonders gepflegt werden sollten.

HP entschloß sich, mit Hilfe der Prozeßkostenrechnung eine Datenbank zu entwickeln. Diese Datenbank bezieht sich auf alle Aktivitäten, die zwischen der Fertigung eines Produkte und seiner Auslieferung an den Kunden stehen. Jeder Aktivität werden bestimmte Kosten zugeordnet. Dann ermittelt man die Kosten eines ausgewählten Objekts (eines Vertriebskanals, eines Kunden oder eines Produkts), indem man untersucht, wie dieses Objekt die Aktivitäten der Organisation nutzt. Unterschiedliche Kostenobjekte werden mit Kosten bewertet, indem man die Daten in der Datenbank auf verschiedene Weisen zerlegt und aufschlüsselt. Dabei ist die Flexibilität, die das Datenbankkonzept den Managern bietet, ein wichtiger Aspekt. Alles was bei NADO geschieht, kann als Nutzung von einem oder mehreren Aktivitätsbereichen ausgedrückt werden.

Die kundenbezogenen Rentabilitätsberichte erleichtern Entscheidungen in Schlüsselbereichen. Aus strategischer Sicht deckt das Kundenprofil die Bedeutung eines kleinen Kreises von Kunden auf. Mehr als 85 % aller Erlöse von HP sind auf weniger als 25 % aller Kunden zurückzuführen. Aufgrund der Datenbasis kann man den speziellen Mix an Erlös- und Kostenaktivitäten herausarbeiten, den einzelne Kunden nutzen. Diese Information kann für die Erklärung der unterschiedlichen Kundenrentabilität wichtige Einsichten liefern. Kundenbezogene Preisnachlässe sind hier ein wichtiges Thema. Kunden mit relativ niedrigen Umsätzen oder relativ niedriger Rentabilität, aber relativ häufigen und hohen Preisnachlässen werden sichtbar gemacht. Dann obliegt es dem Marketingpersonal, diese Preisnachlässe zu reduzieren, soweit es keine zwingenden Gründe für ihre Beibehaltung gibt.

Quelle: Gespräche mit dem Management

AUFGABE

Business Horizons (BH) produziert Videos und verkauft sie an andere Unternehmen. Die Firma engagiert bekannte Redner aus der Wirtschaft, damit sie neue Entwicklungen in ihren Bereichen in Videoformat präsentieren. Die Bezahlung für jeden Vortrag wird individuell ausgehandelt. Sie enthält immer einen Anteil am Erlös aus dem Verkauf des Videos, aber dieser Prozentsatz ist nicht für alle Vortragenden gleich. Hinzu kommt, daß manche Redner einen separaten Fixbetrag oder einen Vertrag über mehrere Videos aushandeln.

BH verkauft die meisten Videos einzeln. Der Trend geht aber zunehmend dahin, daß die Videos als Teil eines Produktpakets verkauft werden. 19_7 hat BH seine drei Bestseller in einem Paket verkauft. In diesem Jahr wurden mit diesen drei Videos (einzeln und im Paket) die folgenden Umsätze erzielt:

EINZELUMSÄTZE:

Sprecher	Titel	Menge	Preis	Tantiemen
Jeannett Smith	Negotiating for Win-Win	25.000	150 $	24 %
Paul Newlove	Marketing for 2,000	17.000	120 $	16 %
Ikram Butt	Reengineering for Success	8.000	130 $	19 %

PRODUKTPAKET-UMSÄTZE:

Titel	Menge	Preis
Negotiating + Marketing	12.000	210 $
Negotiating + Reengineering	5.000	220 $
Marketing + Reengineering	4.000	190 $
Negotiating + Marketing + Reengineering	11.000	280 $

1. Ordnen Sie die Produktpaketerlöse mit Hilfe der proportionalen Erlösaufschlüsselung (Absatzpreis pro Stück) den einzelnen Videos zu.
2. Welche Tantiemen stehen den drei Sprechern nach der proportionalen Erlösaufschlüsselung zu?
3. Beschreiben Sie eine alternative Methode für die Aufschlüsselung der Erlöse aus den Produktpaketen.

Aufgabe zum Selbststudium

LÖSUNG

1. Bei der proportionalen Verrechnungsmethode beruhen die Gewichte auf den Einzelabsatzpreisen der Videos in den Produktpaketen. Die Berechnung dieser Gewicht ist aus den Fußnoten der folgenden Tabelle ersichtlich. Die Gewichte werden dann benutzt, um die Erlöse aus jedem Produktpaket auf die drei Videos auszuteilen.

Aufschlüsselung		Negotiating	Marketing	Reeingineering
N+M:	$0{,}56^a \times 210\ \$ \times 12.000$	1.411.200 $		
N+R:	$0{,}54^b \times 220\ \$ \times\ 5.000$	594.000 $		
N+M+R:	$0{,}375^c \times 280\ \$ \times 11.000$	1.155.000 $		
Summe		3.160.200 $		
M+N:	$0{,}44^d \times 210\ \$ \times 12.000$		1.108.800 $	
M+R:	$0{,}48^e \times 190\ \$ \times\ 4.000$		364.800 $	
M+N+R:	$0{,}30^f \times 280\ \$ \times 11.000$		924.000 $	
Summe			2.397.600 $	
R+N:	$0{,}46^g \times 220\ \$ \times\ 5.000$			506.000 $
R+M:	$0{,}52^h \times 190\ \$ \times\ 4.000$			395.200 $
R+N+M:	$0{,}325^i \times 280\ \$ \times 11.000$			1.001.000 $
Summe				1.902.200 $

- a. 150 $/270 $
- b. 150 $/280 $
- c. 150 $/400 $
- d. 120 $/270 $
- e. 120 $/250 $
- f. 120 $/400 $
- g. 130 $/280 $
- h. 130 $/250 $
- i. 130 $/400 $

LÖSUNG (FORTSETZUNG)

2.

		Negotiating	Marketing	Reengineering
A:	Einzelabsatz			
	150 $ × 25.000	3.750.000 $		
	120 $ × 17.000		2.040.000 $	
	130 $ × 8.000			1.040.000 $
B:	Paketabsatz (aus der Lösung zu 1.)	3.160.200 $	2.397.600 $	1.902.200 $
C = A+B:	Gesamterlös	6.910.200 $	4.437.600 $	2.942.200 $
D:	Tantiemensatz	24 %	16 %	19 %
E = C×D:	Tantiemenbetrag	1.658.448 $	710.016 $	559.018 $

3. Eine alternative Methode zur Aufschlüsselung der Produktpaketerlöse ist die inkrementale Erlösaufschlüsselung. Dabei werden die einzelnen Videos im Paket in der Reihenfolge ihrer Bedeutung geordnet und die Erlöse jedem Produkt auf der Basis seines Einzelpreises zugerechnet, bis der gesamte Erlös des Produktpakets vollständig aufgeteilt ist. Die Anwendung dieser Methode würde wahrscheinlich zu Reibungen unter den drei Sprechern führen. Jeder Sprecher hätte ein Interesse daran, als Hauptsprecher behandelt zu werden, der den größten Einfluß auf den Absatz des Pakets hat. Wenn Business Horizons diese Methode anwenden würde, könnte die Firma anhand der Zahlen für den Istabsatz des Jahres 19_7 eine am Markterfolg orientierte Reihenfolge zwischen den einzelnen Sprechern festlegen.

Aufgabe zum Selbststudium

Divisionskalkulation

Bei der *Divisionskalkulation* (*process-costing*) erhält man die Kosten eines Produkts oder einer Dienstleistung, indem man die angefallenen Kosten auf viele ähnliche oder gleiche Einheiten verteilt. Stückkosten werden dann als Durchschnittskosten berechnet. Die Divisionskalkulation wird in Branchen angewandt, in denen viele gleiche oder ähnliche Produkteinheiten hergestellt werden, oft in Massenproduktion. In diesen Branchen werden homogene Produkte den immer gleichen Arbeitsabläufen unterzogen. Deshalb nimmt man an, daß jede Einheit die gleichen Materialmengen, die gleichen Fertigungsarbeitskosten und die gleichen Herstellgemeinkosten verursacht. Die Divisionskalkulation wird zum Beispiel in der chemischen Industrie, in Ölraffinerien und bei der Herstellung von Plastik, Ziegeln, Kacheln, Halbleiterchips, Getränken und Frühstückskost aus Getreide verwendet.

Divisionskalkulation und Zuschlagskalkulation unterscheiden sich hauptsächlich im Ausmaß der Durchschnittsbildung bei der Berechnung der Stückkosten von Produkten oder Dienstleistungen. Bei der Zuschlagskalkulation ist das Kostenobjekt ein Auftrag, der ein klar identifizierbares Produkt bzw. eine klar identifizierbare Dienstleistung darstellt. Individuelle Aufträge verbrauchen unterschiedliche Mengen an produktiven Ressourcen. Es wäre also falsch, jedem Auftrag die gleichen durchschnittlichen Herstellkosten zuzurechnen. Wenn jedoch gleiche oder ähnliche Einheiten in Massenproduktion hergestellt und nicht als individuelle Aufträge bearbeitet werden, verwendet man die Divisionskalkulation und rechnet mit den durchschnittlichen Herstellkosten für alle produzierten Einheiten.

Informationen über die Produktkosten sind wichtig für die Bewertung von Lagerbeständen, für Preisentscheidungen und Produktrentabilitätsanalysen. Firmen verwenden die Produktkosten auch, um Fortschritte beim Kostenmanagement und der Kostensenkung zu messen. Bei der Untersuchung der Divisionskalkulation in diesem Kapitel beschäftigen wir uns nur gelegentlich mit *Planung und Steuerung*. Diese Themen werden in anderen Kapiteln diskutiert und sind auf alle Produktkostenrechnungssysteme anzuwenden, unabhängig davon, ob Divisionskalkulation, Zuschlagskalkulation oder eine Mischform angewandt wird.

DIVISIONSKALKULATION IN VERSCHIEDENEN BRANCHEN

Eine Umfrage über die Kostenrechnungspraktiken in australischen Industrieunternehmen hat gezeigt, daß in einem breiten Spektrum von Branchen die Produktkosten mit Hilfe der Divisionskalkulation berechnet werden. Die ausgewiesenen Zahlen addieren sich zu mehr als 100 %, da mehrere befragte Unternehmen mehr als ein System der Produktkostenkalkulation verwenden.

	Lebens-mittel	Textilien	Primär-metalle	Chemie	Raffinerien
Divisions-kalkulation	96 %	91 %	92 %	75 %	100 %
Zuschlags-kalkulation	4 %	18 %	25 %	25 %	25 %
Sonstige	–	–	8 %	12 %	–

	Verlage und Druckereien	Möbel und Einrichtung	Maschinen und Computer	Elektronik
Divisions-kalkulation	20 %	38 %	43 %	55 %
Zuschlags-kalkulation	73 %	63 %	65 %	58 %
Sonstige	13 %	–	9 %	10 %

Die Umfragedaten zeigen, daß die Divisionskalkulation in verschiedenen Branchen in recht unterschiedlichem Umfang verwendet wird. Divisionskalkulation wird vor allem in Branchen mit Massenproduktion von homogenen Produkten angewandt – Lebensmittel, Textilien, Primärmetalle, Chemie und Raffinerien. Je näher man im Spektrum den Branchen kommt, die viele unterschiedliche Produkte herstellen, desto mehr wird die Zuschlagskalkulation bevorzugt, so zum Beispiel in Branchen wie dem Verlags- und Druckereiwesen, Möbeln und Einrichtungen, Maschinen und Computern und in der Elektronik.

Quelle: Joye und Balyney, "Cost and Management Accounting Practices." Vollständige Quellenangabe in Anhang A.

17.1 EIN BEISPIEL FÜR DIE DIVISIONSKALKULATION

Am einfachsten kann man die Divisionskalkulation anhand eines Beispiels verstehen:

BEISPIEL: Global Defense, Inc., stellt Tausende von Komponenten für Marschflugkörper und militärische Ausrüstungen her. Wir konzentrieren uns hier auf die Produktion einer dieser Komponenten mit der Bezeichnung DG-19. Das Divisionskalkulationsschema für DG-19 enthält eine einzige Einzelkostenkategorie (Fertigungsmaterial) und eine einzige Gemeinkostenkategorie (Verarbeitungskosten). Jede DG-19-Einheit durchläuft zwei Abteilungen: die Montageabteilung und die Prüfabteilung. Es wird keine Mühe gescheut, um sicherzustellen, daß alle DG-19-Einheiten identisch sind und eine Reihe von anspruchsvollen Leistungsspezifikationen erfüllen. Ein Teil der Fertigungsmaterialien wird zu Beginn des Prozesses in der Montageabteilung zusammengefügt. Weitere Fertigungsmaterialien werden am Ende des Prozesses in der Prüfabteilung hinzugefügt, wo die Endmontage der DG-19-Komponenten stattfindet. Verarbeitungskosten fallen während beider Prozesse zu gleichen Teilen an. *Verarbeitungskosten* sind alle Herstellkosten mit Ausnahme der Kosten des Fertigungsmaterials. Dazu gehören die Kosten für Fertigungsarbeit, Hilfs- und Betriebsstoffe, die Energiekosten, die Abschreibung des Werks und so weiter. Wenn die Prüfabteilung die Arbeit an einer DG-19-Komponente beendet hat, wird diese sofort in das Fertigproduktlager transportiert. Die folgende Graphik faßt diesen Ablauf zusammen.

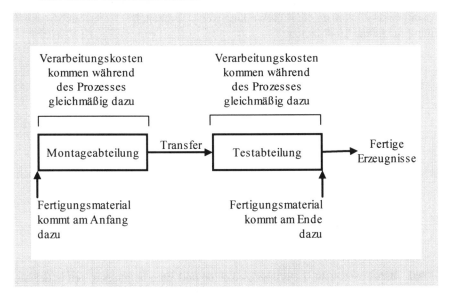

Wir benutzen die Herstellung der DG-19-Komponente, um drei Fälle zu illustrieren:

- **Fall 1:** Divisionskalkulation ohne Lagerbestände an unfertigen Erzeugnissen zu Beginn und am Ende der Periode; das heißt alle Einheiten werden innerhalb der Rechnungsperiode begonnen und vollendet. *Dieser Fall illustriert die Grundidee der Durchschnittskostenrechnung, die ein wesentliches Merkmal aller Systeme der Divisionskalkulation ist.*

- **Fall 2:** Divisionskalkulation ohne Anfangsbestand aber mit einem Endbestand an unfertigen Erzeugnissen; das heißt, einige Einheiten der DG-19, die während der Rechnungsperiode begonnen worden sind, sind am Ende der Periode noch nicht vollständig. *Mit diesem Fall führen wir das Konzept der äquivalenten Einheiten ein.*

- **Fall 3:** Divisionskalkulation mit Anfangs- und Endbeständen an unfertigen Erzeugnissen. *Anhand dieses Falles beschreiben wir die Auswirkungen der Methode des gewichteten Durchschnitts und der First-in-first-out-Methode (FIFO) auf die Stückkosten der fertigen und unfertigen Komponenten.*

17.2 FALL 1: DIVISIONSKALKULATION OHNE ANFANGS- UND ENDBESTÄNDE AN UNFERTIGEN ERZEUGNISSEN

Am ersten Januar 19_7 existierte kein Lageranfangsbestand an DG-19-Komponenten. Im Lauf des Januar hat Global Defense 400 DG-19-Einheiten begonnen, vollständig zusammengebaut und an die Prüfabteilung weitergegeben. Die Daten der Montageabteilung für Januar 19_7 lauten:

Physische Einheiten, Januar 19_7

Unfertige Erzeugnisse, Anfangsbestand (1. Januar)	0 Stück
Montage begonnen	400 Stück
Montage fertiggestellt	400 Stück
Unfertige Erzeugnisse, Endbestand (31. Januar)	0 Stück

Gesamtkosten, Januar 19_7

Materialeinzelkosten	32.000 $
Verarbeitungskosten	24.000 $
Gesamtkosten der Montageabteilung	56.000 $

Global Defense verbucht Materialeinzelkosten und Verarbeitungskosten in der Montageabteilung dann, wenn sie tatsächlich anfallen. Bildet man den Durchschnitt, so erhält man als Montagekosten einer Einheit der DG-19 einfach 56.000 $: 400 = 140 $ oder im einzelnen

Materialeinzelkosten pro Stück (32.000 $: 400)	80 $
Verarbeitungskosten pro Stück (24.000 $: 400)	60 $
Stückkosten der Montageabteilung	140 $

Dieser Fall zeigt, daß man bei der Divisionskalkulation die Stückkosten erhält, indem man die Gesamtkosten einer gegebenen Rechnungsperiode durch die Gesamtzahl der in dieser Periode hergestellten Einheiten dividiert. Da alle Einheiten miteinander identisch sind, gehen wir davon aus, daß alle Einheiten die gleichen Materialeinzelkosten und Verarbeitungskosten verursachen. Diese Methode eignet sich für Organisationen, die standardisierte Massenprodukte herstellen und am Ende jeder Rechnungsperiode keine unfertigen Erzeugnisse auf Lager haben. Diese Situation tritt bei Unternehmen des Dienstleistungssektors häufig auf. So können zum Beispiel Banken diese Methode der Divisionskalkulation anwenden, wenn sie die Stückkosten von 100.000 ähnlichen Kundeneinzahlungen innerhalb eines Monats berechnen.

17.3 FALL 2: DIVISIONSKALKULATION OHNE ANFANGSBESTAND ABER MIT EINEM ENDBESTAND AN UNFERTIGEN ERZEUGNISSEN

Im Februar 19_7 beginnt Global Defense mit der Herstellung von weiteren 400 Einheiten der DG-19-Komponente. Da alle im Januar begonnenen Einheiten vollständig fertiggestellt worden sind, gibt es am 1. Februar 19_7 in der Montageabteilung keinen Lageranfangsbestand an halbfertigen Komponenten. Verzögerungen bei den Kundenaufträgen für die DG-19-Komponente verhinderten die vollständige Montage aller im Februar begonnenen Einheiten. Nur 175 Stück wurden fertiggestellt und an die Prüfabteilung weitergegeben.

Die Daten der Montageabteilung für Februar 19_7 lauten wie folgt:

Physische Einheiten, Februar 19_7

Unfertige Erzeugnisse, Anfangsbestand (1. Februar)	0 Stück
Montage begonnen	400 Stück
Montage fertiggestellt	175 Stück
Unfertige Erzeugnisse, Endbestand (28. Februar)	225 Stück

Die am 28. Februar gezählten 225 teilweise montierten Einheiten enthielten bereits das gesamte Einzelkostenmaterial. Das liegt daran, daß in der Montageabteilung alle Einzelkostenmaterialien zu Beginn des Montageprozesses zusammengefügt werden.

Die Verarbeitungskosten sind dagegen gleichmäßig über den Montageprozeß verteilt. Ein Vorarbeiter der Montageabteilung schätzt, daß die halbfertigen Komponenten in bezug auf die Verarbeitungskosten zu 60 % fertiggestellt waren.

Die Genauigkeit dieses Prozentsatzes hängt vom Wissen und von der Sorgfalt des Schätzers und von der Natur des Prozesses ab. Den Grad der Fertigstellung zu schätzen, ist normalerweise einfacher in bezug auf die Einzelkostenmaterialien als in bezug auf die Verarbeitungskosten. Die Fertigungssequenz besteht in der Regel aus einer Anzahl von grundlegenden Arbeitsschritten oder einer bestimmten Zahl von Tagen, Wochen oder Monaten für die verschiedenen Schritte bei der maschinellen Bearbeitung, der Montage, der Prüfung und so weiter. Bei den Verarbeitungskosten hängt also der Grad der Fertigstellung davon ab, welcher Anteil der gesamten Kosten, die zur Fertigstellung einer Einheit oder einer Partie erforderlich sind, bei den unfertigen Erzeugnissen bereits aufgewendet worden ist. In Branchen, bei denen eine genaue Schätzung nicht möglich ist, oder bei denen – wie zum Beispiel in der Textilindustrie – die großen Mengen an unfertigen Erzeugnissen physische Schätzungen zu aufwendig erscheinen lassen, geht man davon aus, daß in allen Abteilungen alle unfertigen Erzeugnisse einen vernünftig erscheinenden Grad der Fertigstellung erreicht haben (zum Beispiel ein Drittel oder 50 % oder zwei Drittel).

Gesamtkosten, Februar 19_7

Materialeinzelkosten	32.000 $
Verarbeitungskosten	18.600 $
Gesamtkosten der Montageabteilung	50.600 $

Der wichtigste Punkt bei diesem Beispiel ist, daß eine unfertiges Produkteinheit nicht das gleiche ist wie eine fertig montierte Komponente. Wie sollte Global Defense (1) die Kosten der im Februar 19_7 vollständig montierten Einheiten und (2) die Kosten der Einheiten, die Ende Februar noch in Arbeit waren, kalkulieren?

Die Antworten auf diese beiden Fragen findet man, wenn man bei der Divisionskalkulation in den folgenden vier Schritten vorgeht:

- **Schritt 1:**   Summiere die physischen Outputeinheiten.
- **Schritt 2:**   Berechne den Output in äquivalenten Einheiten.
- **Schritt 3:**   Berechne die äquivalenten Stückkosten.
- **Schritt 4:**   Summiere die Gesamtkosten und verteile sie auf die fertigen und die halbfertigen Erzeugnisse.

Physische Einheiten und äquivalente Einheiten (Schritte 1 und 2)

In Schritt 1 werden die physischen Outputeinheiten gezählt. In Tafel 17.1 sieht man, wo diese Einheiten hergekommen (400 Einheiten wurden begonnen) und wo sie hingegangen sind (175 Einheiten wurden fertiggestellt und weitergeleitet und 225 Einheiten befinden sich im Lagerendbestand).

Tafel 17.1

Schritte 1 und 2: Summiere den Output in physischen Einheiten und berechne die äquivalenten Einheiten, Montageabteilung von Global Defense, Inc., Februar 19_7

Produktionsfluß	Schritt 1: Physische Einheiten	Schritt 2: Äquivalente Einheiten	
		Fertigungs- material	Verarbeitungs- kosten
Fertiggestellt und weitergeleitet	175	175	175
Unfertige Erzeugnisse, Endbestand* 225 × 100 %; 225 × 60 %	225	225	135
Summe	400	400	310
Abzüglich unfertige Erzeugnisse, Anfangsbestand	0	0	0
Begonnen während der Rechnungs- periode	400		
Produktion der Rechnungsperiode		400	310

* Grad der Fertigstellung in dieser Abteilung: Materialkosten 100 %, Verarbeitungskosten 60 %.

Wie kann man nun in Schritt 2 den Output des Monats Februar messen? Der Output besteht aus 175 fertiggestellten und 225 unfertigen Produkteinheiten. Da nicht alle physischen Outputeinheiten gleich weit gediehen sind, wird der Output in Schritt 2 nicht in physischen Einheiten sondern in äquivalenten Einheiten dargestellt.

Eine *äquivalente Einheit* ist die physische Menge jedes Produktionsfaktors, die für die Herstellung einer Produkteinheit verbraucht wird. So besteht zum Beispiel bei der DG-19-Komponente jede äquivalente Einheit aus den physischen Mengen an Fertigungsmaterial und den Verarbeitungskosten, die erforderlich sind, um eine vollständige Produkteinheit der DG-19 herzustellen.

Bei der Divisionskalkulation unterscheidet man die Kosten je nach dem Zeitpunkt ihrer Einführung in den Prozeß. Oft sind nur zwei Kostenkategorien erforderlich, um die Kosten auf die Produkte zu verteilen, die Materialeinzelkosten und die Verarbeitungskosten, weil in der Regel alle Verarbeitungskosten ungefähr zur gleichen Zeit im Prozeß anfallen. Wenn jedoch die Fertigungsarbeit zu anderen Zeiten in den Prozeß eingeht wie andere Verarbeitungskosten, würde man eine zusätzliche Kostenkategorie (Fertigungslöhne) benutzen, um diese Kosten getrennt auf die Produkte zu verteilen.

Äquivalente Einheiten werden für jede Kostenkategorie getrennt berechnet. Anstatt als physische Einheiten stellt man sich den Output als diejenigen Einheiten vor, die mit Hilfe des verbrauchten Fertigungsmaterials und der angefallenen Verarbeitungskosten hätten fertiggestellt werden können. *Dollarbeträge kommen erst ins Spiel, wenn die äquivalenten Einheiten berechnet sind.*

Da das gesamte Fertigungsmaterial in der Montageabteilung bereits zu Anfang des Prozesses zusammengefügt wird, sind alle 400 Einheiten in bezug auf die äquivalenten Einheiten des Fertigungsmaterials vollständig. Tafel 17.1 enthält deshalb beim Output 400 äquivalente Einheiten an Fertigungsmaterial. In bezug auf die Verarbeitungskosten haben nur die 175 fertigen Einheiten den ganzen Prozeß absolviert. Die unfertigen Einheiten sind (im Durchschnitt) zu 60 % fertig. Die Verarbeitungskosten der 225 unfertigen Einheiten sind deshalb den Verarbeitungskosten von 135 (60 % von 225) fertigen Einheiten *äquivalent*. Zusammen mit den 175 fertigen Einheiten ergeben sich also bei den Verarbeitungskosten 310 äquivalente Einheiten.

Kalkulation der Produktkosten (Schritte 3 und 4)

Tafel 17.2 zeigt den dritten Schritt: Wir berechnen die Kosten der äquivalenten Einheiten, indem wir die im Februar aufgelaufenen Material- und Verarbeitungskosten durch die im Februar produzierte Menge an äquivalenten Einheiten aus Tafel 17.1 dividieren.

Tafel 17.2
Schritt 3: Berechne die äquivalenten Stückkosten, Fertigungsabteilung von Global Defense, Inc., Februar 19_7.

	Fertigungs- material	Verarbeitungs- kosten
Im Februar aufgelaufene Kosten (siehe Seite 576)	32.000 $	18.600 $
Dividiere durch die äquivalenten Einheiten der Produktion im Februar 19_7 (aus Tafel 17.1)	: 400	: 310
Kosten der Produktion im Februar 19_7 pro äquivalente Einheit	80 $	60 $

Wir sehen, wie wichtig es ist, beim Vergleich der Verarbeitungskosten pro Stück für die Monate Januar und Februar 19_7 in äquivalenten Einheiten zu rechnen. Man beachte, daß die gesamten Verarbeitungskosten von 18.600 $ für die 400 Einheiten, an denen im Februar gearbeitet worden ist, niedriger sind als die Verarbeitungskosten von 24.000 $ für die 400 Einheiten, an denen im Januar gearbeitet worden ist. Die Verarbeitungskosten für die vollständige Bearbeitung einer Einheit betragen jedoch in beiden Monaten 60 $. Die Gesamtverarbeitungskosten sind im Februar niedriger, weil weniger äquivalente Einheiten fertiggestellt worden sind als im Januar (310 anstelle von 400). Hätten wir anstelle der äquivalenten Einheiten physische Einheiten verwendet, so hätten wir den falschen Schluß gezogen, daß die Verarbeitungskosten pro Stück von 60 $ im Januar auf 46,50 $ (18.600 $: 400) im Februar zurückgegangen sind. Diese falsche Kostenkalkulation hätte zum Beispiel dazu führen können, daß Global Defense den Preis für die DG-19-Komponente unangemessen gesenkt hätte.

Tafel 17.3 stellt den vierten Schritt dar, das Aufsummieren der gesamten zu verbuchenden Kosten und die Verteilung dieser Kosten auf die Ende Februar fertigen und unfertigen Produkteinheiten. Teil A der Tafel 17.3 summiert die Gesamtkosten, die im Februar 19_7 verbucht werden müssen. Da der Anfangsbestand an unfertigen Erzeugnissen Null beträgt, sind die zu verbuchenden Gesamtkosten gleich den Kosten, die im Februar entstanden sind: Materialkosten in Höhe von 32.000 $ und Verarbeitungskosten in Höhe von 18.600 $.

Teil B der Tafel 17.3 zeigt, wie die Kosten auf die fertigen und unfertigen Erzeugnisse verteilt werden. So sind zum Beispiel die 225 unfertigen physischen Einheiten in bezug auf das Fertigungsmaterial vollständig. Die Materialeinzelkosten sind deshalb 225 äquivalente Einheiten mal 80 $, also 18.000 $. Im Gegensatz dazu sind die 225 Einheiten nur zu 60 % vollständig in bezug auf die Verarbeitungskosten. Die Verarbeitungskosten betragen deshalb 135 äquivalente Einheiten (60 % von 225 physischen Einheiten) mal 60 $, also 8.100 $. Die Gesamtkosten des Endbestands an unfertigen Erzeugnissen sind 26.100 $ (18.000 $ + 8.100 $).

Journaleinträge

Bei der Divisionskalkulation sind die Journaleinträge im wesentlichen die gleichen wie bei der Zuschlagskalkulation. Das heißt, Materialeinzelkosten und Verarbeitungskosten werden genauso verbucht wie bei der Zuschlagskalkulation. Der Hauptunterschied besteht darin, daß bei der Divisionskalkulation oft mehr als ein Konto für unfertige Erzeugnisse besteht; in unserem Fall gibt es ein Konto "Unfertige Erzeugnisse – Montageabteilung" und ein Konto "Unfertige Erzeugnisse – Prüfabteilung". Global Defense kauft Fertigungsmaterial nach Bedarf. Dieses Material wird direkt an die Montageabteilung geliefert. Wir verwenden die Dollarbeträge aus Tafel 17.3 und erhalten die folgenden Journaleinträge für den Monat Februar:

Tafel 17.3

Schritt 4: Summiere die zu verrechnenden Gesamtkosten und verteile diese Kosten auf die fertigen und unfertigen Erzeugnisse, Montageabteilung von Global Defense, Inc., Februar 19_7

	Fertigungsmaterial			Verarbeitungskosten			Summe der Herstellkosten
	ÄE (1)	Kosten pro ÄE (2)	Gesamtkosten (3) = (1) × (2)	ÄE (4)	Kosten pro ÄE (5)	Gesamtkosten (6) = (4) × (5)	(7) = (3) + (6)
TEIL A: ZU VERRECHNENDE GESAMTKOSTEN							
Produktion im Februar (aus Tafel 17.2)	400	80 $	32.000 $	310	60 $	18.600 $	50.600 $
TEIL B: VERTEILUNG DER KOSTEN							
Fertiggestellt und weitergeleitet (175 physische Einheiten)	175*	80 $	14.000 $	175*	60 $	10.500 $	24.500 $
Unfertige Erzeugnisse, Endbestand (225 physische Einheiten)	225*	80 $	18.000 $	135*	60 $	8.100 $	26.100 $
Verrechnete Kosten	400		32.000 $	310		18.600 $	50.600 $

* Aus Tafel 17.1.

1. Unfertige Erzeugnisse – Montageabteilung 32.000
   an Verbindlichkeiten 32.000
   Im Februar gekauftes und in der Produktion verwendetes Fertigungsmaterial

2. Unfertige Erzeugnisse – Montageabteilung 18.600
   an verschiedene Konten 18.600
   Verarbeitungskosten der Montageabteilung im Februar; zum Beispiel Energie, Hilfs- und Betriebsstoffe, Fertigungsarbeit und Werksabschreibung

3. Unfertige Erzeugnisse – Prüfabteilung 24.500
   an Unfertige Erzeugnisse – Montageabteilung 24.500
   Kosten der Produkteinheiten, die im Februar fertiggestellt und an die Prüfabteilung weitergeleitet worden sind

Tafel 17.4 zeigt eine allgemeine Skizze über den Kostenfluß durch die T-Konten. Das wichtigste T-Konto, Unfertige Erzeugnisse – Montageabteilung, hat einen Endsaldo von 26.100 $.

Tafel 17.4
Kostenfluß bei Divisionskalkulation, Montageabteilung von Global Defense, Ind., Februar 19_7

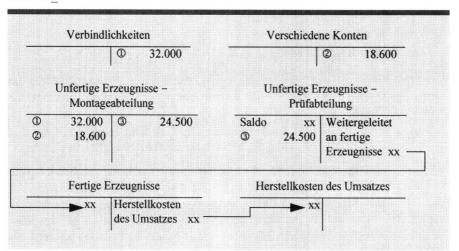

17.4 FALL 3: DIVISIONSKALKULATION MIT ANFANGS- UND ENDBESTÄNDEN AN UNFERTIGEN ERZEUGNISSEN

Anfang März 19_7 hatte Global Defense in der Montageabteilung 225 unfertige DG-19-Einheiten. Im Lauf des März begann die Firma mit der Produktion von weiteren 275 Einheiten. Die Daten der Montageabteilung für März 19_7 lauten:

Physische Einheiten, März 19_7

Unfertige Erzeugnisse, Anfangsbestand (1. März)	
Fertigungsmaterial (100 % vollständig)	
Verarbeitungskosten (60 % vollständig)	225 Stück
Montage im März begonnen	275 Stück
Montage im März fertiggestellt	400 Stück
Halbfertigprodukte, Endbestand (31. März)	
Fertigungsmaterial (100 % vollständig)	
Verarbeitungskosten (50 % vollständig)	100 Stück

Gesamtkosten, März 19_7

Unfertige Erzeugnisse, Anfangsbestand		
Fertigungsmaterial	18.000 $	
Verarbeitungskosten	8.100 $	26.100 $
Verbrauch an Fertigungsmaterial im März		19.800 $
Verarbeitungskosten im März		16.380 $
Zu verrechnende Gesamtkosten		62.280 $

Wir folgen wieder den vier Schritten, die wir im Zusammenhang mit Fall 2 eingeführt haben. Allerdings haben wir jetzt einen Anfangsbestand an unfertigen Komponenten zu berücksichtigen.

Schritt 1: Summiere die physischen Outputeinheiten

In Schritt 1 verfolgt man die physischen Outputeinheiten. Die entsprechende Spalte der Tafel 17.5 zeigt, wohin diese Einheiten gegangen sind – 400 Einheiten wurden fertiggestellt und weitergeleitet und 100 Einheiten sind der Endbestand an unfertigen Erzeugnissen – und wo sie hergekommen sind – 225 Einheiten sind aus dem Anfangsbestand an unfertigen Erzeugnissen und 275 Einheiten wurden während des Monats begonnen.

Schritt 2: Berechne den Output in äquivalenten Einheiten

Wie wir in Fall 2 gesehen haben, sind selbst die unfertigen Komponenten vollständig in bezug auf das Fertigungsmaterial, denn dieses wird zu Beginn des Prozesses zusammengefügt. In bezug auf die Verarbeitungskosten sind nur diejenigen Einheiten vollständig, die fertiggestellt und weitergeleitet wurden. Der Vorarbeiter der Montageabteilung schätzt, daß die unfertigen Erzeugnisse, die sich am 31. März im Lager befinden, durchschnittlich zu 50 % vollständig sind. In Fall 2 war geschätzt worden, daß die unfertigen Erzeugnisse vom 28. Februar, der Anfangsbestand für den Monat März, durchschnittlich zu 60 % vollständig waren. Tafel 17.5 zeigt, daß die Produktion vom März 275 äquivalenten Einheiten an Fertigungsmaterial und 315 äquivalenten Einheiten an Verarbeitungskosten entspricht.

Tafel 17.5

Schritte 1 und 2: Summiere die physischen Outputeinheiten und berechne den Output in äquivalenten Einheiten, Montageabteilung von Global Defense, März 19_7

		Schritt 2: Äquivalente Einheiten	
Produktionsfluß	**Schritt 1: Physische Einheiten**	**Fertigungs- material**	**Verarbeitungs- kosten**
Fertiggestellt und weitergeleitet	400	400	400
Unfertige Erzeugnisse, Endbestand[a] 100 × 100 %; 100 × 50 %	100	100	50
Summe	500	500	450
Abzüglich unfertige Erzeugnisse, Anfangs- bestand[b] 225 × 100 %; 225 × 60 %	225	225	135
Begonnen während der Rechnungsperiode	275	—	—
Produktion der Rechnungsperiode		275	315

a. Grad der Fertigstellung in dieser Abteilung: Fertigungsmaterial 100 %; Verarbeitungskosten 50 %.
b. Grad der Fertigstellung in dieser Abteilung: Fertigungsmaterial 100 %; Verarbeitungskosten 50%.

Schritt 3: Berechne die äquivalenten Stückkosten

Tafel 17.6 zeigt die Berechnung der äquivalenten Stückkosten für den Anfangsbestand an unfertigen Komponenten und für die Produktion der laufenden Periode. Die äquivalenten Stückkosten werden für das Fertigungsmaterial und die Verarbeitungskosten getrennt berechnet. Man sieht, daß die äquivalenten Stückkosten für die Montage im Februar (also für die Einheiten im Anfangsbestand an unfertigen Erzeugnissen) etwas höher waren als für die Märzproduktion. Global Defense ist effizienter geworden und hat dadurch die Kosten reduziert. Die Kosten sind im März auch deshalb niedriger, weil die Preise für das Fertigungsmaterial und die Inputs für den Produktionsprozeß gefallen sind.

Tafel 17.6

Schritt 3: Berechne die äquivalenten Stückkosten, Montageabteilung von Global Defense, Inc., März 19_7

	Fertigungs-material	Verarbeitungs-kosten
Äquivalente Stückkosten des Anfangsbestands an unfertigen Erzeugnissen		
Unfertige Erzeugnisse, Anfangsbestand (Seite 582)	18.000 $	8.100 $
Dividiere durch die äquivalenten Einheiten des Anfangsbestands (aus Tafel 17.5)	: 225	: 135
Äquivalente Stückkosten des Anfangsbestands an unfertigen Erzeugnissen	80 $	60 $
Äquivalente Stückkosten der Produktion der laufenden Periode		
In der laufenden Periode angefallene Kosten (Seite 582)	19.800 $	16.380 $
Dividiere durch die äquivalenten Einheiten der Produktion der laufenden Periode (aus Tafel 17.5	: 275	: 315
Äquivalente Stückkosten der Produktion der laufenden Periode	72 $	52 $

Schritt 4: Summiere die Gesamtkosten und verteile sie auf die fertigen und unfertigen Erzeugnisse

Bei diesem Schritt (der auch Vorbereitung eines Produktionskostenberichts genannt wird) sind die wichtigsten Punkte (1) die Berechnung der fertiggestellten und weitergeleiteten Einheiten und (2) die Berechnung des Endbestands an unfertigen Erzeugnissen. Wie die Kosten auf diese beiden Kategorien verteilt werden, hängt – wie immer, wenn bei der Kostenrechnung Lagerbestände zu berücksichtigen sind – von den speziellen Annahmen über den Kostenfluß ab. Als nächstes beschreiben wir zwei alternative Methoden: die Methode des gewichteten Durchschnitts und die First-in-first-out-Methode.

Tafel 17.7

Schritt 4: Summiere die Gesamtkosten und verteile sie auf die fertigen und die halbfertigen Einheiten mit Hilfe der Methode des gewichteten Durchschnitts, Montageabteilung von Global Defense, Inc., März 19_7

	Fertigungsmaterial			Verarbeitungskosten			Summe der Herstellkosten
	ÄE (1)	Kosten pro ÄE (2)	Gesamtkosten (3) = (1) × (2)	ÄE (4)	Kosten pro ÄE (5)	Gesamtkosten (6) = (4) × (5)	(7) = (3) + (6)
TEIL A: ZU VERRECHNENDE GESAMTKOSTEN							
Unfertige Erzeugnisse, Anfangsbestand (aus Tafel 17.6)	225	80,00 $	18.000 $	135	60,00 $	8.100 $	26.100 $
Produktion der laufenden Periode (aus Tafel 17.6)	275	72,00 $	19.800 $	315	52,00 $	16.380 $	36.180 $
Zu verrechnende Kosten	500	75,60 $[a]	37.800 $	450	54,40 $[b]	24.480 $	62.280 $
TEIL B: VERTEILUNG DER KOSTEN							
Fertiggestellt und weitergeleitet (400 physische Einheiten)	400[c]	75,60 $	30.240 $	400[c]	54,40 $	21.760 $	52.000 $
Unfertige Erzeugnisse, Endbestand (100 physische Einheiten)	100[c]	75,60 $	7.560 $	50[c]	54,40 $	2.720 $	10.280 $
Verrechnete Kosten	500		37.800 $	450		24.480 $	62.280 $

Fußnoten zu Tafel 17.7

a. Äquivalente Stückkosten des Fertigungsmaterials als gewichteter Durchschnitt =
Gesamte Materialeinzelkosten dividiert durch die äquivalenten Einheiten des Fertigungsmaterials: 37.800 $: 500 = 75,60 $.

b. Verarbeitungskosten pro äquivalente Einheit als gewichteter Durchschnitt = Gesamte
Verarbeitungskosten dividiert durch die äquivalenten Einheiten der Verarbeitungskosten: 24.480 $: 450 = 54,40 $.

c. Aus Tafel 17.5.

17.5 DIE METHODE DES GEWICHTETEN DURCHSCHNITTS

Bei der Divisionskalkulation nach der Methode des gewichteten Durchschnitts verteilt
man die durchschnittlichen äquivalenten Stückkosten der gesamten bisherigen Produktion (unabhängig davon, wann sie stattgefunden hat) auf die äquivalenten Einheiten der fertiggestellten und weitergeleiteten Produkte und die äquivalenten Einheiten
im Lagerendbestand an unfertigen Erzeugnissen. Die gewichteten Durchschnittskosten sind einfach der Durchschnitt der verschiedenen äquivalenten Stückkosten auf
dem Konto Unfertige Erzeugnisse.

Tafel 17.7 stellt Schritt 4 dar für den Fall, daß die Methode des gewichteten Durchschnitts angewandt wird. Die Spalte Gesamtkosten in Teil A der Tafel 17.7 summiert
die im März zu verrechnenden Gesamtkosten wie im Beispiel auf Seite 582 beschrieben: Anfangsbestand an unfertigen Erzeugnissen 26.100 $ (Fertigungsmaterial 19.800
$; Verarbeitungskosten 8.100 $); im März entstandene Materialkosten 19.800 $; im
März entstandene Verarbeitungskosten 16.30 $; daraus ergibt sich eine Summe von
62.280 $.

Die Berechnung des gewichteten Durchschnitts besteht aus zwei Teilen: (1) Die Berechnung der gewichteten Durchschnittskosten pro äquivalenter Einheit in Teil A und
(2) die Verteilung dieser Kosten auf die fertigen und unfertigen Erzeugnisse. Die Berechnungen in Teil A der Tafel 17.7 zeigen das Wesentliche der Methode des gewichteten Durchschnitts.

Die Methode des gewichteten Durchschnitts berücksichtigt die gesamte bisherige Produktion, indem sie die Kosten für den Lageranfangsbestand und die Produktion der
laufenden Periode summiert und ebenso die äquivalenten Einheiten. Die gewichteten
Durchschnittskosten pro äquivalente Einheit erhält man, indem man die Gesamtkosten durch die Gesamtzahl der äquivalenten Einheiten dividiert. So findet man zum
Beispiel die gewichteten Durchschnittskosten pro äquivalenter Einheit der Verarbeitungskosten in Tafel 17.7 durch folgende Berechnung:

Gesamte Verarbeitungskosten (Anfangsbestand an unfertigen Erzeugnissen
8.100 $ plus Produktion der laufenden Periode 16.380 $ 24.480 $

Dividiert durch die Summe der äquivalenten Einheiten in bezug auf die Verarbeitungskosten (Anfangsbestand an unfertigen Erzeugnissen 135 Einheiten
plus Produktion der laufenden Periode 315 Einheiten)   : 450

Gewichtete Durchschnittskosten pro äquivalente Einheit der Verarbeitungsko- 54,40 $
sten

Teil B der Tafel 17.7 verwendet die gewichteten Durchschnittskosten pro äquivalente
Einheit als Schlüssel zur Verteilung der Materialeinzelkosten und der Verarbeitungskosten auf die äquivalenten Einheiten aller Komponenten, unabhängig davon, ob sie
vollständig oder teilweise montiert sind. Die Gesamtkosten der 100 Mengeneinheiten
im Endbestand an unfertigen Erzeugnissen bestehen zum Beispiel aus

Fertigungsmaterial
  100 äquivalente Einheiten × gewichtete Durchschnittsko-
  sten pro äquivalente Einheit, 75,60 $ 7.560 $

Verarbeitungskosten
  50 äquivalente Einheiten × gewichtete Durchschnittsko-
  sten pro äquivalente Einheit, 54,40 $ 2.720 $

  Gesamtkosten des Endbestands an unfertigen Erzeugnissen   10.280 $

Man beachte auch, daß die verrechneten Gesamtkosten in Höhe von 62.280 $ in Teil
B der Tafel 17.7 den zu verrechnenden Gesamtkosten in Teil A entsprechen.

Wenn man die Dollarbeträge aus Tafel 17.7 verwendet, können die Journaleinträge
von Global Defense, Inc., für den Monat März folgendermaßen zusammengefaßt werden:

1. Unfertige Erzeugnisse – Montageabteilung   19.800

    an Verbindlichkeiten   19.800

    Fertigungsmaterial, das im Lauf des Monats März gekauft und in der Produktion ver-
    wendet wurde

2. Unfertige Erzeugnisse – Montageabteilung   16.380

    an verschiedene Konten   16.380

    Verarbeitungskosten der Montageabteilung im Monat März; Beispiele sind Energie-
    kosten, Hilfs- und Betriebsstoffe, Fertigungsarbeit und Werksabschreibung.

3. Unfertige Erzeugnisse – Prüfabteilung   52.000

    an Unfertige Erzeugnisse – Montageabteilung   52.000

    Kosten der Produkte, die im Monat März fertiggestellt und von der Montageabteilung
    an die Prüfabteilung weitergeleitet worden sind

Das wichtigste T-Konto, Unfertige Erzeugnisse – Montageabteilung, sieht folgendermaßen aus:

Unfertige Erzeugnisse - Montageabteilung

Anfangsbestand, 1. März	26.100	③ Weitergeleitet an	52.000
① Fertigungsmaterial	19.800	Unfertige Erzeugnisse	
② Verarbeitungskosten	16.380	– Prüfabteilung	
Endbestand, 31. März	10.280		

17.6 DIE FIFO-METHODE

Bei der **Fifo-Methode** (first in, first out) der Divisionskalkulation verteilt man die Kosten der am frühesten verfügbaren äquivalenten Einheiten (angefangen mit den äquivalenten Einheiten im Lageranfangsbestand der unfertigen Erzeugnisse) auf die fertiggestellten und weitergeleiteten Einheiten und die Kosten der in der Rechnungsperiode zuletzt bearbeiteten äquivalenten Einheiten auf den Endbestand an unfertigen Erzeugnissen. Bei dieser Methode geht man davon aus, daß die ersten äquivalenten Einheiten im Konto Unfertige Erzeugnisse – Montageabteilung auch zuerst fertiggestellt werden.

Tafel 17.8 zeigt den vierten Schritt – Zusammenfassung der zu verrechnenden Gesamtkosten und Zuordnung dieser Kosten zu den fertigen Erzeugnissen und dem Endbestand an unfertigen Erzeugnissen – auf der Grundlage der Fifo-Methode. Die Gesamtkostenspalte in Tafel 17.8, Teil A, faßt die zu verrechnenden Gesamtkosten für März 19_7 in Höhe von 62.280 $ zusammen, wie im Beispiel (Seite 582) beschrieben.

Teil B der Tafel 17.8 beschreibt die Zuordnung der Kosten nach der Fifo-Methode. Bei dieser Methode werden die Kosten des Anfangsbestands an unfertigen Erzeugnissen den ersten fertiggestellten und weitergeleiteten Einheiten zugeordnet. Die Kosten der Arbeit der laufenden Periode werden zunächst der Weiterverarbeitung des Anfangsbestands an unfertigen Erzeugnissen zugeordnet, dann den Einheiten, die in der laufenden Periode begonnen und fertiggestellt wurden, und zuletzt dem Endbestand an unfertigen Erzeugnissen. Die Kosten der 135 äquivalenten Einheiten im Anfangsbestand werden mit 60 $ pro Einheit den ersten fertiggestellten und weitergeleiteten Einheiten zugeordnet. Die Kosten der 315 äquivalenten Einheiten der Weiterverarbeitung im März 19_7 mit 52 $ pro Einheit werden folgendermaßen zugeordnet: (1) Die ersten 90 Einheiten sind die Kosten der Fertigstellung des Anfangsbestands an unfertigen Erzeugnissen, (2) die nächsten 175 Einheiten sind die Verarbeitungskosten für Einheiten, die in der laufenden Periode begonnen und fertiggestellt worden sind und (3) die letzten 50 Einheiten werden dem Endbestand an unfertigen Erzeugnissen zugerechnet.

Tafel 17.8

Schritt 4: Summiere die Gesamtkosten und verteile sie auf die fertigen Erzeugnisse und den Endbestand an unfertigen Erzeugnissen mit Hilfe der Fifo-Methode, Montageabteilung von Global Defense, Inc., März 19_7

	Fertigungsmaterial		Verarbeitungskosten			Herstellkosten
ÄE (1)	Kosten pro ÄE (2)	Gesamt-kosten (3) = (1) × (2)	ÄE (4)	Kosten pro ÄE (5)	Gesamt-kosten (6) = (4) × (5)	(7) = (3) + (6)
A: ZU VERRECHNENDE GESAMTKOSTEN						
Unfertige Erzeugnisse, Anf.best.						
225	80 $	18.000 $	135	60 $	8.100 $	26.100 $
Produktion der laufenden Periode						
275	72 $	19.800 $	315	52 $	16.380 $	36.180 $
Zu verrechnende Kosten						
500		37.800 $	450	b	24.480 $	62.280 $
B: VERTEILUNG DER KOSTEN						
Unfertige Erzeugnisse, Anf.best.						
225	80 $	18.000 $	135	60 $	8.100 $	26.100 $
Arbeit der laufenden Periode zur Fertigstellung der unf. Erz.						
0[a]	72 $	0 $	90[b]	52 $	4.680 $	4.680 $
Begonnen und fertiggestellt						
175[c]	72 $	12.600 $	175[c]	52 $	9.100 $	21.700 $
Fertiggestellt und weitergeleitet (400 physische Einheiten)						
400[c]		30.600 $	400		21.880 $	52.480 $
Unfertige Erzeugnisse, Endbestand (100 physische Einheiten)						
100[d]	72 $	7.200 $	50[d]	52 $	2.600 $	9.800 $
Verrechnete Kosten						
500		37.800 $	450		24.480 $	62.280 $

Fußnoten zu Tafel 17.8

a. Die unfertigen Erzeugnisse im Anfangsbestand sind im Hinblick auf das Fertigungs-
    material zu 100 % vollständig, so daß zur Fertigstellung Null Einheiten Fertigungs-
    material benötigt werden.

b. Die unfertigen Erzeugnisse im Anfangsbestand sind im Hinblick auf die Verarbei-
    tungskosten zu 60 % vollständig; das entspricht 135 äquivalenten Einheiten. Um die
    225 physischen Einheiten fertigzustellen, muß man 90 (225 - 135) äquivalente Ein-
    heiten an Verarbeitungskosten hinzufügen.

c. Insgesamt 400 fertiggestellte und weitergeleitete äquivalente Einheiten (Tafel 17.5)
    minus 225 äquivalente Einheiten aus dem Anfangsbestand ergibt 175 äquivalente
    Einheiten.

d. Aus Tafel 17.5.

Bei der Fifo-Methode kommt der Endbestand an unfertigen Erzeugnissen von Einheiten, die in der laufenden Periode begonnen, aber nicht ganz fertiggestellt worden sind.
Die Gesamtkosten der 100 teilweise montierten Mengeneinheiten im Endbestand an
unfertigen Erzeugnisse bestehen aus

Fertigungsmaterial: 100 äquivalente Einheiten × Kosten pro äquivalente Einheit im März, 72 $	7.200 $
Verarbeitungskosten: 50 äquivalente Einheiten × Kosten pro äquivalente Einheit im März, 52 $	2.600 $
Gesamtkosten der unfertigen Erzeugnisse am 31. März	9.800 $

Man beachte, daß die in Teil B der Tafel 17.8 verrechneten Gesamtkosten von 62.280
$ den zu verrechnenden Gesamtkosten in Teil A der Tafel entsprechen.

Die Journaleinträge und der Fluß der Kosten durch die T-Konten bei der Fifo-Methode
entsprechen den Journaleinträgen und Kostenströmen bei der Methode der gewichteten Durchschnittskosten und werden hier nicht wiederholt.

Die Durchschnittskosten der weitergeleiteten Einheiten sind 52.480 $: 400 Stück =
131,20 $ pro DG-19. Die Montageabteilung unterscheidet die monatlichen Produkti-
onsserien mit Hilfe der Fifo-Annahme. Die darauf folgende Abteilung, die Prüfabteilung, kalkuliert jedoch mit einheitlichen Durchschnittskosten (131,20 $ in diesem
Beispiel). Der Versuch, die Kosten rein auf der Grundlage der Fifo-Methode durch
eine Reihe von Prozessen hindurch zu verfolgen, ohne Durchschnitte zu bilden, wäre
zu mühsam.

Eine Anwendung der reinen Fifo-Methode trifft man in der Divisionskalkulation nur
selten an. Man sollte eigentlich von einer *modifizierten* oder *abteilungsspezifischen*
Fifo-Methode sprechen. Denn die Fifo-Methode wird zwar innerhalb einer Abteilung
angewandt, um die Kosten der Einheiten zusammenzustellen, die aus der Abteilung

hinaus gehen, aber die Einheiten, die während einer gegebenen Periode in die Abteilung *herein* kommen, werden der Bequemlichkeit halber zu einheitlichen Durchschnittskosten geführt.

17.7 VERGLEICH DER FIFO-METHODE UND DER METHODE DER GEWICHTETEN DURCHSCHNITTSKOSTEN

Die folgende Tabelle stellt für unser Beispiel gegenüber, welche Kosten den fertigen und unfertigen Erzeugnissen unter der Methode der gewichteten Durchschnittskosten und unter der Fifo-Methode zugeordnet werden:

	gewichteter Durchschnitt (aus Tafel 17.7)	Fifo (aus Tafel 17.8)	Differenz
Kosten der fertiggestellten und weitergeleiteten Einheiten	52.000 $	52.480 $	+ 480 $
Unfertige Erzeugnisse, Endbestand	10.280 $	9.800 $	- 480 $
Summe der zu verrechnenden Kosten	62.280 $	62.280 $	

Der Lagerendbestand ist bei der Methode der gewichteten Durchschnittskosten um 480 $ oder 4,9 % (480 $: 9.800 $) höher als bei der Fifo-Methode. Das ist eine signifikante Differenz, wenn man sie über die vielen Tausende von Komponenten aggregierte, die Global Defense herstellt. Die Methode der gewichteten Durchschnittskosten führt in unserem Beispiel auch zu niedrigeren Herstellkosten des Umsatzes und damit zu einem höheren Betriebsgewinn und höheren Steuerzahlungen als die Fifo-Methode. Unterschiede in den Kosten der äquivalenten Einheiten im Lageranfangsbestand und der Arbeit der laufenden Periode erklären die Kostenunterschiede zwischen der Methode der gewichteten Durchschnittskosten und der Fifo-Methode. Erinnern wir uns daran, daß in Tafel 17.6 die Kosten pro äquivalente Einheit des Lageranfangsbestand an unfertigen Erzeugnissen höher waren als die Verarbeitungskosten pro äquivalente Einheit während der Periode.

Für die Montageabteilung geht Fifo davon aus, daß alle vor der Periode begonnenen Einheiten mit höheren Kosten zuerst fertiggestellt und weitergeleitet werden, während der Endbestand an unfertigen Erzeugnissen ausschließlich aus den in der laufenden Periode begonnenen Einheiten mit niedrigeren Kosten besteht. Die Methode des gewichteten Durchschnitts hingegen glättet die Kosten pro äquivalente Einheit durch die Annahme, daß ein größerer Teil der Einheiten mit niedrigen Kosten fertiggestellt und weitergeleitet werden, während einige der Einheiten mit höheren Kosten im Endbestand an unfertigen Erzeugnissen landen. In diesem Beispiel führt also die Methode der gewichteten Durchschnittskosten im Vergleich zur Fifo-Methode zu niedrigeren Kosten für die fertiggestellten und weitergeleiteten Einheiten und zu höheren Kosten für den Lagerendbestand an unfertigen Erzeugnissen.

Die Stückkosten können sich bei den beiden Methoden materiell voneinander unterscheiden, wenn (1) die Kosten für das Fertigungsmaterial oder die Verarbeitungsstückkosten von Periode zu Periode variieren und (2) die Lagerbestände an unfertigen Erzeugnissen im Vergleich zu der Gesamtzahl der weitergeleiteten Einheiten relativ hoch sind.

Manager brauchen ein Feedback über ihren Erfolg in jüngster Zeit (März in unserem Beispiel), um ihre zukünftigen Ergebnisse zu planen und zu verbessern. Ein Hauptvorteil der Fifo-Methode besteht darin, daß sie den Managern Informationen gibt, mit deren Hilfe sie das Ergebnis der laufenden Periode unabhängig von dem der vorangegangenen Periode beurteilen können. Die in der laufenden Periode geleistete Arbeit ist für Planungs- und Steuerungszwecke von entscheidender Bedeutung.

17.8 STANDARDKOSTEN UND DIVISIONSKALKULATION

Dieser Abschnitt setzt voraus, daß der Leser mit den Kapiteln 7 und 8 vertraut ist.

Wie bereits erwähnt, stellen Firmen, die mit der Divisionskalkulation arbeiten, viele gleiche oder ähnliche Outputeinheiten her. Die Festlegung von Standardinputmengen ist in solchen Unternehmen oft relativ unkompliziert. Die Standardkosten werden dann entwickelt, indem man diesen Mengenstandards Standardkosten pro Inputeinheit zuordnet. Die Fifo-Methode und die Methode der gewichteten Durchschnittskosten werden recht kompliziert, wenn man sie in Branchen verwendet, die eine Vielzahl von Produkten herstellen. So verwendet zum Beispiel ein Stahlwalzwerk unterschiedliche Stahllegierungen und stellt Bleche verschiedener Größe und Oberflächenbeschaffenheit her. Beim Fertigungsmaterial und auch bei den durchgeführten Arbeitsschritten gibt es nicht sehr viele Posten. Aber die unterschiedlichen Kombinationsmöglichkeiten ergeben eine zu große Bandbreite an Produkten, so daß die Kosten für jedes Produkt recht ungenau werden, wenn man die breite Durchschnittsbildung der herkömmlichen Divisionskalkulation anwendet. Ähnlich komplexe Bedingungen findet man zum Beispiel häufig in Fabriken, die Gummiprodukte, Textilien, Keramik, Farben und verpackte Lebensmittel herstellen. Wie wir sehen werden, ist die Standardkostenrechnung in diesen Situationen besonders nützlich. Auch die Kompliziertheit der Fifo-Methode und der Methode der gewichteten Durchschnittskosten und die Konflikte zwischen beiden werden mit Hilfe der Standardkostenrechnung vermieden.

Berechnungen bei der Standardkostenrechnung

Als Beispiel verwenden wir wieder die Montageabteilung von Global Defense, Inc., nur daß wir diesmal mit Standardkosten arbeiten. Für Februar und März 19_7 gelten dieselben Standardkosten:

Fertigungsmaterial	74 $	pro Stück
Verarbeitungskosten	54 $	pro Stück
Summe der Herstellstandardkosten	128 $	pro Stück

Die Daten für die Montageabteilung sind

Physische Einheiten im März 19_7

Unfertige Erzeugnisse, Anfangsbest. am 1. März	225 Stück
Fertigungsmaterial (100 % vollständig)	
Verarbeitungskosten (60 % vollständig)	
Einheiten, die im März begonnen wurden	275 Stück
Einheiten, die im März fertiggestellt und weitergeleitet wurden	400 Stück
Unfertige Erzeugnisse, Endbestand am 31. März	100 Stück
Fertigungsmaterial (100 % vollständig)	
Verarbeitungskosten (50 % vollständig)	

Gesamtkosten im März 19_7

Unfertige Erzeugnisse, Anfangsbestand zu Standardkosten		
Fertigungsmaterial: 225 ÄE × 74 $ pro ÄE	16.650 $	
Verarbeitungskosten: 135 ÄE × 54 $ pro ÄE	7.290 $	23.940 $
tatsächliche Materialkosten im März		19.800 $
tatsächliche Verarbeitungskosten im März		16.380 $

Wir folgen den vier Schritten, die wir für Fall 2 eingeführt haben. Schritt 1 und 2 bei der Standardkostenrechnung sind identisch mit den Schritten, die wir in Tafel 17.5 für die Fifo-Methode und die Methode der gewichteten Durchschnittskosten beschrieben haben. Schritt 1 und 2 bleiben unverändert, denn sie messen die gleichen physischen Einheiten und äquivalenten Einheiten der Fertigung im März. Die Arbeit der laufenden Periode entspricht 275 äquivalenten Einheiten beim Fertigungsmaterial und 315 äquivalenten Einheiten bei den Verarbeitungskosten.

Tafel 17.9

Schritt 4: Summiere die zu verrechnenden Gesamtkosten und verteile sie auf die fertigen und die unfertigen Erzeugnisse mit Hilfe der Standardkostenrechnung, Montageabteilung von Global Defense, Inc., März 19_7

	Fertigungsmaterial			Verarbeitungskosten			Herstellkosten
	ÄE (Taf. 17.5) (1)	Kosten pro ÄE (2)	Gesamtkosten (3)=(1)×(2)	ÄE (Taf. 17.5) (4)	Kosten pro ÄE (5)	Gesamtkosten (6)=(4)×(5)	(7)=(3)+(6)
TEIL A: ZU VERRECHNENDE GESAMTKOSTEN							
Unfertige Erzeugnisse, Anfangsbestand	225	74 $	16.650 $	135	54 $	7.290 $	23.940 $
Produktion der laufenden Periode	275	74 $	20.350 $	315	54 $	17.010 $	37.360 $
Zu verrechnende Kosten	500		37.000 $	450		24.300 $	61.300 $
TEIL B: VERTEILUNG DER KOSTEN							
Fertiggestellt und weitergeleitet (400 physische Einheiten)	400	74 $	29.600 $	400	54 $	21.600 $	51.200 $
Unfertige Erzeugnisse, Endbestand (100 physische Einheiten)	100	74 $	7.400 $	50	54 $	2.700 $	10.100 $
Verrechnete Kosten	500		37.000 $	450		24.300 $	61.300 $

Schritt 3 ist bei der Standardkostenrechnung einfacher als bei den beiden anderen Methoden. Das liegt daran, daß man hier die Kosten pro äquivalenter Einheit nicht zu berechnen braucht. Stattdessen verwendet man die Standardkosten: 74 $ für das Fertigungsmaterial und 54 $ für die Verarbeitungskosten. Die Verwendung von Standardkosten vereinfacht die Berechnungen für die Zuordnung der zu verrechnenden Gesamtkosten zu den fertiggestellten und weitergeleiteten Produkten und den unfertigen Erzeugnissen am Ende der Periode. Tafel 17.9 beschreibt Schritt 4.

Teil A der Tafel 17.9 faßt die zu verrechnenden Gesamtkosten zusammen – das heißt alle Verbindlichkeiten auf dem Konto Unfertige Erzeugnisse. Diese Einträge unterscheiden sich von denjenigen für die Fifo-Methode und die Methode der gewichteten Durchschnittskosten, die wir weiter oben in diesem Kapitel erklärt haben. Das liegt daran, daß bei der *Standardkostenrechnung* (siehe Kapitel 7 und 8) die Buchungen auf dem Konto Unfertige Erzeugnisse – Montage zu Standardkosten und nicht zu Istkosten gerechnet werden. Diese Standardkosten ergeben zusammen 61.300 $.

Teil B der Tafel 17.9 ordnet die Gesamtkosten den fertiggestellten Einheiten und dem Endbestand an unfertigen Einheiten zu. Alle äquivalenten Einheiten werden zu Standardkosten bewertet. Man beachte, daß die verrechneten Gesamtkosten in Teil B der Tafel 17.9 (61.300 $) den zu verrechnenden Gesamtkosten in Teil A der Tafel entsprechen. Wenn sich die Standardkosten von Februar auf März verändert hätten, würden diese Kosten mit Hilfe der Fifo-Methode in Tafel 17.8 auf die fertiggestellten Einheiten und den Endbestand an unfertigen Einheiten verteilt.

Die Verrechnung von Abweichungen

Bei der Divisionskalkulation auf der Basis von Standardkosten sammelt man die Istkosten in der Regel getrennt von den Lagerbestandskonten. Die folgende Tabelle ist ein Beispiel. Die Istdaten sind in den beiden ersten Einträgen enthalten. Erinnern wir uns daran, daß Global Defense das Fertigungsmaterial nach Bedarf kauft und daß dieses Material direkt an die Montageabteilung geliefert wird. Die Summe der Abweichungen ist in den nächsten beiden Einträgen festgehalten. Der letzte Eintrag leitet die fertiggestellten Produkte zu Standardkosten weiter.

1. Fertigungsmaterial – Montageabteilung (zu Istkosten)　19.800
   an Verbindlichkeiten　19.800

   Fertigungsmaterial gekauft und verwendet im März. Dieses Konto wird mit den Istkosten belastet; später werden darauf die Standardkosten der bearbeiteten Produkteinheiten gutgeschrieben.

2. Verarbeitungskosten – Montageabteilung (zu Istkosten)　16.380
   an verschiedene Konten　16.380

   Verarbeitungskosten der Montageabteilung im März

(Die Einträge 3, 4 und 5 beruhen auf den Standardkostenbeträgen aus Tafel 17.9.)

3. Unfertige Erzeugnisse – Montageabteilung (zu Standardko-   20.350
    sten)

    an Materialkostenabweichungen   550
    an Verarbeitungskosten – Montageabteilung   19.800
    Tatsächliche Materialeinzelkosten und gesamte Materialkostenabweichungen

4. Unfertige Erzeugnisse – Montage (zu Standardkosten)   17.010
    an Verarbeitungskostenabweichungen bei den   630
    an Verarbeitungskosten – Montageabteilung   16.380
    Tatsächliche Verarbeitungskosten und gesamte Verarbeitungskostenabweichungen

5. Unfertige Erzeugnisse – Prüfabteilung (zu Standardkosten)   51.200
    an Unfertige Erzeugnisse – Montageabteilung (zu Standard-   51.200
    kosten)

    Kosten der fertiggestellten und von der Montage zur Prüfabteilung weitergeleiteten
    Einheiten zu Standardkosten

Abweichungen wie bei den Einträgen 3 und 4 in der obigen Tabelle entstehen bei der
Standardkostenrechnung, weil die Standardkosten, die den Produkten auf der Basis
der in der laufenden Periode geleisteten Arbeit zugerechnet werden, in der Regel nicht
den in der laufenden Periode entstandenen Istkosten entsprechen. Zu Zwecken des
Feedbacks, der Steuerung und der Entscheidungsfindung können diese Abweichungen mehr oder weniger detailliert gemessen und analysiert werden, wie in den Kapiteln 7 und 8 beschrieben. Tafel 17.10 zeigt, wie die Kosten durch die Konten fließen.

Zuletzt wollen wir noch die Bemerkung am Anfang dieses Abschnitts erklären, daß
Standardkosten besonders hilfreich sind, wenn in einem Prozeß eine Vielzahl von Produkten hergestellt wird. In solchen Situationen berechnen die Fifo-Methode und die
Methode der gewichteten Durchschnittskosten, die auf historischen Kosten beruhen,
einen *einzigen* Durchschnittskostensatz für alle Produkte mit dem Ergebnis fehlerhafter Produktkosten. Bei der Standardkostenrechnung bestimmen Teams aus Produkti-
ons- und Produktdesigntechnikern, aus Produktionsarbeitern und Kostenrechnungsspezialisten auf der Basis der unterschiedlichen Spezifikationen für die technischen
Abläufe für jedes Produkt getrennte Standardkosten der äquivalenten Einheit. Durch
die Identifikation von Standardkosten für jedes Produkt überwindet man das Problem
der Methoden, die mit historischen Kosten arbeiten, daß alle Produkte mit einem einzigen Durchschnittskostensatz bewertet werden.

Tafel 17.10

Standardkostenfluß in einem System der Divisionskalkulation, Montageabteilung von Global Defense, Inc., März 19_7

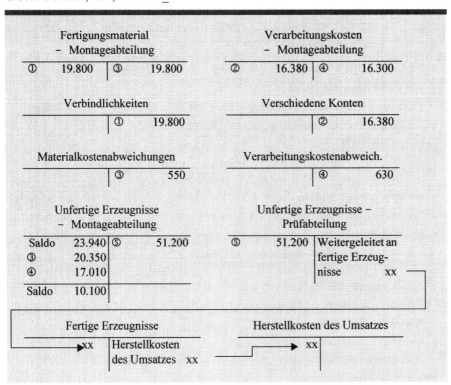

17.9 Die Kostenbewertung der hereinkommenden Produkte bei der Divisionskalkulation

Bei vielen Systemen der Divisionskalkulation gibt es zwei oder mehrere Abteilungen oder Prozesse im Produktionsablauf. Wenn die Einheiten von einer Abteilung zur anderen weitergeleitet werden, gibt man normalerweise auch die entsprechenden Kosten in monatlichen Journaleinträgen weiter. Werden Standardkosten verwendet, so ist die Verrechnung solcher Transfers relativ einfach. Bei der Fifo-Methode oder der Methode der gewichteten Durchschnittskosten kann dieser Vorgang jedoch komplexer werden. In unserem Beispiel von der Global Defense, Inc., beziehen wir jetzt auch die Prüfabteilung mit ein. Die Montageabteilung der Firma leitet die DG-19-Einheiten an die Prüfabteilung weiter. Hier wird den Einheiten am *Ende* des Produktionsprozesses

zusätzliches Fertigungsmaterial wie zum Beispiel Kisten und anderes Verpackungs-
material hinzugefügt, um sie für den Versand vorzubereiten. Die Verarbeitungskosten
fallen während des Prozesses in der Prüfabteilung gleichmäßig an. Wenn der Prozeß
in der Montageabteilung abgeschlossen ist, werden die Einheiten sofort an die Prüfabteilung weitergeleitet; wenn sie in der Prüfabteilung fertiggestellt sind, werden sie sofort dem Fertigproduktlager übergeben.

Für die Prüfabteilung ergeben sich im Monat März die folgenden Daten

Physische Einheiten, März 19_7

Unfertige Erzeugnisse, Anfangsbestand am 1. März   240 Stück
   Kosten der hereinkommenden Produkte (100 %
     vollständig)
   Fertigungsmaterial (0 % vollständig)
   Verarbeitungskosten (5/8 oder 62,5 % vollständig)
Hereingekommen im März   400 Stück
Fertiggestellt im März   440 Stück
Unfertige Erzeugnisse, Endbestand am 31. März   200 Stück
   Kosten der hereinkommenden Produkte (100 %
     vollständig)
   Fertigungsmaterial (0 % vollständig)
   Verarbeitungskosten (80 % vollständig)

Kosten der Prüfabteilung, März 19_7

Unfertige Erzeugnisse, Anfangsbestand*
   Kosten der hereinkommenden Produkte   33.600 $
   Fertigungsmaterial   0 $
   Verarbeitungskosten   18.000 $ 51.600 $
Hereingekommen im März
   Gewichteter Durchschnitt (aus Tafel 17.7)   52.000 $
   Fifo (aus Tafel 17.8)   52.480 $
Fertigungsmaterial, hinzugefügt im März   13.200 $
Verarbeitungskosten, entstanden im März   48.600 $

---

  * Der Anfangsbestand an unfertigen Erzeugnissenist bei der Fifo-Methode und bei der
    Methode der gewichteten Durchschnittskosten der gleiche, denn wir haben angenom-
    men, daß die Kosten pro äquivalente Einheit im Januar und im Februar dieselben sind.
    Wären diese Kosten im Februar anders gewesen als im Januar, so würde der Lagerbe-
    stand an unfertigen Erzeugnissen Ende Februar (Anfang März) bei beiden Methoden
    unterschiedlich bewertet. Der Ansatz der Divisionskalkulation mit hereinkommenden
    Produkten wäre dann immer noch so wie in diesem Abschnitt beschrieben. Lediglich
    die Anfangsbestände an unfertigen Erzeugnissen würden sich unterscheiden.

Die **Kosten der hereingekommenen Produkte** (*transferred-in costs*) oder die **Kosten der vorangegangenen Abteilung** (*previous department costs*) sind Kosten, die in einer vorgeschalteten Abteilung entstanden sind und die das Produkt in eine darauffolgende Abteilung mitbringt. Wenn also die Einheiten von einer Abteilung zur nächsten wandern, bewegen sich ihre Kosten mit. Die Kostenrechnung für die Prüfabteilung muß also die Kosten der hereingekommenen Produkte genauso miteinschließen wie die Kosten zusätzlicher Fertigungsmaterialien und die in der Prüfabteilung entstehenden Verarbeitungskosten.

Tafel 17.11

Schritte 1 und 2: Summiere den Output in physischen Einheiten und berechne die äquivalenten Einheiten, Prüfabteilung von Global Defense, Inc., März 19_7

| Produktionsfluß | (Schritt 1) Physische Einheiten | (Schritt 2) Äquivalente Einheiten | | |
		Kosten der vorangegangenen Abteilung	Fertigungsmaterial	Verarbeitungskosten
Fertiggestellt und weitergeleitet in der laufenden Periode	440	440	440	440
zuzüglich unfertige Erzeugnisse, Endbestand[a] (200 × 100 %; 200 × 0 %; 200 × 80 %)	200	200	0	160
Summe der verrechneten Kosten	640	640	440	600
abzüglich unfertige Erzeugnisse, Anfangsbestand[b] (240 × 100 %; 240 × 0 %; 240 × 62,5 %)	240	240	0	150
Hereingekommen in der laufenden Periode	400	—	—	—
Arbeitsleistung der laufenden Periode		400	440	450

a. Grad der Fertigstellung in dieser Abteilung: Kosten der vorangegangenen Abteilung 100 %; Fertigungsmaterial 0 %; Verarbeitungskosten 80 %.
b. Grad der Fertigstellung in dieser Abteilung: Kosten der vorangegangenen Abteilung 100 %; Fertigungsmaterial 0 %; Verarbeitungskosten 62,5 %.

Wir verwenden die bereits beschriebene (Seite 576) Vorgehensweise in vier Schritten, um die Kosten einer nachgelagerten Abteilung zu berechnen, in der auch Kosten einer vorangegangenen Abteilung zu berücksichtigen sind. Tafel 17.11 zeigt Schritt 1 und 2 für die Prüfabteilung: Summiere den Output in physischen Einheiten und berechne die äquivalenten Einheiten. Was die Kosten der vorangegangenen Abteilung betrifft, so sind sie zu 100 % vollständig, denn diese Kosten werden lediglich aus dem vorangegangenen Prozeß mitgebracht. Die Materialeinzelkosten dagegen haben sowohl beim Anfangsbestand wie auch beim Endbestand an unfertigen Erzeugnissen einen Vollständigkeitsgrad von Null, denn in der Prüfabteilung wird das Fertigungsmaterial erst am Ende des Prozesses eingeführt.

Man beachte, daß sich die Fifo-Methode und die Methode der gewichteten Durchschnittskosten in bezug auf die Zahlen in Schritt 3 und 4 unterscheiden, wenn Kosten der hereingekommenen Produkte zu berücksichtigen sind. Das liegt daran, daß Unterschiede in den Kosten der hereingekommenen Produkte zu unterschiedlichen Verbindlichkeiten an das Konto Unfertige Erzeugnisse führen.

Tafel 17.12

Schritt 3: Berechne die äquivalenten Kosten nach der Methode der gewichteten Durchschnittskosten, Prüfabteilung von Global Defense, Inc., März 19_7

	Kosten der vorangegange- nen Abteilung	Fertigungs- material	Verarbeitungs- kosten
Kosten pro äquivalente Einheit des Anfangsbestands an unfertigen Erzeugnissen			
Unfertige Erzeugnisse, Anfangsbestand (gegeben, Seite 598)	33.600 $	–	18.000 $
Dividiere durch die äquivalenten Einheiten des Anfangsbestands an unfertigen Erzeugnissen (aus Tafel 17.11)	: 240	–	: 150
Kosten pro äquivalente Einheit des Anfangsbestands an unfertigen Erzeugnissen	140 $	–	120 $
Kosten pro äquivalente Einheit der Arbeit der laufenden Periode			
Kosten, die in der laufenden Periode entstanden sind (gegeben, Seite 598)	52.000 $	13.200 $	48.600 $
Dividiere durch die äquivalenten Einheiten der Arbeit der laufenden Periode (aus Tafel 17.11)	: 400	: 440	: 450
Kosten pro äquivalente Einheit der Arbeit der laufenden Periode	130 $	30 $	108 $

Die Kosten der hereingekommenen Produkte und die Methode der gewichteten Durchschnittskosten

Tafel 17.12 beschreibt Schritt 3, die Berechnung der Kosten der äquivalenten Einheit. Tafel 17.13 stellt Schritt 4 dar. Teil A der Tafel 17.13 summiert die zu verrechnenden Gesamtkosten, das heißt, die gesamten Lastschriften auf dem Konto Unfertige Erzeugnisse, unter der Methode der gewichteten Durchschnittskosten. Diese Gesamtkosten betragen 165.400 $. Teil B der Tafel 17.13 zeigt wie diese Kosten auf die fertiggestellten Produkteinheiten und den Endbestand der unfertigen Erzeugnisse verteilt werden. Man beachte, wie der Anfangsbestand an unfertigen Erzeugnissen und die Arbeit der laufenden Periode summiert und zusammengefaßt werden, um die gewichteten Durchschnittskosten zu berechnen.

Unter Verwendung der Dollarbeträge aus Tafel 17.13 (Spalte 10) lauten die Journaleinträge für die Weitergabe von der Prüfabteilung an das Fertigproduktlager:

Fertige Erzeugnisse	120.890	
an Unfertige Erzeugnisse – Prüfabteilung		120.890

Fertige Einheiten werden an das Fertigproduktlager weitergeleitet

Es folgen die Einträge in das T-Konto Unfertige Erzeugnisse – Prüfabteilung (aus Tafel 17.13).

Unfertige Erzeugnisse – Prüfabteilung

Anfangsbestand, 1. März	51.600	Kosten der weitergel. Prod.	120.890
Kosten der hereingek. Produkte	52.000		
Fertigungsmaterial	13.200		
Verarbeitungskosten	48.600		
Endbestand, 31. März	44.510		

Ein Unternehmen kann das Konto Unfertige Erzeugnisse aufspalten in (1) Unfertige Erzeugnisse – Prüfabteilung, Kosten der hereingekommenen Produkte, (2) Unfertige Erzeugnisse – Prüfabteilung, Fertigungsmaterial und (3) Unfertige Erzeugnisse – Prüfabteilung, Verarbeitungskosten. Die Journaleinträge würden dann diese Details enthalten, aber die zugrundeliegende Logik und Methode wäre die gleiche.

Tafel 17.13

Schritt 4: Zusammenfassung und Verteilung der zu verrechnenden Kosten mit Hilfe der Methode der gewichteten Durchschnittskosten, Prüfabteilung, Global Defense, Inc., März 19_7

	Kosten der hereingekommenen Produkte			Fertigungsmaterial		
	ÄE (1)	Kosten pro ÄE (2)	Gesamt-kosten (3) = (1) × (2)	ÄE (4)	Kosten pro ÄE (5)	Gesamt-kosten (6) = (4) × (5)
TEIl A: ZU VERRECHNENDE GESAMTKOSTEN						
Unfertige Erzeugnisse, Anfangsbestand (aus Tafel 17.12)	240	140,00 $	33.600 $	0	–	16.650 $
Produktion der laufen-den Periode (aus Tafel 17.12)	400	130,00 $	52.000 $	440	30 $	20.350 $
Zu verrechnende Kosten	640	133,75 $[a]	85.600 $	440	30 $[b]	37.000 $
TEIL B: VERTEILUNG DER KOSTEN						
Fertiggestellt und wei-tergeleitet (440 phy-sische Einheiten)	440[c]	133,75 $	58.850 $	440	30 $	13.200 $
Unfertige Erzeugnisse, Endbestand (200 physische Einheiten)	200	133,75 $	26.750 $	0	–	0 $
Verrechnete Kosten	640		85.600 $	440		13.200 $

a. Gewichtete Durchschnittskosten pro äquivalente Einheit der hereingekommenen Kosten = Summe der hereingekommenen Kosten dividiert durch die Summe der äquivalenten Einheiten der hereingekommenen Kosten = 85.600 $: 640 = 133,75 $.

b. Gewichtete Durchschnittskosten pro äquivalente Einheit des Fertigungsmaterials = Summe der Materialkosten dividiert durch die Summe der äquivalenten Einheiten des Fertigungsmaterials = 13.200 $: 440 = 30 $.

c. Aus Tafel 17.11.

d. Gewichtete Durchschnittskosten pro äquivalente Einheit der Verarbeitungskosten = Summe Verarbeitungskosten dividiert durch die Summe der äquivalenten Einheiten der Verarbeitungs-kosten = 66.600 $: 600 = 111 $.

Tafel 17.13 (Fortsetzung)

		Verarbeitungskosten	Gesamte Herstellkosten	
ÄE (7)	Kosten pro ÄE (8)	Gesamtkosten (9) = (7) × (8)	(10) = (3) + (6) + (9)	
150	120 $	18.000 $	51.600 $	Unfertige Erzeugnisse, Anfangsbestand (aus Tafel 17.12)
450	108 $	48.600 $	113.800 $	Produktion der laufenden Periode (aus Tafel 17.12)
600	111 $[d]	66.600 $	165.400 $	Zu verrechnende Kosten
440[c]	111 $	48.840 $	120.890 $	Fertiggestellt und weitergeleitet (440 physische Einheiten)
160[c]	111 $	17.760 $	44.510 $	Unfertige Erzeugnisse, Endbestand (200 physische Einheiten)
600		66.600 $	165.400 $	Verrechnete Kosten

Tafel 17.14

Schritt 3: Berechne die äquivalenten Kosten nach der Fifo-Methode, Prüfabteilung
von Global Defense, Inc., März 19_7

	Kosten der vorangegange-nen Abteilung	Fertigungs-material	Verarbeitungs-kosten
Kosten pro äquivalente Einheit des Anfangsbestands an unfertigen Erzeugnissen			
Unfertige Erzeugnisse, Anfangsbestand (gegeben, Seite 598)	33.600 $	–	18.000 $
Dividiere durch die äquivalenten Einheiten des Anfangsbestands an unfertigen Erzeugnissen (aus Tafel 17.11)	: 240	–	: 150
Kosten pro äquivalente Einheit des Anfangsbestands an unfertigen Erzeugnissen	140 $	–	120 $
Kosten pro äquivalente Einheit der Arbeit der laufenden Periode			
Kosten, die in der laufenden Periode entstanden sind (gegeben, Seite 598)	52.480 $	13.200 $	48.600 $
Dividiere durch die äquivalenten Einheiten der Arbeit der laufenden Periode (aus Tafel 17.11)	: 400	: 440	: 450
Kosten pro äquivalente Einheit der Arbeit der laufenden Periode	131,20 $	30 $	108 $

Kosten der hereingekommenen Produkte und Fifo-Methode

Tafel 17.14 (Seite 604) beschreibt Schritt 3, die Berechnung der Kosten pro äquivalenter Einheit. Die Kosten der aus der Montageabteilung hereingekommenen Produkte sind unterschiedlich, je nachdem, ob die Fifo-Methode oder die Methode der
gewichteten Durchschnittskosten verwendet wird. Tafel 17.15 (Seite 605) stellt
Schritt 4 dar. Teil A der Tafel 17.15 summiert die zu verrechnenden Gesamtkosten,
die bei der Fifo-Methode aus den Kosten des Anfangsbestands plus den in der laufenden Periode entstandenen Kosten bestehen. Dieser Kostenbetrag von 165.880 $ unter-
scheidet sich von den gesamten Verbindlichkeiten an das Konto Unfertige
Erzeugnisse nach der Methode der gewichteten Durchschnittskosten (165.400 $) we-
gen der Unterschiede in den Kosten der aus der Montageabteilung hereingekommenen
Produkte. Teil B der Tafel 17.15 zeigt, wie diese Kosten auf die fertigen Erzeugnisse
und den Endbestand an unfertigen Erzeugnissen verteilt werden. Die Fifo-Methode
hält bei der Aufteilung der Kosten den Anfangsbestand getrennt von der Arbeit der
laufenden Periode.

Tafel 17.15

Schritt 4: Zusammenfassung und Verteilung der zu verrechnenden Kosten mit Hilfe der Fifo-Methode, Prüfabteilung, Global Defense, Inc., März 19_7

	Kosten der hereingekommenen Produkte			Fertigungsmaterial		
	ÄE (1)	Kosten pro ÄE (2)	Gesamt-kosten (3) = (1) × (2)	ÄE (4)	Kosten pro ÄE (5)	Gesamt-kosten (6) = (4) × (5)
TEIl A: ZU VERRECHNENDE GESAMTKOSTEN						
Unfertige Erzeugnisse, Anfangsbestand (aus Tafel 17.14)	240	140,00 $	33.600 $	0	–	0 $
Produktion der laufend. Periode (Tafel 17.14)	400	131,20 $	52.480 $	440	30 $	13.200 $
Zu verrechnende Kost.	640		86.080 $	440		13.200 $
TEIL B: VERTEILUNG DER KOSTEN						
Unfertige Erzeugnisse, Anfangsbestand (240 physische Einh.)	240	140,00 $	33.600 $	0		0 $
Arbeit der laufenden Periode zur Vollen-dung der unf. Erz.	0[a]		0 $	240[b]	30 $	7.200 $
Summe aus dem Anfangsbestand	240		33.600 $	240	–	7.200 $
Begonnen und vollen-det (200 phys. Einh.)	200[c]	131,20 $	26.240 $	200[c]	30 $	6.000 $
Fertiggestellt und wei-tergeleitet (440 PE)	440[d]		59.840 $	440[d]		13.200 $
Unfertige Erzeugnisse, Endbestand (200 physische Einheiten)	200[d]	131,20 $	26.240 $	0[d]		0 $
Verrechnete Kosten	640		86.080 $	440		13.200 $

a. Der Anfangsbestand ist 100 % vollständig in bezug auf die Kosten der hereingekommenen Produkte.
b. Der Anfangsbestand ist 0 % vollständig in bezug auf das Fertigungsmaterial.
c. 440 ÄE fertiggestellt und weitergeleitet (Tafel 17.11) minus 240 ÄE aus d. Anfangsbestand = 200 ÄE.
d. Aus Tafel 17.11.

Tafel 17.15 (Fortsetzung)

	Verarbeitungskosten		Gesamte Herstellkosten	
ÄE (7)	Kosten pro ÄE (8)	Gesamtkosten (9) = (7) × (8)	(10) = (3) + (6) + (9)	
150	120 $	18.000 $	51.600 $	Unfertige Erzeugnisse, Anfangsbestand (aus Tafel 17.12)
<u>450</u>	108 $	<u>48.600 $</u>	<u>114.280 $</u>	Produktion der laufenden Periode (Tafel 17.12)
600		66.600 $	165.880 $	Zu verrechnende Kosten
150	120 $	18.000 $	51.600 $	Unfertige Erzeugnisse, Anfangsbestand (240 physische Einh.)
<u>90e</u>	108 $	<u>9.720 $</u>	<u>16.920 $</u>	Arbeit der laufenden Periode zur Vollendung der unf. Erz.
240		27.720 $	68.520 $	Summe aus dem Anfangsbestand
<u>200c</u>	108 $	<u>21.600 $</u>	<u>53.840 $</u>	Begonnen und vollendet (200 phys. Einh.)
440d		49.320 $	122.360 $	Fertiggestellt und weitergeleitet (440 PE)
<u>160d</u>	108 $	<u>17.280 $</u>	<u>43.520 $</u>	Unfertige Erzeugnisse, Endbestand (200 physische Einheiten)
600		66.600 $	165.880 $	Verrechnete Kosten

e. Der Anfangsbestand ist zu 62,5 % vollständig in bezug auf die Verarbeitungskosten. Das entspricht 150 äquivalenten Einheiten. Um die 240 physischen Einheiten zu vollenden müssen 90 äquivalente Einheiten an Verarbeitungskosten hinzukommen.

Unter Verwendung der Dollarbeträge aus Tafel 17.15 (Spalte 10) lauten die Journaleinträge für die Weitergabe von der Prüfabteilung an das Fertigproduktlager:

Fertige Erzeugnisse 122.360
an Unfertige Erzeugnisse – Prüfabteilung 122.360
Fertige Einheiten an Fertigproduktlager

Es folgen die Einträge in das T-Konto Unfertige Erzeugnisse – Prüfabteilung (aus Tafel 17.15).

Unfertige Erzeugnisse - Prüfabteilung

Anfangsbestand, 1. März	51.600	Kosten der weitergel. Produkte	122.360
Kosten der hereingek. Produkte	52.480		
Fertigungsmaterial	13.200		
Verarbeitungskosten	48.600		
Endbestand, 31. März	43.520		

Erinnern wir uns, daß bei einer Reihe von Weitergaben zwischen verschiedenen Abteilungen jede Abteilung zu Zwecken der Kostenrechnung getrennt betrachtet wird. Alle Kosten der während einer Rechnungsperiode herangekommenen Produkte werden mit einheitlichen Stückkosten bewertet wie bei der modifizierten Fifo-Methode beschrieben (Seite 590) unabhängig davon, ob die vorangegangenen Abteilungen die Fifo-Methode oder die Methode der gewichteten Durchschnittskosten verwendet haben.

Häufige Fehler im Zusammenhang mit den Kosten der vorangegangenen Abteilung

Hier sind einige Fallstricke, die man bei der Verrechnung der Kosten der vorangegangenen Abteilung vermeiden sollte:

1. Man muß daran denken, die Kosten der vorangegangenen Abteilungen in die Kalkulation einzubeziehen. Solche Kosten sind zu behandeln, als wären sie eine weitere Art von Materialeinzelkosten zu Beginn des Prozesses. In anderen Worten: Wenn aufeinanderfolgende Abteilungen an einem Prozeß beteiligt sind, werden die von einer Abteilung weitergeleiteten Einheiten alle Teil des Fertigungsmaterials der nächsten Abteilung; der einzige Unterschied besteht darin, daß man nicht von Materialeinzelkosten sondern von Kosten der hereingekommenen Produkte spricht.

2. Bei der Berechnung der Kosten von Einheiten, die auf Fifo-Basis weitergeleitet werden, sollte man diejenigen Kosten nicht vergessen, die diesen Einheiten zugeordnet worden sind, als sie zu Beginn der Periode noch unfertige Erzeugnisse waren. Man sollte also zum Beispiel die 51.600 $ in Tafel 17.15 nicht übersehen.

DIVISIONSKALKULATION IN DER KERAMIKINDUSTRIE

Ceramics, Inc., fertigt Keramikprodukte (zum Beispiel Verpackungen für integrierte Schaltkreise) in Chargenfertigung. Formen und Fertigstellen sind die beiden wichtigsten Produktionsabschnitte.

- *Formen*: Das Keramikmaterial wird gemischt, stranggepreßt und zu einem Trockner gebracht.

- *Fertigstellen*: Die Produkte werden in einem Ofen gebrannt, geschnitten, poliert und verpackt.

Seit vielen Jahren fertigt Ceramics, Inc., gleiche oder ähnliche Produkte in großen Serien für industrielle Kunden wie zum Beispiel Computerhersteller und Rüstungsunternehmen. Die Firma benutzt ein System der Divisionskalkulation, in dem die einzelnen Produkte zu Standardkosten bewertet werden. Die Verarbeitungskosten einschließlich der Abschreibungen für das Werk und die Maschinen werden mit Hilfe von Standardproduktionszeiten der einzelnen Abteilungen aufgeschlüsselt. Die Controllerin von Ceramics ist davon überzeugt, daß dieses System die Produktionskosten für große Serien mit hochstandardisierten Produktionsprozessen akkurat mißt.

Kürzlich hat Ceramics, Inc., im Werk eine Fertigungsstraße für individuelle Bestellungen eingerichtet. Hier werden Keramikprodukte hergestellt, deren Produktionsvolumen stark schwankt und die häufig individuell auf die Bedürfnisse der Kunden zugeschnitten sind. So werden zum Beispiel für einen Kunden maßgefertigte Stutzen zur Abgasentschwefelung hergestellt.

Die Controllerin bezweifelt, daß das existierende Divisionskalkulationssystem die Produktkosten für diese maßgeschneiderten Produkte richtig berechnet. Sie glaubt, daß die Kosten dieser Produkte nicht nur von den Standardproduktionszeiten in jeder Abteilung abhängen. Viele Einzelaufträge erfordern spezielle Fertigstellungsschritte, die in einer Werkstatt neben den Hauptfertigungsbereich erledigt werden. Zur Zeit führt sie überwiegend manuell eine eigene Zuschlagskalkulation durch, in die einige Daten aus der allgemeinen Kostenrechnung eingehen und einige, die separat festgestellt werden. Sie sucht nach Wegen, um einige Elemente der Zuschlagskalkulation in das formale System der Divisionskalkulation zu integrieren. Sie argumentiert, daß Einzelaufträge andere Anforderungen an die Ressourcen der Ceramics, Inc., stellen als die durchschnittlichen Großserienaufträge. Für diese Einzelaufträge könnte ein gemischtes Kostenrechnungs-system mit Elementen der Divisionskalkulation und der Zuschlagskalkulation angemessen sein.

Quelle: U. Karmarkar, P. Lederer und J. Zimmerman, "Choosing Manufacturing Production Control and Cost Accounting Systems," in R. Kaplan, *Measures For Manufacturing Excellence* (Boston, Mass.: Harvard Business School Press, 1990). Ceramics, Inc., ist ein fiktiver Name für das Unternehmen.

3. Die Stückkosten können von Periode zu Periode schwanken. Die weitergeleiteten Einheiten können deshalb Produktionsserien enthalten, die zu unterschiedlichen Stückkosten zustandegekommen sind. So sind zum Beispiel in Tafel 17.15 nicht alle 400 Einheiten, die nach der Fifo-Methode zu 52.400 $ hereingekommen sind, in der Montageabteilung zu den gleichen Stückkosten für Material und Fertigung entstanden (siehe Tafel 17.8). Wenn diese Einheiten jedoch an die Prüfabteilung weitergegeben werden, werden sie mit einheitlichen durchschnittlichen Stückkosten von 131,20 $ (52.480 $: 400) bewertet wie in Tafel 17.15.

4. In verschiedenen Abteilungen können Produktmengen unterschiedlich gemessen werden. Man muß jede Abteilung für sich betrachten. Die Stückkosten könnten in der ersten Abteilung pro Kilogramm berechnet werden und in der zweiten pro Liter. Wenn dann die zweite Abteilung die unfertigen Erzeugnisse erhält, muß sie die Stückkosten in ihr eigenes Maß konvertieren.

AUFGABE

Aufgabe zum Selbststudium

Die Firma Allied Chemicals hat in ihrer Plastikfabrik als zweiten von drei Prozessen einen Thermomontageprozeß. Bei der Thermomontage werden die Fertigungsmaterialien am Ende des Prozesses hinzugefügt. Die folgenden Daten beziehen sich auf die Thermomontageabteilung im Juni 19_7:

Unfertige Erzeugnisse, Anfangsbestand	50.000 Einheiten
Kosten der hereingekommenen Produkte (100 % vollständig)	
Fertigungsmaterial (0 % vollständig)	
Verarbeitungskosten (80 % vollständig)	
In der laufenden Periode hereingekommen	200.000 Einheiten
In der laufenden Periode fertiggestellt und weitergeleitet	210.000 Einheiten
Unfertige Erzeugnisse, Endbestand	? Einheiten
Kosten der hereingekommenen Produkte (100 % vollständig)	
Fertigungsmaterial (0 % vollständig)	
Verarbeitungskosten (40 % vollständig)	

Berechnen Sie die Arbeit der laufenden Periode in äquivalenten Einheiten.

LÖSUNG

Produktionsfluß	(Schritt 1) Physische Einheiten	(Schritt 2) Äquivalente Einheiten		
		Kosten der vorangegange-nen Abteilung	Fertigungs-material	Verarbeitungs-kosten
Fertiggestellt und weitergeleitet in der laufenden Periode	210.000	210.000 $	210.000 $	210.000 $
zuzüglich unfertige Erzeugnisse, End-bestand[a] (200 × 100 %; 200 × 0 %; 200 × 80 %)	40.000 $	40.000 $	0 $	16.000 $
Summe der verrech-neten Kosten	250.000 $	250.000 $	210.000 $	226.000 $
abzüglich unfertige Erzeugnisse, Anfangsbestand[b] (240 × 100 %; 240 × 0 %; 240 × 62,5 %)	50.000 $	50.000 $	0 $	40.000 $
Hereingekommen in der laufenden Periode	200.000 $			
Arbeitsleistung der laufenden Periode		200.000 $	210.000 $	186.000 $

a. Grad der Fertigstellung in dieser Abteilung: Kosten der vorangegangenen Abteilung 100 %; Fertigungsmaterial 0 %; Verarbeitungskosten 40 %.

b. Grad der Fertigstellung in dieser Abteilung: Kosten der vorangegangenen Abteilung 100 %; Fertigungsmaterial 0 %; Verarbeitungskosten 80 %.

Aufgabe zum Selbststudium

Abfall, Ausschuß und Nachbesserungen

Die Bedeutung der Qualität und die hohen Kosten von Verderb, Nachbesserung und Abfall haben dazu geführt, daß Manager diesem Thema sehr viel Aufmerksamkeit widmen. Als **Ausschuß** (*spoilage*) bezeichnet man nicht akzeptable Produkteinheiten, die entweder weggeworfen oder zum Schrottwert verkauft werden. Sowohl teilweise als auch ganz fertiggestellte Outputeinheiten können verdorben sein. Beispiele sind fehlerhafte Hemden, Jeans, Schuhe oder Teppiche, die als zweite Wahl verkauft werden, und fehlerhafte Aluminiumdosen, die an Aluminiumhersteller zum Einschmelzen und zur Produktion von Aluminiumfolien verkauft werden. Von **Nachbesserung** (*rework*) spricht man, wenn nicht akzeptable Produkteinheiten nachträglich verbessert und als einwandfreie fertige Produkte verkauft werden. So kann man zum Beispiel fehlerhafte Rufgeräte ("Piepser"), Computerlaufwerke, Computer oder Telefongeräte manchmal reparieren und als fehlerfreie Produkte verkaufen. *Abfall* (*scrap*) ist Material, das bei der Produktion eines Haupt- oder Nebenprodukts übrigbleibt. In Kapitel 15 wird Abfall definiert als ein Produkt mit einem Verkaufswert von Null oder einem minimalen Verkaufswert im Vergleich zum Verkaufswert des Hauptprodukts oder der Nebenprodukte. Beispiele sind Holzspäne oder zu kurze Holzstücke in Holzbearbeitungsbetrieben, Stahlreste beim Stanzen und ausgefranste Stoffstücke und Reste bei der Anzugschneiderei.

Die Aufzeichnung und Identifikation der durch Ausschuß, Nachbesserung und Abfall verursachten Kosten hilft den Managern, informiertere Entscheidungen zu treffen, insbesondere was die Produktionssysteme betrifft. So können zum Beispiel Investitionen in maßgeschneiderte Produktionssysteme wie Just-in-time-Produktion (JIT) und computerintegrierte Fertigung (CIM) mit einer deutlichen Reduktion dieser Kosten gerechtfertigt werden. In diesem Kapitel geht es darum, wie Ausschuß, Nachbesserung und Abfall im entscheidungsorientierten Rechnungswesen behandelt werden.

18.1 MANAGEMENTANSTRENGUNGEN ZUR REDUZIERUNG VON ABFALL, AUSSCHUß UND NACHBESSERUNGEN

Ausschuß, Nachbesserung und Abfall sind in einem gewissen Umfang ein inhärenter Bestandteil vieler Produktionssysteme. Ein Beispiel ist die Halbleiterherstellung, wo die Produkte so komplex und empfindlich sind, daß stets einige Outputeinheiten verdorben sind. In diesem Fall können die verdorbenen Einheiten nicht nachgebessert werden. Ein Beispiel, bei dem verdorbene Einheiten nachgebessert werden können, ist die Herstellung von Hochpräzisions-Werkzeugmaschinen, die sehr anspruchsvollen Fehlergrenzen genügen müssen. Hier können die verdorbenen Einheiten nachgebessert werden, um den Standards zu genügen, allerdings zu erheblichen Kosten. In der Bergwerksindustrie werden Erze verarbeitet, die unterschiedliche Anteile an wertvollen Metallen und Stein enthalten. Ein gewisser Prozentsatz an Stein und damit Abfall ist unvermeidlich, aber sein Volumen kann oft reduziert werden. In allen Branchen müssen sich die Manager bemühen, Ausschuß, Nachbesserung und Abfall zu reduzieren. Um die Qualität zu verbessern und die Kosten zu reduzieren, kann man zum Beispiel bessere Produkte und Prozesse entwerfen, die Arbeitskräfte schulen und motivieren und die Maschinen ordentlich instandhalten.

In vielen Fällen hat der zunehmende Wettbewerb auf dem Weltmarkt die Manager gezwungen, sich auf Qualitätsverbesserungen zu konzentrieren. Sie haben gelernt, daß Fehlerquoten, die in der Vergangenheit als normal galten, nicht länger toleriert werden können. Man bedenke dieses Zitat aus einer Rede von George Fisher, dem früheren obersten Manager der Elektronikfirma Motorola:

> Wir wollen die Qualität von allem, was wir tun, innerhalb von zwei Jahren um das Zehnfache steigern, innerhalb von vier Jahren um das Hundertfache und innerhalb von sechs Jahren ... dreieinhalb Fehler in einer Million Vorgänge, ob beim Tippen, in der Produktion oder beim Bedienen der Kunden.

18.2 ALLGEMEINES ZUM AUSSCHUß

Zwei wichtige Ziele bei der Verbuchung von Ausschuß sind die Feststellung der Größenordnung der Ausschußkosten und die Unterscheidung zwischen den Kosten von normalen und außerordentlichem Ausschuß. Diese Informationen sind wichtig für die Kostenkalkulation und für die Kontrolle und Senkung der Kosten durch Qualitätsverbesserungen bei Produkten und Prozessen.

In der Produktion ist ein unverkennbarer Trend zur Qualitätserhöhung zu beobachten. Manager von Firmen wie AT&T, IBM oder Milliken Corporation haben festgestellt, daß sie die Gesamtkosten verringern und den Umsatz steigern konnten, indem sie die Qualität verbessert und hohe Ausschußquoten nicht länger hingenommen haben. Die in diesem Abschnitt vorgestellten Buchungsabläufe beleuchten die Ausschußkosten, so daß sie nicht ignoriert oder hinter den Kosten der produzierten Gütereinheiten versteckt werden.[77]

---

[77] Die hilfreichen Vorschläge von Samuel Laimon, Universität von Saskatchewan, werden hiermit dankbar anerkannt.

Normaler Ausschuß

Normaler Ausschuß ist Ausschuß, der bei effizientem Betriebsablauf entsteht; er ist ein unvermeidliches Ergebnis eines bestimmten Produktionsprozesses. Für jeden gegebenen Produktionsprozeß muß das Management entscheiden, welche Ausschußquote als normal akzeptiert werden soll. Die normalen Ausschußkosten werden in der Regel als Teil der Kosten der fehlerfreien Outputeinheiten betrachtet, wenn die fehlerfreien Outputeinheiten nicht hergestellt werden können, ohne daß gleichzeitig auch Ausschuß entsteht.

Bei der Berechnung der normalen Ausschußquoten sollte man die Gesamtzahl fertiggestellten *fehlerfreien* Outputeinheiten als Basis zugrundelegen, nicht die Gesamtzahl der tatsächlich begonnenen Einheiten. Die begonnenen Einheiten enthalten ja neben dem normalen Ausschuß eventuell auch außerordentlichen Ausschuß.

Außerordentlicher Ausschuß

Außerordentlicher Ausschuß ist Ausschuß, der bei effizienten Betriebsbedingungen nicht zu erwarten ist; er ist nicht ein inhärenter Teil des gewählten Produktionsprozesses. Außerordentlicher Ausschuß wird in der Regel als vermeidbar und kontrollierbar betrachtet. Fließbandarbeiter und andere Angehörige des Betriebspersonals können im allgemeinen den außerordentlichen Ausschuß verringern, indem sie Maschinenschäden, Unfälle und ähnliches minimieren. Außerordentliche Ausschußkosten werden in derjenigen Rechnungsperiode, in der die verdorbenen Einheiten entdeckt werden, als Verlust abgeschrieben. Um das Feedback so informativ wie möglich zu gestalten, sollte das Konto Verluste aus außerordentlichem Ausschuß in einer detaillierten Gewinn- und Verlustrechnung als eigener Posten auftauchen und nicht als ununterscheidbarer Teil der Kosten der produzierten Güter begraben werden.

Viele Unternehmen wie zum Beispiel die Toyota Motor Corporation haben als Teil ihrer Bemühungen um eine totale Qualitätskontrolle einen Perfektionsstandard eingeführt. Ihr Idealziel ist eine Ausschußquote von Null. Infolgedessen würden sie jeden Ausschuß als außerordentlich behandeln.

18.3 DIVISIONSKALKULATION UND AUSSCHUß

Den Ausschuß mitzählen

Bei der Berechnung der – tatsächlichen oder äquivalenten – Outputeinheiten in einem System der Divisionskalkulation kann man die verdorbenen Einheiten entweder als solche kennzeichnen (Methode A) oder nicht mitzählen (Methode B). Methode A macht die mit dem Ausschuß verbundenen Kosten sichtbar. Methode B verteilt die

Ausschußkosten auf die fehlerfreien Einheiten und führt möglicherweise zu weniger genauen Produktkosten.

Üblicherweise geht man davon aus, daß der Ausschuß bei der Qualitätskontrolle entsteht, denn er wird erst zu diesem Zeitpunkt entdeckt.

> **BEISPIEL 1**: Chipmakers, Inc., fertigt Computerchips für Fernsehgeräte. Alles Fertigungsmaterial wird zu Beginn des Herstellungsprozesses hinzugefügt. Um die Probleme mit dem Ausschuß herauszustellen, gehen wir davon aus, daß kein Lageranfangsbestand existiert. Im Mai 19_7 wurde Fertigungsmaterial im Wert von 270.000 $ in den Prozeß eingeführt. Die Produktionsdaten für Mai zeigen, daß 10.000 Einheiten begonnen und 5.000 fehlerfreie Einheiten fertiggestellt worden sind; dabei sind 1.000 Einheiten Ausschuß entstanden (alles normaler Ausschuß). Der Endbestand an unfertigen Erzeugnissen beträgt 4.000 Stück (jedes 100 % vollständig in bezug auf die Materialeinzelkosten). Der Ausschuß wird am Ende des Prozesses entdeckt.

Die Materialstückkosten werden nach Methode A und nach Methode B berechnet und zugeordnet (siehe Tafel 18.1). Rechnet man die äquivalenten Einheiten für den Ausschuß nicht mit, so ergibt sich eine geringere Zahl äquivalenter Einheiten und damit höhere Kosten pro fehlerfreie Einheit. Den unfertigen Erzeugnissen, die noch nicht durch die Qualitätskontrolle gelaufen sind, werden 30 $ (anstatt 27 $) pro äquivalenter Einheit zugerechnet. Gleichzeitig sind die Materialeinzelkosten einschließlich der normalen Ausschußkosten, die den fehlerfreien fertigen Einheiten zugerechnet werden, zu niedrig (150.000 $ anstatt 162.000 $). Infolgedessen enthält der Endbestand an unfertigen Erzeugnissen in Höhe von 4.000 Stück Ausschußkosten von 12.000 $ (120.000 $ - 108.000 $), die nicht zu diesen Einheiten gehören, sondern zu den fehlerfreien Einheiten, die fertiggestellt und weitergeleitet worden sind. Die 4.000 unfertigen Einheiten im Lagerendbestand enthalten zweifellos einige Einheiten, die in der folgenden Rechnungsperiode als verdorben erkannt werden. Bei Methode B werden diese Einheiten zweimal mit Ausschußkosten belastet, nämlich einmal in der laufenden Periode und ein zweites Mal bei der Qualitätskontrolle, wenn die Einheiten fertiggestellt sind. Solche Kostenverzerrungen treten nicht auf, wenn die verdorbenen Einheiten bei der Berechnung der äquivalenten Einheiten als solche gekennzeichnet werden. Methode A hat noch einen weiteren Vorteil. Sie weist die Manager auf die Kosten des normalen Ausschusses hin und lenkt damit ihre Aufmerksamkeit auf die Verringerung der Ausschußquote. Deshalb werden wir die Divisionskalkulation mit Ausschußkosten nach der Methode A darstellen.

Tafel 18.1

Kennzeichnung des Ausschusses bei der Berechnung der Materialeinzelkosten pro äquivalente Einheit. Chipmakers, Inc., Mai 19_7

	Methode A: Ausschuß kennzeichnen	Methode B: Ausschuß nicht mitrechnen
Zu verrechnende Kosten	270.000 $	280.000 $
Dividiere durch die äquivalenten Einheiten	: 10.000	: 9.000
Kosten pro äquivalente Einheit	27 $	30 $
Verteilung der Kosten:		
Fehlerfreie Einheiten		
Fertiggestellte fehlerfreie Einheiten: 5.000 × 27 $; 5.000 × 30 $	135.000 $	150.000 $
zuzüglich normaler Ausschuß: 1.000 × 27 $	27.000 $	0 $
Fehlerfreie Einheiten, fertiggestellt und weitergeleitet	162.000 $	150.000 $
Unfertige Erzeugnisse, Endbestand: 4.000 × 27 $; 4.000 × 30 $	108.000 $	120.000 $
Verrechnete Kosten	270.000 $	270.000 $

B E I S P I E L 2 : Die Anzio Company fertigt in ihrer Produktionsabteilung einen hölzernen Recycling-Container. Das Fertigungsmaterial für dieses Produkt wird zu Beginn des Produktionszyklus eingeführt. Zu Beginn der Produktion werden alle Materialien für eine Outputeinheit in einem Baukasten zusammengestellt. Die Verarbeitungskosten fallen während des Prozesses gleichmäßig an. Einige Einheiten erweisen sich bei der Inspektion am Ende als fehlerhaft. Normalerweise beträgt der Ausschuß 10 % des fehlerfreien Outputs. Zusammengefaßt lauten die Daten für Juli 19_7:

Physische Einheiten, Juli 19_7

Unfertige Erzeugnisse, Anfangsbestand am 1. Juli	1.500 Stück
Fertigungsmaterial (100 % vollständig)	
Verarbeitungskosten (60 % vollständig)	
Begonnen im Juli	8.500 Stück
Fertiggestellt und weitergeleitet im Juli (fehlerfrei)	7.000 Stück
Unfertige Erzeugnisse, Endbestand am 31. Juli	2.000 Stück
Fertigungsmaterial (100 % vollständig)	
Verarbeitungskosten (50 % vollständig)	

Gesamtkosten, Juli 19_7

Unfertige Erzeugnisse, Anfangsbestand am 1. Juli		
Fertigungsmaterial	12.000 $	
Verarbeitungskosten	9.000 $	21.000 $
Fertigungsmaterial, hinzugefügt im Juli		76.500 $
Verarbeitungskosten, entstanden im Juli		89.100 $
Summe der zu verrechnenden Kosten		186.600 $

Berechnung der Ausschußmenge

Die Gesamtzahl der verdorbenen Einheiten wird wie folgt berechnet:

Ausschuß = (Anfangsbestand + begonnene Einheiten) - (fehlerfreie Einheiten + Endbestand)

$$= (1.500 + 8.500) - (7.000 + 2.000)$$

$$= 10.000 - 9.000$$

$$= 1.000 \text{ Einheiten}$$

Die normale Ausschußquote in der Produktionsabteilung von Anzio ist 10 %, bei 7.000 fehlerfreien Outputeinheiten also 700 Einheiten. Also gilt

Außerordentlicher Ausschuß = Gesamtausschuß - normaler Ausschuß

$$= 1.000 - 700$$

$$= 300 \text{ Einheiten}$$

Im folgenden zeigen wir, wie man bei der Fifo-Methode, der Methode der gewichteten Durchschnittskosten und der Standardkostenmethode aus Kapital 17 den normalen und den außerordentlichen Ausschuß in die Berechnungen einbeziehen kann.

Der Vier-Schritte-Ansatz

Um den Ausschuß zu erfassen, genügt eine kleine Modifikation des grundlegenden Vier-Schritte-Ansatzes aus Kapitel 17. Die folgenden Beobachtungen gelten für die Fifo-Methode, die Methode der gewichteten Durchschnittskosten und die Standardkostenmethode:

Schritt 1: Summiere die physischen Outputeinheiten. Identifiziere den normalen und den außerordentlichen Ausschuß.

Schritt 2: Berechne den Output in äquivalenten Einheiten. Berechne die äquivalenten Einheiten für den Ausschuß genau wie für die fehlerfreien Einheiten. Da bei Anzio die Qualitätskontrolle am Ende des Produktionsprozesses steht, enthalten die verdorbenen Einheiten den gleichen Arbeitsaufwand wie die fertiggestellten fehlerfreien Einheiten.

Schritt 3: Berechne die äquivalenten Stückkosten. Dieser Schritt unterscheidet sich in den Details nicht von der Beschreibung in Kapitel 17. Wir nehmen an, daß der Ausschuß in die Berechnung der Outputeinheiten miteinbezogen wird.

Tafel 18.2

Schritt 1 und 2: Summiere den Output in physischen Einheiten und berechne die äquivalenten Einheiten, Produktionsabteilung der Anzio Company, Juli 19_7

Produktionsfluß	Schritt 1: Physische Einheiten	Schritt 2: Äquivalente Einheiten	
		Fertigungsmaterial	Verarbeitungskosten
Fehlerfreie Einheiten, fertiggestellt und weitergeleitet in der laufenden Periode	7.000	7.000	7.000
Normaler Ausschuß[a] 700 × 100 %; 700 × 100 %;	700	700	700
Außerordentlicher Ausschuß[b] 300 × 100 %; 300 × 100 %;	300	300	300
Unfertige Erzeugnisse, Endbestand[c] 2.000 × 100 %; 2.000 × 50 %;	2.000	2.000	1.000
Summe der verrechneten Kosten	10.000	10.000	9.000
Abzüglich unf. Erz., Anfangsbestand[d] 1.500 × 100 %; 1.500 × 60 %;	1.500	1.500	900
Begonnen während der laufenden Periode	8.500		
Produktion der Rechnungsperiode		8.500	8.100

a. Die normale Ausschußquote ist 10 % der weitergeleiteten fehlerfreien Einheiten: 10 % × 7.000 = 700 Einheiten. Grad der Fertigstellung in dieser Abteilung: Materialkosten 100 %, Verarbeitungskosten 100 %.

b. Außerordentlicher Ausschuß = Tatsächlicher Ausschuß - normaler Ausschuß = 1,000 - 700 = 300 Einheiten. Grad der Fertigstellung in dieser Abteilung: Materialkosten 100 %, Verarbeitungskosten 100 %.

c. Grad der Fertigstellung in dieser Abteilung: Materialkosten 100 %, Verarbeitungskosten 50 %.

d. Grad der Fertigstellung in dieser Abteilung: Materialkosten 100 %, Verarbeitungskosten 60 %.

Schritt 4: Summiere die Gesamtkosten und verteile sie auf die fertigen und die halbfertigen Einheiten. Dieser Schritt umfaßt hier auch die Berechnung der Kosten der verdorbenen Einheiten und der Kosten der fehlerfreien Einheiten.

Tafel 18.2 zeigt Schritt 1 und 2 und enthält auch die Berechnung des normalen und des außerordentlichen Ausschusses in äquivalenten Einheiten. In Tafel 18.3 sind die äquivalenten Stückkosten für den Anfangsbestand an unfertigen Erzeugnissen und für die Produktion der laufenden Periode berechnet (Schritt 3).

Tafel 18.3

Schritt 3: Berechne die äquivalenten Stückkosten, Produktionsabteilung der Anzio Company, Juli 19_7

	Fertigungs-material	Verarbeitungs-kosten
Äquivalente Stückkosten des Anfangsbestands an unferti-gen Erzeugnissen		
Kosten des Anfangsbestands an unfertigen Erzeugnis-sen (gegeben, Seite 616)	12.000 $	9.000 $
Dividiere durch die äquiv. Einheiten (aus Tafel 18.2)	: 1.500	: 900
Kosten pro äquivalente Einheit des Anfangsbestands an unfertigen Erzeugnissen	8 $	10 $
Äquivalente Stückkosten der Produktion der laufenden Periode		
Kosten der laufenden Periode (gegeben, Seite 616)	76.500 $	89.100 $
Dividiere durch die äquivalenten Einheiten der Produk-tion der laufenden Periode (aus Tafel 18.2)	: 8.500	: 8.100
Kosten pro äquivalente Einheit der Produktion der lau-fenden Periode	9 $	11 $

Die Berücksichtigung von Ausschuß bei der Methode der gewichteten Durchschnittskosten

Tafel 18.4 zeigt Schritt 4 nach der Methode der gewichteten Durchschnittskosten. In der Gesamtkostenspalte in Teil der Tafel 18.4 werden die zu verrechnenden Kosten summiert. Dabei werden für jede Kostenart die Kosten des Anfangsbestands an unfer-tigen Erzeugnissen und die Kosten der Produktion der laufenden Periode addiert und durch die Gesamtzahl der äquivalenten Einheiten (Anfangsbestand plus Produktion in der laufenden Periode) dividiert, um die gewichteten Durchschnittskosten zu berechnen. Die außerordentlichen Ausschußkosten in Höhe von 5.925 $ werden dem Konto Verluste durch außerordentlichen Ausschuß belastet Die normalen Ausschußkosten in Höhe von 13.825 $ werden zu den Kosten der dazugehörigen fehlerfreien Einheiten addiert. Also entsprechen die Kosten pro fertiggestellter und weitergeleiteter fehlerfreier Outputeinheit den Gesamtkosten der weitergeleiteten Produkte (einschließlich der normalen Ausschußkosten) dividiert durch die Anzahl der fehlerfreien Produkteinheiten (152.075 $: 7.000 = 21,725 $). Zu der Summe aus den Materialeinzelkosten und den Verarbeitungskosten pro äquivalenter Einheit (8,85 $ + 10,90 $ = 19,75 $) muß man noch einen Anteil von 1,975 $ am normalen Ausschuß dazurechnen.

In diesem Beispiel gehen wir davon aus, daß die Qualitätskontrolle ganz am Ende des Prozesses erfolgt. Es kann aber auch sein, daß die Qualitätskontrolle zu einem anderen Zeitpunkt stattfindet, zum Beispiel in der Mitte des Produktionszyklus. In diesem Fall würden die normalen Ausschußkosten auf die fertiggestellten Produkte und auf die unfertigen Erzeugnisse, die zumindest zu 50 % vollständig sind, verteilt.

Durch frühzeitige und häufige Qualitätskontrollen im Produktionsprozeß kann man die Material- und Verarbeitungskosten, die auf bereits verdorbene Einheiten verschwendet werden, reduzieren. Angenommen, im Beispiel der Tafel 18.4 könnte eine Qualitätskontrolle stattfinden, wenn die Einheiten in bezug auf die Verarbeitungskosten zu 80 % und in bezug auf die Materialkosten zu 100 % vollständig sind. Wenn vor diesem Punkt bereits Ausschuß erzeugt worden ist, könnte die Firma die restlichen 20 % Verarbeitungskosten für die verdorbenen Einheiten sparen.

Die Berücksichtigung von Ausschuß bei der Fifo-Methode

Tafel 18.5 zeigt Schritt 4 nach der Fifo-Methode. In den Gesamtkostenspalten in Teil A der Tafel 18.5 sind die zu verrechnenden Kosten summiert. Bei der Fifo-Methode hält man die Kosten des Anfangsbestand an unfertigen Erzeugnissen separat und unterscheidet sie von den Kosten der Produktion der laufenden Periode. Bei allen Ausschußkosten wird angenommen, daß sie sich auf die in der laufenden Periode fertiggestellten Einheiten beziehen, wobei man die Stückkosten der laufenden Periode verwendet.[78] Abgesehen von der Verrechnung der Ausschußkosten entspricht die Fifo-Methode der Darstellung in Kapitel 17.

---

[78] Würde man die Fifo-Methode in ihrer reinsten Form verwenden, so würden die normalen Ausschußkosten zwischen den in der laufenden Periode begonnenen und fertiggestellten Einheiten und den fertiggestellten Einheiten aus dem Anfangsbestand an unfertigen Erzeugnissen aufgeteilt, wobei jeweils die Stückkosten der Periode anzuwenden wären, in der die Einheiten bearbeitet worden sind. Bei der einfacheren modifizierten Fifo-Methode, wie wir sie in Tafel 18.5 illustriert haben, werden die Stückkosten der laufenden Periode verwendet, um den Einheiten aus dem Anfangsbestand die normalen Ausschußkosten zuzurechnen. Dabei geht man davon aus, daß alle verdorbenen Einheiten während der laufenden Periode begonnen und fertiggestellt worden sind, ein offensichtlicher Widerspruch zur reinen Fifo-Methode.

Tafel 18.4

Schritt 4: Summiere die zu verrechnenden Gesamtkosten und verteile sie auf die fertigen, die verdorbenen und die unfertigen Produkteinheiten mit Hilfe der Methode des gewichteten Durchschnitts, Produktionsabteilung, Anzio Company, Juli 19_7

| | Fertigungsmaterial | | | Verarbeitungskosten | | | Herstellkosten |
| | ÄE | Kosten pro ÄE | Gesamtkosten | ÄE | Kosten pro ÄE | Gesamtkosten | Herstellkosten |
	(1)	(2)	(3) = (1) × (2)	(4)	(5)	(6) = (4) × (5)	(7) = (3) + (6)
TEIl A: ZU VERRECHNENDE GESAMTKOSTEN							
Unfertige Erz., Anfangsbest. (Tafel 18.3)	1.500	8,00 $	12.000 $	900	10,00 $	9.000 $	21.000 $
Produktion der lauf. Periode (Tafel 18.3)	8.500	9,00 $	76.500 $	8.100	11,00 $	89.100 $	165.600 $
Zu verrechnende Kosten	10.000	8,85 $a	88.500 $	9.000	10,90 $b	98.100 $	186.600 $
TEIL B: VERTEILUNG DER KOSTEN							
Kosten der fert. und weitergel. Einh. (7.000 PE) ohne normalen Ausschuß	7.000c	8,85 $	61.950 $	7.000c	10,90 $	76.300 $	138.250 $
Normaler Ausschuß	700c	8,85 $	6.195 $	700c	10,90 $	7.630 $	13.825 $
(A) Gesamtkosten der weitergeleiteten fehlerfreien Produkteinheiten			68.145 $			83.930 $	152.075 $
(B) Außerordentlicher Ausschuß	300c	8,85 $	2.655 $	300c	10,90 $	3.270 $	5.925 $
(C) Unfert. Erz., Endbestand	2.000c	8,85 $	17.700 $	1.000c	10,90 $	10.900 $	28.600 $
(A) + (B) + (C) Verrechnete Kosten	10.000		88.500 $	9.000		98.100 $	186.600 $

Tafel 18.5

Schritt 4: Summiere die zu verrechnenden Gesamtkosten und verteile sie auf die fertigen, die verdorbenen und die unfertigen Produkteinheiten mit Hilfe der Fifo-Methode, Produktionsabteilung, Anzio Company, Juli 19_7

	Fertigungsmaterial			Verarbeitungskosten			Herstellkosten
	ÄE (1)	Kosten pro ÄE (2)	Gesamt-kosten (3) = (1) × (2)	ÄE (4)	Kosten pro ÄE (5)	Gesamt-kosten (6) = (4) × (5)	(7) = (3) + (6)
TEIL A: ZU VERRECHNENDE GESAMTKOSTEN							
Unfertige Erz., Anfangsbest. (Tafel 18.3)	1.500	8,00 $	12.000 $	900	10,00 $	9.000 $	21.000 $
Produktion der lauf. Periode (Tafel 18.3)	8.500	9,00 $	76.500 $	8.100	11,00 $	89.100 $	165.600 $
Zu verrechnende Kosten	10.000		88.500 $	9.000		98.100 $	186.600 $
TEIL B: VERTEILUNG DER KOSTEN							
Unf. Erz., Anfangsbestand (1.500 PE)	1.500	8,00 $	12.000 $	900	10,00 $	9.000 $	21.000 $
Arbeit zur Fertigstellung der unf. Erz.	0[a]	9,00 $	0 $	600[b]	11,00 $	6.600 $	6.600 $
Kosten der Einh. d. Anfangsbest.	1.500		12.000 $	1.500		15.600	27.600 $
Begonnen und vollendet (5.500 PE)	5.500[c]	9,00 $	49.500 $	5.500[c]	11,00 $	60.500 $	110.000 $
Normaler Ausschuß	700[d]	9,00 $	6.300 $	700[d]	11,00 $	7.700 $	14.000 $
(A) Kosten der weitergel. fehlerfreien Einh.			67.800 $			83.800 $	151.600 $
(B) Außerordentl. Ausschuß (300 Einh.)	300[d]	9,00 $	2.700 $	300[d]	11,00 $	3.300 $	6.000 $
(C) Unfert. Erz., Endbestand (2.000 Einh.)	2.000[d]	9,00 $	18.000 $	1.000[d]	11,00 $	11.000 $	29.000 $
(A) + (B) + (C) Verrechnete Kosten	10.000		88.500 $	9.000		98.100 $	186.600 $

Fußnoten zu Tafel 18.4

a. Die unfertigen Erzeugnisse im Anfangsbestand sind im Hinblick auf das Fertigungsmaterial zu 100 % vollständig, so daß zur Fertigstellung Null Einheiten Fertigungsmaterial benötigt werden.

b. Die unfertigen Erzeugnisse im Anfangsbestand sind im Hinblick auf die Verarbeitungskosten zu 60 % vollständig; das entspricht 900 äquivalenten Einheiten an Verarbeitungskosten. Um die 1.500 physischen Einheiten fertigzustellen, muß man 600 (1.500 - 900) äquivalente Einheiten an zusätzlichen Verarbeitungskosten aufwenden.

c. Insgesamt 7.000 fertiggestellte und weitergeleitete äquivalente Einheiten (Tafel 18.2) minus 1.500 äquivalente Einheiten aus dem Anfangsbestand ergibt 5.500 äquivalente Einheiten.

d. Aus Tafel 18.2.

Fußnoten zu Tafel 18.5

a. Gewichtete Durchschnittskosten pro äquivalente Einheit an Fertigungsmaterial = Gesamtkosten des Fertigungsmaterials dividiert durch die Summe der äquivalenten Einheiten = 88.500 $: 10.000 = 8,85 $.

b. Gewichtete Durchschnittskosten pro äquivalente Einheit an Verarbeitungskosten = Gesamte Verarbeitungskosten dividiert durch die Summe der äquivalenten Einheiten = 98.100 $: 9.000 = 10,90 $.

c. Aus Tafel 18.2.

Journaleinträge

Die Information in den Tafeln 18.4 und 18.5 führt zu den folgenden Journaleinträgen:

	Gewichtete Durchschnittskosten	Fifo
1. Fertige Produkte	152.075	151.600
an Unfertige Erzeugnisse – Verarbeitung	152.075	151.600
Weiterleitung der fehlerfreien Einheiten, die im Juli fertiggestellt worden sind		
2. Verlust aus außerordentlichem Ausschuß	5.925	6.000
an Unfertige Erzeugnisse – Verarbeitung	5.925	6.000
Kennzeichnung des außerordentlichen Ausschusses, der im Juli entdeckt worden ist		

Tafel 18.6

Schritt 4: Summiere die zu verrechnenden Gesamtkosten und verteile sie auf die fertigen, die verdorbenen und die unfertigen Produkteinheiten mit Hilfe der Standardkosten, Produktionsabteilung, Anzio Company, Juli 19_7

	Fertigungsmaterial			Verarbeitungskosten			Herstellkosten
	ÄE (1)	Kosten pro ÄE (2)	Gesamtkosten (3) = (1) × (2)	ÄE (4)	Kosten pro ÄE (5)	Gesamtkosten (6) = (4) × (5)	(7) = (3) + (6)
TEIL A: ZU VERRECHNENDE GESAMTKOSTEN							
Unfertige Erzeugnisse, Anfangsbestand	1.500	8,50 $	12.750 $	900	10,50 $	9.450 $	22.200 $
Produktion der laufenden Periode	8.500	8,50 $	72.250 $	8.100	10,50 $	85.050 $	157.300 $
Zu verrechnende Kosten	10.000	8,50 $	85.000 $	9.000	10,50 $	94.500 $	179.500 $
TEIL B: VERTEILUNG DER KOSTEN							
Kosten der fert. und weitergel. Einh. (7.000 PE) ohne normalen Ausschuß	7.000	8,50 $	59.500 $	7.000	10,50 $	73.500 $	133.000 $
Normaler Ausschuß	700	8,50 $	5.950 $	700	10,50 $	7.350 $	13.300 $
(A) Gesamtkosten der weitergeleiteten fehlerfreien Produkteinheiten			65.450 $			80.850 $	146.300 $
(B) Außerordentlicher Ausschuß	300	8,50 $	2.550 $	300	10,50 $	3.150 $	5.700 $
(C) Unfertige Erzeugnisse, Endbestand	2.000	8,50 $	17.000 $	1.000	10,50 $	10.500 $	27.500 $
(A) + (B) + (C) Verrechnete Kosten	10.000		85.000 $	9.000		94.500 $	179.500 $

Die Berücksichtigung von Ausschuß bei der Standardkostenrechnung

Dieser Abschnitt setzt den Inhalt von Kapitel 7 und 8 und die Standardkostenmethode aus Kapitel 17 (Seite 624 ff.) voraus.

Methoden der Standardkostenrechnung können auch verwendet werden, um normalen und außerordentlichen Ausschuß zu verrechnen. Wir verwenden wieder das Beispiel der Anzio Company, um zu zeigen, um wieviel einfacher die Berechnungen werden.

Angenommen die Anzio Company entwickelt Standardkosten für die Produktionsabteilung. Gehen wir weiter davon aus, daß für den Lageranfangsbestand und die Produktion des Monats Juli dieselben Standardkosten gelten.

Standardkosten für die Produktionsabteilung, Juli 19_7

Fertigungsmaterial	8,50 $ pro Stück
Verarbeitungskosten	10,50 $ pro Stück
Summe der Herstellkosten	19,00 $ pro Stück

Die Schritte 1 und 2 sind die gleichen wie bei der Fifo-Methode und der Methode der gewichteten Durchschnittskosten (Tafel 18.2). In Schritt 3 entsprechen die Kosten pro äquivalente Einheit einfach den Standardkosten: Materialkosten 8,50 $ und Verarbeitungskosten 10,50 $. Die Standardkostenrechnung macht die Berechnung der äquivalenten Stückkosten überflüssig und vereinfacht damit die Divisionskalkulation. Tafel 16.4 stellt Schritt 4 dar. Die zu verrechnenden Kosten in Teil A der Tafel 18.6 sind *Standardkosten* und unterscheiden sich damit von den bei den beiden anderen Methoden verwendeten *Istkosten*. In Schritt 4 werden die Standardkosten verwendet, um die Kosten auf die fertigen Produkteinheiten, den Ausschuß und den Endbestand an unfertigen Erzeugnissen zu verteilen. Abweichungen können gemessen und analysiert werden, wie in den Kapiteln 7 und 8 beschrieben.

Annahmen bei der Verteilung der normalen Ausschußkosten

Ausschuß kann zu verschiedenen Zeitpunkten oder in verschiedenen Stadien des Produktionsprozesses entstehen, aber er wird in der Regel erst entdeckt, wenn eine besondere Qualitätskontrolle durchgeführt wird. Man geht davon aus, daß die Ausschußkosten alle Kosten beinhalten, die vor der Qualitätskontrolle für die verdorbenen Einheiten aufgewendet worden sind. Wenn verdorbene Produkte einen Schrottwert haben, berechnet man die Nettoausschußkosten, indem man den Schrottwert von den vor der Qualitätskontrolle akkumulierten Produktkosten abzieht. Wenn außerordentlicher und normaler Ausschuß gleichzeitig entdeckt werden, haben sie auch die gleichen Stückkosten. Es kann jedoch auch vorkommen, daß außerordentlicher Ausschuß zu einem anderen Zeitpunkt entdeckt wird als normaler Ausschuß. In diesen Fällen unterschieden sich auch die Stückkosten.

Außerordentliche Ausschußkosten werden als Periodenverluste separat verbucht. Die normalen Ausschußkosten werden jedoch auf die Kosten der fehlerfreien Produkte aufgeschlagen. Die Verbuchung der normalen Ausschußkosten wirft deshalb eine zusätzliche Frage auf: Sollten diese Kosten auf die fertiggestellten Produkteinheiten und den Endbestand an unfertigen Erzeugnissen verteilt werden? Eine Möglichkeit besteht darin, anzunehmen, daß der normale Ausschuß zum Zeitpunkt der Qualitätskontrolle entsteht und die Kosten auf alle Einheiten zu verteilen, die die Kontrolle passiert haben. Im Beispiel von der Anzio Company wird genau diese Annahme getroffen, so daß dem Endbestand an unfertigen Erzeugnissen keine Ausschußkosten zugerechnet werden.

Ob den Einheiten im Endbestand an unfertigen Erzeugnissen Ausschußkosten zugerechnet werden, hängt ausschließlich davon ab, ob sie die Qualitätskontrolle bereits passiert haben. Findet zum Beispiel die Qualitätskontrolle in der Mitte des Produktionsprozesses statt, so rechnet man den unfertigen Produkten, die zu mehr als 50 % vollständig sind, im vollen Umfang normale Ausschußkosten zu, berechnet auf der Basis aller Kosten, die vor dem Zeitpunkt der Qualitätskontrolle entstanden sind. Unfertige Produkte, die zu weniger als 50 % fertiggestellt sind, werden dagegen mit keinerlei Ausschußkosten belastet. Der Anhang zu diesem Kapitel enthält eine weiterführende Diskussion über die verschiedenen Annahmen bei der Verrechnung von Ausschußkosten.

18.4 Ausschuß, Nachbesserung und Abfall bei der Zuschlagskalkulation

Die Konzepte normaler und außerordentlicher Ausschuß sind auch bei der Zuschlagskostenrechnung anwendbar. Normalerweise geht man davon aus, daß der außerordentliche Ausschuß von den Managern beeinflußbar ist. Er wird separat erfaßt mit dem Ziel, ihn vollständig zu eliminieren. Außerordentliche Ausschußkosten werden nicht als Teil der Herstellkosten betrachtet und werden als Kosten der Periode, in der der Ausschuß entdeckt worden ist, abgeschrieben. Normaler oder geplanter Ausschuß wird jedoch auch bei der Zuschlagskostenrechnung als Teil der normalen Herstellkosten betrachtet, wenn auch mehr und mehr Manager nur noch sehr kleine Ausschußmengen als normal tolerieren. Die Kosten werden dann auf die einzelnen Aufträge verteilt, ein Schritt der bei der Divisionskalkulation überflüssig ist, denn hier werden große Mengen ähnlicher Einheiten hergestellt. Bei der Verteilung der Kosten im Rahmen der Zuschlagskalkulation unterscheidet man im allgemeinen zwischen dem normalen Ausschuß, der einem speziellen Auftrag zugerechnet werden kann, und dem normalen Ausschuß, der allen Aufträgen gemeinsam ist.

Wir verwenden den Kontext der Zuschlagskalkulation auch, um die Verrechnung von Nachbesserungen und Abfall zu illustrieren. Bei den Nachbesserungen unterscheiden wir zwischen (1) außergewöhnlichen Nachbesserungen, (2) normalen Nachbesserungen, die einem bestimmten Auftrag zugerechnet werden können und (3) auftragsunabhängigen normalen Nachbesserungen. Die Verbuchung des Abfalls entspricht der in Kapitel 15 beschriebenen Verbuchung von Nebenprodukten. Man unterscheidet nicht zwischen normalem und außergewöhnlichem Abfall, wohl aber zwischen Abfall, der einem bestimmten Auftrag zugerechnet werden kann, und solchem, der allen Aufträgen gemeinsam ist.

18.5 ZUSCHLAGSKALKULATION UND AUSSCHUß

Wir illustrieren die Behandlung der Ausschußkosten im Rahmen der Zuschlagskalkulation anhand des folgenden Beispiels.

> BEISPIEL 3: In der Firma Hull Machine Shop werden bei einem Auftrag über 50 Flugzeugteile 5 Teile verdorben. Bis zum Zeitpunkt der Qualitätskontrolle werden jedem Teil Kosten in Höhe von 100 $ zugeschrieben. Die Firma kalkuliert diese Kosten auf der Basis ihrer Annahmen über die Bewertung von Lagerbeständen – nach der Methode der gewichteten Durchschnittskosten, der Fifo-Methode oder der Standardkostenmethode. In diesem und den folgenden Abschnitten geht es uns in unserer Darstellung jedoch nicht in erster Linie um die Annahmen über den Kostenfluß. Der aktuelle Schrottwert der verdorbenen Teile wird auf 30 $ pro Teil geschätzt. Wenn der Ausschuß entdeckt wird, werden die verdorbenen Produkte mit 30 $ pro Stück in die Lagerbuchhaltung aufgenommen.

Normaler Ausschuß, der einem bestimmten Auftrag zugerechnet werden kann: Wenn aufgrund der Spezifikationen eines bestimmen Auftrags normaler Ausschuß entsteht, so wird dieser Auftrag mit den Ausschußkosten abzüglich des aktuellen Schrottwerts der verdorbenen Produkte belastet. Der Journaleintrag zur Feststellung des Schrottwerts (die Einträge in Klammern weisen auf Hilfsbuchungen hin) lautet wie folgt:

Material (Ausschuß zum aktuellen Schrottwert): 5 × 30 $	150	
an Unfertige Erzeugnisse (spezieller Auftrag): 5 × 30 $		150

Diese Buchung hat zur Folge, daß die Nettokosten des normalen Ausschusses in Höhe von 350 $ (500 $ - 150 $) zu Einzelkosten der 45 (50 - 5) produzierten Gütereinheiten werden.

Normaler Ausschuß, der alle Aufträge betrifft: In manchen Fällen kann der Ausschuß als normales Charakteristikum eines gegebenen Produktionszyklus betrachtet werden. Ausschuß, der notwendig zum Produktionsprozeß gehört, tritt nur zufällig gerade bei der Bearbeitung eines bestimmten Auftrags auf. Dieser Ausschuß kann dann nicht dem Auftrag zugeordnet und ihm damit auch nicht angelastet werden. Stattdessen wird er als Herstellgemeinkosten verbucht. Der geplante Herstellgemeinkostensatz enthält einen gewissen Anteil für die normalen Ausschußkosten. So werden die normalen Ausschußkosten über die Herstellgemeinkosten auf alle Aufträge verteilt, anstatt nur bestimmte Aufträge damit zu belasten.[79]

Material (Ausschuß zum aktuellen Schrottwert): 5 × 30 $	150	
Herstellgemeinkosten: 5 × 70 $	350	
an Unfertige Erzeugnisse (spezieller Auftrag): 5 × 100 $		500

Außerordentlicher Ausschuß: Wenn der Ausschuß außerordentlich ist, weist man die Manager durch eine Buchung auf einem Konto Außerordentliche Verluste auf den Nettoverlust hin:

Material (Ausschuß zum aktuellen Schrottwert): 5 × 30 $	150	
Verlust aus außerordentlichem Ausschuß: 5 × 70 $	350	
an Unfertige Erzeugnisse (spezieller Auftrag): 5 × 100 $		500

18.6 NACHBESSERUNGEN

Nachbesserung bedeutet, daß unakzeptable Produkteinheiten repariert und als fehlerfreie Produkte verkauft werden.

Nehmen wir die Daten von Hull Machine Shop als Beispiel (Beispiel 3). Angenommen die 5 verdorbenen Teile werden nachgebessert. Der Journaleintrag für die 500 $ Gesamtkosten (ohne Nachbesserungskosten), die den fünf verdorbenen Einheiten zugerechnet worden sind, lautet:

Unfertige Erzeugnisse	500	
an Material		200
an Lohnverbindlichkeiten		200
an zugerechnete Herstellgemeinkosten		100

---

[79] Man beachte, daß Kosten, *die bereits auf die Produkte verteilt worden sind,* wieder auf das Gemeinkostenkonto der Produktionsabteilung zurückgebucht werden; normalerweise werden dort nur *entstandene Kosten* gesammelt, nicht jedoch entstandene und verteilte Kosten.

AUSSCHUß IN DER ELEKTRONIKINDUSTRIE

Von Land zu Land und von Branche zu Branche gibt es enorme Unterschiede in den Ausschuß- und Nachbesserungsquoten. Die Daten in der folgenden Tabelle beziehen sich auf verschiedene Segmente der amerikanischen Elektronikindustrie. Es sind Mittelwerte von Unternehmen, die Mitglieder in der American Electronics Association sind. Die Ausschußquote mißt den Ausschuß als Prozentsatz der von der Qualitätskontrolle erfaßten Produkte. Die Nachbesserungsquote mißt die nachgebesserten Produkte als Prozentsatz der von der Qualitätskontrolle ausgesonderten und von den Kunden zurückgebrachten Produkte. Die Tabelle enthält auch das Betriebsergebnis in Prozent der Nettoumsätze (Umsatzrentabilität).

Segment der Elektronikindustrie	Aussch.-quote	Nachb.-quote	Abfall-quote	Umsatz-rent.
1. Computer und Büromaschinen (einschl. Mainframes, Kleincomputer, Taschencomputer, Drucker und Kassenzubehör)	2,55 %	6,50 %	0,62 %	5,33 %
2. Elektronische Komponenten und Zusatzgeräte (einschl. Flachbaugruppen und Halbleiter)	1,55 %	2,00 %	1,63 %	4,53 %
3. Spezialisierte Produktionsmaschinen (einschl. Maschinen zur Herstellung von Halbleiterplatten)	7,50 %	10,00 %	0,43 %	5,67 %
4. Telekommunikationsgeräte (einschl. Telefone, Radio- und Fernsehgeräte)	1,00 %	2,00 %	1,29 %	4,73 %
5. Ausrüstungen für Luft- und Raumfahrt, Schiffahrt und Militär (einschl. Flugzeuge und Fernlenkwaffen)	–	1,50 %	0,52 %	6,52 %
6. Labor- und Meßgeräte (einschl. optische Instrumente und Prozeßsteuerungstechnik)	4,90 %	3,30 %	0,66 %	3,89 %
7. Standardsoftware	1,00 %	0,80 %	0,06 %	4,02 %
8. Computerbezogene Dienstleistungen (einschl. Datenverarbeitung und Design von DV-Systemen)	5,00 %	N/A	N/A	7,78 %

Umfragen zur betrieblichen Praxis

AUSSCHUß IN DER ELEKTRONIKINDUSTRIE (FORTSETZUNG)

Bei spezialisierten Produktionsmaschinen ist die Ausschußquote fünfmal so hoch wie bei den elektronischen Komponenten und Halbleitern. Elektronische Komponenten und Halbleiter haben eine niedrige Nachbesserungsquote (zum Teil deshalb, weil hier nicht immer Nachbesserung möglich ist, wenn Fehler auftauchen.) Die Abfallquoten halten sich in allen Segmenten der Branche in einem vernünftigen Rahmen. Die Umsatzrentabilität variiert von 3,89 % bei Labor- und Meßgeräten bis zu 6,52 % bei Ausrüstungen für Luft- und Raumfahrt, Schiffahrt und Militär. Aus diesen Rentabilitätszahlen kann man ablesen, daß eine Verringerung der Ausschuß- und Nachbesserungsquoten bei vielen Unternehmen der Elektronikindustrie die Rentabilität deutlich erhöhen könnte.

Quelle: American Electronics Association, *Operating Ratios Survey*. Ausführliche Quellenangabe in Anhang A.

Angenommen, die Nachbesserungskosten betragen 190 $ (Fertigungsmaterial 40 $; Fertigungslöhne 100 $; Herstellgemeinkosten 50 $).

Normale Nachbesserungskosten, die einem bestimmten Auftrag zugeordnet werden können: Wenn die Nachbesserung normal ist und aufgrund der Anforderungen eines bestimmten Auftrags auftritt, wird dieser Auftrag mit den Nachbesserungskosten belastet. Der Journaleintrag lautet folgendermaßen:

Unfertige Erzeugnisse (spezieller Auftrag)	190	
an Material		40
an Lohnverbindlichkeiten		100
an zugerechnete Herstellgemeinkosten		50

Auftragsunabhängige normale Nachbesserungskosten: Wenn die Nachbesserung normal ist und keinem speziellen Auftrag zugerechnet werden kann, werden die Kosten dem Konto Fertigungsgemeinkosten belastet und auf diesem Weg auf alle Aufträge verteilt.

Fertigungsgemeinkosten (Nachbesserungen)	190	
an Material		40
an Lohnverbindlichkeiten		100
an zugerechnete Herstellgemeinkosten		50

Außerordentliche Nachbesserungen: Wenn die Nachbesserung außerordentlich ist, macht man das Management darauf aufmerksam, indem man die Kosten auf einem eigenen Verlustkonto verbucht.

Verluste aus außerordentlichen Nachbesserungen	190	
an Material		40
an Lohnverbindlichkeiten		100
an zugerechnete Herstellgemeinkosten		50

Die Verrechnung von Nachbesserungskosten im Rahmen der Divisionskalkulation erfordert lediglich, daß man die außerordentlichen Nachbesserungen von den normalen Nachbesserungen unterscheidet. Außerordentliche Nachbesserungen werden genauso verbucht wie bei der Zuschlagskalkulation. Da große Mengen von ähnlichen Produkteinheiten hergestellt werden, werden normale Nachbesserungen genauso verbucht, wie wir es für die auftragsunabhängigen Nachbesserungen beschrieben haben.

Die Verrechnung der Nachbesserungskosten zeigt, welche Ressourcen auf Aktivitäten verschwendet werden, die nicht notwendig gewesen wären, wenn das Produkt richtig gemacht worden wäre. Dadurch wird das Management veranlaßt, nach Wegen zu suchen, um die Nachbesserungen zu reduzieren, zum Beispiel durch das Entwerfen neuer Produkte oder Prozesse, durch die Schulung der Arbeitskräfte oder die Investition in neue Maschinen. Die Berechnung der Nachbesserungskosten hilft dem Management, Kosten-Nutzen-Analysen für verschiedene Alternativen durchzuführen. Um die Bedeutung der Reduzierung von Nachbesserungen zu unterstreichen und um die Buchführung zu vereinfachen, behandeln manche Unternehmen alle Nachbesserungskosten, auch die normalen, als Aufwand der laufenden Periode.

18.7 ABFALL

In Kapitel 15 im Zusammenhang mit dem Thema Nebenprodukte haben wir den Abfall definiert. Abfall ist ein Produkt mit minimalem Verkaufswert im Vergleich zum Hauptprodukt oder zu einem oder mehreren Nebenprodukten. Oft ist der Verkaufswert sogar Null.

Bei der Verbuchung des Abfalls sind zwei wichtige Aspekte zu berücksichtigen:

1. Planung und Steuerung einschließlich der physischen Überwachung.
2. Bestandsbewertung einschließlich der Frage, wann und wie das Betriebsergebnis berührt werden soll.

Die ursprünglichen Einträge in das Abfallverzeichnis werden oft in physischen oder nichtfinanziellen Maßen wie Pfund oder Stück vorgenommen. In verschiedenen Branchen werden Posten wie ausgestanzte Metallbleche durch Wiegen, Zählen oder auf eine andere geeignete Weise quantifiziert. Abfallverzeichnisse helfen nicht nur, die Effizienz zu messen, sondern werfen auch ein Licht auf eine verführerische Gelegenheit zum Diebstahl. Abfallverzeichnisse dienen als Ersterfassungsbelege für den periodischen Vergleich von Istmengen und Plan- oder Standardmengen. Abfall wird entweder schnell verkauft oder entsorgt oder auf irgendeine übliche Art zum späteren Verkauf, oder zur späteren Entsorgung oder Wiederverwendung gelagert.

Oft kann man den Abfall bis in die Finanzbuchhaltung hinein verfolgen. In einer Umfrage hat sich zum Beispiel gezeigt, daß 60 % der befragten Unternehmen irgendwo in ihrem Kostenrechnungssystem einen eigenen Posten für den Abfall hatten.[80] Die Fragen, um die es hier geht, ähneln denjenigen in Kapitel 15 in bezug auf die Verrechnung von Nebenprodukten.

1. Zu welchem Zeitpunkt sollte überhaupt ein Wert für den Abfall in der Buchführung auftauchen: Wenn der Abfall produziert wird oder wenn er verkauft wird?

2. Wie sollte der Erlös aus dem Abfall verrechnet werden?

Zur Illustration erweitern wir unser Beispiel vom Hull Machine Shop und nehmen an, daß bei der Herstellung von Flugzeugteilen Abfall entsteht. Weiter gehen wir davon aus, daß der normale Abfall aus einer Partie insgesamt einen Verkaufswert von 45 $ hat.

Die Verrechnung des Abfalls zum Zeitpunkt des Verkaufs

Abfall, der einen bestimmten Auftrag zugeschrieben werden kann: Bei der Zuschlagskalkulation wird der Verkauf von Abfall manchmal den Aufträgen zugerechnet, aus denen sich der Abfall ergeben hat. Diese Methode wird nur dann angewandt, wenn die Zuordnung auf ökonomisch sinnvolle Weise erfolgen kann. So kann sich zum Beispiel die Firma Hall Machine Shop mit bestimmten Kunden wie etwa dem US-Verteidigungsministerium darauf einigen, daß bestimmte Aufträge mit den gesamten Nachbesserungs- oder Ausschußkosten belastet werden und daß ihnen andererseits alle Abfallumsätze gutgeschrieben werden, die aus diesen Aufträgen entstehen. Der Journaleintrag lautet

Abfall in den Lagerraum:	kein Journaleintrag. [Ein Memo über die erhaltene Menge und den dazugehörigen Auftrag wird in die Lagerkartei aufgenommen.]	
Verkauf von Abfall:	Kasse oder Forderungen	45
	an Unfertige Erzeugnisse	45
	Buchung auf dem Kostensammelblatt des speziellen Auftrags.	

---

[80] Price Waterhouse, *Survey of the Cost Management Practices of Selected Midwest Manufactureres* (Cleveland: Price Waterhouse, 1989), S. 10.

ABFALLMANAGEMENT UND UMWELTKOSTEN IN DER DUPONT CORPORATION

Die DuPont Corporation stellt ein breites Spektrum an Chemikalien und chemischen Produkten her. DuPont rechnet auch den Ausschuß zum Abfall. Neben den Kosten für verdorbenes Material verursacht chemischer Abfall besondere Probleme wegen seiner Auswirkungen auf die Umwelt. Strenge Umweltgesetze verlangen, daß chemischer Abfall auf umweltgerechte Weise entsorgt wird, und erhöhen damit die Abfallkosten.

DuPont kalkuliert die Abfallkosten als Summe aus (1) den Kosten der verlorenen Materialien abzüglich ihres Restwerts, (2) den Gesamtkosten der verdorbenen fertigen und unfertigen Erzeugnisse und (3) den Gesamtkosten der Abfallbehandlung oder -entsorgung wie zum Beispiel Müllplatzgebühren für Risikomüll oder Kosten für Schrubber oder Anlagen zum biologischen Abbau von Abfallprodukten und (4) den Kosten für Lösungsmittel, die aufgrund des Abfalls zur Reinigung des Werks und der Produktionsanlagen benötigt werden.

Bei DuPont ist man davon überzeugt, daß diese Gesamtkostenberechnung einem Unternehmen hilft, die Betriebs- und Umweltkosten des Abfalls zu durchschauen. Das motiviert die einzelnen Werke, Produkte neu zu entwerfen, Prozesse neu zu konfigurieren oder in Kapitalgüter zu investieren, um diese Kosten zu reduzieren.

Der Acrylonitril-Prozeß von DuPont in Beaumont, Texas, ist ein gutes Beispiel dafür, wie DuPont seine Abfallkosten reduziert. Dieses Werk hat mehr als 100 Millionen Pounds Ammoniumsulfat-Abfall erzeugt, der durch Einspritzen in tiefe Brunnen entsorgt wurde. Während DuPont diese Giftmüllentsorgung für umweltgerecht hielt, hat die Umweltschutzbehörde der USA das Ammoniumsulfat zu den von DuPont freigesetzten Giften hinzugerechnet. Um die Umweltperformance der Firma zu verbessern und ihre Abfallkosten zu verringern, begann ein Team von DuPont-Technikern den Produktionsprozeß von Acrylonitril zu modifizieren. Dadurch konnte der Acrylonitril-Ertrag um 70 Millionen Pounds erhöht und der Ammoniumsulfat-Abfall um die gleiche Menge reduziert werden. Durch die Veränderung seines Acrylonitril-Herstellungsprozesses hat DuPont eine Million Dollar jährlich an Abfall- und Entsorgungskosten gespart.

Quellen: 1990 Environmental Respect Awards, DuPont Corporation, und Gespräche mit Dale Martin, dem Leiter der Abteilung für Umweltwirksamkeit.

Konzepte und ihre Umsetzung

Im Gegensatz zu Ausschuß und Nachbesserung sind mit dem Abfall keine Kosten verbunden und damit gibt es auch keinen normalen und außergewöhnlichen Abfall. Alle Abfallerlöse werden unabhängig von ihrer Höhe dem einzelnen Auftrag gutgeschrieben. Abfallerlöse reduzieren die Materialkosten eines Auftrags.

Abfall, der auftragsunabhängig entsteht: In diesem Fall lautet der Journaleintrag

Abfall in den Lagerraum:	kein Journaleintrag. [Ein Memo über die erhaltene Menge und den dazugehörigen Auftrag wird in die Lagerkartei aufgenommen.]

Wenn Abfall verkauft wird, verbucht man den Erlös am einfachsten als eigenen Posten unter sonstige Erträge. Der Journaleintrag lautet

Verkauf von Abfall:	Kasse oder Forderungen	45	
	an Erlöse aus Abfall		45

In vielen Unternehmen werden die Erlöse jedoch gegen die Herstellgemeinkosten aufgerechnet. Dann lautet der Journaleintrag

Verkauf von Abfall:	Kasse oder Forderungen	45	
	an Herstellgemeinkosten		45
	Buchung auf einem Hilfskostenblatt – Spalte "Verkauf von Abfall" auf dem Kostenblatt der Abteilung.		

Bei dieser Methode wird der Abfall nicht mit einem bestimmten physischen Produkt in Verbindung gebracht. Stattdessen werden alle Produkte mit den regulären Produktionskosten belastet und die Erlöse aus dem Verkauf von Abfall werden ihnen nur indirekt gutgeschrieben: Die Erlöse aus dem Abfall werden bei der Festlegung der geplanten Fertigungsgemeinkostensätze berücksichtigt. Der geplante Gemeinkostenzuschlag ist niedriger als er wäre, wenn nicht zugelassen würde, daß die Erlöse aus dem Verkauf von Abfall die geplanten Gemeinkosten verringern. Diese Methode zur Verrechnung des Abfalls wird sowohl bei der Divisionskalkulation als auch bei der Zuschlagskalkulation angewandt.

Die Verbuchung des Abfalls zum Zeitpunkt seiner Entstehung

In den obigen Beispielen sind wir davon ausgegangen, daß der gelagerte Abfall schnell verkauft oder entsorgt wird und daß deshalb eine Bestandsbewertung nicht notwendig ist. Abfall hat jedoch manchmal einen beträchtlichen Marktwert, und die Zeitspanne zwischen Einlagerung und Verkauf oder Wiederverwendung kann recht lang sein. Unter diesen Bedingungen ist es gerechtfertigt, den Abfall mit einem vorsichtig geschätzten realisierbaren Nettowert zu aktivieren, so daß die Produktionskosten und der Restwert in der gleichen Rechnungsperiode verbucht werden können. Manche Firmen tendieren dazu, Abfall erst zu verkaufen, wenn der Marktpreis besonders attraktiv ist. Für Metallschrott sind große Preisschwankungen typisch. Wenn das Schrottlager einen gewissen Umfang angenommen hat, sollte es zur einem "vernünftigen Preis" bewertet werden – angesichts der volatilen Marktpreise eine schwierige Aufgabe.

Abfall, der einem bestimmten Auftrag zugerechnet werden kann: Der Journaleintrag für das Beispiel der Firma Hull Machine Shop lautet

Lagerung von Abfall:	Material	45	
	an Unfertige Erzeugnisse		45

Abfall, der unabhängig vom Auftrag entsteht: Hier lautet der Journaleintrag

Lagerung von Abfall:	Material	45	
	Herstellgemeinkosten		45

Man beachte, daß anstelle des Kontos Kasse oder Forderungen das Materialkostenkonto belastet wird.

Wenn dieser Abfall verkauft wird, lautet der Journaleintrag

Verkauf von Abfall:	Kasse oder Forderungen	45	
	an Material		45

Manchmal wird Abfall nicht verkauft sondern als Fertigungsmaterial wiederverwendet. Dann sollte er als eine Sorte Fertigungsmaterial auf der Sollseite des Materialkontos verbucht und zu seinem geschätzten realisierbaren Nettowert geführt werden. Die Journaleinträge lauten dann zum Beispiel

Lagerung von Abfall:	Material	45	
	an Herstellgemeinkosten		45
Verkauf von Abfall:	Unfertige Erzeugnisse	45	
	an Material		45

Die Verbuchung des Abfalls im Rahmen der Divisionskalkulation ist die gleiche, wenn der Abfall für alle Aufträge gemeinsam anfällt, denn die Divisionskalkulation wird bei Massenproduktion von ähnlichen Produkten angewandt. Die hohen Abfallkosten lenken die Aufmerksamkeit des Managements auf Wege zur Reduzierung und profitableren Nutzung des Abfalls. General Motors hat zum Beispiel seinen Plastikgießprozeß neu gestaltet, um den Plastikabfall, der von den gegossenen Produkten abgebrochen werden muß, zu verringern. Darüberhinaus spart die Firma beträchtliche

Inputkosten, indem sie den Plastikabfall zermahlt und als Fertigungsmaterial wiederverwendet.

AUFGABE

*Die Firma Burlington Textiles hat einige verdorbene Produkte, denen be-
reits Kosten von 4.000 $ zugerechnet worden sind und die einen Nettover-
kaufswert von Null haben.*

Entwerfen Sie einen Journaleintrag für jede der folgenden Bedingungen
bei (a) Divisionskalkulation (Abteilung A) und (b) Zuschlagskalkulation:

1. Außerordentlicher Ausschuß.

2. Normaler Ausschuß im allgemeinen Werksbetrieb.

3. Normaler Ausschuß bedingt durch die Spezifikation eines bestimmten
   Auftrags.

LÖSUNG

(a) Divisionskalkulation

1.	Verlust aus außerordentlichem Ausschuß	4.000	
	an Unfertige Erzeugnisse – Abteilung A		4.000
2.	Kein Eintrag bis die Produkte weitergeleitet sind. Dann werden die normalen Ausschußkosten zusammen mit den anderen Kosten verbucht:		
	Unfertige Erzeugnisse – Abteilung B	4.000	
	an Unfertige Erzeugnisse – Abteilung A		4.000
3.	Nicht anwendbar		

(b) Zuschlagskalkulation

1.	Verlust aus außerordentlichem Ausschuß	4.000	
	an Unfertige Erzeugnisse (Auftrag)		4.000
2.	Herstellgemeinkosten	4.000	
	an Unfertige Erzeugnisse (Auftrag)		4.000
3.	Kein Eintrag. Ausschußkosten bleiben auf dem Konto Unfertige Erzeugnisse (Auftrag)		

Aufgabe zum Selbststudium

ANHANG: QUALITÄTSKONTROLLEN IN VERSCHIEDENEN STADIEN DER FERTIGSTELLUNG (DIVISIONSKALKULATION)

Sehen wir uns an, wie der Zeitpunkt der Qualitätskontrolle die Höhe der normalen und außerordentlichen Ausschußkosten beeinflußt. Angenommen, der normale Ausschuß beträgt 10 % der fehlerfreien Produkte, die in der Schmiedeabteilung der Dana Corporation die Qualitätskontrolle durchlaufen. Das Fertigungsmaterial wird zu Beginn des Produktionsprozesses in der Schmiedeabteilung hinzugefügt. Die Verarbeitungskosten fallen während des Prozesses gleichmäßig an.

Angenommen, es hätten drei Qualitätskontrollen stattgefunden, und zwar genau dann, als die Produkte zu 20, 50 und 100 % vollständig waren. In allen drei Fällen wurden 8.000 Produkteinheiten ausgesondert. Man beachte, wie sich der normale und der außerordentliche Ausschuß mengenmäßig verändern. Bei der Berechnung des normalen Ausschusses wird die Anzahl der fehlerfreien Produkte, die die Qualitätskontrolle in der laufenden Periode passiert haben, zugrundegelegt. Die folgenden Daten gelten für Oktober.

| | **Physische Einheiten: Vollständigkeitsgrad bei Qualitätskontrolle** | | |
	20 %	**50 %**	**100 %**
Unfertige Erzeugnisse, Anfangsbestand (25 %)[a]	11.000 $	11.000 $	11.000 $
Begonnen im Oktober	74.000 $	74.000 $	74.000 $
Zu verrechnende Kosten	85.000 $	85.000 $	85.000 $
Fertiggest. und weitergeleitete fehlerfreie Produkte (85.000 - 8.000 Ausschuß - 16.000 Endbestand)	61.000 $	61.000 $	61.000 $
Normaler Ausschuß	6.600[b]	7.700[c]	6.100[d]
Außerordentl. Ausschuß (8.000 - norm. Ausschuß)	1.400 $	300 $	1.900 $
Unfertige Erzeugnisse, Endbestand (75 %)[a]	16.000 $	16.000 $	16.000 $
Verrechnete Kosten	85.000 $	85.000 $	85.000 $

a. Grad der Vollständigkeit in bezug auf die Verarbeitungskosten der unfertigen Erzeugnisse dieser Abteilung am Ende der Periode.

b. 10 % × (74.000 begonnene Produkteinheiten - 8.000 verdorbene Einheiten), da nur die begonnenen Einheiten die Qualitätskontrolle beim Vollständigkeitsgrad von 20 % in der laufenden Periode passiert haben.

c. 10 % × (85.000 Produkteinheiten - 8.000 verdorbene Einheiten), da alle Einheiten die Qualitätskontrolle beim Vollständigkeitsgrad von 50 % in der laufenden Periode passiert haben.

d. 10 % × 61.000, da 61.000 Produkteinheiten in der laufenden Periode fertiggestellt und kontrolliert worden sind.

Tafel 18.7 zeigt die Berechnung der äquivalenten Einheiten, die die Qualitätskontrolle beim Vollständigkeitsgrad von 50 % durchlaufen. Die Berechnung hängt von der Höhe der Material- und Verarbeitungskosten ab, die notwendig sind, um die Produkteinheiten bis zur Qualitätskontrolle zu bringen. In Tafel 18.7 sind die verdorbenen Einheiten 100 % vollständig in bezug auf das Fertigungsmaterial und 50 % vollständig in bezug auf die Verarbeitungskosten. Die Berechnung der äquivalenten Stückkosten und die Verteilung der Gesamtkosten auf die fertiggestellten Produkteinheiten und den Endbestand an unfertigen Erzeugnissen wäre ähnlich wie in den vorangegangenen Beispielen. Da in diesem Beispiel der Endbestand an unfertigen Erzeugnissen den Punkt der Qualitätskontrolle bereits passiert hat, werden diese Produkteinheiten mit normalen Ausschußkosten belastet genau wie die fertiggestellten und weitergeleiteten Produkteinheiten.

Tafel 18.7
Schritt 1 und 2: Berechne die äquivalenten Einheiten mit Ausschußkosten, Schmiedeabteilung der Dana Corporation, Oktober 19_7

Produktionsfluß	Schritt 1: Physische Einheiten	Schritt 2: Äquivalente Einheiten	
		Fertigungs-material	Verarbeitungs-kosten
Fehlerfreie Einheiten, fertiggestellt und weitergeleitet in der laufenden Periode	61.000	61.000	61.000
Normaler Ausschuß	7.700	7.700	3.850
Außerordentlicher Ausschuß	300	300	150
Unfertige Erzeugnisse, Endbestand[a]	16.000	16.000	12.000
Summe der verrechneten Kosten	85.000	85.000	77.000
Abzüglich unfertige Erzeugnisse, Anfangsbestand[b]	11.000	11.000	2.250
Begonnen während der laufenden Periode	74.000		
Produktion der Rechnungsperiode		74.000	74.750

a. Grad der Fertigstellung: Materialkosten 100 %, Verarbeitungskosten 75 %.
b. Grad der Fertigstellung: Materialkosten 100 %, Verarbeitungskosten 25 %.

Kostenmanagement: Qualität, Zeit und die Theorie der Gewinnmaximierung unter Nebenbedingungen

KAPITEL

Wie wir in Kapitel 1 festgestellt haben, haben der globale Wettbewerb und die anspruchsvollen Kunden die Manager gezwungen, die Qualität ihrer Produkte zu verbessern und ihre Lieferzeiten zu verkürzen. Aber höhere Qualität und kürzere Lieferungszeiten setzen voraus, daß die Manager eine Vielzahl von organisatorischen Beschränkungen identifizieren und überwinden. In diesem Kapitel untersuchen wir, wie das entscheidungsorientierte Rechnungswesen den Managern helfen kann, in den Bereichen Qualität und Zeit Initiativen zu ergreifen und Entscheidungen zu treffen, die vielen Beschränkungen unterliegen.

19.1 QUALITÄT ALS WAFFE IM WETTBEWERB

Viele Firmen auf der ganzen Welt – zum Beispiel Hewlett-Packard und die Ford Motor Company in den USA und Kanada, die British Telecom in Großbritannien, Fujitsu und Toyota in Japan, Crysel in Mexico und Samsung in Korea – sehen das totale Qualitätsmanagement als den wichtigsten Erfolgsfaktor der neunziger Jahre, denn es reduziert die Kosten und erhöht die Kundenzufriedenheit. Mehrere prestigeträchtige und öffentlichkeitswirksame Preise – zum Beispiel der Malcolm Baldrige Quality Award in den USA, der Demin-Preis in Japan und der Premio Nacional de Calidad in Mexiko – sind ausgeschrieben worden, um herausragende Qualität anzuerkennen.

Internationale Qualitätsstandards haben sich gebildet. So ist zum Beispiel ISO 9000, das von der International Organization for Standardization entwickelt worden ist, ein Satz von fünf internationalen Standards für Qualitätsmanagement, der von mehr als 60 Ländern akzeptiert worden ist. ISO 9000 wurde geschaffen, um Unternehmen in die Lage zu versetzen, die Elemente ihres Qualitätssystems wirksam zu dokumentieren und zu zertifizieren. Manche Unternehmen, wie zum Beispiel DuPont und General Electric, verlangen inzwischen von ihren Zulieferern die Zertifizierung nach ISO 9000. Durch die Bewertung und Verbesserung der Qualität der zugelieferten Produkte will man die eigenen Kosten senken. Zertifizierung und Betonung der Qualität werden also immer mehr zu Bedingungen für die Wettbewerbsfähigkeit auf dem Weltmarkt.

Diese Betonung der Qualität wird verständlich, wenn man bedenkt, daß in manchen Organisationen die Qualitätskosten bis zu 10 oder 20 % des Umsatzes betragen. Qualitätsverbesserungsprogramme können zu beträchtlichen Einsparungen und Erlössteigerungen führen. Die Telekommunikations- und Elektronikfirma Motorola schätzt, daß sie 1994 durch Qualitätsprogramme 2 Mrd. $ gespart hat. Das entspricht 9 % des Umsatzes in Höhe von 22,2 Mrd. $ im Jahr 1994. Die Firma hatte in diesem Jahr einen Betriebsgewinn von 2,4 Mrd. $. Ohne die Einsparungen durch das Qualitätsprogramm wäre der Gewinn deutlich niedriger ausgefallen.[81]

Betrachten wir die Auswirkungen der Qualität auf den Erlös im allgemeinen. Wenn die Konkurrenten ihre Qualität verbessern, wird ein Unternehmen, das nicht in Qualitätsverbesserungen investiert, wahrscheinlich Marktanteile und Erlös verlieren. In diesem Fall besteht der Nutzen der Qualitätsverbesserung nicht in der Ausweitung sondern in der Erhaltung der Umsatzposition.

Qualitätsverbesserungen haben auch nichtfinanzielle und qualitative Wirkungen, die den langfristigen Erfolg eines Unternehmens verbessern. Manager und Arbeitskräfte, die sich auf die Qualität konzentrieren, gewinnen Erfahrungen mit Produkten und Prozessen. Dieses Wissen kann in der Zukunft zu Kostensenkungen führen. Die Herstellung eines Produkts mit hoher Qualität kann das Ansehen des Unternehmens bei den Kunden verbessern und auf diese Weise zu höheren zukünftigen Umsätzen führen. Motorola glaubt, daß seine Qualitätsinitiativen, durch die sich die Kundenzufriedenheit erhöht hat, auch die Umsatzsteigerung von 380 % in den letzten acht Jahren, sowie den Gewinnzuwachs von 800 % und die Steigerung des Aktienkurses um 600 % angeheizt hat.

Mit wachsender Verantwortung der Unternehmen gegenüber der Umwelt verwenden viele Manager mehr Aufmerksamkeit auf die Umweltqualität und die Probleme von Luft- und Wasserverschmutzung, auslaufenden Ölen und Chemikalien, Risikomüll und Abfallmanagement. Seit der Novellierung des Clean Air Act von 1990 können die Kosten der Umweltverschmutzung für Unternehmen (in den USA) extrem hoch werden. Die Geldstrafen können mehrere Millionen Dollar betragen. So hat zum Beispiel Exxon für das Öltankerunglück der Exxon Valdez, bei dem die Küste Alaskas geschädigt wurde, zusätzlich zu den zivilrechtlichen Zahlungen in Höhe von einer Milliarde Dollar noch 125 Mio. $ an Geldstrafen und Wiedergutmachung gezahlt. 1994 hat die International Organization for Standardization den Umweltmanagementstandard ISO 14000 angekündigt. Ziel des Standards ist es, die Organisationen zu einer nachhaltigen Verfolgung von Umweltzielen anzuregen. Das geschieht durch die Entwicklung von (1) Umweltmanagementsystemen zur Verbesserung der Umweltwirkungen der Aktivitäten, Produkte und Dienstleistungen der Organisation und (2) Systemen des Umweltauditing und der Bewertung von Umweltschutzleistungen, durch die Organisationen ein Feedback darüber bekommen, wie gut sie ihre Umweltziele erreicht haben.

---

[81] Die Information beruht auf Gesprächen mit Richard Buetow, dem Leiter der Qualitätsabteilung der Motorola, Inc.

19.2 ZWEI ASPEKTE VON QUALITÄT

Der Ausdruck Qualität bezieht sich auf eine große Vielfalt von Faktoren – die Gebrauchseignung, den Grad der Kundenzufriedenheit, und das Maß, in dem ein Produkt den Designspezifikationen und den technischen Anforderungen genügt.[82] Wir diskutieren zwei grundlegende Aspekte der Qualität: Die *Designqualität* (*quality of design*) und die *technische Qualität (conformance quality)*.[83] Die Designqualität mißt, wie gut die Eigenschaften eines Produkts oder einer Dienstleistung die Wünsche und Bedürfnisse der Kunden erfüllen. Angenommen die Käufer von Fotokopiermaschinen wollen Kopierer, die kopieren, faxen, scannen und drucken können. Fotokopiermaschinen, die diese Bedürfnisse nicht erfüllen, haben eine mangelhafte Designqualität. Oder wenn die Kunden einer Bank ein automatisches Überweisungssystem für ihre monatlichen Rechnungen wünschen, wäre es eine mangelhafte Designqualität, wenn die Bank diese Einrichtung nicht anbietet.

Technische Qualität heißt, daß ein Produkt oder eine Dienstleistung den Design- und Produktionsspezifikationen entspricht. Wenn zum Beispiel eine Fotokopiermaschine öfters das Papier nicht richtig einzieht oder ausfällt, ist sie von der technischen Qualität her nicht befriedigend. Produkte, die nicht den Spezifikationen entsprechen, müssen unter Aufwendung zusätzlicher Kosten repariert, nachgebessert oder verschrottet werden. Wenn technische Fehler nicht innerhalb des Werks korrigiert werden und das Produkt beim Kunden ausfällt, kann das zu noch höheren Reparaturkosten führen und zum Verlust von Goodwill beim Kunden, den höchsten Qualitätskosten überhaupt. Im Bankgewerbe wäre die Gutschrift eines Kundenschecks auf dem falschen Konto ein Beispiel für einen Fehler in der technischen Qualität.

---

[82] Die American Society for Quality Control definiert *Qualität* als die Gesamtheit der Merkmale und Eigenschaften eines nach bestimmten Spezifikationen hergestellten Produkts oder einer Dienstleistung, die die Kunden beim Kauf und während des Gebrauchs befriedigen. ANSI/ASQC A3-1978, *Quality Systems Terminology* (Milwaukee, Wis.: American Society for Quality Control, 1978).

[83] Siehe R. DeVor, T. Chang und J. Sutherland, *Statistical Quality Design and Control* (New York: Macmillan, 1992) und J. Evans und W. Lindsay, *The Management and Control of Quality* (St. Paul: West, 1993).

Das folgende Diagramm illustriert unseren begrifflichen Rahmen:

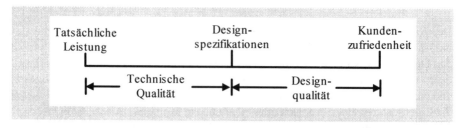

Um Kundenzufriedenheit zu erreichen, muß ein Unternehmen die Designspezifikationen erfüllen (technische Qualität), aber es muß auch Produkte entwerfen, die den
Wünschen der Kunden entsprechen (Designqualität).

19.3 QUALITÄTSKOSTEN

Qualitätskosten sind Kosten die aufgewendet werden, um die Herstellung eines qualitativ minderwertigen Produkts zu verhindern oder zu korrigieren. Diese Kosten haben mit der technischen Qualität zu tun und entstehen in allen Bereichen der
Wertschöpfungskette. Sie werden in vier Kategorien eingeteilt:

1. **Fehlerverhütungskosten:** Kosten, die aufgewendet werden, um zu verhindern,
   daß Produkte hergestellt werden, die nicht den Spezifikationen entsprechen.
2. **Beurteilungskosten:** Kosten, die aufgewendet werden, um herauszufinden, welche individuellen Produkteinheiten nicht den Spezifikationen entsprechen.
3. **Interne Fehlerkosten:** Kosten, die aufgewendet werden, wenn ein fehlerhaftes
   Produkt entdeckt wird, bevor es an Kunden ausgeliefert worden ist.
4. **Externe Fehlerkosten:** Kosten, die aufgewendet werden, wenn ein fehlerhaftes
   Produkt entdeckt wird, nachdem es an Kunden ausgeliefert worden ist.

Tafel 19.1 zeigt Beispiele für einzelne Qualitätskostenarten in jeder der vier Kategorien, die in Qualitätskostenberichten vorkommen. Man beachte, daß die Posten in Tafel 19.1 aus allen Funktionsbereichen der Wertschöpfungskette stammen und breiter
sind, als die internen Fehlerkosten aufgrund von Ausschuß, Nachbesserungen und Abfall im Fertigungsbereich, die wir in Kapitel 18 behandelt haben.

Wir illustrieren die verschiedenen Probleme des Qualitätsmanagements von der Berechnung der Qualitätskosten über die Identifikation der Qualitätsprobleme bis hin zu
den Maßnahmen zur Qualitätsverbesserung anhand des Beispiels der Photon Corporation. Photon stellt viele Produkte her. In unserer Darstellung beschränken wir uns
auf die Fotokopiermaschinen, mit denen Photon 19_8 einen Umsatz von 300 Mio. $
(20.000 Kopierer) und einen Betriebsgewinn von 24 Mio. $ erwirtschaftet hat. Die Fir-

ma bestimmt ihre Qualitätskosten mit Hilfe eines prozeßorientierten Ansatzes in fünf Schritten.

Tafel 19.1
Posten in einem Qualitätskostenbericht

Fehlerverhütungs-kosten	Beurteilungs-kosten	Interne Fehlerkosten	Externe Fehlerkosten
Konstruktionstechnik	Qualitätsprüfung	Ausschuß	Kundenbetreuung
Prozeßtechnik	On-line Produkther-	Nachbesserungen	Transportkosten
Qualitätstechnik	stellungs- und Pro-	Abfall	Produktions- und Pro-
Zuliefererbewertung	zeßprüfung	Reparatur ausgefal-	zeßtechnik
Präventive Maschi-	Produkttests	lener Maschinen	Reparaturkosten auf
neninstandhaltung		Veränderung von	Garantie
Qualitätstraining		Produktions- und	Produkthaftung
Neue Fertigungsmate-		˙ Prozeßtechnik bei	
rialien		internen Fehlern	

Schritt 1: Identifiziere alle qualitätsbezogenen Prozesse und Kostenpools. Spalte 1 in Teil A der Tafel 19.2 verwendet die Einteilung in Fehlerverhütungskosten, Beurteilungskosten, interne Fehlerkosten und externe Fehlerkosten und nennt jeweils die Funktionsbereiche der Wertschöpfungskette, in denen diese Kosten auftreten. Eine solche Aktivität ist die Prüfung (einschließlich Tests) der Fotokopiermaschinen.

Schritt 2: Bestimme die Menge der Kostenbezugsgröße (Prozeßmenge) für jeden qualitätsbezogenen Prozeß (siehe Tafel 19.2, Teil A, Spalte 2). Photon identifiziert zum Beispiel die Prüfstunden, den primären Kostentreiber, als Kostenbezugsgröße der Produktprüfung. Wir nehmen an, daß die Kopierer 240.000 Einheiten (12 Stunden pro Kopierer × 20.000 Kopierer) der Kostenbezugsgröße verbrauchen.

Schritt 3: Berechne den Kostensatz pro Einheit der Bezugsgröße (siehe Tafel 19.2, Teil A, Spalte 3). Um Platz zu sparen, verzichten wir auf die Einzelheiten der Berechnung.[84] Im Beispiel der Firma Photon betragen die Gesamtkosten (fixe und variable Kosten) der Produktprüfung 40 $ pro Stunde.

Schritt 4: Berechne die Kosten für jeden qualitätsbezogenen Prozeß durch Multiplizieren der Prozeßmenge aus Schritt 2 mit dem Kostensatz pro Einheit der Bezugsgröße aus Schritt 3 (Tafel 19.2, Teil A, Spalte 4). In unserem Beispiel betragen die qualitätsbezogenen Prüfkosten 9.600.000 $ (240.000 Stunden × 40 $ pro Stunde).

---

[84] Die Methoden zur Berechnung der Kostensätze werden in Kapitel 4 (Seite 93 f.), Kapitel 5 (Seite 147 f.) und Kapitel 14 (Seite 477 f.) beschrieben.

Tafel 19.2

Prozeßorientierte Qualitätskostenanalyse für die Photon Corporation

A: Qualitätskostenbericht

	Bezugsgröße oder Kostentreiber	
Qualitätskostenkategorie und Bereich der Wertschöpfungskette (1)	Menge (2)	Kostensatz (angenommene Zahl) (3)
Fehlerverhütungskosten		
Design Engineering (F&E/Design)	40.000[a] Stunden	80 $ pro Stunde
Prozeßtechnik /R&D/Design)	45.000[a] Stunden	60 $ pro Stunde
Summe Fehlerverhütungskosten		
Beurteilungskosten		
Inspektion (Fertigung)	240.000[b] Stunden	40 $ pro Stunde
Summe Beurteilungskosten		
Interne Fehlerkosten		
Nachbesserungen (Fertigung)	2.500[c] Kopierer nachg.	4.000 $ pro Kopierer
Summe interne Fehlerkosten		
Externe Fehlerkosten		
Kundenbetreuung (Marketing)	3.000[d] Kopierer repar.	200 $ pro Kopierer
Transportkosten (Vertrieb)	3.000 Kopierer repar.	240 $ pro Kopierer
Garantieleistungen (Kundendienst)	3.000 Kopierer repar.	4.400 $ pro Kopierer
Summe externe Fehlerkosten		
Gesamte Qualitätskosten		

B: Opportunitätskostenanalyse

Qualitätskostenkategorie (1)	Entgangene Absatzmenge (2)	Deckungsbeitrag pro Kopierer (angenommene Zahl) (3)
Externe Fehlerkosten		
Geschätzter entgangener Deckungsbeitrag und Gewinn durch entg. Absatz	2.000[e] Kopierer	6.000 $
Gesamte Qualitätskosten		

Tafel 19.2 (Fortsetzung)

Gesamtkosten (4) = (2) × (3)	Anteil am Umsatz (5) = (4) : 300.000.000 $	a.Beruht auf speziellen Studien. b.12 Stunden pro Kopierer × 20.000 Kopierer c.Bei 12,5 % von 20.000 hergestellten Kopierern waren Nachbesserungen nötig. d.Bei 15 % von 20.000 hergestellten Kopierern waren Reparaturen während der Garantiezeit erforderlich. e.Schätzung durch die Marktforschungsabteilung von Photon.
3.200.000 $	1,07 %	
2.700.000 $	0,90 %	
5.900.000 $	1,97 %	
9.600.000 $	3,20 %	
9.600.000 $	3,20 %	
10.000.000 $	3,33 %	
10.000.000 $	3,33 %	
600.000 $	0,20 %	
720.000 $	0,24 %	
13.200.000 $	4,40 %	
14.520.000 $	4,84 %	
40.020.000 $	13,34 %	

Geschätzter entgangener Deckungsbeitrag (4) = (2) × (3)	Anteil am Umsatz (5) = (4) : 300.000.000 $
12.000.000 $	4,00 %
12.000.000 $	4,00 %

Schritt 5: Berechne die Summe der Qualitätskosten durch Aufaddieren der Kosten von qualitätsbezogenen Prozessen für die Fotokopiermaschinen in allen Funktionsbereichen der Wertschöpfungskette. Tafel 19.2, Teil A zeigt die ausgewiesenen Gesamtkosten im Qualitätskostenbericht für die Fotokopiermaschinen in Höhe von 40,02 Mio. $. Davon sind die externen Fehlerkosten mit 14,52 Mio. $ und die internen Fehlerkosten mit 10 Mio. $ der größte Bereich. Die Summe der ausgewiesenen Qualitätskosten entspricht 13,34 % des laufenden Umsatzes.

Man darf jedoch nicht davon ausgehen, daß mit den im Qualitätskostenbericht ausgewiesenen Kosten die gesamten Qualitätskosten eines Unternehmens erschöpfend dargestellt sind. Die Berichte enthalten in der Regel keine Opportunitätskosten wie zum Beispiel entgangene Deckungsbeiträge und Gewinne aus verlorenen Umsätzen, verlorener Produktion oder Preissenkungen, die durch Qualitätsmängel entstanden sind. Opportunitätskosten sind schwer zu schätzen und werden deshalb nicht in der Buchführung festgehalten. Trotzdem können die Opportunitätskosten ins Gewicht fallen und eine treibende Kraft für die Durchführung von Qualitätsverbesserungsprogrammen darstellen. Teil B der Tafel 19.2 zeigt die Analyse der Opportunitätskosten mangelhafter Qualität bei Photon. Die Marktforschungsabteilung der Photon Corporation schätzt, daß aufgrund von externen Fehlern ein Umsatz von 2.000 Kopiergeräten ausgefallen ist. Der entgangene Deckungsbeitrag und Betriebsgewinn in Höhe von 12 Mio. $ mißt die finanziellen Kosten durch unzufriedene Kunden, die ihre Geräte zurückgegeben haben, und durch ausgefallene Umsätze aufgrund von Qualitätsproblemen. Die Summe der Qualitätskosten (einschließlich der Opportunitätskosten) beträgt 52,02 Mio. $ (40,02 Mio. $ aus Teil A und 12 Mio. $ aus Teil B) oder 17,34 % des laufenden Umsatzes. Die Opportunitätskosten machen also 23 % (12 Mio. $: 52,02 Mio. $) der gesamten Qualitätskosten aus.

Der Qualitätskostenbericht und die Opportunitätskostenanalyse weisen auf hohe interne und externe Fehlerkosten bei Photon hin. Um die Qualitätskosten zu reduzieren, muß Photon die Qualitätsprobleme identifizieren und beseitigen.

19.4 METHODEN ZUR IDENTIFIZIERUNG VON QUALITÄTS-PROBLEMEN

Qualitätsregelkarten

Statistische Qualitätskontrolle (SQK) oder statistische Prozeßkontrolle ist ein formales Mittel, um zufällige und nichtzufällige Abweichungen in einem Betriebsprozeß zu unterscheiden. Das wichtigste Instrument bei der SQK ist die Qualitätsregelkarte. Eine **Qualitätsregelkarte** (*control chart*) ist die graphische Darstellung einer Serie von Beobachtungen eines bestimmten Fertigungsschritts oder betrieblichen Ablaufs, die in regelmäßigen Abständen aufgezeichnet werden. Jede aufgezeichnete Beobachtung wird mit einem spezifizierten Bereich verglichen, der die erwartete Verteilung darstellt. In der Regel werden nur diejenigen Beobachtungen, die die spezifizierten Grenzen überschreiten, als nichtzufällig betrachtet und einer Untersuchung für wert befunden.

Tafel 19.3

Statistische Qualitätsregelkarten: Tägliche Fehlerquote in der Photon Corporation

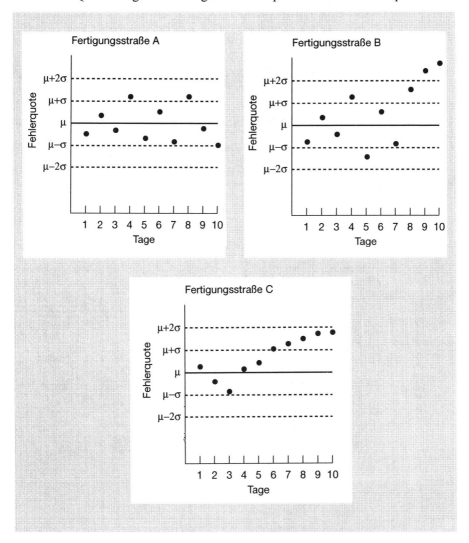

Tafel 19.3 zeigt Qualitätsregelkarten für die täglichen Fehlerquoten der drei Fertigungsstraßen bei Photon. Man ist davon ausgegangen, daß die Fehlerquoten der letz-

ten 60 Tage in jedem Werk eine gute Basis zur Berechnung der Fehlerquoten-
verteilung darstellen. Das arithmetische Mittel, μ, und die Standardabweichung, σ,
sind die beiden Parameter der Verteilung, die in den Qualitätsregelkarten der Tafel
19.3 benutzt werden. Aufgrund ihrer Erfahrung entscheidet die Firma, daß jede Beobachtung außerhalb des Bereichs $\mu \pm 2\sigma$ untersucht werden sollte.

Bei der Produktionsstraße A in Tafel 19.3 liegen alle Beobachtungen innerhalb der
Bandbreite von $\pm 2\sigma$ um den Mittelwert Das Management geht dann davon aus, daß
keine Untersuchung notwendig ist. Bei der Produktionsstraße B signalisieren die beiden letzten Beobachtungen, daß ein Störfall sehr wahrscheinlich ist. Nach der $\pm 2\sigma$-
Regel würden beide Beobachtungen zu einer Untersuchung führen. Die Produktionsstraße C illustriert eine Entwicklung, die nach der $\pm 2\sigma$-Regel keine Untersuchung
auslösen würde, aber trotzdem möglicherweise außer Kontrolle ist. Man beachte, daß
die letzten acht Beobachtungen eine klare Richtung zeigen und daß die Entwicklung
seit Tag 5 vom Mittelwert weg führt. Man hat statistische Methoden entwickelt, die
das Niveau und den Trend der fraglichen Variablen benutzen, um festzustellen, ob ein
Prozeß außer Kontrolle ist.

Tafel 19.4
Pareto-Diagramm für die Photon Corporation

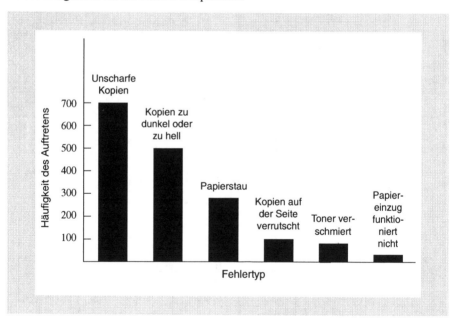

Pareto-Diagramme

Beobachtungen außerhalb der Kontrollgrenzen dienen als Inputs für *Pareto-Diagramme*. Ein **Pareto-Diagramm** zeigt an, wie oft jede Art von Fehler auftritt. Tafel 19.4 zeigt ein Pareto-Diagramm für die Qualitätsprobleme von Photon. Unscharfe Kopien sind das häufigste Problem.

Das Problem mit den unscharfen Kopien führt zu hohen Nachbesserungskosten, denn Photon entdeckt das Problem erst, wenn der Kopierer schon gebaut ist. Manchmal treten die unscharfen Bilder auch erst beim Kunden auf und führen dann zu hohen Reparaturkosten während der Garantiezeit.

Ursache-Wirkungs-Diagramme

Die am häufigsten auftretenden Probleme, die im Paretodiagramm identifiziert worden sind, werden mit Hilfe von *Ursache-Wirkungs-Diagrammen* analysiert. Ein **Ursache-Wirkungs-Diagramm** identifiziert die potentiellen Ursachen für Fehler und Ausfälle. In einem ersten Schritt analysiert Photon die Ursachen für den am häufigsten auftretenden Fehler, die unscharfen Kopien. Tafel 19.5 zeigt das Ursache-Wirkungs-Diagramm für dieses Problem. Die Tafel identifiziert vier Hauptgruppen von möglichen Fehlerursachen: menschliches Versagen, Methoden- und Konstruktionsfehler, maschinenbezogene Faktoren und Material- und Komponentenfehler. Aufgrund ihrer Erscheinung werden Ursache-Wirkungs-Diagramme manchmal auch als *Fischgrätendiagramme* bezeichnet.[85]

---

[85] Manager US-amerikanischer Elektronikfirmen sind der Meinung, daß die folgenden Faktoren (nach der Wichtigkeit geordnet) zur Qualitätsverbesserung beitragen:
1. verbessertes Produktdesign
2. verbessertes Prozeßdesign
3. verbesserte Schulung der Bedienungskräfte
4. verbesserte Produkte von den Zulieferern
5. Investitionen in Technologie und Ausrüstung
Siehe G. Foster und L. Sjoblom, "Survey of Quality Practices in the U.S. Electronics Industry", Working Paper, Stanford University, 1993.

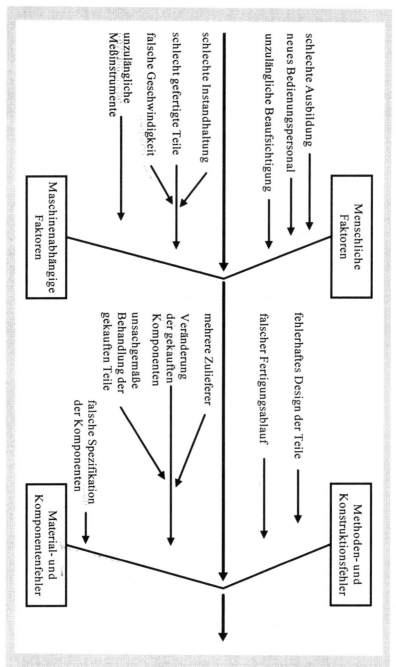

Tafel 19.5
Ursache-Wirkungs-Diagramm für unscharfe Kopien bei der Photon Corporation

19.5 RELEVANTE KOSTEN UND NUTZEN VON QUALITÄTS-VERBESSERUNGEN

Eine sorgfältige Analyse des Ursache-Wirkungs-Diagramms zeigt, daß das Stahlge-häuse des Kopierers beim Transport vom Lager der Zulieferfirma zum Werk der Fir-ma Photon oft nicht sachgemäß behandelt wird. Das Gehäuse muß sehr genauen Spezifikationen und Toleranzgrenzen genügen; andernfalls sind verschiedene Kopier-komponenten (wie Trommeln, Spiegel und Linsen), die am Gehäuse festgemacht wer-den, nicht richtig ausgerichtet. Die unsachgemäße Behandlung führt dazu, daß die Dimensionen des Gehäuses von den Spezifikationen abweichen und daß dadurch un-scharfe Bilder entstehen.

Das Team von Technikern, die an der Lösung des Problems der unscharfen Bilder ar-beiten, bietet zwei alternative Lösungen an: (1) Verbesserung der Gehäuseprüfung so-fort nach der Anlieferung oder (2) Neukonstruktion und Verstärkung des Gehäuses und der Transportcontainer, damit sie die unsachgemäße Behandlung beim Transport besser überstehen.

Tafel 19.6 zeigt die Kosten und Nutzen jeder Alternative. Das Management schätzt, daß zusätzliche Kontrollen 400.000 $ kosten (40 $ pro Stunde × 10.000 Stunden). Die Neukonstruktion kostet zusätzliche 460.000 $ (Konstruktionstechnik 80 $ pro Stunde × 2.000 Stunden; Prozeßtechnik 60 $ pro Stunde × 5.000 Stunden). Der potentielle Nutzen aus diesen Kosten sind niedrigere interne und externe Fehlerkosten. Die Schlüsselfrage hier lautet: Wie hoch sind die relevanten Kosteneinsparungen und an-dere relevante Nutzen? Photon beschränkt sich bei der Analyse dieser Entscheidung auf einen Zeithorizont von einem Jahr, weil die Firma plant, am Ende des Jahres bei den Fotokopierern eine ganz neue Produktlinie einzuführen. Das Management glaubt, daß selbst Qualitätsverbesserungen nicht zu Einsparungen bei den fixen Kosten von internen und externen Fehlern führen werden. Um die relevanten Kosteneinsparungen zu identifizieren, unterscheidet Photon für jede Fehlerkostenkategorie die fixen und die variablen Komponenten.

Betrachten wir zunächst die Nachbesserungskosten (interne Fehlerkosten). Fixe und variable Kosten für jeden nachgebesserten Kopierer betragen

Variable Kosten (einschließlich der Kosten für Fertigungs-material, Arbeitsaufwand und Hilfs- und Betriebsstoffe)	1.600 $
Zugerechnete Fixkosten (Maschinen, Platz und zugerechnete Overheadkosten)	2.400 $
Gesamtkosten (Tafel 19.2, Teil A, Spalte 3)	4.000 $

Tafel 19.6

Geschätzte Auswirkungen von Qualitätsverbesserungsmaßnahmen auf die Qualitätskosten der Photon Corporation

| | Differenzkosten und -nutzen | |
| | Genauere Prüfung der angelieferten Gehäuse | Neukonstruktion der Gehäuse |
Beschreibung	**(1)**	**(2)**
Arten von Qualitätskosten		
Zusätzliche Kosten für Konstruktionstechnik, 80 $/Stunde × 2.000 Stunden	–	160.000 $
Zusätzliche Kosten für Prozeßtechnik, 60 $/Stunde × 5.000 Stunden	–	300.000 $
Zusätzliche Prüf- und Testkosten 40 $/Stunde × 10.000 Stunden	400.000 $	–
Einsparungen bei den Nachbesserungskosten 1.600 $/Kopierer × 600 Kopierer	(960.000) $	
1.600 $/Kopierer × 800 Kopierer		(1.280.000) $
Einsparungen bei der Kundenbetreuung 80 $/Kopierer × 500 Kopierer	(40.000) $	
80 $/Kopierer × 700 Kopierer		(56.000) $
Eingesparte Transportkosten für Reparaturteile 180 $/Kopierer × 500 Kopierer	(90.000) $	
180 $/Kopierer × 700 Kopierer		(126.000) $
Eingesparte Garantiekosten 1.800 $/Kopierer × 500 Kopierer	(900.000) $	
1.800 $/Kopierer × 700 Kopierer		(1.260.000) $
Opportunitätskosten		
Deckungsbeitrag aus erhöhtem Umsatz		
6.000 $/Kopierer × 250 Kopierer	(1.500.000) $	
6.000 $/Kopierer × 300 Kopierer	–	(1.800.000) $
Nettokosteneinsparungen und zusätzlicher Deckungsbeitrag	(3.090.000) $	(4.062.000) $
Differenz zugunsten der Neukonstruktion des Gehäuses	972.000 $	

Wenn sich die Firma dafür entscheidet, das Gehäuse genauer zu prüfen, erwartet sie, daß Nachbesserungen bei 600 Kopierern und damit variable Kosten in Höhe von 960.000 $ (1.600 $ × 600) eingespart werden können. Siehe Tafel 19.6, Spalte 1. Photon glaubt, daß die fixen Nachbesserungskosten davon nicht berührt werden. Wenn die Firma den Weg der Neukonstruktion geht, erwartet sie, daß Nachbesserungen bei 800 Kopierern und damit variable Kosten in Höhe von 1.280.000 $ (1.600 $ × 800) eingespart werden können. Siehe Tafel 19.6, Spalte 2.

Als nächstes geht es um externe Fehlerkosten. Photon repariert derzeit 3.000 Kopierer bei den Kunden. Die Firma schätzt, daß die Reparatur von 500 Geräten unnötig würde und daß 250 zusätzliche Geräte verkauft werden könnten, wenn die angelieferten Gehäuse sorgfältiger geprüft würden. Für den Fall, daß das Gehäuse neu konstruiert würde, schätzt man, daß die Reparatur von 700 Geräten eingespart werden könnte und daß 300 zusätzliche Kopierer verkauft werden könnten.

Die variablen und fixen Kosten pro Kopiergerät, das wegen externem Versagen repariert werden muß (siehe die Liste in Spalte 4 der Tafel 19.2, Teil A), sind die folgenden:

	Variable Kosten	Fixe Kosten	Gesamtkosten
Kundenbetreuungskosten	80 $	120 $	200 $
Transportkosten	180 $	60 $	240 $
Reparaturkosten bei Garantie	1.800 $	2.600 $	4.400 $

Bei Photon geht man davon aus, daß durch die Verringerung der Anzahl der Reparaturarbeiten nur die variablen Kosten von Kundenbetreuung, Transport und Reparatur eingespart werden können.

Man beachte, daß die Einsparungen pro Kopiergerät an Nachbesserungskosten, Kundenbetreuungskosten, Transportkosten und Reparaturkosten in der Garantiezeit in Tafel 19.6 sich von den entsprechenden Kosten pro Kopierer in Tafel 19.2 unterscheiden. Tafel 19.6 zeigt nur die variablen Kosten, von denen die Firma erwartet, daß sie eingespart werden können. Tafel 19.2 dagegen zeigt *Gesamt*kosten für jede Kostenart. Tafel 19.6 enthält auch den zusätzlichen Deckungsbeitrag aus dem geschätzten Anstieg des Umsatzes aufgrund der verbesserten Qualität und Leistung der Photon-Kopierer.

Das Management der Firma entscheidet sich für die Neukonstruktion des Gehäuses, da aus Tafel 19.6 hervorgeht, daß die geschätzten Nettokosteneinsparungen in diesem Fall um 972.000 $ höher sind. Die Kosten eines schlecht konstruierten Gehäuses erscheinen in Form von höheren Fertigungskosten, Marketingkosten, Vertriebskosten und Kundendienstkosten, wenn interne und externe Fehler sich zu häufen beginnen. Aber diese Kosten sind vorbestimmt, sobald das Gehäuse konstruiert ist. Es ist also nicht überraschend, daß die Neukonstruktion zu beträchtlichen Einsparungen führt.

CRYSEL GEWINNT DEN PREMIO NACIONAL DE CALIDAD, DEN HÖCHSTEN QUALITÄTSPREIS MEXICOS

Crysal, ein Mitglied der mexikanischen Unternehmensgruppe CYDSA (Celulosa y Derivados Society Anonimos), ist der größte Hersteller von Acrylfasern in Lateinamerika und einer der zehn größten in der Welt. 1991 wurde Crysel der Premio Nacional de Calidad verliehen, das mexikanische Äquivalent zum Malcolm-Baldrige-Qualitätspreis.

Ein Element der Bewertungskriterien des Premio Nacional de Calidad sind die Kosten für den Qualitätsbericht eines Unternehmens. Jedes Unternehmen nimmt in seinen Qualitätsbericht diejenigen Kostenarten auf, die nach Meinung des Managements die größte Aufmerksamkeit erfordern. Crysel klassifiziert seine Fehlerkosten in sechs Hauptgruppen:

1. Verbrauchsfaktoren: übermäßiger Verbrauch oder Verschwendung von Fertigungsmaterial, Dampf oder Energie.

2. Instandhaltung: Reparaturkosten für ausgefallene Maschinen.

3. Personal: Kosten für zusätzliche Arbeitskräfte wie zum Beispiel eine Nachbesserungscrew, die eingestellt worden sind, um bei Qualitätsproblemen Abhilfe zu schaffen.

4. Forderungen: Finanzierungskosten für verspätete Kundenzahlungen.

5. Normunterschreitende Qualität: aufgrund des Verkaufs minderwertiger anstelle von erstklassigen Fasern entgangener Deckungsbeitrag.

6. Umsatzvolumen: entgangener Deckungsbeitrag durch Umsätze, die aufgrund von Qualitätsproblemen unterhalb der verfügbaren Werkskapazität liegen.

Die ersten drei Gruppen erscheinen in den Qualitätskostenberichten der meisten Unternehmen. Crysels Innovation besteht in der Einbeziehung der drei Kostengruppen Forderungen, normunterschreitende Qualität und Umsatzvolumen. Alle drei Gruppen sind Opportunitätskosten von schlechter Qualität und normalerweise nicht in den Qualitätskostenberichten enthalten. Die folgende Tabelle zeigt, daß diese Opportunitätskosten einen signifikanten Anteil an den gesamten Fehlerkosten haben. Ihre Einbeziehung in den Qualitätskostenbericht signalisiert allen Angestellten, daß das Topmanagement davon überzeugt ist, daß diese Kostenarten große Aufmerksamkeit verdienen.

Konzepte und ihre Umsetzung

CRYSEL GEWINNT DEN PREMIO NACIONAL DE CALIDAD ... (FORTSETZUNG)

Qualitätskosten als Prozentsatz vom Umsatz

	1985	1989	1992
Posten, die normalerweise in Qualitätskostenberichten enthalten sind			
Verbrauchsfaktoren	3,8 %	4,1 %	2,6 %
Instandhaltung	0,8 %	0,9 %	0,8 %
Personalkosten	0,6 %	0,5 %	0,4 %
Summe	5,2 %	5,5 %	3,8 %
Opportunitätskosten, die normalerweise in Qualitätskostenberichten nicht enthalten sind			
Forderungen	3,7 %	0,9 %	0,5 %
Normunterschreitende Qualität	1,0 %	0,4 %	0,8 %
Umsatzvolumen	8,5 %	2,4 %	1,6 %
Summe	13,2 %	3,7 %	2,9 %
Gesamte Qualitätskosten	18,4 %	9,2 %	6,7 %

Eine weitere wichtige Komponente beim Premio Nacional de Calidad ist der Sicherheitsbericht eines Unternehmens. Crysels Sicherheitsindex, gemessen als Anzahl der Unfälle pro Million Arbeitsstunden, ist von 6,3 im Jahr 1986 auf 3,0 im Jahr 1992 zurückgegangen. Die Firma hat Unfälle vermieden durch die Neukonstruktion von Maschinen, die Schulung des Bedienungspersonals bei der Anwendung von Sicherheitsmaßnahmen und die Einführung von sicheren Bedienungsabläufen.

Quelle: Vortrag von Raul Gil Dufoo, Generaldirektor von Crysel, und Gespräche mit dem Management der Firma

Im Beispiel der Firma Photon taucht auch ein entgangener Deckungsbeitrag auf, denn das wiederholte externe Versagen der Kopierer schadet der Reputation der Firma und führt zu Umsatzverlusten. Entgangener Deckungsbeitrag kann auch durch interne Fehler verursacht sein. Angenommen die Fertigungskapazität ist voll ausgelastet. In diesem Fall blockieren die Nachbesserungsarbeiten wertvolle Fertigungskapazität und führen dazu, daß dem Unternehmen Deckungsbeiträge aus Produktion und Verkauf zusätzlicher Kopiergeräte entgehen. Nehmen wir an, Photon könnte bei Verbesserung der Qualität und Reduzierung der Nachbesserungsarbeiten 600 zusätzliche Kopiergeräte herstellen (und dann auch verkaufen). Die internen Fehlerkosten würden dann einen entgangenen Deckungsbeitrag in Höhe von 3.600.000 $ (6.000 $ pro Kopierer × 600 Kopierer) einschließen. Diese 3.600.000 $ sind die Opportunitätskosten der schlechten Qualität.

Die Firma kann ihren Qualitätskostenbericht benutzen, um Zusammenhänge zwischen den vier Kategorien von qualitätsabhängigen Kosten zu untersuchen. In unserem Beispiel erhöht die Neukonstruktion des Gehäuses die Fehlerverhütungskosten (Konstruktions- und Prozeßtechnik) und verringert die internen Fehlerkosten (Nachbesserungen) und die externen Fehlerkosten (Garantieleistungen). Qualitätskosten sind noch aussagefähiger, wenn die Manager Trends über die Zeit hinweg vergleichen. (Siehe den Kasten *Konzepte und ihre Umsetzung*, Seite 654 f.) Durch erfolgreiche Qualitätsprogramme sollten der Anteil der Qualitätskosten am Umsatz und der Anteil der internen und externen Fehlerkosten an den gesamten Qualitätskosten mit der Zeit zurückgehen. Viele Unternehmen wie zum Beispiel die Digital Equipment Corporation, Solectron und Toyota nehmen sich vor, alle Fehlerkosten zu eliminieren und zu einer Fehlerquote von Null zu kommen.

19.6 MAßE FÜR QUALITÄT UND KUNDENZUFRIEDENHEIT

Selbst wenn die Produkte und Dienstleistungen fehlerfrei sind und die technische Qualität voll gewährleistet ist, werden sie sich nicht gut verkaufen, wenn sie nicht auch Designqualität aufweisen, das heißt, wenn sie die Kundenbedürfnisse nicht befriedigen. Kundenzufriedenheit ist aber mehr als nur Designqualität. Die Firma Motorola beschreibt ihr Programm für totale Kundenzufriedenheit folgendermaßen:

- Produktleistungsmerkmale bieten, die von den Kunden als angemessener Wert angesehen werden;
- das Produkt zum Verpächterinnen Termin liefern;
- ein fehlerfreies Produkt liefern;
- sicherstellen, daß das Produkt nicht frühzeitig reparaturbedürftig ist;
- sicherstellen, daß das Produkt nicht zu oft ausfällt.

Um auszuwerten, wie gut sie diesen Kriterien genügen, wird bei Motorola und anderen Unternehmen die Kundenzufriedenheit über lange Zeiträume hinweg gemessen. Es ist nicht leicht, die Kundenzufriedenheit genau zu messen, aber es gibt viele Indikatoren, auf die ein Unternehmen zurückgreifen kann.

Finanzielle Maße der Kundenzufriedenheit

Externe Fehlerkosten wie zum Beispiel Reparaturkosten in der Garantiezeit, Haftungsansprüche, entgangener Deckungsbeitrag durch Umsatzeinbußen und niedrigere

Preise für verkaufte Produkte sind finanzielle Indikatoren einer niedrigen Kundenzufriedenheit. Finanzielle Maße geben aber keinen Hinweis darauf, welche Bereiche verbesserungsbedürftig sind, und sie offenbaren auch nicht die zukünftigen Bedürfnisse und Präferenzen der Kunden. Deshalb verwenden die meisten Unternehmen auch nichtfinanzielle Maße. Die Abteilungen für Kostenrechnung und Controlling sind oft dafür verantwortlich, diese nichtfinanziellen Maße regelmäßig aufzuzeichnen und vorzustellen.

Nichtfinanzielle Maße der Kundenzufriedenheit

Zu den nichtfinanziellen Maßen der Kundenzufriedenheit gehören

* der Anteil der fehlerhaften Produkte an der Gesamtzahl der an die Kunden ausgelieferten Produkte,
* die Anzahl der Kundenbeschwerden (man schätzt, daß auf jeden Kunden, der sich tatsächlich beschwert, 20 bis 30 andere kommen, die mit dem Produkt schlechte Erfahrungen gemacht, sich aber nicht beschwert haben),
* die Kundenreaktionszeit (Differenz zwischen dem vom Kunden gewünschten und dem von der Firma anberaumten Liefertermin) und
* die Lieferpünktlichkeit (Anteil der Lieferungen, die vor oder an dem versprochenen Termin ausgeführt worden sind).

Die Firma Federal Express zeichnet für die Übernachtsendungen ähnliche Maße für die Kundenzufriedenheit auf. Wenn sich diese Zahlen mit der Zeit verschlechtern, greift das Management ein und untersucht die Ursachen.

Zusätzlich zu diesen routinemäßig erfaßten, nichtfinanziellen Maßen führen viele Unternehmen, wie zum Beispiel Xerox, Umfragen durch, um die Kundenzufriedenheit zu messen. Diese Umfragen dienen zwei Zwecken. Erstens geben sie einen tieferen Einblick in die Erfahrungen und Präferenzen der Kunden. Zweitens lassen sie ahnen, welche Merkmale sich die Kunden bei zukünftigen Produkten wünschen.

19.7 INTERNE MAßE FÜR DAS QUALITÄTSNIVEAU

Fehlerverhütungskosten, Beurteilungskosten und interne Fehlerkosten sind Beispiele für finanzielle Maße des Qualitätsniveaus innerhalb des Unternehmens. Die meisten Firmen überwachen sowohl finanzielle als auch nichtfinanzielle Maße der internen Qualität.

Welche nichtfinanziellen Maße könnte ein Unternehmen verwenden? Analog Devices, ein Halbleiterhersteller, verfolgt die Trends der folgenden Qualitätsmaße:

* Anzahl der Ausfälle für jede Produktlinie,
* Prozeßertrag (Anteil des fehlerfreien Outputs am Gesamtoutput),

- Durchlaufzeit (Zeit, die vergeht, bis die Fertigungsmaterialien zu fertigen Produkten verarbeitet sind),
- Fluktuation (Anteil der Arbeitskräfte, die die Firma verlassen haben, an der Gesamtzahl der Beschäftigten).

Für sich selbst betrachtet haben die nichtfinanziellen Qualitätsmaße nur eine begrenzte Bedeutung. Ihr Informationswert steigt, wenn das Management die Trends über einen gewissen Zeitraum hinweg untersucht. Um einen solchen Bericht vorzubereiten, muß die Rechnungswesenabteilung die Zahlen überprüfen, um sicherzustellen, daß die Indikatoren genau und konsistent berechnet worden sind. Sie kann auf vielerlei Weise dazu beitragen, daß sich die Qualität in einem Unternehmen verbessert: durch die Berechnung der Qualitätskosten, durch die Unterstützung des Managements bei der Entwicklung von kosteneffizienten Lösungen für Qualitätsprobleme und durch Feedback über Qualitätsverbesserungen.

19.8 DIE BEWERTUNG DES QUALITÄTSNIVEAUS

Finanzielle und nichtfinanzielle Qualitätsmaße haben deutlich unterschiedliche Vor- und Nachteile.

Vorteile der Qualitätskostenmaße:

1. Qualitätskostenmaße lenken die Aufmerksamkeit darauf, wie teuer schlechte Qualität sein kann.
2. Qualitätskostenmaße sind eine nützliche Möglichkeit, verschiedene Qualitätsverbesserungsprogramme miteinander zu vergleichen und Prioritäten zu setzen, um die maximale Kostensenkung zu erreichen.
3. Qualitätskostenmaße dienen als gemeinsamer Nenner für die Bewertung von Trade-offs zwischen Fehlervermeidungskosten und Fehlerkosten. Sie bieten ein einheitliches, aggregiertes Maß für das Qualitätsniveau.

Vorteile von nichtfinanziellen Qualitätsmaßen:

1. Nichtfinanzielle Qualitätsmaße sind oft leicht zu quantifizieren und zu verstehen.
2. Nichtfinanzielle Maße lenken die Aufmerksamkeit auf die physischen Prozesse und damit genau auf die Problembereiche, die verbesserungsbedürftig sind.
3. Nichtfinanzielle Maße bieten ein sofortiges kurzfristiges Feedback darüber, ob die Bemühungen zur Qualitätsverbesserung tatsächlich erfolgreich waren.

Die Vorteile der Qualitätskostenmaße sind gleichzeitig Nachteile der nichtfinanziellen Maße und umgekehrt. Die meisten Organisationen verwenden finanzielle und nichtfinanzielle Maße für das Qualitätsniveau.

In manchen Unternehmen (zum Beispiel bei Analog Devices, Milliken und Octel) werden finanzielle und nichtfinanzielle Qualitätsmaße in einem einzigen Bericht dargestellt, der manchmal auch als *Balanced Scorecard* (ausgewogener Qualitätsberichtsbogen)[86] bezeichnet wird. Der Berichtsbogen hilft dem Topmanagement, auszuwerten, ob die Manager auf den niedrigeren Ebenen einen Bereich auf Kosten anderer Bereiche verbessert haben. So könnte zum Beispiel ein Manager, der befürchtet, daß er sein Betriebsergebnisziel nicht erfüllen kann, anfangen, Produkte mit hohem Deckungsbeitrag bevorzugt auszuliefern und die Auslieferung von Produkten mit niedrigem Deckungsbeitrag zu verschieben. Die *Balanced Scorecard* wird die Verbesserung des finanziellen Ergebnisses ausweisen, aber auch offenlegen, daß das Betriebsergebnisziel auf Kosten der Lieferpünktlichkeit erreicht worden ist. Darüberhinaus verwenden Unternehmen oft multiple Qualitätsmaße in den Prämienregelungen für Manager. Motorola zum Beispiel verknüpft die Belegschaftsprämien explizit an Verbesserungen der Kundenzufriedenheit, den Prozeßertrag und die Durchlaufzeit.

19.9 DIE ZEIT ALS WAFFE IM WETTBEWERB

Zeit wird immer mehr als eine Schlüsselvariable im Wettbewerb angesehen.[87] Schneller zu werden hilft, den Erlös zu steigern und die Kosten zu senken. So kann zum Beispiel eine Umzugsfirma wie United Van Lines mehr Umsatz machen, wenn sie das Frachtgut schneller und pünktlicher von einem Ort zum anderen transportieren kann. Firmen wie AT&T und Texas Instruments berichten ebenfalls, daß sie durch Betonung des Zeitaspekts die Kosten senken konnten. Sie führen zum Beispiel eine Verringerung der Lagerbestände an, die möglich geworden ist, weil sie in der Lage sind, auf Kundenwünsche schnell zu reagieren.

In diesem Kapitel konzentrieren wir uns auf *operationale Zeitmaße*, die aufzeigen, wie schnell Unternehmen auf die Nachfrage der Kunden nach ihren Produkten und Dienstleistungen reagieren und wie zuverlässig sie die vereinbarten Liefertermine einhalten. Ein anderer wichtiger zeitlicher Aspekt ist die *Entwicklungszeit für neue Produkte* und der finanzielle Erfolg, den eine Firma daraus ableitet, daß sie neue Produkte schnell auf den Markt bringen kann. Die Investitionsrechnung für neue Produkte und der *Kostendeckungszeitpunkt*, das heißt die Zeit, die benötigt wird, um die Investitionskosten für neue Produkte wieder hereinzuholen, sind Gegenstand von Kapitel 22.

---

[86] Siehe R. Kaplan und D. Norton, "Using the Balanced Scorecard as a Strategic Management System," *Harvard Business Review* (Jan.-Feb. 1996).

[87] Siehe G. Stalk und T. Hout, *Competing Against Time* (New York: Free Press, 1990).

19.10 OPERATIONALE MASSE DER ZEIT

Ein ordentliches Zeitmanagement setzt voraus, daß die Zeit gemessen wird. Zwei weitverbreitete operationale Maße der Zeit sind die Kundenreaktionszeit und die Leistungspünktlichkeit.

Kundenreaktionszeit

Die **Kundenreaktionszeit** (*customer-response time*) ist die Zeit zwischen dem Moment, in dem ein Kunde ein Produkt bestellt oder eine Dienstleistung anfordert, und dem Moment der Lieferung an den Kunden. Eine rechtzeitige Reaktion auf Kundenanfragen ist in vielen Branchen ein Schlüsselfaktor im Wettbewerb. Betrachten wir die Firma Yamazaki Mazak, einen Hersteller von handelsüblichen Werkzeugmaschinen. Yamazakis Kunden schätzen eine schnellere Belieferung, denn dadurch können sie die entsprechenden Produkte früher produzieren und verkaufen. Die Kundenreaktionszeit ist auch in vielen anderen Branchen entscheidend, besonders in Dienstleistungsbranchen wie dem Bankgewerbe, der Autovermietung und in Fastfood-Restaurants.

Das folgende Diagramm beschreibt Komponenten der Kundenreaktionszeit.

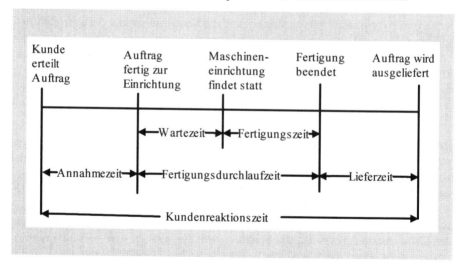

Im Beispiel der Firma Yamazaki Mazak ist die *Auftragsannahmezeit* (*order receipt time*) diejenige Zeit, die die Marketingabteilung benötigt, um die genauen Spezifikationen des Kunden zu beschreiben und den Auftrag an die Produktionsabteilung weiterzugeben. Die **Fertigungsdurchlaufzeit** (*manufacturing lead time*) ist die Zeitspanne von dem Moment, in dem der Auftrag für die Produktion bereit ist, bis zu dem Moment, in dem das Produkt fertiggestellt ist. Die Durchlaufzeit enthält die Wartezeit und die Produktionszeit für den Auftrag. Ein Auftrag für Werkzeugmaschinen in unserem Beispiel verzögert sich möglicherweise, weil die Produktionsanlagen, die für den Auftrag benötigt werden, bereits mit anderen Aufträgen belegt sind, die früher hereingekommen sind. Die *Lieferzeit* (*order delivery time*) ist die Zeit, die benötigt wird, um den Auftrag in der Produktionsabteilung abzuholen und an den Kunden auszuliefern.

Einige Unternehmen haben die Fertigungsdurchlaufzeit zur Bezugsgröße für die Aufschlüsselung der Fertigungsgemeinkosten auf die Produkte gemacht. Die Zytec Corporation, ein Hersteller von Computerausrüstungen, glaubt, daß die Verwendung der Durchlaufzeit den Managern einen Anreiz gibt, den Zeitbedarf für die Herstellung der Produkte zu verringern. Dadurch können die Fertigungsgemeinkosten gesenkt und der Betriebserfolg erhöht werden.

Auswirkungen von Unsicherheit und Engpässen

Ein **Zeittreiber** (*time driver*) ist jeder Faktor, dessen Veränderung bewirkt, daß eine Aktivität schneller oder langsamer durchgeführt wird. Wir betrachten hier zwei der wichtigsten Zeittreiber: (1) Unsicherheit über den Zeitpunkt, zu dem die Kunden Produkte oder Dienstleistungen bestellen werden. Je zufälliger zum Beispiel der Auftragseingang für Werkzeugmaschinen der Firma Mazak, umso wahrscheinlicher ist es, daß es zu Wartelisten und Verzögerungen kommt. (2) Begrenzte Kapazitäten und Engpässe. Ein **Engpaß** (*bottleneck*) ist ein Arbeitsvorgang, bei dem die anstehende Arbeit die verfügbare Kapazität auslastet oder übersteigt. Ein Engpaß entsteht zum Beispiel, wenn Produkte, die an einer bestimmten Maschine bearbeitet werden müssen, ankommen, während die Maschine noch mit der Bearbeitung anderer Produkte beschäftigt ist. Die Anforderungen an die Maschinenzeit übersteigen die verfügbare Kapazität und es kommt zu Verzögerungen.

Das entscheidungsorientierte Rechnungswesen wird oft gebraucht, um die Rentabilität eines neuen Produkts bei gegebenen Kapazitätsbeschränkungen zu bewerten (Kapitel 11, Seite 379 ff.). In manchen Fällen verursacht die Einführung eines neuen Produkts bei allen anderen Produkten Lieferverzögerungen. Wenn die Zeit ein Schlüsselfaktor des Wettbewerbs ist, muß das Rechnungswesen die durch die Verzögerungen entstehenden Kosten erkennen und bei der Berechnung der Kosten und Nutzen der Einführung des neuen Produkts berücksichtigen. Um die Verzögerungskosten zu berechnen, muß man zuerst die Ursachen und die Größenordnung der dadurch entstehenden Verzögerungen kennen. Wir illustrieren diese Gedanken am Beispiel der Firma Falcon Works.

Falcon Works (FW) verwendet eine bestimmte Drehmaschine, um Stahlstäbe zu einer speziellen Komponente, A 22, zu verarbeiten. FW fertigt diese Komponente nur auf Bestellung. Wir konzentrieren uns auf die Fertigungsdurchlaufzeit und nehmen an, daß die Auftragsannahmezeit und die Lieferzeit minimal sind.

FW rechnet mit 30 Aufträgen für A 22, aber es könnten auch 10, 20 oder 50 sein. Jeder Auftrag lautet auf 1.000 Einheiten, für die man 100 Stunden Fertigungszeit benötigt (8 Stunden Einrichtungszeit, um die Maschine zu reinigen und vorzubereiten, und 92 Stunden Bearbeitungszeit). Die Jahreskapazität der Maschine beträgt 4.000 Stunden. Wenn FW die erwartete Anzahl an Aufträgen erhält, wird die erforderliche Maschinenzeit insgesamt 3.000 Stunden betragen (100 × 30 Stunden), was innerhalb der verfügbaren Kapazität liegt. Auch wenn die erwartete Kapazitätsauslastung nicht angespannt ist, werden trotzdem Wartelisten und Verzögerungen auftreten. Das liegt an der Unsicherheit über den Zeitpunkt, zu dem die Kunden einen Auftrag erteilen. Dadurch kann es passieren, daß ein Auftrag hereinkommt, während die Maschine noch an einem anderen Auftrag arbeitet.

Im Ein-Produkt-Fall beträgt – unter bestimmten Annahmen über das zeitliche Muster der Auftragserteilung und Auftragsbearbeitung[88] – die durchschnittliche Wartezeit eines Auftrags

$$\frac{\text{durchschnittl. Auftragszahl} \times (\text{Fertigungszeit})^2}{2 \times [\text{Jahresmaschinenkapazität} - (\text{durchschnittl. Auftragszahl} \times \text{Fertigungszeit})]}$$

$$= \frac{30 \times (100)^2}{2 \times [4.000 - (30 \times 100)]} = \frac{30 \times 10.000}{2 \times [4.000 - 3.000]} = \frac{300.000}{2 \times 1.000} = \frac{300.000}{2.000}$$

$$= 150 \text{ Stunden}$$

Der Nenner in dieser Formel mißt die Überschußkapazität oder das Polster. Je geringer das Polster, umso größer sind die Verzögerungen. Die Fertigungszeit geht in den Zähler in quadrierter Form ein Je länger die Fertigungszeit, desto größer ist die Wahrscheinlichkeit, daß die Maschine beschäftigt ist, wenn ein Auftrag eintrifft, und desto länger die Verzögerungen.

Unsere Formel beschreibt nur die durchschnittliche Wartezeit. Ein bestimmter Auftrag kann zufällig gerade eintreffen, wenn die Maschine frei ist, so daß die Produktion sofort beginnen kann. In anderen Situationen erhält FW vielleicht einen Auftrag, während schon zwei andere auf die Bearbeitung warten. In diesem Fall, wird die Verzögerung länger als 150 Stunden dauern. Die durchschnittliche Fertigungsdurchlaufzeit für einen A22-Auftrag beträgt 250 Stunden (150 Stunden durchschnittliche Wartezeit

---

[88] Die genauen technischen Annahmen sind folgende: Die Kundenaufträge folgen einer Poisson-Verteilung mit einem Mittelwert, der der erwarteten Auftragszahl (30 in Fall von A22) entspricht. Die Aufträge werden auf Fifo-Basis bearbeitet. Das Poisson-Ankunftsmuster der Kundenaufträge hat sich in vielen realen Situationen als vernünftige Annahme erwiesen. Die Fifo-Annahme kann modifiziert werden. Die grundlegenden Wartelisten- und Verzögerungseffekte werden dann immer noch auftreten, aber die Details der Formeln unterscheiden sich.

+ 100 Stunden Fertigungszeit). In diesem ganzen Abschnitt beziehen wir die Fertigungsdurchlaufzeit stets auf einen Auftrag.

FW erwägt die Einführung eines neuen Produkts, C33. Die Firma rechnet für das kommende Jahr mit 10 Aufträgen für C33 über je 800 Produkteinheiten. Jeder Auftrag erfordert 50 Stunden Fertigungszeit (4 Stunden Einrichtungszeit und 46 Stunden Bearbeitungszeit). Die erwartete Nachfrage nach A22 ist unabhängig von der Entscheidung über die Einführung von C33.

Die durchschnittliche Wartezeit, bevor die Maschine für einen Auftrag eingericht wird, ist durch die folgende Formel gegeben, die eine Erweiterung der obigen Formel für den Ein-Produkt-Fall darstellt.

$$\frac{\text{durchschnittl. Auftragszahl A22} \times (\text{Fertigungszeit A22})^2}{2 \times [\text{Maschinenkap.} - (\text{d. Auftr. A22} \times \text{Fert.zeit A22}) - (\text{d. Auftr. C33} \times \text{Fert.zeit C33})]}$$

$$+ \frac{\text{durchschnittl. Auftragszahl } C33 \times (\text{Fertigungszeit C33})^2}{2 \times [\text{Maschinenkap.} - (\text{d. Auftr. A22} \times \text{Fert.zeit A22}) - (\text{d. Auftr. C33} \times \text{Fert.zeit C33})]}$$

$$\frac{\left[30 \times (100)^2\right] + \left[10 \times (50)^2\right]}{2 \times [4.000 - (30 \times 100) - (10 \times 50)]} = \frac{(30 \times 10.000) + (10 \times 2.500)}{2 \times (4.000 - 3.000 - 500)}$$

$$= \frac{300.000 + 25.000}{2 \times 500} = \frac{325.000}{1.000} = 325 \text{ Stunden}$$

Die Einführung von C33 führt dazu, daß sich die durchschnittliche Wartezeit von 150 Stunden auf 325 Stunden mehr als verdoppelt. Um das zu verstehen, muß man sich die Überschußkapazität als Polster vorstellen, das die Variabilität und Unsicherheit der eintreffenden Kundenaufträge absorbiert. Durch die Einführung von C33 schrumpft die Überschußkapazität und damit steigt die Wahrscheinlichkeit, daß zu irgendeinem Zeitpunkt neue Aufträge eintreffen, während noch an den bereits vorhandenen Aufträgen gearbeitet wird.

Die durchschnittliche Fertigungsdurchlaufzeit für A22 beträgt 425 Stunden (325 Stunden durchschnittliche Wartezeit + 100 Stunden Fertigungszeit); für C33 beträgt sie 375 Stunden (325 Stunden durchschnittliche Wartezeit + 50 Stunden Fertigungszeit). Man beachte, daß die C33-Komponenten 86,67 % ihrer Durchlaufzeit damit verbringen, auf den Beginn der Produktion zu warten!

Lieferpünktlichkeit

Mit **Lieferpünktlichkeit** (*on-time performance*) ist gemeint, daß ein Produkt oder eine Dienstleistungen tatsächlich zu dem vereinbarten Zeitpunkt geliefert wird. Ein

Kundenauftrag über Produkte oder Dienstleistungen spezifiziert in der Regel die Menge, den Preis und den Zeitpunkt der Lieferung. Nehmen wir die Firma Federal Express als Beispiel: Beim Übernacht-Kurierdienst spezifiziert die Firma einen Preis pro Paket und einen Lieferzeitpunkt am nächsten Tag. Würden die Pakete am nächsten Morgen nicht um 10:30 Uhr sondern um 9:00 Uhr geliefert, so würde dies die Kundenreaktionszeit verringern. Die Lieferpünktlichkeit dagegen mißt, wie oft Federal Express die versprochene Lieferzeit von 10:30 Uhr tatsächlich einhält. Es gibt jedoch einen Trade-Off zwischen der Kundenreaktionszeit und der Lieferpünktlichkeit. Wenn man einfach nur längere Kundenreaktionszeiten plant, zum Beispiel Lieferung um 13:00 Uhr am nächsten Tag, ist es leichter, Lieferpünktlichkeit zu erreichen.

Lieferpünktlichkeit ist ein wichtiges Element der Kundenzufriedenheit, denn die Kunden legen Wert darauf und erwarten, daß sie das Produkt zum vereinbarten Zeitpunkt erhalten. Eine Fluglinie, die die Passagiere pünktlich an ihr Ziel bringt, hat wahrscheinlich einen Wettbewerbsvorteil. Im Flugverkehr wird Leistungspünktlichkeit immer mehr zu einer auffallenden Eigenschaft. So berichtete zum Beispiel die Fluggesellschaft Northwest Airlines unter Berufung auf die Statistik des Verkehrsministeriums, daß sie im Dezember 1994 in bezug auf die Leistungspünktlichkeit unter allen US-amerikanischen Fluggesellschaften Platz 1 erhalten hat (84,7 % ihrer täglichen Flüge landeten innerhalb von 15 Minuten nach der planmäßigen Ankunftszeit). Im entscheidungsorientierten Rechnungswesen wird über die Kundenreaktionszeit und die Lieferpünktlichkeit Buch geführt, denn die Unternehmen brauchen diese Maße, um die Leistung der Manager zu bewerten.

19.11 DIE KOSTEN DER ZEIT

Relevante Erlöse und relevante Kosten

Soll FW das Produkt C33 einführen? Betrachten wir die folgenden Informationen:

	A22	C33
Durchschnittliche Auftragszahl	30	10
Durchschnittlicher Verkaufspreis pro Auftrag bei einer durchschnittlichen Durchlaufzeit von		
weniger als 300 Stunden	22.000 $	10.000 $
mehr als 300 Stunden	21.500 $	9.600 $
Materialeinzelkosten pro Auftrag	16.000 $	8.000 $
Lagerkosten pro Auftrag und Stunde	1,00 $	0,50 $

Man beachte, daß die Durchlaufzeit in unserem Beispiel Erlöse und Kosten berührt. Die Erlöse werden beeinflußt, weil die Kunden bereit sind, für schnellere Lieferung einen etwas höheren Preis zu bezahlen. Die Materialeinzelkosten und die Lagerhaltungskosten sind die einzigen Kostenarten, die durch die Einführung der C33-Komponente berührt werden. Die Lagerhaltungskosten bestehen normalerweise aus den Opportunitätskosten des in den Lagerbeständen gebundenen Kapitals (siehe Kapitel 11, Seite 377 f.) und den relevanten Kosten wie Raummiete, Verderb, Wertminderung und Transport- und Lagerhaltungsarbeiten. In der Regel berechnen die Unternehmen die Lagerhaltungskosten pro Auftrag und Jahr. Um die Berechnung zu vereinfachen, drücken wir die Lagerhaltungskosten pro Auftrag und Stunde aus. Bei FW fallen Lagerhaltungskosten für die Dauer der Wartezeit und der Fertigungszeit an.

Tafel 19.7

Bestimmung der erwarteten relevanten Erlöse und Kosten für die Entscheidung über die Einführung von C33 bei Falcon Works

Relevante Posten (in $)	Alternative 1: Einführung von C33 (1)	Alternative 2: Verzicht auf Einführung von C33 (2)	Differenz (3) = (1) - (2)
Erwartete Erlöse	741.000[a]	660.000[b]	81.000
Erwartete variable Kosten	560.000[c]	480.000[d]	80.000
Erwartete Lagerkosten	14.625[e]	7.500[f]	7.125
Erwartete Kosten	574.625	487.500	87.125
Erwartete Erlöse minus erwartete Kosten	166.375	172.500	(6.125)

a.(21.500 $ × 30) + (9.600 $ × 10) = 741.000 $; die durchschnittliche Durchlaufzeit übersteigt die 300-Stunden-Grenze.

b.22.000 $ × 30 = 660.000 $; die durchschnittliche Durchlaufzeit bleibt unter der 300-Stunden-Grenze.

c.(16.000 $ × 30) + (8.000 $ × 10) = 560.000 $.

d.16.000 $ × 30 = 480.000 $.

e.(Durchschnittliche Durchlaufzeit von A22 × Lagerhaltungskosten für A22 pro Auftrag × erwartete Auftragszahl für A22) + (Durchschnittliche Durchlaufzeit von C33 × Lagerhaltungskosten für C33 pro Auftrag × erwartete Auftragszahl für C33) = (425 × 1,00 $ × 30) + (375 × 0,50 $ × 10) = 12.750 $ + 1.875 $ = 14.625 $.

f.Durchschnittliche Durchlaufzeit von A22 × Lagerhaltungskosten für A22 pro Auftrag × erwartete Auftragszahl für A22 = 250 × 1,00 $ × 30 = 7.500 $.

Tafel 19.7 zeigt die relevanten Erlöse und die relevanten Kosten, die man für diese Entscheidung berücksichtigen würde. Die präferierte Alternative ist der Verzicht auf die Einführung von C33. Man beachte, daß die Einführung der Komponente C33 abgelehnt wird, obwohl sie einen positiven Deckungsbeitrag von mindestens 1.600 $

(9.600 $ - 8.000 $) pro Auftrag hat. Auch die Maschinenkapazität für die Fertigung von C33 ist vorhanden, denn die benötigte Maschine nutzt im Durchschnitt nur 3.500 der verfügbaren 4.000 Stunden. *Die Einführung von C33 wird also nur deshalb abgelehnt, weil sie negative Auswirkungen auf das bereits existierende Produkt A22 hat.* Die folgende Tabelle zeigt die erwartete Erlösminderung und die erwarteten Kostensteigerungen die dadurch entstehen, daß man die Überschußkapazität der Drehmaschine für die Produktion von C33 verplant.

| Produkt | Auswirkungen der Erhöhung der durchschnittlichen Fertigungsdurchlaufzeiten | | Erwartete Erlösminderung plus erwarteter Kostenanstieg bei Einführung von C33 (3) = (1) + (2) |
	Erwartete Erlösminderung bei A22 (1)	Erwarteter Anstieg der Lagerkosten für alle Produkte (2)	
A22	15.000 $[a]	5.250 $[b]	20.250 $
C33		1.875 $[c]	1.875 $
Summe	15.000 $	7.125 $	22.125 $

a. (22.000 $ - 21.500 $) × 30 erwartete Aufträge = 15.000 $.
b. (425 Stunden - 250 Stunden) × 1,00 $ × 30 erwartete Aufträge = 5.250 $.
c. (375 Stunden - 0) × 0,50 $ × 10 erwartete Aufträge = 1.875 $.

Die Einführung von C33 bewirkt, daß die Durchlaufzeit für A22 von 250 Stunden auf 425 Stunden ansteigt. Dadurch erhöhen sich die Lagerhaltungskosten. Die Einführung von C33 reduziert auch den Erlös für die Komponente A22, denn die Durchlaufzeit steigt auf durchschnittlich mehr als 300 Stunden. Die erwarteten Kosten der Einführung von C33 entsprechen 22.125 $ und sind damit höher als der erwartete Deckungsbeitrag von 16.000 $ (1.600 $ pro Auftrag × 10 erwartete Aufträge). Die Firma sollte also auf die Einführung von C33 verzichten.

Wir haben ein einfaches Setting beschrieben, um die Auswirkungen von Unsicherheit und Kapazitätsbeschränkungen und die relevanten Erlöse und Kosten der Zeit zu erklären.[89] Wie kann man die Zeitverzögerungen reduzieren? Eine Möglichkeit zum Abbau von Wartelisten, Verzögerungen und Lagerbeständen ist eine Kapazitätserhöhung bei der Engpaßressource. Bei hoher Unsicherheit über die Nachfrage ist eine *gewisse* Überschußkapazität wünschenswert. Unternehmen können die Kapazität durch

---

[89] Komplexere Zusammenhänge wie die Analyse eines Netzwerks von Maschinen, priorisierte Produktionspläne oder Unsicherheiten über die Fertigungszeiten würden den Rahmen dieses Buches sprengen. In diesen Fällen kommt es zu den gleichen grundlegenden Auswirkungen auf Wartelisten und Verzögerungen, aber die Berechnungsformeln sind anders.

verschiedene Maßnahmen erhöhen. Ein Weg besteht zum Beispiel darin, Maschineneinrichtung und Verarbeitung effizienter zu gestalten und dadurch die benötigte Zeit zu reduzieren. Ein anderer Weg ist die Investition in neue Ausrüstung. Viele Unternehmen investieren in flexible Fertigungssysteme, die so programmiert werden können, daß sie sich schnell von einem Produkt auf ein anderes umstellen. Verzögerungen können auch dadurch reduziert werden, daß man die Maschinenzeit für die einzelnen Aufträge sorgfältig plant, zum Beispiel, indem man ähnliche Aufträge in einer Partie bearbeitet.

19.12 THEORIE DER GEWINNMAXIMIERUNG UNTER NEBEN-BEDINGUNGEN UND THROUGHPUT-BEITRAG

Wir erweitern nun die Diskussion des vorigen Abschnitts und beziehen Produkte mit ein, die aus vielen Teilen bestehen und an verschiedenen Maschinen bearbeitet werden. Bei vielen Teilen und vielen Maschinen ergeben sich Abhängigkeiten zwischen den einzelnen Arbeitsschritten; Manche Arbeitsschritte können erst begonnen werden, wenn Teile aus einem früheren Arbeitsschritt verfügbar sind. Manche Arbeitsvorgänge sind Engpässe, andere nicht.

Die **Theorie der Gewinnmaximierung unter Nebenbedingungen** (*theory of constraints*) beschreibt Methoden zur Maximierung des Betriebsgewinns bei Prozessen, die aus mehreren Arbeitsvorgängen bestehen, von denen einige einen Engpaß darstellen und andere nicht.[90] Dazu werden drei Maße definiert:

1. Der **Throughput-Beitrag** (*throughput contribution*) entspricht dem Verkaufserlös abzüglich den Materialeinzelkosten.

2. Die **Investitionskosten** entsprechen der Summe aus den Materialkosten des Fertigungsmateriallagers und den Lagerbestände an unfertigen und fertigen Erzeugnissen, aus den Kosten für Forschung und Entwicklung und den Kosten für Ausrüstungen und Gebäude.

3. Die **Betriebskosten** entsprechen allen Kosten, die bei der Erwirtschaftung des Throughput-Beitrags entstehen mit Ausnahme der Materialeinzelkosten. Die Betriebskosten enthalten Löhne und Gehälter, Mieten, Kosten für Energie und Wasser sowie Abschreibungen.

Die Theorie der Gewinnmaximierung unter Nebenbedingungen hat das Ziel, den Throughput-Beitrag zu erhöhen und gleichzeitig die Investitions- und Betriebskosten

---

[90] Siehe E. Goldratt und J. Cox, *The Goal* (New York: North River Press, 1986); E. Goldratt, *The Theory of Constraints* (New York: North River Press, 1990); E. Noreen, D. Smith und J. Mackey, *The Theory of Constraints and Its Implications for Management Accounting* (New York: North River Press, 1995).

zu senken. *Die Theorie der Gewinnmaximierung unter Nebenbedingungen betrachtet kurzfristige Zeithorizonte und geht davon aus, daß die anderen laufenden Betriebskosten fixe Kosten sind.* Die wichtigsten Schritte beim Management der Engpaßressourcen sind die folgenden:

Schritt 1: Erkennen, daß die Engpaßressource den Throughput-Beitrag des ganzen Werks bestimmt.

Schritt 2: Die Engpaßressource suchen und finden, indem man diejenigen Ressourcen identifiziert, bei denen große Mengen von Lagerbeständen darauf warten, bearbeitet zu werden.

Schritt 3: Den Engpaßarbeitsvorgang am Laufen halten und ihm alle anderen Arbeitsvorgänge unterordnen. Das heißt, daß die Erfordernisse der Engpaßressource den Produktionsplan der anderen Ressourcen bestimmen.

Schritt 3 ist ein Schlüsselgedanke, den wir in Kapitel 11 beschrieben haben: Um den gesamten Deckungsbeitrag zu maximieren, muß das Werk den Deckungsbeitrag (in diesem Fall den Throughput-Beitrag) der Engpaßressource maximieren (siehe Seite 379 ff.). Deshalb schlägt Schritt 3 vor, daß die Engpaßmaschine stets am Laufen gehalten wird und niemals auf Aufträge warten sollte. Um das zu erreichen, legen Betriebe oft ein kleines Pufferlager von Aufträgen an, die auf die Engpaßmaschine warten. Die Engpaßmaschine bestimmt das Produktionstempo für alle anderen Maschinen. Das heißt, der Output der anderen Arbeitsschritte ist an die Erfordernisse der Engpaßmaschine gebunden. So haben zum Beispiel die Arbeitskräfte an den anderen Maschinen keine Motivation, ihre Produktivität zu erhöhen, wenn der zusätzliche Output von der Engpaßmaschine nicht weiterverarbeitet werden kann. Die Steigerung des Outputs durch Faktoren, die keinen Engpaß darstellen, führt lediglich dazu, daß überschüssige Lagerbestände entstehen, erhöht jedoch nicht den Throughput-Beitrag.

Schritt 4: Maßnahmen ergreifen, um die Effizienz und die Kapazität der Engpaßressource zu erhöhen. Ziel ist es, den Throughput-Beitrag abzüglich der Differenzkosten dieser Maßnahmen zu steigern. Das entscheidungsorientierte Rechnungswesen spielt in Schritt 4 eine Schlüsselrolle durch die Berechnung des Throughput-Beitrags, die Identifizierung der relevanten und irrelevanten Kosten und die Erstellung einer Kosten-Nutzen-Analyse alternativer Maßnahmen zur Erhöhung der Effizienz und Kapazität der Engpaßressource.

Wir illustrieren Schritt 4 am Beispiel der Firma Cardinal Industrie (CI). CI stellt Autotüren in zwei Arbeitsschritten (Ausstanzen und Pressen) her. Die folgende Tabelle enthält zusätzliche Informationen:

	Ausstanzen	Pressen
Kapazität pro Stunde	20 Stück	15 Stück
Kapazität pro Jahr (jeder Arbeitsvorgang hat eine Maschinenlaufzeit von maximal 6.000 Stunden)	120.000 Stück	90.000 Stück
Jährliche Produktion	90.000 Stück	90.000 Stück
Fixe Betriebskosten (ohne Materialeinzelkosten)	720.000 $	1.080.000 $
Fixe Betriebskosten pro Stück (720.000 $: 90.000; 1.080.000 $: 90.000)	8 $	12 $

Jede Tür wird für 100 $ verkauft und enthält Materialeinzelkosten in Höhe von 40 $. Die variablen Kosten in anderen Bereichen der Wertschöpfungskette – F&E, Produkt- und Prozeßdesign, Marketing, Vertrieb und Kundendienst – sind vernachlässigbar. Der Output der Firma wird durch die Kapazität von 90.000 Stück beim Preßvorgang beschränkt. Was kann CI tun, um dem Engpaß beim Preßvorgang abzuhelfen?

a. *Stillstandszeiten (Zeiten, in denen die Preßmaschine weder eingerichtet wird, noch Produkte verarbeitet) beim Engpaßvorgang eliminieren.* CI zieht in Erwägung, ständig zwei Arbeitskräfte an der Preßmaschine zu haben. Ihre einzige Aufgabe bestünde darin, sobald eine Serie bearbeitet ist, die fertigen Türen abzuladen und die Maschine für die nächste Serie einzurichten. Angenommen, diese Maßnahme kostet 48.000 $ pro Jahr und bewirkt eine Outputerhöhung der Engpaßressource um 1.000 Stück pro Jahr. Sollte CI die zusätzlichen Kosten auf sich nehmen? Ja, denn der relevante Throughput-Beitrag erhöht sich um 60.000 $ [1.000 Stück × (100 $ - 40 $)], macht also die zusätzlichen Kosten von 48.000 $ mehr als wett. Alle anderen Kosten sind irrelevant.

b. *Nur diejenigen Teile oder Produkte bearbeiten, die den Throughput-Beitrag erhöhen, nicht jedoch solche, die im Fertigproduktlager oder im Ersatzteillager bleiben.* Die Herstellung von Produkten, die lediglich den Lagerbestand erhöhen, trägt nicht zur Steigerung des Throughput-Beitrags bei.

c. *Produkte, die nicht unbedingt an der Engpaßmaschine bearbeitet werden müssen, auf andere Maschinen verlagern oder extern in Auftrag geben.* Angenommen, die Spartan Corporation, ein externer Vertragspartner, bietet an, aus Fertigungsmaterial der Firma CI 1.500 Türen für 15 $ pro Stück zu pressen. Der von Spartan berechnete Preis liegt über den Betriebskosten von 12 $ pro Stück in der eigenen Preßabteilung. Sollte CI das Angebot annehmen? Ja, denn das Pressen ist der Produktionsengpaß. Wenn extern zusätzliche Türen gepreßt werden, steigt der Throughput-Beitrag um 90.000 $ [(100 $ - 40 $) × 1.500], während die relevanten Kosten um 22.500 $ steigen (15 $ × 1.500). Die Tatsache, daß die Stückkosten bei CI niedriger sind als der von Spartan berechnete Preis, ist irrelevant.

Angenommen, Gemini Industries, ein anderer externer Vertragspartner, bietet an, 2.000 Türen für 6 $ pro Tür auszustanzen aus Fertigungsmaterial, das CI zur Verfügung stellt. Geminis Preis ist niedriger als die Betriebskosten von 8 $ pro Tür in der Stanzabteilung von CI. Sollte CI das Angebot annehmen? Da die anderen Betriebskosten Fixkosten sind, wird CI durch die Zulieferung von gestanzten Türen keinerlei Kosten sparen. Die Gesamtkosten werden bei dieser Alternative um 12.000 $ (6 $ × 2.000) steigen. Das Ausstanzen einer größeren Zahl von Autotüren wird den Throughput-Beitrag nicht erhöhen, der durch die Kapazität der Preßmaschine beschränkt wird. CI sollte das Angebot von Gemini nicht annehmen.

d. *Die Einrichtungs- und Bearbeitungszeit an der Engpaßmaschine reduzieren (zum Beispiel durch die Vereinfachung der Konstruktion oder die Verringerung der Anzahl der Teile des Produkts).* Angenommen, CI kann mit einem zusätzlichen Kostenaufwand von 55.0000 $ pro Jahr die Einrichtungszeit für die Preßmaschine verringern. Gehen wir weiter davon aus, daß die Verringerung der Einrichtungszeit CI in die Lage versetzt, 2.500 zusätzliche Türen im Jahr zu pressen. In diesem Fall sollte CI die Kosten für die Verringerung der Einrichtungszeit auf sich nehmen, denn der Throughput-Beitrag steigt um 150.000 $ [100 $ - 40 $) × 2.500], wodurch die zusätzlichen Kosten von 55.000 $ mehr als kompensiert werden. Es würde sich für die Firma aber nicht lohnen, Kosten aufzuwenden, um die Bearbeitungszeit an der Stanzmaschine zu verringern. Die übrigen Betriebskosten würden ansteigen, aber der Throughput-Beitrag würde unverändert bleiben. Der Throughput-Beitrag steigt nur, wenn man den Output der Engpaßressource erhöht; Outputerhöhungen bei anderen Ressourcen haben keine Wirkung.

e. *Die Qualität der an der Engpaßmaschine hergestellten Teile oder Produkte verbessern.* Schlechte Qualität ist bei einem Engpaßarbeitsvorgang oft teurer als bei anderen Arbeitsvorgängen. Die Kosten schlechter Qualität bei Arbeitsvorgängen, die keinen Engpaßfaktor darstellen, entsprechen den Kosten des vergeudeten Materials. Wenn CI beim Ausstanzen 1.000 fehlerhafte Türen herstellt, betragen die Qualitätskosten 40.000 $ (Materialeinzelkosten pro Stück, 40 $ × 1.000 Türen). Kein Throughput-Beitrag geht verloren, weil die Stanzmaschine Überschußkapazitäten hat. Trotz der fehlerhaften Produktion kann die Stanzabteilung 90.000 Türen herstellen und an die Preßabteilung weiterleiten. Bei einem Engpaßarbeitsvorgang sind die Kosten schlechter Qualität gleich den Kosten des vergeudeten Materials *plus* den Opportunitätskosten des verlorenen Throughput-Beitrags. Hätte man die Engpaßkapazität nicht vergeudet, um fehlerhafte Einheiten herzustellen, so hätte damit zusätzlicher Umsatz und zusätzlicher Throughput-Beitrag geschaffen werden können. Wenn CI beim Preßvorgang 1.000 fehlerhafte Einheiten herstellt, betragen die Qualitätskosten 100.000 $: 40.000 $ Materialkosten (Materialeinzelkosten pro Stück, 40 $ × 1.000 Stück) plus dem entgangenen Throughput-Beitrag in Höhe von 60.000 $ [(100 $ - 40 $) × 1.000].

Die hohen Kosten schlechter Qualität beim Engpaßarbeitsvorgang bedeuten, daß die Engpaßzeit nicht mit der Produktion von fehlerhaften Produkteinheiten vergeudet werden sollte. Das heißt, Qualitätskontrollen sollten vor der Weiterbearbeitung an einer Engpaßmaschine durchgeführt werden, um sicherzustellen, daß nur fehlerfreie Produkte an die Engpaßabteilung weitergeleitet werden. Qualitätsverbesserungsprogramme sollten sich darauf konzentrieren, sicherzustellen, daß Arbeitsvorgänge, die einen Engpaß darstellen, möglichst wenig Ausschuß produzieren.

Die Theorie der Gewinnmaximierung unter Nebenbedingungen lenkt die Aufmerksamkeit auf das Management von Engpaßfaktoren als Schlüssel zur Leistungsverbesserung des Systems insgesamt. Dabei geht es um die kurzfristige Maximierung des Throughput-Beitrags, also von Erlös minus Materialkosten. Für das langfristige Kostenmanagement ist sie weniger nützlich, denn man kann damit weder das Kostenverhalten modellieren noch individuelle Prozesse und Kostentreiber identifizieren. Stattdessen werden die Betriebskosten als gegeben und fix betrachtet.

THROUGHPUT-BEITRAGSRECHNUNG BEI ALLIED-SIGNAL IN SKELMERSDALE, GB

Allied-Signal in Skelmersdale, Großbritannien, stellt Turbolader für die Automobilindustrie her. Ende der achtziger und Anfang der neunziger Jahre war das Werk in Skelmersdale gezwungen, sich von der Herstellung weniger Produkte in großen Mengen auf die Herstellung vieler Produkte in kleinen Mengen auf einem sehr wettbewerbsintensiven Markt umzustellen. Das Werk war auch mit häufigen Veränderungen im Absatzmix konfrontiert. Liefertermine wurden oft nicht eingehalten, und es entstanden hohe Transportkosten, weil dringend benötigte Teile auf dem Luftweg an die Kunden gesandt werden mußten. John Darlington, der Controller des Werks in Skelmersdale, erkannte, welch wichtige Rolle Finanzierung und Rechnungswesen in dieser Situation spielen konnten, aber "wir konnten die Produktionsmanager einfach nicht unterstützen, ergänzen oder mit ihnen kommunizieren, bis wir uns auf den Throughput-Beitrag zu konzentrieren begannen."

Das Rechnungswesen bei Allied-Signal entwickelte folgendes Format für die Gewinn- und Verlustrechnung auf der Basis des Throughput-Beitrags:

Erlöse		50.000
Materialeinzelkosten		28.500
Throughput-Beitrag		21.500
Betriebskosten		
Fertigungslöhne	4.275	
Technische Kosten	1.767	
Sonstige Fertigungskosten	11.585	
Marketingkosten	1.873	
Summe Betriebskosten		19.500
Betriebsgewinn		2.000

Konzepte und ihre Umsetzung

THROUGHPUT-BEITRAGSRECHNUNG BEI ALLIED-SIGNAL ... (FORTSETZUNG)

Das Management in Skelmersdale betrachtete die Betriebskosten im Gegensatz zu den Materialkosten als kurzfristig fix. Der Schlüssel zur Erhöhung der Rentabilität war die Maximierung des Throughput-Beitrags durch die Identifizierung von Engpaßressourcen und die Optimierung ihrer Nutzung. Das Management verringerte die Arbeitslast an den Engpaßmaschinen durch die Verlagerung von Arbeitsvorgängen auf andere Maschinen. Investitionen zur Effizienzverbesserung von Maschinen, die keinen Engpaßfaktor darstellten, wurden abgelehnt, weil sich der Throughput-Beitrag dadurch nicht erhöht hätte. Stattdessen investierte man in die Erhöhung der Engpaßkapazitäten.

Um die Arbeitskräfte zur Verbesserung des Durchsatzes zu motivieren, haben die Manager bei Allied-Signals neue Leistungsmaße entwickelt. Anstatt die lokale Effizienz wie zum Beispiel die Lohnkosteneffizienz einzelner Arbeitsabläufe zu messen, wurde die "Planerfüllung" als wichtigstes Leistungsmaß eingeführt. Arbeitskräfte, die mit anderen Arbeitsvorgängen zu tun hatten, wurden gebeten, nicht mehr zu produzieren als nötig, um den Produktionsplan für den Engpaßvorgang einzuhalten. In der Zeit, die diesen Arbeitskräften übrigblieb, erhielten sie Schulungen über praktisches Qualitätsmanagement und zur Verbesserung ihrer Fertigkeiten bei der Maschinenbedienung. Das Management in Skelmersdale plante auch die Einführung vier weiterer Leistungsmaße: Qualitätskosten, Lieferpünktlichkeit, Lagerdauer und Fertigungsdurchlaufzeit, alle mit dem Ziel, die Kundenzufriedenheit zu erhöhen und den Throughput-Beitrag zu maximieren. Über einen Zeitraum von vier Jahren war bei all diesen Maßen ein dramatischer Anstieg zu beobachten. Das gleiche gilt für die Rentabilität, den Cash-flow und die Kapitalrendite des Werks in Skelmersdale.

Quellen: J. Darlington, J. Innes, F. Mitchell und J. Woodward, "Throughput Accounting: The Garrett Automotive Experience," *Management Accounting* (April 1992); P. Coughlan und J. Darlington, "As Fast as the Slowest Operation: The Theory of Constraints," *Management Accounting* (Juni 1993); und Gespräche mit dem Management von Allied-Signal, Skelmersdale.

AUFGABE

Beschäftigen wir uns noch einmal mit dem Beispiel der Firma Falcon Works (FW). FW hat alle seine Kunden dazu überredet, Aufträge für A22-Komponenten jeweils in Losgrößen von 500 Stück zu vergeben. FW rechnet mit 60 Aufträgen für A22. Für jeden Auftrag werden 54 Stunden Fertigungszeit benötigt (8 Stunden Einrichtungszeit und 46 Stunden Bearbeitungszeit). Wir gehen von den folgenden Annahmen aus: Der durchschnittliche Verkaufspreis pro Auftrag beträgt 11.000 $, wenn die Fertigungsdurchlaufzeit weniger als 300 Stunden beträgt, und 10.750 $, wenn die Durchlaufzeit über 300 Stunden liegt; die Materialeinzelkosten pro Auftrag sind 8.000 $, die Lagerhaltungskosten 0,50 $ pro Auftrag und Stunde. Für C33-Komponenten gelten die gleichen Daten wie im Kapitel (Seite 663). Aufgrund dieser neuen Information erwägt FW noch einmal, ob C33 eingeführt werden soll.

LÖSUNG

Die durchschnittliche Wartezeit für A22 (Formel von Seite 662) ohne Einführung von C33 beträgt

$$\frac{60 \times (54)^2}{2 \times [4000 - (60 \times 54)]} = 115 \text{ Stunden}$$

und mit Einführung von C33

$$\frac{\left[60 \times (54)^2\right] + \left[10 \times (50)^2\right]}{2 \times [4000 - (60 \times 54) - (10 \times 50)]} = 385 \text{ Stunden}$$

Durchschnittliche Fertigungsdurchlaufzeit für A22 = 385 + 54 = 439 Stunden.
Durchschnittliche Fertigungsdurchlaufzeit für C33 = 385 + 50 = 435 Stunden.

Die folgende Tabelle beschreibt die erwarteten Erlösverluste und Kostensteigerungen durch die Einführung von C33.

Produkt	Wirkung der Erhöhung der Durchlaufzeiten		Entgangener Erlös + zusätzliche Kosten
	Erlösverlust bei A22	zusätzl. Lagerkosten	
A22	15.000 $[a]	9.720 $[b]	24.720 $
C33	-	2.175 $[c]	2.175 $
Summe	15.000 $	11.895 $	26.895 $

a. (11.000 $ - 10.750 $) × 60 Aufträge = 15.000 $.
b. (439 Stunden - 115 Stunden) × 0,50 $ × 60 Aufträge = 9.720 $.
c. (435 Stunden - 0) × 0,50 $ × 10 Aufträge = 2.175 $.

FW ist also bessergestellt, wenn C33 nicht eingeführt wird.

Arbeitsvorgangskalkulation, Just-in-time-Systeme und Endpunktkostenrechnung

Nicht alle Systeme der Produktkostenrechnung lassen sich sauber in die Kategorien Zuschlagskalkulation und Divisionskalkulation einordnen. Die Produktkostenrechnung muß oft den besonderen Eigenheiten unterschiedlicher Produktionssysteme angepaßt werden. In diesem Kapitel untersuchen wir zwei spezielle Produktionssysteme – ein gemischtes Produktionssystem mit Eigenschaften der Auftragsproduktion und der Massenfertigung und ein Just-in-time-Produktionssystem – und die damit verbundenen Kostenrechnungsmethoden.

20.1 GEMISCHTE KOSTENRECHNUNGSSYSTEME UND VEREINFACHTE ZUSCHLAGSKALKULATION

Gemischte Kostenrechnungssysteme vereinigen Eigenschaften der Zuschlagskalkulation und Eigenschaften der Divisionskalkulation. Erinnern wir uns daran, daß man die Zuschlagskalkulation und die Divisionskalkulation am besten als Pole eines Kontinuums betrachtet:

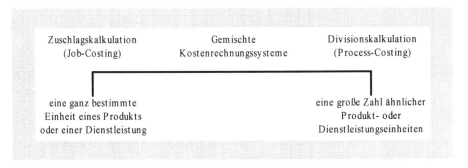

Zuschlagskalkulation (Job-Costing)	Gemischte Kostenrechnungssysteme	Divisionskalkulation (Process-Costing)
eine ganz bestimmte Einheit eines Produkts oder einer Dienstleistung		eine große Zahl ähnlicher Produkt- oder Dienstleistungseinheiten

Wie wir gesehen haben, geht die Zuschlagskalkulation in der Regel mit maßgefertigten oder relativ heterogenen Produkten oder Dienstleistungen einher (zum Beispiel Druck von Plakaten, Herstellung von Spezialmaschinen, Bau einer Terrasse für einen Eigenheimbesitzer). Im Gegensatz dazu wird die Divisionskalkulation normalerweise bei Massenfertigung von homogenen und standardisierten Produkten angewendet (zum Beispiel Bedrucken von Tapetenrollen, Nähen von Hemden und Abfüllen von Zement).

Natürlich sollte ein Produktkostenrechnungssystem auf das zugrundeliegende Produktionssystem zugeschnitten sein. Entsprechend werden für gemischte Produktionssysteme, die eine Mischung aus Auftragsfertigung und Massenfertigung sind, gemischte Kostenrechnungssysteme entwickelt. Hersteller einer relativ großen Bandbreite an eng miteinander verwandten, standardisierten Produkten benutzen gerne ein solches Mischsystem. Betrachten wir die Ford Motor Company. Autos werden in Durchlaufproduktion hergestellt, können aber auch auf die Kundenwünsche in bezug auf Motor, Transmission, Radio etc. zugeschnitten sein. Die Unternehmen entwickeln gemischte Kostenrechnungssysteme, die diesen individuellen Erfordernissen entsprechen.

Eine wichtige und bedeutsame Innovation bei den Produktionssystemen in den letzten Jahren ist die Just-in-time-Produktion (JIT). Mit JIT sollen Güter und Dienstleistungen nach Bedarf und mit minimalen Lagerbeständen produziert werden. Eine Eigenschaft von JIT-Systemen mit minimaler Lagerhaltung besteht darin, daß Einkauf, Produktion und Absatz sehr schnell aufeinander folgen. Diese Rationalisierung des Produktionsprozesses *vereinfacht die Zuschlagskostenrechnung*: Anstatt den Produkten die Kosten auf jeder Stufe des Prozesses zuzurechnen vom Fertigungsmaterial über die unfertigen und fertigen Erzeugnisse bis zum Verkauf, wird die Kostenerfassung oft verschoben, bis die Produkte fertiggestellt oder verkauft sind.

20.2 ARBEITSVORGANGSKALKULATION

Überblick über die Arbeitsvorgangskalkulation

Ein **Arbeitsvorgang** (*operation*) ist eine standardisierte Methode oder Technik, die ständig auf die gleiche Weise wiederholt wird, unabhängig von den besonderen Eigenschaften des fertigen Produkts. Arbeitsvorgänge finden in der Regel innerhalb einzelner Abteilungen statt. So kann zum Beispiel ein Anzughersteller die Arbeitsvorgänge Zuschneiden und Säumen in einer Abteilung haben. Der Ausdruck Arbeitsvorgang wird jedoch oft in einem weiten Sinne gebraucht. Er kann auch ein Synonym für eine Abteilung oder einen Prozeß sein; so nennen zum Beispiel manche Firmen ihre Fertigstellungsabteilung einen Fertigstellungsprozeß oder Fertigstellungsvorgang.

Die **Arbeitsvorgangskalkulation** (*operation costing*) ist ein gemischtes Kostenrechnungssystem, das auf Partien ähnlicher Produkte angewandt wird. Oft ist jede Partie eine Variation einer einzigen Konstruktion und wird in einer Abfolge ausgewählter Aktivitäten oder Arbeitsvorgänge hergestellt, die nicht notwendigerweise immer die gleichen sind. Innerhalb jedes Arbeitsvorgangs werden alle Produkteinheiten genau gleich behandelt und verbrauchen die gleichen Ressourcenmengen.

Nehmen wir eine Firma, die Anzüge herstellt. Das Management kann ein einheitliches Basisschnittmuster wählen, nach dem jeder Anzug hergestellt wird. Je nach den Spezifikationen unterscheiden sich die Anzugserien voneinander. Eine Serie besteht aus Wolle, eine andere aus Baumwolle. Eine Serie macht Nähen mit der Hand erforderlich, eine andere ist ausschließlich mit der Maschine genäht. Andere Produkte, die oft in Serien hergestellt werden, sind Halbleiter, Textilien und Schuhe.

Bei der Arbeitsvorgangskalkulation verwendet man Arbeitsaufträge, die das erforderliche Fertigungsmaterial und die erforderlichen Arbeitsschritte spezifizieren. Für jeden Arbeitsauftrag werden die Produktkosten zusammengestellt. Wie bei der Zuschlagskalkulation werden die Fertigungsmaterialien für jeden Arbeitsauftrag eigens identifiziert. Die Verarbeitungskosten für einen gegebenen Arbeitsvorgang sind für jede Produkteinheit die gleichen unabhängig vom Arbeitsauftrag. Das liegt daran, daß jede Produkteinheit, die einen bestimmten Arbeitsvorgang durchläuft, die gleichen Ressourcenmengen verbraucht. Wie bei der Divisionskalkulation werden einheitliche Verarbeitungskosten pro Stück berechnet, indem man die Verarbeitungskosten aufaddiert und durch die Anzahl der Produkteinheiten dividiert, die diesen Arbeitsvorgang durchlaufen. In unserem Beispiel gehen wir von nur zwei Kostenkategorien aus: Materialeinzelkosten und Verarbeitungskosten. Natürlich kann die Arbeitsvorgangskostenrechnung mehr als zwei Kostenkategorien beinhalten. Die Kosten jeder Kategorie werden den Arbeitsaufträgen mit Hilfe der Zuschlagskalkulation oder mit Hilfe der Divisionskalkulation zugerechnet, je nachdem, welche Methode besser geeignet ist.

Manager sehen in der Arbeitsvorgangskalkulation oft eine Hilfe für das Kostenmanagement. Das liegt daran, daß man bei dieser Methode die physischen Prozesse oder Arbeitsvorgänge in einem gegebenen Produktionssystem in den Blick bekommt. Bei der Herstellung von Kleidungsstücken zum Beispiel interessieren sich die Manager für den Stoffabfall, die Anzahl der Stoffschichten, die gleichzeitig zugeschnitten werden können, und so weiter. Die Arbeitsvorgangskalkulation erfaßt die finanziellen Auswirkungen der Kontrolle physischer Prozesse. Feedback von einem Arbeitsvorgangskostenrechnungssystem vermittelt deshalb wesentliche Einsichten in die Kontrolle physischer Prozesse und das Management der Betriebskosten.

Ein Beispiel für die Arbeitsvorgangskalkulation

Nehmen wir die Baltimore Company, einen Bekleidungshersteller, der zwei Produktlinien von Blazern für Kaufhäuser produziert. Für Wollblazer werden höherwertige Materialien verwendet und mehr Arbeitsschritte durchgeführt als für Polyesterblazer. Betrachten wir die folgenden Arbeitsvorgänge im Jahr 19_7:

	Arbeitsauftrag 423	Arbeitsauftrag 424
Fertigungsmaterial	Wolle	Polyester
	Satin (vollst. Futter)	Kunstseide (Teilfutter)
	Hornknöpfe	Plastikknöpfe
Arbeitsvorgänge		
1. Stoff zuschneiden	Ja	Ja
2. Ränder kontrollieren	Ja	Nein
3. Zusammennähen	Ja	Ja
4. Säume kontrollieren	Ja	Nein
5. Kragen und Revers mit der Maschine nähen	Nein	Ja
6. Kragen und Revers von Hand nähen	Ja	Nein

Angenommen der Arbeitsauftrag 423 beinhaltet 50 Wollblazer und der Arbeitsauftrag 424 umfaßt 100 Polyesterblazer. Diese beiden Arbeitsaufträge, die im März 19_7 begonnen und fertiggestellt worden sind, verursachen die folgenden Kosten:

	Arbeitsauftrag 423	Arbeitsauftrag 424
Anzahl der Blazer	50 Stück	100 Stück
Materialkosten	6.000 $	3.000 $
Zugerechnete Verarbeitungskosten		
Arbeitsvorgang 1	580 $	1.160 $
Arbeitsvorgang 2	400 $	–
Arbeitsvorgang 3	1.900 $	3.800 $
Arbeitsvorgang 4	500 $	–
Arbeitsvorgang 5	–	875 $
Arbeitsvorgang 6	700 $	–
Summe Verarbeitungskosten	10.080 $	8.835 $

Wie bei der Divisionskalkulation nimmt man an, daß alle Produkteinheiten in jedem beliebigen Arbeitsauftrag bei einem Arbeitsvorgang die gleichen Verarbeitungskosten verursachen. Die Arbeitsvorgangskalkulation der Baltimore Corporation berechnet die Verarbeitungskosten jedes Arbeitsvorgangs mit Hilfe eines Plankostensatzes. So könnten zum Beispiel für den Arbeitsvorgang 1 die folgenden Kosten (angenommene Beträge) geplant sein:

$$
\text{Arbeitsvorgang 1: geplanter Kostensatz, 19\_7} = \frac{\text{Geplante Kosten, Arbeitsvorgang 1, 19\_7}}{\text{Geplante Stückzahl, Arbeitsvorgang 1, 19\_7}}
$$

$$
= \frac{232.000 \text{ \$}}{20.000 \text{ Stück}}
$$

$$
= 11,60 \text{ \$ pro Stück}
$$

Die geplanten Verarbeitungskosten für Arbeitsvorgang 1 enthalten Lohnkosten, Energiekosten, Reparaturen, Hilfs- und Betriebsstoffe, Abschreibungen und andere Overheadkosten dieses Arbeitsvorgangs. Wenn einige Produkteinheiten nicht fertiggestellt worden sind, so daß nicht alle Einheiten beim Arbeitsvorgang 1 den gleichen Betrag an Verarbeitungskosten verbraucht haben, berechnet man den Kostensatz, indem man die geplanten Verarbeitungskosten durch die äquivalenten Einheiten in bezug auf die Verarbeitungskosten dividiert wie in den Kapiteln 17 und 18.

Im Lauf der Produktion rechnet man die Verarbeitungskosten den Aufträgen, die den Arbeitsvorgang 1 durchlaufen haben, zu, indem man die 11,60 $ Verarbeitungskosten pro Stück mit der Stückzahl des Auftrags multipliziert. Die Verarbeitungskosten des Arbeitsvorgangs 1 betragen für 50 Wollblazer (Arbeitsauftrag 423) 11,60 $ × 50 = 580 $ und für 100 Polyesterblazer (Arbeitsauftrag 424) 11,60 $ × 100 = 1.160 $. Hätte der Arbeitsauftrag 424 stattdessen 75 Stück umfaßt, so wären die Gesamtkosten für den Arbeitsvorgang 1 gleich 870 $ (11,60 $ × 75), 150 % und nicht 200 % der Kosten für den Arbeitsauftrag 423. Wenn der Kostensatz mit Hilfe von äquivalenten Einheiten berechnet worden ist, werden die Kosten den Arbeitsaufträgen zugerechnet, indem man die Verarbeitungskosten pro äquivalente Einheit mit der Anzahl der äquivalenten Einheiten im Arbeitsauftrag multipliziert. Die Materialeinzelkosten in Höhe von 6.000 $ für die 50 Wollblazer (Arbeitsauftrag 423) und 3.000 $ für die 100 Polyesterblazer (Arbeitsauftrag 424) werden wie bei der Zuschlagskalkulation jedem Auftrag getrennt zugewiesen. Es werden also unabhängig vom Arbeitsauftrag gleiche Betriebsstückkosten unterstellt, aber die Materialkosten sind je nach Auftrag verschieden, weil unterschiedliche Materialien verwendet werden.

Journaleinträge

Die tatsächlichen Verarbeitungskosten für den Arbeitsvorgang 1 im März 19_7 (von denen wir annehmen, daß sie 24.400 $ betragen), werden auf das Konto Verarbeitungskosten gebucht:

1. Verarbeitungskosten   24.400

    an verschiedene Konten (wie zum Beispiel Lohnverbindlichkeiten und akkumulierte Abschreibungen)   24.400

Von den 3.000 $ Materialkosten für Arbeitsauftrag 424 werden 2.975 im Arbeitsvorgang 1 aufgewendet. Der Journaleintrag für den Verbrauch von Fertigungsmaterial, der direkt den jeweiligen Serien zugeordnet wird, lautet für die 100 Polyesterblazer:

2.	Unfertige Erzeugnisse, Arbeitsvorgang 1	2.975
	an Material	2.975

Bei der Verteilung der Verarbeitungskosten auf die Produkte wird der Plankostensatz von 11,60 $ mit den 100 verarbeiteten Produkteinheiten multipliziert:

3.	Unfertige Erzeugnisse, Arbeitsvorgang 1	1.160
	an verrechnete Verarbeitungskosten	1.160

Die Weitergabe der Polyesterblazer von Arbeitsvorgang 1 nach Arbeitsvorgang 3 (man erinnere sich daran, daß der Arbeitsvorgang 2 bei den Polyesterblazern nicht ausgeführt wird) würde folgendermaßen in das Journal eingetragen:

4.	Unfertige Erzeugnisse, Arbeitsvorgang 3	4.135
	an Unfertige Erzeugnisse, Arbeitsvorgang 1	4.135

Nach diesen Buchungen sieht das Konto Unfertige Erzeugnisse, Arbeitsvorgang 1 folgendermaßen aus:

Unfertige Erzeugnisse, Arbeitsvorgang 1

2. Fertigungsmaterial	2.975	4. Weitergeleitet an Unfertige	4.135
3. verrechnete Verarbeitungskosten	1.160	Erzeugnisse, Arbeitsvorgang 3	

Die Kosten der Blazer werden in der üblichen Weise durch alle dazugehörigen Arbeitsvorgänge hindurch an die Fertigprodukte weitergegeben. Die Kosten werden im Laufe des Jahres auf den Konten Verarbeitungskosten und zugerechnete Verarbeitungskosten gesammelt. Eine Über- oder Unterdeckung der Verarbeitungskosten wird genauso beseitigt wie eine Gemeinkostenüber- oder -unterdeckung bei der Zuschlagskalkulation (siehe Seite 139 ff.).

Die Arbeitsvorgangskalkulation im Verhältnis zu anderen Kostenrechnungssystemen

Tafel 20.1 zeigt einen Überblick über die verschiedenen Kostenrechnungssysteme, die in diesem Buch beschrieben werden. Da die Arbeitsvorgangskalkulation Eigenschaften der Zuschlagskalkulation und der Divisionskalkulation in sich vereinigt, steht sie auf dem Kontinuum der Produktkostenrechnung zwischen diesen beiden. Unter dem Kontinuum wird angedeutet, daß die Produktkosten im Rahmen dieser drei Kostenrechnungssysteme unter Verwendung von Istkosten, Sollkosten und Plankosten berechnet werden können (Vergleich in Tafel 8.5, Seite 256). Die Baltimore Company in unserem Beispiel verwendet die einfache Sollkostenrechnung. Sie könnte stattdessen aber auch die Istkostenrechnung, die erweiterte Sollkostenrechnung oder die Plankostenrechnung anwenden. Die Prozeßkostenrechnung kann mit jeder Produktkostenrechnung und auch mit Kombinationen verschiedener Produktkostenrechnungen verbunden werden. Wie in den Kapitel 4 und 5 ausgeführt wurde, führt die Verwendung mehrerer unterschiedlicher Kostentreiber wie sie bei der Prozeßkostenrechnung üblich ist, zu den genauesten Informationen für die Leistungsbewertung von Aktivitätsbereichen und die Kalkulation der Produktkosten. So können zum Beispiel bei der Arbeitsvorgangskalkulation die Fertigungsgemeinkosten mit Hilfe eines Prozeßkostenrechnungssystems mit vielen Kostenpools und Kostentreibern auf die einzelnen Arbeitsvorgänge verteilt werden.

Tafel 20.1
Vielfalt von Kostenrechnungssystemen

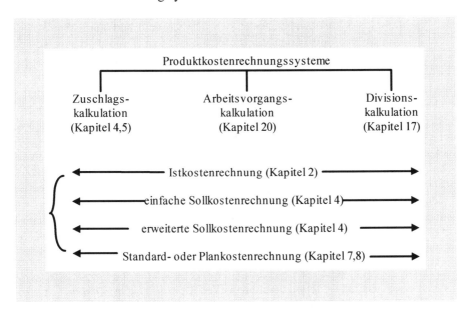

20.3 JUST-IN-TIME-SYSTEME

Just-in-time bezeichnet ein System, bei dem die Materialien genau dann ankommen, wenn sie gebraucht werden. Die Nachfrage steuert die Beschaffung oder Produktion aller benötigten Materialien, und die sofortige Lieferung eliminiert Wartezeiten und die Notwendigkeit der Lagerhaltung. Manager in Unternehmen wie AT&T, Honda Motors, Polaroid, Siemens und Texas Instruments, die Just-in-time-Systeme einge- führt haben, sind davon überzeugt, daß Lagerhaltung eine Verschwendung ist, die durch sorgfältige Planung minimiert oder sogar ganz abgeschafft werden kann. Ein Schlüsselelement in diesem System ist die *Just-in-time-Produktion.*

Bei der Just-in-time-Produktion wird jede Komponente in einer Fertigungsstraße ge- nau dann produziert, wenn sie für den nächsten Fertigungsschritt gebraucht wird.[91] In einer JIT-Produktionsstraße wird die Aktivität an jeder einzelnen Arbeitsstation da- durch ausgelöst, daß der Output dieser Station in der nächsten Station gebraucht wird. Die Nachfrage stößt jeden Schritt im Produktionsprozeß an, angefangen bei der Kun- dennachfrage nach dem fertigen Produkt an einem Ende des Prozesses und rückwärts durch alle Stationen bis hin zur Nachfrage nach Fertigungsmaterial am anderen Ende des Prozesses. Auf diese Weise zieht die Nachfrage ein Produkt durch die Fertigungs- straße. Durch diese Nachfragesog-Eigenschaft von JIT-Produktionssystemen entsteht eine enge Zusammenarbeit zwischen den Arbeitsstationen. Dadurch wird trotz der niedrigen Lagerbestände der Güterstrom geglättet.

Das Nachfragesog-System unterscheidet sich deutlich vom herkömmlichen Ange- botsdruck-System der Herstellung. Ein Produktionssystem, das auf Angebotsdruck beruht, wird oft auch als *Materialbedarfsplanung (materials requirement planing)* be- zeichnet. Dabei verwendet man (a) Nachfrageprognosen für die Endprodukte, (b) eine Stückliste, auf der die Materialien, Komponenten und vormontierten Teile für jedes Endprodukt vermerkt sind, und (c) die Lagerbestände an Materialien, Komponenten, vormontierten Teilen und Endprodukten zur Bestimmung der notwendigen Outputs auf jeder Stufe des Produktionsprozesses. Unter Berücksichtigung der nötigen Durch- laufzeit für den Einkauf des Materials und die Herstellung der Komponenten und vor- montierten Teile wird ein Gesamtproduktionsplan aufgestellt, der für jede Produktart, die hergestellt werden soll, die Menge und das Timing spezifiziert. Wenn die geplante Produktion einmal angelaufen ist, wird der Output jeder Abteilung durch das System durchgeschleust, unabhängig davon, ob er gebraucht wird oder nicht. Das Resultat ist oft eine Ansammlung von Lagerbeständen an Arbeitsstationen, die Teile erhalten, die sich noch gar nicht verarbeiten können.

Es gibt viele Möglichkeiten, die Nachfragesog-Eigenschaft der JIT-Produktion zu rea- lisieren. Vielleicht am weitesten verbreitet ist das Kanban-System. *Kanban* ist der ja- panische Ausdruck für ein visuelles Dokument oder eine Karte. Im einfachsten Kanban-System benutzen die Arbeitskräfte einer Arbeitsstation eine Kanban-Karte,

---

[91] Eine detaillierte Abhandlung des JIT-Produktionsmanagements findet sich in M. Sch- niederjans, *Topics in Just-in-Time Management* (Needham Heights, Mass.: Allyn and Bacon, 1992). Fallstudien enthalten R. M. Lindsay und S. Kalagnanam, *The Adoption of Just-in-Time Production Systems in Canada and Their Association with Manage- ment Control Practices* (Hamilton, Canada: Society of Management Accountants, 1993).

um den Arbeitskräften einer anderen Station zu signalisieren, daß sie eine genau angegebene Menge eines bestimmten Teils fertigen sollen. Nehmen wir zum Beispiel an, daß die Montageabteilung eines Auspuffherstellers einen Auftrag über zehn Auspufftöpfe erhält. Die Montageabteilung veranlaßt die Herstellung der zehn Metallröhren, die sie für die zehn Auspufftöpfe braucht, indem sie eine Kanban-Karte an die Metallbearbeitungsabteilung schickt. Erst wenn sie die Kanban-Karte erhalten hat, beginnt die Metallbearbeitungsabteilung mit der Herstellung der Röhren. Nach beendeter Produktion befestigt die Metallbearbeitungsabteilung die Kanban-Karte an der Kiste mit den Metallröhren und schickt das Paket stromabwärts an die Montageabteilung. Die Montageabteilung startet den Kreislauf von neuem, wenn sie den nächsten Kundenauftrag erhält.

20.4 HAUPTEIGENSCHAFTEN VON JIT-PRODUKTIONS-SYSTEMEN

Ein JIT-Produktionssytem hat fünf Haupteigenschaften:

* Die Produktion ist in **Fertigungszellen** organisiert; darin sind alle Arten von Maschinen und Arbeitsmitteln zusammengestellt, die man braucht, um ein bestimmtes Produkt herzustellen.
* Die Arbeitskräfte werden vielseitig ausgebildet, so daß sie in der Lage sind, eine Vielzahl von Tätigkeiten und Aufgaben auszuführen.
* Man verfolgt ein umfassendes Qualitätsmanagement, um Fehler auszumerzen.
* Die Betonung liegt auf der Verringerung der *Einrichtungszeit*, also der Zeit, die erforderlich ist, um die Maschinen, Werkzeuge und Materialien für die Produktion einer Komponente oder eines Produkts fertigzumachen, und der *Fertigungsdurchlaufzeit*, als der Zeit von dem Moment, in dem ein Auftrag zur Produktion bereit ist, bis zu dem Moment, in dem daraus ein fertiges Produkt geworden ist.
* Die Zulieferer werden sorgfältig ausgesucht, um die Lieferpünktlichkeit und die Qualität der gelieferten Teile sicherzustellen.

Die Organisation von Fertigungszellen

Herkömmliche Fabriken haben im allgemeinen ein *funktionales Layout*, bei dem Maschinen mit der gleichen Funktion im gleichen Bereich oder der gleichen Abteilung lokalisiert sind. JIT-Fabriken dagegen organisieren die Maschinen in Zellen, die um Produkte herum konstruiert sind. Verschiedene Maschinentypen, deren unterschiedliche Funktionen für die Herstellung eines Produkts oder einer Produktfamilie gebraucht werden, werden nahe beieinander aufgestellt. Die verschiedenen Arbeitsvorgänge werden hintereinander durchgeführt und die Materialien von einer Maschine zur nächsten bewegt. Hereinkommende und hinausgehende Materialbestände werden nicht zentral gelagert sondern an einem Platz in der Nähe der einzelnen Zelle. Die Zellen verringern die innerbetrieblichen Transport- und Lagerhaltungskosten. Im Gegensatz zur herkömmlichen Produktion werden keine Gabelstapler und Gabelstaplerfahrer mehr gebraucht, um die Materialien zwischen den zentralen Lagerräumen und den Abteilungen hin und her zu transportieren. Stattdessen tragen die Arbeitskräfte oder kleine Fließbänder die Materialien von einer Zellenstation zur nächsten.

Betrachten wir die Herstellung von Metallröhren für die Auspuffmontage. Tafel 20.2 vergleicht für dieses Beispiel das funktionale Layout in der herkömmlichen Produktion mit dem Zellenlayout in JIT-Fabriken. Man beachte das U-förmige Layout der Zelle. Dieses Layout sorgt dafür, daß alle Maschinen und Arbeitskräfte nahe beieinander sind. Vielseitig qualifizierte Arbeitskräfte können dann unter Umständen auch mehr als eine Maschine bedienen.

Vielseitig qualifizierte Arbeitskräfte

Arbeitskräfte in einer Zelle werden so ausgebildet, daß sie alle Arbeitsvorgänge innerhalb der Zelle durchführen können. Sie können dann je nach Bedarf verschiedenen Maschinen zugewiesen werden, um einen glatten Produktionsfluß zu ermöglichen. Man bildet die Arbeitskräfte auch dafür aus und erwartet von ihnen, daß sie kleinere Reparaturen und Routineinstandhaltungsarbeiten ausführen können. Qualitätstests und -kontrollen liegen ebenfalls in der Verantwortung der Arbeitskräfte einer Zelle und nicht einer eigenen Qualitätssicherungsabteilung.

Umfassendes Qualitätsmanagement

Wenn eine Arbeitskraft in irgendeiner Zelle einen Fehler entdeckt, muß er oder sie einen Alarm auslösen, um die anderen auf das Problem aufmerksam zu machen, und der entsprechende Arbeitsvorgang wird unterbrochen. Aufgrund der Dynamik des Nachfragesog-Systems bedeutet die Unterbrechung eines Arbeitsvorgangs, daß die gesamte Produktion unterbrochen ist, bis das Problem gelöst ist. JIT erzeugt Dringlichkeit: Probleme müssen sofort gelöst und die Ursachen von Fehlern so schnell wie möglich beseitigt werden. Umfassendes Qualitätsmanagement ist deshalb eine wesentliche Komponente jedes JIT-Produktionssystems.

Im Gegensatz dazu werden in vielen herkömmlichen Produktionssystemen an den Arbeitsstationen zusätzliche Komponenten und vormontierte Teile auf Lager gehalten, um Engpässen oder Produktionsausfällen zuvorzukommen. Aus diesen Lagerbeständen können nachgelagerte Arbeitsvorgänge auch dann bedient werden, wenn ein Fehler auftritt. Infolgedessen ist es im Vergleich zu JIT-Systemen weniger notwendig, Nachbesserungen und Ausschuß zu vermeiden.

Tafel 20.2
Vergleich der Layouts für die Herstellung von Metallröhren in herkömmlichen Fabriken und in JIT-Fabriken

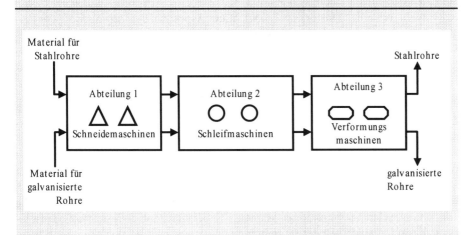

FUNKTIONALES LAYOUT EINER HERKÖMMLICHEN FABRIK

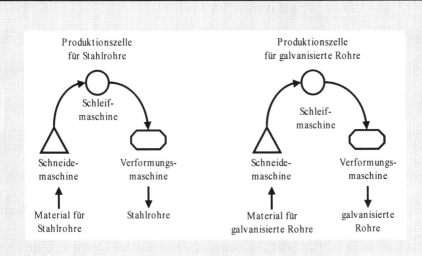

PRODUKTORIENTIERTES LAYOUT EINER JIT-FABRIK

Verringerung der Durchlaufzeit und der Einrichtungszeit

Die Verringerung der Fertigungsdurchlaufzeit ermöglicht es einem Unternehmen, auf Veränderungen der Kundennachfrage besser zu reagieren. So ist zum Beispiel die Panasonic Corporation aufgrund ihrer kurzen Durchlaufzeit in der Lage, den Lagerbestand bei denjenigen Faxmaschinenmodellen, die jeweils bei den Kunden am besten ankommen, schnell aufzustocken. Ein wichtiger Aspekt bei der Verringerung der Fertigungsdurchlaufzeit ist die Verringerung der Einrichtungszeit. Bei langen Einrichtungszeiten tendieren die Werksmanager dazu, möglichst große Stückzahlen zu produzieren, denn sie wollen die Einrichtungskosten auf möglichst viele Produkteinheiten verteilen. Die höheren Stückzahlen führen dann dazu, daß Lagerbestände aufgebaut werden, bis die Produkte schließlich verkauft werden.

Die Verringerung der Einrichtungszeit macht die Herstellung in kleineren Serien wirtschaftlich und lohnend, wodurch wiederum die Lagerbestände reduziert werden. Unternehmen wenden vielerlei Methoden an, um die Einrichtungszeit zu verringern. Eine Möglichkeit besteht darin, Fertigungszellen nicht für mehrere Produkte sondern nur für ein Produkt oder eine Produktfamilie zu benutzen. Ein anderer Weg besteht darin, den Einrichtungsprozeß zu verbessern, und die Arbeitskräfte zu schulen, damit sie die Einrichtung schneller durchführen können. Die bei weitem wichtigste Methode ist jedoch die Automatisierung der Einrichtung und des Produktionsprozesses durch Investition in *computer-integrierte Fertigung* (*CIM* = *computer integrated manufacturing*). In CIM-Fabriken geben Computer die Anweisungen zur automatischen Einrichtung und Bedienung der Maschinen.

Intensive Beziehungen zu den Lieferfirmen

Viele Unternehmen implementieren zusammen mit der JIT-Produktion auch den *JIT-Einkauf*. Just-in-time-Einkauf bedeutet, daß Güter und Materialien so eingekauft werden, daß die Lieferung genau dann erfolgt, wenn sie gebraucht werden. JIT-Fabriken erwarten von den JIT-Zulieferern, daß sie qualitativ hochwertige Produkte liefern, auf häufige Lieferungen von genau spezifizierten Mengen eingestellt sind und die Liefertermine genau einhalten. Die Lieferfirmen bringen die Materialien oft direkt in das Werk zum sofortigen Einsatz in der Produktion. Infolgedessen verlangen JIT-Fabriken von ihren Zulieferern, daß sie die Qualität ihrer Produkte selbst kontrollieren und garantieren. Durch diese Abläufe kann der JIT-Einkäufer Kosten einsparen, die nicht zur Schaffung von Mehrwert beitragen, wie zum Beispiel die Kosten für Kontrolle, Lagerung und Transport der hereinkommenden Güter.

Intensive Beziehungen zu den Lieferfirmen sind eine entscheidende Komponente des JIT-Einkaufs, denn die Produktion wird unterbrochen, wenn das Material nicht pünktlich geliefert wird. Der Aufbau von Partnerschaften mit Zulieferbetrieben ist zeitaufwendig und teuer. Dazu gehört das Aushandeln langfristiger Verträge, so daß jede einzelne Transaktion nur mit einem Minimum an Schreibarbeit verbunden ist. Ein einziges Telefonat oder eine einzige Computereingabe (man spricht hier auch von elektronischem Datenaustausch) setzt die Materiallieferung in Gang. JIT-Unternehmen bevorzugen deshalb die Zusammenarbeit mit einer kleinen Zahl von zuverlässigen Lieferfirmen. So haben bei der Realisierung des JIT-Einkaufs zum Beispiel die entsprechenden Abteilungen von Apple Computer, IBM und Xerox die Anzahl ihrer Zulieferer um 80 %, 95 % bzw. 97 % verringert. Da der JIT-Einkauf von den Lieferfirmen viel verlangt, sind viele Zulieferer nicht in der Lage, das erforderliche Service-Niveau zu bieten.

Finanzielle Vorteile von JIT

JIT lenkt die Aufmerksamkeit tendenziell auf den breiten Bereich der Kontrolle der *gesamten Verarbeitungskosten* anstatt auf einzelne Kostenarten wie die Fertigungslöhne. So kann zum Beispiel mehr Leerlauf entstehen, weil die Produktionsstraßen häufiger als zuvor auf Nachschub warten müssen. Trotzdem werden viele Verarbeitungskosten zurückgehen. JIT kann viele finanzielle Vorteile bieten. Dazu gehören

1. geringere Lagerinvestitionen,

2. Verringerung der betriebsinternen Lagerhaltungs- und Transportkosten,

3. Verringerung des Risikos, daß Lagerbestände veralten,

4. geringerer Platzbedarf für Lager und Produktion,

5. Senkung der Einrichtungskosten und der gesamten Verarbeitungskosten,

6. Senkung der Kosten für Abfall und Ausschuß infolge der verbesserten Qualität,

7. Erlössteigerungen aufgrund der schnelleren Reaktion auf Kundenaufträge,

8. Verringerung der Schreibarbeit.

Tafel 20.3 faßt die Wirkungen zusammen, über die die Firma Hewlett-Packard nach der Einführung von JIT in mehreren ihrer Werke berichtet hat.

Vorteile von JIT bei der Produktkostenrechnung

Durch die geringere Notwendigkeit von Lagerhaltung, Materialtransport innerhalb des Betriebs, Qualitätskontrollen bei hereinkommenden Lieferungen und anderen Aktivitäten reduzieren JIT-Systeme die Gemeinkosten. JIT-Systeme erleichtern auch die direkte Zuordnung von Kosten, die zuvor als Gemeinkosten klassifiziert worden waren. Die Verwendung von Fertigungszellen macht es zum Beispiel leicht, Kosten für Materialtransport und Maschinenbedienung den Produkten oder Produktfamilien bestimmter Zellen zuzuordnen. Solche Kosten werden dann zu Einzelkosten dieser Produkte. Auch die Verwendung von vielseitig ausgebildeten Arbeitskräfte in diesen Zellen macht es möglich, daß Einrichtungskosten und die Kosten für kleinere Wartungsarbeiten und Qualitätskontrollen leicht zugeordnet werden können und damit zu Einzelkosten werden.

Tafel 20.3
Die Auswirkungen der JIT-Produktion bei Hewlett-Packard

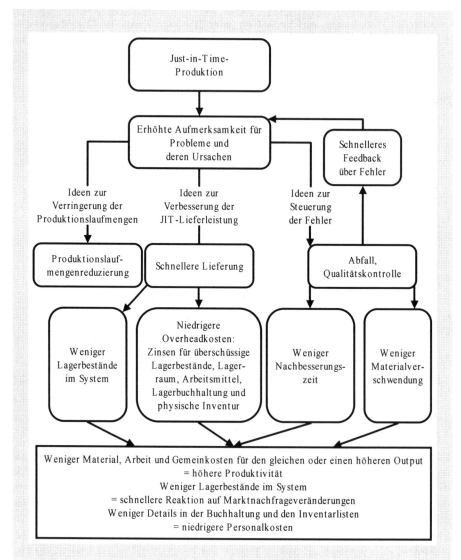

20.5 ENDPUNKTKOSTENRECHNUNG

Ein einzigartiges Produktionssystem wie JIT schafft sein eigenes einzigartiges Kostenrechnungssystem. Die Organisation der Produktion in Zellen, die Verringerung der Fehlerquote, die Verkürzung der Durchlaufzeit und die pünktliche Lieferung von Materialien machen es möglich, daß Einkauf, Produktion und Verkauf in schneller Abfolge und mit minimalen Lagerbeständen abgewickelt werden. Das Fehlen von Lagerbeständen macht die Wahl zwischen unterschiedlichen Annahmen über den Kostenfluß (wie zum Beispiel gewichtete Durchschnittskosten oder Fifo) oder über die Lagerbewertungsmethoden (wie zum Beispiel Vollkostenrechnung oder Teilkostenrechnung) unwichtig; alle Herstellkosten einer Periode fließen direkt in die Herstellkosten des Umsatzes. Die schnelle Verarbeitung von Fertigungsmaterial zu fertigen Produkten, die sofort verkauft werden, vereinfacht die Zuschlagskalkulation.

Vereinfachte Plankostenrechnung

Bei der herkömmlichen Kostenrechnung und der Plankostenrechnung (Kapitel 4, 7 und 8) verwendet man die **sequentielle Kostenzuordnung**. Damit ist jede Produktkostenrechnungsmethode gemeint, bei der die Buchführungseinträge in der gleichen Reihenfolge stattfinden, wie die tatsächlichen Einkäufe und Fertigungsschritte. Diese herkömmlichen Systeme ordnen die Kosten den Produkten auf ihrem Weg vom Fertigungsmaterial über die unfertigen zu den fertigen Produkten und schließlich zum Verkauf sequentiell zu. Sequentielle Kostenzuordnung ist oft teuer, besonders dann, wenn das Management versucht, Materialanforderungsscheine und Arbeitszeitkarten den einzelnen Arbeitsvorgängen und Produkten zuzuordnen.

Bei vielen Kostenrechnungsmethoden kann man alternativ zur sequentiellen Kostenzuordnung die Verbuchung der Journaleinträge verschieben, bis die physischen Arbeitsabfolgen beendet sind. Der Ausdruck **Endpunktkostenrechnung** (*backflush costing* oder *endpoint costing*) beschreibt ein Kostenrechnungssystem, das die Verbuchung von Veränderungen im Status eines Produkts verschiebt, bis fehlerfreie fertige Produkteinheiten vorhanden sind; dann arbeitet man sich mit Hilfe von Plankosten oder Standardkosten rückwärts, um die Produktionskosten für die fertiggestellten Einheiten festzustellen. Eine extreme Form einer solchen Verschiebung besteht darin, zu warten, bis die fertigen Produkte verkauft worden sind. Bei der Endpunktkostenrechnung werden in der Regel keine unfertigen Erzeugnisse verbucht.

Unternehmen, die eine Endpunktkostenrechnung einführen, machen die folgenden Beobachtungen:

1. Das Management will ein einfaches Buchführungssystem. Die detaillierte Zuordnung von Einzelkosten auf jeder Stufe des Produktionsprozesses bis zur Fertigstellung wird für überflüssig gehalten.

2. Jedes Produkt hat eine Reihe von Plan- oder Standardkosten.

3. Die Endpunktkostenzuordnung kommt in etwa zu den gleichen finanziellen Ergebnissen, die man auch durch sequentielle Kostenzuordnung erhalten hätte.

Bei niedrigen Lagerbeständen kann es sein, daß es sich nicht lohnt, Ressourcen aufzuwenden, um Kosten der unfertigen, fertigen und verkauften Produkte nachzuverfolgen. Die Endpunktkostenrechnung ist deshalb für Unternehmen, die durch JIT niedrige Lagerbestände haben, besonders attraktiv. Nachträgliche und sequentielle Kostenzuordnung werden aber auch dann zu nahezu den gleichen Ergebnissen führen, wenn zwar Lagerbestände vorhanden sind, sich ihr Umfang aber nicht sehr stark verändert. Dann werden in jeder Periode konstante Kostenbeträge für die Lagerhaltung zurückgestellt.

Die folgenden Beispiele illustrieren die Endpunktkostenrechnung. Um die Grundgedanken herauszustellen, gehen wir davon aus, daß in keinem der Beispiele Materialkostenabweichungen auftreten. (Wir diskutieren Abweichungen jedoch in einem eigenen Abschnitt, der auf Beispiel 1 folgt.) Diese Beispiele unterscheiden sich in bezug auf die Anzahl und Plazierung der Zeitpunkte, auch Auslösepunkte genannt, zu denen die Journaleinträge vorgenommen werden:

	Anzahl der Journaleinträge	Zeitpunkt der Journaleinträge
Beispiel 1	2	1. Kauf von Fertigungsmaterial
		2. Fertigstellung von fehlerfreien Produkteinheiten
Beispiel 2	2	1. Kauf von Fertigungsmaterial
		2. Verkauf von fehlerfreien fertigen Produkteinheiten
Beispiel 3	1	1. Fertigstellung von fehlerfreien Produkteinheiten

Beispiel 1: Auslösepunkte sind Materialeinkauf und Produktfertigstellung

Dieses Beispiel mit zwei Auslösepunkten zeigt, wie durch die Endpunktkostenrechnung das Konto Unfertige Erzeugnisse überflüssig wird. Ein hypothetisches Unternehmen mit Namen Silicon Valley Computer (SVC) stellt Tastaturen für PCs her. Im April gab es keinen Anfangsbestand an Fertigungsmaterial und es gibt weder einen Anfangsbestand noch einen Endbestand an unfertigen Erzeugnissen.

SVC hat nur eine Kategorie von Herstelleinzelkosten (Materialeinzelkosten oder Rohmaterialkosten) und eine Kategorie von Herstellgemeinkosten (Verarbeitungskosten). Alle in der Produktionsstätte anfallenden Arbeitskosten sind in den Verarbeitungskosten enthalten. Aus der Stückliste (Beschreibung der Materialarten und -mengen) und der Arbeitsvorgangsliste (Beschreibung der erforderlichen Arbeitsvorgänge) bestimmt SVC für den Monat April die Standardmaterialkosten pro Tastatur mit 19 $ und die Standardverarbeitungskosten mit 12 $. SVC hat zwei Lagerbestandskonten:

JIT-PRODUKTION UND ENDPUNKTKOSTENRECH-NUNG BEI DER EATON CORPORATION

Ende der achtziger Jahre war das Werk der Eaton Corporation in Lincoln, Illinois, in Schwierigkeiten. Wenige Jahre später erlebte der Betrieb, der Sicherungskästen, Sicherheitsschalter und Meßstationen herstellt, einen Boom. Die wichtigste Ursache war die Einführung eines JIT-Produktionssystems, um den Produktionsprozeß zu verschlanken und zu vereinfachen. Das Werk in Lincoln stellte sein physisches Layout auf Fertigungszellen um, schulte seine Arbeitskräfte, um sie vielseitiger zu machen, lenkte die Aufmerksamkeit auf die Qualität und reduzierte die Fertigungs- und Einrichtungszeiten. Die Lagerhaltung wurde um ein Drittel reduziert. Die Arbeitskräfteteams, die für den Betrieb der Zellen verantwortlich waren, erhielten aktuelle Informationen über Kundenaufträge, Lagerbestände, Liefertermine und finanzielle Ergebnisse. Aufgrund dieser Informationen entschieden sie, woran sie arbeiten wollten, und wer wann und für wie lange welche Tätigkeit ausführen sollte.

Der Werkscontroller, Al Houser, und sein Stab entwickelten ein Endpunktkostenrechnungssystem für die neue JIT-Umgebung. Anstatt den Fluß von Rohmaterial und unfertigen Erzeugnissen durch ungefähr 15 Produktionsschritte zu verfolgen, berechnet der Stab die Produktkosten erst, wenn das Produkt fertiggestellt und zum Versand bereit ist. Vorbei ist das mühsame Verbuchen der unfertigen Erzeugnisse. Eaton verwendet die Informationen über den Materialgehalt jedes fertigen Produkts aus der Stückliste und die Daten aus der Liste der durchgeführten Arbeitsvorgänge, um den Lagerbestand automatisch nach unten anzupassen.

Die Versandabteilung druckt für jede Kundensendung ein Dokument mit Strichcode. Aufgrund dieses einen Dokuments wird der Materialabfluß aus dem Lager geregelt und werden die nötigen Buchführungseinträge, die Kundenrechnung und die computerisierten Ladungsverzeichnisse für die Transportunternehmen erstellt. Gleichzeitig erhält die Verkaufszentrale der Abteilung in Milwaukee in einer Transaktion die nötige Buchhaltungsinformation.

JIT hat beeindruckende Ergebnisse gebracht. In einem Zeitraum von drei Jahren ist die Gewinnschwelle des Werks um 18 % gesunken, der Bruttogewinn ist gestiegen, und die Arbeitsproduktivität hat um 26 % zugenommen. Es benötigt jetzt nur noch einen Tag anstelle von fünf Tagen für die Erledigung eines Kundenauftrags und hat sein Ziel, 95 % der Produkte termingerecht zu liefern, nur ein einziges Mal verfehlt.

Quelle: P. Houston, "Old System, New Life: Eaton Corporation Utilizes Just-in-Time Manufacturing," *Corporate Computing*, November 1992.

Konzepte und ihre Umsetzung

Kontenart	Kontenname
Kombiniertes Konto für Fertigungsmaterial im Rohzustand und in den unfertigen Erzeugnissen	Material: Rohmaterial und unfertige Erzeugnisse
Fertige Produkte	Fertige Erzeugnisse

Der erste Auslösepunkt ist der Zeitpunkt, wenn das Rohmaterial eingekauft worden ist. Diese Kosten werden auf das Konto Material: Rohmaterial und unfertige Erzeugnisse gebucht.

Die tatsächlich angefallenen Verarbeitungskosten werden bei der Endpunktkostenrechnung genauso wie in anderen Kostenrechnungssystemen bei ihrer Entstehung erfaßt und auf dem Konto Verarbeitungskosten gebucht. Die Verarbeitungskosten werden beim zweiten Auslösepunkt, wenn die Produkte an das Fertigwarenlager weitergeleitet werden, auf die Produkte verteilt. In diesem Beispiel gehen wir davon aus, daß eine Verarbeitungskostenüber- oder -unterdeckung monatlich auf das Konto Herstellkosten des Umsatzes übertragen wird.

SVC verteilt die Kosten in folgenden Schritten auf die verkauften Güter und die Lagerbestände.

Schritt 1: Erfasse das während der Rechnungsperiode eingekaufte Fertigungsmaterial. Im April ist Material im Wert von 1.950.000 $ gekauft worden:

Eintrag (a)	Material: Rohmaterial und unfertige Erzeugnisse	1.950.000	
	an Verbindlichkeiten		1.950.000

Schritt 2: Erfasse die während der Rechnungsperiode angefallenen Verarbeitungskosten. Es sind Verarbeitungskosten in Höhe von 1.260.000 $ angefallen:

Eintrag (b)	Verarbeitungskosten	1.260.000	
	an verschiedene Konten (z. B. Verbindlichkeiten und Lohnverbindlichkeiten		1.260.000

Schritt 3: Bestimme die Anzahl der fertigen Produkte, die während der Rechnungsperiode hergestellt worden sind. Im April sind 100.000 Tastaturen hergestellt worden.

Schritt 4: Berechne die Plan- oder Standardkosten für jede fertige Produkteinheit. Die Standardkosten sind 31 $ (19 $ Materialeinzelkosten + 12 $ Verarbeitungskosten) pro Stück.

Schritt 5: Erfasse die Kosten der Produkte, die während der Rechnungsperiode fertiggestellt worden sind. In diesem Fall sind das 100.000 Stück × 31 $/Stück = 3.100.000 $. Von diesem Schritt leitet sich die Bezeichnung Endpunktkostenrechnung ab. Bis zu diesem Punkt im Betriebsablauf sind die Kosten nicht sequentiell mit dem Fortschreiten des Produkts durch die Produktionsstufen erfaßt worden. Stattdessen greift man beim Auslösepunkt fertiger Output zurück auf die Konten Material: Rohmaterial und unfertige Erzeugnisse und Verarbeitungskosten und zieht die Standardkosten für die fertigen Produkte dort heraus.

Eintrag (c)	Fertige Erzeugnisse	3.100.000	
	an Material: Rohmaterial und unfertige Erzeugnisse		1.900.000
	an verrechnete Verarbeitungskosten		1.200.000

Schritt 6: Erfasse die Kosten der während der Rechnungsperiode verkauften Produkte. Im April sind 99.000 Stück verkauft worden (99.000 Stück × 31 $/Stück = 3.069.000 $).

Eintrag (d)	Herstellkosten des Umsatzes	3.069.000	
	an Fertige Erzeugnisse		3.069.000

Schritt 7: Erfasse die Verarbeitungskostenunter- oder -überdeckung. In jeder gegebenen Rechnungsperiode kann für die tatsächlichen Verarbeitungskosten eine Unter- oder Überdeckung auftreten. In Kapitel 5 (Seite 139 ff.) haben wir verschiedenen Methoden der Verrechnung einer Gemeinkostenunter- oder -überdeckung diskutiert. Viele Unternehmen gleichen Unter- oder Überdeckungen nur am Jahresende auf dem Konto Herstellkosten des Umsatzes aus; andere tun das jeden Monat, so auch SVC. Unternehmen, die mit der Endpunktkostenrechnung arbeiten, haben in der Regel niedrige Lagerbestände, so daß eine anteilige Verrechnung der Kostenunter- oder -überdeckung auf die fertigen Erzeugnisse und die Herstellkosten des Umsatzes weniger oft notwendig ist. Der Journaleintrag für die Differenz zwischen den tatsächlichen Verarbeitungskosten und den aufgeschlüsselten Standardkosten in Höhe von 60.000 $ sähe folgendermaßen aus:

Eintrag (e)	Verrechnete Verarbeitungskosten	1.200.000	
	Herstellkosten des Umsatzes	60.000	
	an Verarbeitungskosten		1.260.000

Die Lagerbestände Ende April sind

Material: Rohmaterial und unfertige Erzeugnisse	50.000 $
Fertige Erzeugnisse, 1.000 Stück × 31 $/Stück	31.000 $
Summe der Lagerbestände	81.000 $

Teil A der Tafel 20.4 faßt die Journaleinträge für dieses Beispiel zusammen. Die Abschaffung des üblichen Kontos Unfertige Erzeugnisse verringert die Menge der Einzelheiten im Buchführungssystem. Die Produkte auf der Fertigungsstraße können immer noch in physischen Einheiten erfaßt werden, aber es werden den einzelnen Arbeitsaufträgen keine Kosten "angeheftet", während sie den Produktionszyklus durchlaufen. Tatsächlich gibt es in diesem Buchführungssytem keine Arbeitszeitkarten. Champion International verwendet in seiner Spezialpapierfabrik eine Methode, die dem Beispiel 1 sehr ähnlich ist.

Die Buchung von Abweichungen

Die Erfassung und Verrechnung von Abweichungen zwischen den Istkosten und den zulässigen Standardkosten ist grundsätzlich bei allen Standardkostenrechnungssystemen gleich. Die Verfahren sind in den Kapiteln 7 und 8 beschrieben. Nehmen wir einmal an, in Beispiel 1 wäre bei den eingekauften Fertigungsmaterialien eine negative Preisabweichung in Höhe von 42.000 $ aufgetreten. Eintrag (a) würde dann lauten

Material: Rohmaterial und unfertige Erzeugnisse	1.950.000	
Materialpreisabweichung	42.000	
an Verbindlichkeiten		1.992.000

Das Rohmaterial macht oft einen großen Teil der gesamten Verarbeitungskosten aus, manchmal mehr als 60 %. Infolgedessen werden viele Unternehmen zumindest die Verbrauchsabweichung insgesamt messen, indem sie die übriggebliebenen Materialbestände vergleichen mit den Mengen, die aufgrund des Outputs an fertigen Produkten in der Rechnungsperiode hätten übrigbleiben sollen. In unserem Beispiel gehen wir davon aus, daß ein solcher Vergleich eine negative Materialverbrauchsabweichung in Höhe von 90.000 $ zutage gefördert hat. Der Journaleintrag wäre

| Rohmaterial: Verbrauchsabweichung | 90.000 | |
| an Material: Rohmaterial und unfertige Erzeugnisse | | 90.000 |

Die Gemeinkostenunter- oder -überdeckung kann aufgespalten werden in verschiedene Gemeinkostenabweichungen (Ausgabenabweichung, Effizienzabweichung und Beschäftigungsabweichung) wie in den Kapiteln 7 und 8 erläutert. Wir nehmen für die einzelnen Abweichungen die folgenden Zahlen an und schreiben Eintrag (e) neu:

Tafel 20.4
Journaleinträge bei der Endpunktkostenrechnung

A: BEISPIEL 1 (ZWEI AUSLÖSEPUNKTE: MATERIALEINKAUF UND FERTIGSTELLUNG DER PRODUKTE)

Transaktionen

a. Einkauf von Rohmaterial	Material: Rohmaterial und unfertige Erzeugnisse	1.950.000	
	an Verbindlichkeiten		1.950.000
b. Angefallene Verarbeitungskosten	Verarbeitungskosten	1.260.000	
	an verschiedene Konten		1.260.000
c. Fertigstellung von Produkten	Fertige Erzeugnisse	3.100.000	
	an Material: Rohmaterial und unfertige Erzeugnisse		1.900.000
	an Verrechnete Verarbeitungskosten		1.200.000
d. Verkauf fertiger Produkte	Herstellkosten des Umsatzes	3.069.000	
	an Fertige Erzeugnisse		3.069.000
e. Verarbeitungskosten- unter- oder -überdeckung	Verrechnete Verarbeitungskosten	1.200.000	
	Herstellkosten des Umsatzes	60.000	
	an Verarbeitungskosten		1.260.000

B: BEISPIEL 2 (ZWEI AUSLÖSEPUNKTE: MATERIALEINKAUF UND VERKAUF DER FERTIGEN PRODUKTE)

Transaktionen

a. Einkauf von Rohmaterial	Material	1.950.000	
	an Verbindlichkeiten		1.950.000
b. Angefallene Verarbeitungskosten	Verarbeitungskosten	1.260.000	
	an verschiedene Konten		1.260.000
c. Fertigstellung	kein Eintrag		
d. Verkauf fertiger Produkte	Herstellkosten des Umsatzes	3.069.000	
	an Material		1.881.000
	an Verrechnete Verarbeitungskosten		1.188.000
e. Verarbeitungskosten- unter- oder -überdeckung	Verrechnete Verarbeitungskosten	1.188.000	
	Herstellkosten des Umsatzes	72.000	
	an Verarbeitungskosten		1.260.000

Tafel 20.4 (Fortsetzung)

C: BEISPIEL 3 (EIN AUSLÖSEPUNKT: PRODUKTFERTIGSTELLUNG)			
Transaktionen			
a. Materialkauf	kein Eintrag		
b. Angefallene Verarbeitungskosten	Verarbeitungskosten	1.260.000	
	an verschiedene Konten		1.260.000
c. Fertigstellung von Produkten	Fertige Erzeugnisse	3.100.000	
	an Verbindlichkeiten		1.900.000
	an Verrechnete Verarbeitungskosten		1.200.000
d. Verkauf fertiger Produkte	Herstellkosten des Umsatzes	3.069.000	
	an Fertige Erzeugnisse		3.069.000
e. Verarbeitungskosten- unter- oder -überdeckung	Verrechnete Verarbeitungskosten	1.200.000	
	Herstellkosten des Umsatzes	60.000	
	an Verarbeitungskosten		1.260.000

Verrechnete Verarbeitungskosten	1.200.000		
Verarbeitungskosten: Ausgabenabweichung	20.000		
Verarbeitungskosten: Beschäftigungsabweichung	50.000		
an Verarbeitungskosten: Effizienzabweichung		10.000	
an Verarbeitungskosten		1.260.000	

Wenn ein Unternehmen nur minimale Lagerbestände an unfertigen Erzeugnissen hält, kommt man mit der Endpunktkostenrechnung, wie sie in Beispiel 1 beschrieben ist, annähernd zu den gleichen Kosten wie mit der sequentiellen Kostenzuordnung, denn der Ansatz in Beispiel 1 hat kein Konto für Lagerbestände an unfertigen Erzeugnissen.

Beispiel 2: Auslösepunkte sind Materialeinkauf und Verkauf der fertigen Produkte

In diesem Beispiel mit den gleichen Daten der Firma SVC weicht die Endpunktkostenrechnung im Vergleich zu Beispiel 1 noch deutlicher von der sequentiellen Kostenzuordnung ab. Der erste Auslösepunkt ist der gleiche wie in Beispiel 1(Einkauf von Fertigungsmaterial), aber der zweite Auslösepunkt ist nicht die Fertigstellung sondern der Verkauf der fertigen Produkte. Die Kostenrechnung des Toyota-Werks in

Kentucky ist ganz ähnlich. Für dieses Buchführungssystem gibt es zwei Rechtfertigungen:

• Man will den Managern den Anreiz nehmen, auf Lager zu produzieren. Wenn der Wert des Lagerendbestands an fertigen Erzeugnissen die Verarbeitungskosten enthält, können die Manager das Betriebsergebnis künstlich aufblähen, indem sie mehr Produkteinheiten herstellen als verkauft werden. Wenn anstelle der Fertigstellung der Verkauf der zweite Auslösepunkt ist, ist die Produktion auf Lager weniger attraktiv, denn die Verarbeitungskosten werden als Periodenkosten erfaßt und nicht als Lagerbestandskosten aktiviert.

• Man will die Aufmerksamkeit der Manager stärker auf den Absatz lenken.

Diese Variation der Endpunktkostenrechnung wird manchmal als Throughput Costing bezeichnet und wird in Kapitel 9 beschrieben. Dabei werden die Verarbeitungskosten sofort als Periodenaufwand verbucht. Die Firma Allied Signal Limited in Skelmersdale, Großbritannien, verwendet diesen Ansatz.

In diesem Beispiel beinhaltet das Lagerbestandskonto ausschließlich Fertigungsmaterialien (unabhängig davon, ob sie sich im Lager, im Produktionsprozeß oder in den fertigen Produkten befinden). Es gibt nur ein einziges Lagerbestandskonto:

Kontenart	Kontenname
Kombiniertes Materialkonto: Rohmaterialbestand und alle Fertigungsmaterialien in den unfertigen und fertigen Erzeugnissen	Material

Tafel 20.4, Teil B zeigt die Journaleinträge für diesen Fall. Eintrag (a) entsteht zum gleichen Zeitpunkt wie im Beispiel 1, nämlich wenn Fertigungsmaterial gekauft worden ist. Eintrag (b) für die Verarbeitungskosten ist der gleiche wie in Beispiel 1. Der zweite Auslösepunkt ist der Verkauf der fertigen Produkte (nicht ihre Fertigstellung wie in Beispiel 1), so daß es hier keinen Eintrag gibt, der dem Eintrag (c) in Beispiel 1 entspricht. Die Herstellkosten des Umsatzes werden erst berechnet, wenn die fertigen Erzeugnisse verkauft werden [was dem Eintrag (d) in Beispiel 1 entspricht]: 99.000 verkaufte Einheiten × 31 $/Stück = 3.069.000 $. Dieser Betrag setzt sich zusammen aus Materialeinzelkosten (99.000 × 19 $ = 1.881.000) und aufgeschlüsselten Verarbeitungskosten (99.000 × 12 $ = 1.188.000 $). Die Verarbeitungskosten werden nicht aktiviert. Es werden also nicht wie in Beispiel 1 12.000 $ an Verarbeitungskosten dem Lagerbestand an fertigen Erzeugnissen zugeordnet. Von den gesamten Verarbeitungskosten in Höhe von 1.260.000 $ werden 1.188.000 $ als Standardkosten den verkauften Produkten zugerechnet. Die übrigen 72.000 $ (1.260.000 $ - 1.188.000 $) sind die Verarbeitungskostenunterdeckung. Eintrag (e) in Teil B der Tafel 20.4 zeigt, wie dieser Betrag verbucht wird, wenn SVC wie viele Unternehmen die Gemeinkostenunterdeckung monatlich auf die Herstellkosten des Umsatzes aufschlägt.

Der Abschlußsaldo des Materialkontos für den Monat April beträgt 69.000 $ (50.000 $ übriges Fertigungsmaterial + 19.000 $ Material in den 1.000 während der Periode hergestellten aber nicht verkauften Produkteinheiten). Der Ansatz in Beispiel 2 kommt zu annähernd den gleichen Kosten wie die sequentielle Kostenzuordnung, wenn ein Unternehmen nur minimale Lagerbestände an unfertigen und fertigen Erzeugnissen hält, denn diese Bestandskonten kommen in Beispiel 2 nicht vor.

Beispiel 3: Auslösepunkt ist die Fertigstellung der Produkte

Dieses Beispiel ist eine extreme und einfachere Version der Endpunktkostenrechnung. Es hat nur einen einzigen Auslösepunkt für die Erstellung der Journaleinträge zur Kostenbewertung der Lagerbestände, nämlich die Fertigstellung der Produkte. Teil C der Tafel 20.4 zeigt die Journaleinträge für diesen Fall unter Verwendung der gleichen Daten wie in den Beispielen 1 und 2. Da der Einkauf von Fertigungsmaterial kein Auslösepunkt ist, gibt es keinen Eintrag (a).

Vergleichen wir Eintrag (c) in Teil C der Tafel 20.4 mit den Einträgen (a) und (c) in Teil A. In der einfacheren Version des Beispiels 3 wird der Materialeinkauf in Höhe von 1.950.000 $ ignoriert [Eintrag (a) in Beispiel 1]. Ende April ist Rohmaterial im Wert von 50.000 $ noch nicht in den Produktionsprozeß eingegangen (1.950.000 $ - 1.900.000 $ = 50.000 $) und auch nicht in die Bewertung der Lagerbestände. Diese Version der Endpunktkostenrechnung eignet sich für ein JIT-Produktionssystem, das praktisch ohne Materiallager und mit minimalen Lagerbeständen an unfertigen Erzeugnissen arbeitet. Für andere Systeme ist Beispiel 3 weniger brauchbar, denn hier gibt es keine Konten für Materialbestände und unfertige Erzeugnisse.

Man könnte auch den Verkauf der fertigen Erzeugnisse als einzigen Auslösepunkt verwenden. In dieser Version der Endpunktkostenrechnung werden keinerlei Lagerbestandskonten geführt. Sie würde sich daher am besten für ein JIT-Produktionssystem eignen, das nicht nur bei Rohmaterial und unfertigen Erzeugnissen sondern auch bei den fertigen Produkten keine nennenswerten Bestände aufweist.

Spezielle Probleme bei der Endpunktkostenrechnung

Das Buchführungssystem, das mit den Beispiel 1, 2 und 3 illustriert wird, hält sich nicht streng an die allgemein akzeptierten Buchführungsgrundsätze für externe Rechnungslegung. So existieren zum Beispiel unfertige Erzeugnisse (ein Aktivposten), aber sie werden in der Buchführung nicht berücksichtigt. Befürworter der Endpunktkostenrechnung zitieren den Begriff der Wesentlichkeit, um diese Versionen der Endpunktkostenrechnung zu unterstützen. Sie behaupten, daß sich der Betriebsgewinn und die Lagerkosten in einem Endpunktkostenrechnungssystem von den Ergebnissen eines Kostenrechnungssystems, das sich an die allgemein akzeptierten Buchführungsprinzipien hält, nicht wesentlich unterscheiden, wenn die Lagerbestände niedrig sind oder sich ihre Gesamtkosten von einer Rechnungsperiode zur nächsten nicht wesentlich verändern.

DIE EINFÜHRUNG VON JIT VEREINFACHT DAS ENTSCHEIDUNGSORIENTIERTE RECHNUNGSWESEN

Viele Unternehmen, die ein JIT-Produktionssystem eingeführt haben, berichten, daß das entscheidungsorientierte Rechnungswesen an Komplexität und Umfang verloren hat. Die Ergebnisse einer Umfrage unter 22 US- Produktionsunternehmen unterstützen diese Behauptung. Unter den befragten Firmen waren 11 Maschinenbauer, 7 Transportunternehmen, 2 Computerhersteller und 2 Hersteller von Konsumprodukten. Im Durchschnitt hatten die Firmen mit der Umstellung auf JIT 4 Jahre vor der Umfrage begonnen und zum Zeitpunkt der Umfrage durchschnittlich 63 % der Arbeitsvorgänge im Werk und der Lagerhaltung auf JIT umgestellt.

Die wichtigsten Ergebnisse der Umfrage sind die folgenden:

1. In den vier wichtigsten Bereichen wurden nach der Einführung von JIT im Mittel die folgenden Einsparungen erzielt:
    - Anzahl der Zulieferer um 67 %,
    - Nachbesserungen und Abfall um 44 %,
    - Einrichtungszeit der Maschinen für Produktwechsel um 47 %,
    - Umfang der gesamten Lagerbestände um 46 %.

2. Folgende Kostenrechnungssystem wurden verwendet:

Typ	Vor JIT	Nach JIT
Zuschlagskalkulation	70 %	30 %
Divisionskalkulation	20 %	60 %
Mischsystem	10 %	10 %

3. Die Kostenrechnungssysteme waren infolge der Einführung von JIT
    - weniger komplex: 72,7 %
    - komplexer: 27,3 %

4. Acht der 22 Unternehmen haben nach der Realisierung von JIT die Endpunktkostenrechnung eingeführt und die Buchungen für die Umwandlung von Rohmaterial in unfertige Erzeugnisse abgeschafft.

5. Die Leistungsmessung war nach der Einführung von JIT
    - weniger komplex: 77,3 %
    - komplexer: 22,7 %

Quelle: Swenson und Cassidy, "The Effect of JIT." Vollständige Quellenangabe in Anhang A.

Umfragen zur betrieblichen Praxis

Angenommen es gibt wesentliche Unterschiede zwischen den Ergebnissen der Endpunktkostenrechnung und der herkömmlichen Standardkostenrechnung in bezug auf Betriebsgewinn und Lagerbestände. Dann kann man die Zahlen der Endpunktkostenrechnung so anpassen, daß sie den Anforderungen der externen Rechnungslegung genügen. Die Einträge in Beispiel 2 würden dazu führen, daß alle Verarbeitungskosten als Teil der Herstellkosten des Umsatzes verbucht werden (1.188.000 zu Standardkosten + 72.000 $ Abschreibung für Verarbeitungskostenunterdeckung = 1.260.000 $). Hält man den Umfang der Verarbeitungskosten für wesentlich, so kann man sie in das Konto Lagerbestände aufnehmen. Eintrag (d), der das Konto Verarbeitungskosten schließt, würde sich dann wie folgt verändern:

Ursprünglicher Eintrag (d)	Verrechnete Verarbeitungskosten	1.188.000	
	Herstellkosten des Umsatzes	72.000	
	an Verarbeitungskosten		1.260.000
Revidierter Eintrag (d)	Verrechnete Verarbeitungskosten	1.188.000	
	Lagerbestände (1.000 Stück × 12 $)	12.000	
	Herstellkosten des Umsatzes	60.000	
	an Verarbeitungskosten		1.260.000

Die Kritik an der Endpunktkostenrechnung richtet sich hauptsächlich auf das Fehlen von Prüfungspfaden, also von der Möglichkeit, die Nutzung der Ressourcen auf jedem Schritt im Produktionsprozeß nachzuverfolgen. Das Fehlen großer Lagerbestände an Material und unfertigen Erzeugnissen bedeutet, daß Manager die Arbeitsvorgänge mit Hilfe von persönlichen Beobachtungen, Computerüberwachung und nichtfinanziellen Maßen überblicken können.

Welche Implikationen haben JIT und nachträgliche Kostenzuordnung für die Prozeßkostenrechnung? Die Vereinfachung des Produktionsprozesses in einem JIT-System führt dazu, daß ein größerer Teil der Kosten zu Einzelkosten werden und reduziert damit den Umfang der Gemeinkostenaufschlüsselung. Vereinfachte Systeme der Prozeßkostenrechnung sind für Unternehmen, die JIT eingeführt haben, oft geeignet. Aber selbst diese einfacheren Prozeßkostenrechnungssysteme können die Endpunktkostenrechnung fördern. Durch Prozeßkostenrechnung kommt man zu relativ genaueren geplanten Verarbeitungskosten pro Stück für unterschiedliche Produkte, die dann in der Endpunktkostenrechnung verwendet werden können. Prozeßkostendaten sind also nützlich für Produktkostenkalkulation, Entscheidungsfindung und Kostenmanagement.

AUFGABE

Ein Produktionsunternehmen in Dallas verwendet die Standardkostenrechnung und ein System der Arbeitsvorgangskalkulation. Die Firma hat einen Lagerraum und mehrere Pufferbestände von Teilen und unfertigen Erzeugnissen an verschiedenen Arbeitsplätzen entlang der Produktionsstraßen. Es gibt keine eigene Einzelkostenkategorie für Fertigungslöhne. Alle Lohnkosten sind Teil der Verarbeitungskosten. Der Einfachheit halber gehen wir davon aus, daß es keine Anfangsbestände und keine Kostenabweichungen beim Material gibt.

1. Stellen Sie für einen gegebenen Monat aufgrund der folgenden Daten (in Tausend) die zusammenfassenden Journaleinträge auf (ohne Verrechnung von Verarbeitungskostenunter- oder -überdeckung).

Rohmaterialeinkauf	35.000 $
angefallene Verarbeitungskosten	22.000 $
verwendetes Rohmaterial	30.000 $
verrechnete Verarbeitungskosten	20.000 $
Kosten, die an das Konto Fertige Erzeugnisse weitergegeben werden	47.500 $
Herstellkosten des Umsatzes	40.000 $

    Der Einfachheit halber erhalten Sie keine Daten, um Journaleinträge für jeden zugrundeliegenden Transfer (z.B. von Unfertige Erzeugnisse, Arbeitsvorgang 1 nach Unfertige Erzeugnisse, Arbeitsvorgang 2 nach Unfertige Erzeugnisse, Arbeitsvorgang 3) zu erstellen. Gehen Sie stattdessen davon aus, daß es nur ein einziges Konto Unfertige Erzeugnisse gibt, das bei jedem Arbeitsvorgang von Hilfskonten unterstützt wird.

2. Buchen Sie die Journaleinträge aus 1. auf T-Konten für Lagerbestände (Material, unfertige Erzeugnisse und fertige Produkte), Verarbeitungskosten, verrechnete Verarbeitungskosten und Herstellkosten des Umsatzes.

3. Das Werk führt JIT-Produktion und Endpunktkostenrechnung ein mit zwei Auslösepunkten für Journaleinträge (Materialeinkauf und Fertigstellung fehlerfreier Produkte). Erstellen Sie die zusammenfassenden Journaleinträge; verwenden Sie dabei die gleichen Daten wie in 1. Beachten Sie jedoch, daß das verwendete Rohmaterial und die verrechneten Verarbeitungskosten nur von den fertiggestellten und nicht von den unfertigen Produkten berührt werden. Nehmen Sie an, daß 95 % der angefangenen Produkteinheiten fertiggestellt werden.

AUFGABE (FORTSETZUNG)

4. Buchen Sie die Einträge aus 3. auf T-Konten für Lagerbestände (Material, unfertige Erzeugnisse und fertige Erzeugnisse), Verarbeitungskosten, verrechnete Verarbeitungskosten und Herstellkosten des Umsatzes.

5. Vergleichen Sie die Lagerbestandssalden in 2 und 4. Erklären Sie die Unterschiede.

LÖSUNG

1.

a.	Material	35.000	
	an Verbindlichkeiten		35.000
b.	Verarbeitungskosten	22.000	
	an verschiedene Konten		22.000
c.	Unfertige Erzeugnisse	30.000	
	an Material		20.000
d.	Unfertige Erzeugnisse	20.000	
	an Verrechnete Verarbeitungskosten		20.000
e.	Fertige Erzeugnisse	47.500	
	an Unfertige Erzeugnisse		47.500
f.	Herstellkosten des Umsatzes	40.000	
	an fertige Erzeugnisse		40.000

2.

Material		Unfertige Erzeugnisse		Fertige Erzeugnisse	
(a) 35.000	(c) 30.000	(c) 30.000	(e) 47.500	(e) 47.500	(f) 40.000
Saldo 5.000		(d) 20.000		Saldo 7.500	
		Saldo 2.500			

Herstellkosten des Umsatzes		Verarbeitungskosten		Verrechnete Verarbeitungskosten	
(f) 40.000		(b) 22.000			(d) 20.000

LÖSUNG (FORTSETZUNG)

3.

a.	Rohmaterial und unfertige Erzeugnisse	35.000	
	an Verbindlichkeiten		35.000
b.	Verarbeitungskosten	22.000	
	an verschiedene Konten		22.000
c.	Fertige Erzeugnisse	47.500	
	an Rohmaterial und unfertige Erzeugnisse		28.500
	an Verrechnete Verarbeitungskosten		19.000
f.	Herstellkosten des Umsatzes	40.000	
	an Fertige Erzeugnisse		40.000

4.

Rohmaterial und unfertige Erzeugnisse		Fertige Erzeugnisse		Herstellkosten des Umsatzes
(a) 35.000	(c) 28.500	(c) 47.500	(d) 40.000	(d) 40.000
Saldo 6.500		Saldo 7.500		

Verarbeitungskosten	Verrechnete Verarbeitungskosten
(b) 22.000	(c) 19.000

5. (Tabelle siehe nächste Seite)

Die 1.000 $ Differenz zwischen den Lagerbeständen ist durch die Verbuchung der Verarbeitungskosten zu erklären. Bei der sequentiellen Kostenzuordnung waren die verrechneten Verarbeitungskosten um 1.000 $ höher, denn Auslösepunkt für die Zuordnung sind hier die unfertigen und nicht die fertigen Erzeugnisse.

Um den Vergleich zu vereinfachen, sind die Zahlen für die Lagerbestandssalden identisch mit Ausnahme der gerade erläuterten 1.000 $. Befürworter von JIT, die mit der Endpunktkostenrechnung arbeiten, behaupten jedoch, daß die Lagerbestände in einem JIT-System deutlich zurückgehen, insbesondere die Bestände an Rohmaterial und unfertigen Erzeugnissen.

LÖSUNG (FORTSETZUNG)

5.

	Sequentiell (Aufgabe 2)	Nachträglich (Aufgabe 4)
Material	5.000	0
Rohmaterial und unfertige Erzeugnisse	0	6.500
Unfertige Erzeugnisse	2.500	0
Zwischensumme	7.500	6.500
Fertige Erzeugnisse	7.500	7.500
Summe der Lagerbestände	15.000	14.000
Verarbeitungskostenunterdeckung	2.000	3.000
Herstellkosten des Umsatzes (zu Standard-kosten)	40.000	40.000

Aufgabe...

Lagerbestandsmanagement und Just-in-time-Systeme

KAPITEL

Das Lagerbestandsmanagement umfaßt alle Aktivitäten der Planung, Organisation und Steuerung der Ströme an Material und Produktbeständen in das Unternehmen hinein, durch es hindurch und aus ihm heraus. Viele Entscheidungen fallen in die breite Kategorie des Lagerbestandsmanagements. Wann ist der beste Zeitpunkt für den Einkauf von Produktionsmaterial oder Handelswaren? Wie sollte der Einkauf organisiert werden? Wie geht man mit den Beständen an Rohmaterial oder Handelswaren um, wenn man sie erhalten hat?

Das Lagerbestandsmanagement ist wichtig, denn die Materialkosten machen durchschnittlich bei Produktionsunternehmen mehr als 50 % und bei Handelsunternehmen mehr als 70 % der Gesamtkosten aus. Manager reagieren auf die hohen Material- und Lagerkosten auf unterschiedliche Weise. Im letzten Kapitel haben wir gesehen, daß einige Unternehmen JIT-Systeme einführen, um die Lagerbestände zu reduzieren. Andere konzentrieren sich auf die Senkung der Materialeinkaufskosten. General Motors (GM) hat in den neunziger Jahren von seinen Zulieferern zweistellige Preissenkungen verlangt. General Electric (GE) hat vor kurzem Ziel 10 ausgerufen, eine Initiative, die darauf abzielt, die Einkaufskosten der Firma um 10 % zu senken. Um diese Ziele zu erreichen, haben GM und GE ihren Zulieferern angeboten, sie bei der Kostensenkung zu unterstützen. Zulieferer, die nicht kooperieren, werden wahrscheinlich Umsatzeinbußen hinnehmen müssen.

Informationen aus dem Rechnungswesen können beim Lagerbestandsmanagement eine Schlüsselrolle spielen. Dieses Kapitel illustriert die Bedeutung dieser Informationen in zwei Bereichen:

1. Warenmanagement im Einzelhandel
2. Management von Rohmaterial, unfertigen und fertigen Erzeugnissen in Produktionsunternehmen

In Dienstleistungsunternehmen spielt das Lagerbestandsmanagement kaum eine Rolle, denn sie halten nur minimale Material- und Produktbestände.

21.1 DAS WARENMANAGEMENT IM EINZELHANDEL

Zu den Herstellkosten des Umsatzes gehören auch die Kosten für den Einkauf und das Management der Lagerbestände. Für die meisten Einzelhändler sind die Herstellkosten des Umsatzes der größte Einzelposten in der Kostenrechnung. So hat zum Beispiel Kroger, ein Lebensmitteleinzelhändler, die Betriebsvorgänge im Jahr 1994 wie folgt aufgeschlüsselt:

Umsatz		100 %
abzüglich Kosten		
Herstellkosten des Umsatzes	75,8 %	
Verkauf, Verwaltung und Allgemeines	19,7 %	
Andere Kosten, Zinsen und Steuern	3,3 %	
Summe der Kosten		98,8 %
Nettogewinn		1,2 %

Die hauchdünne Gewinnmarge bedeutet für Kroger wie für andere Einzelhandelsgeschäfte, daß bessere Entscheidungen in bezug auf den Einkauf und das Management der Waren einen dramatischen prozentualen Anstieg des Nettogewinns verursachen können.

Mit den Handelswaren verbundene Kosten

Die folgenden Kostenkategorien sind für das Management der Lagerbestände und der Handelswaren von Bedeutung.

1. *Einkaufskosten*: Die **Einkaufskosten** umfassen die Kosten für den Kauf der Güter von den Zulieferfirmen, sowie die Fracht- oder Transportkosten. Diese Kosten stellen meist den größten Einzelposten in der Kostenrechnung dar. Rabatte für unterschiedliche Auftragsmengen und die Kreditbedingungen der Zulieferer beeinflussen die Einkaufskosten.

2. *Bestellkosten*: Zu den **Bestellkosten** gehören die Kosten für die Vorbereitung und Durchführung von Bestellungen. Die Bearbeitungs-, Empfangs-, Prüf- und Zahlungskosten hängen mit der Anzahl der Bestellungen zusammen.

3. *Lagerhaltungskosten*: **Lagerhaltungskosten** entstehen, wenn eine Firma Waren auf Lager hält. Dazu gehören die Opportunitätskosten der in den Lagerbeständen gebundenen Finanzmittel (siehe Kapitel 11, Seite 377) und die Kosten der Lagerung selbst wie zum Beispiel Raummiete, Versicherung und Verluste durch vorzeitiges Veralten und Verderb.

4. *Fehlmengenkosten*: Eine **Fehlmenge** tritt auf, wenn der Firma eine bestimmte Ware ausgeht, die von den Kunden nachgefragt wird. Ein Unternehmen kann auf einen Engpaß oder eine Fehlmenge dadurch reagieren, daß sie die Waren per Eilbestellung vom Zulieferer beschafft. Zu den Fehlmengenkosten gehören die zusätzlichen Bestellkosten plus etwaige damit verbundene Transportkosten. Alternativ kann es sein, daß der Firma aufgrund der Fehlmenge Umsatz entgeht. In diesem Fall sind die Fehlmengenkosten der entgangene Deckungsbeitrag durch

den unterlassenen Verkauf plus weitere Deckungsbeiträge, die in der Zukunft verloren gehen, weil durch die Fehlmenge Kundensympathien verspielt worden sind.

5. *Qualitätskosten*: Die Qualität eines Produkts besteht in seiner Übereinstimmung mit einem im voraus angekündigten oder spezifizierten Standard. Oft unterscheidet man vier Kategorien von Qualitätskosten (siehe Kapitel 19): (a) Fehlerverhütungskosten, (b) Beurteilungskosten (c) interne Fehlerkosten und (d) externe Fehlerkosten.

Man sieht, daß die Opportunitätskosten, die normalerweise nicht in der Buchhaltung registriert werden, in mehreren dieser Kostenkategorien eine wichtige Komponente sind.

Bezieht man Kosten aus allen fünf Kategorien mit ein, so ergibt sich eine wesentliche Erhöhung der Herstellkosten des Umsatzes.[92] Allerdings versucht man heute durch technologische Fortschritte bei der Informationssammlung die Zuverlässigkeit und Aktualität der Lagerbestandsdaten zu erhöhen und damit in allen fünf Kategorien Kosten zu sparen. Zum Beispiel verbindet man das Unternehmen mittels elektronischem Datenaustausch mit seinen Zulieferern. Eine Bestellung wird dann durch einen einzigen Tastendruck ausgelöst, kommt dadurch zeitiger an und verursacht weniger Kosten. Die Strichcode-Technik ermöglicht es, Käufe und Verkäufe einzelner Produkteinheiten mit einem Scanner zu erfassen. Dadurch werden Lagerbewegungen auf der Stelle registriert, eine große Hilfe für das Management der Einkaufs-, Lagerhaltungs- und Fehlmengenkosten.

Das Modell der optimalen Bestellmenge

Die erste wichtige Entscheidung beim Warenmanagement ist die Entscheidung über die zu bestellende Menge eines Produkts. Bei dieser Entscheidung hilft das **Modell der optimalen Bestellmenge** (*economic order quantity*). Die einfachste Version dieses Modells berücksichtigt nur die Bestellkosten und die Lagerhaltungskosten. Sie geht von den folgenden Annahmen aus:

1. Zu jedem Bestellzeitpunkt wird die gleiche fixe Menge bestellt.

2. Nachfrage, Bestellkosten und Lagerhaltungskosten sind sicher. Die **Auftragsbearbeitungszeit** (*purchase order lead time*), also die Zeit zwischen der Bestellung und der Lieferung, ist ebenfalls sicher.

3. Die Einkaufskosten pro Einheit hängen nicht von der Bestellmenge ab. Diese Annahme sorgt dafür, daß die Einkaufskosten für die Bestimmung der optimalen Bestellmenge (OBM) irrelevant sind, denn die Einkaufskosten jeder erworbenen Produkteinheit sind die gleichen, unabhängig davon, in welchen Mengen das Produkt bestellt worden ist.

---

[92] In manchen Fällen erhöhen sich die Herstellkosten des Umsatzes auch durch Ladendiebstahl oder Arbeitnehmerdiebstahl.

4. Fehlmengen kommen nicht vor. Eine Rechtfertigung für diese Annahme liegt darin, daß Fehlmengen prohibitive Kosten verursachen. Wir nehmen an, daß das Management, um diese Kosten zu vermeiden, immer für ausreichende Lagerbestände sorgt, so daß keine Fehlmengen auftreten können.

5. Bei der Entscheidung über den Umfang der Bestellung wenden Qualitätskosten nur insoweit miteinbezogen, als diese Kosten die Bestellkosten oder die Lagerhaltungskosten beeinflussen.

Aufgrund dieser Annahmen ignoriert man bei der OBM-Analyse Einkaufskosten, Fehlmengenkosten und Qualitätskosten. Um die OBM zu bestimmen, minimiert man die relevanten Bestell- und Lagerhaltungskosten (diejenigen Bestell- und Lagerhaltungskosten, die durch die Bestellmenge beeinflußt werden):

Summe der relevanten Kosten = relevante Bestellkosten + relevante Lagerhaltungskosten

> **BEISPIEL:** Video Galore verkauft Pakete mit leeren Videobändern und vermietet Videos von Spielfilmen und Sportereignissen. Die Firma kauft Pakete mit Videobändern von Sontek zum Stückpreis von 14 $. Sontek bezahlt die Frachtkosten. Eine Wareneingangskontrolle ist nicht notwendig, denn Sontek hat eine ausgezeichnete Reputation für die Lieferung von Qualitätsware. Die Nachfrage beträgt 13.000 Pakete pro Jahr, also 250 Pakete pro Woche. Video Galore verlangt eine jährliche Kapitalrendite von 15 %. Die Auftragsbearbeitungszeit beträgt zwei Wochen. Die folgenden Kostendaten sind bekannt:

Relevante Bestellkosten pro Bestellung		200,00 $
Relevante Lagerhaltungskosten pro Paket und Jahr		
Angestrebte jährliche Kapitalverzinsung	2,10 $	
Relevante Kosten pro Jahr für Versicherung, innerbetrieblichen Transport, Lagerhaltung, Bruch, etc.	3,10 $	5,20 $

Wie groß ist die optimale Bestellmenge?

Die Formel, die dem OBM-Modell zugrundeliegt, lautet

$$\text{OBM} = \sqrt{\frac{2NA}{L}}$$

wobei

OBM = optimale Bestellmenge

N = Nachfrage in Mengeneinheiten pro Zeiteinheit (1 Jahr in diesem Beispiel)

A = relevante Bestellkosten pro Auftrag

L = relevante Lagerhaltungskosten pro gelagerte Mengeneinheit und pro Zeiteinheit, in der die Nachfrage N gemessen wird (1 Jahr in diesem Beispiel)

Die Formel zeigt, daß die OBM mit der Nachfrage und den Bestellkosten steigt und mit den Lagerhaltungskosten abnimmt.

Wir können die OBM für Video Galore mit Hilfe dieser Formel wie folgt bestimmen:

$$OBM = \sqrt{\frac{2 \times 13.000 \times 200 \text{ \$}}{5,20 \text{ \$}}} = \sqrt{1.000.000} = 1.000 \text{ Pakete}$$

Video Galore sollte deshalb jedes Mal 1.000 Pakete bestellen, um die Bestell- und Lagerhaltungskosten zu minimieren.

Die Summe der relevanten Kosten (SRK) pro Jahr kann für jede Bestellmenge B mit Hilfe der folgenden Formel berechnet werden:

SRK = relevante Bestellkosten + relevante Lagerhaltungskosten
= Anzahl der Bestellungen pro Jahr × relevante Kosten pro Bestellung
+ durchschnittlicher Lagerbestand in Mengeneinheiten
× relevante Lagerhaltungskosten pro Mengeneinheit und Jahr

$$= \left(\frac{N}{B}\right) \times A + \left(\frac{B}{2}\right) \times L = \frac{NA}{B} + \frac{BL}{2}$$

(Man beachte, daß in dieser Formel B für jede Bestellmenge stehen kann, nicht nur für die OBM.)

Wenn $B = 1.000$ Stück,

$$SRK = \frac{13.000 \times 200 \text{ \$}}{1.000} + \frac{1.000 \times 5,20 \text{ \$}}{2}$$

$$= 2.600 \text{ \$} + 2.600 \text{ \$} = 5.200 \text{ \$}$$

Die Anzahl an Bestellungen pro Zeiteinheit (in unserem Beispiel pro Jahr) beträgt dann

$$\frac{N}{OBM} = \frac{13.000}{1.000} = 13 \text{ Lieferungen}$$

Tafel 21.1 zeigt eine graphische Analyse der Summe der relevanten Bestell- und Lagerhaltungskosten pro Jahr bei verschiedenen Bestellmengen und illustriert den Trade-Off zwischen den beiden Kostenarten. Je größer die Bestellmenge, desto höher sind die jährlichen relevanten Lagerhaltungskosten und desto geringer sind die jährlichen relevanten Bestellkosten. *Die Summe der jährlichen relevanten Kosten erreicht ihr Minimum dort, wo die relevanten Lagerhaltungskosten und die relevanten Bestellkosten gleich sind* (im Beispiel der Firma Video Galore sind diese Kosten jeweils gleich 2.600 $).

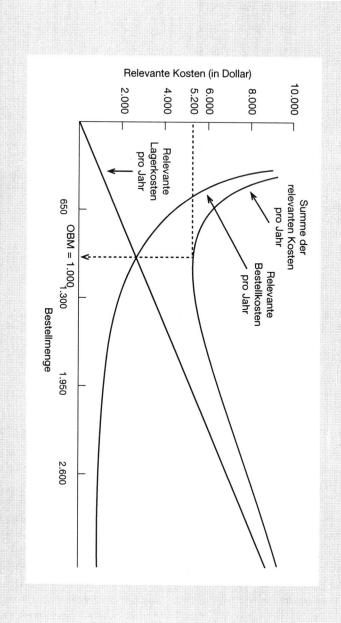

Tafel 21.1
Bestellkosten und Lagerhaltungskosten für Video Galore

Bestellzeitpunkt bei Sicherheit

Die zweite wichtige Entscheidung in bezug auf die Herstellkosten des Umsatzes ist der Bestellzeitpunkt. Der **Bestellbestand** (*reorder point*) ist derjenige Lagerbestand, der eine neue Bestellung auslöst. Den Bestellbestand kann man am einfachsten ausrechnen, wenn sowohl die Nachfrage als auch die Auftragsbearbeitungszeit sicher sind:

Bestellbestand = Absatzmenge pro Zeiteinheit × Auftragsbearbeitungszeit

Nehmen wir das Beispiel von Video Galore. Als Zeiteinheit haben wir eine Woche gewählt:

Optimale Bestellmenge	1.000 Pakete
Absatzmenge pro Woche	250 Pakete
Auftragsbearbeitungszeit	2 Wochen

Also gilt

$$\text{Bestellbestand} = \text{Absatzmenge pro Zeiteinheit} \times \text{Auftragsbearbeitungszeit}$$
$$= 250 \times 2 = 500 \text{ Pakete}$$

Video Galore wird also jedesmal, wenn der Lagerbestand auf 500 Pakete gefallen ist, 1.000 Pakete bestellen.

Die Kurve in Tafel 21.2 zeigt die Entwicklung des Lagerbestands unter der Annahme, daß die Nachfrage gleichmäßig auf jede Woche verteilt ist.[93] Bei einer Auftragsbearbeitungszeit von zwei Wochen geht eine neue Bestellung heraus, sobald der Lagerbestand auf 500 Pakete mit Videobändern geschrumpft ist, so daß die bestellten 1.000 Pakete genau dann geliefert werden, wenn der Lagerbestand Null ist.

Sicherheitsbestand

Bisher sind wir davon ausgegangen, daß die Nachfrage und die Auftragsbearbeitungszeit sicher sind. Wenn die Nachfrage, die Auftragsbearbeitungszeit oder die lieferbare Menge unsicher sind, halten Einzelhändler oft einen Sicherheitsbestand. Der **Sicherheitsbestand** (*safety stock*) ist derjenige Lagerbestand, der zu allen Zeiten gehalten wird, unabhängig von der mit Hilfe des OBM-Modells bestimmten Bestellmenge. Er dient als Puffer gegen unerwartete Erhöhungen der Nachfrage und der Auftragsbearbeitungszeit und gegen Lieferengpässe bei Herstellern und Großhändlern. In unserem

---

[93] Diese praktische Formel gilt nicht, wenn die Bestellmenge nicht ausreicht, um den Lagerbestand auf den Bestellbestand aufzustocken (zum Beispiel, wenn die Auftragsbearbeitungszeit 3 Wochen beträgt und die Bestellmenge nur für eine Woche ausreicht). In diesen Fällen überschneiden sich die Bestellungen.

Beispiel der Firma Video Galore beträgt die Nachfrage 250 Pakete pro Woche, aber das Firmenmanagement glaubt, daß mit einer maximalen Nachfrage von 400 Paketen pro Woche gerechnet werden muß. Wenn die Manager der Ansicht sind, daß die Fehlmengenkosten prohibitiv sind, können sie beschließen, einen Sicherheitsbestand von 300 Paketen zu halten. Diese Menge entspricht dem maximalen Nachfrageüberschuß von 150 Paketen pro Woche bei zwei Wochen Auftragsbearbeitungszeit. Die Berechnung von Sicherheitsbeständen hängt von der prognostizierten Nachfrage ab. Manager haben in der Regel aufgrund ihrer Erfahrung eine gewisse Vorstellung von der Bandbreite der wöchentlichen Nachfrage.

Tafel 21.2
Lagerbestand an Videoband-Paketen bei Video Galore*

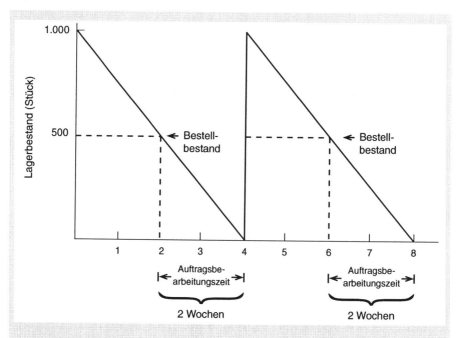

* Diese Darstellung setzt voraus, daß die Nachfrage und die Auftragsbearbeitungszeit sicher sind:
Nachfrage = 250 Bänderpakete pro Woche
Auftragsbearbeitungszeit= 2 Wochen

Eine Häufigkeitsverteilung auf der Basis früherer täglicher oder wöchentlicher Nachfragemengen liefert Daten für die Berechnung der mit dem Sicherheitsbestand verbundenen Kosten. Wir gehen davon aus, daß während der zweiwöchigen Auftragsbearbeitungszeit bei Video Galore eines von sieben verschiedenen Nachfrageniveaus auftritt.

Mengeneinheiten

Gesamtnachfrage für zwei Wochen	200	300	400	500	600	700	800
Wahrscheinlichkeit (summieren sich zu 1,00)	0,06	0,09	0,20	0,30	0,20	0,09	0,06

Wir sehen, daß 500 die wahrscheinlichste Nachfragemenge für zwei Wochen ist, denn dieser Zahl ist der höchste Wahrscheinlichkeitswert zugeordnet. Wir sehen auch, daß die Nachfrage mit einer Wahrscheinlichkeit von 0,35 (0,20 + 0,09 + 0,06) im Bereich von 600, 700 oder 800 Paketen liegen wird.

Wenn ein Kunde zu Video Galore kommt, um Videobänder zu kaufen, und der Laden keine auf Lager hat, kann die Firma sie per Eilbestellung an den Kunden liefern und muß dafür Kosten von 4 $ pro Paket aufbringen. Die relevanten Fehlmengenkosten sind in diesem Fall 4 $ pro Paket. Der optimale Sicherheitsbestand entspricht demjenigen Lagerbestand, der die Summe aus den relevanten jährlichen Fehlmengen- und Lagerhaltungskosten minimiert. Wir erinnern uns daran, daß die relevanten Lagerhaltungskosten für Video Galore 5,20 $ pro Mengeneinheit und Jahr betragen.

Tafel 21.3 zeigt die gesamten jährlichen Fehlmengen- und Lagerhaltungskosten bei einem Bestellbestand von 500 Stück. Wir brauchen nur Sicherheitsbestände von 0, 100, 200 und 300 Stück berücksichtigen, denn eine Nachfrage von 500 Stück übersteigt die verfügbaren Lagerbestände zum Zeitpunkt der Nachbestellung um 0 Einheiten, eine Nachfrage von 600 Stück um 100 Einheiten usw.[94]

Sontek führt eine ähnliche Analyse durch. Sontek hält ebenfalls einen Sicherheitsbestand, um auf unerwartete Kundenwünsche vorbereitet zu sein. Im Endeffekt führt das zu hohen Lagerbeständen in der Lieferkette, die aus dem Hersteller und dem Einzelhändler besteht. Um diese Lagerbestände zu verringern, bilden die Unternehmen strategische Partnerschaften. So könnte Video Galore zum Beispiel mit Sontek einen Vertrag abschließen, um die Lagerbestände bei Video Galore besser zu managen. Sontek könnte dann die Produktströme in der gesamten Lieferkette besser koordinieren. Sontek könnte zum Beispiel seine eigenen Lagerbestände reduziere, wenn Video Ga-

---

[94] Wenn Video Galore mit 100 Stück Sicherheitsbestand mehr Gewinn macht als mit 0, zieht es die Firma vor, 100 Stück auf Lager zu haben und nicht irgendeine Menge zwischen einer und 99 Einheiten. Wenn Video Galore mit 200 Stück Sicherheitsbestand mehr Gewinn macht als mit 100, zieht es die Firma vor, 200 Stück auf Lager zu haben und nicht irgendeine Menge zwischen 101 und 199, usw. Man kann diese Behauptung verifizieren, indem man verschiedene Werte für den Sicherheitsbestand in die Tafel 21.3 einsetzt.

lore hohe Lagerbestände hat, und umgekehrt. Unternehmen wie 3M, Procter & Gamble und Scott Paper haben mit WalMart, der größten Einzelhandelskette in den Vereinigten Staaten, solche Vereinbarungen abgeschlossen.

21.2 SCHWIERIGKEITEN BEI DER SCHÄTZUNG VON LAGER-BEZOGENEN KOSTEN UND IHREN AUSWIRKUNGEN

Überlegungen bei der Schätzung der relevanten Kosten

Korrekte Schätzungen der Kostenparameter für das OBM-Entscheidungsmodell zu erhalten, ist keine leichte Aufgabe. Die relevanten jährlichen Kosten der Lagerhaltung bestehen zum Beispiel aus *Differenzkosten*, die tatsächlich mit Ausgaben verbunden sind, und aus den *Opportunitätskosten des Kapitals*.

Relevante Differenzkosten der Lagerhaltung sind nur diejenigen Kosten, die mit dem Lagerbestand variieren, wie zum Beispiel Versicherungsbeiträge und Kosten durch Veraltung und Bruch. Dagegen sind die Gehälter von Büroangestellten, Lagerverwaltern und Lagerarbeitern irrelevant, insofern sie von Veränderungen des Lagerbestands nicht beeinflußt werden. Nehmen wir zum Beispiel an, daß diese Arbeitskosten mit sinkenden Lagerbeständen zurückgehen, weil die Arbeitskräfte mit anderen Aktivitäten beschäftigt oder entlassen werden. In diesem Fall sind die Gehälter dieser Personen relevante Differenzkosten der Lagerhaltung. Ebenso sind die Kosten von firmeneigenen Lagerräumen, die bei sinkenden Lagerbeständen nicht für andere profitable Zwecke verwendet werden können, irrelevant. Gibt es aber eine andere profitable Verwendung für diesen Platz, oder sind die Mietkosten an den tatsächlich belegten Raum gebunden, dann sind die Lagerkosten relevante Differenzkosten der Lagerhaltung.

Die relevanten Opportunitätskosten des Kapitals sind der Ertrag, auf den das Unternehmen verzichten muß, wenn es Kapital in Lagerbestände investiert, das damit nicht für andere Zwecke zur Verfügung steht. Sie werden berechnet als geforderte Kapitalrendite multipliziert mit denjenigen Kosten, die mit der Anzahl der eingekauften Mengeneinheiten variieren und zum Zeitpunkt der Lieferung entstehen. (Beispiele für diese Kosten sind der Einkaufspreis, die Frachtkosten und die Kosten der Wareneingangskontrolle.) Die Opportunitätskosten von Investitionen, etwa in Gebäude, werden dann nicht berechnet, wenn diese Investitionen von Veränderungen der Lagerbestände nicht berührt werden. Bei den Fehlmengen setzt die Berechnung der relevanten Opportunitätskosten voraus, daß man nicht nur den entgangenen Deckungsbeitrag des dadurch verhinderten Umsatzes schätzt, sondern auch den Deckungsbeitrag, der dadurch verloren geht, daß die enttäuschten Kunden in Zukunft weniger kaufen.

Tafel 21.3
Berechnung des Sicherheitsbestands für Video Galore bei einem Bestellbestand von 500 Stück

Sicherheits-bestand in Stück (1)	Nachfrage, die zu Fehlbestand führt (2)	Fehl-menge[a] (3) = (2) - 500 - (1)	Wahrschein-lichkeit von Fehlbeständen (4)	Relevante Fehlmengen-kosten[b] (5) = (3) × 4 $	Anzahl der Bestellungen pro Jahr[c] (6)	Erwartete Fehlmengen-kosten[d] (7) = (4) × (5) × (6)	Relevante Lager-kosten[e] (8) = (1) × 5,20 $	Summe relevante Kosten (9) = (7) + (8)
0	600	100	0,20	400 $	13	1.040 $		
	700	200	0,09	800 $	13	936 $		
	800	300	0,06	1.200 $	13	936 $		
						2.912 $	0 $	2.912 $
100	700	100	0,09	400	13	468 $		
	800	200	0,06	800	13	624 $		
						1.092 $	520 $	1.612 $
200	800	100	0,06	400	13	312 $	1.040 $	1.352 $
300	-	-	-	-	-	0 $[f]	1.560 $	1.560 $

a. Tatsächliche Nachfrage - während der Auftragsbearbeitungszeit verfügbare Lagerbestände (ohne Sicherheitsbestand).
b. Fehlmenge × relevante Fehlmengenkosten von 4,00 $ pro Stück.
c. Jährliche Nachfrage 13.000 : 1.000 OBM = 13 Bestellungen pro Jahr.
d. Wahrscheinlichkeit eines Fehlbestands × relevante Fehlmengenkosten × Anzahl an Bestellungen pro Jahr.
e. Sicherheitsbestand × jährliche relevante Lagerhaltungskosten von 5,20 $ pro Stück.
f. Bei einem Sicherheitsbestand von 300 Stück kommt es zu keinen Fehlmengen; damit sind die erwarteten Fehlmengenkosten 0 $.

Unsere Darstellung legt den Schluß nahe, daß die Vorhersage der relevanten Kosten Sorgfalt verlangt und Schwierigkeiten bereitet. Manager wissen, daß ihrer Hochrechnungen selten fehlerlos sein werden. Das führt zu einer weiteren Frage: Wie hoch sind die Kosten einer falschen Vorhersage, wenn die tatsächlichen relevanten Kosten sich von den bei der Entscheidung unterstellten relevanten Kosten unterscheiden?

Kosten eines Prognosefehlers

Wir bleiben bei unserem Beispiel und nehmen an, daß Video Galore nicht wie vorhergesagt 200 $ sondern 242 $ relevante Kosten pro Bestellung hat. Die Kosten dieses Vorhersagefehlers kann man in drei Schritten berechnen.

Schritt 1: Berechne das monetäre Ergebnis der besten Handlungsweise, die beim tatsächlichen Kostenbetrag möglich gewesen wäre. Die richtigen Kostendaten sind $N = 13.000$ Stück, $A = 242$ $ und $L = 5,20$. Die optimale Bestellmenge ist

$$\text{OBM} = \sqrt{\frac{2NA}{L}} = \sqrt{\frac{2 \times 13.000 \times 242\ \$}{5,20\ \$}} = \sqrt{1.210.000} = 1.100 \text{ Pakete}$$

Die Summe der jährlichen relevanten Kosten bei OBM = 1.100 beträgt

$$\text{SRK} = \frac{NA}{B} + \frac{BL}{2} = \frac{13.000 \times 242\ \$}{1.100} + \frac{1.100 \times 5,20\ \$}{2}$$

$$= 2.860\ \$ + 2.860\ \$ = 5.720\ \$$$

Schritt 2: Berechne das monetäre Ergebnis der besten Handlungsweise, die beim falsch vorhergesagten Kostenbetrag möglich gewesen wäre. Wenn die relevanten Kosten pro Bestellung auf 200 $ geschätzt werden, wird geplant, jedesmal 1.000 Pakete zu bestellen. Die Summe der relevanten Kosten pro Jahr beträgt für diese Bestellmenge ($N = 13.000$ Stück, $A = 242$ $ und $L = 5,20$)

$$\text{SRK} = \frac{13.000 \times 242\ \$}{1.000} + \frac{1.000 \times 5,20\ \$}{2}$$

$$= 3.146\ \$ + 2.600\ \$ = 5.746\ \$$$

Schritt 3: Berechne die Differenz zwischen den monetären Ergebnissen aus Schritt 1 und Schritt 2.

	Monetäres Ergebnis
Schritt 1	5.720 $
Schritt 2	5.746 $
Differenz	(26) $

Die Kosten des Vorhersagefehlers betragen nur 26 $. Das liegt daran, daß die Kurve der gesamten jährlichen relevanten Kosten in Tafel 21.2 im Bereich der Bestellmengen zwischen 650 und 1.300 Stück relativ flach verläuft. *Eine wichtige Eigenschaft des OBM-Modells besteht darin, daß die Summe der relevanten Kosten auf kleinere Abweichungen von den Kostenschätzungen selten empfindlich reagiert. Die Quadratwurzel im OBM-Modell verringert die Sensitivität der Entscheidung in bezug auf Fehler bei der Schätzung der Ausgangsgrößen.*

Zielkongruenz

Das Thema Zielkongruenz kann auftauchen, wenn das Entscheidungsmodell und das Modell zur Bewertung der Leistung des Entscheidungsträgers, nicht miteinander konsistent sind. So kann zum Beispiel das Fehlen von Opportunitätskosten in konventionellen Buchhaltungssystemen einen Konflikt verursachen zwischen der optimalen Bestellmenge des Modells und derjenigen Bestellmenge, die der Einkaufsmanager, der nach konventionellen Buchhaltungszahlen bewertet wird, für optimal hält.

Wenn die jährlichen Lagerhaltungskosten bei der Bewertung der Managementleistung nicht berücksichtigt werden, kann es sein, daß Manager eine größere Bestellmenge bevorzugen, als nach dem OBM-Modell optimal wäre. Unternehmen wie CocaCola und WalMart lösen diesen Konflikt, indem sie das Leistungsbewertungssystem so gestalten, daß die Lagerhaltungskosten einschließlich einer geforderten Kapitalrendite dem richtigen Manager angerechnet werden.

21.3 JUST-IN-TIME-EINKAUF

Wie in Kapitel 20 beschrieben, verwenden Unternehmen immer mehr Aufmerksamkeit auf den *Just-in-time-Einkauf*, also ein Einkaufssystem, das dafür sorgt, daß Produkte und Materialien unmittelbar vor ihrer Verwendung geliefert werden. JIT-Einkauf setzt voraus, daß Unternehmen ihre Beziehungen mit den Zulieferern umstrukturieren und ihre Bestellungen häufiger und in kleineren Mengen aufgeben. Als nächstes untersuchen wir den Zusammenhang zwischen OBM-Entscheidungsmodellen und JIT-Einkauf.

Unternehmen, die auf JIT-Einkauf umstellen, argumentieren, daß die vollen Kosten der Lagerhaltung (einschließlich der Raumkosten, der Kosten durch Verderb und der Opportunitätskosten, die im Buchhaltungssystem nicht erscheinen) in der Vergangenheit dramatisch unterschätzt worden sind. Gleichzeitig kommt es durch den Aufbau enger Partnerschaften mit den Zulieferern und die Verwendung von computergestützten Systemen (wie zum Beispiel dem elektronischen Datenaustausch) für Tätigkeiten im Bestellwesen zu einer deutlichen Verringerung der Bestellkosten.

DIE WIEDERBELEBUNG VON PORSCHE DURCH JUST-IN-TIME

1993 geriet Porsche ins Wanken. Die Firma hatte in drei aufeinanderfolgenden Jahren Verluste geschrieben und der Absatz in den Vereinigten Staaten war von 30.000 Autos im Jahr 1986 auf 4.000 zurückgegangen. Die Firma hat ihre Kosten drastisch zusammengestrichen und Produktion und Marketing aufpoliert. Nur zwei kurze Jahre später sieht Porsche schlanker und gesünder aus. Wendelin Wiedeking, der CEO von Porsche, rechnet die Wende zwei früheren Toyota-Ingenieuren als Verdienst an: Yoshiki Iwata und Chihiro Nakao wearen es, die Porsche mit JIT-Systemen vertraut gemacht haben. Als sie zu Porsche kamen, bemerkte Herr Iwata, die Firma sähe nicht wie eine Autofabrik sondern wie eine Reederei aus, denn die Arbeitskräfte verbrächten weniger Zeit mit dem Zusammenbauen von Autos als damit, an Lagerregalen hinauf- und hinunterzzuklettern, um die benötigten Teile zu finden.

Durch die Einführung von JIT konnte Porsche 100 Millionen DM mobilisieren, die zuvor in den Lagerbeständen gebunden waren, die Produktionszeit für den populären Carrera 911 von 120 auf 80 Stunden reduzieren und Fehler, Abfall und Nachbesserungen verringern. Für 1995 erwartet man eine Halbierung der Produktionszeit. Porsche hat auch seine Autos neu konstruiert, so daß die Produktlinien Boxster und 911 36 % der Teile gemeinsam haben. Dadurch haben sich die Kosten für Produktion, Entwicklung und Lagerhaltung verringert.

Um die Bemühungen um einen JIT-Einkauf in Gang zu bringen, hat Porsche die Anzahl der Zulieferer stark reduziert. Die Firma arbeitet mit den Zulieferern eng zusammen, um zu erreichen, daß die Teile und Komponenten genau dann angeliefert werden, wenn sie gebraucht werden, mit dem Ergebnis, daß die Lagerbestände an Fertigungsmaterial deutlich reduziert werden konnten.

Quellen: A. Choi, "Porsche, Once Near Collapse, Now Purrs; Automaker Cut
   Costs, Reduced Dependency on U.S.," The Wall Street Journal, 15. Dezember 1994, und Porsches Jahresbericht 1993/94.

Konzepte und ihre Umsetzung

Implikationen des JIT-Einkaufs für die optimale Bestellmenge

Tafel 21.4 analysiert die Sensitivität der OBM von Video Galore, um die Einsparungen durch häufigere Bestellungen von kleineren Mengen zu illustrieren. Die Analyse in Tafel 21.4 unterstützt den JIT-Einkauf, da die relevanten Lagerhaltungskosten steigen und die relevanten Bestellkosten abnehmen.

Tafel 21.4

Sensitivität der OBM in bezug auf Veränderungen der relevanten Bestell- und Lagerhaltungskosten für Video Galore*

Relevante Lagerhaltungskosten pro Paket und Jahr	Relevante Bestellkosten pro Bestellung			
	200 $	150 $	100 $	30 $
5,20 $	OBM = 1.000	OBM = 866	OBM = 707	OBM = 387
7,00 $	862	746	609	334
10,00 $	721	624	510	279
15,00 $	589	510	416	228

* Unter der Annahme, daß die Nachfrage immer 1.000 Pakete beträgt.

Relevante Nutzen und Kosten des JIT-Einkaufs

Der JIT-Einkauf wird nicht nur durch das OBM-Modell nahegelegt. Das OBM-Modell ist so konstruiert, daß es ausschließlich den Trade-Off zwischen Bestellkosten und Lagerhaltungskosten in den Blick rückt. Das Lagerbestandsmanagement schließt jedoch neben den Bestell- und Lagerhaltungskosten auch die Einkaufskosten, die Fehlmengenkosten und die Qualitätskosten mit ein (Seite 706). Die Qualität von Material und Produkten und die zeitgerechte Lieferung sind wichtige Motive für die Verwendung eines JIT-Einkaufssystems. Auch die Reduzierung der Fehlmengenkosten ist ein wichtiges Anliegen. Wir erweitern das OBM-Entscheidungsmodell um diese Aspekte und kommen damit zum JIT-Einkaufsmodell.

Nehmen wir noch einmal das Beispiel der Firma Video Galore und betrachten wir die folgenden Informationen. Video Galore hat kürzlich elektronischen Datenaustausch mit Sontek eingerichtet. Video Galore löst durch einen einzigen Computereintrag eine Bestellung von Videobändern aus. Computerprogramme ordnen den Bestellungen die Lieferdokumente zu. Die Zahlung erfolgt elektronisch jeweils für eine Reihe von Lieferungen anstatt für jede einzelne Lieferung. Durch diese Neuerungen werden die Bestellkosten vernachlässigbar. Video Galore versucht auszuhandeln, daß Sontek 130 mal im Jahr (5 mal in zwei Wochen) 100 Pakete liefert und nicht 13 mal im Jahr 1.000 Pakete wie in Tafel 21.1 berechnet. Sontek ist bereit, diese häufigen Lieferungen einzuführen, will aber einen geringfügigen Preisaufschlag von 0,02 $ pro Paket. Die angestrebte Kapitalverzinsung von Video Galore beträgt weiterhin 15 %. Wir nehmen an, daß die relevanten Lagerhaltungskosten pro Jahr für Versicherung, Lagerarbeiten, Bruch usw. nach wie vor 3,10 $ pro Paket und Jahr betragen.

Tafel 21.5
Jährliche relevanten Kosten der gegenwärtigen Einkaufspolitik und der JIT-Einkaufspolitik für Video Galore

Relevanter Posten	Differenzkosten beim gegenwärtigen Einkaufssystem	Differenzkosten beim JIT-System
Einkaufskosten		
14 $ pro Stück × 13.000 Stück pro Jahr	182.000,00 $	
14,02 $ pro Stück × 13.000 Stück pro Jahr		182.260,00 $
Angestrebte Kapitalverzinsung		
15 % pro Jahr × 14 $ Kosten pro Stück × 500[a] Stück durchschnittlicher Lagerbestand pro Jahr	1.050,00 $	
15 % pro Jahr × 14,02 $ Kosten pro Stück × 50[b] Stück durchschnittlicher Lagerbestand pro Jahr		105,15 $
Tatsächliche Lagerhaltungskosten (Versicherung, Lagerarbeit, Bruch usw.)		
3,10 pro Stück und Jahr × 500[a] Stück durchschnittlicher Lagerbestand pro Jahr	1.550,00 $	
3,10 pro Stück und Jahr × 50[b] Stück durchschnittlicher Lagerbestand pro Jahr		155,00 $
Fehlmengenkosten		
Keine Fehlmengen	0 $	
4 $ pro Stück × 50 Stück pro Jahr		200,00 $
Summe der jährlichen relevanten Kosten	184.600,00 $	182.720,15 $
Jährliche Differenz zugunsten des JIT-Einkaufs	1.879,85 $	

a. Bestellmenge : 2 = 1.000 : 2 = 500
b. Bestellmenge : 2 = 100 : 2 = 50

Angenommen, Video Galore hat bei seiner gegenwärtigen Einkaufspolitik keine Fehlmengenkosten, weil die Nachfrage und die Auftragsbearbeitungszeiten für jede Vier-

Wochen-Periode sicher sind. Die Firma fürchtet vor allem, daß die niedrigeren Lagerbestände infolge der Einführung des JIT-Einkaufs zu Fehlmengen führen wird, da in den kurzen Zeiträumen zwischen den Lieferungen bei JIT-Einkauf Nachfrageschwankungen und Lieferverzögerungen wahrscheinlicher werden. Die Firma Sontek versichert Video Galore, daß sie durch ihre neuen Produktionsprozesse in der Lage ist, schnell auf wechselnde Nachfragemuster zu reagieren. Infolgedessen werden Fehlbestände möglicherweise kein ernsthaftes Problem darstellen. Video Galore rechnet damit, daß bei einer JIT-Einkaufspolitik pro Jahr Fehlmengenkosten für 50 Pakete mit Videobändern entstehen. Wenn ein Fehlbestand auftritt, wird Video Galore Eilbestellungen aufgeben müssen zu Kosten von 4 $ pro Paket. Soll Video Galore JIT-Einkauf einführen?

Tafel 21.5 vergleicht (1) die Differenzkosten, die entstehen, wenn Video Galore bei der gegenwärtigen Einkaufspolitik Videobänder von Sontek kauft, mit (2) den Differenzkosten, die bei einer JIT-Einkaufspolitik entstehen würden. Der Unterschied zwischen diesen beiden Differenzkosten ist die relevante Ersparnis durch den JIT-Einkauf. Bei anderen Vergleichsmethoden berücksichtigt die Analyse ausschließlich die relevanten Kosten, also diejenigen Kosten, die sich bei beiden Alternativen unterscheiden. Tafel 21.5 zeigt, daß der Übergang zum JIT-Einkauf eine Nettoersparnis von 1.879,85 $ im Jahr bringt. Man beachte, daß die Bestellkosten vernachlässigbar sind und deshalb in der Analyse nicht vorkommen. Das liegt daran, daß Video Gelore auf jeden Fall die neue elektronische Datenverbindung für die Bestellungen verwenden wird, unabhängig davon, ob die Firma zum JIT-Einkauf übergeht.

Die Bewertung der Zulieferer und die relevanten Kosten von Qualität und Lieferpünktlichkeit

Wie wir in Kapitel 20 gesehen haben, sind die Kosten von Qualität und Lieferpünktlichkeit in einer Umgebung mit JIT-Einkauf besonders entscheidend. Fehlerhaftes Material und verspätete Lieferungen bringen oft die ganze Fabrik zum Stillstand und verursachen damit Umsatzausfälle mit dem entsprechenden entgangenen Deckungsbeitrag. Unternehmen, die JIT-Einkauf einführen, wählen ihre Zulieferer sorgfältig aus und verwenden besonders viel Aufmerksamkeit auf die Entwicklung langfristiger Geschäftspartnerschaften. Manche Zulieferer sind sehr kooperativ, wenn ein Unternehmen versucht, JIT-Einkaufsmethoden zu übernehmen. Die Firma Frito-Lay zum Beispiel, die einen hohen Marktanteil bei Kartoffelchips und anderen Snacks hat, beliefert die Einzelhandelsgeschäfte häufiger als viele ihrer Konkurrenten. Die Unternehmensstrategie baut auf den Service für die Einzelhändler und auf die gleichbleibende Qualität und Frische des gelieferten Produkts.

Bei der Bewertung der Zulieferer müssen die Unternehmen besonders die Qualitätskosten der Produkte und Materialien berücksichtigen (zum Beispiel die Kosten für die Wareneingangskontrolle, für Retouren, Abfälle und Nachbesserungen), sowie die Kosten für verspätete Lieferungen (die Kosten der Terminüberwachung, Leerzeiten der Maschinen und entgangene Deckungsbeiträge durch verlorenen Absatz) und die Kosten von verfrühten Lieferungen (Lagerhaltungskosten). Nehmen wir Texas Instruments (TI) als Beispiel. TI verbucht Einkaufskosten in Höhe von 0,55 $ pro Stück für elektrische Kontakte. Wenn sich jedoch ein Kontakt als fehlerhaft herausstellt und ausgewechselt werden muß, kostet es die Firma 15 $, wenn der Fehler während der Fertigung entdeckt wird, 57 $, wenn er bei den Abschlußtests entdeckt wird, und 97 $ wenn das Auswechseln erst beim Kunden erfolgt.[95] Es ist nicht überraschend, daß TI die Zulieferer von elektrischen Kontakten sehr sorgfältig auswählt und für höhere Qualität einen höheren Preis bezahlt. Der Einkaufspreis ist nur eine Komponente bei der Bewertung der Zulieferer.

Welches sind die relevanten Kosten bei der Auswahl von Zulieferfirmen? Betrachten wir noch einmal das Beispiel der Firma Video Galore. Die Denton Corporation kommt ebenfalls als Lieferant von Videobändern in Frage. Sie bietet an, zu einem Preis von 13,60 $ pro Paket und unter den gleichen JIT-Lieferbedingungen wie Sontek den gesamten Bedarf an Videobändern von Video Galore zu decken. Zum Vergleich: Sontek verlangt 14,02 $ pro Paket. Genau wie Sontek schlägt Denton einen elektronischen Datenaustausch vor, der dazu führen würde, daß Video Galore nur noch vernachlässigbar geringe Bestellkosten hätte. Wenn Video Galore die Videobänder bei Sontek kauft, betragen die tatsächlichen relevanten Lagerhaltungskosten (Versicherung, Lagerarbeiten, Bruch usw.) 3,10 $ pro Paket und Jahr; kauft die Firma bei Denton, so belaufen sich diese Kosten nur auf 3,00 $ pro Paket und Jahr. Video Galore muß die relevanten Kosten von Qualitätsmängeln und verspäteten Lieferungen berücksichtigen, um zu entscheiden, ob die Firma künftig von Denton kaufen soll.

Video Galore hat in der Vergangenheit mit Sontek gearbeitet und weiß, daß Sontek seine Reputation für Produktqualität und Lieferpünktlichkeit voll verdient. Video Galore findet es zum Beispiel nicht nötig, die von Sontek gelieferten Pakete mit Videobändern zu überprüfen. Denton hat jedoch, was die Qualität betrifft, nicht so eine gediegene Reputation. Video Galore rechnet mit den folgenden negativen Aspekten einer Zusammenarbeit mit Denton:

- Der Firma würden zusätzliche Warenkontrollkosten in Höhe von 0,05 $ pro Paket entstehen.
- Hauptsächlich durch verspätete Lieferungen würde eine durchschnittliche jährliche Fehlmenge von 360 Paketen entstehen. Denton ist nicht in der Lage, Videobänder per Eilauftrag zu liefern. Video Galore erwartet durch die Fehlmengen einen entgangenen Deckungsbeitrag von 8 $ pro Paket.
- Die Kunden würden wahrscheinlich 2 % aller verkauften Pakete wegen schlechter Qualität zurückgeben. Video Galore schätzt die zusätzlichen Kosten für die Abwicklung der Retouren auf 25 $ pro Paket.

---

[95] L. Carr und C. Ittner, "Measuring the Cost of Ownership," *Journal of Cost Management* (Herbst 1992).

Tafel 21.6

Jährliche relevante Kosten des Einkaufs bei Sontek bzw. bei Denton

Relevanter Posten	Differenzkosten des Einkaufs bei Sontek	Differenzkosten des Einkaufs bei Denton
Einkaufskosten		
14,02 $ pro Stück × 13.000 Stück pro Jahr	182.260,00 $	
13,60 $ pro Stück × 13.000 Stück pro Jahr		176.800,00 $
Warenkontrollkosten		
Wareneingangskontrolle nicht notwendig	0 $	
0,05 $ pro Stück × 13.000 Stück		650,00 $
Angestrebte Kapitalverzinsung		
15 % pro Jahr × 14,02 $ × 50[a] Stück durch-schnittlicher Lagerbestand pro Jahr	105,15 $	
15 % pro Jahr × 13,60 $ × 50[a] Stück durch-schnittlicher Lagerbestand pro Jahr		102,00 $
Tatsächliche Lagerhaltungskosten (Versicherung, Lagerarbeiten, Bruch usw.)		
3,10 pro Stück und Jahr × 50[a] Stück durch-schnittlicher Lagerbestand pro Jahr	155,00 $	
3,00 pro Stück und Jahr × 50[a] Stück durch-schnittlicher Lagerbestand pro Jahr		150,00 $
Fehlmengenkosten		
4 $ pro Stück × 50 Stück pro Jahr	200,00 $	
8 $ pro Stück × 360 Stück pro Jahr		2.880,00 $
Kosten für Retouren		
Keine Kundenbeanstandungen	0 $	
25 % pro Stück × 2 % × 13.000 Retouren pro Jahr		6.500,00 $
Summe der jährlichen relevanten Kosten	182.720,15 $	187.082,00 $
Jährliche Differenz zugunsten von Sontek	4.361,85 $	

a. Bestellmenge : 2 = 100 : 2 = 50

Tafel 21.6 zeigt die relevanten Kosten des Einkaufs von Sontek und von Denton. Obwohl Denton einen niedrigeren Preis pro Paket bietet, sind die gesamten relevanten Kosten bei Sontek im Jahr um 4.361,85 $ niedriger. Der Verkauf von qualitativ hochwertiger Ware hat außerdem auch einen nichtfinanziellen, qualitativen Nutzen. Indem Video Galore die hochwertigen Videobänder von Sontek anbietet, fördert die Firma ihren guten Ruf und den Goodwill der Kunden, was in der Zukunft zu höherer Rentabilität führen könnte.

21.4 DAS MANAGEMENT DER LAGERHALTUNGSKOSTEN IN PRODUKTIONSUNTERNEHMEN

Manager von Produktionsunternehmen haben die schwierige Aufgabe, Qualitätsprodukte zu konkurrenzfähigen Kosten herzustellen. Zahlreiche Systeme sind entwickelt worden, die den Managern helfen sollen, Produktions- und Lagerhaltungsaktivitäten zu planen und auszuführen. Kapitel 20 beschreibt die zwei grundlegenden Typen von Systemen:

- *Just-in-time-Produktion*, kurz JIT-Produktion, ein "Nachfragesog"-System, bei dem Produkte nur hergestellt werden, um einen ganz bestimmten Kundenauftrag zu erfüllen.
- *Materialbedarfsplanung* (*materials requirement planing*), ein "Durchschiebesystem", bei dem aufgrund von Nachfrageprognosen fertige Güter auf Lager produziert werden.

Unternehmen mit JIT-Produktionssystemen managen ihre Lagerbestände, indem sie sie abschaffen. Wenn Lagerbestände vorhanden sind, wie bei der Materialbedarfsplanung (MBP), so hat das entscheidungsorientierte Rechnungswesen mehrere wichtige Rollen. Erstens muß es genaue und aktuelle Informationen über die Lagerbestände an Materialien, unfertigen und fertigen Erzeugnisse sammeln. Eine wichtige Ursache für Mißerfolge bei der Implementierung von MBP-Systemen sind Schwierigkeiten beim Sammeln und Aktualisieren von Lagerbestandszahlen. Durch die Berechnung der Gesamtkosten der Lagerhaltung von Fertigprodukten werden Veränderungen motiviert. So hat zum Beispiel die Firma National Semiconductor, anstatt ihre Produkte in sechs verschiedenen Lagerhäusern aufzubewahren, mit Federal Express einen Vertrag abgeschlossen über den Lufttransport ihrer Mikrochips von einem Zentrallager in Singapur aus in die ganze Welt. Diese Veränderung ermöglichte es der Firma, Produkte in 4 Tagen anstatt in 45 Tagen von der Fabrik zu den Kunden zu befördern und die Vertriebskosten von 2,6 % auf 1,9 % des Umsatzes zu senken.

Eine zweite Aufgabe des entscheidungsorientierten Rechnungswesens ist es, die Einrichtekosten für jeden Produktionsdurchlauf in einem Werk, die Kosten von Ausfallzeiten und die Kosten der Lagerhaltung zu schätzen. Die Kosten für die Einrichtung der Maschinen sind mit den Bestellkosten im OBM-Modell vergleichbar. Wenn die

Einrichtekosten für Maschinen oder Teile der Produktionsstraße hoch sind (wie zum Beispiel bei einem Hochofen in einem integrierten Stahlwerk), ist es am besten, größere Posten an Material zu verarbeiten und höhere Lagerhaltungskosten in Kauf zu nehmen, denn dadurch muß die Maschine weniger oft eingerichtet werden. Bei geringen Einrichtekosten ist die Verarbeitung kleinerer Chargen optimal, denn sie reduziert die Lagerhaltungskosten. Auch bei hohen Ausfallkosten kann die Aufrechterhaltung eines kontinuierlichen Produktionsprozesses großen Nutzen bringen.

JIT-Produktion, Qualität und relevante Kosten

Frühe Befürworter der JIT-Produktion betonten besonders den Nutzen von niedrigeren Lagerhaltungskosten. Ein wichtiger Vorteil geringerer Lagerbestände liegt jedoch darin, daß man sich intensiv darum bemüht, die grundlegenden Ursachen von Nachbesserungen, Abfall und Verschwendung zu beseitigen und die Fertigungsdurchlaufzeit der Produkte zu reduzieren. Bei der Berechnung der relevanten Nutzen und Kosten der Lagerbestandsverringerung in JIT-Produktionssystemen muß der Kostenanalyst alle Nutzen berücksichtigen.

Nehmen wir die Hudson Corporation, einen Hersteller von Messingbeschlägen. Hudson erwägt die Einführung eines JIT-Produktionssystems. Wir gehen davon aus, daß die Firma zu diesem Zweck jährlich 100.000 $ Kosten für das Einrichten der Werkzeugmaschinen aufwenden müßte, um die Einrichtezeiten zu verkürzen. Weiter nehmen wir an, daß JIT den durchschnittlichen Lagerbestand wertmäßig um 500.000 $ reduzieren wird. Die relevanten Kosten für Versicherung, Lagerraum und Lagerarbeiten werden um 30.000 $ pro Jahr zurückgehen. Die geforderte Rendite von Lagerinvestitionen beträgt 10 % pro Jahr. Soll Hudson JIT in die Praxis umsetzen? Aufgrund der gegebenen Zahlen wären wir versucht, mit nein zu antworten, denn die jährlichen relevanten Einsparungen bei den Lagerhaltungskosten betragen 80.000 $ [(10 % von 500.000 $) + 30.000 $], also weniger als die zusätzlichen jährlichen Einrichtekosten von 100.000 $.

In unserer Analyse haben wir jedoch andere Nutzen aus der Verringerung der Lagerbestände nicht berücksichtigt. So schätzt zum Beispiel Hudson, daß durch die Einführung von JIT jedes Jahr 500 Nachbesserungen weniger anfallen, wodurch Einsparungen von 50 $ pro Stück entstehen. Auch wird die Firma aufgrund der höheren Qualität und der kürzeren Lieferzeiten den Stückpreis um 2 $ erhöhen können (der Absatz beträgt 20.000 Stück pro Jahr.) Der relevante Nutzen durch höhere Qualität und Lieferpünktlichkeit und niedrigere Lagerbestände beträgt 65.000 $ (eingesparte Nachbesserungen 50 $ × 500 + zusätzlicher Deckungsbeitrag 2 $ × 20.000). Die Summe der jährlichen relevanten Nutzen und Kosteneinsparungen ist 145.000 $ (80.000 $ + 65.000 $) und damit höher als die jährlichen Umsetzungskosten des JIT-Konzepts in Höhe von 100.000 $. Deshalb sollte Hudson ein JIT-Produktionssystem einführen.

Erfolgsmessung und Steuerung bei der JIT-Produktion

Um die Lagerbestände erfolgreich zu managen und zu verringern, muß der Controller Leistungsmaße für die Bewertung und Steuerung der JIT-Produktion konstruieren. Einige Beispiele für die Informationen, die dabei verwendet werden könnten, sind im folgenden aufgelistet:[96]

- Persönliche Beobachtungen der Arbeiter und Gruppenleiter an der Fertigungsstraße.
- Finanzielle Leistungsmaße (zum Beispiel Lagerumsatzraten) und Abweichungen von den Standardmaterialkosten und Standardverarbeitungskosten (Einzelheiten siehe Kapitel 20, Seite 689 ff. zur Endpunktkostenrechnung).
- Nichtfinanzielle Leistungsmaße in bezug auf Zeit, Lagerbestand und Qualität, wie zum Beispiel
  die Fertigungsdurchlaufzeit
  die Outputmenge pro Stunde
  verfügbare Tagesvorräte
- $\dfrac{\text{Gesamte Maschineneinrichtezeit}}{\text{Gesamte Fertigungszeit}}$
- $\dfrac{\text{Anzahl der nachgebesserten oder weggeworfenen Outputeinheiten}}{\text{Gesamtzahl der begonnenen und fertiggestellten Outputeinheite}}$

Persönliche Beobachtungen und nichtfinanzielle Leistungsmaße sind die dominanten Steuerungsmethoden. Das liegt daran, daß diese Maße für die Leistung einer Fabrik am aktuellsten, am intuitivsten und am leichtesten zu verstehen sind. Schnelles, sinnvolles Feedback ist entscheidend, denn das Fehlen von Puffer-Vorräten in einem Nachfragesog-System macht das schnelle Entdecken und Lösen von Problemen noch dringlicher.

---

[96] Siehe M. DeLuzio, "Management Accounting in a Just-in-Time Environment," *Journal of Cost Management* (Winter 1993).

JIT-LEISTUNGSMAßE IN ALLER WELT

Welche Leistungsmaße wenden Unternehmen in aller Welt an, um ihre JIT-Systeme zu evaluieren? Die folgende Tabelle enthält die Leistungsmaße, die Unternehmen in vier Ländern verwenden, in der Reihenfolge ihrer Bedeutung (1 = am wichtigsten). Die Reihenfolge zeigt auch die relative Bedeutung der verschiedenen Gründe, die die Unternehmen motiviert haben, JIT überhaupt einzuführen.

	USA[a]	Kanada[b]	Irland[c]	GB[a]
Lagerinvestitionen	1	1	3	1
Lieferpünktlichkeit	2	4	1	2
Qualitätsmaße	3	2	4	3
Fertigungsdurchlaufzeit	4	3	2	5
Arbeitsproduktivität	5	-	-	4
Raumnutzung	6	5	-	6

a. Billesbach, Harrison und Croom-Morgan, "Just-in-Time."
b. Lindsay und Kalagnanam, "The Adoption."
c. Clarke und O'Dea, "Management Accounting."

Hier zeichnet sich ein Muster ab. Die wichtigsten Gründe für die Einführung von JIT sind die Reduzierung der Lagerinvestitionen, die Erhöhung der Lieferpünktlichkeit und die Verbesserung der Qualität. In geringerem Maß spielt auch die Verringerung der Fertigungsdurchlaufzeit eine Rolle.

Eine Umfrage unter italienischen Unternehmen[a] zeigt ebenfalls eine extensive Nutzung dieser Leistungsmaße. Die Umfrage enthält jedoch keine Information über die relative Bedeutung der einzelnen Maße.

Eine andere Untersuchung[b] fand deutliche Unterschiede zwischen den Managementkontrollsystemen von JIT-Unternehmen und anderen Unternehmen. JIT-Unternehmen zeichnen sich durch eine größere Dezentralisierung aus sowie durch häufigere und aktuellere Berichterstattung und eine größere Verantwortung und Autonomie der Arbeitskräfte in bezug auf das Ingangsetzen und Anhalten der Produktion, um einwandfreie Qualität zu garantieren.

a. Bartezzaghi, Turco und Spina, "The Impact."
b. Lindsay und Kalagnanam, "The Adoption."
Vollständige Quellenangaben in Anhang A.

Umfragen zur betrieblichen Praxis

AUFGABE 1

Die Firma Complete Gardener (CG) trifft eine Entscheidung über die optimale Bestellmenge von zwei Marken von Rasendüngern: Super Grow und Nature's Own. Die folgenden Informationen sind zusammengetragen worden:

	Super Grow	Nature's Own
Jährliche Nachfrage	2.000 Säcke	1.280 Säcke
Relevante Kosten pro Bestellung	30 $	35 $
Relevante Lagerhaltungskosten pro Sack und Jahr	12 $	14 $

1. Berechnen Sie die OBM für Super Grow und Nature's Own.
2. Wie hoch ist bei dieser OBM die Summe der jährlichen relevanten Bestell- und Lagerhaltungskosten für beide Marken?
3. Berechnen Sie für diese OBM die Anzahl der jährlichen Lieferungen für beide Marken.

LÖSUNG 1

	Super Grow	Nature's Own

1.
$$\text{OBM} = \sqrt{\frac{2(2.000)(30\ \$)}{12\ \$}} \qquad \text{OBM} = \sqrt{\frac{2(1.280)(35\ \$)}{14\ \$}}$$
$$= 100\ \text{Säcke} \qquad\qquad = 80\ \text{Säcke}$$

2.
$$\text{SRK} = \frac{2.000 \times 30\ \$}{100} + \frac{100 \times 12\ \$}{2} \qquad \text{SRK} = \frac{1.280 \times 35\ \$}{80} + \frac{80 \times 14\ \$}{2}$$
$$= 1.200\ \$ \qquad\qquad = 1.120\ \$$$

3. $\dfrac{2.000}{100} = 20\ \text{Lieferungen} \qquad \dfrac{1.280}{80} = 16\ \text{Lieferungen}$

Aufgabe zum Selbststudium

AUFGABE 2

CG unterzeichnet einen langfristigen Vertrag mit dem Generalvertreter von Super Grow, und sie führen ein neues Bestellverfahren ein. Der Generalvertreter erhält die Bestellungen über elektronischen Datenaustausch. ein Eintrag genügt. CG macht keine Wareneingangskontrolle; der Vertreter garantiert hundertprozentige Produktqualität im Austausch gegen den Abschluß eines langfristigen Vertrags. Die neuen relevanten Bestellkosten pro Auftrag werden 0,50 $ betragen. CG hat seine innerbetrieblichen Lagerhaltungs- und Transportkosten neu eingeschätzt und die jährlichen relevanten Lagerhaltungskosten pro Sack auf 20,00 $ nach oben revidiert.

1. Berücksichtigen Sie die neuen relevanten Bestellkosten und Lagerhaltungskosten und berechnen Sie die OBM für CG und die Anzahl der Lieferungen pro Jahr für Super Grow.

2. Welche Einsichten in bezug auf eine JIT-Einkaufspolitik ergibt sich aus Ihren Antworten auf Frage 1?

LÖSUNG 2

1. Mit $N = 2.000$, $A = 0,50$ und $L = 20,00$ $ gilt für Super Grow

$$\text{OBM} = \sqrt{\frac{2(2.000)(0,50\ \$)}{20,00\ \$}} = 10\ \text{Säcke}$$

$$\frac{N}{\text{OBM}} = \frac{2.000}{10} = 200\ \text{Lieferungen}$$

2. Zu einer JIT-Einkaufspolitik gehört es, Produkte und Materialien so einzukaufen, daß die Lieferung der Verwendung unmittelbar vorausgeht. Durch die Verringerung der OBM für Super Grow von 100 auf 10 Säcke erhöht sich die Anzahl der Lieferungen von 20 auf 200. Durch die Neustrukturierung seiner Beziehungen zur Lieferfirma hat CG seine Bestellkosten dramatisch reduziert. Das ist ein vertrautes Muster bei Unternehmen, die JIT-Einkauf einführen.

Aufgabe zum Selbststudium

Investitionsrechnung und Kosten-analyse

Organisationen müssen oft Entscheidungen treffen, deren Konsequenzen über viele Jahre hinweg zu spüren sein werden. Solche Entscheidungen sind häufig mit der Investition hoher Geldsummen verbunden und haben unsichere Resultate mit langfristigen Folgen für die Organisation. So muß zum Beispiel General Motors entscheiden, ob Milliarden von Dollars für die Entwicklung eines neuen Minivan ausgegeben werden sollen. Die Fluggesellschaft USAir muß entscheiden, ob sie Millionenbeträge in neue Flugzeuge vom Typ Boing 777 investieren will. Die Investitionen und ihre Resultate (die in der Regel einen Zeithorizont von mehreren Jahren haben) werden zusammen als **Investitionsprojekte** oder **Investitionsprogramme** bezeichnet. Schlechte langfristige Investitionsentscheidungen können die zukünftige Stabilität einer Organisation gefährden, denn, wenn man Geld in schlechten Projekten gebunden hat, kann man sich davon oft nur schwer wieder erholen. Manager brauchen ein Werkzeug oder eine Methode der langfristigen Planung, um Investitionen mit langfristigen Konsequenzen zu analysieren und zu kontrollieren. Diese Methode ist die **Investitionsrechnung** (*capital budgeting*). Bei der Gewinnermittlung und der Planung und Steuerung von Routineabläufen konzentriert man sich hauptsächlich auf die gegenwärtige Rechnungsperiode. Die Investitionsrechnung dagegen ist ein Entscheidungs- und Kontrollinstrument, das in erster Linie für Projekte und Programme gedacht ist, deren Auswirkungen mehrere Zeitperioden umfassen.

22.1 ZWEI BRENNPUNKTE DER KOSTENANALYSE

Ein zentrales Thema dieses Buches sind unterschiedliche Kosten für unterschiedliche Zwecke. Bei der Investitionsrechnung geht es um Projekte, die mehrere Zeitperioden umfassen. Die Gefahr ist groß, daß man Investitionsentscheidungen auf die Gewinn- und Verlustrechnung der gegenwärtigen Rechnungsperiode stützt und die Implikationen des Projekts für die Zukunft ignoriert. Die Investition in ein Projekt kann den ausgewiesenen Gewinn der gegenwärtigen Periode schmälern und trotzdem lohnend sein, weil man sich davon für die Zukunft hohe Einnahmen verspricht.

Tafel 22.1 illustriert zwei unterschiedliche Dimensionen der Kostenanalyse: (1) die Projektdimension und (2) die Zeitdimension. Jedes Projekt wird in der Abbildung als ein eigenes horizontales Rechteck dargestellt. Bei jedem Projekt ist die Lebensdauer länger als eine Rechnungsperiode. Die Investitionsrechnung befaßt sich mit der gesamten Lebensdauer des Projekts, um *alle* Barzuflüsse oder Einsparungen aus dem Projekt zu berücksichtigen. Der hervorgehobene Bereich in der Abbildung illustriert

den Brennpunkt Gewinnermittlung und Planung und routinemäßige Planung und
Kontrolle. Bei diesem Querschnitt steht die Leistung des Unternehmens in der Rechnungsperiode 1999 im Vordergrund. Die Gewinnermittlung ist für den Manager besonders wichtig, denn Bonuszahlungen hängen oft vom ausgewiesenen Gewinn ab.
Der ausgewiesene Gewinn einer Rechnungsperiode ist auch deswegen für eine Firma
von Bedeutung, weil er den Aktienkurs beeinflußt. Übertriebene Konzentration auf
die kurzfristige Gewinnermittlung kann jedoch dazu führen, daß sich die Rentabilität
einer Firma langfristig nicht optimal entwickelt. Erfolgreiche Manager berücksichtigen in ihren Entscheidungsprozessen kurzfristige, auf die Rechnungsperiode ausgerichtete Gewinnüberlegungen und längerfristige Projektüberlegungen in einem
ausgewogenen Verhältnis.

Tafel 22.1
Die Projektdimension und die Zeitdimension der Investitionsrechnung.

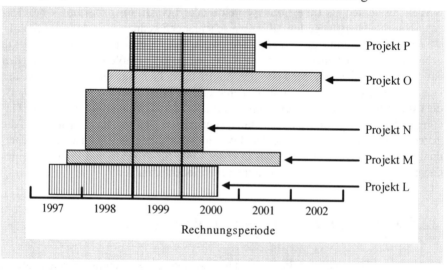

Das Rechnungssystem, das der Projektdimension in Tafel 22.1 entspricht, wird *Lifecycle Costing* oder *Lebenszykluskostenrechnung* genannt. Bei diesem System, das in
Kapitel 12 beschrieben ist, sammelt man Erlöse und Kosten getrennt nach Projekten.
Eine Lebenszykluskostenrechnung für einen neuen Wagentyp der Ford Motor Company könnte zum Beispiel eine Periode von vier Jahren umfassen und würde Kosten
aus allen Funktionsbereichen der Wertschöpfungskette enthalten, von F&E bis zum
Kundendienst. Diese Kostenzusammenstellung erweitert die periodenbezogene Kosten- und Erlösrechnung, bei der der Gewinn Periode für Periode ermittelt wird, zu einem Rechnungssystem, das den Gewinn für das gesamte Projekt ermittelt und dabei
viele Rechnungsperioden umfaßt.

Jedes System, bei dem der Lebenszyklus eines Projekts im Mittelpunkt steht, muß mehrere Jahre abdecken und damit den Zeitwert des Geldes berücksichtigen. Der *Zeitwert des Geldes* beruht auf der Tatsache, daß eine Geldeinheit, die man heute erhält, mehr wert ist, als eine Geldeinheit, über die man erst morgen verfügen kann. Das liegt daran, daß man den heute verfügbaren Dollar investieren kann, so daß er eine Rendite von zum Beispiel 15 % pro Jahr erwirtschaftet und nach einem Jahr auf 1,15 $ angewachsen ist. Der Zeitwert des Geldes entspricht den Opportunitätskosten des Wartens, also dem Ertrag von 0,15 $, der einem entgeht, weil man das Geld heute noch nicht zur Verfügung hat.

Die Investitionsrechnung wird auf Projekte angewandt, deren Gewinn mit Hilfe einer Lebenszykluskostenrechnung ermittelt werden kann und bei deren Bewertung man den Zeitwert des Geldes berücksichtigen muß.

22.2 STUFEN DER INVESTITIONSPLANUNG

Wir beschreiben sechs Stufen der Investitionsplanung.

Stufe 1: Identifikation. *Klären, welche Arten von Investitionsprojekten nötig sind, um die Organisationsziele zu erreichen.* Investitionsinitiativen sind mit den Strategien einer Organisation oder einer Untereinheit der Organisation eng verbunden. Eine solche Strategie könnte zum Beispiel eine Erlösverbesserung durch Erschließung neuer Produkte, Kunden oder Märkte sein oder eine Kostensenkung durch die Verbesserung der Produktivität und Effizienz. Zu klären, welche Arten von Investitionsprojekten in Frage kommen, ist weitgehend die Verantwortung des Linienmanagements.

Stufe 2: Suche. *Mehrere alternative Investitionsprojekte erkunden, die zu den Strategien und Zielen der Organisation passen.* Mitarbeiterteams aus allen Teilen der Wertschöpfungskette evaluieren alternative Technologien, Maschinen und Projektspezifikationen. Manche Alternativen werden schon früh verworfen. Andere werden in der Phase der Informationsbeschaffung gründlicher ausgewertet.

Stufe 3: Informationsbeschaffung. *Voraussichtliche Kosten und Konsequenzen alternativer Investitionsprojekte abwägen.* Dabei kann es sich um quantitative oder qualitative Konsequenzen handeln. In der Investitionsrechnung stehen die quantitativen finanziellen Faktoren im Mittelpunkt, aber nichtfinanzielle, qualitative Faktoren sind ebenfalls sehr wichtig.[97] Das entscheidungsorientierte Rechnungswesen hilft, diese Faktoren zu identifizieren.

Stufe 4: Auswahl. *Projekte auswählen, die realisiert werden sollen.* Organisationen wählen diejenigen Projekte, deren prognostizierte Ergebnisse (Nutzen) die prognostizierten Kosten um den größten Betrag übersteigen. Die formale Analyse enthält nur die quantifizierbaren finanziellen Ergebnisse. Die Manager nutzen ihre Erfahrung und ihr Urteilsvermögen, um die Schlußfolgerungen, die sich aus der formalen Analyse ergeben, zu relativieren und nichtfinanzielle, qualitative Überlegungen zu berücksichtigen. Für die Auswertung der Kosten und Nutzen ist oft das entscheidungsorientierte Rechnungswesen verantwortlich.

Stufe 5 Finanzierung. *Finanzmittel für das Projekt beschaffen.* Finanzierungsquelle kann entweder der interne Cash-flow oder der Kapitalmarkt sein (Eigenkapital oder Kredite). Für die Finanzierung ist in der Regel die Finanzabteilung einer Organisation verantwortlich.

Stufe 6: Durchführung und Kontrolle. *Das Projekt in Gang bringen und den Erfolg überwachen.* In der Realisierungsphase muß die Firma überprüfen, ob der zeitliche und finanzielle Rahmen für die Investitionen eingehalten wird. Sobald das Projekt Einzahlungsströme erzeugt, kann im Rahmen der Überwachung und Steuerung auch ein Audit stattfinden, bei dem man die Erwartungen zum Zeitpunkt der Projektwahl mit den tatsächlichen Resultaten vergleicht.

In diesem Kapitel geht es vor allem um die Stufen 3,4 und 6 der Investitionsplanung also um Informationsbeschaffung, Auswahl, Durchführung und Kontrolle, denn das sind die Stufen, mit denen das entscheidungsorientierte Rechnungswesen am meisten zu tun hat. Jenseits der Zahlen ist es jedoch oft die Fähigkeit einzelner Manager, ihre eigenen Projekte dem oberen Management zu "verkaufen", die dafür ausschlaggebend ist, ob Projekte akzeptiert oder verworfen werden.

Wir benutzen Informationen über das Lifetime Care Hospital, um die Investitionsrechnung zu illustrieren. Lifetime Care ist eine gemeinnützige Organisation, die nicht der Besteuerung unterliegt. In Kapitel 23 werden die steuerlichen Aspekte der Investitionsrechnung vorgestellt.

Eines der Ziele von Lifetime Care ist die Verbesserung der Produktivität der Röntgenabteilung. Der Manager von Lifetime Care stellt fest, daß es notwendig ist, ein vorhandenes Röntgengerät durch ein neues, den Stand der Technik entsprechendes Gerät zu ersetzen, um dieses Ziel zu erreichen (*Identifikation*). Bei der *Suche* werden mehrere alternative Modelle ausfindig gemacht, aber das technische Personal stellt eine Maschine, die XCAM8, in den Mittelpunkt, weil sie besonders geeignet ist. Als näch-

---

[97] Umfragen haben ergeben, daß US-amerikanische und japanische Manager bei Investitionsentscheidungen sowohl finanzielle wie auch nichtfinanzielle Faktoren wichtig nehmen. Die fünf wichtigsten Faktoren, die von US-Managern genannt wurden, sind Umsatzprognosen, variable Herstellstückkosten und Deckungsbeitrag (finanzielle Faktoren), sowie Verbesserungen bei Qualität und Lieferpünktlichkeit (nichtfinanzielle Faktoren). Siehe A. C. Sullivan und K. Smith, "Capital Investment Justification for U.S. Factory Automation Projects," *Journal of Midwest Finance Association* (1994) und P. Scarbrough, A. Nanni und M. Sakurai, "Japanese Management Accounting Practices and the Effects of Assembly and Process Automation," *Management Accounting Research 2* (1991).

stes beginnt man mit der *Informationsbeschaffung* für eine genauere Bewertung. Es folgen die quantitativen finanziellen Daten für die formale Analyse:

Die Entscheidung, ob die neue Röntgenmaschine gekauft wird oder nicht, wird den Erlös nicht verändern. Lifetime Care berechnet einen festen Satz für eine bestimmte Diagnose, unabhängig davon, wieviele Röntgenaufnahmen gemacht werden. Der einzige finanzielle Nutzen, der für die Investitionsentscheidung von Lifetime relevant ist, sind die Einsparungen bei den Betriebskosten. Das vorhandene Röntgengerät kann noch fünf Jahre lang benutzt werden und wird am Ende dieser fünf Jahre einen Restwert von null haben. Für das neue Gerät ist eine Nettoinvestition in Höhe von 379.100 $ erforderlich. Die Anfangsinvestition besteht aus den Kosten der neuen Maschine – 372.890 $ – plus zusätzlichen Ausgaben für Betriebskapital (Hilfs- und Betriebsstoffe sowie Ersatzteile für das neue Gerät) in Höhe von 10.000 $ abzüglich der Einnahmen in Höhe von 3.790 $ durch die Entsorgung der vorhandenen Maschine (372.890 $ + 10.000 $ - 3.790 $ = 379.100 $).

Der Manager geht davon aus, daß das neue Gerät eine Nutzungsdauer von fünf Jahren und nach diesen fünf Jahren einen Restwert von null hat. Das neue Gerät ist schneller und einfacher zu bedienen und kann Aufnahmen von größeren Körperteilen machen. Dadurch sinken die Laborkosten und die durchschnittliche Zahl der Röntgenaufnahmen pro Patient. Der Manager erwartet, daß die Investition zu Mittelzuflüssen in Höhe von 100.000 $ führt. Diese Cash-flows sind grundsätzlich auf das ganze Jahr verteilt; um die Berechnungen zu vereinfachen, gehen wir jedoch davon aus, daß sie am Ende jedes Jahres stattfinden. Es handelt sich dabei um Betriebskosteneinsparungen in Höhe von je 100.000 $ in den ersten vier Jahren. Im fünften Jahr werden 90.000 $ eingespart und zusätzlich die 10.000 $ für das Betriebskapital wieder hereingeholt.

Die Manager bei Lifetime Care identifizieren auch die folgenden nichtfinanziellen, quantitativen und qualitativen Nutzen der Investition in das neue Röntgengerät:

1. *Qualität der Röntgenaufnahmen.* Bessere Röntgenaufnahmen werden eine höhere Qualität bei Diagnose und Behandlung der Patienten mit sich bringen.

2. *Sicherheit für technisches Personal und Patienten.* Die größere Effizienz des neuen Geräts würde bedeuten, daß Röntgentechniker und Patienten den möglicherweise schädlichen Röntgenstrahlen weniger ausgesetzt sind.

Diese Nutzen werden in der formalen finanziellen Analyse nicht berücksichtigt.

In der *Auswahlphase* müssen die Manager entscheiden, ob Lifetime Care das neue Röntgengerät kaufen soll. Sie beginnen mit finanziellen Informationen. In diesem Kapitel geht es um die folgenden Methoden, die sie dabei benutzen können:

- Dynamische Verfahren der Investitionsrechnung (*discounted cash-flow methods*)
  Kapitalwertmethode (*net present value method*)
  Methode des internen Zinsfußes (*internal rate-of-return method*)
- Amortisationsvergleichsrechnung (*payback method*)
- Rentabilitätsvergleichsrechnung oder Return-on-investment-Methode (*accrual accounting rate-of-return method*)
- Deckungszeitrechnung (*breakeven time method*)

22.3 DYNAMISCHE VERFAHREN DER INVESTITIONSRECHNUNG

Bei den **dynamischen Verfahren der Investitionsrechnung** geht es um den **diskontierten Cash-flow (DCF)**. Der DCF mißt die Ein- und Auszahlungen eines Projekts so, als ob sie zu einem einzigen Zeitpunkt stattgefunden hätten, und macht sie damit vergleichbar. Die dynamischen Verfahren der Investitionsrechnung berücksichtigen, daß die Verwendung von Geld Opportunitätskosten hat, die entgangene Verzinsung. Weil bei diesen Verfahren der Cash-flow explizit und routinemäßig mit dem Zeitwert des Geldes gewichtet wird, eignen sie sich in der Regel am besten für langfristige Entscheidungen.

Die dynamischen Verfahren der Investitionsrechnung stellen Geldzuflüsse und -abflüsse in den Mittelpunkt und nicht den Betriebsgewinn, wie er in herkömmlichen periodengerechten Aufwands- und Ertragsrechnungen verwendet wird. Das Geld wird heute investiert in der Erwartung, daß man in der Zukunft einen größeren Geldbetrag erhalten wird. Bei der DCF-Analyse muß man versuchen, Konzepte der periodengerechten Buchführung zu vermeiden. So würde man zum Beispiel bei der Berechnung des Betriebsgewinns die Abschreibung als Periodenaufwand abziehen. In der DCF-Analyse werden keine Abschreibungen abgezogen, denn die Abschreibungen sind nicht mit Ausgaben verbunden.

Die Formeln und Zinseszinstabellen, die man bei der DCF-Analyse verwendet, sind in Anhang C zu finden (Seite 919 ff.).

Es gibt zwei wichtige dynamische Verfahren der Investitionsrechnung:

1. die Kapitalwertmethode (KW)

2. die Methode des internen Zinsfußes (IZ)

Bei der Berechnung des **Kapitalwerts** (auch **Barwert** oder **Gegenwartswert** genannt) verwendet man als Abzinsungssatz die **angestrebte Mindestverzinsung** (*required rate of return*) für die Investition. Das ist derjenige Zinssatz, den die Organisation bei einer anderen Investition mit vergleichbarem Risiko erwarten könnte. Man spricht auch von der **erwarteten Mindestrendite**, dem **Kalkulationszinssatz** oder den **Opportunitätskosten des Kapitals**. Wenn man mit dem internen Zinsfuß arbeitet, wird die angestrebte Mindestverzinsung zum Vergleich herangezogen. In Kapitel 23 werden die Fragen diskutiert, auf die man bei der Schätzung dieses Zinssatzes stößt.

Angenommen Lifetime Care legt für das Projekt Röntgengerät eine erwartete Mindestrendite von 8 % zugrunde. (Dieser relativ niedrige Abzinsungssatz ist für gemeinnützige Organisationen nicht ungewöhnlich: Sie können Kredite zu niedrigen Zinssätzen erhalten, weil die Kreditgeber die Zinsen, die sie von gemeinnützigen Organisationen erhalten, nicht zu versteuern brauchen.)

Die Kapitalwertmethode

Bei der **Kapitalwertmethode** (*net present-value method*) berechnet man den erwarteten monetären Nettogewinn oder -verlust aus einem Projekt, indem man alle erwarteten zukünftigen Einnahmen und Ausgaben auf den gegenwärtigen Zeitpunkt abzinst. Der Abzinsungssatz ist die erwartete Mindestrendite. Nur Projekte mit einem positiven Nettobarwert sind akzeptabel, weil die Rendite dieser Projekte die Kosten des Kapitals übersteigt (die Rendite, die man hätte erzielen können, wenn man das Kapital anderswo investiert hätte). Unter sonst gleichen Bedingungen bevorzugen Manager Projekte mit höherem KW gegenüber solchen mit niedrigerem KW. Bei der Anwendung der KW-Methode geht man in folgenden Schritten vor:

Schritt 1: Skizziere die relevanten Einnahmen und Ausgaben. Die rechte Seite der Tafel 22.2 zeigt, wie man diese Cash-flows darstellen kann. Die Ausgaben erscheinen in Klammern. Die Skizze hilft dem Entscheidungsträger, die Daten übesichtlich zu ordnen. Man beachte, daß Tafel 22.2 die Ausgaben für das neue Gerät im Jahr 0 enthält, also zum Zeitpunkt des Kaufs. Bei der Kapitalwertmethode spielen nur tatsächliche Ausgaben und Einnahmen eine Rolle, unabhängig davon, woher sie kommen (Betrieb, Kauf oder Verkauf von Maschinen, Kauf oder Amortisation von Betriebskapital) und wie man sie in der periodengerechten Aufwands- und Ertragsrechnung behandeln würde (zum Beispiel Abschreibungen für Maschinen).

Schritt 2: Wähle die richtige Zinseszinstabelle aus Anhang C. In unserem Beispiel können wir entweder den Cash-flow für jedes Jahr getrennt diskontieren (mit Hilfe von Tabelle 2), oder den Barwert einer Annuität berechnen (mit Hilfe von Tabelle 4). Wenn wir Tabelle 2 verwenden, finden wir die Abzinsungsfaktoren für die Perioden 1-5 in der 8%-Spalte. Unter Ansatz 1 in Tafel 22.2 sind die fünf Abzinsungsfaktoren aufgeführt. Da die Investition eine Annuität erzeugt, eine Reihe von gleich großen Cash-flows in gleichen Zeitabständen, können wir auch Tabelle 4 verwenden. Hier müssen wir in der 8%-Spalte den Diskontierungsfaktor für fünf Periode heraussuchen. Unter Ansatz 2 in Tafel 22.2 ist zu sehen, daß er 3,993 beträgt (3,993 ist die Summe der fünf Abzinsungsfaktoren in Ansatz 1). Um den Barwert zu erhalten, multipliziert man den Diskontierungsfaktor mit dem entsprechenden Geldbetrag in der Skizze.

Tafel 22.2
Kapitalwertmethode: Lifetime Care Hospital

	Barwert insgesamt	Kapitalwert abdiskont. faktoren bei 8 %	Skizze der relevanten Zahlungsströme nach Steuern					
Ende des Jahres ...			0	1	2	3	4	5
ANSATZ 1: Den Cash-flow jedes Jahres separat abzinsen[a]								
Nettoanfangsinvestition	(379.100) $ ←	– 1,000 ←	(379.100) $					
	92.600 $ ←	– 0,926 ←		– 100.000 $				
	85.700 $ ←	– 0,857 ←			– 100.000 $			
Wiederkehrende Zahlungsströme	79.400 $ ←	– 0,794 ←				– 100.000 $		
	73.500 $ ←	– 0,735 ←					– 100.000 $	
	68.100 $ ←	– 0,681 ←						– 100.000 $
Kapitalwert	20.200 $							
ANSATZ 2: Verwendung der Annuitätentafel[b]								
Nettoanfangsinvestition	(379.100) $ ←	1,000 ←	(379.100) $					
Wiederkehrende Zahlungsströme	399.300 $ ←	–3,993 ←		100.000 $	100.000 $	100.000 $	100.000 $	100.000 $
Kapitalwert	20.200 $							

a. Barwerte aus Tabelle 2, Anhang C am Ende des Buches

b. Tabelle 4, Anhang C. Die Wert 3,993 ist die Summe der Abzinsungsfaktoren 0,926 + 0,857 + 0,794 + 0,735 + 0,681 (mit Rundungsfehler).

Schritt 3: Addiere die Barwerte der einzelnen Perioden, um den Kapitalwert zu erhalten. Ist die Summe null oder positiv, so zeigt das KW-Modell, daß das Projekt angenommen werden sollte. Seine erwartete Rendite entspricht der angestrebten Mindestverzinsung oder übertrifft sie. Ist die Summe negativ, so ist das Projekt nicht wünschenswert. Seine erwartete Rendite liegt unter der angestrebten Mindestverzinsung.

Tafel 22.2 zeigt einen KW von 20.200 $ bei der erwarteten Mindestrendite von 8 %; die erwartete Rendite aus dem Projekt liegt also über dem Abzinsungssatz von 8 %. Infolgedessen ist das Projekt wünschenswert. Der Cash-flow aus dem Projekt reicht aus, um (1) die Nettoanfangsinvestition zu decken und (2) auf das im Projekt von Periode zu Periode gebundene Kapital mehr als 8 % Rendite zu erwirtschaften.

Natürlich muß der Krankenhausmanager auch nichtfinanzielle Faktoren abwägen. Nehmen wir zu Beispiel die Verringerung der durchschnittlichen Anzahl an Röntgenaufnahmen pro Patient, die durch das neue Gerät ermöglicht wird. In Anbetracht der Gesundheitsrisiken für Patienten und technisches Personal ist diese Verringerung ein qualitativer Nutzen des neuen Geräts. Weitere qualitative Nutzen sind die Verbesserungen bei Diagnose und Behandlung. Wäre der KW negativ gewesen, so hätte der Manager einschätzen müssen, ob die nichtfinanziellen Nutzen des Projekts den negativen KW wettmachen.

Methode des internen Zinsfußes

Der **interne Zinsfuß** (IZ) ist derjenige Abzinsungssatz, bei dem der Gegenwartswert der erwarteten Einnahmen aus einem Projekts dem Gegenwartswert der erwarteten Ausgaben entspricht. Das heißt, der IZ ist derjenige Diskontierungssatz, bei dem KW = 0 $. Wie bei der KW-Methode sind die Quellen der Cash-flows und ihre Behandlung in der periodengerechten Aufwands- und Ertragsrechnung irrelevant. Wir illustrieren die Berechnung des IZ wieder am Beispiel des Röntgengeräts für Lifetime Care. Tafel 22.3 zeigt die Cash-flows und die Berechnung des KW bei einem Abzinsungssatz von 10 %. Bei diesem Zinssatz ist der KW des Projekts gleich null. Deshalb beträgt der IZ für das Projekt 10 %.

Wie bestimmt man den internen Zinsfuß? In den meisten Fällen haben die Analysten, die die Investitionsrechnung durchführen müssen, ein Computerprogramm, das den internen Zinsfuß bestimmt. Ohne Computerprogramm kann man die Antwort durch ein Versuch-und-Irrtum-Verfahren finden.

Schritt 1: Man probiert einen Abzinsungssatz aus und berechnet den KW des Projekts mit diesem Satz.

Schritt 2: Ist der KW kleiner (größer) als null, so versucht man einen niedrigeren (höheren) Abzinsungssatz. Der Abzinsungssatz wird so lange angepaßt, bis KW = 0 $. Im Beispiel des Lifetime Care Hospital ergibt ein Diskontierungssatz von 8 % einen KW von +20.200 $ (siehe Tafel 22.2). Ein Abzinsungssatz von 12 % ergibt KW = -18.600

\$. Der Abzinsungssatz, bei dem KW = 0 \$, muß also zwischen 8 und 12 % liegen. Wir haben zufällig 10 % ausprobiert und KW = 0 erhalten. Also beträgt der IZ 10 %.

Die schrittweise Berechnung des internen Zinsfußes ist einfacher, wenn die Einnahmen wie in unserem Beispiel immer gleich hoch sind. Die Information aus Tafel 22.3 kann durch die folgende Gleichung ausgedrückt werden:

379.100 = Gegenwartswert einer Annuität von 100.000 \$ zu x % über fünf Jahre

Oder wir verwenden Tabelle 4 in Anhang C und beantworten die Frage: Welcher Faktor *F* erfüllt die folgende Gleichung?

$$379.100 \ \$ \ = \ 100.000 \ \$ \times F$$

$$F \ = \ 3{,}791$$

In der Fünf-Perioden-Zeile der Tabelle 4 suchen wir dann diejenige Spalte, deren Wert der Zahl 3,791 am nächsten kommt. Die Spalte für 10 % enthält genau diesen Wert. Wenn der Faktor *F* zwischen die Faktoren zweier Spalten fällt, verwendet man lineare Interpolation, um den IZ anzunähern. (Ein Beispiel für die Interpolation ist die Aufgabe zum Selbststudium auf Seite 763.)

Ein Projekt wird nur dann akzeptiert, wenn der interne Zinsfuß die erwartete Mindestrendite (die Opportunitätskosten des Kapitals) übersteigt. In unserem Beispiel liegt der IZ des Röntgengeräts mit 10 % über der erwarteten Mindestrendite von 8 %. Die finanziellen Überlegungen sprechen also dafür, daß Lifetime Care das neue Gerät kauft. Wenn der IZ die angestrebte Mindestverzinsung übersteigt, hat das Projekt bei der angestrebten Mindestverzinsung einen positiven KW. Wenn der IZ der angestrebten Mindestverzinsung entspricht, gilt KW = 0 \$. Liegt der IZ unter der angestrebten Mindestverzinsung, so ist der KW negativ. Offensichtlich bevorzugen Manager unter sonst gleichen Umständen Projekte mit höherem IZ gegenüber solchen mit niedrigerem IZ. Ein IZ von 10 % bedeutet, daß die Einnahmen aus dem Projekt ausreichen, um (1) die Nettoanfangsinvestition wieder hereinzuholen und (2) auf das in dem Projekt während seiner Nutzungsdauer gebundene Kapital eine Rendite von genau 10 % zu erzielen.

Vergleich von Kapitalwertmethode und Methode des internen Zinsfußes

In diesem Buch legen wir besonderen Wert auf die KW-Methode, denn sie hat den Vorteil, daß das Ergebnis der Berechnungen ein Geldbetrag ist und nicht ein Prozentsatz. Deshalb kann man die KWe einzelner, voneinander unabhängiger Projekte aufaddieren, um abzuschätzen, welche Konsequenzen einen bestimmte Kombination von Projekten hat. Im Gegensatz dazu kann man bei der IZ-Methode für die Ergebnisse der einzelnen Projekte keine Summe und keinen Durchschnitt bilden, um den IZ der Projektkombination abzuleiten.

Tafel 22.3

Methode des internen Zinsfußes: Lifetime Care Hospital

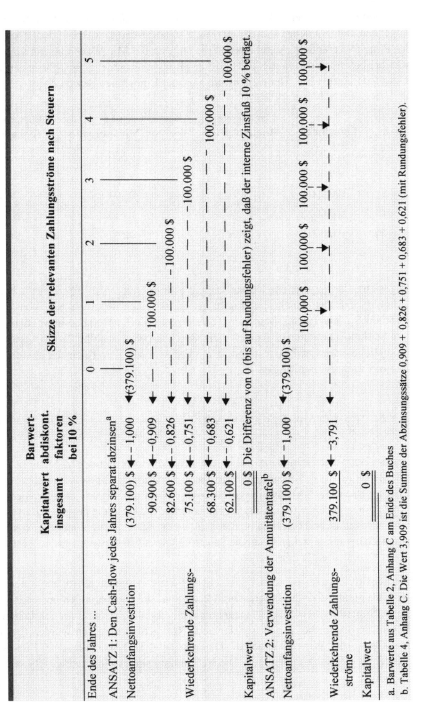

	Kapitalwert insgesamt	Barwertabdiskont. faktoren bei 10 %	Skizze der relevanten Zahlungsströme nach Steuern
Ende des Jahres ...			0 1 2 3 4 5
ANSATZ 1: Den Cash-flow jedes Jahres separat abzinsen[a]			
Nettoanfangsinvestition	(379.100) $	–1,000	(379.100) $
Wiederkehrende Zahlungs-	90.900 $	0,909	–100.000 $
	82.600 $	0,826	–100.000 $
	75.100 $	0,751	–100.000 $
	68.300 $	0,683	–100.000 $
	62.100 $	0,621	–100.000 $
Kapitalwert	0 $		Die Differenz von 0 (bis auf Rundungsfehler) zeigt, daß der interne Zinsfuß 10 % beträgt.
ANSATZ 2: Verwendung der Annuitätentafel[b]			
Nettoanfangsinvestition	(379.100) $	–1,000	(379.100) $
Wiederkehrende Zahlungsströme	379.100 $	–3,791	100.000 $ 100.000 $ 100.000 $ 100.000 $ 100.000 $
Kapitalwert	0 $		

a. Barwerte aus Tabelle 2, Anhang C am Ende des Buches
b. Tabelle 4, Anhang C. Die Wert 3,909 ist die Summe der Abzinsungssätze 0,909 + 0,826 + 0,751 + 0,683 + 0,621 (mit Rundungsfehler).

Ein zweiter Vorteil der KW-Methode besteht darin, daß man sie auch in Situationen anwenden kann, in denen sich die erwartete Mindestrendite während der Lebensdauer des Projekts verändert. Angenommen die angestrebte Mindestverzinsung von Lifetime Care beträgt in den Jahren 1, 2 und 3 des Projekts Röntgengerät 8 %, in den Jahren 4 und 5 dagegen 12 %. Der Gegenwartswert der Einnahmen beträgt dann

Jahr	Einnahmen	erwartete Mindestrendite	Barwert von 1 $ bei der erwart. Mindestrendite	Barwert der Einnahmen
1	100.000 $	8 %	0,926	92.600 $
2	100.000 $	8 %	0,857	85.700 $
3	100.000 $	8 %	0,794	79.400 $
4	100.000 $	12 %	0,636	63.600 $
5	100.000 $	12 %	0,567	56.700 $
				378.000 $

Angesichts der gegebenen Nettoanfangsinvestition von 379.100 $ zeigt die KW-Berechnung, daß das Projekt unattraktiv ist: Es hat einen negativen KW von -1.100 $ (378.000 $ - 379.100 $). Man kann jedoch nicht die IZ-Methode anwenden, um zu dem Schluß zu kommen, daß das Projekt abgelehnt werden sollte. Es existiert ja keine einheitliche erwartete Mindestrendite, mit der man den IZ vergleichen könnte, um zu diesem Ergebnis zu gelangen.

22.4 SENSITIVITÄTSANALYSE

Um die Hauptunterschiede zwischen der KW-Methode und der IZ-Methode herauszustellen, sind wir davon ausgegangen, daß die erwarteten Einnahmen sicher sind. Natürlich wissen Manager, daß ihre Prognosen unvollkommen und damit unsicher sind. Um zu untersuchen, wie sich ein Ergebnis verändert, wenn die prognostizierten finanziellen Resultate nicht erreicht werden oder wenn sich eine zugrundegelegte Annahme als falsch herausstellt, kann man die Sensitivitätsanalyse verwenden, eine Technik, die wir in Kapitel 3 eingeführt haben.

Die Sensitivitätsanalyse kann verschiedene Formen annehmen. Angenommen Lifetime Care glaubt, daß die Prognosen in bezug auf die Einsparungen unsicher sind. In dieser Situation könnte das Management fragen: Welches sind die jährlichen Mindesteinsparungen, bei denen wir das neue Röntgengerät kaufen würden (bei denen also KW = 0 $)? Wir verwenden die Daten in Tafel 22.2, setzen KW = 0 $ und schreiben JE für jährliche Einnahmen. Die Nettoanfangsinvestition beträgt 379.100 $ und der Barwertfaktor für eine Annuität von 1 $ über fünf Jahre bei einer erwarteten Mindestrendite von 8 % ist 3,993. Dann gilt

$$
\begin{aligned}
KW &= 0\ \$ \\
3{,}993 \times JE - 379.100\ \$ &= 0\ \$ \\
3{,}993 \times JE &= 379.100\ \$ \\
JE &= 94.941\ \$
\end{aligned}
$$

Bei einem Abzinsungssatz von 8 % kann also der jährliche Cash-flow auf 94.941 $ sinken (ein Rückgang von 100.000 $ - 94.941 $ = 5.059 $), ohne daß der KW unter Null fällt. Wenn das Management glaubt, daß jährliche Einsparungen von mindestens 94.941 $ erreichbar sind, könnte es die Investition in das neue Röntgengerät allein mit finanziellen Gründen rechtfertigen.

Computer-Spreadsheets ermöglichen eine systematische und effiziente Sensitivitätsanalyse. Tafel 22.4 zeigt, wie der KW des Röntgengeräts auf Veränderungen (1) der jährlichen Einzahlungsströme und (2) der angestrebten Mindestverzinsung reagiert. KWe können auch von der Nutzungsdauer eines Projekts abhängig sein. Die Sensitivitätsanalyse hilft dem Manager, sich auf diejenigen Entscheidungen zu konzentrieren, bei denen die Ergebnisse besonders empfindlich auf solche Veränderungen reagieren, und die weniger empfindlichen gelassener zu betrachten. Für das Projekt Röntgengerät zeigt Tafel 22.4, daß Abweichungen von den prognostizierten jährlichen Einsparungen oder Veränderungen der erwarteten Mindestrendite beträchtliche Auswirkungen auf den KW haben.

Tafel 22.4
Kapitalwertrechnung für das Lifetime Care Hospital unter verschiedenen Annahmen über die jährlichen Geldzuflüsse und die angestrebte Mindestverzinsung

Erwartete Mindestrendite	Jährliche Cash-flows*				
	80.000 $	90.000 $	100.000 $	110.000 $	120.000 $
6 %	(42.140) $	(22) $	42.100 $	84.220 $	126.340 $
8 %	(59.660) $	(19.730) $	22.200 $	60.130 $	100.060 $
10 %	(75.820) $	(37.910) $	0 $	37.910 $	75.820 $

* Alle Einträge setzen eine Projektlebensdauer von fünf Jahren voraus.

22.5 RELEVANTE CASH-FLOWS BEI DEN DYNAMISCHEN VERFAHREN DER INVESTITIONSRECHNUNG

Der wichtigste Punkt bei den dynamischen Verfahren der Investitionsrechnung ist, daß man sich ausschließlich auf Unterschiede in den erwarteten zukünftigen Cash-flows konzentriert, die durch die Implementierung eines Projekts bedingt sind. Alle Cash-flows werden gleich behandelt, unabhängig davon, ob sie aus dem Betrieb, Kauf oder Verkauf von Ausrüstungsgegenständen kommen oder ob sie mit Investitionen in Betriebskapital oder deren Amortisation zu tun haben. Die Opportunitätskosten und der Zeitwert des Geldes sind an den Geldzufluß oder -abfluß gebunden, nicht an seine Quelle.

Eine der größten Herausforderungen bei der DCF-Analyse ist die Bestimmung derjenigen Cash-flows, die für die Entscheidungsfindung relevant sind. Relevante Cash-flows sind erwartete zukünftige Zahlungsströme, die sich je nach der gewählten Alternative unterscheiden. Bei Lifetime Care besteht eine Alternative darin, das alte Röntgengengerät weiterhin zu benutzen, und die andere darin, es durch das neue zu ersetzen. Die relevanten Cash-flows sind die Differenzen zwischen den Cash-flows beider Alternativen.

Bei Investitionsprojekten (zum Beispiel beim Kauf einer neuen Maschine) gibt es typischerweise fünf Hauptkategorien von Cash-flows: (1) die Anfangsinvestition in die Maschine und das Betriebskapital, (2) der Cash-flow aus der Veräußerung der alten Maschine, (3) periodisch wiederkehrende Cash-flows aus dem Betrieb, (4) der Cash-flow aus der Entsorgung der neuen Maschine und die Amortisation des Betriebskapitals und (5) die Auswirkungen der Steuer auf die Cash-flows. Wir diskutieren hier die ersten vier Kategorien und verwenden die Entscheidung von Lifetime Care über den Kauf des Röntgengeräts als Beispiel. Steuerliche Auswirkungen werden in Kapitel 23 beschrieben.

1. **Anfangsinvestition:** Die Cash-flows bei der Anfangsinvestition bestehen aus zwei Komponenten: (a) die Ausgaben für den Kauf der Maschine und (b) die Ausgaben für das Betriebskapital.

   a. *Anfangsinvestition in die Maschine.* Diese Ausgaben für den Kauf von Fabrikanlagen, Ausrüstungen und Maschinen finden in den ersten Perioden der Projektlebensdauer statt und schließen auch Ausgaben für Transport und Installation der Anlagen mit ein. Bei Lifetime Care sind die Kosten des Röntgengengeräts (einschließlich der Transport- und Installationskosten) in Höhe von 372.890 $ Ausgaben im Jahr 0. Diese Cash-flows sind für die Investitionsentscheidung relevant, denn sie treten nur auf, wenn Lifetime beschließt, das neue Gerät zu kaufen.

   b. *Anfangsinvestition in das Betriebskapital.* Investitionen in Fabrikanlagen, Ausrüstungen Maschinen und die Absatzförderung für Produktlinien sind unweigerlich mit zusätzlichen Investitionen in Betriebskapital verbunden. Diese Investitionen entsprechen dem Umlaufkapital, wie zum Beispiel Forderungen und Vorräte (Hilfs- und Betriebsstoffe und Ersatzteile für das neue Gerät in unserem Beispiel) minus den kurzfristigen Verbindlichkeiten. Betriebskapitalinvestitionen haben einen ähnlichen Charakter wie Maschineninvestitionen. In beiden Fällen werden verfügbare Geldmittel gebunden.

In unserem Beispiel gehen wir von zusätzlichen Investitionen in Betriebskapital (Vorräte an Hilfs- und Betriebsstoffen und Ersatzteilen) in Höhe von 10.000 $ aus, wenn das neue Gerät erworben wird. Das ist die Differenz zwischen dem Betriebskapital, das für das neue Gerät gebraucht wird (z.B. 15.000 $) und demjenigen, das für das alte Gerät notwendig gewesen wäre (z.B. 5.000 $). Die zusätzliche Investitionen in Betriebskapital sind Ausgaben des Jahres 0.

2. **Veräußerungswert der alten Maschine:** Alle Einnahmen aus der Entsorgung der alten Maschine sind relevante Cash-flows (im Jahr 0), denn sie finden nur statt, wenn in das neue Projekt investiert wird. Wenn Lifetime Care das neue Röntgengerät kauft, kann das alte Gerät für 3.790 $ weggegeben werden. Dieser Erlös wird als Cash-flow des Jahres 0 berücksichtigt.

Aus Kapitel 11 wissen wir, daß der Buchwert (Anschaffungskosten minus akkumulierte Abschreibungen) der alten Ausrüstung irrelevant ist. Er gehört zu den Kosten der Vergangenheit. An vergangenen Ausgaben und vergangenen Ereignissen kann man nichts ändern.

Die Nettoanfangsinvestition für das neue Röntgengerät errechnet sich aus den Anschaffungskosten plus den Ausgaben für das Betriebskapital minus dem Veräußerungswert der alten Maschine: 372.890 $ + 10.000 $ - 3.790 $ = 379.100 $.

3. **Periodisch wiederkehrende Cash-flows aus dem Betrieb:** Dazu zählen alle periodisch wiederkehrenden Einzahlungsströme, die je nach der gewählten Alternative unterschiedlich sind. Organisationen investieren, um zukünftige Geldzuflüsse zu erzeugen. Diese Zuflüsse können aus der Produktion und dem Verkauf zusätzlicher Güter oder Dienstleistungen resultieren oder, wie in dem Beispiel von Lifetime Care, aus eingesparten Betriebsausgaben. Die Nettoeinzahlungsströme aus dem Betrieb können in manchen Perioden auch negativ sein. So können bei der Ölförderung zum Beispiel alle fünf Jahre umfangreiche Ausgaben nötig sein, um die Ausbeute zu verbessern. In jedem Fall geht es um die Cash-flows aus dem Betrieb, nicht um die entstehenden Kosten und Erträge.

Um diesen Punkt hervorzuheben, bedenken wir die folgenden zusätzlichen Fakten über den Betrieb von Lifetime Care:

•   Die gesamten Overheadkosten der Röntgenabteilung werden von der Entscheidung zwischen dem alten und dem neuen Gerät nicht berührt. Diese Overheadkosten werden auf die einzelnen Röntgengeräte (Lifetime verfügt über mehrere) nach den Lohnkosten für den Betrieb jedes Geräts aufgeschlüsselt. Da das neue Gerät niedrigere Lohnkosten haben wird, wird es um 30.000 $ weniger Overheadkosten zugeteilt bekommen als das Gerät, das es ersetzt.

- Die Abschreibung für das neue Röntgengerät beträgt nach der linearen Methode in jeder Periode 74.578 $ [(372.890 $ Anfangskosten - 0 $ erwarteter Veräußerungspreis) : 5 Jahre Nutzungsdauer].

Die Einsparungen bei den betriebsbedingten Zahlungsströmen (Lohn- und Materialkosten) in Höhe von 100.000 $ pro Jahr in den ersten vier Jahren und in Höhe von 90.000 $ im fünften Jahr sind offensichtlich relevant, denn sie entstehen nur, wenn das neue Gerät gekauft wird. Aber was ist mit dem Rückgang bei den zugewiesenen Overheadkosten und mit der Abschreibung?

a. *Overheadkosten.* Die entscheidende Frage ist, ob der Cash-flow für die gesamten Overheadkosten durch die Anschaffung des neuen Geräts zurückgeht. In unserem Beispiel ist das nicht der Fall. Lediglich die Aufschlüsselung der Overheadkosten auf die einzelnen Geräte verändert sich. Die 30.000 $, die nicht dem neuen Gerät zugerechnet werden, werden auf andere Geräte der Abteilung verteilt. Die 30.000 $ gehören also nicht zu den relevanten periodisch wiederkehrenden Zahlungsströmen aus dem Betrieb des neuen Geräts.

b. *Abschreibung.* Wenn steuerliche Überlegungen keine Rolle spielen, ist die Abschreibung irrelevant. Sie ist ein Periodenaufwand ohne Ausgaben, während die DCF-Analyse auf Geldeinnahmen und -ausgaben basiert. Bei den dynamischen Verfahren der Investitionsrechnung werden die Anfangskosten der Ausrüstung als Ausgaben des Jahres 0 betrachtet. Würde man von den Betriebseinnahmen der folgenden Jahre Abschreibungen abziehen, so würde man die Anfangskosten zweimal berücksichtigen.

4. **Restwert bei Projektende:** Die Entsorgung der Investitionsgegenstände zum Zeitpunkt der Beendigung eines Projekts erhöht im allgemeinen den Geldzufluß in der entsprechenden Periode. Fehler bei der Prognose des Restwerts sind bei langfristigen Projekten meist nicht kritisch, denn der Gegenwartswert von Beträgen, die man in einer fernen Zukunft erhält, ist in der Regel gering. Die zwei Komponenten des Restwerts einer Investition sind (a) der Restwert der Maschine und (b) die Amortisation des Betriebskapitals.

a. *Restwert der Maschine.* Am Ende der Nutzungsdauer des Projekts kann es sein, daß die ursprüngliche Maschineninvestition durch die Höhe des Veräußerungspreises überhaupt nicht oder nur teilweise gedeckt ist.

Der relevante Cash-flow ist die Differenz zwischen den nach fünf Jahren erwarteten Veräußerungspreisen des neuen Geräts (null in unserem Beispiel) und des alten Geräts (ebenfalls null).[98]

Tafel 22.5

Relevante Zahlungsströme (in $), Lifetime Care Hospital

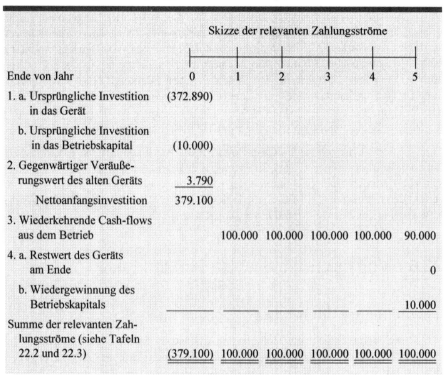

	Skizze der relevanten Zahlungsströme					
Ende von Jahr	0	1	2	3	4	5
1. a. Ursprüngliche Investition in das Gerät	(372.890)					
b. Ursprüngliche Investition in das Betriebskapital	(10.000)					
2. Gegenwärtiger Veräußerungswert des alten Geräts	3.790					
Nettoanfangsinvestition	379.100					
3. Wiederkehrende Cash-flows aus dem Betrieb		100.000	100.000	100.000	100.000	90.000
4. a. Restwert des Geräts am Ende						0
b. Wiedergewinnung des Betriebskapitals						10.000
Summe der relevanten Zahlungsströme (siehe Tafeln 22.2 und 22.3)	(379.100)	100.000	100.000	100.000	100.000	100.000

b. *Amortisation des Betriebskapitals.* Normalerweise ist bei Beendigung des Projekts die ursprüngliche Investition in das Betriebskapital vollständig wiedergewonnen. Die Vorräte und Forderungen, die notwendig waren, um das Projekt zu unterstützen, werden dann nicht länger gebraucht. Der relevante Cash-flow ist die Differenz zwischen beiden Alternativen in bezug auf die erwartete Wiedergewinnung des Betriebskapitals. Wenn das neue Röntgengerät gekauft wird, wird Lifetime Care im fünften Jahr 15.000 $ an Betriebskapital wiedergewinnen. Wird das neue Gerät nicht angeschafft, so gewinnt Lifetime im fünften Jahr, am Ende der Nutzungsdauer des alten Geräts, nur 5.000 $ an

---

[98] Im Beispiel von Lifetime Care gehen wir davon aus, daß das alte und das neue Gerät eine zukünftige Nutzungsdauer von fünf Jahren haben. Wenn die alte Maschine stattdessen eine Nutzungsdauer von nur vier Jahren hätte, könnte das Management beschließen, die Investitionsentscheidung über einen Vier-Jahres-Zeitraum auszuwerten. In diesem Fall müßte der Restwert der neuen Maschine nach vier Jahren prognostiziert werden.

Betriebskapital zurück. Der relevante Geldzufluß im fünften Jahr beträgt also 10.000 $ (15.000 $ - 5.000 $), falls Lifetime in das neue Gerät investiert.

Durch manche Investitionen verringert sich das Betriebskapital. Angenommen, ein Projekt zur computer-integrierten Fertigung mit einer Nutzungsdauer von 7 Jahren verringert die Vorräte an Hilfs- und Betriebsstoffen und damit das Betriebskapital um 20 Mio. $ von 50 Mio. $ auf 30 Mio. $. Diese Verringerung wird als Cash-flow von 20 Mio. $ im Jahr 0 dargestellt. Am Ende der sieben Jahre ergibt die Wiedergewinnung des Betriebskapitals einen relevanten Cash-flow von -20 Mio. $. Das liegt daran, daß das Unternehmen mit CIM nur 30 Mio. $ Betriebskapital wiedergewinnt und nicht die 50 Mio. $, die angefallen wären, wenn CIM nicht eingeführt worden wäre.

Tafel 22.5 zeigt die relevanten Cash-flows für die Entscheidung von Lifetime Care über den Kauf des neuen Geräts, so wie sie in den Punkten 1-4 der obigen Liste beschrieben worden sind. Die Summe der relevanten Cash-flows in jedem Jahr entspricht den relevanten Cash-flows, die in den Tafeln 22.2 und 22.3 zur Illustration der KW-Methode und der IZ-Methode verwendet worden sind.

22.6 AMORTISATIONSVERGLEICHSRECHNUNG

Gleichmäßige Cash-flows

Wir betrachten nun eine dritte Methode zur Analyse der finanziellen Aspekte von Investitionsprojekten. Die Amortisationsvergleichsrechnung mißt die Zeit, die erforderlich ist, um die ursprüngliche Nettoinvestition in Form von Nettogeldzuflüssen zu amortisieren. Wie die KW-Methode und die IZ-Methode unterscheidet auch die Amortisationsvergleichsrechnung nicht zwischen den Quellen der Cash-flows (laufender Betrieb, Veräußerung von Ausrüstungsgegenständen oder Wiedergewinnung des Betriebskapitals). Im Beispiel von Lifetime Care kostet das Röntgengerät 379.100 $, hat eine Nutzungsdauer von 5 Jahren und erzeugt einheitliche Cash-flows von 100.000 $ pro Jahr. Die Amortisationsvergleichsrechnung[99] lautet wie folgt:

$$\text{Amortisationszeit} = \frac{\text{Nettoanfangsinvestition}}{\text{gleichbleibende jährliche Cash-flows}}$$

$$= \frac{379.100 \ \$}{100.000 \ \$} = 3.791 \text{ Jahre}$$

Bei der Amortisationsvergleichsrechnung wählen die Organisationen oft einen Maximalzeitraum für die Amortisation eines Projekts. Je höher die Risiken, die mit einem Projekt verbunden sind, desto kürzer ist der Maximalzeitraum, denn bei höheren Risiken möchte man das investierte Kapital schneller wiedergewinnen. Die Tesoro Petroleum Corporation zum Beispiel geht bei Investitionsentscheidungen für die

Ölraffinerie in Kenai, Alaska, von einem Maximalzeitraum von 3-4 Jahren aus. Projekte mit einer längeren Amortisationszeit werden abgelehnt. Bei einem Maximalzeitraum von vier Jahren wäre das neue Röntgengerät für Lifetime akzeptabel, bei einem Maximalzeitraum von drei Jahren würde es abgelehnt werden.

Die Amortisationsvergleichsrechnung unterstreicht den Aspekt der Liquidität, der bei Investitionsentscheidungen oft ein wichtiger Faktor ist. Unter sonst gleichen Umständen bevorzugen Manager Projekte mit kürzeren Amortisationszeiten, denn dadurch ist die Organisation flexibler und hat schneller Mittel für andere Projekte zur Verfügung. Hinzu kommt, daß die Manager weniger Vertrauen zu Cash-flow-Prognosen haben, die sich weit in die Zukunft hinein erstrecken. Je kürzer die Amortisationszeit, desto zuversichtlicher sind die Manager, daß ihre Prognosen zielgenau sind.

Die Hauptstärke der Amortisationsvergleichsrechnung besteht darin, daß sie leicht zu verstehen ist. Wie bei den zuvor beschriebenen DCF-Methoden spielen bei der Amortisationsvergleichsrechnung Konventionen aus der periodengerechten Aufwands- und Ertragsrechnung wie zum Beispiel die Abschreibungen keine Rolle. Befürworter der Amortisationsmethode argumentieren, daß sie ein bequemes Maß liefert, wenn (1) die Einschätzung der Rentabilität nicht entscheidend ist und im Vorfeld viele Projekte ausgesiebt werden müssen oder wenn (2) die prognostizierten Zahlungsströme für die späteren Jahre des Projekts hochgradig unsicher sind.

Die Amortisationsvergleichsrechnung hat zwei zentrale Schwächen: Sie vernachlässigt (1) den Zeitwert des Geldes und (2) die Zahlungsströme nach der Amortisation der Nettoanfangsinvestition. Angenommen ein anderes Röntgengerät mit einer Nutzungsdauer von drei Jahren und einem Restwert von null, erfordert nur eine Nettoanfangsinvestition von 300.000 $ und bringt die gleichen Geldzuflüsse von 100.000 $ pro Jahr. Vergleichen wir zuerst die beiden Amortisationsperioden:

$$\text{Amortisationsperiode für Gerät 1} \quad = \quad \frac{379.100\ \$}{100.000\ \$} = 3.791 \text{ Jahre}$$

$$\text{Amortisationsperiode für Gerät 2} \quad = \quad \frac{300.000\ \$}{100.000\ \$} = 3.000 \text{ Jahre}$$

Nach dem Kriterium der Amortisationszeit würde man das Gerät für 300.000 $ bevorzugen, denn es zahlt sich schneller aus. Wenn Lifetime Care mit einer Maximalzeit von drei Jahren rechnen würde, würde Gerät 1 auf keinen Fall gekauft werden. Be-

---

[99] Die Einsparungen durch das neue Röntgengerät fallen während des ganzen Jahres an. Um die Berechnungen einfach zu halten, sind wir jedoch bisher davon ausgegangen, daß sie jeweils am Ende des Jahres stattfinden. Eine enge Interpretation dieser Annahme impliziert eine Amortisationszeit von vier Jahren, denn Lifetime Care hat das investierte Kapital erst wiedergewonnen, wenn am Ende des vierten Jahres der Geldzufluß stattfindet. Die Berechnung der Amortisationszeit ist jedoch genauer, wenn man von gleichförmig über das Jahr verteilten Cash-flows ausgeht.

trachten wir als nächstes den KW der beiden Optionen bei einer angestrebten Mindest-
verzinsung von 8 %. Gerät 2 hat einen KW von -42.300 $ (2.577 – der
Barwertannuitätenfaktor für drei Jahre und 8 % aus Tabelle 4 – × 100.000 $ = 257.700
$ - die Nettoanfangsinvestition von 300.000 $). Gerät 1 hat, wie wir wissen, einen positiven KW von 20.200 $ (aus Tafel 22.2). Nach dem KW-Kriterium müßte Lifetime
Care Gerät 1 anschaffen. Gerät 2 hat einen negativen KW und würde daher das KW-
Kriterium nicht erfüllen. Die Amortisationsvergleichsrechnung kommt zu einem anderen Ergebnis als die KW-Methode, denn dabei werden (1) die Zahlungsströme nach
der Amortisationsperiode nicht berücksichtigt und (2) die Zahlungsströme nicht abge-
zinst.

Ein zusätzliches Problem bei der Amortisationsvergleichsrechnung besteht darin, daß
eine zu kurze Maximalzeit als Kriterium für die Projektauswahl dazu führen kann, daß
noch sehr kurzlebige Projekte angenommen werden. Die Organisation wird tendenziell langfristige Projekte mit positivem KW ablehnen.

Ungleichmäßige Zahlungsströme

Die Amortisationsformel ist auf gleichmäßige jährliche Cash-flows zugeschnitten.
Wenn die jährlichen Zahlungsströme nicht gleichförmig sind, hat die Amortisationsvergleichsrechnung eine kumulative Form. Die jährlichen Cash-flows werden akkumuliert, bis die Nettoanfangsinvestition gedeckt ist. Angenommen die Venture Law
Group erwägt den Kauf eines Faxgeräts für 1.500 $. Man erwartet, daß das Gerät in
den nächsten 5 Jahren Einsparungen in Höhe von insgesamt 3.200 $ verursacht
(hauptsächlich wegen der Verringerung der Zahl von Eilsendungen). Die Geldeinsparungen sind zwar innerhalb jedes Jahres gleichmäßig verteilt, unterscheiden sich aber
von Jahr zu Jahr während der gesamten Lebensdauer des Geräts von fünf Jahren. Während des dritten Jahres amortisiert sich das Gerät.

Jahr	Eingesparte Ausgaben	Kumulierte Einsparungen	Nettoanfangsinvestition, die am Ende des Jahres noch nicht amortisiert ist
0	–	–	1.500 $
1	500 $	500 $	1.000 $
2	600 $	1.100 $	400 $
3	800 $	1.900 $	–
4	700 $	2.600 $	–
5	500 $	3.200 $	–

Durch lineare Interpolation innerhalb des dritten Jahres kommt man zu dem Ergebnis,
daß die restlichen 400 $, die noch gebraucht werden, um die Investition von 1.500 $

zu amortisieren, nach der Hälfte des Jahres (in dem insgesamt 800 $ eingespart werden) zusammengekommen sind:

$$\text{Amortisationszeit} = 2\,\text{Jahre} + \left(\frac{400\,\$}{800\,\$} \times 1\,\text{Jahr}\right) = 2,5\,\text{Jahre}$$

Das Faxgerät-Beispiel hat einen einzigen Geldabfluß in Höhe von 1.500 $ im Jahr 0. Bei Projekten mit multiplen Geldabflüssen zu verschiedenen Zeitpunkten addiert man diese Abflüsse um eine Zahl für den gesamten Geldabfluß des Projekts zu erhalten. Dabei wird der Zeitwert des Geldes nicht berücksichtigt.

22.7 DIE RENTABILITÄTSVERGLEICHSRECHNUNG ODER ROI-METHODE

Wir betrachten nun eine vierte Methode für die Analyse der finanziellen Aspekte von Investitionsprojekten. Die **Rentabilitätsvergleichsrechnung** oder **Return-on-investment-Methode (RoI)** mißt den buchhalterisch ermittelten Gewinn dividiert durch die buchhalterisch ermittelte Investitionssumme. Wir illustrieren die RoI-Methode anhand des Beispiels von Lifetime Care und verwenden die Nettoanfangsinvestition des Projekts als Nenner.

$$\text{RoI} = \frac{\text{Zusätzlich erwartetes durchschnittl. jährl. Betriebsergebnis}}{\text{Nettoanfangsinvestition}}$$

Wenn Lifetime Care das neue Röntgengerät kauft, werden zusätzliche Einsparungen bei den Betriebskosten in Höhe von durchschnittlich 98.000 $ pro Jahr erwartet: Dieser Betrag entspricht der Summe der Einsparungen bei den Betriebskosten in Höhe von 490.000 $ (100.000 $ über vier Jahre und 90.000 $ im fünften Jahr) : 5. Das neue Gerät hat einen Restwert von null. Die lineare Abschreibung beträgt 372.890 : 5 = 74.578 $ pro Jahr. Die Nettoanfangsinvestition ist 379.100 $. Damit gilt

$$\text{RoI} = \frac{98.000\,\$ - 74.578\,\$}{379.100\,\$} = \frac{23.422\,\$}{379.100\,\$} = 6,18\,\%$$

Bei der Rentabilitätsvergleichsrechnung konzentriert man sich auf die Frage, wie die Investitionsentscheidung den routinemäßig ausgewiesenen Gewinn der Organisation beeinflußt. Ein RoI von 6,18 % ist als Gewinn zu interpretieren, den ein investierter Dollar erzeugt. Projekte, deren RoI eine angestrebte Mindestrendite übersteigt, gelten als wünschenswert. Unter sonst gleichen Umständen ziehen Manager Projekte mit einem höheren RoI vor.

Die Rentabilitätsvergleichsrechnung ähnelt der IZ-Methode insofern als beide Methoden einen Renditeprozentsatz berechnen. Während die Rendite bei der RoI-Methode mit Hilfe des Betriebsgewinns bei periodengerechter Aufwands- und Ertragsrechnung ermittelt wird, errechnet man sie bei der IZ-Methode auf der Basis von Cash-flows und dem Zeitwert des Geldes. Für Investitionsentscheidungen ist die IZ-Methode der RoI-Methode konzeptionell überlegen.[100]

Die RoI-Berechnungen sind einfach und leicht zu verstehen und verwenden routine-mäßig erfaßte Buchführungsdaten. Im Gegensatz zur Amortisationsvergleichsrech-nung wird hier die Rentabilität berücksichtigt. Anders als die KW-Methode und die IZ-Methode konzentriert sich die RoI-Methode auf Betriebsgewinneffekte und beruht damit auf einer periodengerechten Aufwands- und Ertragsrechnung. Die Cash-flows werden nicht verfolgt und der Zeitwert des Geldes wird nicht berücksichtigt. Kritiker nennen diese Argumente als Hauptnachteile der RoI-Berechnung.

22.8 DECKUNGSZEIT UND INVESTITIONSRECHNUNG FÜR NEUE PRODUKTE

Unsere letzte Methode für die Analyse der finanziellen Aspekte von Investitionspro-jekten ist die Deckungszeitanalyse. Die Deckungszeit (DZ) ist der Zeitraum von dem Moment, in dem das Management das Konzept für ein neues Produkt absegnet, bis zu dem Zeitpunkt, zu dem der kumulierte Barwert der bisherigen Nettoeinzahlungen aus dem Projekt dem kumulierte Barwert der Nettoauszahlungen entspricht. Die DZ mißt, wie lange es dauert, bis bei einer neuen Produktidee die Gewinnschwelle erreicht ist. Die DZ-Methode ähnelt der Amortisationsvergleichsrechnung, allerdings mit abge-zinsten Cash-flows. Die High-tech-Firma Hewlett Packard verwendet die DZ-Analyse als Investitionsrechnungsmethode zur Bewertung von neuen Technologien und Pro-dukten.

Kürzere Deckungszeiten sind wichtig, denn Produkte haben heute kürzere Produktle-benszyklen und werden schneller obsolet.[101] Um wettbewerbsfähig zu sein, müssen die Unternehmen neue Produkte schneller auf den Markt bringen als ihre Konkurren-ten, die Entwicklungskosten reduzieren und die Produkte rentabel verkaufen. Viele Unternehmen berichten über spektakuläre Verkürzungen der Produktentwicklungs-zeit, also der Zeit von dem Moment, in dem das ursprüngliche Konzept für ein neues Produkt vom Management gebilligt worden ist, bis zu seiner Markteinführung.

---

[100]Wenn die Abschreibung als Rückgang des Gegenwartswerts zukünftiger Cash-flows berechnet wird und wenn man den Betriebsgewinn und den Restwert der Investition jedes Jahr um diese Abschreibung korrigiert, entspricht der RoI dem IZ. In der Praxis werden jedoch die Buchwertabschreibungen und der Restwert der Investition bei RoI-Berechnungen nicht auf diese Weise ermittelt.

[101]Der Produktlebenszyklus ist der Zeitraum von der ursprünglichen F&E für ein Pro-dukt bis zu dem Zeitpunkt, zu dem der Kundendienst für dieses Produkt aufgegeben wird, weil das Produkt gestorben ist.

INTERNATIONALER VERGLEICH VON INVESTITIONS-RECHNUNGSMETHODEN

Welche Methoden verwenden Unternehmen in der ganzen Welt, um Investitionsentscheidungen zu analysieren? Die Prozentzahlen in der folgenden Tabelle zeigen für acht Länder, wie häufig bestimmte Methoden der Investitionsrechnung angewandt werden. Die Prozentzahlen addieren sich zu mehr als 100 %, weil viele der befragten Unternehmen mehr als eine Investitionsrechnungsmethode verwenden.

	Aus.[a]	GB[a]	Irl.[b]	Jap.[a]	Kan.[c]	Schott.[d]	S.Kor.[e]	Pol.[f]	US[g]
Amort.	61	76	84	52	50	78	75	48	59
IZ	37	39	}84	4	62	58	75	8	52
KW	45	38		6	41	48	60	23	28
ROI	24	28	24	36	17	31	68	11	13
sonstige	7	7	-	5	8	-	-	13	44

a. Blayney und Yokoyama, "Comparative Analysis."
b. Clarke, "Management Accounting."
c. Jog und Srivastava, "Corporate Financial."
d. Sangster, "Capital Investment."
e. Kim und Song, "U.S., Korea, and Japan."
f. Zarzecki und Wisniewski, "Investment Appraisal."
g. Smith und Sullivan, "Survey of Cost."
Vollständige Quellenangaben in Anhang A.

Wir machen mehrere Beobachtungen:

1. Unternehmen in den Vereinigten Staaten, in Australien, Kanada, Irland, Schottland, Südkorea und Großbritannien verwenden tendenziell zwei Methoden zur Bewertung von Investitionsvorhaben. (Die Spaltensummen für diese Länder sind annähernd 200 %.)

2. Japanische und polnische Unternehmen verwenden in der Regel nur eine Methode. (Die Spaltensummen liegen bei etwa 100 %.)

3. Die Amortisationsvergleichsrechnung ist in allen Ländern sehr populär. Japanische und (in geringerem Ausmaß) polnische Unternehmen stützen sich bei ihren Investitionsentscheidungen hauptsächlich auf diese Methode. In den anderen Ländern werden die DCF-Methoden (IZ und KW) extensiv genutzt.

4. Die RoI-Methode liegt in den USA, in Australien, Kanada, Irland, Schottland, Großbritannien und Polen hinter den DCF-Methoden. In Südkorea wird sie genauso häufig benutzt wie die DCF-Methoden, und in Japan wird sie diesen stark vorgezogen.

Umfragen zur betrieblichen Praxis

Deere and Co. haben den Zeitbedarf für die Entwicklung neuer Bauausrüstungen von 7 auf 4 Jahre verkürzt. Die Firma NCR hat die Entwicklungszeit für ihre Terminals von 4 auf weniger als 2 Jahre reduziert. Die DZ-Analyse wertet aus, (1) wie gut ein Unternehmen die Produktentwicklungszeit und die Kosten kontrolliert, und (2), wie erfolgreich das Produkt sich am Markt verkauft.

Ein Beispiel für die DZ-Berechnung

Das Management von Thermax erwägt die Entwicklung eines neuen Brennofens zur Herstellung von Halbleitern (SP-108). Es wird erwartet, daß das Management dem Projekt am 31. 12. 1999 zustimmt. Wegen anderer dringender Aufgaben wird der Projektbeginn erst spät im Jahr 2000 erwartet. Folgende Informationen über das Projekt liegen vor:

1. Die Anfangsinvestition für das Projekt besteht aus
   a. F&E-Kosten für die Entwicklung des Brennofens
   b. Produkt- und Prozeßdesignkosten, einschließlich der Kosten für Design, Herstellung und Test von Produkt-Prototypen
   c. Investitionen in Spezialmaschinen und zusätzliches Betriebskapital
   d. Marketingkosten für Marktforschung und Werbung
   Es wird erwartet, daß sich die Anfangsinvestition auf 12 Mio. $ beläuft. Der Einfachheit halber nehmen wir an, daß eine Million davon am 31. Dezember 2000 anfällt und 11 Millionen am 31. Dezember 2001. Der neue Brennofen soll eine Lebensdauer von vier Jahren haben.

2. Die erwarteten jährlichen Einnahmen von Thermax aus dem Verkauf von SP-108 sind über das Jahr verteilt; wir gehen aber der Einfachheit halber davon aus, daß sie am Ende jedes Jahres anfallen: 18 Mio. $ im Jahr 2002, 22 Mio. $ im Jahr 2003, 40 Mio. $ im Jahr 2004 und 14 Mio. $ im Jahr 2005.

3. Um Absatz zu erzeugen schätzt Thermay zusätzliche jährliche Ausgaben für Fertigungsmaterial, Fertigungsarbeit, Herstellgemeinkosten, Marketing, Vertrieb und Kundendienst. Auch für diese Kosten wird der Einfachheit halber wieder angenommen, daß sie jeweils am Jahresende anfallen: 13 Mio. im Jahr 2002, 24 Mio. im Jahr 2003, 30 Mio. im Jahr 2004 und 11 Mio. im Jahr 2005.

4. Thermax erwartet am Ende des Jahres 2005 durch die Veräußerung der Investitionsgüter Einnahmen in Höhe von 2 Mio. $.

5. Wir gehen von einer angestrebten Mindestverzinsung von 14 % vor Steuern aus. Steuerliche Überlegungen spielen keine Rolle.

Aus Punkt 2 und 3 kann man die Nettoeinnahmen für die Jahre 2002-2005 errechnen: 5 Mio. im Jahr 2002, 9 Mio. im Jahr 2003, 10 Mio. im Jahr 2004, 3 Mio. im Jahr 2005. Tafel 22.6 zeigt die Berechnungen, die notwendig sind, um die DZ für den SP-108 zu ermitteln. Die DZ beginnt mit der Aufstellung des Projekt-Untersuchungsteams am 31. 12. 1999, nicht mit dem Zeitpunkt, zu dem die ersten Ausgaben für das Projekt anfallen. Mit der DZ-Analyse soll ja ermittelt werden, wie schnell neue Ideen in profitable Produkte umgewandelt werden.

Tafel 22.6

Deckungszeitanalyse für den SP-108 bei Thermax (in Millionen $)

Jahr	BW-Abzinsungs-faktor bei 14 % (1)	Investitions-ausgaben (2)	BW der Investitions-ausgaben [a] (3) = (1) × (2)	Kumulierter BW der Investitions-ausgaben[a] (4)
1999	1,000			
2000	0,877	(1,000)	(0,877)	(0,877)
2001	0,769	(11,000)	(8,459)	(9,336)

Jahr	BW-Abzinsungs-faktor bei 14 % (1)	Einnahmen aus Produktabsatz und Verkauf von Inv.gütern (5)	BW der Einnahmen[a] (6) = (1) × (5)	Kumulierter BW der Einnahmen[a] (7)
2002	0,675	5,000	3,375	3,375
2003	0,592	9,000	5,328	8,703
2004	0,519	10,000	5,190	13,893
2005	0,456	3,000	1,368	15,261
		2,000[b]	0,912	16,173

a. am 31. Dezember 1999.
b. Einnahme aus der Veräußerung der Investitionsgüter.

Wie lange wird Thermax brauchen, um den kumulierten Gegenwartswert der Investitionsausgaben in Höhe von 9,336 Mio. $ wiederzugewinnen? In Barwerten gemessen wird Thermax am 31. Dezember 2003 von den Investitionsausgaben 8,703 Mio. $ durch den Produktabsatz gedeckt haben und am 31. Dezember 2004 13,893 Mio. $. Das bedeutet, daß Thermax den Barwert seiner ursprünglichen Investitionsausgaben in Höhe von 9,336 Mio. $ irgendwann im Lauf des Jahres 2004 wieder hereingeholt haben wird. Der Barwert des geschätzten Cash-flows im Jahr 2004 beträgt 5,190 Mio. $. Davon braucht Thermax 0,633 Mio. $ (9,336 Mio. $ - 8,703 Mio. $), um die Investition zu amortisieren. Thermay wird also 4,12 Jahre brauchen, um den kumulativen Barwert der Investitionsausgaben wieder hereinzuholen:

$$4 \text{ Jahre (bis zum 31. 12. 2003)} + \frac{0,633 \text{ Mio. \$}}{5,190 \text{ Mio. \$}} = 4,12 \text{ Jahre}$$

Nach 4,12 Jahren entspricht der kumulierten Barwert aller Geldabflüsse im Rahmen des Projekts dem kumulierten Barwert aller Geldzuflüsse.[102]

Was sind die wesentlichen Unterschiede zwischen der DZ-Methode und der Amortisationsvergleichsrechnung? Es wird erwartet, daß die Investitionsausgaben am 31. Dezember 2000 beginnen und insgesamt 12 Mio. \$ betragen werden. Man rechnet damit, daß von dieser Investition 5 Mio. \$ durch den Geldzufluß aus dem Verkauf des Produkts im Jahr 2002 gedeckt werden und die übrigen 7 Mio. \$ im Jahr 2003.

$$\text{Amortisationszeit} = 2 \text{ Jahre (bis 31.12.2002)} + \frac{7 \text{ Mio. \$}}{9 \text{ Mio. \$}} = 2,78 \text{ Jahre}$$

Man beachte, daß die Amortisationsperiode kürzer ist als die Deckungszeit, (1) weil bei der Amortisationsvergleichsrechnung die Zeit erst zu laufen beginnt, wenn die ursprüngliche Investition erfolgt (31.12.2000), und nicht schon bei der ersten Billigung des Projekts durch das Management (31.12.1999), und (2), weil zukünftige Zahlungsströme nicht abdiskontiert werden.

Anwendung und Grenzen der Deckungszeitrechnung

Die Deckungszeitanalyse eignet sich als Investitionsrechnungsmodell für die Entscheidung zwischen alternativen Produktkonstruktionen und alternativen Produktneuentwicklungen. Das Management kann zum Beispiel beschließen, daß nur Projekte mit einer Deckungszeit von weniger als 5 Jahren berücksichtigt werden. Unter sonst gleichen Umständen wird das Management Produktvorschläge mit kurzen Deckungszeiten gegenüber solchen mit längeren Deckungszeiten bevorzugen. Man beachte jedoch, daß kürzere Deckungszeiten verschiedene Gründe haben können:

* Es kann sich um kurzfristige, wenig aufregende Projekte handeln anstatt um langfristige, wirklich innovative Projekte, die auf einer neuen Technologie beruhen und in der Regel längere Deckungszeiten haben.
* Möglicherweise sind es einfachere Projekte anstatt solche, die den Produktentwicklungsprozeß grundlegend verbessern.
* Oder man investiert in Produkte und Geschäftsmöglichkeiten, die einen inhärent niedrigeren Kapitalbedarf haben und schneller zu Geldzuflüssen führen.

---

[102]Nimmt man die Annahme, daß die Zahlungen nur am Ende des Jahres stattfinden, wörtlich, so ergibt sich eine DZ von fünf Jahren, denn Thermax wird dann den Barwert seiner Investitionen erst wiedergewinnen, wenn die Einzahlung am Ende des fünften Jahres stattfindet. Die hier gezeigte Berechnung auf der Basis gleichmäßig verteilter Zahlungsströme ist aber eine bessere Annäherung der tatsächlichen DZ bei Thermax.

Obwohl sich die DZ-Methode besonders gut zur Planung von Produktneuentwicklungen eignet, kann man sie auch für andere Investitionsentscheidungen verwenden, zum Beispiel für Investitionen in Fabriken und Ausrüstungen. In der Aufgabe zum Selbststudium am Ende des Kapitels wird die DZ für die Entscheidung von Lifetime Care über die Anschaffung eines neuen Röntgengeräts berechnet.

Dadurch, daß die Zeit von dem Punkt an gerechnet wird, an dem das Management ein Projekt billigt, bestraft die DZ-Methode Projektverschiebungen, um die Gewinnmöglichkeiten zu berücksichtigen, die einem Unternehmen entgehen, wenn es ihm nicht gelingt, Produkte schnell zu entwickeln. Wie die KW-Methode und die IZ-Methode hat die DZ-Methode den Vorteil, daß sie die Zahlungsströme in den Mittelpunkt stellt und den Zeitwert des Geldes berücksichtigt. Die Amortisationsvergleichsrechnung berücksichtigt den Zeitwert des Geldes nicht, und die RoI-Methode arbeitet nicht mit Cash-flows. Wie die Amortisationsmethode hat auch die DZ-Methode den Nachteil, daß sie die Cash-flows aus dem Projekt, die nach der Wiedergewinnung der ursprünglichen Nettoinvestition anfallen, ignoriert. Dagegen wird bei der KW-Methode, der IZ-Methode und der ROI-Methode die Projektrentabilität berücksichtigt.

22.9 SCHWIERIGKEITEN BEI DER ANWENDUNG DER INVESTITIONSRECHNUNGSMETHODEN

In diesem Abschnitt geht es um einige komplexe Aspekte der Ergebnisprognose auf der Stufe der Informationsbeschaffung und der Projektauswahl.

Eine Firma muß entscheiden, ob sie in die computer-integrierte Fertigung (CIM-Technologie) investieren will. In CIM-Fabriken steuern Computer die Einrichtung und den Betrieb der Maschinen. Computer überwachen das Produkt und kontrollieren den Fertigungsprozeß, um einen fehlerfreien und qualitativ hochwertigen Output sicherzustellen. Schöpft man die Möglichkeiten der CIM-Technologie aus, so kann eine hochautomatisierte Fabrik entstehen, in der die Rolle der Arbeitskräfte weitgehend auf das Programmieren der Computer und die technische Überwachung und Wartung der Robotermaschinen beschränkt ist. Bei CIM-Entscheidungen können riesige Geldbeträge auf dem Spiel stehen – bei Unternehmen wie General Motors und Toyota geht es um Milliarden von Dollars. Bei der Auswertung von CIM-Investitionen ist es besonders wichtig, (1) die Nutzen und Kosten vollständig zu prognostizieren und (2) den ganzen Zeithorizont des Projektes zu berücksichtigen.

Die vollständige Vorhersage der Nutzen und Kosten

Die Faktoren, die bei CIM-Entscheidungen zu berücksichtigen sind, gehen über die Kosten weit hinaus. Die Gründe für die Einführung der CIM-Technologie, wie etwa schnellere Reaktionszeit, höhere Produktqualität und flexibleres Eingehen auf veränderte Kundenpräferenzen, haben oft mit der Steigerung der Erlöse und Deckungsbeiträge zu tun. Ignoriert man die Erlöswirkungen, so unterschätzt man den finanziellen Nutzen von CIM-Investitionen. Wie wir im folgenden beschreiben, ist es jedoch oft schwierig, die Erlösverbesserungen durch technologische Investitionen in Geldsummen auszudrücken. Trotzdem sind Wettbewerbs- und Erlösvorteile ein wichtiger Faktor bei der Einführung von CIM.

Tafel 22.7

Faktoren, die bei Investitionsentscheidungen für CIM-Projekte berücksichtigt werden

Beispiele für finanzielle Auswirkungen	Beispiele für nichtfinanzielle und qualitative Auswirkungen
Verringerung der Fertigungslöhne	Verringerung der Fertigungsdurchlaufzeit
Verringerung der Hilfslöhne	Größere Flexibilität in der Produktion
Weniger Abfall und Nachbesserungen	Höheres Geschäftsrisiko aufgrund des höheren Anteils der Fixkosten
Geringere Lagerhaltungskosten	Verbesserungen bei Lieferung und Service
Höhere Kosten für Software und ähnliches	Verkürzung der Produktentwicklungszeit
Kosten für die Umschulung des Personals	Schnellere Reaktion auf Marktveränderungen
	Mehr Wissen über Automation in der Belegschaft
	Verbesserte Wettbewerbsposition

Tafel 22.7 zeigt Beispiele aus dem breiteren Spektrum von Faktoren, die Unternehmen in den USA, in Australien, Japan und Großbritannien bei der Bewertung von CIM-Technologien abwägen. Zu den Nutzen[103] gehören

1. *Schnellere Reaktion auf Marktveränderungen.* Eine automatisierte Fabrik kann zum Beispiel relativ schnell größere Designmodifikationen durchführen (wie etwa den Übergang von einem zweitürigen auf ein viertüriges Auto). Um diesen Nutzen zu quantifizieren, braucht man eine gewisse Vorstellung von den Veränderungen der Konsumentennachfrage, die vielleicht erst in vielen Jahren auftreten

---

[103]C. Sullivan und K. Smith, "Capital Investment Justification for U.S. Factory Automation Projects," *Journal of the Midwest Finance Association* (1994); M. Freeman und G. Hobbes, "Capital Budgeting: Theory versus Practice," *Australian Accountant* (September 1991); C. Drury, S. Braund, P. Osborne, und M. Tayles, *A Survey of Management Accounting Practices in U.K. Manufacturing Companies* (London: Certified Accountants Educational Trust, 1993); M. Sakurai, "The Change in Cost Management Systems in the Age of CIM," Working paper, Senshu University, 1992.

werden, und von den Entscheidungen der Konkurrenten über die Produktionstechnologie.

2. *Höherer Wissensstand der Belegschaft über Automatisierung.* Wenn die Arbeitskräfte positive Erfahrungen mit CIM haben, kann das Unternehmen andere Automatisierungsprojekte schneller und erfolgreicher einführen. Um diesen Nutzen zu quantifizieren, müßte das Unternehmen seine zukünftigen Automatisierungspläne vorhersagen können. Umfrageergebnisse unterstreichen die Wichtigkeit der Verknüpfung von CIM-Entscheidungen mit der Gesamtstrategie des Unternehmens im Wettbewerb.

Die vollständige Vorhersage der Kosten wirft ebenfalls Probleme auf. Drei Arten von Kosten sind schwer zu messen und werden oft unterschätzt:

1. Die Kosten einer verschlechterten Wettbewerbssituation innerhalb der Branche. Wenn andere Unternehmen der Branche in CIM investieren, wird eine Firma, die nicht in CIM investiert, wegen ihrer unterlegenen Qualität und längeren Lieferzeit wahrscheinlich Marktanteile verlieren. Mehrere Unternehmen der Werkzeugmaschinenbranche, die ihre konventionellen Herstellungsmethoden beibehalten haben, erlebten einen rapiden Rückgang ihrer Marktanteile, nachdem die Konkurrenten CIM eingeführt hatten.

2. Die Kosten für die Umschulung des Betriebs- und Wartungspersonals, das mit der automatisierten Anlage umgehen muß.

3. Die Kosten für die Entwicklung und Pflege der Software und der Wartungsprogramme für den Betrieb der automatisierten Produktionsanlage.

Die Berücksichtigung des gesamten Projekt-Zeithorizonts

Der Zeithorizont von CIM-Projekten kann sich auf deutlich mehr als 10 Jahre erstrekken. Viele der Kosten fallen in den Anfangsjahren der Einführung von CIM an und sind deutlich sichtbar. Im Gegensatz dazu werden bedeutende Nutzen vielleicht erst viele Jahr nach der Einführung realisiert. Bei der Auswertung von CIM-Investitionen ist deshalb ein langer Zeithorizont zu berücksichtigen.

Schwierigkeiten bei der vollständigen Vorhersage der Nutzen und Kosten über lange Zeiträume hinweg tauchen auch bei anderen Investitionsentscheidungen auf, man denke zum Beispiel an F&E-Projekte und Ölbohrungen.

Erfolgsbewertung und Projektauswahl

Die Verwendung des RoI für die Erfolgsbewertung kann Manager von der Nutzung von DCF-Methoden bei Investitionsentscheidungen abschrecken. Nehmen wir Peter Costner, den Manager der Röntgenabteilung im Lifetime Care Hospital. Die KW-Methode führt zu dem Schluß, daß Costner das neue Röntgengerät kaufen sollte, denn es hat einen positiven KW von 20.200 $.

DIE INTEGRATION VON UMWELTKOSTEN IN DIE IN-VESTITIONSRECHNUNG BEI NIAGARA MOHAWK UND ONTARIO HYDRO

Die Umweltgesetzgebung versucht die Quantität und Toxizität der Umweltverschmutzung zu verringern und verhängt Strafen und Bußgelder für die Verletzung von Umweltstandards. Investitionsentscheidungen können einen spürbaren Einfluß auf de Umweltverschmutzung haben. Hier stellt sich nun die Frage, wie die Umweltauswirkungen alternativer Ausrüstungsgegenstände in die Investitionsrechnung mit einbezogen werden können.

Manche Umweltkosten sind leicht festzustellen – so zum Beispiel die *Präventionskosten*, also die Kosten für Installation, Betrieb und Unterhalt von Ausrüstungen und für die Schulung des Personals zur Vorbeugung gegen Umweltverschmutzung, und die *Beurteilungskosten*, also die Kosten für das Überwachen und Messen der Umweltverschmutzung und für die Meldung der Emissionsniveaus an staatliche Behörden. Andere Kosten wie zum Beispiel die *Störfallkosten* (die Kosten eines unvorhergesehenen Umweltschadens) sind schwer zu schätzen, wenn man einmal von den offensichtlichen Strafen und Bußgeldern für Verstöße gegen die Umweltgesetze absieht. Welche Kosten sollte ein Unternehmen zum Beispiel ansetzen für Gesundheitsprobleme, Tierherdenverluste, Ernteschäden und negative Kundenreaktionen infolge von giftigen Emissionen in Luft und Wasser?

Niagara Mohawk und Ontario Hydro haben zwei unterschiedliche aber gleichermaßen innovative Ansätze gewählt, um die Umweltkosten in die Investitionsrechnung zu integrieren. Niagara Mohawk geht davon aus, daß die Umweltkosten denjenigen Kosten entsprechen, die aufgewendet werden müßten, um jegliche Umweltverschmutzung zu vermeiden. Damit umgeht die Firma das Problem der schwer zu berechnenden Kosten von Umweltschäden. Dahinter steht die Auffassung, daß die Kosten einer vollständigen Vermeidung von Umweltverschmutzung ein vernünftiges Substitut für die Schadenskosten sind.

Bei Ontario Hydro konzentriert man sich trotz der damit verbundenen Unsicherheiten auf die Entwicklung realistischer Schätzungen für die Kosten von Umweltschäden. Dabei werden (1) der Rückgang der Marktpreise für Feldfrüchte, die aufgrund von toxischen Emissionen beschädigt oder verloren gegangen sind, (2) Schätzungen von durch Umweltverschmutzung entstandenen Lohnunterschieden oder Wertunterschieden bei Grundeigentum und Immobilien, und (3) Umfrageergebnisse über die Zahlungsbereitschaft der Urheber und die Annahmebereitschaft der Opfer von Umweltschäden einbezogen. Bei Ontario Hydro müssen Investitionsvorschläge den erwarteten Schaden für Ökosysteme, Gemeinden und die menschliche Gesundheit berücksichtigen und nicht nur die Frage, ob existierende oder vorgeschlagene Umweltregulierungen eingehalten werden.

DIE INTEGRATION VON UMWELTKOSTEN IN DIE INVESTITIONSRECHNUNG ... (FORTSETZUNG)

Die Beispiele von Niagara Mohawk und Ontario Hydro unterstreichen, wie wichtig und wie schwierig es ist, Informationen zu sammeln, die es den Unternehmen erlauben, die Umweltauswirkungen sorgfältiger in die Investitionsentscheidungen einzurechnen. Ohne diese Ansätze kann man die Umweltauswirkungen nicht in die formale Analyse miteinbeziehen. Man muß dann die Umweltverschmutzung als qualitativen Faktor getrennt von der finanziellen Analyse bedenken. Das macht es schwieriger, die Tradeoffs zwischen finanziellen Interessen und Umweltschutzinteressen zu verstehen.

Quelle: M. Epstein, Measures for Corporate Environmental Performance (Chicago: Irwin, 1995).

Angenommen das Topmanagement von Lifetime Care beurteilt die Leistung der Röntgenabteilung nach dem RoI. Peter Costner wird den Kauf des neuen Röntgengeräts möglicherweise unterlassen, wenn der RoI von 6,18 % für die Investition seinen Gesamt-RoI verringert und damit die Leistung der Abteilung negativ beeinflußt. Der RoI für das neue Gerät ist niedrig, weil die Investition den Nenner der RoI-Formel erhöht und infolge der Abschreibungen auch den Zähler (den Betriebsgewinn) reduziert.

Offensichtlich ist es inkonsistent, die DCF-Methoden als die besten Methoden der Investitionsrechnung zu bezeichnen und dann eine andere Methode für die Bewertung der Leistung nach der Investition zu verwenden. Solange diese Praxis weitergeführt wird, werden Manager versucht sein, Investitionsentscheidungen auf der Basis des RoI zu treffen, selbst wenn diese Entscheidungen nicht im besten Interesse der Organisation sind. Diese Versuchung wird noch ausgeprägter, wenn Manager (oft die Stelle wechseln (oder befördert werden) oder wenn der jährliche Betriebsgewinn für die Leistungsbewertung und die Prämien wichtig ist. Damit wird nämlich für die Leistungsbewertung ein kurzfristiger Zeithorizont herangezogen. Der Manager hat keinen Anreiz, ein DCF-Modell zu verwenden, um Zahlungsströme in der fernen Zukunft zu berücksichtigen. Diese Cash-flows haben keinen Einfluß auf die Bewertung der Leistung des Managers.

22.10 PROJEKTMANAGEMENT

In diesem Abschnitt diskutieren wir Stufe 6 der Investitionsplanung, bei der es um die Durchführung und Kontrolle geht. Zwei verschiedene Aspekte der Steuerung durch das Management werden diskutiert: die Steuerung der Investitionsaktivität selbst und die Steuerung des Projekts insgesamt.

Investitionssteuerung

Manche Anfangsinvestitionen, wie zum Beispiel der Kauf eines Röntgengeräts oder einer Faxmaschine, sind relativ einfach durchzuführen. Andere Anfangsinvestitionen, wie der Bau eines Einkaufszentrums oder einer neuen Fabrik sind komplexer und brauchen mehr Zeit. In diesem Fall ist die Überwachung und Kontrolle des Zeitplans und des Ausgabenplans für den Erfolg des Gesamtprojekts entscheidend. Im Anhang zu diesem Kapitel werden Methoden zur Steuerung der Investitionsaktivität selbst beschrieben.

Projektsteuerung – Investitionsaudit

Bei einem Investitionsaudit werden die zum Zeitpunkt der Projektwahl vorhergesagten Kosten und Ergebnisse der Investition mit den tatsächlichen Zahlen verglichen. Das Audit gibt den Managern ein Feedback über ihre Leistung. Nehmen wir zum Beispiel an, das tatsächliche Ergebnis (Geldeinsparungen bei den Betriebskosten durch das neue Röntgengerät im Beispiel von Lifetime Care) ist viel niedriger als das prognostizierte Ergebnis. Das Management muß dann die Ursachen untersuchen: Waren die anfänglichen Schätzungen übermäßig optimistisch oder gab es Probleme bei der Durchführung des Projekts? Beide Arten von Problemen sind von Interesse.

Optimistische Schätzungen sind von Bedeutung, denn sie können zur Annahme eines Projekts führen, daß andernfalls abgelehnt worden wäre. Um von optimistischen Schätzungen abzuschrecken, werden in manchen Unternehmen, wie zum Beispiel bei DuPont, Aufstellungen gemacht, in denen die tatsächliche Leistung mit den Schätzungen verglichen wird, die einzelne Manager bei der Beantragung von Investitionen abgegeben haben. DuPont glaubt, daß Investitionsaudits Manager von unrealistischen Prognosen abhalten. Probleme bei der Durchführung eines Projekts sind offensichtlich von Interesse, denn die Rendite aus dem Projekt bleibt hinter den Erwartungen zurück. Investitionsaudits können Hinweise auf Bereiche liefern, bei denen korrigierend eingegriffen werden sollte.

Ein Investitionsaudit muß mit besonderer Sorgfalt durchgeführt werden. Es sollte erst stattfinden, wenn sich die Erträge aus dem Projekt stabilisiert haben. Setzt man das Audit zu früh an, so kann es leicht ein irreführendes Bild ergeben. Oft ist es nicht leicht, die Istzahlen zu erhalten, die man mit den Schätzungen vergleichen kann. So kann es zum Beispiel sein, daß die tatsächlichen Arbeitskosteneinsparungen durch das neue Röntgengerät nicht mit den geschätzten Einsparungen vergleichbar sind, weil Zahl und Art der Röntgenaufnahmen nicht mit den Mengen übereinstimmen, von denen man bei der Investitionsplanung ausgegangen war. Andere Nutzen, wie zum Beispiel die Auswirkungen auf die Behandlung der Patienten, sind möglicherweise schwer zu quantifizieren.

AUFGABE

Kehren wir noch einmal zum Röntgengerät-Projekt bei Lifetime Care zurück. Angenommen die erwarteten jährlichen Geldzuflüsse betragen 130.000 $ anstatt 100.000 $. Alle anderen Fakten sind unverändert: eine Anfangsinvestition von 379.100 $, eine Lebensdauer von fünf Jahren, ein Restwert von null und eine angestrebte Mindestverzinsung von 8 %. Der Geldzufluß des Jahres 5 enthält die Wiedergewinnung des Betriebskapitals in Höhe von 10.000 $. Bei der Berechnung der Deckungszeit gehen wir davon aus, daß die Investition in das Röntgengerät unmittelbar nach der Billigung des Projekts durch das Management beginnt. Berechnen Sie
1. den diskontierten Cash-flow
   a. den Nettobarwert
   b. den internen Zinsfuß
2. die Amortisationszeit
3. den Return-on-investment
4. die Deckungszeit
Um die Rechnung zu vereinfachen, nehmen Sie an, daß die Cash-flows jeweils am Ende der Rechnungsperiode auftreten.

LÖSUNG

1. a. KW = (130.000 $ × 3,993) - 379.100 $ = 139.990 $
   b. Es gibt mehrere Möglichkeiten, den IZ zu berechnen. Man kann zum Beispiel einen Rechner mit einer IZ-Funktion verwenden; damit kommt man auf einen IZ von 21,18 %. Alternativ kann man Tabelle 4 in Anhang C benutzen:

   $$379.100\ \$ = 130.000\ F$$

   $$F = \frac{379.100\ \$}{130.000\ \$} = 2,916$$

   In der 5-Perioden-Zeile von Tabelle 4 ist der Wert, der dem Faktor 2,916 am nächsten kommt, in der 22%-Spalte zu finden. Um ein genaueres Ergebnis zu erhalten, kann man die lineare Interpolation anwenden.

	Barwert	Zinsfaktor
20 %	2,991	2,991
IZ	-	2,916
22 %	2,864	-
Differenz	0,127	0,075

LÖSUNG (FORTSETZUNG)

$$IZ = 20\% + \frac{0,075}{0,127}(2\%) = 21,18\%$$

2.

$$\text{Amortisationszeit} = \frac{\text{Nettoanfangsinvestition}}{\text{gleichförmiger jährlicher Cash-flow}}$$

$$= 379.100\ \$: 130.000\ \$ = 2,92\ \text{Jahre}$$

3.

$$\text{RoI} = \frac{\text{Zunahme des erwarteten durchschnittl. jährl. Betriebsgewinns}}{\text{Nettoanfangsinvestition}}$$

$$\text{Zunahme der erwarteten durchschnittli-}\atop\text{chen jährlichen Kosteneinsparungen} = [(130.000\ \$ \times 4) + 120.000\ \$] : 5$$

$$= 128.000\ \$$$

$$\text{Durchschnittliche jährliche}\atop\text{Abschreibung} = 372.890\ \$: 5 = 74.578\ \$$$

$$\text{Zunahme des erwarteten durchschnittl.}\atop\text{jährlichen Betriebsgewinns} = 128.000\ \$ - 74.578\ \$ = 53.422\ \$$$

$$\text{RoI} = 53.422\ \$: 379.100\ \$ = 14,09\%$$

4.

Jahr	BW-Abzinsungs-faktor bei 14 % (1)	Investitions-ausgaben (2)	BW der Investitions-ausgaben[a] (3) = (1) × (2)	Kumulierter BW der Inv.ausgaben[a] (4)
0	1,000	379.100	379.100	379.100

Jahr	BW-Abzinsungs-faktor bei 14 % (1)	Geld-zuflüsse (5)	BW der Geldzuflüsse[a] (6) = (1) × (5)	Kumulierter BW der Geldzuflüsse[a] (7)
1	0,675	5,000	3,375	3,375
2	0,592	9,000	5,328	8,703
2004	0,519	10,000	5,190	13,893
2005	0,456	3,000	1,368	15,261
		2,000[a]	0,912	16,173

a. Im Jahr 0.

$$DZ = 3\ \text{Jahre} + \frac{379.100\ \$ - 335.101\ \$}{95.550\ \$} = 3,46\ \text{Jahre}$$

ANHANG: STEUERUNG VON GROßPROJEKTEN

Mit Großprojekt ist hier eine komplexe Aufgabe gemeint, die sich oft über Monate oder Jahre hinzieht und die Arbeit von vielen verschiedenen Abteilungen, Unternehmensbereichen oder Subunternehmern erfordert. Beispiele für solche Großprojekte sind der Bau von Brücken, Einkaufszentren und Fabriken. Großprojekte sind einmalig und nichtrepetitiv; sie sind mit beträchtlichen Unsicherheiten verbunden und erfordern viele Fähigkeiten und Spezialisierungen, sowie ein hohes Maß an Koordination über einen langen Zeitraum hinweg. Beispiele für Großprojekte im Dienstleistungssektor sind die Vorbereitung einer Werbekampagne oder das Führen eines komplexen Gruppenklageprozesses.

Dieser Anhang beschreibt Methoden, die Manager bei der Steuerung von Großprojekten einsetzen. Im Kontext der Investitionsrechnung bedeutet "Großprojekt" die Durchführung der Anfangsinvestition. In dem Beispiel der Firma Thermax, das wir in diesem Kapitel verwendet haben, war das Großprojekt die Entwicklung des neuen Halbleiterbrennofens SP 108, eine komplexe Aufgabe mit einem erwarteten Zeitbedarf von mehr als einem Jahr. Die Durchführung einer Kapitalinvestition ist ein Prozeß, der oft Monate oder Jahre dauert und regelmäßige Überwachung und Kontrolle erfordert.

Bei der Kontrolle von Großprojekten müssen Manager sich in der Regel auf vier entscheidende Erfolgsfaktoren konzentrieren: (1) Umfang, (2) Qualität, (3) Zeitplan und (4) Kosten. Mit *Umfang* ist die technische Beschreibung des Endprodukts gemeint. Bei vielen Großprojekten wird im Lauf der Arbeit eine technische Veränderung angeordnet, so daß die Eigenschaften des Endprodukts sich von den ursprünglich geplanten unterscheiden. Veränderungen beim Umfang beeinflussen natürlich in der Regel auch die Qualität, den Zeitplan und die Kosten. Die lange Dauer von Großprojekten bedeutet, daß Daten über die Qualität, den Zeitplan und die Kosten über viele Perioden hinweg verfolgt werden müssen.

Projektkosten- und -leistungsanalyse

Die Midwest Bank ist dabei, neue Software für ihr Geldautomatennetz zu entwickeln. Das Großprojekt mit dem Codenamen Sabre hat einen Zeithorizont von 10 Monaten (Juli 19_7 bis April 19_8) und wird aller Erwartung nach in der Zukunft wesentliche Kosteneinsparungen bringen. Die Hauptarbeit ist der Entwurf, die Kodierung und das Testen der neuen Software. Midwest rechnet mit 300.000 $ (4.000 Technikerarbeitsstunden zu 75 $ pro Stunde) für das gesamte Projekt. Tafel 22.8 enthält eine Kosten- und Leistungsanalyse für Sabre. Die Graphik zeigt drei Variable:

Tafel 22.8

Kosten- und Leistungsanalyse für das Sabre-Projekt

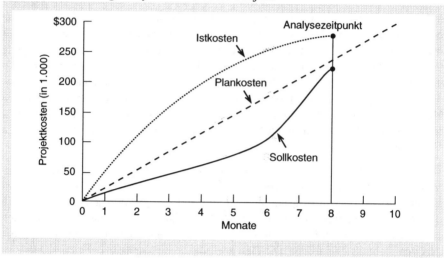

- Plankosten: die Plankosten der bis heute *geplanten* Arbeit. Das Sabre-Projekt sollte bis zum 28. Februar 19_8 (Monat 8 der Projektphase) zu 80 % abgeschlossen sein mit Plankosten in Höhe von 240.000 $ (240.000 $: 300.000 $ = 80 %).
- Sollkosten: die Plankosten der bis heute *geleisteten* Arbeit. Am 28. Februar 19_8 ist das Sabre-Projekt erst zu 75 % abgeschlossen. Die Plankosten dieser 75 % betragen 225.000 $ (225.000 $: 300.000 $ = 75 %).
- Istkosten: die Istkosten der bis heute geleisteten Arbeit, unabhängig von Kosten- und Zeitplänen. Bis zum 28 Februar 19_8 sind dem Sabre-Projekt Gesamtkosten in Höhe von 280.000 $ zugerechnet worden.

Diese drei Variablen können wie folgt analysiert werden:

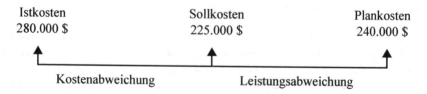

Istkosten   Sollkosten   Plankosten
280.000 $ 225.000 $ 240.000 $

Kostenabweichung   Leistungsabweichung

Die **Kostenabweichung** (*performance cost variance*) ist die Differenz zwischen den Istkosten und den Sollkosten. Sie ist ein Maß für die Projektkostenüberschreitung (oder -unterschreitung) beim gegebenen tatsächlichen Grad der Fertigstellung des Projekts:

$$\text{Istkosten - Sollkosten} = 280.000 \$ - 225.000 \$ = 55.000 \$ \text{ N}$$

wobei N eine negative Abweichung anzeigt.

Das Sabre-Projekt weist eine Kostenüberschreitung in Höhe von 55.000 $ auf (24,4 % über den Plankosten). Das gibt Anlaß zu ernsthafter Sorge in bezug auf das Kostenmanagement des Projekts.

Die **Leistungsabweichung** (*schedule cost variance*) ist die Differenz zwischen den Sollkosten (Plankosten der bis heute geleisteten Arbeit) und den Plankosten (Plankosten der bis heute geplanten Arbeit):

$$\text{Sollkosten - Plankosten} = 225.000 \text{ \$} - 240.000 \text{ \$} = 15.000 \text{ \$ N}$$

Das Sabre-Projekt liegt hinter dem Zeitplan (was als negativ gesehen wird). Es ist am 28. Februar 19_8 erst zu 75 % anstatt wie geplant zu 80 % abgeschlossen. Die Leistungsabweichung von 15.000 $ mißt die Differenz zwischen den Plankosten dieser beiden Fertigstellungsgrade.

Manche Manager wollen die Ursachen, die der negativen Kostenabweichung von 55.000 N zugrunde liegen, genauer untersuchen. Diese Abweichung kann in eine Preis- und eine Verbrauchs- oder Effizienzkomponente aufgespalten werden (wie in Kapitel 7, Seite 209 ff.). Um diese Aufschlüsselung zu illustrieren, liefern wir mehr Einzelheiten über die Sollkosten und die Istkosten:

Sollkosten	=	Geplante Arbeitszeit für die bis heute geleistete Arbeit	×	Geplanter Stundensatz
225.000 $	=	3.000	×	75 $
Istkosten	=	Tatsächlich geleistete Arbeitszeit	×	Tatsächlicher Stundensatz
280.000 $	=	3.500	×	80 $

Wir berechnen die Preis- und die Effizienzabweichung mit Hilfe der Spaltendarstellung aus Kapitel 7 (Seite 217):

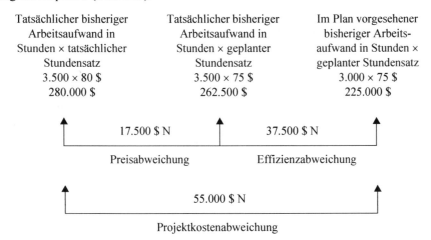

Der Projektmanager kann die Information über die Abweichungen benutzen, um die Projektleistung besser zu kontrollieren und zu steuern. Selbst wenn man nur wenig tun kann, um Leistung und Rentabilität des laufenden Projekts zu verändern, kann die gesammelte Information für die Kostenplanung zukünftiger Projekte von entscheidender Bedeutung sein.

Großprojekte wie die Entwicklung neuer Produkte oder die Entwicklung neuer Heilmethoden für Krankheiten werden oft in Angriff genommen, obwohl große Unsicherheiten bestehen und die Wahrscheinlichkeit groß ist, daß mit dem Arbeitsfortschritt gravierende Veränderungen vorgenommen werden müssen. Sollte man dann in Zwischenberichten den Arbeitsfortschritt mit dem ursprünglichen Plan oder mit einem revidierten Plan vergleichen? Idealerweise sollte das Management beide Vergleiche vorgelegt bekommen. So kann man die Planungsleistung der Manager beurteilen, indem man den ursprünglichen Plan mit dem revidierten Plan vergleicht. Die Leistung der Manager in bezug auf die Projektsteuerung kann eingeschätzt werden, indem man die tatsächlichen Ergebnisse mit dem revidierten Plan vergleicht.

Die Zukunft im Blickfeld

Die Graphik in Tafel 22.8 illustriert noch einen anderen wichtigen Aspekt der Großprojektsteuerung, daß man nämlich im Auge behält, was noch zu tun bleibt. Manager wollen keine Überraschungen in bezug auf die zukünftigen Kosten und den Zeitbedarf für die Fertigstellung eines Großprojekts. Auf der Graphik ist der Berichtszeitpunkt markiert: Hier gilt es festzustellen, wie das Projekt verlaufen ist und wo es hinführt. Diese Einschätzung kann in bestimmten Abständen erfolgen, etwa wöchentlich oder monatlich, oder an den sogenannten *Meilensteinen*, das sind genau festgelegte Stadien der Fertigstellung. ein Beispiel für einen Meilenstein ist die Analyse und das Design der benötigten Software; ein zweiter Meilenstein ist der Abschluß der Kodierung; und so weiter.

Angesichts der negativen Abweichungen kann der Projektmanager einen späteren Abschlußtermin vorhersagen und die geplanten Gesamtkosten wie folgt revidieren:

Ursprünglich geplante Gesamtkosten, 4.000 Stunden × 75 $/Stunde	300.000 $
Zuzüglich: bisherige negative Kostenabweichung	55.000 $ N
Zwischensumme	355.000 $
Zuzüglich: prognostizierte negative Kostenabweichung	20.000 $ N (z. B.)
Revidierter Plan: Gesamtkosten	375.000 $

Investitionsrechnung: Steuern und Inflation

KAPITEL

Benjamin Franklin hat einmal gesagt, daß zwei Dinge im Leben sicher sind: der Tod und die Steuern. Wir könnten noch ein drittes hinzufügen, nämlich die Preisveränderungen. In diesem Kapitel geht es darum, wie man Einkommensteuer und Preisänderungen in der Investitionsrechnung berücksichtigt. (Wir nehmen in diesem Kapitel auch den Tod zur Kenntnis, allerdings nur den der Projekte, nicht den der Individuen, die sie ausgewählt haben!) Weitere Themen sind Risiko und Unsicherheit, die Investitionsrechnung für gemeinnützige Organisationen, sowie Fragen im Zusammenhang mit der Anwendung der Kapitalwertmethode und der Methode des internen Zinsfußes.

23.1 STEUERLICHE ASPEKTE

Die Bedeutung der Einkommensteuer

Einkommensteuern haben oft einen enormen Einfluß auf die Entscheidungen. Sie können die Nettoeinnahmen aus einzelnen Projekten beträchtlich reduzieren und damit deren relative Erwünschtheit verändern. Standortentscheidungen für bestimmte Länder wie Irland oder Puerto Rico sind oft durch die niedrigen Steuersätze in diesen Ländern motiviert. Manchmal werden höhere Durchführungskosten für ein Projekt durch niedrigere Steuern mehr als ausgeglichen.

Abschreibungen für steuerliche Zwecke

Viele Steuervorschriften in bezug auf die Gewinnermittlung entsprechen den allgemein anerkannten Buchführungsregeln für die Aufstellung von Jahresabschlüssen.[104] Manche Vorschriften des Steuerrechts weichen jedoch davon ab, wie zum Beispiel die Regeln für die Abschreibungen. Einkommensteuergesetze erlauben den Steuerzahlern oft die Verwendung einer kürzeren Nutzungsdauer als die allgemein anerkannten Regeln der Buchführung.

---

[104]In Deutschland sind das die sogenannten Grundsätze ordnungsgemäßer Buchführung (GoB) und die Grundsätze ordnungsgemäßer Konsolidierung (GoK). Siehe diese Stichwörter in Busse von Kolbe, W. und B. Pellens, Lexikon des Rechnungswesens, 4. Auflage, 1998. [Anm. d. Übers.]

Hier geht es uns um die steuerlichen Vorschriften, die die Abschreibung betreffen. Der Kürze halber beschränken wir die Diskussion auf Kapitalgesellschaften, obwohl die Grundgedanken auch für Personengesellschaften und Einzelkaufleute gelten.[105] Sowohl in den USA wie auch in anderen Ländern behandeln die Steuervorschriften für Abschreibungen in der Regel drei Aspekte: den Abschreibungsbetrag, den Abschreibungszeitraum und die Abschreibungsmethode.

Abschreibungsbetrag: Meistens entspricht der zulässige Abschreibungsbetrag den Anschaffungskosten oder der ursprünglichen Investition in das Wirtschaftsgut; Manchmal ist der Abschreibungsbetrag aber auch höher oder niedriger als die Anschaffungskosten. In Ländern, in denen Kapitalgesellschaften die Möglichkeit haben, Investitionssteuergutschriften[106] in Anspruch zu nehmen, kann der Abschreibungsbetrag unter die Anschaffungskosten gesenkt werden. Manche Steuergesetze ermöglichen es den Kapitalgesellschaften auch, mehr abzuschreiben als den Anschaffungskosten (gemessen in nominalen Geldeinheiten) entspricht. So haben zum Beispiel die US-amerikanischen und die kanadischen Steuergesetze den Unternehmen von Zeit zu Zeit die Erlaubnis gegeben, für bestimmte Wirtschaftsgüter (zum Beispiel für Schwefelbergwerke und Öl- oder Gasquellen) Abschreibungen anzusetzen, die insgesamt über die Investitionen hinausgehen.

Abschreibungszeitraum: Die drei wichtigsten Methoden zur Bestimmung des Abschreibungszeitraums, die die Steuerbehörden verschiedener Länder erlauben, sind die folgenden:

1. Der Steuerzahler schätzt die Nutzungsdauer.
2. Die Steuerbehörde schätzt die Nutzungsdauer.
3. Das Steuergesetz spezifiziert die zulässigen Nutzungsdauern in einer Tabelle. Ein Beispiel sind die Nutzungsdauern nach Merkmalsklassen (Desinvestitionsperioden) im System der modifizierten degressiven Abschreibung, das derzeit in den Vereinigten Staaten gilt und im Anhang zu diesem Kapitel beschrieben wird.

---

[105] Einen allgemeinen Analyserahmen für die steuerlichen Aspekte von betrieblichen Entscheidungen bietet M. Scholes und M. Wolfson, *Tax and Corporate Financial Strategy: A Global Planning Approach, (Englewood Cliffs, N.J.: Prentice Hall, 1991).*

[106] Eine Investitionssteuergutschrift (*investment tax credit*) ist ein direkter Abzug von der Steuerschuld aufgrund der Anschaffung von abschreibungsfähigen Anlagegütern. Mit Hilfe der Investitionssteuergutschrift versucht der Staat, Investitionen in bestimmte Arten von Anlagegütern oder in bestimmte Branchen anzuregen. Ein Beispiel: Wenn ein Unternehmen ein Anlagegut im Wert von 100.000 $ kauft und wenn der geltende Gutschriftsatz 4 % beträgt, erhält das Unternehmen eine sofortige Steuergutschrift von 4.000 $; diese Gutschrift erhöht den Kapitalwert des Anlagegutes um 4.000 $. Der Abschreibungsbetrag wäre dann je nach der speziellen Steuervorschrift 96.000 $ (100.000 $ - 4.000 $) oder 100.000 $. In den USA sind solche Steuergutschriften seit 1962 mehrmals eingeführt und wieder abgeschafft worden.

Unter sonst gleichen Umständen ist der Abschreibungszeitraum umso kürzer und der jährliche Abschreibungsbetrag umso höher, je kürzer die zulässige Nutzungsdauer eines Wirtschaftsgutes ist. Höhere Abschreibungen führen zu höheren Steuereinsparungen.

Abschreibungsmethode: Die drei wichtigsten Abschreibungsmethoden sind

1. die **lineare Abschreibung**, bei der jedes Jahr der gleiche Abschreibungsbetrag genommen wird;

2. die degressive Abschreibung wie zum Beispiel die degressive Doppelraten-Abschreibung (*double-declining balance method*)[107]; (Eine **degressive Abschreibung** ist jede Abschreibungsmethode, bei der in den Anfangsjahren nach der Investition höhere Beträge abgeschrieben werden als bei linearer Abschreibung.)

3. die Abschreibung nach einer Tafel zulässiger Abschreibungssätze, die im Steuergesetz festgelegt sind.

Abschreibungen sind nicht ausgabenwirksame Kosten, die das zu versteuernde Einkommen reduzieren und damit Unternehmen, die Gewinne machen (eine Annahme, von der wir in diesem ganzen Kapitel ausgehen) Steuern sparen. Unter sonst gleichen Umständen bevorzugen Unternehmen höhere Abschreibungsbeträge, denn sie gehen mit höheren Steuerersparnissen einher. Ebenso bevorzugen Unternehmen kürzere zulässige Nutzungsdauern und stärker degressive Abschreibungsmethoden, denn sie führen zu höheren Abschreibungsbeträgen und Einsparungen in den Anfangsjahren nach der Investition, in denen die Einsparungen einen höheren Gegenwartswert haben.

B E I S P I E L : Martina Enterprises, ein neu gegründetes Unternehmen, erwägt die Anschaffung seiner ersten Maschine. Die Anschaffungskosten der Maschine betragen 90.000 $ und sind sofort zahlbar. Die Firma geht davon aus, daß die Maschine eine Nutzungsdauer von 5 Jahren und einen Resterlös von null haben wird. Für den Betrieb der Maschine wird kein zusätzliches Betriebskapital erforderlich sein. Martina Enterprises schätzt den Umsatz nach dem Kauf der Maschine auf 100.000 $ und die Betriebskosten (ohne Abschreibung) auf 62.000 $ jährlich. Der Einfachheit halber gehen wir davon aus, daß alle Umsätze Barverkäufe sind und alle Betriebskosten (außer den Abschreibungen) bar bezahlt werden. Obwohl diese Cash-flows im allgemeinen über das Jahr verteilt sind, nehmen wir an, daß sie stets am Ende des Jahres stattfinden. Es gelten die folgenden Steuergesetze:

---

[107]Die *double-declining balance depreciation* ist eine Form der degressiven Abschreibung, bei der im ersten Jahr ein zweimal so hoher Betrag abgeschrieben wird wie bei der linearen Abschreibung, vorausgesetzt man geht von einem Resterlös von null aus. Diese Methode wird auf Seite 780 illustriert.

- *Abschreibungssumme*: Anschaffungskosten der Maschine abzüglich des erwarteten Schrottwerts (90.000 $ - 0 $ = 90.000 $).
- *Abschreibungszeitraum*: Berechnet auf der Basis der vom Steuerzahler (Martina Enterprises) geschätzten Nutzungsdauer (5 Jahre).
- *Abschreibungsmethode*: Nur lineare Abschreibung ist erlaubt (90.000 $: 5 Jahre ist 18.000 $ pro Jahr).

Der Einkommensteuersatz von 40 % wird jedes Jahr angewandt. Martina Enterprises verwendet die Kapitalwertmethode, um die Investition zu bewerten. Die angestrebte Mindestverzinsung nach Steuern, die als Abzinsungssatz für die Cash-flows nach Steuern verwendet wird, beträgt 12 %.

Teil A der Tafel 23.1 zeigt den jährlichen Cash-flow aus dem Betrieb der Maschine nach Abzug der Einkommensteuer in Höhe von 30.000 $ unter Verwendung von zwei Methoden, die beide auf der GuV basieren. Bei der ersten Methode werden die Betriebskosten (62.000 $) und die bezahlten Steuern (8.000 $) von den Erlösen abgezogen. Bei der zweiten Methode geht man von einem Nettogewinn von 12.000 $ aus und addiert dazu die Abschreibung in Höhe von 18.000 $, denn Abschreibungen sind Betriebskosten, die den Nettogewinn reduzieren aber nicht den Cash-flow.

Teil B der Tafel 23.1 beschreibt eine dritte Methode, die wir in diesem Kapitel anwenden, um den Cash-flow nach Steuern zu berechnen. Die einfachste Interpretation dieser Methode besteht darin, daß man sich vorstellt, der Staat sei zu 40 % an den Martina Enterprises beteiligt. Jedesmal, wenn die Firma einen Erlös E verbucht, steigt ihr Gewinn um E, und sie bezahlt 40 % davon (0,40 E) als Steuern. Jedesmal, wenn sie Kosten (K oder A) verbucht, nimmt ihr Gewinn um K oder A ab, und sie spart 40 % davon (0,40 K oder 0,40 A) an Steuern. Die Steuereinsparungen erscheinen als Einzahlungsströme. Die Beispiele in diesem Kapitel fassen die Einzahlungs- und Auszahlungsströme und ihre steuerlichen Effekte in einer einzigen Größe zusammen, dem Cash-flow nach Steuern, $(1 - t)(E - K)$. Die Abschreibung wird unabhängig davon berücksichtigt. Die Abschreibung selbst verändert den Cash-flow nicht, denn Abschreibungen sind nicht-ausgabenwirksame Kosten. Die Abschreibung verringert aber die Steuerzahlungen um (tA) und erhöht dadurch den Cash-flow des Unternehmens.

Um den Steuervorteil durch die Abschreibung hervorzuheben, berechnen wir den Gegenwartswert für zwei jährliche Zahlungsströme, die in Teil B der Abbildung 23.1 ausgerechnet worden sind: (1) für den Cash-flow nach Steuern in Höhe von 22.800 $ und (2) für die Steuerersparnis durch die Abschreibung in Höhe von 7.200 $.

Barwert des Cash-flow nach Steuern, 22.800 $ × 3,605*	82.194 $
Barwert der Steuerersparnis durch die Abschreibung, 7.200 $ × 3,605*	25.956 $
Nettoanfangsinvestition in die Maschine	(90.000) $
Barwert der Investition	18.150 $

* Der Gegenwartswert einer Annuität von 1 $ über 5 Jahre bei einem Zinssatz von 12 % beträgt 3,605.

Tafel 23.1

Analyse der Cash-flows nach Steuern aus dem Betrieb der Maschine bei Martina Enterprises

A: ZWEI METHODEN AUF DER BASIS DER GEWINN- UND VERLUSTRECHNUNG

(E)	Erlöse (annahmegemäß ausschließlich Einzahlungen)		100.000 $
(K)	Kosten		
	Alle Kosten mit Ausnahme der Abschreibung (Alle Kosten außer den Abschreibungen sind Auszahlungen)	62.000 $	
(A)	Abschreibung (lineare Abschreibung von 90.000 $ in 5 Jahren)	18.000 $	
	Kosten insgesamt		80.000 $
(BG)	Betriebsgewinn		20.000 $
(ESt)	Einkommensteuer (Steuersatz $t \times$ BG) = 40 % × 20.000 $		8.000 $
(NG)	Nettogewinn		12.000 $

Cash-flow nach Steuern aus dem Betrieb der Maschine:

Methode 1: $E - K - \text{Est} = 100.000\ \$ - 62.000\ \$ - 8.000\ \$ = 30.000\ \$$ oder

Methode 2: $\text{NG} + A = 12.000\ \$ + 18.000\ \$ = 30.000\ \$$

B: SCHRITT-FÜR-SCHRITT-BERECHNUNG

Wirkung der Zahlungsströme:

$(E - K)$	Erlöse - Kosten : 100.000 $ - 62.000 $	38.000 $
$t \times (E - K)$	abzüglich Auszahlung für die Einkommensteuer in Höhe von 40 %	15.200 $
$(1 - t) \times (E - K)$	Cash-flow nach Steuern	22.800 $

Wirkung der Abschreibung:

(A)	lineare Abschreibung: 90.000 $: 5 = 18.000 $	20.000 $
$(t \times A)$	Einkommensteuerersparnis durch die Abschreibung: 40 % × 18.000 %	7.200 $
$(1 - t) \times (E - K) + (t \times A)$	Cash-flow aus dem Betrieb der Maschine nach Einkommensteuern	30.000 $

Der positive Kapitalwert zeigt, daß die Investition wünschenswert ist. Hätte man die Steuervorteile durch die Abschreibung nicht berücksichtigt, so wäre der Kapitalwert negativ und die Firma hätte den Schluß gezogen, daß das Projekt aufgrund von finanziellen Erwägungen nicht wünschenswert ist.

Durch den Steuervorteil aus der Abschreibung werden die Nettoauszahlungen von 90.000 $ über fünf Jahre aus dem Kauf und der Nutzung der Maschine mehr als wettgemacht. Diese Nettoauszahlungen entsprechen den Abschreibungen von 18.000 $ jährlich. Die Steuerersparnisse treten auf, wenn die Abschreibungen tatsächlich vorgenommen werden, und nicht wenn die 90.000 $ bezahlt werden, um die Maschine zu kaufen. Die Steuerersparnisse aus der Abschreibung betragen 40 % von 90.000 $ verteilt auf fünf Jahre und haben einen Kapitalwert von 25.956 $. Der Barwert der Steuerersparnisse hängt von den steuerlichen Abschreibungsregeln, dem anwendbaren Steuersatz und von dem Zinssatz ab, mit dem die zukünftigen Geldzuflüsse abdiskontiert werden.

23.2 STEUERLICHE ASPEKTE BEI DER INVESTITIONSPLANUNG

Im folgenden wollen wir umfassender darstellen, wie sich die Einkommensteuer auf Ein- und Auszahlungsströme auswirken kann und wie sie die Entscheidungen der Manager beeinflußt. Wir konzentrieren uns die Planungsschritte Informationsgewinnung und Projektauswahl und beleuchten die Auswirkungen der steuerlichen Abzugsfähigkeit der Abschreibungen. Bei der formalen Investitionsrechnung verwenden wir die Kapitalwertmethode.

BEISPIEL: Potato Supreme produziert Kartoffelprodukte für Supermärkte und andere Einzelhandelsgeschäfte. Die Firma würde gerne eine alte Verpakkungsmaschine (die vor drei Jahren gekauft worden ist) durch eine neue, effizientere Verpackungsmaschine ersetzen, die vor kurzem auf den Markt gekommen ist. Die neue Maschine ist weniger arbeitsintensiv und hat niedrigere Betriebskosten als die alte Maschine. Der Einfachheit halber gehen wir davon aus, daß

1. alle Auszahlungs- oder Einzahlungsströme am Ende des Jahres stattfinden (obwohl die Betriebskosten in der Regel über das Jahr verteilt anfallen);

2. die steuerlichen Auswirkungen dieser Zahlungsströme zur gleichen Zeit stattfinden, wie die Zahlungsströme selbst;

3. der Einkommensteuersatz jedes Jahr 30 % beträgt;

4. Gewinne oder Verluste aus dem Verkauf von abschreibungsfähigen Anlagegütern dem gleichen Steuersatz unterliegen wie das gewöhnliche Einkommen;[108]

5. die alte und die neue Maschine das gleiche Betriebskapital erfordern;
6. Potato Supreme Gewinne macht. Die Steuereinsparungen durch Abschreibung fallen im gleichen Jahr an, in dem die Abschreibung vorgenommen wird.

Die folgenden Steuergesetze gelten sowohl für die alte als auch für die neue Maschine von Potato Supreme:

- *Abschreibungsbetrag*: Die Anschaffungskosten sind die Basis für die Berechnung der Abschreibungen. Der Resterlös wird bei beiden Maschinen vernachlässigt. Wenn ein abschreibungsfähiges Anlagegut verkauft wird, wird jede Differenz zwischen dem Resterlös und dem Buchwert (Anschaffungskosten abzüglich der akkumulierten Abschreibungen zum Zeitpunkt des Verkaufs) steuerlich als normaler Gewinn (oder Verlust) behandelt.
- *Abschreibungszeitraum*: Anlagegüter werden im Lauf ihrer Nutzungsdauer abgeschrieben. Die alte Maschine hat eine Nutzungsdauer von sieben Jahren. Sie ist drei Jahre alt, ihre Restnutzungsdauer beträgt also vier Jahre. Die neue Maschine hat eine erwartete Nutzungsdauer von vier Jahren, denn der Produktlebenszyklus bei Verpackungsmaschinen ist kürzer geworden.
- *Abschreibungsmethode*: Bei der alten Maschine wird die lineare Abschreibung angewandt. Für die neue Maschine wäre jedoch die degressive Doppelraten-Abschreibung zulässig.

---

[108]In dem Beispiel wird davon ausgegangen, daß bei Anschaffung der neuen Maschine die alte Maschine sofort gegen bar verkauft wird. Wenn die alte Maschine für eine neue Maschine ähnlicher Bauart in Zahlung gegeben wird, wird nach US-amerikanischem Steuerrecht im Jahr der Transaktion weder ein Gewinn noch ein Verlust anerkannt. Die neue Maschine wird vielmehr zum Buchwert der alten Maschine zuzüglich des bezahlten Aufpreises aktiviert. Infolgedessen wird jeder Gewinn oder Verlust durch die Abschreibungen auf die neue Maschine über deren Nutzungsdauer verteilt. Wenn die alte Maschine sofort gegen bar verkauft wird, kann nach amerikanischen Steuervorschriften ein Teil des Gewinns als normales Einkommen versteuert werden und ein Teil als Kapitalgewinn. Im Anhang zu diesem Kapital wird beschrieben, wie Gewinne und Verluste aus dem Verkauf von Anlagegütern im amerikanischen Steuerrecht behandelt werden. Der Einfachheit halber gehen wir in diesem Kapitel davon aus, daß Gewinne aus der Veräußerung von Anlagegütern wie normales Einkommen versteuert werden.

Zusammengefaßt lauten die Daten für die beiden Maschinen wie folgt:

	Alte Maschine	Neue Maschine
Anschaffungskosten	87.500 $	200.000 $
Akkumulierte Abschreibung	37.500 $	-
Aktueller Buchwert	50.000 $	-
Aktueller Marktwert	26.000 $	-
Resterlös in 4 Jahren	6.000 $	20.000 $
jährliche Betriebskosten	250.000 $	150.000 $
Restnutzungsdauer	4 Jahre	4 Jahre
angestrebte Mindestverzinsung nach Steuern	10 %	10 %

Potato Supreme verwendet die Kapitalwertrechnung, um abzuwägen, ob die alte Maschine durch eine neue ersetzt werden soll. Wie im Beispiel der Firma Lifetime Care in Kapitel 22 geht es bei der Kapitalwertanalyse vor allem um die Identifizierung der relevanten Cash-flows. Zu diesem Zweck haben wir in Kapitel 22 den Differenzkostenansatz verwendet, bei dem man nur die relevanten Zahlungsströme analysiert, also diejenigen zukünftigen Geldzuflüsse und Geldabflüsse, bei denen sich die beiden Alternativen unterscheiden. Wenn es nur zwei Alternativen gibt, ist der Differenzkostenansatz in der Regel die schnellere Methode.

Gibt es mehr als zwei Alternativen, so wird der Differenzkostenansatz unhandlich, denn die Unterschiede zwischen mehreren Alternativen sind schwierig zu berechnen. In diesem Fall verwenden Unternehmen den Gesamtprojektansatz. Beim **Gesamtprojektansatz** berechnet man den Barwert *aller* zukünftigen Einzahlungs- und Auszahlungsströme für jede Alternative separat. Dabei ist es nicht notwendig, festzustellen, welche Zahlungsströme bei den verschiedenen Alternativen unterschiedlich hoch sind. Beim Gesamtprojektansatz geht man in zwei Schritten vor:

Schritt 1: Berechne den Barwert aller Einzahlungs- und Auszahlungsströme beim Status quo.

Schritt 2: Berechne den Barwert aller Ein- und Auszahlungsströme bei einer anderen Alternative.

Wir verwenden das Beispiel der Firma Potato Supreme, um die beiden Schritte des Gesamtprojektansatzes zu illustrieren. Danach rechnen wir mit der Differenzkostenmethode, um zu zeigen, daß beide Methoden den gleichen Kapitalwert ergeben. Bei beiden Ansätzen werden fünf Arten von Zahlungsströmen berücksichtigt:

1. Anfangsinvestition
2. Cash-flow nach Steuern aus der Veräußerung der alten Maschine

3. Wiederkehrende Ein- und Auszahlungsströme nach Steuern aus dem Betrieb der Maschine (mit Ausnahme der Abschreibungseffekte)

4. Steuerersparnis durch die Absetzung von Abschreibungen

5. Cash-flow nach Steuern durch Veräußerung der Maschine am Ende des Projekts

Gesamtprojektansatz

Schritt 1: Berechne den Barwert aller Ein- und Auszahlungsströme für den Fall, daß die Firma die alte Verpackungsmaschine behält. In diesem Fall sind Cash-flow-Posten, die sich speziell auf die neue Maschine beziehen, nicht relevant.

1. *Anfangsinvestition*: Wenn Potato Supreme die alte Verpackungsmaschine behält, sind keine neuen Investitionsausgaben erforderlich. Tafel 23.2, Punkt 1, zeigt eine Anfangsinvestition von 0 $ im Jahr 0.

2. *Cash-flow nach Steuern aus der Veräußerung der alten Maschine*: Da die alte Maschine nicht verkauft wird, ist unter Punkt 2 in Tafel 23.2 ein Cash-flow von 0 $ im Jahr 0 verzeichnet.

3. *Wiederkehrende Ein- und Auszahlungsströme aus dem Betrieb der Maschine (ohne die Cash-flow-Wirkungen der Abschreibung)*:

Wiederkehrende Betriebskosten (Auszahlungsströme) für die alte Maschine	(250.000) $
Abzüglich der Steuereinsparungen von 30 %	75.000 $
Wiederkehrende Cash-flows nach Steuern aus dem Betrieb der Maschine	175.000 $

Der Cash-flow nach Steuern aus dem Betrieb der Maschine in den Jahren 1-4 erscheint als relevanter Mittelabfluß unter Punkt 3 der Tafel 23.2. In unserem Beispiel gehen wir davon aus, daß der Einkommensteuersatz für Potato Supreme 30 % beträgt. Wenn die zukünftigen Steuersätze unsicher sind, muß man den anwendbaren Steuersatz für jedes Jahr eines Projekts im Voraus schätzen.

4. *Steuerersparnis durch Abschreibungen.* Die alte Maschine wird linear abgeschrieben. Die Anschaffungskosten der Maschine betragen 87.500 $ und die zulässige Nutzungsdauer ist sieben Jahre. Danach hat die Maschine einen Resterlös von null. Die Abschreibung beträgt (87.000 $ - 0 $) : 7 = 12.500 $ pro Jahr. Die bisher akkumulierten Abschreibungen sind 12.500 $ × 3 Jahre = 37.500 $. Die alte Maschine hat einen Restbuchwert von 50.000 $ (87.500 $ - 37.500 $). Die folgende Tabelle zeigt die Steuerersparnis durch Abschreibungen in den nächsten Jahren:

Tafel 23.2

Gesamtprojektansatz für Potato Supreme: Analyse des Barwerts nach Steuern bei Weiterverwendung der alten Maschine

Ende des Jahres ...	Barwert insgesamt	Barwert abdiskont. faktoren bei 10 %	0	1	2	3	4
				Skizze der relevanten Zahlungsströme nach Steuern			
1. Anfangsinvestition	0 $ →	1,000 ←	0 $				
2. Cash-flow nach Steuern durch die sofortige Veräußerung der alten Maschine	0 $ →	1,000 ←	0 $				
3. Wiederkehrende Zahlungsströme nach Steuern aus dem Betrieb der Maschine (ohne Abschreibungseffekte)	(554.750) $ →	3.170 ←		(175.000) $	(175.000) $	(175.000) $	(175.000) $
4. Steuereinsparungen durch lineare Abschreibung in den Jahren 1-4	11.884 $ →	3.169[a] ←		3.750 $	3.750 $	3.750 $	3.750 $
5. Cash-flow nach Steuern durch die Veräußerung der alten Maschine am Ende des vierten Jahres	2.869 $ →	0,683 ←					4.200 $
6. Barwert aller Zahlungsströme bei Weiterverwendung der alten Maschine	(539.997) $						

a. Summe der einzelnen Abdiskontierungsfaktoren (0,909 + 0,826 + 0,751 + 0,683 = 3,169). Dadurch werden Diskrepanzen zwischen den Tafeln 23.2 und 23.4 bei Punkt 4 vermieden.

Anmerkung: Klammern bezeichnen in allen Tafeln dieses Kapitels relevante Auszahlungsströme.

Jahr	Buchwert am Jahresbeginn (1)	Steuerabsetzung für Abschreibungen (2)	Einkommensteuersatz (3)	Steuerersparnis (4) = (2) × (3)	Buchwert am Jahresende (5) = (1) - (2)
1	50.000 $	12.500 $	30 %	3.750 $	37.500 $
2	37.500 $	12.500 $	30 %	3.750 $	25.000 $
3	25.000 $	12.500 $	30 %	3.750 $	12.500 $
4	12.500 $	12.500 $	30 %	3.750 $	0 $

Man beachte, daß die Abschreibungen für die alte Maschine selbst irrelevant sind, denn sie sind nicht ausgabenwirksame Kosten. Die steuerlichen Absetzungsbeträge für die Abschreibung verringern aber das zu versteuernde Einkommen. Damit verringern sich die Steuerzahlungen und der gesamte Cash-flow von Potato Supreme steigt. Tafel 23.2, Punkt 4 zeigt die Steuerersparnis durch die Abschreibungen in den Jahren 1-4.

5. *Cash-flow nach Steuern durch Veräußerung der Maschine am Ende des Projekts*:

Resterlös der alten Maschine nach vier Jahren (gegeben, siehe Seite 776)	6.000 $
Abzüglich Buchwert der alten Maschine am Ende des vierten Jahres	0 $
Gewinn durch die Veräußerung der alten Maschine	6.000 $
Resterlös der alten Maschine nach vier Jahren	6.000 $
Abzüglich der Steuern auf den Gewinn (30 % × 6.000 $)	(1.800) $
Cash-flow nach Steuern durch die Veräußerung der alten Maschine	4.200 $

Der Cash-flow nach Steuern in Höhe von 4.200 $ aus der Veräußerung der alten Maschine erscheint als Barzufluß im Jahr 4 unter Punkt 5 in Tafel 23.2.

Tafel 23.2 zeigt den gesamten Cash-flow nach Steuern, der entstehen würde, wenn Potato Supreme die alte Verpackungsmaschine weiterverwenden würde. Jeder Zahlungsstrom wird mit dem entsprechenden Barwertdiskontierungsfaktor multipliziert, um den Barwert zu erhalten. Der gesamte Barwert beträgt (539.997) $.

Schritt 2: Berechne den Barwert aller Ein- und Auszahlungsströme für den Fall, daß die alte Verpackungsmaschine ersetzt wird.

1. *Anfangsinvestition*: Die neue Verpackungsmaschine hat Anschaffungskosten in Höhe von 200.000 $. Dieser Betrag erscheint als Auszahlungsstrom im Jahr 0 unter Punkt 1 der Tafel 23.3.

2. *Cash-flow nach Steuern aus der Veräußerung der alten Maschine:*

Aktueller Marktwert der alten Maschine (gegeben, siehe Seite 776)	26.000 $
Abzüglich aktueller Buchwert der alten Maschine	50.000 $
Verlust durch die Veräußerung der alten Maschine	(24.000) $
Aktueller Marktwert der alten Maschine	26.000 $
Zuzüglich der Steuerersparnis durch den Gewinn (30 % × 24.000 $)	7.200 $
Cash-flow nach Steuern durch die Veräußerung der alten Maschine	33.200 $

Sehen wir uns noch einmal an, was alles zur Kapitalwertanalyse gehört. Es sind der Cash-flow aus der Veräußerung der alten Maschine und die Steuerersparnis Der Buchwert der alten Maschine und der Verlust aus der Veräußerung beeinflussen den Cash-flow nicht direkt. Der Buchwert geht jedoch in die Berechnung des Gewinns oder des Verlusts aus dem alten Anlagegut ein und verändert auf diesem Weg indirekt die Auszahlungsströme durch die Einkommensteuer. Der Cash-flow nach Steuern in Höhe von 33.200 $ erscheint als Einzahlungsstrom im Jahr 0 unter Punkt 2 der Tafel 23.3. Die Anschaffungskosten der Maschine von 200.000 $ abzüglich der Einzahlung nach Steuern in Höhe von 33.200 $ aus dem Verkauf der alten Maschine ergeben die Nettoanfangsinvestition von 166.800 $, die als Auszahlungsstrom im Jahr 0 in Tafel 23.3 erscheint.

3. *Wiederkehrende Ein- und Auszahlungsströme nach Steuern aus dem Betrieb der Maschine (ohne die Cash-flow-Wirkung der Abschreibungen*

Wiederkehrende Betriebskosten (Auszahlungsströme) für die neue Maschine	(150.000) $
Abzüglich der Steuereinsparungen von 30 %	45.000 $
Wiederkehrende Cash-flows nach Steuern aus dem Betrieb der Maschine	(105.000) $

Die Cash-flows nach Steuern (ohne Abschreibungseffekte) in Höhe von (105.000) $ in den Jahren 1-4 erscheinen als relevante Auszahlungsströme unter Punkt 3 der Tafel 23.3.

4. Steuerersparnis durch Abschreibungen: Die steuerliche Absetzung von Abschreibungen führt zu Steuereinsparungen, die letztendlich die Anschaffungskosten der neuen Maschine teilweise ausgleichen.

Die folgende Tabelle illustriert (1) die Berechnung der Abschreibungen auf die neue Maschine nach der Methode der degressiven Doppelraten-Abschreibung,[109] und (2) die jährliche Steuerersparnis durch die Absetzung der Abschreibung.

Jahr	Buchwert am Jahresbeginn (1)	Steuerliche Abschreibungen (2)	Einkommensteuersatz (3)	Steuerersparnis (4) = (2) × (3)	Buchwert am Jahresende (5) = (1) - (2)
1	200.000 $	100.000 $	30 %	30.000 $	100.000 $
2	100.000 $	50.000 $	30 %	15.000 $	50.000 $
3	50.000 $	25.000 $	30 %	7.500 $	25.000 $
4	25.000 $	25.000 $	30 %	7.500 $	0 $

Punkt 4 der Tafel 23.3 zeigt die Steuerersparnis durch die Absetzung der Abschreibung in den Jahren 1-4.

Man beachte, daß der Anschaffungspreis des Anlagegutes in Höhe von 200.000 $ als einmalige Auszahlung im Jahr 0 in die Investitionsrechnung eingeht (siehe Tafel 23.3, Punkt 1). Die Abschreibungen auf die neue Maschine sind wie bei der alten Maschine nicht-ausgabenwirksame Kosten. Die steuerliche Absetzung der Abschreibung verringert jedoch die Auszahlungsströme durch die Einkommensteuer und erhöht damit den gesamten Cash-flow von Potato Supreme.

---

[109]Die degressive Doppelraten-Abschreibung wird wie folgt berechnet: (a) Man berechnet den Abschreibungssatz bei der linearen Methode, indem man 100 % der Abschreibungssumme durch die Nutzungsdauer dividiert. Dann verdoppelt man diesen Satz. Im Beispiel der Firma Potato Supreme ergibt sich 100 % : 4 Jahre = 25 %. Der Abschreibungssatz für die degressive Doppelraten-Abschreibung ist dann 25 % × 2 = 50 %. (b) Um die Abschreibung für ein beliebiges Jahr zu berechnen, multipliziert man den Buchwert am Jahresanfang (Anschaffungskosten minus akkumulierte Abschreibung) mit dem Doppelraten-Abschreibungssatz (wobei der Resterlös vernachlässigt wird). In unserem Beispiel beträgt die Abschreibung im zweiten Jahr 50 % von 100.000 $ (Buchwert der Verpackungsmaschine zu Beginn des zweiten Jahres) = 50.000 $. Führt man sie unverändert weiter, so kommt es bei dieser Methode niemals zu einer Vollabschreibung des Restbuchwerts. In unserem Beispiel gehen wir der Einfachheit halber davon aus, daß im vierten Jahr der Restbuchwert vollständig abgeschrieben wird. Ein anderer Weg ist der Übergang zur linearen Abschreibung des Restbuchwerts der Anlage für die Restnutzungsdauer des Anlagegutes (wobei man den Resterlös vernachlässigt), sobald die lineare Abschreibung auf den Restbuchwert höher ist als die degressive Doppelraten-Abschreibung.
Die degressive Doppelraten-Abschreibung ist ein Spezialfall der **geometrisch-degressiven Abschreibung**, bei der der Abschreibungssatz bezogen auf den Restbuchwert konstant ist. [Anm. d. Übers.]

5. *Cash-flow nach Steuern durch Veräußerung der Maschine am Ende des Projekts*:

Resterlös der neuen Maschine nach vier Jahren (gegeben, siehe Seite 776)	20.000 $
Abzüglich Buchwert der Maschine am Ende des vierten Jahres	0 $
Gewinn durch die Veräußerung der neuen Maschine	20.000 $
Resterlös der alten Maschine nach vier Jahren	20.000 $
Abzüglich der Steuern auf den Gewinn (30 % × 20.000 $)	(6.000) $
Cash-flow nach Steuern durch die Veräußerung der neuen Maschine	14.000 $

Der Cash-flow nach Steuern von 14.000 $ aus dem Verkauf der neuen Maschine am Ende ihrer Nutzungsdauer erscheint in Tafel 23.3 unter Punkt 5.

Tafel 23.3 faßt die relevanten Zahlungsströme nach Steuern zusammen, die sich ergeben würden, wenn die Firma Potato Supreme ihre alte Verpackungsmaschine ersetzen würde. Man leitet die Barwerte ab, indem man die Zahlungsströme mit den entsprechenden Barwertdiskontierungsfaktoren multipliziert. Der Kapitalwert aller Cash-flows beträgt (439.673) $. Dieser Wert wird verglichen mit dem Cash-flow nach Steuern für den Fall, daß Potato Supreme die alte Maschine behält. Das sind (539.997) $, wie aus Tafel 23.2 ersichtlich ist. Die Alternative, die alte Maschine durch die neue Maschine zu ersetzen, hat also einen Kapitalwert von 100.324 $ (539.997 $ - 439.673 $) und wird deshalb vorgezogen.

Differenzkostenansatz

Während man beim Gesamtprojektansatz in zwei Schritten vorgeht, ist der Differenzkostenansatz eine Methode in einem Schritt, bei der man nur diejenigen Ein- und Auszahlungsströme miteinbezieht, bei denen sich die beiden Alternativen unterscheiden. Beim Differenzkostenansatz vergleicht man (1) die Barabflüsse durch das Ersetzen der alten Maschine mit (2) den zukünftigen Barabflüssen, die dadurch eingespart werden, daß man anstelle der alten die neue Maschine verwendet. Wir untersuchen nun die Unterschiede zwischen den Auszahlungsströmen der beiden Alternativen in unserem Beispiel und verwenden dabei die bereits beschriebenen fünf Cash-flow-Arten.

1. Die *Anschaffungskosten* von 200.000 $ für die neue Maschine (siehe Tafel 23.3) erscheinen als Auszahlung im Jahr 0 unter Punkt 1 der Tafel 23.4:

2. Der *Cash-flow nach Steuern* von 33.200 $ (siehe Tafel 23.3) *aus der Veräußerung der alten Maschine* erscheint als Einzahlung im Jahr 0 unter Punkt 2 in Tafel 23.4. Die Anschaffungskosten von 200.000 $ abzüglich des Cash-flow nach Steuern aus der Veräußerung der alten Maschine von 33.200 $ ergeben die Nettoanfangsinvestition von 166.800 $, die als Auszahlung im Jahr 0 in Tafel 23.4 erscheint.

Tafel 23.3
Gesamtprojektansatz für Potato Supreme: Analyse des Kapitalwerts nach Steuern bei Kauf der neuen Maschine

Ende des Jahres ...	Barwert insgesamt	Barwert-abdiskont. faktoren bei 10 %	skizze 0	1	2	3	4
			Skizze der relevanten Zahlungsströme nach Steuern				
1. Anfangsinvestition	(200.000) $	1,000	(200.000) $				
2. Cash-flow nach Steuern durch die Veräußerung der alten Maschine	33.200 $	1,000	33.200 $				
Nettoanfangsinvestition	(166.800) $		(166.800) $				
3. Wiederkehrende Zahlungsströme nach Steuern aus dem Betrieb (ohne Abschreibungseffekte)	(332.850) $	3,170		(105.000) $	(105.000) $	(105.000) $	(105.000) $
4. Steuereinsparungen durch degressive Doppelraten-Abschreibung							
Jahr 1	27.270 $	0,909		30.000 $			
Jahr 2	12.390 $	0,826			15.000 $		
Jahr 3	5.633 $	0,751				7.500 $	
Jahr 4	5.122 $	0,683					7.500 $
5. Cash-flow nach Steuern durch die Veräußerung der neuen Maschine	9.562 $	0,683					14.000 $
Barwert aller Zahlungsströme bei Kauf der neuen Maschine	(439.673) $						

3. Wiederkehrende Ein- und Auszahlungsströme nach Steuern aus dem Betrieb der Maschine (ohne die Cash-flow-Wirkung der Abschreibungen: Das Ersetzen der alten Maschine führt zu niedrigeren Betriebskosten nach Steuern, wie die folgende Tabelle zeigt:

Wiederkehrende Betriebskosten nach Steuern (ohne Abschreibungseffekte), wenn die alte Maschine weiterverwendet wird (Tafel 23.2, Punkt 3)	175.000 $
Abzüglich wiederkehrende Betriebskosten nach Steuern (ohne Abschreibungseffekte), wenn die Maschine ersetzt wird (Tafel 23.2, Punkt 3)	105.000 $
Einsparungen bei den wiederkehrenden Betriebskosten, wenn die Maschine ersetzt wird	70.000 $

Tafel 23.4, Punkt 3, zeigt diesen Anstieg von 70.000 $ bei den wiederkehrenden Betriebsausgaben nach Steuern in den Jahren 1-4.

4. *Steuerersparnis durch die Absetzung von Abschreibungen:* Bei der neuen Maschine können höhere Absetzungen für Abschreibungen geltend gemacht werden als bei der alten. Die folgende Tabelle beschreibt die zusätzlichen Steuereinsparungen, die daraus resultieren:

Jahr	Steuereinsparungen durch Abschreibungen für die neue Maschine (Tafel 23.3, Punkt 4) (1)	Steuereinsparungen durch Abschreibungen, wenn die alte Maschine weiterverwendet wird (Tafel 23.2, Punkt 4) (2)	Zusätzliche Steuereinsparungen durch Abschreibungen, wenn die Maschine ersetzt wird (3) = (1) - (2)
1	30.000 $	3.750 $	26.250 $
2	15.000 $	3.750 $	11.250 $
3	7.500 $	3.750 $	3.750 $
4	7.500 $	3.750 $	3.750 $

Tafel 23.4, Punkt 4, zeigt den zusätzlichen Cash-flow durch die unterschiedlichen Steuereinsparungen in den Jahren 1-4.

5. *Cash-flow nach Steuern durch Veräußerung der Maschine am Ende der wirtschaftlichen Nutzungsdauer*:

Cash-flow nach Steuern durch die Veräußerung der neuen Maschine am Ende des vierten Jahres)	14.000 $
Abzüglich Cash-flow nach Steuern durch die Veräußerung der alten Maschine (am Ende des vierten Jahres)	4.200 $
Zusätzlicher Cash-flow nach Steuern durch die Veräußerung am Ende der Nutzungsdauer für den Fall, daß die Maschine ersetzt wird	9.800 $

Tafel 23.4, Punkt 5, zeigt diesen relevanten Cash-flow nach Steuern aus der Veräußerung der Maschinen im vierten Jahr.

*Sowohl der Gesamtprojektansatz (Tafeln 23.2 und 23.3) als auch der Differenzkosten-
ansatz (Tafel 23.4) ergeben einen Kapitalwert von 100.324 $ zugunsten der Anschaf-
fung der neuen Maschine. Wenn man die Alternativen vergleicht, kommt man mit
diesen beiden Ansätzen immer zum gleichen Kapitalwert.*

US-amerikanische Steuergesetze

Unser allgemeiner Ansatz für die Analyse von Einkommensteueraspekten in der Investitionsrechnung ist weltweit anwendbar. Die Vorschriften, die in den USA zur Zeit
der Entstehung dieses Buches gelten heißen **Modified Accelerated Cost Recovery
System** oder kurz **MACRS** (System der modifizierten degressiven Abschreibung).
Die beiden Abschreibungsmethoden, die wir anhand des Beispiels von Potato Supreme beschrieben haben – die lineare Abschreibung und die degressive Doppelraten-
Abschreibung – sind die beiden wichtigsten Alternativen, die unter MACRS zur Verfügung stehen. Im Anhang zu diesem Kapitel sind einige wichtige Bestimmungen des
US-amerikanischen Steuerrechts über abschreibungsfähige Anlagegüter zusammen-
gefaßt.

Deutsche Steuergesetze[110]

Abschreibungen für abnutzbare Anlagegüter heißen im deutschen Steuerrecht **Absetzung für Abnutzung (AfA)**. Als Abschreibungsbetrag sind grundsätzlich die An-
schaffungs- bzw. Herstellungskosten anzusetzen.

Bei Gebäuden und Gebäudeteilen ist der Abschreibungszeitraum verbindlich festgelegt.[111] Bei beweglichen Wirtschaftsgütern wird er vom Unternehmen geschätzt. Das
Bundesministerium für Finanzen gibt zur Schätzung der erwarteten betriebsgewöhn-
lichen Nutzungsdauer sogenannte AfA-Tabellen heraus. Obwohl diese nicht gesetzlich verbindlich sind, dominiert ihre Anwendung in der Praxis. Die darin
vorgeschlagenen Nutzungsdauern sind meist kürzer als in den USA üblich. Neben der
linearen Abschreibung ist auch eine degressive Abschreibung mit gesetzlich festgelegten Staffelsätzen möglich.

Bei beweglichen Wirtschaftsgütern des Anlagevermögens ist neben der linearen auch
die geometrisch-degressive Abschreibung oder – wenn es dafür wirtschaftliche Gründe gibt – eine leistungsabhängige Abschreibung erlaubt. Bei der geometrisch-degres-

---

[110][Anm. d. Übers.] Siehe zum Beispiel Schmidt, L. Einkommensteuergesetz, 14. Auf-
     lage, 1995.

[111]25 Jahre bei Wirtschaftsgebäuden mit Bauantrag nach dem 31.3.1985, 50 Jahre bei
     allen anderen Gebäuden, die nach dem 31.12.1924 fertiggestellt worden sind, und 40
     Jahre bei älteren Gebäuden. Bei geringerer als 40- bzw. 50-jähriger Nutzung entspricht
     der Abschreibungszeitraum der tatsächlichen Nutzungsdauer.

siven Abschreibung darf der Abschreibungssatz höchstens das dreifache des linearen Abschreibungssatzes und nicht mehr als 30 % des Restbuchwerts betragen. Ist der Abschreibungsbetrag bei Fortführung der geometrisch.degressiven Abschreibung niedriger als derjenige bei linearer Abschreibung, so ist ein Wechsel zur linearen Abschreibung möglich.

Im Jahr der Anschaffung oder Herstellung kann von der jährlichen Abschreibung grundsätzlich nur derjenige Teil geltend gemacht werden, der dem verbleibenden Rest des Kalenderjahres entspricht. Bei beweglichen Wirtschaftsgütern des Anlagevermögens ist es der Einfachheit halber erlaubt, den gesamten AfA-Betrag anzusetzen, wenn sie in der ersten Hälfte des Jahres erworben worden sind, und den halben AfA-Betrag, wenn sie in der zweiten Hälfte des Jahres erworben worden sind.

> **BEISPIEL:** Ein bewegliches Wirtschaftsgut mit einem Anschaffungswert von 80.000 Euro soll über einen Zeitraum von fünf Jahren abgeschrieben werden. Die Anschaffung ist in der ersten Jahreshälfte erfolgt. Bei linearer Abschreibung beträgt der Abschreibungssatz 20 %. Das Dreifache dieses Satzes (60 %) wäre höher als 30 %. Hier greift also die Vorschrift, daß der Abschreibungssatz bei geometrisch-degressiver Abschreibung nicht höher als 30 % des Restbuchwerts (RBW) sein darf. Den Verlauf der steuerlichen Abschreibung faßt die folgende Tabelle zusammen:

Jahr	Geom.-degr. AfA (30 % vom RBW)	Lineare AfA (RBW/Restnutzungsdauer)	Anzusetzende AfA	neuer RBW
1	24.000 Euro	16.000 Euro (80.000/5)	24.000 Euro	56.000 Euro
2	16.800 Euro	14.000 Euro (56.000/4)	16.800 Euro	39.200 Euro
3	11.760 Euro	13.067 Euro (39.200/3)	13.067 Euro	26.133 Euro
4		13.067 Euro (26.133/2)	13.067 Euro	13.066 Euro
5		13.066 Euro	13.066 Euro	0 Euro

Bereits im dritten Jahr liegt der Abschreibungsbetrag bei linearer Abschreibung höher als bei geometrisch-degressiver Abschreibung, so daß zur linearen Abschreibung übergegangen werden darf.

23.3 INVESTITIONSRECHNUNG UND INFLATION

Inflation kann man definieren als den Rückgang der allgemeinen Kaufkraft der Währung (des Dollar in den USA oder des Yen in Japan). Eine Inflationsrate von 10 % pro Jahr bedeutet, daß das, was man zu Anfang des Jahres für 100 $ kaufen kann, am Ende des Jahres 110 $ (= 100 $ + 10 % × 100 $) kostet. Die Preise steigen, weil mehr Geld weniger Gütern gegenübersteht. Manche Länder – zum Beispiel Brasilien, Israel, Mexiko und Rußland – haben jährliche Inflationsraten zwischen 15 und mehr als 100 %

erlebt. Selbst eine jährliche Inflationsrate von 5 % etwa über einen Zeitraum von 5 Jahren kann einen recht spürbaren Rückgang der allgemeinen Kaufkraft des Geldes zur Folge haben.

Es ist wichtig, in der Investitionsrechnung die Inflation zu berücksichtigen, denn ein Rückgang der allgemeinen Kaufkraft wird die zukünftigen Zahlungsströme im Vergleich zu einer Situation ohne Inflation aufblähen. Diese aufgeblähten Zahlungsströme werden dazu führen, daß das Projekt besser aussieht als es ist, wenn man nicht erkennt, daß sie in Dollars gemessen werden, die weniger wert sind, als die ursprünglich investierten Dollars. Wir untersuchen im folgenden, wie die Inflation in der Investitionsrechnung explizit berücksichtigt werden kann.

Reale und nominale Rendite

Bei der Analyse der Inflation muß man zwischen der realen und der nominalen Rendite unterscheiden:

- Die **reale Rendite** ist diejenige Rendite, die erforderlich ist, um nur das Investitionsrisiko abzudecken.
- Die **nominale Rendite** ist diejenige Rendite, die erforderlich, um das Investitionsrisiko abzudecken und den aufgrund der Inflation erwarteten Rückgang der allgemeinen Kaufkraft der von der Investition erzeugten Zahlungsströme. Die Renditen (oder Zinsen), die am Finanzmarkt verdient werden, sind nominale Renditen, denn sie kompensieren den Anleger sowohl für das Risiko als auch für die Inflation.

Als nächstes beschreiben wir den Zusammenhang zwischen der realen und der nominalen Rendite. Angenommen die reale Rendite für hochriskante Investitionen in zellulare Datenübertragungsgeräte bei Network Communications beträgt 20 % und die erwartete Inflationsrate 10 %. Dann ist die nominale Rendite[112]

$$
\begin{aligned}
\text{Nominale Rendite} &= (1 + \text{reale Rendite})(1 + \text{Inflationsrate}) - 1 \\
&= (1 + 0,20)(1 + 0,10) - 1 \\
&= (1,20)(1,10) - 1 = 1,32 - 1 = 0,23
\end{aligned}
$$

Die nominale Rendite steht auch in folgendem Zusammenhang mit der realen Rendite und der Inflationsrate:

Reale Rendite	0,20
Inflationsrate	0,10
Produkt (0,20 × 0,10)	0,02
Nominale Rendite	0,32

---

[112]Die reale Rendite kann wie folgt durch die nominale Rendite ausgedrückt werden:

$$
\text{Reale Rendite} = \frac{(1 + \text{nominale Rendite})}{(1 + \text{Inflationsrate})} - 1 = \frac{(1 + 0,32)}{(1 + 0,10)} - 1 = 0,20
$$

Man beachte, daß die nominale Rendite etwas höher ist als die Summe aus realer Rendite und Inflationsrate, denn es wird dabei berücksichtigt, daß die Inflation auch die Kaufkraft des während des Jahres verdienten realen Ertrags verringert.

Kapitalwertrechnung und Inflation

Das Schlagwort bei der Einbeziehung der Inflation in die Kapitalwertrechnung heißt *innere Konsistenz*. Es gibt zwei Ansätze, die in sich konsistent sind:

- Der *nominale Ansatz*: Man prognostiziert die Ein- und Auszahlungsströme in nominalen Geldeinheiten *und* verwendet eine nominale Rendite als angestrebte Mindestverzinsung.

- Der *reale Ansatz*: Man prognostiziert die Ein und Auszahlungsströme in realen Geldeinheiten *und* verwendet eine reale Rendite als angestrebte Mindestverzinsung.

Nehmen wir eine Investition, von der man sich einen Umsatz von 100 Produkteinheiten und Nettoeinzahlungen von 1.000 $ (10 $ pro Produkteinheit) pro Jahr über zwei Jahre hinweg erwartet, *vorausgesetzt es gibt keine Inflation*. Wenn eine Inflationsrate von 10 % pro Jahr erwartet wird, würden die Nettoeinzahlungen aus dem Verkauf einer Produkteinheit 11 $ (10 $ × 1,10) im ersten Jahr und 12,10 $ (11 $ × 1,10 oder 10 $ × 1,10²) im zweiten Jahr betragen, woraus ein Cash-flow von 1.100 $ im ersten und von 1.210 $ im zweiten Jahr resultiert. Diese Einzahlungsströme sind nominal, denn sie enthalten bereits die Wirkung der Inflation. *Es sind die Einzahlungsströme, die im Buchführungssystem aufgezeichnet werden.* Die 1.000 $ pro Jahr sind reale Cash-flows, denn sie vernachlässigen die Inflation. Man beachte, daß die realen Cash-flows den mit der Inflationsrate abdiskontierten nominalen Cash-flows entsprechen, 1000 $ = 1.100 $: 1,10 = 1.210 $: 1,10². Viele Manager finden den nominalen Ansatz leichter zu verstehen und zu verwenden, denn sie beobachten die nominalen Zahlungsströme in ihrem Buchführungssystem und die nominalen Renditen an den Finanzmärkten.

Gehen wir noch einmal zu Network Communications zurück, wo die Entscheidung ansteht, ob man in die Herstellung und den Verkauf eines zellularen Datenübertragungs-Produkts investieren soll. Für die Ausrüstung wären sofort 750.000 $ erforderlich.Sie hat eine erwartete Nutzungsdauer von vier Jahren und einen Resterlös von null. Während dieser Vierjahresperiode rechnet man mit einer jährlichen Inflationsrate von 10 %. Network Communications strebt mit diesem Projekt eine reale Mindestverzinsung nach Steuern von 20 % oder eine nominale Mindestverzinsung nach Steuern von 32 % an (siehe Seite 787).

Die folgende Tabelle zeigt die prognostizierten Beträge für die realen bzw. nominalen Nettobareinzahlungen aus der Ausrüstung über die nächsten vier Jahre (unter der Annahme, daß es keine Inflation gibt, bzw. unter Berücksichtigung der kumulativen Inflationsrate; ohne die Anschaffungskosten von 750.000 $ und vor Steuern):

Jahr	Reale Einzahlungs- ströme vor Steuern (1)	Kumulativer Inflationsfaktor (2)	Nominale Einzahlungs- ströme vor Steuern (3) = (1) × (2)
1	500.000 $	$(1,10)^1 = 1,1000$	550.000 $
2	600.000 $	$(1,10)^2 = 1,2100$	726.000 $
3	600.000 $	$(1,10)^3 = 1,3310$	798.600 $
4	300.000 $	$(1,10)^4 = 1,4641$	439.230 $

Der Einkommensteuersatz beträgt 40 % In der Steuerbilanz wird die Ausrüstung nach der degressiven Doppelraten-Methode abgeschrieben.[113]

Tafel 23.5 zeigt den Investitionsrechnungsansatz für die Prognose der nominalen Cash-flows, wobei ein nominaler Abzinsungssatz verwendet wird.[114] Die Berechnungen in Tafel 23.5 folgen genau dem Rechenweg im Beispiel der Firma Potato Supreme für die Anfangsinvestition, die wiederkehrenden Cash-flows nach Steuern aus dem Betrieb der Ausrüstung (ohne Abschreibungseffekte) und die Steuerersparnis durch die Abschreibungen.

Tafel 23.6 zeigt den Ansatz für die Prognose der realen Zahlungsströme unter Verwendung eines realen Abzinsungssatzes. Die Berechnungen für Posten 2, die wiederkehrenden Zahlungsströme nach Steuern (ohne Abschreibungseffekte)sind im wesentlichen die gleichen wie vorher, nur daß die Barzuflüsse real gemessen und mit Realzinssätzen abdiskontiert werden.

---

[113]Unter der Voraussetzung einer Nutzungsdauer von vier Jahren ist der Abschreibungssatz 0,5 (= 2 × 0,25). Die jährlichen Abschreibungsbeträge sind 375.000 $ im ersten Jahr, 187.500 $ im zweiten, 93.750 $ im dritten und 93.750 $ im vierten Jahr. Der Einfachheit halber gehen wir davon aus, daß die steuerliche Abschreibung im vierten Jahr dem Buchwert zu Beginn dieses Jahres entspricht.

[114]Die Barwertabzinsungsfaktoren in diesem Beispiel werden auf sechs Stellen genau berechnet, um jeden Zweifel über die Äquivalenz der beiden Ansätze auszuschließen. In der Praxis kann man die Barwertabzinsungsfaktoren (auf drei Stellen genau) der Tabelle 2 (Barwert für 1 $) im Anhang C am Ende des Buches entnehmen. Die Aufgabe zum Selbststudium am Ende dieses Kapitels stützt sich auf Tabelle 2.

Tafel 23.5

Nominaler Ansatz der Investitionsrechnung bei Inflation für Network Communications (Ein- und Auszahlungsströme zu laufenden Preisen, nominaler Abzinsungssatz)

	Barwert insgesamt	Ende des 1. Jahres	Ende des 2. Jahres	Ende des 3. Jahres	Ende des 4. Jahres
Wiederkehrender Cash-flow nach Steuern aus dem Betrieb (ohne Abschreibungseffekte)					
1. Betriebskosteneinsparungen (nominal)	–	550.000 $	726.000 $	798.600 $	439.230 $
2. Steuerzahlungen: 0,40 × 1	–	220.000 $	290.400 $	319.440 $	175.692 $
5. Betriebskosteneinsparungen nach Steuern (nominal): 1 - 2	–	330.000 $	435.600 $	479.160 $	263.538 $
6. Barwertabzinsungsfaktor (32 % nominal)[a]	–	0,757576	0,573921	0,434789	0,329385
7. Barwert der Betriebskosteneinsp. nach Steuern: 5 × 6	795.138 $	250.000 $	250.000 $	208.333 $	86.805 $
Einkommensteuerersparnis durch Abschreibungen					
8. Abschreibungen	–	375.000 $	187.500 $	93.750 $	93.750 $
9. Steuerersparnis durch Abschreibungen: 30 % × 8	–	150.000 $	75.000 $	37.500 $	37.500 $
10. Barwertabzinsungsfaktor (16 % nominal)	–	0,757576	0,573921	0,434789	0,329385
11. Barwert der Steuerersparnis durch Abschreibungen: 9 × 10	185.337 $	113.636 $	43.044 $	16.305 $	12.352 $
Anfangsinvestition	(750.000) $	250.000 $	250.000 $	208.333 $	86.805 $
Barwert des Projekts	230.475 $				

a. Realzinssatz 20 %, Inflationsrate 10 %: Nominalzinssatz = (1 + 0,20)(1 + 0,10) - 1 = 0,32.

Tafel 23.6
Realer Ansatz der Investititionsrechnung bei Inflation für Network Communications (reale Cash-flows, realer Abzinsungssatz)

	Barwert insgesamt	Ende des 1. Jahres	Ende des 2. Jahres	Ende des 3. Jahres	Ende des 4. Jahres
Wiederkehrender Cash-flow nach Steuern aus dem Betrieb (ohne Abschreibungseffekte)					
1. Betriebskosteneinsparungen (real)	–	500.000 $	600.000 $	600.000 $	300.000 $
2. Steuerzahlungen: 0,40 × 1	–	200.000 $	240.000 $	240.000 $	120.000 $
5. Betriebskosteneinsparungen nach Steuern (real): 1 - 2	–	300.000 $	360.000 $	360.00 $	180.000 $
6. Barwertabzinsungsfaktor (20 % real)	–	0,833333	0,694444	0,578704	0,482253
7. Barwert der Betriebskosteneinsp. nach Steuern: 5 × 6 [a]	795.138 $	250.000 $	250.000 $	208.333 $	86.805 $
Einkommensteuerersparnis durch Abschreibungen					
8. Abschreibungen	–	375.000 $	187.500 $	93.750 $	93.750 $
9. Steuererersparnis durch Abschreibungen (nominal): 40 % × 8	–	150.000 $	75.000 $	37.500 $	37.500 $
10. Inflationsfaktor, 10 % [b]		0,909091	0,826446	0,751315	0,683013
11. Steuererersparnis durch Abschreibungen (real): 9 × 10		136.364 $	61.983 $	28.174 $	25.613 $
12. Barwertabzinsungsfaktor (16 % nominal)		0,833333	0,694444	0,578704	0,482253
13. Barwert der Steuererersparnis durch Abschreibungen: 11 × 12	185.337 $	113.636 $	43.044 $	16.305 $	12.352 $
Anfangsinvestition	(750.000) $				
Barwert des Projekts	230.475 $				

a. Wir zeigen die Barwertabzinsungsfaktoren auf 6 Stellen genau und runden die Barwerte, um herauszustellen, daß die beiden Ansätze in Tafel 23.5 und Tafel 23.6 äquivalent sind. Berechnung des Barwertabzinsungsfaktors mit Hilfe der Formel in Tabelle 2, Anhang C.
b. Die Berechnung dieser Inflationsfaktoren wird in Fußnote 10, Seite 792, erläutert.

Posten 3 in Tafel 23.6, die Beschreibung der Steuereinsparungen durch Abschreibungen, erfordert eine Erklärung. Die amerikanischen Steuergesetze beschränken den zulässigen Abschreibungsbetrag auf die *nominalen* Anschaffungskosten des Anlagegutes. Das heißt zum Beispiel, daß die Steuerersparnis durch Abschreibung im Jahr 2 nominal 75.000 $ betragen wird, unabhängig von der Inflation in den Jahren 1 und 2. Um diese Steuereinsparungen real auszudrücken, dividieren wir den nominellen Betrag durch die kumulative Inflationsrate.[115] Die realen Steuereinsparungen werden dann mit dem Realzinssatz abdiskontiert.

Beide Ansätze zeigen, daß das Projekt einen Kapitalwert von 230.475 $ hat und deshalb genehmigt werden sollte. Man kommt mit beiden Ansätzen zum gleichen Ergebnis, denn wenn man zum Beispiel vom realen zum nominalen Ansatz übergeht, werden die Cash-flows mit dem kumulativen Inflationsfaktor multipliziert und die Diskontsätze durch denselben Faktor dividiert.[116]

Der häufigste Fehler bei der Berücksichtigung der Inflation in der Investitionsrechnung besteht darin, daß man die Ein- und Auszahlungsströme in realen Geldeinheiten mißt und dann einen nominalen Abzinsungssatz verwendet. Durch diesen Fehler unterschätzt man den Barwert der zukünftigen Cash-flows und tendiert dann dazu, viele lohnende Investitionsprojekte abzulehnen.

Inflation und andere Investitionsrechnungsmethoden

Die Konzepte des letzten Abschnitts lassen sich genauso gut auf die Deckungszeitanalyse und die Methode des internen Zinsfußes anwenden. Um den Deckungszeitpunkt zu berechnen, muß ein Unternehmen entweder nominale Zahlungsströme und einen nominalen Abzinsungssatz verwenden oder reale Zahlungsströme und einen realen Abzinsungssatz. Genauso muß man interne Zinssätze, die auf der Basis nominaler Cash-flows errechnet worden sind, mit einer nominalen angestrebten Mindestverzinsung vergleichen und interne Zinssätze, die auf realen Cash-flows beruhen, mit einer realen angestrebten Mindestverzinsung. Bei der Amortisationsvergleichsrechnung und der Return-on-investment-Methode rechnet man in der Regel mit Nominalbeträgen ohne irgendeine Anpassung an die Inflation. Inflationäre Effekte auf die Einzahlungsströme reduzieren die Amortisation und erhöhen die RoI. Wenn man die

---

[115] Folgende Inflationsfaktoren werden in Tafel 23.6 verwendet, um die realen Steuereinsparungen bei einer Inflationsrate von 10 % zu berechnen: 1. Jahr: $1/(1,10)^1 = 0,909091$; 2. Jahr: $1/(1,10)^2 = 0,826446$; 3. Jahr: $1/(1,10)^3 = 0,751315$; 4. Jahr: $1/(1,10)^4 = 0,683013$.

[116] So wird zum Beispiel in Tafel 23.6 der wiederkehrende *reale* Cash-flow nach Steuern in Jahr 2 in Höhe von 260.000 $ mit $(1,10)^2$ multipliziert, um zum *nominalen* Cash-flow in Jahr 2 in Tafel 23.5 zu gelangen. Und den *realen* Abzinsungssatz von 0,694444 in Jahr 2 (Tafel 23.6) muß man durch $(1,10)^2$ dividieren, um den nominalen Abzinsungssatz von 0,573921 in Jahr 2 (Tafel 23.5) zu erhalten.

Amortisationsmethode und die Return-on-investment-Methode anwendet, sollte man sich jedoch dessen bewußt sein, daß die Geldeinheiten, die man zurück erhält, eine geringere Kaufkraft haben, als die Geldeinheiten, die man investiert hat.

23.4 PROJEKTRISIKO UND ANGESTREBTE MINDESTVERZIN-SUNG

Die *angestrebte Mindestverzinsung*, die wir in Kapitel 22 diskutiert haben, ist die entscheidende Variable bei der Analyse abdiskontierter Zahlungsströme. Es ist diejenige Rendite, auf die die Organisation verzichtet, indem sie in ein bestimmtes Projekt investiert und nicht in ein alternatives Projekt mit vergleichbarem Risiko. Mit *Risiko* ist hier das geschäftliche Risiko eines Projekts gemeint, unabhängig davon, ob das Projekt mit Fremdkapital oder mit Eigenkapital finanziert worden ist. Allgemein kann man sagen, je höher das Risiko, desto höher die angestrebte Mindestverzinsung und desto schneller möchte das Management die Nettoanfangsinvestition zurückgewinnen. Ein höheres Risiko bedeutet eine größere Wahrscheinlichkeit, daß das Projekt zu einem Verlust führt. Das Management wird dieses zusätzliche Risiko nur auf sich nehmen wollen, wenn es dafür durch einen höheren erwarteten Ertrag entschädigt wird.

Die angestrebte Mindestverzinsung, die bei der Analyse abdiskontierter Zahlungsströme verwendet wird, sollte mit dem Ansatz zur Prognose von Ein- und Auszahlungsströmen konsistent sein. Dabei kann man (1) den realen oder den nominalen Zinssatz (2) vor Steuern oder nach Steuern verwenden. Die Unterschiede zwischen diesen Zinssätzen können beträchtlich sein, wenn man berücksichtigt, daß die geschätzten Inflationsraten über 10 % liegen können, und daß Steuersätze von 30 % oder mehr anzuwenden sind.

Organisationen nutzen in der Regel mindestens eine der folgenden Möglichkeiten zum Umgang mit dem Risikofaktor von Projekten:

1. *Veränderung der angestrebten Amortisationszeit:* Unternehmen wie Nissan, die die Amortisationszeit als Projektauswahlkriterium benutzen, variieren die angestrebte Amortisationszeit, um Unterschiede im Projektrisiko zu berücksichtigen. Je höher das Risiko, um so kürzer die geforderte Amortisationszeit. Bei höheren Risiken bewerten Unternehmen auch ihre Verlustabsicherung für den Fall, daß das Projekt aufgegeben werden muß.[117]

2. *Anpassung der angestrebten Mindestverzinsung:* Unternehmen wie DuPont und Shell Oil verwenden bei höherem Risiko eine höhere angestrebte Mindestverzinsung. Es ist schwierig, für jedes Projekt einen präzisen Risikofaktor zu schätzen. Manche

---

[117] Siehe J. Grinyer und N. Daing, "The Use of Abandonment Values in Capital Budgeting – A Research Note," *Management Accounting Research*, 4(1993).

Organisationen vereinfachen diese Aufgabe, indem sie drei oder vier allgemeine Risikokategorien verwenden (zum Beispiel sehr hoch, hoch, durchschnittlich und niedrig). Jedes Projekt, das geprüft wird, wird einer bestimmten Kategorie zugeordnet. Für jede Kategorie gibt es einen festen Abzinsungssatz, der als angestrebte Mindestverzinsung auf alle Projekte in dieser Kategorie angewandt wird.

3. *Anpassung der geschätzten zukünftigen Einzahlungsströme*: Manche Unternehmen wie etwa Dow Chemicals setzen bei riskanteren Projekten geringere geschätzte zukünftige Einzahlungsströme an. Sie können zum Beispiel die prognostizierten Barzuflüsse bei Projekten mit sehr hohem Risiko systematisch um 30 %, bei Projekten mit hohem Risiko um 20 %, bei Projekten mit durchschnittlichem Risiko um 10 % und bei Projekten mit geringem Risiko überhaupt nicht reduzieren. Dieses Vorgehen wird als Sicherheitsäquivalentansatz bezeichnet. Da die Zahlungsströme für riskantere Projekte bereits nach unten korrigiert worden sind, verwendet man zu ihrer Bewertung die gleiche angestrebte Mindestverzinsung wie für weniger riskante Projekte. Man beachte, wie sich dieser Ansatz von der Anpassung der angestrebten Mindestrendite unterscheidet. Während dort bei gleichen Zahlungsströmen die geforderte Rendite verändert wird, werden hier die Zahlungsströme an das Risiko angepaßt, nicht jedoch die Mindestrendite. Würde man Zahlungsströme und Mindestverzinsung verändern, so würde man das Risiko zweimal berücksichtigen.

4. *Sensitivitätsanalyse*: Unternehmen wie zum Beispiel die Consumers Power Company verwenden diesen Ansatz, um herauszufinden, welche Folgen sich ergeben, wenn die einem Investitionsprojekt zugrundeliegenden Kernannahmen verändert werden.

5. *Schätzung der Wahrscheinlichkeitsverteilung für die zukünftigen Ein- und Auszahlungsströme jedes Projekts*: Firmen wie Niagara Mohawk verwenden diesen Ansatz zum Umgang mit Unsicherheit, den wir im Anhang zu Kapitel 3 dargestellt haben. Dabei gewichtet man alle denkbaren Cash-flow-Ergebnisse, um den erwarteten Cash-flow zu erhalten, und diskontiert dann diesen Betrag ab mit Hilfe einer geforderten Mindestrendite, die einen Risikoaufschlag enthält. Die Schätzung solcher Wahrscheinlichkeitsverteilungen ist schwierig. In der Praxis bewährt es sich, die Anzahl der berücksichtigten Ergebnisse überschaubar zu halten. Betrachten wir einen weiteren Nutzen der Schätzung von Wahrscheinlichkeitsverteilungen für zukünftige Zahlungsströme: Angenommen ein Projekt wird in den Anfangsjahren mit einer Wahrscheinlichkeit von 60 % einen sehr hohen Geldzufluß und mit einer Wahrscheinlichkeit von 40 % einen sehr geringen Geldzufluß aufweisen. Diese Wahrscheinlichkeit von 40 % könnte den Manager dazu veranlassen, sich von einer Bank eine Kreditlinie einräumen zu lassen. Wenn das niedrige Ergebnis tatsächlich eintrifft, würde diese Kreditlinie dem Unternehmen helfen, eine kurzfristige Cash-flow-Krise zu vermeiden.

RISIKOANALYSE BEI INVESTITIONSENTSCHEIDUNGEN DER FIRMA CONSUMERS POWER

Die Firma Consumers Power Co. (CP) besitzt Pipelines zur Beförderung von Erdgas zu ihren Kunden. Ungefähr 1.000 der 20.000 Meilen langen Hauptpipeline sind aus Gußeisen gemacht. Die meisten Pipelines von CP bestehen aus beschichtetem und verschweißtem Stahl oder aus Plastik. Im Vergleich zu diesen Materialien kommt es bei gußeisernen Rohren ungefähr zehnmal so häufig vor, daß Gas entweicht. Für CP ist es eine wichtige Investitionsentscheidung, welcher Teil der gußeisernen Rohre ersetzt werden soll und wann. Der Nutzen aus dem Austausch der Rohre besteht in geringeren Reparatur- und Instandhaltungskosten und einem Rückgang der Schadenersatzansprüche aufgrund von ausgeströmtem Gas, aber die genaue Größenordnung dieses Nutzens ist alles andere als sicher.

Um die Unsicherheit zu berücksichtigen, schätzt Consumers Power für jede Investitionsalternative einen Wertebereich für Schlüsselparameter: die Häufigkeit des Auftretens von undichten Stellen, die Gasmenge, die dabei entweicht, die Schadenersatzansprüche, die eventuell bezahlt werden müssen, und die Reparatur- und Instandhaltungskosten, die anfallen können. CP wendet eine Sensitivitätsanalyse an, um herauszufinden, welche Parameter und Parameterwerte die Entscheidung stark beeinflussen und welche nicht. Dann entwickelt man eine Wahrscheinlichkeitsverteilung für die Schlüsselparameter auf der Basis von strukturierten Interviews mit Experten für verschiedene Fachgebiete. Die Kapitalwerte für die verschiedenen Alternativen werden berechnet, indem man die erwarteten Erträge mit einer geforderten Mindestrendite mit Risikoaufschlag abdiskontiert. CP berechnet die Barwerte nach Steuern auf der Basis von nominalen Zahlungsströmen und nominalen Abzinsungssätzen, um die Auswirkungen der Inflation konsistent zu berücksichtigen.

Die Analyse hat gezeigt, daß es am besten war, die schlechtesten Gußeisenrohre sofort und alle Gußeisenrohre innerhalb von 40 Jahren zu ersetzen. Ohne diese detaillierte und gründliche risikoorientierte Analyse hätten die Manager von CP die gußeisernen Pipelines lieber schneller ersetzt.

Quelle: K. L. Elenbars und D. O'Neill, "Formal Decision Analysis Process Guides Maintenance Budgeting," *Pipeline Industry*, Oktober 1994.

RISIKOAUSGLEICHSMETHODEN BEI DER INVESTITIONSRECHNUNG

Wie berücksichtigen Unternehmen weltweit das Risiko bei der Bewertung von Investitionsprojekten? Die Prozentsätze in der folgenden Tabelle zeigen für vier Länder, wie häufig bestimmte Risikoausgleichsmethoden bei der Investitionsrechnung angewandt werden. Die Zahlen addieren sich zu mehr als 100 %, weil manche Unternehmen mehr als eine Methode einsetzen. Striche bedeuten keine Angabe zu diesem Punkt.

	USA[a]	Austr.[b]	Kan.[c]	GB[d]	Taiw.[e]	Polen[f]
Sensitivitätsanalyse	29 %	57 %	59 %	63 %	–	10 %
Mindestverzinsung erhöhen	18 %	–	31 %	42 %	61 %	13 %
Amortisationsperiode verkürzen	17 %	–	24 %	34 %	72 %	25 %
Wahrscheinlichkeitsverteilung zukünftiger Zahlungsströme schätzen	12 %	11 %	18 %	15 %	–	13 %
Optimistische und pessimistische Prognosen vergleichen	–	63 %	–	–	–	–
Subjektive, nichtquantitative Einschätzungen	54 %	37 %	29 %	22 %	69 %	4 %
Kein Risikoausgleich	37 %	–	10 %	–	–	–

a. Sullivan und Smith, "Capital Investment Justification."
b. Freeman und Hobbes, "Capital Budgeting."
c. Jog und Srivastava, "Corporate Financial."
d. Ho und Pike, "Risk Analysis."
e. Ho und Yang "Managerial Risk Taking."
f. D. Zarzecki und T. Wisniewski, "Investment Appraisal."
Vollständige Quellenangaben in Anhang A.

Die Umfragen zeigen, daß die verwendeten Methoden sich von Land zu Land unterscheiden. Es fällt jedoch auf, daß die Manager offensichtlich überall lieber die einfacheren Methoden einsetzen (Sensitivitätsanalyse, Erhöhung der Mindestverzinsung, Verkürzung der Amortisationsperiode und subjektive, nicht-quantitative Einschätzungen) als die komplizierteren Techniken (zum Beispiel die Schätzung der Wahrscheinlichkeitsverteilung zukünftiger Zahlungsströme).

Umfragen zur betrieblichen Praxis

23.5 ANWENDBARKEIT AUF ORGANISATIONEN OHNE ER-WERBSCHARAKTER UND DEN ÖFFENTLICHEN SEKTOR

Die dynamische Investitionsrechnung kann auf gewinnorientierte und nicht-gewinnorientierte Organisationen angewandt werden. Fast alle Organisationen müssen entscheiden, welche Investitionen in langlebige Anlagegüter verschiedene Aufgaben am wirtschaftlichsten erfüllen. US-Bundesbehörden verwenden zum Beispiel eine angestrebte Mindestverzinsung von 7 % bei Investitionsrechnungen für Wasserprojekte (Dämme, Bewässerung etc.) und 10 % bei allen anderen Projekten.

Untersuchungen der Investitionsrechnungspraxis von unterschiedlichen Gebietskörperschaften (Bund, Einzelstaaten und Gemeinden) und in verschiedenen Ländern zeigen daß wie im privaten Sektor folgendes gilt:

1. Dringlichkeit ist ein wichtiger Faktor bei der Mittelallokation. die Investitionsplanung für Straßen zum Beispiel ist oft durch physische Schäden an bereits bestehenden Schnellstraßen motiviert und nicht durch eine systematische Analyse alternativer Straßenbauprojekte.

2. Projektschätzungen sind manchmal systematisch verzerrt. So berichten zum Beispiel Untersuchungen über Bewässerungsprojekte des U.S. Bureau of Reclamation daß der Nutzen überschätzt und die Kosten und die Bauzeit für Dämme und andere Wasserinfrastrukturbauten unterschätzt werden.

3. Es gibt eine Tendenz, zuerst Investitionsprojekte zu streichen, wenn ein starker Druck besteht, den Haushalt auszugleichen oder ein Defizit zu verringern. Nehmen wir die Auswirkungen der Bemühungen um die Begrenzung der Gesundheitskosten im den Vereinigten Staaten. Medicare, ein staatliches Programm zur Finanzierung von Krankenhausbehandlungen für ältere Menschen, hat zum Beispiel aufgehört, den Krankenhäusern die Kosten für bestimmte Ausrüstungsinvestitionen zu erstatten.[118] Infolge dieser Veränderungen und durch den erhöhten Druck auf die Krankenhaussätze infolge von Wettbewerb und Regulierung gehen Krankenhäuser immer mehr zur Verwendung von analytischen Investitionsrechnungsmethoden über (zum Beispiel zu den dynamischen Verfahren der Investitionsrechnung) und fangen auch an, den Nutzen von Investitionsausgaben sorgfältiger zu prüfen.

---

[118] S. Finkler, "Analytical Capital Budgeting," *Hospital Cost Management and Accounting* (März 1992).

23.6 KAPITALWERTMETHODE

Sowohl in gewinnorientierten Unternehmen als auch in gemeinnützigen Organisationen und im öffentlichen Sektor müssen Manager oft eine Obergrenze für den gesamten Investitionshaushalt beachten. In diesem Abschnitt diskutieren wir Probleme bei der Verwendung der Kapitalwertrechnung bei beschränkten Mitteln für Investitionsausgaben.

Der **Rentabilitätsindex** (*excess present-value index*) ist der gesamte Barwert der zukünftigen Einzahlungsströme eines Projekts dividiert durch den gesamten Barwert der Nettoanfangsinvestition. Die folgende Tabelle illustriert diesen Index für zwei Graphik-Softwarepakete – Superdraw und Masterdraw – die die Firma Business Systems auswertet:

Projekt	Barwert bei einer Mindestverzinsung von 10 % (1)	Nettoanfangs- investition (2)	Rentabilitäts- index (3) = (1) : (2)	Barwert (4) = (1) - (2)
Superdraw	1.400.000 $	1.000.000 $	140 %	400.000 $
Masterdraw	3.900.000 $	3.000.000 $	130 %	900.000 $

Der Rentabilitätsindex mißt den Cash-flow pro investiertem Dollar. Dieser Index ist besonders hilfreich, wenn es darum geht, bei begrenzten Investitionsmitteln zwischen Projekten zu wählen, denn er kann die Projekte identifizieren, die aus dem begrenzten verfügbaren Kapital das meiste herausholen.

Angenommen die Entwickler jedes Pakets verlangen, daß Business Systems nur ein Graphikpaket vermarktet, so daß mit der Annahme eines Software-Pakets automatisch die Ablehnung des anderen verbunden ist. Welches Paket sollte Business Systems dann wählen?

Aufgrund des Rentabilitätsindex wird man Superdraw gegenüber Masterdraw den Vorzug geben. Bei der Rentabilitätsindexanalyse geht man aber davon aus, daß alle anderen Umstände (zum Beispiel das Risiko und die alternative Verwendung der Mittel) gleich sind. Man nimmt zum Beispiel an, daß die Wahl zwischen Superdraw und Masterdraw keine Auswirkungen auf andere Projekte hat, die Business Systems durchführen möchte. Sind – was oft der Fall ist – nicht alle anderen Umstände gleich, so kann es sein, daß der Rentabilitätsindex nicht zur optimalen Auswahl von Investitionsprojekten führt.

Wir setzen unser Beispiel fort und nehmen an, daß Business Systems im Investitionshaushalt für das kommende Jahr eine Obergrenze von 5.000.000 $ hat. Die Firma erwägt eine Investition in Superdraw oder Masterdraw und in eines oder mehrere von acht anderen Projekten (bezeichnet mit B, C, ..., H, I). Tafel 23.7 zeigt zwei alternative

Kombinationen dieser Projekte. Man beachte, daß das Projektportfolio in Alternative 2 demjenigen in Alternative 1 überlegen ist, obwohl eine Investition in Superdraw im Vergleich zu Masterdraw einen höheren Cash-flow-Ertrag pro investiertem Dollar erbringt. Das liegt daran, daß die zusätzlichen Investitionskosten von 2.000.000 $ für Masterdraw den Barwert um 500.000 $ erhöhen. Diese zwei Millionen Dollar würden andernfalls in die Projekte E und B investiert werden, deren gemeinsamer Barwert mit 256.000 $ niedriger liegt:

	Barwert	Nettoanfangs-investition	Erhöhung des Barwerts
Masterdraw	3.900.000 $	3.000.000 $	
Superdraw	1.400.000 $	1.000.000 $	
Differenz	2.500.000 $	2.000.000 $	500.000 $
Projekt E	912.000 $	800.000 $	
Projekt B	1.344.000 $	1.200.000 $	
Summe	2.256.000 $	2.000.000 $	256.000 $

Man beachte, daß im Gegensatz zu Superdraw die Alternative 2 die Projekte mit den höchsten Rentabilitätsindizes einschließt und diejenigen mit den niedrigsten Rentabilitätsindices ausschließt. Der Rentabilitätsindex ist eine nützliche Richtschnur für die Identifikation und Auswahl von Projekten, die den höchsten Ertrag auf das begrenzte Kapitel bieten und dadurch den Kapitalwert maximieren. Manager können aber Entscheidungen über Investitionen verschiedener Größenordnung, die sich gegenseitig ausschließen, nicht nur auf den Rentabilitätsindex stützen. Die Kapitalwertmethode ist die beste allgemeine Richtschnur.

23.7 METHODE DES INTERNEN ZINSFUßES

Die Kapitalwertrechnung gibt immer dasjenige Projekt (oder diejenige Menge von Projekten) an, das (die) den Barwert der zukünftigen Zahlungsströme maximiert (maximieren). Umfragen zur betrieblichen Praxis zeigen jedoch, daß die Methode des internen Zinsfußes weit verbreitet ist. Wahrscheinlich liegt das daran, daß Manager diese Methode leichter verständlich finden und daß in den meisten Fällten beide Methoden zur gleichen Entscheidung führen würden. In manchen Situationen kommen die beiden Methoden jedoch nicht zum gleichen Ergebnis.

Tafel 23.7

Allokation eines Investitionshaushalts von 5.000.000 $: Vergleich zweier Alternativen für Business Systems

		Alternative 1	
Projekt	Nettoanfangs-investition	Rentabilitätsindex	Kapitalwert bei einer Mindestrendite von 10 %
C	600.000 $	167 %	1.002.000 $
Superdraw	1.000.000 $	140 %	1.400.000 $
D	400.000 $	132 %	528.000 $
F	1.000.000 $	115 %	1.150.000 $
E	800.000 $	114 %	912.000 $
B	1.200.000 $	112 %	1.344.000 $
	5.000.000 $[a]		6.336.000 $[b]
H	550.000 $	105 %	ablehnen
G	450.000 $	101 %	ablehnen
I	1.000.000 $	90 %	ablehnen

a. Gesamtbudgetbeschränkung.
b. Kapitalwert = 6.336.000 $ - 5.000.000 $ = 1.336.000 $.

		Alternative 2	
Projekt	Nettoanfangs-investition	Rentabilitätsindex	Kapitalwert bei einer Mindestrendite von 10 %
C	600.000 $	167 %	1.002.000 $
D	400.000 $	132 %	528.000 $
Masterdraw	3.000.000 $	130 %	3.900.000 $
F	1.000.000 $	115 %	1.150.000 $
	5.000.000 $[a]		6.580.000 $[b]
E	800.000 $	114 %	ablehnen
B	1.200.000 $	112 %	ablehnen
H	550.000 $	105 %	ablehnen
G	450.000 $	101 %	ablehnen
I	1.000.000 $	90 %	ablehnen

a. Gesamtbudgetbeschränkung.
b. Kapitalwert = 6.580.000 $ - 5.000.000 $ = 1.580.000 $.

Wenn Projekte, die sich gegenseitig ausschließen, unterschiedliche Nutzungsdauern oder unterschiedliche Investitionssummen aufweisen, kann es sein, daß die Methode des internen Zinsfußes die Projekte in eine andere Rangfolge bringt als die Kapitalwertmethode. Betrachten wir Tafel 23.8.[119] Bei der Methode des internen Zinsfußes steht das Projekt X an erster Stelle, bei der Kapitalwertmethode Projekt Z. Die Projekte in Tafel 23.8 unterscheiden sich sowohl in bezug auf die Nutzungsdauer (5, 10 und 15 Jahre) als auch in bezug auf die Nettoanfangsinvestition (286.400 $, 419.200 $ und 509.200 $).

Manager, die die Methode des internen Zinsfußes anwenden, nehmen implizit an, daß der Reinvestitionsertrag dem Ertrag des kurzlebigsten Projekts entspricht. Bei der Verwendung der Kapitalwertmethode nimmt man implizit an, daß die Mittel, die aus den konkurrierenden Projekten zurückfließen, zur angestrebten Mindestrendite wiederangelegt werden können. Die Kapitalwertmethode wird im allgemeinen als konzeptionell überlegen betrachtet. Detailliertere Darstellungen dieser Themen und der Probleme, die entstehen, wenn man Projekte mit ungleichen Nutzungsdauern und ungleichen Investitionssummen in eine Rangfolge bringt, sind in Lehrbüchern zur Unternehmensfinanzierung zu finden.

Tafel 23.8
Rangfolge von Projekten nach dem internen Zinsfuß und dem Kapitalwert

	Projekt X	**Projekt Y**	**Projekt Z**
Nutzungsdauer	5 Jahre	10 Jahre	15 Jahre
Nettoanfangsinvestition	286.400 $	419.200 $	509.200 $
Jährlicher Cash-flow aus dem Betrieb nach Einkommensteuern	100.000 $	100.000 $	100.000 $
Interner Zinsfuß	22 %	20 %	18 %
Rangfolge nach dem internen Zinsfuß	1	2	3
Barwert des jährlichen Cash-flows aus dem Betrieb nach Steuern	379.100 $	614.500 $	760.600 $
Kapitalwert des Projekts	92.700 $	760.600 $	251.400 $
Rangfolge nach dem Kapitalwert	3	2	1

---

[119] In Tafel 23.8 beschränken wir uns auf unterschiedliche Nutzungsdauern. Ähnlich widersprüchliche Ergebnisse können bei gleichem Projektende auftauchen, wenn die Nettoanfangsinvestition unterschiedlich hoch ist.

AUFGABE

Stone Aggregates (SA) betreibt 92 Werke, die einen Preßstein herstellen, der für viele Bauprojekte verwendet wird. Der Transport ist ein Hauptkostenfaktor. Ein Angestellter wiegt die Steine und hält die Einzelheiten jeder Lieferung auf einem Lieferschein fest: das Gewicht, die Frachtkosten und gegebenenfalls die Steuer.

SA erwägt einen Vorschlag, in jedem der 92 Werke eine Computerausrüstung anzuschaffen, die das Ausschreiben der Lieferscheine übernimmt. Ein Werk hat diese Ausrüstung im Rahmen eines Pilotprojekts zwölf Monate lang ausprobiert und dabei durch die Verbesserung der Produktivität und durch die Verringerung von Werkbetriebskosten und überhöhter Ladung Betriebskosteneinsparungen (vor Steuern) in Höhe von 300.000 $ erzielt. Die Kostenrechnungsabteilung schätzt, daß bei einem Einsatz der Ausrüstung in allen Werken des Unternehmens im vergangenen Jahr die Nettokosteneinsparungen (ausgedrückt in heutigen Preisen) 25 Mio $ betragen hätten.

Die Ausrüstung für alle 92 Werke würde 45 Mio. $ kosten, die sofort zahlbar sind. Diese Ausrüstung hat eine erwartete Nutzungsdauer von vier Jahren und einen Resterlös von 10 Mio. $ (in heutigen Preisen). Folgende Einkommensteuerregelungen gelten für SA:

* *Abschreibungsbetrag*: Die Anschaffungskosten der Ausrüstung sind die Basis für die Berechnung der Abschreibungen. Der prognostizierte Resterlös wird dabei vernachlässigt. Jeder (nominale) Gewinn oder Verlust unterliegt dem normalen Einkommensteuersatz im Jahr der Veräußerung.
* *Abschreibungszeitraum*: Nach einem Steuergesetz zur Investitionsförderung kann SA einen Abschreibungszeitraum von drei Jahren in Anspruch nehmen.
* *Abschreibungsmethode*: Lineare Abschreibung ist vorgeschrieben. Bei Anschaffungskosten von 45 Mio. $ und einem Abschreibungszeitraum von drei Jahren beträgt die jährliche Abschreibung 15 Mio. $.

Stone Aggregates rechnet mit einem Einkommensteuersatz von 30 % für jedes der nächsten vier Jahre.

1. Erfüllt die vorgeschlagene Investition in die Computerausrüstung zum Schreiben von Lieferscheinen das Kriterium der Firma, daß die Rendite nach Steuern mindestens 16 % betragen soll? Dieser Ertragssatz enthält eine Inflationskomponente von 8 %. (Der reale Ertrag ist 7,4 %; der nominale Ertragssatz ist $(1 + 0,074)(1 + 0,08) - 1 = 0,16$.) Die Inflationsprognose von 8 % bezieht sich sowohl auf die Kosteneinsparungen als auch auf den Resterlös der Ausrüstung. Berechnen Sie den Kapitalwert auf der Basis von nominalen Zahlungsströmen und einer nominalen angestrebten Mindestverzinsung.

Aufgabe zum Selbststudium

AUFGABE (FORTSETZUNG)

2. Welche anderen Faktoren sollte SA bei der Entscheidung über die Computerausrüstung für das Schreiben von Lieferscheinen bedenken?

LÖSUNG

1. Tafel 23.9 zeigt die Kapitalwertberechnungen. Der Investitionsvorschlag hat einen Kapitalwert von 29,086 Mio. $, ist also gemessen an den finanziellen Faktoren attraktiv. Man beachte besonders, wie es die Steuergesetzgebung der Firma SA erlaubt, die Ausrüstung schon nach drei Jahren vollständig abzuschreiben. Im vierten Jahr findet keine Abschreibung statt.

2. Bei der Analyse in Tafel 23.9 gehen wir davon aus, daß jedes Jahr Einsparungen in Höhe von 25 Mio. $ anfallen. Jedoch sind Einführungs- und Betriebskosten im Jahr des Übergangs zu der Computerausrüstung oft 200 % höher als in den folgenden Jahren. Infolgedessen können die Einsparungen im ersten Jahr niedriger ausfallen.

3. Diese Aufgabe beruht auf der Einführung der automatischen Lieferscheinausstellung bei Vulcan Materials.[104] Vulcan berichtete über die folgenden Nutzen, die SA ebenfalls bedenken sollte:

   • "Die Angestellten an der Materialwaage haben durch Job Enrichment und eine genauer prognostizierbare Arbeitsbelastung gewonnen."

   • "Die Kommunikation zwischen den Kleincomputern der Wiegestation und den Bürocomputern der Abteilung hat zu einer Verringerung der Fehler bei der Datenübermittlung geführt und die mit der Korrektur verbundenen Kosten reduziert. Das System hat auch die Ausstellung von Rechnungen bei Vulcan beschleunigt."

   • "Der schnellere Datenfluß hat die Zeitverzögerung bei der Entdeckung und Korrektur von Problemen verkürzt."

---

[104]J. Bush und R. Stewart, "Vulcan Materials Automates Delivery Ticket Writing," *Management Accounting* (August 1985).

Aufgabe zum Selbststudium

Tafel 23.9

Kapitalwertanalyse des automatisierten Lieferschein-Ausstellungssystems für Stone Aggregates (in Mio. $)

	Barwert insgesamt	Ende des 1. Jahres	Ende des 2. Jahres	Ende des 3. Jahres	Ende des 4. Jahres
Wiederkehrender Cash-flow nach Steuern aus dem Betrieb (ohne Abschreibungseffekte)					
1. Betriebskosteneinsparungen (real)	–	25.000 $	25.000 $	25.000 $	25.000 $
2. Kumulativer Inflationsfaktor (aus Tabelle 1, Anhang C, 8 %)	–	1.080 $	1.166 $	1.260 $	1.360 $
3. Betriebskosteneinsparungen (nominal): 1 × 2	–	27.000 $	29.150 $	31.500 $	34.000 $
4. Steuerzahlungen: 30 % × 3	–	8.100 $	8.745 $	9.450 $	10.200 $
5. Betriebskosteneinsparungen nach Steuern (nominal): 3 - 4	–	18.900 $	20.405 $	22.050 $	23.800 $
6. Barwertabzinsungsfaktor (16 % nominal)	–	0,862	0,743	0,641	0,552
7. Barwert der Betriebskosteneinsp. nach Steuern (nominal): 5 × 6	58.725 $	16.792 $	15.161 $	14.134 $	13.138 $
Einkommensteuerersparnis durch Abschreibungen					
8. Abschreibungen	–	15.000 $	15.000 $	15.000 $	–
9. Steuerersparnis durch Abschreibungen: 30 % × 8	–	4.500 $	4.500 $	4.500 $	–
10. Barwertabzinsungsfaktor (16 % nominal)	–	0,862	0,743	0,641	–
11. Barwert der Steuerersparnis durch Abschreibungen: 9 × 10	10.106 $	3.879 $	3.343 $	2.884 $	–

Tafel 23.9 (Fortsetzung)

	Barwert insgesamt	Ende des 1. Jahres	Ende des 2. Jahres	Ende des 3. Jahres	Ende des 4. Jahres
Cash-flow nach Steuern durch den Verkauf der Ausrüstung am Ende der Nutzungsdauer					
12. Resterlös der Ausrüstung am Ende des vierten Jahres (nominal)[a]	–	–	–	–	13.600 $
13. Einkommensteuer auf den Veräußerungsgewinn: 30 % × 13.600 $[b]	–	–	–	–	4.080 $
14. Cash-flow nach Steuern aus dem Verkauf der Ausrüstung	–	–	–	–	9.520 $
15. Barwertabzinsungsfaktor (16 % nominal)	–	–	–	–	0,552
16. Barwert des Cash-flow nach Steuern aus dem Verkauf der Ausrüstung	5.255 $	–	–	–	5.255 $
Barwert der gesamten Einzahlungsströme: 7 + 11 + 16	74.086 $	20.171 $	18.504 $	17.018 $	18.393 $
Anfangsinvestition					
Barwert der Anfangsinvestition	(45.000) $				
Barwert des Gesamtprojekts	29.086 $				

a. Der Resterlös von 10 Mio. $ in Preisen des 0. Jahres entspricht 13.600 Mio. $ (10 Mio. $ × 1,360) in Preisen des vierten Jahres, aus Tabelle 1, Anhang C, für 8 %.

b. Veräußerungsgewinn = Resterlös der Ausrüstung am Ende des vierten Jahres - Buchwert der Ausrüstung am Ende des vierten Jahres = 13.600 Mio. $ - 0 $ = 13.600 Mio. $.

Anhang: System der modifizierten beschleunigten Abschreibung

Die in den USA zur Zeit der Entstehung dieses Buches gültigen Steuergesetze werden allgemein Modified Accelerated Cost Recovery System (System der modifizierten beschleunigten Abschreibung) oder kurz MACRS genannt. MACRS ist eine Modifikation der 1981 eingeführten Steuergesetze, die Accelerated Cost Recovery System (ACRS) genannt wurden. Für die meisten abschreibungsfähigen Anlagegüter, die zwischen 1981 und 1986 in Betrieb genommen wurden, gilt das ACRS. Anlagegüter, die seit 1987 erworben worden sind, unterliegen dem MACRS. Sowohl das ACRS als auch das MACRS enthalten mehr Tabellen für die degressive Abschreibung als die vorher gültigen Steuergesetze. Im folgenden werden einige wichtige Punkte der gegenwärtigen Version des MACRS beschrieben.

Abschreibungsbetrag

Im allgemeinen entspricht der zulässige Abschreibungsbetrag den Anschaffungskosten des Wirtschaftsgutes. Im MACRS wird ein Resterlös von null angenommen. Der Ausdruck "cost recovery" steht für den Betrag, der jedes Jahr als Abschreibung geltend gemacht werden kann.

Bei der Veräußerung des Anlagegutes wird die Differenz zwischen dem Resterlös und dem Buchwert des Anlagegutes mit dem gleichen Prozentsatz besteuert wie normale Gewinne oder Verluste (derzeit 35 %). Ist der Resterlös höher als die Anschaffungskosten, so wird auf die Differenz ein spezieller Gewinnsteuersatz (28 %) angewendet.

Abschreibungszeitraum

MACRS spezifiziert die zulässigen Abschreibungszeiträume (*recovery periods*) für unterschiedliche Anlagegüter in einer Tabelle. Acht verschiedene Abschreibungszeiträume sind möglich: 3, 5, 7, 10, 15, 20, 27,5 und 31,5 Jahre. Tafel 23.10 enthält Beispiele für Anlagegüter in den Gruppen mit 3, 5, 7 und 10 Jahren. Diese Abschreibungszeiträume entsprechen nicht notwendig der voraussichtlichen betrieblichen Nutzungsdauer der Anlagegüter in jeder Kategorie.

Abschreibungsmethode (bei gegebenem Abschreibungszeitraum)

Die Abschreibungsmethode hängt vom Abschreibungszeitraum ab. Mit den acht unterschiedlichen Abschreibungszeiträumen sind die folgenden Methoden verbunden

Abschreibungszeitraum	Abschreibungsmethode
1;5;7;10 Jahre	degressive Doppelraten-Abschreibung (geometrisch degressive Abschreibung, Abschreibungsrate = 2:Abschreibungszeitraum) oder lineare Abschreibung
15; 20 Jahre	Geometrisch degressive Abschreibung, Abschreibungsrate = 1,5 : Abschreibungszeitraum oder lineare Abschreibung
27,5; 31,5 Jahre	Lineare Abschreibung

Die Abschreibungsraten für die Abschreibungszeiträume 3, 5, 7 und 10 Jahre sind in Tafel 23.10 zu finden. Die Raten beruhen auf der degressiven Doppelraten-Abschreibungsmethode, wobei man zur linearen Abschreibung übergeht, sobald die lineare Abschreibung zu höheren Abschreibungsbeträgen führt. Tafel 23.10 zeigt die Abschreibungsraten als Prozentsatz vom Anschaffungswert für den Fall, daß die *Halbjahres-Konvention* angewandt wird und daß der Resterlös null ist. Bei der Halbjahres-Konvention wird die Abschreibung für das erste Jahr unter der Annahme berechnet, daß das Anlagegut in der Mitte des Steuerjahres in Betrieb genommen worden ist, unabhängig davon, ob das Anlagegut tatsächlich am Anfang, in der Mitte oder am Ende des Jahres in Betrieb genommen wurde.

Um zu sehen, wie die Zahlen in Tafel 23.10 berechnet worden sind, nehmen wir ein Anlagegut mit einer dreijährigen Nutzungsdauer und Anschaffungskosten von 100 $. Die folgende Tabelle beschreibt die degressive Doppelraten-Abschreibung nach dem MACRS mit einer Abschreibungsrate von 66,66 % (zweimal der lineare Abschreibungssatz von 33,33 %) bei Gültigkeit der Halbjahres-Konvention.

Jahr	Buchwert am Anfang des Jahres (1)	Abschreibung (2)	Buchwert am Ende des Jahres (3) = (1) - (2)
1	100,00 $	0,5(66,66 % × 100 $) = 33,33 $	66,67 $
2	66,67 $	66,66 % × 66,67 $ = 44,45 $	22,22 $
3	22,22 $	66,66 % × 22,22 $ = 14,81 $	7,41 $
4	7,41 $		7,41 $	0

Unter der Halbjahres-Konvention kann nur die Hälfte der ersten Abschreibung von 66,66 $ im ersten Jahr geltend gemacht werden (66,66 % × 100 $). Durch die Halbjahres-Konvention werden die Abschreibungen für ein Anlagegut mit dreijähriger Nutzungsdauer tatsächlich über vier Jahre verteilt. Die Zahlen in Spalte (2) der Tabelle entsprechen den Abschreibungsraten (ausgedrückt in Prozent der Anschaffungskosten) in Tafel 23.10.

Das MACRS bietet den Unternehmen bei Anlagegütern mit Abschreibungszeiträumen von 3, 5, 7, 10, 15 oder 20 Jahren die Option, anstelle der geometrisch-degressiven Abschreibung die lineare Abschreibung anzuwenden. Diese Option ist attraktiv
für Unternehmen, die in den Anfangsjahren der Nutzungsdauer mit steuerlich relevanten Verlusten rechnen.[120] Der Vorteil der linearen Abschreibung besteht darin, daß sie
einen größeren Teil der Abschreibungen auf Jahre verschiebt, in denen das Unternehmen mit einem zu versteuernden Gewinn rechnet.

Tafel 23.10
Modified Accelerated Cost Recovery System: Abschreibungsraten für Sachanlagever-
mögen (Doppelraten-Abschreibung, Halbjahres-Konvention)

	Anlagegütergruppen nach Abschreibungszeitraum			
Jahr	3 Jahre Traktoren, Spezial- werkzeuge	5 Jahre Autos, Lastwagen, Computer	7 Jahre die meisten Maschinen, Büroeinrichtungen, Inventar und Ausrüstungen	10 Jahre Schiffe, Ausrüstungen für Öl- und Lebensmittel- verarbeitung
1	33,33 %	20,00 %	14,29 %	10,00 %
2	44,45 %	32,00 $	24,49 %	18,00 %
3	14,81 %	19,20 %	17,49 %	14,40 %
4	7,41 %	11,52 %	12,49 %	11,52 %
5	–	11,52 %	8,93 %	9,22 %
6	–	5,76 %	8,92 %	7,37 %
7	–	–	8,93 %	6,55 %
8	–	–	4,46 %	6,55 %
9	–	–	–	6,56 %
10	–	–	–	6,55 %
11	–	–	–	3,28 %
	100,00 %	100,00 %	100,00 %	100,00 %

---

[120] Die Vorschriften des US-amerikanischen Steuerrechts über den Verlustvortrag
beschränken die Anzahl der Jahre, in denen die Verluste in einem gegebenen Jahr steu-
ermindernd geltend gemacht werden können. Der Steuervorteil aus Abschreibungen
kann verloren gehen, wenn ein Unternehmen während des Abschreibungszeitraums
nicht genügend Gewinn macht.

Inputabweichungen und Produktivität

Der Vergleich von Istzahlen und Planzahlen kann den Managern helfen, Arbeitsvorgänge zu bewerten und sich auf diejenigen Bereiche zu konzentrieren, die mehr Aufmerksamkeit verdienen. In den Kapiteln 7 und 8 haben wir verschiedene Anwendungsmöglichkeiten für Abweichungen bei Fertigungsmaterial, Fertigungslöhnen, Herstellgemeinkosten, Marketingeinzelkosten und Marketinggemeinkosten kennengelernt. Während wir dort von einem einzigen Input in jeder Kostenkategorie ausgegangen sind (zum Beispiel nur ein Fertigungsmaterial), werden in diesem Kapitel in jeder Kostenkategorie mehrere Inputs betrachtet (zum Beispiel viele Arten von Fertigungsmaterial). In diesem Kapitel entwickeln wir auch noch ein anderes Thema, nämlich die Produktivitätsmessung. Da jedes dieser Themen unabhängig vom anderen betrachtet werden kann, besteht das Kapital aus zwei Teilen.

Teil Eins: Inputabweichungen. Zu Illustrationszwecken stellen wir für jeden der beiden Inputs Fertigungsmaterial und Fertigungsarbeit Ertrags- und Mixabweichungen dar. Diese Abweichungen können leicht auch auf andere Inputs, wie etwa Energie, angewandt werden.

Teil Zwei: Produktivitätsmessung. Wir illustrieren Maße für die partielle und die totale Faktorproduktivität anhand der beiden Inputs Fertigungsmaterial und Fertigungsarbeit. Wir untersuchen auch die Rolle der Produktivität bei der Erklärung von Veränderungen der Istkosten von einer Zeitperiode zur nächsten.

◆ TEIL I: INPUTABWEICHUNGEN

Hier konzentrieren wir uns auf die Abweichungsanalyse für Inputs von Produktionsunternehmen. Herstellungsprozesse erfordern oft die Kombination einer Reihe von unterschiedlichen Fertigungsmaterialien und unterschiedlichen Arbeitsarten. Manche Materialien und Arbeitsarten müssen in einem exakten Verhältnis kombiniert werden. So legt zum Beispiel der Manager eines Toshiba-Werks, das Laptops zusammenbaut, den Chip-Typ für jeden Computer vorher fest. Ersetzt man einen Pentium-Chip durch einen 486-Chip, so verändert sich das Endprodukt. Wir sprechen hier von *nichtsubstituierbaren* Materialien. Bei anderen Materialien hat der Hersteller einen gewissen Entscheidungsspielraum bei der Kombination. So kann zum Beispiel Cargill Fertilizers bei der Herstellung von Düngemitteln Materialien wie natürlichen Phosphor und Säuren in einem wechselnden Mengenverhältnis einsetzen. Phosphor und Säuren sind *substituierbare* Materialien.

Der Ausdruck *Mix* oder *Inputmix* bezeichnet den relativen Anteil der verschiedenen (substituierbaren) Inputs innerhalb einer Inputkategorie. *Ertrag* oder *Inputertrag* bedeutet die Menge an fertigen Outputeinheiten, die aus einem Plan- oder Standardmix von Inputs innerhalb einer Inputkategorie hergestellt worden sind. Ertrag- und Mixabweichungen sind nützliche Konzepte, wenn es darum geht, die Material- und Arbeitsinputs zu untersuchen. In Kapitel 7 haben wir gelernt, daß eine *Abweichung* die Differenz zwischen einem Istergebnis und einem Planbetrag ist, wobei der Planbetrag eine finanzielle Variable ist und im Buchführungssystem dokumentiert wird. Die in diesem Kapitel diskutierten Planzahlen sind

- intern erstellt Istkosten aus der letzten Rechnungsperiode, die manchmal noch um eine erwartete Verbesserung korrigiert sind;
- intern erstellte *Standardkosten*, die auf Optimalstandards oder *gegenwärtig erreichbaren Standards* beruhen;
- extern erstellte Sollkosten, die auf einer Analyse der Kostenstruktur der führenden Konkurrenten in einer Branche beruhen.

24.1 ERTRAGS- UND MIXABWEICHUNGEN BEIM FERTIGUNGSMATERIAL

Als wir in Kapitel 7 Material- und Arbeitskostenabweichungen untersucht haben, haben wir gesehen, daß Manager manchmal Preis- und Verbrauchsabweichungen miteinander kompensieren. So kann zum Beispiel eine Orangensaftabfüllfirma Orangen benutzen, deren Saftgehalt niedriger ist als geplant, wenn ihr Preis deutlich unter dem Preis von Orangen liegt, deren Saftgehalt dem Soll entspricht. Die Ertrags- und Mixabweichungen in diesem Abschnitt ermöglichen darüberhinaus weitere Einsichten über die Auswirkungen von Ertrag und Mix auf das Betriebsergebnis. Ertrags- und Mixabweichungen sind Unterkategorien der Verbrauchsabweichung aus Kapitel 7. Wir beginnen deshalb mit einem Rückblick auf Preis- und Verbrauchsabweichungen.

Materialpreis- und -verbrauchsabweichungen

Betrachten wir ein Beispiel für mehrere Materialinputs und einen einzigen Output. Die Delpino Corporation stellt Tomatenketchup her. Um die gewünschte Konsistenz und Farbe und den gewünschten Geschmack zu erhalten, mischt Delpino drei Sorten von Tomaten, die in verschiedene Regionen wachsen: lateinamerikanische Tomaten (Latoms), kalifornische Tomaten (Caltoms) und Tomaten aus Florida (Flotoms). Der Produktionsstandard erfordert 1,6 Tonnen Tomaten für eine Tonne Ketchup, wobei 50 % der Tomaten Latoms, 30 % Caltoms und 20 % Flotoms sein sollen. Die Inputvorgaben für die Herstellung von einer Tonne Ketchup sind also

0,80 (50 % von 1,6) t Latoms zu 70 $/t	56,00 $
0,48 (30 % von 1,6) t Caltoms zu 80 $/t	38,40 $
0,32 (20 % von 1,6) t Flotoms zu 90 $/t	28,80 $
Summe der Standardkosten für 1,6 t Tomaten	123,20 $

Die Plankosten pro Tonne Tomaten betragen also 123,20 $: 1,6 t = 77 $/t.

Da Delpino das Ketchup aus frischen Tomaten herstellt werden keine Lagerbestände gehalten. Der Einkauf erfolgt nach Bedarf, so daß alle Preisabweichungen sich auf gekauft und verwendete Tomaten beziehen. Die Istzahlen für Juni 19_7 zeigen, daß insgesamt 6.500 t Tomaten verwendet wurden, um 4.000 t Ketchup herzustellen.

3.250 t Latoms zu Istkosten von 70 $/t	227.500 $	
2.275 t Caltoms zu Istkosten von 82 $/t	186.550 $	
975 t Flotoms zu Istkosten von 96 $/t	93.600 $	
6.500 t Tomaten	507.650 $	
Standardkosten für 4.000 t Ketchup, 123,20 $/t	492.800 $	
zu erklärende Gesamtabweichung	14.850 $	N

Bei einem gegebenem Standardverhältnis von 1,6 t Tomaten zu 1 t Ketchup sollten 6.400 t Tomaten verwendet werden, um 4.000 t Ketchup herzustellen. Beim Standardmix braucht man folgende Mengen der verschiedenen Tomatenarten:

Latoms: 0,50 × 6.400 t = 3.200 t

Caltoms: 0,30 × 6.400 t = 1.920 t

Flotoms: 0,20 × 6.400 t = 1.280 t

Tafel 24.1 zeigt den schon bekannten Ansatz für die Analyse der in Kapitel 7 diskutierten Soll-Ist-Abweichungen beim Fertigungsmaterial. Preis- und Verbrauchsabweichungen werden für jeden Input separat berechnet und dann aufaddiert. Die Abweichungsanalyse führt dazu, daß Delpino die negativen Preis- und Verbrauchsabweichungen genauer untersucht: Warum hat die Firma für die Tomaten mehr bezahlt und größere Mengen verbraucht, als dem Soll entspricht? Waren die Marktpreise für Tomaten allgemein höher oder hätte die Einkaufsabteilung niedrigere Preise aushandeln können? Kamen die Ineffizienzen durch minderwertige Tomaten oder durch Probleme bei der Verarbeitung zustande?

Die Analyse in Tafel 24.1 kann genügen, wenn die drei verwendeten Fertigungsmaterialien nicht substituierbar sind. Die Manager kontrollieren jeden einzelnen Input und haben keinen Spielraum hinsichtlich der Zusammensetzung. Bei der Montage von Autos, Radios und Waschmaschinen zum Beispiel ist eine ganz spezielle Kombination von Teilen erforderlich. Ein Auto braucht einen Motor und ein Getriebe – eines kann nicht durch das andere substituiert werden. In diesen Fällen sind alle Abweichungen von der Input-Output-Beziehung auf die ineffiziente Verwendung einzelner Fertigungsmaterialien zurückzuführen. Die für jeden Materialtyp einzeln berechneten Preis- und Verbrauchsabweichungen liefern also in der Regel die für weitere Entscheidungen notwendige Information.

Tafel 24.1

Materialpreis- und -verbrauchsabweichungen, Delpino Corporation, Juni 19_7

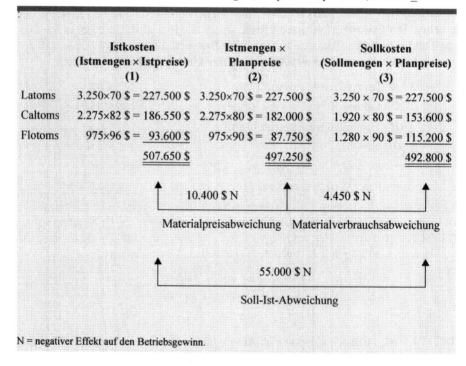

	Istkosten (Istmengen × Istpreise) (1)	Istmengen × Planpreise (2)	Sollkosten (Sollmengen × Planpreise) (3)
Latoms	3.250×70 $ = 227.500 $	3.250×70 $ = 227.500 $	3.250 × 70 $ = 227.500 $
Caltoms	2.275×82 $ = 186.550 $	2.275×80 $ = 182.000 $	1.920 × 80 $ = 153.600 $
Flotoms	975×96 $ = 93.600 $	975×90 $ = 87.750 $	1.280 × 90 $ = 115.200 $
	507.650 $	497.250 $	492.800 $

10.400 $ N · Materialpreisabweichung   4.450 $ N · Materialverbrauchsabweichung

55.000 $ N · Soll-Ist-Abweichung

N = negativer Effekt auf den Betriebsgewinn.

Die Rolle von Materialertrags- und Materialmixabweichungen

Manchmal haben Manager den Entscheidungsspielraum, ein Material gegen ein anderes zu substituieren. So kann zum Beispiel der Manager der Delpino-Ketchupfabrik das Mengenverhältnis von Latoms, Caltoms und Flotoms in gewissen Grenzen variieren, ohne die Qualität zu beeinträchtigen. Wir nehmen an, daß der Anteil jeder Tomatenart nur um fünf Prozent vom Sollanteil abweichen kann, wenn die Qualität aufrechterhalten werden soll. So kann zum Beispiel der Anteil der Caltoms an der Tomatenmischung zwischen 25 und 35 % schwanken (30 % ± 5 %). Wenn die Inputs substituierbar sind, kann eine Verbesserung der Materialeffizienz im Verhältnis zu den Plankosten aus zwei Quellen stammen: (1) die Verwendung von weniger Input für die Fertigung eines gegebenen Outputs und (2) die Verwendung eines preisgünstigeren Inputmix zur Fertigung eines gegebenen Outputs. Mit der Materialertrags- und der Materialmixabweichung spaltet man die Verbrauchsabweichung in zwei Bestandteile auf: Bei der Ertragsabweichung geht es um die Gesamtmenge der verwendeten Inputs, bei der Mixabweichung darum, wie die Inputs miteinander kombiniert werden.

Unter der Voraussetzung, daß der geplante Inputmix unverändert bleibt, ist die gesamte **Materialertragsabweichung** (*direct materials yield variance*) die Differenz zwischen (1) den Plankosten der Fertigungsmaterialien beruhend auf den gesamten Istmengen aller verwendeten Materialinputs und (2) den Sollkosten der Fertigungsmaterialien auf der Grundlage der Sollinputmengen beim tatsächlich produzierten Output. Unter der Voraussetzung, daß die Gesamtmenge aller verwendeten Materialinputs unverändert bleibt, ist die gesamte **Materialmixabweichung** (*direct materials mix variance*) die Differenz zwischen (1) den Plankosten für den tatsächlichen Materialmix und (2) den Plankosten für den geplanten Materialmix. Die Analyse der Ertrags- und Mixabweichungen ähnelt konzeptionell der Analyse der Absatzmengen- und Absatzmixabweichungen aus Kapitel 16.

Tafel 24.2 zeigt die Gesamtmaterialertrags- und Gesamtmaterialmixabweichungen für die Delpino Corporation. Wir beginnen mit Spalte 3 und arbeiten uns zur Spalte 1 zurück.

Gesamtmaterialertragsabweichung: Man vergleiche die Spalten 3 und 2 der Tafel 24.2. Spalte 3 berechnet die Sollkosten beruhend auf den Plankosten der geplanten Gesamtmenge aller verwendeten Inputs (6.400 t Tomaten) beim tatsächlich produzierten Output (4.000 t Ketchup) multipliziert mit dem geplanten Inputmix (50 % Latoms, 30 % Caltoms und 20 % Flotoms). In Spalte 2 werden die Kosten berechnet als Produkt aus dem geplanten Inputmix und den Planpreisen. Der *einzige* Unterschied zwischen den beiden Spalten besteht darin, daß Spalte 3 auf der *geplanten Gesamtmenge aller verwendeten Inputs* (6.400 t) beruht und Spalte 2 auf der *tatsächlichen Gesamtmenge aller verwendeten Inputs* (6.500 t). Also ist die Differenz zwischen den Kosten in den beiden Spalten die Gesamtmaterialertragsabweichung, die ausschließlich auf Unterschiede zwischen den Ist- und Planmengen der verwendeten Inputs zurückzuführen ist. Die Gesamtmaterialertragsabweichung ist die Summe der Materialertragsabweichungen für jeden einzelnen Input.

Kurz gefaßt kann man die einzelnen Materialertragsabweichungen (MEA) folgendermaßen berechnen:

MEA = (Gesamte Istmenge - gesamte Sollmenge) × Plananteil des Inputs × Planpreis des Inputs

Daraus ergibt sich:

Latoms	(6.500 - 6.400) × 0,50 × 70 $ = 100 × 0,50 × 70 $ =	3.500 $ N
Caltoms	(6.500 - 6.400) × 0,30 × 80 $ = 100 × 0,30 × 80 $ =	2.400 $ N
Flotoms	(6.500 - 6.400) × 0,20 × 90 $ - 100 × 0,20 × 90 $ =	1.800 $ N
Gesamtmaterialertragsabweichung		7.700 $ N

Tafel 24.2

Gesamtmaterialertragsabweichung und Gesamtmaterialmixabweichung, Delpino Corporation, Juni 19_7

	Istkosten (Istmenge aller verwendeten Inputs × tatsächlicher Inputmix × Planpreise) (1)	Istmenge aller verwendeten Inputs × geplanter Inputmix × Planpreise (2)	Sollkosten (Sollmenge aller verwendeten Inputs × geplanter Inputmix × Planpreise) (3)
Latoms	6.500 × 0,50 × 70 $ = 227.500 $	6.500 × 0,50 × 70 $ = 227.500 $	6.400 × 0,50 × 70 $ = 224.000 $
Caltoms	6.500 × 0,35 × 80 $ = 182.000 $	6.500 × 0,30 × 80 $ = 156.000 $	6.400 × 0,30 × 80 $ = 153.600 $
Flotoms	6.500 × 0,15 × 90 $ = 87.750 $	6.500 × 0,20 × 90 $ = 117.000 $	6.400 × 0,20 × 90 $ = 115.200 $
	497.250 $	500.500 $	492.800 $

3.250 $ P   7.700 $ N

Materialmixabweichung   Materialertragsabweichung

55.000 $ N

Materialverbrauchsabweichung

P = positiver Effekt auf den Betriebsgewinn; N = negativer Effekt auf den Betriebsgewinn.

Die Gesamtmaterialertragsabweichung ist negativ, weil Delpino 6.500 t Tomaten verbraucht hat statt der 6.400 t, die zur Produktion von 4.000 t Ketchup hätten ausreichen sollen. Hält man den geplanten Tomatenmix und die geplanten Tomatenpreise konstant, so betragen die Sollkosten pro Tonne Tomaten 77 $ (Seite 811). Die negative Ertragsabweichung entspricht den Sollkosten der zusätzlich verwendeten 100 Tonnen Tomaten, (6.500 - 6.400) × 77 $ = 7.700 $ N.

Gesamtmaterialmixabweichung: Man vergleiche die Spalten 2 und 1 in Tafel 24.2. In beiden Spalten sind die Kosten das Produkt aus der tatsächlichen Gesamtmenge aller verwendeten Inputs (6.500 Tonnen) und den geplanten Inputpreisen (Latoms 70 $; Caltoms 80 $; Flotoms 90 %). Der *einzige* Unterschied besteht darin, daß Spalte 2 den *geplanten Inputmix* (Latoms 50 %, Caltoms 30 % und Flotoms 20 %) verwendet, während Spalte 1 auf dem *tatsächlichen Inputmix* (Latoms 50 %, Caltoms 35 %, Flotoms 15 %) beruht. Der Kostenunterschied zwischen den beiden Spalten ist die Gesamtmaterialmixabweichung, die ausschließlich auf Unterschieden in der Zusammensetzung der Inputs beruht. Die Gesamtmaterialmixabweichung ist die Summe der Materialmixabweichungen (MMA) für jeden einzelnen Input.

MMA = (Istanteil - Plananteil) × gesamte Istmenge × Planpreis des Inputs

Daraus ergibt sich:

Latoms	$(0,50 \times 0,50) \times 6.500 \times 70\ \$ = 0 \times 6.500 \times 70\ \$$ =	0 $
Caltoms	$(0,35 - 0,30) \times 6.500 \times 80\ \$ = 0,05 \times 6.500 \times 80\ \$$ =	26.000 $ N
Flotoms	$(0,15 - 0,20) \times 6.500 \times 90\ \$ = (-0,05) \times 6.500 \times 90\ \$$ =	29.250 $ P
Gesamtmaterialmixabweichung		3.250 $ P

Die positive Gesamtmaterialmixabweichung (3.250 $ P) tritt auf, weil die durchschnittlichen Plankosten pro Tonne Tomaten beim tatsächlichen Mix [497.250 $ (Tafel 24.2, Spalte 1): 6.500 = 76,50 $] niedriger sind als die durchschnittlichen Plankosten pro Tonne beim geplanten Mix [500.500 $ (Tafel 24.2, Spalte 2): 6.500 = 77 $]. Die positive Inputmixabweichung entspricht der Differenz zwischen den Kosten für den geplanten Mix und den tatsächlichen Mix bei 6.500 Tonnen Tomaten, (76,50 $ - 77 $) × 6.500 = 3.250 $ P. Die Gesamtmaterialmixabweichung hilft den Managern zu verstehen, wie sich die Summe der Plankosten verändert, wenn der tatsächliche Materialmix vom geplanten abweicht. Die Mixabweichung eines einzelnen Inputs ist positiv (negativ), wenn Delpino im Vergleich zum Plananteil einen geringeren (größeren) Prozentsatz dieses Inputs verwendet. Die individuellen Inputmixabweichungen helfen, die Gründe zu identifizieren, warum die Gesamtmaterialmixabweichung positiv ist: Die Kosten haben sich verringert, weil anstelle der teureren Flotoms mehr Caltoms als geplant verwendet worden sind, während der Plananteil der Latoms erfüllt worden ist.

Wie ist die Analyse in Tafel 24.2 zu interpretieren? Die Gesamtmaterialertragsabweichung beträgt 7.700 N und die Gesamtmaterialmixabweichung 3.250 P. Man hat Zutaten gegeneinander substituiert (wahrscheinlich wegen der hohen Kosten der Flotoms oder wegen Lieferengpässen) und damit die Plankosten des verwendeten Inputmix verringert, allerdings auf Kosten des Ertrags. Der Nutzen der preisgünstigeren Mischung wurde also durch den niedrigeren Ertrag mehr als aufgewogen. Diese Analyse zeigt den Managern von Delpino, daß sich die Verwendung des preisgünstigeren Inputmix in der Zukunft nur lohnen wird, wenn es ihnen gelingt, den Ertrag zu verbessern. An dieser Stelle ist es notwendig, die Gründe für den schlechten Ertrag zu verstehen. Hat man die gelieferten Tomaten nicht ausreichend untersucht? Gab es Nachlässigkeiten bei der Qualitätskontrolle während der Verarbeitung? Oder liegt es einfach daran, daß ein preisgünstigerer Mix verwendet worden ist? Die Identifikation der Probleme ermöglicht es den Managern, sie zu überwinden und die Leistung zu verbessern.

Die in den Tafeln 24.1 und 24.2 berechneten Materialkostenabweichungen können folgendermaßen zusammengefaßt werden:

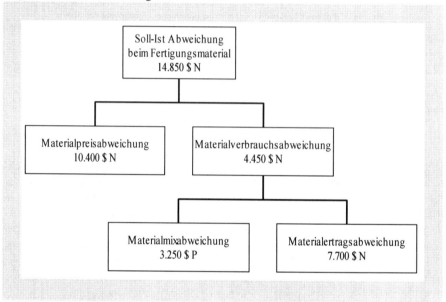

24.2 ARBEITSERTRAGS- UND ARBEITSMIXABWEICHUNGEN

Abweichungen bei der Fertigungsarbeit werden ganz ähnlich berechnet wie Abweichungen beim Fertigungsmaterial. Wir benutzen wieder das Beispiel der Delpino Corporation, um die Lohn-, Leistungs-, Ertrags- und Mixabweichungen bei der Fertigungsarbeit zu illustrieren. Delpino hat drei Gruppen von Fertigungsarbeit: Gruppe 1, Gruppe 2 und Gruppe 3. Es folgen die Plankosten für Juni 19_7:

3.000 Arbeitsstunden Gruppe 3 zu 24 $ pro Stunde	72.000 $
2.100 Arbeitsstunden Gruppe 2 zu 16 $ pro Stunde	33.600 $
900 Arbeitsstunden Gruppe 1 zu 12 $ pro Stunde	10.800 $
6.000 Arbeitsstunden insgesamt	116.400 $

Die Istzahlen für Juni 19_7 zeigen, daß die Arbeit in 5.900 Stunden erledigt worden ist:

3.245 Arbeitsstunden Gruppe 3 zu 23 $ pro Stunde	74.635 $
1.770 Arbeitsstunden Gruppe 2 zu 18 $ pro Stunde	31.860 $
885 Arbeitsstunden Gruppe 1 zu 13 $ pro Stunde	11.505 $
5.900 Arbeitsstunden insgesamt	118.000 $
Sollkosten	116.400 $
Zu erklärende gesamte Arbeitskostenabweichung	1.600 $ N

Tafel 24.3
Lohn- und Leistungsabweichungen bei der Fertigungsarbeit, Delpino Corporation,
Juni 19_7

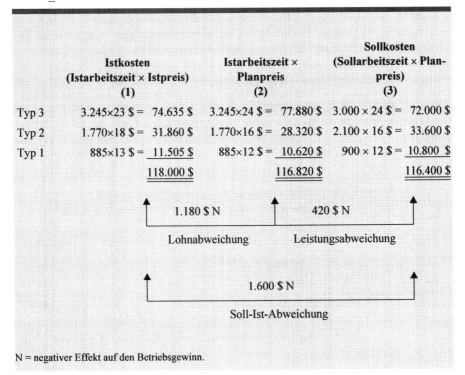

	Istkosten (Istarbeitszeit × Istpreis) (1)	Istarbeitszeit × Planpreis (2)	Sollkosten (Sollarbeitszeit × Planpreis) (3)
Typ 3	3.245×23 $ = 74.635 $	3.245×24 $ = 77.880 $	3.000 × 24 $ = 72.000 $
Typ 2	1.770×18 $ = 31.860 $	1.770×16 $ = 28.320 $	2.100 × 16 $ = 33.600 $
Typ 1	885×13 $ = 11.505 $	885×12 $ = 10.620 $	900 × 12 $ = 10.800 $
	118.000 $	116.820 $	116.400 $

1.180 $ N   420 $ N

Lohnabweichung   Leistungsabweichung

1.600 $ N

Soll-Ist-Abweichung

N = negativer Effekt auf den Betriebsgewinn.

Tafel 24.3 zeigt die Lohn- und Leistungsabweichungen für jede Arbeitskräftekategorie und insgesamt. Die Gesamtlohnabweichung ist negativ (1.180 $ N) wegen der höheren Lohnsätze für die Gruppen 1 und 2. Hier würden die Manager fragen, warum die Lohnsätze höher waren als geplant: Gab es zum Beispiel eine allgemeine Knappheit an Arbeitskräften der Gruppe 2 oder lag es an firmenspezifischen Faktoren? Die gesamte Leistungsabweichung ist negativ (420 $ N), und zwar hauptsächlich wegen der höheren Stundenzahl der Arbeitskräfte der Gruppe 3. Die Plankosten für diese zusätzlichen Stunden wurden durch die geringere Stundenzahl der Gruppen 2 und 1 und die geringere Gesamtstundenzahl nur teilweise aufgewogen. Die Manager von Delopino würden nach den Gründen für die negative Leistungsabweichung forschen: Ist sie auf häufiges Fehlen am Arbeitsplatz, auf eine hohe Personalfluktuation, auf Verarbeitungsprobleme oder die Veränderung in der Zusammensetzung der Arbeitstypen zurückzuführen? Um das letztere Thema besser zu verstehen, kann man die negative gesamte Leistungsabweichung von 420 $ in eine Ertragsabweichung und eine Mixabweichung aufspalten, ganz ähnlich wie wir im letzten Abschnitt die Materialverbrauchsabweichung in ihre Komponenten zerlegt haben.

Unter der Voraussetzung, daß der geplante Inputmix unverändert bleibt, ist die **gesamte Arbeitsertragsabweichung** die Differenz zwischen (1) Plankosten der Fertigungsarbeit basierend auf der gesamten Istmenge aller Arbeitsinputs und (2) der Sollkosten der Fertigungsarbeit basierend auf der geplanten Gesamtarbeitsmenge beim tatsächlich produzierten Output. Bei gegebener tatsächlicher Gesamtmenge aller verwendeten Arbeitsinputs ist die **gesamte Arbeitsmixabweichung** die Differenz zwischen (1) den Plankosten für den tatsächlichen Arbeitsgruppenmix und (2) den Plankosten für den geplanten Arbeitsgruppenmix.

Tafel 24.4 enthält die Berechnungen für die *gesamte Arbeitsertragsabweichung* und die *gesamte Arbeitsmixabweichung* bei der Delpino Corporation in Spaltenformat. Diese Abweichungen können auch aus der Arbeitsertragsabweichungen (AEA) bzw. den Arbeitsmixabweichungen (AMA) für die einzelnen Arbeitsarten berechnet werden:

$$\text{AEA} = \text{(Gesamte Istarbeitszeit - gesamte Sollarbeitszeit)}$$
$$\times \text{ Plananteil der Arbeitsart} \times \text{Planpreis der Arbeitsart}$$

Gruppe 3	$(5.900 - 6.000) \times 0,50 \times 24\ \$ = (-100) \times 0,50 \times 24\ \$ =$	1.200 $ P
Gruppe 2	$(5.900 - 6.000) \times 0,35 \times 16\ \$ = (-100) \times 0,35 \times 16\ \$ =$	560 $ P
Gruppe 1	$(5.900 - 6.000) \times 0,15 \times 12\ \$ = (-100) \times 0,15 \times 12\ \$ =$	180 $ P
Gesamte Arbeitsertragsabweichung		1.940 $ P

$$\text{AMA} = \text{(Istanteil - Sollanteil)} \times \text{gesamte Arbeitszeit} \times \text{Planpreis der Arbeitsart}$$

Daraus ergibt sich

Gruppe 3	$(0,55 - 0,50) \times 5.900 \times 24\ \$ = 0,05 \times 5.900 \times 24\ \$ =$	7.080 $ N
Gruppe 2	$(0,30 - 0,35) \times 5.900 \times 16\ \$ = (-0,05) \times 5.900 \times 16\ \$ =$	4.720 $ P
Gruppe 1	$(0,15 - 0,15) \times 5.900 \times 12\ \$ = 0 \times 5.900 \times 12\ \$ =$	0 $
Gesamte Arbeitsmixabweichung		2.360 $ N

Tafel 24.4

Gesamte Arbeitsertragsabweichung und gesamte Arbeitsmixabweichung, Delpino Corporation, Juni 19_7

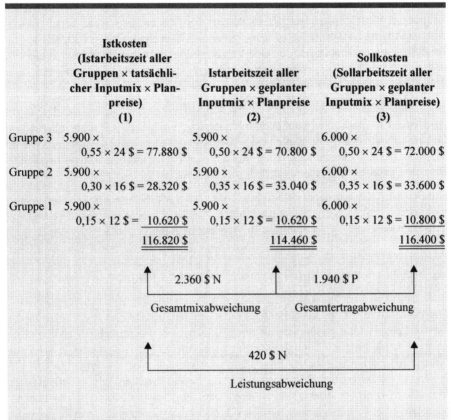

	Istkosten (Istarbeitszeit aller Gruppen × tatsächlicher Inputmix × Planpreise) (1)	Istarbeitszeit aller Gruppen × geplanter Inputmix × Planpreise (2)	Sollkosten (Sollarbeitszeit aller Gruppen × geplanter Inputmix × Planpreise) (3)
Gruppe 3	5.900 × 0,55 × 24 $ = 77.880 $	5.900 × 0,50 × 24 $ = 70.800 $	6.000 × 0,50 × 24 $ = 72.000 $
Gruppe 2	5.900 × 0,30 × 16 $ = 28.320 $	5.900 × 0,35 × 16 $ = 33.040 $	6.000 × 0,35 × 16 $ = 33.600 $
Gruppe 1	5.900 × 0,15 × 12 $ = 10.620 $	5.900 × 0,15 × 12 $ = 10.620 $	6.000 × 0,15 × 12 $ = 10.800 $
	116.820 $	114.460 $	116.400 $

2.360 $ N   1.940 $ P

Gesamtmixabweichung   Gesamtertragabweichung

420 $ N

Leistungsabweichung

P = positiver Effekt auf den Betriebsgewinn; N = negativer Effekt auf den Betriebsgewinn.

Die negative Arbeitsmixabweichung tritt auf, weil ein größerer Teil der Arbeit von den teureren Arbeitskräften der Gruppe 3 erledigt worden ist. Die Arbeitskräfte der Gruppe 3 haben 55 % der gesamten Fertigungsarbeitsstunden geleistet, sollten aber plangemäß nur 50 % leisten. Dafür waren die Arbeitskräfte der Gruppe 2 mit einem geringeren Prozentsatz beteiligt. Es kann sein, daß Delpino den Arbeitsgruppenmix trotz der höheren Kosten verändert hat, weil nicht genügend Arbeitskräfte der Gruppe 2 verfügbar waren, oder um eine höhere Effizienz zu erzielen. Als Ergebnis der Veränderung in der Gruppenzusammensetzung waren die durchschnittlichen Plankosten pro Fertigungsarbeitsstunde beim tatsächlichen Arbeitsgruppenmix [116.820 (Tafel 24.4, Spalte 1) : 5.900 = 19,80 $] höher als beim geplanten [114.460 $ (Tafel 24.4, Spalte 2) : 5.900 = 19,40 $]. Die Arbeitsmixabweichung hilft den Managern zu verstehen, wie sich die Plankosten verändern, wenn der tatsächliche Arbeitsmix vom geplanten abweicht. Die positive Arbeitsertragsabweichung zeigt an, daß die Arbeit schneller erledigt worden ist, nämlich in 5.900 Stunden verglichen mit den geplanten 6.000 Stunden. Dieses Ergebnis ist möglicherweise auf die zusätzliche Arbeitszeit der Gruppe 3 zurückzuführen. Der Trade-Off zwischen Mix und Ertrag hat jedoch die Kosten nicht reduziert, denn die gesamte Arbeitseffizienzabweichung ist negativ. Die Analyse zeigt den Managern, daß eine Verschiebung des Arbeitskräftemix zugunsten höher qualifizierter Gruppen nur dann lohnend sein wird, wenn die gesamte benötigte Arbeitszeit dadurch noch weiter reduziert werden kann.

Wir könnten die Berechnung der Ertrags- und Mixabweichungen und die daraus gewonnenen Einsichten leicht auf andere Inputs, wie zum Beispiel Energie, übertragen. Dadurch könnte das Unternehmen ein besseres Verständnis dafür gewinnen, wie eine Veränderung der Zusammensetzung von selbsterzeugter und gekaufter Energie das Betriebsergebnis beeinflussen würde.

Die Beispiele, die wir dargestellt haben, enthielten nur drei Arten von Fertigungsmaterial oder Fertigungsarbeit. Unternehmen mit vielen Fertigungsmaterialien und Arbeitsarten verwenden Computer für die Abweichungsanalyse.

◆ TEIL II: PRODUKTIVITÄTSMESSUNG

Die **Produktivität** mißt das Verhältnis zwischen den tatsächlich verwendeten Inputs (sowohl physische Inputmengen als auch Kosten) und den tatsächlich produzierten Outputs; je niedriger die Inputmengen für gegebene Outputmengen oder je höher die Outputmengen bei gegebenen Inputmengen, desto höher ist die Produktivität. Für Volkswirtschaften wie für Unternehmen ist die Produktivität ein sehr wichtiges Maß. Wirtschaftswissenschaftler argumentieren, daß Produktivitätszuwächse die Lebensstandardverbesserungen bestimmen. Das Bureau of Labor Statistics schätzt, daß unter den wichtigsten Industrienationen Japan in den letzten 30 Jahren die höchsten *Wachstumsraten* der Arbeitsproduktivität erzielt hat, während die Arbeitsproduktivität in den USA am langsamsten gewachsen ist. Trotzdem sind die US-amerikanischen Arbeitskräfte in bezug auf die Produktivität noch immer Weltspitze, wenn sich auch der Abstand zu den anderen Volkswirtschaften über die Jahre verringert hat. Spitzenmanager nennen immer wieder Produktivitätssteigerung und Kostenbeschränkung als die wichtigsten Themen, die ihre Aufmerksamkeit erfordern.

Produktivitätsmaße untersuchen zwei Aspekte der Beziehung zwischen Inputs und Outputs. Sie bewerten (1), ob mehr Inputs als nötig verwendet worden sind, um einen gegebenen Output zu produzieren, und (2), ob der beste Inputmix verwendet worden ist, um diesen Output herzustellen. Verbrauchsabweichungen, wie wir sie in den Kapiteln 7 und 8 diskutiert haben, sind – ebenso wie die Ertragsabweichungen (1) und Mixabweichungen (2) aus diesem Kapitel – ein Ansatz, um die Punkte (1) und (2) in den Griff zu bekommen. Es gibt jedoch wichtige Eigenschaften, durch welche sich die Produktivitätsmessung von der Abweichungsanalyse unterscheidet. Erstens verwenden Produktivitätsmaße im Unterschied zur Abweichungsanalyse keine Informationen über Plankosten oder Standardkosten. Vielmehr benutzt man sie, um die Beziehung zwischen den tatsächlichen Inputs und den tatsächlichen Outputs zwischen ähnlichen Organisationen oder über verschiedenen Zeitperioden hinweg zu vergleichen. Produktivitätsvergleiche über die Zeit geben eine gute Zusammenfassung der Bemühungen einer Organisation um kontinuierliche Leistungssteigerung.

Zweitens können Ertrags- und Mixabweichungen nur berechnet werden, wenn *innerhalb* einer gegebenen Inputkategorie substituiert wird – also innerhalb der Materialinputs (Latoms, Caltoms und Flotoms) oder innerhalb der Arbeitsarten (Gruppe 1, 2 und 3). Oft kann jedoch auch zwischen Fertigungsmaterial und Fertigungsarbeit substituiert werden. Bekleidungshersteller können zum Beispiel Knöpfe durch teurere Reißverschlüsse ersetzen und damit die Arbeitskosten für die Anfertigung von Knopflöchern sparen. Auch zwischen Arbeit und Kapital kann manchmal substituiert werden. Produktionsunternehmen müssen zum Beispiel entscheiden, in welchem Ausmaß sie in die Automatisierung investieren und dadurch im Gegenzug Arbeitskosten einsparen wollen. Produktivitätsmaße beziehen diese allgemeineren Substitutionen zwischen verschiedenen Inputarten mit ein.

Wir illustrieren die Produktivitätsmessung anhand von Daten der Firma Ramona, Inc., die Türgriffe aus Holz herstellt. Der Einfachheit halber konzentrieren wir uns auf nur zwei Inputs, Fertigungsmaterial und Fertigungsarbeit, die teilweise gegeneinander substituierbar sind. Durch das Herausschneiden der Griffe aus Holzbrettern entstehen Leisten und Ecken, die weiterverwendet werden könnten, allerdings unter Aufwendung von mehr Sorgfalt und Aufmerksamkeit, also mehr Fertigungsarbeitszeit. Alternativ kann man die Leisten und Ecken wegwerfen und damit zwar Arbeitszeit sparen aber den Verbrauch an Fertigungsmaterial erhöhen. Ramona liefert die folgende Information für die Jahre 19_7 und 19_8:

	19_7	19_8
Produzierte und verkaufte Holzgriffe	425.000	510.000
Aufgewendete Fertigungsarbeitsstunden	34.000	37.400
Stundenlöhne	14 $	15 $
Verbrauchtes Fertigungsmaterial (in square foot)	170.000	219.500
Materialkosten pro square foot	2,05 $	2,00 $
Arbeitskosten (Fertigungsarbeitsstunden × Stundenlohn)	476.000 $	561.000 $
Materialkosten (verbrauchtes Fertigungsmaterial × Materialkosten pro square foot)	348.500 $	439.000 $
Gesamte Inputkosten (Arbeitskosten + Materialkosten)	824.500 $	1.000.000 $

Viele Faktoren können die Veränderungen der Kosten von Ramona zwischen 19_7 und 19_8 erklären – eine Veränderung der Outputmenge, eine Veränderung der Inputpreise, oder eine Veränderung der Produktivität (das heißt eine Veränderung der Art und Weise, wie die Inputs in Output verwandelt werden. Unser Ziel ist es, den Einfluß einer Produktivitätsänderung auf die Kosten zu isolieren. Das Management kann diese Information verwenden, um Maßnahmen zur Produktivitätsverbesserung und Kostensenkung zu bewerten. Es gibt viele Möglichkeiten für solche Maßnahmen. Beispiele sind ein verbessertes Training der Arbeitskräfte oder der Aufbau besserer Beziehungen zu den Zulieferern. Um Produktivitätsveränderungen zu verstehen, betrachten wir im folgenden Maße für die partielle und für die totale Faktorproduktivität

INTERNATIONALER VERGLEICH DES PRODUKTIVITÄTSWACHSTUMS IM PRODUKTIONSSEKTOR

Umfragen, die mehrere Länder berücksichtigen, zeigen große Unterschiede im Produktivitätswachstum zwischen verschiedenen Ländern und verschiedenen Zeitperioden. Die folgende Tabelle zeigt die jährliche durchschnittliche Veränderung der Arbeitsproduktivität (Dollarwert des Outputs pro Arbeitsstunde):

	1979-1985	1985-1990	1990-1993	1979-1993
Deutschland	2,1	2,1	1,2	1,9
Frankreich	3,0	3,4	1,2	2,8
Großbritannien	4,1	3,8	4,5	4,1
Italien	5,0	2,6	4,6	4,1
Japan	4,6	5,4	1,8	4,3
Kanada	2,4	0,4	2,4	1,7
Niederlande	4,2	1,9	0,9	2,6
USA	2,0	2,7	2,5	2,4

Die Tabelle zeigt, daß Japan zwar von 1979 bis 1993 insgesamt das höchste Produktivitätswachstum aufwies, daß sich das Wachstum aber in den letzten Jahren verlangsamt hat. Auch in Deutschland und Frankreich ist in den 90er Jahren die Produktivität langsamer gestiegen, während sie in Kanada, Italien und Großbritannien deutlich aufgeholt hat. In den Vereinigten Staaten war das Produktivitätswachstum mit Raten zwischen 2 und 2,5 % in den verschiedenen Zeitperioden stabil.

Praxisbeispiel. Umfragen zur betriebl.

INTERNATIONALER VERGLEICH DES PRODUKTIVITÄTSWACHSTUMS ... (FORTSETZUNG)

Diese Unterschiede im Produktivitätswachstum werden oft durch Unterschiede im Investitionsvolumen, in Forschung und Entwicklung, bei den Innovationen und der Mitarbeiterschulung, sowie durch Veränderungen der Arbeitsstückkosten und der Wechselkurse erklärt. So hatten zum Beispiel die USA höhere Produktivitätswachstumsraten in der Zeit nach 1985, als der Dollarverfall US-amerikanische Produkte international wettbewerbsfähiger machte.

Es gibt große Unterschiede zwischen verschiedenen Ländern in bezug darauf, ob ein höherer Output oder eine geringere Zahl von Arbeitsstunden mehr zum Produktivitätsanstieg beitragen. So ist zum Beispiel in Japan das Produktivitätswachstum ausschließlich, in den USA, in Kanada und den Niederlanden überwiegend auf den gestiegenen Output zurückzuführen; in Italien kommen die Produktivitätszuwächse gleichermaßen durch einen gestiegenen Output und durch die Verringerung der Arbeitsstunden zustande; in Deutschland, Frankreich und Großbritannien hauptsächlich durch Einsparungen bei den Arbeitsstunden. In den 90er Jahren dagegen kam weltweit fast der gesamte Produktivitätsanstieg durch eine Reduzierung der Arbeitsstunden zustande, denn die Unternehmen haben einen Prozeß der Verschlankung und Effizienzsteigerung durchgemacht.

Quelle: Greiner, Kask und Sparks, "Comparative Manufacturing." Vollständige Quellenangabe in Anhang A.

24.3 PARTIELLE FAKTORPRODUKTIVITÄT

Die **partielle Faktorproduktivität** (*partial factor productivity*) vergleicht die produzierte Outputmenge mit der verwendeten Menge eines *einzigen* Inputs. Meistens wird die partielle Faktorproduktivität als Quotient ausgedrückt:

$$\text{Partielle Faktorproduktivität} = \frac{\text{Produzierte Outputmenge}}{\text{Eingesetzte Inputmenge}}$$

Je höher der Quotient, desto höher die Produktivität. Maße für die partielle Faktorproduktivität ignorieren sämtliche Inputpreise und alle Inputmengen außer einer.

Betrachten wir die Produktivität der Fertigungsarbeit bei Ramona im Jahr 19_7:

$$\text{Produktivität der Fertigungsarbeit} = \frac{\text{Produzierte Menge an Holzgriffen, 19\_7}}{\text{Eingesetzte Fertigungsarbeitsstunden, 19\_7}}$$

$$= \frac{425.000 \text{ Griffe}}{34.000 \text{ Arbeitsstunden}}$$

$$= 12,5 \text{ Griffe pro Fertigungsarbeitsstunde}$$

Man beachte, daß die Produktivität der Fertigungsarbeit tatsächlich ein *partielles* Produktivitätsmaß darstellt. Der zweite Input von Ramona, das Fertigungsmaterial, wird dabei nicht berücksichtigt.

Ganz ähnlich können wir die partielle Produktivität des Fertigungsmaterials bei Ramona für das Jahr 19_7 definineren:

$$\text{Produktivität des Fertigungsmaterials} = \frac{\text{Produzierte Menge an Holzgriffen, 19\_7}}{\text{Eingesetztes Fertigungsmaterial, 19\_7}}$$

$$= \frac{425.000 \text{ Griffe}}{170.000 \text{ square feet}}$$

$$= 12,5 \text{ Griffe pro square foot Holz}$$

Für sich betrachtet hat eine partielle Faktorproduktivität wenig Bedeutung. Bedeutung gewinnt sie nur, wenn Vergleiche über die Zeit oder zwischen verschiedenen Produktionsstätten oder mit einer Benchmarkzahl angestellt werden.

Die folgende Tafel zeigt Arbeitsproduktivität und Materialproduktivität bei Ramona in den Jahren 19_7 und 19_8:

Partielle Faktorproduktivität	19_7	19_8
Arbeitsproduktivität	$\frac{425.000}{34.000} = 12,50$	$\frac{510.000}{37.400} = 13,64$
Materialproduktivität	$\frac{425.000}{170.000} = 2,50$	$\frac{510.000}{219500} = 2,32$

Veränderungen der partiellen Faktorproduktivitäten und ihr Zusammenhang mit Verbrauchsabweichungen

Aus der obigen Tabelle partieller Faktorproduktivitäten ist zu ersehen, daß

• die Arbeitsproduktivität um 9,12 % [(13,64 - 12,5): 12,5] gestiegen ist;
• die Materialproduktivität um 7,20 %[(2,32 - 2,5): 2,5] abgenommen hat.

Die partielle Produktivität der Fertigungsarbeit ist gestiegen, das heißt, die Arbeitskräfte haben 19_8 mehr Türgriffe pro Stunde angefertigt als 19_7. Während die Anzahl der hergestellten Türgriffe (der Zähler) um 20 % [(510.000 - 425.000) : 425.000] zugenommen hat, ist die Anzahl der Fertigungsarbeitsstunden (der Nenner) nur um 10 % [(37.400 - 34.000) : 34.000] gestiegen.[121] Die partielle Produktivität des Fertigungsmaterials hat abgenommen, denn die Arbeitskräfte haben 19_8 pro Türgriff mehr Holz verbraucht als 19_7. Während die Anzahl der hergestellten Türgriffe (der Zähler) um 20 % zugenommen hat, stieg der Verbrauch an Fertigungsmaterial (der Nenner) um 28,12 % [(219.500 - 170.000) : 170.000].

Ein Hauptvorteil der partiellen Produktivitätsmaße besteht darin, daß sie sich auf einen einzigen Input konzentrieren; deshalb sind sie einfach zu berechnen und vom Betriebsablauf her leicht zu verstehen. Manager und Arbeitskräfte untersuchen diese Zahlen, um zu verstehen, warum die Produktivität sich von einer Periode zur nächsten verändert hat. So werden zum Beispiel die Manager bei Ramona analysieren, ob der Anstieg der Arbeitsproduktivität zwischen 19_7 und 19_8 auf ein besseres Training der Arbeitskräfte, eine geringere Zahl von Krankheitstagen, eine niedrigere Personalfluktuation, wirksamere Leistungsanreize, verbesserte Produktionsmethoden oder die Substitution von Arbeit gegen Material zurückzuführen ist. Es ist wichtig, die relevanten Faktoren zu isolieren, denn dadurch kann die Firma erfolgreiche Praktiken auch in der Zukunft anwenden und aufrechterhalten. Ramona kann Ziele setzen für die Zuwächse bei der Arbeitsproduktivität und kann diese geplanten Produktivitätsverbesserungen überwachen.

Die in Kapitel 7 und in diesem Kapitel berechneten Verbrauchsabweichungen vergleichen die Ist-Inputmengen mit den Soll-Inputmengen (beim tatsächlich produzierten Output) und stellen damit ebenfalls die Input-Output-Beziehungen in den Mittelpunkt. Wie unterscheidet sich die partielle Faktorproduktivität von der Verbrauchsabweichung? Tafel 24.5 zeigt, daß Ramona 19_8 eine negative Leistungsabweichung bei der Fertigungsarbeit aufweist (berechnet mit Hilfe eines Standardkostenrechnungsverfahrens), während die partielle Faktorproduktivität zwischen 19_7 und 19_8 *angestiegen* ist. Der Unterschied hat mit der verwendeten Vergleichszahl zu tun; im Fall der Produktivität ist das die tatsächliche Leistung des vergangenen Jahres, im Fall der Abweichungsanalyse ein Effizienzstandard. Die gestiegene partielle Faktorproduktivität zeigt, daß die tatsächliche Leistung der Arbeitskräfte 19_8 besser war als 19_7. Die negative Leistungsabweichung taucht auf, weil die Arbeitskräfte bei Ramona die Sollvorgaben für das Jahr 19_8 nicht erreicht haben. Wenn sie nur die Leistungsabweichungen im Blick hätte, könnten die Manager leicht die Tatsache übersehen, daß die Leistung sich verbessert hat. Die partielle Faktorproduktivität ist also eine Ergän-

---

[121]Diesen Berechnungen liegt die Annahme zugrunde, daß die Produktionstechnologie bei Ramona *konstante Skalenerträge* aufweist. Das heißt, bei gleicher Produktivität hätte die Anzahl der Fertigungsarbeitsstunden um die gleichen 20 % steigen müssen wie die Anzahl der produzierten Türgriffe.

zung zur Verbrauchs- oder Leistungsabweichung. Sie zeigt an, daß sich die tatsächliche Leistung verbessert hat und veranlaßt das Management, noch einmal darüber nachzudenken, ob die gesetzten Standards übertrieben anspruchsvoll waren.

Tafel 24.5

Vergleich der Arbeitsproduktivität und der Leistungsabweichungen bei Ramona, Inc., auf der Basis eines Standardkostenrechnungssystems

	19_7	19_8
(1) Standard-Fertigungsarbeitsstunden pro Outputeinheit (angenommene Zahlen)	0,084	0,072
(2) Produzierter Output	425.000	510.000
(3) Istarbeitszeit (in Stunden)	34.000	37.400
(4) Sollarbeitszeit (in Stunden) (4) = (1) × (2)	35.700	36.720
(5) Standardlohn (entspricht annahmegemäß dem Istlohn)	14 $	15 $
(6) Leistungsabweichung; (6) = [(3) - (4)] × (5)	(34.000 - 35.700) × 14 $ = 23.800 $ P	37.400 - 36.720) × 15 $ = 10.200 $ N
(7) Arbeitsproduktivität; (7) = (2) : (3)	12,5	13,64

Bei all ihren Vorzügen haben die partiellen Produktivitätsmaße doch auch einige ernsthafte Nachteile. Da sie immer nur einen Input in den Mittelpunkt stellen, kann man damit nicht Auswirkungen auf die Gesamtproduktivität analysieren. Bei Ramona ist zum Beispiel die Arbeitsproduktivität zwischen 19_7 und 19_8 gestiegen, während die Materialproduktivität abgenommen hat. Die Wirkung auf die Gesamtproduktivität bleibt jedoch unklar. Mit Hilfe von partiellen Produktivitätsmaßen kann man nicht auswerten, ob der Anstieg der Arbeitsproduktivität den Rückgang der Materialproduktivität ausgleicht. Die *totale Faktorproduktivität* (*TFP*) ist eine Technik zur Produktivitätsmessung, die alle Inputs gleichzeitig berücksichtigt.

24.4 TOTALE FAKTORPRODUKTIVITÄT

Die **totale Faktorproduktivität** (*total factor productivity*) ist der Quotient aus der produzierten outputmenge und den Kosten aller verwendeten Inputs, wobei die Inputs mit ihren gegenwärtigen Marktpreisen gewichtet werden.

$$\text{Totale Faktorproduktivität} = \frac{\text{Menge des produzierten Outputs}}{\text{Kosten aller verwendeten Inputs}}$$

Die totale Faktorproduktivität (TFP berücksichtigt alle Inputs gleichzeitig und auch die Trade-Offs zwischen den Inputs auf der Grundlage der gegenwärtigen Marktpreise. Oft denkt man, alle Produktivitätsmaße seien physische Maße, die keinen finanziellen Inhalt haben. Das ist jedoch nicht richtig. Die totale Faktorproduktivität ist auf komplizierte Weise an die Minimierung der Gesamtkosten geknüpft, also an ein finanzielles Ziel. Unser Ziel ist es, Veränderungen der TFP von einer Periode zur nächsten zu messen.

Die Berechnung der totalen Faktorproduktivität und ihrer Veränderungen

Zuerst berechnen wir die TFP von Ramona für 19_8. Dabei gehen wir von 510.000 Outputeinheiten und von den Preisen des Jahres 19_8 aus.

Kosten der 19_8 verwendeten Inputs zu Preisen von 19_8	=	(Arbeitsstunden 19_8 × Stundenlohn 19_8) + (Materialverbrauch 19_8 × Materialpreis 19_8)
	=	(37.400 × 15 $) + (219.500 × 2 $)
	=	561.000 $ + 439.000 $
	=	1.000.000
Totale Faktorproduktivität 19_8 zu Preisen von 19_8	=	$\dfrac{\text{Menge des 19\_8 produzierten Outputs}}{\text{Inputkosten 19\_8 zu Preisen von 19\_8}}$
	=	$\dfrac{510.000}{1.000.000 \text{ \$}}$
	=	0,51 Outputeinheiten pro Dollar Input

Für sich genommen ist die TFP von 19_8 in Höhe von 0,51 Türgriffen pro Dollar Input nicht besonders hilfreich. Wir brauchen etwas, womit wir diese Zahl vergleichen können. Eine Möglichkeit besteht darin, die TFPen anderer, ähnlicher Unternehmen für 19_8 miteinander zu vergleichen. Es ist jedoch oft schwierig, ähnliche Unternehmen zu finden und genaue, vergleichbare Daten zu erhalten. Deshalb vergleichen Unternehmen in der Regel die TFPen im Zeitverlauf. Im Beispiel der Firma Ramona ist die TFP von 19_7, berechnet auf der Basis des Outputs von 19_7 und der Preise von 19_8, die angemessene Vergleichszahl. Man verwendet hier die Preise von 19_8, weil man dadurch Inputpreisunterschiede ausschalten kann und die Analyse darauf beschränken kann, wie der Manager die Inputmengen und den Inputmix verändert hat, um den Preisveränderungen Rechnung zu tragen.

$$
\begin{array}{rl}
\text{Kosten der 19\_7 verwendeten} & \\
\text{Inputs zu Preisen von 19\_8} = & \text{(Arbeitsstunden 19\_7} \times \text{Stundenlohn 19\_8)} + \\
& \text{(Materialverbrauch 19\_7} \times \text{Materialpreis 19\_8)} \\[4pt]
= & (34.000 \times 15\ \$) + (170.000 \times 2\ \$) \\[4pt]
= & 510.000\ \$ + 340.000\ \$ \\[4pt]
= & 850.000
\end{array}
$$

$$
\begin{array}{rl}
\text{Totale Faktorproduktivität 19\_7} & \\
\text{zu Preisen von 19\_8} = & \dfrac{\text{Menge des 19\_7 produzierten Outputs}}{\text{Inputkosten 19\_7 zu Preisen von 19\_8}} \\[12pt]
= & \dfrac{425.000}{850.000\ \$} \\[12pt]
= & 0,50 \text{ Outputeinheiten pro Dollar Input}
\end{array}
$$

Gerechnet zu Preisen von 19_8 ist die totale Faktorproduktivität zwischen 19_7 und 19_8 um 2 % [(0,51 - 0,50) : 0,50] gestiegen. Der Rückgang der Materialproduktivität ist also durch die Produktivitätsgewinne bei der Fertigungsarbeit mehr als ausgeglichen worden.

Die totale Faktorproduktivität ist gestiegen, denn Ramona hat 19_8 im Vergleich zu 19_7 mehr Output pro Dollar Input produziert, wenn man für beide Jahre die Preise von 19_8 zugrunde legt. Während die Zahl der hergestellten Türgriffe (der Zähler) um 20 % [(510.000 - 425.000) : 425.000] gestiegen ist, haben die Kosten der Inputs zu Preisen von 19_8 (der Nenner) nur um 17,65 % [1.000.000 $ - 850.000 $) : 850.000 $] zugenommen.

Das Wachstum der TFP zwischen 19_7 und 19_8 speist sich aus zwei Quellen: (1) Erhöhungen bei den partiellen Faktorproduktivitäten einzelner Inputs und (2) Verwendung eines preisgünstigeren Inputmix in Reaktion auf die Inputpreise von 19_8. Die TFP mißt simultan den Nettoeffekt beider Quellen, kann aber die Auswirkungen der einzelnen Quellen nicht voneinander trennen. Man beachte, daß der Anstieg der TFP nicht auf Unterschiede in den Inputpreisen zurückgeht; wir haben den Inputmix in beiden Jahren mit den Preisen von 19_8 bewertet.[122]

Obwohl wir uns in diesem Beispiel auf das Fertigungsmaterial und die Fertigungsarbeit beschränkt haben, kann man Produktivitätsmaße auch auf die Overheadkosten anwenden. Um die Gemeinkostenproduktivität zu messen, muß man die Kostentreiber

---

[122]Wir verwenden die Preise von 19_8 und nicht die Preise von 19_7, denn wir wollen die Leistung der Manager im laufenden Jahr (19_8) bewerten indem wir untersuchen, wie die Manager auf Veränderungen der Inputpreise zwischen 19_7 und 19_8 reagiert haben.

und die Kostensätze für die Overheadaktivitäten bestimmen. Nehmen wir zum Beispiel an, daß die Produktion bei Ramona automatisiert ist, so daß die Firma keine Fertigungsarbeit hat. Die Arbeit besteht ausschließlich in der Überwachung der Maschinen und hat damit Gemeinkostencharakter. Der Kostentreiber der Hilfslöhne sind die Arbeitsstunden. Wir gehen davon aus, daß Arbeitsstunden und Stundenlöhne den obigen Zahlen für die Fertigungsarbeit entsprechen. Dann würde Ramona die partielle Produktivität der Gemeinkostenarbeit als Outputmenge pro Gemeinkostenarbeitsstunde berechnen (19_7: 425.000 : 34.000 = 12,50; 19_8: 510.000 : 37.000 = 13,64) Die totale Faktorproduktivität des Fertigungsmaterials und der Gemeinkostenarbeit würde ebenfalls genau wie vorher berechnet: 0,50 Outputeinheiten pro Dollar Input im Jahr 19_7 und 0,51 Outputeinheiten pro Dollar Input im Jahr 19_8.

Gebrauch der partiellen und der totalen Faktorproduktivität

Ein wichtiger Vorteil der TFP ist, daß sie die kombinierte Produktivität aller verwendeten Inputs mißt und deshalb Produktivitätsgewinne durch die Verwendung geringerer Inputmengen ebenso berücksichtigt wie solche durch die gegenseitige Substitution von Inputs. Manager analysieren diese Zahlen, um die Gründe für Veränderungen der TFP zu verstehen. So werden zum Beispiel die Manager von Ramona herauszufinden versuchen, ob der Anstieg der TFP zwischen 19_7 und 19_8 auf ein besseres Management der menschlichen Ressourcen, auf die Materialqualität, auf verbesserte Produktionsmethoden oder auf die Substitution von Material gegen Arbeit zurückzuführen ist. Ramona will die erfolgreichsten Praktiken anwenden und die TFP-Zahlen verwenden, um Ziele festzulegen und Trends zu verfolgen.

Viele Unternehmen, wie zum Beispiel der Faserhersteller Monsanto, der Stahlhersteller Behlen Manufacturing und der Chiphersteller Motorola, verwenden sowohl die partielle als auch die totale Faktorproduktivität, um Leistung zu bewerten. Diese beiden Maße sagen am meisten aus, wenn man sie beide zusammen verwendet. Sie ergänzen einander, denn die Stärken des einen sind jeweils die Schwächen des anderen.

So sind zum Beispiel die TFP-Maße umfassend, aber man kann sie nur schwer über mehrere Perioden hinweg verbinden. Betrachten wir das Beispiel der Firma Ramona. In unserer Analyse haben wir Preise von 19_8 verwendet, um Veränderungen der totalen Faktorproduktivität zwischen 19_7 und 19_8 zu ermitteln. Um Veränderung der TFP zwischen 19_8 und 19_9 zu untersuchen, würden wir Preise von 19_9 zugrundelegen. Da die totale Faktorproduktivität für jedes Jahr mit den Preisen desselben Jahres ermittelt wird, würden wir Veränderungen zwischen 19_7 und 19_9 ausschließlich aufgrund der Preise von 19_9 berechnen. Die Veränderung der TFP zwischen 19_7 und 19_9 wäre nicht gleich dem Produkt der Veränderungen der TFP (1) zwischen 19_7 und 19_8 und (2) zwischen 19_8 und 19_9. Das liegt daran, daß die Veränderung der TFP für 19_8 mit Preisen von 19_8 bestimmt wird, während diejenige für 19_9 mit Preisen für 19_9 bestimmt wird. Partielle Produktivitätsmaße setzen dagegen physische Outputmengen und physischen Inputmengen zueinander in Beziehung und können deshalb leicht über viele Perioden hinweg miteinander verglichen werden.

PRODUKTIVITÄTSSTEIGERUNG UND GEWINNBETEILIGUNG ALS SCHLÜSSEL ZUR WETTBEWERBSFÄHIGKEIT BEI WHIRLPOOL

Angesichts von intensivem Wettbewerb und schwindenden Gewinnmargen hat die Whirlpool Corporation, ein großer Hersteller von Haushaltsgeräten, Qualitäts- und Produktivitätsverbesserungen als Schlüssel zu einer besseren betrieblichen Leistung identifiziert. 1988 hat die Firma Whirlpool mit der Gewerkschaft in ihrer Fabrik in Benton Harbor, Michigan, einen Vertrag ausgehandelt, mit dem die Löhne eingefroren und die Bonuszahlungen an ein Gewinnbeteiligungsprogramm auf der Grundlage der Produktivität gekoppelt wurden. Je höher die Arbeitsproduktivität (Output pro Arbeitsstunde) umso größer der Geldpool, den die Firma mit ihren Angestellten teilt. Der Anteil, den die Arbeitskräfte erhielten, hing von der Qualität, gemessen an der Anzahl der Ausschußteile, ab.

Das Gewinnbeteiligungsprogramm ist sehr effektiv gewesen. So stieg zum Beispiel im Werk von Benton Harbor, das Rührwellen und Schleuderantriebe für die Waschmaschinen von Whirlpool herstellt, die Produktivität jährlich um 4 % an, die Anzahl der Ausschußteile verringerte sich von 837 auf ein Weltklasseniveau von 10 pro eine Million hergestellter Teile.

Während der ersten sieben Jahre seiner Existenz hat das Gewinnbeteiligungsprogramm die Stundenentlohnung um zwischen 5,5 % in einem Jahr und 12 % in zwei anderen Jahren steigen lassen. Die Kosten einer Rührwelle fielen um 13 % und die Kosten eines Schleuderantriebs um 24 %. Durch die Produktivitätszuwächse gelang es Whirlpool, die Preise niedrig zu halten und gleichzeitig den Betriebsgewinn aufzubessern.

Die Produktivitätsgewinne bei Whirlpool wurden nicht dadurch erzielt, daß man einfach Millionenbeträge für technologische Verbesserungen ausgegeben hätte. Vielmehr kamen die Gewinne bei Whirlpool daher, daß man die Herstellungsprozesse überholt hat, die Arbeitskräfte besser geschult hat, um die Qualität zu verbessern, und sie in die Lage versetzt hat, selbst Entscheidungen zu treffen. Wegen des Erfolgs der Gewinnbeteiligung in Benton Harbor wurde das Programm auf andere Produktionsstätten von Whirlpool in der ganzen Welt übertragen.

Quelle: R. Wartzman, "A Whirlpool Factory Raises Productivity - and Pay of Workers," *The Wall Street Journal* vom 4. Mai 1992, und der Jahresbericht 1995 der Firma Whirlpool.

Konzepte und ihre Umsetzung

Für das Betriebspersonal sind finanzielle TFP-Maße schwieriger zu verstehen und für die Erfüllung seiner Aufgaben weniger nützlich als Maße für die physische partielle Produktivität. So gibt zum Beispiel die partielle Productivity der Fertigungsarbeit den Arbeitskräften ein direktes Feedback in bezug auf den Output pro Arbeitsstunde. Arbeitskräfte haben es deshalb oft lieber, wenn produktivitätsabhängige Sonderzahlungen an die partielle Arbeitsproduktivität geknüpft werden. Aber diese Situation gibt den Arbeitskräften einen Anreiz, Material (und Kapital) gegen Arbeit zu substituieren, wodurch sich ihr eigenes Produktivitätsmaß verbessert, allerdings möglicherweise auf Kosten der Gesamtproduktivität des Unternehmens, wie sie durch die TFP gemessen wird. Um die möglichen Anreizprobleme der partiellen Produktivität auszuschalten, werden in einigen Unternehmen – zum Beispiel bei TRW, Eaton und Whirlpool – Bonuszahlungen, die an die Arbeitsproduktivität geknüft sind, um die Wirkungen von anderen Faktoren, etwa die Wirkung von Investitionen in neue Ausrüstungen oder die Wirkung von höheren Abfallmengen, korrigiert; das heißt, man kombiniert die partielle Produktivität mit TFP-ähnlichen Maßen.

24.5 ANALYSE DER JÄHRLICHEN KOSTENÄNDERUNGEN

Wir untersuchen nun die Rolle der Produktivität bei der Erklärung der Kostenänderungen bei Ramona zwischen 19_7 und 19_8. Tafel 24.6 beschreibt drei Komponenten: die Outputanpassung (Differenz zwischen den Spalten 3 und 4), die Preisänderung (Differenz zwischen den Spalten 2 und 3) und die Produktivitätsänderung (Differenz zwischen den Spalten 1 und 2), die zusammengenommen die Kostenänderungen erklären. Am einfachsten ist es, mit den Istkosten des Jahres 19_7 zu beginnen und sich zu den Istkosten des Jahres 19_8 vorzuarbeiten. Wir beginnen also mit Spalte 4 auf der rechten Seite der Tafel und beschreiben jede einzelne Komponente.

1. *Outputanpassung*: Konzentrieren wir uns zunächst auf die Spalten 4 und 3. Man vergleiche die Überschriften der beiden Spalten. Lediglich die *produzierten Outputmengen* der Jahre 19_7 (425.000 Türgriffe) und 19_8 (510.000 Türgriffe) *unterscheiden* sich voneinander. Infolgedessen unterscheiden sich auch die Inputmengen, die benötigt worden wären, um 19_7 die Outputmenge von 19_8 zu produzieren. In beiden Spalten werden die Preise von 19_7 verwendet. Wir bezeichnen die Kostendifferenz zwischen den beiden Spalten als Outputanpassung, weil der Kostenanstieg in Höhe von 164.900 $ (für alle Inputs) ausschließlich auf die unterschiedlichen Outputmengen der Jahre 19_7 und 19_8 zurückzuführen ist.

Tafel 24.6
Veränderungen der Istkosten zwischen 19_7 und 19_8, Ramona, Inc.

	Istkosten 19_8: tatsächlich verwendete Inputmengen für den Output 19_8 × Preise von 19_8 (1)	Inputmengen, die 19_7 gebraucht worden wären, um den Output von 19_8 herzustellen × Preise von 19_8 (2)	Inputmengen, die 19_7 gebraucht worden wären, um den Output von 19_8 herzustellen × Preise von 19_7 (3)	Istkosten 19_7: tatsächlich verwendete Inputmengen für den Output 19_7 × Preise von 19_7 (4)
Fertigungsarbeit	37.400 × 15 $ = 561.000 $	40.800[a] × 15 $ = 612.000 $	40.800[a] × 14 $ = 571.200 $	34.000 × 14 $ = 476.000 $
Fertigungsmaterial	219.500 × 2$ = 439.000 $	204.000[b] × 2 $ = 408.000 $	204.000[b] × 2,05 $ = 418.200 $	170.000 × 2,05 $ = 348.500 $
Alle Inputs	1.000.000 $	1.020.000 $	989.400 $	824.500 $
		Produktivitätsänderung 20.000 $ P	Preisänderung 30.600 $ N	Outputanpassung 164.900 $ N

Kostenänderung insgesamt   30.600 $ N

a. Fertigungsarbeit 19_7 × (Output 19_8 : Output 19_7) = 34.000 × (510.000 : 425.000) = 40.800 Arbeitsstunden
b. Fertigungsmaterial 19_7 × (Output 19_8 : Output 19_7) = 170.000 × (510.000 : 425.000) = 204.000 Mengeneinheiten

2. *Preisänderung*: Als nächstes betrachten wir die Spalten 3 und 2. Jede Spalte berechnet die Kosten der Inputs, die man 19_7 gebraucht hätte um die 510.000 Outputeinheiten des Jahres 19_8 herzustellen: 40.800 Fertigungsarbeitsstunden und 204.000 square feet Fertigungsmaterial. Der einzige Unterschied zwischen den Spalten besteht darin, daß in Spalte 3 die Istpreise des Jahres 19_7 und in Spalte 2 die Istpreise des Jahres 19_8 verwendet werden. Der Kostenanstieg von Spalte 2 nach Spalte 3 in Höhe von 30.600 $ (für alle Inputs) beruht ausschließlich auf den Nettoerhöhungen der Inputpriese im Jahr 19_8 gegenüber 19_7.

3. *Produktivitätsänderung*: Zuletzt geht es um die Spalten 2 und 1. Beide Spalten verwenden die tatsächlichen Inputpreise des Jahres 19_8. Beide Spalten berechnen die Inputs, die benötigt werden, um die 510.000 Türgriffe des Jahres 19_8 zu produzieren. Der Unterschied zwischen den beiden Spalten beruht ausschließlich auf Unterschieden in den Mengen und in der Zusammensetzung der Ressourcen, die 19_7 verwendet worden wären bzw. 19_8 verwendet worden sind (19_7: 40.800 Fertigungsarbeitsstunden und 204.000 Mengeneinheiten Fertigungsmaterial; 19_8: 37.400 Fertigungsarbeitsstunden und 219.500 Mengeneinheiten Fertigungsmaterial). Infolge der Produktivitätsgewinne hat die Firma Kosteneinsparungen in Höhe von 20.000 $ (für alle Inputs). Man beachte, daß der Anstieg der TFP um 2 % den 20.000 $ Produktivitätszuwachs geteilt durch die 1.000.000 $ Istkosten im Jahre 19_8 entspricht (Tafel 24.6, Spalte 1).

Folgendes ist zu beachten:

1. Bei der Berechnung der Kostendifferenz, die auf die Outputanpassung zurückgeht, halten wir die Inputpreise, die Inputmengen und den Inputmix konstant.

2. Bei der Berechnung der Kostendifferenz, die auf Inputpreisänderungen zurückgeht, halten wir die Outputmengen, die Inputmengen und den Inputmix konstant.

3. Bei der Berechnung der Kostendifferenz, die auf Produktivitätsänderungen zurückgeht, halten wir die Outputmengen und die Inputpreise konstant.

Von dem Kostenanstieg zwischen 19_7 und 19_8 in Höhe von 175.500 $ bei Ramona sind 164.900 $ durch die Erhöhung des Outputs um 20 % zu erklären. Die Manager der Firma sind vielleicht nicht besonders besorgt über den Kostenanstieg der aus dem Wachstum resultiert, denn der Outputzuwachs wird vermutlich einen Erlösanstieg bewirken, der die zusätzlichen Kosten übersteigt. Die Kostenerhöhung aufgrund von Inputpreisänderungen gibt eher zur Sorge Anlaß. Wenn auf dem Absatzmarkt Wettbewerb herrscht, können die Manager von Ramona diese Preiserhöhungen möglicherweise nicht auf die Kunden überwälzen. Diese Erfahrung haben viele Hersteller von Halbleitern, Computern, Autos und Kopiergeräten gemacht. Wenn höhere Inputpreise nicht überwälzt werden können, müssen die Manager (1) versuchen, die Preise für Fertigungsmaterial und Fertigungsarbeit zu senken, indem sie neue Verträge und Lieferbedingungen für das Material und neue Lohnsätze für die Arbeitskräfte aushandeln, und (2) die Inputmengen reduzieren und den Inputmix anpassen, um durch Produktivitätsgewinne die Kosten zu senken. Ramona hat zum Beispiel die zusätzlichen

Kosten (30.600 $) aufgrund der Inputpreiserhöhungen durch Produktivitätsverbesse-
rungen aufgefangen, die 20.000 $ eingespart haben. Wie bereits weiter oben in diesem
Kapitel beschrieben, besteht der nächste Schritt darin, Managementpraktiken und -
methoden einzuführen, die geeignet sind, diese Verbesserungen aufrechtzuerhalten,
und Produktivitätsziele aufzustellen und ihre Realisierung zu überwachen.

Tafel 24.6 zeigt auch, welcher Teil der Kostenänderung in jeder Komponente auf die
Fertigungsarbeit bzw. auf das Fertigungsmaterial zurückzuführen ist. Diese zusätzli-
che Information gibt den Managern mehr Einzelheiten über die zugrundeliegenden
Quellen der Kostenänderungen.

24.6 PRODUKTIVITÄT IM DIENSTLEISTUNGSSEKTOR

In den Vereinigten Staaten und in den meisten entwickelten Ländern beschäftigt der
Dienstleistungssektor mehr als 60 % der Arbeitskräfte. In den meisten dieser Länder
sind die Produktivitätszuwächse im Dienstleistungssektor (in den USA 0,2 % im Jahr
seit 1970) weit hinter denjenigen im produzierenden Gewerbe (in den USA 2,6 % im
Jahr seit 1970) zurückgeblieben, was ein Hauptgrund für die geringen Wachstumsraten der Gesamtproduktivität gewesen ist.[123] Das Wachstum der Gesamtproduktivität
wird niedrig bleiben, solange die Dienstleistungsproduktivität nicht entscheidend verbessert wird.

Die grundlegenden Produktivitätsmaße sind im Dienstleistungssektor die gleichen
wie im Produktionssektor, nämlich der Quotient aus den hergestellten Outputs und
den Kosten der Inputs, die dafür verwendet worden sind. Manche Dienstleistungsbranchen haben Outputmaße eingeführt. Krankenhäuser wie das Massachusetts General zum Beispiel verwenden Patiententage als Maß für den Output und Fluglinien wie
die Lufthansa Passagierflugmeilen. Bei Dienstleistungsaktivitäten wie Forschung und
Entwicklung ist der Output schwieriger zu messen.

Es gibt verschiedene Wege, um die Produktivität des Dienstleistungssektors zu verbessern.[124] Ein wichtiger Schritt ist die sorgfältige Definition aller Aufgaben und die
Abschaffung von unnötigen Aktivitäten. Die Produktivität der Kreditabteilungen von
Banken kann gefördert werden, indem man bei der Prüfung von Kleinkrediten weniger ins Detail geht. Im Einzelhandel kann man die Produktivität erhöhen, indem man

---

[123]R. Schmidt, "Services: A Future of Low Productivity Growth?" *Federal Reserve Bank
of San Francisco Weekly Letter*; 14. Febr. 1992, und "The Manufacturing Myth," *The
Economist*, 19. März 1994.

[124]Siehe P. Drucker, "The New Productivity Challenge," *Harvard Business Review*
(Nov.-Dez. 1991), S. 69-79; und H. D. Sherman, Service Organization Productivity
Management (Hamilton, Ontario: The Society of Management Accountants of Canada,
Nov. 1988).

Strichcodes benutzt, um die Artikel elektronisch einzuscannen und das Eintippen der Preise von Hand überflüssig zu machen. Professionelle Dienstleister wie Ärzte, Krankenschwestern, Wirtschaftsprüfer und Architekten, können ihre Produktivität erhöhen, indem sie mehr Zeit auf ihre professionellen Aufgaben verwenden und weniger auf die Verwaltung.

Tafel 24.7

Arbeitsertrags- und Arbeitsmixabweichungen, Tilex Corporation, 19_8

	Istmenge aller verwendeten Inputs × tatsächlicher Inputmix × Planpreise (1)	Istmenge aller verwendeten Inputs × geplanter Inputmix × Planpreise (2)	Sollkosten (Sollmenge aller Inputs × geplanter Inputmix) × Planpreise (3)
Gruppe 2	18.750 × 0,40 × 22 \$ = 165.000 \$	18.750 × 0,38 × 22 \$ = 156.750 \$	18.625[a] × 0,38 × 22 \$ = 155.705 \$
Gruppe 1	18.750 × 0,60 × 12 \$ = 135.000 \$	18.750 × 0,62 × 12 \$ = 139.500 \$	18.625[a] × 0,62 × 12 \$ = 138.570 \$
	300.000 \$	296.250 \$	294.275 \$

$$3.750 \$ \text{ N} \qquad\qquad 1.975 \$ \text{ N}$$

Arbeitsmixabweichung   Arbeitsertragsabweichung

$$5.725 \$ \text{ N}$$

Leistungsabweichung

a. 18.625 Stunden = 0,298 Stunden pro sq.f. × 62.500 sq.f.
P = positiver Effekt auf den Betriebsgewinn; N = negativer Effekt auf den Betriebsgewinn

AUFGABE

Die Tilex Corporation ist auf das Verlegen von Bodenfliesen in Privathäusern, Büros und öffentlichen Gebäuden spezialisiert. Die Firma beschäftigt zwei Arten von Arbeit – Gruppe 1 und Gruppe 2 – um die Fliesen zu verlegen, die von den Kunden selbst gekauft werden. Gegen Ende des Jahres 19_7 kam es zu einer starken Verschiebung der Lohnstruktur. Die Löhne für Gruppe 2 stiegen stark an, während die Löhne für Gruppe 1 leicht zurückgingen.

Tilex verwendet ein Standardkostenrechnungsverfahren. Die Standards für 19_8 werden an die neuen Lohnsätze angepaßt. Die Vorgaben für 19_8 spiegeln auch die Strategie der Firma, die Abhängigkeit von den teureren Arbeitskräften der Gruppe 2 zu reduzieren, ohne die Qualität zu beeinträchtigen. Tilex hat die folgenden Sollzahlen für 19_8:

Sollarbeitszeit pro Quadratfuß Fliesen	0,298 Stunden
Mananteil der Arbeit von Gruppe 2	38 %
Mananteil der Arbeit von Gruppe 1	62 %
Geplanter Stundenlohn für Gruppe 2	22 $
Geplanter Stundenlohn für Gruppe 1	12 $

Die Istergebnisse für 19_7 und 19_8 lauten

	19_7	**19_8**
Verlegte Fläche	50.000 sq.f.	62.500 sq.f.
Arbeitszeit Gruppe 2	6.640 Stunden	7.500 Stunden
Stundenlohn Gruppe 2	19 $	22 $
Arbeitszeit Gruppe 1	8.660 Stunden	11.250 Stunden
Stundenlohn Gruppe 1	13 $	12 $

1. Berechnen Sie die gesamte Leistungsabweichung der Fertigungsarbeit für 19_8 und spalten Sie sie in ihre Mix- und Ertragskomponenten auf.

2. Berechnen Sie die partielle Faktorproduktivität der Arbeit von Gruppe 2 und Gruppe 1 für die Jahre 19_7 und 19_8.

3. Berechnen Sie die totale Faktorproduktivität von beiden Arbeitsarten für 19_8 und vergleichen Sie mit der TFP für 19_7.

4. Unterteilen Sie die Differenz zwischen den Istkosten von 19_7 und 19_8 in die Komponenten Outputanpassung, Preisänderung und Produktivitätsänderung.

5. Kommentieren Sie kurz Ihre Analyse.

LÖSUNG

1. Tafel 24.7 zeigt die gesamte Leistungsabweichung bei der Fertigungsarbeit für 19_8 (5.725 $ N), sowie ihre Komponenten, die Inputmixabweichung (3.750 $ N) und die Inputertragsabweichung (1.975 $ N).

2.

Partielle Faktorproduktivität (sq.f. pro Arbeitsstunde	19_7	19_8
Gruppe 2	$\dfrac{50.000}{6.640} = 7{,}53$	$\dfrac{62.500}{7.500} = 8{,}33$
Gruppe 1	$\dfrac{50.000}{8.660} = 5{,}77$	$\dfrac{62.500}{11.250} = 5{,}56$

3. Berechnung der TFP für 19_8 mit Preisen von 19_8: :

$$\text{Inputkosten 19\_8 zu Preisen von 19\_8} = \begin{array}{l}\text{(Arbeitsstunden Gruppe 2, 19\_8} \\ \times \text{ Stundensatz Gruppe 2, 19\_8)} \\ + \text{(Arbeitsstunden Gruppe 1, 19\_8} \\ \times \text{ Stundensatz Gruppe 1, 19\_8)}\end{array}$$

$$= (7.500 \times 22\ \$) + (11.250 \times 12\ \$)$$

$$= 300.000\ \$$$

$$\text{Totale Faktorproduktivität für 19\_8 zu Preisen von 19\_8} = \frac{\text{Produzierte Outputmenge}}{\text{Inputkosten 19\_8 zu Preisen von 19\_8}}$$

$$= \frac{62.500}{300.000\ \$}$$

$$= 0{,}20833 \text{ sq.f. Fliesen pro Dollar Input}$$

Berechnung der TFP für 19_7 mit Preisen von 19_8: :

$$\text{Inputkosten 19\_7 zu Preisen von 19\_8} = \begin{array}{l}\text{(Arbeitsstunden Gruppe 2, 19\_7} \\ \times \text{ Stundensatz Gruppe 2, 19\_8)} \\ + \text{(Arbeitsstunden Gruppe 1, 19\_7} \\ \times \text{ Stundensatz Gruppe 1, 19\_8)}\end{array}$$

$$= (6.640 \times 22\ \$) + (8.660 \times 12\ \$)$$

$$= 250.000\ \$$$

$$\text{Totale Faktorproduktivität für 19\_7 zu Preisen von 19\_8} = \frac{\text{Produzierte Outputmenge}}{\text{Inputkosten 19\_7 zu Preisen von 19\_8}}$$

$$= \frac{50.000}{250.000\ \$}$$

$$= 0{,}20 \text{ sq.f. Fliesen pro Dollar Input}$$

Aufgabe zum Selbststudium

LÖSUNG (FORTSETZUNG)

Aufgabe zum Selbststudium

4. Tafel 24.8 analysiert die Veränderung der Istkosten bei Tilex zwischen 19_7 und 19_8.

5. Die Berechnung der Ertrags- und Mixabweichungen zeigt, daß die Leistung bei Tilex hinter dem Plan zurückgeblieben ist. Die Firma hat ihren Arbeitskräftemix nicht so stark zugunsten der Gruppe 1 verschoben wie geplant und hat mehr Arbeitszeit verbraucht als geplant. Verglichen mit dem Vorjahr zeigt sich jedoch eine deutliche Verbesserung. Die TFP stieg von 1,20 Flächeneinheiten verlegter Fliesen pro Dollar Input im Jahr 19_7 auf 1,208333 im Jahr 19_8. Dieser Anstieg um 4,17 % war die kombinierte Auswirkung der Veränderung der Arbeitskräftezusammensetzung und der Verwendung von weniger Arbeitsstunden pro square foot Fliesen. Der Anstieg der partiellen Faktorproduktivität der Gruppe 2 hat den Rückgang der partiellen Faktorproduktivität der Gruppe 1 mehr als ausgeglichen. Zusammenfassend kann man sagen, daß Abweichungs- und Produktivitätsanalyse zeigen, daß sich die Leistung bei Tilex im Vergleich zu 19_7 verbessert hat, man auch nicht in dem erwarteten Ausmaß. Das Firmenmanagement wird die Sollvorgaben noch einmal überdenken, die Gründe für die Leistungsverbesserung zu verstehen suchen und dann ein Programm für zukünftige Verbesserungen entwerfen.

6. Tafel 24.8 zeigt, daß die Produktivitätssteigerung (12.500 $ P) entscheidend dazu beigetragen hat, daß Tilex die höheren Kosten (14.075 $ N) aufgrund der Preisänderungen ausgleichen konnte.

Tafel 24.8
Veränderungen der Istkosten zwischen 19_7 und 19_8, Tilex Corporation

	Istkosten 19_8: tatsächlich verwendete Inputmengen für den Output 19_8 × Preise von 19_8 (1)	Inputmengen, die 19_7 gebraucht worden wären, um den Output von 19_8 herzustellen × Preise von 19_8 (2)	Inputmengen, die 19_7 gebraucht worden wären, um den Output von 19_8 herzustellen × Preise von 19_7 (3)	Istkosten 19_7: tatsächlich verwendete Inputmengen für den Output 19_7 × Preise von 19_7 (4)
Gruppe 2	7.500 × 22 $ = 165.000 $	8.300[a] × 22 $ = 182.600 $	8.300[a] × 19 $ = 157.700 $	6.640 × 19 $ = 126.160 $
Gruppe 1	11.2500 × 12$ = 135.000 $	10.825[b] × 12 $ = 129.900 $	10.825[b] × 13 $ = 140.725 $	8.660 × 13 $ = 112.580 $
Alle Inputs	300.000 $	312.500 $	298.425 $	238.740 $

←————— 12.500 $ P —————→ ←————— 14.075 $ N —————→ ←————— 59.685 $ N —————→

Produktivitätsänderung Preisänderung Outputanpassung

←——————————————— 61.260 $ N ———————————————→

Kostenänderung insgesamt

a. Arbeit der Gruppe 2, 19_7 × (Output 19_8 : Output 19_7) = 6.640 × (62.500 : 50.000) = 8.300 Arbeitsstunden
b. Arbeit der Gruppe 1, 19_7 × (Output 19_8 : Output 19_7) = 8.660 × (62.500 : 50.000) = 10.825 Arbeitsstunden

P = positiver Effekt auf den Betriebsgewinn; N = negativer Effekt auf den Betriebsgewinn

Unternehmenssteuerung, Transferpreise und multinationale Aspekte

KAPITEL

Welches Unternehmen hat das bessere Planungs- und Steuerungssystem: die Ford Motor Company oder die Toyota Motor Company? Michelin oder Pirelli? Jenseits der technischen Aspekte geht es im wesentlichen darum, wie das System das Verhalten der Menschen, die es benutzen, beeinflußt. Welche Rolle spielen Informationen aus der Buchführung in der Planungs- und Kontrollrechnung? Wie tragen zum Beispiel Informationen über Kosten und Budgets zur Planung und Koordination der Aktivitäten vieler Abteilungen innerhalb dieser Unternehmen bei? In diesem Kapitel wird der Zusammenhang zwischen der Strategie, der Organisationsstruktur, dem Planungs- und Steuerungssystem und der Information aus der Buchhaltung entwickelt. Wir untersuchen die Nutzen und Kosten von zentralisierten und dezentralisierten Organisationsstrukturen und betrachten die Preispolitik für Lieferungen und Leistungen zwischen verschiedenen Teilbereichen der gleichen Organisation.

25.1 PLANUNGS- UND STEUERUNGSSYSTEME

Die **Planungs- und Kontrollrechnung** ist eine Methode zur Sammlung und Verwertung von Informationen mit dem Ziel, die mit der Planung und Steuerung verbundenen Entscheidungen in der ganzen Organisation zu unterstützen und zu koordinieren und das Verhalten der Mitarbeiter zu steuern. Dadurch sollen die kollektiven Entscheidungen innerhalb einer Organisation verbessert werden.

Nehmen wir General Electric (GE) als Beispiel. Im Rahmen der Planungs- und Kontrollrechnung von GE werden auf verschiedenen Ebenen Informationen gesammelt und aufbereitet:

1. *Kunden- oder Marktebene*: zum Beispiel Kundenzufriedenheit, Kundenreaktionszeit und Kosten konkurrierender Produkte.

2. *Ebene der Gesamtorganisation*: zum Beispiel Aktienpreis, Nettogewinn, Return on Investment, betrieblicher Cash-flow, Gesamtbeschäftigung, betrieblicher Umweltschutz und Spenden an die Gemeinde.

3. *Ebene der Einzelabteilung*: zum Beispiel Materialkosten, Arbeitskosten, Fehlzeiten, Arbeitsunfälle in einzelnen Abteilungen oder betrieblichen Funktionsbereichen (wie zum Beispiel F & E, Produktion und Vertrieb).

4. *Ebene der Einzelaktivität*: zum Beispiel Zeitaufwand und Kosten für Entgegennahme, Lagerung, Montage und Versand von Gütern in einem Großhandelslager; Abfall-, Fehler- und Nachbesserungsquoten einer Produktionsstraße; Anzahl der

Verkäufe und Umsatz pro Verkäufer; Anzahl der Warensendungen pro Mitarbeiter eines Vertriebszentrums.

Wie die Beispiele zeigen, besteht die Planungs- und Kontrollrechnung sowohl aus finanziellen Daten (Nettogewinn, Materialkosten, Lagerkosten) als auch aus nichtfinanziellen Daten (Kundenreaktionszeit, Fehlzeiten, Unfälle). Ein Teil der Information kommt von innerhalb des Unternehmens (wie etwa der Nettogewinn oder die Anzahl der Warensendungen pro Mitarbeiter), ein anderer Teil von außerhalb (wie etwa der Aktienpreis oder die Kosten konkurrierender Produkte).

Die verschiedenen Ebenen deuten auf die unterschiedlichen Arten von Informationen hin, die Manager mit verschiedenen Aufgaben benötigen. So ist zum Beispiel der Aktienpreis auf der Ebene der Gesamtorganisation wichtig, nicht aber auf der Ebene der einzelnen Aktivität im Lagerhaus, wo Informationen über den Zeitbedarf für die Entgegennahme und Lagerung relevanter sind. Auf der Ebene der einzelnen Aktivität stehen interne finanzielle und nichtfinanzielle Daten im Mittelpunkt der Planungs- und Kontrollrechnung. Auf höheren Ebenen spielen auch externe finanzielle und nichtfinanzielle Daten eine Rolle.

Planungs- und Steuerungssysteme haben sowohl formale als auch informelle Komponenten. Die formale Planungs- und Kontrollrechnung einer Organisation enthält diejenigen expliziten Regeln, Verfahren, Leistungsmaße und Anreizpläne, die das Verhalten der Manager und Angestellten steuern. Das formale Kontrollsystem besteht selbst wieder aus mehreren Systemen. Das entscheidungsorientierte Rechnungswesen ist ein formales Buchführungssystem, das Informationen über Kosten, Erlöse und Gewinne liefert. Beispiele für andere formale Kontrollsysteme sind Personalkontrolle (mit Informationen über Einstellungen, Training, Fehlzeiten und Unfälle) und Qualitätskontrolle (mit Informationen über Abfall, Fehler, Nachbesserungen und verspätete Lieferungen an Kunden).

Der informelle Teil des Planungs- und Steuerungssystems schließt Aspekte wie gemeinsame Werte, Loyalitäten und gegenseitige Verpflichtungen der Mitglieder einer Organisation ein, sowie die ungeschriebenen Normen über akzeptables Verhalten, die Voraussetzung für eine Beförderung sind und ebenfalls das Verhalten der Mitarbeiter beeinflussen. Beispiele für Slogans, die Werte und Loyalitäten verstärken sollen, sind "Bei Ford ist Qualität die Aufgabe Nummer 1" und "Bei Home Depot sind niedrige Preise nur der Anfang."

25.2 DIE BEWERTUNG VON PLANUNGS- UND STEUE-RUNGSSYSTEMEN

Um effektiv zu sein, sollten Planungs- und Steuerungssysteme eng mit den Strategien und Zielen einer Organisation verbunden sein. Beispiele für solche Ziele sind die Verdoppelung des Nettogewinns innerhalb von vier Jahren, die Erhöhung des Marktanteils um 50 % innerhalb von zwei Jahren oder die kurzfristige Gewinnmaximierung. Angenommen das Management beschließt, klugerweise oder unklugerweise, die Maximierung des kurzfristigen Gewinns als Hauptziel anzusehen. Dann muß das Planungs- und Steuerungssystem diese Zielsetzung unterstützen. Es sollte die Manager mit Informationen versorgen, die ihnen helfen, kurzfristige Entscheidungen zu treffen, zum Beispiel Informationen über die Deckungsbeiträge einzelner Produkte. Außerdem sollte es die Leistungsanreize für die Manager an den kurzfristigen Nettogewinn knüpfen.

Wichtig ist zweitens, daß die Planungs- und Kontrollrechnung so gestaltet sein sollte, daß sie der Struktur der Organisation und den Verantwortungsbereichen der einzelnen Manager gerecht wird. So sollte zum Beispiel die Informationen in der Planungs- und Kontrollrechnung für den F&E-Manager bei der pharmazeutischen Firma Glaxo Laboratories diejenigen F&E-Aktivitäten enthalten, die für verschiedene Arzneimittelprojekte erforderlich sind, die Zahl der benötigten Wissenschaftler, die geplanten Abschlußtermine für die verschiedenen Projekte, sowie Berichte mit Vergleichen über Ist- und Soll-Leistungen. Betrachten wir andererseits einen Produktlinienmanager, der bei der Lebensmittelfirma Heinz für Herstellung, Verkauf und Vertrieb von Ketchup verantwortlich ist. Die Planungs- und Kontrollrechnung zu seiner Unterstützung sollte Informationen über die Kundenzufriedenheit, den Marktanteil, die Produktionskosten und die Produktlinienrentabilität enthalten, damit er sein Geschäft besser planen und steuern kann. Der Manager der Ketchup-Produktlinie bei Heinz braucht also ganz andere Informationen als der F&E-Manager bei Glaxo Laboratories.

Und schließlich wird ein effektives Planungs- und Steuerungssystem die Manager und ihre Mitarbeiter motivieren. **Motivation** ist der Wunsch, ein bestimmtes Ziel zu erreichen (Aspekt der Zielkongruenz) kombiniert mit dem daraus resultierenden Bemühen um die Erreichung dieses Zieles (Aspekt der persönlichen Engagements).

Zielkongruenz ist gegeben, wenn Einzelne und Gruppen auf diejenigen Ziele der Organisation hinarbeiten, die das Topmanagement wünscht. Manager, die in ihrem eigenen wohlverstandenen Interesse arbeiten, handeln bei Zielkongruenz so, daß die allgemeinen Ziele des Topmanagements vorangebracht werden. Fragen der Zielkongruenz sind bereits in früheren Kapiteln aufgetaucht. So werden zum Beispiel bei Investitionsentscheidungen die Ziele der Organisation am besten erreicht, wenn man den Entscheidungen die mit der angestrebten Mindestrendite abdiskontierten langfristigen Cash-flows zugrundelegt. Wenn aber die Planungs- und Kontrollrechnung die Manager auf der Basis des kurzfristigen Periodengewinns bewertet, werden sie versucht sein, Entscheidungen zu treffen, die den Periodengewinn maximieren aber möglicherweise nicht im besten Interesse der Organisation sind.

Engagement definieren wir als die Mühe, die jemand auf sich nimmt, um ein Ziel zu erreichen. Engagement geht über die physische Anstrengung zum Beispiel von einem

Arbeiter, der sein Arbeitstempo erhöht, hinaus und schließt alle bewußten (physischen und mentalen) Tätigkeiten ein.

Planungs- und Steuerungssysteme motivieren Mitarbeiter, sich für die Organisationsziele zu engagieren, und zwar durch eine Vielfalt von Anreizen, die an das Erreichen dieser Ziele geknüpft sind. Diese Anreize können materiell (Geld, Aktien, Nutzung eines Firmenwagen, Mitgliedschaft in einem Club) oder immateriell sein (Macht, Selbstachtung, Stolz darauf, für ein erfolgreiches Unternehmen zu arbeiten).

Zusammenfassend kann man sagen, das Hauptkriterium für die Bewertung eines Systems ist die Frage, ob es die Erreichung der Ziele des Topmanagements auf wirtschaftliche Weise fördert. Im Kern geht es dabei darum, wie gut das Planungs- und Steuerungssystem zur Organisationsstruktur und zu den Entscheidungs- und Verantwortungsbereichen der einzelnen Manager paßt und wie gut es einzelne Mitarbeiter innerhalb der Organisation motiviert.

25.3 ORGANISATIONSSTRUKTUR UND DEZENTRALISIERUNG

Wie wir gerade gesehen haben, müssen Planungs- und Kontrollsysteme zur Struktur einer Organisation passen. Viele Organisationen haben dezentralisierte Strukturen, durch die zusätzliche Fragen aufgeworfen werden. Das Wesen der **Dezentralisierung** ist die Freiheit der Manager auf den unteren Ebenen der Organisation, ihre eigenen Entscheidungen zu treffen.

Bei der Diskussion von Fragen der Dezentralisierung verwenden wir den Ausdruck *Untereinheit*, um irgendeinen Teil einer Organisation zu bezeichnen. In der Praxis kann eine Untereinheit eine große Abteilung sein (die Chevrolet-Abteilung von General Motors) oder eine kleine Gruppe (die Zwei-Personen-Werbeabteilung einer Modeboutique).

Totale Dezentralisierung bedeutet *minimale Einschränkungen und maximale Entscheidungsfreiheit für die Manager auf den untersten Ebenen einer Organisation.* Totale Zentralisierung bedeutet *maximale Einschränkungen und minimale Entscheidungsfreiheit für die Manager auf den untersten Ebenen.* Die Struktur der meisten Unternehmen ist irgendwo zwischen diesen beiden Extremen angesiedelt.

Vorteile der Dezentralisierung

Wie sollte die Unternehmensleitung darüber entscheiden, welcher Grad der Dezentralisierung optimal ist? Theoretisch versucht man, denjenigen Grad der Dezentralisierung zu wählen, bei dem die Differenz zwischen Nutzen und Kosten am größten ist.

In der Praxis kann man diese Nutzen und Kosten nur selten quantifizieren. Trotzdem hilft der Kosten-Nutzen-Ansatz, sich auf die zentralen Themen zu konzentrieren. Befürworter einer dezentralen Entscheidungsstruktur und eines weiten Verantwortungsbereichs für die Manager der Untereinheiten führen die folgenden Nutzen an:

1. *Man kann besser auf lokalen Bedarf reagieren.* Information ist der Schlüssel zu intelligenten Entscheidungen. Im Vergleich zu den Topmanagern sind die Manager der Untereinheiten besser informiert über ihre Kunden, Konkurrenten, Zulieferer und Mitarbeiter und auch über die Faktoren, die ihren Erfolg beeinflussen, wie zum Beispiel die Möglichkeiten zur Kostensenkung und Qualitätsverbesserung. Eastman Kodak berichtet, daß ein Vorteil der Dezentralisierung darin besteht, daß "die Marktkenntnis des Unternehmens zunimmt und der Kundendienst besser wird."

2. *Entscheidungen werden schneller getroffen.* Eine Organisation, die Managern der unteren Ebenen Eigenverantwortung gibt, kann schnell Entscheidungen treffen und schafft sich damit einen Wettbewerbsvorteil gegenüber Organisationen, die langsamer sind, weil sie Entscheidungsvorlagen durch alle Schichten des managements nach oben reichen müssen. Interlake, ein Hersteller von Materialtransport- und Lagerausrüstungen, bemerkt über diesen wichtigen Nutzen einer stärkeren Dezentralisierung: "Wir haben die Entscheidungsbefugnisse breiter verteilt bis hinunter zu den Stellen, die wirklich mit den Produkt- und Marktchancen zu tun haben." Die Produkte von Interlake müssen oft maßgefertigt werden, um die Bedürfnisse einzelner Kunden zu befriedigen. Das Delegieren von Entscheidungen an die Verkaufsabteilung erlaubt es der Firma auf unterschiedliche Kundenanforderungen schnell zu reagieren.

3. *Die Motivation steigt.* Manager von Untereinheiten sind in der Regel besser motiviert, wenn sie mehr Möglichkeiten zur Eigeninitiative haben. Johnson & Johnson, ein stark dezentralisiertes Unternehmen, behauptet "Dezentralisierung = Kreativität = Produktivität."

4. *Managemententwicklung und Lernprozesse werden unterstützt.* Indem man den Managern mehr Verantwortung gibt, fördert man die Entwicklung eines Pools erfahrener Managementtalente, aus dem die Organisation höhere Managementpositionen besetzen kann. Dabei lernt die Organisation auch, welche Mitarbeiter sich nicht als Manager eignen. Tektronics, ein Hersteller von elektronischen Instrumenten, drückt diesen Vorteil folgendermaßen aus: "Dezentralisierte Einheiten sind ein Übungsgelände für höhere Manager und ein öffentlicher Wettkampfort, wo die Verfechter verschiedener Produkte für ihre Ideen kämpfen können."

5. *Die Manager können sich auf das Wesentliche konzentrieren.* In einer dezentralisierten Umgebung, kann sich der Manager einer kleinen Untereinheit auf einige wenige Aufgaben konzentrieren. Eine kleine Untereinheit ist flexibler und beweglicher als eine größere Einheit und kann schnell entstehende Marktchancen

besser wahrnehmen. Befreit von der Last der täglichen Betriebsentscheidungen kann die Unternehmensleitung mehr Zeit und Energie auf die strategische Planung für die Gesamtorganisation verwenden.

Kosten der Dezentralisierung

Die Befürworter einer größeren Zentralisierung von Entscheidungsprozessen weisen auf die folgenden Kosten der Dezentralisierung hin:

1. *Sie führt immer dann zu* **suboptimalen** *(oder* **inkongruenten)** *Entscheidungen, wenn der Nutzen einer Entscheidung für eine Untereinheit geringer ist als die Kosten oder die Nutzeneinbuße für das Unternehmen insgesamt.* Diese Kosten treten auf, weil das Topmanagement einen Teil der Kontrolle über die Entscheidungen abgegeben hat.

   Suboptimale Entscheidungen treten auf, wenn (1) die Ziele der Gesamtorganisation, die Ziele der Untereinheit und die Ziele einzelner Entscheidungsträger nicht ausreichend kongruent sind oder wenn (2) die Manager der Untereinheiten nicht darüber informiert werden, welche Auswirkungen ihre Entscheidungen auf andere Teile der Organisation haben. Am wahrscheinlichsten sind suboptimale Entscheidungen, wenn die Untereinheiten einer Organisation stark voneinander abhängig sind, zum Beispiel wenn das Endprodukt einer Untereinheit Fertigungsmaterial einer anderen Untereinheit ist.

2. *Sie führt zu einer Verdoppelung von Aktivitäten.* Verschiedene Untereinheiten einer Organisation können unabhängig voneinander mit der gleichen Aktivität beschäftigt sein. So kann es zum Beispiel zu einer Verdoppelung von Stabsfunktionen (Buchführung, Personalangelegenheiten, Rechtsberatung) kommen, wenn eine Organisation stark dezentralisiert ist. Die Zentralisierung dieser Funktionen hilft, diese Aktivitäten zu konsolidieren und zu verschlanken.

3. *Die Loyalität gegenüber der Gesamtorganisation nimmt ab.* Einzelne Manager von Untereinheiten werden möglicherweise die Manager anderer Untereinheiten der gleichen Organisation als externe Parteien betrachten. Sie werden dann nicht gewillt sein, wichtige Informationen an sie weiterzugeben oder zu helfen, wenn andere Untereinheiten in einer Notlage sind.

4. *Die Kosten der Informationsbeschaffung steigen.* Die Manager verbringen möglicherweise zu viel Zeit mit dem Aushandeln der Preise für Lieferungen und Leistungen zwischen den Untereinheiten.

Kosten-Nutzen-Vergleich

Um eine angemessene Organisationsstruktur zu finden, muß die Unternehmensleitung die Kosten und Nutzen der Dezentralisierung gegeneinander abwägen, und das oft für jede Funktion einzeln. So kann zum Beispiel die Funktion des Controllers, soweit es um die Lenkung der Aufmerksamkeit und die Lösung von Problemen (wie etwa die

Erstellung von operativen Rahmenplänen und Soll-Ist-Vergleichen) geht, stark dezentralisiert sein, aber gleichzeitig in bezug auf andere Aufgaben (wie die Bearbeitung von Forderungen und die Entwicklung einer Strategie gegenüber dem Fiskus) stark zentralisiert sein. Die Dezentralisierung der Planung und Kostenkontrolle ermöglicht es zum Beispiel dem Marketingmanager einer Untereinheit, den Aufbau der Produktrentabilitätsberichte für die Untereinheit zu beeinflussen. Wenn der Bericht auf den speziellen Informationsbedarf des Managers zugeschnitten ist, hilft ihm das, bessere Entscheidungen zu treffen und damit den Gewinn zu erhöhen. Die Zentralisierung der Steuerstrategie hingegen erlaubt es der Organisation, Gewinne in einigen Untereinheiten gegen Verluste in anderen aufzurechnen, um den Einfluß der Besteuerung auf die Organisation insgesamt abzuschätzen.

Umfragen in US-amerikanischen und europäischen Unternehmen haben ergeben, daß die Entscheidungen, die am häufigsten dezentral und am wenigsten oft auf der Ebene des Gesamtunternehmens getroffen werden, mit den Lieferquellen, den zu produzierenden Produkten und der Produktwerbung zu tun haben. Entscheidungen über Art und Quellen der langfristigen Finanzierung werden am häufigsten zentral getroffen.[125] Dezentralisierte Unternehmen sind in der Regel groß und nicht reguliert, sie sind mit großen Unsicherheiten in ihrem Geschäftsumfeld konfrontiert, verschiedene Aufgaben erfordern detailliertes Spezialwissen, und die Abteilungen sind nicht sehr stark voneinander abhängig.[126]

Dezentralisierung in multinationalen Unternehmen

Multinationale Unternehmen sind oft dezentralisiert. Sprache, Gebräuche, Kultur, Geschäftspraktiken, Regeln, Gesetze und Regulierungen sind von Land zu Land sehr verschieden. Durch Dezentralisierung können die Ländermanager Entscheidungen treffen, die auf ihrer Kenntnis der lokalen geschäftlichen und politischen Rahmenbedingungen beruhen und die Unsicherheiten in ihren jeweiligen Umgebungen bestmöglich berücksichtigen. Der holländische Konzern Phillips delegiert Marketing- und Preisentscheidungen im Bereich Fernsehgeräte in Indien und Singapur an die jeweiligen Ländermanager. In multinationalen Unternehmen werden Manager in anderen Ländern oft turnusmäßig ausgewechselt und wieder im Mutterland beschäftigt. Job-Rotation und Dezentralisierung zusammen helfen den Managern, ihre Fähigkeit, in einem globalen Umfeld zu operieren, besser zu entwickeln.

Natürlich hat die Dezentralisierung multinationaler Unternehmen auch einige Nachteile. Einer der wichtigsten ist der Mangel an Kontrolle. Barings PLC, eine britische Investmentbank, ist in Konkurs gegangen und mußte verkauft werden, weil einer ihrer

---

[125]*Evaluating the Performance of International Operations* (New York: Business International, 1989), S. 4; und *Managing the Global Finance Function* (London: Business International, 1992), S. 31.

[126]Siehe A. Christie, M. Joye und R. Watts, "Decentralization of the Firm: Theory and Evidence." Working Paper (University of Rochester, April 1991).

Wertpapierhändler in Singapur mit nichtgenehmigten Transaktionen der Firma einen Verlust von mehr als einer Milliarde Pfund zugefügt hat. Multinationale Unternehmen, die dezentralisierte Entscheidungen praktizieren, haben in der Regel Planungs- und Steuerungssysteme, die die Leistung der einzelnen Abteilungen messen und überwachen. Die Informations- und Kommunikationstechnologie erleichtert den Datenfluß für das Berichtswesen und die Kontrolle.

25.4 ALTERNATIVE TYPEN VON BETRIEBLICHEN VERANTWORTUNGSZENTREN

Um die Leistung von Untereinheiten in zentralisierten oder dezentralisierten Organisationen zu messen, stützt sich das Managementkontrollsystem auf einen oder eine Mischung der folgenden vier Typen von betrieblichen Verantwortungszentren (Responsibility Center), die in Kapitel 6 vorgestellt worden sind:

- Cost Center: Der Manager ist nur für die Kosten verantwortlich.
- Revenue Center: Der Manager ist nur für die Erlöse verantwortlich.
- Profit Center: Der Manager ist für Kosten und Erlöse verantwortlich.
- Investment Center: Der Manager ist für Investitionen, Kosten und Erlöse verantwortlich.

In diesen Beschreibungen werden Zentralisierung oder Dezentralisierung nicht erwähnt. Das liegt daran, daß jedes dieser Responsibility Center sowohl in extrem zentralisierten als auch in extrem dezentralisierten Organisationen zu finden ist.

Ein häufiges Mißverständnis ist die Auffassung, daß der Ausdruck *Profit Center* (und in manchen Fällen *Investment Center*) ein Synonym für eine dezentralisierte Untereinheit ist und daß ein *Cost Center* eine zentralisierte Untereinheit darstellt. *Profit Center können mit einer stark zentralisierten Organisation einhergehen und Cost Center mit einer stark dezentralisierten Organisation.* So kann es zum Beispiel sein, daß Manager in einer Abteilung, die als Profit Center organisiert ist, wenig Entscheidungsspielraum haben. Möglicherweise müssen sie sich jede Ausgabe von mehr als 10.000 $ von der Firmenzentrale genehmigen lassen und sind gezwungen, "Ratschläge" von Mitarbeitern der Zentrale zu akzeptieren. In einem anderen Unternehmen können die Abteilungen als Cost Center organisiert sein, aber ihre Manager haben einen großen Ermessensspielraum bei Investitionsausgaben und bei den Bezugsquellen für Vorprodukte und Dienstleistungen. Kurz: Die Bezeichnungen Profit Center und Cost Center sind unabhängig vom Grad der Dezentralisierung einer Organisation.

25.5 TRANSFERPREISE

In dezentralisierten Organisationen agieren die einzelnen Untereinheiten getrennt voneinander. In solchen Umgebungen stützt sich die Planungs- und Kontrollrechnung oft auf Transferpreise, um die Aktivitäten der Untereinheiten zu koordinieren und ihren Erfolg zu bewerten.

Ein **Transferpreis** oder **Verrechnungspreis** ist der Preis, den eine Untereinheit (Abteilung, Gruppe usw.) einer Organisation für ein Produkt (eine Dienstleistung) verrechnet, das (die) einer anderen Untereinheit der gleichen Organisation zur Verfügung gestellt wird. Der Transferpreis stellt für die Liefereinheit Erlös und für die Abnehmereinheit Einkaufskosten dar und beeinflußt damit das Betriebsergebnis beider Untereinheiten. Die Betriebsergebnisse wiederum können herangezogen werden, um den Erfolg jeder Untereinheit zu bewerten und die Manager zu motivieren.

Alternative Methoden der Transferpreisgestaltung

Allgemein gibt es drei Methoden zur Bestimmung von Verrechnungspreisen:

1. *Marktpreisorientierte Verrechnungspreise*: Die Unternehmensleitung kann beschließen den in einem Fachblatt veröffentlichten Preis eines ähnlichen Produkts oder einer ähnlichen Dienstleistung zu verwenden. Auch der Preis, den eine Untereinheit gegenüber externen Kunden verrechnet, kann als interner Verrechnungspreis ausgewählt werden.

2. *Kostenorientierte Verrechnungspreise*: Der Transferpreis kann auch auf den Herstellkosten des jeweiligen Produkts beruhen. Beispiele sind die variablen Herstellkosten, die Herstellkosten und die Vollkosten. Die Vollkosten enthalten alle Herstellkosten sowie die Kosten, die in anderen betrieblichen Funktionsbereichen (F&E, Design, Marketing, Vertrieb und Kundendienst) entstehen. Die Berechnung der Verrechnungspreise kann sich an den Istkosten oder an den Sollkosten orientieren.

3. *Verhandlungspreise*: In manchen Fällen haben die Untereinheiten eines Unternehmens die Freiheit, den Transferpreis untereinander auszuhandeln und dann zu entscheiden, ob sie firmenintern kaufen und verkaufen oder mit externen Partnern ins Geschäft kommen wollen. Die Untereinheiten können in diesen Verhandlungen Informationen über Kosten und Marktpreise verwenden, aber der gewählte Verrechnungspreis muß nicht notwendig in irgendeinem besonderen Verhältnis zu den Kosten oder Marktpreisdaten stehen. Verhandlungspreise werden oft eingesetzt, wenn die Marktpreise stark schwanken und sich ständig verändern. Der Verrechnungspreis ist dann das Ergebnis eines Verhandlungsprozesses zwischen der Lieferabteilung und der Abnehmerabteilung.

Idealerweise sollte die gewählte Methode zur Bestimmung der Transferpreise dazu führen, daß jeder Manager einer Untereinheit aus der Sicht der Gesamtorganisation optimale Entscheidungen trifft. Die Verrechnungspreise sollten helfen, die Strategien und Ziele einer Organisation zu erreichen und sollten zu ihrer Struktur passen. Insbesondere sollten sie zur *Zielkongruenz* und zu einem konstant hohen Niveau an *Engagement* bei den Managern beitragen. Die Liefereinheit sollten motiviert sein, die Herstellkosten eines Produkts oder einer Dienstleistung niedrig zu halten, und die Abnehmereinheit sollten motiviert sein, die Inputs auf effiziente Weise zu erwerben und zu verwenden. Wenn das Topmanagement einen hohen Grad an Dezentralisierung bevorzugt, sollten die Verrechnungspreise auch zu einem hohen Niveau an *Autonomie* in der Entscheidungsfindung der Untereinheiten beitragen. **Autonomie** steht hier für den Grad an Entscheidungsfreiheit.

25.6 EIN BEISPIEL

Horizon Petroleum hat drei Abteilungen. Jede arbeitet als Profit Center. Die Aufgabe der Produktionsabteilung ist die Förderung von Rohöl aus einem Ölvorkommen in der Nähe von Matamoros, Mexiko. Die Transportabteilung ist für den Betrieb der Pipeline zuständig, die das Rohöl aus der Gegend von Matamoros nach Houston, Texas, transportiert. Die Raffinerieabteilung betreibt die Raffinerie in Houston, die das Rohöl zu Benzin verarbeitet. (Der Einfachheit halber nehmen wir an, daß Benzin das einzige verkäufliche Produkt der Raffinerie ist und daß man zwei Barrel Rohöl braucht, um ein Barrel Benzin herzustellen.)

Wir gehen davon aus, daß die variablen Kosten in jeder Abteilung jeweils nur von einem einzigen Kostentreiber abhängen: in der Produktionsabteilung von der Ölfördermenge, in der Transportabteilung von der Menge des transportierten Rohöls und in der Raffinerieabteilung von der produzierten Benzinmenge. Die Fixkosten pro Mengeneinheit beziehen sich auf die geplante jährliche Rohölmenge, die gefördert und transportiert werden soll und die geplante Benzinproduktion. Horizon Petroleum rechnet alle Kosten und Erlöse des Betriebs außerhalb der USA zum jeweils herrschenden Wechselkurs in US-Dollar um.

- Die Produktionsabteilung kann im Matamoros-Gebiet Rohöl zu 13 $ pro Barrel an externe Geschäftspartner verkaufen.
- Die Transportabteilung "kauft" Rohöl von der Produktionsabteilung, transportiert es nach Houston und "verkauft" es dann an die Raffinerieabteilung. Die Pipeline von Matamoros nach Houston hat eine Kapazität von 40.000 Barrel Rohöl pro Tag.
- Die Raffinerieabteilung hat an ihrer Kapazitätsgrenze 30.000 Barrel Rohöl pro Tag verarbeitet (durchschnittlich 10.000 Barrel pro Tag von der Produktionsabteilung der Firma und 20.000 Barrel pro Tag zu 18 $ pro Barrel von anderen Produzenten).
- Die Raffinerieabteilung verkauft ihr Benzin zu einem Preis von 52 $ pro Barrel.

Tafel 25.1

Betriebsdaten für Horizon Petroleum

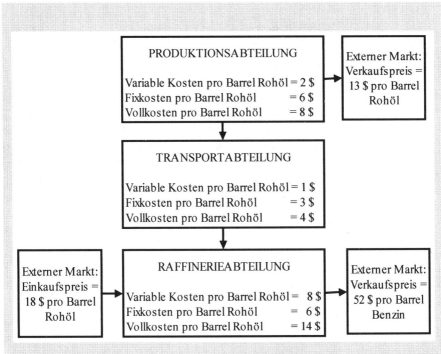

Tafel 25.1 gibt einen Überblick über die variablen und fixen Kosten pro Einheit des Kostentreibers in jeder Abteilung von Horizon Petroleum, die externen Marktpreise für den Kauf und Verkauf von Rohöl und die externen Marktpreise für den Verkauf von Benzin. Wir vergleichen den Betriebsgewinn der Abteilungen, der aus den drei Methoden der Transferpreissetzung resultiert, für eine Reihe von Transaktionen in deren Verlauf die Produktionsabteilung der Firma 100 Barrel Rohöl fördert.

Die Verrechnungspreise pro Barrel Rohöl lauten bei den drei Methoden wie folgt. Bei Methode B sind die Kosten der hereingekommenen Produkte durch ein Sternchen (*) gekennzeichnet.

- **Methode A: Marktpreisorientierte Verrechnungspreise**
  Von der Produktionsabteilung zur Transportabteilung: 13 $
  Von der Transportabteilung zur Raffinerieabteilung: 18 $
- **Methode B: Kostenorientierte Verrechnungspreise zu 110 % der Vollkosten**
  Von der Produktionsabteilung zur Transportabteilung: 1,10 (2 $ + 6 $) = 8,80 $
  Von der Transportabteilung zur Raffinerieabteilung : 1,10 (8,80 $* + 1 $ + 3 $) = 14,08 $

- **Methode C: Zwischen den Abteilungen ausgehandelte Verrechnungspreise, die zwischen den marktpreisorientierten und den kostenorientierten Verrechnungspreisen liegen**
  Von der Produktionsabteilung zur Transportabteilung: 10 $
  Von der Transportabteilung zur Raffinerieabteilung: 16,75 $

Tafel 25.2 zeigt den Betriebsgewinn der Abteilungen bei 100 Barrel Rohöl, der bei jeder der Methoden zur Bestimmung der Transferpreise ausgewiesen wird. Transferpreise schaffen Erlöse für die Lieferabteilung und entsprechende Kosten für die Abnehmerabteilung, die sich bei der Konsolidierung der Abteilungsergebnisse gegenseitig aufheben. Die Tafel beruht auf der Voraussetzung, daß die unterschiedlichen Preissetzungsmethoden keine Auswirkungen auf die Entscheidungen und Aktionen der Abteilungsmanager haben. Der gesamte Betriebsgewinn von Horizon Petroleum aus der Förderung, dem Transport und der Raffinerie von 100 Barrel Rohöl ist deshalb der gleiche (700 $ = 2.600 $ Erlöse minus Kosten von 800 $ in der Produktionsabteilung, 400 $ in der Transportabteilung und 700 $ in der Raffinerieabteilung), unabhängig von den verwendeten internen Verrechnungspreisen. Wenn der gesamte Betriebsgewinn unverändert bleibt, rücken die Auswirkungen der Transferpreissetzungsmethoden auf die Betriebsgewinne der Abteilungen in den Mittelpunkt der Aufmerksamkeit. Diese Gewinne sind bei den drei Methoden sehr verschieden. In der Produktionsabteilung liegen der niedrigste und der höchste Gewinn um 420 $ auseinander (80 $ - 500 $), in der Transportabteilung um 175 $ (100 $ - 275 $) und in der Raffinerieabteilung um 392 $ (100 $ - 492 $). Man beachte, daß jede Abteilung eine andere Transferpreissetzungsmethode wählen würde, wenn es nur darum ginge, den Betriebserfolg der eigenen Abteilung zu maximieren: Die Produktionsabteilung würde Marktpreise wählen, die Transportabteilung würde ausgehandelte Preise bevorzugen und die Raffinerieabteilung würde sich für 110 % der Vollkosten entscheiden. Kein Wunder, daß Abteilungsmanager ein beträchtliches Interesse an der Festsetzung von Verrechnungspreisen haben, besonders diejenigen unter ihnen, deren Bezahlung direkt vom Betriebserfolg der Abteilung abhängt.

Tafel 25.2 zeigt, wie die Wahl der Transferpreismethode den gleichen Kuchen Unternehmensgewinn unter den einzelnen Abteilungen aufteilt. In späteren Abschnitten dieses Kapitels wird deutlich werden, daß die Wahl einer Transferpreissetzungsmethode auch die Entscheidungen der einzelnen Abteilungsmanager beeinflussen kann und damit auch die Größe des Gewinnkuchens selbst.

Tafel 25.2

Betriebsgewinn der Abteilungen von Horizon Petroleum bei 100 Barrel Rohöl unter alternativen Methoden der Transferpreisbestimmung

	Methode A	Methode B	Methode C
	Interne Transfers zu Marktpreisen	Interne Transfers zu 110 % der Vollkosten	Interne Transfers zu Verhandlungspreisen
1. Produktionsabteilung			
Erlöse			
13 $, 8,80 $, 10 $, × 100	1.300 $	880 $	1.000 $
abzüglich:			
Variable Kosten , 2 $ × 100	200 $	200 $	200 $
Fixkosten, 6 $ × 100	600 $	600 $	600 $
Betriebsgewinn der Abteilung	500 $	80 $	200 $
2. Transportabteilung			
Erlöse			
18 $, 14,08 $, 16,75 $, × 100	1.800 $	1.408 $	1.675 $
Abzüglich			
Transferkosten, 13 $, 8,80 $, 10 $, × 100	1.300 $	880 $	1.000 $
Variable Kosten, 1 $ × 100	100 $	100 $	100 $
Fixkosten, 3 $ × 100	300 $	300 $	300 $
Betriebsgewinn der Abteilung	100 $	128 $	275 $
3. Raffinerieabteilung			
Erlöse			
52 $ × 50	2.600 $	2.600 $	2.600 $
Abzüglich:			
Transferkosten, 18 $, 14,08 $, 16,75 $ × 100	1.800 $	1.408 $	1.675 $
Variable Kosten, 8 $ × 50	400 $	400 $	400 $
Fixkosten, 6 $ × 50	300 $	300 $	300 $
Betriebsgewinn der Abteilung	100 $	492 $	225 $

25.7 MARKTPREISORIENTIERTE VERRECHNUNGSPREISE

Der Fall des vollkommenen Wettbewerbs

Der Transfer von Produkten oder Dienstleistungen zu Marktpreisen führt im allgemeinen zu optimalen Entscheidungen, wenn die folgenden drei Bedingungen erfüllt sind: (1) Auf dem Markt für die Zwischenprodukte herrscht vollkommener Wettbewerb, (2) die Abhängigkeiten zwischen den Untereinheiten sind minimal und (3) dem Unternehmen insgesamt entstehen keine zusätzlichen Kosten oder Nutzen, wenn die Transaktionen nicht intern sondern am Markt abgewickelt werden. Auf einem Markt herrscht vollkommener Wettbewerb, wenn das Produkt homogen ist, der Angebotspreis dem Nachfragepreis entspricht und kein einzelner Käufer oder Verkäufer diese Preise durch sein eigenes Verhalten beeinflussen kann. Bei vollkommenem Wettbewerb kann ein Unternehmen durch die Verwendung von marktpreisorientierten Verrechnungspreisen die Zielkongruenz, das Engagement der Manager und (falls erwünscht) die Autonomie der Untereinheiten unterstützen.

Betrachten wir noch einmal das Beispiel von Horizon Petroleum unter der Annahme, daß auf dem Rohölmarkt in der Matamoros-Region vollkommener Wettbewerb herrscht. Infolgedessen kann die Produktionsabteilung zu 13 $ pro Barrel beliebig viel Rohöl verkaufen und die Transportabteilung kann zu diesem Preis beliebig viel Rohöl kaufen. Horizon möchte, daß seine Manager das Rohöl intern kaufen und verkaufen. Welche Entscheidungen würden die Manager treffen, wenn sie die Option hätten, das Rohöl auch extern zu kaufen und zu verkaufen? Wenn der Transferpreis zwischen der Produktionsabteilung und der Transportabteilung unter 13 $ festgelegt wird, wird der Manager der Produktionsabteilung motiviert sein, die gesamte Produktion zu 13 $ pro Barrel an externe Kunden zu verkaufen. Wird der Transferpreis oberhalb von 13 $ festgelegt, so hat der Manager der Transportabteilung einen Anreiz, seinen gesamten Rohölbedarf von externen Zulieferern zu kaufen. Ein Verrechnungspreis von 13 $ wird beide Abteilung motivieren, intern zu kaufen und zu verkaufen.

Angenommen, jeder Abteilungsmanager (jede Abteilungsmanagerin) ist motiviert, den Betriebsgewinn der eigenen Abteilung zu maximieren. Die Produktionsabteilung wird (intern oder extern) soviel Rohöl verkaufen, wie sie mit Gewinn absetzen kann, und die Transportabteilung wird (intern oder extern) soviel Rohöl kaufen, wie sie mit Gewinn transportieren kann. Bei einem Verrechnungspreis von 13 $ sind die Aktionen, die den Abteilungsbetriebsgewinn maximieren, auch diejenigen, die den Betriebsgewinn von Horizon Petroleum insgesamt maximieren. Die Marktpreise dienen auch dazu, den wirtschaftlichen Erfolg und die Rentabilität jeder einzelnen Abteilung zu bewerten.

Temporäre Niedrigpreise

Wenn das Angebot die Nachfrage übersteigt, können die Marktpreise weit unter ihren historischen Durchschnitt fallen. Oft ist es schwierig zu entscheiden, ob ein solcher Preisverfall vorübergehender Natur ist. Die Marktpreise verschiedener landwirtschaftlicher Produkte wie Weizen und Hafer sind viele Jahre lang auf einem Niveau geblieben, das Beobachter ursprünglich für temporär hielten.

Welche Transferpreissetzungsmethode sollte man bei der Erfolgsbeurteilung anwenden, wenn am Markt ein temporärer Niedrigpreis herrscht? Manche Unternehmen verwenden den Niedrigpreis selbst, andere verwenden langfristige Durchschnittspreise oder "normale" Marktpreise. Kurzfristig sollte der Manager der Lieferabteilung den Niedrigpreis akzeptieren, so lange er über den Grenzkosten des Produkts oder der Dienstleistung liegt; ist das nicht der Fall, so sollte die Lieferabteilung die Produktion einstellen und die Abnehmerabteilung sollte das Produkt oder die Dienstleistung von einem externen Anbieter kaufen. Durch diese Handlungsweisen würde der Betriebsgewinn des Gesamtunternehmens steigen. Verwendet man einen langfristigen Durchschnittspreis und zwingt den Manager, intern zu einem über dem gegenwärtigen Marktpreis liegenden Verrechnungspreis zu kaufen, so geht das auf Kosten des Erfolgs seiner Abteilung, deren Rentabilität damit zu gering ausgewiesen wird. Wenn die Preise jedoch langfristig niedrig bleiben, muß der Manager der Lieferabteilung entscheiden, ob ein Teil der Produktionsanlagen verkauft oder stillgelegt werden soll, damit die Abnehmerabteilung das Produkt von außen einkaufen kann.

25.8 KOSTENORIENTIERTE VERRECHNUNGSPREISE

Kostenorientierte Verrechnungspreise sind nützlich, wenn keine Marktpreise existieren oder wenn es zu teuer ist, sie herauszufinden. Es kann sich zum Beispiel um ein sehr spezielles oder einmaliges Produkt handeln, für das keine Preislisten verfügbar sind, oder das interne Produkt kann sich von den extern verfügbaren Produkten in bezug auf Qualität und Service unterscheiden.

Vollkostenbasis

In der Praxis verwenden viele Unternehmen Verrechnungspreise, die auf den Vollkosten beruhen. Diese Preise können jedoch zu suboptimalen Entscheidungen führen. Angenommen Horizon Petroleum wickelt seine internen Transfers zu 110 % der Vollkosten ab. Die Raffinerieabteilung in Houston kauft durchschnittlich 20.000 Barrel Rohöl pro Tag von einer Firma in Houston, die das Rohöl an die Raffinerie liefert. Kauf und Lieferung kosten 18 $ pro Barrel. Um die Rohölkosten zu reduzieren, hat die Raffinerieabteilung einen unabhängigen Produzenten in Matamoros gefunden, der bereit ist, 20.000 Barrel Rohöl pro Tag zu 13 $ pro Barrel zu kaufen und an die Pipeline von Horizon in Matamoros zu liefern. Aufgrund der Organisationsstruktur von

Horizon würde die Transportabteilung die 20.000 Barrel Rohöl in Matamoros kaufen, nach Houston transportieren und dort an die Raffinerieabteilung weiterverkaufen. Die Pipeline hat unausgelastete Kapazitäten und kann die 20.000 Barrel zu variablen Kosten von 1 $ pro Barrel durchleiten, ohne den Transport des Rohöls der Produktionsabteilung von Horizon zu beeinträchtigen. Werden die Kosten bei Horizon Petroleum niedriger sein, wenn die Firma das Rohöl von dem unabhängigen Produzenten in Matamoros kauft oder wenn sie es von ihrem Zulieferer in Houston kauft? Wird die Raffinerieabteilung niedrigere Rohöleinkaufskosten aufweisen, wenn sie Öl von dem Produzenten in Matamoros benutzt oder wenn sie bei ihrem bisherigen Zulieferer aus Houston bleibt?

Die folgende Analyse zeigt, daß der Betriebsgewinn von Horizon Petroleum insgesamt maximiert würde, wenn das Öl von dem unabhängigen Produzenten in Matamoros gekauft würde. Die Analyse vergleicht die Differenzkosten aller Abteilungen unter den beiden folgenden Alternativen.

- *Alternative 1*: Kaufe 20.000 Barrel vom Zulieferer in Houston zu 18 $ pro Barrel. Gesamtkosten für Horizon Petroleum = 20.000 × 18 $ = 360.000 $
- *Alternative 2*: Kaufe 20.000 Barrel in Matamoros zu 13 $ pro Barrel und transportiere sie nach Houston zu variablen Kosten von 1 $ pro Barrel. Gesamtkosten für Horizon Petroleum = 20.000 × (13 $ + 1 $) = 280.000 $

Die Verwendung des unabhängigen Produzenten in Matamoros führt zu einer Senkung der Gesamtkosten für Horizon Petroleum um 80.000 $.

Nehmen wir nun an, daß der Transferpreis von der Transportabteilung zur Raffinerieabteilung 110 % der Vollkosten beträgt. Die Raffinerieabteilung wird feststellen, daß ihre ausgewiesenen Kosten steigen, wenn sie das Rohöl von dem unabhängigen Produzenten in Matamoros kauft:

$$
\begin{aligned}
\text{Transferpreis} \quad = \quad & 1{,}10 \times (\text{Einkaufspreis vom Produzenten in Matamoros} \\
& + \text{variable Kosten der Transportabteilung pro Outputeinheit} \\
& + \text{Fixkosten der Transportabteilung pro Outputeinheit}) \\
= \quad & 1{,}10 \times (13\ \$ + 1\ \$ + 3\ \$) = 1{,}10 \times 17\ \$ = 18{,}70\ \$
\end{aligned}
$$

- *Alternative 1*: Kaufe 20.000 Barrel vom Zulieferer in Houston zu 18 $ pro Barrel. Gesamtkosten für die Raffinerieabteilung = 20.000 × 18 $ = 360.000 $
- *Alternative 2*: Kaufe 20.000 Barrel von der Transportabteilung von Horizon Petroleum, die von dem unabhängigen Produzenten in Matamoros stammen. Gesamtkosten für die Raffinerieabteilung = 20.000 × 18,70 $ = 374.000 $

Als Proft Center kann die Raffinerieabteilung ihr kurzfristiges Betriebsergebnis maximieren, wenn sie von dem Zulieferer in Houston kauft.

Die Methode der Transferpreissetzung hat dazu geführt, daß die Raffinerieabteilung die Fixkosten der Transportabteilung (mit einem Aufschlag von 10 %) als variable

Kosten betrachtet. Das liegt daran, daß die Raffinerieabteilung jedes Barrel, das sie von der Transportabteilung erhält, als variable Kosten in Höhe von 18,70 $ behandelt. Wenn 10 Barrel geleifert werden, kostet das die Raffinerieabteilung 187 $, bei 100 Barrel 1.870 $. Aus der Sicht der Gesamtfirma betragen die variablen Kosten 14 $ (13 $ für den Einkauf bei dem unabhängigen Produzenten und 1 $ für den Transport nach Houston). Die übrigen 4,70 $ (18,70 $ - 14 $) pro Barrel sind Fixkosten und Kostenaufschläge der Transportabteilung. Der Kauf von Rohöl in Houston kostet Horizon Petroleum 18 $ pro Barrel. Für das Unternehmen ist es billiger, in Matamoros zu kaufen. Aber die Raffinerieabteilung sieht das Problem anders. Aus ihrer Sicht ist es günstiger für 360.000 $ von dem Zulieferer in Houston zu kaufen, denn der Einkauf in Matamoros kostet die Abteilung 374.000 $. Der Verrechnungspreis, der auf den Vollkosten und einem Gewinnaufschlag beruht, führt zu Zielinkongruenz.

Welcher Transferpreis sorgt sowohl bei der Transportabteilung als auch bei der Raffinerieabteilung für Zielkongruenz? Die Untergrenze für den Transferpreis beträgt 14 $ pro Barrel; ein niedrigerer Preis würde bedeuten, daß die Transportabteilung keinen Anreiz hätte, Rohöl von dem unabhängigen Hersteller in Matamoros zu kaufen, während ein höherer Preis einen Deckungsbeitrag für die Fixkosten erzeugt. Die Obergrenze für den Verrechnungspreis ist 18 $ pro Barrel; ein Preis über 18 $ veranlaßt die Raffinerieabteilung dazu, das Rohöl auf dem externen Markt und nicht von der Transportabteilung zu kaufen. Ein Verrechnungspreis zwischen diesen Grenzen, also zwischen 14 und 18 $, stellt Zielkongruenz her: Beide Abteilungen erhöhen ihren jeweiligen ausgewiesenen Betriebsgewinn, wenn das Rohöl von dem unabhängigen Produzenten in Matamoros gekauft wird. Insbesondere ein Verrechnungspreis auf der Basis der Vollkosten von 17 $ ohne einen Gewinnzuschlag sorgt für Zielkongruenz. Die Transportabteilung wird keinen Betriebsgewinn aufweisen und wird als Cost Center bewertet werden. Umfragen zeigen, daß Manager Verrechnungspreise auf der Basis der Vollkosten bevorzugen, denn sie liefern die relevanten Kosten für langfristige Entscheidungen und erleichtern die Produktpreisgestaltung auf der Basis der Vollkosten.

Die Verwendung von Verrechnungspreisen auf Vollkostenbasis, die einen entsprechenden Anteil an den fixen Overheadkosten enthalten, wirft andere Fragen auf. Wie werden die Gemeinkosten auf die Produkte aufgeschlüsselt? Sind die Aktivitäten, Kostenpools und Kostentreiber korrekt identifiziert worden? Sind die festgelegten Gemeinkostensätze Istkosten- oder Plankostensätze? Ähnliche Fragen sind in den Kapitel 13 und 14 im Zusammenhang mit der Aufschlüsselung der Fixkosten aufgetaucht. Transferkosten auf Vollkostenbasis, bei deren Berechnung aktivitätsorientierte Kostentreiber verwendet wurden, ergeben genauere Kostenbezugsgrößen für die Zurechnung der Kosten auf die Produkte. Durch die Verwendung von Plankosten und Plankostensätzen kennen beide Abteilungen den Verrechnungspreis im Voraus. Auch Veränderungen der Outputmenge bei der Lieferabteilung haben keinen Einfluß auf den Verrechnungspreis.

Anteilige Verrechnung der Differenz zwischen dem minimalen und dem maximalen Verrechnungspreis

Ein alternativer kostenorientierter Ansatz für Horizon Petroleum wäre ein Transferpreis, der die Differenz von 4 $ zwischen dem maximalen Transferpreis, den die Raffinerieabteilung zu zahlen bereit ist, und dem minimalen Transferpreis, den die Transportabteilung fordert, gerecht aufteilt. Angenommen Horizon Petroleum verteilt die 4 $ auf der Basis der variablen Plankosten der Transportabteilung und der Raffinerieabteilung für eine gegebene Menge an Rohöl. Aus den Daten der Tafel 25.2 (Seite 853) ergeben sich die variablen Kosten wie folgt:

Variable Kosten der Transportabteilung für den Transport von 100 Barrel Rohöl	100 $
Variable Kosten der Raffinerieabteilung für die Verarbeitung von 100 Barrel Rohöl	400 $
	500 $

Die Tranportabteilung erhält 100 $/500 $ × 4,00 $ = 0,80 $ und die Raffinerieabteilung erhält 400 $/500 $ × 4,00 $ = 3,20 $ von der Preisdifferenz. Damit wäre der Verrechnungspreis zwischen der Transportabteilung und der Raffinerieabteilung 14,80 $ pro Barrel Rohöl (13 $ Einkaufspreis + 1 $ variable Kosten + 0,80 $ Anteil der Transportabteilung). Das ist im wesentlichen ein Verrechnungspreis auf der Basis der variablen Plankosten plus Zuschlag.

Damit die Aufteilung des Beitrags zum Betriebsgewinn des Gesamtunternehmens in Höhe von 4 $ auf die Abteilungen festgelegt werden kann, muß jede Abteilung Informationen über ihre variablen Kosten mitteilen. In der Praxis arbeiten die Abteilungen (zumindest was diese Transaktion betrifft) nicht vollkommen dezentralisiert. Da die meisten Organisationen ohnehin Mischformen aus zentralisierten und dezentralisierten Strukturen sind, sollte man diesen Ansatz ernsthaft in Betracht ziehen, wenn die Transfers einen signifikanten Umfang haben. Man beachte jedoch, daß jede Abteilung einen Anreiz hat, ihre variablen Kosten übertrieben hoch darzustellen, um einen günstigeren Verrechnungspreis zu erhalten.

Duale Preisbildung

Es gibt selten *einen* Transferpreis, der die Kriterien Zielkongruenz, Managementengagement und Autonomie der Untereinheit gleichzeitig erfüllt. Manche Unternehmen behelfen sich mit einer **dualen Preisbildung** und bewerten jede Transaktion zwischen zwei Abteilungen mit zwei verschiedenen Verrechnungspreisen. So kann zum Beispiel die Lieferabteilung einen Preis auf der Basis der Vollkosten plus Gewinnzuschlag erhalten, während die Abnehmerabteilung für die intern transferierten Produkte den Marktpreis bezahlt. Angenommen Horizon Petroleum kauft Rohöl von dem unabhängigen Hersteller in Matamoros zum Preis von 13 $ pro Barrel. Der Journaleintrag über den Transfer zwischen der Transportabteilung und der Raffinerieabteilung kann dann folgendermaßen aussehen:

1. Die Transportabteilung (die Lieferabteilung) erhält einen Verrechnungspreis von 110 % der Vollkosten, also von 18,70 $ pro Barrel Rohöl, gutgeschrieben.

2. Die Raffinerieabteilung (die Abnehmerabteilung) wird mit einem marktpreisorientierten Verrechnungspreis von 18 $ pro Barrel Rohöl belastet.

3. Ein Unternehmenskostenkonto wird mit der Differenz zwischen den beiden Verrechnungspreisen in Höhe von 0,70 $ pro Barrel Rohöl belastet, die damit von dem Gesamtunternehmen und nicht von der Raffinerieabteilung getragen werden.

Die duale Preissetzungsmethode fördert die Zielkongruenz, denn sie sorgt dafür, daß die Raffinerieabteilung nicht schlechter fährt, wenn sie das Rohöl von der Transportabteilung kauft anstatt von einem externen Lieferanten. In beiden Fällen hat die Raffinerieabteilung Kosten in Höhe von 18 $ pro Barrel Rohöl. Durch diese duale Preissetzung erhält im Grunde die Transportabteilung eine Unternehmenssubvention. Die Folge ist, daß der Betriebsgewinn von Horizon Petroleum insgesamt niedriger ist als die Summe der Betriebsgewinne der Abteilungen.

Die duale Preissetzung ist in der Praxis nicht sehr weit verbreitet, obwohl sie die Zielkongruenzprobleme verringert, die mit einer Transferpreissetzung auf der Basis der Kosten plus Gewinnzuschlag verbunden sind. Eine Sorge des Topmanagements ist, daß der Manager der Lieferabteilung in einem dualen Preissystem nicht genug Anreiz hat, die Kosten zu kontrollieren. Eine zweite Sorge ist, daß das duale Preissystem bei den Abteilungsmanagern Unklarheit darüber stiftet, welchen Grad an Dezentralisierung das Topmanagement anstrebt. Vor allem isoliert die duale Preissetzung die Manager tendenziell von dem rauhen Wind des Marktes. Die Manager sollten die Einkaufs- und Absatzmärkte ihrer Untereinheiten so gut wie möglich kennen, und die duale Preissetzung verringert ihre Motivation, sich dieses Wissen anzueignen.

25.9 VERHANDLUNGSPREISE

Verrechnungspreise können auch das Ergebnis eines Verhandlungsprozesses zwischen der Lieferabteilung und der Abnehmerabteilung sein. Betrachten wir noch einmal die Wahl eines Verrechnungspreises für die Lieferungen von der Transportabteilung an die Raffinerieabteilung von Horizon Petroleum. Die Transportabteilung hat Überschußkapazitäten, die sie benutzen kann, um Öl von Matamoros nach Houston zu transportieren. Die Transportabteilung wird nur dann bereit sein, der Raffinerieabteilung Öl zu "verkaufen", wenn der Transferpreis mindestens 14 $ pro Barrel Rohöl beträgt und damit die variablen Kosten deckt. Die Raffinerieabteilung wird nur dann bereit sein, Rohöl von der Transportabteilung zu "kaufen", wenn die Kosten 18 $ pro Barrel nicht übersteigen, also den Preis, zu dem sie in Housten Rohöl kaufen kann.

Aus der Sicht der Gesamtfirma würde das Betriebsergebnis maximiert, wenn die Raffinerieabteilung von der Transportabteilung kaufen würde und nicht am Markt in Houston (Differenzkosten von 14 $ pro Barrel versus Differenzkosten von 18 $ pro Barrel). Beide Abteilungen wären daran interessiert, die Transaktion miteinander durchzuführen, wenn der Transferpreis zwischen 14 und 18 $ festgelegt würde. So würde zum Beispiel ein Transferpreis von 16,75 $ pro Barrel das Betriebsergebnis der Transportabteilung um 16,75 $ - 14 $ = 2,75 $ und das Betriebsergebnis der Raffinerieabteilung um 18 $ - 16,75 $ = 1,25 $ pro Barrel erhöhen.

Die Kernfrage ist, wo zwischen 14 und 18 $ der Verrechnungspreis liegen wird. Die Antwort hängt von der relativen Verhandlungsmacht der beiden Abteilungen ab. Die Verhandlungen werden besonders schwierig, wenn Horizon den Erfolg jeder Abteilung auf der Grundlage des Betriebsgewinns bewertet. Der Preis, den die beiden Abteilungen aushandeln, wird in der Regel in keinen besonderen Verhältnis zu den Kosten oder dem Marktpreis stehen. Aber Kosten- und Preisinformationen sind oft nützliche Ausgangspunkte im Verhandlungsprozeß.

25.10 EINE FAUSTREGEL FÜR TRANSFERPREISE

Es gibt keine Regel für die Transferpreissetzung, die in jeder Situation zu optimalen Entscheidungen für das Unternehmen insgesamt führt. Das liegt daran, daß die drei Kriterien Zielkongruenz, Managementengagement und Autonomie der Untereinheiten simultan berücksichtigt werden müssen. Die folgende allgemeine Richtlinie ist jedoch erfahrungsgemäß in vielen Situationen ein hilfreicher erster Schritt bei der Festlegung einer Untergrenze für den Verrechnungspreis:

$$\begin{array}{ccccc} \text{Mindest-} \\ \text{transferpreis} \end{array} = \begin{array}{c} \textit{Differenzkosten} \text{ pro Stück bis} \\ \text{zum Moment des Transfers} \end{array} + \begin{array}{c} \textit{Opportunitätskosten} \text{ pro Stück} \\ \text{für die Lieferabteilung} \end{array}$$

In diesem Zusammenhang steht der Ausdruck *Differenzkosten* für die zusätzlichen Kosten, die direkt mit der Produktion oder dem Transfer des Produkts bzw. der Dienstleistung zu tun haben. *Opportunitätskosten* sind hier definiert als maximaler Deckungsbeitrag, auf den die Lieferabteilung verzichtet, wenn sie die Produkte oder Dienstleistungen intern transferiert. Wenn zum Beispiel die Lieferabteilung an ihrer Kapazitätsgrenze arbeitet, entsprechen die Opportunitätskosten des internen Transfers einer Einheit dem externen Marktpreis abzüglich der variablen Kosten. Wir unterscheiden die Differenzkosten von den Opportunitätskosten, weil die Buchhaltung normalerweise zwar die Differenzkosten, nicht aber die Opportunitätskosten registriert.

TRANSFERPREISPRAKTIKEN AUF NATIONALER UND MULTINATIONALER EBENE

Welche Transferpreispraktiken sind weltweit üblich? Die folgenden Tabellen zeigen, wie häufig die einzelnen Transferpreissetzungsmethoden in verschiedenen Ländern angewandt werden.

Methode	USA[a]	Austr.[b]	Kan.[c]	Jap.[a]	Ind.[d]	GB[e]	Neuseel.[f]
A. Im Inland							
1. Marktpreis	37 %	13 %	34 %	34 %	47 %	26 %	18 %
2. Kosten							
variable Kosten	4 %	–	6 %	2 %	6 %	10 %	10 %
Vollkosten	41 %	–	37 %	44 %	47 %	38 %	61 %
Sonstige	1 %	–	3 %	–	–	1 %	–
Summe	46 %	65 %	46 %	46 %	53 %	49 %	71 %
3. Verhandlung	16 %	11 %	18 %	19 %	–	24 %	11 %
4. Sonstige	1 %	11 %	2 %	1 %	–	1 %	–
	100 %	100 %	100 %	100 %	100 %	100 %	100 %
B. Multinational						g	
1. Marktpreis	46 %	–	37 %	37 %	–	31 %	–
2. Kosten							
variable Kosten	3 %	–	5 %	3 %	–	5 %	–
Vollkosten	37 %	–	26 %	38 %	–	28 %	–
Sonstige	1 %	–	2 %	–	–	5 %	–
Summe	41 %	–	33 %	41 %	–	38 %	–
3. Verhandlung	13 %	–	26 %	22 %	–	20 %	–
4. Sonstige	0 %	–	4 %	–	–	11 %	–
	100 %	–	100 %	100 %	–	100 %	–

a. Tang, Walter und Raymond, "Transfer Pricing."
b. Joye und Blayney, "Cost and Management Accounting."
c. Tang, "Canadian Transfer."
d. Govindarajan und Ramamurthy, "Transfer Pricing."
e. Drury, Braund, Osborne und Tayles, *A Survey of Management Accounting.*
f. Hoque und Alam, "Organization Size."
g. Mostafa, Sharp und Howard, "Transfer Pricing."
Vollständige Quellenangaben in Anhang A.

Umfragen zur betrieblichen Praxis

TRANSFERPREISPRAKTIKEN (FORTSETZUNG)

Die Umfragen zeigen, daß Manager in allen Ländern im Inland kostenorientierte Verrechnungspreise häufiger verwenden als marktpreisorientierte Verrechnungspreise. Bei multinationalen Transfers werden marktpreisorientierte und kostenorientierte Methoden gleich häufig eingesetzt.

Welche Faktoren sehen Manager bei Entscheidungen über Verrechnungspreise im Inland als wichtig an? Umfragen haben zu folgendem Ergebnis geführt (in der Reihenfolge der Wichtigkeit): (1) Erfolgsbewertung, (2) Managementmotivation, (3) Preis- und Produktbetonung und (4) Anerkennung am externen Markt.[a]

Folgende Faktoren sind für Entscheidungen über multinationale Preise von Bedeutung (in der Reihenfolge ihrer Wichtigkeit): (1) Gesamtgewinn des Unternehmens, (2) steuerrechtliche Unterschiede zwischen den beteiligten Ländern, (3) Beschränkungen für die Repatriierung von Gewinnen oder Dividenden und (4) die Wettbewerbsposition der Tochtergesellschaften in ihren jeweiligen Märkten.[b]

a. Price Waterhouse, *Transfer Pricing Practices.*
b. Tang, "Canadian Transfer."

Wir illustrieren die allgemeine Richtlinie für einige spezifische Situationen anhand von Daten aus den Produktions- und Transportabteilungen von Horizon Petroleum.

1. *Auf dem Markt für das Zwischenprodukt herrscht vollkommener Wettbewerb, und die Lieferabteilung hat keine freien Kapazitäten.* Wenn auf dem Rohölmarkt vollkommener Wettbewerb herrscht, kann die Produktionsabteilung alles Rohöl, das sie produziert, am externen Markt zu 13 $ pro Barrel verkaufen und wird keine unausgelasteten Kapazitäten haben. Die Differenzkosten der Produktionsabteilung betragen 2 $ pro Barrel Rohöl (siehe Tafel 25.1, Seite 851). Die Opportunitätskosten des internen Öltransfers entsprechen dem Deckungsbeitrag pro Barrel von 11 $ (Marktpreis von 13 $ minus variable Kosten von 2 $), auf den die Produktionsabteilung verzichtet, wenn sie das Rohöl nicht am externen Markt verkauft. In diesem Fall gilt

$$\begin{array}{ccccc} \text{Mindesttransferpreis} \\ \text{pro Barrel} \end{array} = \begin{array}{c} \textit{Differenzkosten} \\ \textit{pro Barrel} \end{array} + \begin{array}{c} \textit{Opportunitätskosten} \\ \textit{pro Barrel} \end{array}$$

$$= \quad 2\ \$ + 11\ \$ = 13\ \$ = \text{Marktpreis pro Barrel}$$

Marktpreisorientierte Verrechnungspreise sind ideal, wenn auf den Märkten vollkommener Wettbewerb herrscht und die Kapazitäten voll ausgelastet sind.

2. *Auf dem Markt für das Zwischenprodukt herrscht kein vollkommener Wettbewerb, und die Produktionsabteilung hat freie Kapazitäten.* Wenn am Absatzmarkt kein vollkommener Wettbewerb herrscht, kann man die Kapazitätsauslastung nur erhöhen, indem man den Preis senkt. Freie Kapazitäten existieren, weil es sich oft nicht lohnt, den Preis zu senken, das heißt, eine Preissenkungen würde den Betriebsgewinn schmälern.

Wenn die Produktionsabteilung unausgelastete Kapazitäten hat, sind die Opportunitätskosten für den internen Transfer des Öls gleich null, denn die Abteilung verzichtet nicht auf externen Umsatz und damit auch nicht auf irgendwelche Deckungsbeiträge. In diesem Fall gilt

Differenzkosten pro Barrel   +   *Opportunitätskosten* pro Barrel   = 2 $ pro Barrel

Man beachte, daß jeder Verrechnungspreis zwischen 2 $ und 13 $ (dem Preis, zu dem die Transportabteilung Rohöl in Matamoros kaufen kann) die Produktionsabteilung motiviert, Rohöl zu fördern und an die Transportabteilung zu verkaufen, und die Transportabteilung motiviert, Rohöl von der Produktionsabteilung zu kaufen. In dieser Situation könnte die Firma entweder einen kostenorientierten Verrechnungspreis verwenden oder den beiden Abteilungen gestatten, den Preis selbst untereinander auszuhandeln.

Im allgemeinen wird jedoch bei unvollkommenem Wettbewerb durch die Möglichkeit, Nachfrage und Betriebsergebnis über die Preise zu beeinflussen, die Messung der Opportunitätskosten erschwert. Der Transferpreis hängt von den ständig schwankenden Niveaus von Angebot und Nachfrage ab. Es gibt nicht nur einen Transferpreis sondern ein Spektrum von Preisen für unterschiedliche Angebots- und Nachfragemengen in Abhängigkeit von den Differenz- und Opportunitätskosten der gelieferten Produkteinheiten.

3. *Es gibt keinen Markt für das Zwischenprodukt.* Das wäre zum Beispiel der Fall, wenn bei Horizon Petroleum das Öl direkt aus der Förderquelle in die Pipeline fließen würde und nicht an externe Kunden verkauft werden könnte. Hier sind die Opportunitätskosten der internen Lieferung von Rohöl gleich null, denn, da es nicht möglich ist, das Öl extern zu verkaufen, entgeht der Produktionsabteilung auch kein Deckungsbeitrag. Nach der Faustregel wäre die Untergrenze für den Verrechnungspreis gleich den Differenzkosten pro Barrel also gleich 2 $. Wie in Fall 2 wäre die Zielkongruenz durch jeden Verrechnungspreis zwischen 2 $ und 13 $ garantiert. Wenn der Verrechnungspreis auf 2 $ festgesetzt würde, würde natürlich die Produktionsabteilung niemals einen Betriebsgewinn verzeichnen und damit ein schlechtes Ergebnis aufweisen. Ein Ansatz zur Lösung dieses Problems besteht darin, daß man die Transportabteilung anweist, eine Pauschalsumme zu bezahlen, um die Fixkosten zu decken und einen gewissen Betriebsgewinn zu erzeugen, während die Produktionsabteilung das Öl weiterhin zu den Differenzkosten von 2 $ pro Barrel abgibt.

25.11 MULTINATIONALE TRANSFERPREISE UND BESTEUERUNG

Transferpreise haben oft steuerliche Implikationen. Das betrifft nicht nur die Einkommensteuer sondern – je nach den beteiligen Ländern – auch Lohnsummensteuern, Einfuhrzölle, Umsatzsteuern, Mehrwertsteuern, Umweltabgaben und andere Abgaben, die der Staat von Organisationen erhebt. Eine vollständige Behandlung der steuerlichen Aspekte von Transferpreisentscheidungen würde den Rahmen dieses Buches sprengen. Hier geht es uns lediglich darum, zu unterstreichen, wie wichtig es ist, steuerliche Faktoren und insbesondere die Einkommensteuer bei Transferentscheidungen zu berücksichtigen.

Nehmen wir die Daten von Horizon Petroleum in Tafel 25.2 Angenommen die Produktionsabteilung in Mexiko zahlt mexikanische Einkommensteuern in Höhe von 30 % des Betriebsgewinns, während die Transport- und die Raffinerieabteilung in den Vereinigten Staaten Einkommensteuern in Höhe von 20 % des Betriebsgewinns zahlen. Die folgende Tabelle zeigt, daß die Firma Horizon Petroleum ihre gesamten Einkommensteuerzahlungen minimiert, wenn sie 110 % der Vollkosten als Verrechnungspreis ansetzt:

	Transferpreissetzungsmethode		
	Marktpreis	**110 % der Vollkosten**	**Verhandlungspreis**
Betriebsgewinn bei 100 Barrel Rohöl			
Produktionsabteilung (1)	500 $	80 $	200 $
Transport- und Raffinerieabteilungen (2)	200 $	620 $	500 $
Summe (3) = (1) + (2)	700 $	700 $	700 $
Einkommensteuer bei 100 Barrel Rohöl			
Produktionsabteilung (4) = $0,30 \times (1)$	150 $	24 $	60 $
Transport- und Raffinerieabteilungen (5) = $0,20 \times (2)$	40 $	124 $	100 $
Summe (6) = (4) + (5)	190 $	148 $	160 $

Steuerliche Überlegungen können anderen Zielen der Transferpreissetzung widersprechen. Angenommen auf dem Markt für Rohöl in Matamoros herrscht vollkommener Wettbewerb. In diesem Fall garantiert ein marktpreisorientierter Verrechnungspreis Zielkongruenz und gibt einen Anreiz zum Engagement. Er hilft der Firma auch, die wirtschaftliche Rentabilität der Produktionsabteilung festzustellen. Er ist aber teuer im Hinblick auf die Einkommensteuer.

Horizon Petroleum würde für die Steuerbilanz einen Verrechnungspreis in Höhe von 110 % der Vollkosten bevorzugen. Die Steuergesetze in den Vereinigten Staaten und in Mexiko schränken diese Möglichkeit ein. Insbesondere die mexikanischen Steuerbehörden wissen, daß Horizon Petroleum einen Anreiz hat, den ausgewiesenen Gewinn in Mexiko zu reduzieren, um die Einkommensteuer zu minimieren. Sie würden jedem Versuch, durch einen niedrigen Verrechnungspreis Gewinne an die Transport- und Raffinerieabteilungen zu verschieben, den Kampf ansagen.

Abschnitt 482 des Internal Revenue Code (USA: einheitliches Steuergesetz des Bundes, Anm. d. Übers.) regelt die Besteuerung von multinationalen Transferpreisen. Die Regelung verlangt, daß die Transferpreise für materielles und immaterielles Eigentum zwischen einer Firma und ihren Auslandsabteilungen oder Tochtergesellschaften dem Preis entsprechen, den ein unabhängiger Dritter für eine vergleichbare Transaktion fordern würde.[127] In Abschnitt 482 wird anerkannt, daß Verrechnungspreise Marktpreise oder Kostenpreise mit einem Gewinnzuschlag (der den Gewinnmargen für vergleichbare Transaktionen entspricht) sein können.[128]

Der vollkommene Wettbewerb auf dem Markt für Rohöl in Matamoros würde Horizon Petroleum wahrscheinlich zwingen, die Lieferungen von der Produktionsabteilung an die Transportabteilung zum Marktpreis zu verrechnen. Horizon Petroleum könnte erfolgreich argumentieren, daß der Verrechnungspreis unterhalb des Marktpreises liegen sollte, weil die Produktionsabteilung keine Marketing- und Vertriebskosten hat, wenn sie Rohöl an die Transportabteilung "verkauft". Nach dem Internal Revenue Code der USA könnte Horizon Petroleum sich die Verrechnungspreisvereinbarungen von den Steuerbehörden im Voraus genehmigen lassen.

Nehmen wir ein anderes Beispiel einer US-amerikanischen Firma, die irische Produkte herstellt und verkauft. Irland bietet Steuervorteile und andere Investitionsanreize, die dazu führen, daß die Irlandabteilung auf ihren in Irland erzielten Gewinn niedrigere Steuern bezahlt. Das Unternehmen hat deshalb einen Anreiz, den Preis für Liefe-

---

[127]Dieser sogenannte **Fremdvergleichsgrundsatz** (*arm's length principle*) ist heute weltweit anerkannt und einheitlich definiert. So sind zum Beispiel nach dem deutschen Außensteuergesetz konzerninterne Lieferungen und Leistungen zum Zweck der Besteuerung zu Bedingungen zu verrechnen, „die voneinander unabhängige Dritte unter gleichen oder ähnlichen Verhältnissen vereinbart hätten" (§1 Abs.1, AStG). In der Praxis ist der Fremdvergleich mit zahlreichen Schwierigkeiten behaftet. Siehe z.B. Vögele, Borstell, Engler und Kotschenreuther, Handbuch der Verrechnungspreise (2. Teil: Steuerliche Systematik der Prüfung), München 1997. [Anm. d. Übers.]

[128]Business International Corporation, *International Transfer Pricing* (New York, 1991); A. King, "The IRS's New Neutron Bomb," *Management Accounting* (Dezember 1992); Coopers und Lybrand, *Tax Topics Advisory* (21. Jan. 1993); P. Rooney und N. Suit, "IRS Relaxes Transfer Pricing Rules," *International Tax Review* (Oktober 1994); und D. K. Dolan und D. Bower, "Final Transfer Pricing Regulations," *Tax Management International Journal* (Juli 1994).

rungen in die Vereinigten Staaten so hoch wie möglich anzusetzen, um den in Irland
ausgewiesenen Gewinn zu maximieren und den Gewinn in den Vereinigten Staaten,
der mit Steuersätzen bis zu 40 % besteuert wird, möglichst niedrig zu halten. Abschnitt 482 beschränkt jedoch die Möglichkeiten der Transferpreissetzung auf den
Preis, der von einem unabhängigen Dritten gefordert würde.

Um den multiplen Zielen der Transferpreissetzung gerecht zu werden, könnte ein Unternehmen beschließen, für die Steuererklärung und für das interne Berichtswesen unterschiedliche Bücher zu führen. Das Problem dabei ist, daß die Steuerbehörden zwei
verschiedene Buchführungen als Hinweis interpretieren könnten, daß das Unternehmen seinen zu versteuernden Gewinn manipuliert, um Steuern zu hinterziehen.

Zusätzliche Faktoren, die bei multinationalen Verrechnungspreisen eine Rolle spielen, sind Zölle und andere Abgaben, die auf den Import in ein Land erhoben werden.
Hier geht es um ähnliche Überlegungen wie bei den oben diskutierten Einkommensteuern: Die Unternehmen haben einen Anreiz, die Verrechnungspreise für Produkte,
die in ein Land importiert werden, niedrig anzusetzen, um die Zölle und Einfuhrabgaben für diese Importe zu reduzieren.

Zu den bisher beschriebenen unterschiedlichen Motiven für die Wahl von Verrechnungspreisen kommen in manchen Ländern noch Restriktionen für die Überweisung
von Gewinn- oder Dividendeneinkommen ins Ausland hinzu. Indem man die Preise
für firmeninterne Lieferungen und Leistungen an Abteilungen in diesen Ländern erhöht, kann man die Gewinne, die von dort an die Muttergesellschaft abgeführt werden
müssen, verringern, ohne den Anschein zu erwecken, daß Beschränkungen für die
Überweisung von Gewinnen oder Dividenden verletzt worden seien.

TRANSFERPREISSPIELE

Überall auf der Welt verwenden Steuerbehörden und Regierungsbeamte viel Aufmerksamkeit auf die Steuerzahlungen von ausländischen Unternehmen, die innerhalb ihres Landes ihre Geschäfte betreiben. In den Vereinigten Staaten hat das enorme Bundeshaushaltsdefizit dazu geführt, daß man sich noch mehr dafür interessiert, ob ausländische Unternehmen einen fairen Anteil an den amerikanischen Steuern bezahlen. Kern des Problems sind die Verrechnungspreise, die Unternehmen zugrundelegen, wenn sie firmenintern Produkte von einem Land ins andere liefern.

1993 hat der IRS, der US-amerikanische Internal Revenue Service (die größte Bundessteuerbehörde, Anm. d. Übers.) Ermittlungen angestellt und herausgefunden, daß die Nissan Motor Company ihre Steuerschuld in den USA minimiert hatte, indem sie für die aus Japan importierten Pkws und Lastwagen "unrealistisch" hohe Verrechnungspreise festgelegt hatte. Nissan argumentierte, daß die Firma in den Vereinigten Staaten niedrige Gewinnmargen aufrechterhalten hätte, um langfristig den Marktanteil in einem sehr wettbewerbsintensiven Markt zu erhöhen. Zuletzt willigte Nissan ein, 170 Millionen $ an den IRS zu bezahlen. Dadurch entstand für Nissan aber kein Verlust. Die japanische Steuerbehörde National Tax Agency (NTA) hat Nissan die Zahlung an den IRS in voller Höhe zurückerstattet.

Im Mai warf die NTA der Coca-Cola Corporation vor, daß sie die in Japan erzielten Gewinne vorsätzlich zu niedrig ausgewiesen hätte, und zwar zum einen, indem sie ihrer japanischen Tochterfirma "überhöhte" Verrechnungspreise für das vom Mutterunternehmen importierte Konzentrat und andere Materialien in Rechnung gestellt hätte, und zum anderen, indem sie von ihrer japanischen Tochterfirma "überhöhte" Lizenzgebühren erhoben hätte. Die NTA verhängte Steuernachzahlungen und Strafen in Höhe von 150 Millionen $. Die NTA hat ähnliche Aktionen auch gegen drei europäische Pharmaunternehmen durchgeführt, nämlich gegen Ciba-Geigy, Roche und Hoechst.

In allen diesen Fällen entsteht deshalb ein Streit darüber, was ein "fairer" Verrechnungspreis sei, weil es für das transferierte Produkt keinen leicht beobachtbaren Marktpreis gibt. Angesichts des hohen und steigenden Umfangs multinationaler Investitionen werden Streitigkeiten über multinationale Verrechnungspreise wahrscheinlich ein bedeutendes Thema bleiben.

Quelle: C. Pass, "Transfer Pricing in Multinational Companies," *Management Accounting*, September 1994.

AUFGABE

Die Pillercat Corporation ist ein stark dezentralisiertes Unternehmen. Jeder Abteilungsmanager kann über Einkauf und Verkauf souverän entscheiden. Die Metallverarbeitungsabteilung von Pillarcat war bisher die Hauptlieferquelle der 2.000 Kurbelwellen, die die Traktorenabteilung pro Jahr benötigt.

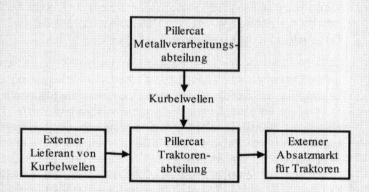

Die Traktorenabteilung hat jedoch soeben angekündigt, daß sie plant, im kommenden Jahr ihren gesamten Bedarf an Kurbelwellen von zwei externen Lieferanten zu 200 $ pro Stück zu kaufen. Die Metallverarbeitung hat kürzlich ihren Preis für das kommende Jahr von 200 $ auf 220 $ pro Stück erhöht.

Juan Gomez, der Manager der Metallverarbeitungsabteilung, ist der Meinung, daß die zehnprozentige Preiserhöhung voll gerechtfertigt ist. Sie ergibt sich aus höheren Abschreibungssätzen für einige neue Spezialwerkzeuge, die zur Herstellung von Kurbelwellen verwendet werden, und aus einem Anstieg der Arbeitskosten. Gomez will, daß der Präsident der Pillercat Corporation die Traktorenabteilung anweist, alle ihre Kurbelwellen von der Metallverarbeitungsabteilung zum Stückpreis von 220 $ zu kaufen. Für die Herstellung einer Kurbelwelle entstehen der Pillercat Corporation Kosten in Höhe von 190 $; das sind die variablen Kosten der Metallverarbeitungsabteilung. Die Fixkosten der Metallverarbeitungsabteilung betragen 20 $ pro Kurbelwelle.

1. Berechnen Sie den Vorteil oder Nachteil (gemessen am monatlichen Betriebsergebnis) für das Gesamtunternehmen, wenn die Traktorenabteilung die Kurbelwellen intern von der Metallverarbeitungsabteilung bezieht, und zwar für jeden der folgenden Fälle.

   a. Die Metallverarbeitungsabteilung hat keine alternative Verwendung für die Produktionsanlagen, an denen die Kurbelwellen hergestellt werden.

Aufgabe zum Selbststudium

AUFGABE (FORTSETZUNG)

b. Die Metallverarbeitungsabteilung kann die Produktionsanlagen für andere Herstellungsabläufe einsetzen und dadurch einen monatlichen Cash-flow von 29.000 $ erzeugen.

c. Die Metallverarbeitungsabteilung hat keine alternative Verwendung für die Produktionsanlagen und der externe Zulieferer senkt seinen Preis auf 185 $ pro Kurbelwelle.

2. Wie würden Sie als Präsident von Pillarcat auf die Forderung von Juan Gomez reagieren, daß die Traktorenabteilung angewiesen werden sollte, alle ihre Kurbelwellen von der Metallverarbeitungsabteilung zu beziehen? Würde Ihre Antwort je nach den Szenarien, die in den Teilen a, b und c der Aufgabe 1 beschrieben sind, unterschiedlich ausfallen? Wenn ja, warum?

LÖSUNG

1. Berechnung für die firmeninterne Beschaffung der Kurbelwellen:

	Fall (a)	Fall (b)	Fall (c)
Gesamte Einkaufskosten beim Einkauf von einem externen Zulieferer (2.000 × 200 $, 200 $, 185 $)	400.000 $	400.000 $	370.000 $
Gesamte Differenzkosten beim Einkauf von der Metallverarbeitungsabteilung (2.000 × 190 $)	380.000 $	380.000 $	380.000 $
Gesamte Opportunitätskosten der Metallverarbeitungsabteilung	–	29.000 $	–
Summe der relevanten Kosten	380.000 $	409.000 $	380.000 $
Monatlicher Vorteil (Nachteil) im Betriebsergebnis der Pillarcat Corporation beim internen Einkauf	20.000 $	(9.000) $	(10.000) $

Die allgemeine Faustregel, die wir in diesem Kapitel als ersten Schritt zur Bestimmung eines Verrechnungspreises eingeführt haben, kann benutzt werden, um die Alternativen aufzuzeigen:

Aufgabe zum Selbststudium

LÖSUNG (FORTSETZUNG)

Fall	Differenzkosten pro Einheit	+	Opportunitätskosten pro Einheit	=	Transfer-preis	Externer Marktpreis
(a)	190 $	+	0 $	=	190 $	200 $
(b)	190 $	+	14,50 $ (29.00 $: 2.000)	=	204,50 $	200 $
(c)	190 $	+	0 $	=	190 $	185 $

Die Traktorenabteilung wird den monatlichen Betriebsgewinn der Pillercat Corporation maximieren, in dem sie in Fall (a) von der Metallverarbeitungsabteilung kauft und in den Fällen (b) und (c) von einem externen Zulieferer.

2. Die Pillercat Corporation ist ein stark dezentralisiertes Unternehmen. Wenn die Traktorenabteilung nicht zum internen Transfer gezwungen würde, würde sie einen externen Zulieferer benutzen, was in den Fällen (b) und (c) der Aufgabe 1 zu einem optimalen Ergebnis für die Gesamtfirma führen würde, nicht jedoch in Fall (a).

Nehmen wir an, daß im Fall (a) die Metallverarbeitungsabteilung sich weigert, den Preis von 200 $ zu akzeptieren. Diese Entscheidung bedeutet, daß die Firma kurzfristig um 20.000 $ weniger Gewinn macht. Sollte die Unternehmensleitung eingreifen und einen Transfer zum Preis von 200 $ erzwingen? Dieses Eingreifen würde die Philosophie der Dezentralisierung unterminieren. Viele Firmenleitungen würden nicht eingreifen, denn sie würden die 20.000 $ als unvermeidliche Kosten einer suboptimalen Entscheidung betrachten, die bei Dezentralisierung gelegentlich vorkommt. Wie hoch müssen diese Kosten aber sein, bevor die Versuchung einzugreifen unwiderstehlich wird? 30.000 $? 40.000 $?

Jedes Eingreifen des Topmanagements in die Entscheidungen der unteren Ebenen schwächt die Dezentralisierung. Natürlich kann eine solche Intervention gelegentlich notwendig sein, um kostspielige Fehler zu vermeiden. Aber wiederholtes Eingreifen und wiederholte Einschränkungen führen einfach dazu, daß eine dezentralisierte Organisation in eine zentral geführte Organisation umgewandelt wird.

Aufgabe zum Selbststudium

Erfolgsmessung und Leistungsanreize

Wir haben in vielen Kapiteln Erfolgsmaße diskutiert, jedesmal in einem ganz bestimmten buchhalterischen Kontext. In Kapitel 11 zum Beispiel wurden Situationen beschrieben, in denen eine Entscheidung, die sich bei einer Analyse der relevanten Kosten als richtig erweist, möglicherweise nicht getroffen wird, weil das System der Erfolgsbeurteilung den Managern einen Anreiz gibt, sich anders zu verhalten. In diesem Kapitel werden Konstruktion, Einführung und Verwendung von Erfolgsmaßen allgemeiner behandelt.

Erfolgsmaße sind ein zentraler Bestandteil eines Planungs- und Steuerungssystems. Gute Planungs- und Steuerungsentscheidungen setzen Informationen über den Erfolg der verschiedenen Untereinheiten einer Organisation voraus. Um effektiv zu sein, muß ein Planungs- und Steuerungssystem Manager und Belegschaft dazu motivieren, sich anzustrengen, um die Organisationsziele zu erreichen. Erfolgsbewertung und Belohnung sind Schlüsselelemente der Mitarbeitermotivation.

Die Messung des Erfolgs der Untereinheiten sollte eine Voraussetzung für die Allokation von Ressourcen innerhalb einer Organisation sein. Wenn eine Untereinheit neue Aktivitäten entwickelt, prognostiziert sie Erlöse, Kosten und Kapitalbedarf. Das Topmanagement kann sich bei Entscheidungen über zukünftige Allokationen von periodischen Vergleichen der Ist- und Sollzahlen leiten lassen.

Die Messung des Erfolgs von Managern wird zugrundegelegt, wenn es um Entscheidungen über ihre Gehälter, Prämien, zukünftigen Aufgaben und Karriereschritte geht. Darüberhinaus kann schon der Akt der Messung selbst die Manager motivieren, sich um die für die Leistungsbewertung relevanten Ziele zu bemühen.

In diesem Kapitel geht es um Fragen der Konstruktion von Erfolgsmaßen für unterschiedliche Ebenen einer Organisation und ihre jeweiligen Manager. Dabei werden sowohl finanzielle wie auch nicht-finanzielle Erfolgsmaße diskutiert.

26.1 FINANZIELLE UND NICHT-FINANZIELLE ERFOLGSMAßE

Viele allgemeine Erfolgsmaße wie zum Beispiel das Betriebsergebnis stützen sich auf interne finanzielle Informationen aus der Buchführung. Mehr und mehr ergänzen die Unternehmen diese internen finanziellen Indikatoren durch Maße, die auf externen finanziellen Informationen (zum Beispiel Aktienpreise), auf internen nicht-finanziellen Informationen (wie zum Beispiel die Fertigungsdurchlaufzeit) und auf externen nichtfinanziellen Informationen (wie zum Beispiel die Kundenzufriedenheit) beruhen. Hinzu kommt, daß die Unternehmen ihre finanziellen und nicht-finanziellen Erfolgsmaße mit *Benchmarks* vergleichen, das sind die entsprechenden Zahlen anderer Unternehmen, die als "best performers", also als besonders erfolgreich, gelten. Um am weltweiten Markt konkurrenzfähig zu sein, müssen die Unternehmen die erfolgreichsten Konkurrenten erreichen oder ihnen zumindest nahe kommen.

Manche Unternehmen stellen finanzielle und nicht-finanzielle Erfolgsmaße für verschiedene Untereinheiten der Organisation in einem einzigen Bericht mit der Bezeichnung *Balanced Scorecard* dar (siehe Kapitel 19, Seite 659). Verschiedene Unternehmen betonen unterschiedliche Elemente ihrer Scorecards, aber die meisten Scorecards enthalten (1) Rentabilitätsmaße, (2) Kundenzufriedenheitsmaße, (3) interne Maße für Effizienz, Qualität und Zeit und (4) Innovationsmaße.[129]

Conner Peripherals, ein Hersteller von Festplattenlaufwerken, verwendet innerhalb dieser Kategorien die folgenden Maße:

- *Rentabilitätsmaße*: Betriebserfolg und Umsatzwachstum.
- *Kundenzufriedenheitsmaße*: Marktanteil, Kundenreaktionszeit, Lieferpünktlichkeit und Produktverläßlichkeit.
- *Maße für Effizienz, Qualität und Zeit*: Effizienzabweichung des Fertigungsmaterials, Overheadausgabenabweichung, Fehlerquote, Ausbeute, Fertigungsdurchlaufzeit, Anwesenheit, und Lagerbestand.
- *Innovationsmaße*: Anzahl neuer Patente, Anzahl neu eingeführter Produkte und Produktentwicklungszeit.

Die Balanced Scorecard zeigt Trade-Offs auf, auf die sich ein Manager vielleicht eingelassen hat. Sie zeigt zum Beispiel an, ob Verbesserungen beim finanziellen Erfolg auf Kosten der Investitionen in neue Produkte oder auf Kosten der Lieferpünktlichkeit erreicht worden sind. Die ausgewählten nicht-finanziellen Maße signalisieren den Mitarbeitern diejenigen Bereiche, die aus der Sicht des Topmanagements für den Erfolg des Unternehmens entscheidend sind. Manche Erfolgsindikatoren, wie zum Beispiel die Anzahl der neu entwickelten Patente, haben einen langfristigen Zeithorizont. Andere Maße wie die Materialverbrauchsabweichungen, die Overheadausgabenabweichung und die Ausbeute, haben einen kurzfristigen Zeithorizont. Wir konzentrieren uns auf die am weitesten verbreiteten Indikatoren, die einen mittel- bis langfristigen Zeithorizont abdecken. Das sind interne finanzielle Maße, die auf routinemäßig erfaßten Buchhaltungszahlen beruhen.

---

[129]Siehe R. Kaplan und D. Norton, "The Balanced Scorecard – Measures That Drive Performance," *Harvard Business Review* (Jan.-Feb. 1992), S. Hronec, *Vital Signs* (New York: American Management Association, 1993) und R. Kaplan und D. Norton, "Using the Balanced Scorecard as a Strategic Management System," *Harvard Business Review* (Jan.-Feb. 1996).

Umfragen zur betriebl. Praxis

NICHT-FINANZIELLE ERFOLGSMAßE

Überall in der Welt ergänzen Unternehmen die finanziellen Erfolgsmaße durch nicht-finanzielle Informationen. Die folgende Tabelle zeigt die in fünf Ländern verwendeten nicht-finanziellen Indikatoren in der Reihenfolge ihrer Wichtigkeit (1 = am wichtigsten).

	USA[a]	Austr.[b]	Irland[c]	Japan[b]	GB[b]
Produktqualität und Fehler	1	1	3	1	1
Lieferpünktlichkeit	2	2	4	2	2
Termineinhaltung	3	–	–	–	–
Output pro Stunde	4	–	1	–	–
Fehlzeiten	–	3	-	4	3
Produktentwicklungszeit	–	4	-	3	4
Fabrikauslastung	–		2	–	–

a Smith und Sullivan, "§Survey of Cost."
b Blayney und Yokoyama, "Comparative Analysis."
c Clarke, "Management Accounting Practices."
Vollständige Quellenangaben in Anhang A.

Die Umfragen zeigen, daß diese nicht-finanziellen Erfolgsindikatoren extensiv verwendet werden. Produktqualität ist das wichtigste interne nicht-finanzielle Erfolgsmaß überhaupt. Lieferpünktlichkeit ist der wichtigste externe nicht-finanzielle Erfolgsindikator.

26.2 DIE KONSTRUKTION VON BUCHFÜHRUNGSGESTÜTZTEN ERFOLGSMAßEN

Wenn man ein buchführungsgestütztes Erfolgsmaß konstruieren will, muß man in den folgenden Schritten vorgehen:

Schritt 1: Auswahl der Variablen, die die finanziellen Ziele des Topmanagements repräsentieren. Wird zum Beispiel der finanzielle Erfolg einer Abteilung am besten durch den Betriebsgewinn, den Nettogewinn, die Kapitalrentabilität oder den Umsatz gemessen?

Schritt 2: Definition der Posten, die in den Variablen aus Schritt 1 enthalten sein sollen. Soll zum Beispiel die Kapitalrentabilität als Gesamtkapitalrentabilität oder als Nettokapitalrentabilität (Aktivvermögen minus Verbindlichkeiten) definiert werden?

Schritt 3: Auswahl der Maße für die Posten in den Variablen aus Schritt 1. Soll zum Beispiel das Aktivvermögen zu historischen Kosten, zu laufenden Kosten oder zum Gegenwartswert gemessen werden?

Schritt 4: Auswahl eines Ziels, an dem die Leistung gemessen werden soll. Sollen zum Beispiel alle Abteilungen die gleiche Mindestverzinsung des Kapitals anstreben?

Schritt 5: Festlegung der Zeitabstände für das Feedback. Soll das Management zum Beispiel die Produktionsberichte täglich, wöchentlich oder monatlich erhalten?

Diese fünf Schritte brauchen nicht sequentiell abgearbeitet zu werden. Die Themen, um die es in jedem Schritt geht, sind voneinander unabhängig, und oft wird ein Entscheidungsträger diese Schritte mehrmals durcharbeiten, bevor er ein bestimmtes buchführungsgestütztes Erfolgsmaß auswählt. Die Antworten auf die Fragen in jedem Schritt werden verschieden ausfallen, je nachdem wie gut und wie kostengünstig aus der Sicht des Topmanagements jede Alternative die in Kapitel 25 diskutierten Kriterien Zielkongruenz, Mitarbeiterengagement und Autonomie der Untereinheiten erfüllt.

26.3 VERSCHIEDENE ERFOLGSMAßE

In diesem Abschnitt stellen wir Schritt 1 dar, indem wir vier häufig gebrauchte Maße zur Bewertung des wirtschaftlichen Erfolgs von Untereinheiten einer Organisation beschreiben. Gute Erfolgsmaße fördern die Zielkongruenz zwischen Untereinheit und Organisation und erleichtern den Vergleich zwischen verschiedenen Untereinheiten. Wir illustrieren diese Maße am Beispiel der Firma Hospitality Inns.

Hospitality Inns besitzt und betreibt drei Motels in San Francisco, Chicago und New Orleans. Tafel 26.1 faßt die Daten des vergangenen Jahres (19_8) für jedes der drei Motels zusammen. Hospitality Inns schlüsselt nicht die gesamten langfristigen Verbindlichkeiten des Unternehmens auf die drei Motels auf. Tafel 26.1 zeigt, daß das Motel in New Orleans den höchsten Betriebsgewinn erwirtschaftet, nämlich 510.000 $. Das Motel in Chicago hat einen Betriebsgewinn von 300.000 $ und das Motel in San Francisco von 240.000 $. Aber ist dieser Vergleich angemessen? Ist das Motel in New Orleans am "erfolgreichsten"? Tatsächlich ignoriert man beim Vergleich des Betriebsgewinns potentielle Unterschiede im *Umfang* der Investitionen in die verschiedenen Motels. Der Begriff **Investition** bezieht sich auf die Ressourcen oder Aktiva, die zur Gewinnerzielung eingesetzt werden. Die Frage ist dann nicht, wie hoch der Betriebsgewinn als solcher ist, sondern wie hoch er ist im Vergleich zu den Ressourcen, die dafür eingesetzt wurden.

Tafel 26.1
Finanzielle Daten für Hospitality Inns, 19_8

	San Francisco (1)	Chicago (2)	New Orleans (3)	Summe (4) = (1) + (2) + (3)
Erlöse (Umsatz)	1.200.000 $	1.400.000 $	3.185.000 $	5.785.000 $
Variable Kosten	310.000 $	375.000 $	995.000 $	1.680.000 $
Fixkosten	650.000 $	725.000 $	1.680.000 $	3.055.000 $
Betriebsgewinn	240.000 $	300.000 $	510.000 $	1.050.000 $
Zinskosten für langfristige Schulden (10 %)	–	–	–	450.000 $
Gewinn vor Steuern	–	–	–	600.000 $
Einkommensteuer 30 %	–	–	–	180.000 $
Nettogewinn	–	–	–	420.000 $
Durchschnittliche Buchwerte 19_8				
Umlaufvermögen	400.000 $	500.000 $	600.000 $	1.500.000 $
Anlagevermögen	600.000 $	1.500.000 $	2.400.000 $	4.500.000 $
Summe Aktiva	1.000.000 $	2.000.000 $	3.000.000 $	6.000.000 $
Kurzfristige Verbindlichkeiten	50.000 $	150.000 $	300.000 $	500.000 $
Langfristige Verbindlichkeiten	–	–	–	4.500.000 $
Eigenkapital	–	–	–	1.000.000 $
Summe Verbindlichkeiten und Eigenkapital	–	–	–	6.000.000 $

Drei Erfolgsmaße berücksichtigen die Investition: Die Investitionsrendite oder der Return on Investment (RoI), der Residualgewinn und der wirschaftliche Mehrwert oder Economic Value Added (EVA®). Ein vierter Ansatz mißt die Umsatzrendite (RoS).

Return on Investment

Die **Investitionsrendite** oder der **Return-on-Investment (RoI)** ist definiert als ein buchhalterisches Maß für den Gewinn dividiert durch ein buchhalterisches Maß für das investierte Kapital.

$$\text{Return on Investment (RoI)} = \frac{\text{Gewinn}}{\text{Investiertes Kapital}}$$

Der RoI ist der beliebteste Ansatz, um die Kapitalbasis in ein Erfolgsmaß einzubeziehen. Der RoI ist als Konzept attraktiv, denn er vereinigt alle wichtigen Bestandteile der Rentabilität (Erlöse, Kosten und Investitionen) in einer einzigen Zahl. Man kann den RoI mit anderen Renditen innerhalb oder außerhalb des Unternehmens vergleichen. Wie jedes einzelne Erfolgsmaß sollte der RoI vorsichtig interpretiert und durch andere Erfolgsindikatoren ergänzt werden.

Verschiedene Unternehmen verwenden unterschiedliche Definitionen für den Zähler und den Nenner des RoI. Manche Firmen haben im Zähler den Betriebsgewinn, andere den Nettogewinn. Manche Firmen verwenden als Nenner das gesamte Vermögen, andere das gesamte Vermögen abzüglich der kurzfristigen Verbindlichkeiten.

Hospitality Inns kann den RoI entweder durch eine Erlössteigerung oder durch eine Kostensenkung erhöhen (in beiden Fällen steigt der Zähler) oder durch eine Verringerung der Investitionen (dadurch nimmt der Nenner ab). Der RoI ist noch informativer, wenn man ihn in die folgenden Komponenten zerlegt:

$$\frac{\text{Umsatz}}{\text{Investiertes Kapital}} \times \frac{\text{Gewinn}}{\text{Umsatz}} = \frac{\text{Gewinn}}{\text{Investiertes Kapital}}$$

Dieser Ansatz ist als *DuPont-Methode der Rentabilitätsanalyse* bekannt. Der DuPont-Ansatz beruht auf der Erkenntnis, daß zur Gewinnerzielung zwei wichtige Bestandteile gehören: Der Einsatz von Vermögen zur Umsatzsteigerung und die Erhöhung des Gewinns pro Dollar Umsatz. Eine Verbesserung bei einer der beiden Komponenten erhöht den RoI, ohne daß sich die andere Komponente verändert.

Betrachten wir den RoI für jedes der drei Hospitality-Motels in Tafel 26.1. Für unsere Berechnungen verwenden wir den Betriebsgewinn jedes Motels als Zähler und das Gesamtvermögen als Nenner.

	$\dfrac{\text{Umsatz}}{\text{Gesamtvermögen}}$	×	$\dfrac{\text{Betriebsgewinn}}{\text{Umsatz}}$	=		=	$\dfrac{\text{Betriebsgewinn}}{\text{Gesamtvermögen}}$
Gegenwärtige Situation	$\dfrac{1.200.000\ \$}{1.000.000\ \$}$	×	$\dfrac{240.000\ \$}{1.200.000\ \$}$	=	$1,20 \times 0,20$	=	0,24 oder 24 %
Alternativen							
A. Vermögen (zum Beispiel Forderungen) verringern bei konstantem Umsatz und konstantem Betriebsgewinn pro Dollar Umsatz	$\dfrac{1.200.000\ \$}{800.000\ \$}$	×	$\dfrac{240.000\ \$}{1.200.000\ \$}$	=	$1,50 \times 0,20$	=	0,30 oder 30 %
B. Umsatz erhöhen (mehr Übernachtungen) bei konstantem Vermögen und konstantem Betriebsgewinn pro Dollar Umsatz	$\dfrac{1.500.000\ \$}{1.000.000\ \$}$	×	$\dfrac{300.000\ \$}{1.500.000\ \$}$	=	$1,50 \times 0,20$	=	0,30 oder 30 %
C. Kosten senken (zum Beispiel durch effiziente Instandhaltung), um den Betriebsgewinn pro Dollar Umsatz zu erhöhen bei konstantem Umsatz und konstantem Vermögen	$\dfrac{1.200.000\ \$}{1.000.000\ \$}$	×	$\dfrac{300.000\ \$}{1.200.000\ \$}$	=	$1,20 \times 0,25$	=	0,30 oder 30 %

Motel	Betriebsgewinn	:	Gesamtvermögen	=	RoI
San Francisco	240.000 $	:	1.000.000 $	=	24 %
Chicago	300.000 $	:	2.000.000 $	=	15 %
New Orleans	510.000 $	:	3.000.000 $	=	17 %

Nach diesen RoI-Zahlen zu urteilen, macht das Motel in San Francisco den besten Gebrauch von seinem Vermögen.

Angenommen, die Unternehmensleitung von Hospitality Inns führt ein RoI-Ziel von 30 % für das Motel in San Francisco ein. Wie kann diese Rendite erreicht werden? Mit Hilfe der DuPont-Methode stellen wir die gegenwärtige Situation und drei Alternativen dar (Seite 877).

Andere Alternativen wie etwa eine Erhöhung der Preise pro Zimmer und Nacht könnten sowohl den Umsatz pro Dollar Gesamtvermögen als auch den Betriebsgewinn pro Dollar Umsatz erhöhen.

Der RoI macht den Nutzen deutlich, den Manager aus einer Verringerung ihrer Investitionen in das Anlage- oder Umlaufvermögen ziehen können. Manche Manager wissen, daß es notwendig ist, den Umsatz in die Höhe zu treiben oder die Kosten zu kontrollieren, verwenden aber nicht genug Aufmerksamkeit auf die Verringerung ihrer Vermögensbasis. Das Betriebsvermögen zu reduzieren bedeutet, unnötig hohe Kassenbestände zu verringern, ein vernünftiges Kreditmanagement zu praktizieren, sich über die richtige Höhe der Lagerbestände klar zu werden und bei den Ausgaben für Anlageinvestitionen vorsichtig zu sein.

Residualgewinn

Der **Residualgewinn** (*residual income*) ist der Gewinn minus der angestrebten Mindestverzinsung der Investitionen.

Residualgewinn = Gewinn - (angestrebte Mindestrendite × investiertes Kapital)

Das Produkt aus der angestrebten Mindestrendite und dem investierten Kapital nennt man auch *kalkulatorische Kosten* (*imputed costs*) der Investition. **Kalkulatorische Kosten** sind Kosten, die in bestimmten Situationen erkannt werden, die aber nicht in der regulären Buchführung auftauchen. Sie werden in den Geschäftsbüchern nicht aufgeführt, weil sie kein Aufwand sondern ein entgangener Ertrag sind. Hier stellen sie den Ertrag dar, auf den Hospitality Inns verzichtet, weil die Firma Kapital in verschiedenen Investitionen mit vergleichbarem Risiko bindet. Angenommen jedes Motel ist mit ähnlichen Risiken behaftet. Hospitality Inns definiert den Residualgewinn für jedes Motel als Betriebsgewinn abzüglich einer angestrebten Mindestrendite von 12 % auf das Gesamtvermögen des Motels:

Motel	Betriebsgewinn	-	angetrebte Mindestrendite	×	investiertes Kapital	=	Residual-gewinn
San Francisco	240.000 $	-	12 %	×	1.000.000 $	=	120.000 $
Chicago	300.000 $	-	12 %	×	2.000.000 $	=	60.000 $
New Orleans	510.000 $	-	12 %	×	3.000.000 $	=	150.000 $

Bei einer angestrebten Mindestrendite von 12 % ist das Motel in New Orleans gemessen am Residualgewinn am erfolgreichsten.

Manche Unternehmen bevorzugen den Residualgewinn, weil die Manager sich hier darauf konzentrieren, einen Dollarbetrag zu maximieren und nicht einen Prozentsatz wie beim Return-on-Investment. Bei der Zielsetzung Maximierung des Residualgewinns geht man davon aus, daß eine Abteilung expandieren sollte, solange sie eine Rendite erzielt, die über der angestrebten Mindestrendite für Investitionen liegt.

Die Zielsetzung Maximierung des RoI kann dazu führen, daß Manager von sehr profitablen Abteilungen Projekte verwerfen, die aus der Sicht des Gesamtunternehmens genehmigt werden sollten. Um das zu illustrieren gehen wir wieder davon aus, daß Hospitality Inns eine Mindestverzinsung von 12 % anstrebt. Weiter sei angenommen, daß eine Erweiterung des Motels in San Francisco den Betriebsgewinn dieses Motels um 160.000 $ und sein Gesamtvermögen um 800.000 $ erhöhen würde. Die Erweiterung hat also einen RoI von 20 % (160.000 $: 800.000 $) und ist damit für Hospitality Inns als Gesamtunternehmen attraktiv. Der Manager in San Francisco wird allerdings durch diese Erweiterung den RoI seines Motels verringern:

$$\text{RoI vor der Erweiterung} = \frac{240.000 \ \$}{1.000.000 \ \$} = 24 \ \%$$

$$\text{RoI nach der Erweiterung} = \frac{(240.000 \ \$ + 160.000 \ \$)}{1.000.000 \ \$ + 800.000 \ \$)} = \frac{400.000 \ \$}{1.800.000 \ \$} = 22,2 \ \%$$

Die Jahresprämie für den Manager in San Francisco kann sich verringern, wenn der RoI eine wichtige Komponente der Prämienberechnung ist und wenn der Manager sich für die Erweiterungsoption entscheidet. Im Gegensatz dazu wird er die Erweiterung günstig beurteilen, wenn die Jahresprämie eine Funktion des Residualgewinns ist:

$$\text{Residualgewinn vor der Erweiterung} = 240.000 \ \$ - (12 \ \% \times 1.000.000 \ \$)$$
$$= 120.000 \ \$$$

$$\text{Residualgewinn nach der Erweiterung} = 400.000 \ \$ - (12 \ \% \times 1.800.000 \ \$)$$
$$= 184.000 \ \$$$

Der Residualgewinn als Maß für den Erfolg des Abteilungsmanagers wird die Zielkongruenz wahrscheinlich eher fördern als der RoI.

Sowohl der RoI als auch der Residualgewinn stellen die Ergebnisse einer einzigen Rechnungsperiode dar (zum Beispiel eines Jahres). Manager könnten Entscheidungen treffen, die zu einer kurzfristigen Erhöhung des RoI oder des Residualgewinns führen, aber zu den langfristigen Interessen der Organisation in Widerspruch stehen. Zum Beispiel könnten sie in den letzten drei Monaten des Geschäftsjahres die Mittel für F&E und für die Anlageninstandhaltung kürzen, um ihr Soll beim jährlichen Betriebsgewinn zu erreichen. Aus diesem Grund bewerten manche Unternehmen die Untereinheiten auf der Basis des RoI und des Residualgewinns von mehreren Jahren.

Economic Value Added (EVA®)[130]

Economic Value Added (EVA®) ist eine besondere Art von Gewinnberechnung, die in jüngster Zeit viel Beachtung gefunden hat. **Economic Value Added (EVA®)** ist der Gewinn nach Steuern *minus* den gewichteten Durchschnittskosten des Kapitals (nach Steuern) *multipliziert* mit dem Gesamtvermögen abzüglich der kurzfristigen Verbindlichkeiten.

$$EVA® \quad = \quad \text{Betriebsgewinn nach Steuern}$$

$$- \text{[gewichtete Durchschnittskosten des Kapitals}$$
$$\times (\text{Gesamtvermögen - kurzfristige Verbindlichkeiten})]$$

Beim EVA® wird der Residualgewinn folgendermaßen berechnet: (1) Der Gewinn entspricht dem Betriebsgewinn nach Steuern; (2) die geforderte Mindestrendite ist gleich den gewichteten Durchschnittskosten des Kapitals; (3) die Investition entspricht dem Gesamtvermögen abzüglich der kurzfristigen Verbindlichkeiten. Wir verwenden die Daten von Hospitality Inns in Tafel 26.2, um den EVA®-Ansatz zu illustrieren.

Die wichtigste Rechnung ist der gewichtete Durchschnitt der Kapitalkosten, der den Durchschnittskosten (nach Steuern) aller langfristigen Finanzmittel entspricht, die von Hospitality Inns genutzt werden. Das Unternehmen hat zwei Quellen der langfristigen Finanzierung: langfristige Kredite mit einem Markt- und Buchwert von 4,5 Mio. $ zu einem Zinssatz von 10 % und Eigenkapital mit einem Marktwert von 3 Mio. $ (und einem Buchwert von 1 Mio. $).[131] Da Zinskosten von der Steuer abgezogen werden können, betragen die Kosten der Kreditfinanzierung nach Steuern $0,10 \times (1$ -

---

[130]G. B. Stewert III, "EVA®: Fact and Fantasy," *Journal of Applied Corporate Finance* (Sommer 1994); B. Birchard, "Mastering the New Metrics," *CFO* (Oktober 1994); S. Tully, "The Real Key to Creating Wealth," *Fortune* (27. Sept. 1993).

[131]Der Marktwert von Hospitality Inns übersteigt den Buchwert des Eigenkapitals weil der Buchwert auf den historischen Kosten beruht und damit den Marktwert des Firmenvermögens nicht widerspiegelt und weil verschiedene immaterielle Vermögenswerte wie der Markenname des Unternehmens nicht zu ihrem Marktwert in die Bilanz eingehen.

Steuersatz) = 0,10 × (1 - 0,30) = 0,10 × 0,70 = 0,07 oder 7 %. Die Kosten des Eigenkapitals entsprechen den Opportunitätskosten, also den Erträgen, auf die die Investoren verzichten, weil sie ihr Kapital nicht in eine andere Anlage mit ähnlichem Risiko investieren. Angenommen die Kosten des Eigenkapitals von Hospitality Inns sind 15 %. Die Berechnung des gewichteten Durchschnitts der Kapitalkosten auf der Basis von Marktwerten für Fremd- und Eigenkapital lautet dann wie folgt:

$$\text{Gewichtete Durchschnittskosten des Kapitals} = \frac{(0{,}07 \times 4.500.000\ \$) + (0{,}15 \times 3.000.000\ \$)}{4.500.000\ \$ + 3.000.000\ \$}$$

$$= \frac{315.000\ \$ + 450.000\ \$}{7.500.000\ \$} = \frac{765.000\ \$}{7.500.000\ \$}$$

$$= 0{,}102 \text{ oder } 10{,}2\ \%$$

Das Unternehmen wendet dieselben gewichteten Durchschnittskosten des Kapitals auf alle seine Motels an, da jedes Motel mit ähnlichen Risiken konfrontiert ist.

Das Gesamtvermögen abzüglich der kurzfristigen Verbindlichkeiten (siehe Tafel 26.1) kann auch folgendermaßen berechnet werden:

Gesamtvermögen - kurzfristige Verbindlichkeiten
= Anlagevermögen + Umlaufvermögen - kurzfristige Verbindlichkeiten
= Anlagevermögen + Nettoumlaufvermögen

Der Betriebsgewinn nach Steuern für ein Motel ist

Betriebsgewinn × (1 - Steuersatz) = Betriebsgewinn × (1 - 0,30) = Betriebsgewinn × 0,70

Die EVA®-Berechnungen für Hospitality Inns lauten folgendermaßen

$$\text{EVA}® = \text{Betriebsgewinn nach Steuern}$$

- [gewichtete Durchschnittskosten des Kapitals
× (Gesamtvermögen - kurzfristige Verbindlichkeiten)]

San Francisco $\quad \text{EVA}® =$ 240.000 $ × 0,7 - [10,2 % (1.000.000 $ - 50.000 $)]

$= 168.000\ \$ - 96.900\ \$$
$= 71.100\ \$$

Chicago $\quad \text{EVA}® =$ 300.000 $ × 0,7 - [10,2 % (2.000.000 $ - 150.000 $)]

$= 210.000\ \$ - 188.700\ \$$
$= 21.300\ \$$

New Orleans $\quad \text{EVA}® =$ 510.000 $ × 0,7 - [10,2 %(3.000.000 $ - 300.000 $)]

$= 357.000\ \$ - 275.400\ \$$
$= 81.600\ \$$

Das Motel in New Orleans hat den höchsten EVA®. Wie der Residualgewinn bestraft auch der EVA® die Manager für die Kosten ihrer Investitionen in das Anlagevermögen und Nettoumlaufvermögen. Wertschöpfung findet nur dann statt, wenn der Betriebsgewinn nach Steuern die Kosten der Kapitalinvestition übersteigt. Um den EVA® zu verbessern, müssen die Manager mit dem gleichen Kapital mehr Betriebsgewinn erwirtschaften, weniger Kapital einsetzen oder das Kapital in Projekte mit höheren Erträgen investieren. Nach der Einführung von EVA® hat das Eisenbahnunternehmen CSX begonnen, die Züge mit drei anstatt mit vier Lokomotiven fahren zu lassen und die Ankunftszeiten so zu planen, daß die Züge gerade rechtzeitig zum Abladen und nicht mehrere Stunden zu früh an ihrem Bestimmungsort ankommen. Das Ergebnis war ein höherer Gewinn, weil weniger Benzin verbraucht wurde und weniger Kapital in den Lokomotiven gebunden war. Topmanager von Unternehmen wie AT&T, Briggs & Stratton, Coca-Cola, CSX, Equifax, FMC und Quaker Oats halten dem EVA®-Konzept zugute, daß es Entscheidungen motiviert hat, durch die der Shareholder Value gestiegen ist.

Umsatzrendite

Das Gewinn-Umsatz-Verhältnis – auch Umsatzrendite oder Return-on-Sales (RoS) genannt – ist ein häufig verwendetes finanzielles Erfolgsmaß. Der RoS ist eine Komponente des RoI bei der DuPont-Methode der Rentabilitätsanalyse. Wir berechnen den RoS für jedes der Motels von Hospitality Inns als Betriebsgewinn dividiert durch den Umsatz:

Motel	Betriebsgewinn	:	Umsatz	=	Umsatzrendite
San Francisco	240.000 $	:	1.200.000 $	=	20,0 %
Chicago	300.000 $	:	1.400.000 $	=	21,4 %
New Orleans	510.000 $	:	3.185.000 $	=	16,0 %

Die folgende Tabelle faßt Erfolg und Rangfolge der Motels für jedes der vier Erfolgsmaße zusammen:

Motel	RoI (Rang)	Kal. Gew. (Rang)	EVA (Rang)	RoS (Rang)
San Francisco	24 % (1)	120.000 $ (2)	71.100 $ (2)	20,0 % (2)
Chicago	15 % (3)	60.000 $ (3)	21.300 $ (3)	21,4 % (1)
New Orleans	17 % (2)	150.000 $ (1)	81.600 $ (1)	16,0 % (3)

Die Rangfolge beim Residualgewinn und beim EVA® unterschiedet sich von denjenigen beim RoI und beim RoS. Betrachten wir die Rangfolgen beim RoI und beim kalkulatorischen Gewinn für die Motels in San Francisco und New Orleans. Das Motel in New Orleans hat einen geringeren RoI. Sein Residualgewinn ist zwar etwas mehr als zweimal so hoch ist wie derjenige des Motels in San Francisco (510.000 $ versus 240.000 $), sein Gesamtvermögen ist jedoch dreimal so hoch (3 Mio. $ versus 1 Mio. $). Damit ist die Investitionsrendite für das Motel in New Orleans niedriger als für das

Motel in San Francisco. Das Motel in New Orleans hat jedoch einen höheren Residualgewinn, das heißt, es erwirtschaftet einen höheren Betriebsgewinn nach Abzug des geforderten RoI von 12 %. Das Motel in Chicago hat die höchste Umsatzrendite aber den niedrigsten Return on Investment. Das liegt daran, daß es zwar einen sehr hohen Gewinn pro Dollar Umsatz erzielt aber gleichzeitig einen sehr niedrigen Umsatz pro Dollar Gesamtvermögen. Ist irgendeine der Methoden den anderen überlegen? Nein, denn jede bewertet einen leicht unterschiedlichen Aspekt des Erfolgs. So ist zum Beispiel in Märkten mit begrenztem Umsatzwachstum die Umsatzrendite der sinnvollste Indikator für die Leistung einer Untereinheit. Um die aggregierte Gesamtleistung zu bewerten, sind Maße wie der RoI oder der Residualgewinn besser geeignet, denn sie berücksichtigen sowohl den erzielten Gewinn als auch die investierten Geldmittel. Residualgewinn und EVA® lösen einige der Zielkongruenz-Probleme, die durch den RoI entstehen können. Manche Manager bevorzugen den EVA®, denn hier werden Steuereffekte explizit berücksichtigt, während sie im Residualgewinn vor Steuern vernachlässigt werden. Andere Manager favorisieren den Residualgewinn vor Steuern, denn er ist einfacher zu berechnen und führt oft zu den gleichen Schlußfolgerungen wie der EVA®.

Umfragen unter US-amerikanischen und japanischen Unternehmen zeigen einen extensiven Gebrauch des Nettogewinns (Gewinn nach Steuern) als Erfolgsmaß. Nach dem Nettogewinn bevorzugen amerikanische Unternehmen den RoI gegenüber der Umsatzrendite, während japanische Unternehmen die Umsatzrendite häufiger verwenden als den RoI. In letzter Zeit haben viele große US-Unternehmen begonnen, den EVA® zu verwenden, der ebenfalls den Gewinn und das investierte Kapital in den Mittelpunkt stellt. Diese Unterschiede passen auch zu Unterschieden zwischen den beiden Ländern in bezug auf die Preissetzungspraktiken. In japanischen Unternehmen wird vor allem die Vertriebsspanne betont, während in US-amerikanischen Unternehmen der RoI die größte Rolle spielt.[132] Manche Forscher spekulieren, daß japanische Manager den RoS deshalb bevorzugen, weil er leichter zu berechnen ist und weil eine ausreichend hohe Vertriebsspanne früher oder später auch dem RoI zugute kommt. Den RoI nicht in den Mittelpunkt zu stellen, hat noch weitere Vorteile. Man schafft keinen Anreiz für die Manager, Investitionen in Einrichtungen oder Ausrüstungen nur deshalb zu verschieben, weil sie auf den RoI kurzfristig negative Auswirkungen haben könnten. Tafel 26.2 zeigt die wichtigsten Erfolgsmaße, die von elf Unternehmen verwendet werden. Man beachte die Unterschiede bei der Verwendung der Erfolgsmaße RoS, RoI und EVA®.

---

[132]Siehe K. Smith und C. Sullivan, "Survey of Cost Management Systems in Manufacturing," Working Paper, Purdue University, 1990; und P. Scarbrough, A. Nanni und M. Sakurai, "Japanese Management Accounting Practices and the Effects of Assembly and Process Automation," *Management Accounting Research* **2**(1991).

Tafel 26.2

Unternehmen und ihre wichtigsten finanziellen Erfolgsmaße

Name der Firma	Sitz der Firmenzentrale	Produkt/ Geschäftsbereich	Wichtigstes finanzielles Erfolgsmaß
Dow Chemical	USA	Chemikalien	Gewinn
Xerox	USA	Photokopierer	RoS und RoI
Ford Motor	USA	Autos	RoS und RoI
Quaker Oats	USA	Lebensmittelprodukte	EVA®
AT&T	USA	Telekommunikation/ Computer	EVA®
Guinness	GB	Konsumprodukte	Gewinn und RoI
Krones	Deutschland	Maschinen/Anlagen	Umsatz und Gewinn
Mayne Nickless	Australien	Sicherheit/Transport	RoI und RoS
Mitsui	Japan	Handel	Umsatz und Gewinn
Pirelli	Italien	Autoreifen	Gewinn und Cash-flow
Swedish Match	Schweden	Konsumprodukte	RoI

Quelle: Business International Corporation, *Evaluating the Performance of International Operations* (New York, 1989); Business International Corporation, *101 More Checklists for Global Financial Management* (New York, 1992); und G. B. Stewart, "EVA®: Fact and Fantasy, " *Journal of Applied Corporate Finance* (Sommer 1994).

26.4 ALTERNATIVE DEFINITIONEN DES INVESTIERTEN KAPITALS

Anhand der verschiedenen gebräuchlichen Definitionen des investierten Kapitals illustrieren wir Schritt 2 der Konstruktion von buchführungsgestützten Erfolgsmaßen. Dabei geht es um folgende Definitionen:

1. *Verfügbares Gesamtvermögen* (*total assets available*): Es enthält alle betrieblichen Vermögenswerte unabhängig von ihrem jeweiligen besonderen Zweck.

2. *Eingesetztes Gesamtvermögen* (*total assets employed*): Es ist definiert als verfügbares Gesamtvermögen abzüglich der nicht genutzten Vermögenswerte und derjenigen Vermögenswerte, die für eine zukünftige Geschäftserweiterung angeschafft wurden. Wenn zum Beispiel das Motel in New Orleans in Tafel 26.1 über nicht genutzte Grundstücke für eine potentielle Erweiterung verfügt, würden

die Kosten dieser Grundstücke nicht zum eingesetzten Gesamtvermögen gerechnet.

3. *Anlagevermögen plus Nettoumlaufvermögen* (Umlaufvermögen minus kurzfristige Verbindlichkeiten): Diese Definition schließt den Teil des Umlaufvermögens aus, der mit kurzfristigen Krediten finanziert ist.

4. *Eigenkapital* (*stockholder's equity*): Die Anwendung dieser Definition auf jedes einzelne Motel in Tafel 26.1 setzt voraus, daß die langfristigen Verbindlichkeiten von Hospitality Inns auf die drei Motels aufgeschlüsselt und von deren Gesamtvermögen abgezogen werden.

Die meisten Unternehmen, die den RoI, den Residualgewinn oder den EVA® zur Erfolgsmessung einsetzen, verwenden entweder das verfügbare Gesamtvermögen oder das Anlagevermögen plus Nettoumlaufvermögen als Definition des investierten Kapitals. Wenn jedoch die Unternehmensleitung einen Abteilungsmanager anweist, zusätzliche Vermögenswerte vorzuhalten, kann das eingesetzte Gesamtvermögen informativer sein als das verfügbare Gesamtvermögen. Die häufigste Begründung für die Verwendung von Anlagevermögen plus Nettoumlaufvermögen besteht darin, daß der Abteilungsmanager oft die Entscheidungen über die kurzfristige Verschuldung der Abteilung beeinflußt.

26.5 ALTERNATIVE MEßMETHODEN FÜR DAS VERMÖGEN

Um Schritt 3 der Konstruktion von buchhaltungsgestützten Erfolgsmaßen zu illustrieren, betrachten wir unterschiedliche Meßmethoden für die Vermögenswerte, die in die Berechnung des investierten Kapitals eingehen. Sollten sie zu ihren Anschaffungskosten, zum Gegenwartswert, zum Wiederbeschaffungswert oder zum Restmarktwert bewertet werden? Sollte bei abschreibbaren Vermögenswerten der Bruttobuchwert oder der Nettobuchwert verwendet werden? Diese Fragen werden im folgenden untersucht.

Gegenwartswert

In den Kapiteln 22 und 23 haben wir die Bedeutung der DCF-Analyse für die Entscheidungen über die Anschaffung und die Wiederveräußerung von Vermögenswerten diskutiert. Bei diesen Analysen wird der **Gegenwartswert** (*present value*) des Vermögens gemessen. Nehmen wir ein existierendes Motel mit einer erwarteten Nutzungsdauer von 10 Jahren, erwarteten Nettoeinnahmen in Höhe von 1.200.000 $ jährlich und einem erwarteten Resterlös von 2.000.000 $. Die geforderte Mindestrendite beträgt 12 %. Der Gegenwartswert des Motels wäre 7.424.000 $ (die Abzinsungsfaktoren stammen aus den Tafeln 2 und 4, Anhang C):

Gegenwartswert einer Annuität von 1.200.000 $ für 10 Jahre abdiskontiert mit 12 %: 1.200.000 $ × 5.650	6.780.000 $
Gegenwartswert des Resterlöses von 2.000.000 $ in 10 Jahren, abdiskontiert mit 12 %: 2.000.000 $ × 0,322	
	644.000 $
Gegenwartswert des Motels	7.424.000 $

Die Gegenwartswertanalyse ist nützlich, denn sie mißt nicht den buchhalterischen Wert sondern den wirtschaftlichen Wert der Investition basierend auf den zukünftigen Cash-flows. Die Schwierigkeit bei der Berechnung des Gegenwartswerts ist die Schätzung der erwarteten Netto-Cash-flows. Deshalb beziehen nur wenige Organisationen den Gegenwartswert (und den aktuellen Marktwert) in ihre routinemäßigen Berichte mit ein. Trotzdem machen Manager immer wieder Versuche, Gegenwartswerte und Marktwerte näherungsweise zu schätzen, wenn beurteilt werden soll, ob Investitionen in bestimmte Vermögenswerte erwünscht sind. Andernfalls könnten die Manager Investitionsgelegenheiten übersehen oder Investitionsgüter veräußern, die den Wert des Unternehmens erhöhen würden. Bei der Entscheidungsregel für die Veräußerung von Investitionsgütern wird der gesamte Gegenwartswert mit dem aktuellen Marktwert verglichen. Wenn der aktuelle Marktwert höher ist als der gesamte Gegenwartswert, sollten die Vermögenswerte sofort verkauft werden.

Wiederbeschaffungswert

Der **Wiederbeschaffungswert** (*current costs*) gibt an, was es kosten würde, einen genau gleichen Vermögensgegenstand heute zu beschaffen. Das entspricht den Kosten für den Einkauf der Dienste dieses Vermögensgegenstands, wenn ein identischer Vermögensgegenstand gegenwärtig nicht beschafft werden kann. Natürlich kommt man zu anderen Werten für den RoI, wenn man das Vermögen zum Wiederbeschaffungswert ansetzt und nicht zum Anschaffungswert.

Wir illustrieren die RoI-Berechnung auf der Basis des Wiederbeschaffungswerts anhand des Beispiels der Firma Hospitality Inns (siehe Tafel 26.2) und vergleichen dann mit den RoI-Werten auf der Basis der Anschaffungskosten. Dabei gehen wir von folgenden Informationen über das Anlagevermögen der drei Motels aus:

	San Francisco	Chicago	New Orleans
Alter der Einrichtung (Ende 19_8)	8 Jahre	4 Jahre	2 Jahre
Bruttobuchwert	1.400.000 $	2.100.000 $	2.800.000 $
Akkumulierte Abschreibungen	800.000 $	600.000 $	400.000 $
Nettobuchwert (Ende 19_8)	600.000 $	1.500.000 $	2.400.000 $
Abschreibung für 19_8	100.000 $	150.000 $	200.000 $

Hospitality Inns geht von einer Nutzungsdauer von 14 Jahren und einem Resterlös von null aus und wendet ein lineares Abschreibungsverfahren an.

Ein Index der Baukosten für die achtjährige Betriebsdauer von Hospitality Inns (Jahresende 19_0 = 100) entwickelt sich wie folgt:

Jahr	19_1	19_2	19_3	19_4	19_5	19_6	19_7	19_8
Baukostenindex	110	122	136	144	152	160	174	180

Weiter oben in diesem Kapitel haben wir einen RoI von 24 % für San Francisco, 15 % für Chicago und 17 % für New Orleans berechnet (siehe Seite 878). Eine mögliche Erklärung für den hohen RoI von San Francisco liegt darin, daß das Anlagevermögen des Motels zum Baupreisniveau des Jahres 19_0 bewertet ist, während die Anlagevermögen der Motels in Chicago und New Orleans zu den höheren Baupreisniveaus späterer Jahre berechnet sind, wodurch der RoI für diese Motels gedrückt wird.

Tafel 26.3 zeigt einen schrittweisen Ansatz zur Einbeziehung geschätzter Wiederbeschaffungswerte für das Anlagevermögen und die Abschreibung in die RoI-Berechnung. Ziel ist es, näherungsweise zu schätzen, was es heute kosten würde, Vermögenswerte zu beschaffen, mit denen man den gleichen erwarteten Betriebsgewinn erwirtschaften könnte, wie derzeit mit den vorhandenen Untereinheiten. (Ähnliche Anpassungen an den Wiederbeschaffungswert des eingesetzen Kapitals und der Abschreibungen kann man auch beim Residualgewinn und der EVA®-Berechnung vornehmen.) Durch die Anpassung an den Wiederbeschaffungswert geht der RoI des Motels in San Francisco dramatisch zurück.

	RoI zu Anschaffungskosten	RoI zu Wiederbeschaffungskosten
San Francisco	24 %	10,81 %
Chicago	15 %	11,05 %
New Orleans	17 %	14,70 %

Der RoI zu Wiederbeschaffungskosten ignoriert Unterschiede in der Investitionsbasis, die ausschließlich durch unterschiedliche Baupreisniveaus zustandekommen. Deshalb ist der RoI zu Wiederbeschaffungskosten ein besseres Maß für die laufenden wirtschaftlichen Erträge aus der Investition als der RoI zu Anschaffungskosten. Er zeigt zum Beispiel auf, daß unter Berücksichtigung des aktuellen Baupreisniveaus die Investition in ein neues Motel in San Francisco einen RoI ergeben wird, der näher an 10,81 % als an 24 % liegt. Wenn Hospitality Inns heute in ein neues Motel investieren wollte, würde eines wie das in New Orleans den besten RoI bieten.

Tafel 26.3

RoI für Hospitality Inns: Berechnet auf der Grundlage des geschätzten Wiederbeschaffungswerts Ende 19_8 für Abschreibungen und Anlagevermögen

Schritt 1: Neubewertung des Anlagevermögens zum Bruttobuchwert auf der Basis der Wiederbeschaffungskosten Ende 19_8 (anstatt zum Bruttobuchwert auf der Basis der Anschaffungskosten

$$\begin{array}{c}\text{Bruttobuchwert des Anlage-}\\\text{vermögens zu Wiederbe-}\\\text{schaffungskosten Ende 19\_8}\end{array} = \begin{array}{c}\text{Bruttobuchwert des}\\\text{Anlagevermögens zu}\\\text{Anschaffungskosten}\end{array} \times \frac{\text{Baukostenindex 19\_8}}{\text{Baukostenindex im Baujahr}}$$

San Francisco   1.400.000 $ × (180 : 100) = 2.520.000 $

Chicago   2.100.000 $ × (180 : 144) = 2.625.000 $

New Orleans   2.800.000 $ × (180 : 160) = 3.150.000 $

Schritt 2: Ableitung des Nettobuchwerts des Anlagevermögens zu Wiederbeschaffungskosten Ende 19_8. (Jedes Motel hat eine geschätzte Nutzungsdauer von 14 Jahren.)

$$\begin{array}{c}\text{Nettobuchwert des Anla-}\\\text{gevermögens zu Wiederbe-}\\\text{schaffungskosten Ende}\\\text{19\_8}\end{array} = \begin{array}{c}\text{Bruttobuchwert des}\\\text{Anlagevermögens zu}\\\text{Wiederbeschaffungsko-}\\\text{sten Ende 19\_8}\end{array} \times \frac{\text{Geschätzte Restnutzungsdauer}}{\text{Geschätzte Gesamtnutzungsdauer}}$$

San Francisco   2.520.000 $ × (6 : 14) = 1.080.000 $

Chicago   2.625.000 $ × (10 : 14) = 1.875.000 $

New Orleans   3.150.000 $ × (12 : 14) = 2.700.000 $

Schritt 3: Berechnung des Wiederbeschaffungswerts des Gesamtvermögens Ende 19_8 (unter der Annahme, daß das Umlaufvermögen für jedes Motel in Preisen von 19_8 ausgedrückt ist).

$$\begin{array}{c}\text{Wiederbeschaffungs-}\\\text{wert des Gesamtvermö-}\\\text{gens Ende 19\_8}\end{array} = \begin{array}{c}\text{Umlaufvermögen}\\\text{Ende 19\_8 (aus Tafel}\\\text{26.1)}\end{array} + \begin{array}{c}\text{Nettobuchwert des Anlagevermö-}\\\text{gens zu Wiederbeschaffungskosten}\\\text{Ende 19\_8 (aus Schritt 2)}\end{array}$$

San Francisco   400.000 $ + 1.080.000 $ = 1.480.000 $

Chicago   500.000 $ + 1.875.000 $ = 2.375.000 $

New Orleans   600.000 $ + 2.700.000 $ = 3.300.000 $

Tafel 26.3 (Fortsetzung)

Schritt 4: Berechnung der Abschreibungen vom Wiederbeschaffungswert in Preisen von 19_8.

$$
\begin{array}{c}
\text{Abschreibungen vom} \\
\text{Wiederbeschaffungs-} \\
\text{wert in Preisen von} \\
19\_8
\end{array}
=
\begin{array}{c}
\text{Bruttobuchwert des Anla-} \\
\text{gevermögens zu Wieder-} \\
\text{beschaffungskosten Ende} \\
19\_8 \text{ (aus Schritt 1)}
\end{array}
\times
\frac{1}{\text{Geschätzte Gesamtnutzungsdauer}}
$$

San Francisco	2.520.000 $ × (1 : 14) = 180.000 $
Chicago	2.625.000 $ × (1 : 14) = 187.500 $
New Orleans	3.150.000 $ × (1 : 14) = 225.000 $

Schritt 5: Berechnung des Betriebsgewinns für 19_8 auf der Basis der Abschreibung vom Wiederbeschaffungswert

Betriebsgewinn für 19_8 auf der Basis der Abschreibung vom Wiederbeschaffungswert
= Betriebsgewinn auf der Basis der Anschaffungskosten
    - (Abschreibung vom Wiederbeschaffungswert in Preisen von 19_8
    - Abschreibung vom Anschaffungswert)

San Francisco	240.000 $ - (180.000 $ - 100.000 $) = 160.000 $
Chicago	300.000 $ - (187.500 $ - 150.000 $) = 262.500 $
New Orleans	510.000 $ - (225.000 $ - 200.000 $) = 485.000 $

Schritt 6: Berechnung des RoI auf der Basis der geschätzten Wiederbeschaffungsko sten des Anlagevermögens.

RoI auf der Basis der geschätzten Wiederbeschaffungskosten

$$
= \frac{\text{Betriebsgewinn 19\_8, Abschreibung vom Wiederbeschaffungswert}}{\text{Anlagevermögen zum Wiederbeschaffungswert Ende 19\_8}}.
$$

San Francisco	160.000 $: 1.480.000 $ = 10,81 %
Chicago	262.500 $: 2.375.000 $ = 11,05 %
New Orleans	485.000 $: 3.300.000 $ = 14,70 %

Die Methode der Wiederbeschaffungskosten hat den Nachteil, daß es für manche Vermögenswerte schwierig sein kann, die Wiederbeschaffungskosten zu schätzen.[133] Das

---

[133]Wenn kein spezieller Kostenindex wie der Baukostenindex zur Verfügung steht, verwenden die Unternehmen einen allgemeinen Preisindex wie etwa den Verbraucherpreisindex, um die Wiederbeschaffungskosten anzunähern.

liegt daran, daß man den technischen Fortschritt berücksichtigen muß, wenn man die Wiederbeschaffungskosten von Vermögenswerten bestimmen will, die man bräuchte, um den heutigen Betriebsgewinn zu erwirtschaften.

Anlagevermögen: Brutto- oder Nettobuchwert?

Da die Investitionen in der Praxis oft an den Anschaffungskosten gemessen werden, ist viel über die relativen Vorzüge des Bruttobuchwerts (ursprüngliche Kosten) gegenüber dem Nettobuchwert (ursprüngliche Kosten abzüglich der akkumulierten Abschreibungen) diskutiert worden. Wir verwenden die Daten in Tafel 26.1 und auf Seite 878 und berechnen den RoI für die Nettobuchwerte und Bruttobuchwerte von Anlagen und Ausrüstungen wie folgt:

San Francisco	Chicago	New Orleans

RoI für 19_8 auf der Grundlage des Nettobuchwerts des Gesamtvermögens (aus Tafel 26.1):

$$\frac{240.000\ \$}{1.000.000\ \$} = 24\ \% \qquad \frac{300.000\ \$}{2.000.000\ \$} = 15\ \% \qquad \frac{510.000\ \$}{3.000.000\ \$} = 17\ \%$$

RoI für 19_8 auf der Grundlage des Bruttobuchwerts des Gesamtvermögens (den man erhält, indem man die akkumulierten Abschreibungen von Seite 886 zum Nettobuchwert des Gesamtvermögens aus Tafel 26.1 hinzuaddiert):

$$\frac{240.000\ \$}{1.800.000\ \$} = 13,33\ \% \qquad \frac{300.000\ \$}{2.600.000\ \$} = 11,54\ \% \qquad \frac{510.000\ \$}{3.400.000\ \$} = 15\ \%$$

Wenn man vom Bruttobuchwert ausgeht, ist der RoI des älteren Motels in San Francisco (13,33 %) niedriger als der des neueren Motels in New Orleans (15 %). Diejenigen, die den Bruttobuchwert bevorzugen, behaupten, daß er genauere Vergleiche zwischen den Untereinheiten ermöglicht. So ist zum Beispiel nach den Berechnungen auf der Basis des Bruttobuchwerts der Ertrag der Anfangsinvestition in Anlage und Ausrüstung bei dem neueren Motel in New Orleans höher als bei dem älteren in San Francisco. Darin spiegelt sich wahrscheinlich der Rückgang der Ertragskraft des Motels in San Francisco. Im Gegensatz dazu wird dieser Rückgang der Ertragskraft durch die Verwendung des Nettobuchwerts verschleiert, denn die sich ständig verringernde Kapitalbasis führt zu einem höheren RoI (24 %); diese höhere Rendite kann die Entscheidungsträger irrtümlicherweise auf den Gedanken bringen, daß die Ertragskraft des Motels in San Francisco nicht abgenommen hat.

Die Befürworter der Verwendung des Nettobuchwerts als Basis argumentieren, daß er weniger verwirrend ist, weil er (1) mit dem Gesamtvermögen in der herkömmlichen Bilanz übereinstimmt und (2) zu den Nettogewinnberechnungen paßt, bei denen ebenfalls die Abschreibungen abgezogen werden. Umfragen zur betrieblichen Praxis zeigen, daß der Nettobuchwert das Vermögensmaß ist, das die Unternehmen in ihren internen Erfolgsbewertungen am häufigsten verwenden.

26.6 DIE WAHL VON ERFOLGSZIELEN UND DIE ZEITAB-
STÄNDE FÜR DAS FEEDBACK

Die Wahl von Erfolgszielen

Als nächstes betrachten wir Schritt 4, die Festlegung von Zielen, mit denen man die tatsächliche Leistung vergleichen kann. Erinnern wir uns daran, daß Maße auf der Basis der Anschaffungskosten oft keine adäquate Grundlage für die Bewertung der wirtschaftlichen Erträge neuer Investitionen liefern und manchmal von einer Expansion abschrecken. Trotz dieser Probleme kann man den RoI auf der Basis der Anschaffungskosten verwenden, um den gegenwärtigen Erfolg zu bewerten, indem man die Ziele für den RoI entsprechend anpaßt. Nehmen wir das Beispiel der Firma Hospitality Inns. Entscheidend ist, daß man sich dessen bewußt ist, daß die Motels zu verschiedenen Zeiten mit unterschiedlich hohem Baukostenindex gebaut worden sind. Die Unternehmensleitung könnte entsprechende Zielwerte für den RoI auf der Basis der Anschaffungskosten festlegen, zum Beispiel 26 % für San Francisco, 18 % für Chicago und 19 % für New Orleans.

Dennoch wird diese Alternative, daß man nämlich den tatsächlichen Erfolg mit einem Erfolgsziel vergleicht, in der Literatur häufig übersehen. Kritiker der Anschaffungskosten haben aufgezeigt, wie hohe Renditen von alten Vermögenswerten einen Manager irrtümlicherweise dazu bringen können, Ersatzinvestitionen zu unterlassen. Ungeachtet dessen lautet der Auftrag des Managers oft "Mach weiter und erreiche die Sollergebnisse". Dann sollten zumindest die Sollzahlen sorgfältig ausgehandelt werden, im vollen Bewußtsein der Fallen, die die Buchführung auf der Basis von Anschaffungskosten enthält. *Es kann nicht genug betont werden, wie wünschenswert es ist, den Finanzplan genau auf die jeweilige Untereinheit und das jeweilige Buchführungssystem hin maßzuschneidern.* So können zum Beispiel viele Probleme der Vermögensbewertung und Erfolgsmessung (ob auf der Basis von Anschaffungskosten oder von Wiederbeschaffungskosten) zufriedenstellend gelöst werden, wenn das Topmanagement jeden dazu bringt, sich darauf zu konzentrieren, was in der kommenden Planperiode erreichbar ist, unabhängig davon, ob die finanziellen Maße auf Anschaffungskosten oder einer anderen Basis wie etwa den Wiederbeschaffungskosten beruhen.

Oft setzt die Unternehmensleitung Ziele, die bereits eine kontinuierliche Verbesserung enthalten. Nehmen wir zum Beispiel die Unternehmen, die EVA® eingeführt haben. Diese Unternehmen haben in der Regel gesehen, daß es kostengünstig ist, mit dem Nettovermögen auf der Basis der Anschaffungskosten zu arbeiten, anstatt mit Schätzungen des Marktwerts oder des Wiederbeschaffungswerts. Das liegt daran, daß in diesem System die Erfolgsbewertung auf den jährlichen Veränderungen des EVA® beruht und nicht auf den absoluten Werten. Durch die Erfolgsbewertung auf

der Basis der EVA®-Verbesserungen verliert die ursprüngliche EVA®-Berech-
nungsmethode an Bedeutung.

Die Zeitabstände für das Feedback

Der fünfte und letzte Schritt bei der Konstruktion von buchführungsgestützten Erfolgsmaßen ist die Festlegung von Zeitabständen für das Feedback. Das Feedback-Ti-
ming hängt hauptsächlich davon ab, wie entscheidend die Information für den Erfolg
der Organisation ist, für welche Managementebene das Feedback gedacht ist und wie
ausgereift die Informationstechnologie der Organisation ist. So werden zum Beispiel
die für den Umsatz verantwortlichen Motelmanager die Information über die Anzahl
der belegten Zimmer täglich oder zumindest wöchentlich haben wollen. Der Grund
liegt darin, daß ein hoher Prozentsatz der Motelkosten Fixkosten sind, so daß ein hoher Auslastungsgrad der Zimmer und eine schnelle Reaktion auf negative Umsatz-
trends für den finanziellen Erfolg jedes Motels entscheidend ist. Es wäre viel
einfacher, die Manager mit täglichen Informationen über die Zimmerbelegung zu versorgen, wenn Hospitality Inns ein computergestütztes System für Zimmerreservierung
und Einchecken hätte. Für die Aufsichtsrolle der Unternehmensleitung kann es andererseits genügen, die Informationen über die tägliche Zimmerbelegung monatlich anzusehen. In manchen Fällen wird sie die Zahlen wöchentlich vorgelegt haben wollen,
zum Beispiel aus Sorge über den niedrigen Umsatz im Verhältnis zum Gesamtvermögen bei dem Motel in Chicago.

26.7 ERFOLGSMESSUNG IN MULTINATIONALEN UNTERNEH-
MEN

Der Erfolgsvergleich zwischen den Abteilungen eines multinationalen Unternehmens,
das in mehreren Ländern agiert, bereitet zusätzliche Schwierigkeiten.[134]

- Die wirtschaftlichen, rechtlichen, politischen, sozialen und kulturellen Rahmenbedingungen unterscheiden sich von Land zu Land beträchtlich.
- In manchen Ländern kann der Staat Preiskontrollen auferlegen und die Verkaufspreise für die Produkte eines Unternehmens nach oben oder unten beschränken.
  So verhängen zum Beispiel Entwicklungsländer in Asien, Lateinamerika und Ost-
  europa Einfuhrabgaben und Zölle, um den Import bestimmter Güter zu beschränken.
- Von Land zu Land kann es auch deutliche Unterschiede in der Verfügbarkeit von
  Material und qualifizierten Arbeitskräften und in den Kosten für Material, Arbeit
  und Infrastruktur (Energie, Transport und Kommunikation) geben.

---

[134]M. Z. Iqbal, T. Melcher und A. Elmallah, *International Accounting – A Global Per-
spective* (Cincinatti: Southwestern ITP, 1996).

- Unternehmensabteilungen in verschiedenen Ländern verbuchen ihre Leistungen in unterschiedlichen Währungen. Inflationsunterschiede und Wechselkursschwankungen werden dadurch zu wichtigen Problemen.

Wir beschäftigen uns zunächst mit dem letzten Punkt.

Die Berechnung des RoI der Auslandsabteilung in ausländischer Währung

Angenommen Hospitality Inns investiert in ein Motel in Mexico City. Die Investition besteht hauptsächlich aus den Kosten für Gebäude und Einrichtung. Die folgenden Informationen sind verfügbar:

- Zum Zeitpunkt der Investition, am 31. Dezember 19_7, beträgt der Wechselkurs 3 Pesos/Dollar.
- Im Laufe des Jahres 19_8 erleidet der mexikanische Peso einen stetigen und steilen Wertverfall.
  Am 31. Dezember 19_8 beträgt der Wechselkurs 6 Pesos/Dollar.
  19_8 liegt der durchschnittliche Wechselkurs bei [(3 + 6) : 2] = 4,5 Pesos/Dollar.
  Das investierte Kapital (das Gesamtvermögen) des Motels in Mexico City beträgt 9.000.000 Pesos.
  Das Motel in Mexico City hat im Jahr 19_8 einen Betriebsgewinn von 1.800.000 Pesos.

Wie hoch ist 19_8 der RoI auf der Basis der Anschaffungskosten für das Motel in Mexico City?

Hier tauchen einige spezielle Fragen auf. Sollte man den RoI in Pesos oder in Dollar berechnen? Welchen Wechselkurs sollte man verwenden, wenn man den RoI in Dollar berechnet? Wie hoch ist der RoI von Hospitality Inns Mexico City (HIMC) im Vergleich zum RoI von Hospitality Inns New Orleans (HINO), das ebenfalls ein relativ neues Motel von etwa der gleichen Größe ist? Hospitality könnte für zukünftige Investitionsentscheidungen an dieser Information interessiert sein.

$$\text{RoI (in Pesos) von HIMC} = \frac{\text{Betriebsgewinn}}{\text{Gesamtvermögen}} = \frac{1.800.000 \text{ Pesos}}{9.000.000 \text{ Pesos}} = 20\,\%$$

Der RoI von HIMC ist mit 20 % höher als derjenige von HINO (17 %, berechnet auf Seite 878). Das bedeutet aber nicht notwendigerweise, daß HIMC gemessen am RoI-Kriterium eine bessere Leistung erzielt hat als HINO, denn beide agieren unter sehr verschiedenen wirtschaftlichen Rahmenbedingungen.

Der Peso hat 19_8 im Verhältnis zum Dollar stark an Wert eingebüßt. Untersuchungen zeigen, daß die Peso-Abwertung mit einem entsprechenden Inflationsgefälle zwischen Mexiko und den Vereinigten Staaten korreliert ist.[135] Eine Konsequenz der höheren Inflationsrate in Mexiko besteht darin, daß HIMC für seine Motelzimmer höhere Preise verlangt, die den Betriebsgewinn des Motels steigern und zu einem höheren RoI führen. Die Inflation verschleiert die reale Rendite einer Vermögensanlage und treibt den RoI auf der Basis der Anschaffungskosten in unrealistische Höhen. Das liegt daran, daß ohne Inflation die Zimmerpreise von HIMC und damit der Betriebsgewinn viel niedriger ausgefallen wäre. Durch die Unterschiede in den Inflationsraten der beiden Länder ist ein direkter Vergleich des RoI von HIMC in Pesos mit dem RoI von HINO in Dollar irreführend.

Die Berechnung des RoI der Auslandsabteilung in US-Dollar

Man kann die RoIs auf der Basis der Anschaffungskosten besser vergleichbar machen, indem man den Erfolg von HIMC in Dollar ausdrückt. Aber welchen Wechselkurs sollte man verwenden, um einen sinnvollen Vergleich zu ermöglichen? Angenommen der Betriebsgewinn war gleichmäßig auf das Jahr 19_8 verteilt. Dann kann man den durchschnittlichen Wechselkurs von 4,5 Pesos/Dollar verwenden, um den Betriebsgewinn von Pesos in Dollar umzurechnen: 1.800.000 Pesos : 4,5 = 400.000 $. Dividiert man den in Pesos ausgedrückten Betriebsgewinn durch den gestiegenen Dollarwechselkurs des Peso, so hat das zur Folge, daß ein Anstieg des in Pesos ausgedrückten Betriebsgewinns, der lediglich auf Inflation beruht, durch die Konvertierung in Dollar wieder neutralisiert wird.

Bei der Umrechnung des Gesamtvermögens von HIMC in Höhe von 9.000.000 Pesos sollte man den Wechselkurs vom 31. Dezember 19_7 (3 Pesos/Dollar) anwenden, also von dem Tag, an dem das Betriebsvermögen angeschafft wurde. Der Grund liegt darin, daß der Buchwert des Vermögens von HIMC zu den Kosten vom 31. Dezember 19_7 ausgewiesen wird und 19_8 nicht aufgrund der Inflation in Mexiko neu bewertet wird. Da der Buchwert des Vermögens durch die nachfolgende Inflation nicht berührt wird, sollte man auch den Wechselkurs, zu dem er in Dollar konvertiert wird, unverändert lassen. Die Verwendung von Wechselkursen, die nach dem 31. Dezember 19_7 gegolten haben, wäre nicht richtig, denn in diesen Wechselkursen kommt die gestiegene mexikanische Inflationsrate des Jahres 19_8 zu Ausdruck. Das Gesamtvermögen beträgt dann umgerechnet 9.000.000 Pesos : 3 Pesos/$ = 3.000.000 $. Damit gilt

$$\text{RoI (in Dollar) von HIMC} = \frac{\text{Betriebsgewinn}}{\text{Gesamtvermögen}} = \frac{400.000\ \$}{3.000.000\ \$} = 13,33\ \%$$

Diese Umrechnung neutralisiert die Auswirkungen des Inflationsgefälles zwischen beiden Ländern und macht die RoIs der beiden Motels miteinander vergleichbar. Der RoI von HIMC ist mit 13,33 % niedriger als der RoI von HINO mit 17 %.

Der in Pesos berechnete Residualgewinn ist mit den gleichen Problemen behaftet wie der in Pesos berechnete RoI. Indem man den Residualgewinn von HIMC in Dollar be-

---

[135]W. Beaver und M. Wolfson, "Foreign Currency Translation Gains and Losses: What Effect Do They Have and What Do They Mean?" *Financial Analysts Journal* (März-April 1984); F. D. S. Choi, "Resolving the Inflation/Currency Translation Dilemma," *Management International Review* (Bd. 34, Sonderausgabe, 1994).

rechnet, gleicht man Wechselkursveränderungen aus und erleichtert Vergleiche mit den anderen Motels von Hospitality Inns:

$$\text{Residualgewinn von HIMC} = 400.000 \ \$ - (12 \ \% \times 3.00.000 \ \$$$
$$= 400.000 \ \$ - 360.000 \ \$ = 40.000 \ \$$$

Das ist ebenfalls weniger as der Residualgewinn von HINO, der 150.000 $ beträgt. Bei der Interpretation von RoI und kalkulatorischem Gewinn der beiden Motels ist zu beachten, daß sie auf den Anschaffungskosten beruhen. Allerdings beziehen sie sich auf relativ neue Motels.

26.8 ERFOLGSBEWERTUNG VON MANAGERN VERSUS ER-FOLGSBEWERTUNG VON ORGANISATORISCHEN EINHEI-TEN[136]

Wie bereits mehrfach ausgeführt, muß man zwischen der Erfolgsbewertung eines Managers und derjenigen einer organisatorischen Untereinheit wie etwa einer Unternehmensabteilung unterscheiden. Man kann den RoI auf der Basis der Anschaffungskosten einer bestimmten Abteilung verwenden, um die Leistung eines Managers im Vergleich zu einem Finanzplan oder im Zeitvergleich zu bewerten, obwohl der RoI auf der Basis der Anschaffungskosten kein befriedigendes Bild des wirtschaftlichen Ertrags der Untereinheit liefert. Aber beim Vergleich der Leistung von Managern verschiedener Untereinheiten kann die Verwendung des RoI auf der Basis der Anschaffungskosten irreführend sein. In dem Beispiel von der Firma Hospitality Inns ist der RoI von HINO mit 17 % höher als der um die höhere Inflationsrate in Mexiko bereinigte RoI von HIMC (13,33 %). Die RoIs geben zwar einen gewissen Hinweis auf den wirtschaftlichen Ertrag jedes Motels, bedeuten aber nicht, daß der Manager von HINO mehr geleistet hat als der Manager von HIMC. Der RoI von HIMC kann durch staatliche Regulierung und durch die rechtlichen, politischen und wirtschaftlichen Rahmenbedingungen in Mexiko, über die der Manager von HIMC keine Kontrolle hat, negativ beeinflußt worden sein.

Nehmen wir ein anderes Beispiel. Oft setzen Unternehmen den geschicktesten Manager an die Spitze der schwächsten Abteilung, um deren wirtschaftliches Schicksal zu wenden. Es kann Jahre dauern, bis ein solcher Versuch Früchte trägt. Es kann auch sein, daß die Bemühungen des Managers lediglich dazu führen, daß die Abteilung einen gewissen akzeptablen Mindest-RoI erreicht. Die Abteilung kann weiterhin im Vergleich zu anderen Abteilungen einen niedrigen Gewinn erzielen, aber es wäre

---

[136]Die Darstellung beruht (teilweise) auf Vorlesungsnotizen von S. Huddart, N. Melumad und S. Reichelstein.

falsch, daraus zu schließen, daß der Manager notwendigerweise eine schlechte Leistung erbringt.

In diesem Abschnitt entwickeln wir Grundprinzipien für die Leistungsbewertung des Managers einer einzelnen Untereinheit. Die hier diskutierten Konzepte können jedoch auf alle Ebenen der Organisation angewandt werden. In späteren Abschnitten betrachten wir spezielle Beispiele auf der Ebene einzelner Aktivitäten und auf der Ebene der Gesamtorganisation. Der Genauigkeit halber verwenden wir durchgehend den Residualgewinn als Erfolgsmaß.

Der grundsätzliche Trade-Off: Anreize schaffen versus Risiken auferlegen

Die Erfolgsbewertung von Managern und Mitarbeitern hat oft Einfluß auf ihre Entlohnung. Gehaltsvereinbarungen können im Extremfall entweder keinerlei Leistungsprämie enthalten (wie bei manchen Beamten) oder vollständig leistungsabhängig sein (wie bei den Angestellten von Immobilienmaklern). Meistens jedoch ist das Jahresgehalt eines Managers eine Kombination aus einem Grundgehalt und einer erfolgsabhängigen Prämie. Eine wichtige Überlegung beim Entwurf von Gehaltsvereinbarungen ist der Trade-Off zwischen Anreiz und Risiko. Wir illustrieren diesen Trade-Off im Kontext unseres Beispiels von der Firma Hospitality Inns.

Sally Fonda ist die Eigentümerin der Motelkette Hospitality Inns. Roger Brett managt das Motel Hospitality Inns San Francisco (HISF). Angenommen Fonda verwendet den Residualgewinn als Erfolgsmaß. Um gemessen am Residualgewinn gute Resultate zu erzielen, möchte Fonda, daß Brett die Kosten kontrolliert, schnellen und höflichen Service bietet und den Umfang der ausstehenden Forderungen reduziert. Doch selbst wenn Brett alle diese Erwartungen erfüllt, ist das keine Garantie für gute Resultate. Der Residualgewinn von HISF wird von vielen Faktoren beeinflußt, die Fonda und Brett nicht kontrollieren können. Negative Einflüsse können zum Beispiel von einer wirtschaftlichen Rezession in der Region San Francisco oder von den Erdbeben der letzten Jahre ausgehen. Es gibt aber auch nichtkontrollierbare Faktoren, die einen positiven Einfluß auf den Residualgewinn von HISF haben können. Nichtkontrollierbare Faktoren machen die Rendite von HISF unsicher und riskant.

Fonda ist eine Unternehmerin und hat nichts dagegen, Risiken zu tragen, aber Brett möchte nicht gerne Risiken ausgesetzt sein. Eine Möglichkeit, Brett gegen Risiken zu versichern, besteht darin, ihm unabhängig vom tatsächlich erzielten Residualgewinn ein Pauschalgehalt zu bezahlen. Dann würde Fonda das gesamte Risiko tragen. Damit ist allerdings ein Problem verbunden, denn das Engagement von Brett ist schwer zu kontrollieren und ohne einen erfolgsabhängigen Gehaltsanteil hat Brett keinen Anreiz, mehr zu arbeiten oder mehr physische und geistige Anstrengung auf sich zu nehmen, als notwendig ist, um seinen Job zu halten oder seinen persönlichen Wertvorstellungen zu genügen.

Der Begriff **moralisches Risiko** oder **Moral Hazard**[137] beschreibt Kontexte, in denen sich ein Angestellter weniger anstrengt (oder weniger genaue Informationen weitergibt) als der Eigentümer wünscht, denn das Engagement (oder die Informationen) des Angestellten können nicht genau kontrolliert und durchgesetzt werden. Bei manchen repetitiven Aufgaben – zum Beispiel bei der Montage elektronischer Bauteile – kann ein Vorarbeiter das Verhalten des Arbeiters kontrollieren und es entsteht kein Moral-Hazard-Problem. Die Aufgabe des Managers besteht jedoch oft darin, Informationen zu sammeln und auf der Grundlage der erhaltenen Informationen Entscheidungen zu treffen, und damit ist das Engagement eines Managers viel schwieriger zu überwachen.

Würde Brett kein festes Gehalt bekommen sondern ausschließlich eine Entlohnung auf der Basis eines Erfolgsmaßes – des Residualgewinns in unserem Beispiel – so würden dadurch wieder andere Probleme entstehen. Brett wäre in diesem Fall motiviert, auf einen möglichst hohen Residualgewinn hinzuarbeiten, denn seine Entlohnung würde mit dem Residualgewinn steigen. Aber durch die Abhängigkeit der Bezahlung vom Residualgewinn trägt Brett ein beträchtliches Risiko, denn der Residualgewinn von HISF hängt nicht nur von Bretts Bemühungen ab, sondern auch von Zufallsfaktoren wie der regionalen Wirtschaftsentwicklung, auf die Brett keinen Einfluß hat.

Um Brett (der nicht gerne Risiken trägt) dafür zu entschädigen, daß er ein unkontrollierbares Risiko übernimmt, muß Fonda ihn im Rahmen der vom Residualgewinn abhängigen Gehaltsvereinbarung zusätzlich entlohnen. Das heißt, die erfolgsabhängige Entlohnung wird Fonda *im Durchschnitt* mehr Geld kosten als ein pauschales Gehalt. "Im Durchschnitt" deswegen, weil die Zahlungen an Brett mit dem erzielten Residualgewinn variieren. In Gehaltsvereinbarungen wird meistens ein gewisses Pauschalgehalt mit einer erfolgsabhängigen Prämie kombiniert, um ein Gleichgewicht zu schaffen zwischen dem Nutzen von Leistungsanreizen und den Extrakosten, die dadurch entstehen, daß man dem Manager ein unkontrollierbares Risiko auferlegt.

Anreizintensität von finanziellen und nicht-finanziellen Erfolgsmaßen

Wodurch wird die Intensität der Leistungsanreize bestimmt? Das heißt, wie hoch sollte die Anreizkomponente relativ zum Grundgehalt sein? Eine Kernfrage ist: Wie gut erfaßt das Erfolgsmaß die Fähigkeit des Managers, das gewünschte Ergebnis zu beeinflussen?

---

[137]Der Ausdruck *Moral Hazard* wurde im Zusammenhang mit Versicherungsverträgen geprägt und bezeichnet Situationen, in denen der Versicherungsumfang dazu führt, daß die Versicherten weniger auf ihr Eigentum achten, als sie es andernfalls getan hätten. Eine Möglichkeit, mit Moral Hazard in Versicherungsverträgen umzugehen, ist der Selbstbehalt (das heißt der Versicherte zahlt selbst für Schäden unterhalb einer festgelegten Grenze).

Gute Erfolgsmaße reagieren sensibel auf Leistungen des Managers und nicht sehr
stark auf Veränderungen von Faktoren, die außerhalb seiner Kontrolle liegen. Solche
Erfolgsindikatoren motivieren also den Manager, setzen ihn aber gleichzeitig nur in
begrenztem Maß einem unkontrollierbaren Risiko aus und reduzieren damit die Kosten, die man aufwenden muß, damit der Manager das Anreizprogramm akzeptiert.
Andererseits sind Erfolgsmaße unzulänglich, wenn es ihnen nicht gelingt, die Leistung des Managers einzufangen und ihn zu Verbesserungen zu motivieren. Wenn den
Eigentümern gute Erfolgsmaße zur Verfügung stehen, verlassen sie sich stärker auf
leistungsabhängige Gehaltskomponenten.

Angenommen Brett kann nicht über die Investitionen entscheiden. Gehen wir weiter
davon aus, daß der Erlös hauptsächlich durch externe Faktoren wie die lokale wirtschaftliche Situation bestimmt wird. Das Verhalten von Brett beeinflußt lediglich die
Kosten. Wird unter diesen Umständen der Residualgewinn als Erfolgsmaß verwendet, so ist Bretts Prämie mit einem übermäßigen Risiko behaftet, denn zwei Komponenten des Erfolgsmaßes (die Investitionen und der Erlös) sind von seinem Verhalten
unabhängig. Das Unternehmen könnte Fonda vorschlagen, ein anderes Erfolgsmaß in
Erwägung zu ziehen, das Bretts Engagement genauer erfaßt (vielleicht die Kosten von
HISF), um einen stärkeren Leistungsanreiz zu schaffen. Man beachte, daß in diesem
Fall der Residualgewinn zwar ein vollkommen brauchbares Maß für die wirtschaftliche Lebensfähigkeit von HISF sein kann, aber gleichzeitig kein gutes Maß für die Leistung des Managers.

Der Nutzen eines engen Zusammenhangs zwischen dem Erfolgsmaß und dem Engagement des Managers legt die Verwendung von nicht-finanziellen Indikatoren nahe.
Betrachten wir zwei mögliche Indikatoren für die Bewertung des Managers der Hauswirtschaftsabteilung in einem der Motels von Hospitality Inns, nämlich die Kosten der
Hauswirtschaftsabteilung und die durchschnittliche Zeit, die die Mitarbeiter benötigen, um ein Zimmer zu reinigen. Wir gehen davon aus, daß die Kosten der Hauswirtschaftsabteilung von Faktoren wie dem Lohnsatz beeinflußt werden, auf die der
Abteilungsmanager keinen Einfluß hat. In diesem Fall kann es sein, daß die durchschnittlich benötigte Zeit für die Reinigung eines Zimmers die Leistung des Managers
genauer wiedergibt.

Wenn keine guten Erfolgsmaße zur Verfügung stehen (wie zum Beispiel in manchen
Stabsfunktionen von Unternehmen oder bei manchen Beamten), dominiert die er-
folgsunabhängige Gehaltskomponente. Das heißt jedoch nicht, daß es keine Leistungsanreize gibt; Beförderungen und Gehaltserhöhungen hängen sehr wohl von
irgendeinem allgemeinen Erfolgsmaß ab, aber die Anreize sind weniger direkt. Arbeitgeber setzen stärkere Anreize, wenn sie über gute Erfolgsindikatoren verfügen und
wenn die Überwachung des Mitarbeiterengagements sehr schwierig ist (Immobilien-
büros zum Beispiel entlohnen ihre Angestellten hauptsächlich in Form von Verkaufs-
prämien).

PAPIERGEWINNE UND HOHE ERFOLGSPRÄMIEN BEI KIDDER PEABODY

Anreize, die auf guten Erfolgsindikatoren beruhen, motivieren zu höheren Leistungen, denn solche Indikatoren reagieren sensibel auf die erwünschten Verhaltensweisen von Managern und Angestellten. Keinesfalls sollte das Topmanagement das Gefühl haben, daß die Mitarbeiter Erfolgsmaße manipulieren, um ihre Leistung besser darzustellen, als sie ist. Solche Maße sind Beispiele für das Versagen des Kontroll- und Anreizsystems.

Im April 1994 machte Kidder Peabody, ein Wallstreet-Investmentbankinghaus und eine Tochterfirma von General Electric, eine dramatische Ankündigung. Die Firma entließ den Leiter der Abteilung für Staatsschuldpapiere und warf ihm betrügerischen Geschäfte vor, die offensichtlich dazu dienen sollten, den Gewinn und damit seine Leistungsprämie für 1993 aufzublähen. Kidder Peabody behauptete, daß 350 Mio. $ ausgewiesener Gewinn im Jahr 1993 niemals existiert hatten. Der Wertpapierhändler stritt jedes Fehlverhalten ab und behauptete, daß seine Vorgesetzten von den Geschäften wußten und ebenfalls von den dadurch erzielten hohen Prämien profitierten.

Die Probleme bezogen sich auf Geschäfte mit Staatsanleihen und Zerobonds oder Nullkupon-Anleihen (Anleihen, bei denen die akkumulierten Zinsen erst bei Fälligkeit ausbezahlt werden). Kidder behauptete, daß sich der Händler bei diesen Geschäften den Unterschied in der firmeninternen Verbuchung von Staatsanleihen und Nullkupon-Anleihen zunutze gemacht habe. Bei Nullkupon-Anleihen wurden im Buchführungssystem von Kidder Peabody zukünftige Zinsen, die erst noch verdient werden mußten, bereits im laufenden Jahr berücksichtigt, so daß der Gewinn aufgebläht wurde. Dadurch stiegen die gewinnabhängigen Prämienzahlungen, ohne daß die Firma selbst einen echten wirtschaftlichen Gewinn erzielt hätte. Die Geschäfte führten auch dazu, daß das Vermögen von Kidder um 73 Mrd. $ zurückging, so daß die Vermögensrendite der Firma dem Mutterunternehmen General Electric höher erschien.

Als die Gewinne der Abteilung für Staatsschuldpapiere stiegen, begann die Firma eine interne Untersuchung und entdeckte die strittigen Geschäfte. Sie reagierte durch die Verstärkung ihrer buchhalterischen Kontrolle der Geschäfte mit Staatsanleihen und Zerobonds. Die Firma begann auch, ihre Leistungsanreiz- und Zielsetzungsprogramme neu zu überdenken.

Quelle: S. Hansell, "Kidder Reports Fraud and Ousts a Top Trader," *New York Times*, 18. April 1994; L. Spiro, L. Himmelstein und M. Schroeder, "They Said, He Said at Kidder Peabody," *Business Week*, 8. August 1994.

Konzepte und ihre Umsetzung

Benchmarks und relative Erfolgsbeurteilung

Firmeneigentümer können den Erfolg auch anhand von Benchmarks bewerten. Benchmarks, also Vergleichswerte, die die erfolgreichsten betrieblichen Praktiken repräsentieren, können von innerhalb oder außerhalb der Gesamtorganisation stammen. In unserem Beispiel der Firma Hospitality Inns könnten ähnliche Motels innerhalb oder außerhalb der Motelkette von Hospitality Inns die Benchmarks liefern. Angenommen Brett hat die Verantwortung für Erlöse, Kosten und Investitionen. Für die Bewertung von Bretts Leistung würde Fonda ein Motel ähnlicher Größe als Benchmark verwenden wollen, das den gleichen unkontrollierbaren Faktoren (zum Beispiel Lage, demographische Trends und wirtschaftliche Bedingungen) unterliegt wie HISF. *Unterschiede* im Erfolg der beiden Motels entstehen ausschließlich aufgrund von Unterschieden in der Leistung der beiden Manager, nicht aufgrund von Zufallsfaktoren. Benchmarking, auch *relative Erfolgsbewertung* genannt, filtert also die Auswirkungen von gemeinsamen nichtkontrollierbaren Faktoren heraus.

Man kann auch die Leistungen zweier Manager, die innerhalb des Unternehmens ähnliche Verantwortungen haben, miteinander vergleichen. Dabei entsteht aber das Problem, daß die Verwendung solcher Benchmarks diesen Managern den Anreiz nimmt, einander zu helfen. Das heißt, ein Manager kann seine Leistungsbeurteilung verbessern, indem er selbst seine Aufgabe besser erledigt oder indem er dafür sorgt, daß der andere Manager schlecht abschneidet. Es ist aber nicht im besten Interesse der Gesamtorganisation, wenn die Manager nicht als Team zusammenarbeiten. In diesem Fall kann Benchmarking bei der Erfolgsbewertung zu Zielinkongruenz führen.

26.9 ERFOLGSINDIKATOREN AUF DER EBENE DER EINZEL-AKTIVITÄT

In diesem Abschnitt geht es um Anreizprobleme, die im Zusammenhang mit individuellen Aktivitäten entstehen. Die hier beschriebenen Prinzipien können jedoch auf allen Ebenen der Organisation angewandt werden.

Multiple Aufgaben

Die meisten Jobs enthalten mehr als eine Aufgabe. Handelsvertreter verkaufen Produkte, leisten Kundendienst und sammeln Marktinformationen. Andere Arbeitsplätze haben sehr unterschiedliche Aspekte. Produktionsarbeiter zum Beispiel sind sowohl für die Quantität als auch für die Qualität ihrer Produkte verantwortlich. Arbeitgeber wollen, daß die Angestellten Zeit und Anstrengung intelligent zwischen den verschiedenen Aufgaben oder Aspekten ihrer Arbeitsplätze aufteilen.

Nehmen wir als Beispiel die Mechaniker in einer Kfz-Werkstatt. Ihre Arbeitsplätze haben mindestens zwei unterschiedliche und wichtige Aspekte. Der erste Aspekt ist die Reparaturarbeit. Die Durchführung von mehr Reparaturen würde mehr Umsatz für die Werkstatt erzeugen. Der zweite Aspekt ist die Kundenzufriedenheit. Je höher die Qualität der Ausführung, umso wahrscheinlicher werden die Kunden zufrieden sein. Wenn der Arbeitgeber will, daß der Angestellte beide Aspekte in den Mittelpunkt seiner Aufmerksamkeit stellt, muß er die Leistung unter beiden Aspekten messen und belohnen.

Angenommen der Arbeitgeber kann zwar die Zahl der Reparaturen leicht messen, nicht jedoch ihre Qualität. Wenn er die Arbeiter nach Akkord entlohnt, also ausschließlich auf der Basis der Zahl der tatsächlich durchgeführten Reparaturen, so werden sie wahrscheinlich die Anzahl der durchgeführten Reparaturen auf Kosten der Qualität erhöhen. Die Firma Sears, Roebuck and Co. war mit diesem Problem konfrontiert, als sie für ihre Mechaniker eine Entlohnung nach Aufträgen eingeführt hat. Das Management von Sears versuchte daraufhin mit den folgenden Maßnahmen die Arbeiter zu motivieren, Quantität und Qualität in einem ausgewogenen Verhältnis zu berücksichtigen: (1) Das Management ließ das Akkordlohnsystem fallen und bezahlte den Mechanikern einen Stundenlohn, ein Schritt, der die Quantität der Reparaturen weniger wichtig erscheinen ließ. Beförderungen und Lohnerhöhungen wurden davon abhängig gemacht, wie das Management die Gesamtleistung jedes Mechanikers in bezug auf Quantität und Qualität der Reparaturen einschätzte. (2) Das Management begann, für die Bewertung der Mitarbeiter unter anderem Daten wie die Umfragen zur Kundenzufriedenheit, die Anzahl der unzufriedenen Kunden und die Anzahl der Kundenbeschwerden heranzuziehen. (3) Das Management engagierte unabhängige Fachleute, die nach dem Zufallsprinzip überprüfen sollten, ob die durchgeführten Reparaturen von hoher Qualität waren.

Man beachte, daß nicht-finanzielle Maße (wie Indikatoren für die Kundenzufriedenheit) von zentraler Bedeutung sind, wenn es darum geht, die Mechaniker zu motivieren, auf Quantität und Qualität gleichermaßen zu achten. Ziel ist es, beide Aspekte der Mechanikerarbeit zu messen und die Anreize so auszubalancieren, daß beide Aspekte das richtige Gewicht erhalten.

Teamorientierte Gehaltsvereinbarungen

Viele Aufgaben in Produktion, Marketing und Design machen es erforderlich, daß Mitarbeiter mit unterschiedlichen Fertigkeiten, Erfahrungen und Urteilsfähigkeiten ihre Talente zusammenwerfen. In solchen Situationen erzielt ein Team von Angestellten bessere Resultate als selbständig handelnde Einzelne.[138] Die Unternehmen geben den einzelnen Mitarbeitern Anreize und Prämien auf der Basis der Teamleistung. Teamanreize fördern die Kooperation zwischen den Mitarbeitern, die einander helfen, während sie ein gemeinsames Ziel anstreben. Die Mischung von Kenntnissen und Fer-

---

[138]J. Katzenbach und D. Smith, *The Wisdom of Teams* (Boston: The Harvard Business School Press, 1993).

tigkeiten, die gebraucht wird, um Methoden zu verändern und die Effizienz zu erhöhen, gibt dem Team eine bessere Ausgangsposition, um auf Anreize zu reagieren, als
einem einzelnen Mitarbeiter. Eaton, TRW, Whirlpool, Monsanto, Dana und Analog
Devices in den Vereinigten Staaten und Nissan Motors und Nippon Steel in Japan sind
Beispiele für Unternehmen, die Formen von teamorientierten Leistungsanreizen einsetzen.

Ob eine teamorientierte Entlohnung wünschenswert ist, hängt zum großen Teil von
der Kultur und dem Managementstil einer Organisation ab. Eine Kritikpunkt, besonders in den Vereinigten Staaten, läuft darauf hinaus, daß der Einzelne dadurch einen
geringeren Anreiz hat, eine besondere Leistung zu erbringen, und daß damit der Ge-
samterfolg leidet.

26.10 LEISTUNGSMASSE UND LEISTUNGSENTLOHNUNG FÜR LEITENDE ANGESTELLTE

Die Grundsätze der Erfolgsbeurteilung, die in den vorangegangenen Abschnitten beschrieben worden sind, gelten auch für die Bezahlung von leitenden Angestellten auf
der Ebene der Gesamtorganisation. Die Gehaltspolitik gegenüber den leitenden Angestellten beruht auf finanziellen und nicht-finanziellen Erfolgsindikatoren und besteht
aus einer Mischung von (1) einem Grundgehalt, (2) jährlichen Erfolgsprämien (zum
Beispiel einer Prämienzahlung auf der Basis des jährlichen Nettogewinns), (3) langfristigen Anreizen (zum Beispiel die weiter unten beschriebenen Aktienoptionen, deren Wert davon abhängt, ob am Ende einer Fünf-Jahres-Periode ein bestimmter Ertrag
erreicht worden ist) und (4) Zusatzleistungen (zum Beispiel eine Lebensversicherung,
ein Büro mit schönem Blick oder eine persönliche Sekretärin). Fachleute, die Gehaltspläne für leitende Angestellte entwerfen, betonen drei Aspekte: Erreichung der Organisationsziele, geringer Verwaltungsaufwand und die Wahrscheinlichkeit, daß die
betroffenen Manager, den Plan als fair empfinden werden.

Wohlkonstruierte Gehaltspläne stützen sich auf eine sorgfältig ausgewogene Mischung aus Risiken und kurz- und langfristigen Anreizen. Die Leistungsbewertung auf
der Basis des jährlichen RoI würde zum Beispiel die kurzfristige Orientierung eines
leitenden Angestellten verstärken. Verwendet man aber neben dem RoI auch noch Ak-
tienoptionspläne, etwa über 5 Jahre, so motiviert man den leitenden Angestellten dazu,
auch langfristige Gesichtspunkte zu berücksichtigen.

Aktienoptionen geben den Führungskräften das Recht, zu einem bestimmten Preis
(genannt Ausübungskurs) innerhalb einer bestimmten Zeitspanne Unternehmensak-
tien zu kaufen. Angenommen Marriott International hat seinem Chief Executive Officer (CEO) am 1. Juni 1995 die Option gegeben, in der Zeit bis zum 30. Juni 1999
200.000 Marriott-Aktien zu kaufen, und zwar zum Marktpreis vom 1. Juni 1995 (35 $
pro Aktie). Wenn der Preis der Marriott-Aktie zum Beispiel am 24. März 1997 auf 50

$ gestiegen ist und der CEO beschließt, seine Option über die gesamten 200.000 Aktien auszuüben, so verdient er damit 3 Mio. $. (Der CEO würde am 24. März 1997 sein Recht, Marriott-Aktien vom Unternehmen zu einem Preis von 35 $ pro Aktie zu kaufen, ausüben, die Aktien am Markt zu 50 $ pro Stück verkaufen und dabei 200.000 mal 15 $ verdienen.) Wenn der Preis der Marriott-Aktie während der gesamten Zeit unter 35 $ bleibt, wird der CEO einfach auf sein Recht zum Aktienerwerb verzichten. Durch die Anbindung der Entlohnung an Aktienpreissteigerungen dient der Aktienoptionsplan der Motivation des CEO zur langfristigen Verbesserung des Unternehmenserfolgs.

Gegen Ende 1995 erließ das Financial Accounting Standards Board (FASB) die Anweisung Nummer 123 für die Verbuchung von Aktienoptionen. Bei den meisten Aktienoptionen ist der Ausübungspreis gleich oder höher als der Marktpreis der Aktie am Tag, an dem die Option erteilt wird. In diesen Fällen schlägt die Anweisung 123 vor, daß das Unternehmen in seiner Gewinn- und Verlustrechnung die entsprechenden Personalkosten verbucht. Das Unternehmen kann aber auch beschließen, die Kosten nicht auszuweisen, obwohl es etwas Wertvolles hingegeben hat, nämlich das potentiell hohe Einkommen, das der leitende Angestellte erhalten wird, wenn der Aktienpreis steigt. Wenn das Unternehmen keine Kosten verbucht, muß es in einer Fußnote zum Jahresabschluß bekanntgeben, welche Auswirkungen auf den Nettogewinn und die Dividende sich ergeben hätten, wenn das Unternehmen die Kosten in Höhe des geschätzten Marktwerts der Optionen am Tag der Zuteilung ausgewiesen hätte.[139]

Als Reaktion auf eine Reihe von Bedenken gegen Entlohnungspakete für leitende Angestellte, die mit der Leistung nichts zu tun hatten, hat die Securities and Exchange Commission SEC (Börsenaufsichtsbehörde der USA) im Oktober 1992 neue Regeln erlassen, die detailliertere Angaben über die Gehaltsarrangements für leitende Angestellte zur Pflicht machen. Um diesen Regeln zu entsprechen, hat zum Beispiel die Firma Marriott International 1996 einen zusammenfassenden Überblick über Gehälter, Erfolgsprämien, Aktienoptionen, andere Aktienzuteilungen und sonstige geldwerte Vorteile für ihre fünf obersten Manager in den Steuerjahren 1993, 1994 und 1995 veröffentlicht.

Die SEC-Regeln verpflichten die Unternehmen auch, aufzudecken, nach welchen Prinzipien die leitenden Angestellten entlohnt werden und nach welchen Kriterien (zum Beispiel Rentabilität, Umsatzwachstum und Marktanteil) der Erfolg gemessen wird, von dem die Entlohnung abhängt. Im Jahresbericht der Firma schreibt Marriott International, daß diese Prinzipien "eine starke Korrelation zwischen dem Aktienertrag und der Entlohnung der leitenden Angestellten herstellen, Anreize zum Erreichen

---

[139]Wenn der Ausübungspreis unter dem Marktpreis der Aktie am Tag der Optionserteilung liegt, muß das Unternehmen Kosten in Höhe der Differenz ausweisen. Dieser Betrag liegt unter dem fairen Marktwert der Optionen. Das Unternehmen kann entweder den vollen Marktwert als Kosten ausweisen oder seine Auswirkungen in einer Fußnote angeben.

der kurzfristigen und langfristigen Unternehmensziele schaffen und ein Gesamtgehaltsniveau garantieren, das der Leistung entspricht." Marriott verwendet den Cashflow, das Einkommen pro Aktie und die Zufriedenheit der Gäste als Erfolgskriterien um die jährlichen Einkommensanreize für die leitenden Angestellten zu bestimmen. Um anderen SEC-Anforderungen zu genügen, hat Marriott auch angegeben, wie sich der Aktienpreis relativ zum Gesamtmarkt und zu den Aktien anderer Motels und Hotels über eine Fünfjahresperiode hinweg entwickelt hat.

26.11 UMWELTVERANTWORTUNG UND ETHIK

Manager aller Organisationen tragen Verantwortung für Umweltschutz und ethisches Verhalten. Umweltverschmutzung (wie etwa Wasser- oder Luftverschmutzung) und illegale Praktiken (wie Bestechung und Korruption) werden in den Vereinigten Staaten und in anderen Ländern mit hohen Bußgeldern und Gefängnis bestraft. Die Anforderungen an Umweltverantwortung und ethisches Verhalten sind jedoch nicht auf die Einhaltung der Gesetze beschränkt.

Unternehmen mit sozialer Verantwortung setzen ehrgeizige Umweltziele, an denen sie ihre Leistung messen. In Deutschland, der Schweiz, den Niederlanden und Skandinavien ist der betriebliche Umweltschutz Teil eines größeren Unternehmensberichts zur sozialen Verantwortung, der *Sozialbilanz*, die auch Informationen zur Arbeitnehmerwohlfahrt und allgemein zu den gesellschaftlichen Auswirkungen der Unternehmensaktivitäten enthält. In manchen Unternehmen, wie zum Beispiel DuPont und Lockheed, ist der Umwelterfolg ein Posten auf dem Bewertungsblatt für jeden Mitarbeiter. Die Duke Power Company bewertet ihre Mitarbeiter danach, ob sie den festen Abfall reduzieren, die Emissionen verringern und die Umweltpläne umsetzen. Das Ergebnis ist, daß Duke Power alle seine Umweltziele erreicht hat.

Ethisches Verhalten auf Seiten der Manager ist von größter Bedeutung. Insbesondere die Zahlen, die die Manager der Untereinheiten in ihre Berichte schreiben, sollten nicht manipuliert sein; sie sollten keine aufgeblähten Vermögenswerte, unterbewerteten Verbindlichkeiten, fiktiven Umsätze oder zu niedrig angesetzten Kosten enthalten.

In manchen Organisationen werden betriebliche Verhaltenskodizes in Umlauf gegeben, um auf richtige und falsche Verhaltensweisen hinzuweisen. Das folgende ist ein Zitat aus dem "Code of Worldwide Business Conduct and Operating Principles" (Regeln für weltweites Geschäftsverhalten und Betriebsführung) von Caterpillar Tractor:

> Die Gesetze sind eine Untergrenze. Ethisches Geschäftsverhalten sollte normalerweise ein Niveau haben, das weit über dem vom Gesetz geforderten Minimum liegt ... Mitarbeiter von Caterpillar sollen von Händlern, Zulieferern und anderen Geschäftspartnern keine teuren Einladungen oder Geschenke annehmen (mit Ausnahme von Andenken und Geschenkartikeln von geringfügigem Wert). Und wir werden keine Umstände dulden, die einen Konflikt zwischen

den persönlichen Interessen eines Mitarbeiters und den Interessen des Unternehmens schaffen oder nach vernünftiger Einschätzung schaffen könnten.

Abteilungsmanager führen oft den enormen Druck des Topmanagements zur Einhaltung des Finanzplans als Entschuldigung oder Begründung dafür an, daß sie sich nicht an ethische Buchführungspraktiken und -abläufe gehalten haben. Ein gesundes Maß an motivierendem Druck ist nicht schlecht, solange die "Stimme von oben" gleichzeitig kommuniziert, daß alle Manager sich zu allen Zeiten ethisch verhalten müssen. Die Unternehmensleitung sollte unethisches Verhalten umgehend und streng bestrafen, unabhängig davon, ob dem Unternehmen aus solchen Aktionen Vorteile entstanden sind. Manche Unternehmen wie zum Beispiel Lockheed unterstreichen die Bedeutung des ethischen Verhaltens, indem sie die Angestellten routinemäßig nach einem ethischen Verhaltenskodex bewerten.

AUFGABE

Für die Baseball-Produktionsabteilung von Home Run Sports existieren die folgenden Plandaten für Februar 19_7:

- Umlaufvermögen: 400.000 $
- Anlagevermögen: 600.000 $
- Gesamtvermögen: 1.000.000 $
- Output: 200.000 Stück pro Monat
- Angestrebter RoI (Betriebsgewinn : Gesamtvermögen):   30 %
- Fixkosten: 400.000 $ pro Monat
- Variable Kosten: 4 $ pro Baseball

1. Berechnen Sie den minimalen Stückpreis, der erforderlich ist, um den angestrebten RoI von 30 % zu erreichen.

2. Zerlegen Sie den angestrebten RoI nach der DuPont-Methode in seine beiden Komponenten und verwenden Sie dabei den Absatzpreis aus Aufgabe 1.

3. Die Abteilungsmanagerin Pamela Stephenson erhält 5 % des kalkulatorischen Monatsgewinns der Baseballproduktionsabteilung als Prämie. Berechnen Sie ihre Prämie für Februar 19_7 auf der Basis des Absatzpreises aus Aufgabe 1. Home Run Sports verwendet bei der Berechnung des Residualgewinns eine angestrebte Mindestverzinsung von 12 % auf das Gesamtvermögen der Abteilung.

LÖSUNG

1.

$$\text{Angestrebter Betriebsgewinn} = 30\,\% \text{ von } 1.000.000\,\$$$

$$\text{Sei } P = \text{Absatzpreis}$$

$$\text{Erlös - variable Kosten - Fixkosten} = \text{Betriebsgewinn}$$

$$200.000\,P - (200.000 \times 4\,\$) - 400.000\,\$ = 300.000\,\$$$

$$200.000\,P = 300.000\,\$ + 800.000\,\$ + 400.000\,\$ = 1.500.000\,\$$$

$$P = 7,50\,\$$$

LÖSUNG (FORTSETZUNG)

Beweis:

Umsatz, 200.000 × 7,50 $		1.500.000 $
Variable Kosten, 200.000 × 4 $		800.000 $
Deckungsbeitrag		700.000 $
Fixkosten		400.000 $
Betriebsgewinn		300.000 $

2.

$$\frac{\text{Umsatz}}{\text{Investiertes Kapital}} \times \frac{\text{Gewinn}}{\text{Umsatz}} = \frac{\text{Gewinn}}{\text{Investiertes Kapital}}$$

$$\frac{1.500.000\ \$}{1.000.000\ \$} \times \frac{300.000\ \$}{1.500.000\ \$} = \frac{300.000\ \$}{1.000.000\ \$}$$

$$1,5 \times 0,2 = 0,30 \text{ oder } 30\ \%$$

3.

Residualgewinn	= Betriebsgewinn - angestrebte Mindestrendite
	= 300.000 $ - (0,12 × 1.000.000 $)
	= 300.000 $ - 120.000 $
	= 180.000 $

Stephenson erhält eine Prämie von 9.000 $ (5 % von 180.000 $).

Aufgabe zum Selbststudium

Umfragen zur betrieblichen Praxis

ANHANG A

Dieser Anhang enthält die vollständigen Quellenangaben der einzelnen Veröffentlichungen, die den im Text enthaltenen Kästen **Umfragen zur betrieblichen Praxis** zitiert werden.

American Electronics Association, *Operating Ratios Survey 1993-94,* (Santa Clara, CA: American Electronics Association, 1993) – zitiert in Kapitel 8 und 18.

Armitage, H. und R. Nicholson, "Activity-Based Costing: A Survey of Canadian Practice", Ergänzungsband zu *CMA Magazine* (1993) – zitiert in Kapitel 4.

APQC/CAM-I, *Activity Based Management Consortium Study* (American Productivity and Quality Center/CAM-I, 1995) – zitiert in Kapitel 4.

Asada, T., J. Bailes und M. Amano, "An Empirical Study of Japanese and American Budget Planning and Control Systems", (Working Paper, Tsukuba University and Oregon State University, 1989) – zitiert in Kapitel 6.

Ask, U. und C. Ax, "Trends in the Development of Product Costing Practices and Techniques - A Survey of the Swedish Manufacturing Industry", (Working Paper, Gothenburg School of Economics, Gothenburg, Sweden, 1992) – zitiert in Kapitel 7 und 9.

Atkinson, A., *Intrafirm Cost and Resource Allocations: Theory and Practice,* (Hamilton, Canada: Society of Management Accountants of Canada and Canadian Academic Accounting Association Research Monograph, 1987) – zitiert in Kapitel 13.

Bartezzaghi, E., F. Turco und G. Spina, "The Impact of the Just-in-Time Approach on Production System Performance: A Survey of Italian Industry", *International Journal of Operations & Production Management* (Vol. 12, No. 1, 1992) – zitiert in Kapitel 21.

Berenheim, R.E., *Corporate Ethics Practices* (New York: The Conference Board, 1992) – zitiert in Kapitel 2.

Billesbach, T., A. Harrison und S. Croom-Morgan, "Just-in-Time: A United States United Kingdom Comparison", *International Journal of Operations & Production Management* (Vol. 11, No. 10, 1991) – zitiert in Kapitel 21.

Blayney, P. und I. Yokoyama, "Comparative Analysis of Japanese and Australian Cost Accounting and Management Practices", (Working Paper, The University of Sydney, Sydney, Australia, 1991) – zitiert in Kapitel 2, 5, 6, 9, 12, 13, 15, 22 und 26.

Boons, A. und F. Roozen, "Symptoms of Dysfunctional Cost Information Systems: Some Preliminary Evidence from the Netherlands", (Working Paper, Erasmus Universiteit, Rotterdam, Netherlands, 1992) – zitiert in Kapitel 14.

Clarke, P., "Management Accounting Practices and Techniques in Irish Manufacturing Firms", (Working Paper, Trinity College, Dublin, Ireland, 1995) – zitiert in Kapitel 4, 7, 22 und 26.

Clarke, P. und T. ODea, "Management Accounting Systems: Some Field Evidence from Sixteen Multinational Companies in Ireland", (Working Paper, Trinity College, Dublin, Ireland, 1993) – zitiert in Kapitel 21.

Cohen, J. und L. Paquette, "Management Accounting Practices: Perceptions o Controllers", *Journal of Cost Management* (Fall 1991) – zitiert in Kapitel 5.

Cooper, R., "Does Your Company Need a New Cost System?", *Journal of Cost Management* (Spring 1987) – zitiert in Kapitel 14.

Cornick, M., W. Cooper und S. Wilson, "How Do Companies Analyze Overhead", *Management Accounting* (Juni 1988) – zitiert in Kapitel 7 and 12.

Cotton, W, "Activity Based Costing in New Zealand", (Working Paper, SUNY Genesco, 1993) – zitiert in Kapitel 4.

Dean, G., M. Joye und P. Blayney, *Strategic Management Accounting Survey,* (Sydney, Australia: The University of Sydney, 1991) – zitiert in Kapitel 13.

de With, E. und E. Ijskes, "Current Budgeting Practices in Dutch Companies", (Working Paper, Vrije Universiteit, 1992, Amsterdam, Netherlands) – zitiert in Kapitel 6.

Drury, C., S. Braund, P. Osborne und M. Tayles, *A Survey of Management Accounting Practices in UK Manufacturing Companies,* (London, U.K.: Chartered Association of Certified Accountants, 1993) – zitiert in Kapitel 7, 12 und 25.

Freeman, M. und G. Hobbes, "Capital Budgeting: Theory versus Practice", *Australian Accountant* (September 1991) – zitiert in Kapitel 23.

Fremgen, J. und S. Liao, *The Allocation of Corporate Indirect Costs* (New York: National Association of Accountants, 1981) – zitiert in Kapitel 13.

Gaumnitz, B. und F. Kollaritsch, "Manufacturing Variances: Current Practice and Trends",.*Journal of Cost Management* (Frühjahr 1991) – zitiert in Kapitel 7.

Govindarajan, V. und B. Ramamurthy, "Transfer Pricing Policies in Indian Companies: A Survey", *Chartered Accountant* (November 1983) – zitiert in Kapitel 25.

Grant, Thornton, *Survey of American Manufacturers,* (New York: Grant Thornton, 1992) – zitiert in Kapitel 12.

Greiner, M., C. Kask und C. Sparks, "Comparative Manufacturing Productivity and Unit Labor Cost", *Monthly Labor Review* (Februar 1995) – zitiert in Kapitel 24.

Hanson, K., "Unavoidable Ethical Dilemmas in a Business Career", (Stanford University, 1995) – zitiert in Kapitel 2.

Ho, S. und R. Pike, "Risk Analysis in Capital Budgeting Contexts: Simple or Sophisticated?", *Accounting and Business Research* (Vol. 21, No. 83, 1991) – zitiert in Kapitel 23.

Ho, S. und L. Yang, "Managerial Risk Taking and Handling in Corporate Investment: An Exploratory Study in Taiwan", *Proceedings of the Second International Conference on Asian-Pacific Financial Markets,* (September 1991) – zitiert in Kapitel 23.

Hoque, Z. und M. Alam, "Organization Size, Business Objectives, Managerial Antonomy, Industry Conditions, and Management's Choice of Transfer Pricing Methods: A Contextual Analysis of New Zealand Companies", (Working Paper, Victoria University of Wellington, Wellington, New Zealand) – zitiert in Kapitel 25.

Innes, J. und F. Mitchell, "A Survey of Activity-Based Costing in the U.K.'s Largest Companies", *Management Accounting Research* (Juni 1995) – zitiert in Kapitel 4 and 16.

Inoue, S., "A Comparative Study of Recent Development of Cost Management Problems in U.S.A., U.K., Canada, and Japan", *Kagawa University Economic Review* (Juni 1988) – zitiert in Kapitel 7 and 9.

Jog, V. und A. Srivastava, "Corporate Financial Decision Making in Canada", *Canadian Journal of Administrative Sciences* (Juni 1994) – zitiert in Kapitel 20 and 21.

Joye, M. und P. Blayney, "Cost and Management Accounting Practices in Australian Manufacturing Companies: Survey Results", (Accounting Research Centre, The University of Sydney, 1991) – zitiert in Kapitel 10, 17 und 25.

Kim, I. und J. Song, "U.S., Korea, and Japan: Accounting Practices in Three Countries", *Management Accounting* (August 1990) – zitiert in Kapitel 22 and 23.

Lindsay, R. und S. Kalagnanam, *The Adoption of Just-in-Time Production Systems in Canada and Their Association with Management Control Practices,* (Hamilton, Canada: Society of Management Accountants of Canada, 1993) – zitiert in Kapitel 21.

Management Accounting Research Group, "Investigation into the Actual State of Target Costing, Corporate Accounting", (Working Paper, Kobe University, Japan, May 1992) – zitiert in Kapitel 12.

Mills, R. und C. Sweeting, "Pricing Decisions in Practice: How Are They Made in U.K. Manufacturing and Service Companies?", (London, U.K.: Chartered Institute of Management Accountants, Occasional Paper, 1988) – zitiert in Kapitel 12.

Mostafa, A., J. Sharp und K. Howard, "Transfer Pricing - A Survey Using Discriminant Analysis", *Omega,* (Vol. 12, No. 5, 1984) – zitiert in Kapitel 25.

Mowen, M., *Accounting for Costs as Fixed and Variable* (National Association of Accountants: Montvale, NJ, 1986) – zitiert in Kapitel 2.

NAA Tokyo Affiliate, "Management Accounting in the Advanced Manufacturing Surrounding: Comparative Study on Survey in Japan and U.S.A.", (Tokyo, Japan, 1988) – zitiert in Kapitel 10.

Price Waterhouse, *Transfer Pricing Practices of American Industry* (New York: Price Waterhouse, 1984) – zitiert in Kapitel 25.

Ramadan, S., "The Rationale for Cost Allocation: A Study of U.K. Divisionalised Companies", *Accounting and Business Research* (Winter 1989) – zitiert in Kapitel 13.

Sangster, A., "Capital Investment Appraisal Techniques: A Survey of Current Usage", *Journal of Business Finance & Accounting* (April 1993) – zitiert in Kapitel 22.

Scarbrough, P., A. Nanni und M. Sakurai, "Japanese Management Accounting Practices and the Effects of Assembly and Process Automation", *Management Accounting Research* (März 1991) – zitiert in Kapitel 7.

Slater, K. und C. Wooton, *A Study of Joint and By-Product Costing in the UK* (London, U.K.: Institute of Cost and Management Accountants, 1984) – zitiert in Kapitel 15.

Smith, K. und C. Sullivan, "Survey of Cost Management Systems in Manufacturing", (Working Paper, Purdue University, West Lafayette, Indiana, 1990) – zitiert in Kapitel 22 and 26.

Sullivan, C. und K. Smith, "Capital Investment Justification for U.S. Factory Automation Projects", *Journal of the Midwest Finance Association* (1994) – zitiert in Kapitel 23.

Swenson, D. und J. Cassidy, "The Effect of JIT on Management Accounting", *Journal of Cost Management* (Frühjahr 1993) – zitiert in Kapitel 20.

Tang, R., "Canadian Transfer Pricing in the 1990s", *Management Accounting* (Februar 1992) – zitiert in Kapitel 25.

Tang, R., C. Walter und R. Raymond, "Transfer Pricing - Japanese vs. American Style", *Management Accounting* (Januar 1979) – zitiert in Kapitel 25.

Zarzecki, D. und T. Wisniewski, "Investment Appraisal Practice in Poland", (Working Paper, Szcecin University, Szcecin, Poland, 1995) – zitiert in Kapitel 22 and 23

Empfohlene Literatur

Die Literatur über Kostenrechnung und verwandte Gebiete ist umfangreich und vielfältig. Die folgenden Bücher sind Beispiele für neuere Publikationen, in denen die aktuellen Entwicklungen zum Ausdruck kommen:

Brimson, J., *Activity Accounting: An Activity-Based Costing Approach.* New York: Wiley, 1991.

Connell, R., *Measuring Customer and Service Profitability in the Finance Sector:* London, U.K.: Chapman und Hall, 1995.

Cooper, R. und R. Kaplan, *The Design of Cost Management Systems.* Englewood Cliffs, NJ: Prentice-Hall, 1991.

Ditz, D., J. Ranganathan und R. Banks, *Green Ledgers: Case Studies in Corporate Environmental Accounting.* World Resources Institute, 1995.

Hronec, S., *Vital Signs.* New York: American Management Association, 1993.

Johnson, T., *Relevance Regained.* New York: Free Press, 1992.

Miller, J., *Implementing Activity-Based Management in Daily Operation.* New York: Wiley, 1996.

Player, S. und D. Keys, *Activity-Based Management.* New York: MasterMedia Limited, 1995.

Schweitzer, M., E. Trossmann und G. Lawson, *Break-even Analyses: Basic Model, Variants, Extensions.* Chichester, U.K.: Wiley, 1992.

Shank, J. und V. Govindarajan, *Strategic Management Accounting.* New York: The Free Press, 1993.

Aufsatzsammlungen über Kostenrechnung oder Controlling sind zum Beispiel:

Aly, I., ed., *Readings in Management Accounting.* Dubuque, Iowa: Kendall/Hunt, 1995.

Brinker, B., ed., *Emerging Practices in Cost Management.* Boston, MA: Warren, Gorham und Lamont, 1995.

Ratnatunga, J., J. Miller, N. Mudalige und A. Sohalled, eds., *Issues in Strategic Management Accounting.* Sydney, Australia: Harcourt Brace Jovanovich, 1993.

Young, M., ed., *Readings in Management Accounting.* Englewood Cliffs, NJ: Prentice-Hall, 1995.

Die Veröffentlichungsreihe der Harvard Business School über Rechnungswesen und Controlling enthält wichtige Beiträge zur Kostenrechnungsliteratur:

Anthony, R., *The Management Control Function.* Boston: Harvard Business School Press, 1988.

Berliner, C. und J. Brimson, eds., *Cost Management for Todays Advanced Manufacturing. The CAM-I Conceptual Design.* Boston: Harvard Business School Press, 1988.

Bruns, W., ed., *Performance Measurement, Evaluation, and Incentives.* Boston: Harvard Business School Press, 1992.

Bruns, W. und R. Kaplan, eds., *Accounting and Management: Field Study Perspectives.* Boston: Harvard Business School Press, 1987.

Cooper, R., *When Lean Enterprises Collide.* Boston: Harvard Business School Press, 1995.

Johnson, H. und R. Kaplan, *Relevance Lost: The Rise and Fall of Management Accounting.* Boston: Harvard Business School Press, 1987.

Kaplan, R., ed., *Measures for Manufacturing Excellence.* Boston: Harvard Business School Press, 1990.

Merchant, K.A., *Rewarding Results: Motivating Profit Center Managers.* Boston: Harvard Business School Press, 1989.

Productivity Press veröffentlicht viele Bücher mit einer internationalen Sicht der Kostenrechnung und des entscheidungsorientierten Rechnungswesens. So zum Beispiel:

Monden, Y., *Cost Management in the New Manufacturing Age: Innovations in the Japanese Automotive Industry.* Cambridge, MA: Productivity Press, 1992.

Sakurai, M., *Integrated Cost Management.* Portland, OR: Productivity Press, 1996.

Das Institute of Management Accountants veröffentlicht Monographien und Bücher über Themenbereiche aus der Kostenrechnung wie zum Beispiel:

Atkinson, A., J. Hamburg und C. Ittner, *Linking Quality to Profits,* Montvale, NJ: Institute of Management Accountants and Milwaukee, WI: ASQC Quality Press, 1994.

Cooper, R., R. Kaplan, L. Maisel, E. Morrissey und R. Oehm, *Activity-Based Cost Management: Moving from Analysis to Action.* Montvale, NJ: Institute of Management Accountants, 1992.

Dhavale, D., *Management Accounting Issues in Cellular Manufacturing and Focused-Factory Systems.* Montvale, NJ: Institute of Management Accountants, 1996.

Epstein, M., *Measuring Corporate Environmental Performance*. Montvale, NJ: IMA Foundation of Applied Research, 1995.

Klammer, T., *Managing Strategic and Capital Investment Decisions*. Burr Ridge, IL: Irwin und IMA, 1994.

Martinson, O., *Cost Accounting in the Service Industry*. Montvale, NJ: Institute of Management Accountants, 1994.

Noreen, E., D. Smith und J.T. Mackey, *The Theory of Constraints and Its Implications for Management Accounting*. Great Barrington, MA: North River Press, 1995.

Die Financial Executives Research Foundation veröffentlicht Monographien und Bücher zu Themen, die für Finanzmanager von Interesse sind. Einige Beispiele:

Howell, R., J. Shank, S. Soucy und J. Fisher, *Cost Management for Tomorrow: Seeking the Competitive Edge*. Morristown, NJ: Financial Executives Research Foundation, 1992.

Keating, P. und S. Jablonsky, *Changing Roles of Financial Management*. Morristown, NJ: Financial Executives Research Foundation, 1990.

Das Chartered Institute of Management Accountants veröffentlicht Monographien und Bücher wie die folgenden:

Drury, C., ed., *Management Accounting Handbook*. London, U.K.: Butterworth Heinemann und Chartered Institute of Management Accountants, 1992.

Ezzamel, M., C. Green, S. Lilley und H. Willmott, *Changing Managers and Managing Change*. London, UK.: Chartered Institute of Management Accountants, 1995.

Friedman, A. und S. Lylne, *Activity-Based Techniques: The Real Life Consequences*. London, UK: Chartered Institute of Management Accountants, 1995.

Murphy, C., J. Currie, M. Fahy und W. Golden, *Deciding the Future: Management Accountants as Decision Support Personnel*. London, UK: Chartered Institute of Management Accountants, 1995.

Ward, K., *Strategic Management Accounting*. Oxford, U.K.: Butterworth and Chartered Institute of Management Accountants, 1992.

Jai Press bringt jährlich einmal *Advances in Management Accounting* heraus. Diese Publikation wird von M. Epstein und K. Poston herausgegeben und enthält ein breites Spektrum von Forschungsartikeln und Fallstudien.

Fallsamlungen zur Kostenrechnung und zum Controlling sind zum Beispiel:

Rotch, W., B. Allen und E. Brownlee, *Cases in Management Accounting and Control Systems*. Englewood Cliffs, NJ: Prentice-Hall, 1995.

Shank, J., *Cases in Cost Management: A Strategic Emphasis*. Cincinnati, Ohio: South-Western, 1996.

Die folgenden Werke sind detailreich kommentierte Bibliographien der Forschungs-literatur zur Kostenrechnung und zum Controlling:

Clancy, D., *Annotated Management Accounting Readings*. Management Accounting Section of the American Accounting Association, 1986.

Deakin, E., M. Maher und J. Cappel, *Contemporary Literature in Cost Accounting*. Homewood, IL: Richard D. Irwin, 1988.

Klemstine, C. und M. Maher, *Management Accounting Research: 1926-1983*. New York: Garland Publishing, 1984.

Das *Journal of Cost Management for the Manufacturing Industry* enthält zahlreiche Artikel über modernes Controlling. Es wird veröffentlicht von Warren, Gorham and Lamont, 210 South Street, Boston, MA 02111.

Zwei für das entscheidungsorientierte Rechnungswesen relevante Fachzeitschriften werden von Sektionen der American Accounting Association, 5717 Bessie Drive, Sarasota, FL 34233, veröffentlicht: *Journal of Management Accounting Research* und *Behavioral Research in Accounting*.

Die folgenden Berufsvereinigungen sind auf Dienstleistungen für Mitglieder mit Interesse an Kostenrechnung und Controlling spezialisiert:

• *Institute of Management Accountants*, 10 Paragon Drive, P.O. Box 433, Montvale, NJ 07645. Veröffentlicht die Fachzeitschrift *Management Accountant*.
• *Financial Executives Institute*, 10 Madison Avenue, P.O. Box 1938, Morristown, NJ 07960. Veröffentlicht den *Financial Executive*.
• *Society of Cost Estimating and Analysis*, 101 South Whiting Street, Suite 313, Alexandria, VA 22304. Veröffentlicht das *Journal of Cost Analysis* und Monographien über Kostenschätzung und Preisanalyse im öffentlichen Sektor und in der Industrie.
• *The Institute of Internal Auditors*, 249 Maitland Avenue, Altamonte Springs, FL 32701. Veröffentlicht die Fachzeitschrift *The Internal Auditor* und Monographien zur internen Unternehmenssteuerung.

- *Society of Management Accountants of Canada,* 154 Main Street East, MPO Box 176, Hamilton, Ontario, L8N 3C3. Veröffentlicht das *CMA Magazine.*
- *The Chartered Institute of Management Accountants,* 63 Portland Place, London, WIN 4AB. Veröffentlicht die Fachzeitschrift *Management Accounting,* sowie Monographien über Themen aus der Kostenrechnung und dem entscheidungsorientierten Rechnungswesen.

Zinstabellen und ihre Verwendung

Zinsen sind die Kosten der Verwendung von Geld. Sie sind der Preis für das Ausleihen von Finanzmitteln, genau so wie die Miete der Preis für die Überlassung von Gebäuden oder Maschinen ist. Wenn Finanzmittel über einen bestimmten Zeitraum hinweg verwendet werden, ist es notwendig, den Zins als Kosten der entliehenen Mittel einzukalkulieren. Das gilt auch dann, wenn die Finanzmittel Eigenkapital darstellen und wenn die Zinsen nicht mit Auszahlungen verbunden sind. Der Grund ist, daß die Wahl einer Alternative automatisch einen gegebenen Geldbetrag bindet, der andernfalls in eine andere Alternative investiert werden könnte.

Zinsen sind immer wichtig, auch wenn es um kurzfristige Projekte geht. Entsprechend spielen sie eine noch größere Rolle, wenn langfristige Pläne zur Diskussion stehen. Der Zinssatz hat einen großen Einfluß auf Entscheidungen über die Beschaffung und Investition von Finanzmitteln. So werden zum Beispiel 100.000 $, die man heute zu einem Zinssatz von 8 % investiert, in zehn Jahren 215.900 % wert sein; bei einem Zinssatz von 20 % würden derselbe Betrag auf 619.200 $ anwachsen.

ZINSTABELLEN

Es gibt viele Computerprogramme und Taschenrechner, die Berechnungen im Zusammenhang mit dem Zeitwert des Geldes ausführen können.Der Leser kann aber auch die folgenden vier Basistabellen zur Zinsberechnung verwenden.

Tabelle 1: der zukünftige Wert von 1 $

Tabelle 1 zeigt, wieviel ein Dollar, der heute zu einem bestimmten Zinssatz angelegt wird, nach einer gegebenen Anzahl von Perioden mit Zins und Zinseszins wert sein wird. Nehmen wir eine Investition von 1.000 $ über einen Zeitraum von drei Jahren zum Zinssatz von 8 %. Die folgende Tabelle zeigt, wie diese 1.000 $ auf 1.259,70 $ ansteigen:

Jahr	Zinsen im laufenden Jahr	Zins und Zinseszins	Summe am Jahresende
0	–	–	1.000,00 $
1	80,00 $	80,00 $	1.080,00 $
2	86,40 $	166,40 $	1.166,40 $
3	93,30 $	259,70 $	1.259,70 $

Diese Tabellendarstellung ergibt sich aus einer Reihe von Berechnungen, die man auch folgendermaßen schreiben kann:

$$S_1 = 1.000 \text{ \$ } (1{,}08)^1$$
$$S_2 = 1.000 \text{ \$ } (1{,}08)^2$$
$$S_3 = 1.000 \text{ \$ } (1{,}08)^3$$

Die Formel für den zukünftigen Wert eines Dollars lautet:

$$S = P(1+r)n$$
$$S = 1.000 \text{ \$ } (1{,}08)^3 = 1.259{,}70 \text{ \$}$$

S steht für den zukünftigen Wert, P für den Gegenwartswert – in diesem Fall 1.000 \$ –, r für den Zinssatz und n für die Anzahl der Perioden.

Glücklicherweise kann man die wichtigsten Berechnungen mit Hilfe von Tabellen sehr schnell durchführen. Wenn man in der Lage ist, die *richtige* Tabelle zu finden, kann man den Rechenaufwand minimieren. Man überprüfe die Richtigkeit der obigen Rechnung mit Hilfe von Tabelle 1 (Seite 924 f.).

Tabelle 2: Gegenwartswert von 1 $

Wenn 1.000 % bei einem Zinssatz von 8 % pro Jahr in drei Jahren mit Zins und Zinseszins 1.259,70 \$ wert sind, dann muß umgekehrt dieser Betrag von 1.000 \$ der Gegenwartswert von 1.259,70 \$ sein, die am Ende einer Dreijahresfrist fällig werden. Die Formel für den gegenwartswert kann man ableiten, indem man den Prozeß der *Kapitalakkumulation* (den wir oben erklärt haben) umkehrt.

Wenn

$$S = P(1+r)n$$

dann

$$P = \frac{S}{(1+r)^n}$$

$$P = \frac{1.259{,}70 \text{ \$}}{(1{,}08)^3} = 1.000 \text{ \$}$$

Man überprüfe diese Berechnung mit Hilfe von Tabelle 2 (Seite 926 f.).

Tabelle 3: Wert einer Annuität von 1 $

Eine Annuität ist eine Reihe von gleichen Geldbeträgen, die man jeweils am Ende gleicher, aufeinanderfolgender Zeitperioden erhält oder bezahlt. Angenommen 1.000 \$ werden drei Jahre lang jeweils am Jahresende zu einem Zinssatz von 8 % angelegt:

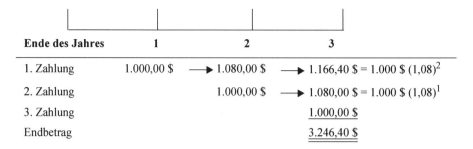

Ende des Jahres	1	2	3
1. Zahlung	1.000,00 $ ⟶	1.080,00 $ ⟶	1.166,40 $ = 1.000 $ $(1,08)^2$
2. Zahlung		1.000,00 $ ⟶	1.080,00 $ = 1.000 $ $(1,08)^1$
3. Zahlung			1.000,00 $
Endbetrag			3.246,40 $

Algebraisch kann man den Endbetrag einer Annuität von 1.000 $ über drei Jahre folgendermaßen ausdrücken: 1.000 $ $(1+r)^2$ + 1.000 $ $(1+r)^1$ + 1.000 $.

Wir können die allgemeine Formel für den Endbetrag S_n einer Annuität von 1 $ am obigen Beispiel entwickeln:

1.

$$S_n = 1 + (1+r)^1 + (1+r)^2$$

2. Einsetzen:

$$S_n = 1 + (1,08)^1 + (1,08)^2$$

3. Mit (1+r) multiplizieren:

$$(1,08)S_n = (1,08)^1 + (1,08)^2 + (1,08)^3$$

4. (2) von (3) abziehen: Man beachte, daß alle Ausdrücke auf der rechten Seite wegfallen außer $(1,08)^3$ in Gleichung (3) und 1 in Gleichung (2).

$$1,08 S_n - S_n = (1,08)^3 - 1$$

5. Gleichung (4) vereinfachen:

$$S_n(1,08 - 1) = (1,08)^3 - 1$$

6. Durch (1,08 - 1) dividieren:

$$S_n = \frac{(1,08)^3 - 1}{1,08 - 1} = \frac{(1,08)^3 - 1}{0,08}$$

7. Die allgemeine Formel für den Endetrag einer Annuität von 1 $ nach n Jahren lautet:

$$S_n = \frac{(1 + r)^n - 1}{r} = \frac{\text{Zins und Zinseszins}}{\text{Zinssatz}}$$

Diese Formel ist die Basis von Tabelle 3 (Seite 928 f.). Man betrachte Tabelle 3 oder verwende die Formel selbst, um die Berechnungen zu überprüfen.

Tabelle 4: Gegenwartswert einer Annuität von 1 $

Mit dem gleichen Beispiel wie bei Tabelle 3 können wir auch zeigen, wie die Formel für den Gegenwartswert P_n einer Annuität entwickelt wird

Ende des Jahres	0	1	2	3

1. Zahlung $\qquad \dfrac{1.000}{(1,08)^1} = 926,14\ \$ \quad \longleftarrow \quad 1.000\ \$$

2. Zahlung $\qquad \dfrac{1.000}{(1,08)^2} = 857,52\ \$ \quad \longleftarrow \quad 1.000\ \$$

3. Zahlung $\qquad \dfrac{1.000}{(1,08)^3} = 794,00\ \$ \quad \longleftarrow \quad 1.000\ \$$

Gegenwartswert $\qquad \underline{2.577,66\ \$}$

Im allgemeinen Fall kann der Gegenwartswert einer Annuität von 1 \$ folgendermaßen ausgedrückt werden:

1.
$$P_n = \frac{1}{1+r} + \frac{1}{(1+r)^2} + \frac{1}{(1+r)^3}$$

2. Einsetzen:
$$P_n = \frac{1}{1,08} + \frac{1}{(1,08)^2} + \frac{1}{(1,08)^3}$$

3. Mit $\dfrac{1}{1,08}$ multiplizieren:
$$P_n \frac{1}{1,08} = \frac{1}{(1,08)^2} + \frac{1}{(1,08)^3} + \frac{1}{(1,08)^4}$$

4. (3) von (2) abziehen:
$$P_n - P_n \frac{1}{1,08} = \frac{1}{1,08} - \frac{1}{(1,08)^4}$$

5. Zusammenfassen:
$$P_n\left(1 - \frac{1}{1,08}\right) = \frac{1}{1,08}\left(1 - \frac{1}{(1,08)^3}\right)$$

6. oder:
$$P_n\left(\frac{0,08}{1,08}\right) = \frac{1}{1,08}\left(1 - \frac{1}{(1,08)^3}\right)$$

7. Mit $\dfrac{1,08}{0,08}$ multiplizieren:
$$P_n = \frac{1}{0,08}\left(1 - \frac{1}{(1,08)^3}\right)$$

Die allgemeine Formel für den Gegenwartswert einer Annuität von 1 \$ lautet:
$$P_n = \frac{1}{r}\left(1 - \frac{1}{(1+r)^n}\right) = \frac{\text{Zins und Zinseszins}}{\text{Zinssatz}}$$

Für unser Beispiel: $P_n = \dfrac{0,2062}{0,08} = 2,577$

Diese Formel ist die Grundlage für Tabelle 4 (Seite 930 f.). Die Antwort kann man anhand der Tabelle überprüfen. Die Gegenwartswerttafeln, Tabelle 2 und 4, werden in der Investitionsrechnung am häufigsten verwendet.

Die Tabellen für die Annuitäten sind nicht wesentlich. Mit Hilfe der Tabellen 1 und 2 kann man leicht auf- und abzinsen. Zins und Zinseszins brauchen nur durch den Zinssatz dividiert zu werden, um Werte zu erhalten, die denen in Tabelle 3 und 4 entsprechen.

Tabelle 1:

Zukünftiger Wert von 1,00 \$. $S = P(1+r)^n$. In dieser Tabelle gilt $P = 1,00$ \$.

Perioden	2%	4%	6%	8%	10%	12%	14%	16%	18%
1	1,020	1,040	1,060	1,080	1,100	1,120	1,140	1,160	1,180
2	1,040	1,082	1,124	1,166	1,210	1,254	1,300	1,346	1,392
3	1,061	1,125	1,191	1,260	1,331	1,405	1,482	1,561	1,643
4	1,082	1,170	1,262	1,360	1,464	1,574	1,689	1,811	1,939
5	1,104	1,217	1,338	1,469	1,611	1,762	1,925	2,100	2,288
6	1,126	1,265	1,419	1,587	1,772	1,974	2,195	2,436	2,700
7	1,149	1,316	1,504	1,714	1,949	2,211	2,502	2,826	3,185
8	1,172	1,369	1,594	1,851	2,144	2,476	2,853	3,278	3,759
9	1,195	1,423	1,689	1,999	2,358	2,773	3,252	3,803	4,435
10	1,219	1,480	1,791	2,159	2,594	3,106	3,707	4,411	5,234
11	1,243	1,539	1,898	2,332	2,853	3,479	4,226	5,117	6,176
12	1,268	1,601	2,012	2,518	3,138	3,896	4,818	5,936	7,288
13	1,294	1,665	2,133	2,720	3,452	4,363	5,492	6,886	8,599
14	1,319	1,732	2,261	2,937	3,797	4,887	6,261	7,988	10,147
15	1,346	1,801	2,397	3,172	4,177	5,474	7,138	9,266	11,974
16	1,373	1,873	2,540	3,426	4,595	6,130	8,137	10,748	14,129
17	1,400	1,948	2,693	3,700	5,054	6,866	9,276	12,468	16,672
18	1,428	2,026	2,854	3,996	5,560	7,690	10,575	14,463	19,673
19	1,457	2,107	3,026	4,316	6,116	8,613	12,056	16,777	23,214
20	1,486	2,191	3,207	4,661	6,727	9,646	13,743	19,461	27,393
21	1,516	2,279	3,400	5,034	7,400	10,804	15,668	22,574	32,324
22	1,546	2,370	3,604	5,437	8,140	12,100	17,861	26,186	38,142
23	1,577	2,465	3,820	5,871	8,954	13,552	20,362	30,376	45,008
24	1,608	2,563	4,049	6,341	9,850	15,179	23,212	35,236	53,109
25	1,641	2,666	4,292	6,848	10,835	17,000	26,462	40,874	62,669
26	1,673	2,772	4,549	7,396	11,918	19,040	30,167	47,414	73,949
27	1,707	2,883	4,822	7,988	13,110	21,325	34,390	55,000	87,260
28	1,741	2,999	5,112	8,627	14,421	23,884	39,204	63,800	102,967
29	1,776	3,119	5,418	9,317	15,863	26,750	44,693	74,009	121,501
30	1,811	3,243	5,743	10,063	17,449	29,960	50,950	85,850	143,371
35	2,000	3,946	7,686	14,785	28,102	52,800	98,100	180,314	327,997
40	2,208	4,801	10,286	21,725	45,259	93,051	188,884	378,721	750,378

Tabelle 1 (Fortsetzung):

20%	22%	24%	26%	28%	30%	32%	40%	Perioden
1,200	1,220	1,240	1,260	1,280	1,300	1,320	1,400	1
1,440	1,488	1,538	1,588	1,683	1,690	1,742	1,960	2
1,728	1,816	1,907	2,000	2,097	2,197	2,300	2,744	3
2,074	2,215	2,364	2,520	2,684	2,856	3,036	3,842	4
2,488	2,703	2,932	3,176	3,436	3,713	4,007	5,378	5
2,986	3,297	3,635	4,002	4,398	4,827	5,290	7,530	6
3,583	4,023	4,508	5,042	5,629	6,275	6,983	10,541	7
4,300	4,908	5,590	6,353	7,206	8,157	9,217	14,758	8
5,160	5,987	6,931	8,005	9,223	10,604	12,166	20,661	9
6,192	7,305	8,594	10,086	11,806	13,786	16,060	28,925	10
7,430	8,912	10,657	12,708	15,112	17,922	21,199	40,496	11
8,916	10,872	13,215	16,012	19,343	12,298	27,983	56,694	12
10,699	13,264	16,386	20,175	24,759	30,288	36,937	79,371	13
12,839	16,182	20,319	25,421	31,691	39,374	48,757	111,120	14
15,407	19,742	25,196	32,030	40,565	51,186	64,359	155,568	15
18,488	24,086	31,243	40,358	51,923	66,542	84,954	217,795	16
22,186	29,384	38,741	50,851	66,461	86,504	112,139	304,913	17
26,623	35,849	48,039	64,072	85,071	112,455	148,024	426,879	18
31,948	43,736	59,568	80,731	108,890	146,192	195,391	597,630	19
38,338	53,358	73,864	101,721	139,380	190,050	257,916	836,683	20
46,005	65,096	91,592	128,169	178,406	247,065	340,449	1171,356	21
55,206	79,418	113,574	161,492	228,360	321,184	449,393	1639,898	22
66,247	96,889	140,831	203,480	292,300	417,539	593,199	2295,857	23
79,497	118,205	174,631	256,385	374,144	542,801	783,023	3214,200	24
95,396	144,210	216,542	323,045	478,905	705,641	1033,590	4499,880	25
114,475	175,936	268,512	407,037	612,998	917,333	1364,339	6299,831	26
137,371	214,642	332,955	512,867	784,638	1192,533	1800,927	8819,764	27
164,845	261,864	412,864	646,212	1004,336	1550,293	2377,224	12347,670	28
197,814	319,474	511,952	814,228	1285,550	2015,381	3137,935	17286,737	29
237,376	389,758	634,820	1025,927	1645,505	2619,996	4142,075	24201,432	30
590,668	1053,402	1861,054	3258,135	5653,911	9727,860	16599,217	130161,112	35
1469,772	2847,038	5455,913	10347,175	19426,689	36118,865	66520,767	700037,697	40

Tabelle 2:

Gegenwartswert von 1,00 \$. $P = S/(1+r)^n$. In dieser Tabelle gilt $S = 1,00$ \$.

Perioden	2%	4%	6%	8%	10%	12%	14%	16%	18%
1	0,980	0,962	0,943	0,926	0,909	0,893	0,877	0,862	0,847
2	0,961	0,925	0,890	0,857	0,826	0,797	0,769	0,743	0,718
3	0,942	0,889	0,840	0,794	0,751	0,712	0,675	0,641	0,609
4	0,924	0,855	0,792	0,735	0,683	0,636	0,592	0,552	0,516
5	0,906	0,822	0,747	0,681	0,621	0,567	0,519	0,476	0,437
6	0,888	0,790	0,705	0,630	0,564	0,507	0,456	0,410	0,370
7	0,871	0,760	0,665	0,583	0,513	0,452	0,400	0,354	0,314
8	0,853	0,731	0,627	0,540	0,467	0,404	0,351	0,305	0,266
9	0,837	0,703	0,592	0,500	0,424	0,361	0,308	0,263	0,225
10	0,820	0,676	0,558	0,463	0,386	0,322	0,270	0,227	0,191
11	0,804	0,650	0,527	0,429	0,350	0,287	0,237	0,195	0,162
12	0,788	0,625	0,497	0,397	0,319	0,257	0,208	0,168	0,137
13	0,773	0,601	0,469	0,368	0,290	0,229	0,182	0,145	0,116
14	0,758	0,577	0,442	0,340	0,263	0,205	0,160	0,125	0,099
15	0,743	0,555	0,417	0,315	0,239	0,183	0,140	0,108	0,084
16	0,728	0,534	0,394	0,292	0,218	0,163	0,123	0,093	0,071
17	0,714	0,513	0,371	0,270	0,198	0,146	0,108	0,080	0,060
18	0,700	0,494	0,350	0,250	0,180	0,130	0,095	0,069	0,051
19	0,686	0,475	0,331	0,232	0,164	0,116	0,083	0,060	0,043
20	0,673	0,456	0,312	0,215	0,149	0,104	0,073	0,051	0,037
21	0,660	0,439	0,294	0,199	0,135	0,093	0,064	0,044	0,031
22	0,647	0,422	0,278	0,184	0,123	0,083	0,056	0,038	0,026
23	0,634	0,406	0,262	0,170	0,112	0,074	0,049	0,033	0,022
24	0,622	0,390	0,247	0,158	0,102	0,066	0,043	0,028	0,019
25	0,610	0,375	0,233	0,146	0,092	0,059	0,038	0,024	0,016
26	0,598	0,361	0,220	0,135	0,084	0,053	0,033	0,021	0,014
27	0,586	0,347	0,207	0,125	0,076	0,047	0,029	0,018	0,011
28	0,574	0,333	0,196	0,116	0,069	0,042	0,026	0,016	0,010
29	0,563	0,321	0,185	0,107	0,063	0,037	0,022	0,014	0,008
30	0,552	0,308	0,174	0,099	0,057	0,033	0,020	0,012	0,007
35	0,500	0,253	0,130	0,068	0,036	0,019	0,010	0,006	0,003
40	0,453	0,208	0,097	0,046	0,022	0,011	0,005	0,003	0,001

Tabelle 2 (Fortsetzung):

20%	22%	24%	26%	28%	30%	32%	40%	Perioden
0,833	0,820	0,806	0,794	0,781	0,769	0,758	0,714	1
0,694	0,672	0,650	0,630	0,610	0,592	0,574	0,510	2
0,579	0,551	0,524	0,500	0,477	0,455	0,435	0,364	3
0,482	0,451	0,423	0,397	0,373	0,350	0,329	0,260	4
0,402	0,370	0,341	0,315	0,291	0,269	0,250	0,186	5
0,335	0,303	0,275	0,250	0,227	0,207	0,189	0,133	6
0,279	0,249	0,222	0,198	0,178	0,159	0,143	0,095	7
0,233	0,204	0,179	0,157	0,139	0,123	0,108	0,068	8
0,194	0,167	0,144	0,125	0,108	0,094	0,082	0,048	9
0,162	0,137	0,116	0,099	0,085	0,073	0,062	0,035	10
0,135	0,112	0,094	0,079	0,066	0,056	0,047	0,025	11
0,112	0,092	0,076	0,062	0,052	0,043	0,036	0,018	12
0,093	0,075	0,061	0,050	0,040	0,033	0,027	0,013	13
0,078	0,062	0,049	0,039	0,032	0,025	0,021	0,009	14
0,065	0,051	0,040	0,031	0,025	0,020	0,016	0,006	15
0,054	0,042	0,032	0,025	0,019	0,015	0,012	0,005	16
0,045	0,034	0,026	0,020	0,015	0,012	0,009	0,003	17
0,038	0,028	0,021	0,016	0,012	0,009	0,007	0,002	18
0,031	0,023	0,017	0,012	0,009	0,007	0,005	0,002	19
0,026	0,019	0,014	0,010	0,007	0,005	0,004	0,001	20
0,022	0,015	0,011	0,008	0,006	0,004	0,003	0,001	21
0,018	0,013	0,009	0,006	0,004	0,003	0,002	0,001	22
0,015	0,010	0,007	0,005	0,003	0,002	0,002	0,000	23
0,013	0,008	0,006	0,004	0,003	0,002	0,001	0,000	24
0,010	0,007	0,005	0,003	0,002	0,001	0,001	0,000	25
0,009	0,006	0,004	0,002	0,002	0,001	0,001	0,000	26
0,007	0,005	0,003	0,002	0,001	0,001	0,001	0,000	27
0,006	0,004	0,002	0,002	0,001	0,001	0,000	0,000	28
0,005	0,003	0,002	0,001	0,001	0,000	0,000	0,000	29
0,004	0,003	0,002	0,001	0,001	0,000	0,000	0,000	30
0,002	0,001	0,001	0,000	0,000	0,000	0,000	0,000	35
0,001	0,000	0,000	0,000	0,000	0,000	0,000	0,000	40

Tabelle 3:

Wert einer Annuität von 1,00 $ am Ende der Periode.

$S_n = [(1+r)^n - 1]/r$

Perioden	2%	4%	6%	8%	10%	12%	14%	16%	18%
1	1,000	1,000	1,000	1,000	1,000	1,000	1,000	1,000	1,000
2	2,020	2,040	2,060	2,080	2,100	2,120	2,140	2,160	2,180
3	3,060	3,122	3,184	3,246	3,310	3,374	3,440	3,506	3,572
4	4,122	4,246	4,375	4,506	4,641	4,779	4,921	5,066	5,215
5	5,204	5,416	5,637	5,867	6,105	6,353	6,610	6,877	7,154
6	6,308	6,633	6,975	7,336	7,716	8,115	8,536	8,977	9,442
7	7,434	7,898	8,394	8,923	9,487	10,089	10,730	11,414	12,142
8	8,583	9,214	9,897	10,637	11,436	12,300	13,233	14,240	15,327
9	9,755	10,583	11,491	12,488	13,579	14,776	16,085	17,519	19,086
10	10,950	12,006	13,181	14,487	15,937	17,549	19,337	21,321	23,521
11	12,169	13,486	14,972	16,645	18,531	20,655	23,045	25,733	28,755
12	13,412	15,026	16,870	18,977	21,384	24,133	27,271	30,850	34,931
13	14,680	16,627	18,882	21,495	24,523	28,029	32,089	36,786	42,219
14	15,974	18,292	21,015	24,215	27,975	32,393	37,581	43,672	50,818
15	17,293	20,024	23,276	27,152	31,772	37,280	43,842	51,660	60,965
16	18,639	21,825	25,673	30,324	35,950	42,753	50,980	60,925	72,939
17	20,012	23,698	28,213	33,750	40,545	48,884	59,118	71,673	87,068
18	21,412	25,645	30,906	37,450	45,599	55,750	68,394	84,141	103,740
19	22,841	27,671	33,760	41,446	51,159	63,440	78,969	98,603	123,414
20	24,297	29,778	36,786	45,762	57,275	72,052	91,025	115,380	146,628
21	25,783	31,969	39,993	50,423	64,002	81,699	104,768	134,841	174,021
22	27,299	34,248	43,392	55,457	71,403	92,503	120,436	157,415	206,345
23	28,845	36,618	46,996	60,893	79,543	104,603	138,297	183,601	244,487
24	30,422	39,083	50,816	66,765	88,497	118,155	158,659	213,978	289,494
25	32,030	41,646	54,865	73,106	98,347	133,334	181,871	249,214	342,603
26	33,671	44,312	59,156	79,954	109,182	150,334	208,333	290,088	405,272
27	35,344	47,084	63,706	87,351	121,100	169,374	238,499	337,502	479,221
28	37,051	49,968	68,528	95,339	134,210	190,699	272,889	392,503	566,481
29	38,792	52,966	73,640	103,966	148,631	214,583	312,094	456,303	669,447
30	40,568	56,085	79,058	113,263	164,494	241,333	356,787	530,312	790,948
35	49,994	73,652	111,435	172,317	271,024	431,663	693,573	1120,713	1816,652
40	60,402	95,026	154,762	259,057	442,593	767,091	1342,025	2360,757	4163,213

Tabelle 3 (Fortsetzung):

20%	22%	24%	26%	28%	30%	32%	40%	Per.
1,000	1,000	1,000	1,000	1,000	1,000	1,000	1,000	1
2,200	2,220	2,240	2,260	2,280	2,300	2,320	2,400	2
3,640	3,708	3,778	3,848	3,918	3,990	4,062	4,360	3
5,368	5,524	5,684	5,848	6,016	6,187	6,362	7,104	4
7,442	7,740	8,048	8,368	8,700	9,043	9,398	10,946	5
9,930	10,442	10,980	11,544	12,136	12,756	13,406	16,324	6
12,916	13,740	14,615	15,546	16,534	17,583	18,696	23,853	7
16,499	17,762	19,123	20,588	22,163	23,858	25,678	34,395	8
20,799	22,670	24,712	26,940	29,369	32,015	34,895	49,153	9
25,959	28,657	31,643	34,945	38,593	42,619	47,062	69,814	10
32,150	35,962	40,238	45,031	50,398	56,405	63,122	98,739	11
39,581	44,874	50,895	57,739	65,510	74,327	84,320	139,235	12
48,497	55,746	64,110	73,751	84,853	97,625	112,303	195,929	13
59,196	69,010	80,496	93,926	109,612	127,913	149,240	275,300	14
72,035	85,192	100,815	119,347	141,303	167,286	197,997	386,420	15
87,442	104,935	126,011	151,377	181,868	218,472	262,356	541,988	16
105,931	129,020	157,253	191,735	233,791	285,014	347,309	759,784	17
128,117	158,405	195,994	242,585	300,252	371,518	459,449	1064,697	18
154,740	194,254	244,033	306,658	385,323	483,973	607,472	1491,576	19
186,688	237,989	303,601	387,389	494,213	630,165	802,863	2089,206	20
225,026	291,347	377,465	489,110	633,593	820,215	1060,779	2925,889	21
271,031	356,443	469,056	617,278	811,999	1067,280	1401,229	4097,245	22
326,237	435,861	582,630	778,771	1040,358	1388,464	1850,622	5737,142	23
392,484	532,750	723,461	982,251	1332,659	1806,003	2443,821	8032,999	24
471,981	650,955	898,092	1238,636	1706,803	2348,803	3226,844	11247,199	25
567,377	795,165	1114,634	1561,682	2185,708	3054,444	4260,434	15747,079	26
681,853	971,102	1383,146	1968,719	2798,706	3971,778	5624,772	22046,910	27
819,223	1185,744	1716,101	2481,586	3583,344	5164,311	7425,699	30866,674	28
984,068	1447,608	2128,965	3127,798	4587,680	6714,604	9802,923	43214,343	29
1181,882	1767,081	2640,916	3942,026	5873,231	8729,985	12940,859	60501,081	30
2948,341	4783,645	7750,225	12527,442	20188,966	32422,868	51869,427	325400,279	35
7343,858	12936,535	22728,803	39792,982	69377,460	120392,883	207874,272	1750091,741	40

Tabelle 4:

Gegenwartswert einer Annuität von 1,00 $ am Ende der Periode.

$P_n = 1/r[1 - 1/(1+r)^n]$

Perioden	2%	4%	6%	8%	10%	12%	14%	16%	18%
1	0,980	0,962	0,943	0,926	0,909	0,893	0,877	0,862	0,847
2	1,942	1,886	1,833	1,783	1,736	1,690	1,647	1,605	1,566
3	2,884	2,775	2,673	2,577	2,487	2,402	2,322	2,246	2,174
4	3,808	3,630	3,465	3,312	3,170	3,037	2,914	2,798	2,690
5	4,713	4,452	4,212	3,993	3,791	3,605	3,433	3,274	3,127
6	5,601	5,242	4,917	4,623	4,355	4,111	3,889	3,685	3,498
7	6,472	6,002	5,582	5,206	4,868	4,564	4,288	4,039	3,812
8	7,325	6,733	6,210	5,747	5,335	4,968	4,639	4,344	4,078
9	8,162	7,435	6,802	6,247	5,759	5,328	4,946	4,607	4,303
10	8,983	8,111	7,360	6,710	6,145	5,650	5,216	4,833	4,494
11	9,787	8,760	7,887	7,139	6,495	5,938	5,453	5,029	4,656
12	10,575	9,385	8,384	7,536	6,814	6,194	5,660	5,197	4,793
13	11,348	9,986	8,853	7,904	7,103	6,424	5,842	5,342	4,910
14	12,106	10,563	9,295	8,244	7,367	6,628	6,002	5,468	5,008
15	12,849	11,118	9,712	8,559	7,606	6,811	6,142	5,575	5,092
16	13,578	11,652	10,106	8,851	7,824	6,974	6,265	5,668	5,162
17	14,292	12,166	10,477	9,122	8,022	7,120	6,373	5,749	5,222
18	14,992	12,659	10,828	9,372	8,201	7,250	6,467	5,818	5,273
19	15,678	13,134	11,158	9,604	8,365	7,366	6,550	5,877	5,316
20	16,351	13,590	11,470	9,818	8,514	7,469	6,623	5,929	5,353
21	17,011	14,029	11,764	10,017	8,649	7,562	6,687	5,973	5,384
22	17,658	14,451	12,042	10,201	8,772	7,645	6,743	6,011	5,410
23	18,292	14,857	12,303	10,371	8,883	7,718	6,792	6,044	5,432
24	18,914	15,247	12,550	10,529	8,985	7,784	6,835	6,073	5,451
25	19,523	15,622	12,783	10,675	9,077	7,843	6,873	6,097	5,467
26	20,121	15,983	13,003	10,810	9,161	7,896	6,906	6,118	5,480
27	20,707	16,330	13,211	10,935	9,237	7,943	6,935	6,136	5,492
28	21,281	16,663	13,406	11,051	9,307	7,984	6,961	6,152	5,502
29	21,844	16,984	13,591	11,158	9,370	8,022	6,983	6,166	5,510
30	22,396	17,292	13,765	11,258	9,427	8,055	7,003	6,177	5,517
35	24,999	18,665	14,498	11,655	9,644	8,176	7,070	6,215	5,539
40	27,355	19,793	15,046	11,925	9,779	8,244	7,105	6,233	5,548

Tabelle 4 (Fortsetzung):

20%	22%	24%	26%	28%	30%	32%	40%	Perioden
0,833	0,820	0,806	0,794	0,781	0,769	0,758	0,714	1
1,528	1,492	1,457	1,424	1,392	1,361	1,331	1,224	2
2,106	2,042	1,981	1,923	1,868	1,816	1,766	1,589	3
2,589	2,494	2,404	2,320	2,241	2,166	2,096	1,849	4
2,991	2,864	2,745	2,635	2,532	2,436	2,345	2,035	5
3,326	3,167	3,020	2,885	2,759	2,643	2,534	2,168	6
3,605	3,416	3,242	3,083	2,937	2,802	2,677	2,263	7
3,837	3,619	3,421	3,241	3,076	2,925	2,786	2,331	8
4,031	3,786	3,566	3,366	3,184	3,019	2,868	2,379	9
4,192	3,923	3,682	3,465	3,269	3,092	2,930	2,414	10
4,327	4,035	3,776	3,543	3,335	3,147	2,978	2,438	11
4,439	4,127	3,851	3,606	3,387	3,190	3,013	2,456	12
4,533	4,203	3,912	3,656	3,427	3,223	3,040	2,469	13
4,611	4,265	3,962	3,695	3,459	3,249	3,061	2,478	14
4,675	4,315	4,001	3,726	3,483	3,268	3,076	2,484	15
4,730	4,357	4,033	3,751	3,503	3,283	3,088	2,489	16
4,775	4,391	4,059	3,771	3,518	3,295	3,097	2,492	17
4,812	4,419	4,080	3,786	3,529	3,304	3,104	2,494	18
4,843	4,442	4,097	3,799	3,539	3,311	3,109	2,496	19
4,870	4,460	4,110	3,808	3,546	3,316	3,113	2,497	20
4,891	4,476	4,121	3,816	3,551	3,320	3,116	2,498	21
4,909	4,488	4,130	3,822	3,556	3,323	3,118	2,498	22
4,925	4,499	4,137	3,827	3,559	3,325	3,120	2,499	23
4,937	4,507	4,143	3,831	3,562	3,327	3,121	2,499	24
4,948	4,514	4,147	3,834	3,564	3,329	3,122	2,499	25
4,956	4,520	4,151	3,837	3,566	3,330	3,123	2,500	26
4,964	4,524	4,154	3,839	3,567	3,331	3,123	2,500	27
4,970	4,528	4,157	3,840	3,568	3,331	3,124	2,500	28
4,975	4,531	4,159	3,841	3,569	3,332	3,124	2,500	29
4,979	4,534	4,160	3,842	3,569	3,332	3,124	2,500	30
4,992	4,541	4,164	3,845	3,571	3,333	3,125	2,500	35
4,997	4,544	4,166	3,846	3,571	3,333	3,125	2,500	40

Kostenrechnung in beruflichen Abschlußprüfungen

Dieser Anhang beschreibt die Rolle der Kostenrechnung in beruflichen Abschlußprüfungen. Wir beziehen uns dabei auf Prüfungen in den USA, Kanada, Australien, Japan, Großbritannien und Deutschland.[140]

PRÜFUNGEN IN DEN USA

Viele Leser der amerikanischen Originalausgabe werden sich irgendwann der Prüfung zum Certified Public Accountant (CPA) oder zum Certified Management Accountant (CMA) unterziehen. Die Zertifizierung ist für Fachleute des Rechnungswesens aus vielerlei Gründen wichtig:

1. Anerkennung der Leistung und fachlichen Kompetenz durch Kollegen und Nutzer der Dienstleistungen des Rechnungswesens
2. Größeres Selbstvertrauen in die eigenen fachlichen Fähigkeiten
3. Mitgliedschaft in Berufsorganisationen, die Programme zur berufsbegleitenden Fortbildung anbieten
4. Verbesserung der Karrierechancen
5. Persönliche Befriedigung

Das CPA-Zeugnis wird von den Bundesstaaten verliehen; es ist die Voraussetzung für die Wirtschaftsprüferlizenz, die ebenfalls die Staaten vergeben. Ein wichtiger Aspekt der Wirtschaftsprüfung ist die externe Revision durch unabhängige Wirtschaftsprüfer, um die Zuverlässigkeit der Finanzberichte des Managements festzustellen. Diese Wirtschaftsprüfer werden in den USA Certified Public Accountants und in vielen anderen englischsprachigen Ländern Chartered Accountants genannt. In den USA ist die wichtigste private Berufsverband, der Richtlinien für die Qualität der externen Revision erläßt, das American Institute of Certified Public Accountants (AICPA).

Die Ernennung zum CMA wird vom Institute of Management Accountants (IMA) angeboten. Das IMA ist der weltgrößte Berufsverband der Fachleute des internen Rechnungswesens.[141] Der wichtigste Zweck der CMA-Zertifizierung ist die Förderung der

[140]Wir danken für die Unterstützung von Tom Craven (USA), Bill Langdon (Kanada), John Goodwin (Australien), Michi Akurai (Japan) und Louise Drysdale und Andrea Jeffries (GB).

professionellen Entwicklung der Management Accountants. Insbesondere konzentriert man sich auf die moderne Rolle der Management Accountants als Fachleute, die zum Management aktiv beitragen und daran teilnehmen. Der Titel CMA gewinnt in der Geschäftswelt mehr und mehr Ansehen als ein dem CPA vergleichbarer Kompetenznachweis.

Die Prüfung zum CMA dauert 2 Tage (16 Stunden) und besteht aus 4 Teilen.

- Teil 1: Volkswirtschaftslehre, Finanzierung und Management
- Teil 2: Finanzbuchhaltung und externes Berichtswesen
- Teil 3: Internes Berichtswesen, Analyse und Fragen des beruflichen Verhaltens
- Teil 4: Entscheidungsanalyse und Informationssysteme

Fragen zu ethischen Problemen können in jedem Teil der Prüfung erscheinen. Wer das amerikanische Wirtschaftsprüferexamen erfolgreich abgeschlossen hat, ist von Teil 2 ausgenommen.

Fragen zur Kostenrechnung und zum entscheidungsorientierten Rechnungswesen spielen in der Prüfung zum CMA eine große Rolle. Auch die Prüfung zum CPA enthält solche Fragen, wenn auch die Fragen über Finanzbuchhaltung, Revision und Wirtschaftsrecht ein größeres Gewicht haben. Durchschnittlich machen Fragen zur Kostenrechnung und zum entscheidungsorientierten Rechnungswesen 35-40 % der CMA-Prüfung und 5 % der CPA-Prüfung aus.

Das IMA veröffentlicht monatlich die Zeitschrift *Management Accounting*. Jede Ausgabe enthält Annoncen von Vorbereitungskursen für die CMA-Prüfung.

PRÜFUNGEN IN KANADA

In Kanada gibt es drei Berufsbezeichnungen im Bereich des Rechnungswesens:

Bezeichnung	Zuständige Organisation
Certified Management Accountant (CMA)	Society of Management Accountants (SMA)
Certified General Accountant	Certified General Accountant's Organisation (CGA)
Chartered Accountant (CA)	Canadian Institute of Chartered Accountants

---

[141]Das IMA hat eine große Bandbreite von Aktivitäten, die durch eine Vielzahl von Ausschüssen gesteuert werden. So gibt zum Beispiel das Management Accounting Practices Committee Darstellungen zur Finanzbuchhaltung und zum internen Rechnungswesen heraus. Das IMA hat auch ein umfangreiches Fortbildungsprogramm.

Die SMA repräsentiert mehr als 27.000 Certified Management Accountants, die in der privaten Wirtschaft und beim Staat beschäftigt sind.

Die CMA-Prüfung dauert zwei Tage und ist in drei breite Kategorien eingeteilt:

1. Internes Rechnungswesen 50-60 %
2. Finanzbuchhaltung 20-30 %
3. Management 15-25 %

Die Prüfung besteht zu 40-50 % aus Fragen und zu 50-60 % aus Fallaufgaben. Zu den Prüfungsthemen der letzten Jahre im Bereich des internen Rechnungswesens gehören relevante Kosten, Verrechnungspreise, Investitionsrechnung, Erfolgsmaße, Prozeßkostenrechnung, Kostenaufschlüsselung und Produktivität.

Die Society of Management Accountants bringt monatlich die Zeitschrift *CMA: The Management Accounting Magazine* heraus. Diese Zeitschrift enthält detaillierte Informationen über Kurse zur Vorbereitung auf die CMA-Prüfung.

PRÜFUNGEN IN AUSTRALIEN

Die Australian Society of Certified Practising Accountants ist der größte Berufsverband der Buchhalter in Australien. Ihre Berufsbezeichnung lautet CPA (Ceritified Practising Accountant). Die Eintrittsvoraussetzung für assoziierte Mitglieder der Gesellschaft ist ein anerkannter College-Abschluß (Bachelor). Assoziierte Mitglieder der Gesellschaft können in den Rang eines CPA aufsteigen, indem sie ein CPA-Studienprogramm durchlaufen und den erforderlichen Umfang an einschlägiger Arbeitserfahrung nachweisen. Das Programm enthält zwei Pflichtfächer. Das erste behandelt die praktische Anwendung der üblichen Verfahren des Rechnungswesens und die Ethik, das zweite technischere Themen (wie die Umrechnung ausländischer Währungen). Darüberhinaus müssen die Kandidaten aus sieben weiteren Fächern drei auswählen. Diese Fächer sind (1) externes Berichtswesen, (2) Insolvenz und Sanierung, (3) internes Rechnungswesen, (4) Management von Informationssystemen, (5) Revision, (6) Finanzierung und (7) Steuern. Persönliche Finanzplanung und Alterssicherung ist ein neues Wahlfach, das bald hinzukommen wird.

Zu den Themen im Fach internes Rechnungswesen gehören.

1. Entscheidungsorientiertes Rechnungswesen im modernen Geschäftsleben
2. Rechnungswesen als Grundlage des strategischen Managements
3. Planung und Management langfristiger Projekte
4. Entscheidungsorientierte Kostenrechnung
5. Erfolgsbeurteilung und erfolgsabhängige Entgeltsysteme

Die Zeitschrift *Australian Accountant*, die monatlich erscheint (außer im Januar) enthält Anzeigen von Vorbereitungskursen für die CPA-Prüfung.

Um ins Institute of Chartered Accountants in Australia (ICAA) aufgenommen zu werden, muß man vier Kernmodule (Steuern, Rechnungswesen I und II, Ethik) und ein Wahlmodul (eine der Wahlmöglichkeiten ist ein Fortgeschrittenenkurs im entscheidungsorientierten Rechnungswesen) absolvieren. Managementbezogene Themen sind im Modul Rechnungswesen II und im Modul entscheidungsorientiertes Rechnungswesen enthalten. Dazu gehören:

- Zweck und Ziel (einschließlich strategisches und operationales Management; Organisationen, Ziele, Ethik; Betriebsumfeld; Kostenkonzepte);
- Strategische Aspekte des entscheidungsorientierten Rechnungswesens (einschließlich strategische Anwendungen, Projektevaluierung und Investitionsplanung);
- Operationale Aspekte des entscheidungsorientierten Rechnungswesens (einschließlich Entscheidungsanalyse, Finanzplanung und Finanzmanagement, Produktkalkulation, Kontrolle und Erfolgsbewertung).

PRÜFUNGEN IN JAPAN

Es gibt zwei große Organisationen für das interne Rechnungswesen: die Japanese Industrial Management and Accounting Association und die Enterprise Management Association. Die JIMAA ist der älteste, größte und angesehenste Rechnungswesenverband seiner Art in Japan. Sie betreibt eine School of Cost Control und eine School of Corporate Tax Accounting. In der School of Cost Control gibt es zwei Lehrgänge: den Vorbereitungskurs und den Kurs Kostenkontrolle. Diese Kurse werden von Universitätsprofessoren und Managern aus Mitgliedsunternehmen unterrichtet. Die Enterprise Management Association ist die japanische Unterorganisation des Institute of Management Accountants, das seinen Sitz in den USA hat.

PRÜFUNGEN IN GROßBRITANNIEN

Das Chartered Institute of Management Accounting (CIMA) ist der größte Berufsverband für das interne Rechnungswesen in Großbritannien. CIMA bietet seinen Mitgliedern, Fachleuten des Rechnungswesens in der Wirtschaft, im Bildungssektor und beim Staat, ein breites Spektrum an Dienstleistungen.

Der Lehrplan für die CIMA-Prüfung besteht aus vier Stufen:

1. Vorbereitungskurs Betriebswirtschaft und Rechnungswesen (einschließlich der Kostenrechnung für die Unternehmensgründung)

2. Die Werkzeuge des entscheidungsorientierten Rechnungswesens (einschließlich operationale Kostenrechnung)

3. Die Regeln einer Profession (einschließlich Anwendungen im entscheidungsorientierten Rechnungswesen)

4. Die Anwendung von Wissen auf Management und Finanzwesen (einschließlich strategische Aspekte des entscheidungsorientierten Rechnungswesens und Kontrollsysteme im entscheidungsorientierten Rechnungswesen)

Management Accounting, eine Zeitschrift, die monatlich von der CIMA herausgegeben wird, enthält Einzelheiten über die Vorbereitungskurse für die Prüfungen.

Themen aus dem internen Rechnungswesen werden auch von mehreren anderen Berufsorganisationen behandelt. Der Lehrplan für die Prüfungen der Chartered Association of Certified Accountants (ACCA) hat drei Stufen: I (Grundlagen), II (Zertifizierung) und III (Professional). Zu den Fertigkeiten, die in Stufe drei geprüft werden, gehören Informationen für Kontrolle und Entscheidungsfindung, Management und Strategie und Finanzstrategie. Weiter gibt es das Institute of Chartered Accountants in England and Wales (ICAEW) und das Institute for Chartered Accountants of Scotland (ICAS). Bei beiden Institute gehören Kenntnisse über allgemeine Managementthemen und über Themen des professionellen Rechnungswesens zu den Anforderungen.

PRÜFUNGEN IN DEUTSCHLAND[142]

Dem Certified Public Accountant entspricht in Deutschland der Wirtschaftsprüfer, ein freier Beruf, dem die Pflichtprüfungen von Jahres- und Konzernabschlüssen der Kapitalgesellschaften vorbehalten ist, sowie (neben dem Steuerberater) die Beratung und Vertretung von Unternehmen in steuerlichen Angelegenheiten. Wirtschaftsprüfer werden in einem staatlichen Zulassungs- und Prüfungsverfahren durch die Wirtschaftsministerien der Länder bestellt und vereidigt. Berufsverband ist das Institut der Wirtschaftsprüfer in Deutschland e.V. (IDW) mit Sitz in Düsseldorf, dem rund 90 % der in Deutschland bestellten Wirtschaftsprüfer als freiwillige Mitglieder angehören. Kosten- und Leistungsrechnung, sowie managementbezogene Themen haben an der schriftlichen Prüfung je nach Themenstellung einen Anteil von 0-20 %.

Anspruchsvolle Positionen im internen Rechnungswesen sind häufig durch entsprechend spezialisierte Diplomkaufleute oder Absolventen einer betriebswirtschaftlichen Fachhochschule besetzt. Die Industrie- und Handelskammer bietet jedoch auch Praktikern Fortbildungen zum Bilanzbuchhalter oder zur Bilanzbuchhalterin (IHK) und neuerdings auch zum Controller oder zur Controllerin (IHK) an.

---

[142] [Anm. d. Übers.]

An der schriftlichen Prüfung der Bilanzbuchhalter haben die Kosten- und Leistungsrechnung und die Planungsrechnung einen Anteil von rund einem Sechstel. Die Prüfung der Controller besteht aus 4 schriftlichen Prüfungen in den Fächern (1) Betriebs-
und Volkswirtschaftslehre, (2) Unternehmens- und Mitarbeiterführung, (3) Kosten-
und Leistungsrechnung und (4) Ganzheitliches Controlling, aus einer Hausarbeit und
im Fach Spezielles Controlling, einem Fachgespräch zu dieser Hausarbeit, in dem
auch die Fähigkeiten im Fach Kommunikation und Moderation geprüft werden, und
einer praktischen Prüfung im Fach Informationsmanagement und angewandte Datenverarbeitung. Die Fächer (3) und (4), die in etwa der Thematik dieses Buches entsprechen, haben an der schriftlichen Prüfung einen Anteil von zusammen 60 %.

Alle Bilanzbuchhalter oder Controller, die die Prüfung vor der IHK oder vor einer als
gleichwertig anerkannten Institution abgelegt haben, können Mitglieder des Bundesverbandes der Bilanzbuchhalter und Controller (BVBC) werden (derzeit ca. 5000 Mitglieder). Der BVBC bemüht sich um die Professionalisierung und Aufwertung dieser
Berufe. Unter anderem geht es darum, daß Bilanzbuchhaltern und Controllern mehr
als bisher auch eine selbständige Berufsausübung ermöglicht wird, wie das in anderen
europäischen Ländern bereits der Fall ist. Die Fachzeitschrift des Verbandes *Bilanzbuchhalter und Controller* erscheint monatlich.

Der BVBC ist Mitglied im europäischen Dachverband European Management Accountants Association (EMAA). Die EMAA hat die Aufgabe, die wirtschaftlichen und
berufspolitischen Interessen der diplomierten Buchhalter, Bilanzbuchhalter und Controller zu fördern und ihre Zusammenarbeit in Europa zu verstärken. Die Tätigkeits-
bereiche dieser Berufsgruppen sollen ausgedehnt und die nationalen Ausbildungs-
und Prüfungsvorschriften harmonisiert werden.

SACHVERZEICHNIS

A

Abfall 611, 625, 630–633
Abfallmanagement 632
Abfallprodukt 505–506, 526
Abfallverzeichnis 631
Absatzabweichung 543
Absatzmengenabweichung 546
Absatzmix 73–74
Absatzmixabweichung 546–547
Absatzplan 173
Absatzpreisabweichung 209, 545
Absatzvolumenabweichung 207, 209, 545
Abschreibungsbetrag 770
Abschreibungsmethode 771
Abschreibungszeitraum 770–771
Absetzung für Abnutzung 785
absorption costing 44, 177, 279
Abweichung 7, 201–203, 221–222, 694
Abweichungsanalyse 201, 221, 225, 231, 237–238, 245–246
Abweichungsanalyse für den Absatz in mehreren Ländern 552
Abweichungsanalyse für den Deckungsbeitrag 552
Abweichungsanalyse für Overheadkosten 274
activity-based costing 112, 125
actual costing 92
actual costs 26
aktivierte Kosten 38
Aktivität 112
Allgemein akzeptierte Buchführungsprinzipien 2
Amortisationsvergleichsrechnung 748–750, 756, 792
Anbauverfahren 460, 463, 468, 470
angestrebte Kapitalrendite 421
angestrebte Mindestverzinsung 736, 793

Annuität 737
Anschaffungskosten 770
anteilige Verrechnung von Kostenabweichungen 140, 225, 254, 261, 266, 270
Antitrust-Gesetze 433
äquivalente Einheiten 576–578
äquivalente Stückkosten 583
Arbeitsertragsabweichung 816, 818
Arbeitsmessung 272, 316
Arbeitsmixabweichung 816, 818
Arbeitsvorgangskalkulation 675–676, 678, 680–681
arm's length principle 865
Aufgaben des Controllers 11
Aufgaben des Rechnungswesens 1
Auftragsannahmezeit 660
Auftragsbearbeitungszeit 707
Auftragskosten 486
Ausbeutungsmißbrauch 436
Ausgabenabweichung 238–239
Ausgabenabweichungen 246
Auslösepunkte 690
Ausschuß 611–613, 618–619, 624–629, 633
Autokorrelation 350–352
Autonomie 850
average cost 36

B

backflush costing 689
Balanced Scorecard 659, 872
Barwert 736
Behinderungsmißbrauch 436
Benchmark 201, 872, 900
Benchmarking 225
Beschäftigungsabweichung 243–246, 306
Bestellbestand 711
Bestellkosten 706
Bestimmtheitsmaß 347
betriebliche Durchlaufzeit 199
Betriebskapitalzyklus 199